U0505766

·新世纪法学教材·

刘宪权 主编

刑法学

（第四版）

上

上海人民出版社

本 书 撰 稿 人

主　编：刘宪权

副主编：杨兴培

本书撰稿人（按撰写章节先后顺序）：

刘宪权	毛玲玲	王玉珏	吴允锋
杨兴培	卢勤忠	何　萍	李振林
孙万怀	王恩海	李　翔	沈　亮
薛进展	马寅翔	郑　伟	于改之
赵能文			

目 录

上　册

第一编　绪　论

第二编　犯　罪　论

第三编　刑　罚　概　论

第一编　绪　论

第一章

刑 法 概 述

第一节　刑法的概念和性质

一、刑法的概念

传统刑法理论认为,刑法是统治阶级为了维护其阶级利益与统治秩序,根据自己的意志,以国家名义颁布并以国家强制力保证其实施的,规定犯罪、刑事责任以及刑罚的法律规范的总和。这个定义揭示了刑法的阶级本质与法律性质,表明了刑法的内容与范围。由于近年来人们对于法律本身具有阶级性早已清楚,因而对于刑法的概念中无须再加以重申的问题已经基本达成一致意见。但是,我国刑法理论对于刑法的概念仍然存在不同的定义:有人认为,刑法是规定犯罪与刑罚的法律,犯罪与刑罚构成刑法的基本内容。[①]有人认为,刑法是规定犯罪、刑事责任与刑罚的法律。也有人认为,刑法是"规定犯罪及其刑事责任的法律规范的总和"。[②]所有的这些争议,实际均是围绕着刑事责任应处于何种地位这一问题进行的。我们认为,尽管刑法理论在相当长的一段时间里忽视了对刑事责任问题的研究,但是,刑事责任作为一项法律责任当然应该在刑法中占有一席之地,既然刑事责任是犯罪的法律后果,而刑罚又是刑事责任实现的方式之一,这就意味着刑事责任的不可缺乏性。据此,我们认为,所谓刑法,是指规定犯罪、刑事责任与刑罚的法律规范的总和。

首先,刑法所规定的内容是犯罪、刑事责任与刑罚。这是刑法不同于其他部门法律的最本质的特征。我们在刑法中明确用条文规定了什么行为是犯罪,什么行为不是犯罪,构成犯罪应具备何种要件,刑事责任的基础是什么,刑事责任的依据是什么,刑事责任的形式是什么,对于犯罪应该如何适用刑罚,在适用刑罚过程中如何正确地量刑,对各种犯罪应适用何种刑罚,对各种犯罪应如何追究刑事责任,等等。

其次,刑法是关于犯罪与刑事责任的法律规范的总和,从形式上看,刑法的渊源有三种:其一,系统的刑事法律,即刑法典。刑法典是国家以刑法名称颁布的、系统规

---

① 高铭暄主编:《中国刑法学》,中国人民大学出版社 1989 年版,第 1 页。
② 苏惠渔主编:《刑法学》,中国政法大学出版社 1997 年版,第 13 页。

定犯罪、刑罚以及刑事责任的法律。1979年颁布的《中华人民共和国刑法》，以及1997年经过修订颁布的《中华人民共和国刑法》均属于刑法典。其二，单行刑法。单行刑法是国家以决定、规定、补充规定、条例等名称颁布的，规定某一类犯罪及其刑事责任或者刑法的某一事项的法律。例如，《中华人民共和国惩治军人违反职责罪暂行条例》、《关于处理逃跑或者重新犯罪的劳改犯和劳教人员的决定》、《关于严惩严重破坏经济的罪犯的决定》、《关于惩治贪污罪贿赂罪的补充规定》等均属于单行刑法。单行刑法无疑是针对刑法中本身规定的不足而适时作出的修改和补充规定。随着新刑法的颁布施行，以及有关单行刑法被纳入刑法条文中，这些单行刑法有的被刑法所废止，有的则失去效力，只是有关行政处罚与行政措施的规定继续有效。1997年《刑法》生效后，全国人大常委会于1998年12月29日颁布《关于惩治骗购外汇、逃汇和非法买卖外汇犯罪的决定》，这无疑也应该作为单行刑法看待。需要指出的是，由于对刑法条文的修改和补充工作现在已经确定用修正案的方式进行，因而，可以预计今后我国的单行刑法将会很少出现。其三，非刑事法律中的罪刑规范，即附属刑法。附属刑法是指附带规定于民法、经济法、行政法等非刑事法律中的罪刑规范。由于我国强调刑法典是规定犯罪、刑事责任和刑罚的统一规范，因此，我国的附属刑法规范中均没有规定具体的构成要件与法定刑。1979年《刑法》公布后，出现了130多个附属刑法条文，对完善刑法起到了一定的作用。

理论上对于刑法的形式也进行了分类，认为刑法从形式上区分，可以分为广义的刑法和狭义的刑法。广义的刑法是指一切有关犯罪、刑事责任和刑罚法律规范的总和，即包括刑法典、单行刑法与附属刑法。狭义的刑法仅指刑法典。理论上通常称狭义的刑法为普通刑法，称单行刑法与附属刑法为特别刑法。

如果依照法律成立的来源将国家的法律分为固有法与继受法，则刑法是固有法。我国刑法是根据我国的政治、经济、文化、治安等实际情况制定的，比较适合我们的国情。

如果依照法律规制的对象及法律后果的不同将国家的法律分为刑事法与民事法（广义的），则刑法属刑事法。刑事法是关于犯罪的侦查、追诉、认定、刑事责任的追究以及刑罚的适用与执行的法律。刑法规制犯罪，其法律后果主要是刑罚，故刑法属刑事法。

如果依照法律规定的内容将国家的法律分为实体法与程序法，则刑法是实体法。我国刑法仅指有关什么是犯罪、对犯罪追究何种刑事责任的实体规范，而不包括认定犯罪与追究刑事责任的程序规范。

如果依照法律效力的强弱将国家的法律分为强行法与任意法，则刑法是强行法。我国刑法是关系国家、社会安宁的重要法律，它不因个人的情愿与否而一律适用。

如果依照指导原理的不同将国家的法律分为司法法与行政法，则刑法是司法法。一般认为，行政法的指导原理是法的目的性，司法法的指导原理是法的安定性，刑法是以后者为指导的，基本上属于司法法。

综上所述，刑法是国家法律体系中的一个重要组成部分，是国家的基本法律之一，它既区别于其他的法律，有自己调整的特定的社会关系和实现自己任务的手段，又与其他各种法律都有一定的联系;既有不同分工,又互相衔接和配合,共同构筑了国家的严密的法律体系。从刑法的阶级性质上讲,刑法和其他法律一样是一个历史范畴,不是自古就有的,它是人类社会发展到一定阶段的产物,随着生产力的发展和私有制的出现,人类社会产生了阶级,产生了国家和法,刑法随之产生。刑法反映的是一个国家占统治地位的阶级的意志和利益,这种意志只不过是通过国家的形式表现出来的。当将来人类社会发展到一个新的阶段,阶级消灭了,国家和法将要消亡,作为部门法的刑法也将消亡。但是,在当今社会中,刑法的性质决定了它还将发挥着体现统治阶级的意志和利益、维护阶级统治工具的重要作用。

二、刑法的性质和任务

刑法属于部门法,与其他部门法相比具有其特有的属性,主要表现在以下几个方面:

1. 规范内容的特定性。正如前述,刑法是规定犯罪、刑事责任和刑罚的法律规范的总称。从这一概念中,我们不难发现,刑法所规定的内容是犯罪、刑事责任和刑罚。而这些内容在其他诸如刑事诉讼法、民法、民事诉讼法、行政法等部门法中均不会加以规定。

2. 调整社会关系的广泛性。包括民法、行政法等在内的部门法一般只是调整和保护某一方面的社会关系。例如民法只是调整和保护财产关系以及部分与财产有关的人身关系;婚姻法只是调整和保护婚姻家庭关系。但是,刑法对于其他部门法所调整的社会关系均要进行调整,因为所有的社会关系均纳入刑法调整的范围之中。我们通常将刑法作为最后一道防线,主要就是针对刑法所调整和保护社会关系的广泛性而言的。

3. 制裁手段的严厉性。在有些部门法中也存在有强制方法,如赔偿损失、警告、行政拘留等。但是与刑法中的刑罚方法相比,其严厉程度则相差甚远。刑罚是国家最为严厉的强制方法,其内容不仅包括剥夺财产、剥夺权利,还包括限制自由、剥夺自由,甚至包括剥夺生命。就其严厉程度而言,其他任何部门法中的强制方法均无法与之相比。

刑法的任务是由刑法的性质决定的,靠刑法的功能完成。我国刑法的性质决定了我国刑法的任务只能是保护人民、服务经济建设,打击敌人、惩罚犯罪。我国刑法的功能,决定了我国刑法能够完成刑法的任务。

《刑法》第 2 条规定:"中华人民共和国刑法的任务,是用刑罚同一切犯罪行为作斗争,以保卫国家安全,保卫人民民主专政的政权和社会主义制度,保护国有财产和劳动群众集体所有的财产,保护公民私人所有的财产,保护公民的人身权利、民主权利和其他权利,维护社会秩序、经济秩序,保障社会主义建设事业的顺利进行。"据此,我们可以清楚地看到,同一切犯罪作斗争显然是我国刑法的基本任务。我国刑法的这一基本任务又具体通过以下四个方面加以体现:

1. 保卫国家安全、人民民主专政的政权和社会主义制度。这是我国刑法的首要任务,这一任务完全是由我国刑法的基本职能和我国的国家性质所决定的。国家安全、人民民主专政的政权和社会主义制度,是国家和人民群众利益的根本保证,如果犯罪行为危害了国家安全、推翻了上述政权与制度,国家和人民群众将丧失其他一切利益。因此,刑法的首要任务,是用刑罚与危害国家安全的犯罪行为作斗争,以保卫国家安全、保卫人民民主专政的政权和社会主义制度。在刑法中,我们将危害国家安全、人民民主专政的政权和社会主义制度的犯罪行为称之为危害国家安全罪。近年来,尽管危害国家安全的犯罪在实践中发生较少,但由于这种犯罪行为危害特别严重,故刑法将危害国家安全罪规定在刑法分则的第一章。

2. 保护社会主义的经济基础。这是我国刑法的一项极为重要的任务。经济基础决定上层建筑,上层建筑又反过来为经济基础服务。社会主义的经济基础,是人民民主专政和社会主义制度的物质基础,是进行社会主义建设、保障人民物质文化生活水平和人民群众行使各项权利的物质保障。然而,各种经济犯罪与财产犯罪,却破坏了社会主义的经济秩序,侵犯了国有财产、劳动群众集体所有的财产及公民合法所有的财产,动摇了社会主义的经济基础。我国刑法属于社会主义上层建筑的一个重要组成部分,因此其必然要承担起保护社会主义经济基础的任务,而且也只有保护社会主义的经济基础,才能最终保卫国家安全、人民民主专政政权和社会主义制度。目前,经济犯罪和财产犯罪较为猖獗,严重破坏了社会主义经济建设,阻碍了经济的发展。所以,我国刑法的任务之一是要通过惩罚经济犯罪与财产犯罪,保护社会主义的物质基础。根据刑法这一任务,我国刑法分则第三章与第五章分别规定了"破坏社会主义市场经济秩序罪"与"侵犯财产罪",对其中的严重犯罪也规定了较重的刑罚。

3. 保护公民的人身权利、民主权利和其他权利。这是我国刑法的一项基本任务。人身权利与民主权利是宪法赋予公民的最基本的权利,是我国人民通过革命斗争所取得的成果,保护公民的人身权利、民主权利和其他权利不受非法侵犯,是人民民主专政国家的根本任务之一,是社会主义制度优越性的体现,是调动人民群众进行经济建设的积极性的需要。但是,故意杀人,故意伤害致人重伤、死亡,强奸,绑架,拐卖妇女、儿童等各种犯罪严重侵犯了公民的人身权利,破坏选举、报复陷害等犯罪严重侵犯了公民的民主权利。因此,我国刑法的任务之一是要通过惩罚侵犯公民人身权利、民主权利和其他权利的犯罪,保护公民的人身权利、民主权利和其他权利。根据刑法这一任务,我国刑法分则第四章专门规定了"侵犯公民人身权利、民主权利罪",并规定了相应的刑罚,对其中严重的犯罪还规定了较重的法定刑。

4. 维护社会秩序、经济秩序。这里的"社会秩序"包括治安秩序、生产秩序、工作秩序、教学科研秩序和人民群众的生活秩序。人民群众生活与社会主义经济建设都需要有良好的环境和安定的秩序。但是,大量犯罪的存在,严重妨害了公民的生活安全,扰乱了社会秩序,破坏了各项活动的正常进行。因此,刑法的任务之一是要通过惩罚危害社会治安、破坏经济秩序的犯罪,维护社会的正常秩序,从而保障社会主义物质文明和精神文明建设事业的顺利进行。刑法分则第二章、第六章、第九章分别规定的"危害公共安全罪"、"妨害社会管理秩序罪"与"渎职罪",就是为了维护社会秩序、生产秩序、工作秩序、教学科研秩序和人民群众生活秩序不受犯罪的侵犯。刑法分则第三章规定的"破坏社会主义市场经济秩序罪",也是为了维护经济秩序。

从我国刑法对其任务的规定,可以看出以下两点:首先,我国刑法的任务包括惩罚与保护两个方面,即用刑罚惩罚各种犯罪,保护国家利益与公民的合法权益。这两个方面密切联系,是一个有机整体。只有用刑罚惩罚各种犯罪,才能保护国家利益与公民的合法权益;为了保护国家利益与公民的合法权益,必须有效地用刑罚惩罚各种犯罪。刑法对国家利益与公民的合法利益保护的方法是通过惩罚犯罪进行的,在很多情况下,不使用惩罚手段就很难抑制犯罪行为,也就根本无法保护国家利益和公民的合法利益。就此而言,我们可以说惩罚是手段,而保护才是目的。其次,我国刑法的任务是明确的、全面的。刑法任务的明确性,是指其清楚地告诉我们,刑法的任务是保护国家利益和公民的合法利益,其中既包括国家安全、国家政权与社会制度,经济基础与经济秩序,也包括公民的人身权利、民主权利和其他权利,以及社会秩序等。刑法任务的全面性是由刑法所调整和保护的社会关系的广泛性决定的。全面性表明刑法对于一切重要的社会关系均要加以保护和调整。需要指出的是,我们强调刑法任务的全面性,并不意味着要用刑法去处理一切违法行为,刑法只是通过惩罚犯罪来完成其任务,对一般违法行为不能适用刑法。如果扩大刑法的适用范围,则会混淆不同行为的性质,也不利于刑法完成其任务。另外,刑法任务的全面性,不排斥在不同条件下刑法的任务有所侧重。在当前,刑法的任务应以服务于经济建设为中心,以维护市场经济秩序为重点,充分发挥刑法为市场经济服务、为经济建设服务的作用。当然,这并不意味着可以忽视刑法的其他任务。

应该看到,我国《刑法》第2条中虽然具体规定了刑法的任务,但是通过对刑法的任务分析,可以清楚地看到,这一条文实际上也指明了刑法的目的。《刑法》第2条以及第1条的规定告诉我们:刑法的目的就是保护合法权益,因为所有的犯罪都是侵犯合法权益的行为,运用刑罚与各种犯罪行为作斗争,就是为了保护国家的利益和公民的合法权益。由此可见,我国刑法的目的就在于保护合法权益,我们应围绕"保护合法权益"的刑法目的,去理解刑法的一切规定。

第二节 刑法的产生和发展

一、革命根据地时期刑事法律概述

(一) 工农民主政权的刑事法律

1927年第一次国内革命战争结束后,在工农运动不断高涨的革命根据地,为了保卫革命成果,维护工农民众的基本权益,镇压敌人的破坏活动,中国共产党不仅着手进行宪法、土地法、劳动法、婚姻法的立法工作,也十分重视刑事立法工作,制定和颁布了大量的刑事法规。例如,各地工农民主政权先后颁布许多惩治反革命犯罪活动的刑事法律。这一时期,刑事立法的主要内容就是镇压反革命活动。如 1931 年12 月中华苏维埃共和国中央执行委员会颁布的《处理反革命案件和建立司法机关的暂行程序》的第 6 号训令,规定处理反革命分子的一些政策原则。1932 年颁布的《关于镇压内部反革命问题》的第 21 号训令,规定对混入我机关、红军和地方部队里的反革命分子,要给予严厉的打击。1934 年 4 月,中央执行委员会在总结几年来各地同反革命作斗争的经验的基础上,颁布了《中华苏维埃共和国惩治反革命条例》。这是民主革命时期第一个比较完整的单行刑事法规。该条例共有 41 条,其中规定了反革命罪的概念和主要罪行。

(二) 抗日民主政权的刑事法律

1937 年 7 月,日本帝国主义大举侵略中国,全国人民奋起抗战。中国革命进入抗日战争时期。抗日战争时期,各抗日民主政权都制定了自己的刑事政策和单行的刑事法规。这一时期的刑事法规以打击汉奸活动为重点。除奸斗争,是我党抗日战争时期刑法的主要任务,各边区抗日民主政权都颁布了惩治汉奸的单行法规,包括:1939 年《陕甘宁边区抗战时期惩治汉奸条例(草案)》,1943 年 4 月《山东省战时除奸条例》,1945 年 8 月《山东省惩治战争罪犯及汉奸暂行条例》、《苏中区处理汉奸军事间谍办法》、《苏中区汉奸自首自新暂行条例》等,分别规定了各种犯罪行为及其处罚办法。

此外,抗日战争时期的刑事立法还有惩治盗匪条例、妨害军事工作治罪条例、惩治盗毁空室清野财物办法、扰乱金融惩治条例、惩治贪污条例、禁烟禁毒治罪条例、妨害婚姻治罪条例,以及严禁赌博的训令等。

(三) 人民民主政权的刑事法律

抗日战争胜利后不久,蒋介石集团在美帝国主义的支持下,于 1946 年 7 月对我解放区发起了全面军事进攻,挑起了中国历史上空前规模的内战,中国革命进入了第三次国内革命战争时期,也称为解放战争时期。在这一时期中,为配合最后推翻国民党的反动统治,各解放区的刑事法律均将战争罪犯、暗藏特务、地主恶霸作为打击的重点,对犯罪分子实行区别对待,即"首恶者必办、胁从者不问、立功者受奖",根据这一方针,党中央、人民解放军及各解放区人民政府颁布了许多刑事立法。1947 年《中国人民解放军宣言》宣布:要逮捕、审判和惩办内战罪犯,并规定了各项政策界限。随着各解放区土地改革运动的开展,一些地方的地主恶霸勾结反动武装,破坏土改运动。为打击反动地主恶霸,保证土地改革的顺利进行,各解放区先后制定了有关刑事法规,如 1947 年 11 月晋察冀边区发布的《对破坏土地改革者的制裁问题的布告》,1948 年 1 月晋冀鲁豫边区颁布的《破坏土地改革治罪暂行条例》等,同时,各解放区根据党中央的精神,坚决取缔反动党团及一切特务组织,1948 年 11 月中共中央《关于军事管制问题的指示》规定:"解散国民党、三青团、民社党、青年党及南京政府系统下的一切反动党派和团体,并收缴其反动证件,登记其各级负责人员。"华北人民政府于 1949 年 1 月专门发布了《解散所有会门道门封建迷信组织的布告》，其首要分子须向当地政府机关登记，视情况予以宽大处理或免予追究，其余一般人员，一经脱离组织，停止活动，一律不予追究，能揭发各种阴谋破坏活动者，酌情予以奖励。这些政策法规的贯彻实施，给各种反革命分子以沉重打击，初步取得了镇反斗争的胜利，保卫了革命成果。

解放战争时期，人民民主政权在刑罚制度方面创制了新的刑种——管制。1948年 11 月《中共中央关于军事管制问题的指示》规定，在宣布反动党团解散之后，"对登记后的少数反动分子实行管制（每日或每星期须向指定的机关报告其行动）"。管制措施在新中国成立后的第一部刑法中被发展为独立的刑种。

综上所述，革命根据地的刑事法律在 20 多年的革命斗争实践中，随着革命政权的建立和发展积累了丰富的经验，这一切都为中华人民共和国成立后刑法制度的确立和发展打下了良好的基础。

二、新中国成立后我国刑事法律的初步发展

（一）新中国成立后我国刑事立法概述

1949 年 10 月 1 日，中华人民共和国宣告成立，开始了我国法制建设的新阶段。新中国成立后最初几年的主要任务，是有步骤地为实现从新民主主义到社会主义的转变而创造条件，没收官僚资本的企业并把它改造为社会主义国营企业，统一财政，稳定物价，迅速恢复和发展国民经济，完成新解放区的土地改革，镇压反革命活动，开展"三反"、"五反"运动。在这些运动中，总结了实践经验，根据需要与可能，先后制定了一批单行刑事条例和法规，主要包括：1950 年政务院、最高人民法院《关于镇压反革命活动的指示》、政务院《关于严禁鸦片烟毒的通令》，1951 年《中华人民共和国惩治反革命条例》、《妨害国家货币治罪暂行条例》、《保守国家机密暂行条例》，1952 年《中华人民共和国惩治贪污条例》、《管制反革命分子暂行办法》，1956 年全国人大常委会《关于宽大处理和安置城市残余反革命分子的决定》等。《中华人民共和国惩治反革命条例》是建国后制定的第一个单行刑事法规，其中对反革命罪的概念、种类和类推以及量刑的标准，从轻、减轻或免予处刑的条件，数罪并罚的原则等，都作了规定，是镇压反革命活动的有力武器。《保守国家机密暂行条例》对保守国家机密，巩固人民民主政权起了重大作用。该条例第 13 条规定：凡出卖或故意泄露国家机密于国内外敌人者，以反革命论罪，依惩治反革命条例惩处；凡利用国家机密进行投机取利者，送司法机关或军事法庭依法惩处。

新中国成立初期的刑事法律所担负的重要任务之一是惩治反革命罪，这是由当时的历史条件所决定的。当时，解放战争已在大陆基本结束，各级地方人民政府先后成立，但在某些地方，国民党反动派的残余势力在帝国主义指使之下，不断从事反对人民政府及其他各种反革命活动，破坏社会治安，危害人民与国家利益。为迅速巩固革命秩序，以保障人民民主政权的稳定与发展，保障人民民主权利并顺利地进行生产

建设及各项必要的社会改革,中央人民政府决定在全国范围开展镇压反革命运动,并及时制定了有关镇压反革命的刑事立法。

除一些单行刑事法规外,在许多非刑事的行政法规中,也规定了刑法条款。如1950年6月中央人民政府公布的《中华人民共和国土地改革法》规定:"对于罪大恶极、为广大人民群众所痛恨并要求惩办的恶霸分子及一切违抗或破坏土地改革法令的罪犯,依法予以审判及处分。"1950年8月在《政务院关于划分农村阶级成分的决定》中提出:"凡称恶霸,是指依靠或组成一种反动势力,称霸一方,为了私人的利益,经常用暴力和权势去欺压与掠夺人民,造成人民生命财产之重大损失,查有实据者。凡恶霸分子经人民告发后,由人民法庭判决处理。"在危害公共安全罪方面,1950年铁道部公布的《铁路奖惩暂行条例》等对交通责任事故的刑事责任作了规定;1953年5月政务院发布的《森林保护条例》等对火灾事故的刑事责任作了规定;1951年12月政务院重新核定颁布的《保护人民电信线路、输电线路及管制线路暂行办法》,对破坏电信设备的处罚作了规定。在破坏社会主义经济秩序罪方面,有1950年1月《西南区金银管理暂行办法》、1950年4月海关总署《关于解放区与待解放区货运管制办法的批示》、1950年12月政务院公布的《对外贸易管理暂行条例》等均对走私罪的处罚作了规定。1951年1月政务院财经委员会公布的《私盐查缉处理暂行办法》对投机倒把罪的处罚作了规定;1950年1月政务院《货物税暂行条例》和《工商业税暂行条例》对偷税、漏税、抗税等罪的处罚作了规定。另外,关于妨害社会管理秩序罪、妨害婚姻家庭罪、渎职罪等分别有一些相应的规定。

(二)新中国成立初期刑事法律中的一些重要原则和制度

新中国成立初期的几年里,我国的刑事法律虽未形成一个完整统一的体系,但基本具备了雏形,确立了我国刑事立法和司法的一些重要的原则和制度。

第一,惩办与宽大相结合的原则。1950年政务院、最高人民法院《关于镇压反革命活动的指示》规定"必须镇压一切反革命活动",但同时又强调,要"给以生活出路,并强迫他们在劳动中改造自己,成为新人",要求在处理反革命案件中,必须贯彻镇压与宽大相结合的政策,即"首恶者必办、胁从者不问、立功者受奖"的政策,两者不可偏废。

第二,罪刑相适应原则。《惩治反革命条例》和《惩治贪污条例》根据犯罪分子罪行的轻重,分别确定了与之相适应的死刑、无期徒刑和有期徒刑等主刑,也规定了剥夺政治权利、没收全部或部分财产的附加刑,同时还规定对犯罪情节严重的加重处罚,情节轻的可酌情从轻、减轻或免除处罚。

第三,数罪并罚原则。《惩治反革命条例》规定对反革命罪适用数罪并罚的原则:"凡犯多种罪者,除判处死刑和无期徒刑外,应在总和刑以下、多种刑中的最高刑以上酌情定刑。"

第四,坦白从宽的原则。依照《惩治反革命条例》第14条的规定,对于自动向人民政府真诚悔过,以及在揭发、检举前或以后真诚悔过立功赎罪的反革命分子,可以酌情从轻、减轻或免予处罚。

新中国成立初期的刑事法律是我国法律制度的一个重要组成部分,它不仅为当时巩固新生的人民民主政权、建立和发展社会主义经济起到了十分重要的作用,而且对我国社会主义刑事法律制度的形成,提供了重要的理论和实践基础。

三、《中华人民共和国刑法》的制定和颁布

(一)《中华人民共和国刑法(草案)》的拟定和修改

我国刑法典的起草工作,早在建国初期就已经开始。1950年中央人民政府法制委员会先后起草了《中华人民共和国刑法大纲草案》(共157条)、《中华人民共和国刑法指导原则草案》(共76条)。当时由于三大改造尚未进行,颁布系统完备的刑法典的条件尚不具备,因而这些草案最后均没有公布。

1954年9月15日,中华人民共和国第一届全国人民代表大会召开,会议通过《中华人民共和国宪法》,这是我国第一部社会主义宪法,它规定了社会主义革命和建设的方向与道路,规定了人民民主专政政权的基本原则和各项制度,是我国法制史上的里程碑。这次大会还通过了《全国人民代表大会组织法》、《国务院组织法》、《人民法院组织法》、《人民检察院组织法》、《地方各级人民代表大会和地方各级人民委员会组织法》。

宪法和五个组织法的颁布,标志着我国法制建设进入了一个新的阶段,这大大地推动了我国刑法的起草工作。1954年10月,《中华人民共和国刑法草案》的起草工作正式开始,当时,这一工作由全国人大常委会办公厅法律室负责。到1956年11月,已经写出了13稿。其间,社会主义三大改造取得基本胜利,并且召开了中国共产党第八次全国代表大会,董必武在八大的发言中指出:"我们还缺乏一些急需的较完整的基本法规,如刑法、民法、诉讼法等。"

在八大精神的鼓舞下,刑法起草工作加紧进行。到1957年6月,已经写出22稿。第22稿分总则、分则两编,共计215条。总则共5章96条,包括刑法的任务和适用范围、犯罪、刑罚、刑罚的具体运用、附则;分则共8章119条,包括反革命罪、危害公共安全罪、妨害社会经济秩序罪、侵犯人身权利罪、侵犯财产罪、妨害婚姻家庭罪、妨害其他管理秩序罪、渎职罪。第22稿为刑法草案奠定了初步基础。

第22稿经全国人大常委会讨论审议,并在1957年7月第一届全国人大第四次会议上发给全体代表征求意见,经代表讨论后,"决定由常务委员会根据代表和其他方面所提的意见,再加修改,提请全国人民代表大会审议通过"。但是,由于全国反右派斗争以后,"左"的错误思想抬头,造成否定法律、轻视法律等思想的滋生,再加上三年经济困难,使刑法起草工作停顿下来。

1962年3月22日,毛泽东针对这一时期民主与法制不健全的严重情况,明确指出:"不仅刑法要,民法也需要,现在是无法无天,没有法律不行,刑法、民法一定要搞,不仅要制定法律,还要编案例。"

根据中央指示精神,全国人大常委会法律室自 1962 年 5 月开始,对刑法草案第 22 稿进行全面修改,到 1963 年 10 月写出第 33 稿——《中华人民共和国刑法草案(修正稿)》,共 206 条。这一草案修正稿,经过中共中央政治局常委审查,并考虑准备按全国人大第四次会议决定公布试行。但因"四清"运动和随之而来的十年动乱,刑法草案的修订工作又搁置了十多年。

(二)《中华人民共和国刑法》的颁布

粉碎"四人帮"以后,要求恢复和加强社会主义民主和法制的呼声甚高。1978 年 10 月再次组成刑法草案的修订班子,对第 33 稿进行修订。1979 年 3 月召开的第五届全国人民代表大会第一次会议,修改了《中华人民共和国宪法》,叶剑英在《关于修改宪法的报告》中指出:"我们还要依据新宪法,修改和制定各种法律、法令和各方面的工作条例、规章制度。"邓小平在 1978 年 12 月召开的中央工作会议中作了"解放思想、实事求是、团结一致向前看"的讲话,其中专门谈到立法工作,他说:"为了保障人民民主,必须加强法制。必须使民主制度化、法律化……所以,应该集中力量制定刑法、民法、诉讼法和其他各种必要的法律……"1978 年 12 月 22 日通过的《中国共产党第十一届中央委员会第三次全体会议公报》指出:"为了保障人民民主,必须加强社会主义法制,使民主制度化、法律化,使这种制度和法律具有稳定性、连续性和极大的权威性,做到有法可依,有法必依,执法必严,违法必究。"上述讲话和公报,对于刑法的起草工作,无疑起到了巨大的指导和推动作用。

1979 年 2 月下旬,全国人大常委会法制委员会宣告成立,并着手抓紧刑事立法工作。从 3 月下旬以后,根据已有的立法经验,结合新情况、新问题,对刑法草案作了较大的修改。5 月 29 日,刑法草案获得中央政治局原则通过,接着又在法制委员会全体讨论,于 6 月 7 日提交第五届全国人大常委会第八次会议进行审议,在审议中又根据代表们的意见,再作修改和补充,最后第五届全国人民代表大会第二次会议于 7 月 1 日通过了《中华人民共和国刑法》,7 月 6 日以全国人大常委会委员长第 5 号令公布,并决定自 1980 年 1 月 1 日起施行。至此,终于诞生了新中国建立后的第一部刑法。刑法分为总则、分则两编,共 13 章 192 条。我国刑法的公布和实施,是我国刑事法律发展史上的里程碑,标志着我国的刑事立法从此进入了健全发展时期。

分析我国刑法制定工作的历史,我们可以清楚地看到,《中华人民共和国刑法》的制定经历了漫长曲折的过程。它的公布、实施,标志着我国刑事立法开始了一个新的历史阶段。这部刑法以马克思列宁主义、毛泽东思想为指针,总结了多年来我国刑事立法和同犯罪作斗争的经验,特别是吸收了十年动乱时期正反两方面的经验教训,从我国实际出发,把惩办与宽大相结合的基本刑事政策具体化、条文化,对犯罪、刑罚以及各种犯罪作了科学的规定。这部重要法律的实施,进一步促进和发展了安定团结的政治局面,在巩固我国人民民主专政、加速社会主义现代化建设、保障人民民主权利等各方面发挥了重要的作用。

四、《中华人民共和国刑法》的修订

(一)《中华人民共和国刑法》的补充和完善

《中华人民共和国刑法》自 1980 年 1 月 1 日起施行。这部刑法是在历史进入新时期以后,人心思法、人心思治的背景下出台的。总体而言,刑法所规定的任务和基本原则是正确的,许多具体规定是可行的。它在巩固无产阶级专政、保障人民民主权利等方面发挥了积极的作用。但是,十几年的司法实践和理论研究也说明,由于受当时历史条件的限制,这部刑法典无论在体系结构、规范内容还是立法技术上,都存在一些问题,对有些犯罪行为在制定刑法时研究不够,不利于操作,如渎职罪、流氓罪、投机倒把罪三个"口袋罪",规定得比较笼统,执行起来随意性较大;对有些犯罪行为如走私犯罪、毒品犯罪量刑偏轻,不利于有效地打击此类犯罪。而且,随着改革开放的不断深入,我国政治、经济、文化等各方面发生了巨大的变化,大量的新情况、新问题不断出现。面对这样的改革形势和社会需要,刑法典中的许多规定已不能适应新时期形势的发展。

为了及时调整和处理各种新的社会关系,打击各类犯罪活动,自 1981 年以来,全国人大常委会先后通过了 23 个刑法修改补充规定和决定,它们是:《中华人民共和国惩治军人违反职责罪暂行条例》、《关于处理逃跑或者重新犯罪的劳改犯和劳教人员的决定》、《关于严惩严重破坏经济的罪犯的决定》、《关于严惩严重危害社会治安的犯罪分子的决定》、《关于惩治走私罪的补充规定》、《关于惩治贪污罪贿赂罪的补充规定》、《关于惩治泄露国家秘密犯罪的补充规定》、《关于惩治捕杀国家重点保护的珍贵、濒危野生动物犯罪的补充规定》、《关于惩治侮辱中华人民共和国国旗国徽罪的决定》、《关于禁毒的决定》、《关于惩治走私、制作、贩卖、传播淫秽物品的犯罪分子的决定》、《关于惩治盗掘古文化遗址古墓葬犯罪的补充规定》、《关于严禁卖淫嫖娼的决定》、《关于严惩拐卖、绑架妇女、儿童的犯罪分子的决定》、《关于惩治偷税、抗税犯罪的补充规定》、《关于惩治劫持航空器犯罪分子的决定》、《关于惩治假冒注册商标犯罪的补充规定》、《关于惩治生产、销售伪劣商品犯罪的决定》、《关于严惩组织、运送他人偷越国(边)境犯罪的补充规定》、《关于惩治侵犯著作权的犯罪的决定》、《关于惩治违反公司法的犯罪的决定》、《关于惩治破坏金融秩序的犯罪分子的决定》、《关于惩治虚开、伪造和非法出售增值税专用发票犯罪的决定》。此外,全国人大及其常委会还在一些民事、经济、行政法律中规定了"依照"、"比照"刑法的有关规定追究刑事责任的附属性的刑法规范 130 条。这些单行刑事法律和附属刑事法律规范的颁布,及时弥补了刑法中的某些缺陷,对打击各种刑事犯罪活动、保障人民生命财产的安全起到了重大作用。然而,通过零散的修补方式并不能从根本上解决问题,而且出现了一些新的矛盾和不平衡现象。同时,由于在《刑法》之外还存在这么多单行刑事法律和附属刑法规范,缺乏一个体系上的归纳,因此,为了适应与犯罪作斗争的实际需要,客观上有必要对刑法作一次全面系统的修订。

(二)《中华人民共和国刑法》的修订

早在 1982 年国家有关部门就作出了研究修改刑法的决定。国家立法机关和司法部门陆续收集与整理了有关刑法修改的意见和问题。1983 年 9 月,全国人大常委会法工委刑法室总结中央和地方政法机关、政法院校关于刑法总则和分则修改完善的 70 余条意见,写出《对刑法的修改意见》。1987 年最高人民检察院、最高人民法院分别向各地了解征集有关刑法修改的建议。立法机关和司法部门的这些工作,为后来七届全国人大常委会修改现行刑法的决策提供了重要的依据和资料。1988 年 7 月在七届全国人大二次会议通过的《七届全国人大常委会工作要点》中明确提出将刑法修改纳入立法规划。至此,我国现行刑法的修改问题开始被正式提上国家立法机关的议事日程。此次会议后,1988 年 9 月 18 日至 28 日,全国人大法工委邀请中央和北京市政法机关、政法院校、法学研究单位的几十位专家学者就刑法典的修改问题进行专门讨论,并拟定出了刑法颁行以来的第一份刑法修改草案。随后,立法机关又到全国各地调查研究征询意见,为后来刑法修改的理论研究与立法研究奠定了基础。但对刑法的系统修订毕竟是件大事,与国内政治、经济形势的发展乃至与国际形势的变化均有密切的联系。拿出了第一个修改方案以后,全国人大常委会法工委为了更好地总结经验、不断完善,对修改方案几经讨论修改,又数次邀约北京政法机关和刑法学界的几十位专家学者就刑法修改问题座谈讨论,同年 12 月下旬,邀请几位中青年刑法学者参加立法机构对刑法的具体修改起草工作。在此基础上,全国人大常委会法工委又先后拟订出 1988 年 11 月 16 日的刑法修改稿草稿和 1988 年 12 月 25 日的刑法修改草案。至 90 年代,根据八届全国人大常委会的立法规划,全国人大常委会法工委在广泛征求有关部门意见的基础上,于 1996 年 10 月 10 日起草了《中华人民共和国刑法》(修订草案)(征求意见稿),共 403 条。发至各省、区、市、中央有关部门及有关政法院校、科研机构征求意见。1996 年 11 月中国法学会刑法学研究会举行年会,集中讨论征求意见稿,并将众多建议汇总成集提交全国人大法工委参考。1996 年 11 月法工委召开由各方面人士参加的刑法修订座谈会,用 12 天时间对征求意见稿逐条进行论证,12 月中旬法工委在集中各方面意见后,写出《中华人民共和国刑法》(修订草案),共 384 条。提交第八届全国人大常委会第二十三次会议第一次审议,并形成《修订草案修改稿》,共 446 条;接着,又提交全国人大常委会第二十四次会议进行第二次审议,完成《修订草案》第三稿,共 449 条。1997 年 3 月正式提交第八届全国人大第五次会议审议并经最终修改后,于 3 月 14 日通过,共 452 条。修订后的《中华人民共和国刑法》自 1997 年 10 月 1 日起施行。

这次修订刑法,是我国法制建设中的一件大事,体现了我国法制建设的进步,是健全社会主义法制,完善我国刑事法律的重要措施。这次刑法修订的主要思路是:首先,要制定一部统一的、比较完备的刑法典。即要将十几年来全国人大常委会作出的 23 个补充规定和决定进行修改后编入刑法,将一些非刑事法律中的刑事责任条款规定为刑法的具体条款。其次,要注意保持法律的连续性和稳定性。对刑法的原有规定,包括文字表述和量刑规定,原则上没有问题的尽量不作修改。最后,对一些原来比较笼统原则的规定,尽量在把犯罪行为研究清楚的基础上作出具体规定。

刑法原来只有192条,修订后的刑法增加为452条。修订后的刑法在原刑法所设总则、分则两大编的基础上,又增加了附则。在刑法总则中,明确规定了罪刑法定、平等适用、罪责刑相适应三个刑法的基本原则,修改完善了关于正当防卫、单位犯罪、减刑、假释、自首、立功等有关规定,使这些制度更加科学。在刑法分则中,对体系结构进行了适当的调整,如将反革命罪改为危害国家安全罪,将破坏社会主义经济秩序罪改为破坏社会主义市场经济秩序罪;将原来财产犯罪中的贪污罪和渎职罪中的受贿罪等单列出来,专门设立贪污贿赂罪一章;将原来的妨害婚姻家庭罪并入侵犯公民人身权利和民主权利罪之中;在这个基础上增加规定危害国防利益罪和军人违反职责罪两章犯罪,从而使刑法分则增至十章。另外,分则对许多犯罪的规定进一步具体化,分解了渎职罪、投机倒把罪和流氓罪,针对在社会主义市场经济下出现的新情况、新问题,增加了一系列新的罪名。此外,在量刑幅度方面,根据犯罪行为的社会危害性程度作了变动,使其更具有可操作性,从而避免了司法中的随意性。上述关于刑法的修改将在本书各章节中详细阐述。

修订后的刑法具有以下几个特点:其一,完备性。应该承认,修订后的刑法是一部统一的、完整的、完备的刑法典。不仅表现在与原刑法相比条文数量的大量增加,而且表现在具体内容上比原刑法更充实。这主要表现在:首先,新刑法将分别以单行法规的形式颁布的23个条例、决定或补充规定和附属刑法中的相关规定纳入了刑法典条文,以利于集中了解与掌握。其次,根据国防建设的需要,专门增加"危害国防利益罪"一章规定。最后,对新出现的严重危害社会的行为予以犯罪化。如黑社会性质的犯罪、破坏土地资源的犯罪、洗钱犯罪、计算机犯罪、证券犯罪等。另外,修订后的刑法对其他危害社会的犯罪行为都作了较为全面的规定。其二,科学性。刑法典内在的科学性直接关系到刑法的权威性与稳定性。修订后的刑法在认真总结刑法实施以来的经验的基础上,适当借鉴国外立法的有益经验,克服了原刑法中诸多不合理规定的缺陷,从而使法典体系更为合理,罪状更为精确,前后更趋连贯,用语更为规范。例如,修订后的刑法将原刑法的反革命罪改为危害国家安全罪,充分考虑到了我国已经从革命时期进入社会主义现代化建设时期的实际,考虑到了危害国家安全罪的称谓比反革命罪更为准确。又如,修订后的刑法将原刑法中规定笼统的三个"口袋罪"(投机倒把罪、流氓罪和渎职罪)予以分解,使罪状更为具体、精确,便于操作。再如,修订后的刑法废除类推,克服了原刑法既欲体现罪刑法定原则,又保留类推的矛盾窘境。再如,修订后的刑法注意法条用语的规范,避免使用易生歧义的用语,使其更为科学。其三,连续性。修订后的刑法虽然对原刑法作了较大修改,但其不是对原刑法的全盘否定,而是原刑法的延续与发展,特别是在刑法体例上,仍保持了原刑法的框架,没有很大的变化。应该看到,这次刑法修订中除分则内容有较大变化外,总则内容基本上与原刑法相同,这在很大程度上说明了刑法的立法精神没有发生很大的变化。所以,我们只能说是修订而不是重新制定。其四,明确性。修订后的刑法对原刑法中一些笼统、原则的规定,尽量使其细化、具体。例如,用明文列举的方法替代了原刑法"其他"、"在必要的时候"等诸如此类的不明确规定,在刑法分则中,尽可能多地采用叙明罪状,少采用空白罪状和简单罪状,使罪状的描述力求明确、具体,避免笼统、含糊。

总之,修订后的刑法是一部统一的、完整的、建国以来最完备的刑法典,它是我国保卫国家安全、保卫人民民主专政的政权和社会主义制度,保护国有财产和劳动群众集体所有的财产,保护公民的人身权利、民主权利的有力武器,它对于维护社会秩序、经济秩序、保障社会主义改革开放和现代化建设事业的顺利进行具有重要的推动作用。它的修订与实施,表明我国刑事法律的发展进入了一个新的历史阶段。

(三) 对 1997 年修订后刑法的补充和修正

1997 年新刑法生效实施后,司法实践中又出现了许多新的问题,新刑法的适用过程中也暴露出一些不完善的问题。是否需要对新刑法进行补充和修正? 如何加以补充和修正? 这些内容无疑成为我们必须解决的问题和需要研究的课题。理论和实践中的普遍看法是,刑法的完善是一个永恒的主题,法律的适时变化是不可避免的现象,因为不变的法律是僵死的法律。但是,法律的变化不能过于频繁,我们应该在保证刑法本身稳定性的基础上,对刑法条文适时作出补充和修正。为此在新刑法生效后,全国人大常委会除颁布了一个《关于惩治骗购外汇、逃汇和非法买卖外汇犯罪的决定》外,又先后颁布了多个刑法修正案,对刑法进行了补充和修正。这些补充和修正中既有新类型犯罪的增加,也有对原来规定犯罪的构成要件和法定刑的调整。同时,全国人大常委会在长期摸索积累了一定经验的基础上,确定将适时颁布刑法修正案作为今后对刑法进行补充和修正的主要模式。这无疑是刑事立法的一个重要进步,是法治化进程中的重要一环。

1. 1997 年修订后的刑法正式施行后的第一个决定

1998 年 12 月 29 日九届全国人大常委会第六次会议通过了《关于惩治骗购外汇、逃汇和非法买卖外汇犯罪的决定》(以下简称《决定》)。这是自 1997 年《刑法》施行以后,全国人大常委会为了更有效地打击涉及外汇的金融犯罪,维护国家外汇管理秩序修改补充修订后的刑法的第一个以决定形式出现的刑事法律。

《决定》对刑法的主要修改补充有:(1)新增加了骗购外汇罪;(2)将买卖伪造、变造的国家机关的公文、证件、印章的行为,明确规定依照《刑法》第 280 条的规定定罪处罚,即依照伪造、变造、买卖国家机关公文、证件、印章罪定罪处罚;(3)修改了《刑法》第 190 条的规定,扩大了逃汇罪的主体,提高了法定刑;(4)非法买卖外汇情节严重的行为,明确规定依照《刑法》第 225 条的规定定罪处罚,即依照非法经营罪定罪处罚;(5)对海关、外汇管理部门的工作人员的渎职犯罪行为作了具体规定;(6)明确规定了对金融机构、从事对外贸易经营活动的公司、企业的工作人员由于渎职造成国家大量外汇流失的,依照《刑法》第 167 条的规定定罪处罚,即依照签订履行合同失职被骗罪定罪处罚,扩大了该条文的适用范围。

2. 1997 年《刑法》之后的九个修正案

《关于惩治骗购外汇、逃汇和非法买卖外汇犯罪的决定》在九届全国人大常委会第六次会议通过后，国务院在九届全国人大常委会第十次会议上提出了《关于惩治违反会计法犯罪的决定（草案）》和《关于惩治期货犯罪的决定（草案）》，建议将伪造、变造会计凭证、会计账簿或者编制虚假财务会计报告，隐匿或者销毁会计凭证、会计账簿、财务会计报告，擅自设立期货交易所、期货经纪公司，期货交易中的内幕交易，编造并传播期货交易虚假信息，诱骗投资者买卖期货，操纵期货交易价格，以及非法从事期货交易等行为规定为犯罪。有关部门及人大代表也对刑法中的其他有关内容提出了修改建议。对于上述种种修改建议，总体上讲立法机关认为是必要的，但究竟采取哪种方式修改补充刑法，这是值得研究的。经多方面听取意见，综合考虑了各种因素，仅从便于适用来讲，一部统一的刑法典不仅要便于司法机关适用，而且要便于广大群众学习、掌握，不宜再单独搞二、三个决定或者补充规定。因此，立法机关采用了与以往根本不同的形式，即采用了刑法修正案的方式。不管修改、补充多少内容，都可以一次、多次修正原有刑法的规定。修改、补充刑法，如果增加条文，就列在内容相近的刑法条文之后，作为某条之一、二。如果修改某条，就直接修改条文。这样不改变刑法的总条文数，有利于维护刑法典的完整性和稳定性，也便于法律文书对条文款项内容的援引。就此而言，1999 年 12 月 25 日九届全国人大常委会第十三次会议通过的《中华人民共和国刑法修正案》在新中国立法史上第一次以刑法修正案方式对刑法进行修改、补充，无论是修改刑法的形式，还是完善刑法的内容，都对我国今后的刑事立法产生了深远的影响。

自《刑法修正案》颁布以后，为了及时回应经济和社会发展的需要，全国人大常委会又先后通过了《刑法修正案（二）》（2001 年 8 月 31 日）、《刑法修正案（三）》（2001 年 12 月 29 日）、《刑法修正案（四）》（2002 年 12 月 28 日）、《刑法修正案（五）》（2005 年 2 月 28 日）、《刑法修正案（六）》（2006 年 6 月 29 日）、《刑法修正案（七）》（2009 年 2 月 28 日）、《刑法修正案（八）》（2011 年 2 月 25 日）、《刑法修正案（九）》（2015 年 8 月 29 日）。这些修正案都是在一定的社会经济发展背景下通过的，对当时经济社会领域中的重要问题进行了刑法规制，使刑法典在保持稳定性的同时又体现其良好的适应性。例如，为了加强环境资源的保护，实现可持续发展，通过《刑法修正案（二）》、《刑法修正案（四）》，对刑法典中的破坏环境资源保护罪及相关犯罪的规定进行了修改和完善；为了打击恐怖活动犯罪、黑社会性质的组织犯罪，通过《刑法修正案（三）》，对刑法典中的恐怖活动犯罪、黑社会性质组织犯罪及其他危害公共安全的犯罪的规定进行了修改和完善；为了规制市场经济秩序，建立市场诚信制度，通过《刑法修正案（四）》、《刑法修正案（五）》、《刑法修正案（六）》等，对刑法典中的生产、销售伪劣商品罪，走私罪，信用卡诈骗罪及妨害对公司、企业的管理秩序罪中的有关规定进行了修改，并增设了一些新的罪名；为了应对安全责任事故大量出现的问题，通过《刑法修正案（六）》，对刑法典中的安全责任事故犯罪的规定进行修改，并增设新罪名；为了进一步维护社会主义市场经济秩序，加强对腐败犯罪的打击力度，通过《刑法修正案（七）》，对经济犯罪中的内幕交易行为、逃避缴纳税款行为及腐败犯罪的规定进行修改完善，并增设一些新的罪名；为了落实宽严相济的刑事政策，保护人民群众的切身利益，通过《刑法修正案（八）》，对刑法典的结构、相关刑罚进行调整完善，减少死刑罪名，并增设危险驾驶罪、组织出卖人体器官罪及强迫劳动罪等新的犯罪；为适应党和国家事业发展的新要求、经济社会发展的新形势，以及人民群众对于公平正义的新期待，通过《刑法修正案（九）》进一步减少死刑罪名，增加并修改了部分网络犯罪罪名，加大了对恐怖主义犯罪的打击力度，完善了惩治贪污贿赂犯罪法律制度，废除了嫖宿幼女罪，并对一些罪名的设置作了修正。

至 2015 年止，全国人大常委会已经颁布九个刑法修正案。毋庸置疑，刑法修正案俨然成为刑法修改和完善的一个重要途径。从我国目前九个刑法修正案对刑法典的修正来看，刑法修正案体现了如下两个方面的基本功能：

一是修改补充功能，即刑法修正案针对已有刑法规范的不足，对刑法典进行修改补充。这里的"修改"是指对刑法典中原有过时的或者不适合现实需要的刑法规范予以改正或删除；"补充"是指对刑法典中已有内容的缺漏或不完备之处加以补正或完备。从刑法修正案颁布的内容来看，刑法修正案对刑法典的修改补充，既有对刑法典总则进行修改补充，也有对刑法典分则进行修改补充；既有对刑法分则中原有具体犯罪的构成要件进行修改补充，扩大或缩小原有犯罪构成要件的范围，又有对原有具体罪的法定刑进行调整，增加或减少刑罚种类，提高或降低法定刑幅度，增加量刑档次，增加法定从重或从轻处罚情节。刑法修正案的这一功能，有利于使现有刑法典不足的部分趋于完善。

九个刑法修正案对刑法典中的诸多条款进行了修改补充，包括：《刑法》第 17 条之一（已满 75 周岁的人犯罪从宽处罚），第 38 条第 2 款、第 4 款（管制刑的执行），第 37 条之一（从业禁止），第 49 条第 2 款（对审判时已满 75 周岁的人限制适用死刑），第 50 条（《刑法修正案（八）》规定了死缓的法律后果、严格限制对部分罪行严重的死缓犯的减刑；《刑法修正案（九）》规定了只能对死缓犯中故意犯罪情节恶劣的实施死刑立即执行），第 53 条（罚金的缴纳），第 63 条第 1 款（减轻处罚），第 65 条第 1 款（一般累犯），第 66 条（特别累犯），第 67 条第 3 款（坦白从宽），第 68 条第 2 款（删除犯罪后自首又有重大立功表现的应当减轻或者免除处罚的规定），第 69 条（《刑法修正案（八）》规定了数罪并罚几种情况；《刑法修正案（九）》规定了管制刑的适用），第 72 条第 1 款、第 2 款（缓刑的适用条件；缓刑禁止令），第 74 条（累犯和犯罪集团的首要分子不适用缓刑），第 76 条（缓刑的执行，即在缓刑考验期限内依法实行社区矫正），第 77 条第 2 款（缓刑的撤销及处理），第 78 条第 2 款（减刑的限度），第 81 条（假释的条件），第 85 条（假释的执行，即在假释考验期限内依法实行社区矫正），第 86 条第 3 款（假释的撤销及处理），第 100 条第 2 款（未成年人前科报告制度），第 107 条（资助危害国家安全活动犯罪），第 109 条（叛逃罪），第 114 条，第 115 条第 1 款（放火罪、决水罪、爆炸罪、投毒罪，以危险方法危害公共安全罪，将投毒罪修改为投放危险物质罪），第 120 条第 1 款（《刑法修正案（三）》首次修正；《刑法修正案（九）》增加了本罪的财产刑），第 120 条之一（《刑法修正案（三）》增设资助恐怖活动罪；《刑法修正案（九）》又将资助恐怖活动罪修改为帮助恐怖活动罪），第 125 条第 2 款（将罪名修改为非法制造、买卖、运输、储存危险物质罪），第 127 条（将罪名修改为盗窃、抢夺枪支、弹药、爆炸物、危险物质罪和抢劫枪支、弹药、爆炸物、危险物质罪），第 133 条之一（《刑法修正案（八）》增设了危险驾驶罪；《刑法修正案（九）》又扩大了危险驾驶罪的客观行为方式），第 134 条（重大责任事故罪），第 135 条（重大劳动安全事故罪），第 141 条第 1 款（生产销售假药罪），第 143 条（将罪名修改为生产、销售不符合安全标准的食品罪），第 144 条（生产、销售有毒、有害食品罪），第 145 条（生产销售不符合标准的医用器材罪），第 151 条第 3 款（将罪名修改为走私国家禁止进出口的货物、物品罪；调整法定刑），第 151 条第 4 款（废除全部走私犯罪的死刑），第 153 条第 1 款（走私普通货物、物品罪），第 155 条（间接走私罪），第 157 条（武装掩护走私的处罚），第 161 条（将罪名修改为违规披露、不披露重要信息罪），第 163 条（将罪名修改为非国家工作人员受贿罪），第 164 条（将罪名修改为对非国家工作人员行贿罪；增设罚金刑），第 168 条（将罪名修改为国有公司、企业、事业单位人员失职罪和国有公司、企业、事业单位人员滥用职权罪），第 170 条（伪造货币罪：删除本罪死刑，规定无限额罚金），第 174 条第 2 款（将罪名修改为伪造、变造、转让金融机构经营许可证、批准文件罪），第 180 条（内幕交易、泄露内幕信息罪），第 181 条（将罪名修改为编造并传播证券、期货交易虚假信息罪和诱骗投资者买卖证券、期货合约罪），第 182 条（将罪名修改为操纵证券、期货市场罪），第 185 条（挪用资金罪和挪用公款罪），第 186 条第 1 款、第 2 款（将罪名修改为违法发放贷款罪），第 187 条第 1 款（将罪名修改为吸收客户资金不入账罪），第 188 条第 1 款（违规出具金融票证罪），第 190 条（逃汇罪），第 191 条第 1 款（洗钱罪），第 199 条（删除所有金融犯罪的死刑），第 200 条（单位犯金融诈骗罪处罚的规定），第 201 条（将罪名修改为逃税罪），第 205 条第 2 款（删除虚开增值税专用发票、用于骗取出口退税、抵扣税款发票罪死刑），第 206 条第 2 款（删除伪造、出售伪造的增值税专用发票罪死刑），第 224 条第 3 款（增加"非法从事资金结算业务的"非法经营行为），第 226 条（强迫交易罪），第 237 条（强制猥亵、侮辱罪），第 239 条（《刑法修正案（七）》增加了情节较轻的规定；《刑法修正案（九）》增加了致人重伤的情节），第 241 条（收买被拐卖的妇女、儿童一律入刑），第 244 条（将罪名修改为强迫劳动罪），第 246 条（侮辱罪、诽谤罪），第 253 条之一（私自开拆、隐匿、毁弃邮件、电报罪），第 260 条第 3 款（虐待罪），第 264 条（盗窃罪），第 267 条（抢夺罪：增加多次抢夺的情形），第 274 条（敲诈勒索罪），第 277 条（妨害公务罪：暴力袭警从重处罚），第 280 条（伪造、变造、买卖身份证件罪），第 283 条（非法生产、销售专用间谍器材、窃听、窃照专用器材罪），第 285 条（非法侵入计算机信息系统罪），第 286 条（破坏计算机信息系统罪），第 288 条（扰乱无线电通讯管理秩序罪），第 290 条（聚众扰乱社会秩序罪：医闹入刑），第 293 条（寻衅滋事罪），第 294 条（组织、领导、参加黑社会性质组织罪，包庇、纵容黑社会性质组织罪），第 295 条（传授犯罪方法罪），第 300 条（组织、利用会道门、邪教组织、利用迷信破坏法律实施罪），第 302 条（将罪名修改为盗窃、侮辱、故意毁坏尸体、尸骨、骨灰罪），第309条（扰乱法庭秩序罪），第311条（将罪名修改为拒绝提供间谍犯罪、恐怖主义犯罪、极端主义犯罪证据罪），第312条（将罪名修改为掩饰、隐瞒犯罪所得、犯罪所得收益罪），第313条（拒不执行判决、裁定罪），第322条（偷越国（边）境罪），第328条第1款（盗掘古文化遗址、古墓葬罪），第337条第1款（将罪名修改为妨害动植物防疫、检疫罪），第338条（将罪名修改为环境污染罪），第339条第3款（走私废物罪），第342条（将罪名修改为非法占用农用地罪），第343条第1款（非法采矿罪），第344条（将罪名修改为非法采伐、毁坏国家重点保护植物罪和非法收购、运输、加工、出售国家重点保护植物、国家重点保护植物制品罪），第345条第3款（将罪名修改为非法收购、运输盗伐、滥伐的林木罪），第350条（非法生产、买卖、运输、走私制毒物品罪），第358条第3款（《刑法修正案（八）》修正了协助组织卖淫罪的行为方式；《刑法修正案（九）》废止了本罪的死刑），第360条（废除嫖宿幼女罪），第375条第2款（将罪名修改为非法生产、买卖武装部队制式服装罪），第383条（贪污罪：定罪量刑情节、终身监禁），第390条（行贿罪：加大了对行贿罪的处罚），第395条（巨额财产来源不明罪）。

二是增设新罪功能。立法机关针对社会上新出现的刑法典未规定为犯罪的严重危害行为，通过颁布刑法修正案的方式将之规定为犯罪。简单地说，通过增设新罪，使某些犯罪在刑法典中从无到有。刑法修正案的这一功能，有利于突破刑法典的局限性，为刑法典增添活力，及时贯彻刑事政策，打击新的犯罪行为。

九个刑法修正案所增设的罪名包括：第120条之二（准备实施恐怖活动罪），第120条之三（宣扬恐怖主义、极端主义、煽动实施恐怖活动罪），第120条之四（利用极端主义破坏法律实施罪），第120条之五（强制穿戴宣扬恐怖主义、极端主义服饰、标志罪），第120条之六（非法持有宣扬恐怖主义、极端主义物品罪），第133条之一（危险驾驶罪），第135条之一（大型群众性活动重大安全事故罪），第139条之一（不报、谎报安全事故罪），第152条第2款（走私废物罪），第162条之一（隐匿、故意销毁会计账簿、财务会计报告罪），第162条之二（虚假破产罪），第164条第2款（对外国公职人员、国际公共组织官员行贿罪），第169条之一（背信损害上市公司利益罪），第175条之一（骗取贷款、票据承兑、金融票证罪），第177条之一（妨害信用卡管理罪和窃取、收买、非法提供信用卡信息罪），第180条第4款（利用未公开信息交易罪），第185条之一（背信运用受托财产罪和违法运用资金罪），第205条之一（虚开发票罪），第210条之一（持有伪造的发票罪），第224条之一（组织、领导传销活动罪），第234条之一（组织、出卖人体器官罪），第244条第2款（强迫劳动罪），第244条之一（雇佣童工从事危重劳动罪），第253条之一（《刑法修正案（七）》增设出售、非法提供公民个人信息罪和非法获取公民个人信息罪，《刑法修正案（九）》将该两个犯罪合并为侵犯公民个人信息罪），第260条之一（虐待被监护、看护人罪），第262条之一（组织残疾人、儿童乞讨罪），第262条之二（组织未成年人进行违反治安管理活动罪），第276条之一（拒不支付劳动报酬罪），第280条之一（使用虚假身份证件、盗用身份证件罪），第284条之一（组织考试作弊罪，非法出售、提供试题、答案罪，代替考试罪），第285条第2款、第3款（非法获取计算机信息系统数据罪、非法控制计算机信息系统罪，提供侵入、非法控制计算机信息系统的程序、工具罪），第286条之一（拒不履行信息网络安全管理义务罪），第287条之一（非法利用信息网络罪），第287条之二（帮助信息网络犯罪活动罪），第290条第3款、第4款（扰乱国家机关工作秩序罪，组织、资助非法聚集罪），第291条之一（《刑法修正案（三）》增设投放虚假危险物质罪和编造、故意传播虚假恐怖信息罪；《刑法修正案（九）》增设编造、故意传播虚假信息罪），第293条第2款（寻衅滋事罪），第300条第2款（组织、利用会道门、邪教组织、利用迷信致人重伤、死亡罪），第303条第2款（开设赌场罪），第307条之一（虚假诉讼罪），第308条之一第1款、第3款（泄露不应公开的案件信息罪，披露、报道不应公开的案件信息罪），第312条第2款（单位掩饰、隐瞒犯罪所得、犯罪所得收益罪），第369条第2款（过失损坏武器装备、军事设施、军事通信罪），第373条第3款（伪造、盗窃、买卖、非法提供、非法使用武器部队专用标志罪），第388条之一（利用影响力受贿罪），第390条之一（对有影响力的人行贿罪），第391条（对单位行贿罪），第392条（介绍贿赂罪），第393条（单位行贿罪），第399条第3款（执行判决、裁定失职罪和执行判决裁定滥用职权罪），第399条之一（枉法仲裁罪），第408条之一（食品监管渎职罪），第426条（阻碍执行军事职务罪），第433条（战时造谣惑众罪）。

第三节　刑法的体系和解释

一、刑法的体系

刑法的体系是指刑法的组成和结构。其表现形式是法律条文在一个法典中有次序、有层次的排列，反映了统治者用刑罚同犯罪作斗争的意志在刑事法律上的表达方式。

我国刑法的体系是我国工人阶级和广大人民群众同犯罪作斗争的意志的体现。正如前述，根据我国刑法的表现形式具有多样化的特点，对于我国刑法的组成，有广义的和狭义的两种理解。广义的刑法，是对刑法规范的总称，刑法典是其最基本的表现形式，同时还包括了单行刑法和附属刑法；狭义的刑法就是指《中华人民共和国刑法》。据此，有关刑法的体系也就可以分成广义的刑法体系和狭义的刑法体系。广义的刑法体系是指刑法的各种渊源及其相互关系；狭义的刑法体系则是指刑法典的组成和结构。这里讨论的是狭义的刑法体系，也即主要是围绕刑法典的组成和结构展开的。

理解刑法典的组成时，首先应该掌握"编、章、节"这些基本的组成因素。我国刑法在编下设章，在章下设节。1979年《刑法》分为总则和分则两编。第一编总则共5

章,内容包括:刑法的指导思想、任务和适用范围;犯罪;刑罚;刑罚的具体运用;其他规定。第二编分则共 8 章,内容包括:反革命罪;危害公共安全罪;破坏社会主义经济秩序罪;侵犯公民人身权利、民主权利罪;侵犯财产罪;妨害社会管理秩序罪;妨害婚姻、家庭罪;渎职罪。1997 年《刑法》保持了法律的连续性和稳定性,但是在原有的基础上又有许多重大的发展和完善。总体上依然分为总则和分则两编,外加一条附则。第一编总则共 5 章:第一章刑法的任务、基本原则和适用范围;第二章犯罪;第三章刑罚;第四章刑罚的具体运用;第五章其他规定。《刑法》总则中每一章中均专门设节。第二编分则共 10 章:第一章危害国家安全罪;第二章危害公共安全罪;第三章破坏社会主义市场经济秩序罪;第四章侵犯公民人身权利、民主权利罪;第五章侵犯财产罪;第六章妨害社会管理秩序罪;第七章危害国防利益罪;第八章贪污贿赂罪;第九章渎职罪;第十章军人违反职责罪。《刑法》分则中只有破坏社会主义市场经济秩序罪、妨害社会管理秩序罪这两章中还专门设节,其他章中则不专门设节。从上述组成内容分析,我们可以清楚地看到,《刑法》总则是关于刑法的任务、基本原则和适用范围,以及关于犯罪和刑罚的一般原理、原则的规范体系,是定罪量刑所必须共同遵守的规则。《刑法》分则是关于具体犯罪和具体法定刑的规范体系,是解决具体的定罪量刑问题的标准。总则指导分则,分则是总则规定的一些原理原则的具体体现,两者相互贯通,相互依存。如果只有总则,没有分则,总则的一系列规范就无从体现;如果只有分则,没有总则,在具体定罪量刑时,就缺乏应循原理原则的指导。所以,我们必须将总则和分则之间这种一般与特殊、抽象与具体的关系作为一个整体加以研究,把它们有机地结合起来理解,这样才能正确地适用我国刑法。

组成刑法的各项规范,不管是总则性的规范还是分则性的规范,“条”是我国《刑法》的基本单位。而且各编、章、节中的条文,由统一的顺序进行编号,不受编、章、节划分的影响。有的条文一条一段,有的条文有几段,有的条文下面以基数号码编排有项。对这些划分的名称,在刑法中没有明文规定,我们通常是沿用我国法律结构的先例。1959 年 12 月 20 日华东军政委员会转达政务院关于条文用语的指示和 1956 年 12 月 22 日最高人民法院通知指出:条以下称“款”,款以下称“项”。在我国《刑法》中,条以下为款,没有编号,用另起一段的办法上下分开。如《刑法》第 6 条,分三段,就是三款,引用第一段的就读作第 6 条第 1 款。款以下为项,是用基数号码编写。如《刑法》第 34 条第 1 款规定附加刑的种类分三项:“(一)罚金;(二)剥夺政治权利;(三)没收财产。”也有的条文以下没有分款而直接分项的,如《刑法》第 33 条规定:“主刑的种类如下:”,接着就是:“(一)管制;(二)拘役;(三)有期徒刑;(四)无期徒刑;(五)死刑。”对此,在引用时可直接读为第 33 条第几项。

条文的内容和结构形式,在我国《刑法》中有各种不同的表现,总则的条文按其内容分,有的是用来规定我国刑法一般原则的,有的是用来规定我国刑法上各种基本概念和制度的。按其结构形式看,有的条文在同一款中只包含一个意思,既简单又明了,但也有的条文在同一款中又可分为前段、后段,或者前段、中段、后段,即包含了两个甚至三个及三个以上意思。如《刑法》第 51 条规定:“死刑缓期执行的期间,从判决确定之日起计算。死刑缓期执行减为有期徒刑的刑期,从死刑缓期执行期满之日起计算。"这一条款中就包含着两个意思。又如《刑法》第53条规定:"罚金在判决指定的期限内一次或者分期缴纳。期满不缴纳的,强制缴纳。对于不能全部缴纳罚金的,人民法院在任何时候发现被执行人有可以执行的财产的,应当随时追缴。如果由于遭遇不能抗拒的灾祸缴纳确实有困难的,可以酌情减少或者免除。"这里就是三个以上意思。也有的条文前后的内容包含着相反的意思或者例外的情况,或者有限制性的规定,或者是对前面部分的补充,为了把这前后两部分的内容有机地组合在一起,通常是在中部加"但是"这个表示转折关系的词加以连接。"但是"后面的部分,学理上称之为但书规定。我国刑法中的但书规定,大致有以下几种情况:第一,但书对前段表示了相反的关系。如《刑法》第13条的规定,前面部分规定了什么是犯罪,但书部分则规定:"情节显著轻微危害不大的,不认为是犯罪。"后面的但书对前面规定的内容表示了相反的意思。第二,但书对前段表示了例外关系。如《刑法》第8条规定:"外国人在中华人民共和国领域外对中华人民共和国国家或者公民犯罪,而按本法规定的最低刑为三年以上有期徒刑的,可以适用本法,但是按照犯罪地的法律不受处罚的除外。"第三,但书对前段表示了限制关系。如《刑法》第73条第1款规定:"拘役的缓刑考验期限为原判刑期以上一年以下,但是不能少于二个月。"第2款规定:"有期徒刑的缓刑考验期限为原判刑期以上五年以下,但是不能少于一年。"第四,但书对前段表示了补充关系。如《刑法》第37条规定:"对于犯罪情节轻微不需要判处刑罚的,可以免予刑事处罚,但是可以根据案件的不同情况,予以训诫或者责令具结悔过、赔礼道歉、赔偿损失,或者由主管部门予以行政处罚或者行政处分。"可见我国刑法中但书的作用和意义是多种多样的。

《刑法》分则条文的结构与总则条文的结构不同,分则的绝大部分条文有具体的罪状和具体的法定刑。如《刑法》第406条规定:"国家机关工作人员在签订、履行合同过程中,因严重不负责任被诈骗,致使国家利益遭受重大损失的,处三年以下有期徒刑或者拘役;致使国家利益遭受特别重大损失的,处三年以上七年以下有期徒刑。"前者称为罪状,后者称为法定刑。分则的条文一般都是由这两部分组成。当然,也有个别条文例外,如1979年《刑法》第90条只规定了反革命罪的定义,没有规定法定刑。

总的说来,我国刑法的体系反映了我国刑法的性质和任务,体现了阶级性与科学性相一致的原则,反映了我国社会主义刑法的特色。如对我国刑法分则体系的确立,是在总结了我国长期以来同各种犯罪行为作斗争经验的基础上规定的,并根据各种具体犯罪所侵犯的社会关系的不同,及其在社会主义社会关系统一体中的地位、作用和政治意义的不同,把我国目前所有的犯罪现象进行科学抽象,按照它们所侵犯的不同类型的社会关系分成十种类型的犯罪,每类一章,组成十章,并按照犯罪的社会危害性大小依次排列。每一类犯罪中的各种具体犯罪的排列顺序,原则上也是根据犯罪行为社会危害性的大小,同时又尽可能照顾各种罪之间的相互联系,从而建立了我国刑法分则的科学体系,体现了我国社会主义刑法体系的特色。

二、刑法的解释

(一) 刑法解释的概念

刑法的解释是指对刑法规范的法律术语的含义及其在司法工作中的具体应用问题的阐释。简而言之,就是对刑法规范含义的阐明。刑法的解释是以刑法规范和刑法实施中的问题为解释对象的法律解释的一种。通过刑法的解释,可以帮助人们准确理解刑法规定的真实意图,科学公正地依法解决好刑法理论与刑法实践活动中遇到的问题、难题。理论上我们对于刑法的规定要求要明确、具体,最好明确到不允许解释的程度,但是,刑法的明确、具体总是有限的,因而刑法的解释也就成为不可避免。刑法的解释是完全必要的,理由主要有以下四点:

首先,刑法的规定是对社会上存在的各种犯罪现象的高度抽象和概括,因此,刑法的规定不可能做到面面俱到,包罗万象。很多刑法条文由于受到规范的限制,很难全面地表达出刑法的立法原意和精神。这就需要由刑法解释来加以解决,帮助人们理解立法原意。应该看到,立法的精神体现在刑法规范之中,经过抽象和概括表现为刑法条文,通过解释使之具体化,才便于人们正确理解。尤其在刑法中使用的一些概念、术语,有一些与日常生活中使用的相同词语在含义上不尽一致,为了避免理解上的混淆,通过刑法的解释,可以帮助人们加以区别并懂得其特定的含义。

其次,社会上的形形色色的犯罪行为不仅复杂而且多变,特别是犯罪行为对社会的危害也在不断地变化着,但是,刑法的存在需要一定的稳定性,不可能朝令夕改。因此,对于复杂多变的犯罪现象,只能通过刑法的解释来经常对变化的犯罪行为作出必要的调整。有时甚至可以根据客观情况的变化,按照立法的意图和刑事政策,可以赋予某些条文新的含义。刑法规范不可能把一切复杂多变的犯罪形式都包罗无遗作出详尽的规定,像我们这样一个发展中国家,政治、经济形势的发展变化特别快,犯罪现象纷繁复杂,千变万化,这就要求刑法能跟上形势发展的需要,在惩治犯罪中发挥重要的作用。然而,刑法作为国家的基本法之一,一经制定颁布,需要保持相对的稳定性。因此,根据立法精神和刑事政策,进一步阐明刑法规范的含义,以弥补立法的不足就显得很有必要。

再次,刑法作为法律规范,本身是通过文字表达且力求简明扼要,这一特点决定其离不开刑法的解释。因为刑法用语以普通用语为基础,尽管核心意思明确,但总有边缘模糊的一面。而且刑法的有些用语难免出现多义的情况,需要刑法的解释详细作出界定和阐述。我国疆域辽阔、民族众多、各地情况相差较大,为了保障刑法的统一正确实施,维护国家法制的统一,对于抽象、概括的刑法规范进行解释可以使其含义具体化、明确化,使司法实践中易生歧义的刑法问题得到符合立法精神的统一理解,从而指导司法实践,协调刑事司法工作,保持各地定罪量刑的综合平衡,使刑法的适用达到一体遵循。

最后,刑法需要不断地完善,刑法的解释可以为刑法的完善起到实际的帮助作用。任何刑法经过一定时期实践以后,随着形势的发展变化,不断总结和积累经验,从部分到总体进行必要的修改,使之在宏观上最大限度地适应政治、经济、文化发展的需要,微观上达到内部的和谐统一,这是发展和完善刑法的必然。刑法的解释无疑是联结刑事立法与刑事司法的重要纽带与桥梁,对刑法的发展完善可以积累丰富的经验,对促进刑法研究的不断深入发展也有着重要的作用。

(二) 刑法解释的种类

刑法解释可以从不同的角度,按不同的标准进行分类,我国刑法学界通常从以下两个方面进行分类:一是从解释的效力分类,将刑法的解释分为有权解释和学理解释,其中有权解释又可分为立法解释和司法解释;二是从解释的方法分类,可以分为文理解释和论理解释,其中论理解释又包括扩张解释和限制解释。

1. 从解释的效力分类

(1) 有权解释,又称法定解释、正式解释和有效解释。指的是由特定的国家机关依照宪法和法律赋予的职权,对刑法规范的含义及其具体应用中的问题所作的解释。根据宪法和全国人大常委会《关于加强法律解释工作的决议》规定,有权解释刑法的国家机关有全国人大常委会、最高人民法院和最高人民检察院。

① 立法解释,是指国家立法机关所作的解释。《关于加强法律解释工作的决议》规定:"凡关于法律、法令条文本身需要进一步明确界限或作补充规定的,由全国人民代表大会常务委员会进行解释或用法令加以规定。"我们知道,全国人大常委会是国家立法机关的常设机关,因此,由它对刑法规范所作的解释,同刑法规范一样具有普遍的约束力,属于刑法立法的范围。立法解释在内容上不仅可以进一步阐明刑法条文本身的界限,以利于司法实践,而且在必要时还可以对刑法条文的有关规定在同刑法的基本原则不相抵触的情况下作某些补充或者修改。其解释的方式,归纳起来,有以下三种情况:

第一,在刑法中列入解释性条文。例如,《刑法》第91条至第99条,这9个条文是刑法本身规定的解释性条文,分别对刑法有关条文中所说的"公共财产"、"公民私人所有的财产"、"国家工作人员"、"司法工作人员"、"重伤"、"违反国家规定"、"首要分子"、"告诉才处理"、"以上、以下、以内"的范围和含义作出了明确的解释。

第二,国家立法机关在"法律的起草说明"中所作的解释。例如,第五届全国人民代表大会在1979年制定《刑法》时所作的《关于七个法律草案的说明》对有关刑法规定所作的说明。又如,1997年3月第八届全国人大第五次会议所作的《关于中华人民共和国刑法(修订草案)的说明》。

第三,在刑法施行过程中,对于发生歧义的问题,按照宪法的规定,全国人大常委会有权解释法律。同时,根据需要,由全国人大常委会对刑法的某些条款进行补充解释。例如,在对1979年《刑法》作出系统修订前,1988年1月21日第六届全国人大常委会通过施行的《关于惩治走私罪的补充规定》,对1979年《刑法》第116条规定的走私罪的构成要件"情节严重"作出解释,具体规定犯罪情节和处刑档次,而且增加逃汇套汇罪、单位走私罪等新罪名。又如 1990 年 12 月 28 日第七届全国人大常委会通过施行的《关于禁毒的决定》的第 1 条,对毒品的范围作了明确的解释。另外,立法机关还曾经在非刑事法律中对刑法某些条文的适用作了补充规定。例如,1982 年全国人大常委会通过的《中华人民共和国商标法》第 40 条规定:"假冒他人注册商标,包括擅自制造或者销售他人注册商标标识的,除赔偿被侵权人的损失,可以并处罚款外,对直接责任人员由司法机关依法追究刑事责任。"这一规定就是对《刑法》原假冒商标罪所作的补充。

需要指出的是,在刑法施行过程中,全国人大常委会专门所作的立法解释以前并不多见,但 2000 年以后则有增长的趋势。2000 年 4 月 29 日全国人民代表大会常务委员会《关于〈中华人民共和国刑法〉第九十三条第二款的解释》;2001 年 8 月 31 日全国人民代表大会常务委员会《关于〈中华人民共和国刑法〉第二百二十八条、第三百四十二条、第四百一十条的解释》;2002 年 4 月 8 日全国人民代表大会常务委员会《关于〈中华人民共和国刑法〉第三百八十四条第一款的解释》;2002 年 4 月 28 日全国人民代表大会常务委员会《关于〈中华人民共和国刑法〉第三百八十四条第一款的解释》;2002 年 12 月 28 日全国人民代表大会常务委员会《关于〈中华人民共和国刑法〉第三百一十三条的解释》;2002 年 12 月 28 日全国人民代表大会常务委员会《关于〈中华人民共和国刑法〉第九章渎职罪主体适用问题的解释》;2004 年 12 月 29 日全国人民代表大会常务委员会《关于〈中华人民共和国刑法〉有关信用卡规定的解释》;2005 年 12 月 29 日全国人民代表大会常务委员会《关于〈中华人民共和国刑法〉有关出口退税、抵扣税款的其他发票规定的解释》和《关于〈中华人民共和国刑法〉有关文物的规定适用于具有科学价值的古脊椎动物化石、古人类化石的解释》;2014 年 4 月 24 日第十二届全国人民代表大会常务委员会第八次会议则一次性通过了四个立法解释:《关于〈中华人民共和国刑法〉第三十条的解释》、《关于〈中华人民共和国刑法〉第一百五十八条、第一百五十九条的解释》、《关于〈中华人民共和国刑法〉第二百六十六条的解释》和《关于〈中华人民共和国刑法〉第三百四十一条、第三百一十二条的解释》。

② 司法解释,是指国家司法机关所作的解释。《关于加强法律解释工作的决议》规定:"凡属于法院审判工作中具体应用法律、法令的问题,由最高人民法院进行解释。凡属于检察院检察工作中具体应用法律、法令的问题,由最高人民检察院进行解释。最高人民法院和最高人民检察院的解释如果有原则性的分歧,报请全国人民代表大会常务委员会解释或决定。"《中华人民共和国人民法院组织法》第 33 条还规定:"最高人民法院对于在审判过程中如何具体应用法律、法令的问题,进行解释。"以上是国家司法机关有权作司法解释的法律依据。同时也明确了我国刑法的司法解释机关只限于最高人民法院和最高人民检察院,解释的范围只限于审判工作和检察工作中如何具体应用刑法规范的问题。

我国刑法施行以来,最高人民法院和最高人民检察院就审判工作和检察工作中具体应用刑法的问题作过不少解释,有的是由最高人民法院对审判工作中如何具体应用刑法规范问题所作的审判解释,对全国的审判工作具有普遍的约束力。有的是由最高人民检察院对检察工作中如何具体应用刑法规范问题所作的检察解释,对全国的检察工作具有普遍的约束力。还有的是由最高人民法院和最高人民检察院,有时还会同有关部门共同对司法工作中如何具体应用刑法规范问题作出联合的司法解释,对全国的审判工作和检察工作均有普遍约束力,对协调全国的审判工作和检察工作统一认识、更好地适用刑法有着重要的作用。

(2)学理解释,又称非正式解释,是指由国家宣传机构、社会组织研究单位、教学部门或者法学专家、法律工作者对刑法规范所作的宣教性、学术性、知识性的解释。例如,教学单位的刑法教科书、专著、学术论文、专题报告乃至案例分析研究以及对刑法的学理注释等,都属于学理解释。其性质是属于理论性的探讨,因此,在法律上不具有约束力,更不能作为司法机关办案的依据。当然,正确的学理解释,对于促进立法和司法工作,对于培养法律专业人才,发展刑法科学,对于提高广大干部和人民群众的法律意识和法学水平,增强全民的法制观念是很有作用的。

2. 从解释的方法分类

(1)文理解释,又称字面解释、文法解释。是对法律条文的字义,包括词句、术语、概念从字面含义到语法结构上所作的解释。如上面在立法解释中所提到的,《刑法》第91条至第99条这些解释性条文,如果从解释的方法分类,当属文理解释。例如,《刑法》第94条对"司法工作人员"所作的专门解释:"本法所称司法工作人员,是指有侦查、检察、审判、监管职责的工作人员。"第95条对何谓"重伤"所作的专门解释、第97条对何谓"首要分子"所作的专门解释等等。其主要特点是严格按照刑法条文字面上的含义进行解释,既不扩大,也不缩小。

(2)论理解释,是指按照立法精神和刑事政策,联系有关情况,从逻辑上所作的解释。其主要特点是,不拘泥于刑法条文的字面意义,从条文的内部结构关系及条与条之间的相互联系上,探求立法的意图,阐明立法的主要精神。

① 扩张解释,又称扩大解释,是指将《刑法》条文作大于其字面含义范围的解释,例如,1979年《刑法》第173条规定:"违反保护文物法规,盗运珍贵文物出口的,处三年以上十年以下有期徒刑,可以并处罚金;情节严重的,处十年以上有期徒刑或者无期徒刑,可以并处没收财产。"在1988年1月《关于惩治走私罪的补充规定》尚未制定,未明确此种情况应认定为走私罪之前,《中华人民共和国文物保护法》第31条第3款曾规定:"将私人收藏的珍贵文物私自卖给外国人的,以盗运珍贵文物出口论处。"这是当时对1979年《刑法》第173条盗运珍贵文物出口罪所作的扩张解释。另外,在刑法的司法解释中也经常采用扩张解释的方法。例如,最高人民法院于1985年7月8日,在《关于惩治走私、制作、贩卖、传播淫秽物品的犯罪分子的决定》制定以前,就曾批复:对于组织播放淫秽录像、影片、电视片、幻灯片等构成犯罪的,可直接依据《刑法》第170条的规定定罪判刑。从字面含义看,1979年《刑法》第170条规定的淫书淫画,并不包括淫秽录像、影片、电视片和幻灯片等。可见,上述批复就是对刑法有关条文的扩张解释。

② 限制解释，又称缩小解释，是指将刑法条文作小于其字面含义范围的解释。如 1983 年 11 月 17 日最高人民法院、最高人民检察院等联合发布的《关于查处破坏邮电通信案件工作的通知》中指出："邮电工作人员利用职务上的便利，从邮件中窃取财物，情节恶劣、后果严重的，应依照《刑法》第一百九十一条第二款的规定从重处罚。"这里用了"情节恶劣、后果严重"来限制对刑法上述条款的适用。可见，这是一种限制解释。

③ 当然解释，是指刑法规定虽未明示某一事项，但依规范目的、形式逻辑和事物属性，将该事项当然包含在该规范适用范围之内的解释。如《刑法》第 50 条第 1 款前段规定："判处死刑缓期执行的，在死刑缓期执行期间，如果没有故意犯罪，二年期满以后，减为无期徒刑；如果确有重大立功表现，二年期满以后，减为二十五年有期徒刑。"据此，没有满 2 年的不得减为无期徒刑，更不得减为有期徒刑，这就是当然解释。需要注意的是，当然解释仍应以解释的事项符合法条用语可能具有的含义为前提。

第二章

刑法的基本原则

第一节　刑法的基本原则概述

一、刑法基本原则的概念及内容

刑法的基本原则是刑法的核心和精髓,不仅能体现刑法的根本精神,而且能指导刑事立法和刑事司法适用。正因为如此,刑法的基本原则始终是理论和实践中一个极其重要的问题。

世界各国有关刑法基本原则的表现模式主要有三种:其一为直接规定的模式,即刑法的基本原则直接由刑法条文加以规定;其二为援引的模式,即刑法的基本原则不是由刑法条文加以规定,而是由宪法或其他宪制性法律加以规定;其三为推论的模式,即刑法的基本原则既不是由刑法条文加以规定,也不是由宪法或其他宪制性法律加以规定,而是由一些学者根据刑法的具体规定,从理论上进行归纳和总结并作出推论。

我国 1979 年《刑法》没有对刑法基本原则作出规定,其他法律也没有这方面的规定,当时刑法基本原则均是由一些学者根据自己对刑法规定内容的理解从理论上推论出来的。由于各人对刑法条文的内容及其精神理解不会完全一样,推论的角度也不可能完全一致,因此,刑法的基本原则在各种教科书中的表述并不完全一样。这种情况的存在,显然不利于刑法基本精神的体现和刑法内容的正确贯彻。为此,1997 年我国在对刑法进行修订时,许多人提出应该将刑法的基本原则直接规定在刑法条文中,立法者最终采纳了这一观点,明确地将刑法基本原则规定在刑法条文中。从 1979 年《刑法》对基本原则采用推论的模式到 1997 年《刑法》采用直接规定的模式,这无疑是我国法治建设的又一重大成果。

对于刑法基本原则应该有哪些,理论上存在许多不同的意见。曾经有人提出过罪刑法定原则、主客观相一致原则、罪刑相适应原则、罪责自负反对株连原则、惩办与宽大相结合原则等。理论上大多数学者认为,界定刑法基本原则可以包括以下三方面的内容:第一,刑法基本原则应该是刑法这个部门法所特有的原则,而不是各个部门法所共有的原则。在国家的法律体系中,除了刑法以外,还存在宪法与其他诸多部门法,这些法律尽管存在所有法律的共同原则,但均有各自特有的原则。从总体而言,各个部门法所特有的原则应该与法律的共同原则在精神上是一致的。各部门法所特有的原则与法律的共同原则是个性与共性、特殊与一般的关系。但是毋庸置疑,各部门所特有的原则应该是各不相同的,也即作为刑法的基本原则理应有别于其他部门法律的原则,在不违背法律共同原则的前提下,具有自己部门法的特点。第二,刑法基本原则应该是贯穿于刑法始终的准则,也即应该贯穿于刑事立法、司法的全过程,体现在整个定罪量刑的各个方面。刑法基本原则应当具有全局性、根本性的属性,在刑事立法、司法的各个阶段均起作用,具有普遍的指导意义,而不是仅适用于某一特定阶段。如对未成年人犯罪从宽处罚原则、累犯从重处罚原则、数罪并罚原则等,虽然均是刑法中不可或缺的原则,但它们毕竟只是量刑等方面的局部原则,并不具有贯穿于刑法始终的特性,因而不能将它们视为刑法的基本原则。第三,刑法基本原则应该符合"原则"的内涵。"原则",通常是指"观察问题、处理问题的准绳"。[1]也即刑法基本原则必须是刑法制定、解释与适用等活动中均必须遵循的准则。应该看到,刑法基本原则对于刑法解释与适用等活动的指导作用是十分明显的,因为,既然是刑法的基本原则,其内涵当然应该制约着刑法的解释与适用等活动,这是不言而喻的。需要理解的是,尽管刑法的基本原则规定在刑法之中,仍然应该理解其对刑法制定的指导作用,因为,立法者在制定刑法时首先是根据其所确立的基本原则设定相关条文的。

由上述这些内容分析可知,刑法的基本原则应该是贯穿于刑法的立法、司法的全过程,并具有普遍遵守的、为刑法所独有的或者为刑法对法治原则的重申,具有全局性、根本性的准则。[2]根据这一要求,在对 1979 年《刑法》的修订过程中,立法者广泛听取了各方面的建议和意见,将罪刑法定原则、平等适用原则(也称适用刑法平等原则)及罪刑相当原则(也称罪责刑相适应原则)明确地规定在《刑法》第 3 条、第 4 条和第 5 条之中。

刑法所规定的这三大基本原则(特别是罪刑法定原则)具有划时代意义。

二、确立刑法基本原则的意义

我国新刑法中所确立的基本原则是我国刑事立法对人们在长期的刑事司法实践中刑事司法活动规律的反映,这些原则既继承和发扬了我国人民司法工作的优良传统,又是对刑事司法活动的性质、特点及其规律的全面、综合的反映,其所蕴含的科学、民主理念对于指导司法实践、完善刑事法制、实现刑法的任务都具有举足轻重的作用。[3]确立刑法基本原则的意义主要有:

---

① 参见《辞海》,上海辞书出版社 1979 年版,第 151 页。
② 参见苏惠渔主编:《刑法学》,法律出版社 2001 年版,第 31 页。
③ 参见苏惠渔主编:《刑法学》,法律出版社 2001 年版,第 32 页。

（一）刑法基本原则在刑事立法活动中的指导意义

有人认为，刑法基本原则规定在刑法条文之中，因此，作为刑法的基本原则不可能指导刑事立法活动。这种观点显然是不正确的。因为，任何法律的制定总归存在自己的原则，这些原则对于法律条文的设定以及相关内容的确定理所当然地具有指导作用，否则就不能贯穿于法律始终，也就很难称之为原则。事实上，立法者在立法时就必须首先确立基本原则，并以此原则作为设立条文的准绳。从宏观上看，刑法基本原则是制定或派生刑法典、特别刑法、附属刑法规范的理论支点；从微观上看，具体刑法条文的设置要体现和遵循刑法基本原则。哪些严重危害社会的行为应规定为犯罪，罪与刑的比例关系应怎样设定，刑法条文的建立应遵从怎样的模式，都应在刑法基本原则的指导下进行。例如，罪刑法定原则对于犯罪与刑罚内容以及法律条文的规范，罪刑相当原则对于罪刑比例关系的调整等。如果背离了刑法基本原则，刑事立法就必然出现偏差。应该看到，刑法基本原则的确立在很大层面增强了刑事立法的科学化、系统化和一体化，而且科学化、系统化和一体化的特点不仅仅表现在刑法典的制定活动中，并将体现在以后对刑法典的修订和补充活动之中。

（二）刑法基本原则在刑事司法实践活动中的指导意义

应该看到，刑事立法的科学化、系统化和一体化必然对刑事司法实践活动带来新的要求，而刑法基本原则的确立对于具体刑事司法活动的指导意义则将长期存在。这是因为，由刑事立法的原则性、概括性与现实中的刑事案件的复杂性、多样性所决定，刑事司法实践中必然存在如何正确适用刑法，科学、准确地定罪、量刑，充分发挥刑法的保障机能与保护机能等问题。只有严格贯彻刑法基本原则的精神，才能科学地解决上述问题，使刑事司法活动顺利、有效地进行下去。刑法基本原则对于刑事司法的作用表现在：（1）刑事司法严格遵守刑法基本原则的准则；例如，根据罪刑相当原则，量刑中力求刑与罪的相当，重罪重罚，轻罪轻罚。（2）刑事司法活动中以刑法基本原则为指导。刑法条文相对比较稳定，规定的内容也比较原则，而犯罪却是千差万别的，即使是同一类犯罪，也会因时间、地点、方法、手段的不同而不同。从刑法的一般规定到具体的犯罪行为，有一个正确地理解和适用的过程，在这一过程中，司法人员对于案件的定性、处理离不开刑法基本原则的指导。[①]

（三）刑法基本原则对刑法任务实现的保障作用

任何法律的制定均有其需要达到的目的和需要完成的任务，刑法也不例外。当我们在建构刑法体系时也需要明确刑法所要实现或完成的任务。为了完成这一任务，就必须在刑法基本原则的指导下，将刑法所要实现或完成的任务细化到每一个条文之中。如果没有刑法基本原则，就无法形成具体的刑法任务，更谈不上刑法任务的实现和完成。就此而言，我们可以说刑法基本原则对刑法任务的实现和完成具有保障作用。我国刑法在整体上主要是围绕控制犯罪和保障人权两个直接任务而运转的。总体上讲，我国刑法所确立的基本原则正是保障人们更有效地去实现刑法的任务。

---

① 参见苏惠渔主编：《刑法学》，法律出版社2001年版，第33页。

第二节 罪刑法定原则

罪刑法定原则，又称罪刑法定主义。其基本含义包括认定行为人的行为是否构成犯罪、构成什么样的犯罪，以及应承担什么样的刑事责任并给予什么样的刑罚处罚，必须以刑法的明文规定为前提，如果刑法没有明文规定，即使行为危害很大，也不能认定犯罪、追究刑事责任和给予刑罚处罚，也即法无明文规定不为罪、法无明文规定不处罚。

一、罪刑法定原则的产生和发展

罪刑法定原则是现代世界各国普遍认同的一个极为重要的刑法原则和国际法原则。这一原则从思想、口号、学说的产生，一直发展到成为刑法原则和国际法原则，经历了一个较为漫长的历史发展过程，其本身具有深刻的思想渊源。

对于罪刑法定原则究竟产生于何时，理论上有多种说法。据考证，最早以文字形式记载这一原则的是拉丁文"nullum crimen sine leqe, nulla poena sine lege"，即"适用刑罚必须依据法律实体"或"无法律即无刑罚"的格言。中国先秦时期也曾有强调法的渊源必须是成文法的法定化。但是，这不意味着古罗马法中就已经实行了罪刑法定原则。也即这些虽然与罪刑法定的内容有一些相类似的地方，但是，与现代罪刑法定原则相比，它们最多也只能称之为罪刑法定的萌芽。

一般认为，罪刑法定的最初思想渊源是英国 1215 年由英王约翰签署的《自由大宪章》，该宪章第 39 条规定："不经适合其身份的合法审判和国家法律，任何人不得被逮捕、监禁、没收财产或不得被驱逐、施暴和被剥夺法律保护。"[①]这一规定（即"适当的法定程序"原则）虽然对于限制王权和保障人权开了先例，具有了罪刑法定原则的某些实质内容，但从本质上说，它是维护封建制度的产物，因而还不是以保障权利和自由为目的的现代意义上的罪刑法定原则。随着资产阶级在同封建统治斗争中力量的壮大和本身的逐步成熟，包含在《自由大宪章》中的罪刑法定思想，通过 1628 年的《权利请愿书》，1679 年的《人身保护法》和 1689 年的《权利法案》逐渐成熟之后，这一思想又随着英国殖民主义在美洲的发展传入美洲，在 1774 年北美费城 12 殖民地代表会议的宣言、1776 年弗吉尼亚州权利宣言以及 1787 年美利坚合众国宪法中得到肯定和进一步完善。继美国革命之后被称为资产阶级革命最为彻底的法国资产阶级革命又把这一思想从美洲带到了欧洲大陆，并在法国的《人权宣言》中得到全面的表现，其第 8 条规定："法律只能规定确实需要和显然不可少的刑罚，不依据犯罪行为前

---

① 转引自苏惠渔、刘宪权主编：《犯罪与刑罚理论专题研究》，法律出版社 2000 年版，第 56 页。

制定、颁布并付诸实施的法律，不得处罚任何人。"罪刑法定从学说到刑法原则的转变，是在法国资产阶级革命胜利后才完成的。1789 年法国《人权宣言》第 5 条规定："法律仅有权禁止有害于社会的行为，凡未经法律禁止的行为既不应受到妨碍，而且任何人都不得被迫从事法律所禁止的行为。"在《人权宣言》原则的指导下，1791 年《法国刑法典》（草案）规定了体现罪刑法定原则的内容，1810 年《法国刑法典》第 4 条明确规定罪刑法定原则："没有在犯罪行为时以明文规定刑罚的法律，对任何人不得处以违警罪、轻罪和重罪。"从此，该法典成为世界上大多数国家仿效的范本，形成罪刑法定原则最直接的刑法渊源，从此以后为欧洲各国和世界其他国家所沿用，遵循罪刑法定主义成为各国刑事司法的通行做法。

应该承认，罪刑法定原则的形成和发展，应当归功于一大批思想家和法学家的努力。特别需要指出的是，在 17、18 世纪资产阶级启蒙思想家极力倡导之下，罪刑法定思想得到更加系统与全面的论述，从而形成一种思想潮流，与封建社会的罪刑擅断相抗衡。如英国哲学家、政治思想家和古典自然法学派代表人物洛克（1632—1704）在《政府论》中认为："处在政府之下的人们的自由，应有长期有效的规则作为生活的准绳。这种规则为社会一切成员所共同遵守，并为社会所建立的立法机关所制定。"至于这些规则应采取何种形式，洛克认为"制定的、同意的、大家了解的、依一般人同意采纳和准许的法律，才是是非善恶的尺度"。[1] 尽管洛克在《政府论》中并未具体明确地提及罪刑法定一词，但从其字里行间，可以分析出罪刑法定的精神和思想。例如，文中所提及的"规则"、"准绳"、"法律"、"尺度"等内容无不体现了罪刑法定的要求。法国启蒙思想家、法学家、古典自然法学派代表人物孟德斯鸠（1689—1755）在其1748 年出版的《论法的精神》一书中指出："专制国家是无所谓法律的。法官本身就是法律；法律明确时，法官遵守法律；法律不明确时，法官则探求法律的精神。在共和国里，政制的性质要求法官以法律的文字为依据；否则，在有关一个公民的财产、荣誉或生命的案件中，就有可能对法律作有害于该公民的解释了。"[2] 孟德斯鸠在这里实际上已经很具体地提出了法官应"以法律的文字为依据"的论断，并详细地分析了如果不这样，法官所作的解释就可能"有害于该公民"，从中较清楚地表达其对罪刑法定主义的追求与希望。较为明确地阐述罪刑法定原则的当推意大利著名刑法学家、刑事古典学派创始人贝卡利亚（1738—1794），其在《论犯罪与刑罚》一书中提出："只有法律才能规定惩治犯罪的刑罚……超出法律范围的刑罚是不公正的。因为它是法律没有规定的一种处罚。""当法典中含有应逐字适用的法律条文，而法典加给法院的唯一职责是查明公民行为并确定它是否符合成文法的时候；当所有的公民——由最无知识的人一直到哲学家——都应当遵循的关于什么是正义的和不正义的规则是毫无疑义的时候，国民将免受许多人的微小的专制行为。"[3] 贝卡利亚的这些论述十分清

---

① ［英］洛克著：《政府论》（下篇），瞿菊农、叶启芳译，商务印书馆1964 年版，第 16 页。
② ［法］孟德斯鸠著：《论法的精神》（上册），张雁深译，商务印书馆1962 年版，第 76 页。
③ ［意］贝卡利亚著：《论犯罪与刑罚》，黄风译，中国大百科全书出版社1991 年版，第 10—14 页。

楚地表明了罪刑法定主义最基本的思想和精神所在,其中"只有法律才能规定惩治犯罪的刑罚"以及"超出法律范围的刑罚是不公正的"等的论述,实际上已经明确无误地阐述了罪刑法定原则理应具有的内容。当然,罪刑法定真正成为刑法的基本原则,还是被奉为近代刑法鼻祖的费尔巴哈有力倡导的结果。费尔巴哈指出:"每一个应当判刑的行为都应当依据法律处罚","哪里没有法律,哪里就没有对公民的处罚"。

在相当长时期内,罪刑法定原则一直被奉为保护人权、防止刑罚权滥用的国际公认的重要原则,且在各国和地区刑法领域中占有绝对主导地位。时至今日,在七百多年的时间里仍是各国刑法所不愿放弃的一项基本原则。据不完全统计,目前世界上公开反对罪刑法定原则的国家和地区已经不存在,大多数国家和地区均把罪刑法定原则规定在刑法条文中,也有些国家虽然没有在法律中加以规定,但理论和实践中均予以承认。特别是罪刑法定原则发展至今,已经从原来的国内刑法的原则,发展成宪法上的原则并进而演变成国际法上的一个重要原则。例如,1948 年 12 月 10 日通过的《世界人权宣言》第 11 条第 2 款对罪刑法定原则作出明确规定:"任何人的任何行为或不行为,在其发生时依国家法或国际法均不构成刑事罪者不得被判为犯有刑事罪,刑罚不得重于犯罪时适用的法律规定。"1950 年 11 月 4 日在罗马订立的《欧洲人权公约》第 7 条第 1 项,以及 1966 年 12 月 16 日通过的《公民权利和政治权利国际公约》第 15 条第 1 项都有类似的规定。一个法律的原则能够在这么长的时间内被不同国家、不同社会制度、不同民族所广泛、持久地接受,这本身就足以证明罪刑法定原则具有强大的生命力和科学性。

罪刑法定原则的形成,是资产阶级革命反对封建专政统治和司法擅断的成果,具有不可抹杀的历史进步性。从罪刑法定主义思想的萌芽到罪刑法定原则的条文化,历经数百年,这项原则虽然在具体内容的宽与严、绝对与相对程度上有过一些争论和变化,但是基本精神却始终如一,并没有因为时间的推移而发生任何实质性的改变。这一事实表明:罪刑法定思想有它闪光的合理内核,其实质是罪与刑的明确化、规格化和法定化。它既要保护公民民主自由权利不受非法侵害,同时还要保障国家刑罚权的合理行使,防止任意滥用。定罪处罚的有法可依和有法必依,正是罪刑法定原则之法治精神的体现。

二、罪刑法定原则的思想渊源

关于罪刑法定原则主要有两大思想渊源。

其一是以资产阶级启蒙思想家卢梭等人为代表的"天赋人权"、"社会契约论"与"三权分立和制衡"等学说。按照卢梭等人的观点,人人生而有自由、平等的权利。这种权利是天赋的,不是哪个人恩赐的,但是人的这种权利有一个实现的过程。人在实现自己权利的过程中,可能会碰到各种各样的障碍,基于契约关系建立起来的国家自应充分保护每个人的权利,其保护方法就是国家的立法、司法、行政三权不能像封建专制统治那样集于一身,应当分立,且相互间应有制约力,以实行权力平衡,避免国家权力的滥用,从而保障国民的自由和权利不受任意侵犯。正如孟德斯鸠所指出的:从事物的性质来说,要防止滥用权力,就必须以权力约束权力。如果司法权与立法权合而为一,则将对公民的生命和自由施行专断的权力,因为法官就是立法者。①国家还必须通过制定法律来保证人的这种自由、平等的权利,而国家的法律实际上是国家和个人建立的一种社会契约。作为一种社会契约,签约的双方在签约之前对合约的内容应该了解得十分清楚,特别是涉及对行为的禁止性规定,在契约颁布之前应该让人们知道禁止性行为当中的具体内容,而且这些内容必须明确而不能含糊。这些观点反映在刑事法律上,表现为针对封建社会的罪刑擅断,提出罪刑法定主义,强调司法上的人权保障,必须是司法机关严格依照事先制定并实施的法律的明文规定来定罪处刑,不能超越法律规定,更不能在没有法律规定的情况下就给人的行为定罪判刑。另外,法律的制定要考虑到它能确实可靠的执行,而要能保证法律确实可靠的执行,必须对法律条文中的内容明确化、具体化,也即罪和刑要法定,要具体和明确。这是罪刑法定原则的第一个思想渊源。

其二是被奉为近代刑法鼻祖费尔巴哈的"心理强制说"。费尔巴哈认为,人人皆有比较痛苦与快乐、追求愉快、趋避痛苦的本性,人们对犯罪所得的快乐与受法律惩罚之痛苦比较和权衡之后,就会在心理上自动抑制犯罪。按照费尔巴哈的观点,人们在实施任何行为时,始终处在一种利弊权衡的过程中,两利相权取其重,两害相衡取其轻。同样人们在实施犯罪行为的时候,也处在一个利弊权衡的过程中,如果犯罪所可能给他带来的痛苦超过犯罪所可能给他带来的快乐的,他就可能不干;相反的如果犯罪所可能给他带来的快乐超过犯罪所可能给他带来的痛苦的,他就会坚决地干。也正是因为这一点,按照费尔巴哈的观点,要有效地遏止住犯罪,其中最关键的一点,就是人们在实施犯罪行为之前,应该让他们明确地知道,如果实施犯罪行为将可能给其带来的痛苦有多大,以使他们能够进行一下比较并作出权衡。在这种情况下,就会有很多人因为害怕受到这种痛苦而放弃犯罪。由此,刑事法律应该事先明确规定什么是犯罪和犯了罪将要受到多重的处罚,从而对人们的心理造成一定强制压力,以便让人们自发控制犯罪的欲望并有效地遏制一些犯罪的发生。根据这一要求,有效地遏止住犯罪就必须给可能实施犯罪者一种心理强制,而造成心理强制的一个具体做法就是犯罪和刑罚必须由刑法条文具体明确地加以规定。这是罪刑法定原则的第二个思想渊源。

三、罪刑法定原则在我国刑法中的确立

罪刑法定原则在我国刑法中的确立有一个曲折的过程。尽管中国封建社会中有一些类似罪刑法定的思想,有从春秋战国以来公开颁布成文法的传统,有著名的《唐律疏议》、《宋刑统》等法律,其中也有过罪刑法定的某些因素,但不存在有真正意义上

---

① [法]孟德斯鸠著:《论法的精神》,张雁深译,商务印书馆1997年版,第156页。

的罪刑法定原则。一般认为,罪刑法定原则是在晚清时由日本传入我国。这一原则最早见诸法律条文的是 1908 年(光绪三十四年)的《钦定宪法大纲》,该大纲规定:"臣民非按照法律规定,不得加以逮捕、监禁、处罚。"1910 年(宣统二年)由沈家本主持修订的《大清新刑律》规定:"法律无正条者,不问何种行为,不为罪。"这一法律规定无疑是中国历史上第一次在刑法条文中确立的罪刑法定原则。后来民国时期的各部刑法均采用了罪刑法定原则,1935 年颁布的《中华民国刑法》第 1 条就规定:"行为之处罚,以行为时之法律有明文规定者为限。"我们也应该看到,尽管《大清新刑律》后的旧中国各部刑法均有类似的规定,但是,由于这些刑法中都一直存在有法外制裁并实行类推制度,罪刑法定原则不能真正得到贯彻执行。

我国 1979 年《刑法》由于遵循"宜粗不宜细"原则,刑法分则条文只有 103 条,可能因为有些严重危害社会的行为必须追究,但法律又没有明文规定,故又规定了有条件的类推制度。尽管大多数人认为我国当时的刑法已经奉行罪刑法定原则,只是在采用这项基本原则时略有变通而已,即我国奉行的是"以罪刑法定为基础,以类推为补充"的原则。但是对于是否需要坚持罪刑法定原则的问题,理论上仍众说纷纭。有人认为,我国不应以罪刑法定为刑法基本原则,其理由是罪刑法定为资产阶级夺取政权、维护其统治所设立的原则,因而不应为我国社会主义刑法所采用。也有人认为,我国地域辽阔,人口众多,社会现象复杂多变,如果采用罪刑法定原则势必约束自己的手脚,难以同各种犯罪进行有效的斗争,所以认为不宜采用这一原则。还有人认为,我国刑法事实上没有采用罪刑法定原则,因为刑法中类推制度的设立,无疑从事实上否定罪刑法定原则的存在。①随着刑事立法进一步向科学化、民主化方向上的发展,修订以后的刑法分则条文从原来的 103 条增加到了 351 条,对各种犯罪作了进一步明确、具体的规定;加之 1979 年《刑法》颁布、实施以后,实际办案中运用类推案件数量甚微,故 1997 年《刑法》取消了类推制度,明文规定了罪刑法定原则。《刑法》第 3 条规定:"法律明文规定为犯罪行为的,依照法律定罪处罚;法律没有明文规定为犯罪行为的,不得定罪处罚。"这是共和国刑法立法史上第一次以条文化的形式,将罪刑法定原则规定下来。其意义极其深刻。(1)有利于加强人民民主专政。可以将一切反对人民民主专政、反对社会主义制度的罪行依法准确地予以惩罚,使对敌专政具有不可动摇性;可以严格地划分罪与非罪、此罪与彼罪的界限,保证对敌斗争的准确性;可以使人民群众利用这一有力武器坚定地展开对敌斗争。(2)有利于保证人民基本权利的实现。在刑法上采取罪刑法定原则,对于保障宪法赋予公民的权利有着极为重要的作用:一方面,刑法确认法无明文规定不为罪、不受处罚,就使公民的基本权利得到切实可靠的保障,以免司法机关滥用刑罚权而导致对权利的侵害;另一方面,通过规定什么行为是犯罪并如何处罚,使打击侵犯公民权利的行为人有了准绳,即采用强力惩治非法侵害人并威慑潜在的非法侵害人,从而使公民的权利实现得到保证。(3)有利于克服"人治"至上的弊端,使犯罪分子得到正确、合法、及时有效的惩处。

---

① 苏惠渔、刘宪权主编:《犯罪与刑罚理论专题研究》,法律出版社 2000 年版,第 61—62 页。

(4)有利于加强公民同犯罪作斗争。《刑法》明文规定何种行为为犯罪,犯罪应受什么样的处罚,提高了公民对违法、犯罪的区分能力,并且能监督司法机关准确地依法惩治犯罪,充分发挥刑法的保护功能。(5)有利于社会主义现代化建设的顺利进行。确立罪刑法定,使社会主义法治的权威性能更好地体现,依法治国、保证国家的长治久安和社会主义经济建设得以顺利进行。现行刑法的这一规定充分表明,罪刑法定原则不再停留在理论上进行讨论,而已经在刑事立法中有了体现。

罪刑法定原则在我国1997年《刑法》中的体现是明确和具体的,《刑法》第3条以条文形式明确将此原则规定下来,起到了统率的作用。同时,在《刑法》有关条文中明确地规定了犯罪的概念(如《刑法》第13条对犯罪概念作了明确的规定)、犯罪构成的共同要件(如《刑法》第14条至第18条明确规定了犯罪构成的共同要件,即构成犯罪的行为必须同时具备客体、客观方面、主体和主观方面四个要件),以及具体罪名及特征,规定了刑罚的种类、量刑原则、具体犯罪的法定刑,与1979年《刑法》相比,得到了进一步明确和完善,标志着罪刑法定原则在我国刑法中真正生根,表明我国刑法由偏重于对社会利益的保护向保护社会与保障人权并重转变的价值取向,显示我国刑法在立法指导思想、立法内容和立法技术上的很大进步,从而对于中国刑事法治的发展与完善起到了决定性的作用。

应该看到,在我国刑法中推行罪刑法定原则是有充分的理论依据和迫切的现实需要的。理论上,尽管罪刑法定原则是资产阶级在同封建统治作斗争过程中为争取自身在社会中的统治地位和权力而创造的一项法律原则,在此之后的推行,本质上也是为资产阶级统治利益服务的。但是,无论是提出的当时还是发展到现在,罪刑法定原则对社会的发展均具有十分重大的积极作用。特别是罪刑法定原则在当今全球范围普遍被接受的事实充分表明其具有的历史进步性和内容的科学性。这种进步性和科学性无疑代表了社会发展的潮流,顺应了社会发展的趋势。

总之,罪刑法定原则在我国刑法中的确立,具有划时代意义。其不仅标志着我国民主与法治原则的发展与加强,而且也顺应了当代社会发展的趋势,符合世界各国刑事法律发展方向。尤其是对我国的刑事立法与刑事司法的发展完善以及更新我们的刑法观念,罪刑法定原则具有极其重要的作用。

第三节 平等适用原则

一、平等适用原则的基本内容

平等适用原则,也称刑法面前人人平等原则,是我国刑法的基本原则之一。这一原则要求,刑法规范在根据其内容应当得到适用的所有场合,都必须予以平等、严格适用。我国《刑法》第4条规定了平等适用刑法原则,该条明确规定:"对任何人犯罪,在适用法律上一律平等。不允许任何人有超越法律的特权。"

应该看到,平等适用作为一项刑法原则,实际上是法律面前人人平等原则的具体体现。法律面前人人平等原则,是我国宪法确立的一项法治原则,我国《宪法》第33条规定:"中华人民共和国公民在法律面前一律平等。"第 5 条规定:任何组织或个人"都必须遵守宪法和法律","都不得有超越宪法和法律的特权","一切违反宪法和法律的行为,必须予以追究"。法律面前人人平等原则,各个部门法都应予以贯彻执行,如《中华人民共和国民事诉讼法》、《中华人民共和国刑事诉讼法》等都规定,公民在法律适用上一律平等。在 1997 年的《刑法》修订研讨过程中,对是否将这一原则纳入刑法也进行了充分的酝酿和讨论。在制定 1979 年《刑法》时,彭真在第五届全国人大第二次会议上所作的《关于七个法律草案的说明》中也曾强调指出:"在法律面前人人平等,是我国全体人民、全体共产党员和革命干部的口号,是反对任何特权的思想武器","对于违法犯罪的人,不管他资格多老、地位多高、功劳多大,都不能加以纵容和包庇,都应当依法制裁"。原来刑法典虽然没有规定法律面前人人平等原则,事实上实践中基本遵循了这一原则。近年来,在我国的现实生活中,有人凭借自己的身份、地位、权势、金钱,犯了罪却逃避法律制裁,这种现象虽然是少数、个别的,但是影响极坏,严重地破坏了社会主义法治。因此,必须在刑法中明确提出适用法律人人平等原则,正如邓小平所言:"越是高级干部子弟、越是党政干部、越是名人,他们的违法事件越要抓紧查处……高级干部在对待家属、子女违法犯罪问题上必须有坚决明确、毫不含糊的态度,坚决支持查办部门,不管牵涉到谁,都要按党纪、国法查处。"1982 年《中共中央、国务院关于打击经济领域中严重犯罪活动的决定》指出:"对于严重破坏经济的犯罪,不管是什么人,不管他属于哪个单位,不论什么职位高低,都要铁面无私、执法如山,决不允许有丝毫例外,更不允许任何人袒护、说情、包庇。如有违反,无论是谁,一律要追究责任。"所有这些都表明,确定平等适用原则为刑法基本原则已是势所必然。另外,从国外立法例来看,亦有将此原则作为刑法基本原则的,如 1997 年 1 月 1 日生效的《俄罗斯联邦刑法典》第 4 条规定此项原则即:"实施犯罪的人,不分性别、种族、民族、语言、出身、财产状况和职务地位、居住地、对宗教的态度、信仰、社会团体属性以及其他情况,在法律面前一律平等,均应承担刑事责任。"就此背景而言,将平等适用原则作为我国刑法的基本原则之一,显然有其合理性。

法律面前人人平等是近代资产阶级反对封建特权等级制度而提出来的一个口号,发展至今已有很长的历史。早在公元前 5 世纪,古希腊政治家伯里克利斯就说过:"我们的制度之所以被称为民主政治,因为政权在全体公民手中,而不是在少数人手中。解决私人争执的时候,每个人在法律上都是平等的。"①虽然我国古代早已存在有"王子犯法与庶民同罪"、"刑无等级"、"法不阿贵"、"刑过不避大臣,赏善不遗匹夫"等学说或口号。但是,由于客观历史的局限性,这些均不能算作现代意义上的法治原则,充其量只能算代表了当时人们对公平的一种要求、理想或反映了当时的一种

---

① ［古希腊］修昔底德著:《伯罗奔尼撒战争史》,谢德风译,商务印书馆 1960 年版,第 130 页。

社会思潮。现代意义上的平等观念是在欧洲文艺复兴时期由新兴资产阶级思想家提出来的。例如洛克、卢梭等人针对封建贵族和僧侣的特权与神权，系统地提出了"天赋人权"学说。洛克认为，人类在自然状态中是自由、平等的，但每个人的权利经常会受到他人的侵犯，于是人们互相订约建立国家，将由自己执行自然法和惩罚违反自然法者的权利交给国家。卢梭也认为，每个人都是生而自由平等的，放弃自己的自由就是放弃做人的资格，就是放弃人类的自身权利。在他们看来，自然法的本质是理性，制定法必须以自然法为基础，国家应该以正式公布的和被接受的法律进行统治，对富人和穷人、权贵与平民应一视同仁，并强调只有法律才是识别善与恶的真正标尺。显然，新兴资产阶级思想家的这些理论在为资产阶级革命奠定了思想基础的同时，也为资本主义法治建设提供了理论基础，而且由于这些思想观念中存在有许多追求平等自由的思想，这些思想也理所当然地为法律面前人人平等等法治原则的确立提供了充分的理论根据。

二、平等适用原则的确立

应该看到，法律面前人人平等逐渐地由口号转变为法治原则，是在资产阶级革命取得胜利后。1789年法国《人权宣言》正式确认了这一原则，明确规定"法律是公共意志的体现"，"在法律面前，所有的公民都是平等的"，即"在权利方面，人们生来是而且始终是自由平等的"。这种法律上的平等具体表现为：（1）全体公民"都有权亲身或经由其代表去参与法律的制定"；（2）"法律对所有的人，无论是实行保护或者处罚都是一样的"；（3）他们可以按其能力担任一切官职、公共职位和职务，除德行和才能上的差别外不得有其他差别。对于《人权宣言》中所确认的这一原则，1798年法国宪法也以根本法的形式作了充分肯定和进一步的确认。以后法律面前人人平等的原则被欧美等资本主义国家广泛采用，成为资本主义法治的一项重要内容。随后在英美等国的法律中均有类似的规定，这一法治原则在各国的部门法中也得以贯彻，更由于刑法规定内容本身的特殊性，因而这一原则在刑法中的体现更为突出。

我国是社会主义国家，法律面前人人平等的原则理应成为我国的法治原则。作为社会主义的刑法，由于其规定的内容涉及犯罪、刑事责任和刑罚等内容，因此，更应充分体现在刑法面前人人平等的精神。在我国刑法中确立平等适用原则是完全必要的，理由是：首先，平等适用原则是保障公民权利的必然要求。如果在适用刑法过程中不能做到平等，即相同的行为有时被认定为犯罪，而有时则不被认定为犯罪，或者即使认定为犯罪但罪名或处罚均不相同，这种情况必然侵犯公民的权利，从而导致刑法的适用失去权威性。同样，如果适用刑法不平等，对于实际受到刑罚处罚的人而言，其基本权利当然也就很难得到保障。其次，平等适用原则也是预防犯罪的需要。平等适用原则的适用产生的结果是，有罪者得到了应有惩罚，而无罪者则不受刑事追究，这对于预防犯罪无疑具有十分重要的意义。因为，使有罪者得到应有的惩罚，使其承受一定的痛苦，并通过追究刑事责任使其得到改造，以预防其重新犯罪。其他社会人员在看到平等适用原则的现实后,也会从中得到启发和警戒,认识到有罪者必将受到法律制裁,而无罪者的基本权利也会受到法律的保护。最后,平等适用原则也是刑法本身的要求。刑法是规定犯罪和刑罚的法律规范的总和,刑法的适用关系到社会的方方面面,其适用中的平等问题往往表现比较突出,而且人们对刑法能否平等适用的关注程度远远超过对于其他法律的关注。也正是因为如此,强调平等适用原则具有特别重要的意义。

对我国《刑法》第 4 条的规定,我们应该作如下理解:对于任何人犯罪,不论犯罪人的家庭出身、社会地位、职业性质、财产状况、政治面貌、才能业绩如何,都应追究刑事责任,一律平等地适用刑法,依法定罪、量刑和行刑,不允许有任何人超越法律的特权。具体体现在:(1)定罪上一律平等。任何人犯罪都应受到刑法的追究,适用相同的定罪标准。不允许将有罪认定为无罪,也不允许将重罪认定为轻罪,反之亦然。行为人地位的高低、权利的大小、财富的多少等都不能成为影响有罪无罪和罪轻罪重的因素。(2)量刑上一律平等。一方面,在罪行相同、行为人人身危险性相同的情况下,所处的刑罚应当相同;另一方面,该重判的不得轻判,该轻判的不得免除刑罚。行为人地位的高低、权利的大小、文化水平的高低、金钱的多少等都不能影响量刑的轻重。(3)行刑上一律平等。对于判处刑罚的人,应当严格依照刑法规定平等地执行。特别是减刑、假释等方面,应以犯罪人的悔改立功表现以及法律规定为依据而不能以其他非相关因素决定减刑和假释。

需要特别指出的是,我国刑法中所确立的平等适用原则与刑法对具有特定身份的身份犯的量刑轻重的规定并不矛盾。我国刑法中诸如对累犯从重处罚,对未成年人犯罪、自首者、立功者从宽处罚规定,对于有些犯罪中具有国家工作人员身份的犯罪分子规定从重处罚,都是针对行为的社会危害性,根据惩治与预防犯罪的需要,为圆满完成刑法任务而预先在刑法中作出的科学规定。由于这些规定具有普遍的适用性,且这些条文本身就是在平等的条件下制定出来的,因此,条文的内容与平等适用原则的规定不存在任何矛盾。相反,这些规定则是从社会危害性角度为平等适用刑法原则的实现提供了前提条件,因为,刑法中所规定对具有特定身份的身份犯量刑轻重的内容,无非是强调在平等适用的情况下该重的重,该轻的轻,所有的重轻适用又均是以平等为前提的。

第四节　罪刑相当原则

一、罪刑相当原则的内容

罪刑相当原则,也称罪责刑相适应、罪刑相适应原则或罪刑均衡原则,是我国刑法基本原则之一。其基本含义主要是刑罚的轻重必须与犯罪的轻重相适应,不能重罪轻判,也不能轻罪重判,也即犯罪社会危害性程度的大小,是决定刑罚轻重的重要依据,犯多大的罪就处多重的刑,做到重罪重罚、轻罪轻罚,罪刑相当、罚当其罪。

罪刑相当的概念虽有源远流长的历史,但作为刑法基本原则则是在资产阶级革命胜利以后确立的。罪刑相当的思想最早可以追溯到原始社会的同态复仇和奴隶社会的等量复仇。在人类社会发展历史上"以血还血,以眼还眼,以牙还牙"可以称之为罪刑相当思想最原始、最粗糙的表述形式。正如恩格斯在《家庭、私有制和国家的起源》一书中所描述的,"个人依靠氏族来保护自己的安全,而且也能做到这一点:凡伤害个人的,便是伤害了整个氏族。假使一个氏族成员被外族人杀害了,那么被害者的全氏族必须实行血族复仇"。需要指出的是,在奴隶社会初期,同态复仇的习俗残存下来已被早期的法律所认可。如《汉谟拉比法典》(约前1792—前1750)第196条规定:"倘自由民损毁任何自由民之子之眼,则应毁其眼。"第197条规定:"倘断自由民(之子)之骨,则应斩其骨。"《十二铜表法》(前451—前405)第8表第2条也规定:"如果故意伤人肢体,而又未与(受害人)和解者,则他本人亦应遭受同样的伤害。"就此分析,我们不难发现这些奴隶社会的法律条文中均完整地体现了典型的同态复仇思想。中国古代也有"罚必当暴"之学说。荀子把刑罚和罪过视为一种对等的报偿关系,指出:"刑当罪则威,不当罪则侮。"这些学说无疑反映了荀子已经具有了最原始的罪刑相当思想。在我国古代的许多法律中已经出现划分故意和过失、再犯和偶犯的区别。例如在《唐律》中将杀人区分为谋杀、故杀和戏杀等三种情况,并分别处予不同的刑罚。这些均证明了在古代法律中已经存在罪刑相当的内容。

应该承认,罪刑相当真正成为刑法原则之一主要是由于资产阶级启蒙思想家倡导的结果。17、18世纪的启蒙思想家猛烈地抨击了封建社会的严刑苛罚,表达了资产阶级对于罪刑相适应的基本要求。例如,意大利著名刑法学家贝卡利亚系统地阐述了罪刑相当的思想。他指出:"遭受侵害的权利愈重要,犯罪的动机愈强烈,阻止他们犯罪的阻力就应当愈强大,这就是说,刑罚与犯罪应当相均衡。"启蒙思想家们所倡导的罪刑相当思想在资产阶级刑事立法中得到了充分的体现。例如,法国1789年的《人权宣言》第8条指出:"法律应当制定严格的、明显的、必需的刑罚。"1793年,法国宪法所附的《人权宣言》第15条规定:"刑罚应与犯罪行为相适应,并应有益于社会。"从1791年到1810年的《法国刑法典》,虽然由绝对确定的法定刑改为相对确定的法定刑,但无疑都贯彻了罪刑相当原则,为后世刑事立法所借鉴。罪刑相当原则实际上与罪刑法定原则和刑罚人道主义原则一起成为资产阶级著名的三大刑事原则,为大多数欧美国家刑法所奉行。当今世界上各国和地区虽然对罪刑相当原则的理解有所差别,法律对犯罪与刑罚的规定也不完全相同,但是人们对于罪刑相当的理解和追求则基本相同。

理论上通常认为,罪刑相当原则的理论基础主要是报应主义和功利主义。按照报应主义的观点,基于某事物本身的性质决定对该事物的反应,也即在刑法适用中,行为对他人造成侵害就理应得到社会对此行为所作的基本相同的报应。原始社会的血族复仇、血亲复仇、同态复仇等均反映了报应的演化过程。由于报应主义仅仅是对行为侵害他人的简单反应，没有也不可能涉及刑罚预防的目的观念，因而理论上就产生了功利主义的观点。按照功利主义的观点，刑罚的目的在于阻止罪犯再重新犯罪，并规诫其他人不要犯罪。因而惩罚犯罪时理应做到犯罪与刑罚相适应，只有这样才能达到刑罚的目的。

二、罪刑相当原则在我国刑法中的确立和体现

应该承认，罪刑相当原则是符合社会主义刑法基本理念的。马克思明确地指出："如果犯罪的概念要有惩罚，那么实际的罪行就要有一定的惩罚尺度。实际的罪刑是有界限的。因此，就是为了使惩罚成为实际的，惩罚也应该有界限——要使惩罚成为真正的犯罪后果，惩罚在犯罪者看来是他的行为的必然后果——因而也应该是他本身的行为。他受惩罚的界限应当是他行为的界限。犯法的一定内容是一定罪行的界限。因而衡量这一内容的尺度也就是衡量罪刑的尺度。"马克思在此段论述中明确地提出了惩罚行为的必然后果，"应该是他本身的行为"，"受惩罚的界限应当是他行为的界限"。由此可见，这一论述无疑较充分地体现了罪刑相当的思想。罪刑相当原则强调犯罪社会危害性程度的大小，是决定刑罚轻重的重要依据。犯多大的罪就处多重的刑，要求在适用刑法中做到重罪重罚、轻罪轻罚，罪刑相当、罚当其罪。反映罪与刑之间的矛盾统一规律，只有做到罪刑相适应，才能使罪犯受到公正、合理的惩罚，而惩罚是否公正、合理，又直接关系到能否促使罪犯认罪服法和接受改造，所以坚持罪刑相当原则，是实现刑罚目的的必然要求。

受当时历史环境的局限，我国 1979 年《刑法》没有明文规定罪刑相当原则，但是理论上普遍认为罪刑相当应该是我国刑法中的基本原则，而且在当时刑法总则和分则中都充分体现了这一原则。修订后的现行《刑法》为了突出强调这一原则，在第 5 条中明文规定："刑罚的轻重，应当与犯罪分子所犯罪行和承担的刑事责任相适应。"根据该条规定，在对犯罪分子量刑时，应当符合以下几个方面的精神：首先，应使法定刑与犯罪相适应，即在刑事立法时，必须注意各种犯罪的社会危害性程度，以行为对社会关系侵害的程度为基础来具体设定每一种犯罪的相对应的法定刑，以做到重罪配重刑，轻罪配轻刑。在刑事立法中对各种不同的犯罪配置合适的法定刑，是罪刑相当原则的首要要求。其次，应使实际裁量的刑罚与具体犯罪行为相适应，即在司法实践中，对于各种各样具体的犯罪行为进行具体裁量刑罚时，我们应在刑法所规定的法定刑幅度之内，根据罪行的大小以及影响刑事责任轻重的各种因素确定刑罚，不得任意加重或减轻，做到罪刑相当，以保持刑法的公正性、合理性和刑事司法判决的权威性。应该看到，在相同的犯罪中，因案件不同而完全可能出现犯罪情节不尽相同的情况，且这些不同的犯罪情节又恰恰表现了行为的社会危害程度的不同，为此，在对犯罪行为裁量刑罚时，就必须充分考虑具体裁量的刑罚与犯罪情节之间的适应问题，以真正实现罪刑相当原则。由此可见，罪刑相当原则的确立，肯定了我国刑法中一贯坚持的刑罚轻重与犯罪的社会危害性相一致原则，吸收和体现了刑罚个别化及重视行

为人个别状况的基本精神,有助于克服和纠正司法实践中产生的一些量刑畸轻畸重的不正常现象。

罪刑相当原则作为我国刑法的基本原则之一,在我国刑法中得到充分的体现。在刑法总则中,该原则体现如下:(1)我国刑法以罪刑相当原则为依据,在刑事立法中确立了一个科学的刑罚体系。这个刑罚体系按照各种刑罚方法的轻重顺序加以排列,并且各个刑罚方法既相区别又相衔接,结构严密,主刑、附加刑相配合,能够根据犯罪的各种情况灵活地运用,这就从立法上为罪刑相当奠定了基础。(2)我国刑法以罪刑相当原则为依据,根据不同犯罪对社会危害的程度大小,配置了轻重不一的法定刑。例如对于危害国家安全罪中一些犯罪的法定刑设置,就明显地要高于渎职罪中一些犯罪的法定刑。我们的刑事立法在贯彻罪刑法定原则的同时,也十分注意重罪重刑、轻罪轻刑的罪刑相当原则的落实。(3)我国刑法以罪刑相当原则为依据,根据各种犯罪形态的社会危害性程度不同,规定了轻重有别的处罚原则。例如,防卫过当、避险过当应当减轻或免除处罚;预备犯可以比照既遂犯从轻、减轻处罚或免除处罚;未遂犯可以比照既遂犯从轻、减轻处罚;对于中止犯,没有造成损害的,应当免除处罚,造成损害的,应当减轻处罚,等等。这些规定明确地提出了对于相同犯罪的不同情节,应该严格依据刑法的规定,作出不同的处罚。(4)我国刑法以罪刑相当原则为依据,在总则中确立了具体运用刑罚中的一系列制度。例如累犯制度、自首制度、缓刑制度、减刑制度、假释制度。这些规定明确地提出了对犯罪分子适用刑罚时应该考虑行为人本身的危险性作出合理量刑。应该说,刑法中的这些刑罚制度是适应犯罪分子的人身危险性大小而设置的,这是因为,罪刑相当不是罪刑绝对相等和机械对应。所谓"罪刑",不单要看犯罪行为及其所造成的危害结果,还要看整个犯罪事实,包括罪行和罪犯各个方面因素综合体现的社会危害性程度,也就是说,要把犯罪在客观上的社会危害性和罪犯的人身危险性结合起来考虑。犯罪是适用刑罚的前提和基础,而犯罪分子的具体情况,包括他的一贯表现和犯罪后的态度与再犯可能性等,只有在全面考察的基础上,才能科学地确定整个犯罪的社会危害程度,从而,才能真正贯彻罪刑相当原则。(5)在刑法分则方面,以罪刑相当原则为依据建立了刑法分则的体系和各种犯罪的刑罚幅度。根据犯罪构成的理论,犯罪行为侵害的客体不同,其社会危害性也不同,因而所处的刑罚也就不同。刑法分则各类罪的排列和各类罪名体系的建立,基本上是按照犯罪的社会危害性的大小、罪行的轻重排列的。同时,对各种犯罪规定了相对确定的法定刑,并且根据情节轻重,分别规定了两个甚至三个量刑幅度,这样,就为司法工作人员根据犯罪的社会危害性程度和犯罪分子的人身危险性大小,正确地适用刑罚提供了法律依据,该轻则轻、该重则重。

第三章

刑法的效力范围

第一节　刑法的效力范围概述

　　刑法的效力范围，又称刑法的适用范围，是指刑法适用于什么地方、什么人和什么时间，以及是否具有溯及既往的效力。刑法效力范围所要解决的是，刑法在什么地方有效，对什么人有效，在什么时间内有效等问题。正确理解和掌握刑法的效力范围，对于正确运用刑法同各种刑事犯罪作斗争，保证定罪量刑的准确性，保护国家和人民的利益，维护国家主权具有十分重要的意义。刑法的效力范围，根据其适用范围的具体内容，可分为空间效力和时间效力两部分。

第二节　刑法的空间效力

一、刑法空间效力的概念

　　刑法的空间效力，就是指刑法对地和对人的效力。刑法的空间效力是解决一国刑法适用于什么地域和适用于哪些人的问题。由于存在国际间的交流，因而分析各国刑法规定及国际条约规定的内容，我们不难发现，一国刑法除适用于本国领域内的行为以外，在一定条件下还能适用于本国领域外的行为。关于刑法在空间上的效力，世界各国的刑法典曾有过一些不同的规定，许多刑法学家提出过各种主张和学说。概括起来，有以下几种：

　　1.属地原则（也称领土原则或地域管辖原则）

　　属地原则从维护国家领土主权出发，主张以地域为标准，凡在本国领域内犯罪，不论犯罪人是本国人或外国人（包括无国籍人），都适用本国刑法。属地原则的基础是国家主权原则，即国家对在其领域内的犯罪行为依照本国法律进行刑事追诉是国家行使主权的表现。也正因为如此，属地原则在各国确定刑法空间效力时，作为与其他原则结合的基础而普遍得到认可。属地原则在具体内容上又分为主观的领土管辖原则(即行为地主义)、客观的领土管辖原则(即结果地主义)和行为结果择一原则。主观的领土管辖原则是指凡是在本国领域内发生的犯罪行为,不论其结果发生于何处,均适用本国刑法。客观的领土管辖原则是指不论犯罪行为发生于何处,只要其结果发生在本国领域内,均适用本国刑法。行为和结果择一原则是指只要犯罪行为和结果有一项发生在本国领域内,就适用本国刑法。属地原则的缺陷在于未能解决在国外的本国人或外国人实施的危害本国国家或公民利益的犯罪行为的刑法适用问题,所以现代世界上单纯采取这一原则的国家和地区很少。

2. 属人原则(也称国籍管辖原则)

属人原则主张以行为人的国籍为标准,凡是本国公民,无论是在本国领域内或领域外犯罪,都适用本国刑法。而外国人即使在本国领域内犯罪,也不适用本国刑法。属人原则是基于国家对其本国公民的属人优越权而产生的。根据国际法的一般原则,具有一国国籍的人与其国籍所属国无论何时何地,都有着法律上的联系。刑法中的属人原则在具体内容上又可分为积极的属人原则和消极的属人原则两种:前者是指当具有一国国籍的人违反本国刑法时,不论这种违法行为是否发生在本国境内,国家都有权对其进行刑事追诉;后者则是指当具有一国国籍的人在本国境外时,享受本国的外交和法律保护。据此,对于外国人侵犯本国公民的犯罪行为,即当被害人是本国公民时,国家也主张刑事管辖权。积极的属人原则与消极的属人原则在本质上具有一致性,即均体现了国家对本国公民的属人优越权。但是,我们也应该看到,属人原则与国家主权原则有所抵触,单纯采用这一原则的可行性存在很多问题,因而各国刑法在采用这一原则时,多加以限制。

3. 保护原则(也称安全原则或自卫原则)

保护原则主张以保护本国利益为标准,不论犯罪人的国籍,也不论犯罪发生在本国的领域内或者领域外,只要是侵犯了本国国家或公民的利益,都适用本国刑法。保护原则的实质在于解决属地主义和属人主义均不能解决的外国人在国外侵害本国国家和公民利益的问题。保护主义按其具体内容中保护对象的不同又可分为保护国家原则和保护国民原则两种。前者是指保护国家的安全与利益,而后者则是指保护本国公民的合法利益。就保护本国利益而言,保护原则无疑较为完善。但是,如果犯罪人是外国人,犯罪地又在国外,要贯彻这一原则是有很大困难的。同时,保护原则毕竟是对在外国犯罪的外国人行使管辖权,容易与外国的刑事管辖权发生冲突,若使用不当,容易造成对外国内政的干涉。因而理论上和实践中对于保护原则的确立和贯彻存在较大的争议,尽管随着跨国犯罪的不断增加,人们对保护原则的要求也有所增加,但是,各国刑法在采用保护原则时一般均加以限制,将其作为刑事管辖中的一项辅助性原则采用。

4. 折衷原则(也称结合原则)

折衷原则以属地原则为基础,有限制地兼采属人原则和保护原则。该原则在当前被世界大多数国家采纳。

5. 普遍原则（也称世界原则）

普遍原则主张不论犯罪人的国籍，不论犯罪地点在哪个国家的领域内，也不论犯罪行为侵害了哪一个国家和公民的利益，只要有犯罪行为发生，任何国家都有权根据刑法的共同原则加以处罚。普遍原则的产生是基于社会发展需要，即科学技术的高速发展和交通运输的极其便利，使得跨国犯罪和国际犯罪现象日益增加，贩毒、恐怖类的国际犯罪行为严重地危害着国际社会的和平与人类的安宁。为此，需要加强国际间的合作，各国应承担相应的、合理的国际义务，共同与跨国犯罪、国际犯罪现象作斗争。由于普遍原则可能成为干涉他国内政的手段或借口，因而很难得到全面的采纳，而且在司法实践中，由于各国的阶级利益和政治、法律观点不同，对所有犯罪都实行普遍管辖权是不可能的，通常采用列举的方式对某些特殊的犯罪作出普遍管辖的规定。近年来，随着跨国犯罪与国际犯罪的日益严重，越来越多的国际公约规定了普遍管辖原则。例如，1970年《关于制止非法劫持航空器的公约》第4条第2款；1971年《关于制止危害民用航空安全的非法行为公约》第5条第2款；1973年《禁止并惩治种族隔离罪行国际公约》第4、5条；1973年《关于防止和惩处侵害应受国际保护人员包括外交代表的罪行的公约》第3条第2款；1979年《反对劫持人质国际公约》第5条第2款；1982年《联合国海洋公约》第100条、第108条第1款等。许多国家也在其本国刑法中作了与这些公约内容一致的规定。

6. 永久居所或营业地原则

永久居所或营业地原则是在20世纪60年代以后由民事管辖权的一个原则发展起来的。主要是指如果犯罪人或受害人在某国有永久居所或营业处所，那么该国即可行使刑事管辖权。《东京公约》、《海牙公约》和《蒙特利尔公约》把这一民事管辖权的原则引进了刑事管辖权，这是对刑事管辖权的国际法原则的新发展。《东京公约》第4条第2款规定，若犯罪人或受害人在一个缔约国有永久居所，那么该缔约国对这类犯罪案件也有刑事管辖权。《海牙公约》第4条第3款和《蒙特利尔公约》第5条第4款规定，如果罪行是针对租来时不带机组的航空器或是在该航空器内发生的，而承租人的主要营业地，或承租人没有这种营业地，但其永久居所是在一个缔约国，那么该缔约国也可以对此种犯罪行为行使刑事管辖权。许多国家也在本国刑法中作了与这些公约内容一致的规定。根据永久居所或营业地原则的内容，该原则又可具体划分为犯罪人主义、被害人主义和犯罪人兼被害人主义。犯罪人主义依据的是犯罪人在该国有永久居所或营业处所；被害人主义依据的是被害人在该国有永久居所或营业处所；犯罪人兼被害人主义是指无论犯罪人还是被害人，只要在该国有永久居所或营业处所的，均归本国刑法管辖。

分析上述原则的具体内容不难发现，每一个单项原则在某一方面均存在许多优点，但是这些原则也实际存有它的局限性。因此，在当今世界，各国和地区如果孤立地采用一个原则显然会遇到适用的困难，而实际上采用单一型的刑事管辖权体制在世界范围来看也已经很少见。从历史传统上看，英美法系国家多采取属地原则，大陆法系国家多采取属人原则。随着时间的推移，大多数国家的刑法采用上述折衷原则，即以属地原则为主,有限制地兼采其他原则。也就是说,凡是在本国领域内犯罪的,无论本国人或外国人,一律适用本国刑法;本国人和外国人在本国领域外犯罪的,在一定的条件下,也适用本国刑法。这种结合型、折衷型的刑事管辖权体制,既有利于维护国家主权,又有利于同犯罪行为作斗争,比较符合各国的具体情况和利益,所以能为大多数国家接受。我国刑法关于空间效力的规定,也是采取结合型、折衷型的刑事管辖权体制。一般认为,我国《刑法》第6条的规定采用的是属地原则,第7条的规定采用的是属人原则,第8条采用的是保护原则。

二、我国刑法的空间效力

我国刑法的空间效力规定在《刑法》第6条至第11条中。

(一) 我国刑法的属地管辖权

我国《刑法》第6条第1款规定:"凡在中华人民共和国领域内犯罪的,除法律有特别规定的以外,都适用本法。"这一规定从刑事司法管辖的角度表现了基于主权原则所产生的属地管辖权(也称属地优越权)。这是我国刑法在空间上的适用范围的基本原则。领域是国家主权行使的空间范围,由国际法和各国国内法来确定,包括领陆、领水和领空等国家领土的各个组成部分。但就属地主义,各国在理论上和立法上大多作了扩张解释或规定,主要是指:其一,对悬挂本国国旗的舰船、飞机,不论其航(飞)行于何处,或停泊(降落)于何处,国旗国对舰船、飞机上发生的刑事案件均有刑事管辖权,理论上称为"国旗主义";其二,一国驻外使馆所在地依照对等原则和国际惯例享有不受所在国法律管辖的特权;其三,有些国家的学者认为,一国军队驻外所在地或占领地,也应视为本国领域,不受所在国的刑事管辖。

《刑法》第6条第1款规定中所谓我国"领域",是指我国国境以内的全部区域,具体包括:(1)领陆,即国境线内的陆地。《中华人民共和国领海及毗连区法》第2条第2款规定,中华人民共和国的陆地领土包括中华人民共和国大陆及其沿海岛屿,台湾及其包括钓鱼岛在内的附属各岛,澎湖列岛、东沙群岛、西沙群岛、中沙群岛、南沙群岛以及其他一切属于中华人民共和国的岛屿。(2)领水,即内水(内河、内湖、内海以及同外国之间界水的一部分,这一部分通常以河流中心线为界,如果是可通航的河道,则以主航道中心线为界)和领海及其以下的地层;根据《中华人民共和国领海及毗连区法》第3条第1款规定,中华人民共和国领海的宽度从领海基线起为12海里。第4条规定中华人民共和国毗连区为领海以外邻接领海的一带领域,毗连区的宽度为12海里。(3)领空,即领陆、领水之上的空间,它只及于空气空间,不包括外层空间。按照国际惯例,国家主权除及于领土外,还及于"拟制领土"。拟制领土,是为了从法律上解决管辖权问题而产生的一种假设,因而只是法律上的拟制,而不是真正的领土。拟制领土包括船舶和航空器,过去也有的称之为"浮动领土"。

《刑法》该条该款规定中所谓"法律有特别规定",主要是指:

1.《刑法》第11条关于对"享有外交特权和豁免权的外国人"的特别规定。

2.《刑法》第90条关于"民族自治地方不能全部适用本法规定的,可以由自治区或者省的人民代表大会根据当地民族的政治、经济、文化的特点和本法规定的基本原则,制定变通或者补充的规定,报请全国人民代表大会常务委员会批准施行"的规定。

3.《刑法》实施后国家立法机关所制定的特别刑法、附属刑法的规定。在1979年《刑法》制定以后,1997年对它进行修订以前,曾有过许多此种规定。(1)单行刑事法律。如《惩治军人违反职责罪暂行条例》、《关于严惩严重破坏经济的罪犯的决定》、《关于严惩严重危害社会治安的犯罪分子的决定》、《关于惩治走私罪的补充规定》、《关于惩治贪污罪贿赂罪的补充规定》等都是特别刑法。(2)在非刑事法律中设置有关追究刑事责任的附属性的刑事法律条款。如《中华人民共和国海关法》、《中华人民共和国商标法》、《中华人民共和国专利法》等法律中有关刑法条款。

4.《中华人民共和国香港特别行政区基本法》、《中华人民共和国澳门特别行政区基本法》所规定的,对于绝大部分的法律如民法、刑法、刑事诉讼法等都不适用于香港特别行政区和澳门特别行政区的规定。这是"一国两制"制度下刑事管辖权高度灵活性的具体体现。但当全国人民代表大会常务委员会决定宣布战争状态或因在香港或澳门特别行政区内发生香港或澳门特别行政区政府不能控制的危及国家统一或安全的动乱而决定香港或澳门特别行政区进入紧急状态,《中华人民共和国刑法》将适用于香港或澳门特别行政区。

我国《刑法》第6条第2款规定:"凡在中华人民共和国船舶或者航空器内犯罪的,也适用本法。"根据国际惯例,航行于公海或停泊于外国港口的我国军用船舰、军用飞机或者悬挂我国国旗的其他船舶、飞机,主权应属于我国。总之,凡在我国船舶或航空器内犯罪的,不论该船舶或航空器在何地点,我国均有刑事管辖权。

关于特殊的领域管辖问题,即犯罪地标准,各国的刑法及其理论均有不同的规定和学说,按照属地主义原则,一国刑法适用的前提是行为人在本国领域内犯了罪。但如何认定在一国领域内犯罪即犯罪地问题,各国的刑法理论有不同的主张:有人主张行为地主义,即认为犯罪人实施犯罪行为的地方是犯罪地;有人主张结果地主义,即认为只有犯罪结果发生的地方才是犯罪地;有人主张折衷主义,也即行为与结果择一说,认为行为地主义不考虑危害结果,结果地主义忽视了犯罪的预备、未遂等阶段,均不足取。因而主张不论犯罪的行为或者结果,只要其中一项发生在一国境内,该国就享有刑事管辖权。与大多数国家和地区一样,我国刑法是采取行为、结果择一原则。我国《刑法》第6条第3款明确规定:"犯罪的行为或者结果有一项发生在中华人民共和国领域内的,就认为是在中华人民共和国领域内犯罪。"

此外,根据我国承认的1961年4月18日《维也纳外交公约》的规定,各国驻外大使馆、领事馆及其外交人员不受驻在国的司法管辖,因此,凡在我国驻外大使馆、领事馆内犯罪的,也应适用我国刑法。

在中华人民共和国领域内犯罪的,一般是中国人,即具有中华人民共和国国籍的公民,但也有少数外国人。我国刑法中所说的外国人,是指具有外国国籍的人或无国籍的人。根据《中华人民共和国外国人入境出境管理法》的有关规定,外国人在中国境内,必须遵守中国法律,不得危害中国国家安全,损害社会公共利益,破坏社会公共秩序。我国是独立主权的国家,对在我国领域内的一切犯罪行为都有刑事管辖权,无论实施犯罪的是中国人还是外国人。

但是,对于犯罪的外国人适用我国刑法也有例外情况,这就是《刑法》第11条的规定:"享有外交特权和豁免权的外国人的刑事责任,通过外交途径解决。"所谓外交特权和豁免权,是依照国际惯例,一个国家为保证驻在本国的外交代表机构及其工作人员正常执行职务而给予的一种特殊权利和优待。这种特权和优待是建交国家之间互相尊重主权和平等互利而作出的。一方面尊重了驻在国的主权和法律的尊严,另一方面又保障了派遣国的权利和两国之间的正常外交关系。为了确定外国驻中国使馆和使馆人员的外交特权与豁免,便于外国驻中国使馆代表其国家有效地执行职务,第六届全国人民代表大会常务委员会于1986年9月5日通过了《中华人民共和国外交特权与豁免条例》。该条例详尽规定了外国使馆享有的外交特权与豁免的内容,包括:(1)使馆及其馆长有权在使馆馆舍和使馆馆长交通工具上,使用派遣国的国旗或者国徽;(2)使馆馆舍不受侵犯;(3)使馆馆舍免纳捐税;(4)使馆的档案和文件不受侵犯;(5)使馆为公务目的可以与派遣国政府以及派遣国其他使馆和领事馆自由通讯,通讯可以采用一切适当方法,包括外交信使、外交邮袋和明码、密码电信在内;(6)使馆来往的公文不受侵犯。条例还就外交代表享有的特权与豁免专门作了规定:(1)外交代表人身不受侵犯,不受逮捕或拘留;(2)外交代表的寓所不受侵犯,并受保护;(3)外交代表享有刑事管辖豁免;(4)外交代表免纳捐税;(5)外交代表免除一切个人和公共劳务以及军事义务。条例还规定:(1)与外交代表共同生活的配偶及未成年子女,如果不是中国公民,享有与外交代表相同的那些特权与豁免;(2)使馆行政技术人员和与其共同生活的配偶及未成年子女,如果不是中国公民并且不是在中国永久居留的,也基本享有与外交代表相同的那些特权与豁免;(3)来中国访问的外国国家元首、政府首脑、外交部长及其他具有同等身份的官员,享有该条例所规定的特权和豁免。

根据上述规定,享有外交特权和豁免权的外国人不受我国刑事管辖。但该条例第25条规定,享有外交特权与豁免的人员:(1)应当尊重中国的法律、法规;(2)不得干涉中国的内政;(3)不得在中国境内为私人利益从事任何职业或者商业活动;(4)不得将使馆馆舍和使馆工作人员寓所充作与使馆职务不相符合的用途。如果他们当中有人在我国领域内犯罪,我们也不能坐视不管。根据《刑法》第11条规定:"享有外交特权和豁免权的外国人的刑事责任,通过外交途径解决。"可以建议派遣国依法处理;也可以宣布为不受欢迎的人,令其限期出境;罪行严重的还可以由政府宣布驱逐出境,等等。《刑法》第11条的规定,既维护了我国的主权和法律的尊严,又尊重了别国的主权,有利于协调国与国之间正常的外交关系。应当指出的是,在我国享有外交特权的豁免权的人员,不是在我国就可以为所欲为,其也负有尊重我国的法律、法规的义务,并且他们的管辖豁免权还可以由其派遣政府放弃。在这种情况下,如果他们中有人犯了罪,就可以适用我国刑法。

(二) 我国刑法的属人管辖权

根据我国刑法所确立的平等适用原则,我国公民不论其资格多老,地位多高,功劳多大,在我国领域内犯罪,应当依法制裁。决不允许有凌驾于法律之上、超越法律之外的特权人物存在。同样,我国公民如果身在国外,不仅仍然受我国法律的保护,而且也应当遵守我国的法律,这是基于我国对本国公民的属人优越权而产生的。1979年《刑法》第4条、第5条考虑到各国社会制度各异,法律规定不同,会产生事实上的刑事法律冲突,因此,本着维护我国主权也尊重他国主权的原则,对我国公民在我国领域外的犯罪,不是一概都管辖,而是有选择、有重点地管辖。在当时的历史背景下,由于在境外的中国公民毕竟比较少(主要是一些华侨),因而刑法规定可以适用的范围相对地说还比较窄。改革开放以来,我国公民因公、因私等出国数量剧增,在境外针对我国国家利益和公民的犯罪案件大幅度增加,而且由于种种原因在犯罪地往往得不到及时追究。为维护我国的安全和利益,保护我国公民的权益,修订以后的刑法扩大了属人管辖的范围。1997年《刑法》第7条规定,中国公民在境外犯我国刑法规定之罪的,适用我国刑法,除非按我国刑法规定的最高刑为3年以下有期徒刑的,可以不予追究。另外,《刑法》第7条第2款还规定:"中华人民共和国国家工作人员和军人在中华人民共和国领域外犯本法规定之罪的,适用本法。"刑法的这一规定显然属于属人管辖原则。根据上述规定,我国公民在我国领域外犯罪的,无论按照当地法律是否认为是犯罪,也无论罪行是轻是重,以及是何种罪行,也不论其所犯罪行侵犯是何国或何国公民的利益,原则上都适用我国刑法。只是按照我国刑法的规定的,该罪法定最高刑为3年以下有期徒刑的,才可以不予追究。对这里所谓的可以不予追究应正确加以理解,也即并非指绝对不予追究,而是保留追究的可能性。对于我国公民在境外实施了我国刑法规定的法定最高刑为3年以下有期徒刑的行为,也存在追究其刑事责任的可能性。至于对国家工作人员和军人,由于他们身份特殊,如果在境外犯罪肯定比一般的人要带来更恶劣的影响和更大的危害,因此,修订后的刑法规定,国家工作人员和军人在领域外犯我国刑法规定之罪,均适用我国刑法。

关于中国人在领域外犯罪的刑事责任以及刑罚,我国《刑法》第10条作了明确规定:"凡在中华人民共和国领域外犯罪,依照本法应当负刑事责任的,虽然经过外国审判,仍然可以依照本法追究。但是在外国已经受过刑罚处罚的,可以免除或者减轻处罚。"这一条规定表明,我国是一个独立自主的主权国家,有其独立的刑事管辖权,不受外国审判效力的约束。即使犯罪在外国已经审判,仍然可以依照我国刑法追究犯罪者的刑事责任。同时,考虑到各国的实际情况,如果犯罪分子已经在外国受到刑罚处罚,可以考虑免除或者减轻处罚。至于我国公民在国外犯罪应当受我国刑法处罚的或者在国内犯罪后潜逃国外的情况,由于我国至今还没有同许多国家签订引渡条约,所以,有时会产生现实与法律错位的现象。在司法实践中,对于某些具体案件,通过同外国交涉与协商,曾经引渡过犯罪分子回国处理。但这还远远不能适应我国的涉外法律关系的巨大变化,对涉外刑事案件往往只能通过外交途径解决,这不仅程序复杂,而且难以得到保障,不利于维护我国法律的尊严和国家及公民的合法权益。因此,从发展的情况看,建立引渡制度势在必行。当然,这也是一个比较复杂的问题,例如,对引渡原则的遵守问题,由于各个国家的制度、法律各异,对有些问题很难取得共识。

(三) 我国刑法的保护管辖权

我国《刑法》第 8 条规定:"外国人在中华人民共和国领域外对中华人民共和国国家或者公民犯罪,而按本法规定的最低刑为三年以上有期徒刑的,可以适用本法,但是按照犯罪地的法律不受处罚的除外。"刑法这一规定明确了我国刑法空间效力中保护管辖原则。根据刑法这一规定,外国人在我国领域外无论对我国国家还是对我国公民犯罪,我国原则上有刑事管辖权。这一管辖权既保护了我们国家的利益又保护了我国公民的正当合法权益。尽管如此,我们应该看到,对外国人在我国领域外对我国国家和公民犯罪的刑事管辖权是有限制的。这些限制具体表现在:其一,所犯之罪必须侵犯了我国国家或者我国公民的利益,这是我国刑法规定这一刑事管辖权的适用前提。如果所犯之罪只是侵犯了其他国家和公民的利益的,我国刑法则没有管辖权。刑法作此限制的用意无非是,我们在强调保护我国国家和公民的利益的同时,应该尊重其他国家的主权,避免引起刑事管辖权的冲突和争议。其二,所犯之罪按我国刑法规定的最低刑必须是 3 年以上有期徒刑,这是对保护管辖原则适用在犯罪程度上所作的限制,也即刑法强调只有对较为严重的刑事犯罪才能适用保护管辖原则。其三,所犯之罪按照犯罪地的法律也应受刑罚处罚。刑法之所以作此限制,主要是因为,外国人在外国所受到的教育与我们毕竟不一样,特别是他们实际上并不了解我国法律的规定,如果仅以我国刑法规定为标准,而全然不顾外国人所在国的法律规定,显然既不符合实际也不符合尊重他国国家主权的一般要求。我们不应该要求一个身在他国的外国人来了解我国的法律,而如果我们用我国刑法惩罚犯罪地法律并不认为犯罪的外国人的行为,必然有悖于法律原则。由此可见,我国刑法对于外国人在我国领域外对我国国家和公民犯罪在强调有刑事管辖权的同时,作一些必要限制是完全必要的。

需要指出的是,保护管辖权在某种程度上只能是一种理论上的规定,其具体实现有时并非十分容易。这是由于这种情况中的犯罪人是外国人,犯罪地又在我国境外,如果犯罪人未被引渡也未被我国抓获,我国司法机关事实上无法对他进行刑事追究,这也是显而易见的。然而,为维护国家的主权,保障我国国家和公民合法权益不受侵犯,不让一些犯罪的外国人钻空子,我国刑法还必须有此规定,通过强调我国刑法具有保护管辖权,对有关犯罪者起到一定的震慑作用。

(四) 关于普遍管辖权在我国刑法中的适用问题

我国 1979 年《刑法》关于空间效力的规定中,原来没有涉及普遍管辖权的内容。随着社会生活的不断变迁和国际关系的不断发展,为了适应我国参加国际社会与某些国际犯罪共同进行斗争的需要,我国刑法的空间效力中兼采普遍管辖原则也是势在必行的。新中国成立后,我国不仅明确承认 1946 年 12 月 11 日联合国大会《关于禁止和制裁反和平罪、战争罪和反人道罪的决议》，而且为此作出了积极的努力，其中包括根据该决议的精神对在华日本战犯的审判和惩处。1952年7月13日我国承认了1925年《关于禁用毒气或类似毒品及细菌方法作战议定书》。1981年9月14日，中国政府代表签署了《禁止或限制使用某些可被认为具有过分伤害力或滥杀滥伤作用的常规武器公约》。1983年9月14日，中国加入了关于日内瓦四公约的1977年第一、第二议定书。根据这些公约的规定，中国承担了制裁反和平罪、战争罪、反人道罪、非法使用武器罪等战争犯罪的义务。1980年10月加入了《海牙公约》和《蒙特利尔公约》，1987年6月加入了《关于防止和惩处侵害应受国际保护人员包括外交代表的罪行的公约》。这些国际条约规定：各缔约国应将非法劫持航空器，危害国际民用航空安全，侵害应受国际保护人员等行为定为国内法上的罪行，予以惩处。有关缔约国应采取必要措施，对任何这类罪行行使刑事管辖权，而不论罪犯是否其本国人，罪行是否发生于其国内。这就是对这类罪行确定了普遍管辖权原则。我国在批准或加入这些条约后，便承担了对犯有条约规定的罪行的罪犯实施管辖的义务。《关于禁毒的决定》第13条对于犯走私、贩卖、运输、制造毒品罪的规定："外国人在中华人民共和国领域外犯前款罪进入我国领域的，我国司法机关有管辖权，除依照我国参加、缔结的国际公约或者双边条约实行引渡的以外，适用本决定。"由于我国1979年《刑法》中的适用范围对此尚无规定，为了使我国因加入或批准一些条约而产生的国际义务同国内法的规定相衔接，第六届全国人大常委会第二十一次会议于1987年6月23日作出决定："对于中华人民共和国缔结或者参加的国际条约所规定的罪行，中华人民共和国在所承担条约义务的范围内，行使刑事管辖权。"这个决定对我国1979年《刑法》作全面修订以前从立法上对我国刑法空间效力范围作了一个极其重要的补充，也表明了我国对履行已承担的国际义务的严肃态度，同时也为我国自己在今后处理刑事管辖问题时提供了国内法依据。1997年《刑法》吸收了上述单行法律的有关规定，专条规定了普遍管辖原则。《刑法》第9条规定："对于中华人民共和国缔结或者参加的国际条约所规定的罪行，中华人民共和国在所承担条约义务的范围内行使刑事管辖权的，适用本法。"从而再次明确表明了我国切实履行国际义务的严肃立场，同时分则增设了一些相关罪名彻底解决了在刑事管辖上承担的国际义务同国内法有关规定的衔接问题。

根据该条规定，我国行使刑事普遍管辖权必须具备以下条件：(1)追诉的犯罪必须是中华人民共和国缔结或者参加的国际条约所规定的罪行。这主要是指一些性质严重的危害国际社会利益的犯罪，如反和平罪、战争罪、反人道罪、非法使用武器罪、劫持航空器罪、劫持人质罪等。对于不属于我国缔结或者参加的国际条约所规定的犯罪，我国刑法就不能行使普遍管辖权。(2)追诉的犯罪必须是中华人民共和国在所承担义务的范围内行使刑事管辖权的。这主要是指我国在缔结或参加的国际条约中，同意承担的条约义务。应该看到，我国参加的国际条约，情况并不完全一样，有的是无条件参加的，有的则是附有保留条款后参加的。如果我国声明保留的条款中所规定的义务，则不在我国所承担的条约义务的范围内。(3)追诉的犯罪必须是发生在我国领域之外的。如果这些犯罪行为发生在我国领域之内,也就不存在有所谓的普遍管辖问题了,因为只需依据属地原则对此类案件就可以进行管辖。(4)犯罪人必须是外国人(包括无国籍人)。如果犯罪人是我国公民,也不存在有所谓的普遍管辖问题了,因为只需依据属人原则对此类案件就可以进行管辖。(5)犯罪人必须是在我国领域内居住或者进入我国领域的。因为只有这样,我国才可能对犯罪人行使管辖权。符合上述条件的外国人,不论其犯罪地在何处,只要居住在我国领域或者进入我国领域,我国就有权依照刑法的有关规定追究其刑事责任。

由此可见,我国刑法目前在空间效力问题上以属地原则为主,兼采属人原则和保护原则,同时也明确规定了对普遍管辖原则的有条件的适用。

第三节　刑法的时间效力

一、刑法的时间效力的概念

刑法的时间效力,是指刑法的生效和效力终止的时间以及刑法对它生效前的行为是否具有溯及力。刑法的时间效力所要解决的是刑法从何时起有效,又是到何时止失效,刑法对其生效前的行为是否能够加以适用的问题。

二、刑法的生效、终止时间

根据我国刑事立法的实践,刑法的生效时间大体上分为两种情形。一是自公布之日起生效。即在对外公布法律的同时,宣布新的法律当即生效,或者说是从刑法被批准或公布之日起施行。我国建国初期制定的一些单行刑事法规,一般也是从公布之日起施行。例如《中华人民共和国惩治反革命条例》、《中华人民共和国惩治贪污条例》、《妨害国家货币治罪暂行条例》等都是从条例公布之日起当即生效。以后也曾出现过类似的规定,如《关于禁毒的决定》第16条规定:"本决定自公布之日起施行。"二是在新的法律公布后间隔一段时间再行生效实施。如我国《刑法》于1979年7月1日经第五届全国人大第二次会议通过,7月6日公布,并按照该《刑法》第9条的规定,"本法自一九八〇年一月一日起生效。"期间相隔半年时间。1997年3月14日第八届全国人大第五次会议对《刑法》进行修订并公布,同时宣布:"自1997年10月1日起施行。"期间又相隔半年多时间。刑法之所以作这样的规定,是因为刑法是国家最基本、最重要的部门法,其涉及面广,内容较新,要求有一定时间的适应过程,以便于向群众和干部进行宣传教育,加强法制观念。同时也使执法机关有一个准备的过程,对干部有所培养、训练和提高,在思想上、组织上、业务上做好充分准备。

刑法效力终止的时间,即失效时间,基本上有以下两种情况:一是由立法机关明文宣布原有法律效力终止(或称明示废止)。这种情况通常是在新法公布后,在新法的有关条文中或者在有关新法施行的法律中明文宣布予以废止,或者宣布与新法相抵触的原有法律即行失效等。例如,我国 1997 年《刑法》明文规定废止 15个单行刑法。二是原有法律实际上效力终止即自然失效(或称默示废止)。这种情况,通常是由于新法代替了同类内容的原有法律,使原有的法律自行失去了效力,或者是由于原有的某种立法条件已经消失,使原有法律实际上已无法适用而失去效力。

我国 1979 年《刑法》公布后,对我国建国后所颁布施行的一些单行刑事法规如何对待的问题,刑法本身没有作出明确回答。但是,全国人大常委会于 1979 年 11 月29 日曾通过一项决议,规定建国以来制定的、批准的法律、法令,"除了同第五届全国人民代表大会制定的宪法、法律和第五届全国人民代表大会常务委员会制定、批准的法令相抵触的以外,继续有效"。根据这一规定的精神,我国刑法施行前制定、批准的刑事法律、法令,由于其内容有的已被刑法所涵括,有的与刑法的规定相抵触,因此应该认定为均已失去效力,对于刑法生效后所发生的犯罪行为,不得再引用它们作为定罪量刑的根据。1997 年《刑法》则同时规定了两项附件:附件一,规定了全国人大常委会制定的《中华人民共和国惩治军人违反职责罪暂行条例》等 15 项条例、补充规定和决定,已纳入修订后的刑法或者已不适用,自修订后刑法施行之日起,予以废止;附件二,规定了全国人大常委会制定的《关于禁毒的决定》等 8 项补充规定和决定予以保留,其中,有关行政处罚和行政措施的规定继续有效。有关刑事责任的规定已纳入修订后的刑法,自该刑法施行之日起,适用该刑法的规定。

三、刑法溯及力的问题

(一) 刑法溯及力的概念及原则

刑法的溯及力,又称刑法的溯及既往的效力,是指刑法生效后,对其生效前发生的未经审判或者判决未确定的行为能否具有追溯适用的效力。如果刑法对其生效前的行为能够适用,说明刑法就有溯及力;反之,则说明刑法就没有溯及力。

应该看到,刑法效力不溯及既往是罪刑法定原则中的重要内容之一。按照罪刑法定原则,确定某一行为是否构成犯罪,以及应判处何种刑罚,原则上应根据行为当时的法律来确定。行为实施时的法律(行为时法)不认为是犯罪行为,虽行为实施后的法律(裁判时法)认为是犯罪行为,也不能依据行为实施后的法律定罪处罚。这一精神包括:行为当时已为刑法规定为罪,裁判时法经过修正而加重其刑时也不得援用裁判时法加重其刑。这是因为,法律作为一种规定权利与义务的规范,只有生效后才具有约束力。人们只能根据行为时已经生效的法律抉择行为,不能预见行为后立法机关会颁布或推行实施什么样的新法律。这也是国民预测可能性的客观要求,即法律只能期待人们做可能做的事情,而不能期待人们做出不可能做的事情,其中包括不能期待人们对今后法律的颁布或推行实施作出预测。新法如果溯及既往必然会破坏法的安定性,从而侵害个人自由。可见,强调新法不溯及既往,当然有利于保障公民人权,也与罪刑法定原则契合。罪刑法定原则的理论基础之一"心理强制说"强调"法律明确规定了各种犯罪应受的刑罚,同时也就宣布了任何犯罪都必将受到惩罚"。在这种情况下,试图犯罪的人不管他具有何种犯罪动向,都面临着刑罚的威吓。同时,他们中的有些人就会因该种威吓而不敢实施任何犯罪,从而达到国家预防犯罪发生的目的。

由此可见,对于任何行为只能适用行为时法,不能适用裁判时法,这是罪刑法定原则的必然要求。但是,随着社会的不断发展和进步,人们发现如果对任何行为均只能适用行为时法而绝对不能适用裁判时法,会产生另外一个问题:即当裁判时法实际对被告人更为有利时,因为绝对不能适用裁判时法而会产生对被告人实际不利的后果。同时,又因罪刑法定原则的根本宗旨在于保障人权和自由,而且这一原则所体现的根本精神是有利于被告人,如果强调裁判时法绝对不能适用先前的行为,有时候确实会出现与这一精神相背离的情况。基于这一考虑,世界各国和地区在坚持罪刑法定原则中刑法不能溯及既往精神的前提下,开始对这一原则的内容进行修正。各国和地区刑法在坚持不溯及既往原则的过程中通常允许存在一个例外,即当有利于被告人时,裁判时法可以有溯及力。换言之,某行为被行为时法认为具有可罚性,但裁判时法认为不具有可罚性,或虽具有可罚性但裁判时法对其处罚较行为时法为轻时,则从有利于被告人的角度考虑,适用裁判时法。

综观世界各国刑事立法关于刑法溯及力的规定,主要有以下几个原则:

1. 从旧原则,即新法一律不具有溯及既往的效力。也即认为某行为是否构成犯罪和是否处以刑罚、处以何种刑罚,一概适用行为时的旧刑法,而不能适用裁判时的新刑法。

2. 从新原则,即新法具有溯及既往的效力。也即认定某行为是否构成犯罪和是否处以刑罚、处以何种刑罚,全部依照裁判时的新刑法加以适用,而不能适用行为时的旧刑法。

3. 从新兼从轻原则,即新法原则上溯及既往,但旧法对行为之处罚规定更轻的,适用行为时法。也即认为某行为是否构成犯罪和是否处以刑罚、处以何种刑罚,原则上依照裁判时的新刑法加以适用。但是,如果行为时的旧刑法对该行为不认为犯罪或虽认为犯罪但处罚较轻的,则应适用行为时的旧刑法。

4. 从旧兼从轻原则,即新法原则上不溯及既往,但新法处罚更轻时,适用裁判时法。也即认为某行为是否构成犯罪和是否处以刑罚、处以何种刑罚,原则上依照行为时的旧刑法加以适用,但是,如果裁判时的新刑法对该行为不认为犯罪或虽认为犯罪但处罚较轻的,则应适用裁判时的新刑法。

结合罪刑法定原则的内容以及这一原则所体现的有利于被告人的根本精神进行分析,我们不难发现,上述四种有关溯及力的原则中,从旧兼从轻原则最为科学。因为,在这一原则中,"从旧"表明了对行为时不受处罚的行为,不能适用裁判时的法律给予处罚；即使行为时应受处罚的行为，原则上也应按行为时的法律处罚。这正体现了对行为人定罪量刑应以行为时有法律明文规定为限的思想。而在这一原则中，"兼从轻"则表明当适用裁判时法有利于行为人时（包括按裁判时法不受处罚或按裁判时法处罚较轻两种情况），则应适用裁判时法。这正体现了对行为人定罪量刑应体现有利于被告人的精神。上述原则中，从旧原则只体现了罪刑法定原则的内容，但明显不符合罪刑法定原则所体现的根本精神。从新原则显然不符合罪刑法定原则所强调的"法无明文规定不为罪、不处罚"的基本内容。而从新兼从轻原则与从旧兼从轻原则虽然在某种情况下对被告人的实际处罚可能完全相同，但是，由于两个原则的立足点各有不同，一旦出现新、旧刑法规定完全相同时，按照从新兼从轻原则对被告人适用裁判时的新刑法，而按照从旧兼从轻原则对被告人则适用行为时的旧刑法。以行为时的旧刑法适用被告人的行为，并兼顾裁判时的新刑法中的有利于被告人的规定，显然更符合罪刑法定原则的内容以及这一原则所要体现的根本精神。为此，时下世界上大多数国家和地区的刑法均采用从旧兼从轻的溯及力原则。

（二）我国刑事法律有关溯及力问题规定的发展与变化

就我国刑法立法的发展分析，有关溯及力问题的规定主要经历了几个发展阶段：

1. 采用从新原则。建国初期我国刑事法律和刑事政策的主要任务是惩治反革命分子，巩固新生的人民民主政权，因此有关单行刑事法律、法规当然适用于中华人民共和国成立以前的人民革命根据地的未经审判的犯罪行为，以及发生在国民党反动统治时期的一切犯罪行为。我国建国初期颁布的刑事法律的溯及力规定比较复杂，有的在条例中明文规定了具有溯及既往的效力；有的条例本身虽无明文规定溯及力问题，但就其某些条文及该法律的说明文件可以看出其具有溯及既往的效力；有的条例对于溯及力问题没有作任何规定和解释说明，完全由司法实践中具体掌握。具有溯及力的法律，其溯及既往的时间范围也较为复杂，有的对溯及的时间不加限制，有的则把溯及的时间分为若干阶段，分别犯罪情况来确定适用法律的时间范围。"文革"期间，法制受到严重破坏，对人定罪量刑往往不以法律为依据，因此溯及力问题也就无从谈起。

2. 采用从旧兼从轻原则。1979年《刑法》确立了从旧兼从轻的溯及力原则。该《刑法》第9条明确规定："中华人民共和国成立以后本法施行以前的行为，如果当时的法律、法令、政策不认为是犯罪的，适用当时的法律、法令、政策。如果当时的法律、法令、政策认为是犯罪的，依照本法总则第四章第八节的规定应当追诉的，按照当时的法律、法令、政策追究刑事责任。但是，如果本法不认为是犯罪或者处刑较轻的，适用本法。"根据这一规定，从1949年10月1日到1979年12月31日期间的行为是否认定为犯罪及处罚问题，按以下办法解决：

第一，行为时的法律、法令、政策不认为是犯罪的，不论本刑法如何规定，均不认为是犯罪。

第二，行为时的法律、法令、政策认为犯罪，而刑法不认为是犯罪的，只要该行为未经审判或者判决未确定的，即不认为是犯罪。

第三，行为时的法律、法令、政策和本法都认为是犯罪，而且是在刑法规定的追诉时效之内的，按照当时的法律、法令、政策追究刑事责任。但是，如果刑法规定的法定刑轻于行为当时的法律、法令规定的法定刑的，适用刑法的处罚规定。

3. 采用从旧兼从轻原则的同时，对某些有特别规定的犯罪采用从新或有条件从新原则。1979年《刑法》颁布实施之后，随着我国社会、经济的发展以及犯罪情况的变化，全国人大常委会陆续颁布了一些单行的刑事法律，对刑法有关条款作了必要的修改或补充。对于一些严重的经济犯罪分子和严重危害社会治安的犯罪分子既提高了法定刑，又规定对这些犯罪分子的处罚适用新的较重的处罚规定。这些规定主要有：

第一，有条件的从新原则。1982年3月8日全国人大常委会通过的《关于严惩严重破坏经济的罪犯的决定》第2条规定："本决定自1982年4月1日起施行。凡在本决定施行之日前犯罪，而在1982年5月1日以前投案自首，或者已被逮捕而如实地坦白承认全部罪行，并如实地检举其他犯罪人员的犯罪事实的，一律按本决定施行以前的有关法律规定处理。凡在1982年5月1日以前对所犯的罪行继续隐瞒拒不投案自首，或者拒不坦白承认本人的全部罪行，亦不检举其他犯罪人员的犯罪事实的，作为继续犯罪，一律按本决定处理。"从这一规定可以看出，该决定是以犯罪分子是否在限期内投案自首或坦白检举，作为解决该决定有无溯及力问题的根据，且作为适用从新原则的条件。

第二，从新原则。1983年9月2日全国人大常委会颁布施行的《关于严惩严重危害社会治安的犯罪分子的决定》，对流氓集团的首要分子等几种严重危害社会治安的犯罪分子加重了法定刑，规定可以在刑法最高刑以上处刑直至判处死刑。并且规定："本决定公布后审判上述犯罪案件，适用本规定。"也即在适用问题上，该决定采用的是从新原则。1983年9月20日最高人民法院《关于人民法院审判严惩重刑事犯罪案件中具体应用法律的若干问题的答复》第5条中，进一步明确了对决定中所规定的一些犯罪的法律适用问题。该答复明确指出：在这个决定公布后，对于决定所列的犯罪案件，人民法院进行第一审、第二审时，都适用这个决定；对于判决已经发生法律效力的案件，如果发现犯罪分子有漏罪需要审判时，也适用这个决定，并依照《刑法》第65条关于数罪并罚的规定，作出判决。但在这个决定公布前，已经发生法律效力的判决，如果发现确有错误，现在需要依照审判监督程序进行改判的，不适用这个决定，仍应适用刑法以及在这个决定之前通过的对刑法的补充和修改的规定。

从上述两个决定有关溯及力问题的规定中不难发现，虽然在规定的内容上有"有条件"与"无条件"之分，但实际上均是采用从新原则。由于两个决定中的有关规定均是对原来刑法的补充和修改，且经补充和修改后条文均比原来刑法的规定要重得多，因此，采用从新原则不仅是用裁判时法适用被告人，而且这种适用对被告人是极为不利的。当然，《关于严惩严重破坏经济的罪犯的决定》中所规定的将犯罪分子是否在限期内投案自首或坦白检举作为判断是否"继续犯罪"标准，无论在理论上还是在司法实践中均很难说得通，而且也与原有刑法相关规定相矛盾。因此，这一规定受到一些学者的批评。

4. 重新统一采取从旧兼从轻原则。1997年《刑法》根据罪刑法定原则的要求,再次统一规定刑法溯及力采用从旧兼从轻的原则。根据《刑法》第12条的规定,行为时的法律不认为是犯罪的,不管修订后的刑法如何规定,都不能依据修订后的刑法追究,即刑法没有溯及力。行为时的法律认为是犯罪,而修订后的刑法不认为是犯罪的,如果该行为未经审判或者判决尚未确定,即不认为是犯罪,也即刑法有溯及力。行为时的法律认为是犯罪的,按照修订后的刑法总则中关于时效的规定应当追诉的,按照行为时的法律追究,即刑法没有溯及力。但如果修订后的刑法处刑较轻的,应适用修订后的刑法,也即刑法有溯及力。另外,为了保持原来判决的稳定性,修订后的《刑法》第12条第2款还专门增加了"本法施行以前,依照当时的法律已经作出的生效判决,继续有效"的规定。这主要是指在处理申诉案件时,不能因为修订后的刑法不认为是犯罪或者罪名变更、处刑较轻等而改变过去按当时的法律规定已经发生法律效力的判决和裁定。

根据《刑法》第12条规定的精神以及有关司法解释的内容,在理解有关溯及力问题时需要注意以下几点:第一,对于行为人1997年9月30日以前实施的犯罪行为,在人民检察院、公安机关、国家安全机关立案侦查或者人民法院受理案件以后,行为人逃避侦查或审判,超过追诉期限或者被害人在追诉期限内提出控告,人民法院、人民检察院、公安机关应当立案而不予立案,超过追诉期限的,是否追究刑事责任,适用1979年《刑法》第77条的规定(即在人民法院、人民检察院、公安机关采取强制措施以后,逃避侦查或者审判的,不受追诉期限的限制)。第二,对于酌定减轻处罚、累犯的认定、自首的认定、立功的认定、缓刑的撤销、假释的适用与撤销等问题,应坚持从旧兼从轻的原则即有利于被告人的原则进行处理。第三,对于旧刑法没有明文规定的犯罪,根据旧刑法需要类推处理而没有处理的,不管现行刑法是否规定为犯罪,都不得以类推方式定罪量刑。第四,如果当时的法律不认为是犯罪,现行刑法认为是犯罪,而行为连续到1997年10月1日以后的,对该行为适用新刑法追究刑事责任。第五,按照审判监督程序重新审判的案件,适用行为时的法律。①

(三) 从旧兼从轻溯及力原则中的"处刑较轻"标准的理解

从上述对我国刑法有关溯及力的规定分析中可以看到,我国刑法与世界大多数国家的刑法一样,均以从旧为溯及力的基本原则,以避免有适用后法之嫌。但是为了实现刑罚目的和有利于被告人,大多数国家的刑法同时规定,如果新法不认为是犯罪,或者处罚较轻的,适用新法。可见,从旧兼从轻原则立足点是坚持适用行为时的刑法,价值取向是有利于被告人。应该看到,"从旧"与"从轻"不是并列关系,而是主次关系,补充与被补充的关系,"从旧"是前提,是原则,而"从轻"则是例外。

---

① 参见1997年9月22日最高人民法院《关于依法不再核准类推案件的通知》;1997年9月25日最高人民法院《关于适用刑法时间效力规定若干问题的解释》;1997年12月23日最高人民法院《关于适用刑法第十二条几个问题的解释》;1997年10月6日最高人民检察院《关于检察工作具体适用修订刑法第十二条若干问题的通知》。

由于从旧兼从轻的原则中涉及"从轻"问题,但是刑法对溯及力原则的规定中对"处刑较轻"的内容又未作明确定义,因而在理论和实践中有不同的理解。有人认为,比较刑罚的轻重,应以行为时法与裁判时法对某一具体犯罪行为所作的具体宣告刑的轻重作为比较的标准,也即用行为时法和裁判时法分别对某一具体犯罪行为先进行量刑,然后看哪一个宣告刑轻,取其轻者加以适用。有人认为,比较刑罚的轻重,应将行为时法与裁判时法对某一具体犯罪行为所规定的具体法定刑进行比较,然后择轻而从,对于行为时法与裁判时法之间的法律规定,因其不属于比较对象,不能予以考虑,如果行为时法与裁判时法对某种犯罪规定了多个法定刑幅度的,应就行为应当适用的具体的法定刑轻重进行比较。有人还认为,比较刑罚的轻重,除比较行为应当适用的具体法定刑之外,还应就行为时法与裁判时法所规定的影响该一行为定罪量刑的其他因素(诸如相应的司法解释等)进行全面比较,以实际处刑有利于被告人作为新旧法律的取舍原则,如果新旧刑法所规定的法定刑完全相同,应适用行为时的法律。有人则认为,比较处刑的轻重,是指同一种犯罪行为对适用新老法律的比较。首先应当以法定刑为标准,比较最高法定刑的刑种或刑度,孰轻孰重,取其轻者;如果法定最高刑相同,再比较法定最低刑的刑种或刑度,看哪个更轻些,取其轻者;如果法定最高刑与最低刑均相同,则比较量刑的适用条件(即比较包括司法解释等对某一具体犯罪所规定的量刑条件的宽严条件),也取其轻者。

我们认为,比较处刑的轻重应以法定刑作为标准,而不能以实际宣告刑作为标准,以法定刑作为比较标准,不仅符合立法原意,而且也便于实际司法操作。这主要是因为,如果以行为时法与裁判时法对某一具体犯罪行为所作的具体宣告刑的轻重作为比较标准,这就意味着,人民法院在选择法律时,必须先以行为时法对行为人的行为作一次量刑,然后再以裁判时法对行为人的行为再作一次量刑,并在两次量刑后,比较具体量刑结果的轻重,从而选择法律,再作一次最后量刑。这样做不仅大大增加了法院的工作量,而且也违反量刑的一般原则,因为,在没有选择好法律的情况下进行量刑本身就存在不妥之处。

以法定刑作为比较处刑轻重的标准,其科学性在于法定刑比较直观、明确且具有可比性,而且法定刑的轻重直接反映了立法者对某一犯罪行为所作的评价,所以其最接近立法原意。就此而言,以法定刑作为比较轻重的标准,并按法定最高刑、法定最低刑为比较顺序,无疑是正确的。

对此,1997 年 12 月 23 日最高人民法院《关于适用刑法第十二条几个问题的解释》作了明确规定:《刑法》第 12 条规定的"处刑较轻",是指刑法对某种犯罪规定的刑罚即法定刑比修订前刑法轻。法定刑较轻是指法定最高刑较轻;如果法定最高刑相同,则指法定最低刑较轻。如果刑法规定的某一犯罪只有一个法定刑幅度,法定最高刑或者最低刑是指该法定刑幅度的最高刑或者最低刑;如果刑法规定的某一犯罪有两个以上的法定刑幅度,法定最高刑或者最低刑是指具体犯罪行为应当适用的法定刑幅度的最高刑或者最低刑。为了体现我国刑法溯及力上的"从旧"原则精神,该司法解释同时还规定:1997 年 10 月 1 日以后审理 1997 年 9 月 30 日以前发生的刑事案件,如果刑法规定的定罪处刑标准、法定刑与修订前刑法相同的,应当适用修订前的刑法。

(四) 关于"跨法犯"的刑法适用问题

"跨法犯"是 1997 年《刑法》颁布施行后产生的一个新的概念。它是指行为人的行为开始于新刑法生效之前而结束于新刑法生效以后,跨越新旧刑法的一种犯罪形态。由于"跨法犯"中涉及的部分行为发生于新刑法生效以前,因此,研究"跨法犯"无法回避刑法中的溯及力问题。

对于"跨法犯"的刑法适用问题,理论上存在有几种不同的观点:有人认为,"跨法犯"涉及新旧刑法的适用,应采用从旧兼从轻原则,即原则上适用旧刑法,只有在新刑法比旧刑法处刑较轻的情况下才适用新刑法。其理由是:"跨法犯"的行为始于新刑法生效之前,尽管新刑法生效后仍有部分行为,但只是初始行为的持续或连续,总体上应认为是新刑法生效之前的行为,所以不能排除从旧兼从轻原则的适用。有人则认为,"跨法犯"的行为始于旧刑法有效期,终于新刑法生效后。从行为的阶段性来看,一般应分别适用旧刑法和新刑法。其理由是:"跨法犯"的部分行为在旧刑法有效期内,部分行为在新刑法生效后。对新刑法生效前的行为,按从旧兼从轻原则,一般应适用旧刑法;而新刑法生效后的行为,则一般适用新刑法。还有人认为,对"跨法犯"应一律适用新刑法。其理由是:"跨法犯"之所以跨越新旧刑法,是由于其行为处于连续或继续状态,从实施犯罪行为开始到行为终了为止这一过程中,行为人都是处于犯罪的状态,且"跨法犯"的犯罪行为终了于新刑法生效后。按《刑法》第 89 条规定:"追诉期限从犯罪之日起计算,犯罪行为有连续或者继续状态的,从犯罪行为终了之日起计算。"因此,对"跨法犯"应以新刑法生效后的犯罪行为对待,统一适用新刑法。①

理论上对上述第三种观点一般较为认同,司法实践中也有相应的司法解释。1998 年 12 月 2 日最高人民检察院《关于对跨越修订刑法施行日期的继续犯罪、连续犯罪以及其他同种数罪应如何具体适用刑法问题的批复》指出:(1)对于开始于 1997 年 9 月 30 日以前,继续到 1997 年 10 月 1 日以后终了的继续犯罪,应当适用修订刑法一并进行追诉;(2)对于开始于 1997 年 9 月 30 日以前,连续到 1997 年 10 月 1 日以后的连续犯罪,或者在 1997 年 10 月 1 日前后分别实施的同种类数罪,其中罪名、构成要件、情节以及法定刑均没有变化的,应当适用修订刑法,一并进行追诉;罪名、构成要件、情节以及法定刑已经变化的,也应当适用修订刑法,一并进行追诉,但是修订刑法比原刑法所规定的构成要件和情节较为严格,或者法定刑较重的,在提起公诉时,应当提出酌情从轻处理意见。

我们基本赞同理论和司法实践中对于"跨法犯"应适用新刑法的观点。但是,在对"跨法犯"适用新刑法时应注意几个问题:

其一,不要任意扩大"跨法犯"的范围。按照理论上的通论,"跨法犯"的行为必须

---

① 参见龚培华著:《刑法理论与司法实务》,上海社会科学院出版社 2002 年版,第 3—4 页。

具有"继续或者连续"状态，即按"跨法犯"处理的犯罪必须是我们通常所说的持续犯和连续犯。由于持续犯是指犯罪行为在一定时间内呈持续状态的犯罪，其本质在于行为随着形态的持续而持续，并随着形态的停止而终了。连续犯则是指行为人基于数个同一的犯罪故意，连续多次实施数个性质相同的犯罪的行为，触犯同一罪名的犯罪形态。可见，同种类的犯罪并有连续或者持续状态是认定"跨法犯"最重要的依据。当然如果同样的行为在新旧刑法中规定为不同的罪名，则同样也可以按同种类的犯罪认定。例如，行为人开始于新刑法生效前并连续到新刑法生效后的聚众斗殴行为，由于原刑法对于聚众斗殴行为是以流氓罪认定的，而新刑法则以聚众斗殴罪认定。尽管罪名不同，但由于行为人的行为完全相同，所以仍可以按新刑法的聚众斗殴罪统一加以认定，而不需要实施数罪并罚。同样的情况在诈骗类犯罪案件的认定和处理中更为常见。但是，理论上和实践中我们应该注意不要将"隔时犯"作为"跨法犯"对待。即对于行为发生在新刑法生效之前，但是行为并没有连续或者继续状态，只是结果发生在新刑法生效以后的情况，我们仍然应该以行为时法（即旧刑法）作为定罪量刑的依据，而不能对行为人的行为适用新刑法。

其二，如果在新刑法规定的法定刑重于旧刑法时，对于"跨法犯"虽然仍然应当适用新刑法的规定，但是在量刑时理应对新刑法生效前的行为作从轻考虑。这首先是因为，以行为终了时的法律作为适用依据，符合我国刑法有关追诉期限的规定。由于我国刑法对继续犯和连续犯的追诉期限采用以行为终了时有效的法律为准，因此尽管刑法并未对"跨法犯"问题作专门的规定，但同一刑法条文中的规定理应保持一致性，也即对于"跨法犯"也应以行为终了时的法律作为适用依据。其次，以行为终了时的法律作为适用依据，也并非我们国家的独创，其他国家也有如此做法。例如，《德国刑法典》第2条第2款规定："刑罚在行为时有变更的，适用行为终了时有效之法律。"①再次，对"跨法犯"适用行为终了时的法律并不意味着我们可以不考虑有利于被告人的原则。相反，由于"跨法犯"中的行为确实有一部分是发生在新刑法生效之前的，如果新刑法所规定的法定刑重于旧刑法，简单适用新刑法就必然会导致出现不利于被告人的结果。从罪刑法定原则要求出发，我们理应在量刑时将这一情况作为从轻处罚的考虑因素。只有这样才能既做到保持刑法规定的一致性，又不违背罪刑法定原则中有利于被告人的精神。

（五）关于累犯、自首制度等的"跨法适用"问题

1997年《刑法》对1979年《刑法》作了较大修订，特别是对于诸如累犯、自首等一些刑罚制度的规定有很大差别。例如，有关累犯制度，原刑法规定被判处有期徒刑以上的犯罪分子，刑罚执行完毕或者赦免以后，在三年以内再犯应当判处有期徒刑以上刑罚之罪的，是累犯。而新刑法则将其中的"三年以内"改为"五年以内"，从而扩大了累犯的适用范围。又如，有关自首制度，新刑法明确规定了准自首的内容，即被采取强制措施的犯罪嫌疑人、被告人和正在服刑的罪犯，如实供述司法机关还未掌握的本

---

① 《德国刑法典》，徐久生、庄敬华译，中国法制出版社2000年版，第40页。

人其他罪行的,以自首论。新刑法的这一规定内容显然扩大了自首的认定范围,而这一点在原刑法中则没有体现。类似的情况还有很多,由于这些情况的客观存在,就必然会产生对于这些制度如何"跨法适用"的问题。

为解决这些问题,最高人民法院于1997年9月25日专门颁布了《关于适用刑法时间效力若干问题的解释》,就有关刑罚制度作了如下规定:

其一,对于累犯制度,该解释规定:前罪判处的刑罚已经执行完毕或者赦免,在1997年9月30日以前又犯应当判处有期徒刑以上刑罚之罪,是否构成累犯,适用1979年《刑法》第61条的规定;1997年10月1日以后又犯应当判处有期徒刑以上刑罚之罪的,是否构成累犯,适用《刑法》第65条的规定。

其二,对于自首制度,该解释规定:1997年9月30日以前被采取强制措施的犯罪嫌疑人、被告人或者1997年9月30日以前犯罪,1997年10月1日以后仍在服刑的罪犯,如实供述司法机关还未掌握的本人其他罪行的,适用《刑法》第67条第2款的规定。

其三,对于立功制度(原刑法中没有设立这一制度),该解释规定:1997年9月30日以前犯罪的犯罪分子,有揭发他人犯罪行为,或者提供重要线索,从而得以侦破其他案件等立功表现的,适用《刑法》第68条的规定。

其四,对于缓刑制度(新刑法将发现漏罪和违法违规也作为撤销缓刑的情况),该解释规定:1997年9月30日以前犯罪被宣告缓刑的犯罪分子,在1997年10月1日以后的缓刑考验期间又犯新罪、被发现漏罪或者违反法律、行政法规或者国务院公安部门有关缓刑的监督管理规定,情节严重的,适用《刑法》第77条的规定,撤销缓刑。

其五,对于假释制度(新刑法新增加了不适用假释的规定并且将发现漏罪和违法违规也作为撤销假释的情况),该解释规定:1997年9月30日以前犯罪被假释的犯罪分子,在1997年10月1日以后的假释考验期内,又犯新罪、被发现漏罪或者违反法律、行政法规或者国务院公安部门有关假释的监督管理规定,情节严重的,适用《刑法》第86条的规定,撤销假释。

四、刑法司法解释的时间效力问题

刑法司法解释的时间效力是指有关刑法司法解释的生效、失效及其溯及力问题。长期以来,理论上对此问题争议颇多,司法实践运用则更不统一。2001年12月16日最高人民法院和最高人民检察院联合颁布《关于适用刑法司法解释时间效力问题的规定》(以下简称《规定》),对相关问题作了比较明确的规定。"两高"《规定》明确指出:"司法解释自发布或者规定之日起施行,效力适用于法律的施行期间。"

对于"两高"《规定》这一内容,应作以下几点理解:首先,《规定》再一次强调了刑法司法解释具有法律效力,司法实践中理应坚决加以贯彻执行;其次,《规定》强调所有刑法司法解释的施行时间应该自发布或者规定之日起,从而统一了刑法司法解释施行的时间;最后,《规定》强调了刑法司法解释的效力适用于法律的施行期间(同时在后面的条文中又具体说明了这一点的内容），从而表明了刑法司法解释与刑事法律的紧密关系。

对于刑法司法解释的生效时间，"两高"《规定》明确"应该自发布或规定之日起"生效。对此应作以下几点理解：其一，刑法司法解释的生效时间只能是以其发布或者规定的日期为标准。《规定》之所以确立了"发布之日"和"规定之日"两种标准，主要是针对以往司法解释在此问题规定上的不一致情况所提出的解决方案。如果刑法司法解释规定中明确规定生效时间，就应以此规定的日期为生效时间；如果刑法司法解释规定中没有明确规定生效时间，则应以其公布的日期作为生效时间。其二，刑法司法解释的效力适用于刑法的施行期间。对此有人认为这无疑是把刑法司法解释的生效时间提前了。我们不同意这种观点，尽管"两高"《规定》在这一问题上的规定不很明确，容易使人产生不同的理解，但是，对于《规定》应作全面理解而不能断章取义。我们认为，这里所指的"刑法的施行期间"应该只限于刑法司法解释生效后的"刑法的施行期间"。也就是说，《规定》中所称，刑法司法解释的效力适用于刑法的施行期间实际上是以刑法司法解释的生效为前提条件的，这从刑法司法解释"自公布或者规定之日起施行"的规定中已经可以得到佐证。由此可见，对于"两高"《规定》在这一问题上的正确理解应该是，刑法司法解释的效力适用于刑法司法解释生效后的刑法施行期间。

正如前文所述，我国刑法在有关溯及力的规定上几经周折后，经修订后的1997年《刑法》重新明确规定了从旧兼从轻的溯及力原则。那么，刑法司法解释对其生效实施以前的行为是否具有溯及力呢？这次"两高"《规定》就此问题作了一些规定，即对于司法解释实施前发生的行为，行为时没有相关司法解释，司法解释施行后尚未处理或者正在处理的案件，依照司法解释的规定办理。可见"两高"《规定》的内容，实际上是承认刑法司法解释具有溯及力，只不过使用了以"尚未处理或者正在处理的案件"条件作为限定。对此，理论上仍存在值得商榷之处。

需要指出的是，"两高"《规定》对于存在有新旧司法解释时应如何加以适用的问题，明确作了应采用从旧兼从轻的原则的规定。即《规定》认为："对于新的司法解释实施前发生的行为，行为时已有相关司法解释，依照行为时的司法解释办理，但适用新的司法解释对犯罪嫌疑人、被告人有利的，适用新司法解释。"就此规定我们应该作这样理解：首先，如果犯罪行为发生在新的刑法司法解释生效实施后，处理时应适用新的刑法司法解释；其次，如果犯罪行为发生在新的刑法司法解释施行之前，且未经处理或正在处理中的，原则上应依照旧的刑法司法解释进行处理，如果新的刑法司法解释更有利于行为人的，则应适用新的刑法司法解释。"两高"《规定》的这一内容无疑是符合我国刑法确立的从旧兼从轻的溯及力原则精神的，实践中理应坚决贯彻执行。同时，为了维护原来判决的权威性和稳定性，《规定》还明确，对于在司法解释施行前已办结的案件，按照当时的法律和司法解释，认定事实和适用法律没有错误的，不再变动。

第二编　犯　罪　论

第四章

犯 罪 概 述

第一节 犯 罪 概 念

犯罪是人类社会发展到一定历史阶段才出现的社会现象。这种现象与国家、法律的出现一样,是一个历史范畴。对于犯罪现象的研究,既可以从社会学、犯罪学的角度去进行,也可以从刑法学的角度来展开。犯罪概念在刑法学研究中居于十分重要的地位,这是因为犯罪、刑事责任和刑罚是刑法的三个最基本范畴。犯罪是刑事责任的前提,而刑罚是刑事责任的承担方式之一。刑法学以犯罪、刑事责任和刑罚为研究对象,自然要以犯罪概念的研究为逻辑起点。同时,犯罪概念又是对犯罪内在本质、外部特征的高度概括,所以,不同的犯罪概念,又在一定程度上反映着人们对犯罪基本问题的不同认识,反映着不同的犯罪观或者刑法观。

一、犯罪概念的立法类型

从立法上看,各国刑法除了规定各种具体犯罪外,在刑法条文中是否对犯罪再作一般的概念性规定,存在两种不同的立法例。一种立法例是不在刑法条文中作规定,历史上奴隶制和封建制国家的刑法大多如此,现代有些国家的刑法也是如此。如现行的《日本刑法典》和《德国刑法典》都没有在刑法条文中对犯罪进行一般的定义。另一种立法例则是在刑法条文中对犯罪作一般的定义规定。这种方式的犯罪概念,按照定义中是否表明犯罪的实质性内容,分为三种类型:

(一) 形式概念

形式概念是指在立法上不揭示犯罪的本质而只是从犯罪的法律特征上给犯罪下定义。如 1810 年《法国刑法典》第 1 条规定:"法律以违警刑处罚之犯罪,称违警罪;法律以惩治刑处罚之犯罪,称轻罪;法律以身体刑或名誉刑处罚之犯罪,称重罪。"①又如 1996 年《瑞士联邦刑法典》第 9 条规定:"1.重罪是指应科处重惩役之行为;2.轻罪是指最高刑为普通监禁刑之行为。"这些定义认为犯罪仅仅是以刑事法律加以禁止

———————————

① 1994 年《法国刑法典》没有再对犯罪进行一般的定义。

或者以刑罚予以制裁的行为,表明了犯罪的刑事违法性和应受刑罚处罚的特征,但不能回答应受处罚的行为为什么被规定为犯罪、犯罪是违反代表谁的利益的法律等本质问题,从而未能揭示出犯罪的实质性内容,只是对犯罪概念进行了形式定义。

犯罪的形式概念注重的是行为的刑事违法性,将刑事违法性作为区分罪与非罪的唯一标准。犯罪的形式概念之所谓形式,是指从法律规范的意义上界定犯罪。因此,犯罪的形式概念又可以称为犯罪的法律概念。法律相对于社会来说,是一种形式的东西,是对某种社会关系或者社会事实的规范,从而使这种社会关系或者社会事实法定化。在犯罪问题上,犯罪是一种客观存在的社会事实,是社会根据一定的价值标准予以否定评价的行为。但在经刑法规定以前,这种行为尚不具有刑事违法性,不能成为刑法意义上的犯罪。正是通过刑法的规定,一定的行为才由社会否定评价的行为转换为刑法上的犯罪行为。由此可见,犯罪的形式概念具有实体的法律内容。更为重要的是,犯罪的形式概念赋予犯罪以刑事违法性,从而为认定犯罪提供了法律标准,这对于保障人权具有极为重要的意义,可以保证刑法的正确实施。

(二) 实质概念

犯罪的实质概念并不满足于对犯罪的法律界定,而是力图揭示隐藏在法律背后的社会政治内容。如1922年《苏俄刑法典》第6条规定:"凡威胁苏维埃制度基础及工农政权在向共产主义过渡时期内所建立的革命秩序的一切有社会危害性的作为或不作为均为犯罪行为。"[①]犯罪的实质概念注重犯罪的本质属性,从犯罪危害社会生存条件这一本质出发,认为犯罪首先是一种反社会的行为,本质就在于他们侵犯了统治者的根本利益。犯罪的实质概念不是把犯罪当作一种单纯的法律现象,而是首先把它视为一种社会现象,在与社会的关联上揭示犯罪的性质。由于犯罪的实质概念突破法律形式理解犯罪,因而它在一定程度上回答了一种行为为什么会被刑法规定为犯罪这一具有实质意义的问题。犯罪的实质概念的确立,将犯罪置于社会的视野中进行考察,分析了犯罪与社会结构的关联性,揭示了犯罪之所以应当受到刑罚处罚的根据。但是,由于犯罪的实质定义没有规定犯罪的法律特征,容易为不受现行法律限制而扩大犯罪范围提供立法基础,忽视了犯罪这一社会现象认定的标准是刑法,对"法治"的实施在实践上有潜在的危害。

(三) 混合概念

混合概念是指在立法上将行为的本质与行为的法律特征两方面相结合而对犯罪进行规定。例如1960年《苏俄刑法典》第6条规定:"凡是刑事法律规定的危害苏维埃社会制度或国家制度,破坏社会主义经济体系和侵犯社会主义所有制,侵犯公民的人身、政治权利、劳动权利、财产权利和其他权利的危害社会的行为(作为或不作为),以及刑事法律规定的违反社会主义法律秩序的其他危害社会的行为,都认为是犯罪。"这种定义在行为的本质特征和法律特征两个方面对犯罪进行定义,把犯罪的法

---

① 1922年《苏俄刑法典》是苏联第一部刑法典,于1922年5月24日由全俄中央执行委员会批准,同年6月1日起实施。该刑法典分为总则和分则两部分,共227条,于1927年1月1日被新的《苏俄刑法典》所取代。

律属性与社会属性结合起来,既指出了犯罪的形式特征,即犯罪仅限于刑事法律所规定的范围,从而明确了犯罪的刑事违法性,又揭示了犯罪的实质内容,尤其是揭示了犯罪的社会危害性。因此,犯罪混合概念既不同于犯罪的形式概念,又不同于犯罪的实质概念。我国刑法采用的是混合概念。

二、我国刑法中的犯罪概念

我国《刑法》第13条规定:"一切危害国家主权、领土完整和安全,分裂国家、颠覆人民民主专政的政权和推翻社会主义制度,破坏社会秩序和经济秩序,侵犯国有财产或者劳动群众集体所有的财产,侵犯公民私人所有的财产,侵犯公民的人身权利、民主权利和其他权利,以及其他危害社会的行为,依照法律应当受刑罚处罚的,都是犯罪,但是情节显著轻微危害不大的,不认为是犯罪。"这表明,我国刑法中的犯罪,是一种危害社会已经达到触犯刑法的程度,并且是应当受到刑罚处罚的行为。这一犯罪概念是对各种犯罪现象的理论概括,不仅揭示了犯罪的法律特征,而且阐明了犯罪的实质内容,从而为区分罪与非罪提供了原则性的标准。需要强调的是,该条的"但书"规定还从反面强调了哪些行为不是犯罪。对于情节显著轻微危害不大的行为,在立法上不认为构成犯罪,在司法上自然不能将其作为犯罪处理,不能将其理解为已经构成犯罪,只是不作为犯罪处罚。

我国刑法中的上述犯罪概念,揭示了犯罪的基本特征。犯罪的"三特征"说,目前已经成为我国刑法学界的通说,为较多的刑法学教材所采用。犯罪的"三特征"说认为,犯罪具有三个基本特征:第一,严重的社会危害性。犯罪是危害社会的行为,即具有一定的社会危害性,这是犯罪的本质特征。第二,刑事违法性。犯罪是违反刑法规定的行为,即具有刑事违法性,这是犯罪的法律特征。第三,刑罚当罚性。犯罪是依照刑法应受惩罚的行为。应受刑事惩罚性是由犯罪的本质特征和法律特征派生出来的法律后果特征。

(一) 严重的社会危害性

严重的社会危害性是犯罪的本质特征。统治阶级之所以用刑法的形式宣布某种行为是犯罪,是因为这种行为在一定的历史时期内严重危及其阶级利益和统治秩序。在我国,犯罪行为的表现形式虽然千变万化,但总体上讲,它们都从不同的方面危害我国国家和人民的利益,危害社会主义社会。如果行为不会危害社会,刑法就没有必要将其规定为犯罪。某种行为虽然具有一定的社会危害性,但危害程度不严重的,只构成一般违法。作为犯罪本质特征的社会危害性,必须达到危害程度的严重性。强调这一点,是为了把犯罪同其他违法和不道德行为区分开来,这是坚持犯罪质的规定性与量的规定性相统一的要求。犯罪与一般违法行为及不道德行为都具有社会危害性,区分它们的关键在于准确界定各自的社会危害程度,也就是一个社会危害"量"的问题。对此,《刑法》第13条的后段已作了明确规定,即"但是情节显著轻微危害不大的,不认为是犯罪"。因此,笼统地说"社会危害性是犯罪的本质特征"是不够准确、不够全面和不够科学的,应当强调犯罪是一种"严重危害社会"的行为。正因为其危害社会的严重性,才有将其确认为犯罪并进而予以刑罚处罚的必要。

行为的社会危害性在犯罪认定以及量刑过程中具有重要意义:(1)它是犯罪成立的基础,所有犯罪成立的条件总和都是说明行为具有的社会危害性及其程度。如果行为不具备法定的社会危害性,就不可能有犯罪的成立。(2)它是解决是否构成排除社会危害性行为的关键,如正当防卫之所以不认为是犯罪,就是因为正当防卫行为不具有社会危害性,而是一种有益于社会的行为。(3)它是确定故意犯罪过程中各种不同的犯罪形态以及各种共同犯罪人不同刑事责任的根据。我国刑法对预备犯、未遂犯、中止犯、主犯、从犯、胁从犯、教唆犯等规定了不同的量刑处罚原则,就是根据各种形态犯罪的社会危害性大小来确定的。

犯罪的社会危害性的程度轻重并不是笼统、抽象和漫无边际的,主要由以下因素决定:

首先,通过法益侵害性的程度来进行评价。法益侵害性是指犯罪对于刑法所保护的利益的侵害。这里所谓的刑法所保护的利益,被称为"法益"。刑法法益是指关系到社会生活的重要利益,《刑法》第13条关于犯罪概念的规定对其作了明文列举,包括国家主权、领土完整和安全、人民民主专政的政权和社会主义制度、社会秩序和经济秩序、国有财产或者劳动群众集体所有的财产、公民私人所有的财产、公民的人身权利、民主权利和其他权利。上述法益可以分为国家法益、社会法益和个人法益。这些法益被犯罪所侵害而为刑法所保护,因此,法益侵害性揭示了犯罪的实质社会内容。一般认为,危害国家法益的社会危害性大于危害集体法益的社会危害性,之后是危害个人法益的社会危害性。因此,由于危害不特定多数人人身、财产安全的放火罪、爆炸罪等犯罪行为危害公共安全,其危害性要大于危害特定人人身、财产安全的故意杀人罪、故意伤害罪。对于这些法益,刑法分则又分门别类地作了进一步的规定,从而将刑法中的犯罪划分为十类。现行刑法分则正是根据法益侵害的轻重程度进行排列的。

虽然一般的违法行为也会侵害法益,但是构成犯罪的法益侵害行为却是由刑法明文规定的,因此行为是否具有法益侵害性,应以刑法规定为根据。在这个意义上说,刑事违法性是法益侵害性的前提。一个行为如果不具有刑事违法性,就不可能具有法益侵害性。因此,超越刑事违法性的法益侵害性是不被承认的,这也是罪刑法定原则的必然要求。由此可见,法益侵害性虽然是对犯罪的实质社会内容的阐述,但它仍然受到犯罪的刑事违法性的限制。在这个意义上说,法益侵害性是刑事违法范围内的法益侵害性。法益侵害具有两种情形:一是实际侵害;二是危险。实际侵害是指行为对法益造成的现实侵害,例如故意杀人、故意伤害,造成对他人生命、健康法益的侵害。危险是指行为对于法益具有侵害的可能性,在这种情况下,实际损害并未发生,但法益处于遭受侵害的危险状态,因而同样被认为具有法益侵害性。在我国刑法立法中,大多数行为是因为具有法益侵害的实害性而被规定为犯罪,例如以发生一定的法益侵害结果为法定犯罪构成要件的结果犯就是如此。也有少数行为是因为具有法益侵害的危险性而被规定为犯罪,这种危险包括抽象危险与具体危险。其中抽象危险是指立法推定的危险,在司法活动中毋须认定,只要具有法律规定的行为既可构成犯罪。具体危险是指司法认定的危险,如果不具有这种危险,即使存在法律规定的行为也不构成犯罪。此外,犯罪的预备行为、未遂行为和中止行为,也都是没有造成法益侵害的实际侵害结果,只是因其具有法益侵害的危险而被处罚。

其次,通过行为人的主观恶性和人身危险性来评价。行为人是故意还是过失,是否预谋犯罪,动机是否卑劣,对于社会的心理影响不同。因此,在具有同等客观损害后果的情况下,由于犯罪者主观心理状态、动机、目的的不同,定罪量刑的标准也存在一定的差别。例如故意犯罪的处刑重于过失造成同样结果的犯罪。譬如自首犯、立功犯与累犯、拒不交代罪行者相比,主观恶性就相对较小,社会危害性也相对较轻。

犯罪的社会危害性程度是由诸多因素决定的。其中,主要的因素包括行为侵犯的社会关系的性质、行为的手段、方法、后果以及时间、地点等、行为人的人身状况以及行为时的主观心理因素等。同时,行为社会危害性的有无及其具体程度并不是固定不变的,它会随着社会条件的变化以及社会发展在经济、文化和政治等方面要求的不同而不断改变。这种法律评价的变化是客观存在的。因此,在考察犯罪的社会危害性问题时,需要注意以下几点:

1. 考察犯罪的社会危害性时,要有辩证发展的观点。随着社会的发展和社会条件的变化,社会危害性也随之发生变化。一是社会危害性的有无发生变化。同一种行为,在某一时期被认为具有社会危害性,而在另一时期则可能被认为不具有社会危害性。二是社会危害性的大小发生变化。因此,不能片面强调立法的稳定性而忽视由于社会危害性及其程度变化所提出的修订刑法的需求,要依法定程度对刑法立法进行修订。

2. 考察犯罪的社会危害性时,要有全面的观点。社会危害性的有无及其程度的大小由多种因素组成,各个因素是相互关联、相互影响的。在分析某一行为的社会危害性时切忌片面、孤立地只看其中某一因素,而应将所有的影响因素纳入系统作综合分析,准确判断行为是否具有社会危害性及其危害性程度的大小。不仅要看到有形的、静态的、物质的损害,还要看到行为对于经济秩序、社会秩序的损害,看到行为对于社会规范的违反程度。

3. 考察犯罪的社会危害性时,要有本质的观点。在认定行为是否具有社会危害性以及危害性的程度时,要透过现象看本质。犯罪是一种复杂的社会现象,一定行为的实质总是会通过诸多表面现象反映出来。对行为的社会危害性进行分析时,也要注意不能只看行为方式、结果形态而不考察其行为性质。

(二) 刑事违法性

刑事违法性,也称为刑法的禁止性,即犯罪行为是违反刑法的行为,是为刑法所禁止的行为。

刑事违法性与社会危害性具有统一性。犯罪的本质特征是行为具有严重的社会危害性,也就是说,只有当行为危害社会的"量"达到了相当严重的程度时,才能确认它们为犯罪。因此严重的社会危害性是刑事违法性的前提或基础。但是，在社会生活和司法实践中，某一危害社会的行为是否已经达到"严重"的程度，人们的认识和评价标准往往不尽一致，这就需要通过权力机关以国家立法的形式加以规定。我国刑法根据各种行为的社会危害性程度，有选择地宣布某些行为是犯罪并作出相应的规定，这就使犯罪在严重的危害性特征之外，又派生出第二个重要特征——刑事违法性。刑事违法性是司法机关认定犯罪的法律标准。司法机关不能凭直觉或个人观点认定某种行为是否具有犯罪的社会危害性，而只能通过刑法所确定的具体标准来认定行为是否构成犯罪。

刑事违法性特征表明犯罪不仅是一种社会现象，也是一种法律现象。它不但包含着深刻的社会政治内容，而且具有明显的法律形式特征。强调犯罪认定上的法律特征，正是罪刑法定原则的重要体现。我们认为，社会危害性是刑事违法性的基础，统治阶级不可能以法律的形式把没有社会危害性的行为宣布为犯罪，也不会将危害性并不严重的行为规定为犯罪。应当注意的是，违法与犯罪是两个既有联系又有区别的概念。违法具有较为宽泛的含义，包括触犯刑事法律规范的行为，也包括民事上的违法、经济上的违法、行政上的违法和治安管理上的违法行为，等等。只有社会危害性达到触犯刑事法律规定的严重程度时，这种行为才能被认为是犯罪。所以，讲犯罪的刑事违法性特征，不是讲犯罪具有一般意义上的违法属性，而是指它具有触犯刑事法律规范的"刑事违法性"特征。犯罪的确定必须依照刑法的明文规定，这是社会主义法治原则在犯罪认定方面的一个体现。

刑事法律规范主要集中规定在成文的刑法之中，一般而言，"刑法"又由刑法典、单行刑法和附属刑法三个部分组成。虽然刑法典是刑法最为重要的构成部分，但作为犯罪特征之一的刑事违法性，理应包括违反上述任何一种设有刑法规范的刑事法律的行为。需要指出的是，我国刑法对各种不同犯罪的违法性特征有着多种规定方式。有的规定在刑法的总则规范中，如有关犯罪一般概念的规定，有关刑事责任年龄、刑事责任能力、罪过形式的规定等；有的规定在刑法典的分则规范之中，如有关犯罪主体的具体规定，关于犯罪目的、故意、"明知"的规定，关于犯罪手段、后果、情节及"数额"的规定，关于犯罪对象、时间、地点的规定等。这些都为犯罪刑事违法性特征的具体确定提供了明确的标准。对于司法工作人员处理具体案件来讲，首先应当研究的就是案件事实的刑事违法性问题。如果某一行为不具有刑事违法性特征，那么，即使它存在着明显的社会危害性，也不能作为犯罪行为去对待，这是我国罪刑法定原则的必然要求。

因此，在犯罪的形式特征与实质特征相一致的情况下，犯罪的认定问题是容易得到解决的。但是，如果形式特征与实质特征相冲突，例如在具体案件中，当行为有刑事违法性而无社会危害性或者有社会危害性而无刑事违法性时，是根据形式特征判断还是根据实质内容判断，可能会引发争议。我们认为，当存在冲突时，在强调罪刑法定原则的基础上，对于具体行为是否构成犯罪的判断要以刑事违法性为前提。

（三）犯罪行为的刑罚当罚性

犯罪不仅是具有社会危害性、触犯刑法的行为，而且是应当给予刑罚处罚的行为。这就使犯罪行为又具有了"刑罚当罚性"的属性。刑罚当罚性是犯罪与其他违法行为及不道德行为相区别的一个重要表征。任何违法行为，都要承担相应的法律后果。民事违法行为承担法律后果的方式如排除妨害、返还财产、赔偿损失、支付违约金等。行政违法行为要受行政处罚，如罚款、行政拘留等；或者受行政处分，如警告、记过、降职、撤职、开除公职等。刑罚处罚是行为构成犯罪的处罚后果。刑罚是对犯罪行为的社会危害性程度的一种评价，在通常情况下，刑罚重的，说明该种行为社会危害性较大，刑罚轻的，则说明社会危害性相对较小。危害社会的行为，只要触犯了刑事法律规范，构成了犯罪，在通常情况下，就需要采用刑罚的方法予以及时制裁。只有这样，才能使犯罪人得到应有的惩罚和改造，使广大公民和国家的、社会的利益得到有效保护。而从另一方面来看，给予刑罚处罚的行为，也必须是已经构成犯罪的行为。违反党纪、政纪的行为，只能给予党纪、政纪上的处分；而违反民法、经济法的违法行为，则只能给予民事、经济制裁，绝对不能适用刑罚；只有犯罪行为才具有应当受到刑罚处罚的属性。从本质上来看，刑罚当罚性的犯罪特征，也是从犯罪的严重危害性中派生出来的，它与刑事违法性一样，都以严重的社会危害性为前提条件，是由犯罪的本质特征决定的。

如果一个行为不应当受到刑罚处罚，也就意味着行为不构成犯罪。但是，要区分不应当受刑罚惩罚和不需要受刑罚处罚。不应受刑罚处罚，是指行为人的行为根本不构成犯罪；而不需要受刑罚处罚，是指行为人的行为已经构成了犯罪，本应惩罚，但考虑到具体情况，如犯罪情节轻微，或者有自首、立功等表现，从而免予刑事处分。免予刑事处分表明行为还是构成犯罪的，只是不予刑罚处罚罢了，它与无罪不应当受刑罚处罚的性质不同。

我国《刑法》第13条规定的犯罪概念，揭示了犯罪的"严重社会危害性"、"刑事违法性"、"刑罚当罚性"三个基本特征。犯罪的三个基本特征紧密相连，并不是相互孤立、彼此割裂的。其中，严重的社会危害性是具有决定性意义的犯罪本质特征，刑事违法性和刑罚当罚性特征都是从这一本质特征中派生而来并由本质特征所决定的。也就是说，正是因为行为对社会造成了危害并达到了相当严重的程度，刑事法律规范才将其规定为犯罪并设立相应的刑罚处罚。但严重的社会危害性又不是抽象和空洞的，其内容和范围要有刑事法律规范予以具体规定。如果没有刑法规范的具体规定，就无法界定犯罪的严重危害性，也没有相应的刑罚当罚性可言。总之，犯罪的严重危害性、刑事违法性和刑罚当罚性，是由我国刑法规定的犯罪概念所揭示的犯罪的三个基本特征构成的，它们相互联系，不可分割，共同构成犯罪概念的总体，成为区分罪与非罪的总的标准和尺度。

当然，从理论上讲，"刑罚当罚性"应否作为犯罪的基本特征，仍是一个有待进一步研究的问题。目前，我国刑法学界对"社会危害性是犯罪的本质特征"这一命题也开始进行反思。这一命题在犯罪行为的立法确认上并无不妥，只是在刑事司法的犯罪认定上,更应当强调刑事违法性,否则可能出现违背罪刑法定原则,根据实质判断去定罪处刑的情况。

第二节　犯罪的分类

犯罪分类,是指根据犯罪所具有的某些特殊属性,将犯罪划分为若干相互对应的类别。犯罪的复杂性,决定了犯罪类别的多样化。我们可以采用不同的标准,对犯罪进行多种类的划分。

一、犯罪在理论上的分类

(一)自然犯与法定犯

从社会伦理与刑法的关系上,将犯罪区分为自然犯和法定犯。

自然犯,也称刑事犯,是指违反公共善良风俗和人类社会伦理的犯罪,其行为本身就自然蕴含着犯罪性,人们根据一般的伦理观念即可对其作出有罪评价。自然犯一般指传统型犯罪,如故意杀人、抢劫、强奸、放火、爆炸、盗窃等犯罪。法定犯,又称行政犯,是指对于行为的犯罪性质,不能通过社会伦理直接进行判断,而是要根据刑罚法规的规定才能确定的犯罪。违反行政法规中的禁止性规范,并由行政法规中的刑事法则(附属刑法的一种)所规定的犯罪。如由行政经济法规的法则所规定的职务犯罪、经济犯罪等,即属于此类。这一类犯罪的特点在于都以违反一定的经济、行政法规为前提,它们原来都没有被认为是犯罪,由于社会情况的变化,在一些经济、行政法规中首先作为被禁止的行为或作为犯罪加以规定,随后在刑法修订时被加以吸收,从而在刑法典中被正式确立为犯罪。

一般认为,从犯罪人的主观恶性程度看,自然犯比法定犯要严重得多。对于自然犯,其刑事责任能力没有特别的规定,但对于法定犯而言,某些犯罪,不仅要求具备刑事责任能力,而且还需要具备一些其他方面的条件,相对来讲,要求较为严格。但在违法性问题上,由于行政法规会因为国家管理目标的改变而时常发生变化,因此,法定犯又经常处于变动之中,缺乏像自然犯那样的稳定性。正因为两类犯罪各有其特殊性,所以在认定、处罚及预防等方面,均应采取各不相同的对策。

当然,虽然较之于法定犯来说,自然犯的性质更为稳定,但随着社会状况的变化和公众价值观的转变,也会出现自然犯的非犯罪化现象。例如,血亲乱伦罪等无被害人的传统自然犯,如今在我国已经不再被作为犯罪论处了。

(二)身份犯与非身份犯

身份犯包括两种:典型的身份犯与不典型的身份犯。典型的身份犯,又称为纯正的身份犯,是指以国家工作人员、公司企业工作人员、司法工作人员等一定的身份作为构成犯罪的主体条件的犯罪。如贪污罪、受贿罪、玩忽职守罪、滥用职权罪等。不典型的身份犯，又称为不纯正的身份犯，是指主体是否具备某种身份会影响量刑处罚轻重的犯罪。如诬告陷害罪，国家机关工作人员犯本罪的，要比一般主体接受更重的刑罚处罚。非身份犯，是指刑法对犯罪主体条件未作特别限定，仅以一般人作为主体条件的犯罪。如故意杀人罪、故意伤害罪、聚众斗殴罪、盗窃罪、诈骗罪、抢劫罪等。

由于身份犯与非身份犯的划分以刑法规定的身份条件作为标准，因此，依法认定行为人是否具备某些特殊的身份条件，成为认定行为能否构成某种犯罪的关键。

（三）行为犯与结果犯

行为犯，是指以侵害行为的实施为构成要件的犯罪，或者是以侵害行为实施完毕而成立犯罪既遂状态的犯罪。前者如强奸罪、煽动分裂国家罪、煽动颠覆国家政权罪等；后者如诬告陷害罪、伪证罪、偷越国（边）境罪等。结果犯，是指以侵害行为产生相应的法定结果为构成要件的犯罪，或者是指以侵害结果的出现而成立犯罪既遂状态的犯罪。前者如玩忽职守罪、交通肇事罪、过失致人死亡罪等所有的过失犯罪；后者如故意杀人罪、盗窃罪、贪污罪、敲诈勒索罪等。

行为犯与结果犯的区分，对于准确认定某一犯罪的客观构成要件，进而区分罪与非罪的界限，具有重要意义。同时，行为犯与结果犯的区分，也有助于准确认定犯罪既遂与未遂的原则界限。

（四）实害犯与危险犯

实害犯，是指以出现法定的危害结果为构成要件的犯罪。如《刑法》第119条第2款所规定的过失损毁交通工具罪等。危险犯，是指以实施危害行为并出现某种法定危险状态为构成要件的犯罪。如《刑法》第116条规定的破坏交通工具罪，第125条规定的非法制造、买卖、运输、储存枪支、弹药、爆炸物罪和非法买卖、运输核材料罪（前者为具体危险犯，后者为抽象危险犯）等。

实害犯与危险犯的区分，不仅有助于犯罪构成要件的具体把握，而且对正确量刑具有积极意义。一般来讲，刑法对实害犯规定了重于危险犯的法定刑。

（五）重罪和轻罪

在外国刑法中，根据犯罪所处刑罚种类的不同。一般都有重罪与轻罪之分。重罪和轻罪在逮捕适用、主从犯的区分等方面都有不同。[1]我国刑法中没有明确的重罪和轻罪之分，但我国《刑法》第67条规定："对于自首的犯罪分子……犯罪较轻的，可以免除处罚。"这一规定实际上"暗示了可以从理论上将犯罪分为重罪与轻罪"。[2]重罪与轻罪的区分，可以帮助确定对犯罪的刑事政策以及不同诉讼程序的选择。

除了上述分类以外，刑法理论还对犯罪进行了其他一些分类，比如以犯罪次数或其他法定条件为标准，可以分为初犯、累犯、再犯；以犯罪终了后不法行为或不法状态的具体情形为标准，可以分为即成犯、继续（持续）犯、状态犯；以犯罪时空条件为标

---

① ［英]史密斯、霍根著：《英国刑法》，李贵方等译，法律出版社2001年版，第32页。

② 张明楷著：《刑法学》，法律出版社2011年版，第94页。

准,可以分为同时犯、同地犯与隔时犯、隔地犯;以犯罪人的犯罪特性为标准,可以分为常业犯、习惯犯、普通犯等。

二、犯罪在立法上的分类

对犯罪进行立法上的分类,是建立科学的刑法典分则体系的需要,也是指导刑事司法,突出惩治重点,便于广大公民学习、掌握刑事立法原则的需要。

(一) 危害国家安全罪与普通刑事犯罪

前者是指危害国家政权、社会制度以及国家安全的犯罪;后者是指除国事犯罪以外的其他各类普通刑事犯罪。对国事犯罪,各国立法的表述各不相同,有的称为"国事罪","危害国家安全罪",有的称为"反革命罪"。我国 1979 年《刑法》分则第一章称为"反革命罪",1997 年《刑法》更名为"危害国家安全罪",属于国事罪的范畴;其余第二章至第十章规定的各类犯罪,相对于"危害国家安全罪"而言,都是普通犯罪。

(二) 故意犯罪与过失犯罪

在我国,故意犯罪被规定在《刑法》第 14 条中,是指明知自己的行为会发生危害社会的结果,并且希望或者放任这种结果发生,从而构成的犯罪。过失犯罪则被规定在《刑法》第 15 条中,系指应当预见自己的行为可能发生危害社会的结果,因为疏忽大意没有预见,或者已经预见而轻信能够避免,以致发生这种结果的犯罪。刑法通常都以处罚故意犯罪为原则,而以处罚过失犯罪为例外。

(三) 一般犯罪、类罪、具体犯罪

犯罪按其在刑法典中的规定,分为一般犯罪、类罪和具体犯罪。一般犯罪即《刑法》第 13 条规定的犯罪概念。类罪是立法时将所有的具体犯罪划分为若干类。如我国刑法分则将所有的具体犯罪划分为十类,即分则十章:危害国家安全罪,危害公共安全罪,破坏社会主义市场经济秩序罪,侵犯公民人身权利、民主权利罪,侵犯财产罪,妨害社会管理秩序罪,危害国防利益罪,贪污贿赂罪,渎职罪,军人违反职责罪。同时刑法分则第三章和第六章又进一步划分为若干小类等。如第三章又分为生产、销售伪劣商品罪,走私罪,妨害对公司、企业的管理秩序罪,破坏金融管理秩序罪,金融诈骗罪,危害税收征管罪,侵犯知识产权罪,扰乱市场秩序罪。具体犯罪就是刑法分则每一章或每一节里规定的犯罪,如抢劫罪、盗窃罪。

将犯罪划分为一般犯罪、类罪和具体犯罪可以清楚地认识每一种犯罪的成立条件。定罪量刑过程中所引用的罪名都是具体犯罪的罪名,不能引用类罪罪名。

(四) 亲告罪与非亲告罪

亲告罪,是指告诉才处理的犯罪,它们不属于公诉案件,必须由被害人或其近亲属自己到人民法院提起诉讼时,法院才予以受理。我国刑法对此作了规定,这类犯罪包括侮辱罪、诽谤罪、暴力干涉婚姻自由罪、虐待罪、侵占罪等。它们大多与被害人的人格、名誉权利和婚姻家庭关系密切相关,也有一些与侵吞他人财产等问题有关。除亲告罪以外的其他犯罪,都是非亲告罪,需要由公安机关、检察机关立案侦查,并由检察机关代表国家提起公诉。不过,从全面保护被害人的利益出发,在我国,当被害人因受强制、威吓而无法告诉时,法律则允许人民检察院和被害人的近亲属进行告诉。

(五) 自然人犯罪与单位犯罪

根据犯罪主体的状况,可以分为自然人犯罪与单位犯罪。自然人犯罪是指达到刑事责任年龄、具有刑事责任能力的人实施的犯罪行为。单位犯罪是指公司、企业、事业单位、机关、团体实施的刑法分则明确规定的单位可以构成犯罪的行为。

第五章

犯 罪 构 成

第一节　犯罪构成概述

一、犯罪构成理论的沿革

（一）大陆法系的犯罪构成理论

在刑法学犯罪论体系及整个刑法学理论体系中，犯罪构成占据着核心的地位。从词语沿革上讲，犯罪构成的概念最早形成于 13 世纪意大利宗教裁判上的"查究程序"或称"纠问手续"。在这种诉讼程序中，法官必须首先查清证实犯罪事实的存在（一般纠问）。在证实犯罪事实之后，才对特定的犯罪嫌疑人进行讯问（特别纠问）。如果没有"犯罪事实"，就不能进行特别纠问。意大利刑法学家法里西斯最先将这种犯罪事实命名为"Corpus delicit"。1796 年，德国刑法学家克莱茵（E. F. Klein，1744—1810）首次把"Corpus delicit"翻译成德语"Tatbestand"，即犯罪构成。后来，日本刑法学者又将其译成"构成要件"。构成要件，起初只具有诉讼法上的意义，直到 19 世纪初，德国著名刑法学家费尔巴哈（P. V. Feuerbach）、斯鸠比尔（C. C. Stubei）才明确把犯罪构成作为刑法实体意义上的概念来使用。[①]费尔巴哈从罪刑法定原则出发，把刑法条文上的犯罪成立的要件称为犯罪构成，认为"犯罪构成就是违法行为中所包含的各个行为的或事实的主客观要件的总和"。而斯鸠比尔则在其 1805 年出版的《论犯罪构成》一书中指出："犯罪构成就是那些应当判处法律所规定的刑罚的一切情况的总和。"它们对于阻止或者限制统治者和法官任意判人有罪，具有特别重要的意义。犯罪构成的思想，在费尔巴哈参与制定的 1813 年《巴伐利亚刑法典》中得到了十分具体的体现。该法典第 27 条规定："当违法行为包括依法属于某罪概念的全部要件时，就认为它是犯罪。"

现代意义上的犯罪构成理论，形成于 20 世纪以后。经过德国刑法学家贝林格（E. Beling，1866—1932）、迈耶（M. E. Mayer，1875—1923）和麦兹格（E. Mezger，1884—1962)等人的不断努力，构成要件才从刑法各论的概念中抽象出来，发展为刑

---

① ［日]小野清一郎著:《犯罪构成要件理论》,王泰译,中国人民公安大学出版社 1991 年版,第 2 页。

法总论理论体系的基石。贝林格首先提出了系统的犯罪构成要件理论,使构成要件成为刑法总论的概念。他认为,任何犯罪成立都必须具备这样六个条件:(1)行为;(2)行为符合构成要件;(3)行为是违法的;(4)行为是有责的;(5)行为有相应处罚的规定;(6)行为具备处罚的条件。但他同时认为,构成要件是纯客观的、记述性的,不包括主观的、规范性的内容,且构成要件与行为的违法、有责没有关系,是相分离的。迈耶一方面继承了贝林格的观点,一方面在他的名著《刑法总论》中提出了自己的犯罪构成要件理论。他将贝林格提出的犯罪成立的六个条件简化为三个:构成要件符合性、违法性和归责性。他认为,法律上的构成要件可以存在规范的要素和主观的要素,构成要件符合性是违法性认识的根据,符合构成要件就可以推定为违法,只有在具有违法阻却事由时,符合构成要件的行为才不具有违法性。麦兹格则进一步发展了迈耶的理论,指出构成要件符合性不仅是违法性的认识根据,而且是违法性的存在根据。不过,他认为构成要件符合性不是独立的犯罪成立的要件,而是修饰各种成立要件的概念,例如,符合构成要件的行为,符合构成要件的违法,符合构成要件的责任。他将行为、违法、责任列为犯罪论的核心,所以这一理论被称为新构成要件论。德国的构成要件理论传入日本后,得到进一步发展。小野清一郎、团藤重光等人认为,构成要件是违法有责类型,即行为符合构成要件,不仅能推定违法性的存在,而且还能推定有责性的存在。

目前,大陆法系国家的构成要件理论形成了以下通说,即犯罪成立必须具备三个条件:构成要件符合性(该当性)、违法性和有责性。构成要件符合性是犯罪的成立要件之一;构成要件不仅包括客观的、记述的要素,而且包括主观的、规范的要素;构成要件是违法有责类型,即符合构成要件的行为原则上具有违法性和有责性。大陆法系国家的犯罪构成理论体现了系统抽象的风格,以及研究体系的完整性,它与英美法系国家犯罪构成理论注重从个案研究中发现和总结普遍规则的特点形成了鲜明的对照。

(二) 苏联的犯罪构成理论

苏联犯罪构成理论是社会主义国家犯罪构成学说的代表,但其发展却经历了一个曲折的过程。一般将这一历史发展过程划分为三个阶段。1917 年至 1936 年是苏联犯罪构成理论的孕育、诞生阶段。在这一阶段,苏联出版了一大批刑法学教科书,并开始论述犯罪构成。同时出版的一些刑法学著作和论文,也对刑法分则中的各种犯罪的构成要件结合审判实务进行法律上的分析。但是,后来由于受到当时法律虚无主义思潮的严重影响,刚刚处于诞生之中的犯罪构成理论,在 20 年代的后期遭到了来自各个方面的激烈批评和强烈反对,濒临夭折的边缘。1937 年至 1957 年是苏联犯罪构成理论的逐步确立阶段。在这一阶段,犯罪构成理论在整个刑法学理论中逐步确立了自己应有的地位,已经形成较为完整的理论体系。这一时期,犯罪构成理论之所以被逐步确立起来,是与当时苏联宪法颁行后法律虚无主义思潮及刑事人类学派思想得到全面清算和毁灭性打击,整个社会的法制建设不断加强、各法律学科得以健康发展密切相关的。当时还出版了由苏联法学研究所编写的、对犯罪构成要件进行系统论述的刑法教科书《刑法总论》。《刑法总论》在法律高等院校中的广泛使用,不仅使犯罪构成就是"构成犯罪的诸要件的总和"的观点得以迅速传播,也促进了刑法学理论工作者对犯罪构成理论进行深入研究。特别值得一提的是,1946年苏联出版了特拉伊宁教授撰写的专著《犯罪构成的一般学说》,它是苏联第一部专门研究犯罪构成理论的著作。该书对犯罪构成的概念、要件、理论体系、意义及各相关问题,都作了十分全面、系统的论述,并对资产阶级犯罪构成理论的诸多方面观点提出了批判。《犯罪构成的一般学说》的公开出版,以及此后《苏维埃国家与法》杂志于1954年至1955年期间在全国范围内组织的有关犯罪构成问题的集中讨论和形成的研究成果,标志着苏联犯罪构成理论的确立与成熟。1958年以后,犯罪构成理论进入稳定发展并不断完善的阶段。在这一时期,原有的犯罪构成理论体系得到进一步充实,同时又提出一些新的理论观点,对刑事责任问题展开论证,将定罪问题纳入犯罪构成的理论体系,并且还对犯罪构成中的其他一些较为具体的问题进行研究,所有这些,都极大地丰富和发展了原有的犯罪构成理论,把犯罪构成理论的研究提到一个新的高度。经过初步总结,苏联的犯罪构成理论有两个基本特点:其一,认为犯罪构成是说明行为的社会危害性的要件;其二,认为犯罪构成是犯罪的客体、犯罪的客观方面、犯罪的主体、犯罪的主观方面的统一体,因而犯罪构成本身即包含了上述成立犯罪所必需的所有要件。

苏联解体之后形成了包括俄罗斯在内的许多独立的国家,俄罗斯作为最强大也最有影响力的国家,其刑法学理论的发展是最具有代表性的。但从近年出版的刑法教科书情况看,其犯罪构成理论的体系、内容及基本观点,基本上是原犯罪构成理论的延续,这可以从俄罗斯联邦国家高等教育委员会推荐的高等学校法学专业教科书《俄罗斯刑法总论》(1994年版)的相关内容中得到体现。[1]

(三) 我国犯罪构成理论的形成与发展

我国的犯罪构成理论是20世纪50年代初期从苏联直接引进的,它是在吸收他国犯罪构成学说的内容、总结我国实践经验的基础上逐步建立起来的。一些学者认为,从80年代后十多年的情况看,我国刑法学界对犯罪构成理论的研究与探索,可以划分为两个阶段:第一个是恢复阶段,即恢复犯罪构成理论在刑法学体系中的地位。较突出地表现为对犯罪构成的概念、要件内容、理论与实际意义等的一般性介绍和论述。总体上来讲,理论上的突破与创新比较少。第二个是探索阶段,即对50年代引进的苏联犯罪构成学说进行了理论上的评判,发表了一系列专题论文,还出版了几部专门论述犯罪构成的专著,并在犯罪构成理论的某些局部问题上有所突破,提出了一些新的见解。[2]由于我国犯罪构成理论的系统研究起步较晚,又长期受到苏联刑法学理论(包括犯罪构成理论)的深重影响,因此,具有中国特色的犯罪构成新理论体系仍在不断的探索之中,在犯罪构成的诸多问题上,依然存在着各种不同的意见及争论。

---

[1]　何秉松著:《犯罪构成系统论》,中国法制出版社1995年版,第40—45页。
[2]　高铭暄主编:《新中国刑法科学史》,中国人民公安大学出版社1993年版,第83页。

应该说,学术争鸣有利于理论的发展。随着讨论、研究的不断深入,我国的犯罪构成理论将逐步趋于成熟,一个符合中国实际、具有中国特色的全新的犯罪构成理论体系,一定会在我国刑法学者的共同努力下最终诞生。

二、犯罪构成的概念与特征

犯罪构成是由刑事实体法规定的、决定某一行为的社会危害性及其程度,并为成立该种犯罪所必需的客观要件和主观要件的总和。犯罪构成与犯罪概念具有密切的联系,犯罪概念是确定犯罪的总标准,是犯罪特征的高度概括,犯罪构成解决犯罪的形成及法定条件问题,因而是犯罪概念的具体化;犯罪概念反映犯罪的基本特征,揭示犯罪的社会属性和法律性质,从而为犯罪构成的立法化提供了具体的界定尺度。所以,它们相互作用,密切关联。但是,就说明犯罪问题的功能作用来看,两者又有一定的差别,表现为抽象与具体、宏观与微观的关系。

犯罪构成在犯罪认定问题上占有核心的地位,作为一种法律规定,它具有以下几个方面的重要特征:

(一) 犯罪构成由刑事实体法加以规定

犯罪构成是犯罪的规格与标准,不仅表明犯罪是如何形成的,而且以提供成立犯罪所必需的各种具体条件为己任。某一行为是否符合犯罪构成,是判断该行为人是否要对其行为承担刑事责任的根据。由于"罪刑法定"是我国刑法的基本原则之一,因此,从严格依法司法、保障公民合法权益以及准确制裁犯罪、维护法律权威的要求出发,犯罪构成要件必须由刑事法律予以明确的规定,这也是社会主义法治原则的具体体现。

我国刑法理论对犯罪构成的性质曾经出现过多种学说。有的认为,犯罪构成是一种理论概念,不能成为犯罪的规格和标准,即主张"理论说";有的认为,犯罪构成是一个法律概念,必须由法律明确地予以规定,即主张"法定说";也有的认为,犯罪构成既是由法律明确规定的,也是一种阐明法律的理论,所以兼具法定性和理论性,即主张"折中说"。不过,我国绝大多数学者将犯罪构成与犯罪构成理论的概念作了较为严格的区分,犯罪构成"法定说"已经成立一种通说。这不仅因为"法定说"直接体现了刑法的罪刑法定原则,而且也使犯罪构成与犯罪行为的法律特征即"刑事违法性"获得了统一。刑事实体法对犯罪构成的规定,是通过其总则性规范和分则性规范共同实现的。苏联刑法学家特拉伊宁提出:"为了理解犯罪构成因素的性质,必须注意下面一点:只有法律赋予它刑法意义,并因而列入分则规范罪状中的那些特征,才是犯罪构成的因素。"①这种割裂刑法总则性规范和分则性规范的密切关系,认为"犯罪构成只是由刑法分则条文规定"的观点,曾对我国刑法理论产生过一定的影响。事实上,刑法总则性规范和分则性规范是密切关联、不可分割的,在犯罪构成问题上,刑法

---

① [苏]特拉伊宁著:《犯罪构成的一般学说》,王作富等译,中国人民法学出版社1958年版,第55页。

分则性规范规定的是犯罪构成的具体要件,它们之间是一般与特殊、抽象与具体的关系,脱离总则性规范或者分则性规范去谈犯罪构成,都是不科学、不全面的。值得注意的是,我国《刑法》第 101 条规定:"本法总则适用于其他有刑罚规定的法律",这表明,犯罪构成总则性规范与分则性规范的结合不仅体现在刑法典的总则和分则之间,同样也表现在刑法典总则与在其之后生效的一些单行刑法和附属刑法规范的结合上。因此,坚持犯罪构成的法定性,强调对犯罪构成法定性的全面认识是一种十分重要的思想。

(二) 犯罪构成是客观要件与主观要件的总和

犯罪构成包含着一系列要件的内容。从性质上看,这些要件可以划分为两大类,即反映行为人主观方面特征的主观要件和反映行为客观方面特征的客观要件;从数量上看,犯罪构成并不是由单个主观要件或者客观要件构成的,而是一系列主客观要件的结合;从组成上看,犯罪构成也不是犯罪主观要件与客观要件的简单相加,而是相互渗透、相互作用,共同构成一个说明犯罪规格与标准的有机整体。从这一点上来讲,犯罪构成是客观要件与主观要件的总和,正体现了我国刑事立法与司法中主客观相统一的刑事责任基础。

在刑法理论上,犯罪构成学说历来有客观主义和主观主义之分。以贝卡利亚、费尔巴哈、边沁等为代表的刑事古典学派,崇尚以实行行为为中心的客观主义犯罪构成理论,认为犯罪构成的基本要件就是见诸客观外在的犯罪者的行为及其实际危害结果。例如,贝卡利亚曾经写道:"使民族遭受到的危害是衡量犯罪的唯一真正的标准。"费尔巴哈虽然十分肯定地认为,行为人的主观因素是刑事责任的条件,但他却没有将其列入犯罪构成要件。与此相反,以菲利、李斯特等人为代表的刑事社会学派,则以关注犯罪者的意志和犯罪者的人格特征而著称,在犯罪构成方面主张主观主义。例如,李斯特就认为,应当受到处罚的是行为人,而不是行为。虽然他同时认为,刑法是刑事政策不可逾越的界限,能够科处刑罚的,只限于在犯罪人的危险性作为犯罪行为的表征显露出来的时候,但从总体上看,主观主义并不重视犯罪者的行为,而是把主观危险性的程度作为犯罪与刑罚比例的衡量尺度。因此,它与客观主义的犯罪构成学说一样,存在着难以克服的片面性。

我国刑法以唯物辩证法的原理为哲学基础,在犯罪认定及刑事责任的追究方面,坚持主观罪过与客观危害的统一性。因此,如果要认定一个人的行为构成犯罪,就必须证明其在主观上存在罪过,客观上具有危害社会的行为,并且其主观上的罪过与客观上的危害行为和结果之间具有内在的联系。犯罪的客观方面与犯罪的主观方面是相互推动、互为表里的。作为犯罪规格和标准的犯罪构成,也必然是客观要件和主观要件的有机整体,不能将它们相互分离或者简单的相加,它们是一个有机的统一体。

(三) 犯罪构成是由说明社会危害性及其程度的要素组合而成的

在社会生活中,与犯罪有关的事实特征形形色色、千差万别。这些事实特征都从不同的侧面及意义上说明、证实着犯罪。比如犯罪的对象、时间、地点、方法、痕迹,行为人的相貌、衣着、体态、身高、年龄、口音、习惯动作，以及犯罪者的身份、人数等等，他们对于侦破、证实和认定犯罪，都有不同的作用。不过，众多的犯罪事实特征，并非都是犯罪构成所必需的要件。刑事实体法规定犯罪构成，是为了最终解决犯罪认定的标准问题，所以，它就必须在众多的犯罪事实特征中进行筛选、抽象，把其中对行为成立犯罪所必需的那些主客观事实特征总结和概括出来，并将其确定为犯罪构成的要件内容。所以，犯罪构成就必须是由成立犯罪所必需的一些最基本的事实要件来组成，就必须经过提炼与精选。

由于犯罪的本质特征是行为具有严重的社会危害性，行为社会危害性的有无及其程度对于犯罪是否成立具有决定性的意义。又由于犯罪构成是犯罪概念的具体化，是认定犯罪的具体标准，因此，犯罪构成要件的选择，就必须能在整体上体现犯罪的本质特征。只有这样，我们才能说，符合犯罪构成的行为是犯罪。以盗窃案件为例，一起盗窃案件发生以后，会有很多表明犯罪事实的特征，但对于盗窃行为成立盗窃犯罪的具有实质意义的特征并不多，通常只有以下四个方面：第一，行为人达到法定责任年龄，具备了刑事责任能力；第二，行为人具有盗窃的故意，并存在非法占有公私财物的目的；第三，行为人采取了自以为财产的所有人、管理人不知的"秘密窃取"手段占有公私财物；第四，盗窃行为情节比较严重或者实际占有了数额较大的公私财物。我国刑法正是把上述这些能够体现盗窃行为成立犯罪（即盗窃行为严重社会危害性本质）所必需的事实特征规定为盗窃罪的犯罪构成要件。由此看来，犯罪构成的各个要件从不同角度说明行为的社会危害性；犯罪构成的整体说明社会危害性达到了犯罪的程度。把犯罪构成仅仅看作是与犯罪社会危害性本质相脱离的纯粹的形式化概念，是很不科学的，它会导致犯罪构成无法反映和说明犯罪本质的后果，这无异于从根本上否定了犯罪构成在犯罪认定中的作用与核心价值。

三、犯罪构成与犯罪概念

犯罪构成与犯罪概念是刑法中两个既有联系又有区别的概念。犯罪构成与犯罪概念是相互联系的。犯罪概念是犯罪构成的基础，犯罪构成是犯罪概念的具体运用。犯罪概念对罪与非罪的界定作用只有通过犯罪构成才能发挥，没有犯罪构成，犯罪概念是空洞的。而犯罪构成只有在犯罪概念指导下才成为罪与非罪、此罪与彼罪的标准，具备犯罪构成的行为，同时也具备了社会危害性、刑事违法性和应受惩罚性的特征。所以，区分罪与非罪、此罪与彼罪的界限，应该将犯罪概念与犯罪构成内容有机地结合起来。

从犯罪构成与犯罪概念的区别看：首先，两者表述的内容不同。犯罪概念着重表述的是一切犯罪所具有的最基本的社会政治本质和危害本质，从宏观上认识一切犯罪的共同属性。而犯罪构成则着重表述的是犯罪的规格和标准，从微观上确定某一具体行为是否具备某种犯罪的特征。其次，两者的作用不同。犯罪概念提供了犯罪与其他非犯罪的社会现象区别的原则界限，而犯罪构成则是具体行为罪与非罪、此罪与彼罪的界限,特别是此罪与彼罪的界限,是从犯罪构成而不是通过犯罪概念区分的。

第二节　犯罪构成要件

一、犯罪构成的要件

犯罪构成是一个有机的整体,是由各相互依赖、相互作用的主客观要件共同组成的。犯罪构成要件,是犯罪构成的基本单元,是犯罪构成整体的各个有机的组成部分。关于犯罪构成要件究竟包括哪些方面,我国刑法理论界历来存在着不同的观点,有所谓"四要件说"、"五要件说"、"三要件说"和"二要件说"等。其中"四要件说"认为,犯罪构成包括犯罪客体、犯罪客观方面、犯罪主体和犯罪主观方面四个要件(其排列顺序也各有差别);"五要件说"认为,犯罪构成应包括犯罪行为、犯罪客体、犯罪客观方面、犯罪主体和犯罪主观方面五个要件;"三要件说"认为,犯罪构成应包括主体、危害社会的行为、客体三个要件。但也有人认为,犯罪客体不是犯罪构成的要件,犯罪构成的要件包括犯罪主体、犯罪客观方面和犯罪主观方面;"二要件说"则认为,犯罪构成要件只包括两个要件,但也有不同的主张,有的主张分行为要件和行为主体要件,也有的主张分主观要件和客观要件。在上述不同的观点中,"四要件说"是我国刑法理论界的通说,其他理论观点虽然从不同的角度对"四要件说"提出了批评和修正,但总体上并没有实质性的突破,有些仅仅是对"四要件"的重新排列、合并组合而已,没有对其总体地位形成强有力的冲击或动摇。这表明,犯罪构成"四要件说"与我国刑法的规定及司法实践认定犯罪的需要是基本符合的,四要件体系的科学性,在整体上也是应当予以肯定的。

按照我国刑法理论的通说,犯罪构成要件分别包括犯罪主体、犯罪主观要件、犯罪客观要件和犯罪客体四个有机组成的部分。首先,犯罪主体是用以说明构成犯罪之人的基本特性的要件,它不仅包括自然人和法人,还包括自然人的刑事责任年龄和刑事责任能力状况,在一定条件下还包括自然人的特殊身份与特定地位;其次,犯罪主观要件是用于说明行为人是在怎样的心理状态支配下实施危害社会行为的要件,分别包括罪过(犯罪故意和犯罪过失),以及某些特定的犯罪目的等,它是犯罪主观恶性的重要体现;再次,犯罪客观要件是用以说明我国刑法所保护的社会关系是通过行为人怎样的行为受到侵害,在怎样的情况下受到侵害,以及受到怎样的侵害的要件。它分别包括危害行为、危害结果等;最后,犯罪客体是用以说明犯罪社会危害性有无的要件,它是犯罪本质特征在犯罪构成中最集中反映,是我国刑法所保护而为犯罪行为所侵害的社会关系。正是依据上述犯罪主体、犯罪主观要件、犯罪客观要件、犯罪客体的有机结合,才确立了我国刑事法律中的犯罪构成。

二、犯罪构成的层次结构

犯罪构成要件是有一定的层次结构的。犯罪构成的层次结构，就是犯罪构成内部诸要件的等级序列及其组合形式。一般认为，犯罪构成可以划分为以下四个层次：第一层次是犯罪构成本身，也就是由刑事实体法规定的，决定某一行为成立犯罪所必需的客观要件和主观要件的有机整体。它在犯罪构成中处于最高层次的地位。第二层次是犯罪构成系统的两个组成部分，即客观方面和主观方面。前者反映着行为人客观方面的基本特征；而后者，则反映着行为人主观方面的基本特征。第三层次是犯罪构成两大组成部分之下的四个构成要件，它是犯罪构成客观要件和主观要件的进一步划分的结果。分别包括犯罪主观方面的犯罪主体和犯罪主观要件以及犯罪客观方面的犯罪客体和犯罪客观要件。关于犯罪构成四要件如何进行排列，刑法学界有不同的认识，有的主张依犯罪主体、犯罪主观要件、犯罪客观要件、犯罪客体的顺序排列；有的主张依犯罪客体、犯罪客观要件、犯罪主体、犯罪主观要件的顺序排列；也有的主张依犯罪客体、犯罪客观要件、犯罪主观要件、犯罪主体的顺序排列等等。之所以有上述意见分歧，是由于各人对"四要件"之间的逻辑联系以及其在认定犯罪中作用大小的认识不同所造成的。我们认为，就犯罪构成要件的有机统一是为了说明犯罪构成整体并为进一步认定犯罪提供规格和标准这一点来讲，其逻辑排列当依犯罪主体、犯罪主观要件、犯罪客观要件、犯罪客体的顺序更为合理和科学。这样的逻辑排列，也是我国目前不少刑法学者所主张的。考虑到本书设计的体例，现在我们仍然按照通行的犯罪客体要件、犯罪客观要件、犯罪主体要件、犯罪主观要件的顺序编排。第四层次是犯罪构成四个要件的要件内部各自的进一步划分，是说明其内部组成的更为具体的事实特征。例如，在犯罪主体之下，有犯罪的一般主体、特殊主体（包括刑事责任年龄、刑事责任能力及具有刑法意义的身份特征）和单位主体；在犯罪主观要件之下，又有犯罪的故意、过失和具有刑法意义的犯罪目的等；在犯罪客观要件之下，有犯罪危害行为、危害结果（包括它们之间的因果联系）；在犯罪客体之下，有各种具体的社会关系和我国刑法规定应予保护的部分。由于犯罪构成的完整系统包含了四个不同层次，因此，其不同的排列与组合将形成千差万别的犯罪构成形式，这就使犯罪构成变得愈加复杂了。不过，也正是这一复杂的犯罪构成，才适应了社会生活中纷繁变化的犯罪现实的种种情况，使其能为认定复杂的、各种形式的犯罪提供具体的规格与标准。所以，充分认识犯罪构成的多层次性和结构形态的复杂性，全面理解刑事实体法对犯罪构成要件的一般规定（总则规范）和特殊规定（分则规范），对于科学认定每一种具体犯罪有着十分重要的意义。

三、犯罪构成的类型划分

犯罪构成由于其不同的形态、性质和特点，可以进行多种类的划分。例如，根据犯罪构成形态的不同,可以划分为"基本的犯罪构成"和"修正的犯罪构成";根据犯罪构成在刑法中表述状况的不同,可以划分为"叙述的犯罪构成"和"空白的犯罪构成";根据犯罪构成内部结构的不同,可以划分为"简单的犯罪构成"和"复杂的犯罪构成",等等。因为犯罪构成的理论分类有助于全面理解、掌握和运用各种类型的犯罪构成、指导我们准确定罪量刑,所以,有必要作些简要的介绍。

(一) 基本的犯罪构成和修正的犯罪构成

基本的犯罪构成,是指刑法条文就某一犯罪的基本形态所规定的犯罪构成。因为基本形态的犯罪是单独犯罪的既遂状态,而它又是由刑法典分则条文或者单行刑法或附属刑法中的分则性规范规定的某种犯罪单独犯既遂状态的犯罪构成。修正的犯罪构成,是指以基本的犯罪构成为前提,适应行为犯罪形态变化的或者共同犯罪各类形式的需要,而对基本的犯罪构成加以修改、变更的犯罪构成。预备犯、未遂犯、中止犯和主犯、从犯、胁从犯、教唆犯的犯罪构成,就是两类不同的修正的犯罪构成。由于修正的犯罪构成规定在刑法典总则性规范之中,而它又要以基本的犯罪构成为基础,所以,在确定这类犯罪构成时,要把分则规范和总则规范结合起来加以认定。这种分类的意义在于说明,预备犯、未遂犯、中止犯和主犯、从犯、胁从犯、教唆犯等类型的犯罪也有犯罪构成,只是在实际认定时,要同时引用刑法总则和分则的有关规定。

(二) 叙述的犯罪构成和空白的犯罪构成

叙述的犯罪构成,又称为完结的犯罪构成,是指刑法条文对犯罪构成要件予以简单或者详细描述,完整表明该分则事实特征的犯罪构成。我国刑法规定的犯罪构成,绝大多数属于这种类型。在认定这种分则构成时,只需要根据刑法的已有规定。空白的犯罪构成,又称为待补充的犯罪构成,是指刑法条文对犯罪构成要件没有予以明确描述,而仅仅指出应援引其他法律规范来说明的犯罪构成。在我国刑法的分则条文中,这种类型的犯罪构成通常是用"违反……法规"、"违反……规定"等形式来表述的。这种分类的意义在于告诉人们,全面把握犯罪构成,不仅要了解刑法条文的相应规定,而且还要熟悉有关的经济、行政等方面的管理法规。

(三) 简单的犯罪构成和复杂的犯罪构成

简单的犯罪构成,又称为单一的犯罪构成或单纯的犯罪构成,是指刑法分则规定的各个要件均属于单一的犯罪构成。诸如由单一客体、单一行为、单一罪过形式所成立的犯罪的构成即是如此。复杂的犯罪构成,又称混合的犯罪构成,是指刑法条文规定的犯罪构成诸要件并非均属单一,有可供选择或者互有重叠的犯罪构成。复杂的犯罪构成可以划分为两类:一类是选择的犯罪构成;另一类是重叠的犯罪构成。按照选择要件的不同,前者又可以分为以行为、对象、结果、主体、目的等为选择要件的犯罪构成;而后者则可以包括两个客体、两个行为、两种罪过形式互有重叠的犯罪构成。这种分类的意义在于帮助人们认识各种犯罪构成的内部结构,防止混淆罪与非罪和一罪与数罪的界限。

第三节　犯罪构成与定罪

犯罪构成是行为人承担刑事责任在刑事实体法上的根据，它在刑法和刑法理论中具有重要的意义。刑法以犯罪、刑事责任和刑罚的规定为主要内容，犯罪是刑事责任与刑罚的前提。因此，犯罪问题在刑法规范中居于举足轻重的地位。与犯罪的一般概念相比较，犯罪构成对犯罪问题的说明和界定要具体、详细得多。刑法分则性规范的设置，也是以单一犯罪既遂状态的构成为标准的。犯罪构成提供了认定犯罪能否最终成立的规格与标准。由于犯罪构成与刑法中的其他问题都有着广泛、密切的联系，因而它成为刑事立法和司法关注的重心。就刑法理论而言，犯罪构成理论同样处于刑法学的中心地位。概而言之，犯罪构成具有以下几个方面的重要意义：

一、为追究刑事责任提供了重要根据，成为区分罪与非罪的原则界限

当我们要追究某一个人行为的刑事责任时，首先就要查明该行为是否构成犯罪。而犯罪构成正是刑事法律所规定的、决定某一行为成立犯罪所必需的客观要件与主观要件的总和，这些要件的有机整体是认定犯罪的规格和标准。某一行为只有符合了某种犯罪的全部构成要件，才能认定为犯罪，才能追究行为人的刑事责任。当某一行为不符合犯罪构成时，就不能认定该行为是犯罪，当然更无刑事责任可言了。

二、为区分此罪与彼罪之间的界限提供了明确标准，成为罪界判断的尺度

任何犯罪都必须符合刑法总则性规范所规定的犯罪一般构成要件，但同时，犯罪又总是具体的，因此，它又必须符合刑法分则性规范所确定的、与其特点相对应的特殊构成要件。此罪与彼罪之间的区分，就刑法规定来看，就是由刑法分则规范所确定的犯罪特殊构成要件的差别所形成的。所以，犯罪构成又为我们提供了区分此罪与彼罪界限的明确标准，成为准确确定每一个具体犯罪的性质、判断罪界差异的重要尺度。

三、为划清重罪与轻罪的标准提供了合法依据，成为量刑轻重的根据

在犯罪构成的分类中，有独立的犯罪构成与派生的犯罪构成之分，这种区分就是

根据刑法规定的犯罪构成中行为社会危害性的差异而形成的。因此,当出现刑法规定社会危害性较重或者较轻的犯罪构成时,便会直接引起该犯罪刑事责任上刑罚轻重的差别。所以,犯罪构成不仅能决定行为是否成立犯罪,而且在一定程度上还会影响到对某些犯罪量刑的轻重,成为量刑差异的重要根据。

四、为刑事法律科学的发展提供了研究的基础,成为刑法学的重要课题

由于犯罪构成与刑法学中的诸多重要问题均有密切联系,因此,犯罪构成理论不仅已经成为刑法学的基础理论,而且也正在成为刑事法律科学进一步发展过程中的一个十分重要的研究课题。定罪是一种重要的司法活动,是司法机关在查明刑事案件事实的基础上,依照刑事实体法的规定,对某一特定行为作出是否构成犯罪的确认活动。定罪活动的内容极其广泛,不仅包括确定行为是否构成犯罪,从而解决罪与非罪的问题,还包括确定构成何种犯罪,以此解决此罪与彼罪的界限问题。同时,定罪活动还将解决一罪与数罪、轻罪与重罪、自然人犯罪与单位犯罪、单个人犯罪与共同犯罪等一系列有关犯罪性质与界限的确定问题。定罪活动与犯罪构成有着十分密切的联系,一般认为,定罪作为一项特殊的司法活动,具有下列基本特征:(1)定罪的主体是国家司法机关。这是由法律赋予司法机关在各个诉讼阶段的实际职权所决定的,但根据《刑事诉讼法》第 12 条规定,在我国,未经人民法院依法判决,对任何人都不得确定有罪。(2)定罪的对象是被司法机关依法审理的行为。这表明,司法机关不得对进入刑事诉讼范围以外的行为进行定罪活动。(3)定罪的根据是刑事实体法上规定的犯罪构成。定罪根据与定罪对象共同构成定罪认识活动过程的两个基本因素。依照我国《刑法》第 3 条确立的罪刑法定原则,司法机关对依法审理的行为进行定罪,其唯一根据就是刑事实体法上规定的具体犯罪构成,凡是在刑法明文规定以外定罪的,都属于非法行为,应当予以禁止。(4)定罪的结果是确定是否构成犯罪和构成何种犯罪,也就是要通过刑事司法途径,最终解决罪与非罪、此罪与彼罪等行为性质与实际界限问题。由此可见,在整个定罪活动过程中,无论是事实的查证还是法律的运用,都是围绕着被审查的行为是否符合犯罪构成而展开的,刑事实体法上规定的犯罪构成,就是定罪的根据,司法机关必须严格依照刑法规定的各种具体犯罪构成要件,去解决各类具体被审查行为的实际定罪问题。

第六章

犯罪客体要件

第一节　犯罪客体的概念

一、犯罪客体的概念

犯罪客体是我国刑法所保护的,并且为犯罪行为所侵害的社会主义社会关系。犯罪客体作为犯罪构成必须具备的要件之一,说明犯罪行为危害了什么社会利益,是犯罪行为具有严重的社会危害性这一本质的集中体现。任何一种犯罪,都必然要侵害一定的客体,没有侵害客体的行为就是不具备社会危害性的行为,当然也就不可能构成犯罪。由此看来,犯罪客体是决定犯罪社会危害性的首要条件,没有犯罪客体,就没有犯罪问题可言。

关于犯罪客体的概念,刑法学理论上历来就有不同的认识。刑事古典学派的代表人物认为,犯罪客体只是那些规定抑制实行某种行为(禁止)或者规定实行一定行为(命令)的法律规范。由此决定了他们在解释犯罪问题时,不是把它看作是危害现存社会关系制度的行为,而认为犯罪仅仅是违反法律规范的行为。以德国刑法学家李斯特为代表的刑事社会学派,主张犯罪客体是某种法益,即由法律所保护的生活利益,从而认为刑法无所谓"阶级性"可言,它将对社会中各个人的生存条件及每一个社会成员的利益均予以必要的保障。此外,一些大陆法系刑法学者还提出了犯罪客体就是犯罪对象的主张,认为犯罪对象有被害法益和被害人,被害法益是财产、物品等,这些都是犯罪客体。[①]我国刑法学理论以马克思主义为指导,在犯罪客体历来的研究中,形成了较为一致的犯罪客体概念。这一犯罪客体概念揭示了犯罪的本质,说明了它在犯罪构成要件中的重要地位。具体而言,它具有以下一些主要特征:

(一)犯罪客体是一种社会关系

马克思、恩格斯指出:生活的生产——无论是自己的生活生产(通过劳动)或他人生活的生产(通过生育)——立即表现为双重关系:一方面是自然关系,另一方面是社

---

① 高格著:《比较刑法学》,长春出版社1991年版,第102—103页。

会关系;社会关系的涵义是指许多个人的合作,至于这种合作是在什么条件下、用什么方式和为了什么目的进行的,则是无关紧要的。这说明,社会关系是人们在生产和共同生活中所形成的人与人之间的相互关系。这种关系,是人类社会存在的必要条件。社会关系分为物质关系和思想关系。物质关系是社会的生产关系,即经济关系,它是人们在社会生产过程中形成的,是一切社会关系的基础。人们的政治、经济、法律、道德、宗教、文化、教育、科学、艺术等关系,都是建立在社会生产关系基础之上,并受其制约和决定的。思想关系是由经济基础所决定的上层建筑,是建立在生产关系基础之上的政治关系和意识形态关系。马克思、恩格斯也指出:"直到现在存在着的个人的生产关系也必须表现为法律的和政治的关系。"政治关系在阶级社会中主要表现为人们在国家政权中所处的地位以及在法律上的权利与义务;意识形态关系是纯粹的精神生活,是由一定的政治、法律、哲学、宗教、艺术等概念所形成的人与人之间的关系。而犯罪行为正是用不同的方式、在不同的场合、在不同的程度上,侵犯了这种社会关系。由于社会关系是人与人之间的一种相互关系,这就决定了它具有鲜明的阶级属性,任何侵害占统治地位的社会关系的行为,都将必然危害统治阶级的统治利益及秩序,因而也就必将被统治阶级认定为犯罪。所以,犯罪客体首先就表现为一种社会关系。

(二) 犯罪客体是刑法所保护的社会关系

由于社会关系是人们在生产和共同生活中所形成的人与人之间的关系,因此,其内容十分丰富,范围也极其广泛。譬如有政治、经济、文化、思想、民族、宗教、伦理等方面的关系,有财产、婚姻、家庭等方面的关系,也有在一般社会交往中形成的邻里、师徒、师生、同事关系,等等。社会关系的广泛性和复杂性,是由人与人之间的交往、联系形式的多样性特点所决定的。但是,并非所有这一切社会关系都能作为犯罪客体来对待。作为犯罪客体的社会关系,是为刑法所保护的那一部分重要的社会关系,而一般的社会关系(诸如普通的邻里纠纷、财产关系等),则只能由民事、经济、行政等法律去予以调整,保护其中的合法利益。在我国,《刑法》第2条和第13条所规定的国家主权、领土完整和安全,人民民主专政的政权和社会主义制度,社会秩序和经济秩序,公私财产所有权,公民的人身权利、民主权利、劳动权利等,以及刑法分则性规范规定予以保护的具体社会关系,都可能成为犯罪客体的范围。

(三) 犯罪客体是被犯罪行为侵犯的社会关系

刑法所保护的社会关系,无论是物质关系还是思想关系,都是客观存在的,纯粹客观存在的社会关系,并不是犯罪客体。刑法所保护的社会关系只有受到犯罪行为侵犯时,它们才能成为犯罪客体。这说明,犯罪行为与犯罪客体具有密切的联系,没有犯罪行为,就无所谓犯罪客体。所以,我国刑法学界的通说认为,犯罪客体就是为我国刑法保护,而被犯罪行为所侵犯的社会主义社会关系。

近年来,我国刑法学界的部分学者在对犯罪构成理论进行研究的过程中,对犯罪客体概念的通说提出了一些不同的认识,认为上述"社会关系说"不能概括我国犯罪所侵犯的全部客体的内容,有的主张"利益说"、"权益说",也有的主张"法律权益说"

等等，不一而足。①这些研究和探索，虽然还不够周全、系统，但对于开拓思路，进一步深化人们对犯罪客体本质的认识，无疑具有积极的意义。

二、犯罪客体的意义

对犯罪客体的研究具有重要的意义，具体而言，其意义主要体现在以下几个方面：

第一，有助于认清犯罪的本质特征，便于确定刑法打击犯罪的重点。严重的社会危害性是犯罪的本质特征，而犯罪行为危害的各种社会关系，则是决定社会危害性程度的首要根据。犯罪行为侵害的客体不同，其社会危害性就有差别。所以，犯罪客体反映着犯罪的本质特征，决定着犯罪的性质，正因为如此，刑事立法及司法实践都十分重视对犯罪客体的确定和分析研究，以便于对犯罪的危害性质及其程度作出科学的区分，确定惩治犯罪的重点。

第二，有助于认定犯罪的性质，科学划分罪与罪之间的界限。犯罪行为侵害的客体不同，表明其危害的具体社会关系种类的差别，这就决定了犯罪在性质上的不同。我国刑法主要根据犯罪行为所侵犯的客体性质的不同，在分则中把犯罪划分为十大类，从而使罪与罪之间在犯罪客体上得到了较为明确的区分。尤其是当某些犯罪在罪过、行为和侵害的对象等方面都基本相同或者相近之时，犯罪客体对犯罪性质的认定及区分罪与罪之间的界限，则具有了实质性的决定性意义。

第三，有助于评价犯罪危害社会的程度，正确把握刑罚的轻重。罪刑相当是我国刑法的一项基本原则。它强调法定刑的设置及刑罚轻重的司法裁定，应当以犯罪的社会危害性程度为基本标准。在犯罪社会危害性程度的判断上，犯罪客体的性质如何常常起到了关键的作用。所以，人们分析、评价某种犯罪的社会危害性程度，又总是从了解、判断该犯罪侵犯并被刑法保护的具体社会关系（即犯罪客体）的各个方面着手的。犯罪客体性质的不同，被侵犯的程度的差别，对于刑事立法中法定刑的设置和司法实践中对具体犯罪量刑轻重的选择，都具有直接的影响。

第二节　犯罪客体的分类

根据犯罪侵犯的社会关系范围或性质的不同，刑法学理论和刑事立法上对犯罪客体进行了不同层次与类型的划分，从而形成犯罪客体在理论上和立法上的两种分类。在刑法理论上通常将犯罪客体分为三类，即一般客体、同类客体和直接客体。它们之间是一般与特殊、共性与个性的关系。犯罪客体的理论分类，揭示了犯

---

① 高铭暄主编：《新中国刑法科学简史》，中国人民公安大学出版社 1993 年版，第 92 页。

罪危害社会的本质,也为刑事立法犯罪体系的建立奠定了理论基础。我国刑法正是主要根据犯罪同类客体的理论,才对不同性质的犯罪客体的内容进行了分类。犯罪客体的立法分类,使犯罪客体的内容进一步具体化、明确化,从而为刑事司法准确认定犯罪的性质、区分罪与罪之间的界限,以及科学地量定刑罚的轻重,提供了可靠的法律依据。

一、犯罪客体在理论上的分类

刑法理论按照犯罪侵犯的社会关系范围大小的不同,把犯罪划分为三种基本类型,即一般客体、同类客体和直接客体。以下分别就这三种类型的犯罪客体,作一些简要地分析。

(一) 犯罪一般客体

犯罪一般客体,又称为犯罪共同客体,是一切犯罪行为所共同侵犯的客体。它是刑法所保护的社会关系的整体,而不是某些具体犯罪侵犯的社会关系的某一部分。犯罪一般客体反映着犯罪行为的共同本质,是犯罪严重社会危害性的集中表现。在我国,无论是何种形式的犯罪行为,都从不同的侧面和在不同的程度上对我国和人民的利益构成了危害,都侵害了我国现行的法律制度和社会秩序。《刑法》第2条和第13条对我国刑法所保护的社会关系的规定就是犯罪一般客体的主要内容。犯罪一般客体是否存在,是罪与非罪区分的原则界限。研究犯罪一般客体,可以使我们进一步认清犯罪的本质,充分认识与犯罪作斗争的重要性和必要性。犯罪一般客体还告诉人们,任何犯罪都会构成对我国社会主义社会关系整体的危害。犯罪不单纯是犯罪者与被害人个人之间的矛盾,也不是局部性的问题,而是同国家、人民利益之间的强烈冲突,是与整个现存法律秩序和社会整体利益相对抗的问题。

(二) 犯罪同类客体

犯罪同类客体,是某一类犯罪所共同侵犯的客体,也就是某一类犯罪所共同侵犯的,而为刑法所保护的社会关系的某一个部分或者某一个方面。我们知道,刑法所保护的社会关系的范围是非常广泛的,各种具体犯罪行为所侵犯的社会关系的性质也不尽相同。不过,有些犯罪侵犯的客体内容又有某些相同之处,所以,人们就可以根据某些客体内容的共同性,将犯罪客体归纳为若干大类,从而形成不同的犯罪同类客体类别。例如,放火、决水、爆炸、投放危险物质、破坏交通工具、破坏交通设施、破坏通讯设备等犯罪,虽然在行为方式、侵害对象、罪过形式及危害程度上存在某些明显的差别,但侵犯的客体性质却具有共同性,都侵害了社会的公共安全。因此,社会"公共安全"就是这些犯罪的同类客体。我国刑法将其所规定的全部犯罪划分为十类,并在分则中规定了十章犯罪,就是主要依据了同类客体的基本原理。研究分则的同类客体,一方面能为立法机关和刑法学理论工作者建立并进一步探索完善现有的刑法分则体系提供理论根据,另一方面也有助于人们尤其是司法工作者科学地区分犯罪的性质及其危害程度,准确地定罪和量刑。

（三）犯罪直接客体

犯罪直接客体，是某一种犯罪所直接侵犯的客体，也就是某一特定犯罪所侵害的某种具体的社会关系。社会上的犯罪都是具体的，具体的一种犯罪行为不可能使刑法保护的社会关系的各个方面都遭到同样的危害，而只可能侵害作为整体的社会关系的一个部分或者有限的几个部分。这些被侵害的具体的社会关系，就是我们这里所称的犯罪直接客体。因此，犯罪直接客体常常能够最直接地揭示某一具体犯罪行为的性质和特征。例如故意杀人罪的直接客体是他人的生命权利，故意伤害罪的直接客体是他人的身体健康权利，强奸罪的直接客体是妇女的性的不可侵犯的权利，等等。每一种犯罪行为的性质，首先就是由其直接客体的性质所决定。如果不了解犯罪的直接客体，就无法从其客体的性质上把某些犯罪的界限区别开来。譬如同样是盗窃价值较大的枕木的行为，一种是盗窃库存枕木，还有一种是盗窃正在使用之中的铁轨下的枕木，犯罪人的目的、行为手段、犯罪对象等都是相同的，但就犯罪直接客体来讲，前者仅仅侵害国家对其财产（枕木）的所有权，构成盗窃罪；后者既侵害国家财产的所有权，同时更主要的侵犯了公共交通的安全利益，构成了刑法典分则第二章危害公共安全罪中的破坏交通设施罪。所以，研究犯罪直接客体，对划清罪与罪之间的界限，准确地定罪量刑，具有决定性的意义。当然，这并不等于说，了解了犯罪直接客体，就能把所有的犯罪的界限都区分开来，我们之所以说它能把某些犯罪之间的界限区分开来，就是因为有些犯罪的界限并不是以犯罪直接客体去进行划分的。诸如盗窃罪、诈骗罪、抢夺罪之间的区分，侮辱罪、诽谤罪之间的区别，就主要表现为行为方式上的不同。

以上是以犯罪行为侵犯的社会关系范围为标准，对犯罪客体进行的分类。必须指出的是，任何一种犯罪都同时具备犯罪的一般客体、同类客体和直接客体。所以，我们在分析某一危害行为时，首先要分析行为是否侵犯了犯罪的一般客体，如果行为侵犯了一般客体，说明这种行为具有了严重的社会危害性；然后进一步分析其侵犯了哪一类客体，犯了刑法中哪一种类的犯罪。这就是确定犯罪同类客体的过程；最后，还要分析行为人的行为侵犯了哪一种直接客体。根据犯罪直接客体，再去确定具体的犯罪罪名和应适用的刑罚。总之，犯罪一般客体、同类客体和直接客体，是一般与具体、整体与局部的关系，是不能截然分开的。任何一种具体的犯罪，都有这三种客体的存在，三者是有机的统一体。

犯罪客体除了上述分类以外，刑法学理论上还对直接客体进行了专门的分类研究。这是因为，犯罪直接客体是司法实践凭借客体对罪与非罪、此罪与彼罪进行区分的关键，是犯罪客体问题的一个研究重点。我国刑法学界一般将犯罪直接客体划分为以下几个类别进行研究：

1. 简单客体和复杂客体。这是根据犯罪侵犯直接客体的不同数量所进行的一种分类。简单客体，又称单一客体，是指一种犯罪行为仅仅侵犯一种具体的社会关系，即只有一个直接客体。我国刑法所规定的绝大多数犯罪，都是只有一个直接客体的犯罪。复杂客体，又称复合客体，是指一种犯罪行为同时侵犯两种或者两种以上具体的社会关系,即有多个直接客体。在多个直接客体的情况下,因为涉及犯罪行为的立法归类,因此,又可以作主要的直接客体和次要的直接客体之分。而"主要"与"次要"的划分标准,是看被侵犯的该种具体社会关系为刑法保护的重要性程度和遭受犯罪侵害的程度。由于事物的性质是由矛盾的主要方面决定的,因此,在通常情况下,人们是按照犯罪所侵犯的主要的直接客体性质,进行犯罪的立法归类的。

2. 现实客体和可能客体。这是根据犯罪侵犯直接客体的不同状况所作的一种分类。现实客体,是指已经受到犯罪行为现实侵害的具体的社会关系,即实害犯的直接客体。可能客体,是指仅仅受到犯罪行为威胁的具体社会关系。前者如已经致人死亡的故意杀人罪所侵犯的直接客体;后者如各种危险犯、行为犯和未完成形态的犯罪所侵犯的直接客体。

此外,根据犯罪侵犯的直接客体能否表现为物质性形态,还可以将犯罪直接客体分为物质性犯罪客体和非物质性犯罪客体等类型。所有这些理论分类,对于深化犯罪客体的研究,都是具有积极意义的。

二、犯罪客体在立法上的分类

我国刑法主要根据犯罪客体理论研究中同类客体的基本原理,在刑法立法中,对于各种具体犯罪进行了归纳、分类和系统编排,从而构建起一个以同类客体原理为指导,以社会危害性程度为基础的刑法分则体系。根据 1997 年《刑法》的规定,我国立法上的犯罪同类客体被分为十类,分别包括刑法分则第一章至第十章所规定的危害国家安全罪、危害公共安全罪、破坏社会主义市场经济秩序罪、侵犯公民人身权利、民主权利罪、侵犯财产罪、妨害社会管理秩序罪、危害国防利益罪、贪污贿赂罪、渎职罪和军人违反职责罪。当然,犯罪的立法分类,各个国家的规定并不统一,就是在同一个国家的立法上,也会根据需要发生变化。我国目前所确立的犯罪分类法,就是在 1979 年《刑法》基础上发展而来的。可以预见,随着社会的发展和刑法学理论有关犯罪客体问题研究的深入,现有立法上的犯罪分类法同样将作出进一步调整,刑法的分则体系必将变得更加科学和完善。

三、犯罪客体的立法形式

犯罪客体在犯罪构成中占据重要的地位,是犯罪构成的首要条件。因此,刑法典通过各种形式对其进行规定。概而论之,主要有以下几种情况:

(一) 直接明确规定了犯罪客体

例如《刑法》第 251 条规定:"国家机关工作人员非法剥夺公民的宗教信仰自由和侵犯少数民族风俗习惯,情节严重的,处二年以下有期徒刑或者拘役。"这条就指出了本罪侵害的客体是公民正当的宗教自由和少数民族风俗习惯;再如《刑法》第 252 条规定:"隐匿、毁弃或者非法开拆他人信件,侵犯公民通信自由权利,情节严重的,处一年以下有期徒刑或者拘役。"它直接指出了这种犯罪客体是公民正当的通信自由权利。不过,我国刑法的绝大多数条文并没有直接表述犯罪行为侵害的客体内容。但这并不是说犯罪客体是可有可无或者对犯罪构成是无关紧要的,也不是由于立法者的失误所致,而是因为在立法之时,已经根据犯罪客体的不同性质将犯罪分成了若干类别,没有必要再对每一种犯罪的客体一一加以具体描述。尽管如此,犯罪客体还是存在的,并且是通过其他形式在法律条文中得到了体现。

(二) 规定了犯罪客体的物质形态

例如《刑法》第 170 条规定了伪造货币罪,其罪状表述为"伪造货币"。众所周知,货币只是一种信用流通券,不是犯罪侵犯的客体,但它却是一个国家货币制度及其对国家金融实行有效管理与调控活动的物质表现。再如《刑法》第 264 条规定:"盗窃公私财物,数额较大的,或者多次盗窃、入户盗窃、携带凶器盗窃、扒窃的,处三年以下有期徒刑、拘役或者管制,并处或者单处罚金……"这一犯罪的客体就是国家、集体、个人对其财产的所有权关系,而一定数额的公私财物,正是这种合法所有权关系的物质体现。

(三) 规定了犯罪触犯的法律法规

任何一项法律法规,都是为调整一定具体的社会关系而设定的,因此,刑法指出犯罪行为所触犯的某些法律法规,正说明该种犯罪侵犯了这项具体法律法规所应保护的具体社会关系。例如《刑法》第 230 条规定:"违反进出口商品检验法的规定,逃避商品检验,将必须经商检机构检验的进口商品未报经检验而擅自销售、使用,或者将必须经商检机构检验的出口商品未报经检验合格而擅自出口,情节严重的,处三年以下有期徒刑或者拘役,并处或者单处罚金。"再如《刑法》第 322 条规定:"违反国(边)境管理法规,偷越国(边)境,情节严重的,处一年以下有期徒刑、拘役或者管制,并处罚金;为参加恐怖活动组织、接受恐怖活动培训或者实施恐怖活动,偷越国(边)境的,处一年以上三年以下有期徒刑,并处罚金。"这表明,偷越国(边)境罪侵犯的客体是国家对国(边)境正常的管理活动。

(四) 规定了犯罪侵害的具体的人

社会关系是人与人之间的一种相互关系,离开了具体的人,社会关系就无法存在。因此,人是社会关系的主体。犯罪对处于特定社会关系中的人施加侵害,就表明他已经侵犯了这种特定的社会关系。例如《刑法》第 260 条规定:"虐待家庭成员,情节恶劣的,处二年以下有期徒刑、拘役或者管制。"该条文所指的"家庭成员",就是社会关系的主体之一。很显然,这种犯罪侵犯了我国刑法所保护的平等、互助、和谐的家庭关系。

(五) 规定了犯罪的行为特征

社会关系受到一定的侵犯,是通过犯罪行为的实施才形成结果,有些犯罪行为的本身,即能说明他所侵害的犯罪客体的性质。例如《刑法》第 125 条第 1 款所规定的非法制造、买卖、运输、邮寄、储存枪支、弹药、爆炸物罪,从其客观行为及其对象的联系上考察,就明显地显示出这种犯罪侵害的客体是社会的公共安全。所以,刑法对其客体的内容没有作出特别规定的必要。

第三节 犯罪客体与犯罪对象

犯罪客体反映的是行为危害社会的性质,是社会关系受到实际侵害的体现。但它通常表现得比较抽象,不易直接被人认识。在某些犯罪行为发生的场合,人们总是首先发现犯罪行为损害了他人的人身、破坏了他人的财产,等等。这些由犯罪行为直接作用和影响,并且体现受害的社会关系的具体的人或者具体的物,就是刑法理论上所称的"行为对象",有时亦称作"犯罪对象"。就一般意义上讲,客体与对象在语义上并无不同,都是指称与主体相对应的主体的实践活动和认识活动所指向的事物。特别是在哲学和日常生活中,客体与对象有时根本不加区分。然而,刑法学理论从犯罪的本质与现象的关系出发,为了研究犯罪问题的便利,将两者作了必要的区分。

一、犯罪对象的概念

关于什么是犯罪对象的问题,在刑法理论界曾有两种观点。这两种观点并不是对立的,而是一种观点的外延大一些,另一种观点的外延小一些。一种观点认为,所谓犯罪对象,是一定社会关系的存在或表现形式,它或者是一定的人及其行为,或者是一定的物及其位置、状态,等等。例如妨害公务罪,其犯罪对象就是国家工作人员依法执行职务的行为。又如,故意把国家边境的界碑、界桩从甲地移到乙地,就可以构成破坏边境界碑、界桩罪,其犯罪对象就是界碑、界桩的位置。由此得出结论,犯罪客体是犯罪对象的实际内容,犯罪对象是犯罪客体的存在或表现形式。这种观点的出发点在于认为如果没有犯罪对象,犯罪客体就无法得以存在,也无法表现出来。

另一种观点认为,所谓犯罪对象,是指犯罪分子对之施加某种影响的具体的物或人。具体的物是具体社会关系的物质表现;而人则是社会关系的主体。也就是说,犯罪对象只是指犯罪行为所指向的具体的物或者人,而不包括物的位置、状态及人的行为,这是刑法学界传统的关于犯罪对象概念的观点。两种观点不同,对同一问题就会得出不同的结论。例如,对于脱逃罪来说,第一种观点认为有犯罪对象,即司法人员监管人犯的行为,第二种观点则认为这种犯罪不存在犯罪对象。

我们赞同传统的关于犯罪对象概念的观点。刑法的理论研究应当是为刑事司法实践服务的,离开了这一宗旨,理论研究就失去了应有的价值。就犯罪对象来说,其范围是否可以扩大,扩大到什么程度,都要看对司法实践来讲是否有实际意义。在刑法的很多条文中都对犯罪行为所侵犯的人或物作了明确而具体的规定,而对状态、位置等则未作规定。这是因为,把犯罪对象局限于人和物是有实际意义的,而把其他的东西诸如位置等作为犯罪对象是没有实际意义的。从另一方面来说,将犯罪对象扩大到人及其行为,物及其位置、状态,实际上是将本来较为简单、明白的问题人为地复杂化。破坏界碑、界桩罪的犯罪对象本来是界碑、界桩，却要将其说成是界碑、界桩的位置，这显然是不妥当的。物的位置、状态只是物的存在形式，在物之外再将其存在形式单独作为对象，是将问题人为地复杂化。

犯罪对象是指我国刑法分则条文规定的具体犯罪行为所直接作用的或者对之施加影响的、客观存在的具体的人或者物。正确把握犯罪对象的概念，应当注意以下几点：(1)犯罪对象是具体的人或者物。传统观点认为，作为犯罪对象的人，只能是自然人。而事实上，现代社会单位和自然人一样，是社会关系的主体，因此，单位也可能成为侵害的对象。物，则是不以人的意志为转移的客观存在的物质。将犯罪对象限定于具体的人或者物，既符合刑法规定又便于司法实践的认定。(2)犯罪对象是刑法规定的人或者物。犯罪对象作为犯罪行为所直接作用的或者对之施加影响的、客观存在的具体的人或者物，是社会关系的主体或者是社会关系的物质承担形式。因此，立法机关往往通过对具体人或者物的规定来表明其要保护的某种社会关系。犯罪对象是否存在、犯罪对象的具体内容是什么应当根据刑法的具体规定来把握。(3)犯罪对象是犯罪行为直接作用的人或者物。作为独立的具体存在，无论是人还是物，只有在遇到犯罪行为侵害时，才能被称为犯罪对象。正如有学者所指出的："在人或物未受犯罪行为侵害时，仅是可能的犯罪对象。只有犯罪行为直接作用于某人或某物时，具体的人或者物才成为现实的犯罪对象。"[1]因此，犯罪对象只能是犯罪行为直接作用的人或者物，否则便不是犯罪对象。犯罪对象与犯罪工具、犯罪所得不同。犯罪工具是犯罪人为实施犯罪行为而使用的人或者物，作为犯罪工具的人或者物是犯罪行为与犯罪对象之间的媒介物；犯罪所得是犯罪行为对具体人或者物直接作用后对物的获得。

二、犯罪对象与犯罪客体的联系与区别

(一) 犯罪对象与犯罪客体的联系

犯罪对象与犯罪客体有着紧密联系。犯罪行为所直接作用的具体的物是具体社会关系的物质体现，犯罪行为所直接作用的具体的人是具体的社会关系的主体。犯罪对象反映着犯罪客体，是犯罪客体的存在和表现形式，犯罪客体则是隐藏在犯罪对象后面的犯罪的实质内容。正如马克思所指出的，盗窃林木这一"犯罪行为的实质并不在于侵害了作为某种物质的林木，而是侵害了林木的国家神经——所有权本身"。[2]犯罪行为如果离开了对犯罪对象的直接作用和影响，也很难反映出社会关系受侵害的情况。

(二) 犯罪对象与犯罪客体的区别

犯罪对象反映犯罪客体，犯罪客体制约犯罪对象，但两者有着明显的区别：

---

[1] 高铭暄、马克昌主编：《刑法学》，北京大学出版社、高等教育出版社2011年版，第61页。

[2] 中共中央马克思恩格斯列宁斯大林著作编译局编：《马克思恩格斯全集》(第1卷)，人民出版社1995年版，第168页。

1. 两者的表现形式不同。犯罪对象是能够被感知的具体的物或具体的人,所呈现的是事物的外部特征;而犯罪客体则是无形的、抽象的概念,要通过人们的思维来认识,是行为的内在本质。犯罪对象属于感性的范畴,犯罪客体属于理性的范畴。

2. 是否属于犯罪构成的必备条件。刑法理论的通说认为,犯罪客体是犯罪构成的必备条件之一,没有犯罪客体,就说明某种行为不可能对刑法所保护的社会关系构成危害,也就不存在犯罪的社会危害性,这种行为自然不能构成犯罪;而行为对象并不是每一种犯罪构成的必备条件,刑法在设置犯罪构成的要件时,常常没有对其侵害的对象作出规定,只有当刑法明文规定犯罪对象时,这种对象才有可能成为该种特定犯罪的构成要件。例如《刑法》第382条第1款规定:"国家工作人员利用职务上的便利,侵吞、窃取、骗取或者以其他手段非法占有公共财物的,是贪污罪。"在这里,"公共财产"这一特定对象,就成为刑法该条款所设定的贪污罪的必备要件。

3. 是否决定犯罪的性质。由于犯罪客体是说明犯罪所侵害的社会关系的要件,因此,犯罪客体对于犯罪行为的性质具有直接的决定意义。可以这么说,犯罪行为的性质,实际上就是由犯罪客体的性质所决定的;而行为对象本身并不是一定的社会关系,它只是犯罪客体的体现,同一种犯罪对象,由于其遭受侵害时所代表的社会关系不同,因而它不可能决定犯罪行为的性质。犯罪对象不是犯罪分类的根据,因此犯罪对象相同并不意味着犯罪性质相同;而犯罪客体则是犯罪分类的根据,因为犯罪客体相同意味着犯罪性质相同。

4. 是否受到实际的损害。任何犯罪行为都具有严重的社会危害性,这表明,每一种犯罪行为都必然侵犯一定的客体,都使刑法所保护的社会关系受到实际的损害;而作为犯罪客体表现形式的具体的人或者物,则并不一定毫无例外地都遭到实际的损害。例如由于盗窃、诈骗、抢夺等犯罪行为的发生,致使我国刑法所保护的公私财产所有权受到侵害,但作为行为对象的一定量的财物本身,则依然存在,有时并没有因为犯罪行为的发生而受到实际毁损。当然,在有些犯罪行为中,客体和对象是同时受损的,譬如故意毁坏财物的犯罪,就通常表现为既侵害财产的所有权,又使他人的财物遭受到实际的损坏或者毁灭。

由于犯罪客体与犯罪对象存在着上述重要差别,因此,前者便成为刑法分则体系建立的基础。这也就是说,目前我国刑法分则十章(十大类)犯罪的体系,并不是根据犯罪对象的不同进行的分类,而是依据了犯罪同类客体的原理才建立起来的。刑法理论告诉人们,研究犯罪既要充分注意犯罪客体与行为对象的联系,更要把握两者之间的原则区别,只有这样,才能透过现象看本质,才能通过对犯罪行为侵犯的对象所体现的社会关系的把握,去认识犯罪的性质,从而准确地解决依法定罪量刑问题。

三、犯罪对象的意义

犯罪对象在司法实践中有重要意义,具体反映在以下三个方面:

第一,犯罪对象是犯罪构成的选择要件。在以某种对象为某种犯罪构成必备要件的情况下,是否具备犯罪侵害的对象,就成为划分罪与非罪、此罪与彼罪的界限。例如,泄露国家秘密罪,其对象就必须是国家秘密,如果泄露的不是国家秘密,而是一般的商业秘密,就不能构成该罪。又如,《刑法》第262条规定的拐骗儿童罪,其犯罪对象只能是不满14周岁的未成年人。同时,许多情况下,犯罪对象的不同,犯罪的性质就不同,罪名也不同。这是因为不同的对象体现不同的社会关系。所以,犯罪对象不同,就表明行为侵犯的社会关系不同,因而犯罪性质不同。例如盗窃公私财物的行为,侵犯了财产所有权,构成盗窃罪;盗窃枪支弹药的行为,危害了公共安全,构成盗窃枪支弹药罪。

第二,同一性质的犯罪中,不同的犯罪对象反映的社会危害性程度不同,因而影响行为人负刑事责任的轻重。在刑法中,有的条文明文将特定的犯罪对象作为从重处罚或者判处较重刑罚的情节。例如《刑法》第263条规定的抢劫军用物资或抢险、救灾、救济物资的,应判处10年以上有期徒刑、无期徒刑或者死刑。绝大多数条文虽未明确规定犯罪对象对量刑的影响,但事实上,不同的犯罪对象反映的社会危害性程度也是不同的。例如故意杀死孤立无援的老人与大义灭亲的杀人,其社会危害性是不一样的。

第三,犯罪对象的分析能帮助认定犯罪结果。在许多犯罪中,犯罪结果就表现为使犯罪对象发生了某些物理性的变化。例如故意伤害罪中,伤害行为使对象身体遭受到创伤的程度,可以据此认定犯罪结果的轻重。

第七章

犯罪客观要件

第一节　犯罪客观要件概述

一、犯罪客观要件的概念

关于犯罪客观要件，在刑法理论上存在着各种不同的见解，有的学者认为犯罪客观要件只是一个要件，有的认为是数个要件，在名称上也不统一，如称"犯罪的客观因素"、"犯罪构成的客观方面"、"表明犯罪客观方面的构成要素"，等等。关于犯罪客观要件包含哪些要素，其中哪些是任何犯罪都必须具备的要素，哪些是某些犯罪必须具备的要素，在认识上也存在着分歧。①

犯罪客观要件，是指我国刑法规定的、说明侵害某种社会关系而为构成犯罪所必需的诸种客观事实。犯罪客观要件作为犯罪构成必须具备的条件之一，是犯罪活动的客观外在表现，它说明了我国刑法所保护的社会关系是行为人通过实施怎样的行为才受到侵害的，在怎样的情况下受到侵害的，以及已经受到怎样程度的侵害。犯罪客观要件与犯罪客体具有直接的联系，同时，由于其与犯罪主观要件密不可分，是行为人构成犯罪并进而承担刑事责任的客观基础。我国刑法理论界普遍认为，犯罪客观要件在犯罪构成诸要件中占据核心地位，它通过危害行为及其客观外在的诸种表现，使人们清晰地认识到形态多变的犯罪行为在危害社会方面的共同本质。具体而言，它具有以下一些主要特征：

（一）犯罪客观要件是行为对客体的侵害

犯罪客观要件与犯罪客体具有直接的联系。在犯罪构成的各个要件中，犯罪客体是用以说明犯罪社会危害性之有无、我国刑法所保护的哪一部分社会关系受到犯罪行为侵害的要件，它是犯罪本质特征最集中、最明显的反映；而犯罪客观要件则进一步说明了我国刑法所保护的社会关系是如何受到侵害以及受到何种程度的侵害。它是犯罪危害性的外在表现，有助于人们从客观上去把握犯罪的本质特征。

---

① 马克昌主编：《犯罪通论》，武汉大学出版社 1991 年版，第 144—146 页。

（二）犯罪客观要件是表现于客观的具体事实

犯罪的事实特征是多层面的，其表现形态同样千差万别，作为一个完整的犯罪，它既是主观的，也是客观的，是主客观事实特征的统一体。不过，作为犯罪构成要件之一的犯罪客观要件，则是犯罪主观心理的客观外化，是从"客观事实"这样一个侧面上对犯罪所作的说明。我们认为，这并不是对犯罪构成整体性和主客观统一性的割裂与否定，而是为着深入研究的便利而进行的一种方法论上的安排。当然，犯罪客观要件的诸种事实并不是抽象的，通常可以具体划分为危害行为、危害结果以及实施具体危害行为的特定时间、地点或者方法等。因此，刑法学在犯罪构成要件涉及犯罪客观要件的研究中，就必须具体研究危害行为、危害结果（包括它们之间的因果关系），以及行为的时间、地点和方法。

（三）犯罪客观要件是刑法规定的客观事实

犯罪事件发生之后，表现于客观外在的事实特征常常千姿百态。但是，并不是所有事实特征都能成为犯罪客观要件的事实进入犯罪的构成要件的。从理论上讲，只有那些能够从客观上说明刑法所保护的社会关系受到侵害及其受到侵害程度的事实，才有可能被我国刑法明文规定为犯罪客观要件的事实特征。反过来说，我们只有根据刑法的明文规定，才能确定犯罪构成的客观要件，对于刑法中没有明文规定的客观事实，绝对不能以犯罪客观要件认定。

对于犯罪客观要件的内容，我国刑法学界存在着不同的分类，但多数采用"二分法"，即将其划分为"基本条件"和"特殊条件"两个层次。但在基本条件和特殊条件的具体内容上，同样存在着各种不同的意见。[1]我们认为，犯罪客观要件的基本内容就是危害行为，是任何犯罪都必须具备的在客观上的基本条件，而危害结果，实施危害行为的特定时间、地点和具体方法，则是构成犯罪在客观上的特殊条件，即只有当刑法分则对其作出明文规定时，它们才能成为某些特定犯罪的必备构成条件。至于危害行为与危害结果之间的因果关系（又称"刑法意义上的因果关系"）是否属于犯罪客观要件的内容，目前在刑法理论上仍然存在较大的争论。[2]我们虽然不主张将因果关系纳入犯罪构成的客观要件之中，但却认为有必要进行一些专门分析，故在本章的最后一节中也进行了简要的阐述。同时，犯罪对象虽然已经被刑法学界公认为犯罪客观要件中的一项重要内容，也是特殊条件之一，但由于它与犯罪客体具有密切的关联，出于理论上研究的便利，我们已在犯罪客体一章中进行了简要探讨。

二、犯罪客观要件的意义

犯罪客观要件在整个犯罪构成中居于核心的地位，它不仅对于我们考察犯罪构

---

[1] 马克昌主编：《犯罪通论》，武汉大学出版社1991年版，第137—147页。

[2] 赵秉志主编：《刑法争议问题研究》（上卷），河南人民出版社1996年版，第371—373页。

成的各个要件起到了引导的作用,同样有助于准确区分罪与非罪、此罪与彼罪的界限,有助于正确地进行量刑。

(一) 犯罪客观要件是整个犯罪构成中的核心要件

任何犯罪都表现为客观外在的危害行为,危害行为是犯罪客观要件中最基本的内容。事实上,危害行为也是犯罪的基础,是犯罪之所以存在的根本。犯罪构成的其他各个要件,都是用以说明危害行为的性质及其程度的,都是围绕着危害行为及其相互关系而展开的。没有犯罪客观要件,犯罪构成就失去了赖以存在的整个基础,没有危害行为,其他各个要件也就失去了意欲表明的实际对象,就不可能再有犯罪主体、犯罪主观要件和犯罪客体。因此,研究犯罪客观要件,是进一步深入研究整个犯罪构成和全面理解犯罪构成的其他各个要件的基础。

(二) 犯罪客观要件是区分罪与非罪界限的重要根据

犯罪客观要件是说明有没有客观犯罪事实发生的要件。如果一个人有犯罪的思想,而这种思想尚未付诸客观外在的行动,则不能认定其为犯罪。在过失行为中,虽然行为人实施了高度危险的客观行为,如果尚未出现法定的严重危害社会结果的,同样不能以过失犯罪论处。在我国刑法中,有些犯罪的构成在客观上必须具备特定的时间、地点和方法、对象等条件,如果行为人不是在法定的时间、地点,没有采取特定的方法,没有侵害到特定的对象,就不能构成某些特定的犯罪。所以,研究犯罪客观要件,查明犯罪客观事实,对某些犯罪之能否构成具有决定性的影响。

(三) 犯罪客观要件也是区分罪与罪之间界限的重要标准

这主要表现在当刑法对犯罪主体和犯罪客体等其他要件内容的规定基本相同的情况下,犯罪客观要件就将成为区分罪与罪之间界限的一个十分重要的标准。例如同样属于侵犯财产罪范围的盗窃、诈骗、抢夺、聚众哄抢罪,它们的主要区别就在于实施占有财产的具体方法有所不同;而侵占罪与盗窃罪的差别,则体现在犯罪的方法和侵害的对象方面。在我国刑法中,有些犯罪之间的差别可能是由于多种因素共同决定的,但犯罪客观要件的作用同样不可低估。例如贪污罪与职务侵占罪之间的界限,不仅取决于犯罪主体的不同,同样取决于作为犯罪对象的财产性质的差异,而且正因为对象性质的不同,才反映了各自所侵害的不同的社会利益。

(四) 犯罪客观要件对量刑轻重具有重要影响

犯罪客观要件不仅如前所述对行为的性质具有决定性作用,而且也对行为社会危害性的大小产生影响,一定程度上决定着量刑的轻重。例如对于相当一部分直接故意犯罪而言,行为是否实施终了,是否出现法定的危害结果,直接关系到犯罪既遂与未遂的界限认定;而对于有些犯罪来讲,有没有出现特定的、更为严重的危害结果,则涉及是否属于结果加重犯,有没有必要适用更重的法定刑的问题。所有这些有可能影响犯罪形态及结果加重犯情节认定的因素,都属于犯罪客观要件的构成内容。所以,研究犯罪客观要件,同样会对具体量刑的轻重发生影响。

第二节 危 害 行 为

马克思指出："我只是由于表现自己，只是由于踏入现实的领域，我才进入受立法者支配的范围。对于法律来说，除了我的行为，我是根本不存在的，我根本不是法律的对象。我的行为就是我同法律打交道的唯一领域，因为行为就是我为之要求生存权利、要求现实权利的唯一东西，而且因此我才受到现行法的支配。"这表明，包括刑法在内的所有法律的适用，不能针对思想，只能针对行为。一个人只有实施了某种行为，才可能成为法律调整的对象。

一、危害行为概念

对于"行为"的含义，不同的学科有着不同的定义。哲学认为，行为是受思想支配而表现在外部的客观活动；心理学认为，行为是人体器官对外界刺激所作的各种反映；生物学认为，行为是一种可察的生物肌肉和外分泌腺活动；而行为科学则又认为，行为是人与环境相互作用的产物和表现。刑法理论上作为犯罪客观方面的"行为"，是犯罪构成要件中的危害行为，是指被刑法所明文禁止，表现人的意识和意志的危害社会的身体动静或者言辞。因此，我国刑法学界普遍认为，刑法意义上的"行为"具有以下一些重要特征：

（一）危害行为是能够改变、影响客观事物的身体动静或者言辞

这里所谓的身体动静，包含两方面的行为形式，其中的"动"是指身体的举动、外在的动作，而"静"则是指身体的静止、消极的行动。但无论是哪一种行为形式，都必须是能够改变或者影响客观事物的，因此，它一定也是客观的和外在的，即使是作为体现思想的言辞，如果要将其纳入刑法评价的"行为"范围，同样必须表现为能够改变、影响他人思想或者行为的外在口头言论或者书面词语。如果某些表达思想的言辞方式不可能对他人的思想行为产生影响（譬如用日记形式表达思想、情绪等），则不能作为刑法意义上的危害行为来对待。我们坚决摒弃那些仅仅根据人的思想活动就认定其有行为并进而作为定罪依据的"主观归罪"论。

危害行为与人的思想有原则区别。我国刑法否认"思想犯罪"的存在。因为人的思想活动如果不同自己的行为发生联系，就不可能对社会产生任何实际的影响。人的思想只有通过其行为来影响或者改变外部世界。例如，一个人产生了抢劫的念头，但并没有围绕抢劫这种念头采取任何行动，在这种情况下，其不构成抢劫罪，因为他的有害思想并没有对外界产生影响。通常情况下，危害行为与思想的界限比较明显，容易区分。难以区分的是人的有害言论与危害行为。人们一般通过口头或书面的方式来表达自己的思想，这时可以说有了一定的身体活动，那么这种身体活动表达了有

害思想,是不是危害行为,则必须根据言论的内容以及发表者的主观心理态度来认定。如果虽然发表了有害的言论,但只是单纯暴露思想,就不是刑法上的危害行为。反之,发表有害言论,意在实现其思想时,则可能是刑法上的危害行为。例如在公共场合发表言论,煽动人们暴力抗拒国家法律的实施,就属于危害行为。

(二) 危害行为是人的内在意识和意志的外在表现

危害行为虽然在形态上呈现客观性、外在性,但它同样是人的思想的体现,是受着人的意识和意志支配的。我国刑法理论认为,无意识和无意志状态下的身体动静或者言辞,即使在客观上造成了损害结果,也不能认为是刑法意义上的危害行为。因此,睡梦状态下的言语、举动,不可抗力支配下的行为,以及身体受到外力强制之下的行动等等,都不具有刑法意义上的"危害行为"的内涵。至于一些行为人由于受到精神强制或者受到强力威胁而实施了危害社会的行为,除了可以认定为紧急避险的情况以外,一般仍然属于刑法意义上危害行为的范围。

具体而言,不表现人的意识和意志的行为主要有:

1. 人在睡梦中或者无意识状态下的行为,或者无责任能力的人实施的行为。这些人实施的行为并不是其意识和意志的表现,因此即使在客观上损害了法律所保护的利益,也不能认为是刑法意义上的危害行为,不能构成犯罪。如非精神病的梦游引发的火灾。

2. 在不可抗力作用下的行为。在这种情况下,行为人不能按照自己的意志行事,因而不能认为是刑法意义上的危害行为。如由于发生洪水桥梁被冲垮,致使医务人员不能及时赶到现场抢救伤员。

3. 人在身体受到强制的情况下实施的行为。这时行为是违背行为人主观意愿的,客观上他对自己身体受到的强制是无法排除的,因而这种情况下的行为也不是刑法意义上的危害行为,行为人对由此造成的危害结果没有刑事责任。例如犯罪分子闯入列车值班室,将值班人员捆绑起来。值班人员眼见火车就要开来,需要马上扳道岔。但因身体受到外力强制,无法实施行为,以致发生重大事故。又如,门卫被歹徒捆绑,无法同歹徒搏斗,也无法报警,致使单位财物被抢。这种行为并不表现行为人的意识和意志,其行为不是刑法意义上的危害行为。

应当注意的是,人在精神上受到了强制,实施了某种危害社会的行为。如行为人受到犯罪分子的暴力威胁或精神强制而实施了某种危害社会的行为,是否属于刑法意义上的危害行为。对这种情况要具体分析:如果符合紧急避险条件的,可以认定为紧急避险,不具有社会危害性;其他行为一般仍然属于刑法意义上危害行为的范围。因为在这种情况下,行为人只是精神上受到强制,并没有丧失意志自由,也没有丧失人身、行动自由,完全可以作出符合法律规定的选择。另外,有些人由于负有特定职责,所保护的利益特别重大,即使受到了精神强制或暴力威胁,也不允许采取紧急避险手段对所保护的重大合法利益造成损害。

(三) 危害行为是刑法上明文予以禁止的行为

这是危害行为"法定性"的体现,它强调只有被我国现行刑法所明文禁止的行为,才具有严重危害社会的性质,才能作为刑法意义上的"行为"认定。某种行为虽然在客观上具有危害性,但在刑法上并没有作出明文规定,这表明,这种行为并非刑法所禁止,根据罪刑法定原则,危害性再大也不能认为是犯罪。

二、危害行为的形式

根据不同的研究目的,人们可以对行为进行各种不同的分类。同样,在刑法学上,基于不同的标准,也可以对于有刑法意义的行为作出不同的划分。例如,基于意识、意志因素的不同,可以将其划分为有意行为和无意行为;基于行为组成的不同,可以将其划分为单一行为和集合行为;基于构成犯罪所要求的侵害程度不同,又可以将其划分为实害行为和危险行为,等等。我国刑法学界普遍认为,无论社会生活中的危害行为表现得如何纷繁复杂、千变万化,但从客观形态上讲,不外乎"作为"与"不作为"两种基本形式。其中,"作为"是形式上的"积极行为",而"不作为"则是形式上的"消极行为"。至于属于占有状态的"持有",是否应当作为危害行为的第三种形式,还存在不同的认识,有待于作进一步深入研究。

(一) 作为

作为,是行为人以其积极的活动进行刑法上所禁止实施的行为。"作为"相对于"不作为"而言,是"不当为而为",在客观上呈现"积极"的形态,但它既可以是故意实施的,也可能构成过失。在通常情况下,作为并不是个别孤立的动作和活动环节,而是由人的一系列积极举动所组成的。我们不能将一种犯罪故意或者过失心理支配之下的若干相互联系的举动,人为地分解为多个作为。同时,应当认识到,作为不仅仅是通过利用行为人自身外在的积极活动去实现的,还可以通过行为人利用物质工具、自然力作用、他人的行动、动物的侵害等方式去实现。我国刑法中规定的绝大多数犯罪,都是作为形式的犯罪,有些犯罪只能由作为的形式构成,例如刑法规定的盗窃、抢劫、敲诈勒索、强奸、贩卖毒品等犯罪,都表现为积极的作为形式。

(二) 不作为

不作为,是行为人消极的不履行特定的应尽义务的行为。"不作为"相对于"作为"而言,在客观上呈现"消极"的形态,是"当为而不为",但它同样可以由故意或者过失构成。我国刑法规定的不少犯罪既可以由作为构成,也可以由不作为构成,但其中的极个别犯罪,只能由不作为构成(例如遗弃罪、逃税罪等)。

通说认为,成立不作为,在客观方面应当具备三个基本条件:

首先,是行为人必须负有实施某种特定行为的义务,没有特定义务,也就不可能有对义务的违反,也就不可能有不作为的问题。这种义务一方面要求是法律性质的义务,而不包括道义上的义务;另一方面要求义务的内容是实施特定的积极行为,而不包括不实施一定积极行为的消极义务。据此,与落水儿童没有抚养关系的过路人不抢救儿童的,不成立不作为,因为他只有道义上的义务而没有法律上的义务。反之,与落水儿童具有抚养关系的父亲不抢救该儿童,则是不作为。因为它具有法律上的义务,而且这种义务的内容是抢救落水儿童的积极行为。

其次,行为人必须具有能够履行特定义务的能力,因为只有对于有能力履行这种义务的人,法律才会提出必须履行的要求。法律规范与法律秩序只是要求能够履行义务的人履行义务,而不会强求不能履行义务的人履行义务。至于行为人能否履行义务,应从行为人履行义务的主观能力与客观条件两方面进行判断。当履行义务面临一定危险时,不能要求行为人冒着生命危险去履行义务。

最后,行为人没有切实履行特定的义务,从而产生相应的危害,这是不作为社会危害性的重要体现。不作为的核心是行为人没有履行义务。行为人在此期间实施的其他行为,不是不作为的内容,也不影响不作为的成立。例如,锅炉工在当班时,负有给锅炉加水的义务但却没有加水,造成锅炉爆炸事故,这就成立不作为犯罪。至于锅炉工当班时实施了其他何种行为(如是睡觉还是出去游玩等)则不是不作为的内容,不能影响不作为的成立。不作为之所以能成为与作为等价的行为,在于它造成了或可能造成危害结果。但这并不意味着只有造成危害结果时才构成不作为犯罪,当刑法规定某种犯罪的成立不要求发生危害结果时,没有造成危害结果的不作为也可能成立犯罪。

不作为是以行为人违反特定的应尽义务为构成前提的,因此,刑法理论上着重研究的是这种"特定义务"的范围问题。一般认为,如果基于下列几种情况所产生的义务,行为人有能力履行(即应当履行)而不予履行的,就是"不作为",由此又产生相应的危害结果的,应当以犯罪论处:

1. 法律上明文规定的义务。即由法律、法规事先已经作出明确规定的行为人应当履行的义务。例如《刑法》第 261 条规定:"对于年老、年幼、患病或者其他没有独立生活能力的人,负有法定扶养义务而拒绝扶养,情节恶劣的,处五年以下有期徒刑、拘役或者管制。"这里所谓的"负有扶养义务",就是由《中华人民共和国婚姻法》第 15 条明文规定的。对于法律上义务的理解不能过于狭窄,例如《刑法》第 313 条规定的拒不执行判决、裁定罪,也是一种不履行法定义务的不作为形式的犯罪。

2. 职务、业务上要求履行的义务。即承担某种职务或者从事某种业务的人,在其职务或者业务范围内要求其应当履行的特定义务。这些特定义务的内容,通常是由相应的规章制度和操作规程加以规定的,也有一些来自行业上约定俗成的习惯或者通行做法,有的则是从各级各类领导岗位的基本要求上予以确定的。

3. 行为人实施的法律行为而引起的义务。如根据约定暂时抚养他人的婴儿的人对该婴儿负有抚养义务,将弃婴抱回家中的人也对该婴儿负有抚养义务。

4. 由先行行为产生的义务。即由行为人先前实施某种行为,而使刑法保护的利益处于危险之中,从而产生了行为人必须排除这种危险的义务。如成年人带儿童去游泳的行为,导致他有保护儿童安全的义务。至于"先行行为"的性质如何,理论上有不同的意见。有观点认为,可以包括正当行为,也可以包括违法乃至犯罪行为。[①]我

① 高铭暄主编:《新编中国刑法学》(上册),中国人民大学出版社 1998 年版,第 118—119 页。

们认为,先行行为不应包括犯罪行为。对于故意犯罪来说,行为人之所以实施犯罪就是希望或者放任自己行为所引起的危害结果,虽然在这种情况下,行为人有义务采取措施避免自己行为造成的危害结果的出现,但这种义务已经不是我们所要解决的不作为犯罪的问题,不能据此认定行为人没有采取避免危险出现的措施,就是不作为犯罪;对于过失犯罪而言,由于造成严重后果是过失犯罪的必要条件,严重后果已经发生或者自己的过失行为引起的危险已经成为现实,就不可能存在行为人采取措施避免危害结果发生的情况了。如果行为人自动防止危害结果发生,则是减免刑罚的理由;如果行为人没有防止危害结果发生,则负犯罪既遂的刑事责任;如果行为人没有防止更严重的结果发生,则负结果加重犯的刑事责任。如果认为先前行为包括犯罪行为,则会使绝大多数一罪变为数罪,这是不合适的。

除上述四种公认的"特定义务"外,近年来,有些学者提出,不作为的特定义务还可以包括自愿承担的义务,法律行为(譬如订立合同等)产生的义务,等等。但是这些义务的范围都有待进一步研究确定,尚难在刑法学界形成"通说"。

刑法理论将不作为犯罪分为两种类型:一是刑法明文规定只能由不作为构成的犯罪,即纯正不作为犯或真正不作为犯;二是行为人以不作为形式实施的通常为作为形式的犯罪,即不纯正不作为犯或不真正不作为犯。我国刑法理论认为,许多犯罪既可以由作为构成,也可以由不作为构成。这种情况下的不作为犯罪,就是不纯正不作为犯。

刑法理论上认为作为与不作为可能结合为一个犯罪行为。例如逃税罪与抗税罪。逃税与抗税都是逃避纳税义务的行为,或者说是不履行纳税义务的行为。在此意义上说,逃税行为与抗税行为都包含了不作为。但是另一方面,逃税罪与抗税罪并非单纯的不履行纳税义务,还要求行为人实施了"逃"与"抗"的行为。根据《刑法》第201条、第202条的规定,纳税人采取欺骗、隐瞒手段进行虚假纳税申报或者不申报,逃避缴纳税款数额较大;扣缴义务人采取前款所列手段,不缴或者少缴已知、已收税款,数额较大的,是逃税;以暴力、威胁方法拒不缴纳税款的,是抗税。而上述手段都表现为作为,故逃税与抗税行为都同时包含了作为与不作为。《刑法》第313条规定的拒不执行判决、裁定罪,第421条规定的违抗作战命令罪等,都是如此。

区分作为与不作为具有重要意义,特别是不作为概念的确立,有利于合理确定犯罪范围,正确区分罪与非罪,在许多情况下也有利于区分此罪与彼罪、一罪与数罪。当然,关于不作为犯特别是不纯正不作为犯,还存在许多值得探讨的问题。

三、危害行为与时间、地点和方法

犯罪是一种复杂的社会现象,表现形态常常纷繁复杂。但无论是哪一种形态的危害行为,都是由行为人在一定的时空条件下、采用特定的方法实施的。因此,危害行为与时间、地点和方法具有必然的联系,社会上不可能存在缺乏时间、地点和具体行为方法的犯罪。但是,这种"必然联系"并不意味着行为的时间、地点和方法就成为任何犯罪在客观上都必须具备的条件。恰恰相反,从犯罪构成条件上分析,对绝大多数危害行为而言,刑法并没有将特定的时间、地点和方法作为其构成犯罪的基本条件。也就是说,行为人在何时作案、在何地作案、采用何种方法作案,对这些犯罪之是否成立,并不产生直接的影响。譬如一起行凶伤害案件,总是有具体的行凶时间和事发地点的,行为人实施行凶伤害也总是采取了一定的方法甚至使用了作案工具的。但是,不管伤害案件发生在白天、中午还是晚上,不管发生在室内还是户外,也不管行为人是拳击伤害还是采用棍棒、刀枪等武器伤人,对其犯罪的构成并不产生影响。我国《刑法》第234条规定的"故意伤害罪",其构成要件中并没有包含伤害的时间、地点和伤害方法的内容。因此,这些内容对故意伤害罪的犯罪构成没有任何意义。这说明,行为的时间、地点和方法不可能成为任何犯罪在客观上都必须具备的条件。

不过,在我国刑法中,有时对某些犯罪行为的时空条件和行为方法又作出了明文规定。这表明,对于这些特定犯罪而言,行为的时间、地点和方法成为其犯罪构成的必备条件。例如我国《刑法》第340条规定:"违反保护水产资源法规,在禁渔区、禁渔期或者使用禁用的工具、方法捕捞水产品,情节严重的,处三年以下有期徒刑、拘役、管制或者罚金。"第341条第2款规定:"违反狩猎法规,在禁猎区、禁猎期或者使用禁用的工具、方法进行狩猎,破坏野生动物资源,情节严重的,处三年以下有期徒刑、拘役、管制或者罚金。"由此可见,对非法捕捞水产品罪和非法狩猎罪来讲,行为的时间、地点和方法在其犯罪的构成中处于至关重要的地位。如果捕捞水产品或者狩猎行为不符合刑法规定的时间、地点或者方法条件,就不能构成相应的犯罪。此外,《刑法》第257条规定的"暴力干涉婚姻自由罪"的行为方法、第291条规定的"聚众扰乱公共场所秩序罪"的行为地点等等,都将成为这些犯罪的必备构成条件。所以,危害行为实施的时间、地点和方法,是犯罪构成在客观要件上的"特殊条件"。当刑法分则对其作出明文规定时,它们才能成为某些特定犯罪构成的必备条件。

第三节　危害结果

一、危害结果的概念与特征

对于"结果"的含义,同样存在着不同的定义。就一般意义而言,结果是一种现象所引起的客观世界的变化。在刑法学上,对危害结果也有不同的界定,有的观点认为,危害结果是危害行为对刑法保护的客体(即社会关系)所形成的损害。这就使危害结果与犯罪行为所具有的普遍社会危害性混同了起来,得出了危害结果是犯罪客观方面的必备条件的结论。我们认为,任何危害行为都会给刑法保护的社会关系造成损害,但只有危害行为已经造成的实际损害事实才是真正的"危害结果"。当刑法分则条文对其作出明文规定时,该种特定的危害结果便成为这些犯罪在客观上的必备条件。因此,它也是犯罪客观要件的特殊条件。

危害结果具有以下一些重要特征:

(一)危害结果是客观存在的

危害结果是一种不以人们的意志为转移的客观实在,是实际存在的损害事实。这种损害事实是由行为人的危害行为直接造成的,其性质和程度虽然需要人们去认识、发现与判断,但却不能随意进行解释或者擅自予以改变。

(二)危害结果的形态是多样化的

作为一种损害事实的危害结果,其表现形式并不是绝对单一的,它的实际性质常常受到客体性质的影响与制约。因此,危害结果既可以表现为物质性的有形形态,也可以表现为非物质性的无形形态,但无论是哪一种形态的危害结果,都是确实存在的。

(三)危害结果是由刑法规定的

作为犯罪客观要件中的一个特殊条件,危害结果本身具有"法定性",即只有当刑法对它们作出明文规定以后,才具有犯罪构成要件的意义,才能够成为某些特定犯罪在客观上的必备条件。譬如我国刑法中所规定的过失犯罪,都必须是已经造成严重危害结果的,才构成犯罪。如果刑法分则条文没有对危害结果作出明文规定,它们就不可能成为这些犯罪的构成要件。譬如《刑法》第232条规定的"故意杀人罪",就没有危害结果的要求,无论故意杀人行为是否在客观上造成他人死亡,对故意杀人罪的成立都不产生影响。从这个意义上讲,危害结果并不是构成所有的犯罪在客观上都必须具备的条件。

对于危害结果是不是犯罪构成的必要条件,由于危害结果有广义、狭义之分,要解决这一问题,必须首先确定危害结果的具体含义。从刑法条文对危害结果的具体规定来看,刑法所指的危害结果是狭义的危害结果,即刑法在有的条文中规定了危害结果,有的条文没有规定危害结果。从广义的危害结果考察,任何犯罪都有危害结果,没有危害结果就不存在犯罪,从这个意义上讲,危害结果是犯罪的必要条件。但是,广义的危害结果中,有些结果确定起来非常困难,不具有可操作性。另外,在有的犯罪中,行为本身就表现出了一定的社会危害性,没有必要再对危害结果具体考察。因此,根据刑法对危害结果的具体规定,危害结果只是某些犯罪构成的必备条件,不是一切犯罪的共同要件。

二、危害结果的种类

由于危害结果具有多样性,故有必要从不同角度对其进行分类,以便深入理解危害结果的内涵与意义。

(一)属于构成要件的危害结果与不属于构成要件的危害结果

这是以危害结果是否属于具体犯罪构成要件要素为标准所作的分类。属于构成要件的危害结果,是指成立某一具体犯罪所必须具备的危害结果,或者说,该危害结果是具体犯罪客观要件的内容,如果行为没有造成这种结果,就不构成犯罪。例如,根据《刑法》第 397 条的规定,国家机关工作人员的玩忽职守行为,只有造成了公私财产、国家与人民利益的重大损失,才构成玩忽职守罪。这里的"重大损失",就属于构成要件的危害结果。根据《刑法》总则第 15 条以及分则性条文的有关规定,过失犯罪均以发生特定的危害结果为构成要件;根据间接故意的基本特征,间接故意犯罪的成立也要求发生特定的危害结果;大多数直接故意犯罪不以发生危害结果为构成要件,只有少数直接故意犯罪的成立要求发生危害结果。属于构成要件的危害结果,均有其特定内容。例如,在过失致人重伤罪中,致人重伤是属于构成要件的危害结果;在某种意义上说,致人轻伤与致人死亡也是危害结果,但它们不可能是过失致人重伤罪的构成要件的危害结果。反之,在过失致人死亡罪中,致人死亡是属于构成要件的危害结果,致人轻伤或者重伤则不可能是该罪的构成要件的危害结果。

不属于构成要件的危害结果,是指不是成立犯罪所必需的、构成要件之外的危害结果。这种危害结果是否发生以及轻重如何,并不影响犯罪的成立,只是在行为具有犯罪的社会危害性、构成犯罪的基础上,对反映社会危害性大小起一定作用,因而影响法定刑是否升格以及同一法定刑内的量刑轻重。例如,抢劫罪的成立并不要求发生致人重伤、死亡的结果,故重伤、死亡不属于抢劫罪构成要件的结果,即使抢劫行为导致他人重伤、死亡,该结果也不属于构成要件的危害结果。但由于发生该结果的抢劫行为比未发生该结果的抢劫行为的社会危害性严重,故刑法对前者规定了较重的法定刑。

将危害结果划分为属于构成要件的危害结果与不属于构成要件的危害结果,有利于正确认识危害结果在不同犯罪构成中的地位,从而准确认定犯罪。

(二)物质性危害结果与非物质性危害结果

这是根据危害结果的现象形态所作的分类。物质性危害结果,是指现象形态表现为物质性变化的危害结果。这种危害结果往往是有形的,可以具体认定和测量的。如致人死亡、致人伤害、毁损财物等,都是物质性危害结果。

非物质性危害结果,是指现象形态表现为非物质性变化的危害结果。这种危害结果往往是无形的,不能或难以具体认定和测量的。如对人格的损害、名誉的毁损等,属于非物质性危害结果。应当注意的是,非物质性危害结果也是危害行为造成的具体侵害事实,不能把危害行为的属性视为非物质性危害结果。例如,任何危害行为都破坏社会心理秩序体系和社会成员心理平衡状态,这是危害行为的固有属性,而不能认定为非物质性危害结果。

将危害结果划分为物质性危害结果与非物质性危害结果,有利于合理确定危害结果的范围,有利于提醒司法机关在评价犯罪的社会危害性时,既注重物质性危害结果,也注重非物质性危害结果。

(三)严重危害结果与非严重危害结果

这是根据危害结果的严重程度所作的分类。根据刑法分则条文的规定,严重危害结果,通常是指致人重伤、死亡或者使公私财产遭受重大损失以及使重大的法律秩序遭受严重破坏。严重危害结果既可能表现为严重犯罪的基本危害结果（如故意杀人罪中的致人死亡），也可能表现为基本犯罪的加重结果（如抢劫罪中的致人死亡）。

非严重危害结果，一般是指致人轻伤、使公私财产遭受较小损失以及使一般的法律秩序遭受损害。当然，危害结果是否严重，还要联系具体犯罪进行分析。同样的危害结果，相对于此罪而言是严重危害结果，相对于彼罪而言可能被认为是非严重危害结果。

将危害结果作上述区分具有重要意义。过失行为造成严重危害结果的，才构成犯罪，尚未造成严重危害结果的，则不成立犯罪。在故意犯罪中，危害结果是否严重，往往影响法定刑是否升格，影响在同一法定刑内的量刑。

（四）直接危害结果与间接危害结果

这是根据危害结果与危害行为之间的联系形式所作的分类。直接危害结果，是危害行为直接造成的侵害事实，它与危害行为之间具有直接因果关系，即两者之间没有独立的另一现象作为联系的中介。如甲开枪击中乙胸部，致乙死亡。乙的死亡便是甲的杀人行为的直接危害结果。

间接危害结果，是由危害行为间接造成的侵害事实，在危害行为与间接危害结果之间存在独立的另一现象作为联系的中介。"独立的另一现象"既可能是第三者的行为，也可能是被害人的行为或其他现象。前者如甲开车将乙撞倒在公路上，乙被随之而来的另一辆车轧死，乙的死亡是甲行为的间接危害结果。后者如甲男强奸乙女后，乙因羞愤而自杀身亡，乙的死亡是甲行为的间接危害结果。

区分直接危害结果与间接危害结果的基本意义在于，前者主要对定罪起作用（当然影响量刑），后者主要对量刑起作用。

三、危害结果的地位与作用

危害结果作为犯罪客观方面的一个重要因素，具有重要意义。根据我国现行刑法的规定，危害结果的地位与作用表现为：

（一）区分罪与非罪的标准之一

在某种犯罪中，危害结果是犯罪的构成要件，如果行为没有造成法定的危害结果，就不成立犯罪。过失犯罪便是如此。但是，危害结果并非一切犯罪的共同要件，大多数直接故意犯罪的成立不以发生危害结果为要件。例如，直接故意杀人，即使没有发生他人死亡的结果，也成立故意杀人罪，只不过是犯罪预备、未遂或者中止罢了，而犯罪形态的不同，并不影响犯罪的成立与罪名的改变。

我们之所以认为犯罪结果不是一切犯罪的共同要件，有以下两个基本理由：第一，从本质上看，社会危害性是犯罪的本质属性，但社会危害性是由多种因素反映出来的，危害结果只是反映社会危害性的一个因素。当危害结果以外的因素综合起来能够反映行为的社会危害性达到犯罪的严重程度时，立法者便不将危害结果规定为构成要件。反之，当危害结果以外的因素综合起来不能够反映行为的社会危害性达到犯罪的严重程度时,立法者就会将危害结果规定为构成要件。第二,从法律规定上看,《刑法》第 24 条规定:"在犯罪过程中,自动放弃犯罪或者自动有效地防止犯罪结果发生的,是犯罪中止。"可见,犯罪中止以没有发生犯罪结果为条件。中止行为本身不是犯罪行为,但中止以前实施的行为是犯罪行为。所以,本条又明确规定:"对于中止犯,没有造成损害的,应当免除处罚;造成损害的,应当减轻处罚。"然而,这种法律后果是以行为构成犯罪为前提的。显然,某些行为没有造成危害结果时也能成立犯罪。换言之,危害结果不是一切犯罪的共同要件。

(二)区分此罪与彼罪的标准之一

危害结果是否发生以及结果的严重程度,在某些情况下是区分此罪与彼罪的标准之一。例如,《刑法》第 247 条规定:"司法工作人员对犯罪嫌疑人、被告人实行刑讯逼供或者使用暴力逼取证人证言的,处三年以下有期徒刑或者拘役。致人伤残、死亡的,依照本法第二百三十四条、第二百三十二条的规定定罪从重处罚。"据此,刑讯逼供与暴力逼取证言行为,如果发生了致人伤残、死亡的结果,就应分别认定为故意伤害罪、故意杀人罪,并从重处罚。这表明,危害结果的内容不同可能成为区分此罪与彼罪的标准。需要指出的是,危害结果的这一功能,不具有普遍意义,只是在法律明文规定的情况下,才具有区分此罪与彼罪的作用。

(三)区分犯罪形态的标准之一

犯罪既遂通常以发生特定危害结果为前提,而犯罪预备、未遂、中止均以没有发生特定危害结果为条件。由此表明,特定的危害结果发生与否,是区分犯罪形态的标准之一。在直接故意犯罪中,特定的危害结果是否发生,往往成为区分既遂与未遂的决定性标准。

(四)影响量刑轻重的因素之一

在一切犯罪中,危害结果对量刑都起影响作用。因为危害结果是反映社会危害性的事实现象,刑罚必须与犯罪的社会危害性相适应,所以,危害结果必然影响量刑。危害结果对量刑的影响作用表现为三种情况:一是作为选择法定刑幅度的根据。例如《刑法》第 234 条根据伤害行为造成的结果不同,规定了三个幅度的法定刑。据此,故意伤害他人造成轻伤的,应选择 3 年以下有期徒刑或拘役这一法定刑幅度;造成重伤的,应选择 3 年以上 10 年以下有期徒刑这一法定刑幅度;造成死亡的,应选择十年以上有期徒刑、无期徒刑或者死刑这一法定刑幅度。二是作为法定的量刑情节。如《刑法》第 23 条规定:"对于未遂犯,可以比照既遂犯从轻或者减轻处罚。"未遂的特征之一是没有发生特定的危害结果。因此,在直接故意犯罪中,没有发生特定的危害结果,是法定的从宽处罚情节。三是作为酌定的量刑情节。当刑法没有将危害结果规定为法定刑升格条件和法定量刑情节时,危害结果的情况便是酌定量刑情节。例如,同是毁损国家保护的珍贵文物,一个使大量的珍贵文物遭受破坏,一个使少量的珍贵文物遭受破坏,这便是人民法院在量刑时应斟酌考虑的情节。

(五)影响诉讼程序的因素之一

在某些情况下,危害结果的情况还影响刑事诉讼程序。例如,故意伤害罪,造成轻伤的,由被害人自诉,人民法院直接受理;造成重伤的,由公安机关侦查,检察机关提起公诉。

由此可见,研究危害结果对正确区分某些行为罪与非罪的界限,具有十分重要的意义。同时,危害结果之有无及大小,有时对某些犯罪行为成立以后的量刑轻重也产生重大的影响,某些法定的严重结果是否出现,甚至还会影响到一些案件的诉讼程序。当然,这里所谓的种种结果,已经不再是影响犯罪成立(即作为犯罪客观要件)的危害结果了。

第四节 危害行为与危害结果之间的因果关系

一、因果关系的研究范围

因果关系是一种引起与被引起的关系。其中的"引起"者是原因,"被引起"者是结果,而因果关系本身不包括原因与结果,只包含两者之间的引起与被引起的关系。

关于刑法上的因果关系,有不同的称谓,如犯罪因果关系、刑法中的因果关系等。不同的称谓,反映出人们对因果关系的不同看法。有的观点认为,刑法上的因果关系是研究犯罪行为与犯罪结果之间的因果关系;批评者认为把危害结果等同于犯罪结果,把犯罪构成的全部要件特别是主观罪过是否具备,作为刑法因果关系有无的先决条件,是把确定因果关系的有无与确定刑事责任混为一谈。有的观点认为,刑法上的因果关系是研究危害行为与危害结果之间的因果关系;[①]有的观点认为,刑法上的因果关系是研究违法行为与危害结果之间的因果关系;[②]有人提出,刑法上的因果关系是研究人的行为与危害结果之间的因果关系。[③]强调刑法上作为结果的原因是人的行为即可,而不必限于危害社会的行为。此观点的反对者认为把刑法因果关系的原因扩大解释为人所实施的行为,这既使问题复杂化,研究本不该研究的问题,又使刑法因果关系失去刑法上的实际意义。之所以出现上述不同观点,是由于有的人从认定的角度考察因果关系的研究范围,有的人从结局上考察因果关系的研究对象。

司法实践中,主要在两个方面需要解决因果关系问题:一是已发生某种危害结果,但不知是谁的行为所引起;二是已实施的犯罪行为,造成了哪些犯罪结果。后一种情况比较容易解决,关键是前一方面的问题,某种危害结果已经发生时,必须先查明是谁的行为造成,考察一般意义上的因果关系。如果查明是甲的行为造成,然后便进一步考察甲是否达到法定责任年龄、是否具有辨认控制能力、是否具有法定的主观

① 高铭暄主编:《刑法学原理》第1卷,中国人民大学出版社1993年版,第569页。
② 张令杰:《关于刑法中因果关系的几种意见》,《法学动态》1982年第12期。
③ [日]大塚仁著:《犯罪论的基本问题》,中国政法大学出版社1993年版,第96页。

罪过。如果其中有否定结论，则司法机关不把此案件作为犯罪处理。在这里，虽然不存在刑法上的因果关系，但实际上已经考察了一般意义的因果关系。如果都得出肯定结论，则认为甲的行为符合犯罪构成，成立犯罪。人们不必回过头来回答这里有无犯罪的因果关系，只是由于原因是犯罪行为、结果是犯罪结果，连接两者的关系就具有了犯罪因果关系的性质。

由上可见，司法机关是先考察一般因果关系，确定谁的行为造成了危害，再判定该行为是否符合犯罪构成，最后得出是否成立犯罪的结论。如果行为成立犯罪，作为一种结局，上述一般因果关系就成为犯罪因果关系。据此，关于刑法上因果关系的研究范围，可以得出如下结论：从认定的角度考察是研究人的行为与危害结果之间的关系，从结局上考察是研究犯罪行为与犯罪结果之间的因果关系。

事实上，刑法上还存在其他方面的因果关系。如罪过是支配行为人实施犯罪行为的主观原因，犯罪的动机也是一种主观原因，教唆行为引起被教唆的人犯罪时，教唆行为也是被教唆人实施犯罪的原因。但是，这些因果关系都不是我们上面所说的因果关系。

二、刑法上因果关系的概念

刑法上的因果关系，是指危害行为规律性地引起某种危害结果的内在联系。它以哲学上的一种现象在一定条件下引起另一种现象的普遍因果关系为基础，目的是为了解决行为人是否应当对某种危害结果承担刑事责任的问题。在通常情况下，危害行为与危害结果之间的因果关系是清晰可辨的，并不会发生认定上的困难。譬如某个人基于杀人的目的，手持利斧猛砍他人头部，致被害人当场死亡。在这一实践中，被害人的死亡结果（危害结果）是某人举斧砍杀行为（危害行为）直接造成的。人员死亡是"果"，砍杀行为是"因"，原因引起结果，因果关系十分清楚。但在有些案件中，虽然危害结果同样十分显见，但这种结果是否是由行为人的危害行为所引起，却并非一目了然。特别是在一因多果、一果多因等情况下，因果关系将表现得更加错综复杂，常常会给行为人刑事责任的正确认定带来一定的困难。如果事实证明，危害结果与危害行为之间没有因果关系，行为人就不应对这种危害结果承担刑事责任。

三、刑法上因果关系的特性

刑法上的因果关系与哲学上的因果关系是个性与共性、特殊与一般的关系。研究刑法上的因果关系，既要以哲学上的因果关系原理为指导，同时又要注意其自身的特殊性。

（一）刑法上因果关系与哲学上因果关系的统一性

刑法上的因果关系与哲学上的因果关系的个性与共性、特殊与一般的关系，决定了两者具有统一性。这种统一性表现在以下几个方面：

1. 因果关系存在的客观性。因果关系是一种普遍的社会现象，它是不以人们的意志为转移的客观存在。因果关系有其自身的存在形式和内在规律，它虽然不受人的主观意识左右，不会因为人们认识的改变而随意发生变化，但却是可以被人们所认知的。因果关系的客观性告诉我们，在判断危害行为与危害结果的关系时，不能主观臆断，要深入到客观实践的内部进行深入、细致的调查和研究，实事求是地作出判定。

有的观点认为，哲学上的因果关系具有客观性，而刑法上的因果关系则是客观性与主观性的统一。因为只有在罪过支配下的行为与危害结果之间的因果关系，才是刑法上的因果关系。我们认为，这种观点将因果关系本身的客观性与作为原因的行为的主客观统一性相混淆了。

2. 因果关系存在的特定性。客观世界的各种现象之间存在着普遍的联系与制约，环环相连、节节相扣。在这种相互作用、互为因果的广泛联系中，常常难以划分孰因孰果。在一种现象中的原因，有时正是另一种现象的结果。因此，只有在普遍联系的因果锁链中选取特定的环节，才能使这种因果联系充分显示，从而成为研究的对象。基于因果关系相对性的特点，刑法上的因果关系就必须分析行为人实施的危害行为与特定的危害结果之间的联系，不能任意超越范围。

3. 因果关系形成的序列性。刑法上的因果关系不仅是一种客观的、特定的联系，作为引起（作用）的"原因"与被引起（被作用）的"结果"，是有着严格的时间序列的。成为原因的现象，不仅要出现在成为结果的现象之前，并且一定能对结果的出现起到引起和决定的作用。这就告诉人们，在某种危害结果发生之后，司法工作者必须在其形成之前的行为之中去寻求原因，绝对不能从其产生之后的危害行为中去"创造"原因。但是，因果关系并非只是上述时间上的先后顺序关系，认定因果关系还需要考察其他特征。

4. 因果关系联系的复杂性。因果关系虽然是普遍的、客观的，但其联系方式并不是纯粹的和单一的。在有些案件中，案件事实十分复杂，存在着"一果多因"和"一因多果"的现象。一果多因，是一种危害结果由数个危害行为共同造成的情形。对此，必须分析这些危害行为在危害结果形成中的实际地位和作用，分清主次，合理解决其刑事责任的分担问题。责任事故类的过失犯罪很多时候就表现为一果多因。事故的发生往往涉及多人的过失行为，或者主观原因和客观原因交织在一起的复杂情况。例如，某司机酒后开车，忘记该车已经发生故障需要修理，结果造成交通事故。这里交通事故发生的原因就有两个。在具体确定这样的因果关系时，就应当注意分清主要原因和次要原因、主观原因和客观原因等情况，这样才能全面认识因果关系，正确解决刑事责任问题。一因多果，是一个危害行为同时或者前后造成多种危害结果的情形。对此，又必须分析各种危害结果的性质及其实际危害量，全面评价其社会危害性的大小，仔细研究各种危害结果与该危害行为之间的联系程度。同时要注意搞清楚主要结果与次要结果、直接结果与间接结果，科学地解决其刑事责任的轻重问题。

5. 因果关系形式的多样性。刑法上的因果关系通常被认为是危害行为与危害结果之间的一种内在的、必然的、合乎规律的联系。这种危害行为必然直接引起和决定危害结果的联系形式，就是"必然因果关系"，但是，刑法上的因果关系并非仅此一种形式，还存在着"偶然因果关系"，即危害行为本身并不具有直接产生某种危害结果的必然性，但当偶然有其他危害行为介入后，便导致了这种危害结果的产生。譬如某人故意将他人打成轻伤，伤者随即去附近医院治疗，但因医生不负责任，致使伤者感染败血症身亡。在此，前者的伤害行为与受伤者的死亡之间，就是一种偶然因果关系。承认偶然因果关系的存在，并不会扩大行为人刑事责任的基础。事实上，因果关系与刑事责任并不是一回事，危害行为与危害结果之间即使存在着因果关系，也不等于行为人要对这种危害结果负刑事责任。这是因为，当我们研究一个人的行为是否构成犯罪时，不仅要分析行为与结果之间因果关系的有无，同时，还必须进一步研究行为人的主体条件是否符合刑法规定，行为人对其行为所造成的危害后果，有没有故意或者过失。如果存在因果关系，但却缺乏犯罪的诸种构成条件，则同样不能以犯罪论处。

（二）刑法上因果关系的特殊性

刑法上因果关系与哲学上因果关系的个性与共性、特殊与一般的关系，决定了刑法上因果关系具有特殊性。

1. 范围的特定性。在哲学上，凡是引起结果发生的现象，都是原因。但在刑法上，从认定角度而言，只有引起危害结果发生的行为才是原因；从结局上看，只有引起犯罪结果发生的犯罪行为才是原因。人的行为之外的现象，从哲学上看也可能是引起危害结果的原因，但从刑法上看却不是引起危害结果的原因。在哲学上，凡是行为引起的现象都是结果。但在刑法上，只有行为所引起的危害结果才是结果。

2. 作用的单向性。哲学认为，在无限发展的链条中，每一现象的发展过程往往互为因果，原因作用于结果，结果又反作用于原因，使自己成为原因，成为原来原因的原因，使原来的原因又成为结果。这样因果关系便不是单向的，而是双向的。犯罪现象也存在这种情况。例如行为人实施某种犯罪行为，造成一定危害结果，得到心理上的畸形满足；这种结果又反作用于行为人，强化其犯罪心理，促使其继续实施类似的犯罪行为。但这种结果的反作用是犯罪学研究的内容，而不是刑法上的因果关系的研究内容。刑法上因果关系只研究行为对结果的单向作用。

3. 内容上的法定性。在通常情况下，刑法上因果关系与哲学上因果关系在内容上是一致的，都是引起与被引起的发展过程。但在不少情况下，刑法上的因果关系是法律规定的特定发展过程，而不是一种简单的引起与被引起的关系。例如敲诈勒索罪，必须是由于行为人的恐吓行为，使被害人产生畏惧心理，从而做出有瑕疵的财产处分行为，向行为人交付财物。如果行为人实施了恐吓行为，但被害人并没有因此产生畏惧心理，只是基于怜悯之心而提供财物时，则恐吓行为与被害人提供财物之间不具有刑法上的因果关系，只成立敲诈勒索罪的未遂。

四、刑法上因果关系的认定

如何认定刑法上的因果关系,是中外刑法理论长期争论的问题。在国外,主要存在条件说、原因说和相当因果关系说之间的争论,且即使同一学说也存在不同的观点。在我国,主要存在着必然因果关系说与偶然因果关系说的争论,此外不作为犯罪因果关系的认定也是一个颇有争议的问题。我们根据辩证唯物主义的基本理论以及司法实践,对刑法上因果关系的认定作如下讨论。

(一) 国外刑法理论上的学说

1. 条件说

条件说,又称条件即原因说,即行为与结果之间存在"没有前者就没有后者"的条件关系时,前者就是后者的原因。该说认为,在发生某一结果的场合,有各种条件在起作用。一般意义来看,这些条件对结果都具有同等的价值,因此,也被称为"同等说"或"等价说"。条件关系的公式表述为没有甲就没有乙,与此相应的是,刑法上的因果关系中,也必须具有"没有该行为的话就不会发生某种结果"的条件关系,所以在处理一般案件的时候,它具有确定性。另外,只要在事后能够确认条件关系,实行行为和结果之间就存在必然的联系。德国学者曾运用"排除思维法"来证明某个先于结果存在的事实是否结果发生的必要条件。如果答案是肯定的,就可能把这个事实排除在原因之外。"条件说"的适用以德国为代表。

刑法上因果关系的存在,是为了类型性地确定在所发生的结果中,能够作为基于实行行为所引起的情况所给予处罚的范围而存在的。但"条件说"也有其弱点,如:介入因素的存在使因果关系复杂化,而因果关系链条的等值性使确定决定因素成为困难,陷入因果关系无限循环之中,例如,在甲对乙实施伤害导致轻伤,乙为了治疗在去医院途中遭遇交通事故而死亡的场合,条件说认为,如果没有甲的轻伤害就不会有乙死亡的结果,所以甲的行为符合伤害致死罪的客观要件,但此结论明显把因果关系的范围扩展到了从经验来看属于偶然情况的情形,违反了因果关系本来的宗旨。采取条件说,导致处罚范围扩大成为该观点被批判的焦点。

为了避免条件说的不适当的结论,主张条件说的学者曾提出因果关系中断说,作为条件说的一种限制。该说认为,在因果关系的进行中,有被害人或第三人的行为或自然因素介入时,因果关系就中断,那么该行为和结果之间就没有因果关系。换言之,介入的行为或事实因素支配因果关系时,原先的因果关系即行中断,介入行为或事实与结果之间继而发生因果关系。但因果关系中断说同样受到一些学者的批评。很多学者认为,刑法中的因果关系本来是就其存在或不存在而言的,如果一旦存在因果关系,在其发展过程中出现中断,在理论上是不可能的。其次,在条件说中,认为存在条件关系而又否定存在因果关系,显然是自相矛盾的。因此因果关系中断论不可能推导出刑法上妥当的因果关系。

2. 原因说

原因说，又称原因与条件区别说，此说区分原因与条件，将结果的发生与许多条件相对应，从导致结果发生的条件中挑选出应当作为原因的条件，作为结果发生的原因，其他条件则不认为其对于结果的发生具有原因力，而只称为单纯的条件。

原因说是为限制条件说不当扩大刑事责任的范围而产生的学说，故又称为限制条件说。那么如何区分条件与原因呢？主要有以下几种：(1)必要原因说。认为在引起结果发生的各种条件行为中，只有为结果发生所必要的、不可缺少的条件行为，才是刑法上的原因，其余是单纯的条件。(2)直接原因说。认为在引起结果发生的数个条件行为中，直接导致结果发生的条件行为是刑法上的原因，其余的为单纯条件。(3)最有力原因说。认为在引起结果发生的数个条件行为中，对于结果发生最有效力的条件行为，是刑法上的原因，其余的为单纯条件。(4)决定原因说。认为导致结果发生的决定性条件是刑法上的原因，其余的是单纯的条件。原因说从客观上对条件说作了种种限制，在一定程度上缩小了因果关系的范围。但是，要从对结果发生起作用的诸多条件中挑选一个条件作为原因，不仅是极为困难和不现实的，而且会导致因果关系认定的随意性。况且，结果的发生并不总是依赖于一个条件，在不少情况下，可能是多个条件共同起作用导致结果的发生，出现原因竞合的情形，并不能确定哪一个原因才是因果关系的原因。所以，原因说在大陆法系国家刑法理论中已经没有地位。

3. 相当因果关系说

相当因果关系说的基本内容是，根据一般人的社会生活中的经验，在通常情况下，某种行为产生某种结果被认为是相当的场合，就认定该行为和结果有因果关系。该说以条件关系的存在为前提，在导致结果发生的各种条件中，根据社会生活的一般经验，认为该行为中足以发生结果时即具有因果关系。

相当因果关系说具有两个特色：一是排除条件说中不相当的情况，从而限定刑法上因果关系的范围；因为相当因果关系的认定，是在行为与结果之间具有条件关系的前提下，附加了"相当性"的要求。二是以行为时一般人的认识为标准判断行为与结果之间是否具有相当性。关于相当性的判断基础，理论上有三种学说：(1)客观说，主张以行为时的一切客观事实作为基础进行判断；(2)主观说，主张以行为人认识到或者可能认识到的事实为基础进行判断；(3)折中说，主张以一般人能认识到的以及行为人特别认识到的事实为基础进行判断。例如，甲致乙轻伤，但乙是血友病患者，因流血不止而死亡。客观说认为，既然行为时乙患有血友病，不管甲是否知道这一事实，甲的行为与乙的死亡之间具有因果关系。主观说认为，如果甲知道或者应当知道乙是血友病患者，则甲的行为与乙的死亡之间具有因果关系；否则不具有因果关系。折中说认为，如果行为时一般人能知道乙是血友病患者或者甲特别清楚地知道乙是血友病患者，则甲的行为与乙的死亡之间具有因果关系；否则不存在因果关系。

相当因果关系说的目的在于限制因果关系的范围，把有条件关系的不相当因素排除在因果关系之外，从而厘清刑法上的因果关系。但是，相当因果关系理论提出之后,在德国并未成为刑法理论上的通说,只有少数学者采用相当因果关系说,法院在刑事审判中并不采用此说。不过在日本,相当因果关系理论则很有市场,成为刑法理论的通说。

(二) 我国刑法理论上的学说

在我国传统刑法理论中,主要存在必然因果关系说与偶然因果关系说的争论。

必然因果关系说认为,当危害行为中包含着危害结果产生的根据,并合乎规律地产生了危害结果时,危害行为与危害结果之间就是必然因果关系;只有这种必然因果关系,才是刑法上的因果关系。据此,因果关系具有以下特点:

1. 作为某种原因的行为必须具有危害结果发生的实在可能性,这是该行为与危害结果之间具有因果关系的必要前提。所谓某种行为具有危害结果发生的实在可能性,是指该行为中存在着使危害结果发生的客观依据;如果该行为不具有使危害结果发生的客观依据,那它就不是结果发生的原因,只能是结果发生的条件。

2. 具有上述实在可能性还不能说明具有因果关系,只有当具有结果发生的实在可能性的某一现象已经合乎规律地引起某一结果的发生时,才能确定某一现象与所发生的结果之间具有因果关系。如果某一现象虽然具有发生结果的实在可能性,但在其发展过程中,偶然地与另一因果关系的锁链联系在一起,以致由另一现象合乎规律地产生这一结果时,那么,前一现象和所发生的结果之间就没有因果关系。

3. 因果关系只能是在一定条件下的因果关系。因此,在确定某种行为与某种结果之间是否具有因果关系时,不能脱离该行为实施时的具体条件孤立地进行考察,而应联系当时的具体条件进行判断。

偶然因果关系说的基本观点是,当危害行为本身并不包含产生危害结果的根据,但在其发展过程中,偶然介入其他因素,由介入因素合乎规律地引起危害结果时,危害行为与危害结果之间就是偶然因果关系,介入因素与危害结果之间是必然因果关系。该学说还认为,不能将条件与原因绝对分开,条件是相对于根据而言的,条件和根据都是原因,只是处于不同的等级和层次而已。从重要性来说,与根据相比,条件是次要的、第二位的;但就必要性来说,条件与根据都是不可缺少的。只有根据和条件相互作用,才能产生结果。只有根据没有条件,结果就不会发生,也就谈不上原因。

关于偶然因果关系是不是刑法上的因果关系,能否作为刑事责任的根据,在理论上有不同的看法。从实践中看,因果关系一般表现为两种现象之间有着内在的、必然的、合乎规律的引起与被引起的联系。这是因果关系基本的和主要的表现形式,通常也只有这样的因果关系,才能令人对其行为引起的结果负责任。但除了这些大量存在的必然联系的因果关系之外,客观上还可能发生偶然联系的因果关系,必然联系和偶然联系是因果关系上的两个侧面,没有任何依据将其排除在刑法上的因果关系之外。此外,必然因果关系说有可能不当缩小处罚的范围,承认偶然因果关系说有利于克服其在承担刑事责任范围上的缺陷,并且偶然因果关系通常对定罪量刑都具有一定的影响,因此偶然因果关系应作为承担刑事责任的根据,是刑法上的因果关系。从目前的理论研究的现状看,偶然因果关系作为刑事责任客观基础的观点已为大多数人接受。

(三) 不作为犯罪的因果关系

不作为与危害结果之间的因果关系,一直是颇有争议的问题。在刑法理论上,存在着"肯定说"和"否定说"。"否定说"完全否认不作为犯罪中存在客观的因果关系,认为不作为就是没有行动,无不能生有。[①]"肯定说"在对不作为因果关系问题的说明中,又有多种不同的主张。[②]我们认为,不作为与危害结果之间存在着刑法意义上的因果关系,而且这种因果关系已经为我国刑法分则所设立的一系列可以由不作为形式构成的犯罪所肯定。不作为的原因力,在于行为人完全能够通过自己充分履行义务的行为去阻止但却没有能够阻止事物发展的不良进程,并且最终引发了严重的危害结果。换言之,正是由于行为人没有积极履行某种特定义务,才导致了刑法意义上严重危害结果的发生。如果否定了不作为因果关系的客观存在,那无异于否定了不作为行为承担刑事责任的客观基础。但是作为与不作为是两种不同的行为方式,因而表现在因果关系上,具有不同的特点。在作为方式下,行为人是以积极的行为促使危害结果的发生,因而行为与结果的关系表现得比较直观、明显。而在不作为的方式下,行为人应当实施某种行为以避免危害结果的发生,但没有实施该行为,以致危害结果发生。在这种情况下,从形式上看,往往是其他人的行为、自然的因素或者其他原因导致了危害结果的发生,但透过表面现象,我们可以发现如果行为人采取了积极行动,就有可能避免该结果的发生。因此,不作为犯罪中的因果关系具有一定的隐蔽性。

五、刑法上因果关系的地位

刑法上因果关系的地位,是指它在犯罪构成中的地位,即它是否是犯罪构成要件要素。对此理论上有三种观点:第一种观点认为,危害结果是一切犯罪的构成要件,因而刑法上因果关系也是一切犯罪的构成要件。第二种观点认为,危害结果是某些犯罪的构成要件,因而刑法上因果关系也是某些犯罪的构成要件。第三种观点认为,在任何犯罪中,刑法上因果关系都不是构成要件。我们持第三种观点。

首先,在具体犯罪的客观要件中,危害行为、行为对象、危害结果都从不同角度反映行为的社会危害性。而因果关系只是危害行为与危害结果之间的一种客观的、自然的联系。过失行为造成危害结果,是因为该行为符合因果法则;故意犯罪的行为人则是有意识地利用了客观因果法则,这种因果法则又是行为人从以往或他人的经验中得到体验的。此外,司法工作人员也要利用因果法则去查明某种结果由谁的行为造成。这种客观的因果联系本身并不从任何角度反映行为的社会危害性,故不具有

---

① 有人完全否认不作为与危害结果之间的因果关系,有人完全肯定不作为与危害结果之间的因果关系,有人则肯定部分不作为与危害结果之间具有因果关系。

② 赵秉志主编:《刑法争议问题研究》(上卷),河南人民出版社 1996 年版,第 377—381 页。

犯罪构成要件的实质内容。

其次，刑法学上的因果关系，主要是为了解决已经发生的危害结果由谁的行为造成，这种因果关系只是在行为与结果之间起一种桥梁作用，或者说，它是为认定行为与结果服务的。认定的是危害行为与危害结果，而不是因果关系本身。当人们说不具备因果关系就不负刑事责任时，实际上是指不具有危害行为或危害结果而不负刑事责任。既然刑法上因果关系本身并不是追究刑事责任的客观基础，当然就不应是犯罪客观方面的构成要件。

最后，在一个具体的案件里，如果已经具有危害行为与危害结果，就表明此结果是由此行为所造成，理所当然两者之间具有因果关系。如果说不具有因果关系的话，就表明此行为与此结果分别属于两个不同案件。不可能在一个刑事案件里已经具有了危害行为与危害结果，而两者之间没有因果关系。因此，将因果关系作为一个要件而与危害行为、危害结果并列起来，是完全没有必要的。综上所述，刑法学需要研究因果关系，但不应将它视为犯罪客观方面的一个要件。

六、刑法因果关系与刑事责任

我国刑法所确立的犯罪构成是一系列主客观要件的有机统一，只有行为人构成了犯罪，才承担刑事责任。确认了行为人的行为与危害结果之间存在着因果关系，只能证明该危害结果是由行为人的行为造成，具备了犯罪构成的客观方面，并不能由此认定行为人的行为已经构成犯罪，因为行为人是否构成犯罪，还要考察其是否具备犯罪构成中的其他要件，例如行为人是否达到刑事责任年龄、是否具备刑事责任能力、主观方面是否有罪过，等等。因此，刑法中的因果关系，只是行为人负刑事责任的客观基础，行为与危害结果存在因果关系并不意味着行为人的行为已构成犯罪，不等于行为人应当承担刑事责任。换言之，如果刑法因果关系不存在，就绝对不能令行为人对此危害结果承担刑事责任；但是，如果能证明客观上存在这种因果关系，则不一定会让行为人对这一结果承担刑事责任。因此，不能将刑事责任与刑法因果关系完全分开，也不能将两者完全等同。因果关系是作为刑事责任客观基础而存在于刑法之中，它与行为人的主观罪过共同决定刑事责任。

第八章

犯罪主体要件

第一节　犯罪主体要件概述

一、犯罪主体的概念

犯罪主体是犯罪构成的一个必要条件,犯罪在客观上首先表现为危害社会的行为,而危害行为是由一定的人来完成的,同时在追究刑事责任时,也离不开确定刑事责任的承担者。没有犯罪主体,就没有危害社会的行为,也就没有刑事责任可言。犯罪主体作为犯罪构成的一个必备要件,需要具备刑法规定的基本特征,也就是说,能够成为犯罪主体的,需要具备一系列的条件,只有具备法定条件的人,才可以成为犯罪的主体。根据我国刑法的规定,犯罪主体就是达到法定责任年龄、具备刑事责任能力、实施了严重危害社会行为、依法应当承担刑事责任的自然人和单位。

社会关系是人与人之间的相互关系,人不仅是社会关系的参加者,也是社会关系的承受者。犯罪行为首先表现为一种人的有意识、有意志的行为,即使是法律上拟制的人即单位,也有自己独立的意志形态。当然,这并不是说,所有的自然人和单位实施了危害社会的行为都可能构成犯罪。刑事立法对犯罪主体的成立条件有一些具体的要求,只有符合这些要求,才能使其成为犯罪主体,也才能追究其犯罪的刑事责任。

犯罪主体从属性上可分为自然人犯罪主体与单位犯罪主体,自然人主体是我国刑法中最基本的、具有普遍意义的犯罪主体。单位犯罪主体在刑法中不具有普遍意义。《刑法》第 30 条规定:"公司、企业、事业单位、机关、团体实施的危害社会的行为,法律规定为单位犯罪的,应当负刑事责任。"而对于刑法分则和其他法律未规定追究单位的刑事责任的,对组织、策划、实施该危害社会行为的人依法追究刑事责任。[1]

二、犯罪主体的基本特征

根据犯罪主体的定义,犯罪主体有以下几个基本特征:

---

[1]　参见 2014 年 4 月 24 日第十二届全国人民代表大会常务委员会第八次会议通过的《关于〈中华人民共和国刑法〉第三十条的解释》。

（一）犯罪主体必须是自然人或者单位

自然人，是指具有生命的人类个体。自然人的生命始于出生，终于死亡，其基本特征表现为生命存在。所谓单位，是法律上人格化了的组织。其基本特征在于必须依法成立，包括公司、企业、事业单位、机关、团体。因此，一切动物、植物、物品和死亡的人，都不能成为自然人犯罪主体；那些假借单位名义犯罪的人，也不能成为单位犯罪的主体。在我国刑法中，自然人犯罪主体具有普遍意义，单位犯罪主体只有在法律明确规定的情况下才能成为某罪的主体，不能适用于所有的犯罪行为。但无论其适用的范围多大，由于刑法采用了总则与分则相结合的规定模式，表明我国刑法中的犯罪主体，已经从 1979 年《刑法》所确认的单纯自然人主体向自然人主体和单位主体并行的方向发展，形成了二元主体的结构形式。

同时，应该注意的是，在自然人犯罪主体中，如果自然人利用动物实施其犯罪行为，以达到自己的犯罪意图，在这种情况下，犯罪主体仍然是自然人，即利用者本人，动物则是利用者的犯罪工具；假借单位名义犯罪的人，犯罪主体同样也是自然人，因为在这种情况下，单位犯罪是不成立的，不属于法律上拟制的人。

（二）犯罪主体是具备刑事责任能力的自然人或者单位

刑事责任能力是行为人对自己危害行为的辨认和控制能力。它对我们确定犯罪主体具有重要意义，在犯罪主体要件中居于核心地位。没有刑事责任能力，就不能成为犯罪主体，更不能追究行为者的刑事责任。对于自然人犯罪主体来说，其刑事责任能力的有无，是受自然人个体年龄和精神状况等多种因素的影响和制约的，只有当其达到一定年龄、具备正常精神状态时，才能认为其具备刑事责任能力，可以成为犯罪主体。对于单位犯罪主体来说，其刑事责任能力，是通过单位意志表现出来的。因为单位不同于有血有肉的自然人，是法律赋予了其人的资格，属于法律上拟制的人。单位的活动也表现了单位本身对某项事物的辨别及意志，体现了作为单位自己的价值判断。单位的任何活动，都离不开单位内部成员个人的意志，即单位的意志源于个人的意志。也就是说，单位意志在本质上，是单位内个人意志的集合。它虽然源自个人意志，但又高于个人意志，不过一旦个人的意志转化为单位的意志，便成为超越个人意志的独立的集体意志。因此，单位作为犯罪主体也存在着刑事责任能力。

（三）犯罪主体是实施了严重危害社会行为的自然人或者单位

犯罪主体与严重危害社会的行为是密不可分的，具备刑事责任能力的自然人或者单位，并不是理所当然的犯罪主体，只有当这些自然人或者单位实施了刑事法律中所规定的严重危害社会的行为时，这些主体才能构成犯罪的主体。因此，强调犯罪主体概念需包含有实施严重危害社会行为的特征，是十分有必要的。否则，就无法与普通正常的自然人、单位相区别，也就难以形成"犯罪主体"这一犯罪构成要件中的一些独立概念了。

三、犯罪主体要件的意义

犯罪主体作为犯罪构成的一个必备要件，在犯罪构成中具有重要的地位。研究

犯罪主体对于我们正确的定罪量刑,具有重要的意义。具体而言,其重要意义主要体现在以下几个方面:

第一,犯罪主体是区分罪与非罪的标准之一。任何犯罪都有犯罪主体,而刑法对犯罪主体规定了一定的条件。不符合犯罪主体法定条件的人,即使实施了对社会有危害的行为,也不能成立刑法规定的犯罪。例如,《刑法》第 17 条规定,行为时不满 14 周岁的人,对其实施的任何危害社会的行为,均不负刑事责任。因此,凡是没有达到 14 周岁的人,在任何情况下都不能成为犯罪主体,其行为也就不能构成犯罪。又如,我国刑法中规定了单位可以构成生产、销售伪劣产品、逃税、单位行贿、单位受贿、非法经营等犯罪的主体,对于刑法中未规定为单位可以构成犯罪的行为,就不能认定为单位犯罪。再如,刑法分则规定了某些自然人犯罪,其主体必须有某种特定身份(诸如国家工作人员、国家机关工作人员、司法工作人员、邮政工作人员等)才能构成,行为人如果没有这种身份,则不能构成这类犯罪。而且刑法关于不具备刑事责任能力的精神病人的规定等,也为我们区分罪与非罪提供了认定标准。

第二,犯罪主体是我们区分此罪与彼罪界限的标准之一。刑法中规定的许多犯罪,往往在犯罪构成的其他要件方面是基本相同的,在这种情况下,犯罪主体就成为我们区分此罪与彼罪界限的关键。例如,《刑法》第 252 条和第 253 条分别规定了侵犯通信自由罪和私自开拆、隐匿、毁弃邮件、电报罪,这两种犯罪无论是在行为特征方面,还是在主观心理方面都是相同的,但对于前罪的主体,刑法未作特别限制,只要行为人具备刑事责任能力即可,而后罪的主体除了具备刑事责任能力之外,还必须具有邮政工作人员的特定身份。因此,是否具有刑法所规定的"邮政工作人员"这一特别身份,便成为我们区分上述两罪的关键。

第三,犯罪主体的不同影响着量刑的轻重。犯罪主体的不同情况,是我们量刑时需要考虑的重要因素,它对行为人的刑罚轻重产生重大影响。例如,《刑法》第 17 条第 3 款规定:"已满十四周岁不满十八周岁的人犯罪,应当从轻或者减轻处罚。"第 19 条规定:"又聋又哑的人或者盲人犯罪,可以从轻、减轻或者免除处罚。"又如,《刑法》第 349 条第 2 款规定,缉毒人员或者其他国家机关工作人员掩护、包庇走私、贩卖、运输、制造毒品的犯罪分子的,要从重处罚。刑法之所以在某些情况下对不同的主体规定了轻重不同的处罚原则,其根据在于这些不同主体的具体情况,体现了不同的社会危害程度,进而影响到了量刑的轻重。

第二节　自然人犯罪主体

自然人犯罪主体,就是具备刑事责任能力、实施了严重危害社会行为的人。在自然人犯罪主体的内部结构中,刑事责任能力是最基本的构成要件,而刑法中有特别规定的自然人的身份要素,则是其特殊的构成要件。

一、刑事责任能力的概念和内容

（一）刑事责任能力的概念

刑事责任能力，是指行为人认识自己行为的性质、意义、作用和后果，并能对自己的行为进行解释、控制以及对自己的行为承担刑事责任的能力。由于刑事责任能力以人的辨认、控制能力为基础，所以，可以简单地说，刑事责任能力就是行为人辨认和控制自己行为的能力。

刑法之所以要求犯罪主体要有刑事责任能力，关键在于人在实施行为时应具备相对的意志自由，这也是刑事责任能力的本质所在。辩证唯物主义认为，客观现实对人的意识和意志具有根本性的决定作用，但人们在客观世界面前并不是被动的，可以充分发挥自己的主观能动性。也就是说，人们在客观世界面前有多种行为选择，是实施一定行为，还是不实施一定行为；是实施法律允许的行为，还是实施法律禁止的行为，人完全能够通过自己的分析判断得出结论，然后根据这种判断选择自己的行为模式。例如，好多人都有发财致富的愿望，这种愿望可以通过自己的勤奋劳动来实现，这是法律允许的方式；但有些人不愿付出辛苦，通过贪污、受贿等法律禁止的方式来实现。在具有相对自由意志的前提下，行为人就要对自己的行为承担相应的责任。这种相对的意志自由就是刑事责任能力的基础和前提。当然，并不是所有人都具有这种判断和选择能力，刑事责任能力的有无、大小受到年龄、精神状况、生理状况等多种因素影响。一般说来，当人达到一定年龄之后，智力发育正常，就自然具备这种能力。另外，刑事责任能力也是犯罪人承担刑事责任的能力的体现，如果一个人不具备或者丧失了对自己行为的辨认和控制能力，那么对其追究刑事责任也是毫无意义的。因此，刑事责任能力是行为人犯罪的能力和承担刑事责任能力的统一。

（二）刑事责任能力的内容

刑事责任能力的内容，是行为人所具备的刑法意义上的对自己行为的辨认能力与控制能力。要正确把握刑事责任能力，必须对刑事责任能力中的两个组成部分的含义及相互关系有明确具体的认识。

刑事责任能力中的辨认能力，是指行为人具备的刑法意义上的对自己行为的性质、后果、作用的认识能力，即行为人对自己的行为是对社会有害的，还是对社会无害的认识能力。刑事责任能力中的控制能力，是指行为人在对行为性质有了认识的基础上选择、决定是否实施刑法禁止的行为的能力。例如，达到法律所规定的一定年龄的人，在精神正常的情况下都有能力认识到自己若是实施了杀人、放火、投毒、盗窃、抢劫等这样的行为，对社会是有危害性的，且这种行为为法律所禁止，一旦实施，就要承担法律责任。他们都有能力选择和决定自己是否实施这些法律禁止的行为。

刑事责任能力中的辨认能力与控制能力是紧密结合在一起的，两者皆是刑事责任能力不可缺少的组成部分。第一，辨认能力是控制能力的前提。只有行为人具备了认识自己行为的能力，才可以根据自己的这种认识决定是否实施该行为。所以控制能力的具备是以具备辨认能力为前提条件的，不具备刑法意义上的辨认能力的人，如未达到刑事责任年龄的人、精神病人等，就谈不上具备控制能力。在这种情况下，其对自己的行为性质没有认识，不了解自己的行为会造成何种后果，也就不具备选择自己行为，进而通过自己的行为表现自己意志的基础。因此，一个人如果没有辨认能力，就肯定没有控制能力，其也就不具备刑事责任能力，不能成为犯罪的主体。第二，控制能力是辨认能力的表现。如果行为人对自己的行为进行了选择判断，把自己危害社会的思想通过自己的行为表现出来，这就体现了行为人对自己行为的控制，说明行为人具备了控制能力。由于行为人对事物的认识在还没有外化为行为的时候，是一种纯粹的大脑思维，看不见，摸不着，在这时我们不能确切地知道行为人心里到底想的是什么，人们对犯罪人思想的观察是通过其犯罪行为而得知的，所以，我们确定一个人的辨认能力，要通过考察其控制能力来实现。由此可见，辨认能力和控制能力作为刑事责任能力两个组成部分，其中的关键是控制能力。行为人只要具备了控制能力，就一定具备辨认能力。但是，应当注意，具备辨认能力的人不一定具有刑法上的控制能力。例如，仓库保管员因身体受到抢劫分子的强制，眼看着犯罪分子把自己保管的财产抢走，财产的所有人在经济上遭到了损失，在这种情况下不能认为保管员没有履行好自己的职责而追究其刑事责任。因为保管员虽有辨认能力但却丧失了控制自己行为的能力，也就根本没有刑事责任能力。因此，仅有辨认能力而没有控制能力，就没有选择和决定自己行为的能力，也就没有刑事责任能力。在刑事责任能力中，要求辨认能力和控制能力同时具备，缺一不可。

二、刑事责任能力的程度

一般认为，影响和决定人的刑事责任能力的因素有两个：一是年龄的大小，二是人的精神状况即人的大脑功能是否正常。之所以年龄会影响人的刑事责任能力，是因为人的知识及智力发展与年龄的大小有关。人在从幼年向成年的发展过程中，随着年龄的增大，大脑功能也逐步发育趋向成熟。在这一过程中，其所掌握的知识、经验不断丰富，认识社会的能力也不断增强。因此，当人达到一定的年龄阶段以后，就由不具备刑事责任能力发展到对某些犯罪具备了刑事责任能力，进而发展到对所有的犯罪具备了刑事责任能力。也就是说，人的刑事责任能力发展有这样一个过程，随着年龄的增长从无到有，从不完全具备到完全具备。在具体的生活实践中，人类的个体各不相同，有的人成熟的比较早，有的人发育的比较晚，法律在综合多种因素之后，对刑事责任年龄作出了统一的规定，即行为人在达到了某个年龄段后，一般就具备了与这一年龄段相适应的刑事责任年龄，这就是我们将要在后面提到的刑事责任年龄。但是，并不是所有人达到某一年龄段后都具备刑事责任能力，在刑事责任年龄中还要考虑人的精神状况，就是说，在确定刑事责任年龄时，要把刑事责任年龄与行为人本人的精神状况结合起来，只有那些达到了刑事责任年龄并且精神正常的人，才具有刑事责任能力。反之，如果行为人没有正常的大脑思维，精神存在障碍，即使达到了责任年龄也不认为其就具备刑事责任能力。例如,刑法规定的精神病人等。

根据人的年龄、精神状况等影响刑事责任能力有无和大小的因素的实际情况,各国刑法和刑法理论一般都对刑事责任能力的程度进行了区分。不过,各国关于刑事责任能力程度方面的规定存在着一定的差异,有"三分法",也有"四分法"。"三分法"将刑事责任能力分为完全刑事责任能力、完全无刑事责任能力和减轻(限定)刑事责任能力三种情况。"四分法"是除上述三种情况外,还有相对无刑事责任能力的情况。我国刑法采取的是"四分法",具体如下:

(一) 完全无刑事责任能力

完全无刑事责任能力,是指行为人没有刑法意义上的辨认和控制自己行为的能力。根据我国刑法的规定,完全无刑事责任能力的人一般有两种:一是未达到刑事责任年龄的未成年人,即不满14周岁的人。二是因患有精神疾病而丧失了刑法所要求的辨认和控制自己行为能力的人。

(二) 相对无刑事责任能力

相对无刑事责任能力也称为相对有刑事责任能力,是指行为人对刑法明确规定的某些严重犯罪具有辨认和控制能力,因而具有刑事责任能力;对没有明确规定的其他犯罪不具有辨认和控制能力,因而无刑事责任能力。我国刑法规定的已满14周岁不满16周岁的未成年人属于这种情况。

(三) 完全刑事责任能力

完全刑事责任能力,是指行为人完全具备了刑法意义上的辨认和控制能力的情况。我国刑法规定,凡是年满16周岁的人,都是完全刑事责任能力人。完全刑事责任能力人实施了犯罪行为的,应当负完全刑事责任。

(四) 减轻刑事责任能力

减轻刑事责任能力又称限定刑事责任能力、限制刑事责任能力或者部分刑事责任能力,是完全刑事责任能力和完全无刑事责任能力的中间状态。它是指因精神状况、生理功能缺陷等原因,导致行为人在实施刑法所禁止的行为时,虽然有责任能力,但其辨认和控制能力较完全刑事责任能力有一定程度的减弱的情况。我国刑法认为,减轻刑事责任能力人实施了刑法所禁止的行为,构成犯罪的,应负刑事责任。但是其刑事责任因其责任能力的减弱而减轻,可以从宽处罚。我国刑法明文规定的减轻刑事责任能力人有三种情况:(1)尚未完全丧失辨认和控制自己行为能力的精神病人;(2)又聋又哑的人;(3)盲人。

有人认为,由于已满14周岁不满18周岁的未成年人,刑法对这样的犯罪主体的处罚原则为"应当从轻或者减轻处罚",所以这个年龄段的人也属于减轻刑事责任能力人。刑法之所以对这样的犯罪主体规定从轻或者减轻处罚,并不是因为其是减轻刑事责任能力人,而是已满14周岁不满18周岁的未成年人,由于其年龄尚小,可塑性较大,比较容易改造,同时从人道主义立场出发,所以对这样的犯罪主体规定了从宽处罚的原则,并不是由于这样的人不完全具备刑法意义上的辨认能力和控制能力。如果将这一年龄段人的刑事责任能力理解为减轻刑事责任能力,那么减轻刑事责任能力就会与上述相对无刑事责任能力及完全刑事责任能力的情况发生部分重合的现象。

三、决定和影响刑事责任能力的因素

有多种因素决定行为人刑事责任能力的有无及影响刑事责任能力程度,这些因素有:行为人的年龄、精神状况、生理功能状况和醉酒。

(一) 刑事责任年龄

1. 刑事责任年龄的概念。刑事责任年龄,是指刑法所规定的,行为人对自己实施的严重危害社会的行为承担刑事责任必须达到的年龄。

犯罪是具备辨认和控制自己行为能力的人在其意识和意志的支配下实施的危害社会的行为。而一个人的辨认和控制自己行为的能力不是生来就具有的,它必然受到年龄因素的影响。人们辨认和控制自己行为的能力与本人的知识水平、智力发育、社会阅历紧密联系,年幼无知的儿童在这方面显然与成年人存有巨大差距,他还不能正确认识周围的事物,对自己行为的性质、意义缺乏必要的辨认和控制能力,在处理问题时,难以做出合理的选择判断。只有当一个人随着年龄的增长,学习了知识,丰富了阅历,才能逐步具备相应的辨别和控制自己行为的能力,也只有在这个时候,我们才能让其对自己所实施的危害社会的行为承担刑事责任,实现刑罚的目的。由于刑事责任能力是随着年龄的增长而逐步具备的,所以各国刑法正是根据行为人自然年龄与责任年龄的这种内在联系,才设立了各自的刑事责任年龄制度,从而也使刑事责任年龄成为自然人犯罪主体中的一个重要条件。

2. 刑事责任年龄的立法划分。刑事责任年龄在古今中外刑事立法中都有明确的规定。古代罗马法曾经规定,人在 7 岁以前的行为,法律假定其为无意识的行为,所以不认为是犯罪;7 岁至 14 岁者,则视辨别能力的情况而确定其刑事责任能力的有无;14 岁以上者,则是刑事成年人。《礼记·曲礼》中规定:"八十、九十曰耄,七年曰悼,耄与悼虽有罪,不加刑焉。"现代世界各国对刑事责任年龄的规定不尽相同。有的采取"二分法",即使刑事责任年龄划分为绝对无责任、完全负责任或者相对无责任、完全负责任两个时期;有的采取"三分法",即把刑事责任年龄分为绝对无责任、相对无责任和完全负责任三个时期;有的则采取"四分法",即把刑事责任年龄划分为绝对无责任、相对无责任、减轻责任和完全负责任四个时期。

我国刑法从总结我国刑事司法实践和借鉴国外刑事立法的经验出发,在《刑法》第 17 条、第 17 条之一条款分别对青少年犯罪和老年人犯罪的刑事责任年龄进行了明确规定。第 17 条第 1 款规定,已满 16 周岁的人犯罪,应当负刑事责任。第 2 款规定,已满 14 周岁不满 16 周岁的人,犯故意杀人、故意伤害致人重伤或者死亡、强奸、抢劫、贩卖毒品、放火、爆炸、投放危险物质罪的,应当负刑事责任。第 3 款规定,已满 14 周岁不满 18 周岁的人犯罪,应当从轻或者减轻处罚。第 4 款规定,因不满 16 周岁不予刑事处罚的,责令其家长或者监护人加以管教;在必要的时候,也可以由政府收容教养。第 17 条之一规定,已满 75 周岁的人故意犯罪的,可以从轻或者减轻处罚;过失犯罪的,应当从轻或者减轻处罚。

围绕着《刑法》第 17 条和第 17 条之一条款的规定,刑法学界对于刑事责任年龄采取三分法还是四分法,不少教科书表述上有所差异。其主要分歧在于"已满 14 周岁不满 18 周岁的未成年人"和"已满 75 周岁的老年人"是否也应成为一种刑事责任年龄的分类。我们认为,划分刑事责任年龄主要是解决不同年龄段的人实施的危害社会的行为是否构成犯罪、有无刑事责任的问题。刑法之所以对上述这样的犯罪主体规定从轻或者减轻处罚,是由于这类犯罪主体要么年龄较小,比较容易改造,要么年龄较大,人身危险性较小,同时从人道主义的立场出发,规定了从宽处罚的原则,并不是由于这样的主体不构成犯罪和不承担刑事责任。如果将这些年龄段规定为减轻刑事责任年龄时期,那么减轻刑事责任年龄就会与上述相对无刑事责任年龄时期及完全负刑事责任年龄时期发生部分重合。据此,我国刑法的刑事责任年龄采取的是三分法,具体如下:

(1)绝对无刑事责任年龄时期。这是依法完全不负刑事责任的年龄时期。根据《刑法》第 17 条的规定,行为人不满 14 周岁时,是完全不负刑事责任年龄阶段,其实施的对社会有危害的行为时,不构成犯罪。但是,如果这一年龄段的人实施了危害社会的行为,按照刑法的规定,可依法责令他的家长或监护人加以管教,必要时也可由政府收容教养。立法上之所以不让这一年龄时期的人负刑事责任,是因为不满 14 周岁的人尚处于幼年时期,不具备承担刑事责任所必须具备的那种对自己行为的辨别和控制能力。

(2)相对负刑事责任年龄时期。这是依法对部分严重犯罪负刑事责任的年龄时期。根据《刑法》第 17 条第 2 款的规定,已满 14 周岁不满 16 周岁,是相对负刑事责任的年龄时期,即这一年龄段的人只对刑法所规定的部分严重犯罪负刑事责任。这几种犯罪是:故意杀人罪、故意伤害罪(故意伤害致人重伤、死亡)、强奸罪、抢劫罪、贩卖毒品罪、放火罪、爆炸罪、投放危险物质罪,共 8 种犯罪,除了这 8 种犯罪之外,对于刑法中的其他犯罪,这一年龄段的人不负刑事责任。刑法之所以规定处于这一年龄段的人对部分严重犯罪负刑事责任,是因为他们虽然不具备对刑法禁止的所有危害行为的辨认和控制能力,但已经具备了辨别大是大非和控制重大行为的能力。因此,法律要求这一年龄段的人对自己所实施的一部分性质特别严重并且又较为常见的故意犯罪行为负刑事责任。

刑法的这一规定是严格的、绝对的,不允许超出这一个规定的范围追究行为人的刑事责任。在适用相对负刑事责任条款时,应注意以下几点:

第一,上述规定中的"故意杀人"与"故意伤害致人重伤或者死亡",包括刑法分则规定的以故意杀人罪、故意伤害罪(达到重伤程度)论处的情形。例如,已满 14 周岁不满 16 周岁的人非法拘禁他人的,并不构成犯罪;但是,如果他们在非法拘禁的过程中,使用暴力致人重伤或者死亡的,根据《刑法》第 238 条的规定,应以故意伤害罪和故意杀人罪追究刑事责任。

第二,《刑法》第17条第2款所规定的8种犯罪,是指具体犯罪行为而不是具体罪名。《刑法》第17条中规定的"犯故意杀人、故意伤害致人重伤或者死亡",是指只要故意实施了杀人、伤害行为并且造成了致人重伤、死亡后果的,都应负刑事责任。而不是指只有犯故意杀人罪、故意伤害罪的,才负刑事责任,而绑架撕票的,不负刑事责任。对于司法实践中出现的已满14周岁不满16周岁的人绑架人质后杀害被绑架人,拐卖妇女、儿童而故意造成被拐卖妇女、儿童重伤或者死亡的行为,依据刑法是应当追究刑事责任的。①根据全国人大常委会法制工作委员会的答复意见,已满14周岁不满16周岁的人所实施的行为中包含了上述8种犯罪行为的,就应当以所包含的8种犯罪行为追究其刑事责任。

（3）完全负刑事责任年龄时期。这是依法全部负刑事责任的年龄时期。根据《刑法》第17条第1款的规定,已满16周岁的人犯罪,应当负刑事责任。也就是说,达到了这一年龄的人,已经完全具备了辨认和控制自己行为的能力。由于年满16周岁的人在智力水平及社会知识方面已有了相当发展,已经具备了刑法意义上的辨认和控制自己行为的能力,所以法律要求他们对自己实施的任何构成犯罪的行为承担刑事责任。

3. 未成年人和老年人犯罪的特殊处罚原则。从刑法学意义上,这里的未成年人是指已满14周岁不满18周岁的人;老年人是指已满75周岁的人。由于未成年人和老年人都是一类比较特殊的主体,因此从我国刑罚适用的根本目的和刑法人道主义出发并针对未成年人和老年人的特点,我国刑法在追究这类犯罪主体的刑事责任方面,规定了一些特殊的处罚原则。

（1）从宽处罚原则。《刑法》第17条第3款规定:"已满十四周岁不满十八周岁的人犯罪,应当从轻或者减轻处罚。"第17条之一规定:"已满七十五周岁的人故意犯罪的,可以从轻或者减轻处罚;过失犯罪的,应当从轻或者减轻处罚。"由此可见,对未成年人犯罪和老年人犯罪,刑法作为量刑的一个法定情节,在量刑时予以从宽处罚。

（2）不适用死刑。我国《刑法》第49条规定:犯罪时不满18周岁的人和审判时已满75周岁的人,不适用死刑,但以特别残忍手段致人死亡的除外。即在刑种的适用上,法律对未成年人和老年人作出了排除性规定。这里的"不适用死刑"指的是不能判处死刑,包括不能判处死刑缓期2年执行,不要仅仅理解为"不执行死刑"。

（3）累犯排除制度。根据《刑法》第65条第1款规定:"被判处有期徒刑以上刑罚的犯罪分子,刑罚执行完毕或赦免以后,在五年以内再犯应当判处有期徒刑以上刑罚之罪的,是累犯,应当从重处罚,但是过失犯罪和不满十八周岁的人犯罪的除外。"也就是说,不满18周岁的人犯罪,即使符合一般累犯的成立条件,也不构成累

---

① 参见2002年7月24日全国人大常委会法制工作委员会颁布的《关于已满14周岁不满16周岁的人承担刑事责任范围问题的答复意见》。

犯。此外,根据相关法律规定,此处的"不满 18 周岁"指的是行为人实施前罪时不满18 周岁。①

(4) 应当适用缓刑。根据《刑法》第 72 条第 1 款规定:"对于被判处拘役、三年以下有期徒刑的犯罪分子,同时符合下列条件的,可以宣告缓刑,对其中不满十八周岁的人、怀孕的妇女和已满七十五周岁的人,应当宣告缓刑:(一)犯罪情节较轻;(二)有悔罪表现;(三)没有再犯罪的危险;(四)宣告缓刑对所居住社区没有重大不良影响。"据此,不满 18 周岁的未成年人和已满 75 周岁的人犯罪后,若其犯罪情节较轻,有悔罪表现,没有再犯罪的危险,宣告缓刑对所居住社区没有重大不良影响的,必须宣告缓刑。同时,根据相关法律规定,对于未满 18 周岁的未成年罪犯,如果同时具有下列情形之一,对其适用缓刑确实不致再危害社会的,应当宣告缓刑:(1)初次犯罪;(2)积极退赃或赔偿被害人经济损失;(3)具备监护、帮教条件。②

(5) 免除前科报告义务。根据《刑法》第 100 条第 1 款的规定,前科报告制度是指依法受过刑事处罚的人,在入伍、就业的时候,应当如实向有关单位报告自己曾受过刑事处罚,不得隐瞒。而《刑法修正案(八)》在《刑法》第 100 条中增加一款规定,犯罪的时候不满 18 周岁被判处 5 年有期徒刑以下刑罚的人,免除前款规定的报告义务。需要注意的是,《刑法修正案(八)》规定的只是免除前科报告义务,而不是免除前科。

已满 75 周岁的人从宽处罚原则、不适用死刑原则,不满 18 周岁的人累犯排除制度、免除前科报告义务以及对不满 18 周岁的人和已满 75 周岁的人应当适用缓刑均是《刑法修正案(八)》新增的规定,旨在明确对老年人的特殊保护和完善针对未成年人的特殊制度。《刑法修正案(八)》确立了在司法实践中一直采用但于法无据的老年人从宽处理原则,从刑罚适用以及刑罚执行上体现出老年犯罪人的特殊性。未成年人犯罪适用特殊的处理原则以实现对其的保护,此点虽然刑法原本就有所体现,但是总体而言,刑法对于未成年人这一特殊群体的保护范围尚不全面、力度也甚为微弱,因此《刑法修正案(八)》从广度、深度两个方面完善了未成年人保护制度。

此外,《刑法》第 17 条第 4 款还规定,因不满 16 周岁不予刑事处罚的,责令他的家长或者监护人加以管教;在必要的时候,也可以由政府收容教养。这表明,未达到刑事责任年龄的人,如果实施了有害于社会的行为,虽不追究刑事责任,但也不能姑息放纵,而应加强教育和看管,乃至由政府收容教养。这也是预防他们将来走向犯罪的必要措施。

4. 与刑事责任年龄有关的几个问题。

(1) 关于如何计算刑事责任年龄的问题。人的年龄的大小不仅决定着刑事责任的有无,有时还影响着刑罚的轻重,那么如何计算刑法中规定的刑事责任年龄,是我

---

① 参见 2011 年 4 月 25 日最高人民法院《关于〈中华人民共和国刑法修正案(八)〉时间效力问题的解释》第 3 条第 1 款。

② 参见 2006 年 1 月 11 日最高人民法院《关于审理未成年人刑事案件具体应用法律若干问题的解释》第 16 条。

们必须解决的问题。根据司法实践和相关的司法解释,"已满"一定周岁,指的是实足年龄,应当按公历的年、月、日计算,并且应当以过周岁生日的第二天开始计算。①例如,某人于 2000 年 12 月 20 日出生,2014 年 12 月 20 日是其 14 周岁的生日,2014 年 12 月 21 日才应是已满 14 周岁,其过生日的当天不能认为是已满 14 周岁。如果某人在过 14 岁生日那天实施危害社会的行为的,则应认为其未满 14 周岁,即距离年满 14 周岁还相差 1 天。对于已满 16 周岁、已满 18 周岁年龄的计算,与上述计算方法相同。

（2）关于刑事责任年龄的确定问题。犯罪主体中的刑事责任年龄,是依行为实施时为准还是依行为结果发生时为准,这涉及对年龄的实际确定问题。在行为与结果同时出现的场合,一般不发生年龄确定上的难题。但在行为与结果不同时的场合,则涉及依哪一个时间为标准去予以计算的问题。我们认为,从刑事责任年龄是为了解决行为人在行为当时是否具有或者是否完全具有辨认、控制能力的角度来看,应当认为,依行为当时的实际年龄为标准去认定行为人是否具有刑事责任年龄是比较科学的。如果行为出现了连续或者持续状态的,则应当依行为状态结束之时行为人的实际年龄去予以确定。

司法实践中,如果犯罪嫌疑人拒不交代年龄如何处理呢？根据 2006 年 1 月 11 日最高人民法院《关于审理未成年人刑事案件具体应用法律若干问题的解释》第 4 条的规定,对于没有充分证据证明被告人实施被指控的犯罪时已经达到法定刑事责任年龄且确实无法查明的,应当推定其没有达到相应法定刑事责任年龄。相关证据足以证明被告人实施被指控的犯罪时已经达到法定刑事责任年龄,但是无法准确查明被告人具体出生日期的,应当认定其达到相应法定刑事责任年龄。根据相关司法解释,犯罪嫌疑人不讲真实姓名、住址,年龄不明的,可以委托进行骨龄鉴定或其他科学鉴定,经审查,鉴定结论能够准确确定犯罪嫌疑人实施犯罪行为时的年龄的,可以作为判断犯罪嫌疑人年龄的证据使用。如果鉴定结论不能准确确定犯罪嫌疑人实施犯罪行为时的年龄,而且鉴定结论又表明犯罪嫌疑人年龄在刑法规定的应负刑事责任年龄上下的,应当依法慎重处理。②

（3）关于如何认定跨刑事责任年龄段犯罪的问题。对于跨年龄段犯罪的认定,不能按照前后一并认定的方法去进行处理,而应当根据具体情况,区别不同的年龄阶段,分别予以认定。解决原则是行为人只对达到刑事责任年龄后发生的犯罪行为承担刑事责任,对于不是发生在刑事责任年龄段内的危害行为不负刑事责任。具体来说,如果未成年人在年满 14 周岁之前和已满 14 周岁不满 16 周岁期间都实施了刑法第 17 条第 2 款所规定的行为,甚至是同一性质的行为,在认定是否构成犯罪时,应当

---

① 见最高人民法院 1985 年 8 月 21 日颁布的《关于人民法院审判严重刑事犯罪案件中具体应用法律的若干问题的答复（三）》以及 2006 年 1 月 11 日最高人民法院《关于审理未成年人刑事案件具体应用法律若干问题的解释》第 2 条的规定。

② 见最高人民检察院 2000 年 2 月 21 日颁布的《关于"骨龄鉴定"能否作为确定刑事责任年龄证据使用的批复》。

根据其在已满 14 周岁不满 16 周岁期间实施的行为认定,而不应把年满 14 周岁以前的行为与已满 14 周岁不满 16 周岁期间实施的行为一并作为认定犯罪的依据。如果一个未成年人在年满 16 周岁前后都实施了刑法第 17 条第 2 款规定以外的其他行为,应当根据其已满 16 周岁以后的行为去认定,同样不应将其不满 16 周岁以前实施的依法不负刑事责任的行为一并作为年满 16 周岁以后犯罪行为认定的根据。例如,甲在 15 周岁时,盗窃 3 000 元,在 17 周岁时又盗窃 5 000 元,18 周岁时被抓获。在追究甲盗窃罪的刑事责任的时候,其在 15 周岁时盗窃 3 000 元不应计算在内。

(二) 精神状况

行为人的辨认能力和控制能力是刑事责任能力中不可缺少的两个基本要素。一般来说,只要行为人达到了刑事责任年龄,就具备了刑法意义上的辨认和控制自己行为的能力。但是,作为人类个体的每个独立的人在辨认、控制自己行为方面的能力会受到年龄之外其他因素的影响,比如由于各种先天、后天的原因而导致行为人的大脑不能进行正常的思维,丧失或减弱了其在辨认和控制自己行为方面的能力,从而没有或不完全具备刑法意义上的刑事责任能力。这就是刑法所规定的精神障碍。因此,在某些情况下,即使行为人达到了刑法所规定的刑事责任年龄,由于其精神方面的原因不具备或者不完全具备刑事责任年龄,对此,《刑法》第 18 条规定了三种情况:

1. 完全无刑事责任能力的精神病人。《刑法》第 18 条第 1 款规定:"精神病人在不能辨认或者不能控制自己行为的时候造成危害结果,经法定程序鉴定确认的,不负刑事责任,但是应当责令他的家属或者监护人严加看管和医疗;在必要的时候,由政府强制医疗。"这是我国关于精神病人是无刑事责任能力人的法律规定。按照刑法学界普遍的观点,确认行为人是否为精神病人,是否具备刑事责任能力,必须坚持两个原则:一是医学标准,又称生物学标准,即该行为人在实施危害行为时确实处于精神病症的发作状态。精神病是由于人体内外部原因引起的严重精神障碍性疾病,精神病人的精神功能障碍会导致其丧失辨认或者控制自己行为的能力。根据刑法的规定,在确认行为人是否为精神病人及是否具备刑事责任能力时,必须依照法定程序由具备专业知识的人鉴定方可予以确认。精神病在医学和司法精神病学上有特定的范围,要注意其与非精神病性精神障碍的本质区别。非精神病性精神障碍如神经官能症、性变态、变态人格等一般都不会因精神障碍而丧失辨认或者控制自己行为的能力。二是法学标准,又称心理学标准,即由于行为人的精神病作用,使其在行为当时处于完全不能辨认或者控制自己行为的状态。如果行为人是在符合上述两个标准的情况下实施了危害社会的行为,那么说明是在丧失了辨认和控制自己行为能力的状态下的举动,因此行为人没有刑事责任能力,不能认为是刑法意义上的危害行为,不构成犯罪。

2. 间歇性精神病人在精神正常时具有完全刑事责任能力。《刑法》第 18 条第 2 款规定:"间歇性的精神病人在精神正常的时候犯罪,应当负刑事责任。"这一规定表明间歇性的精神病人在精神正常时,其具备正常的大脑思维,具有刑法意义上的辨认和控制自己行为的能力。但是由于间歇性精神病人病情阶段性的发作,如果间歇性精神病人在精神正常时期犯罪但在追诉期间精神病发作,那么应如何追究这样的人的刑事责任呢? 根据相关司法解释,对于犯罪后精神错乱的,可中止案件的审理,待精神正常后再行处理,不能因行为人犯罪后精神病发作而排除其负刑事责任的可能性。

3. 限制刑事责任能力的精神病人。《刑法》第 18 条第 3 款规定:"尚未完全丧失辨认或者控制自己行为能力的精神病人犯罪的,应当负刑事责任,但是可以从轻或者减轻处罚。"这种人是介于无刑事责任能力的精神病人和完全刑事责任能力的间歇性精神病人中间状态的精神障碍人。与正常人相比,其辨认和控制自己行为的能力有一定程度的减弱,但并没有完全丧失辨认和控制能力。也正是由于其责任能力与正常人相比较有所减弱,法律在追究这种人的刑事责任时,规定了可以从轻或者减轻处罚的原则,以体现法律的公正。

(三) 生理功能状况

人的一些重要生理功能对人的辨认和控制能力的程度具有一定的影响作用,刑法对那些生理功能影响刑事责任能力的情况作了具体规定,《刑法》第 19 条规定:"又聋又哑的人或者盲人犯罪,可以从轻、减轻或者免除处罚。"根据这一规定可以得知,聋哑人或者盲人的刑事责任能力是受到限制的,法律对这样的人犯罪,规定了从宽处罚的量刑原则。法律之所以把这些人纳入限制刑事责任能力人的范围,是因为他们这些重要生理功能的丧失直接影响其学习、接受教育、社会实践及智力的正常发展;同时由于他们这些重要的生理功能的丧失,往往在心理上会有巨大的压力,因而也会影响其对自己行为的辨认和控制能力。

这里应当注意,要正确适用《刑法》第 19 条的规定,需要明确以下几点:第一,又聋又哑的人、盲人的界定。又聋又哑的人,是指既聋又哑,即同时丧失了听能和语能,只聋不哑或者只哑不聋者,不属于刑法所规定的范围。盲人,必须是双目失明的人。第二,要正确把握对聋哑人和盲人的处罚原则。刑法规定对聋哑人和盲人犯罪"可以从轻、减轻或者免除处罚",这里是"可以"而不是"应当"。即一般情况下,由于行为人这种生理功能的丧失,会减弱其刑事责任能力,对其要从宽处理。但并不是所有这些生理功能丧失的聋哑人、盲人的刑事责任能力在任何时候都会受到影响,对于那些知识和智力水平正常,犯罪时具备完全刑事责任能力的聋哑人、盲人,就不能考虑从宽处理,在追究刑事责任时应当根据犯罪的具体情况与一般正常人同等对待。

(四) 醉酒

《刑法》第 18 条第 4 款规定:"醉酒的人犯罪,应当负刑事责任。"根据这一规定,醉酒人在醉酒的状态下,法律认定其是有刑事责任能力的。醉酒,医学上通常称为"酒精中毒"、"乙醇中毒",是指由于饮酒导致的精神障碍。酒精是酒的主要成分,酒中的酒精对人的神经系统具有一定的影响作用,可以导致急性神经系统的紊乱,甚至导致神经系统不可逆转的损害。精神病学根据酒精造成人的精神障碍程度的不同,把醉酒分为生理性醉酒和病理性醉酒两种情况。

病理性醉酒，是一种少量饮酒即可引起的严重精神障碍。其特点为：发病突然、持续时间短暂。处于这种状态的人，其感知功能先于运动功能受到酒精作用的影响。因此，虽然这种人外在的体貌特征等方面并无异样，但其意识已经发生重大障碍。病理性醉酒的人，属于精神病的范围，已经完全丧失了辨认和控制行为的能力，不具备刑事责任能力。对于病理性醉酒，由于在这种状态下行为人完全丧失了辨认和控制自己行为的能力，不能成为犯罪的主体。至于处于这种病理性醉酒状态下的人，是否曾经出现过同样的醉酒经历，这对于判断其刑事责任能力之有无通常不产生直接的影响，因为解决行为人刑事责任的关键在于其行为当时的责任能力状况，而不是其以前的状况。

生理性醉酒，是指单纯性醉酒，即因饮酒过量而导致精神过度兴奋甚至神志不清的情况，与病理性醉酒不同，它是一种非精神病性精神障碍，不属于完全不能辨认和控制自己行为的精神病。刑法所追究的，是生理性醉酒人犯罪的刑事责任。根据刑法的规定，生理性醉酒人犯罪，应当负刑事责任。从医学上看，这种醉酒确实减弱了行为人的辨认和控制能力，但法律认为这种人具备完全刑事责任能力，其内在根据主要有以下两点：其一，醉酒完全是人为的，行为人在饮酒前或者饮酒过程中，即醉酒以前可以完全控制住自己的饮酒行为。其二，生理性醉酒人在醉酒前对自己醉酒后可能实施的危害行为应当预见或者已经有所预见。因此，刑法规定，生理性醉酒人是完全责任能力人。

四、自然人犯罪主体的特殊身份

（一）自然人犯罪主体特殊身份的概念和分类

自然人犯罪主体，除了必须具备刑事责任能力以外，在刑法分则有明文规定的情况下，成立某种犯罪还必须具备某种特定的身份，而且有时这种特定的身份还会影响量刑。按照理论通行的主张，所谓自然人犯罪主体的特殊身份，是指刑法所规定的影响行为人刑事责任的行为人人身方面的特定的资格、地位或状态。例如，国家工作人员、司法工作人员、军人、家庭成员等等。

从一般意义上看，以犯罪主体的特殊身份对行为人刑事责任的影响性质为标准，可将这种特殊身份分为定罪身份与量刑身份两种情况。

定罪身份，是指决定刑事责任是否存在的身份，又称为犯罪构成要件的身份。此种身份是刑法分则某些具体犯罪构成中犯罪主体必须具备的条件，如果不具备这种特定身份，犯罪主体要件就不具备，因而就不能构成刑法分则所规定的某一特定犯罪。例如，贪污罪，刑法规定犯罪主体必须是国家工作人员，如果行为人不具备国家工作人员这一特定身份，就不符合贪污罪的主体要件，其行为不能独立构成贪污罪。我国刑法规定的犯罪特殊主体主要有：国家工作人员，国家机关工作人员，司法工作人员，邮政工作人员，国有公司、企业负责人，军人；辩护人；在押罪犯、首要分子；航空人员、交通运输人员、生产作业人员等。

量刑身份，即影响刑事责任程度的身份，又可称为影响刑罚轻重的身份，是指根据刑法的规定，某种特定的身份存在与否对行为人刑罚的轻重、有无产生影响的身份。例如，《刑法》第 349 条第 2 款规定："缉毒人员或者其他国家机关工作人员掩护、包庇走私、贩卖、运输、制造毒品的犯罪分子的，依照前款的规定从重处罚。"刑法规定的量刑的特殊身份有：国家机关工作人员、国家工作人员等。

（二）自然人犯罪主体特殊身份在刑法分则中的立法表现

综观我国刑法分则的具体规定，主要从以下角度来确定自然人犯罪主体的特殊身份的。

1. 从特殊公职人员主体的角度规定特殊条件。这在我国刑法分则规范中较为普遍，可以分为下面几种情况：

（1）国家工作人员。根据我国《刑法》第 93 条的规定，国家工作人员包括四类人员：一是在国家机关（包括立法机关、行政机关、司法机关和军事机关）中从事公务的人员；二是在国有公司、企业、事业单位、人民团体中从事公务的人员；三是国家机关、国有公司、企业、事业单位委派到非国有公司、企业、事业单位、社会团体从事公务的人员；四是其他依照法律从事公务的人员。此外，根据相关法律规定，①村民委员会等村基层组织人员协助人民政府从事下列行政管理工作时，属于《刑法》第 93 条第 2 款规定的"其他依照法律从事公务的人员"：①救灾、抢险、防汛、优抚、扶贫、移民、救济款物的管理；②社会捐助公益事业款物的管理；③国有土地的经营和管理；④土地征用补偿费用的管理；⑤代征、代缴税款；⑥有关计划生育、户籍、征兵工作；⑦协助人民政府从事的其他行政管理工作。村民委员会等村基层组织人员从事前款规定的公务，利用职务上的便利，非法占有公共财物、挪用公款、索取他人财物或者非法收受他人财物，构成犯罪的，适用《刑法》第 382 条和第 383 条贪污罪、第 384 条挪用公款罪、第 385 条和第 386 条受贿罪的规定。例如《刑法》第 385 条第 1 款规定："国家工作人员利用职务上的便利，索取他人财物的，或者非法收受他人财物，为他人谋取利益的，是受贿罪。"

（2）国家机关工作人员。仅指在国家机关中从事公务的人员。根据相关司法解释的规定，②国家机关包括权力机关、行政机关、司法机关和军事机关。考虑到我国政治领导体制的特殊性，从"从严治党"的角度出发，根据有关规定，作为执政党的中国共产党各级机关工作人员，也可适用刑法上国家机关工作人员的规定。例如《刑法》第 397 条规定："国家机关工作人员滥用职权或者玩忽职守，致使公共财产、国家和人民利益遭受重大损失的，处三年以下有期徒刑或者拘役；情节特别严重的，处三年以上七年以下有期徒刑。"刑法分则第九章"渎职罪"中，还规定了由特定的国家行政机关工作人员（诸如司法工作人员、税务工作人员、海关工作人员、商检工作人员等）构成的各类渎职犯罪。

---

① 参见 2000 年 4 月 29 日第九届全国人民代表大会常务委员会第十五次会议通过的《关于〈中华人民共和国刑法〉第九十三条第二款的解释》。

② 参见 2003 年 11 月 13 日最高人民法院《全国法院审理经济犯罪案件工作座谈会纪要》。

（3）司法工作人员。即负有侦查、检察、审判、监管职责的工作人员。例如《刑法》第401条规定："司法工作人员徇私舞弊，对不符合减刑、假释、暂予监外执行条件的罪犯，予以减刑、假释或者暂予监外执行的，处三年以下有期徒刑或者拘役；情节严重的，处三年以上七年以下有期徒刑。"

（4）邮政工作人员。即国家邮政部门的各级负责人、营业员、分拣员、投递员、接发员、押运员、接站员等。例如《刑法》第253条第1款规定："邮政工作人员私自开拆或者隐匿、毁弃邮件、电报的，处二年以下有期徒刑或者拘役。"

（5）国有公司、企业负责人。即国有公司、企业的董事长、董事、经理、副经理等管理层的负责人员。例如，《刑法》第165条规定："国有公司、企业的董事、经理利用职务便利，自己经营或者为他人经营与其所任职公司、企业同类的营业，获取非法利益，数额巨大的，处三年以下有期徒刑或者拘役，并处或者单处罚金；数额特别巨大的，处三年以上七年以下有期徒刑，并处罚金。"

（6）军人。即中国人民解放军现役军人、军内在编人员和预备役人员。根据《刑法》第450条的规定，刑法分则第十章"军人违反职责罪"的犯罪主体，包括中国人民解放军的现役军官、文职干部、士兵及具有军籍的学员和中国人民武装警察部队的现役警官、文职干部、士兵及具有军籍的学员以及执行军事任务的预备役人员和其他人员。

2. 从特定法律义务主体的角度规定特殊条件。

（1）纳税义务人。例如《刑法》第203条规定："纳税人欠缴应纳税款，采取转移或者隐匿财产的手段，致使税务机关无法追缴欠缴的税款，数额在一万元以上不满十万元的，处三年以下有期徒刑或者拘役，并处或者单处欠缴税款一倍以上五倍以下罚金；数额在十万元以上的，处三年以上七年以下有期徒刑，并处欠缴税款一倍以上五倍以下罚金。"

（2）扶养义务人。例如《刑法》第261条规定："对于年老、年幼、患病或者其他没有独立生活能力的人，负有扶养义务而拒绝扶养，情节恶劣的，处五年以下有期徒刑、拘役或者管制。"

3. 从特定法律关系主体的角度规定特殊条件。

（1）证人、鉴定人等。例如《刑法》第305条规定："在刑事诉讼中，证人、鉴定人、记录人、翻译人对与案件有重要关系的情节，故意作虚假证明、鉴定、记录、翻译，意图陷害他人或者隐匿罪证的，处三年以下有期徒刑或者拘役；情节严重的，处三年以上七年以下有期徒刑。"

（2）辩护人等。例如《刑法》第306条规定："在刑事诉讼中，辩护人、诉讼代理人毁灭、伪造证据，帮助当事人毁灭、伪造证据，威胁、引诱证人违背事实改变证言或者作伪证的，处三年以下有期徒刑或者拘役；情节严重的，处三年以上七年以下有期徒刑。"

（3）在押罪犯等。例如《刑法》第315条规定："依法被关押的罪犯，有下列破坏监管秩序行为之一，情节严重的，处三年以下有期徒刑……"《刑法》第316条第1款规定:"依法被关押的罪犯、被告人、犯罪嫌疑人脱逃的,处五年以下有期徒刑或者拘役。"

(4) 首要分子等。首要分子是指在犯罪集团或者聚众犯罪中起组织、策划、指挥作用的犯罪分子。例如《刑法》第 291 条规定:"聚众扰乱车站、码头、民用航空站、商场、公园、影剧院、展览会、运动场或者其他公共场所秩序,聚众堵塞交通或者破坏交通秩序,抗拒、阻碍国家治安管理工作人员依法执行职务,情节严重的,对首要分子,处五年以下有期徒刑、拘役或者管制。"

4. 从特定从业人员主体的角度规定特殊要件。

(1) 航空人员。例如《刑法》第 131 条规定:"航空人员违反规章制度,致使发生重大飞行事故,造成严重后果的,处三年以下有期徒刑或者拘役;造成飞机坠毁或者人员死亡的,处三年以上七年以下有期徒刑。"

(2) 铁路职工。例如《刑法》第 132 条规定:"铁路职工违反规章制度,致使发生铁路运营安全事故,造成严重后果的,处三年以下有期徒刑或者拘役;造成特别严重后果的,处三年以上七年以下有期徒刑。"

(3) 生产作业人员等。例如《刑法》第 134 条第 1 款规定:"在生产、作业中违反有关安全管理的规定,因而发生重大伤亡事故或者造成其他严重后果的,处三年以下有期徒刑或者拘役;情节特别恶劣的,处三年以上七年以下有期徒刑。"

此外,我国刑法还从行为人所处的家庭关系、从事的具体职业及其他特定地位等角度,对自然人犯罪的特殊条件作出了规定。

(三) 研究犯罪主体特殊身份的意义

犯罪主体特殊身份的有无,对我们正确认识犯罪的性质,区分罪与非罪、此罪与彼罪的界限以及对于我们正确地追究犯罪人的刑事责任有重要的作用。

1. 是否具备犯罪主体的特殊身份是区分罪与非罪的标准之一。刑法分则规定的某些具体犯罪,以行为人是否具备特定身份作为构成犯罪的必备要件,如果不具备特定的身份,则不构成犯罪。例如《刑法》第 291 条规定的聚众扰乱公共场所秩序、交通秩序罪,只有"首要分子"才能构成此罪,因此,具备"首要分子"身份的,才能成为本罪的主体,不具备"首要分子"身份的一般参加人员,不是本罪的犯罪主体,不能构成犯罪。

2. 是否具备犯罪主体的特殊身份是区分此罪与彼罪的标准之一。刑法分则规定的犯罪中,有些犯罪在行为方式上相同或者基本相同,但由于对犯罪主体是否具备特殊身份的要求有不同的规定,从而成立不同的犯罪。例如,同是隐匿、毁弃或者非法开拆他人信件的行为,具有邮政工作人员身份并利用职务之便的实施者构成《刑法》第 253 条规定的私自开拆、隐匿、毁弃邮件、电报罪,一般公民实施此行为的,构成《刑法》第 252 条规定的侵犯通信自由罪;再如,同是窃取或者骗取公共财物的行为,具有国家工作人员身份且利用职务之便实施的,构成贪污罪,无国家工作人员身份的一般人则构成盗窃罪或者诈骗罪。

3. 是否具有犯罪主体的特殊身份对量刑轻重有影响。犯罪主体的特殊身份,有时影响社会危害性程度的大小,在具体确定刑罚时应予以充分考虑。我国刑法分则规定对某些具有特殊身份的犯罪行为人要从重处罚。例如,《刑法》第 243 条第 2 款规定,国家机关工作人员犯诬告陷害罪的,从重处罚。此外,有一些犯罪,虽然法律没有明文规定对主体的特殊身份在量刑时予以考虑,但其特殊身份的存在也有可能成为人民法院量刑时酌情考虑的情节,如具有领导干部的身份、执法人员的身份等。

第三节 单位犯罪主体

许多国家,对单位(法人)犯罪都经过了一个从不承认到承认的变化过程。我国也不例外,1979 年《刑法》未对单位犯罪作规定,这主要与我国当时经济落后、企业不发达有很大关系。当时即使在实际经济生活中出现了类似单位犯罪的情形,也只能追究个人的刑事责任。例如 1979 年《刑法》第 127 条规定:"违反商标管理法规,工商企业假冒其他企业已经注册的商标的,对直接责任人员,处三年以下有期徒刑、拘役或者罚金。"随着经济的发展,单位的一些不法行为所体现的社会危害性越来越严重,因而单位能否成为犯罪主体成为一段时期内刑法理论中激烈争论的问题,否定论者和肯定论者各执一词。而理论界关于单位能否成为犯罪主体的争论,加深了理论界、司法界和立法机关对于单位犯罪问题的科学认识。1987 年 1 月 22 日第六届全国人大常委会第十九次会议通过的《中华人民共和国海关法》,在我国刑事立法史上开了规定单位犯罪的先河。该法第 47 条规定:"企业事业单位、国家机关、社会团体犯走私罪的,由司法机关对其主管人员和直接责任人员依法追究刑事责任;对该单位判处罚金,判处没收走私货物、物品、走私运输工具和违法所得。"随后,我国立法机关颁布的多个单行刑法,如《关于惩治走私罪的补充规定》、《关于惩治贪污罪贿赂罪的补充规定》、《关于禁毒的决定》等都规定了单位犯罪问题。据有关统计,截至 1979 年《刑法》修订之前,单行刑法和附属刑法规定的单位犯罪的罪名已达 50 个左右,约占全部罪名的五分之一。1997 年《刑法》在总结多年立法经验的基础上,专辟一节即总则第二章第四节系统规定了单位犯罪问题,并在刑法分则的众多条款中规定了各种可以由单位构成的犯罪。第一次在刑法典中确立了自然人犯罪主体与单位犯罪主体并存的格局。据统计,刑法分则规定的涉及单位犯罪的条文有 100 个左右,罪名多达 120 个左右。①

与 1979 年《刑法》修订前单行刑法和附属刑法中的单位犯罪规定相比较,1997年《刑法》的单位犯罪规定呈现以下进展与特色:其一,单位犯罪的规定从分则规定走向总则规定;其二,单位犯罪的范围更为广泛,使刑事法网更为严密;其三,将惩治单位犯罪的重点放在单位破坏社会主义市场经济秩序方面,与刑事立法的基本价值取

---

① 需要说明的是,在理论界绝大多数学者对单位可以成为犯罪主体持有肯定的态度,但是在这一问题上仍然有不同的观点。

向之一——保护社会免受犯罪之害是相契合的；其四，对单位犯罪处罚作了相对明确的规定。

同时需要说明的是，国外一般将单位等实施的犯罪称为法人犯罪，而我国为什么没有沿用国外的通用名称呢？应该说，单位犯罪和法人犯罪仍然是存在一定差别的两个不同的概念，前者的外延比后者要大。在我国刑法中，之所以使用了单位犯罪而非法人犯罪的称谓，是因为法人是一个严格的法律概念，其指的是依法成立，具有民事权利能力和行为能力，依法享有民事权利并应承担民事义务的组织。而从我国近年来自然人以外的单位、组织、机关、团体实施犯罪行为的情况来看，许多并不具备法人资格。如果限定法人才可以构成犯罪，势必使一些实施了严重危害社会行为但不具有法人资格的单位逃脱惩罚。因此，我国刑法将自然人以外的法人等单位、组织实施的犯罪称为单位犯罪。这样，就可以比较好地解决了惩罚法人等单位、组织实施犯罪的法律根据问题。

一、单位犯罪的概念和特征

单位犯罪，一般是指公司、企业、事业单位、机关、团体以单位名义实施的按照刑法规定应当承担刑事责任的危害社会的行为。单位犯罪的基本特征：

1. 单位犯罪是公司、企业、事业单位、机关、团体实施的犯罪，即是单位本身的犯罪，而不是单位的各个成员的犯罪之集合。单位依赖于其成员而存在，如果没有成员，单位就不可能存在；反之，单位的任何成员，如果脱离了单位，就不具有其在单位中的地位和性质，不再作为单位的成员起作用，只是孤立的个人。而且单位成员之间是按照单位的统一要求和一定秩序，相互联系，相互作用，协调一致，共同形成一个单位整体。单位犯罪，是指单位本身的犯罪，而不是单位中所有成员的共同犯罪。

2. 单位犯罪必须是以单位名义实施的犯罪。单位名义表现为由单位的决策机构按照单位的决策程序决定的，由直接责任人员实施的。单位犯罪虽然是单位本身犯罪，但具体犯罪行为需要决定者与实施者。单位犯罪是在单位整体意志支配下实施的，既不是单位内部某个成员的意志，也不是各个成员意志的简单相加，而是单位的整体意志。从法律上说，这种整体意志就是单位整体的罪过。单位整体意志形成后，便由直接责任人员具体实施。

3. 单位犯罪是为本单位谋取非法利益或者以单位名义为本单位全体成员谋取非法利益。为单位谋取合法利益的行为，不可能成立任何犯罪；仅仅是为单位少数成员谋取非法利益的行为，也不成立单位犯罪。为本单位谋取非法利益，包括为单位本身谋取非法利益，违法所得由单位本身所有，也包括以各种理由将非法所得分配给单位全体成员享有。例如，《刑法》第396条规定的私分国有资产罪、私分罚没财物罪，就是以单位名义为本单位全体成员谋取非法利益的情形，其性质也为单位犯罪。

4. 单位犯罪必须由刑法分则明文规定且予以处罚。只有法律明文规定单位可以成为犯罪主体的犯罪，才存在单位犯罪及单位承担刑事责任的情况，并非一切犯罪都可以由单位构成。规定单位犯罪的法律是广义刑法的分则性规范,包括刑法分则、单行刑法及附属刑法中有关单位犯罪的规定。从我国刑法的规定来看,单位犯罪广泛存在于危害社会公共安全罪,破坏社会主义市场经济秩序罪,侵犯公民人身权利、民主权利罪,妨害社会管理秩序罪,危害国防利益罪和贪污贿赂罪等类犯罪中,这些单位犯罪多数是故意犯罪,但也有一些属于过失犯罪。

以上为单位犯罪的基本特征,但是,在司法实践中单位犯罪和个人犯罪的界限还是很模糊。有鉴于此,1999年6月25日最高人民法院《关于审理单位犯罪案件具体应用法律有关问题的解释》明确以下两种情况应认定为个人犯罪:一是个人为进行违法犯罪活动而设立的公司、企业、事业单位实施犯罪的,或者公司、企业、事业单位设立后,以实施犯罪为主要活动的,不以单位犯罪论处;二是盗用单位名义实施犯罪,违法所得由实施犯罪的个人私分的,依照刑法有关自然人犯罪的规定定罪处罚。

同时,需要注意的是,以单位的分支机构或者内设机构、部门名义实施犯罪行为的处理问题。根据相关文件,以单位的分支机构或者内设机构、部门的名义实施犯罪,违法所得亦归分支机构或者内设机构、部门所有的,应认定为单位犯罪。不能因为单位的分支机构或者内设机构、部门没有可供执行罚金的财产,就不将其认定为单位犯罪,而按照个人犯罪处理。①

某种犯罪行为"由单位实施",但刑法没有将单位规定为行为主体时应如何定罪量刑,这一直是理论研究和司法实践中饱含争议的问题。以单位实施贷款诈骗为例,《刑法》第193条没有明确单位可以成为贷款诈骗罪的主体,那么单位实施的贷款诈骗行为就不能直接以贷款诈骗罪认定,从而对单位进行处罚,在此种情况下如何追究其刑事责任,刑法学界存在以下三种观点:

第一种观点认为,对单位不能以贷款诈骗罪论处,而且对单位直接负责的主管人员和其他直接责任人员也不能追究刑事责任。因为单位直接负责的主管人员和其他直接责任人员的刑事责任存在的前提是单位成立犯罪,如果单位不构成犯罪,却追究单位直接负责的主管人员和其他直接责任人员的刑事责任会显得依据不足。

第二种观点认为,对单位及其直接负责的主管人员和其他直接责任人员都不能以贷款诈骗罪追究刑事责任,但如果构成其他犯罪的,可以以其他犯罪论处,也就是以合同诈骗罪对单位进行定罪处罚。根据相关法律规定,在司法实践中,对于单位十分明显地以非法占有为目的,利用签订、履行借款合同诈骗银行或其他金融机构贷款,符合《刑法》第224条规定的合同诈骗罪构成要件的,应当以合同诈骗罪定罪处罚。②

第三种观点认为,对于单位,不能以贷款诈骗罪论处,但对于单位直接负责的主管人员和其他责任人员,可以按照贷款诈骗罪追究刑事责任。理由主要有两点:其一,这种行为既是单位行为也是有关个人的行为,具有双重性,仅是因立法排除了单

①② 　参见2001年1月21日最高人民法院颁布的《全国法院审理金融犯罪案件工作座谈会纪要》。

位构成犯罪主体,但其中相关自然人的行为完全符合该罪的犯罪构成要件,故而需承担相应的刑事责任。其二,刑法一些规定单位犯罪的条文中,有仅采用单罚制只对单位直接负责的主管人员和其他直接责任人员进行处罚的情况,这也为不追究单位责任,仅追究其中相关自然人的刑事责任提供了依据。

据此,2014 年 4 月 24 日第十二届全国人民代表大会常务委员会第八次会议通过了《关于〈中华人民共和国刑法〉第三十条的解释》(以下简称《立法解释》)。《立法解释》规定:"公司、企业、事业单位、机关、团体等单位实施刑法分则和其他法律未规定追究单位的刑事责任的,对组织、策划、实施该危害社会行为的人依法追究刑事责任。"也就是说,单位犯罪以刑法有明文规定为前提,只有当刑法规定了单位可以成为某种犯罪的行为主体时,单位才有可能成立犯罪。若刑法没有将单位规定为犯罪主体时,应当对组织、策划、实施该危害社会行为的自然人依法追究刑事责任。全国人大常委会实际上是通过《立法解释》的方式,为这一问题拟制了一条有法可依的处理路径。

《立法解释》与 2001 年 1 月 21 日最高人民法院颁布的《全国法院审理金融犯罪案件工作座谈会纪要》(以下简称《会议纪要》)在内容上并不矛盾,且应优先适用《会议纪要》。

《立法解释》与《会议纪要》在内容上并不矛盾,《立法解释》从宏观层面对单位为了本单位利益实施犯罪主体仅限于自然人犯罪行为的处理作出了原则性规定;而《会议纪要》则在微观层面对单位为了本单位利益实施贷款诈骗行为的认定作出了个案式指导。根据《立法解释》规定,对于单位实施的危害社会的行为,如果要按照自然人犯罪来认定,其前提必须是刑法分则和其他法律未规定追究单位的刑事责任的。也就是说,当单位实施了犯罪主体仅限于自然人的危害行为时,是否应当将其以自然人犯罪认定,应当兼顾刑法分则中的其他条文以及其他法律规定,进一步考察能否按照其他条文的单位犯罪来处理。具体来说,对于单位实施了贷款诈骗的行为,《会议纪要》属于"其他法律规定追究单位刑事责任的"范畴,其提供了一条契合刑法基本理论、符合罪刑法定原则的处理路径,将其中符合合同诈骗罪构成要件的,按照合同诈骗罪追究单位的刑事责任。

优先适用《会议纪要》既符合罪责自负原则,也符合罪刑相当原则。根据罪责自负原则的要求,单位作为犯罪主体,理应对其自由意志支配下的犯罪行为承担刑事责任,而不能转嫁给自然人。《会议纪要》将单位实施的贷款诈骗行为有条件地转化为合同诈骗罪的单位犯罪来认定,实际上就是通过转化罪名的形式来追究单位的刑事责任,这符合罪责自负原则的内在要求;罪刑相当原则要求刑罚的轻重应当与犯罪分子所犯罪行和承担的刑事责任相适应。根据《会议纪要》的规定,在转化认定为合同诈骗罪的单位犯罪以后,通过对单位犯罪适用双罚制的处罚原则,对单位判处罚金,并对直接负责的主管人员和其他直接责任人员判处刑罚。从避免出现自然人刑事责任失衡的角度来看,优先适用《会议纪要》无疑符合罪刑相当的基本原则。

二、单位犯罪主体基本内容

（一）单位犯罪主体的刑事责任能力

犯罪主体包括自然人犯罪主体和单位犯罪主体。因此，单位犯罪主体与自然人犯罪主体一样，也必须具备刑事责任能力。但单位犯罪毕竟在很大程度上不同于自然人犯罪，那种完全根据以自然人犯罪为唯一本位的刑法理论来论述单位犯罪能力和刑事责任能力的传统思维定势是不合理的。自然人犯罪的刑事责任能力主要体现在他的辨认能力和控制能力上，而如果把这套用在单位犯罪主体上，在实践中不是很可行。由此就有必要赋予单位犯罪主体的刑事责任能力以新的内容。一般认为，单位的刑事责任能力应该以其存在形式来确定。即应当是具有法人资格或者虽然不具有法人资格，但具有准法人的地位，即依法成立，具有自己的名称和组织机构，有一定的财产能以自己的名义独立进行民事活动，有相对独立的利益，在一定程度上、一定范围内享有民事权利和承担民事义务的实际上的民事主体与诉讼主体，也就是说具有完全的法律人格。如果说自然人成为犯罪主体的首要的核心要件是要具备刑事责任能力，那么单位成为犯罪主体的首要的核心要件是要具有完全法律人格，即单位要具有合法的法律人格和具有单位整体意志的形成能力与控制能力。某一单位具备了完全法律人格，我们就可说该单位具有刑事责任能力。

单位犯罪主体的刑事责任能力的形成与表现，与自然人主体有所不同。首先，单位犯罪刑事责任能力是有期限的，即其始于成立，终于撤销或解散。在单位尚未正式成立或者在撤销、解散之后，即不存在刑事责任能力问题。其次，单位刑事责任能力的形成源于自然人，是单位内部自然人个人辨认、控制能力的一种集合。但它一经形成，又会超越自然人，成为超个人辨认、控制能力的一种集体意志。因此，单位刑事责任能力，常常表现为单位集体意志或者单位负责人为了本单位眼前利益或者长远利益所作出的决策、授权或者事后追认等。从这个意义上说，单位刑事责任能力相对于自然人刑事责任能力，既有独立性，又有依附性。最后，单位刑事责任能力又具有明显的局限性，一方面，它受制于单位的整体利益驱动；另一方面，它又受制于刑法所规定的犯罪范围。对于刑法规定以外的单位实施的危害社会的行为，一般认为单位缺乏刑事责任能力，也就不能以单位犯罪去定罪处刑，这是罪刑法定原则的基本要求。

（二）单位犯罪主体的范围

《刑法》第30条规定："公司、企业、事业单位、机关、团体实施的危害社会的行为，法律规定为单位犯罪的，应当负刑事责任。"这表明刑法直接规定了实施犯罪行为的公司、企业、事业单位、机关、团体可以成为单位犯罪主体，以下就该五种组织进行论述。

1. 公司。是指依照法律规定，以营利为目的，由股东投资设立的企业法人。我国的公司必须具备四个要素，即依法设立；以营利为目的；以股东投资行为为设立的基础；独立的企业法人。根据公司的概念及其组成要素就可以把公司与其他单位或组织加以区别。《刑法》第 30 条所规定的公司,包括本国公司、外国公司和跨国公司在内。对它们实施的单位犯罪,都应依照我国法律的规定,追究其刑事责任。

2. 企业。是指以营利为目的、由人和物的要素组成的、独立地和连续地从事商品生产或提供劳务等经济活动的社会经济组织。按照企业的自身组织形式来划分,可分为公司企业、独资企业、合伙企业和股份合作制企业。① 只要是企业,无论其所有制性质如何(无论是国营企业、三资企业、集体企业或私营企业),组织形式如何(独资企业、合伙企业、股份合作企业),都可以成为单位犯罪的主体。根据 1999 年 6 月 25 日最高人民法院《关于审理单位犯罪案件具体应用法律有关问题的解释》,《刑法》规定的"公司、企业、事业单位",既包括国有、集体所有的公司、企业、事业单位,也包括依法设立的合营经营、合作经营企业和具有法人资格的独资、私营等公司、企业、事业单位。

3. 事业单位。是指从事社会各项事业、拥有独立经费或财产的各种社会组织,如中央和地方的新闻、出版、电影、博物馆、剧院、各种各类学校、科研、医药卫生等单位。我国大多数事业单位具有法人资格,因而一般都可以成为单位犯罪的主体。也有少数依附于某个行政机关或其他组织的事业单位,由于不实行独立预算,因而不具有法人资格。但是,这些非法人的事业单位在一定条件下也能成为单位犯罪的主体,条件就是它能以自己的名义从事社会事业活动,并且有一定的经费和收入,能够享有某种民事权利和承担一定的民事义务。在这种情况下,它虽然不能独立承担民事责任,但却可以独立实施犯罪和独立承担刑事责任,因而可以成为单位犯罪的主体。

4. 机关。主要是指国家机关,包括中央和地方各级国家权力机关,国家行政机关、国家军事机关、国家审判机关和国家检察机关。执政党的机关也可视为国家机关。

从法条规定来看,单位犯罪主体包括机关在内。但是从应然性立场来看,将机关作为单位犯罪主体殊有不当,将代表国家行使特定职权的国家机关作为单位犯罪主体于情理、逻辑均难以自圆其说,且不利于确立国家机关的权威,不利于国家机关开展职能活动。其实,所谓的机关犯罪在实质上都是机关领导个人为谋取政治上、经济上不正当利益的自然人犯罪。而且,对机关犯罪处以罚金时,在刑罚执行可能性上存在大大的疑问。对国家处以罚金,等于是自己在罚自己,且会有损于国家机关的权威;从司法实践角度看,自 1987 年规定单位犯罪以来,几起大的机关犯罪案件如丹东汽车走私案、泰安走私案等,这些案件没有一件是按照单位犯罪来处理,仅追究直接责任人员的刑事责任,这反映出把国家机关规定为犯罪主体在实践中的不可操作性及司法部门对国家机关能否成为犯罪主体的困惑和怀疑。而且,当今世界上除了法

---

① 应该说,公司其实也是企业的基本形态之一,那么刑法在单位犯罪主体的规定中为何将公司和企业并列呢? 我们认为,最好的解释就是《刑法》第 30 条把公司与企业并列,并非说公司不是企业,而是为了强调公司的特殊性,因为有的犯罪主体只能由公司构成,而不能由公司以外的其他企业构成。例如,《刑法》第 161 条规定的违规披露、不披露重要信息罪的犯罪主体就只能是公司。

国等极少数国家外,大多数国家否定机关作为犯罪主体。其实,机关中出现的犯罪行为完全可将责任落实到个人。

5. 团体。团体在这里专指社会团体,是指为了一定的宗旨自愿组成进行某种社会活动的合法组织。一般表现为工会、共青团、妇联、学会、协会等。

三、单位犯罪的处罚

(一) 单位犯罪处罚的一般原则

从各国刑法理论、立法体例和司法实践的运作来看,对单位犯罪的处罚方式主要有以下两种:

1. 单罚制。即在单位构成犯罪的情况下,法律规定只处罚单位内部的自然人或只处罚单位。单罚制又根据处罚对象的不同分为两种,一是只处罚单位的自然人而对单位本身不予追究。这种对单位犯罪的惩罚被称为代罚制。适用代罚制的主旨是想通过对单位自然人适用刑罚来达到制止和预防单位犯罪的目的。二是只处罚单位组织自身而不对实施了犯罪行为的单位内部的自然人进行处罚。这种体制被称为转嫁制,其理论根据源于古老的侵权行为赔偿法中的"仆人有过,主人负责"的转嫁罪责说。它肯定单位犯罪的存在,比较重视单位整体的作用和功能,想通过惩罚单位本身来提高其对社会的责任感和道义感,以维护社会正义,建立起符合社会需要的法律秩序和伦理观念。

单罚制在惩罚单位犯罪方面表现了它的积极作用,但其消极方面也不容忽视:第一,责任的不公平性。单位犯罪是一种特殊形式的社会组织犯罪,是单位组织自身与自然人犯罪行为相结合的产物,两者紧密联系不可分离,否则便不能构成单位犯罪。单罚制的存在客观上导致了犯罪主体与受刑主体的分离,违背了罪责自负原则,体现出承担刑事责任的不公平性。第二,弱化了刑罚的威慑效力。若仅采用单罚制可能会出现这样的情况:单位组织通过牺牲自然人成员的办法来达到犯罪目的,或者因只惩罚单位自身而使实施了危害行为的自然人逃脱了法律制裁,其负面影响较大。

2. 两罚制。又称双罚制,这是鉴于单罚制的缺陷而产生的一种新的处罚单位犯罪的体制。其具体内容是,在单位构成犯罪的情况下,既对单位自身进行处罚,又对其内部的自然人成员进行处罚。它克服了单罚制的一些弊端,为不少国家立法所采纳,成为一种比较理想的惩罚单位犯罪的体制。两罚制的理论基础在于把单位犯罪行为看作两个层面来理解,一方面是单位犯罪组织体自身的犯罪行为,另一方面表现为单位内部自然人的犯罪行为(这种行为体现了单位犯罪意志的决策和执行能力)。单位犯罪行为的双重性是单位犯罪双罚制的根本依据。

(二) 我国单位犯罪的处罚

《刑法》第 31 条规定:"单位犯罪的,对单位判处罚金,并对其直接负责的主管人员和其他直接责任人员判处刑罚。本法分则和其他法律另有规定的,依照规定。"这是我国刑法关于单位犯罪处罚原则的规定。

根据这一规定,我国刑法对单位犯罪一般采取双罚制,即单位犯罪的,既处罚单位,对其判处罚金,同时又处罚直接责任人员。这里单位作为承担刑事责任的主体,对其适用的刑种只有罚金这一种刑罚方法。因为在自然属性上,单位与自然人不同,对自然人适用的刑罚不能完全适用于单位。除了对单位犯罪实行双罚制外,在刑法和其他法律对单位犯罪另有规定时,则不采取双罚制而采取单罚制,从目前的规定看,这种单罚制就是只处罚直接负责人员,而不处罚单位。刑法分则中明确规定单位可以构成犯罪但只处罚自然人的法条共 6 条涉及 10 个罪名,包括第 107 条"资助危害国家安全活动犯罪",第 135 条"重大劳动安全事故罪、大型群众性活动重大安全事故罪",第 137 条"工程重大安全事故罪",第 161 条"违规披露、不披露重要信息罪",第 162 条"妨害清算罪、虚假破产罪",第 396 条"私分国有资产罪、私分罚没财物罪"。由此可以看出,以两罚制为主、单罚制为辅是我国惩罚单位犯罪的方式。

根据刑法规定,我国对犯罪单位的刑罚方式为罚金。应该说,这种刑罚方法过于单一,其弊端是非常明显的,对于犯罪单位的威慑力是有欠缺的。当今世界上不少国家对于犯罪单位规定了一些新的法律措施。如法国的修改刑法案第 89 条就承认了"停止法人活动或解散法人"处罚方法。还有一些国家如日本等,也通过特别法的规定,承认了"解散法人"、"禁止营业"、"一定权能的剥夺"、"警察监视"处分方法。这些都反映出对单位犯罪处罚的新的立法趋势,或许可以成为我们今后的立法借鉴。另外,我国刑法分则对单位犯罪规定双罚制的条文大多没有规定具体的罚金数额,这固然有利于根据案件的实际情况进行确定,但其不利的一面也是显而易见的,容易造成执行过程中的偏差,出现畸轻畸重,量刑失当,所以立法应充分考虑单位犯罪的各种复杂情况,尽可能采取区段罚金制方式,使自由刑和罚金刑形成合理的匹配,罚金额相对确定,也更有利于司法操作。

同时,根据刑法和相关司法解释,单位犯罪中承担刑事责任的直接责任人员,包括直接负责的主管人员和其他直接责任人员。其中,直接负责的主管人员,是在单位犯罪中起决定、批准、授意、纵容、指挥等作用的人员,一般是单位的主管负责人,包括法定代表人。其他直接责任人员,是在单位犯罪中具体实施犯罪并起较大作用的人员,既可以是单位的经营管理人员,也可以是单位的职工,包括聘任、雇佣的人员。应当注意的是,在单位犯罪中,对于受单位领导指派或奉命而参与实施了一定犯罪行为的人员,一般不宜作为直接责任人员追究刑事责任。对单位犯罪中的直接负责的主管人员和其他直接责任人员,应根据其在单位犯罪中的地位、作用和犯罪情节,分别处以相应的刑罚。主管人员和直接责任人员,在个案中,不是当然的主、从犯关系,有的案件,主管人员与直接责任人员在实施犯罪行为的主从关系不明显的,可不分主、从犯。但具体案件可以分清主、从犯,且不分清主、从犯,在同一法定刑档次、幅度内无法做到罪刑相适应的,应当分清主、从犯,依法处罚。①

---

① 见 2001 年 1 月 21 日最高人民法院《全国法院审理金融犯罪案件工作座谈会纪要》。

第九章

犯罪主观要件

行为人具备了犯罪构成的客观方面及主体要件，并不意味着其一定构成了犯罪，还要进一步分析行为人主观上是否有罪过以及其行为的动机、目的，这就是成立犯罪的主观要件。犯罪主观要件表现为行为人的主观心理活动，反映着行为人主观恶性的有无、大小，是我们认定犯罪所必须考虑的因素。

第一节　犯罪主观要件概述

一、犯罪主观要件的概念和特征

犯罪主观要件作为犯罪构成必须具备的要件之一，体现的是行为人在怎样的心理状态支配下实施危害社会的行为，刑法对犯罪构成的心理状态又有哪些具体的要求。具体而言，犯罪主观要件，是指刑法规定的、成立犯罪必须具备的、行为主体对其实施的危害行为及其已经或者可能造成的危害社会的结果所持的心理态度。犯罪主观要件与犯罪主体有着十分密切的联系，是行为人构成犯罪并进而承担相应的刑事责任的主观基础。犯罪主观要件是行为人主观恶性的体现，通过对主观要件的分析，可以充分揭示犯罪行为反社会的性质及其程度。因此，它也是犯罪社会危害性的一个重要体现。

为什么在犯罪构成中，行为人的主观要件是犯罪构成的必备要件？一般认为，任何具有刑事责任能力的人都有对自己的行为进行选择的自由，可以从事合法行为，也可以从事违法行为或犯罪行为。因此，是否实施犯罪行为以及如何实施，都是行为人在对该行为的内容与性质了解、判断的基础上做出的抉择。这也承认了行为人具有相对的意志自由。人们要为在意志自由基础上实施的行为及其后果承担责任。如果行为人选择了实施危害社会的犯罪行为，那么其不仅在客观方面表现为实施了危害社会的行为，造成了一定的危害结果，而且所有的这些客观活动的外在表现，都体现着行为人内在思想上对国家、社会或者个人的敌视及反抗态度，或者对法律所保护的利益的漠视态度。正是行为人的这种心理态度，支配着行为人实施了法律禁止的危害行为，侵害了国家利益、社会公共利益或者他人的合法利益，也就相应地产生了罪责,国家因此通过制定法律来认定行为人的行为构成犯罪并追究其刑事责任。相反，如果一个人实施的行为虽然在客观上损害了社会，但不是出于故意或者过失，而是由于意志以外的原因造成的，或者行为人不具备正常的意识和意志，那么对这样的行为进行惩罚就会丧失公正性，或者根本就不能实现刑罚目的，也会陷入客观归罪的错误境地。所以，犯罪的主观罪过是犯罪构成的必备条件。

犯罪的主观要件是反映支配行为人外在活动的主观意识，属于心理态度的范畴，具有心理学的内容，包括认识因素和意志因素。与此同时，犯罪的主观要件具有刑法意义，它直接反映着行为人对于刑法所保护法益的悖反态度。犯罪的主观要件的基本内容是故意与过失，合称为罪过，此外还有犯罪目的和动机。罪过只能是行为时的心理态度，罪过的有无以及罪过形式与内容都应以行为时为准，而不以行为前或行为后为准。我国刑法总则明文规定了故意与过失的含义，任何犯罪的成立都要求行为人主观上具有故意或者过失；不具有故意与过失的行为，称为无罪过事件，不成立犯罪。

犯罪主观要件有以下一些主要特征：

（一）法定性

犯罪主观要件作为犯罪构成的必要条件，是由刑法明确规定的。任何一个犯罪的成立，都必须具备刑法规定的主观要件，如果不具备这一要件，就不能构成犯罪。尽管刑法对犯罪主观要件并未作系统明确的规定，但是《刑法》第 14 条、第 15 条规定了故意犯罪与过失犯罪的概念，这实际上是对犯罪故意与犯罪过失这两种犯罪主观要件基本形式的界定。此外，《刑法》第 16 条还规定了无罪过事件，这实际上是有关犯罪主观要件的一种消极表述。在分则性的刑法规范中，每一个具体的犯罪对行为人主观上的要求如何，都有明确的规定。例如，《刑法》第 232 条规定："故意杀人的，处……"因此，对于每一个犯罪，要求行为人具备什么样的主观罪过形式，是故意还是过失，刑法都作了明确的规定，但这种明确规定的具体表现形式是多样的，如对故意犯罪的表述有的把"故意"一词直接规定在条文中，有的则通过"明知"、"意图"、"以……为目的"以及对行为方式的具体描述表达行为人故意犯罪的心理。

（二）抽象性

犯罪的主观要件是行为人对自己实施的危害行为的心理态度，是人的内心世界对外在事物的认识，是大脑的一种思维活动，因此具有抽象性特点。但是这种抽象性并不意味着人们不能认识它或者不能了解它。人的心理活动往往通过自己的行为表现出来。犯罪是危害社会的行为，正是这种危害社会的行为，表现了行为人对自己所实施的危害行为所持的心理态度，危害行为是行为人主观心理态度的外在表现。因此行为人的心理态度与犯罪的客观方面密切相关，罪过总是以一定的危害行为与危害结果为内容的，我们在认定犯罪者的主观心理态度时，就是凭借着行为人在客观方面的种种表现来确认的。

（三）危害性

犯罪主观要件表述犯罪的主观社会危害，具有危害性。责任能力与犯罪主观要件均含有认识因素与意志因素,然而其内容却不同。责任能力的认识因素与意志因素,强调的是辨认能力与控制能力。这里的辨认能力、控制能力关注的是一种认识能力、意志能力本身,而不是认识或者意志所指向的具体价值内容。与此不同,犯罪主观要件的认识因素与意志因素,具有价值判断的意义,是关于行为危害结果的心理态度以及有关说明行为危害性的心理状态,而不是负载这种心理态度、心理状态的意识载体。行为人本身所具有的认识能力、意志能力,是责任能力的内容,而行为人以自身的认识能力、意志能力,对自己行为的危害结果以及其他说明行为危害性的价值认识、价值取向的心态,则为主观要件的内容。因此,在我国刑法规定及刑法理论中,犯罪主观要件是以刑法对行为人的主观心理态度具有社会危害性的否定性评价为特征的,正是因为行为人主观心理态度具有社会危害性,其才成为刑法评价的对象,也才可能成为犯罪主观要件。例如,在故意杀人罪中,行为人能够分辨判断自己的杀人行为会造成他人死亡的结果,并且能够支配自己实施该行为,这表明行为人具有刑事责任能力;而行为人明知自己的杀人行为会造成他人死亡的危害结果,并且希望或者放任这种危害结果的发生,这表明行为人具有故意杀人的危害心态,属于杀人的主观罪过。

(四) 时间性

犯罪主观要件表述构成要件行为时的心理态度,具有时间性。构成要件行为是犯罪构成的核心要素,无行为则无犯罪。没有行为,也就无所谓犯罪客体、犯罪客观要件、犯罪主体、犯罪主观要件。犯罪构成的一系列主客观要件、要素,都是我国刑法规定的,决定某一具体行为的社会危害性及其程度而为该行为构成犯罪所必需的,而行为时的一系列主客观特征就成为犯罪评价的核心。犯罪主观要件表述行为时的社会危害性,是决定行为成立犯罪的主观条件。由于刑法所规定的犯罪形态的多样性,构成要件行为也包括多种形式,具体有非实行行为、实行行为。非实行行为可以是预备行为、未遂行为、共同犯罪的主犯行为、从犯行为等。因此,行为时,不仅指实行行为时,也包括预备行为时、主犯行为时等。强调犯罪主观要件是行为时的心理态度,由此也可将犯罪主观要件与主观意义上的其他两种否定评价(主观恶性、人身危险性)相区别。主观恶性是指构成要件行为前、中、后所表现出来的行为人主观上的罪恶程度,包括罪过、目的、动机以及行为人的品质等所表现出的行为人应受道义和法律责难的恶劣程度。人身危险性是指行为人将来实施犯罪行为的可能性,包括初犯可能性和再犯可能性。

(五) 必要性

犯罪主观要件是犯罪成立所必须具备的主观条件,具有必要性。[①]犯罪行为时的主观心理态度、心理状态多种多样,其中有的对犯罪行为的社会危害性起决定作用,有的只是描述行为时的主观心态,对于说明社会危害性不具有决定意义。犯罪的本质特征是行为的社会危害性,只有对社会危害性具有决定意义的主观心态才是犯罪

---

① 参见张小虎:《犯罪主观要件分析》,载《河北大学学报》2004 年第 4 期。

成立的必要主观条件(即犯罪的主观要件)。例如,描述非法拘禁罪的主观心态有许多,诸如,对于拘禁的时间、地点等的认识、选择,拘禁方法的思考,有关被害人情况的判断,非法拘禁的动机等。但是,就《刑法》第238条非法拘禁罪而言,对于其社会危害性起决定作用的主观心态是直接故意,即明知自己的非法拘禁行为会剥夺他人的人身自由,并且希望这种危害结果的发生,以及犯罪目的,即以非法剥夺他人人身自由为目的,两者构成非法拘禁罪的主观要件。各种具体犯罪的社会危害性在表现形式上各有差异,主观要件的构成也有所不同。例如,《刑法》第355条第1款非法提供麻醉药品、精神药品罪的主观要件为:犯罪故意,即明知自己非法向吸食、注射毒品的人提供麻醉药品、精神药品的行为,会发生破坏国家麻醉药品、精神药品的管理制度的结果,并且希望或者放任这种危害结果的发生;以及特定明知,即行为人明知对方是吸食、注射毒品的人。而《刑法》第319条骗取出境证件罪的主观要件为:直接故意,即明知自己骗取出境证件的行为,会发生破坏出境证件管理制度的结果,并且希望这种危害结果的发生;以及特定目的,行为人实施骗取出境证件的行为具有为组织他人偷越国(边)境使用的目的,非此目的不构成本罪。

对于犯罪主观要件的具体内容,可以划分为"基本条件"和"特殊条件"两个层次。其中,刑法理论上所称的"罪过",即犯罪故意和犯罪过失,是犯罪主观要件中的基本条件;犯罪目的,是犯罪主观要件中的特殊条件,通常只有当刑法对其作出明文规定时,才能作为构成某一特定犯罪必须具备的条件;犯罪动机,通常被排除在犯罪主观要件的范围之外,它不是犯罪构成中的主观要件,一般不影响定罪,但可能对实际量刑的轻重产生影响。至于"认识错误"更不是犯罪构成的要件内容,只是由于它的出现有可能改变行为人故意或者过失的心理,从而对刑事责任产生重大影响,才有必要进行专门研究。在通常情况下,刑法条款中设置的每一种犯罪,均有一种特定的犯罪构成,一种犯罪也只能有一种罪过形式(要么故意,要么过失),但在我国现行刑法中,确实也存在着一种犯罪罪过形式不够清晰,而立法上又设置了完全相同的法定刑的情况,例如《刑法》第135条重大劳动安全事故罪、第397条滥用职权罪和玩忽职守罪等。这是一种比较特殊的刑事立法现象,有人称它为"复合罪过形式",[1]并进行了专题研讨,值得引起重视和研究。

二、犯罪主观要件的意义

犯罪主观要件在整个犯罪构成中居于十分重要的地位,它表明,犯罪不仅是一种在客观上严重危害社会的行为,同时,也是行为人有罪过即存在着犯罪故意或者犯罪过失的行为,研究犯罪主观要件,对正确定罪和量刑同样具有重要的意义。

(一) 犯罪主观要件是区分罪与非罪的重要标准

犯罪主观要件是用以说明行为人是在怎样的心理状态支配下实施危害社会的行

---

[1] 参见储槐植等:《复合罪过形式探析》,载《法学研究》1999年第1期。

为的。犯罪的成立，不仅要证明行为人在客观上已经实施了严重危害社会的行为，而且，必须同时查明行为人在主观上存在着罪过，如果只有危害行为而缺乏罪过（故意或者过失），则不能成立犯罪，否则，便会陷入客观归罪的泥潭。因此，在犯罪构成的其他要件基本具备的情况下，是否存在着犯罪主观要件，就成为某种行为能否成立犯罪的一个重要判断标准。正因为如此，《刑法》第16条才规定："行为在客观上虽然造成了损害结果，但是不是出于故意或者过失，而是由于不能抗拒或者不能预见的原因所引起的，不是犯罪"。在刑法明文规定必须以某种特定目的作为犯罪成立的主观要件的场合，有无这种目的，对能否构成该种特定的犯罪，同样具有决定性的作用。例如，一位卡车司机在拉载货物的过程中，突遇桥梁坍塌，汽车翻入河流之中，造成重大经济损失。由于卡车司机不可能预见到桥梁会发生坍塌，因此不具有犯罪的故意或过失，其对此造成的损失不承担任何刑事责任。

（二）犯罪主观要件是区分此罪与彼罪的重要标准

此罪与彼罪的区分可以有不同的标准，但就犯罪主观要件的内容而言，罪过形式不同，反映出的行为人主观恶性的程度就有差别，因此，也就决定了行为性质上的差异。所以，犯罪主观要件就能够成为区分此罪与彼罪的重要标准。例如，同样是一个在客观上造成被害人死亡的行为，如果行为人是基于故意而实施的，就应当认定为故意杀人罪，如果是由于主观上的过失而导致的，则应以过失致人死亡罪论处。因此，查明犯罪行为人实施行为当时的主观心理态度，对于此罪与彼罪的准确区分具有十分重要的意义。

（三）犯罪主观要件也是影响量刑轻重的重要根据

量刑的轻重，取决于多种不同的因素，关键在于这些因素是否影响行为人的主观恶性和对社会的客观危害。由于行为人主观恶性的不同，刑法上对其评价自然有别，这就必然会影响到实际量刑的轻重变化。例如，同样是犯罪故意，通常认为直接故意（即希望危害结果发生的故意）的恶性要大于间接故意（即放任危害结果发生的故意）；同样是犯罪过失，过于自信过失的恶性也常常要大于疏忽大意过失。因此，在客观危害基本相同的情况下，对于前者的量刑往往会略重于后者，这是犯罪主观要件影响量刑轻重的一个通例。

三、犯罪主观要件符合性判断

犯罪主观要件是犯罪构成的必要条件，因此在确定行为人是否构成犯罪时，必须查明其真实的心理态度，只有当行为人的心理态度符合刑法规定的主观要件时，其才有可能构成犯罪。虽然犯罪的主观要件具有抽象性的特征，但这种心理态度已经不是单纯停留在行为人头脑中的思想，而是已经成为外向化、客观化的实际存在，司法工作人员完全能够根据案件的事实，采取正确的方法，判断行为人的心理态度是否符合犯罪的主观要件。

判断行为人的心理态度的根据，是其实施的活动及其他有关情况。此外，还应当联系其他有关情况,如行为时间、地点、事后的态度、行为人的一贯表现等等,因为这些事实可以从某一方面证明行为人的主观心理态度。总之,在确定行为人的主观心态是否符合犯罪主观要件的过程中,要综合所有的事实,经过周密的论证,排除其他可能性,得出正确结论。

应当注意的是,在具体确定行为人的主观心理时,不能简单地运用逆推法,即不能简单地用结果逆推行为人的主观心理态度。行为人的主观心理态度与行为造成的后果有时是一致的,有时是不一致的。在同一心理态度支配下实施的行为,会遇到多种情况的干扰,既可能造成这样的结果,也可能造成那样的结果,其结果具有多样性。例如,同样是故意杀人的行为,有的造成死亡结果,有的造成伤害结果,有的则对被害人没有造成任何物理性的损害,如果简单地从结果逆推行为人的心理态度,就会得出错误的结论。当然,也不能否定结果对于确认行为人主观心态的重要意义,因为结果确实是确定主观心态的一个根据。正确的做法应是将影响行为人主观心理态度的种种因素综合起来进行考察,在经过周密的论证之后,得出确实可靠的结论。

第二节　犯罪故意

一、犯罪故意的概念

犯罪故意是罪过形式之一。《刑法》第 14 条第 1 款规定:"明知自己的行为会发生危害社会的结果,并且希望或者放任这种结果发生,因而构成犯罪的,是故意犯罪。"根据这一规定,所谓犯罪故意,是指行为人明知自己的行为会发生危害社会的结果,并且希望或者放任这种危害结果发生的一种主观心理态度。这里应当把"犯罪故意"与"故意犯罪"区别开来,前者指的是行为人的心理态度,是主观方面的内容,后者强调的则是主客观两方面的内容。

关于故意的学说,即故意与过失相区分的学说,曾经有希望主义与认识主义之争。前者认为,只有当行为人意欲实现构成要件的内容或希望发生危害结果时,才是故意;后者认为,只要行为人认识到构成要件事实或认识到危害结果会发生时,就成立故意。由于前者和后者都只是从一个方面区分故意和过失,并且分别过于缩小或不当扩大了故意的范围,因此后来出现了立足于希望主义的容认说、客观化的意志说、回避意志说与立足于认识主义的盖然性说、认真说,等等。我国刑法采取了容认说,即行为人认识到自己的行为会发生危害社会的结果,并且希望或者放任这种结果发生时,就成立故意。容认说在关于故意犯罪的学说中是比较合理的。首先,在行为人认识到危害结果的发生时还放任其发生,就表明行为人不只是消极地不保护社会利益,而是积极地对社会利益持否定态度,与希望结果发生没有本质区别。其次,容认说将可谴责性明显小于间接故意的过于自信的过失排除在故意之外,同时将间接故意纳入故意中,使故意的范围适度。①总之,在我国,故意与过失这两种罪过形式的界限,是同时按照两个标准来区分的:一是行为人对自己的危害行为所造成的危害结果有无认识以及认识程度如何;二是行为人对危害结果的态度如何。

犯罪故意包括两方面的要素:一是认识要素,二是意志要素。认识要素是指行为人明知自己的行为会发生危害社会的结果。这里的"明知"就是一种认识。意志要素是指行为人希望或者放任危害结果的发生。这里的"希望"、"放任"即是行为人的意志。认识要素和意志要素两者紧密结合,有机统一,构成故意的心理态度。

(一) 犯罪故意的认识要素

犯罪故意的认识要素是指行为人明知自己的行为会发生危害社会的结果的心理态度,即认识到了自己行为的性质、对象、结果与意义。这是犯罪故意的认识要素,是成立犯罪故意不可缺少的一项内容。如果行为人不知道自己的行为会造成何种结果,那么即使发生了危害社会的结果,也不能成立犯罪的故意。

犯罪故意的认识要素是对犯罪构成客观事实特征的认识,具体包括以下几方面的内容:

1. 对犯罪客体或犯罪对象的认识。认识犯罪客体或犯罪对象的事实情况,是成立犯罪故意的条件之一。在发生认识错误的情况下,如行为人误将人认作动物杀害,则因为缺少对于犯罪客体或犯罪对象的事实认识,不构成故意杀人罪要求的犯罪故意。在有些犯罪中,成立该种犯罪,还要具备对于特定对象或特定事实的认识,如对法定的犯罪的时间、地点、方式的认识。例如,掩饰、隐瞒犯罪所得、犯罪所得收益罪的故意,要求行为人明知自己窝藏、转移、收购、代为销售的是犯罪所得及其产生的收益,即通常所说的赃物,如果其不知道是赃物,则不构成该罪;非法捕捞水产品罪、非法狩猎罪要求行为人明知自己正在实施的行为发生在特定的时间(禁渔期、禁猎期)、地点(禁渔区、禁猎区)或者使用了特定的工具(禁用的工具)。

2. 对行为性质的认识。行为人认识到了将要实施或者正在实施的行为的危害性。对行为性质的认识包括对行为的内容、作用的认识。在此基础上,行为人才会认识到行为具有可能引起一定危害结果发生的社会危害性。

对行为性质的认识,要求行为人认识到自己行为的社会危害性。此外,是否还要求行为人认识到自己行为的刑事违法性? 这是一个在刑法理论上存有较大分歧的问题。根据法律规定,犯罪故意的认识要素是指行为人明知自己的行为会发生危害社会的结果。这里只要求行为人对行为或者结果的危害性要有认识,并没有规定行为人要认识到自己的行为违反了刑法,即"不知违法不免责"。在认识要素上,只要求行为人对行为或者结果的社会危害性有认识,而不要求行为人对自己的行为是否违反刑法有认识。(1)人的行为不仅受到法律的约束,还受到一般道德规范的约束,刑法所禁止的行为,都是一般道德规范所不允许的行为。而一般道德规范是人人皆知的行为准则,违反这种道德准则的行为是有危害性的,行为人当然应当了解。即使是法

---

① 参见张明楷著:《刑法学》,法律出版社 2003 年版,第 216 页。

定犯,在现代社会,也认为每个社会成员均有了解法律的义务,不得以不知法律规定来逃避责任。(2)社会危害性与刑事违法性常常是一致的。当行为人认识到自己行为的社会危害性时,通常能表明他认识到了行为的违法性,没有必要再要求其一定明知行为的刑事违法性。如果在认识要素中,要求行为人对刑事违法性必须有明确认识,要求行为人明确知道其行为触犯了刑法的哪个具体条文,这是不现实的。(3)如果允许人们以不知道法律规定为由为自己辩护,将是无法反驳的。行为人可能会以此逃避制裁。因此,根据我国的实际情况,一般情况下不得以不知道刑法的规定进行免责辩护。但在某些特殊情况下,如果行为人确实不知道法律规定而不能认识行为的社会危害性,则不成立故意。如某些行为由于历来不被法律禁止,人们历来不认为该行为是危害行为、该行为的结果是危害结果,但后来国家制定法律,宣告禁止实施该行为,对该行为以犯罪论处。如果行为人确实不了解法律规定,不知自己的行为是违法的,也就不可能明知自己的行为会发生危害社会的结果,因此不具备故意的认识要素,不能认定为故意。

3. 对行为结果的认识。《刑法》第14条第1款规定:"明知自己的行为会发生危害社会的结果……"这一规定表明,行为人对自己行为的结果要有一定的认识。在一些行为性质相似、造成相同后果的案件中,行为人对结果的认识与否,直接决定着行为构成何种性质的犯罪,如故意伤害致人死亡与故意杀人,虽然都造成了被害人死亡的结果,但前者的行为人对于死亡结果缺少故意,而后者的行为人则明确认识到会发生死亡的结果。

行为人对结果的认识,不要求一定是明确具体的认识。可以是对危害结果明确具体的认识,也可以是对结果的一种概括认识;可以是认识到了危害结果发生的必然性,也可以是认识到了危害结果发生的可能性。也就是说,明知"会发生"危害结果的含义包括两种情况:一是明知危害结果发生的必然性,二是明知危害结果发生的可能性。例如,爆炸罪,行为人认识到自己的行为会造成损害后果就足够了,不要求其要确切知道到底会炸死多少人或者造成多大的财产损失。

（二）犯罪故意的意志要素

犯罪故意的意志要素,是指行为人对行为导致的危害结果持希望或者放任的心理态度。犯罪故意的意志要素是行为人在明知自己的行为会发生危害社会的结果的基础上仍决意实施这种行为的主观心理态度,因此,认识因素是构成犯罪故意的前提和基本条件,意志要素则是构成犯罪故意的决定性要素,是认定犯罪故意的主要依据。刑法理论认为,犯罪故意的意志因素是以其认识因素为前提的,没有认识也就没有意志。但有了认识的前提,并不必然地发展为意志。所以,意志因素对犯罪故意的形成,进而对犯罪行为的最终发生,具有决定性的意义。

在犯罪故意的意志要素中,"希望"和"放任"是两种基本表现形式。希望,是指行为人对已经明知的危害社会结果持积极追求的心理态度。它常常是通过行为人外在的、促使这种危害结果发生的积极行动得以体现的。不过,正如有学者所指出的那样,"希望"虽然意味着积极追求某种结果的发生,但同样存在着程度上的差别,有强烈、迫切的希望,也有不很强烈、不很迫切的希望,但无论程度如何,都属于希望危害结果的实际发生。①放任,是指行为人对已经明知的危害社会结果既不积极追求,也不坚决反对,而是听任其产生、发展的心理态度。在这种心态支配下,行为人常常表现出对其行为导致的危害社会的结果漠不关心,显示了这种结果的出现并不违背行为人意愿的状态。希望和放任所体现出来的行为人的主观恶性程度有所不同。

二、犯罪故意的种类

依据不同的分类标准,犯罪故意可以进行多种分类。例如,根据故意内容的明确性程度,可以将其分为"确定的故意"和"不确定的故意";根据故意形成是否经过深思熟虑,可以将其分为"预谋的故意"和"突发的故意"等。但是,刑法理论上更多的是根据行为人对危害行为所具有的心理状态的不同,将其划分为直接故意和间接故意两大类。由于划分依据源于刑法规定的"故意犯罪"和"过失犯罪"定义所揭示的认识因素与意志因素,所以,这种划分在刑法理论上被称为犯罪故意的法定分类。

(一)犯罪故意的法定分类

1. 直接故意

直接故意,是指行为人明知自己的行为会发生危害社会的结果,并且希望这种结果发生的心理态度。直接故意在认识因素上是行为人已经认识到了自己的行为所具有的危害社会的性质,在意志因素上又积极追求这一危害结果的发生。它是认识因素与意志因素的结合和统一。我国刑法所规定的绝大多数故意犯罪都是由直接故意的心态构成的,有一些犯罪(譬如强奸罪、抢劫罪等)甚至只能由直接故意构成,不可能存在间接故意的情况。从行为人对危害结果的认识来看,直接故意存在两种情况:

(1)在行为人明知危害结果必然发生的情况下,希望危害结果的发生。这种情况强调的是行为人对危害结果发生"必然性"的认识。例如,甲打算杀乙,便用枪顶住乙的头部射击,此时甲明知自己的行为必然会导致乙死亡的结果发生,并且积极加以追求。这是直接故意的一种情况。

(2)在行为人明知危害结果可能发生的情况下,希望危害结果的发生。这种情况强调的是行为人对危害结果发生"可能性"的认识。例如,甲想毒杀乙,但是对自己准备的毒药的药性是否会导致乙的死亡并没有把握,可是其遇到了向乙的饭碗中投毒的好机会,为了不错过这一机会,甲向乙的饭碗中投入了毒药。这是直接故意的又一种情况。因为是认识到了危害结果发生的"可能性",所以在行为人实施行为之后,危害结果可能发生,也可能没有发生,但由于行为人在主观上是希望危害结果的出现,因此还是属于直接故意。

可见,是否属于直接故意,是以行为人对危害结果的意志要素为判断依据的。

---

① 张明楷著:《刑法学》(上),法律出版社1997年版,第199页。

2. 间接故意

间接故意，是指行为人明知自己的行为可能造成危害社会的结果，并且有意放任，以致这种结果发生的心理态度。间接故意同样由认识要素与意志要素构成。从认识要素考察，间接故意表现为行为人认识到自己的行为"可能"发生危害社会的结果。行为人对危害结果发生的"可能性"的认识，是把握间接故意必须注意的一个方面。与直接故意不同，间接故意在认识因素上是行为人认识到了自己的行为可能发生危害社会的结果，而不包括认识到自己的行为必然发生危害社会的结果。放任是以行为人认识到危害结果具有可能发生也可能不发生的或然性为前提的，如果行为人认识到的不是危害结果发生的可能性，而是危害结果发生的必然性，则不能成立间接故意，而是属于直接故意。成立间接故意，行为人的意志要素必须是放任危害结果的发生，认识要素中的"可能性"认识，与意志要素中的"放任"危害结果是紧密结合在一起的。只有行为人认识到的是危害结果发生的"可能性"，才能与"放任"的含义相协调。

从意志要素考察，间接故意表现为行为人"放任"危害结果的发生。对于"放任"的含义，应该准确理解。从刑法意义上理解行为人对危害结果的态度，表现为三种情况：希望、放任、不希望。从这三种不同的心理态度可以看出，"放任"不是希望，也不是不希望，而是一种对自己行为可能造成的危害结果持听之任之、任其发展的态度。但是不能理解为"放任"是介于"希望"与"不希望"之间的一种心理态度。因为行为人对危害结果的意志，不是一个从希望到不希望，或者从不希望到希望这样一个渐进的过程，并且在这个渐进过程中是一种放任的心态，而是在行为实施前或者实施中，行为人是希望还是放任，抑或不希望，早就已经形成了内心确定，它们相互之间不存在相互转化的问题。

在司法实践中，间接故意通常发生在以下三种情况中：

（1）行为人为追求某一个犯罪目的而放任另一个危害结果的发生。例如，行为人意图杀害自己的妻子，便在其妻的食物中放置了剧毒物。行为人明知自己的妻子会将食物分给女儿食用，但因杀妻心切，便置女儿的生死于不顾，仍然决意实施，结果导致妻女双双身亡。在此案中，行为人显然是为了追求杀妻目的的实现，才放任了其女死亡结果的发生。行为人放任后一危害结果发生的心理态度，就属于间接故意。

（2）为了追求某一非犯罪目的，而放任了某一种危害结果的发生。例如行为人在森林中合法狩猎，为了捕杀到猎物，专门布设了陷阱，而置夜行人的人身安全于不顾，结果造成了严重的人员伤亡事件。这也是一种间接故意心理支配下的犯罪行为。

（3）突发性犯罪中行为人不计后果地放任某种严重危害结果的发生。例如行为人与他人因琐事发生争吵，盛怒之下拔刀捅人，致使他人死亡。在此案中，行为人对自己持刀捅人必然会造成危害的后果是明知无疑的，但又不存在明显的杀人目的，至少人们拿不出证据去证明他具有杀人的目的。这就是一种不计后果的放任危害结果发生的间接故意心态，应当以故意杀人罪认定。

(二) 犯罪故意的学理分类

1. 确定的故意与不确定的故意

确定的故意与不确定的故意是根据犯罪故意的认识内容的确定程度进行的一种分类。确定的故意，是行为人明知自己的行为会发生危害社会的结果，在行为对象和具体侵害目标十分确定的情况下，仍然决意实施的心理态度；不确定的故意，则是指行为人虽然明知自己的行为会发生危害社会的结果，但在对行为对象和侵害目标尚缺乏明确和特定认识的情况下，仍决意实施的心理态度。

不确定的故意根据其程度的不同，又可以进一步划分为择一的故意、概括的故意和未必的故意三种：

(1) 择一的故意。这种情况下，行为的结果是确定的，客体也是确定的，但侵害的具体对象不确定，但无论哪个对象受到侵害，均不违背行为人的本意。例如，甲、乙并立，丙从其后开一枪，他明知甲、乙二人中必有一人中弹，无论甲中弹还是乙中弹，丙均有故意。

(2) 概括的故意。行为人对犯罪结果的发生仅有概括的认识，而不确定到底有多少对象会受到侵害。如行为人向一群人投掷炸弹，预见到必然会造成其中一定的人员死伤，但具体谁死谁伤，死伤多少，行为人并无明确的认识。

(3) 未必的故意。在这种情况中，行为人虽然认识到结果可能发生，但并不是积极追求结果的发生。换言之，行为人对结果是否发生的认识是不确定的，但就算结果发生了，也并不违反行为人的本意。所以，未必故意相当于间接故意。

2. 预谋的故意与突发的故意

根据犯罪故意形成时间的长短，犯罪故意可分为预谋的故意和突发的故意。预谋的故意，又称为熟虑故意，是行为人在事先对整个犯罪过程进行过深思熟虑之后才形成的故意心理状态；突发的故意，又称为激情故意或者偶发故意，是行为人在没有任何预谋的情况下，基于内外因素的一时激发而瞬间产生的故意心理状态。

就犯罪主观方面而言，通常情况下，具有预谋故意的犯罪人的主观恶性要大于突发故意的犯罪人的主观恶性，所以，可以成为刑事审判实务中酌情从重的量刑情节。

3. 事前故意和事后故意

根据犯罪故意产生的具体时间，犯罪故意可分为事前故意和事后故意。事前故意，是指犯罪结果实际上并没有发生，而行为人误认为已经发生了，进而又实施其他行为，以致造成结果的发生。例如，甲开枪打伤乙，甲误认为乙已死，将乙推入河中，致其被淹死。在这种情况下，判断故意的有无应以行为当时行为人的意图为准，由于乙被淹死的结果与行为人事先开枪行为所追求的结果是一致的，事前故意应当认为是故意的延续，故而甲应负故意杀人既遂的刑事责任。事后的故意，是指行为人起初并没有犯罪的故意，只是某种事实发生以后，才产生犯罪故意。例如，医生在给病人做手术时，本无杀人的意图，但在手术过程中，发现病人竟是自己的仇人，遂起杀人之意，故意不给病人必要的治疗，致其死亡。①

---

① 马克昌主编：《犯罪通论》，武汉大学出版社1991年版，第322页。

在刑法理论上,考察行为人的故意实际上都是以行为当时为准,而罪过实际上是行为人行为时主观心态的反映,所以故意应当都是"事中"的。事前故意和事后故意这一提法,并不科学。

三、直接故意与间接故意的区别

犯罪的直接故意与间接故意同属于犯罪故意,从认识要素上看,两者都要求行为人对自己的行为造成的危害结果持一种明知的态度。从意志要素上看,两者都不否定危害结果的发生。虽然直接故意与间接故意有这些相同之处,但毕竟它们属于犯罪故意中两种不同的心理态度,相互间存在着明显的区别:

1. 认识要素的区别。犯罪的直接故意包括行为人明知危害结果发生的必然性,也包括明知危害结果发生的可能性;而犯罪的间接故意仅指行为人明知危害结果发生的可能性。如果明知结果发生的必然性,则在意志因素上只能表现为希望。

2. 意志要素的区别。我国刑法学界普遍认为,直接故意与间接故意最本质的区别表现为意志因素存在不同。犯罪的直接故意是希望危害结果的发生,对危害结果积极的追求。犯罪的间接故意则是放任危害结果的发生,对危害结果采取听之任之、顺其自然的态度,结果发生了,行为人泰然处之;结果没有发生,行为人也不懊悔。这种意志要素上的不同,是区别直接故意与间接故意的关键。

3. 两种不同故意支配下的行为,是否造成特定危害结果的发生,对是否成立犯罪有不同的影响。对于直接故意犯罪来说,只要行为人主观上有犯罪的直接故意,客观上有危害社会的行为,就可构成故意犯罪。特定危害结果是否发生,并不影响犯罪的成立,只是对犯罪的形态产生影响。对间接故意犯罪来说,特定危害结果的发生对间接故意犯罪的成立起着非常关键的影响。在间接故意犯罪中,行为人预见到的是危害结果发生的可能性,并且对危害结果持放任态度,危害结果发生与否,都在其预料的范围之内。因此,根据主客观相一致的原则,在间接故意犯罪中,仅有行为而无危害结果时,尚不能认定行为人构成犯罪,只有发生了特定的危害结果之后,才能认定行为人的行为构成犯罪。例如,在开枪打猎而放任杀伤附近睡觉的人的情况下,未射中人时并不构成间接故意犯罪,只有将人打死或射伤时才成立间接故意犯罪。

从刑法的规定来看,大多数犯罪只能由直接故意构成,如强奸罪、抢劫罪等。司法实践中,也是直接故意犯罪多于间接故意犯罪。在理论上之所以将犯罪的故意区分为直接故意与间接故意,主要在于通过对两种不同犯罪故意的认识,正确地认定不同故意状态下行为的社会危害性,直接故意表现为行为人对危害结果的积极追求,而间接故意的行为人对危害结果持放任态度,因此从主观恶性来看,直接故意行为人的主观恶性就大于间接故意行为人的主观恶性。同时,在直接故意支配下的行为具有明确的指向性,行为的强度、造成的损害结果往往比较严重。在间接故意支配下的行为则缺乏明确的指向性,往往是在行为人实施其他行为时附带产生一种危害结果,因此不同故意心理支配下的行为的社会危害性程度有所不同。

四、故意的理解与认定

是否具备犯罪故意,是判断是否构成故意犯罪的必要条件。对于犯罪故意的理解与认定,除了掌握犯罪故意的认识要素与意志要素的相关知识以外,从司法实践情况看,还需要注意以下几点:

1. 区分犯罪故意与生活意义上的故意。生活意义上的故意是指行为人根据日常生活习惯而有意实施某种行为。犯罪故意则表现为行为人对自己实施的危害行为及其危害结果的认识与希望或者放任的态度,其内容是特定的。例如,行为人在黑暗中实施盗窃行为时,为了物色盗窃对象而划着火柴,结果造成火灾。在该案中,行为人在划火柴时没有放火罪的犯罪故意,只是一种日常生活意义上"故意"。

2. 区分犯罪故意与单纯的认识或者单纯的目的。故意是认识要素与意志要素的统一,因此,既不能用认识要素代替故意,也不能用意志要素代替故意。同时,还应注意区分刑法总则条文中的"明知"与刑法分则条文中规定的"明知"。刑法总则中规定故意的认识要素是"明知"自己的行为会发生危害社会的结果,是故意的一般构成要素,而分则中某些犯罪规定了"明知"的特定内容,这种明知是具体罪名所要求的故意必须具备的特定构成要素。总则"明知"与分则"明知"不是可以替代的关系。

3. 区分故意的合理推定与主观臆断。司法机关可以运用推定的方法证明行为人有无故意的心理状态,如根据交易的价格、时间、地点、数量等推定行为人是否明知销售的是伪劣商品或假冒注册商标的商品。这种推定的客观条件一般在司法解释中通过列举给出。推定必须以客观事实为根据,这是它与欠缺客观事实基础的主观臆断的区别所在。对于在一般情况下通过推定得出的结论,允许被告人提出相反证据加以推翻。推定方法一般只有在"故意"的有无证明存在困难时才会有条件地加以运用,不得一概以客观推定的方法取代对行为人主观心理态度的证明。

第三节　犯　罪　过　失

一、犯罪过失的概念

根据《刑法》第 15 条第 1 款的规定,犯罪过失是指行为人应当预见自己的行为可能发生危害社会的结果,因为疏忽大意而没有预见,或者已经预见而轻信能够避免,以致发生这种结果的心理态度。

犯罪过失是罪过的形式之一。相对于犯罪故意,犯罪过失的主观恶性要小得多。犯罪过失主要具有以下一些重要特征:第一,在认识因素上,包括无认识过失与有认识过失。无认识过失是对危害社会的结果"应当预见",有认识过失是对行为所具有的危害社会的性质"已经预见"。如果事实表明,某种危害结果虽然是由行为人造成的,但他却缺乏预见可能性,不可能对此有所认识,则不成立过失犯罪。第二,在意志因素上,过失表现为"疏忽大意"或者"轻信"。"疏忽大意"表现为在缺乏认识的状态下行事,常常显示出无所顾虑的行为倾向。而"轻信"则是在有认识前提下的一种意志表现,往往存在于行为过程之中、在危害结果尚未发生之前,反映出行为人盲目自信、无可奈何等心理状态,甚至出现尽力避免危害结果发生的行为倾向。由于"轻信"过失的前提是行为人对可能发生的危害结果已经有所预见,因此,这种犯罪过失的主观恶性一般要大于缺乏认识的"疏忽大意"过失。

二、犯罪过失的种类

犯罪过失依据不同的分类标准也可以进行多种类的划分。例如,根据认识状况的不同,可将其分为"无认识的过失"和"有认识的过失";根据主体及其违反的规范内容,可将其分为"普通过失"和"业务过失";根据认识因素和意志因素的差别,又可将其分为"疏忽大意的过失"和"过于自信的过失"等。由于疏忽大意的过失犯罪和过于自信的过失犯罪我国刑法已作出了规定,因此,这种划分也被称为犯罪过失的法定分类。

(一) 犯罪过失的法定分类

1. 疏忽大意的过失

疏忽大意的过失,是指行为人应当预见自己的行为可能发生危害社会的结果,因为疏忽大意而没有预见,以致发生这种结果的心理态度。

疏忽大意的过失也是认识因素与意志因素的有机统一。应当预见,但由于疏忽大意而没有预见,这是疏忽大意过失的认识因素。在犯罪过程中,行为人没有预见到自己行为可能造成的危害结果,是一种对危害结果没有认识的过失。正是由于行为人对危害结果没有认识,才导致其实施了引起危害结果发生的行为。但是,行为人对危害结果没有预见,并不是其不具备预见的能力,没有预见的责任,而是在具备预见能力,负有预见责任的前提下,由于疏忽大意而没有预见。疏忽大意是没有预见的原因,行为人是在没有预见到危害结果的情况下实施了导致结果发生的危害行为,如果行为人预见到了可能发生的危害结果,就不会实施这样的行为,因此,行为人对危害结果的发生是持否定态度的,这种不希望危害结果发生的态度,就是疏忽大意过失的意志因素。

从司法实践来看,判断行为人是否具有疏忽大意的过失,并不是先判断行为人是否疏忽大意,而是先判断行为人是否应当预见自己的行为可能发生危害社会的结果,如果应当预见而没有预见,就说明行为人存在疏忽大意。在应当预见的前提下,行为人并没有疏忽大意,但又确实没有预见,这种情形是不存在的。因此,在认定疏忽大意的过失时,关键应围绕着"应当预见"来展开。

（1）应当预见以能够预见为前提。所谓"应当预见"，是指行为人在行为时负有预见到该行为可能导致危害结果发生的义务。这种预见义务不仅来源于法律、法令的规定，或者职务、业务的要求，而且包括日常生活准则的普遍要求。但是，法律要求行为人的义务是以行为人能够履行义务为前提的，所以，预见义务是以预见可能为前提的。如果行为人没有预见能力，则不要求其必须履行负有的义务。

判断行为人预见能力的标准是什么？刑法理论界在判断标准上有不同的见解：一是主观标准，即行为人是否具备预见能力以行为时的情况下行为人自身的情况来确定，又称为行为人标准。二是客观标准，即以社会上一般人，即普通人的标准来确定行为人的预见能力，普通人能够预见的，那么行为人就应当预见，据此又可称为一般人标准。三是以主观标准为主、客观标准为辅的综合标准。认为应综合考虑行为人的主观能力和行为时的具体条件，不能脱离客观条件，以行为人平时的预见能力为标准，要把通常状况与特殊条件结合起来进行实事求是的判断。[1]也就是说，在实际判断预见能力时应坚持主客观相统一的原则，结合行为人因素与一般人因素进行综合考察。这是出于以下两点原因：

第一，每个人认识能力的高低是存在一定差别的，由于每个人的年龄状况、智力发育、文化知识程度、业务技术水平和工作、生活经验等各不相同，这些因素决定或者影响着一个人的认识能力，所以有的人认识能力高，有的人认识能力一般，还有的人认识能力较弱甚至没有认识能力。同时，任何案件都是在特定环境、条件下发生的，案发时的具体情况对行为人的认识能力也会产生一定的影响。因此，在确定行为人的认识能力时，应当把行为人个体的具体情况及当时所处的环境都考虑进去。

第二，要把行为人的认识能力与社会一般人的认识能力结合在一起进行考虑。每个个体之所以存在认识能力的高低之别，是与社会一般人的认识能力相比较而言的，脱离了一般的确认标准，也就不存在每个具体人的认识能力的程度问题。人们的预见义务是针对一般人提出来的（如果是特殊行业中的预见义务，则是针对该行业中一般人提出的义务），判断行为人能否预见，就要将行为的认识能力与这种一般人的认识能力联系起来。

基于以上分析，一般人在普通情况下能够预见的，行为人可以因为自身认识能力较低或者行为时的特殊条件而不能预见；反之，一般人在普通条件下不能预见的，行为人也可以因为自身认识能力较高（如专业知识等）或者行为时的特殊条件而能够预见。因此，既不应当不考虑行为人自身的实际能力，而用一般人的标准来衡量其能否预见，也不能脱离行为时的具体条件，而按普通情况来判断行为人能否预见，而只能按照行为人的实际认识能力和行为当时的具体情况，来分析确认行为人能否预见。

（2）应当预见的内容为法定的危害结果。过失犯罪以发生危害结果为构成要件，构成要件是刑法规定的，所以，行为人应当预见的是刑法分则明文规定的危害结果，而不是一般意义的结果。危害结果是一个外延极广的概念，我们只能在法律规定

---

[1]　苏惠渔主编：《刑法学》，法律出版社 2001 年版，第 144 页。

的范围内理解,故这里的危害社会的结果,只能是刑法分则对过失犯罪所规定的具体的犯罪结果。例如,过失致人死亡时,行为人所预见的是自己的行为可能发生致人死亡这一法定的具体结果。

行为人能够预见因而应当预见自己的行为可能发生危害社会的结果,因为疏忽大意而没有预见,因而导致危害结果发生的,就成立疏忽大意的过失犯罪。

2. 过于自信的过失

过于自信的过失,是指行为人已经预见到自己行为可能发生危害社会的结果,但轻信能够避免,以致发生这种结果的心理态度。

过于自信的过失也是认识因素与意志因素的有机统一。在认识因素上,行为人已经预见到自己的行为可能导致危害结果的发生,对危害结果发生的可能性有了认识。如果行为人预见的是危害结果发生的必然性,则属于直接故意,而不是过于自信的过失。同时行为人的这种"轻信"能够避免危害结果发生的思想,也属于认识要素的内容,"轻信"是对自己能力、或者客观环境的一种不正确的认识。在意志因素上,由于行为人实施该行为的原因,是轻信能够避免危害结果的发生,所以其对危害结果持否定态度。正是由于行为人认识到了危害结果发生的可能性,但不希望或者放任危害结果的发生,而是对危害结果持否定态度,所以才能成立过于自信的过失。

过于自信的过失的构成特征分别包括行为人对危害结果的"已经预见"和"轻信能够避免"。其中,"已经预见"反映了与疏忽大意过失的差别,说明它是一种有认识的过失。当然,这种认识的程度十分有限,行为人只是预见到危害结果发生的可能性,至于可能性的大小以及在何种条件下会转化为现实性,其认识常常是模糊不清的。事实上,正是行为人未能确切认识到危害结果发生的现实可能性,才导致了盲目轻信能够避免的意志倾向。"轻信能够避免"是这种过失的意志本质,体现了在对危害结果"可能发生"的不确定认识基础上的对危害结果的否定性判断。值得注意的是,行为人相信危害结果可以避免是有其主客观依据的。行为人的自信不是凭空想象的,而是应有其自信的根据,这种"自信"的根据可以是:一、行为人自身的能力。如本人经验丰富、技术精湛、体力充沛等。二、客观方面的因素。如机器设备性能良好等。总之,行为人自信是有事实根据的,不是盲目的相信。但这种依据仅仅存在于行为人的主观认识之中,是行为人自己的一种判断。虽然事实表明,这种判断带有浓烈的主观色彩,是行为人轻率地过高估计了各种主客观有利条件的产物,但它恰恰反映了行为人对这种危害结果持强烈的否定性评价,从而区别于"明知故犯"的犯罪故意。至于行为人相信危害结果可以避免在客观上是否真实可靠,则尚未经过验证。不过,在众多的过于自信过失犯罪业已构成的场合,均证明行为人判断中的所谓主客观依据,事实上是不存在的,或者虽然存在,但是也是不完全、不充分的,根本不能避免危害结果的实际发生。在已经预见到危害结果可能发生的情况下,行为人本来更应保持冷静的态度,慎重选择自己的行为方向。可过于自信的过失行为人却表现出一种十分轻率的态度,对那些既不充分、也不可靠的条件盲目信任,在缺乏足够依据的情况下草率作出判断,并进而采取行动或者不作为,以致造成了实际的危害结果。这说明,行为人没有认真履行自己对社会的"注意"义务,主观上存在着可予责难的因素,这正是行为人需要对自己的行为承担刑事责任的主观基础。

(二)犯罪过失的学理分类

1. 无认识过失与有认识过失

这种类别划分,事实上是犯罪过失法定分类的学理概括。因为前者以行为人缺乏对自己行为所造成的危害结果的认识为前提,故称无认识过失;后者则是在行为人已经预见到行为产生危害结果可能性的基础上才构成的,故称有认识过失。在构成无认识过失的场合,行为人究竟是没有认识到行为的事实还是这种事实的性质,是一个值得研究的问题。就无认识过失的不法性质及立法对其作否定性评价的目的而论,这种"无认识",显然不是指对行为及其结果本身无认识,而应当是指行为人对其行为及结果的危害社会性质缺乏认识。[①]例如,在防卫过当致人死亡的场合,行为人虽然也认识到防卫行为致人死亡的结果状态,但由于其自认为防卫行为的合法性,而未认识到过当致死的非法性质,所以,其主观上仍然是一种无认识过失。因此,对行为及其结果的社会危害性缺乏应有的认识,是无认识过失的核心所在。与此相反,有认识过失是一种违反回避结果发生义务的犯罪心理状态,它以行为人业已预见到自己的行为具有产生危害社会结果的可能性为先决条件,其实就是一种过于自信的过失。

2. 普通过失与业务过失

根据行为人所违反的注意义务是否为业务上的注意义务,可把犯罪过失分为普通过失和业务过失。普通过失,是行为人在日常生活或者社会交往中,违反一般注意义务,没有预见到可能发生的危害结果,或者虽然已经预见但轻信能够避免的心理状态。普通过失在社会生活中广泛存在,我国现行刑法规定的过失犯罪,绝大多数是这种类型的过失,它们主要集中在危害公共安全和侵犯公民人身权利的犯罪之中。业务过失,是具有特殊业务职能的人在从事某项特定业务活动中,违反业务职责上的特别注意事项,没有预见到可能发生的危害结果,或者虽然预见但轻信能够避免的心理状态。我国现行刑法在规定过失犯罪时,并没有明确标明"业务过失"的字样,但在学理上,一般都认为像重大飞行事故罪、工程重大安全事故罪等,均属于由业务过失导致的犯罪。它们的共同特点是:(1)犯罪主体的特殊性。犯罪行为人都具有业务上的特殊身份。(2)违反义务的特别性。行为人所违反的都不是一般的注意义务,而是由相应的法律、法规以及行业规范所特别加以规定的注意义务。(3)事故场合的特定性。业务过失所造成的严重危害结果,均发生在行为人从事特定业务、管理活动的过程之中,而不是发生在日常生活或者普通社会交往的场合。由于具有以上特点,业务过失在行为人主观责任上、在违反注意义务的程度上,都明显要重于普通过失。加之业务人员在对法律、法规及行业规范的违反上通常表现为"明知故犯",因此,对业务过失犯罪的处罚也往往要重于普通过失犯罪。这对于指导刑事立法与实际司法,都有一定的意义。

---

① 参见苏惠渔主编:《刑法学》,法律出版社 2001 年版,第 144 页。

3. 重过失与轻过失

根据过失的轻重程度,可以将过失分为轻过失和重过失。轻过失是指一般情况下不能预见,需要高度注意才能预见的或一般情况下不能避免,需要特别努力才能避免,而未预见或避免的过失情况。重过失是指主客观方面存在着足够预见或者能够避免的条件,而未预见或未避免的过失情况。

三、犯罪过失的界限

(一)犯罪过失与犯罪故意的界限

犯罪过失与犯罪故意都是罪过的表现形式,同属于犯罪主观方面的内容,在构成要素上,都是认识要素与意志要素的有机统一,这是二者的共性。但犯罪过失与犯罪故意毕竟是两种不同的心理态度,它们具有以下一些区别:第一,从构成要素上看,二者的区别主要为:在认识要素方面,犯罪的故意是行为人明知危害结果的发生,犯罪的过失则是应当预见而没有预见,或者已有预见但轻信能够避免危害结果;在意志要素方面,犯罪故意是行为人希望或者放任危害结果的发生,犯罪过失是既不希望也不放任,而是否定、排斥危害结果的发生,即行为人在过失状态下不希望危害结果的发生,这是区别过失与故意的关键。第二,从刑法的具体规定来看,刑法对过失犯罪与故意犯罪规定了不同的认定和处罚原则。首先,过失犯罪法律要求必须发生物质性危害结果,而故意犯罪并非都要求物质性危害结果的发生。其次,刑法以处罚过失犯罪为例外,对过失犯罪法律有规定的才负刑事责任。以处罚故意犯罪为主导,只要刑法没有明文规定罪过形式的犯罪都是故意犯罪。再次,刑法对故意犯罪与过失犯罪规定了不同的法定刑。由于过失犯罪行为人的主观恶性小于故意犯罪,因此过失犯罪的法定刑一般轻于故意犯罪的法定刑。

(二)过于自信过失与间接故意的界限

过于自信过失与间接故意既相似又不同。它们的相似之处主要表现在两个方面:都预见到危害结果发生的可能性;都对危害结果持不希望的心理态度。但两者无论是在认识因素上还是在意志因素上,又都存在一定的差别:首先,在认识程度上,过于自信过失仅仅预见到危害结果发生的某种"假设可能",是附条件的。因此,它有较大的或然性;而间接故意则不是一般的预见,而是一种"明知",更多的是明确地认识到了发生危害结果的现实性。其次,在对待结果的态度上,过于自信过失不仅仅是一般的"不希望",还积极地追求避免结果的发生。当危害结果实际出现时,行为人会认为是违背其本意的;而间接故意则不同,它虽然也"不希望",但危害结果的出现却并不违背行为人的本意。所以,在实际行动上,当危害的可能性向现实性的转化开始显现时,过于自信过失的行为人会采取积极的行动去尽力加以阻止(虽然最终没有获得成功),而间接故意的行为人则不会采取任何积极的行动。当然,上述这些差别还是比较原则的,在有些场合(诸如滥用职权和玩忽职守等),过于自信的过失与间接故意的区分非常困难,举证不易,其主观方面的恶性差异也不明显。因此,我国刑法在有关分则条款中没有作出明确的规定,适用的法定刑也是完全同一的。这表明,对于这些犯罪而言,刑法上既允许过于自信的过失犯罪行为构成,似乎同样也允许间接故意的犯罪行为构成。

四、犯罪过失的认定

1. 区分疏忽大意的过失与意外事件

在认定犯罪过失时,不能站在事后的立场进行判断。在认定疏忽大意的过失时,不能因为结果严重就断定行为人能够预见、应当预见,而应当分析行为,从行为本身的危险程度、行为时的客观环境以及行为人的智识、能力水平等方面,判断行为人在当时的客观情况下能否预见结果的发生。要区分疏忽大意的过失与意外事件。客观上虽然造成了危害社会的结果,但不是出于故意或者过失,而是由于不能预见的原因引起的,要按照意外事件处理。应当全面、客观、准确地判断行为人能否预见,从而正确区分意外事件与疏忽大意的过失犯罪。

2. 区分过于自信的过失与合理信赖

在认定过于自信的过失时,要区分过失与合理信赖。例如,汽车司机在高速公路上遵守交通规则正常行驶时,信赖其他人也是遵守交通规则的,如果他人违反交通规则随意横穿马路而被汽车撞死,不能将司机认定成"过于自信"的过失。

3. 区分过于自信的过失与不可抗力

过于自信的过失与不可抗力存在区别。行为虽然在客观上造成了危害社会的结果,但是不是出于故意或过失,而是由于不可抗拒的原因所引起的,按照不可抗力处理。不可抗力,是指行为人虽然认识到行为会发生损害后果,但鉴于当时的主客观条件限制,不可能排除或防止结果的发生。对于不可抗力,不能追究行为人的刑事责任。

4. 关于监督过失

监督过失是指两个以上有从属关系的人,即监督者与被监督者之间,由于被监督人实施了造成危害结果的行为而追究监督人过失的刑事责任。监督过失是社会发展到一定阶段的产物,该理论起源于日本,主要用于认定在企业中发生的重大事故中相关人员的刑事责任,如火灾、食品和药品的中毒事件、医疗事故、环境污染等。在现代社会的生产条件下,这类事故的发生不仅可以由直接行为人造成,也往往与负有指挥、监督、命令职责的人怠于履行职责、履行职责不当有关。

监督过失是追究管理者、监督者的法律责任。在生产过程中,企业的管理者、监督者有义务监督被管理者按照要求从事生产活动,其具体内容为事前的指示、提示、指挥、命令,行动中的监督以及事后的检查。但是,如果被管理者在生产过程作出某种与生产无关的故意行为,管理者就不承担相应的管理责任。例如,一个工人在建筑工地的上方,故意扔下一块砖块,砸死了地上的人,这是故意杀人或故意伤害,是这个工人的故意犯罪行为,管理者不需承担监督过失的责任。

第四节　犯罪动机与目的

一、犯罪动机与犯罪目的的概念

犯罪动机,是指刺激行为人实施犯罪行为的内心起因或者内心冲动。应该说,人的任何犯罪行为,都是在一定动机的作用下实施的,犯罪动机是行为人实施犯罪行为的原因。犯罪动机回答犯罪人基于何种心理原因实施犯罪行为,故动机的作用是发动犯罪行为,说明实施犯罪行为对行为人的心理愿望具有什么意义。例如,盗窃罪,行为人之所以实施盗窃行为,其动机可以是贪财、嫉妒、报复的心理。产生犯罪的动机需要具备两个条件:一是行为人内在的需要和愿望;二是外界的诱因与刺激。

犯罪目的,是指行为人希望通过实施犯罪行为实现某种危害结果的心理态度。犯罪目的表现为行为人对危害结果的希望态度。犯罪目的实际上分为两类:一是直接故意中的意志因素,即行为人对自己的行为直接造成危害结果的希望。如直接故意杀人,行为人明知自己的行为会发生他人死亡的结果,并希望他人死亡。希望他人死亡,就是行为人的犯罪目的。二是指在故意犯罪中,行为人通过实现行为的直接危害结果后,所进一步追求的某种非法利益或结果。如刑法分则所规定的非法占有目的、牟利目的、营利目的等。

刑法理论上所说的目的犯,就是指以上述第二种意义的目的作为主观构成要件要素的犯罪。例如,《刑法》第363条规定的制作、复制、出版、贩卖、传播淫秽物品牟利罪,必须"以牟利为目的",该犯罪就是目的犯。从目的与行为的关系来看,目的犯中的目的表现为两种情形:一种是只要行为人实施符合构成要件的行为一般就可以实现的目的。如贷款诈骗罪,只要行为人实施了诈骗银行或者其他金融机构的贷款的行为,就可以实现非法占有目的。另一种是行为人实施符合构成要件的行为后,还需要行为人或者第三者实施其他行为才能实现的目的。如走私淫秽物品罪,实施了符合构成要件的走私淫秽物品的行为,还不能直接实现牟利或者传播的目的,只有在走私行为完成之后实施其他相关行为,才能实现牟利或者传播目的。①根据目的犯中的目的是否在刑法中明确表现,又可分为两种:一种是法定的目的犯。法定目的犯是指刑事法律明文规定行为人在主观上必须具有某种特定目的作为构成要件要素的犯罪。此类犯罪占目的犯的绝大多数,如"以营利为目的"的赌博罪,"意图陷害他人或隐匿罪证"的伪证罪,"以非法占有为目的"的集资诈骗罪、贷款诈骗罪,"以牟利为目

---

① 德国刑法理论称前者为断绝的结果犯,后者为短缩的二行为犯;日本刑法理论则一般称前者为直接目的犯,称后者为间接目的的犯。参见〔日〕木村龟二主编:《刑法学词典》,顾肖荣等译,上海翻译出版公司1987年版,第159页。

的"的倒卖文物罪等。另一种是非法定的目的犯。非法定目的犯是指虽无法律的明文规定,但行为人在主观上必须具有某种特定目的作为构成要件要素的犯罪。如刑法中"非法占有目的"是构成盗窃罪、诈骗罪、抢劫罪等不可或缺的一个主观构成要件要素。由于此类犯罪没有明显的外在法律用语形式,相对而言,比较难以认识。

目的犯中的目的,只要存在于行为人的内心即可,而不要求存在与之相对应的客观事实。例如,刑法规定的走私淫秽物品罪所要求的"牟利或者传播目的",在客观上并不要求行为人具有出售牟利或者传播的行为,该目的只要存在于行为人的内心即可。这说明目的的实现与否,既不影响犯罪的成立,也不能影响犯罪既遂的认定。例如,行为人以牟利或者传播目的走私淫秽物品后,入境后立即被查获。一方面,走私淫秽物品罪的成立并不要求有牟利或者传播行为,另一方面,牟利目的与传播目的没有实现,也不影响走私淫秽物品罪既遂的成立。再如德国、日本刑法规定的伪造货币罪都要求行为人主观上"以行使为目的",但客观上又不要求行为人已经使用了所伪造的货币,因此,"以行使为目的"就是超过客观构成要件要素范围的主观要素。德国学者黑格勒(A. Hegler)将诸如"以行使为目的"称为超过的内心倾向,或称为"主观的超过因素"。①正如陈兴良所说:"目的犯之目的,通常指超越构成要件的客观要素范围,所以也叫超越的内心倾向。在这一点上,目的通常与故意有区别,也就是说,直接故意本身有一定的目的,这一目的是在构成要件之内的,法律不加规定并不影响这种目的的存在。但目的犯之目的却并非如此,它一般是由法律专门规定。"②

一般认为,犯罪目的仅存在于直接故意中。间接故意与过失不可能存在犯罪目的。但是对于动机存在于何种罪过形式中,理论上有不同的见解,传统的观点认为,间接故意犯罪、过失犯罪中,不存在犯罪动机,因为在间接故意犯罪、过失犯罪中,行为人不是希望危害结果的发生,没有犯罪的目的,而犯罪动机与犯罪的目的是密切联系并互相作用的,犯罪动机若离开了犯罪目的就无具体的指向和表现;犯罪目的无犯罪动机的内在推动力,就失去了其本身的含义。不过有学者认为,如果从犯罪动机不是犯罪性动机,而只是回答行为人基于何种心理原因实施了犯罪行为的角度来看,除了疏忽大意的不作为犯罪以外,其他犯罪都有犯罪的动机。这个问题有待于进一步探讨。

二、犯罪动机与犯罪目的的关系

犯罪动机与犯罪目的同属于犯罪主观方面的内容,两者既有密切的联系,又有根本性的区别。两者的联系表现在:(1)两者都是犯罪人的主观心理活动,都反映着行为人主观恶性程度。(2)犯罪目的以犯罪动机为基础,犯罪目的源于犯罪动机,犯罪动机促使犯罪目的的实现。(3)犯罪动机与犯罪目的有时可以互相转化,即犯罪动机

① 参见张明楷著:《法益初论》,中国政法大学出版社 2000 年版,第 385 页。
② 陈兴良著:《刑法哲学》,中国政法大学出版社 2000 年版,第 326—327 页。

是犯罪目的背后的目的。如出于贪利动机实施的以非法占有为目的的盗窃、抢夺、诈骗等犯罪。

犯罪动机与犯罪目的的区别主要有：(1)从作用上看，犯罪动机起的是推动、发动犯罪行为的作用；犯罪目的起的是为犯罪行为定向、确定犯罪目标和侵害程度的作用。(2)从产生顺序上看，犯罪动机产生在前，犯罪目的产生在后。(3)具有相同犯罪目的的同性质犯罪往往因人或者因具体情况的不同而有不同的犯罪动机。例如，诈骗罪的犯罪目的是行为人希望非法占有他人财务，这是犯罪人的目的；但从犯罪动机上看，有的犯罪人是出于追求腐化生活的目的，有的犯罪人是为了偿还赌债，还有的犯罪人想以此为生活来源等。(4)同一个犯罪动机可以导致几个犯罪目的的或者导致不同的犯罪目的，例如，出于报复的动机，可以先后导致同一行为人去追求伤害、杀死被害人或者毁坏被害人的财产等目的。也可以导致不同的行为人分别去追求盗窃、侮辱、强奸等不同的犯罪目的。(5)两者在定罪量刑中所起的作用有所不同。犯罪动机的作用偏重于影响量刑，一般不是犯罪构成的必要条件。犯罪目的的作用偏重于影响定罪，是某些犯罪构成的必要条件。

三、犯罪动机与犯罪目的的意义

按照传统的刑法理论，犯罪动机与犯罪目的只存在于直接故意犯罪中，所以犯罪动机与犯罪目的对于司法实践中故意犯罪的定罪量刑，具有重要意义。

犯罪动机对于司法实践所具有的意义表现在：首先，犯罪动机往往对量刑有影响作用。同一犯罪的动机多种多样，不同的犯罪动机能够说明行为人可谴责性大小的不同，反映出改造犯罪人的难易程度。量刑以改造犯罪人为目的，因此量刑时必须考虑犯罪动机。其次，犯罪的动机对定罪也有一定的意义。我国《刑法》第13条关于犯罪的定义规定"情节显著轻微危害不大的，不认为是犯罪"。犯罪的动机是衡量行为人犯罪情节的一个重要因素，因此在认定某一行为是否构成犯罪时，犯罪动机作为衡量情节轻重需要考虑的因素之一，在一定程度上可以对定罪产生一定的影响。

犯罪目的对于司法实践所具有的意义表现在：首先，犯罪目的是某些犯罪构成的必要条件。在刑法分则中，有些犯罪以特定的目的为成立该罪的必要条件。如果行为人主观上没有这种特定的目的，则不构成犯罪或者构成其他犯罪。例如赌博罪，必须以营利为目的，如果没有营利的目的，则不构成犯罪；再如拐卖妇女、儿童罪，行为人必须以出卖为目的，如果行为人不以出卖为目的的，则有可能构成其他犯罪。其次，犯罪目的在某些犯罪中是区分此罪与彼罪的标准之一。例如，《刑法》第363条第1款规定的传播淫秽物品牟利罪，要求行为人主观上以牟利为目的，如果行为人不以牟利为目的传播淫秽物品的，则按照《刑法》第364条第1款的传播淫秽物品罪定罪量刑。再次，犯罪目的影响量刑。由于犯罪目的影响着某些犯罪的成立，不同的犯罪目的，往往能说明行为人主观恶性的不同。同时，犯罪目的不同，行为人追求目的实现的行为也会不一样。从这个意义上讲，犯罪的目的对量刑有影响作用。

第五节　刑法中的认识错误

刑法中的认识错误，是指行为人对自己的行为在法律上的意义或者对有关客观事实存在不正确的理解。认识错误与犯罪主观要件有着密切的联系，对行为人刑事责任的有无或者刑事责任的大小有着重要的影响，因而需要认真分析研究。根据认识错误的不同情况，通常将其划分为对行为评价的认识错误（法律认识错误）和对事实状况的认识错误（事实认识错误）两种基本类型。

一、法律认识错误

法律认识错误，是指行为人对自己的行为在法律上是否构成犯罪、构成何种犯罪或者应当受到何种刑罚处罚存在不正确的理解。具体表现为以下三种情形：

1. 假想的犯罪。即行为人的行为依照法律并不构成犯罪，其误认为自己的行为构成了犯罪。例如，行为人由于不了解刑法的规定，误将自己的正当防卫行为当作犯罪行为，并主动到公安机关去"投案自首"。这种认识错误不影响对该行为的认定，行为人是无罪的。因为犯罪的标准是由刑法规定的，既然刑法没有规定某行为是犯罪行为或者将该行为排除出犯罪行为外，就不能因为行为人误认为是犯罪而追究其刑事责任。

2. 假想的不犯罪。即行为人的行为依照法律规定构成了犯罪，而行为人误认为不构成犯罪。例如，行为人实施了为亲友非法牟利罪，但他却认为自己的行为只是一般的违规行为。再如生活中有人把"大义灭亲"当作为民除害的正当行为。这种认识错误也不影响对行为人行为的认定，即行为人的行为依照法律的规定构成犯罪的，应严格按照法律规定追究该行为人的刑事责任，不能以行为人不知道法律的规定为由而不追究其刑事责任。

3. 行为人对行为触及的罪名或者罪刑轻重有错误理解。即行为人认识到自己的行为已经构成犯罪，但对其行为所触犯的罪名，或者应当处以什么样的刑罚，存在不正确的理解。行为人的这种认识错误既不影响定罪，也不影响量刑，因为司法机关只能根据案件事实及法律规定定罪量刑，追究行为人的刑事责任。

总之，对于法律认识错误而言，不论这种认识错误属于哪种情况，司法机关在追究行为人的刑事责任时，依照法律的规定对行为人的行为定罪量刑即可。行为人法律上的认识错误不影响对其行为规范性质的认定和对其责任的追究。但当出现某些极为特殊的情况，行为人对自己行为的法律性质和法律后果的误认有合理依据，并且这种误认足以影响到行为人对自己行为危害社会性质的评价时，则仍应实事求是地去进行例外处理。

二、事实认识错误

事实认识错误,是指行为人对自己行为的事实情况存在不正确的理解。这种认识错误涉及的内容较为复杂,种类很多,对行为人主观方面故意、过失的认定影响较大。因此,有必要认真对待,并进行分类研究。事实认识错误包括以下几种情况:

(一) 行为对象的认识错误

行为对象的认识错误,通常表现为误甲为乙,因此,又称为目标认识错误。从法律意义上分析,它包括两种基本形式:

1. 同种类对象的认识错误。譬如行为人具有杀害甲的故意和行为,但由于主观上的认识错误,却误将乙当成甲去进行杀害,结果造成了乙的死亡。这种同类对象的认识错误,并没有影响到客体的改变,因为刑法规定故意杀人罪是为了保护人的生命,而不是只保护特定的甲或者特定的乙的生命,因此,只要行为人主观上想杀人,而客观上又实施了杀人行为,那么就完全符合了故意杀人罪的构成要件,成立故意杀人罪的既遂。所以,对于这种行为,应当以故意杀人罪(既遂)定罪判刑。

2. 不同种类对象的认识错误。譬如行为人误兽为人去进行杀害,由于行为人既有杀人的故意,又有杀人的行为,所以,应当以故意杀人罪定罪。但因其主观上出现了认识错误,实际针对的并不是想象中的"被害人",没有造成他人死亡。因此,应以未遂认定,量刑时可以比照既遂犯从轻或者减轻处罚。如果出现相反的情况,行为人误人为兽进行杀害,则由于行为人缺乏杀人的故意,不能定故意杀人罪。这时,需要分析行为人产生误认的真正原因,如果确有过失,应当以过失致人死亡罪定罪判刑;如果没有过失,则作为意外事件对待,行为人不负刑事责任。

除了上述对象错误以外,还有一种情况也属于对象错误。例如行为人本欲盗窃一般财物,却误将枪支当作一般财物偷走。由于行为人只有盗窃一般财物的故意,而没有盗窃枪支的故意,在认定该行为时,应以盗窃罪追究行为人的刑事责任,而不能认定为盗窃枪支罪。因此,对于这种情况,在认定行为的性质时,是以行为人的主观故意的内容为根据的。

(二) 行为手段的认识错误

行为手段的认识错误,又可称为工具错误,是指行为人意欲犯罪,但其使用的手段或者精心选择的作案工具却无法实现其犯罪意图。在这类认识错误的案件中,因为行为人既有犯罪的故意,又有犯罪的行为,自然应当以故意犯罪定罪。但由于手段(工具)认识错误,不可能(事实上也没有)产生危害社会的结果,因此应以未遂认定。例如,甲欲杀害乙,误把白糖当作砒霜放入乙的食物中。由于甲使用了不能致人死亡的白糖当作毒杀被害人的工具,所以不会发生乙的死亡结果。在这种情况下,甲有杀人的故意,实施了杀人的行为,但由于使用工具错误,没有发生甲所希望的危害结果,因此甲应当承担犯罪未遂的刑事责任。

（三）因果关系的认识错误

因果关系的认识错误，是指行为人对自己的危害行为与危害结果之间的因果关系的实际发展有错误的理解。无论是故意犯罪，还是过失犯罪，行为人对因果关系的认识都有可能产生错误。不过在过失犯罪中，由于危害结果是成立犯罪的必要条件，只要查明行为人主观上有过失，其行为与已经发生的危害结果存在因果关系，即使行为人对因果关系存在错误认识，对犯罪的认定也不产生影响。在故意犯罪中，情况比较复杂，行为人对因果关系的错误认识对犯罪性质、犯罪形态的认定有影响作用。因此，我们着重就故意犯罪中行为人对因果关系的错误认识进行分析。主要有以下四种情况：

1. 行为人认为自己的行为已经发生了预期的危害结果，而实际上该危害结果并未发生。如行为人欲杀死被害人，在荒郊野外朝被害人头部猛击一棍，被害人当即昏死在地，其认为被害人已死，逃离现场，但被害人遇救未死。在这种情况下，由于被害人死亡的结果并未发生，只能认定行为人成立犯罪未遂。

2. 行为所希望的危害结果是由其他原因造成的，而其误认为是自己的行为造成的。例如，甲欲杀乙，某晚趁乙返家途中，从背后捅了乙几刀，乙当即倒地，甲认为乙必死无疑，便逃离现场。过了一段时间，乙苏醒，挣扎起地，突然一醉酒的司机开车经过，因疏于观察，将乙轧死。除了司机构成交通肇事罪以外，对于甲而言，由于乙的死亡并不是其行为直接造成的，因此甲只承担杀人未遂的刑事责任。

3. 行为人的行为造成了其所追求结果以外的结果的发生，即实际发生的结果大于行为人预想的结果或者实际发生的结果小于行为人预想的结果。对于前一种情况，例如，甲欲伤害乙，朝乙大腿扎了一刀，不料扎中乙的动脉血管，乙因流血过多死亡。这种情况下，虽然是甲的行为导致乙的死亡，但甲主观上并无杀害乙的故意，因而不能认定甲成立故意杀人罪。甲应负故意伤害致人死亡的刑事责任。对于后者如行为人本想杀人，结果只造成了伤害，行为人要承担故意杀人未遂的刑事责任。

4. 行为人实施了前后两个行为，实际上是后行为造成了其所希望结果，而他却误认为是前行为造成的。例如，甲意图杀乙，将乙打昏后，误认为乙死亡，为毁"尸"灭迹，将乙投入水井中，结果乙被淹死。对于这种情况，甲有杀人的故意，实施了杀人的行为，乙死亡的结果也是由甲的行为直接造成的，其主观上的认识错误并不影响对行为的认定，甲应负故意杀人既遂的刑事责任。

此外，刑法理论上还对行为差误进行了研究。所谓行为差误，又称打击错误、行为偏差，是指由于行为人本身行为的差误，导致行为人所欲攻击的对象与实际受害的对象不一致。例如，甲基于杀害乙的目的，举枪射杀，但由于枪法不准，未能射中，却将乙身后的丙射死。关于行为差误的性质认定，即它是否属于一种认识错误以及属于哪一种类型的认识错误，刑法学界争议较大。一般认为，行为差误的形成与行为人的认识错误无关，因此，不应将它视作刑法意义上的认识错误问题。那么，应当如何处理上述案例中的行为差误问题？我们认为，在该案中，行为人主观上具有杀人的故意，客观上的杀人行为也导致他人死亡，二者与刑法规定的故意杀人罪的犯罪构成是完全一致的，因而对于这种同种类对象的行为差误应以故意杀人罪的既遂加以处理。

第十章

犯罪阻却事由

第一节　犯罪阻却事由概述

一、犯罪阻却事由的概念

犯罪阻却事由,是指某一行为虽然在客观上具备了刑法对某一犯罪规定的行为形式,但是由于其行为本身实质上是有利于社会,从而不具有社会危害性,或者由于行为人缺乏主观罪过,从而不具有主观危险性,因此刑法明确规定,该行为不构成犯罪的情形。

我国的刑法表明,行为的客观危害和行为人的主观罪过的有机统一是犯罪得以成立的基本要求。犯罪构成的理论更是明确指出,犯罪是行为的客观危害和行为人的主观罪过相结合的有机整体,缺乏其中任何一个要件,犯罪就不能成立。社会成员只有意欲犯罪的思想活动,而没有任何外在的客观行为,当然不能构成犯罪。这一理由我们已在犯罪构成的理论中作了详细的介绍。但在复杂的社会生活中,有些行为虽然在客观上给一定的人或一定的物造成某种损害,其行为似乎已经具备刑法对某一犯罪规定的行为形式,但通过价值评价认定这种行为实质上是对社会有利而无害,并且是国家积极提倡和鼓励的行为,或者是行为人在主观上根本不存在故意或过失的罪过,而是由于不能抗拒或者不能预见的原因所引起的,就不能认为是犯罪。因此,我国刑法明文规定阻却其成立犯罪,这样一些行为不属于犯罪。

二、犯罪阻却事由与犯罪构成的相互关系

犯罪阻却事由在表面上似乎具备某种犯罪构成的形式,这是犯罪阻却事由的一个方面,在另一方面,又由于刑法的特别规定,阻却其犯罪的成立。那么,在同一个行为事实基础上而存在的刑法规定的犯罪阻却事由和犯罪构成之间是一种什么关系。我们认为二者既具有密切的相互关系,又具有不同的规范要求和不同的价值取向。

（一）从刑事立法的角度而言,二者是基于同一个虚拟行为事实而设立的具有不同内容要求的法律规范形式,是一种彼此相对独立的并立关系

无论是犯罪构成还是犯罪阻却事由,都是刑事立法者以同一个虚拟行为事实为

基础而设定的。现实生活中一旦出现了可以同时符合法律事先设定的基本要件，则二者同时具备了两种不同的规格模型。但是二者在事先设定的规范要求上具有不同的内容和形式。作为犯罪构成来说，它的基本要求是行为人在精神状态正常的情况下有意识、有意志地实施行为，在客观方面，它要求的是行为人的行为在人们的一般观念上属于有害于社会、因而在刑法分则中已被规定的行为。而犯罪阻却事由的基本要件的设置，虽然已要求行为人在主观上具有正当性的目的，但这只是一种观念上的要求，在实际生活和司法实践中，往往让位于或者依附于实际的客观行为。犯罪阻却事由强调的是从客观方面对行为要素和行为表现的设计与要求。例如正当防卫、紧急避险在客观方面的多重要求。犯罪阻却事由和犯罪构成基于同一行为事实而在刑法中存在，犹如基于同根生的同一棵大树上的两根大树杈，使得二者呈现一种彼此相对独立的并立关系。

（二）从刑事司法的角度而言，二者是基于同一个既定行为事实而引用的具有不同价值取向的价值评价活动，是一种基础和上层的相互关系

在现实生活中的行为事实即使符合某种犯罪构成，还必须通过一定的价值评价后才能确定为犯罪，这一价值评价的标准就是行为的社会危害性及其大小。犯罪阻却事由首先在形式上符合了某种犯罪构成，使这种行为事实有了进入刑法评价的必要和可能。不具有某种犯罪构成的一般性行为事实，根本没有必要进行刑法评价。犯罪阻却事由具有符合某种犯罪构成的规范内容，通过刑法的评价是一个先肯定的过程。但当犯罪阻却事由本身不具有行为对社会的危害性，通过刑法规定的犯罪阻却事由的规范要求进行再评价，阻却其成立犯罪，这又是一个否定的过程，是一个更高层面的司法活动的价值评价过程。[①]

三、刑法规定犯罪阻却事由的意义

刑法明文规定犯罪阻却事由，有着十分重要的理论意义和实践价值。

第一，从刑法的理论研究层面而言，深入研究犯罪阻却事由，可以帮助我们更好地理解我国刑法的价值取向和犯罪的本质属性，更好地理解犯罪构成的基本理论，进一步认识到任何一种犯罪构成，都是主观罪过和客观危害的有机统一，缺乏其中一个要件都不能成立犯罪，以便更好地界定罪与非罪的区别。同时，即使某些犯罪阻却事由在表面上似乎具备了某种犯罪构成的形式，但在实质上不具有犯罪的主观罪过或客观危害，也不能构成犯罪。所以刑法规定阻却其犯罪的成立。

第二，从刑法的司法实践层面而言，刑法规定犯罪阻却事由，可以帮助我们进一步保证每一个不具有主观罪过或者不具有客观危害的行为不受刑事责任的追究，以确保法律赋予公民的权利得以实现，从而建立起法律的权威性。

第三，从刑法的社会效果层面而言，刑法规定了犯罪阻却事由，表明只要符合刑

---

① 杨兴培著：《犯罪构成原论》，中国检察出版社 2004 年版，第 317—323 页。

法明文规定的阻却犯罪的情况，人们就可以大胆、积极地行使法律所赋予的权利，进行必要的正当防卫、紧急避险，以保卫国家、公共利益、本人和他人的合法利益。

四、犯罪阻却事由的种类形式

在我国刑法的实体规定中，只规定了三种形式的犯罪阻却事由，它们是正当防卫、紧急避险和意外事件。在社会生活中，犯罪阻却事由还有依法履行的行为，执行命令的行为，履行业务的行为，经权利人同意的行为，等等。

第二节　正　当　防　卫

一、正当防卫的概念和意义

(一) 正当防卫的概念

我国《刑法》第 20 条规定："为了使国家、公共利益、本人或者他人的人身、财产和其他权利免受正在进行的不法侵害，而采取的制止不法侵害的行为，对不法侵害人造成损害的，属于正当防卫，不负刑事责任。"根据这一规定可以看出，刑法中的正当防卫，就是指为了保护国家、公共利益、本人或者他人的人身、财产和其他权益免受正在进行的不法侵害，而对不法侵害人通过人身反击的手段，以制止不法侵害继续进行的行为。

从正当防卫的概念和我国刑法对正当防卫的规定来看，正当防卫有三个鲜明的特点：

1. 正当防卫是通过对不法侵害人的人身反击行为来实施的，从而具有杀人、伤害的行为表现。如果客观上不具有杀人、伤害的行为表现或者行为结果，那属于制止不法侵害的一般行为或者属于擒获不法侵害人，在刑法上不属于正当防卫的范畴。

2. 正当防卫是一种面临不法侵害而实施的人身反击行为，是为了制止不法侵害行为的继续进行而被动采取的防卫手段，因而其实质是一种正义和合法的私力救济行为。

3. 正当防卫是行为人为了保护社会的公共利益、公共秩序和自身的合法权益而进行的反击行为，其客观上不具有犯罪的社会危害性。

正当防卫作为一种同违法犯罪作斗争的重要手段，是一种在公力救济无法实现情况下的私力自行救济的行为，为国家所提倡和鼓励，为法律所许可和保护。因此，我国刑法明文规定阻却其成立犯罪。

(二) 正当防卫的意义

刑法确立正当防卫制度，有着深刻的理论意义和重大的实践价值。

1. 正当防卫制度从刑法理论上进一步表明行为在客观上具有危害性和行为人在主观上具有危险性,且两者的有机统一是犯罪得以成立的必要条件。正当防卫的行为在客观上有益于社会利益和社会秩序,正当防卫的行为人在主观上不具有犯罪的罪过,其行为当然不能构成犯罪,无须承担刑事责任。

2. 正当防卫制度在社会生活中可以进一步发挥刑法惩恶扬善的社会功能,它使每一个社会成员知道正当防卫是法律赋予公民的一项应有权利,以便能够勇于同违法犯罪的不法侵害行为作斗争。同时刑法规定的正当防卫制度,其防卫的范围并不仅仅局限于防卫人本人的合法权益,而且还扩大到防卫国家、社会公共利益和他人的合法权益,这也是一种法制宣传和法制教育,它提倡和鼓励社会成员发扬见义勇为的应有精神,共同与违法犯罪行为作斗争,从而加强社会成员之间的协作互助。

3. 正当防卫制度对社会上一些不良分子也是一种警告,它告诉每一个意欲违法犯罪的分子,他们一旦胡作非为,就会受到来自社会各个方面的防卫打击,从而能够有效地遏制违法犯罪行为的发生。

在我国,正当防卫既是法律赋予公民的一项正当权利,也是公民应尽的一个道德要求。正当防卫制度要求社会成员面临不法侵害时,都能够挺身而出,运用正当防卫这一法律武器,勇敢地同违法犯罪行为作斗争,以保护社会各种利益不受侵害。同时根据法律规定,对于某些负有某种特定职责的社会成员来说,正当防卫又是他们的一项必尽的法律义务,例如1983年9月14日最高人民法院、最高人民检察院、公安部、国家安全部、司法部联合发布的《关于人民警察执行职务中实行正当防卫的具体规定》中指出:"人民警察在必须实行正当防卫行为的时候,放弃职守,致使公共财产、国家和人民利益遭受严重损害的,要依法追究刑事责任。"这表明负有某种特定责任的社会成员,在履行职责时应当实施正当防卫而不实施正当防卫,是一种亵渎职责的行为,为法律所不容。

二、正当防卫的成立条件

由于正当防卫是通过对不法侵害人实施人身打击的方法手段进行的,从而达到制止不法侵害行为继续进行的防卫目的,以保护合法的社会利益。正因为如此,正当防卫一旦实施不当,就有可能背离刑法精神,也会给他人造成不应有的损害。因此,为了保证正当防卫的正确实施,防止滥用防卫手段,刑法规定正当防卫的实施必须符合以下几个必备的条件:

(一) 正当防卫必须是为了保护合法权益才能实施

正当防卫必须是为了保护合法的权益才能实施,这是正当防卫的目的性条件。这一条件表明如果行为人实施的反击行为不是为了保护合法权益,其反击行为就不能认定为正当防卫。对于非法利益,不在正当防卫的保护之列。所谓合法权益,就是指受法律保护的国家利益、社会公共利益、本人或他人的各种合法利益。

正当防卫的行为基于不法行为的存在而进行,但正当防卫的行为必须受制于正当防卫的正当目的性，即为了保卫国家、社会公共利益、本人或者他人的合法利益免受正在进行的不法侵害。防卫目的的合法性，决定了防卫行为的正当性。防卫目的的合法性，首先要求防卫人尽可能具有清晰的意识因素，即防卫人应当明确认识到法律保护的合法权益正受到不法侵害，如果不立即进行防卫反击，那么不法行为对合法权益的侵害就将变为现实并将继续进行。其次，防卫目的的合法性要求防卫人必须具有明确的意志因素，即正当防卫的全部行为在于制止不法侵害行为的继续进行，从而使法律保护的合法权益免受不法侵害。

在社会生活和司法实践中，对这一条件的适用，应当注意三个问题：

1. 防卫挑拨不是正当防卫。防卫挑拨，是指行为人意欲加害他人，事先刺激、引诱、挑逗对方先行向自己进攻，然后借口正当防卫加害对方的行为。防卫挑拨是行为人在主观上事先具有蓄意加害他人的犯罪故意，缺乏正当防卫的目的，属于一种特定形式的故意犯罪，因而不能认定为正当防卫。

2. 互殴行为不存在正当防卫。互殴行为，是指在一些流氓斗殴或者因民事纠纷而引发的争斗过程中，双方行为人都有加害对方的意图而实施相互侵害的行为。由于互殴过程中，双方行为人都有加害对方的意图，都有侵害对方的行为，因而都属于不法侵害人，因此都不拥有正当防卫的权利。但如果其中一方已退让逃避，他方仍然继续攻击，穷追不舍，退让者对正在进行的继续不法侵害，则可以实施正当防卫。

3. 偶然防卫不是正当防卫。偶然防卫，是指行为人故意对他人实施犯罪行为时，巧遇他人正在进行的不法侵害，其行为客观上制止了他人不法侵害的情况。偶然防卫的行为人，从客观上来讲，符合正当防卫的条件，但由于行为人是出于犯罪故意而实施，根本不具有保护合法利益、制止不法侵害的主观目的，因而不是正当防卫，而是故意犯罪。

（二）正当防卫必须是针对不法侵害行为才能实施

正当防卫必须是针对不法侵害行为才能实施，这是正当防卫的前提性条件。这一条件表明没有不法侵害行为的存在，就没有正当防卫存在的根据。刑法规定只允许针对不法侵害行为才能实施，是由不法侵害行为的违法性质和正当防卫的属性所决定的。因此，对所有合法的行为均不能进行所谓的正当防卫。行为人借口自己的某些利益受到合法行为的限制而进行的反击行为，如果造成严重后果，应当以所构成的犯罪论处。

不法侵害，是指能够危害到国家、公共利益、本人或者他人合法权益的各种违法犯罪行为，这里既可以包括犯罪行为，也可以包括违法行为。这是因为违法行为随时可以向着犯罪行为的方向发展和过渡，而这种发展和过渡又不是以防卫人的意志为转移的。但由于正当防卫是通过对不法侵害人造成一定的人身损害方法加以实施的，因此对于不法侵害，其范围应当受不法侵害的性质所限制，即不法侵害必须一般表现为具有暴力性的、明显严重的社会危害性和即将造成严重结果的紧迫性。对于那些一般不具有暴力性质的，并不十分危险严重的、不会立即造成实际严重损害结果的违法犯罪行为，应尽可能通过其他合法的途径予以处置。

正当防卫只能针对不法侵害才能实施，意味着对不属于不法侵害的行为就不能实施所谓的防卫。但是在司法实践中，对这一条件的适用，应当注意以下五个问题：

1. 不法侵害必须是实际存在的，而不是防卫人凭主观想象臆造和推测的。由于防卫人认识上的错误，对实际上并不存在"不法侵害"的他人，误认为是不法侵害人而实施所谓的正当防卫，在刑法理论上称为"假想防卫"。对于假想防卫，应依据事实认识错误的处理原则来解决其法律责任问题，即如果行为人应当预见到对方行为可能不是不法侵害，那么他在主观上有过失，应对其假想防卫所造成的损害负过失犯罪的责任；如果行为人在当时情况下确实不能预见到对方行为不是不法侵害，那么他在主观上无罪过，其假想防卫造成的损害属于意外事件，不负刑事责任。

2. 对于未达刑事责任年龄的未成年人和不具有刑事责任能力的精神病人的侵袭行为，能否实施正当防卫？刑法学界的意见不尽一致。一种观点认为，不法侵害人除其行为在客观上危害社会、违反法律外，还必须具备责任能力和主观罪过。换言之，未成年人和精神病人的侵害行为不属于不法侵害。因此，在遇到这类人的侵害时，如果明知侵害者是无责任能力人，则不能对其进行正当防卫，但可以进行紧急避险。如果不知其是无责任能力人而采取反击行为，则视为假想防卫，可以以意外事件认定。另一种观点认为，无责任能力人的侵害行为，客观上也是危害社会的行为，广义上属于不法侵害，因此，不能完全将其排除在正当防卫的对象之外，对其是可以实行正当防卫的。但无责任能力人的侵害行为明显不能等同于有责任能力人的故意侵害，因此需要加以一定的限制。在遇到无责任能力人的侵害时，如果明知侵害者是无责任能力人并有条件用躲避等其他方法避免侵害时，则不得实行正当防卫；如果不知道侵害者是无责任能力人，或者不能用躲避等其他方法避免侵害时，应当允许对其侵害行为实行正当防卫。

3. 对于动物的侵袭谈不上正当防卫，但对于受人驱使的动物的侵袭，可以对驱使人实施正当防卫。这是因为此时的动物侵袭实际上就是驱使人的侵害，动物不过是行为人不法侵害的工具，这就意味着完全可以对工具的使用人进行正当防卫。

4. 对于防卫过当的行为能否实施正当防卫？这在刑法理论上存在着争议，对此应作严格的控制。这是因为在防卫过程中，防卫行为是否超过必要限度，是无法加以认定的，不法侵害存在着可以随时加剧的可能性。但是在原先的不法侵害已经明确中止或被制止之后，原先的防卫人仍继续予以打击，应当承认率先实施不法侵害的人拥有有限的防卫权。

5. 对正在进行的不作为行为能否进行正当防卫？这是一个有争议的问题。一般而言，不作为行为不具有暴力的属性，因而刑法理论一般不主张进行正当防卫。但是在不作为行为具有能够造成重大危害后果，而又没有其他方法能够排除的紧急情况下，我们认为可以对不作为的不法侵害进行正当防卫，迫使其实施作为行为，避免严重后果的发生。

（三）正当防卫必须针对正在进行的不法侵害行为才能实施

正当防卫必须针对正在进行的不法侵害行为才能实施，这是正当防卫的时间性条件。这一条件表明正当防卫的实施与不法侵害行为的实际存在并正在进行要求具有时空上的高度一致性,是保证正当防卫正确实施的重要条件。所谓正在进行的不法侵害,是指不法侵害不但是实际存在的,而且正处在已经着手进行、尚未结束的过程中。

在司法实践中,对这一条件的运用,应当注意两个层面的要求:

1. 不法侵害实际上已经着手进行,并正在进行。不法侵害处在尚未着手进行的预备阶段,可以检举揭发,可以通知或者请求有关部门进行处置,也可以采取防范措施,但不允许采取预先的防卫行为。

2. 不法侵害事实上仍在进行,尚未结束。不法侵害已经结束,意味着正当防卫权的终止。不法侵害已经结束,包括不法侵害人自动、有效地中止违法犯罪;不法侵害的危害结果已经造成,犯罪处于既遂的状态,不再向前延伸;不法侵害已被制止,不法侵害人已处于被控制之下。对于已经结束的不法侵害,只能由有关部门依法处置,而不允许防卫人任意进行报复惩罚。当然对于犯罪刚刚结束,不法侵害人有逃跑、拒捕等行为表现的,则又可以进行正当防卫。

对于尚未着手进行或已经结束的不法侵害实行所谓的"正当防卫",在刑法理论上称之为"防卫不适时"。对于防卫不适时,无论是事前防卫还是事后防卫,如果防卫人存在着对事实的认识错误,基于防卫意图,阻却其犯罪故意的成立。对于已经造成的实际损害结果,有过失以过失论,无过失的以意外事件论。如果防卫人不存在认识错误,则以故意犯罪论,但可以酌情从宽处理。

（四）正当防卫必须是针对不法侵害人本人才能实施

正当防卫必须是针对不法侵害人本人才能实施,这是正当防卫的对象性条件。这一条件是由刑法不承认株连原则或者连带责任原则所决定的。不法侵害人本人,是指不法侵害的实施者及其共犯。实施正当防卫,丝毫不能累及无辜,包括不法侵害人的亲朋好友。正当防卫强调对象条件,不但是因为只有对正在进行不法侵害的实施者实施正当防卫,才能制止不法侵害的继续进行,从而实现正当防卫的目的要求,而且也是由我国刑法罪责自负原则的基本要求。正当防卫如伤及无辜,则要承担相应的法律责任。但是在共同犯罪中,由于共同犯罪是一个有机的行为整体,所有共同犯罪的行为人,都属于不法侵害人。所以在这种情况下,防卫人可以选择任何一个共同犯罪人进行反击防卫。

（五）正当防卫必须是不能明显超过必要限度造成重大损害

正当防卫必须是不能明显超过必要限度造成重大损害,这是正当防卫的适度性条件。这一条件表明正当防卫不是一种报复性的私下惩罚手段,必须受必要限度的限制。正当防卫是法律赋予公民的一项合法权利,但由于正当防卫是通过人身打击的方法来实施的,一旦实施不当,也会造成不应有的人身损害,甚至将正当防卫不恰当地视为个人报复的借口,从而影响法律的严肃性。所以,在正当防卫的过程中,正确把握正当防卫的必要限度,对于发挥正当防卫的最大威力和遏制正当防卫可能产生的负面效应,具有十分重要的意义。正当防卫是否明显超过必要限度而造成重大损害,是区分正当防卫适当与正当防卫过当的重要标准。正当防卫只有未明显超出必要限度造成重大损害的,才能认定正当防卫或者说是正当防卫的适当。所谓必要限度,是指防卫行为能够足以制止不法侵害的继续进行而不造成新的不应有的损害。

上述五个正当防卫的成立条件,严格地说是正当防卫适当得以成立必须同时要具备的。缺少其中一个条件,都不是正当防卫或者说是正当防卫的适当。

三、正当防卫中的特殊防卫

《刑法》第 20 条第 3 款明确规定:对正在进行行凶、杀人、抢劫、强奸、绑架以及其他严重危及人身安全的暴力犯罪,采取防卫行为,造成不法侵害人伤亡的,不属于防卫过当,不负刑事责任。这一规定表明,在这些特定的暴力性犯罪前面,不存在防卫过当的问题。对此刑法理论上称之为特殊防卫、无限度防卫或者无过当防卫。

特殊防卫与一般正当防卫相比较,其区别点主要在于第五个限度性条件的要求不同,特殊防卫没有防卫限度的限制。特殊防卫的成立,除具备正当防卫前四个基本条件外,还具有两个明显的特点:

(一) 不法侵害必须是具有明显的法定暴力性

特殊防卫的前提条件存在着正在进行的行凶、杀人、抢劫、强奸、绑架以及其他严重危及人身安全的暴力性犯罪。对于那些采取隐蔽性、非暴力手段进行的犯罪,不属于特殊防卫的范围,不然就有一个防卫过当的问题。

(二) 防卫手段和防卫程度的无限制性

只要存在着正在进行的行凶、杀人、抢劫、强奸、绑架以及其他严重危及人身安全的暴力性犯罪,就意味着法律赋予防卫人可以进行特殊防卫的权利,不存在过当的法律问题。当然在社会生活和司法实践中,我们还是应该强调,如果防卫人能够采用较轻的防卫手段就可以制止不法侵害行为的继续进行,那就没有必要一定适用无限度的强力手段而致不法侵害人于死地。

四、正当防卫的过当及其刑事责任

防卫过当,就是指正当防卫明显超过必要限度造成重大损害的行为。根据刑法规定,防卫过当应当负刑事责任。

在刑法理论上,正当防卫有防卫适当和防卫过当两种情形,两者都是以正当防卫为前提。在我国刑法中,防卫适当即使对不法侵害人造成人身伤害乃至于死亡,由于防卫行为没有超出必要的限度,不具有社会危害性,符合刑法有关犯罪阻却事由的规定,因而不负刑事责任。而防卫过当则在对不法侵害人造成的人身损害中剔除了合理、合法的部分后,其不合理、不合法的部分无法被阻却,因而仍要承担刑事责任。

正当防卫由于出现超出必要限度而造成不应有的重大损害就形成防卫过当。防卫过当是一种特殊形式的犯罪情形。如何认识和认定防卫过当,是刑法理论和司法实践的一个重要问题,有必要加以深入研究。

(一) 防卫过当的超限标准

防卫过当是超出防卫适当的限度要求而形成的,因此,认识和认定防卫过当,关键在于解决防卫适当的必要限度标准。何谓防卫适当的必要限度? 在刑法理论和司法实践中曾出现过多种主张和观点:

一是基本适应说。认为防卫适当的必要限度是指正当防卫的手段、工具、强度,应当与不法侵害的手段、工具、强度基本相适应,超出这一标准即为防卫过当。

二是制止必须说。认为防卫适当的必要限度是指正当防卫的所有行为内容都是为了制止不法侵害所需的,防卫行为的力度不管强弱大小如何,只要是为了制止不法侵害所必需的,都应当认定为是防卫适当。只有超出这一标准范围的行为,才能认定为防卫过当。

三是有效制止说。认为防卫适当的必要限度应以防卫行为能够有效制止不法侵害的继续进行为标准,凡防卫行为只要是为了足以有效制止不法侵害的继续进行,且防卫行为的强度和造成的后果基本上与不法侵害的强度和可能造成的后果大体相适应,就属于防卫适当的必要限度。

我们认为,上述三种观点在认定防卫适当的必要限度上都有一定的道理,但又存在着一定的不足。问题的关键还在于上述三种观点提出的"标准"是什么? 这是因为防卫适当与防卫过当的区别是一个极其复杂的问题。无论是不法侵害还是正当防卫,其行为过程都不可能是一个静止的状态,双方的行为手段和行为强度都处在一个运动过程中,随时随地都有可能发生变化。因此,如何确定正当防卫适当的必要限度,不能机械地以某种先验的标准为依据简单地加以衡量,而是应当根据不法侵害和正当防卫的具体情况进行具体的分析,这是一个需要实证的问题。并且在具体分析过程中,应当注意两点要求:

第一,应当以正当防卫人对不法侵害的行为性质、行为强度和可能造成的危害后果的正确认识和防卫人意欲有效制止不法侵害继续进行的防卫目的为分析问题的基本出发点。

第二,以正当防卫的后果并没有明显超出有效制止不法侵害继续进行的限度而造成重大的、不应有的损害为考察衡量条件。[1]

总之,对正当防卫适当的必要限度,我们既不能对正当防卫人提出太苛刻的要求,不能以为只要一出现死伤结果就认定为是防卫过当,也不能不想到不法侵害的行为性质、行为强度和可能造成的危害后果,一味地主张防卫人可以毫无节制地使用任何防卫手段,即使造成了不必要的死伤仍然认定为是正当防卫的适当。除非不法侵害的行为已进入特殊防卫的范围,防卫人可以依法进行正当防卫,此时就已无防卫限度的限制了。

---

① 杨兴培著:《刑法新理念》,上海交通大学出版社 2000 年版,第 210—217 页。

（二）防卫过当的罪过形式

防卫过当应当负刑事责任，说明防卫过当已构成犯罪。但防卫过当毕竟是一种特殊的犯罪形式，对于这种特殊的犯罪，防卫人的主观心理状态属于何种罪过形式，这在刑法理论和司法实践中存在着不同的观点，概括起来主要有三种：一是认为应当有故意和过失均能构成说，这里的故意包括直接故意与间接故意，这里的过失包括疏忽过失与轻信过失；二是间接故意和过失构成说，这里的过失包括疏忽过失与轻信过失；三是只有过失构成说，这里的过失包括疏忽过失与轻信过失。

我们认为，在防卫过当的场合，行为人对于其过当行为及其结果，主观上不可能出于直接故意，因为正当防卫目的和直接故意犯罪目的不可能同时存在于一个主观意识支配下的行为过程之中。但有可能是间接故意，防卫人为了追求防卫目的的实现，在明知其防卫行为可能明显超过必要限度造成重大损害的情况下，仍然执意实施该行为，放任过当结果的发生，这种心理正是为了追求合法目的而放任危害结果发生的间接故意心理。同时防卫人的主观罪过可以表现为过失，包括防卫人应当预见到自己的行为可能明显超过必要限度造成重大损害，因为疏忽大意而没有预见的疏忽大意的过失和防卫人已经预见到了自己的行为明显超过必要限度会造成重大损害，而轻信能够避免的过于自信的过失。疏忽大意的过失、过于自信的过失以及间接故意都是没有犯罪目的的罪过形式，与防卫过当需要具备的目的的正当性并不矛盾，因而都可以成为防卫过当的罪过形式。

（三）防卫过当的罪名确定

防卫过当构成犯罪，但防卫过当并非一个独立的犯罪。防卫过当的犯罪性质紧紧依附于过当的行为性质和过当的结果性质。因此，在确定防卫过当的罪名时，不能直接确定为防卫过当罪。但是，防卫过当的这一犯罪又是在正当防卫过程中由正当防卫的过当性行为所引起的，它又不同于一般的犯罪，这就需要我们在确定防卫过当犯罪的罪名时，应当结合防卫人的主观罪过性质（其罪过性质一般以过失说具有较大的合理性），结合刑法分则的具体罪名加以确定，并在其罪名前面用括号表明"防卫过当"，具体表述为：（防卫过当）××罪。这一表述既表明防卫过当犯罪的特殊性，又确定了防卫过当构成的刑法分则的具体罪名。

（四）防卫过当的处罚原则

防卫过当应当负刑事责任，但是根据刑法的规定，"应当减轻或者免除处罚"。防卫过当应当负刑事责任，表明刑法对任何给社会和他人造成不应有的损害的行为，不会放任不管；但应当减轻或者免除处罚，又表明刑法对这种情有可原的特殊犯罪表现出一种宽容的立法倾向。在具体的司法实践中，何种防卫过当情形应当减轻处罚，何种防卫过当情形应当免除处罚，需做到具体案件具体分析，综合考虑。一般来说，应考虑到以下诸多因素：

1. 不法侵害行为发生的时间、空间，不法侵害行为的方法手段，不法侵害行为的强度和可能造成的结果；

2. 防卫手段的使用、防卫过当的结果性质，防卫过当的程度大小，这些因素体现了防卫过当行为的社会危害性大小；

3. 防卫目的的考察，即防卫人的防卫行为保护的社会利益的价值如何，一般来说见义勇为的过当，其正面价值要大于保护本人的防卫过当价值；

4. 适当注意社会舆论的反映，既不能影响法律的严肃性，也不能挫伤社会成员实施正当防卫的积极性；

5. 在具体量刑时，一般先考虑减轻处罚，当减轻处罚仍不足以达到体现情有可原应当宽恕的程度时，才应当考虑免除处罚。

应当指出，对于正当防卫虽然在客观上造成了不应有的重大损害结果，但并不是由防卫人的故意或者过失促成，而是由于防卫人不能抗拒或者不能预见的原因所引起的，则应当以意外事件论。

第三节　紧　急　避　险

一、紧急避险的概念和意义

（一）紧急避险的概念和特点

《刑法》第 21 条规定："为了使国家、公共利益、本人或者他人的人身、财产和其他权利免受正在发生的危险，不得已采取的紧急避险行为，造成损害的，不负刑事责任。"根据这一规定可以看出，刑法中的紧急避险，就是指为了使国家、公共利益、本人或者他人的合法权益免受正在发生的危险，不得已而采取的损害另一较小合法权益的行为。

从紧急避险的概念和我国刑法对紧急避险的规定来看，紧急避险行为有三个鲜明的特点：

1. 紧急避险是通过对合法的人身、财产权利的损害行为来实施的，从而具有伤害人身、损毁财产的行为表现。如果行为在客观上不具有伤害人身、损坏财产的行为表现或者行为结果，那在刑法上不属于紧急避险的范畴。

2. 紧急避险是在合法权益遭受重大危险时采取的一种避免危险的紧急措施，从而在最大程度上维护了国家和社会的公共利益、本人和他人的合法权益，因而其实质是有益于社会的行为。

3. 紧急避险是在避险人已无可能采取其他措施避免危险的情况下，不得已而采取的权宜之计，其行为虽然在避险过程中损害了另一较小的合法利益，但避险人迫于别无选择才为之，其目的是为了保护更大的社会利益或者自身利益的需要，在主观上不具有危害社会的罪过。

因此，紧急避险作为一种与自然灾害和各种危险作斗争的重要手段，与正当防卫一样，为我们国家所提倡和鼓励，刑法明文规定阻却其成立犯罪，不负刑事责任。

(二) 紧急避险的意义

刑法规定紧急避险,具有非常重要的理论意义和实践价值,具体表现在:

1. 刑法规定紧急避险,已经明确表明在发生危险的紧急情况下,当两种合法权益发生冲突,又无两全之计时,允许社会成员可以采取牺牲一个较小利益而保护另一较大的利益。

2. 刑法规定紧急避险,能够教育和鼓励社会成员在与自然灾害和违法侵害的斗争中,树立见义勇为、果敢处理、勇于牺牲局部较小的利益以保护全局较大的利益。

3. 刑法规定紧急避险,能够增进社会成员之间的全局观念,共同抵御各种危险,切实保护社会的整体利益。因而刑法明确规定,阻却紧急避险的刑事违法性,不负刑事责任。

二、紧急避险的成立条件

由于紧急避险是以损害一个合法的利益来保护另一个较大利益的方法加以实施的。因此,紧急避险只有符合刑法所规定的基本条件,才能被刑法阻却其刑事违法性。不然一旦避险不当,也会产生不应有的负面效应,与社会利益不相符合,从而不为法律所允许。根据刑法的规定,进行紧急避险必须符合以下五个基本条件:

(一) 紧急避险只能是为了保护合法权益才能进行

紧急避险只能是为了保护合法权益才能进行,这是紧急避险的目的性条件。这一条件要求进行紧急避险的行为人进行紧急避险是为了保护国家、公共利益、本人或者他人的合法权益免受正在发生的危险的侵害,所有的避险行为都必须受这一避险目的的支配。也就是说,紧急避险所保护的必须是符合法律规定的应有利益,采取紧急避险,就是为了使国家、公共利益、本人或者他人的合法权益免遭更大的、不必要的损害。避险目的包含着两个方面的内容:

1. 避险人已经认识到自己的避险行为在于保护更大的合法权益;

2. 避险人的意图就在于通过损害另一较小的合法利益来实现对更大利益的保护。

如果行为人故意制造某种危险,然后借口紧急避险侵害另一个合法利益,这在刑法理论上称之为"避险圈套",对于"避险圈套",应以故意犯罪论处。

(二) 紧急避险只能是面对实际存在的危险才能进行

紧急避险只能是面对实际存在的危险才能进行,这是紧急避险的前提性条件。没有实际存在的危险,就没有紧急避险的必要。这一条件表明紧急避险实际上是紧紧依附于实际存在的危险而产生的。实际危险,是指在客观现实中存有足以使各种合法利益遭受严重损害的紧急情况。这种紧急情况,既有来自自然界,如地震、暴风洪水、动物侵袭等等;也有来自人类社会,如各种违法侵害、人为事故,等等。无论何种危险的紧急情况,都必须是实际存在的,而不是避险人凭主观想象臆造和推测出来的。对于本不存在的危险误认为是危险,进而进行所谓的"紧急避险",在刑法理论上称为"假想避险"。对于假想避险,依据对事实认识错误的原理处理,排除其故意的成立,有过失以过失论,无过失以意外事件论。

(三)紧急避险只能是针对正在发生的危险才能进行

紧急避险只能是针对正在发生的危险才能进行,这是紧急避险的时间性条件。所谓正在发生的危险,是指足以损害合法利益的紧急情况业已出现,尚处在继续之中而未结束的情形。这一条件表明紧急避险的进行与危险的威胁在时空条件上必须存在着高度的一致性,因为只有正在发生的危险,才有可能给各种合法权益造成直接的威胁和实际的损害。危险尚未发生,人们可以采取其他预防措施,用不着去损害他人的合法利益。危险已经结束,人们应该通过其他方法对危险造成的损害进行补救,也用不着再去损害其他合法利益。紧急避险的权利是依据于正在发生的危险而存在,这就决定了紧急避险只能在危险已经发生之后尚未结束之前实施。

对于尚未发生或已经结束的危险进行所谓的"紧急避险",在刑法理论上称之为"避险不适时"。对于避险不适时,无论是事先避险还是事后避险,如果避险人对事实存有认识错误,依据对事实认识错误的原则处理。如果避险人不存在认识错误,则以毁坏财产或相应的犯罪论,但可以酌情从宽处理。

(四)紧急避险只能是在迫不得已、无法排除危险的情况下才能进行

紧急避险只能是在迫不得已、无法排除危险的情况下才能进行。迫不得已,是指在危险正在发生的紧急情况下,除了进行紧急避险外,已别无他法能够排除危险或者能够避免危险,以致不得不采取损害一个较小利益来保全另一个较大利益的避险方法。这也是紧急避险的唯一性条件。这一条件表明在面临危险威胁,能够利用其他方法进行排险时,避险人应当尽可能先采用其他方法。因为紧急避险方法必然会给另一合法利益造成损害。在人类的发展过程中,积累了丰富的抗御自然灾害和各种人为危险的方法和经验,能够采用其他方法手段进行排险而又不损害其他合法利益,这是最佳的选择。只有在别无他法能够避免正在发生的危险时,法律才允许进行紧急避险。

但是根据刑法的规定:"关于避免本人危险的规定,不适用于职务上、业务上负有特定责任的人。"这表明在职务上和业务上负有特定责任的人,即使在无法排除和避免正在发生的危险时,也不能进行紧急避险,他们还得依据自己特定的义务,积极地履行职责同危险作斗争。例如军人面对枪林弹雨的危险,仍须奋勇向前;消防队员面对熊熊烈火,仍须奋力灭火;船长在船只发生海难时,仍须坚守岗位,不能率先逃生等等。如果在职务上和业务上负有特定责任的人,面对与自己职务、业务有关的危险而擅离职守,造成严重后果,须承担相应的法律责任。

(五)紧急避险不能超过必要限度造成不应有的损害

紧急避险不能超过必要限度造成不应有的损害,这是紧急避险的限度性条件。这一条件表明紧急避险不能随心所欲地进行。由于紧急避险是通过损害另一个合法利益来保护一定的合法利益,就决定了避险行为不仅要保护较大的合法利益免遭危

险的损害,而且必须将紧急避险行为所造成的损害控制在必要的限度内,损害能控制在最小的程度就尽量达到最小;不能最小,也要尽可能降到较小的程度,以免造成不应有的损害。

紧急避险的必要限度,法律并没有作出明确的规定,但根据紧急避险的性质和目的,其限度标准应当是避险行为所造成的损害,必须小于避险行为所保护的利益。这是因为在两种利益发生冲突时,只有牺牲较小的利益来保护另一个较大利益,才能对社会有益,也才能符合法律设立紧急避险的立法意图。避险行为造成的损害大于所保护的利益,在刑法上称之为避险过当。避险过当,应当负刑事责任。

在司法实践中,如何来衡量利益之间的价值轻重大小? 这是一个比较复杂的问题,一般来说,人身利益大于财产利益;财产利益以价值大小为标准。在人身权利中,生命权利是最高的权利,人的生命在法律上是等价的。因此,紧急避险不能以牺牲一个生命来保全另一个生命,更不允许通过牺牲他人的生命来保全自己的生命。否则应根据具体情况,确定相应的法律责任。

以上五个条件,是任何一个紧急避险适当所必须同时具备的,缺乏其中一个条件,就不能成立紧急避险或者严格地说不能成立紧急避险的适当。

三、紧急避险的过当及其刑事责任

(一) 避险过当的概念
避险过当,是指紧急避险超过必要限度造成不应有的损害的行为。根据刑法规定,避险过当应当负刑事责任。

在刑法理论上,紧急避险有避险适当和避险过当两种情况,两者虽都以紧急避险为前提。但由于避险过当所造成的损害大于所保护的利益,大于所保护利益的部分,不能为刑法所排除,对社会造成了不应有的损害,所以刑法规定应当负刑事责任。

(二) 避险过当的罪过形式
避险过当既然是一种需要追究刑事责任的犯罪,那么在主观上就有一个罪过形式的问题。从刑法理论的基本原理出发,由于避险人是出于保护更大的合法利益的需要不得已而进行的,因此其主观心理上应排除直接故意的成立。一般来说,避险过当的罪过形式通常是疏忽大意的过失,即行为人应当预见到自己的避险行为所造成的损害可能等于或者大于所保护的合法权益,因为疏忽大意而没有预见,以致超过必要限度造成了不应有的损害。但在少数情况下,避险过当的罪过形式也可能表现为间接故意或者过于自信的过失。

(三) 避险过当的处罚原则
根据刑法的规定,避险过当的刑事责任原则是应当减轻或者免除处罚。在司法实践中,何种避险过当应当减轻处罚,何种避险过当应当免除处罚,须结合具体案件,做到具体分析,综合考虑。

四、紧急避险与正当防卫异同比较

紧急避险与正当防卫都属于刑法明文规定的犯罪阻却事由,它们在法律特征上具有诸多的共同性,具体表现在:

(1) 两者在主观目的中,都具有保护社会利益的正当性要求,即都是为了保护国家、公共利益、本人或者他人的合法权益;

(2) 两者在客观效果上,都产生了有益于社会利益的实际效果,即都使得国家、公共利益、本人或他人的合法权益受到最大程度的保护;

(3) 两者在法律规定上,都具有犯罪阻却事由的属性,即在适当的情况下,都不负刑事责任。而在过当的情况下,又都不能完全阻却其构成犯罪,都要负刑事责任。

但两者又存在着诸多的区别:

(1) 两者的前提条件性质不同。正当防卫的前提条件仅限于人类社会的违法犯罪等不法侵害。而紧急避险的前提条件虽然包括了人类社会所引起的人为危险,但更多的是来自于自然界的危险。

(2) 两者行为指向的对象条件有所不同。正当防卫只能针对不法侵害人本人才能实施。而紧急避险则必然针对合法的第三者利益加以进行的。

(3) 两者的行为限制条件不同。正当防卫面对不法侵害就可实施。而紧急避险只有在迫不得已、别无他法的情况下才能进行。

(4) 两者过当的限度要求不同。正当防卫是正义与邪恶的较量,因此其所造成的损害,既可小于、也可等于、大于不法侵害可能造成的损害,只有在明显超过必要限度造成重大损害时,才能构成防卫过当。而紧急避险是两种合法利益的冲突,因此其所造成的损害,必须小于所保护的利益,否则就是避险过当。

(5) 两者行为的主体要求不同。正当防卫不但是每个社会成员的合法权利,而且也是某些特定社会成员的法定义务,必须予以实施,不实施,即违法。而紧急避险虽然也是社会成员的一项合法权利,但是对于某些在职务上、业务上负有特定责任的社会成员来说不能进行。

第四节　意外事件和不可抗力

一、意外事件

(一) 意外事件的概念和基本特征

《刑法》第 16 条规定:"行为在客观上虽然造成了损害结果,但是不是出于故意或者过失,而是由于不能抗拒或者不能预见的原因所引起的,不是犯罪。"

根据这一规定,意外事件,就是指行为虽然在客观上造成了损害结果,但行为人不是出于故意或者过失,而是由于不能预见的原因所引起的情形。无罪过即无刑事责任,这是我国刑法坚持主客观相一致的定罪原则和刑事责任原则。由于意外事件的行为人在主观上根本不存在罪过,所以刑法明确规定阻却其犯罪的成立。根据《刑法》第16条的规定,意外事件不是犯罪,不负刑事责任。

意外事件具有两个基本的特征:

1. 行为人的行为在客观上已经造成一定的损害结果。这种损害既可以对人身造成伤害甚至死亡,也可以对财产造成损失。

2. 行为人在主观上不是出于故意或者过失,而是由于不能预见的原因所引起的,也就是说是一种行为人无意识、无意志的情形。

意外事件中,行为人不能预见、无法预见客观损害的结果,是行为虽造成损害结果仍不能构成犯罪而成立意外事件的最本质的特征。所谓不能预见、无法预见,是指行为人在其行为造成客观损害结果的当时,根据客观环境条件和行为人的主观认识能力,根本无法预见到行为引起结果的可能性。例如行为人甲驾驶日本制造的"三菱牌"帕杰罗越野车在道路上正常行驶,突然由于输油管道的破裂,导致刹车系统的失灵,致使不能及时刹车,撞伤了行人乙。帕杰罗越野车输油管道的突然破裂,是由于制造商的产品质量低下所致。这种产品质量的低下,连汽车检修的机械师都无法正确查明,更不用说像甲这样一般的司机。其驾驶行为造成的行人乙的伤害,对于甲来说,就属于不能预见、无法预见的意外事件。

刑法明确规定意外事件阻却其犯罪的成立,不负刑事责任,是我国刑法所坚持的以主客观相统一为内容的犯罪构成立法原则的一个具体体现。行为在客观上虽然造成损害结果,但行为人在主观上不存在故意或过失,而完全是由不能预见、无法预见的原因所引起的,说明行为人在主观上还缺乏可以构成犯罪的主观根据,因而刑法阻却其犯罪的成立,不追究任何刑事责任。

(二)意外事件与疏忽大意的过失的异同比较

意外事件与疏忽大意的过失存在着一定的相似之处:

1. 两者的行为在客观上都造成了一定的客观损害结果,这种客观损害结果都可以符合某种犯罪构成的客观方面要件;

2. 两者的行为人在主观上都没有认识到自己的行为有可能引起这一客观损害结果,这种损害结果都违背了行为人应有的主观意志。

但这两者之间毕竟有着原则的区别,这一区别主要表现在:疏忽大意的过失的行为人对客观损害结果在事实上是没有预见,但根据行为时的客观环境条件和行为人的主观认识能力,行为人除了在法律上负有应当预见的义务外,在事实上也具有能够预见的能力。其之所以在事实上没有预见,完全是由于行为人疏忽大意不想预见,不去预见,以致最终还是发生了实际的损害结果。而意外事件的行为人对客观损害结果,不但在事实上是没有预见,而且在法律上也不负有应当预见的义务,更主要的是在行为的当时,根据具体的客观环境条件和行为人的主观认识能力,行为人根本不具有可以预见的能力，以致最终还是因不能预见、无法预见的原因，导致了客观损害结果的发生。

如何在司法实践中正确地区别意外事件和疏忽大意的过失，我们必须以法律规定的行为人是否具有应当预见的义务为基础，紧紧抓住行为时的客观环境条件和行为人的主观认识能力这两个基本标准，特别是以行为人所具有的多种主观要素为来源，并以此为依据，确定社会上与此相同的同一类人的预见能力，再以此为标准确定行为人的预见能力的有无，做到不枉不纵。

二、不可抗力

（一）不可抗力的概念和基本特征

不可抗力，是指行为虽然在客观上造成了损害结果，但行为人不是出于故意或者过失，而是由于不能抗拒的原因所引起的情形。由于不可抗力的行为人在主观上根本不存在罪过，所以刑法明确规定阻却其犯罪的成立。根据《刑法》第 16 条的规定，不可抗力不是犯罪，不负刑事责任。

不可抗力具有两个基本的特征：

1. 行为人的行为在客观上已经造成一定的损害结果。这种损害既可以是对人身造成的伤害甚至死亡，也可以是对财产造成的损失。

2. 行为人在主观上不是出于故意或者过失，而是由于不可抗拒的原因所引起的，也就是说是一种完全违背行为人意志的情形。

不可抗力中，行为人对客观损害的结果因不可抗拒的原因而无法加以避免，是行为虽造成损害结果仍不能构成犯罪的最主要的特征。不可抗拒，是指行为人在其行为造成客观损害结果的当时，在主观意识上已经预见到了，其意志因素对损害结果持绝对否定的态度，只是由于违背其主观意志的客观原因已非行为人的主观能力能加以阻却，这一客观原因仍然按照其自身的运动规律发生作用，最终导致了损害结果的发生。例如某列车司机甲在铁道上正常行驶，行驶至一无隔离道口时，甲按规定及时鸣响喇叭。但见一辆货车正准备跨越道口，甲连忙启动刹车制闸，但强大的列车惯性仍然推动着列车向前滑驶，致使列车与正在跨越道口的货车相撞，导致了一起严重的铁路交通事故。对于这起交通事故，甲在其发生之前的瞬息之间，在主观意识上已有明知，但列车即使在刹车之后仍具有强大的惯性，对于甲来说，是属于无法排除的不可抗拒的原因。

刑法明确规定不可抗力阻却其犯罪的成立，不负刑事责任，和刑法规定的意外事件一样，是我国刑法所坚持的以主客观相统一为内容的犯罪构成立法原则的体现，这是由行为人在主观上不存在犯罪的故意或过失这一特征所决定的。

（二）不可抗力与过于自信的过失的异同比较

不可抗力与过于自信的过失存在着一定的相似之处：

1. 两者的行为在客观上都造成了一定的损害结果，这种损害结果都可以符合某

种犯罪构成的客观方面要件;

2.两者的行为人在主观上都已经预见到客观损害结果的发生。

但这两者之间有着原则的区别,这一区别主要表现在:过于自信的过失的行为人对客观损害结果虽有预见,但在意志上却轻信能够避免,以致在客观行为上不采取任何有效的预防措施,或者虽已采取一定的预防措施,但这一措施却建立在不科学、不可靠的基础上,以致行为仍然造成了客观损害结果。而不可抗力的行为人虽也已对客观损害结果有所预见,其主观意志也想竭力预防这一结果的发生。但由于存在不可抗拒的原因,其客观损害结果的发生已不以行为人的意志为转移,行为人的任何努力已无法改变不可抗拒的原因继续发生作用。正因为如此,刑法才阻却其犯罪的成立,不追究任何刑事责任。

第五节　其他犯罪阻却事由

犯罪阻却事由,除了我国刑法明文规定的正当防卫、紧急避险和意外事件之外,在社会生活中,还有依法履行的行为、执行命令的行为、履行业务的行为、经权利人同意的行为等等。对于这一类行为,我国一般是通过行政法规予以规定并加以解决。但这类行为又常常涉及一些刑法问题,为了明确这一类行为的法律性质,阐明其合法的理由,在此一并加以介绍。

一、依法履行的行为

依法履行的行为,是指行为人根据有效的法律、法规而实施的合法行为。通常所说的依法履行的行为有行刑警察依法处决死刑犯剥夺其生命的行为;刑事警察依法拘留、逮捕犯罪嫌疑人剥夺其人身自由的行为,等等。依法履行的行为从表面上看也会涉及某些人的人身或财产利益,但这一行为是为法律所许可,究其实质是有益于社会的行为。

依法履行的行为应当具备的特征:

(一) 所实施的行为必须有明确的法律、法规依据

这里所说法律、法规,范围相当广泛,既包括国家权力机关制定的各种法律、法规,也包括国家行政机关制定的各种法令、法规。

(二) 行为人在主观上必须具有有益于社会的正当目的

这一条件要求行为人在实施行为时,认识到自己的行为不但是法律所要求实施的行为,而且是有益于国家和社会的。

(三) 所实施的行为必须是在法律规定的限度之内

一般来说,国家的法律、法规不仅规定了公民应当实施的行为,而且还规定了如何实施这一行为的要求。行为人只有按照法律、法规规定的要求实施行为,才能达到保护国家和社会利益的目的。因此,依法履行的行为必须是在法定的限度之内,法律才规定阻却其犯罪的成立。如果超出必要的限度而造成不应有的损害的,则有可能构成犯罪。

二、执行命令的行为

执行命令的行为,是指行为人依照上级组织或上级主管人员的命令而实施的行为。下级服从上级、部属服从首长,完成管理国家和社会的各项使命,这既是每个国家工作人员应尽的职责,也是实现国家职能和保卫社会的必要保证。执行命令的行为从表面上看,有时也会涉及某些社会成员的利益,但究其实质而言是有利于社会整体利益的,从而不具有犯罪的属性,因而法律阻却其犯罪的成立。执行命令的行为必须具有以下特征:

(一)所执行的命令必须是合法有效的命令

这里所说的合法有效,是指上级对下级所发的命令,应当符合法定的程序,并且是上级组织或人员业务管辖范围内的事务。因为只有合法的命令,才能有益于社会;只有合法的命令,下级组织或人员才能必须予以执行。对于非法无效的命令,下级组织或人员有权予以拒绝执行。否则,发布命令者与执行命令者作为共同行为者,一旦构成犯罪,都要承担刑事责任。

(二)行为人主观上必须具有有益于社会的正当目的

即行为人在执行命令之前,已明确认识到这一命令的合法有效性和这一命令对国家与社会的有益性,从而使自己的行为能够产生有益于社会的结果。行为人在主观上具有正当的目的性,是执行命令的行为被阻却犯罪的重要条件。

(三)所执行的行为必须是在命令的规定范围之内

一般来说,命令的内容都是明确具体的,执行人只能根据命令的内容来实施应当实施的行为,如果执行人超出命令的规定内容,另外造成不应有的损害而构成犯罪的,则要追究行为人的刑事责任。

三、履行业务的行为

履行业务的行为,是指行为人根据自身从事的职业要求所实施的行为,也称合法的业务行为。例如医生为了抢救病人的生命,进行开刀剖腹以消除病状,或者断肢锯腿以防止病菌扩散。从表面上看,也会给病人造成身体的伤害,但这一行为不仅是医生职业所允许的,而且也是有益于病人本身的,不具有社会危害性。因此法律规定阻却其犯罪的成立。履行业务的行为具有以下几个特征:

(一)行为人所从事的业务必须是合法的

业务的正当性包括两个方面的内容:一是业务本身是有益于社会的,行为人也具有从事这一业务的能力;二是这一业务是经过国家有关部门许可或者为社会公众所认可的。否则,既不能认定这一业务是合法的,也不能阻却其构成犯罪的可能性。

(二) 行为人在主观上必须具有有益于社会的正当目的

即行为人在实施行为时,已明确认识到自己的行为是符合自己职责的要求,自己所实施的行为是为了达到保全某种社会利益或发展某种社会事业的目的。如果行为人不具有这一合法正当的目的,一旦构成犯罪,就应当追究其刑事责任。

(三) 所实施的行为必须是没有超出必要限度

正当的业务行为都是社会所需的有益行为,因而每个从业人员都是根据自己所从事的业务性质和业务需要而严格行事的。如果行为人违反操作规程和有关规定,或者行为人超出了保全某种合法利益的所需限度,就会造成不应有的损害,对此行为人就要承担相应的法律责任。

应当指出,依法履行的行为、执行命令的行为和履行业务的行为,有时是和正当防卫、紧急避险的行为交叉在一起的。如果发生这一现象,应当首先根据正当防卫、紧急避险的有关规定予以评价、认定和解决。只有那些不符合正当防卫、紧急避险的规定,但是有益于社会的行为,才需要通过上述条件予以处理。

四、经权利人同意的行为

经权利人同意的行为,是指行为人经过有权处理某种权益的权利人同意后而实施的损害其本身利益的行为。这是根据罗马法"得承诺不为罪"的原则而衍生的。例如经权利人同意后处理其财产,经被损害人同意后对其身体进行科学实验,等等。

在社会生活中,鉴于经权利人同意的行为十分广泛也十分复杂,有的同意会损害公共利益,有的同意可能是无效的,有的同意与法律相抵触,本身在法律上并不被许可,所以,这一行为是否阻却其犯罪的成立,需要加以具体分析,刑法对这一原则也是有限制的。经权利人同意的行为只有符合下列条件,一般才能被视为具有犯罪的排除性:

1. 权利人必须是有权处理其合法权益的;

2. 权利人的同意必须是自愿的;

3. 权利人的同意必须是合法的或者是合乎道德的;

4. 权利人的同意必须是有益于社会的;

5. 行为人必须在授权的范围内没有超出必要限度的。

在我国,关于"安乐死"能否阻却其实施的行为人的犯罪成立,在刑法理论上有着不同的主张。但是由于我国刑法并没有明确规定阻却其犯罪的成立,因此,任何人实施"安乐死"仍然是构成犯罪的行为。不过如果实施"安乐死"的行为人出于善良的动机,在社会上也没有造成恶劣影响的,在追究刑事责任处以刑罚时可以酌情从轻或者减轻处罚。

第十一章

故意犯罪的停止形态

第一节　故意犯罪的停止形态概述

一、故意犯罪的停止形态概念和特征

犯罪停止形态,是指故意犯罪在其发展过程中,由于某种原因而停止下来所呈现的各种状态,即犯罪既遂、犯罪预备、犯罪未遂和犯罪中止。由于犯罪停止形态只存在于故意犯罪中,所以,犯罪停止形态也称为故意犯罪的停止形态。

犯罪行为是一个过程,但并非任何犯罪行为都能顺利得以完成,并非任何犯罪行为人都能实现其预期的犯罪目的。有的人为了实行犯罪而准备工具、制造条件,但由于意志以外的原因未能着手实行;有的人着手实行犯罪后,由于意志以外的原因而未能得逞;有的人在犯罪过程中,自动地放弃犯罪或者自动有效地防止犯罪结果发生;有的人则按预定计划实施了行为并发生了犯罪结果。于是,故意犯罪就会出现不同的停止形态。

故意犯罪的停止形态,按其停止下来时犯罪是否已经完成为标准,可以区分为两种基本类型:一是犯罪的完成形态,即犯罪的既遂形态,是指故意犯罪在其发展过程中未在中途停止下来而得以进行到底、行为人完成了犯罪的情形。二是犯罪的未完成形态,即故意犯罪在其发展过程中居于中途停止下来、犯罪未进行到终点、行为人没有完成犯罪的情形。在犯罪未完成形态这一类型中,又可以根据犯罪停止下来的原因或与犯罪完成的距离等情况不同,进一步再区分为犯罪的预备、未遂和中止形态。

故意犯罪的停止形态只能出现在犯罪过程中,在犯罪过程之外,不存在故意犯罪的停止形态问题。例如,某甲欲实施盗窃,但经过反复思考,最后打消了盗窃的念头,并未实施盗窃行为,由于其仅有盗窃的犯意,并未进入犯罪的实施过程,故其打消犯意并非犯罪的停止形态。同样,犯罪既遂以后,也不再存在故意犯罪的停止形态。

故意犯罪的停止形态是在犯罪过程中由于某种原因停止下来所呈现的状态。我们考察一种犯罪的停止形态只能以一种行为结局性停止作为参照依据,而不能以行为的暂时停止来确定犯罪预备、未遂或中止。因此,故意犯罪停止形态是一个静止的

犯罪行为状态。就同一犯罪行为而言,出现了一种犯罪形态后,不可能再出现另一种犯罪形态。例如,出现了犯罪既遂形态之后,就不可能再出现未遂或者中止形态;出现了犯罪未遂形态之后,就不可能再出现中止或者既遂形态。各种故意犯罪停止形态彼此独立,不可能相互转化。

我国刑法学受苏联刑法理论的影响,多年来一直把犯罪预备、犯罪中止、犯罪未遂和犯罪既遂等不同的故意犯罪停止形态,通称为犯罪阶段或者故意犯罪的发展阶段。如有人认为,故意犯罪的阶段是指故意犯罪在活动过程中可能停顿的阶段。这就是犯罪的预备、未遂和既遂,以及与此直接相关的犯罪中止。近年来,这种说法已广遭质疑和否定,目前普遍认为,将故意犯罪停止形态称为犯罪阶段,名不符实,很不科学。现在,一般都改称为"故意犯罪的停止形态"。

故意犯罪的停止形态与故意犯罪的过程和阶段不是同一概念,不能加以混淆。但两者之间有密切联系。犯罪停止形态只能出现在犯罪的过程和阶段中,没有犯罪的过程和阶段,就没有犯罪的停止形态。在犯罪的预备阶段,可以产生犯罪预备和犯罪中止两种停止形态;在犯罪的实行阶段,可以产生犯罪未遂、犯罪中止和犯罪既遂三种犯罪停止形态。故意犯罪的停止形态与故意犯罪的过程和阶段的区别表现在:(1)表现形式不同。前者是犯罪过程的停止和结局,是一个点;后者是犯罪的整体过程或段落。(2)呈现状态不同。前者因行为已停顿下来,故处于静止状态;后者因行为可能继续进行,故处于运动状态。(3)能否共存于一罪不同。前者不能同时共存于一个故意犯罪中,即一个故意犯罪只能出现一种犯罪停止形态,各犯罪停止形态之间是相互排斥的、择一的;后者却可以共存于一个故意犯罪过程中,即一个故意犯罪可以具有数个阶段,是可以共容的。

二、故意犯罪停止形态存在的范围

在刑事案件中,并不是任何犯罪都存在故意犯罪的停止形态问题,而是受到犯罪构成主客观要件的限制,有其特定的范围。

首先,过失犯罪不存在犯罪的停止形态。因为过失犯罪人主观上对危害结果的发生,都是抱着否定的态度,或是没有预见,或是轻信能够避免;客观上又必须以法定后果的发生为构成要件。所以,过失犯罪不可能存在犯罪预备、犯罪未遂和犯罪中止。过失犯罪只有是否成立即是否构成犯罪的问题,而不存在犯罪的停止形态。

其次,对于间接故意犯罪,多数人也认为不存在故意犯罪的停止形态。间接故意犯罪由其主客观特征所决定,不可能存在未完成犯罪的预备、未遂和中止这些犯罪停止形态。从主观上看,间接故意犯罪的特点是,行为人对自己的行为所可能造成的一定危害结果的发生与否持"放任"的心理态度,即听之任之、发生与否都可以的心理态度。这样,行为人所放任的危害结果未发生时,这种结局也是行为人放任心理所包含的。放任心理由其所包含的客观结局的多样性和不固定性所决定,根本谈不上对完成特定犯罪的追求,也就谈不到这种追求实现与否。而犯罪的预备、未遂和中止形态的行为人,原本存在着实施和完成特定犯罪的意志和追求心理。之所以在未完成犯罪时停止下来,对犯罪的预备和未遂形态而言,是因为受到了行为人意志以外原因的阻止;对犯罪的中止形态而言,是因为行为人自动放弃了原先完成特定犯罪的意图。可见,间接故意犯罪人主观上的放任心理是不符合犯罪未完成形态的主观特征的。再从客观上看,犯罪未完成形态表现为,因行为人完成犯罪的意志以外原因的阻止或行为人自动放弃犯罪意志,而使犯罪停止在未完成的状态下。间接故意实施的危害行为也只有是否构成犯罪的问题,同样不存在犯罪的未完成形态。

三、研究故意犯罪停止形态的意义

研究故意犯罪停止形态的意义,首先在于准确定罪。我国刑法分则所规定的一切犯罪,都取其完成形态,也即犯罪既遂。对于犯罪既遂的行为,直接引用相应的分则条文认定即可。然而,在刑事案件中,还有大量的以未完成形态出现的犯罪,在这些犯罪预备、犯罪未遂和犯罪中止的案件中,行为人的行为与刑法分则条文并不完全吻合,还需结合《刑法》总则第二章第二节有关犯罪未完成形态的规定,才能完整说明行为人的犯罪事实与特征。显然,故意犯罪停止形态的理论有助于正确地理解、掌握和运用刑法有关犯罪未完成形态的具体规定。其次,在于恰当量刑。一般来说,未完成形态的犯罪行为,其社会危害性以及行为人的主观恶性与人身危险性,总是要或多或少地轻于同类犯罪的完成形态。而同在犯罪未完成形态内部,预备、未遂和中止之间,也都是轻重有别的。可见,研究故意犯罪的停止形态能使我们更深入、更全面地确定行为人的刑事责任。

第二节 犯 罪 既 遂

一、犯罪既遂的概念

犯罪既遂,是指行为人故意实施的犯罪行为已经齐备了刑法分则规定的该种犯罪构成的全部要件,也就是已经达到犯罪的完成状态。例如,故意杀人罪,行为人实施杀人行为后把被害人杀死了,这就齐备了刑法分则规定的故意杀人罪的全部要件,因此构成了故意杀人罪的既遂。然而,由于我国刑法并未对犯罪既遂的概念作出直接规定,而是由刑法理论予以说明,因此,对于既遂的标准也有不同的认识。

1. 目的达到说。认为犯罪既遂就是行为人的行为已经达到了预期的目的。这种以目的是否达到作为确定既遂标准的看法是不合理的。刑法中有的犯罪确实可以用目的是否达到来作为区分既遂与非既遂的界限。如直接故意杀人,行为人把他人杀死了,目的达到了,犯罪也就既遂了。但有的直接故意犯罪却不一样,只要行为人实施了相应的行为就是犯罪既遂，而不必考虑这种目的是否达到。如《刑法》第243条规定的"诬告陷害罪"，行为人的目的是要陷害他人，意图使他人受到刑事处分。行为人只要实施了情节严重的诬告陷害行为，不管最终他人是否真正受到了刑事处分，同样可以构成诬告陷害罪的既遂。所以，对这类犯罪来说，就不能以犯罪目的是否达到作为既遂的标准。

2. 危害结果发生说。认为犯罪既遂是指故意实施犯罪行为并且造成了法律规定的犯罪结果的情况。也就是说，行为造成危害结果的，是犯罪既遂；行为没有造成危害结果的，则是犯罪未遂。这个标准尽管在许多场合下是可行的，刑法中的确有许多犯罪需要有法定的危害结果的发生才能构成犯罪既遂。如故意伤害罪，行为人的行为必须造成了他人伤害结果，才能作为犯罪既遂。但危害结果是否发生，并不能作为一切犯罪既遂与否的区分标志。如《刑法》第116条"破坏交通工具罪"，行为人实施了破坏火车、汽车、电车、船只、航空器的行为，足以使火车、汽车、电车、船只、航空器发生倾覆、毁坏危险的，就构成犯罪的既遂，而并不要求这种危害结果实际发生。

3. 构成要件齐备说。是我国刑法学界较为通行的观点，认为，确定犯罪既遂的标准即为犯罪构成的全部要件是否齐备。每一种犯罪既遂需要哪些构成要件，刑法分则有明文规定。因此，确定某一行为是否构成犯罪既遂，应以该行为是否齐备了刑法分则规定的全部要件为准。

近年来，构成要件齐备说的观点也受到一些质疑。理由在于：一是它与汉语文字的基本含义相矛盾。因为在汉语中，"既遂"即是"已经如愿"之意，它总是与人的愿望、目的联系在一起的。因此，给犯罪既遂下定义，就不能脱离行为人的目的。二是任何犯罪都是对犯罪客体的侵犯，危害结果就是对犯罪客体侵犯的后果，这种结果可以是有形的，也可以是无形的。不能将危害结果发生说中的危害结果片面地理解为仅指有形结果的发生，还应包括无形结果的发生。危险犯也存在着危害结果，只不过是抽象的危险状态结果。因此，以结果发生作为既遂标准也能完全贯彻于所有的犯罪之中。三是按照我国刑法中的犯罪构成理论，具备犯罪构成全部要件的，构成犯罪；不具备犯罪构成全部要件的，不构成犯罪。构成犯罪和犯罪既遂是两个不同的概念，构成要件齐备说混淆了犯罪成立与犯罪完成之间的界限。

因此，对于犯罪既遂标准所采用的构成要件齐备说，在理解上应注意以下三个方面的问题：

（1）犯罪既遂中的"既遂"不能理解为"已经如愿"之意。刑法用语与一般日常生活用语存在一定的差异，有时并不完全相同。刑法中的既遂特指犯罪的完成形态，而不一定与目的存在必然联系。

（2）犯罪既遂意义上的危害结果发生是指具体的危害结果的发生。因为只有具体危害结果才容易为人所掌握。如果将既遂意义上的危害结果理解为包括对犯罪客体的抽象侵犯，则缺乏直观性和可操作性。

（3）犯罪构成要件的齐备是从刑法分则规定的犯罪以既遂为模式的，它与行为符合犯罪构成即成立犯罪并不矛盾。刑法分则规定的犯罪是以既遂为模式的，对于犯罪完成形态——既遂的犯罪构成,刑法分则条文一一作了明文规定,只要完全符合刑法分则某一条文的规定,就可以直接依照该条文的规定,作为犯罪既遂追究刑事责任。而犯罪预备、未遂和中止,是犯罪的特殊形态,它们要以刑法分则相应的犯罪构成为基础,同时,又由刑法总则的有关条文为补充,从而确定上述几种行为的犯罪构成,由此形成对它们定罪量刑的根据。因此,犯罪既遂符合的是犯罪构成的一般形态,犯罪预备、未遂和中止符合的是犯罪构成的特殊形态。犯罪预备、未遂和中止虽然符合犯罪构成的特殊形态,成立犯罪,但并未齐备某种犯罪构成要件的一般形态。

对于刑法分则规定的犯罪既遂模式所具有的构成要件,不能仅仅从字面加以理解。因为刑法分则中有不少条文采用简单罪状或空白罪状的形式,而没有对犯罪构成要件作直接、具体的描述,需要从立法本意、立法精神和刑法总则原理上对条文所隐含的全部要件作出准确、完整的理解。例如,《刑法》第 232 条"故意杀人罪",条文中只有简单的"故意杀人的……处死刑"的规定,但内在的应有之义不能认为不包括被害人死亡的结果。杀人的结果也应包括在此罪的构成要件之中,不能误认为只要有故意杀人的行为,就是齐备了刑法分则所规定的故意杀人罪既遂的全部要件。

二、犯罪既遂的类型

根据刑法分则对各种直接故意犯罪构成要件的不同规定,犯罪既遂主要有四种不同的类型:

1. 结果犯。结果犯是指不仅要实施具体犯罪构成客观要件的行为,而且必须发生法定的犯罪结果才构成既遂的犯罪。所谓法定的犯罪结果,是专指犯罪行为通过对犯罪对象的作用而给犯罪客体造成的物质性的、可以具体测量确定的、有形的损害结果。这类犯罪为数很多,而且多是常见罪、多发罪,如故意杀人罪、故意伤害罪、抢劫罪、抢夺罪、盗窃罪、诈骗罪、贪污罪等。这类犯罪以犯罪结果是否发生、作为是否完成亦即犯罪既遂与未遂区别的标志。在着手实行犯罪的情况下,犯罪结果发生就标志着犯罪的完成和犯罪既遂的成立。如故意杀人罪的犯罪结果就是他人的死亡,发生了死亡结果的为既遂,因行为人意志以外的原因未发生死亡结果的为未遂。

2. 行为犯。行为犯是指以法定的犯罪行为的完成作为既遂标志的犯罪。这类犯罪的既遂并不要求造成物质性的和有形的犯罪结果,而是以行为完成为标志,但是这些行为又不是一着手即告完成的,按照法律的要求,这种行为要有一个实行过程,要达到一定程度,才能视为行为的完成。因此,在着手实行犯罪的情况下,如果达到了法律要求的程度就是完成了犯罪行为,就应视为犯罪的完成即既遂;如果因犯罪人意志以外的原因未能达到法律要求的程度,未能完成犯罪行为,就应认定为未完成犯罪而构成犯罪未遂。这类犯罪也有相当数量,例如强奸罪、脱逃罪、偷越国(边)境罪、诬告陷害罪、绑架罪等。如脱逃罪以行为人达到了逃脱监禁羁押的状态和程度,作为犯罪完成即既遂的标志;因意志以外原因未能达到此程度的是犯罪未完成即未遂。

3. 危险犯。危险犯是指以行为人实施的危害行为造成法律规定的发生某种危害结果的危险状态作为既遂标志的犯罪。如《刑法》第 114 条、第 116 条、第 117 条和第 118 条分别规定的是放火罪、决水罪、爆炸罪、投放危险物质罪或者以其他危险方法危害公共安全罪,破坏交通设施罪,破坏交通工具罪,破坏电力设备罪,破坏易燃易爆设备罪的危险犯。其既遂不以造成物质性的、有形的犯罪结果为标志,而以法定的客观危险状态的出现为标志。如《刑法》第 116 条破坏交通工具罪就属于危险犯,只要行为人实施了破坏交通工具的行为,并造成了足以使火车、汽车、电车、船只、航空器等交通工具发生倾覆、毁坏的危险状态的,即便这些交通工具尚未发生倾覆、毁坏的严重后果,也应以犯罪既遂论处。如果这类犯罪行为造成了实际的严重后果,则要按照刑法分则条文规定的加重法定刑的条款(即第 115 条和第 119 条)来处罚。

4. 举动犯。举动犯是指按照法律规定,行为人一着手犯罪实行行为即告犯罪完成和完全符合构成要件,从而构成既遂的犯罪。从犯罪构成性质上分析,举动犯大致包括两种情况:一是法律将预备性质的行为提升为实行行为的犯罪。如《刑法》第 120 条"组织、领导、参加恐怖活动组织罪",第 294 条"组织、领导、参加黑社会性质组织罪"等。这些犯罪中的实行行为从法理上讲,原本属于预备性质的行为,是为具体实施犯罪创造条件的预备行为,但由于这些预备性质的行为所涉及的犯罪性质严重,一旦进一步着手实行危害就很大。为有力地打击和预防这些犯罪,法律把这些预备性质的行为提升为这些犯罪构成中的实行行为,并且规定这些犯罪为举动犯,一着手实行即构成犯罪既遂。二是教唆、煽动性质的犯罪构成,如《刑法》第 249 条"煽动民族仇恨、民族歧视罪",第 295 条"传授犯罪方法罪"。这些犯罪的实行行为都是教唆性、煽动性的行为,针对多数人实施,旨在激起多人产生犯意和实行犯罪,但也不一定发生或不一定立即产生可以具体确定的有形的实际危害结果。考虑到这些犯罪严重的危害性及其犯罪行为的特殊性质,法律也将之规定为举动犯。由于举动犯一实行犯罪就构成既遂,其不存在犯罪未遂问题,也就没有既遂与未遂之分。但是,举动犯存在犯罪既遂与犯罪预备以及预备阶段的中止形态之别。

第三节　犯罪预备

一、犯罪预备的概念和特征

《刑法》第 22 条第 1 款规定:"为了犯罪,准备工具、制造条件的,是犯罪预备。"这是刑法对犯罪预备所下的完整定义。从刑法理论的角度,可以把犯罪预备看作是行为人为了实行犯罪而准备工具、制造条件的一种行为状态。它发生在着手实行犯罪之前,是为了犯罪而进行的准备活动。

犯罪预备具有客观和主观两方面的特征:

（一）客观特征

1. 已经进行了犯罪的准备活动

这一特征是犯罪预备与犯意表示相区别的标志。这种准备活动的表现形式是多种多样的，法律上将其概括为两种：准备工具和制造条件。本来准备工具也是为了犯罪制造条件，但考虑到准备工具是一种最典型、最普遍的制造条件行为，所以，刑法单独把它列举出来。换言之，犯罪预备是包括准备工具在内的为犯罪制造条件的行为的总和，而不能把准备工具误解为不具有制造条件的性质。

准备工具，是指制造、收集可供犯罪利用的各种器械物品。例如，用以杀伤、威胁被害人的各类凶器；用以破坏、侵占犯罪对象的各类器具；用以伪造货币、票证、文印的各类材料设备；用以掩护犯罪活动、排除障碍物、销毁罪证的各类工具物品，等等。生活用品被用作犯罪使用时，就成为犯罪工具。小至钥匙、针线，大至汽车、机械设备，均可以作为犯罪工具使用。犯罪工具的来源可以是多种多样的，可以是自制的，也可以是购买的，甚至可以是偷盗来的。

制造条件，是指除准备工具外，为保证实行犯罪而进行的各种准备活动。例如，为实行犯罪，事先察看现场，选择犯罪时机，排除犯罪障碍，探听被害人行踪，演习犯罪手法和技巧，拟定犯罪实施计划，寻找和勾结犯罪同伙等。

2. 事实上未能着手实施犯罪

这一特征是犯罪预备与犯罪未遂相区别的标志。未能着手实施犯罪，是指未能实施刑法分则规定的犯罪构成要件所包含的实行行为。例如，在故意杀人罪中，尚未着手举刀、投毒等杀人行为，而只是进行磨刀、购买毒药等预备行为。相反，如果行为在着手实行犯罪后才停止，则不再是犯罪预备，而只能构成犯罪未遂。需注意的是，不能将未能着手实施犯罪中的"实施犯罪"理解为包括实施着手实行行为以前的犯罪，因为犯罪预备行为本身就是一种犯罪行为。

3. 未能着手实施犯罪是由于犯罪分子意志以外的原因。

这一特征是犯罪预备与犯罪中止相区别的标志。例如，行为人为杀人而在制造爆炸物时，被人发现，夺下了炸药，阻止其爆炸杀人；抢劫犯团伙为抢劫银行，已经策划好行动方案，准备了手枪、面罩、汽车等作案工具，因有人告发而在行动之前被公安机关抓获。行为人为了犯罪，实施了预备行为，最终未能着手实行犯罪而被迫停止，是由于行为人意志以外的原因，并非出于行为人的本意。如果犯罪分子在预备阶段自愿停顿下来，就不是犯罪预备形态，而是预备阶段的犯罪中止形态。

（二）主观特征

从主观方面看，行为人进行准备活动是"为了犯罪"，即行为人主观上已具备了犯罪的目的。大多数故意犯罪都有一个准备过程，有些犯罪必须经过犯罪预备阶段才能进入实行阶段，有些犯罪则是经过准备以后，实现犯罪意图的可能性就更大。总之，无论犯罪预备对进一步实行犯罪的作用有多大，其目的只有一个，就是为了便于完成犯罪，正是在这一点上，体现了预备犯的主观恶性，这也是预备犯承担刑事责任的主观基础。

掌握预备行为的主观特征,对于认定犯罪预备具有重要意义。某些犯罪预备行为,例如为了犯罪而精心设计、制作犯罪专用的工具,其犯罪预备的意图暴露得比较明显。但也有一些犯罪预备行为,只从准备的工具上难以断定是否属于犯罪的预备。例如,某人买了一把菜刀,究竟是为了切菜,还是为了杀人或者抢劫,难以认定。在这种情况下,只有根据其他事实证据证明他买刀确是为了杀人或者抢劫等犯罪的目的,才能认定是犯罪预备。因此,不能忽视犯罪预备行为的主观目的在认定犯罪预备中的作用。

二、犯罪预备的构成

关于犯罪预备的构成,在刑法理论上主要有两种学说:(1)要件不完备说。认为预备犯同既遂犯的区别,就在于它还没有具备构成犯罪的全部必要条件。它只有犯罪主体、犯罪主观方面的要件,但犯罪客观方面的要件还没有齐备,行为人还没有着手实行犯罪行为,特别是还没有直接造成危害社会的结果,行为人希望侵犯的犯罪客体也还没有受到直接的危害。同时,又认为预备犯也构成犯罪,这是特殊情况下的不需要具备全部主客观构成要件的犯罪。(2)要件完备说。认为预备犯的犯罪构成,同既遂犯相比,是经过修正和变更的,它不具备基本犯罪构成的全部要件,但具备了构成预备犯这种特定的犯罪形态的全部要件。预备犯的犯罪构成,除犯罪主体与既遂犯完全相同外,其他三方面要件都有所不同。从犯罪客体看,预备犯并非没有犯罪客体,只不过表现为对某种社会关系的威胁而已;从犯罪客观方面看,预备犯并非没有着手实施任何犯罪行为,只是没有实施刑法分则条文所规定的犯罪构成客观方面所要求的实行行为,但实施了为犯罪制造条件的预备行为;从犯罪主观方面看,预备犯也具有犯罪故意,但与既遂犯相比,故意的内容不完全相同,表现为行为人认识到自己所实施的是为犯罪创造条件的行为,并积极实施这种行为,力图将犯罪推进到实行阶段,并希望最终实现其犯罪意图。

其实,要件不完备说与要件完备说之间并无原则区别,只是看问题的角度不同而已。就犯罪既遂的齐备全部构成要件而言,预备行为当然是不完备的;而就预备行为的特定构成要件而言,则不可能不具备。因此,对犯罪预备的构成要件应当作如下理解:犯罪预备是犯罪的一种未完成形态,它同犯罪既遂的犯罪完成形态相比,显然有所不同,有其特殊的犯罪构成,不能以犯罪既遂的构成要件来要求犯罪预备,但在犯罪构成上仍必须坚持主客观相一致的原则。也就是在主观上必须具有实施某种犯罪的意图和目的,在客观上必须具有为实施该种犯罪而准备工具、制造条件的预备行为。其特殊性表现在,犯罪预备不具有刑法分则所规定的某种犯罪客观方面的实行行为。否则,也就不成其为犯罪预备了。

三、犯罪预备的认定

认定犯罪预备时,需要注意以下一些问题:

（一）犯罪预备形态与犯罪预备阶段的区别

犯罪预备形态与犯罪预备阶段有着密切的联系，因为犯罪预备形态只能发生在犯罪的预备阶段。如某人在从事犯罪活动时由于意志以外的原因而被迫停止下来，究竟应认定为犯罪未遂还是犯罪预备，主要就是看是否在预备阶段。在预备阶段被迫停止的，只能是犯罪预备形态。但是，犯罪预备形态与犯罪预备阶段也必须严格加以区分。因为在预备阶段并非只能出现预备形态，而完全可能出现中止形态。

（二）犯罪预备与犯意表示的区别

犯意表示是指行为人在实施故意犯罪以前，以口头或书面的形式对犯罪意图的流露。犯意表示与犯罪预备有着密切的联系。犯意表示是犯罪预备的思想基础；犯罪预备则是进一步表现犯意的客观行为。两者在主观上都具有犯罪意图，在客观上也都以不同方式表现出来，但它们又有着本质的区别。犯意表示仅仅是一种单纯的思想流露，属于犯罪思想的范畴，尚未着手进行任何危害社会的行为，缺乏犯罪构成客观方面的要件，不能作为犯罪对待，否则就是主观归罪；而犯罪预备，则已将犯罪意图付诸具体行动，已经实施了具有社会危害性的行为，具备了犯罪构成客观方面的要件，是刑法上明文规定的犯罪行为。

犯意表示需要以言行来表露，但它与以言行构成的犯罪如侮辱、诽谤及煽动类犯罪及教唆犯不能混同。前者不具有侵害社会关系的性质，没有社会危害性，而后者已经侵害了一定的社会关系，应该将其作为犯罪论处。

不过，犯意表示虽然不是犯罪预备，但也很容易发展到犯罪预备。例如，某人写信给朋友说："我想杀了某某。"这仅仅是犯意表示。但他如果再补上一句："你帮帮我吧！"这就是拉拢共同犯罪人为犯罪制造条件的犯罪预备。

（三）某一犯罪的预备行为可能是另一犯罪的实行行为

在我国刑法中，有些行为原本具有为另一犯罪进行准备的特征，如参加恐怖活动组织或参加黑社会性质的组织，可能是为了进行杀人、伤害等其他犯罪。参加这些组织只是为了进行杀人、伤害等其他犯罪活动而作准备。但这种参加行为刑法已将其作为实行行为看待，就不再以故意杀人、故意伤害罪的预备形态来看待。

四、犯罪预备的处罚

对犯罪预备的处罚范围，各国立法例的规定不尽相同。大致有以下三种情况：一是对一切犯罪预备均无处罚规定；二是在刑法分则中规定对一些严重犯罪的预备行为予以处罚；三是在刑法总则中原则规定对一切犯罪预备均可处罚。我国刑法则采用第三种方式，只在总则中作了概括规定。

对犯罪预备的处罚原则，各国立法例也有所不同。主要有两种：一是必减主义，即对预备犯必须比照既遂犯减轻处罚；二是得减主义，即对预备犯是否比照既遂犯减轻处罚，由法官裁量决定。我国刑法采用得减主义。《刑法》第22条第2款规定："对于预备犯，可以比照既遂犯从轻、减轻处罚或者免除处罚。"这表明，在一般情况下，由于预备犯还没有着手实行犯罪,也没有造成实际的危害结果,故对预备犯一般应比照既遂犯从轻、减轻或者免除处罚,但对于个别预备犯情节恶劣、主观恶性严重、人身危险性大的,也可以不予从轻、减轻或者免除处罚。对于预备行为情节显著轻微危害不大的,则可依据《刑法》第 13 条规定,不认为是犯罪。

在对预备犯具体处罚时,要根据以下诸情况进行综合考虑:预备行为的性质、目的、情节、手段;给社会造成的危害程度;预备犯本身的人身危险性;为实现犯罪意图准备的情况和程度;未能着手实行犯罪的原因,等等,然后按照罪刑相适应原则确定是否从轻、减轻或者免除处罚。

第四节 犯 罪 未 遂

一、犯罪未遂的概念和特征

犯罪未遂,是故意犯罪的一种主要的未完成形态。《刑法》第 23 条第 1 款规定:"已经着手实行犯罪,由于犯罪分子意志以外的原因而未得逞的,是犯罪未遂。"犯罪未遂具备以下三个特征:

(一) 已经着手实行犯罪

着手是区分犯罪预备与犯罪未遂的一个重要标志。行为人在实施犯罪的过程中,如果由于意志以外的原因而被迫停止下来,这时考察这种停止形态到底属于预备还是未遂,关键就在于看行为人是否"着手"实施了犯罪实行行为。如果已着手实施了犯罪实行行为的,属于未遂;反之,则为预备。

着手实行犯罪,是指行为人已经开始实施刑法分则条文规定的某种犯罪构成要件的行为。比如,故意杀人罪的着手,就是开始实施了剥夺他人生命的行为;盗窃罪的着手,就是开始实施了秘密窃取他人财物的行为。

我国刑法中"着手"的概念体现了主观与客观的有机统一:主观上,行为人实行具体犯罪的意志已经直接支配客观实行行为并通过后者开始充分表现出来,而不同于在此之前预备实行犯罪的意志。客观上,行为人已开始直接实行具体犯罪构成客观方面的行为,这种行为已不再属于为犯罪的实行创造便利条件的预备犯罪的性质,而是实行犯罪的性质,这种行为已使刑法所保护的具体权益初步受到危害或面临实际存在的威胁。比如,行为人已经将毒物投入公众饮水源,可视为已经着手实行投放危险物质罪;行为人已经对被害人进行口头恐吓或显示暴力,可视为已经着手实行抢劫罪。

在理解着手的概念时,必须注意:着手是犯罪实行行为的起点,它是实行行为的不可分割的有机组成部分。把着手与实行行为割裂开来是不对的。着手不是独立于实行行为之前的一种与实行行为紧密相联的行为,也不是犯罪预备行为的终了行为。

着手标志着犯罪实行阶段和实行行为的开始,同时也宣告犯罪预备阶段和预备行为的结束。正因为着手在犯罪发展过程中具有这种属性,它才能成为划分犯罪未遂和犯罪预备的主要标志。

刑法中的着手概念在主观上与客观上的特征从犯罪构成的总体上反映了着手行为的社会危害性及其程度,也给认定着手提供了一般标准。然而,在司法实践中如何正确认定着手却是一个颇为困难的问题。我国刑法学界为解决这一问题从不同角度提出过各种认定着手的具体标准,有着不同的学说。有的提出"犯罪工具使用说",凡是使用犯罪工具的,即为着手,如杀人案件中使用工具实施杀害;有的提出"接触对象说",认为犯罪着手与否应以是否接触对象为标准;有的提出"接近对象说",认为犯罪着手与否,应以是否接近对象为标准;有的提出"时间、地点紧接说",认为与犯罪的时间、地点紧密结合的是犯罪着手,否则便是犯罪预备行为。

上述各种观点与标准没有考虑到各种犯罪中着手的不同表现形式,缺乏普遍性,因而都有一定局限性。如开始使用犯罪工具的行为,一般来说是实行行为,可以认定为犯罪已着手,但是也不能绝对化,因为犯罪工具的使用在不同案件中能够起到预备或实行的不同作用。例如,行为人驾驶盗来的汽车去某地抢劫或杀人,途中被截获。这里对汽车这个犯罪工具的使用,就只是预备行为而不是抢劫或杀人罪的实行行为;但是如果行为人是准备用汽车撞死被害人而驾车向被害人冲去,这时对犯罪工具的使用,又同时是犯罪的实行行为,属于已着手犯罪。

犯罪是一个极为复杂的社会现象,具体认定犯罪是否着手,需要根据具体案情作出分析判断。在司法实践中,认定是否着手实行犯罪,应从以下三个方面来考虑:

1. 借助犯罪预备行为来认定着手。按照我国刑法的规定和揭示,犯罪预备行为的本质和作用,是为犯罪构成行为的实行和犯罪的完成创造便利条件,为其创造现实可能性,而刑法分则具体犯罪中实行行为的本质和作用,则是要直接完成犯罪,要将预备阶段的实行和完成犯罪的可能性变为现实性。两者的本质和作用的这种区别与联系,既是犯罪活动发展的客观事实所揭示、所证实的,同时也是行为人主观上有所认识的。这种主客观统一的区别使得我们正确地认定和区分犯罪预备行为与着手行为成为可能,它为正确区分两种行为提供了一个原则标准。如我们从磨刀和购买毒药的行为中,可以断定这种行为不是着手。因为它们都只是我国刑法规定的为犯罪准备工具、制造条件的活动。

2. 从行为是否使刑法所保护的犯罪客体面临具有现实危险性的侵害或威胁来认定"着手"。例如,投毒杀人犯只要把毒品放在被害人要吃的食物里,就应认为是故意杀人罪的着手,因为这种行为很可能直接引起危害后果的发生,使他人的生命、健康权面临现实危险。相反,行为人的守候行为和尾随行为,由于还不可能对犯罪客体造成现实危险而不能认为是着手,只能属于犯罪预备。以使刑法所保护的犯罪客体面临现实危险性的侵害或威胁为标准来认定着手也能说明某些特殊情形。例如,同是破门入室这一举动,对于盗窃罪来说,可以说是犯罪的着手,而对于强奸(入室强奸)罪来说,破门尚不能说是已经着手实行犯罪。因为在盗窃罪中,破门入室已使刑法所保护的他人财产所有权(即犯罪客体)面临现实危险性的侵害或威胁;而在强奸罪中,破门入室还未使刑法所保护的妇女身心健康权(即犯罪客体)面临现实危险性的侵害或威胁。

3. 从不同犯罪实行行为的特点来认定着手。刑法分则规定的犯罪实行行为大致可分为四类:单一实行行为、复合实行行为、择一实行行为、并列实行行为。对于单一实行行为,需要实施属于这一类单一实行行为的举动,才能认定为犯罪实行的着手;对于复合实行行为,不管是手段行为还是目的行为都具有实行行为的性质,因此,只要开始实施手段行为,就可以认定为犯罪实行的着手。如强奸罪、抢劫罪等犯罪,其构成要件的实行行为包括手段行为和目的行为。只要行为人实施了暴力、威胁或其他手段行为,即可认定为该种犯罪的着手,而不必要求实施目的行为才是着手;对于择一实行行为,只要实施了法律所列举的任何一种行为即可成立犯罪实行的着手。如拐卖妇女、儿童罪中的实行行为包括拐骗、绑架、收买、贩卖、接送、中转,行为人实行其中一个行为即属于该罪的着手;对于并列实行行为,犯罪的成立要求两个行为同时具备,只有两个行为均已开始实施时,才能认定为犯罪实行的着手,如果只实施了其中一个行为,尚不能认为成立犯罪实行的着手。例如,仅仅冒充国家机关工作人员的,就不能认为已着手实行招摇撞骗罪,只有行为人同时开始进行诈骗活动的,才能认定成立招摇撞骗罪实行行为的着手。

(二) 犯罪未得逞

犯罪未得逞,是指犯罪分子实施的犯罪没有完全齐备刑法分则规定的某一具体犯罪构成的全部要件。例如,故意杀人而未能将人杀死;抢劫财物而未能抢到手。未得逞这一特征是犯罪未遂与犯罪既遂相区别的标志。

对"犯罪未得逞"的理解,应注意以下问题:

1. 不能以犯罪目的是否达到、犯罪结果是否发生作为认定犯罪是否得逞的标准。因为有些犯罪如诬告陷害罪等,目的是否达到不影响既遂的成立;有些犯罪如行为犯、危险犯,犯罪结果没有发生并不等于犯罪构成要件没有齐备。

2. 犯罪未得逞,不等于没有发生任何危害结果,而是指犯罪构成要件内容特定的危害结果没有发生。例如,故意杀人罪的特定危害结果,是他人的死亡,而不是轻伤或重伤结果。因此,杀人手段虽十分恶劣,但仅致人重伤,或被害人死里逃生,都应属于犯罪未得逞,而不是杀人既遂。

3. 犯罪构成全部要件的齐备,没有时间长短的限制。只要犯罪构成全部要件一齐备,就应认为是犯罪已得逞,构成犯罪既遂。因此,不能因刚刚齐备犯罪构成的全部要件,犯罪人即被抓获、赃物即被追回或犯罪人事后立即返还等,而认为是犯罪未得逞。例如,脱逃的犯罪分子刚逃出羁押场所不久即被监管人员截获;抢劫犯刚劫得财物,逃离现场时被联防队员抓住;盗窃犯刚窃得财物后,又觉不妥,立即将财物送还原处,等等。这些都是犯罪既遂,而不是未遂。

(三) 犯罪未得逞是由于犯罪分子意志以外的原因

犯罪分子意志以外的原因,是指违背犯罪分子本意,阻止其犯罪行为继续实施或犯罪结果发生的各种原因。例如,杀人犯开枪杀人,因自身射击技术不高,未能射中被害人,或者虽射中,但被害人未死亡;盗窃犯在撬钱柜时被人当场抓获,或者打开后发现钱柜是空的。这一特征是犯罪未遂与犯罪中止相区别的标志。

犯罪分子意志以外的原因,大致可分为自身的原因与外界的原因两大类:

第一类是自身原因,或称主观方面的原因,主要有:犯罪分子自身行为能力欠缺和犯罪分子主观认识错误。前者如在实行犯罪过程中,犯罪分子突然发病,力不能支,或犯罪技术拙劣、经验不足等。后者主要是指对犯罪对象、犯罪工具、犯罪结果或犯罪现场周围客观情况等发生认识错误。例如,在实施故意杀人犯罪中,将动物误认为人加以杀害;将白糖误认为砒霜给人食用;将人打成昏迷后误认为已经死亡;盗窃犯听到风吹草动,误认为有人发现而逃跑,等等。

第二类是外界原因,或称客观方面的原因。主要有:被害人的躲避、反抗和阻止;公安人员或其他人的出现、劝阻、制止或抓获;物的阻碍,例如,遇到高墙、铁门、电网而无法逾越,保险柜不能打开,手枪损坏不能扣动扳机等;自然界的阻碍,例如,放火后未独立燃烧前遭到雨淋或被大风吹灭,等等。

在犯罪未完成的情况下,正确认定行为人犯罪停止的原因究竟是否属于"意志以外的原因",对于区分犯罪未遂与犯罪中止具有十分重要的意义。只有出于意志以外的原因而停止犯罪的,才是犯罪未遂,否则,就是犯罪中止。在司法实践中,有些使犯罪停止的原因,究竟是否属于"意志以外的原因",不易认定,常引起争论。例如,被害人的轻微反抗、哭泣、哀求,第三人的劝告、斥责,以及一些意外情况的发生等能否被认为是"意志以外的原因"。如拦路抢劫时,突然发现被抢人是熟人,实施强奸时发现被害人月经在身,等等。对这类情况的认定,应根据犯罪分子的主观心理活动和案件的具体情况作具体分析。一般认为,原则上应以"足以阻止犯罪意志"作为认定"意志以外的原因"的标准。"意志以外的原因"包括各种各样对完成犯罪有不利影响的因素,但是无论哪种不利因素,都必须达到足以阻止犯罪意志的程度,这是对"意志以外的原因"量的方面的要求。

二、犯罪未遂的分类

我国刑法没有关于犯罪未遂分类的规定。在刑法理论上,根据不同标准,主要有以下几种划分:

(一) 以犯罪行为实行终结与否为标准,可分为实行终了的未遂和未实行终了的未遂

实行终了的未遂,是指犯罪分子将构成犯罪的必要行为已实行完毕,但由于犯罪分子意志以外的原因而使犯罪未得逞。例如,开枪杀人,已完成举枪射击的行为,但没有射中被害人,或人虽射中但未打死;投毒杀人,已将毒药全部投入被害人将要喝的饮料中,但被害人发觉有异味而未饮用,或虽喝下,但因抢救及时而未死亡。

未实行终了的未遂,是指犯罪分子将构成犯罪的必要行为尚未实行完毕,由于犯

罪分子意志以外的原因，阻止其继续实行，因而使犯罪未得逞。例如，开枪杀人，正在举枪瞄准被害人时，即被人夺下枪支；投毒杀人，正准备把毒药投入被害人的饮料内时，被人发觉阻拦等。

将犯罪未遂分为实行终了的未遂与未实行终了的未遂，一般只有在结果犯的场合，才能适用。而在其他场合，例如举止犯、危险犯等，则不适用。因为在这些场合，根据刑法规定，犯罪行为实行完毕，就已构成犯罪既遂，而不可能存在实行终了的未遂。

在相同的条件下，实行终了的未遂比未实行终了的未遂更接近危害结果的发生，或者已经造成一定的危害后果，因而两者的社会危害程度是不相同的。这一划分对于未遂犯的量刑具有一定意义。

（二）以实际上能否构成既遂为标准，可分为能犯未遂和不能犯未遂

能犯未遂，是指犯罪分子本有实际可能达到犯罪既遂，但在着手实行犯罪以后，由于犯罪分子意志以外的原因而未能得逞。实践中发生的犯罪未遂状况，绝大多数为能犯未遂。如开枪射击杀人而未遂的，即为能犯未遂。

不能犯未遂，是指犯罪分子已着手实行犯罪行为，因所使用的工具、方法不当，或犯罪对象的不存在，而使犯罪未能得逞。这是由工具性质和对象特性决定的。

不能犯未遂又可具体分为两种情况：一是工具不能犯未遂，又称方法不能犯未遂，是指犯罪分子实行犯罪时，误用了不可能达到犯罪既遂的工具和方法，致使犯罪未能得逞。例如，用已失效的毒药杀人，用空枪开枪杀人，等等。二是对象不能犯未遂，是指犯罪分子实行犯罪行为时，该种犯罪对象实际上并不存在，致使犯罪不能得逞。例如，误认为被害人在房间内朝空房开枪；误男为女而实施强奸；误将赝品当作珍贵文物进行倒卖，等等。不能犯未遂中，行为人实际使用的工具、方法不当，或者犯罪对象实际并不存在，这是与犯罪分子主观意图不相符合的。其所以如此，是由于行为人对事实的认识错误所致。这种错误的发生，也属犯罪分子意志以外的原因。从行为整体上看，不能犯未遂，主观上具有犯罪故意，客观上具有该种犯罪故意支配下的行为，虽其行为不能发生犯罪结果，但仍具备了犯罪构成主客观方面的必备要件，本质上是具有社会危害性的犯罪行为，必须负未遂犯的刑事责任。

不能犯未遂与能犯未遂相比，危险性显然较小。不但不可能发生特定的犯罪结果，一般也不会发生其他危害结果。考虑到不能犯未遂的特殊性，有些国家的立法例主张对其不罚，有的主张对其减轻或免除处罚。我国刑法没有这方面的专门规定，在学说上一般认为对不能犯未遂的处罚应轻于能犯未遂。也有部分学者认为，不能犯区别于犯罪未遂，不存在侵犯的法益，而应按无罪处理。

不能犯未遂与迷信犯具有本质区别。迷信犯是指行为人采用根本不可能产生实际危害的迷信的、愚昧的手段或方法来实现其犯罪意图。例如，采用诅咒的方法，或针扎模拟真人的纸人的方法杀人；用剪碎的头发作为毒物拌在饭菜里，企图毒死人等。迷信犯，主观上虽有犯罪意图，但客观上实无危害社会的结果，没有任何危险性，缺乏主客观相统一的犯罪构成，不能作为犯罪论处。

不能犯未遂（尤其工具不能犯）与迷信犯，在使用的工具或方法上均不可能发生犯罪结果这点上最为相似。两者的区别在于：第一，从实际使用的工具、方法看，迷信犯是与行为人主观意图要使用的工具、方法相符合的，即行为人意图用头发杀人，实际上也是用头发杀人，而不能犯未遂所使用的工具、方法则与行为人主观意图不相符合，即行为人意图用砒霜杀人，实际上却误将白糖当作砒霜；第二，从行为性质上看，迷信犯根本不具有完成犯罪的可能性；而不能犯未遂，本来具有完成犯罪的可能性，因意志以外的原因（用错了工具）才丧失了可能性。因而，迷信犯在本质上不具有任何社会危害性，不是刑法意义上的犯罪行为。而不能犯未遂在本质上具有相当程度的社会危害性，是一种犯罪的未完成形态。

三、犯罪未遂是否存在的情况

从法律规定看，并非任何犯罪都存在未遂。从目前我国刑法学界与司法实践来看，通常认为过失犯罪、间接故意犯罪和结果加重犯是不存在未遂的，但对情节加重犯的未遂问题则有一定争议。

（一）过失犯罪是否存在未遂

我国刑法学界一致认为，过失犯罪不存在未遂。因为从客观方面看，过失犯罪必须有犯罪结果的发生才得以成立。然而，犯罪结果一旦发生，犯罪也即告全部完成，故不存在犯罪未遂。从主观方面看，过失犯不存在犯罪意图和犯罪目的。在犯罪结果没有发生的场合，也不存在"未得逞"的问题。

（二）间接故意犯罪是否存在未遂

对间接故意犯罪有无未遂问题，各国立法例和刑法学界历来存在不同看法，我国刑法学界也有分歧。

少数人认为，间接故意犯罪有未遂。其主要理由是：间接故意是故意犯罪的一种主观心理状态，是针对犯罪结果"发生"而言的一种心理状态，而不是针对犯罪结果"不发生"而言的；并且是针对特定的犯罪结果而言，而不是针对其他任何结果而言。从故意的认识要件即"明知"和意志要件"放任"两方面的结合来看间接故意，所谓放任结果发生，应是指放任特定的犯罪结果"发生"，而不是放任犯罪结果的"不发生"，更不是放任其他各种犯罪的发生与不发生。因此，就特定的犯罪结果是否发生而言，同样有既遂、未遂之分。在明知而放任的犯罪已经发生的情况下，为既遂；在不发生的情况下，则为未遂。例如，甲为报复，放火烧乙的房屋，点火时发现屋内有乙的老母卧病在床，甲明知乙母有可能被烧死，但对此放任不管，仍放火烧屋。在这种主观心理状态下，如果乙母被烧，但经抢救而未死亡，甲应负间接故意杀人未遂的责任。

多数人认为，间接故意无未遂。主要理由是：间接故意犯罪没有犯罪目的，所以也不存在犯罪未得逞的未遂状态。间接故意对犯罪结果发生与否都在其放任的主观意志内，因此，结果没有发生，也不能说行为人的犯罪目的没有"得逞"。间接故意只存在于所放任的危害结果实际发生的场合，所放任的危害结果没有发生，也就不成立间接故意犯罪，当然也就无未遂可言。

（三）加重构成犯是否存在未遂

我国刑法中的加重构成犯，主要有结果加重犯与情节加重犯。结果加重犯与情节加重犯是否存在未遂有不同的表现。

1. 结果加重犯是否存在未遂。

结果加重犯中，行为人实施基本犯罪行为是出于故意心理，但对于加重结果，其主观心理如何，刑法学有不同看法。有的观点认为只能出于过失；有的观点则认为既可以是过失，也可以是故意。因此，在结果加重犯有无未遂的问题上，也产生了不同的看法。持过失论者认为，结果加重犯与过失犯罪一样，不存在未遂问题；持故意论者则认为，在对加重结果持故意态度时，不论其基本犯罪是否既遂，在未发生加重结果时，即为结果加重犯的未遂。实际上，结果加重犯有无未遂与主观上的过失或故意并无关系。因为结果加重犯的成立，仅以结果有无发生作为要件。只要有这种结果发生，即构成结果加重犯；如果没有发生这种结果，则不成立结果加重犯。结果加重犯只有成立与否的问题，而没有既遂、未遂之分，所以结果加重犯不存在未遂。

在抢劫故意杀人案件中，如果未取得财物但发生了他人死亡结果的，直接适用结果加重犯的条款即可，不必再去考虑是否未遂的问题。如果以故意杀人为手段抢劫的，抢得财物但未将人杀死的，不适用结果加重犯的条款，而直接适用基本罪的条款即可。类似情形是，行为人误男为女进行强奸时，发现对象是男子，但因采用了暴力手段而导致被害人死亡的案件，不应以强奸罪的未遂处理，也应直接适用强奸罪的结果加重犯条款。对于行为人意图用硫酸来毁容（即有重伤故意）的行为，如果发生了毁容（重伤）结果的，就按结果加重犯（致人重伤）处理；如果未发生毁容结果而只是轻伤的，就按一般的故意伤害罪（故意轻伤）处理，而不能认定为故意重伤未遂。如果确认了结果加重犯又要区分既遂与未遂，就违背了结果加重犯的构成特征。

2. 情节加重犯是否存在未遂。

情节加重犯是否存在未遂在我国刑法理论上有一个较为一致的看法。情节加重犯，是指刑法分则规定的某种犯罪行为，由于具备了超出基本构成的严重情节，按照法律的特别规定，应当依照本罪定罪，并加重其刑罚的情况。从广义上讲，结果加重犯也属于情节加重犯，但由于结果加重犯较为特殊，所以，一般将其从情节加重犯中分离出来作为独立的一类犯罪形态来对待。因此，这里所称的情节加重犯是不包括结果加重犯的。情节加重犯的加重因素可以有手段、对象、地点、行为、次数、身份、数额等。凡是结果因素以外的其他加重构成犯，通称为情节加重犯。

有观点认为，与结果加重犯在既遂未遂问题上一样，情节加重犯也只有是否构成之分，而没有既遂未遂之别。具备了加重情节，就构成情节加重犯而且完备其全部要件，适用加重的刑罚幅度，不再有犯罪既遂与未遂的区分；不具备加重情节，就构不成情节加重犯而只构成基本罪，根据基本罪的犯罪构成去确定是既遂还是未遂的问题。

但是，在情节加重犯中，只有一个危害结果发生，其犯罪既遂标准同基本罪相比，并无差异，即同样以犯罪的基本结果的发生为犯罪既遂的标志。例如，在抢劫罪中，

"冒充军警人员抢劫"和"持枪抢劫"、"入户抢劫"和"在公共交通工具上抢劫",其既遂标准同抢劫罪的基本犯一样,同样以抢劫行为使被害人失去对被抢财物的控制这一唯一结果作为犯罪既遂的标志,而不因犯罪手段或地点上的特殊性而发生改变。如犯罪分子入户抢劫而未抢得财物的,就应以入户抢劫的未遂处理。因此,情节加重犯存在犯罪既遂与未遂之分。在这一点上,情节加重犯与结果加重犯是不同的。因为在结果加重犯的场合,存在客体侵害事实上的转移,即犯罪行为造成了本罪的基本结果之外的另一更重要的侵害结果即加重结果,即有两个危害结果。由于加重结果涉及的是另一更重大的社会关系,在发生加重结果的情况下,立法上关注的重心随之发生转移,即以加重结果作为刑罚的最基本根据,而本来的危害结果退居次要地位,因而只要发生加重结果,即具备了最基本的刑罚根据,而本来的危害结果是否既遂对适用加重法定刑的影响也就不大了。因此,在结果加重犯的场合,基本罪的结果不发生,不能以未遂处理。

四、犯罪未遂的处罚

《刑法》第 23 条第 2 款规定:"对于未遂犯,可以比照既遂犯从轻或者减轻处罚。"据此,对未遂犯具体量刑时,一般可比照既遂犯从轻或者减轻处罚。这是因为未遂犯所造成的实际损害,总是比既遂犯轻些。至于从轻或减轻的幅度大小,则应综合考虑案件的具体情况。例如,未遂行为距离既遂的远近、未遂行为是否已造成其他危害后果及危害后果的大小、未遂的原因以及未遂犯本人的危险程度,等等。如果犯罪性质、情节本来就比较轻微而又未遂的,也可依照《刑法》第 13 条的"但书"规定,不认为是犯罪。但是,对情节特别恶劣、危害后果严重、人身危险性大的罪犯,也可以与既遂犯同等处罚,而不予从轻或减轻处罚。例如,以残忍手段杀人,被害人虽未死亡,但已造成终身残废,也可与既遂犯同样判处死刑。

刑法对未遂犯的处罚,仅在总则中作了概括性的规定,也就是原则上对一切犯罪的未遂犯都可以进行处罚。但是,近来也有观点提出,对轻微犯罪的未遂,没有必要追究刑事责任,以利于司法机关集中力量打击严重犯罪。因此,从实际出发,立法上可考虑规定,只处罚法定最低刑为 3 年以上有期徒刑之罪的未遂犯。

第五节 犯罪中止

一、犯罪中止的概念和特征

(一) 犯罪中止的概念

《刑法》第 24 条第 1 款规定:"在犯罪过程中,自动放弃犯罪或者自动有效地防止犯罪结果发生的,是犯罪中止。"根据这一规定并结合我国刑法中的故意犯罪停止形态理论,我国刑法中的犯罪中止,是指在犯罪过程中,行为人自动放弃犯罪或者自动有效地防止犯罪结果发生,而未完成犯罪的一种犯罪停止形态。

（二）犯罪中止的特征

根据《刑法》第 24 条第 1 款的规定和犯罪中止成立的实际情况,犯罪中止形态有两种类型:一是自动停止犯罪的犯罪中止。二是结果防止的犯罪中止。这两类犯罪中止的基本特征既有共同性,又有各自的特殊性。

1. 自动停止型犯罪中止的特征

自动停止型犯罪中止的成立,必须同时具备三个特征:

（1）时间性,即必须在犯罪过程中停止犯罪。这一犯罪过程,一般认为包括犯罪预备阶段和犯罪实行阶段。也就是说,自动停止型的犯罪中止时间界限为犯罪行为实行终了之前。如果行为已经实行终了,则无行为停止可言。在有的犯罪中,犯罪行为实行终了即为既遂;在有的犯罪中,即使犯罪行为未实行终了而停顿下来的,也以既遂处理。如绑架罪中,行为人只要已控制了被害人的人身自由,即使还未来得及实施勒索行为,也应认为既遂;在有的犯罪中,犯罪行为实行终了并不一定达到犯罪既遂状态,例如故意杀人罪等结果犯。因此,严格而言,此种犯罪中止的时间性界限,不能以犯罪既遂来划分,而应以行为实行终了来划分。

（2）自动性,即必须自动停止犯罪行为。自动停止犯罪,是指犯罪分子出于自己的意志,放弃了自认为可以进行下去的犯罪。也就是说,犯罪分子在确信能够将犯罪进行到底的情况下,出于本人的意志放弃了犯罪。这是犯罪中止的本质特征,也是犯罪中止与犯罪未遂相区别的主要标志。犯罪未遂表现为欲为而不能为(即"想干而干不下去"了);犯罪中止则表现为能为而不为(即"能干而不再干"了)。如果当时的环境、条件在客观上并不妨碍犯罪行为的继续进行,行为人却误以为条件不利而被迫放弃,则属意志以外的原因,仍构成犯罪未遂,而不能认为是犯罪中止。例如,盗窃犯入室撬窃,恰逢隔壁有人敲门,其误认为室主返回,即跳窗而逃,即无自动性。相反,虽然当时的环境、条件,客观上不可能完成犯罪,但行为人误认为能够完成而自动停止的,仍应认为具有自动性。例如,意图爆炸杀人,将已失效的炸药包放置在被害人家门口,刚点燃导火线,又幡然悔悟而自动将火熄灭,虽然这个炸药包不可能被引爆,但仍应属于犯罪中止。

自动性是行为人放弃犯罪的客观表现,而促使犯罪分子放弃犯罪的原因可能是多种多样的。有的出于真诚的悔罪;有的则可能是慑于法律的威严,害怕将来犯罪事实揭露后,受到法律的制裁而中止犯罪;有的是经过亲友的教育、规劝或出于对被害人的怜悯而良心发现放弃犯罪。总之,不管出于什么样的动机,只要是犯罪分子自愿放弃的,都不影响犯罪中止的成立。动机的差异,仅可能对量刑有意义。

（3）彻底性,行为人彻底放弃了原来的犯罪。这一特征意味着,行为人在主观上彻底打消了原来的犯罪意图,在客观上彻底放弃了自认为本可能继续实行的犯罪行为,而且从主客观的统一上行为人也不打算以后再继续实施此项犯罪。彻底性表明了行为人自动停止犯罪的真诚性及其决心，它表明了犯罪分子自动停止犯罪是坚决的、完全的，而不是暂时的中断。暂时中断犯罪，即行为人停止犯罪是因为准备不充分或者认为时机不成熟、环境条件不利而意图等待条件适宜时再继续该项犯罪，由于不具备中止犯罪彻底性的要求，因而不能认为是犯罪中止。当然，所谓彻底停止犯罪，是相对而言的，而不具有绝对的意思。这是指行为人须彻底放弃正在进行的某个具体的犯罪，而不是指行为人在以后任何时候都不再犯同种犯罪，更不能理解为行为人在以后的任何时候都不再犯任何罪。

2. 结果防止型犯罪中止的特征

结果防止型犯罪中止的成立，只能出现于结果犯的场合，这种中止是指在结果犯中，行为人着手实施的犯罪已经实行终了但尚未出现犯罪既遂所要求的结果时，自动有效地阻止犯罪结果出现的中止形态。这可以说是一种特殊类型或者特殊情况下的犯罪中止。

这种特殊类型的犯罪中止与自动停止型中止相比，除在彻底性这一特征上相同外，其成立的条件具有以下特殊性：

（1）时间性。与自动停止型犯罪中止一样，也有时间性的要求，但两者的时间界限是不同的。这种犯罪中止只能发生于犯罪行为实行终了之后、犯罪结果发生之前。在实行行为终了前自动中止的，属于自动停止型的犯罪中止。而在犯罪结果发生之后，则无结果防止可言，也就谈不上犯罪中止。

（2）自动性。表现为行为人不可能再通过单纯消极的停止方式来进行，即仅仅以消极停止的方式是不够的，还必须采取积极的措施来防止犯罪结果的发生。例如，行为人意欲杀人，已给被害人服下毒药，事后即反悔，又自动给被害人服解毒药，防止了死亡结果的发生。如果犯罪结果未发生，不是出于行为人的积极防止行为，而是因其他原因，则不能视为犯罪中止。例如，上例中，行为人给被害人服毒后，思想上虽表示后悔，但未采取任何防止行动，后因毒性不足而未致被害人死亡，或者因被他人及时抢救获生，这些情况均应构成犯罪未遂，而不是犯罪中止。

（3）有效性。即行为人不仅要通过积极的行动来防止犯罪结果发生，而且这种行动还必须具有有效性，即有效地防止了犯罪结果的发生。如果行为人虽积极采取了防止措施，但犯罪结果仍然发生的，则缺乏有效性，仍不能成立犯罪中止。例如，行为人给被害人服毒后，虽出于反悔而自动给被害人服解毒药，或自动送被害人至医院抢救，但最终被害人未能得救而死亡的，仍构成犯罪既遂，而不能成立犯罪中止。在行为实行终了之前就自动停止犯罪的，自然也就已经有效地防止了犯罪结果的发生。因而在自动停止型的犯罪中止中，实际上也包含了有效性的特征，只不过表现形式略有不同而已。之所以刑法对这种犯罪中止提出特殊的要求，立法旨意是因为这种犯罪中止所面对的犯罪已经实行到了相当彻底的程度，离犯罪既遂所要求的结果已相当接近，从而表明其社会危害性较大。只有在行为人所采取的积极措施事实上具有效果时，才能相应地减轻其已造成的社会危害性，从而可以犯罪中止处理。

二、犯罪中止的界定

我国刑法学界对于犯罪中止成立的要件或特征，主要在以下两个问题上有不同观点，需要予以关注。

（一）犯罪既遂之后是否存在犯罪中止

有观点认为，犯罪结果发生之前和犯罪既遂之前这两者是有区别的。根据我国刑法关于犯罪中止的规定，犯罪中止限于发生在犯罪结果出现之前，但不限于既遂之前。虽然犯罪行为已经既遂，只要犯罪结果尚未发生，就仍可成立犯罪中止。例如，放火、爆炸、破坏交通工具等危险犯，诬告陷害、绑架等行为犯，虽然行为已实施完毕或达到一定程度，按照刑法规定已属于既遂，但是行为的完成与犯罪结果的发生还有一定距离，在这段时间内仍可能存在犯罪中止。承认既遂后有中止，有利于尽可能地鼓励犯罪分子及时悔悟，避免危害结果的发生，更好地防卫社会。这一点，应该是符合我国刑事政策的。因此，犯罪既遂后可以有中止。

然而，刑法理论一般认为犯罪既遂之后不存在犯罪中止。理由是：首先，既遂后中止的观点违背了我国刑法关于故意犯罪停止形态排他性的原理。在同一个犯罪中，任何犯罪形态都是排他的，行为人对同一犯罪，只能在犯罪预备、犯罪未遂、犯罪中止和犯罪既遂诸形态中，择一构成。一个犯罪，不可能出现两种或两种以上的停止形态。"既遂后有中止"的说法本身违背了故意犯罪停止形态排他性的原理。其次，在危险犯中危险状态出现既遂后的解除行为和在行为犯中既遂后的自动停止行为，不符合犯罪中止"在犯罪过程中"的时空条件和"防止犯罪结果发生"的有效性条件。危险犯中的危险状态出现就属于犯罪完成状态（既遂），其后解除危险状态的行为就不能再视作为"在犯罪过程中"，而是"在犯罪过程后"。同样，行为犯在达到一定程度后即属于犯罪完成状态（既遂）。结果犯的完成状态是实际上结果的出现，而危险犯和行为犯的犯罪完成状态因无实际结果，而只能是某种犯罪的构成要件齐备时，它并不表示犯罪分子意图实施的犯罪的实际完成或结束。在危险犯和行为犯中，在犯罪完成状态（既遂）出现后，行为人主动解除危险状态或自动停止犯罪的，属于犯罪后的悔悟行为，不符合犯罪中止的"在犯罪过程中"的时空条件，不能以犯罪中止论处。在危险犯和行为犯中，行为人主动解除危险状态或自动停止犯罪的，也不可能符合"防止犯罪结果发生"的有效性条件。因为犯罪中止法条中规定的"犯罪结果"，只能是针对结果犯而言的。最后，既遂后的自动停止行为不以中止处理，仍然可以对犯罪分子在量刑时酌情考虑予以从轻处罚，从而鼓励犯罪分子及时悔罪，停止犯罪行为。

（二）自动放弃重复侵害行为是否成立犯罪中止

自动放弃重复侵害行为，是指行为人已经实施了足以发生特定犯罪结果的侵害行为，由于意志以外的原因而未发生这种结果，此时行为人仍能够重复实施这种侵害行为，但出于本人意愿而自动停止实施侵害行为，使特定的犯罪结果终未发生。例如，开枪杀人，行为人打第一枪未中或仅致轻伤害，本可继续打第二枪、第三枪，直至把被害人打死,但行为人自动停止射击,从而避免了死亡结果的发生。

对自动放弃重复侵害行为的性质,过去传统的观点倾向于将其认定为犯罪未遂。认为这属于行为实行终了的犯罪未遂,而不是犯罪中止。其理由是:犯罪人打一枪已足以致人死亡,未射中不是犯罪人的意愿,故打第一枪的行为已经构成犯罪未遂状态,虽然没有再射击,也不能消除犯罪人已经实施的未遂行为所应负的刑事责任,而只能作为社会危害性较小的一个情节,在量刑时予以考虑。

我们认为,自动放弃重复侵害行为是犯罪中止而不是犯罪未遂。理由是:首先,它发生在犯罪过程中。未遂论者的局限在于未能正确看待自动放弃重复侵害行为的整体性。事实上,许多犯罪的实行行为是由一系列前后联系的多种具体动作或数个单独行为组成的,它是一个连续的完整过程。其中每一个具体的动作和具体的行为,都是基于一个犯罪故意,出于同一犯罪目的,都是整个犯罪行为的一部分,是完成预定犯罪活动必不可少的环节。虽然各个动作和行为具有相对独立性,但同时又存在着内在的结合性。重复实施的侵害行为之间存在着有机联系。在上例中,如果行为人第一枪未能打中,明知被害人未死,同时又不存在足以阻止其继续开枪射击的障碍,自动放弃了再次开枪的行为,没有造成死亡结果,就不能说杀人行为已经实行终了。行为人的自动放弃行为仍在一个犯罪过程中,完全符合中止犯的时间性特征。其次,行为人对重复侵害行为的放弃是自动的,符合中止犯自动性的条件。行为人在整个犯罪行为未实行终了时,在客观上可以继续犯罪而且主观上对继续犯罪有控制力、有认识的情况下,出于本意放弃了本来可以继续实施的犯罪行为,从而表现出其放弃犯罪的自动性。最后,由于行为人对可以重复的侵害行为是自动而彻底的放弃,使犯罪结果没有发生,符合彻底性条件。

总之,自动放弃重复侵害行为一方面具备了犯罪中止的全部条件,另一方面不符合犯罪未遂的条件,因而它不是实行终了的犯罪未遂,而是未实行终了情况下的犯罪中止。同时,将自动放弃重复侵害行为定性为犯罪中止,也是切实贯彻罪责刑相适应原则及惩办与宽大相结合的刑事政策的需要。

三、犯罪中止的类型

犯罪中止形态具体表现形式多种多样,从不同角度,根据不同的标准,可以将犯罪中止划分为多种类型。划分犯罪中止的类型可以帮助我们认识犯罪中止的复杂性及不同的社会危害性程度,以便正确定罪量刑。

(一) 预备中止、未实行终了的中止与实行终了的中止

这是根据犯罪中止发生的时空范围所作的区分。

1. 预备中止。是指在犯罪的预备阶段,行为人在自认为可以继续实施犯罪活动的条件下,自动地将犯罪活动停止下来,不再继续实施犯罪预备行为或者没有着手实施犯罪实行行为的情况。如行为人携带凶器在去某地杀人途中,因为害怕受到法律制裁而又返回。

2. 未实行终了的中止。它发生于行为人已着手犯罪的实行行为但尚未终了时。这种中止较为常见。如强奸犯在对妇女实施暴力、威胁行为后，出于对被害人的怜悯而自动停止了进一步可以实施的奸淫行为。

3. 实行终了的中止。它发生于犯罪实行终了之后即遂的犯罪结果发生之前。如行为人在给被害人吃下毒药后采取积极的挽救措施而使被害人未死亡。

上述三种类型的犯罪中止，其社会危害性程度显然有所不同，预备中止最小，实行终了的中止最大，而未实行终了的中止一般居中。

(二) 消极中止与积极中止

这是根据对中止行为的不同要求所作的区分。

1. 消极中止。即仅需自动停止犯罪行为的继续实施便可成立的犯罪中止。此种类型即自动停止型的犯罪中止。

2. 积极中止。即犯罪人不但需要自动停止犯罪的继续实施，而且还需要以积极实施的行为来防止既遂的犯罪结果发生才能成立的犯罪中止。此种类型即结果防止型的犯罪中止。

上述两种类型的犯罪中止，消极中止距离犯罪既遂较远；而积极中止距离犯罪既遂较近，尤其是其中有些还发生了一定的实际危害后果。因此，一般说来，积极中止较消极中止的社会危害性大一些。

四、犯罪中止的处罚

犯罪中止是犯罪的一种未完成形态，具有特殊的构成要件。其主观上有实施犯罪的故意，客观上已进行犯罪预备行为或犯罪着手行为，因而已具备追究刑事责任的主客观基础。但考虑到行为人能自动停止犯罪，客观上已避免犯罪结果的发生，社会危害性已大大减轻，主观上已有较大程度的悔悟，人身危险性明显降低，因而对中止犯应比预备犯或未遂犯作出更为宽大的处理。对于中止犯的处罚，各国刑法采取的主要是必减免制和得减免制两种原则。我国《刑法》第24条第2款规定："对于中止犯，没有造成损害的，应当免除处罚；造成损害的，应当减轻处罚。"由此可见，我国刑法采取了必减免制。这一规定充分体现了罪刑相适应原则和具有我国特色的刑事政策，既可达到防卫目的，又可产生鼓励犯罪分子自动中止犯罪的积极作用。

第十二章

共 同 犯 罪

第一节 共同犯罪概述

刑法分则中各具体犯罪的犯罪构成要件是以单独犯罪为标准而设立的,而现实生活中经常出现二人以上共同故意犯罪的情况,即共同犯罪。共同犯罪,是一种修正的犯罪构成,是单独犯罪的相对概念。由于共同犯罪的复杂性,有必要对共同犯罪问题展开深入的研究。

有关共同犯罪的共同关系应在什么范围内存在,在近代的刑法理论中有过不同的学说,概括起来主要有以下几种:

一、犯罪共同说

犯罪共同说也称"客观说",该说认为,共同犯罪是数人共同参与实施一个犯罪,共同关系只有在一个犯罪事实内才能存在。因此,如果两人分担犯罪行为的实施,而各人所引起的犯罪事实属于不同的犯罪事实的,虽出于两人的协力加功,也不能成立共同犯罪。如甲、乙两人共谋杀丙,并烧毁其住宅,由甲分担杀人行为,由乙实施放火行为,因为杀人、放火是两个不同的犯罪行为,而且由甲、乙分别承担,甲、乙应独立成立故意杀人罪和放火罪。

犯罪共同说还指出,在共同犯罪的各个行为人中,有的对于犯罪事实具有直接重要关系,其行为足以独立完成犯罪,处于主体的地位,有的对于犯罪事实有间接轻微的因果关系,不具有独立性质,是附属于其他犯罪人而得以存在的,是从属犯。因而,广义的共犯有两种情况:具有独立性质的正犯和不具有独立性质的从属犯,包括教唆犯和帮助犯。既然教唆犯和帮助犯是附属正犯而成立的,因此,教唆犯和帮助犯的责任也从属于正犯的责任。即教唆、帮助行为虽已着手,若正犯没有实施犯罪,那么教唆犯、帮助犯也不构成犯罪,这就是共犯从属性说。

犯罪共同说严格限定共犯的成立范围,有利于实现刑法的保障机能,具有历史的进步意义。但犯罪共同说以数人共同实施一个犯罪事实为犯罪的共同,其范围未免狭窄。

二、行为共同说

行为共同说亦称"主观说",该说认为,犯罪是行为人恶性的表现,如果从行为人的主观恶性进行观察,那么不仅数人共犯一个犯罪事实是共同犯罪,凡是数人通过共同行为而实现各自企图的,都为共同犯罪。因此共同犯罪仅以共同行为的认识为要件,不必有共同犯罪的认识。共同关系并非数人共犯一罪的关系,而是共同表现恶性的关系。按行为共同说的见解,共同犯罪各行为人主观上可以是故意,也可以是过失,如果均为故意的,各自的故意不必相同,也即只要有共同的行为,便可以成立共同犯罪。如甲、乙基于共谋约定共同对丙下手,甲以杀人的故意实施杀人行为,乙以伤害的故意实施伤害行为,二人虽然应分别成立杀人罪和伤害罪,但仍应认为甲、乙具有共同犯罪的关系。

既然共同犯罪是恶性的共同表现,而这种恶性的共同表现对结果都有一定的因果关系,就没有必要区分直接重要关系和间接轻微关系,不论是直接实施犯罪行为,还是实施教唆、帮助行为,都是基于固有的反社会性,并以故意或过失的形式表现出来。因此,教唆犯和帮助犯都是独立的犯罪,应该依其行为的自身特征而承担责任,无所谓从属性质。如果教唆犯、帮助犯已着手实施教唆、帮助行为,尽管被教唆或被帮助者没有成立犯罪,教唆、帮助者也至少成立未遂犯,此谓共犯独立性说。

行为共同说认为,共同犯罪不一定在一个犯罪事实范围内发生,各共同犯罪人所加功的犯罪事实,只须同一,不必单一。这是行为共同说在认定共同犯罪时的可取之处,但行为共同说认为共同犯罪不一定出于共同犯罪的意思,即一方有共同犯罪的意思,另一方没有共同犯罪的意思;或者一方出于故意,另一方出于过失,都可以成立共同犯罪,这在一定程度上扩大了共同犯罪的范围,似为行为共同说的缺憾。

三、共同意思主体说

共同意思主体说是共谋共同正犯的理论基础,着重于共同犯罪人的社会心理特色,该说认为,既然有共同的犯罪目的并参与了谋议,即为同心一体,构成共同意思的主体,而应共同负责。因而,二人以上为一定犯罪之谋议,仅由其中一部分人实施犯罪行为,对于未参与实施的人,也认为成立共同正犯,此谓共谋共同正犯。但有学者持反对意见,认为共同意思主体说是一种团体负责的观念,与以单独犯为前提的立法精神显然不符合,不免有将共同正犯过分扩张解释之嫌疑。①

综上所述,有关共同犯罪的范围,大致有犯罪共同说、行为共同说和共同意思主体说三种学说,但共同意思主体说没有获得公认,只有犯罪共同说和行为共同说是共同犯罪理论争论的代表。犯罪共同说以行为为中心,认为两人以上共犯一种犯罪为

---

① 王云五主编:《法律学》,台湾商务印书馆1971年版,第81页。

共同关系,使共同犯罪的认定范围过于狭小;而行为共同说以行为人为中心,偏重于人的主观恶性,认为二人以上通过共同行为以实现各自企图就是共同犯罪,是从一个极端走向了另一个极端,使共同犯罪的认定范围过于宽泛。在刑法理论的发展过程中,对共同犯罪的范围实际上兼采了犯罪共同说和行为共同说。如共同实施犯罪的人中有无责任能力者参与,则无责任能力者是否与有责任能力者成立共同关系,按照所采学说的不同而有不同的答案:依犯罪共同说,无责任能力者与有责任能力者之间不成立共同关系,而依行为共同说,无责任能力者与有责任能力者之间可成立共同关系。对此,学者多采犯罪共同说。[①]又如对于数人共犯数罪是否成立共同正犯,犯罪共同说认为共同正犯只能实施一个犯罪事实,而行为共同说认为共同正犯可以实施多个犯罪事实。学者认为数人以共同之意思分担实施数个犯罪事实,解释上自应采行为共同说认其成立共犯,较为适当。[②]

第二节　共同犯罪的构成要件

共同犯罪的构成要件是建立在犯罪构成一般理论的基础上的,它是单独犯罪构成的扩展与补充。因此对共同犯罪构成要件的研究,必须从犯罪构成的一般理论出发。《刑法》第 25 条规定,"共同犯罪是指二人以上共同故意犯罪"。由这一概念可知,共同犯罪的构成要件如下:

一、共同犯罪的客体

共同犯罪的客体是各个共同犯罪人的犯罪行为共同指向的客体,各个共同犯罪人尽管可能有着具体分工的不同,行为指向对象的不同,但他们侵犯的客体是一致的、统一的,如甲、乙合谋抢劫丙,按计划由甲先上去将丙打倒在地,乙则上前将丙洗劫一空。在这个案例中,不能因为甲、乙二人行为针对的对象有所差异从而割裂了他们行为间的内在统一性,因而不能机械地认为甲构成了伤害罪,乙构成了抢夺罪,而应该认为甲、乙为共同犯罪,他们行为侵害的客体是一致的、统一的。

二、共同犯罪的客观方面

共同犯罪的客观方面是二人以上在共同故意的支配下,共同实施的具有内在联系的犯罪行为,这是共同犯罪人应负刑事责任的客观基础。各个共同犯罪人在参加

---

① 蔡墩铭著:《刑法总则争议问题研究》,台湾五南图书出版公司 1998 年版,第 253 页。
② 韩忠谟著:《刑法原理》,台湾大学 1981 年增订第 14 次印刷,第 267 页。

共同犯罪时,不论他们之间分工如何,参与的程度如何,他们的行为总是围绕着共同的犯罪,彼此联系,互相配合,为完成同一犯罪而活动,成为一个统一的犯罪活动整体,各个共同犯罪人的行为都是共同犯罪行为的一个有机组成部分。因而共同犯罪行为与危害结果之间的因果关系属于一因一果,而不是多因一果。

犯罪行为的表现形式,在理论上可以分为两种:作为与不作为。以单独犯罪来讲,在一般情况下,要么是作为犯罪,要么是不作为犯罪。但在共同犯罪的情况下,除共同作为、共同不作为以外,还存在着一方作为、一方不作为的情况。

1. 共同作为

二人以上共同故意以积极的行为实施刑法所禁止的危害社会的行为,是由共同作为构成的共同犯罪,如甲、乙共谋抢劫丙的财物,甲用刀威胁丙不得反抗,乙趁机对丙搜身掠夺财物,这是共同作为的共同犯罪。

2. 共同不作为

二人以上都负有实施某种行为的义务,而且能够履行而共同故意以消极的方式不去履行这种义务,以致发生危害结果的,是共同不作为构成的共同犯罪。如甲、乙二人都是护士,共同负责看管病人丙。甲、乙二人密谋杀害丙,相约都不履行看护义务,不给丙服药致丙死亡。这是共同不作为构成的共同犯罪。需要指出的是,这里各个共同犯罪人必须都负有某种特定义务,而且都是能够履行的。

3. 一方作为与另一方不作为

基于共同的犯罪故意由一方作为和另一方不作为,互相配合,以致发生危害结果的,是由一方作为与另一方不作为构成的共同犯罪。如甲是仓库看守,与乙合谋盗窃仓库里的财物,约定在甲值班时由乙入室行窃,甲假装熟睡,放任乙顺利地进行盗窃,甲违反义务的不作为与乙积极的作为相互配合,构成共同犯罪。

三、共同犯罪的主体

共同犯罪的主体必须是二人以上。这里的"人"可以是自然人,也可以是单位。当然,对于自然人的共同犯罪和单位与自然人构成的共同犯罪来说,其自然人都必须是达到刑事责任年龄、具有刑事责任能力的人。如果是一个有刑事责任能力的人唆使一个没有刑事责任能力的人一起实施危害社会的行为,或者一个单位利用一个没有刑事责任能力的自然人一起实施危害社会的行为,均不构成共同犯罪。在理解共同犯罪的主体问题时,我们应掌握以下几点:

1. 二人以上共同实施犯罪,如果其中只有一人具备刑事责任能力,其他人均未达到刑事责任年龄或不具备刑事责任能力,则不构成共同犯罪。对其中具备刑事责任能力的行为人应以单独犯罪处理。

2. 一个具备刑事责任能力的人利用另一个缺乏刑事责任能力的人实施犯罪,这种情况,在刑法理论上称为"间接正犯",间接正犯实际上只是把缺乏刑事责任能力的人作为其实施犯罪的工具或中介,这种通过中介所实施的犯罪不发生共犯关系,因而不成立共同犯罪。例如甲教唆邻居的 10 岁孩子去盗窃他人财物，这里甲是间接正犯，属于单独犯罪。

3. 完全刑事责任能力行为人与限制刑事责任能力行为人共同实施犯罪，既有成立共同犯罪的情况，也有不能成立共同犯罪的情况。

4. 三人以上共同实施犯罪，如果其中只有一人不具备刑事责任能力，则共同犯罪仍然成立，但不具备责任能力的行为人不是共同犯罪人。

四、共同犯罪的主观方面

共同犯罪人必须有共同犯罪的故意，即二人以上在对于共同犯罪行为具有同一认识的基础上，对其所会造成的危害社会的结果持希望或放任的心理态度。共同犯罪故意是共同犯罪构成的主观要件，是共同犯罪人承担刑事责任的主观基础。

共同犯罪的故意，包含着三层含义：一是各个共同犯罪人都认识到自己不是孤立地实施某一犯罪，而是同其他人共同实施这一犯罪。二是共同犯罪人都预见到共同犯罪行为的性质以及行为所引起的危害结果。三是各个共同犯罪人对共同犯罪所引起的危害结果都抱着希望或放任的态度。值得注意的是所谓共同故意，不是说事先必定有预谋、有商量。一个眼神、一个手势都可形成主观故意的联络。例如，一位男医生与一位女护士关系不正常，双方都感到男医生的妻子是他们关系的障碍。一日医生妻子来看病，女护士在医生配的药里加了砒霜，递给医生时使了个眼色，医生心领神会，把药交给妻子，妻子被毒死。这也是一个共同故意犯罪。

因为缺乏共同故意，以下几种情况不构成共同犯罪：

1. 二人以上的共同过失行为，造成一个危害结果的，不构成共同犯罪，如果构成犯罪，分别论处。[①]

2. 故意犯同过失犯相结合形成同一犯罪。在这种情况下，二人以上的行为之间缺乏共同犯罪故意，不能构成共同犯罪。

3. 二人以上同时在同一场所故意犯罪，但彼此主观和客观行为都互无联系的，也不为共同犯罪。这在刑法理论上称为同时犯。

4. 一人利用他人实施犯罪时创造的条件，故意相继实施犯罪。二人在客观上有一定联系，但主观上不具有共同故意，故不是共同犯罪。这可以称为"先后犯"。

5. 二人以上在共同故意实施犯罪的过程中，有的犯罪人超出了共同故意的范围，单独实施了另外的犯罪，超越共同故意范围的行为由行为人单独负责，其他共同犯罪人对此则不负共同犯罪的责任，这种情况被称为"实行过限"。

---

① 在民国历史上曾采行为共同说之立场，承认过失犯的共同正犯，如暂行新刑律第 35 条规定："于过失罪，有共同过失者，以共犯论。"旧《刑法》第 47 条规定："二人以上于过失罪有共同过失者，皆为过失正犯。"但1935 年《刑法》对于过失共同正犯并未予以规定。

第三节　共同犯罪的特殊问题

一、共同犯罪与身份

身份在犯罪中有着举足轻重的作用,刑法理论中与身份有关的概念是特殊主体,是指刑法分则中规定的某些犯罪除了要求主体达到刑事责任年龄、具备刑事责任能力的条件外,还要求具有一定的身份条件。[①]"刑法"中的身份有两种情况:将与犯罪成立有关的身份称为构成身份,将与刑罚轻重有关的身份称为加重或减轻身份。身份既能影响定罪,也能影响量刑。因此,身份在刑法中意义重大。尤其在共同犯罪中,身份给共同犯罪的定罪与量刑都带来了不少困惑,着重体现为以下几个问题:

(一) 无身份者与有身份者能否构成共同犯罪

不具有特定身份的人与具有特定身份的人可以构成共同犯罪,这在现有的刑事立法中已经有了表现。尽管刑法总则没有关于共同犯罪和身份的规定,但在分则中有条文涉及这一问题。例如,《刑法》第 382 条第 3 款明确规定:"与前两款所列人员(国家工作人员和受国家机关、国有公司、企业、事业单位、人民团体委托管理、经营国有财产的人员)勾结,伙同贪污的,以共犯论处。"

但是,也有少数学者认为非特殊身份者不能与特殊身份者构成要求是特殊主体的共同犯罪。因为特殊的身份资格是权利义务相统一的反映,特殊的身份表明依照这一身份条件可以取得特殊的权利,同时也负有因这一身份条件而产生的特殊义务。非特殊主体没有特殊主体的特殊权利,也就不能担负只有特殊主体才能承受的特殊义务。因此,无身份者不能加入到只有特殊身份者才能实施的犯罪中,如果无身份者与有身份者实施共同行为,应当以各自的身份性质分别认定。[②]

理论上大多数人认为,非特殊身份者能够与特殊身份者构成要求是特殊主体的共同犯罪。这不仅是因为刑法规定和司法解释中已经存在相关的内容,而且还因为这种规定并没有违背权利义务一致性的原则。权利义务的一致性,只是就单独犯罪而言的,即无特定身份者既然不能享受有特定身份者的权利,当然也就不能去承担有特定身份者才能承担的义务,即不能构成特殊主体才能构成的犯罪。但共同犯罪有其特殊性,事实上,在无特定身份者与有特定身份者共同实施犯罪时,可以说无特定身份者已经享受原只能由有特定身份者才享受的利益,或者说他已享受了权利,让其承担相应的义务也是理所当然的。

---

① 我国刑法分则中有些犯罪对于具有一定身份的人要从重处罚,如"国家机关工作人员犯诬告陷害罪的,从重处罚"。

② 杨兴培、何萍:《非特殊身份人员能否构成贪污罪的共犯?》,载《法学》2001 年第 12 期。

需要指出的是,既然无身份者与有身份者可能构成共同犯罪,那么,就产生了无身份者与有身份者共同进行犯罪(包括实施、教唆和帮助),如何认定犯罪的性质的问题。这一问题在刑法理论和司法实践中均有不同的主张,主要有两种观点:一种观点主张按照主犯犯罪的基本特征定罪。这种观点直接来自 1985 年 7 月 8 日最高人民法院、最高人民检察院《关于当前办理经济案件中具体运用法律的若干问题的解答(试行)》,它指出:"内外勾结进行贪污或者盗窃活动的共同犯罪……应按其共同犯罪的基本特征决定。共同犯罪的基本特征一般是由主犯犯罪的基本特征决定的。""如果共同犯罪中主犯犯罪的基本特征是贪污,同案犯中不具有贪污罪主体身份的人,应以贪污罪的共犯论处……如果共同犯罪中主犯犯罪的基本特征是盗窃,同案犯中的国家工作人员不论是否利用职务上的便利,应以盗窃罪的共犯论处。"另一种观点则主张共同犯罪的犯罪性质应该以实行犯的犯罪性质确定。因为在共同犯罪中,实行犯是整个共同犯罪的核心,教唆犯、帮助犯只是对实行犯的实行行为起指导或辅助作用,因而只有实行犯的性质才能确定共同犯罪的性质。

在以上两种观点中,第一种观点的缺陷是显而易见的,因为主犯和从犯的划分是以行为人在共同犯罪中的地位与作用为标准的,这种划分主要是解决共同犯罪的量刑问题,按照为解决量刑问题而划分的主犯和从犯来解决共同犯罪的定性问题是不恰当的。而且在一个共同犯罪中,经常出现两个以上的主犯,如果主犯的犯罪特征不同,那么究竟以哪一个主犯犯罪的特征来决定共同犯罪的基本特征呢?事实上,在以后的立法过程中,也修改了上述《解答(试行)》中的共同犯罪以主犯犯罪基本特征决定这一规定。例如 1988 年 1 月 21 日全国人大常委会公布施行的《关于惩治贪污罪贿赂罪的补充规定》第 1 条第 2 款规定:"与国家工作人员、集体经济组织工作人员或者其他经手、管理公共财物的人员勾结,伙同贪污的,以共犯论处。"1997 年《刑法》又重申了决定的内容,《刑法》第 382 条贪污罪第 3 款规定:"与前两款所列人员勾结,伙同贪污的,以共犯论处。"第二种观点较之第一种观点显然更为合理。然而,共同犯罪性质由实行犯性质确定的观点无法解释有两个以上实行犯,而实行犯的犯罪性质不一样的共同犯罪情况,也即在有身份者与无身份者共同实行犯罪,两者均为实行犯的情况下,这种观点无法自圆其说。

2000 年 7 月 8 日最高人民法院《关于审理贪污、职务侵占案件如何认定共同犯罪几个问题的解释》第 1 条规定:"行为人与国家工作人员勾结,利用国家工作人员的职务便利,共同侵吞、窃取、骗取或者以其他手段非法占有公共财物的,以贪污罪共犯论处。"第 2 条规定:"行为人与公司、企业或者其他单位的人员勾结,利用公司、企业或者其他单位人员的职务便利,共同将该单位财物非法占为己有,数额较大的,以职务侵占罪共犯论处。"前两条确立了以实行犯的性质来认定共同犯罪性质的标准,而第 3 条却又规定:"公司、企业或者其他单位中,不具有国家工作人员身份的人与国家工作人员勾结,分别利用各自的职务便利,共同将本单位财物非法占为己有的,按照主犯的犯罪性质定罪。"这一条确立的是以主犯的性质来认定共同犯罪性质的标准。因此这一司法解释实际上分别采用了两个标准来解决共同犯罪中有关身份的定罪问题。

在有身份者与无身份者共同进行犯罪行为时,如果只有单一的实行犯时,共同犯罪的性质以实行犯的犯罪性质来确定。因为就实行、教唆、帮助三种行为与犯罪事实的关系而言,直接使犯罪发生的是实行行为,其次为教唆,再次为帮助,教唆和帮助只是实行行为的发起和补充。事物的性质是由事物的主要矛盾决定的,在共同犯罪案件中,实行犯是事物的主要矛盾。如果有身份者和无身份者共同实施犯罪行为时,即两者均为实行犯时,应该以占主导地位的实行犯的犯罪性质来确定。[1]主导地位主要体现为利用了哪一方的职务之便或者身份特征。如果实行犯的地位相当,比如并没有利用哪一方的职务之便或者各自利用了职务之便的,应该分别定罪。因为身份不同,犯罪性质不同,刑罚的轻重也不同,这实际上反映了立法者对一部分人要从重处罚、对另一部分人要从轻处罚的立法思想,因此共同犯罪中对不同身份的人分别定罪是符合立法精神的。而且,共同犯罪在一般情况下应该定一个统一罪名,但这并不是绝对的,在承认具有共同犯罪故意、具有共同犯罪行为的同时,根据法律规定分别定罪也是可以接受的,比如行贿和受贿是对合性共同犯罪,组织卖淫和协助组织卖淫也是一对共同犯罪,但因为有刑法分则的特别规定,对同一共同犯罪中的这些成员都是分别定罪的。

(二) 无身份者能否构成共同实行犯(共同正犯)

刑法对此未明文规定,理论上多持否定意见,如陈兴良教授认为:具有特定身份的人与没有特定身份的人不能构成法律要求特殊身份为主体的共同实行犯,因为身份是犯罪主体的要素之一,身份决定着犯罪主体的性质,没有特定身份的人不可能实施法律要求犯罪主体具有特定身份的犯罪的实行行为。例如,没有国家工作人员身份的人不可能实施贪污或受贿的实行行为,因而,与国家工作人员构成受贿罪的共同实行犯的观点,只是看到了非国家工作人员的行为与国家工作人员的行为之间的形式上的一致性,而没有看到两者之间的本质上的差别性,因而错误地将其混为一谈。[2]而赵秉志教授则认为:一概肯定或否定无身份者与有身份者构成共同实行犯是不妥的,应当区别对待,刑法中有些犯罪可以有无身份者和有身份者构成共同实行犯,如非国家工作人员可以与国家工作人员构成贪污罪的共同实行犯;有些犯罪无身份者不能与有身份者构成共同实行犯,如非家庭成员不能与家庭成员一起构成遗弃罪的共同实行犯。但他又同时指出,对这个问题的研讨和思考尚未成熟,分析还不够深入,还未能概括出解决此问题的科学标准。[3]

我们认为,要搞清无身份者可否与有身份者一起构成特殊身份的共同实行,关键在于如何把握实行犯(正犯)的含义,实际上就是把握好实行犯与帮助犯的区别。我国刑法中的共同犯罪人主要是按照地位与作用,兼顾分工而进行的分类,共

---

[1] 我们认为这实际上是对"共同犯罪的性质应该以实行犯的性质确定"这一观点的修正和调整。

[2] 陈兴良著:《共同犯罪论》,中国社会科学出版社1992年版,第356—357页。

[3] 赵秉志著:《刑法总论问题研究》,中国法制出版社1996年版,第534页。

同犯罪人分为主犯、从犯、胁从犯和教唆犯,刑法中本没有正犯(实行犯),只是从理论上将共同犯罪人按照分工不同分为组织犯、实行犯、教唆犯和帮助犯,即实行犯只是理论上的概念而已。刑法理论界通常认为实行犯是实施刑法分则规定的具体犯罪构成要件的行为人,如强奸罪和抢劫罪中的暴力、胁迫、酒醉、麻醉等手段行为以及目的行为如奸淫行为、劫取公私财物的行为。依据这一范围,无身份者可构成有身份者犯罪的共同实行犯。陈兴良教授一方面认为共同实行行为有分担的共同实行行为,也有并进的共同实行行为,①分担的共同实行行为如在抢劫案中,甲实施方法行为,即暴力、胁迫或其他行为,乙实施目的行为,即劫取公私财物的行为,甲、乙两人行为的有机结合,便构成抢劫罪的共同实行行为。但是另一方面他又认为当妇女为男子实行强奸而实施暴力、胁迫等行为时,妇女不能与男子构成共同实行犯,②我们认为这是自相矛盾的。事实上,如果将实行犯理解成是实施刑法分则规定的具体犯罪构成要件的行为人,无身份者可以构成身份犯罪的共同实行犯;如果将实行犯理解为实施犯罪构成要件中实质行为的人,如强奸罪中的奸淫行为,受贿罪中利用职务之便的收受财物行为,则无身份者不可能构成身份犯罪的共同实行犯。总而言之,在对实行犯的含义作出明确的界定前,讨论无身份者可否构成身份犯罪的共同实行犯是徒劳的。

(三)当身份影响到量刑的轻重时,对无身份者如何定罪量刑

这一问题应该区分为以下两种情况:第一,身份不影响犯罪的性质,仅仅影响刑罚的轻重。这就是不论有身份者还是无身份者,实施某种行为,犯罪的性质相同,身份只是影响到量刑的轻重。例如,《刑法》第243条第2款规定:"国家机关工作人员犯前款罪的(诬告陷害),从重处罚。"又如《刑法》第17条第3款规定:"已满十四周岁不满十八周岁的人犯罪应当从轻或者减轻处罚。"如果国家机关工作人员与非国家机关工作人员共同犯诬告陷害罪的;成年人和未成年人共同实施某种犯罪的,对无身份者如何处罚? 这种情况下应对有身份者依法予以从重、从轻或者减轻处罚,而对无身份者按照通常之刑处罚。这在我国刑法理论界和司法实践中都达成了一致意见。第二,身份不仅影响了量刑的轻重,同时影响了犯罪的性质。这里又包含着两种情况:一是无身份者实施某种行为,构成此罪,而有身份者实施此种行为,构成彼罪,如侵犯通信自由罪和非法开拆、隐匿、毁弃邮件电报罪;二是均为有身份之人,但身份不同,犯罪性质不同,处刑也不同,如职务侵占罪和贪污罪。这两种情况形式上不同,实质上无多大差异。事实上第二种情况也可以看成是无身份者(比如无国家工作人员身份)与有身份者(有国家工作人员身份)之间的关系。

刑法对此种情况无明确规定,因而理论中分歧意见较多,但总体上量刑与定罪是合二为一的,即定什么罪,便量什么刑。因而刑法理论对这一问题的理解与其说是一

---

① 分担的共同实行行为,是指各共同犯罪人在实行犯罪时,具有实行行为的内部分工。并进的共同实行行为,是指各共同犯罪人在实行犯罪时,各自的行为均具备全部构成要件。参见陈兴良著:《共同犯罪论》,中国社会科学出版社1992年版,第92—93页。

② 陈兴良著:《共同犯罪论》,中国社会科学出版社1992年版,第356页。

个量刑问题,还不如说是一个定罪问题,即无身份人与有身份人共同实施犯罪该如何定性的问题。因为这一问题已在上文中作过论述,这里不再赘述。

二、片面共犯问题

在理解共同犯罪的共同故意时,刑法理论界对另一个问题仍然存在着争论,那就是片面共同犯罪问题。片面共同犯罪,是指参与犯罪的人中,一方有同他人实施犯罪的共同故意,并协力于他人的犯罪行为,但他人却不知其给予协力,因而缺乏故意联络的情况。片面共同犯罪的关键特征在于主观方面是片面合意,即一方有同另一方共同犯罪的故意,而这种合意又是片面的,因为另一方对这种合意并不知情。在片面共同犯罪中,不知情的他方不可能构成共同犯罪,但有片面合意的一方是否构成他方的共同犯罪呢? 我国刑法对此并无规定,刑法理论上有否定说和肯定说两种见解。否定说认为,共同犯罪构成的条件是二人以上基于共同意愿实施了共同犯罪,这种故意应该是全面的、相互的,如果是片面的故意,与共同犯罪的含义是矛盾的。[1]肯定说认为,根据我国刑法关于共同犯罪的规定和司法实践的客观要求,不能否认我国刑法中存在片面共犯。[2]

我国刑法学界比较普遍的观点认为,承认片面共犯是共同犯罪并不违背我国刑法的共同犯罪理论,而且也符合实践的需要。从理论上看,共同故意的认识因素是指共同犯罪人不仅认识到自己在实施危害社会的行为,而且还认识到自己是在与他人一起实施犯罪,缺少后一方面的认识,便不能成立共同故意。但这种认识是否需要具有全面性和相互性? 应该说,共同故意的理论并没要求一定要达到这种程度,事实上,相互认识固然存在着主观联系,单方认识也存在着主观联系。因而,全面共同故意与片面共同故意之间不是主观联系有无的区别,而只是主观联系方式的区别。全面共同故意和片面共同故意只是量上的区别而不是质上的区别。从实践来看,对片面共犯不以共同犯罪论处,就失去了追究该种罪犯刑事责任的法律依据,这显然会放纵犯罪分子,使犯罪分子有可乘之机。[3]应该说,刑法学界有关承认片面共犯的见解既从理论上廓清了共同故意的概念,又能从司法实践的客观要求出发,符合理论总是服务于实践的宗旨。

事实上,有关片面共犯问题在我国刑法条文中已经有所体现。例如,《刑法》第198条第4款明确规定:“保险事故的鉴定人、证明人、财产评估人故意提供虚假的证明文件,为他人诈骗提供条件的,以保险诈骗的共犯论处。”分析这一刑法规定,我们不难发现,为他人诈骗提供条件的人,有可能与实施诈骗者之间具有通谋,在这种情况下将其作为共犯处理应该不存在任何问题。但是,为他人诈骗提供条件的人,完全

---

① 高格:《关于共同犯罪的几个理论问题的探讨》,载《吉林大学学报》1982 年第 1 期。

② 陈兴良:《论我国刑法中的片面共犯》,载《法学研究》1985 年第 1 期。

③ 苏惠渔主编:《刑法原理与适用研究》,中国政法大学出版社 1992 年版,第 258 页;陈兴良著:《共同犯罪论》,中国社会科学出版社 1992 年版,第 115—116 页。

可能与实施诈骗者之间不具有通谋,即保险事故的鉴定人、证明人、财产评估人故意为他人诈骗提供条件,但实施诈骗者并不知道自己的保险诈骗行为是在他们的帮助之下完成的,按照刑法规定,对实施帮助者也应该按照保险诈骗罪的共犯论处。

在认可了片面共犯之后,另一问题是片面共犯的范围问题。片面共犯可能存在三种情况:一是片面的共同实行犯,即实行的一方没有认识到另一方的实行行为。例如,甲明知乙欲对丙实施强奸行为(二人无通谋),甲为了"帮助"乙,在乙不知情的情况下,甲使用暴力将丙打成轻伤,乙得以顺利实施奸淫行为。[①]二是片面的教唆犯,即被教唆者没有意识到自己被教唆的情况。例如,甲为了使乙杀害丙,甲将乙的妻子与丙通奸的照片寄给乙,乙看到照片后将丙杀害。[②]三是片面的帮助犯,即实行一方没有认识到对方的帮助行为。例如,甲明知乙正在追杀丙,由于乙与丙有仇,便暗中设置障碍物挡住了丙的去路,使乙顺利地杀害了丙。[③]刑法理论中,有的肯定片面共犯概念,认为所有片面共犯都成立共同犯罪;[④]有的只承认片面教唆犯和片面帮助犯;[⑤]而有的只承认片面帮助犯。[⑥]我们认为,如果承认片面合意也是共同故意的一种,也能成立共同犯罪,那么就没有理由限定片面共犯的范围。当然,在司法实践中要证明片面合意有一定的难度。

三、过失共同犯罪问题

《刑法》第 25 条第 1 款规定:"共同犯罪是指二人以上共同故意犯罪。"第 2 款规定:"二人以上共同过失犯罪,不以共同犯罪论处;应当负刑事责任的,按照他们所犯的罪分别处罚。"从以上规定可以看出我国刑法只承认共同故意形成的共同犯罪,而否认过失形成的共同犯罪。否认过失形成的共同犯罪,主要的理由是各过失犯罪人缺乏如共同故意那样的犯意联系,即在认识因素上缺乏对共同犯罪的认识,在意志因素上缺乏内在的统一性。对于疏忽大意的过失,缺乏共同的预见性,对于过于自信过失,缺乏造成危害结果的共同的意志因素。[⑦]

但是,也有学者认为过失也可以形成共同犯罪,即过失共同犯罪。当然过失共同犯罪不同于共同过失犯罪。过失共同犯罪是指二人以上负有防止危害结果发生的共

---

① 如果承认有片面的共同实行犯,本案中甲构成强奸罪的共同实行犯(实行犯是实施了犯罪构成要件行为的人,犯罪构成要件行为包括手段行为和目的行为),乙单独构成强奸罪;如果不承认有片面的共同实行犯,则甲构成伤害罪,乙构成强奸罪。

② 如果承认有片面的教唆犯,本案中甲构成故意杀人罪的教唆犯,乙单独构成故意杀人罪;如果不承认有片面的教唆犯,则甲不构成故意杀人罪,乙单独构成故意杀人罪。

③ 如果承认有片面的帮助犯,本案中甲构成故意杀人罪的帮助犯,乙单独构成故意杀人罪;如果不承认有片面的帮助犯,则甲不构成故意杀人罪,乙单独构成故意杀人罪。

④ 李敏:《论片面合意的共同犯罪》,载《政法论坛》1986 年第 3 期。

⑤ 陈兴良著:《共同犯罪论》,中国社会科学出版社 1992 年版,第 117 页。

⑥ 李光灿、马克昌、罗平著:《论共同犯罪》,中国政法大学出版社 1987 年版,第 37 页。

⑦ 苏惠渔、刘宪权主编:《犯罪与刑罚理论专题研究》,法律出版社 2000 年版,第 259 页。

同注意义务,由于全体行为人共同的不注意,以致危害结果发生的一种共同犯罪形态。例如,甲、乙在拆建筑用脚手架时一同将一根木头从脚手架上扔下,将过路行人丙砸死。甲、乙负有共同的注意义务,却未注意观察也未加警告,违反了共同的注意义务,造成了共同的危害结果,甲、乙构成过失的共同犯罪。而共同过失犯罪是指二人以上的过失行为共同造成了一个危害结果,但是在各行为人之间不存在共同注意义务和违反共同注意义务的共同心情。①例如,医生甲疏忽大意开错药方,司药乙没有注意核查,按照错药方发药,致婴儿服药后死亡。本案中甲、乙承担的注意义务是不同的,甲承担仔细开药方的注意义务,而乙承担仔细核查药方的注意义务,但由于各自违反注意义务,导致危害结果的发生,这是共同过失形成的犯罪,不能作为共同犯罪处理。

我们认为,承认过失的共同犯罪,有利于司法实践中减轻举证的证明责任,降低证明难度。因为如果对于过失共同犯罪进行分别定罪量刑,作为刑事案件的举证人公诉人不但要分别证明不同的行为人主观上有过失,客观上有违反注意义务的行为和造成危害结果,而且还要分别证明各行为人的过失行为和危害结果之间有因果关系,而事实上这种分别证明是有难度的。作为过失犯的同时犯让各行为人分别就自己的行为和自己行为导致的危害结果负责,很有可能最终谁都不能对危害结果负责。因此,肯定过失共同犯罪是明智之举。

如果能够在理论上肯定过失的共同犯罪,那么随之便可以肯定结果加重犯的共同犯罪。既然二人共同实施了基本行为,并且由基本行为导致了加重结果,即二人的共同行为造成了加重结果,而且二人均对加重结果具有预见可能性,故二人都应对加重结果承担责任。②

尽管我国的刑事立法和大多数刑法学者对共同过失犯罪持否定意见,外国的判例和学说还是倾向于肯定共同过失犯罪。世界各国关于共同犯罪的规定主要有三种模式:一是明确规定共同犯罪是指二人或二人以上故意共同参加实施某项犯罪,这种规定排除了过失犯罪也能成立共同犯罪的可能,这是《苏俄刑法典》第 17 条和《蒙古刑法典》第 13 条的规定方式,我国也是这种立法模式;二是规定二人以上共同实行了犯罪者为共同正犯,至于共同正犯是只能由共同故意还是由共同过失所构成,则未作明确规定,而是委于学说和判例去解释,这是《联邦德国刑法典》第 25 条和《日本刑法典》第 60 条的规定方式;三是明确规定数人协力为过失犯罪时,也成立共犯,各科以规定之刑,这是《意大利刑法典》第 113 条的规定方式。③

值得注意的是尽管我国的刑事立法否认过失共同犯罪,但在司法解释中却出现了交通肇事罪的共同犯罪。2000 年 11 月 10 日最高人民法院、最高人民检察院《关于审理交通肇事案件具体应用法律若干问题的解释》的第 5 条规定:"交通肇事后,单位主管人员、机动车辆所有人、承包人或者乘车人指使肇事人逃逸,致使被害人因得

---

①③ 冯军:《两个判例的法理引申——论过失共同犯罪》,载《判例与研究》1996 年第 3 期。

② 张明楷著:《刑法学》,法律出版社 2003 年版,第 327 页。

不到救助而死亡的,以交通肇事罪的共犯论处。"

四、"共谋而未共行"问题

在理解"共同犯罪行为"时,理论界对"共谋而未共行"问题存在着较大的分歧,争议焦点在于:

(一) 单纯的共谋是否为犯罪行为

共谋,是指二人以上为实现一定的犯罪而共同进行的商议与策划,是形成故意联络的外在表现。对于共谋是否为犯罪行为,在刑法理论界基本上不存异议,认为共谋是犯罪行为。这可以从以下两点予以说明:首先,共谋是一种行为。在单独犯罪的情况下,犯意表示只是个人犯罪意思的流露而已,属于思想的范畴。而共同犯罪的意思是二人以上通过交流犯罪思想而形成共同犯罪故意,这种思想交流已经发生了人与人之间的社会关系,因而已经属于行为的范畴。[①]其次,共谋又是一种犯罪行为。因为共谋是二人以上为实现一定的犯罪而进行的商议与策划,这种商议与策划可能是明示的通谋,也可能是默示的合意,不管以何种方式,皆是为进行犯罪而创造条件。这种共谋行为不管是出于行为人意志以外的原因被迫放弃还是自动放弃,均可构成犯罪,前者构成犯罪预备,后者构成犯罪中止。而刑法对所有犯罪预备或犯罪中止均可进行刑事处罚,因而共谋不但是一种行为,而且是一种犯罪行为。

(二) 共谋而未共行是否构成共同犯罪

共谋而未共行,事实上有两种情况:一种是共谋由一部分人实行,另一部分人不直接实行。另一种是共谋共同实行犯罪,但有人未行,有人已行。对于第一种情况,当然可以构成共同犯罪。这种共同犯罪属于有分工的复杂共同犯罪。在这种情况下,未实行的人应与实行的人共同对犯罪结果承担刑事责任,未实行犯罪的人所进行的谋议,可能是对犯罪的教唆,也可能是对犯罪的帮助,因而这种情况下的共谋当然属于共同犯罪。对于第二种情况,即共谋共同实行犯罪,但有人已行,有人未行,是否构成共同犯罪? 刑法界对这一问题存在着否定说与肯定说两种观点:否定说认为,共谋不是共同犯罪行为,共谋而未共行,缺乏共同犯罪行为,因此不能构成共同犯罪。肯定说则认为,共谋是共同犯罪行为,共谋而未共行,具有共同犯罪行为,应当构成共同犯罪。因为共同犯罪行为包括犯罪的预备和实行行为,而犯罪预备和犯罪的实行是两个紧密相联的阶段,共谋属于犯罪预备,不能把犯罪预备同犯罪的实行之间的紧密联系割裂开来。否定说认为共谋未共行不构成犯罪是忽视了犯罪预备行为与实行行为的同质性,也忽视了共谋者与实行者之间的关联性。实际上两者之间的区别不是行为及其构成要件的不同,而是符合犯罪构成要件的行为类型有所不同,否认它们之间成立共同犯罪这种观点是不能自圆其说的。因而,共谋而共行固然构成共同实行犯,共谋而都未行,构成共同犯罪的预备犯或中止犯。如果一方已行,一方未行,那

---

①　陈兴良著:《共同犯罪论》,中国社会科学出版社 1992 年版,第 86—87 页。

么仍然构成共同犯罪。

（三）共谋者的犯罪形态问题

对于共谋者的犯罪形态问题，我国刑法理论界对此有不同见解。例如，甲、乙共谋杀害丙，相约某晚到丙家共同下手将丙杀害，但届时乙未去，甲一人将丙杀死。毫无疑问，甲构成故意杀人罪既遂，但乙的犯罪形态如何？观点一认为乙应承担杀人预备的刑事责任。[1]观点二认为乙应承担既遂的刑事责任。[2]观点三认为乙应承担中止的刑事责任。[3]我们认为，乙应该承担什么刑事责任需根据实际情况分别处理。如果乙在甲着手实行犯罪之前表明了自己脱离共犯关系的意思，主观上切断与甲之间的共同故意联系，客观上也以自己积极的行为切断其以前的犯罪行为同以后的危害结果之间的因果关系，使其消除对犯罪形成既遂的原因力，乙可以成立犯罪中止。因为因果关系是承担刑事责任的客观基础，乙退出共同犯罪的行为消除了自己先前行为对共同行为所起的合力作用，也即切断了与危害结果之间的因果联系，就没有法律依据再让其承担其他共犯造成的危害结果。但是，如果乙并没有将其脱离共犯关系的意思告诉甲，也没有采取措施阻止甲的犯罪行为，而只是单方面停止自己的犯罪行为，由于甲对乙放弃犯罪的意图和行为并不知情，甲实施的行为仍然是在贯彻甲、乙共同预谋的内容，仍然可以视为甲、乙二人的行为，因此乙的单方面停止行为并未切断其与危害结果之间的因果关系。因而，如果甲构成犯罪既遂或未遂，乙也应构成既遂或未遂；如果甲在犯罪过程中自动停止了犯罪或者有效地防止了犯罪结果的发生，则乙就构成犯罪预备或者犯罪未遂。

第四节　共同犯罪的形式

共同犯罪的形式，是指二人以上共同故意实行犯罪的结构形式，也就是从不同的角度、用不同的标准，将共同犯罪划分为多种形式，以帮助我们从各个方面去认识不同形式的共同犯罪的特点、性质及其社会危害程度，以便正确地定罪量刑，有利于区别对待共同犯罪人。关于共同犯罪的形式，目前刑法理论上主要有以下几种划分。

一、以共同犯罪能否任意构成为标准，可以分为任意的共同犯罪和必要的共同犯罪

任意共同犯罪，是指刑法分则中规定的一人单独能够实行的犯罪，由二人以上共

---

[1]　陈兴良著：《共同犯罪论》，中国社会科学出版社1992年版，第86页。

[2]　肖中华：《析共谋而未实行者可否成立共犯》，载《人民法院报》1999年9月2日。

[3]　郑伟主编：《新刑法学专论》，法律出版社1998年版，第263页。

同实行的犯罪情况。这种犯罪既可以由一人单独实施,也可以由二人以上共同实施。例如:刑法分则规定的放火罪、故意杀人罪、盗窃罪等绝大多数犯罪,均可由一人单独实施,也可由数人共同实施,构成共同犯罪。对任意共同犯罪的定罪量刑,除了根据分则的规定确定其犯罪性质、法定刑外,还须根据刑法有关共同犯罪的规定,进行综合的分析与判断。

必要共同犯罪,是指法定的必须由二人以上共同实施的犯罪情况,也就是说,这种犯罪不可能由一人单独构成,而是以共同犯罪为要件,故在刑法理论上称之为必要共同犯罪,必要共同犯罪都是直接规定在刑法分则中的,理论上还可将它分为两种形式:

（一）聚合性必要共同犯罪

即以不特定多数人的聚合行为为犯罪构成要件的共同犯罪,包括犯罪集团和聚众犯罪。其特点是:

1. 参加人数在三人以上,人数较多。

2. 一般都有首要分子起着纠集、策划、指挥作用,如《刑法》第 291 条规定的聚众扰乱公共场所秩序罪、交通秩序罪。

（二）对合性必要共同犯罪

即以共同犯罪人之间相对行为的结合为构成要件的共同犯罪,如果缺少任何一方的相对行为就不可能构成犯罪。如刑法规定的贿赂犯罪,是行贿行为与受贿行为的结合。重婚罪,是重婚行为和与重婚行为相对行为的结合。

对于必要共同犯罪,只需按照刑法分则的有关规定来定罪量刑。

二、以共同犯罪人之间有无分工为标准,可以分为简单共同犯罪和复杂共同犯罪

简单共同犯罪是指各共同犯罪人之间没有行为上的分工,即各共同犯罪人都直接地实行了某一具体犯罪行为的情况。例如:甲、乙共谋抢劫丙,二人一起将丙从家里骗到偏僻处,用暴力方法强行劫取了丙身上的所有财物。这里甲、乙构成了共同犯罪,但二人相互间没有具体分工,属于简单共同犯罪。值得注意的是:在上例中,即使甲、乙在实施抢劫过程中,由甲掐脖子,由乙抄口袋,这仍然属于简单共同犯罪。因为共同犯罪中的分工是指有人教唆、有人实施、有人组织、有人窝藏、有人帮助等地位、作用上的大分工,而不是指具体行为、动作上的小分工。

复杂共同犯罪,是指共同犯罪人之间存在着不同分工,处于不同地位的共同犯罪情况。例如:有的犯罪分子直接实行某种犯罪构成客观方面的行为,有的教唆别人犯罪,有的为实行犯罪制造条件等等。这种共同犯罪的分工比较复杂,每个人在共同犯罪中所处的地位和所起的作用不同,其社会危害性也不同。

三、根据共同犯罪故意形成的时间为标准,可以分为事前有通谋的共同犯罪和事前无通谋的共同犯罪

事前有通谋的共同犯罪,是指共同犯罪人的共同故意是在着手实行犯罪以前形成的,即在犯罪的预备阶段,共同犯罪人对犯罪进行了策划和商议。例如,甲、乙、丙欲杀丁。事先预谋、制定杀人计划,由甲买来毒药,乙窥视丁的生活习惯,然后由丙在丁的茶杯里投入毒药,致丁死亡。这就是事前有通谋的共同犯罪。由于各共同犯罪人在犯罪的预备阶段就协商了有关共同犯罪的计划,如:如何分工行动,何时何地如何着手犯罪,如何隐匿罪迹等,其犯罪是在犯罪的周密的计划安排下实施的,因而犯罪更容易得逞,社会危害性也就更大。

刑法规定,有的共同犯罪必须以有事前通谋为前提。如《刑法》第 310 条第 2 款规定:窝藏或者包庇犯罪分子,"事前有通谋的,以共同犯罪论处。"如果事前无通谋的,就不能以共同犯罪论处,可以单独构成窝藏罪、包庇罪。

事前无通谋的共同犯罪,是指各共同犯罪人在着手实施犯罪时或者实行犯罪的过程中临时形成共同犯罪故意的情况。这种形式的共同犯罪,多是偶发性的,共同犯罪人之间的联系大多是临时性的,一般来说,较之事前有通谋的共同犯罪,其社会危害性较小。例如:甲企图偷窃,正在撬门,适逢乙经过,甲便叫乙在门外望风,乙同意了,甲便入室偷窃财物。此案例属于事前无通谋的共同犯罪。

四、以各共同犯罪人之间有无组织形式为标准,可以分为一般共同犯罪和有组织的共同犯罪即犯罪集团

一般共同犯罪,即二人以上不具备严密组织形式的共同犯罪。共同犯罪人之间没有严格和巩固的组织形式,他们为实施某一特定的犯罪,临时纠合起来共同实行犯罪,通常实行一次或数次犯罪后即散伙。一般共同犯罪,可能是事前有通谋的共同犯罪,也可能是事前无通谋的共同犯罪;可能是任意的共同犯罪,也可能是必要的共同犯罪;可能是简单的共同犯罪,也可能是复杂的共同犯罪。

犯罪集团,根据《刑法》第 26 条第 2 款的规定,是三人以上为共同实施犯罪而组成的较为固定的犯罪组织,它具有以下特征:

1. 人数较多,由三人以上组成。根据刑法规定,犯罪集团的成员至少在三人以上,二人不可能成为犯罪集团。事实上,犯罪集团的人数往往不止三人,少则五、六人,多则数十人、百余人,因此,这里所说的"三人以上"只是构成犯罪集团的人数的最低限度,也是区分犯罪集团与一般共同犯罪的人数标准。

2. 具有一定程度的组织性,即有明显的组织领导,首要分子带领普通成员实施犯罪,普通成员处于被组织、被领导的地位,有较严密的纪律性,如保守犯罪的秘密,服从组织犯的支配等等。《刑法》第 26 条第 1 款规定:"组织、领导犯罪集团进行犯罪

活动的或者在共同犯罪中起主要作用的,是主犯",第 97 条规定:"本法所称首要分子,是指在犯罪集团或者聚众犯罪中起组织、策划、指挥作用的犯罪分子",都揭示了犯罪集团具有组织性的特征。由于犯罪性质不同,犯罪集团也往往采用不同的组织形式,如有的采取政党或军队的组织形式,有的采取封建帮会组织形式。

3. 具有一定的稳定性。犯罪集团是为了经常性地共同实施犯罪而组成的组织,不是临时凑合的,其成员固定或基本固定,经常有进行多种犯罪的计划,甚至以犯罪为常业,在实施一次犯罪后,该种联合体仍继续存在,以便继续实施犯罪,因而具有较大的稳定性。

4. 具有一定的犯罪目的性。犯罪目的性,是指犯罪集团各个成员基于共同实施某种或某几种犯罪的目的而结合在一起的,如果不以犯罪为目的,只是基于追求低级趣味或出于封建习俗而结合在一起,或者基于某种反动思想或落后思想而结合在一起,则不能认为是犯罪集团。其中个别人或少数人单个进行犯罪活动,对于从事犯罪活动的人,应依法处理,但不能因此认定他们所结成的团体是犯罪集团。

总之,由于犯罪集团人数较多,行动诡秘、犯罪频繁,或者横行霸道、手段凶残,具有疯狂的破坏性和极大的危害性,是最危险的一种共同犯罪形式。故刑法将犯罪集团这一内容明文规定在总则中。

在追究犯罪集团成员的刑事责任时,《刑法》第 26 条第 3 款规定:"对组织、领导犯罪集团的首要分子,按照集团所犯的全部罪行处罚。"因为首要分子是犯罪集团的核心人物,犯罪集团其他成员按犯罪计划实施的犯罪无论在客观上,还是在主观上都与首要分子的行为有密切的联系。从客观方面来看,该集团的一切按犯罪计划实施的犯罪行为都是在首要分子组织、领导、指挥下进行的,首要分子的活动决定其他成员的活动。从主观方面来看,其他成员按犯罪计划实施的犯罪活动是包括在首要分子的犯罪意图之中的,即具有共同的故意。但是,如果犯罪集团中的某个成员实施了超出该集团的犯罪计划的犯罪,则首要分子对此种犯罪不负刑事责任。

五、犯罪团伙

犯罪团伙不是一个明确的法律用语,原是公安机关在实际工作中使用的概念,对于犯罪团伙的理解,可谓众说纷纭。有人认为犯罪团伙就是犯罪集团,有人认为这是介于犯罪集团和一般共同犯罪之间的一种犯罪组织,也有人认为犯罪团伙是犯罪集团和犯罪结伙的合称,即包括比较牢靠的犯罪集团和比较松散的犯罪结伙。

刑法并未对犯罪团伙下一个明确的定义,但根据刑法理论,一般认为犯罪团伙指三人以上结成一定组织或纠合的比较松散的共同犯罪形式,它可能是犯罪集团,也可能是一般共同犯罪。即如果犯罪团伙中有首要分子和一般成员,成员基本固定,有一定的目的性、稳定性,应当认定为犯罪集团。如果不具备犯罪集团的要件,数人成帮结伙,经常一起吃喝玩乐、东游西逛,但不是进行犯罪活动,也没有共同犯罪的预谋或策划,由于突发性事件或偶然的机会,临时纠集在一起共同实施某种犯罪,则应当认定为一般共同犯罪。

第五节　共同犯罪人及其刑事责任

一、共同犯罪人的分类

共同犯罪人的分类,是指依照一定的标准,对共同犯罪人所进行的适当分类,其目的在于确定各个共同犯罪人的刑事责任。

共同犯罪人的分类具有重大的现实意义。首先,共同犯罪人的分类对于共同犯罪的定罪具有重大意义。在共同犯罪人中,从构成特点上分析,可以分为实行犯与非实行犯这两大类。刑法分则规定了实行犯的犯罪构成,其定罪已不成问题,而非实行犯在分则中没有体现,其定罪须依赖于总则的规定。《刑法》第 25 条第 1 款规定了二人以上共同故意犯罪是共同犯罪,第 27 条、第 29 条又规定了从犯(其中包含帮助犯)、教唆犯的内容与处罚原则,从而把非实行犯纳入共同犯罪的范畴,并使非实行犯的定罪有法可依。因而,共同犯罪人分类的首要意义在于共同犯罪的定罪。其次,共同犯罪人的分类对于共同犯罪的量刑具有重大意义。共同犯罪是二人以上实施犯罪,这里就存在一个罪责的大小区分问题,刑法把共同犯罪人分为主犯、从犯、胁从犯、教唆犯,并且明文规定了各种犯罪人的处罚原则,这就不仅为共同犯罪的定罪提供了法律依据,而且为共同犯罪的量刑提供了一般原则。

各国刑法按照不同的标准,对共同犯罪人进行了各种各样的划分。归纳起来,主要是采用两种标准予以分类:一是以各共同犯罪人在共同犯罪中的活动分工为标准,有的实行两分法,将共同犯罪人分为正犯和从犯,有的实行三分法,将共同犯罪人分为实行犯、教唆犯和帮助犯,有的实行四分法,将共同犯罪人分为实行犯、组织犯、教唆犯和帮助犯。二是以各共同犯罪人在共同犯罪中所起的作用为标准,将共同犯罪人分为主犯和从犯。以上两种分类方法,第一种方法对解决定罪问题比较好,第二种方法对解决量刑问题比较好。我国刑法以犯罪分子在共同犯罪中所起的作用为主要标准,适当照顾到共同犯罪人行为性质和活动分工的特点,把共同犯罪人分为主犯、从犯、胁从犯和教唆犯,从而把组织犯包括在主犯中,把帮助犯包括在从犯或胁从犯中,对实行犯则按其在共犯中的作用分别包括在主犯或从犯中。这样的分类,把共同犯罪中的定罪和量刑问题都兼顾到了,有利于指导司法机关明确打击重点、实行区别对待,准确地依法定罪量刑。

二、共同犯罪人的种类

(一) 主犯

1. 主犯的概念

《刑法》第 26 条第 1 款规定:"组织、领导犯罪集团进行犯罪活动的或者在共同犯罪中起主要作用的,是主犯。"另外,《刑法》第 97 条还规定:"本法所称首要分子,是指在犯罪集团或者聚众犯罪中起组织、策划、指挥作用的犯罪分子。"据此,我们可以看出,主犯包括三种情况:

第一,犯罪集团中的首要分子

犯罪集团中的首要分子,是指在犯罪集团中起组织、策划、指挥作用的犯罪分子,也就是组织犯。组织犯的犯罪活动包括建立犯罪集团、领导犯罪集团、制定犯罪活动计划、组织实施犯罪计划、策划于幕后、指挥现场等。

第二,聚众共同犯罪中的首要分子

聚众共同犯罪中的首要分子,是指在聚众共同犯罪中起组织、策划、指挥作用的犯罪分子。聚众共同犯罪虽然不是集团犯罪,但它是三人以上共同实施犯罪,其中起协调、制约作用,进行组织、策划、指挥的人,便是聚众共同犯罪中的首要分子。

第三,其他在共同犯罪中起主要作用的犯罪分子

在共同犯罪中,除上述两种主犯以外,其他在共同犯罪中起主要作用的犯罪分子也是主犯。其他在共同犯罪中起主要作用的犯罪分子,是指主要的实行犯,这些人既可能存在于犯罪集团中,也可能存在于聚众犯罪中,但大多存在于一般共同犯罪之中。在犯罪集团和聚众犯罪中,这些人虽然不是首要分子,但却是犯罪的积极参与者,是犯罪的主要实施者,在共同犯罪中起主要作用。

2. 主犯与首要分子的关系

由于《刑法》分别在第 26 条、第 97 条中规定了主犯与首要分子,两者关系十分密切,因此如何理解主犯与首要分子的关系也就更加重要。主犯与首要分子的区别如下:

第一,发生的场合不同。首要分子只存在于犯罪集团和聚众犯罪中,而主犯既可以存在于犯罪集团和聚众犯罪中,也可以存在于一般共同犯罪之中。

第二,主犯未必是首要分子。这一点我们可以从《刑法》第 26 条有关主犯的概念中得出。主犯除了在犯罪集团中起组织、领导作用的首要分子外,还包括在共同犯罪中起主要作用的犯罪分子,主犯的范围比首要分子大。

第三,在犯罪集团中,首要分子必定是主犯,而在聚众犯罪中,首要分子未必是主犯。根据《刑法》第 97 条规定,首要分子有两种:一种存在于犯罪集团中,另一种存在于聚众犯罪中。犯罪集团中的首要分子必定是主犯,这可以从《刑法》第 26 条主犯的概念中得出。然而在聚众犯罪中,情况就有所不同。刑法分则规定某些犯罪构成的主体只能是首要分子,认定首要分子是区分罪与非罪的界限。例如:《刑法》第 291 条规定的聚众扰乱公共场所秩序罪、交通秩序罪,只能由首要分子构成,非首要分子就不能构成。在聚众犯罪中,首要分子可能是一个,也可能是几个。当首要分子只有一个时,即只有一个人构成犯罪,这时的聚众犯罪就不是共同犯罪。[①]所以聚众犯罪包含了共同犯罪的聚众犯罪和不属于共同犯罪的聚众犯罪两种情况。第一种情况中的

---

① 王虎华:《谈谈主犯与首要分子的关系》,载《法学》1984 年第 8 期。

刑法学

首要分子当然是主犯,而第二种情况中的首要分子就不能说是主犯了。刑法对两种聚众犯罪及其对首要分子的规定是有所不同的:规定第一种聚众犯罪的首要分子的意义在于对构成犯罪的人进行区别对待,惩办首恶,划分重罪与轻罪的界限;规定第二种聚众犯罪的首要分子的意义则在于缩小打击面,将大多数被威胁而参与的人排除在刑法惩罚的范围以外,以便划分罪与非罪的界限。

3. 主犯的刑事责任

《刑法》第 26 条第 3 款、第 4 款分别规定了首要分子和主犯的处罚原则。"对组织、领导犯罪集团的首要分子,按照集团所犯的全部罪行处罚。""对于第三款规定以外的主犯,应当按照其所参与的或者组织、指挥的全部犯罪处罚。"

刑法明确规定对犯罪集团的首要分子,按照集团所犯的全部罪行处罚,这是由首要分子在犯罪集团中的特殊地位决定的。首要分子是犯罪集团的核心,只要犯罪集团成员的犯罪行为没有超出犯罪集团的意志范围,首要分子都应对集团所犯的罪行负责,体现了刑法严厉打击重点,惩办首恶的立法思想。

刑法规定对于犯罪集团的首要分子以外的主犯,"应当按照其参与的或者组织、指挥的全部犯罪处罚"。这里,首先要明确的是:在一个共同犯罪里,有可能都是主犯,而没有从犯。有人认为,既然大家都是主犯,就失去了划分的必要。这种理解是不对的,划分主犯、从犯不是光从形式逻辑上为了划分而划分,而主要是为了解决一个刑事责任问题。在一个共同犯罪中各个共同犯罪人的地位、作用、分工大致相当的话,那么他们都为主犯。当然并非说既然都是主犯都必须判处同等的刑罚。其次,也该明确犯罪集团的首要分子以外的主犯的地位、作用相对首要分子来说,其社会危害性、人身危险性相对小一些,因此刑法对主犯的处罚比对首要分子的处罚也相对轻一些,只要求主犯对其参与的或者组织、指挥的罪行负责。这符合《刑法》第 5 条规定的罪刑相适应这一基本原则。

(二) 从犯

1. 从犯的概念

《刑法》第 27 条第 1 款规定:"在共同犯罪中起次要或者辅助作用的,是从犯。"在司法实践中,除了个别的共同犯罪案件因共同犯罪人在犯罪中的作用不相上下,都被认为是主犯外,在大多数共同犯罪案件中,是存在着主犯和从犯的区别的,从犯是相对主犯而言的。

2. 从犯的种类

根据《刑法》第 27 条规定,从犯包括两种情况:

(1) 在共同犯罪中起次要作用的从犯,即次要的实行犯。总的说来,实行犯对犯罪构成起决定作用,但有几个实行犯时,他们往往有主、次之分。例如,甲、乙是邻居,积怨甚深,甲想杀死乙,但感到自己力量小,便请来了表弟丙,丙起先不同意,但经反复劝说后同意了。于是甲、丙冲至乙家,丙将乙按住,甲用绳子勒死了乙。在这个案例中,丙起的作用便是次要的实行犯的作用,是从犯。在认定起次要作用的从犯时,要从以下几个方面考虑:

第一，在共同犯罪活动中的地位。从犯在共同犯罪活动中处于从属地位，尤其是在集团犯罪与聚众犯罪中，从犯听命于首要分子，一般不参与犯罪活动的策划，而只是接受任务，从事某一方面的犯罪活动。

第二，实际参加犯罪的程度。从犯在共同犯罪中一般只是参与实施了一部分犯罪活动，因此在共同犯罪中不起主要作用。

第三，具体罪行的大小。具体罪行的大小是考察共同犯罪人在共同犯罪中的作用的一个重要因素。因为共同犯罪虽然是一个整体，但各共同犯罪人具体罪行又具有相对独立性，因此可以考察共同犯罪人在共同犯罪中的作用大小。具体罪行的大小可以从主观和客观两方面加以分析。从主观上来说，对共同犯罪故意的形成起主要作用的，是主犯；对主犯的犯罪意图表示赞同、附和、服从，对共同犯罪故意的形成起次要作用的，是从犯。从客观上来说，参与实施的犯罪行为对于共同犯罪的完成具有关键性作用的，罪行较大的，是主犯；否则就是从犯。

第四，对犯罪结果所起的作用。在共同犯罪中，大多数情况下是具有物质性的犯罪结果的，虽然各共同犯罪人的行为与这种犯罪结果的发生都存在因果关系，但原因力的大小却是不同的。那些对犯罪结果所起的作用较小的人，是共同犯罪中的从犯。

总之，认定起次要作用的从犯时，要把以上四个方面综合起来考虑。尤其把主观、客观方面联系起来考虑。

（2）在共同犯罪中起辅助作用的从犯。这里指的是帮助犯，是指不直接参加犯罪活动，只是提供一定的帮助行为。如调查被害人的行踪、住宅、处所，指示犯罪对象或犯罪地点，探听和传递有利于犯罪实施的消息，指点犯罪的方法和路线，消除犯罪障碍等为共同犯罪的实施创造有利的条件。这些行为一般多发生在犯罪的预备阶段或犯罪着手实施的最初阶段。犯罪后的帮助行为，如窝藏、包庇罪犯或帮助窝赃、销赃，均成立独立的犯罪，不发生从犯问题，但事前有通谋的，则以共同犯罪论处。

犯罪的辅助行为，可以采取作为方式，如指示犯罪对象，探听有利于犯罪实施的消息等。也可以采取不作为的形式，如仓库保管员，事前同盗窃犯通谋，让盗窃犯大胆出入行窃，以便事后分赃。这些辅助行为，可以是物质上的帮助，如提供犯罪工具，也可以是精神上的鼓励、智力上的支持，如提供犯罪意见，提示犯罪方法等。这里需要指出的是传授犯罪方法，也是为实施某种犯罪创造方便条件，但由于在实际生活中，有些犯罪分子猖獗地传授犯罪方法，对社会危害很大，故《刑法》第295条明文规定了传授犯罪方法罪。

关于帮助犯是否都为从犯，即有没有因为实施了帮助行为而构成主犯的情形呢？这个在理论界有争议。一种观点认为，帮助行为不一定都属于从犯，不一定都起辅助作用，因为有些帮助行为在共同犯罪中也会起关键的、主要的作用。例如：甲、乙共谋炸毁桥梁，苦无炸药。丙知道后，千方百计弄来大量炸药，交给甲、乙使用。此案中，丙只供给犯罪工具，从共同犯罪人的分工上看，属于帮助犯，但丙在这个爆炸桥梁的共同犯罪过程中，却起着关键的、主要的作用，应按主犯论处。另一种观点认为帮助犯就是从犯。我们认为，教唆犯、组织犯、帮助犯、实行犯是以犯罪活动的分工来划分的,主犯、从犯、胁从犯是按所起的作用来划分的,这两种划分是有可能重合的,如果是多次帮助、作用很大,在整个犯罪过程中起关键、主要的作用的,就如上述第一种观点,帮助犯也可能是主犯。所以,刑法关于从犯的概念,用的是"辅助",而不是"帮助",措词精确,很有分寸。辅助就意味着这些帮助行为在共同犯罪中只是起次要作用。

3. 从犯的刑事责任

《刑法》第 27 条第 2 款规定:"对于从犯,应当从轻、减轻处罚或者免除处罚。"这是由于从犯在共同犯罪中不起主要作用,其罪行比主犯轻,社会危害性也相对小,因而对从犯采取必减的处罚原则。

至于在什么情况下对从犯从轻处罚,在什么情况下对从犯减轻处罚,又在什么情况下对从犯免除处罚,这是一个复杂的问题,但研究这个问题对于从犯的处罚是具有实际意义的。对从犯的处罚应考虑以下两个因素:

(1) 要看所犯罪行法定刑的轻重。一般来说,刑法规定的犯罪的法定刑之轻重是与犯罪的社会危害性程度的大小成正比的。因此,法定刑较重的犯罪中的从犯偏向于从轻或减轻处罚,而法定刑较轻的犯罪中的从犯偏重于减轻或免除处罚。

(2) 要看从犯具体罪行的大小。根据刑法理论,对犯罪分子定罪量刑的根据是本人行为的社会危害性的大小,在共同犯罪中,虽然数人犯一罪,但各共同犯罪人的罪行又具有相对独立性,因此我们可以考察从犯罪行的大小,如果从犯罪行较重的,可以偏向于从轻处罚。如果从犯所犯的罪行较轻的,可以考虑减轻或者免除处罚。

应当指出,上述两个因素是互相联系的,在司法实践中确定对从犯从轻、减轻处罚或者免除处罚时,一定要综合地加以考虑,以便正确地裁量。

(三) 胁从犯

1. 胁从犯的概念。

根据《刑法》第 28 条的规定,被胁迫参加犯罪的,是胁从犯。这是从犯罪分子参加犯罪的原因来分析的。这里的被胁迫,是指犯罪分子参与犯罪是不完全自愿的,即从意志因素上看,是在威逼和强迫下,由于意志软弱的过错而参加了犯罪活动。在这种情况下,胁从犯虽然处于被胁迫的状态,但他们仍然具有一定的意志自由,仍然具有是否参加犯罪活动的选择余地。例如:甲欲杀乙,但不知乙的住所,丙是乙的朋友,甲用刀威胁丙,让丙把乙从家里骗出来,之后,甲杀死了乙。

2. 在理解胁从犯时,我们要注意区分下面几种情况:

(1) 把胁从犯与身体完全受到强制,失去意志和行动自由的情况区分开来。胁从犯有一定的意志自由,有一定的选择余地,而后者缺乏意志自由,不具有罪过,故不应认为是犯罪。例如:犯罪分子将铁路上的扳道员捆绑了起来,致使其无法正常履行职责,以致发生车毁人亡的重大事故,对该扳道员来说,是不可抗力,因此不负刑事责任。

(2) 把胁从犯与紧急避险相区别。《刑法》第 21 条规定:"为了使国家、公共利益、本人或者他人的人身、财产和其他权利免受正在发生的危险,不得已采取的紧急避险行为,造成损害的,不负刑事责任。"即如果行为人受到他人的胁迫,为保护更大的利益而屈从于他人的胁迫,应视为紧急避险。如民航客机在飞行中,劫机犯用枪逼迫驾驶员把飞机开往指定的地方,驾驶员为了保护全体乘客的生命和国家财产的安全,把飞机开往罪犯指定的地点,应认定为紧急避险。如果为了保全本人的性命,牺牲重大公共利益,就不能认定为是紧急避险。如为了保全自己性命的机要员在间谍的威逼下,把重要机密交付给间谍,这种情况可以认定为胁从犯。

（3）把胁从犯与从犯区别开来。两者的主要区别是:在主观上,从犯是完全自愿,而且自始就自觉自愿地参加犯罪的,而胁从犯则是不完全自愿参加犯罪的,带有被胁迫的性质。在客观上,从犯是主动地实施犯罪,在共同犯罪中起次要或者辅助作用,罪行比胁从犯严重。胁从犯是被动地偶尔参与了犯罪,所起作用小,罪行较轻。

（4）把胁从犯与由于受金钱、物质或色情的诱惑而自愿参加犯罪的人区别开来。后者不是胁从犯,因为他是完全自愿参加犯罪的,应根据其在共同犯罪中所处的地位和所起的作用确定其为主犯或从犯。

3. 胁从犯的刑事责任。

《刑法》第 28 条规定:"对于被胁迫参加犯罪的,应当按照他的犯罪情节减轻处罚或者免除处罚。"

刑法规定对胁从犯减轻处罚或者免除处罚是因为:首先,胁从犯的社会危害性相对小。由于胁从犯是被胁迫参加犯罪的,主观上不是完全出于自觉自愿,主观恶性小;客观上胁从犯在共同犯罪中所起的作用也比较小,是共同犯罪人中社会危害性最小的。其次,胁从犯的人身危险性小。刑罚的目的是我们对犯罪分子量刑施罚的指南,在对犯罪分子适用刑罚时,必须考虑刑罚目的。对于主观恶性深,再犯可能性大的犯罪分子,予以较重的处罚;对于主观恶性浅,再犯可能性小的犯罪分子,予以较轻的处罚。胁从犯参加犯罪主观上不完全自愿,因而再犯的可能性较小,因此对胁从犯减轻或免除处罚,体现了我国刑罚的目的。

"按照他的犯罪情节",要求我们处罚胁从犯时一方面要考虑被胁迫的程度,这方面的程度越浅,其参加犯罪的自觉自愿的程度就越大,行为的社会危害性也越大,反之,则越小。另一方面我们也要考虑胁从犯在共同犯罪中所起的作用,作用越小,罪行越轻,反之,则越大。

（四）教唆犯

1. 教唆犯的概念

按照《刑法》第 29 条规定,教唆他人犯罪的,是教唆犯。教唆犯的一个突出特点就是本人不亲自实行犯罪,而是故意唆使他人产生、决定犯罪意图并进而实行犯罪,因此,教唆犯具有严重的社会危害性。

构成教唆犯,必须具备主客观两个方面的要件。

（1）在客观方面,必须有教唆他人犯罪的教唆行为,即引起他人实行犯罪决意的行为。教唆行为的内容必须是教唆他人犯罪,教唆行为必须是具体的,明确的,如果是抽象、笼统而无具体内容的,就不是教唆行为。例如,1985 年 6 月 15 日,刘石和辛久在一处住宅楼前闲坐,见女学生刘某、张某在路上行走,辛说:"我一瞧这两个女的就来气。"刘听此话后,便使用手中的弹弓向刘、张二人射石子,正好射中刘的左眼并导致失明。本案中,辛久只是说了一句"我一瞧这两个女的就来气",他既没有伤害他人的故意,也没有伤害他人的行为,虽然刘石是听了他的话后激发起用石子射被害人的心理的,但并不能因此认定辛久为教唆犯,因为他的言语之中根本就无具体的犯罪内容。

教唆行为必须是引起和决定被教唆人实施犯罪行为的原因。即教唆行为与被教唆人实施的犯罪行为之间具有刑法上的因果关系。这种因果关系包括唆使没有犯罪意图的人产生犯罪意图,也包括对已经具有犯罪意图,但尚在犹豫不决的人用言词鼓励或激发,促其下定犯罪决心。

教唆行为的方式必须是积极的作为,消极的不作为不能成为教唆行为。教唆行为的方法多种多样,例如:授意、劝说、请求、收买、命令等等。教唆行为可以用口头、书面表达,也可以用打手势、使眼神等动作表达。教唆的方式可以公开的,也可以秘密的;可以当面教唆,也可以托人转达的间接教唆;可以一人实行教唆,也可以两人以上共同教唆。

被教唆的他人必须是达到刑事责任年龄、具有刑事责任能力的人。否则就不能成立教唆犯罪。如教唆未成年人或精神病人实行犯罪,实质上只是利用他们作为犯罪的工具,形同自己实行犯罪,这种犯罪在刑法理论上称为间接实行犯或间接正犯。

(2) 在主观方面,必须有引起他人犯罪的故意。教唆犯的故意包括认识因素和意志因素。认识因素包括认识到他人尚无犯罪故意,或者犯罪决心还不坚定,也包括预见到自己的教唆行为将引起被教唆人产生某种犯罪的故意并实行该种犯罪。构成教唆犯只要有教唆他人犯罪的故意就够了,至于事实上被教唆人是否因其教唆而产生犯罪的故意,则不影响教唆犯的成立。

教唆犯的意志因素是一种希望的态度,这一点大家无异议,但是否还包括放任的态度,刑法学界的意见就不一致了。有人认为,构成教唆犯的主观要件是直接故意,因为教唆犯是希望被教唆人去实行某种犯罪活动的。也有人认为教唆犯的故意,通常是直接故意,但也不排除间接故意的可能。如教唆犯知道自己的行为可能引起他人实施犯罪的意图,而对此采取放任的态度。至于"过失"的教唆能否成立教唆犯?我们认为是不能的。例如甲与朋友聊天时说:"我们单位的出纳员明天要去苏州,身上携有巨款。"结果言者无意,听者有心,听者第二天实施了抢劫。这种情况下甲不构成教唆犯。

2. 理解教唆犯时应注意的问题

(1) 被教唆人把教唆的内容理解错了,实施了其他的犯罪。教唆犯只对教唆的内容负责,对理解错了的由行为人自己负责。例如,甲教唆乙:"你舅舅很坏,把他杀了吧。"乙听后到其舅舅家去实施盗窃,而没有杀其舅舅。甲只对教唆杀人未遂的行为负责,而对盗窃罪不负责任。

（2）如果被教唆人实施犯罪时超出了教唆的范围,实施了其他的犯罪,教唆犯只对自己教唆的内容负责,超出教唆部分由被教唆人即行为人负责。例如,甲教唆乙去抢劫,结果乙抢劫完毕后又对被害人实施了强奸行为。甲只对抢劫罪负刑事责任,乙则对抢劫罪、强奸罪负责任。

（3）教唆故意的内容只要求达到引起他人的某一具体犯意即可,并不要求在具体方法、具体对象上作具体的提示。如果对犯罪方法、具体对象上作了提示,那是属于教唆犯与传授犯罪方法罪的竞合,应按高度行为吸收低度行为的原则:凡是传授犯罪方法行为重于教唆行为的,就以传授犯罪方法罪论处;凡是教唆行为重于传授犯罪方法行为的,就以教唆犯论处。

3. 教唆犯的刑事责任

由于教唆犯是教唆他人犯罪,其犯罪意图只有通过被教唆人去实行犯罪才能实现。所以教唆犯的刑事责任要随着被教唆人的犯罪情况而转移,也即教唆犯的刑事责任具有从属性的一面;另一方面,由于教唆犯是犯罪的发动者,教唆行为的成立并不要求被教唆人非实行被教唆的犯罪不可,因而教唆犯的刑事责任又具有独立性的一面。因此,教唆犯的刑事责任比较复杂。

根据《刑法》第 29 条的规定,对教唆犯的处罚分为三种情况:

第一,教唆他人犯罪的,应当按照他在共同犯罪中所起的作用处罚。

教唆他人犯罪的,是指教唆人已经犯了被教唆之罪的情况。被教唆人已经犯了被教唆之罪,是指被教唆人已经进行了犯罪预备或者已经着手实行犯罪而未遂,或者已经完成犯罪而既遂。在这种情况下,对教唆犯应当按照他在共同犯罪中所起的作用大小进行处罚,如果起的作用大,就按照主犯处罚;反之,则按照从犯处罚。

第二,教唆不满 18 周岁的人犯罪的,应当从重处罚。

由于未成年人思想还未成熟,可塑性很大,为了保护青少年健康成长,《刑法》第 29 条第 1 款规定对于教唆未成年人犯罪的教唆犯,应当从重处罚。对于此款,理论界和实务界的理解分歧颇大。我们认为,《刑法》第 29 条第 1 款规定的是当教唆人与被教唆人形成共同犯罪关系时,对教唆犯的处罚原则。而对于教唆 14 周岁以下的人犯任何罪,以及教唆 14 周岁以上不满 16 周岁的人犯《刑法》第 17 条第 2 款规定以外的罪的,由于教唆人此时属间接正犯,其与被教唆人之间不存在共同犯罪关系,因此不应对其进行从重处罚。

第三,如果被教唆的人没有犯被教唆的罪,对于教唆犯可以从轻或者减轻处罚。这里所谓被教唆的人没有犯被教唆的罪,主要是以下几种情况:被教唆人拒绝犯教唆之罪;被教唆人虽然当时接受了教唆,但随后又打消了犯罪意图;被教唆人当时接受了教唆,但未犯被教唆的罪,而实施了其他犯罪。由于以上几种情况实际上并未造成危害结果,或者虽然造成了危害结果,但与教唆犯罪的教唆行为没有因果关系,故刑法理论上把它称为教唆的未遂,因为教唆人已经着手实施了教唆行为,但由于其意志以外的原因而未得逞,因而刑法规定"可以从轻或者减轻处罚",这与未遂犯的刑事责任也是一致的。

第十三章

罪 数 形 态

第一节　罪数形态概述

一、罪数形态的概念和意义

犯罪与罪数之间,必须先有犯罪的成立,然后才有罪数问题。所以对罪数的判断和研究,应当以行为人的行为业已构成犯罪为前提。罪数,是指犯罪行为所构成的罪名的个数。罪数的字面含义并非针对既定的数个犯罪事实或现状而言,而是依照有关法律规定或基本法理,对行为所触犯的犯罪的"个数"的系统清点和梳理。犯罪行为如果触犯单一罪的,是一罪;如果触犯数个罪名,则可称之为数罪。[1]由于社会生活中的犯罪现象千姿百态、纷繁复杂,实践中具体犯罪在涉及一罪与数罪时,情状复杂且形态不一,因而罪数的认定也必然纷繁复杂、界限难分。应该看到,罪数作为一种客观存在的犯罪现象,伴随着法律文化的发展以及研究的深入,已经逐渐发展为一种理论形态。

典型一罪与典型数罪在定罪和量刑中界限清晰且易于划定,因而不是罪数形态问题研究的对象。但是,现实生活中犯罪现象千变万化,错综复杂,许多犯罪行为既不是典型一罪也不是典型数罪。例如,一行为产生数结果,是一罪还是数罪? 该如何处罚? 我们认为,罪数形态是一罪与数罪中诸种复杂的犯罪形态的总称,罪数形态研究的主要任务在于根据行为人具体犯罪行为事实,确定其犯罪个数究竟为一罪还是数罪,揭示各种复杂的罪数形态的本质特征和构成要件,以阐明各种罪数形态的共性、界定相互区分的标准,并确立对各种罪数形态的处断原则。罪数形态作为一罪与数罪中诸种复杂的犯罪形态的统称,其既区别于典型一罪,也区别于典型数罪,是介于典型一罪与典型数罪之间的一种犯罪类型。罪数形态的理论形态主要包括继续犯、想象竞合犯、结果加重犯、结合犯、集合犯、转化犯、连续犯、牵连犯和吸收犯等。罪数形态理论是刑法理论中相当复杂的问题,"它与刑法总论中的基本原理、原则和范畴及刑法各论中的罪名、罪状和法定刑纵横交错,形成了样态万千、纷繁复杂的交

---

[1]　参见马克昌主编:《犯罪通论》,武汉大学出版社 1999 年版,第 608 页。

叉网络"。①在大陆法系刑法理论中,罪数形态理论一直是一个极富理论和实践意义的研究课题,有关罪数问题的争论也非常激烈。

由于罪数认定中的复杂性,导致罪数形态理论研究经常陷入困境,为此,理论上甚至有人对罪数形态理论的存在价值提出了质疑。但实际上,罪数形态理论的存在具有极为重要且不可替代的价值和意义。

第一,建立科学的罪数形态理论有利于刑事司法的完善。罪数形态问题,不但刑法理论界对其处理相当棘手,而且司法实践中更是将之视为畏途,往往有意或无意地将其忽略。司法人员在办案过程中由于罪数认定有误,该并罚的没有并罚,不该并罚的实行了并罚,这种情形时有发生。②造成这种现象的重要原因之一便是刑法理论对罪数形态问题的研究还不够深入,或者理论缺乏可操作性。罪数研究的目的归根结底在于实践中的应用,为实践服务是理论研究的宗旨,如果我们能够建立科学的罪数形态理论,对于司法实践的促进意义是显而易见的。

第二,建立科学的罪数形态理论有利于刑事立法的完善。不少国家在刑法总则中规定有特殊罪数形态的处罚原则。如《德国刑法典》第 52 条对想象竞合犯作出了规定,"同一犯罪行为触犯了数个刑法法规,或数个犯罪行为触犯了同一刑法法规的,只判处一个刑罚;触犯数个刑法法规的,依规定刑罚最重的法规为准,所判刑罚不得轻于数法规中任何一个可适用法规的刑罚"。③《日本刑法典》第 54 条则对想象竞合犯及牵连犯的处罚作出了规定,"一个行为同时触犯两个以上的罪名,或者作为犯罪的手段或者结果的行为触犯其他罪名的,按照其最重的刑罚处断"。④我国《刑法》仅在第 89 条关于追诉时效的规定中出现"犯罪行为有连续或者继续状态"的内容,而这就被认为是我国刑事立法中存在连续犯、继续犯的法律依据。然而,更多的诸如想象竞合犯、牵连犯、结合犯等在刑事立法中均未有明确规定。因此,如果我们能够建立科学的罪数形态理论,统一想象竞合犯、牵连犯等罪数形态的处断原则,并能将相关的内容规定在刑法总则条文之中,这无疑是刑事立法的一大进步。

第三,建立科学的罪数形态理论可以较好地贯彻禁止重复评价原则。在现代社会的法律领域,刑法作为以国家强制力为后盾的行为规范,具有对人的行为的评价机能。刑法评价机能的发挥必然涉及刑法的行为评价机制和评价原则。其中,禁止重复评价就是刑法中行为评价应遵循的重要原则之一。禁止重复评价,是指在定罪量刑时,禁止对同一犯罪构成事实予以二次或二次以上的法律评价。⑤由于行为人的犯罪行为有可能符合数个构成要件的要求,这种状况究竟是成立一罪抑或数罪,在刑法的评价上应有相对确定性,如此才能避免一罪数罚;否则,对于同一行为可能会进行

---

① 吴振兴著:《罪数形态论》,中国检察出版社 1996 年版,第 1 页。

② 参见储槐植:《论罪数不典型》,载《法学研究》1995 年第 1 期。

③ 《德国刑法典》,徐久生、庄敬华译,中国法制出版社 2000 年版,第 59 页。

④ 《日本刑法典》,张明楷译,法律出版社 2006 年版,第 24 页。

⑤ 参见陈兴良:《禁止重复评价研究》,载《现代法学》1994 年第 1 期。

数次处罚,有悖于罪刑相当原则。[①]而建立科学的罪数形态理论,则可以准确判断一罪或数罪,使得刑法的评价具备相对确定性,从而可以较好地贯彻禁止重复评价原则。

第四,建立科学的罪数形态理论在很大程度上可以限制法官之刑事自由裁量权。当今各国多采用相对确定的法定刑,这就为法官行使自由裁量权提供了余地。实际上,法官的每一次选择判断都离不开自由裁量权的运用。这样,每一次选择判断都或多或少带有法官的个人情感和主观好恶,由此使得量刑可能出现偏差。可以说,在量刑过程中,法官所作的选择判断越多,出现量刑偏差的可能性也越大。故而在数罪并罚时,这种情况尤为明显。但是,如果依据罪数形态理论,对某些实际数罪的情况,通过刑法规定或者实际处理,使原来确定一个刑罚需要经过法官多次选择判断,变成只需要法官一次选择判断就足够。这样即可最大限度地减少数罪并罚的运用,从而限制法官自由裁量权的行使,尽可能降低量刑中出现偏差的可能性。[②]

二、罪数确定的标准

罪数形态不仅涉及犯罪个数判断问题,而且涉及对行为的处断问题。由此,在解决罪数的判断标准时,我们应坚持两段论的判断方式:在犯罪成立阶段,行为人所犯之罪究竟属于一罪抑或数罪,首先要解决的是行为事实涉及几个犯罪问题,为此必须探究罪数的区分标准;然后,以此认识上的罪数为前提,探究在法律评价上究竟是一罪还是数罪,即探究罪数的处断标准。

(一) 罪数的区分标准

在刑法学理论界,对于一罪和数罪的划分标准历来众说纷纭,综合来看,判断罪数标准的学说中比较有代表性的主要有以下几种:

(1) 行为标准说。认为行为是犯罪的首要因素,认定区分一罪与数罪应当以行为的数量为标准,实施一行为的为一罪,实施数行为的为数罪。因为犯罪是行为,符合犯罪成立要件的是行为,故只能以行为的数量为标准来区分犯罪的数量。至于如何计算行为的数量,则又存在自然意义标准说、社会意义标准说与法律意义标准说。然而,该说既没有考虑行为的结果,也没有考虑行为人的主观方面,而且计算行为的数量本身就是一个难题,即便是多行为,也可能被刑法评价为一罪。

(2) 法益标准说。认为犯罪实质上是侵害法益的行为,刑法的目的是为了使得法益免受犯罪的侵害,故区分一罪和数罪的标准应该是犯罪所侵害的法益的个数,行为侵犯一个法益的为一罪,行为侵犯数个法益的为数罪。这一区分标准具有实质合理性,但如果仅以此为标准,在很多情况下还无法圆满地解决罪数的区分问题,而且容易把一犯罪行为导致的数个结果当成数罪。

① 参见林山田:《论法律竞合与不罚之前后行为》,载《台大法学论丛》第 2 卷第 2 期。
② 刘宪权:《罪数形态理论正本清源》,载《法学研究》2009 年第 4 期。

（3）犯意标准说。认为罪数应该是由犯罪意思的个数所决定的，行为人基于一个犯罪意思实施犯罪的为一罪，基于数个犯意实施犯罪的是数罪。因为犯意表明行为人的危险性格，犯罪行为是在人的主观犯意支配下实施的，是犯意的外部表现，预防犯罪主要应该针对的是行为的恶性。然而，单纯强调主观方面，容易导致主观归罪。

（4）犯罪构成标准说。认为应以行为符合的构成要件的数量为区分一罪与数罪的标准，行为符合一个犯罪的构成要件的为一罪，行为符合数个犯罪的构成要件或行为数次符合一个犯罪构成要件的为数罪。该说坚持了主客观相统一的原则，而且在我国，犯罪构成是犯罪成立条件。

（5）个别化说。认为应根据罪数的不同种类采取不同的区分标准。在该说看来，行为标准说、法益标准说、犯意标准说及犯罪构成标准说等都是基于"一个标准"区分罪数的。如果要么是一罪、要么是数罪，以一个标准进行区分也是可能的。但是，罪数也有不同种类，以一个标准对所有种类的罪数进行区分，则相当困难。例如，以犯罪构成标准说来区分单纯一罪是合适的，但不可能根据该标准说明连续犯、想象竞合犯等现象的一罪性。这种观点存在错误的主要原因在于，混淆了认识上的罪数判断标准与法律评价上的罪数判断标准，从而将罪数区分的标准涵盖了罪数的处断标准。从根本上说，这也是对罪数形态的体系定位存在偏差所致。而且，"标准"本身就具有单一性和统一性，否则也就无法成为标准。

此外，区分一罪与数罪标准的学说还有因果关系标准说、法规标准说、广义法律要件说等。

我们认为，以犯罪构成要件作为区分罪数的标准，既克服了上述几种观点各自的缺陷和片面性，从而坚持了主客观相一致的原则，也贯彻了罪刑法定原则，同时还契合了罪数判断的实质。因此，以犯罪构成标准说作为区分一罪与数罪的标准，已成为我国刑法学界的主流观点。

第一，犯罪构成标准说坚持了主客观相一致的原则。任何犯罪都是行为人主客观要件所构成的有机统一，这是判断行为事实是否成立犯罪的全部。在理论上，我国的犯罪构成包含了主客观两方面要件，这些主客观要件互相联系，互相依存，密不可分。以犯罪构成作为罪数判断的标准，可以克服客观主义标准与主观主义标准的弊端，切实体现和坚持主客观有机统一的原则。相反，意思标准说、法益标准说、行为标准说等只顾及犯罪成立的个别因素，而未顾及犯罪成立的全部因素，因而不免有所偏颇。

第二，犯罪构成标准说彻底贯彻了罪刑法定原则。众所周知，犯罪构成的诸要件是由刑法规定的，是认定各种犯罪的规格和标准。在罪刑法定原则指导下，犯罪构成也就成为区分罪与非罪、此罪与彼罪界限的唯一标准。毫无疑问，以犯罪构成作为区分一罪与数罪的标准，同样也是贯彻和体现罪刑法定原则。这样，有利于防止司法实践中在罪数的认定和处理上发生偏差，避免或苛或纵、宽严不一的现象。

第三，犯罪构成标准说契合了罪数判断的实质。罪数判断的目的在于解决行为事实成立几个犯罪的问题。罪数判断中的"罪"不仅是事实认定问题,也是法律评价问题。社会生活中行为人所实施的事实在法律评价上是构成一罪抑或数罪,只有通过罪数判断才能得以确定。而行为事实符合几个犯罪的判断,必须以行为事实是否能够成立犯罪的判断为前提。这正是犯罪论中犯罪成立标准所要解决的问题。因此,罪数的判断必须先依赖于一罪的判断,而一罪的判断实质上是犯罪成立的判断。故而罪数判断的标准与犯罪成立的标准是一致的。根据我国刑法理论,犯罪构成是行为事实能否成立犯罪的唯一根据,犯罪构成标准作为犯罪成立的唯一标准,其同样也是计算犯罪个数的唯一标准。[①]

当然,在以犯罪构成标准说作为区分一罪与数罪的标准的基础上,还应注意刑法的特殊规定。例如,《刑法》第196条第3款规定,盗窃他人信用卡并使用的,以盗窃罪论处。因此,不能将这种行为认定为盗窃罪与信用卡诈骗罪。又如,《刑法》第198条规定,行为人故意造成财产损失的保险事故或者被保险人死亡、伤残、疾病,骗取保险金的,依照数罪并罚的规定处理,故不能将这种行为从一重罪处罚。再如,《刑法》第399条规定,司法工作人员贪赃枉法,同时触犯受贿罪与徇私枉法、民事、行政枉法裁判等罪的,依照处罚较重的规定处罚,而不能实行数罪并罚。由此可见,区分一罪和数罪时,虽然原则上应以犯罪构成为标准,但同时也要考虑刑法的特殊规定,并参照合理的司法实践经验。具体而言,在以犯罪构成标准说为基础的同时,还需综合考虑以下四点:

第一,是否仅侵犯了一个客体? 如果得出肯定结论,原则上就以一罪论处。例如,盗窃他人财物后又毁坏所盗财物的,或者侵占他人财物后使用诈骗方法使他人免除其返还义务的,由于实质上只侵犯了一个客体,故以一罪论处。假如得出否定结论,则可能成立数罪。

第二,行为是否具有持续性或连续性? 如果得出肯定结论,原则上应以一罪论处;如果得出否定结论,就可能成立数罪。

第三,对一个犯罪行为的法律评价能否包含对另一犯罪行为的法律评价? 如果得出肯定结论,原则上就以一罪论处。例如,对破坏交通设施罪的法律评价,能够包含对其中的故意毁坏财物(交通设施)的法律评价,故仅认定为一罪即可。如若得出否定结论,则不能以一罪论处。例如,为了杀人而盗窃枪支,并利用所盗窃枪支杀人的,不能认定为一罪。因为对故意杀人罪的法律评价,不可能包含对盗窃枪支罪的法律评价;反之亦然。[②]

第四,相关法条所规定的法定刑升格条件是否包括了数行为? 如果包括,则不能认定为数罪,而应适用升格的法定刑以一罪论处;如果不包括,则可能成立数罪。例如,盗掘古文化遗址、古墓葬,并盗窃珍贵文物的,是盗掘古文化遗址、古墓葬罪的法定刑升格条件之一,故对上述行为不得认定为数罪。反之,在非法采矿时发现珍贵文

---

① 刘宪权:《罪数形态理论正本清源》,载《法学研究》2009年第4期。
② 张明楷著:《刑法学》,法律出版社2011年版,第414页。

物而盗窃的,因非法采矿罪的法定刑升格条件中不包含盗窃珍贵文物的情形,故应当认定为数罪。

(二)罪数的处断标准

我们将犯罪构成作为区分罪数的唯一标准,并不意味着可以当然得出"一罪必一罚"和"数罪必数罚"的结论。犯罪构成标准是区分一罪与数罪的标准,但并非罪数处断的标准。换言之,罪数的区分标准毫无疑问是犯罪构成,但在具体处断时并非数个犯罪构成一定以数罪处断。罪数处断标准的设定应该考虑以下两点:

1. 罪刑相当的要求。根据罪刑相当原则的要求,既应当禁止对犯罪行为的重复评价,亦应当实现对犯罪行为的充分评价。据此,一般而言,一罪一罚,数罪数罚,但是不排除为了达致实质上的罪刑相当,还可能存在数罪一罚的情形。这是因为,既然犯罪是一种错误的行为,作为对其的否定的刑罚理所当然地应该具备某种表达否定评价的属性。但是关于刑罚应该在何前提下施加以及施加多少,法律规定的背后有其深刻的价值选择。在司法实践中,由于犯罪行为的自身特征及特有规律的差异,刑事理论与刑事立法还将形式上貌似符合数个犯罪构成的一行为作为实质的一罪处断,如想象竞合犯;也有将符合数个犯罪构成的数行为以处断的一罪论,如牵连犯。

2. 诉讼效益的要求。在研究刑事诉讼价值时,有学者将刑事诉讼的价值概括为秩序、公正和效益三个方面。刑事诉讼的效益价值,主要是指刑事诉讼活动的效果与刑事诉讼的成本之间的比例关系。[1]诉讼效益原则要求以最小的投入获得最大的产出,以最少的资源浪费换取最大的收益,即单位时间处理案件最大化。在罪数处断的标准的选择上,毫无疑问应在遵循罪刑均衡的基础上体现诉讼效益。[2]

三、罪数的类型

罪数的类型包括一罪的类型和数罪的类型。

(一)一罪的类型

一罪,是指一个犯罪,其看似简单,实则繁杂,以致刑法学上对一罪的类型和划分一直存在争议。我国刑法传统理论一般将一罪分为三类:一是实质的一罪,包括继续犯、想象竞合犯和结果犯;二是法定的一罪,包括结合犯和集合犯;三是处断的一罪,包括连续犯、牵连犯和吸收犯。[3]有的学者将一罪分为两类:一是单纯的一罪,包括单一罪、吸收犯、结合犯、继续犯、集合犯(营业犯、常业犯、惯犯)、结果加重犯、法规竞合

---

① 参见汪建成:《刑法与刑事诉讼法关系新解》,载陈光中、江伟主编:《诉讼法论丛》(第3卷),法律出版社1999年版,第35页。

② 刘宪权:《罪数形态理论正本清源》,载《法学研究》2009年第4期。

③ 参见苏惠渔主编:《刑法学》,中国政法大学出版社1997年版,第257页;高铭暄、马克昌主编:《刑法学》,北京大学出版社、高等教育出版社2014年版,第182—183页;甘雨沛主编:《刑法学专论》,北京大学出版社1989年版,第432页。

犯等；二是处断上的一罪，包括想象竞合犯、牵连犯、连续犯。① 还有的学者将一罪分为四类：一是单纯的一罪，即刑法上将一个犯罪构成规定为一罪的情况；二是选择的一罪，即刑法条文上规定了若干独立的犯罪构成，既可以由一个犯罪构成成立一罪，也可以由两个或两个以上的犯罪构成成立一罪；三是复合的一罪，即两个或两个以上的法定犯罪构成成立一罪的情况；四是多次的一罪，即同一个犯罪构成多次重复成立一罪的情况。② 此外还有其他不同的分类方法。

应当看到，无论是三分法、二分法抑或四分法，只是名称上有所不同，而事实上并不存在本质区别。上述四分法只是从犯罪构成的角度列出了刑法规定中不同的一罪情况，并没有对一罪的类型作一个体系性的划分。如何对一罪进行科学、合理的分类，目前仍是刑法学上难以解决的论题。需要指出的是，传统的三分法排除了单纯一罪的存在，只是对介于单纯一罪和数罪之间的一罪形态进行了分类。单纯的一罪，是指行为人出于一个罪过，实施一个行为，导致一个危害结果形成的犯罪，其不具有一定的数罪特征。例如，行为人以一个杀人故意，开枪将一个人杀死，就是单纯一罪。而传统的分类方法是就具有一定数罪特征的一罪所进行的分类，并没有包括单纯的一罪，故而在一罪的分类上不免存在瑕疵。我们认为，罪数形态理论分类的主要目的在于面向刑事司法实践，即满足刑事司法实践中对行为人行为的准确定罪和恰当量刑的需要，并保证刑事诉讼顺利进行。因此，基于准确定罪和恰当量刑的需要，一罪的类型应包括：单纯的一罪、实质的一罪、法定的一罪和处断的一罪。

（二）数罪的类型

数罪，是指同一犯罪主体实施的行为因齐备了数个犯罪的构成要件，而应当依法受到数罪处罚的行为。要使法律规定的数罪并罚制度转化为具体的正确适用数罪并罚的操作过程及其相应结果，还必须对数罪的类型有一定程度的认识。关于数罪的类型划分，刑法学上并无太大争议。按照不同的标准，可以对典型的数罪进行不同的分类。

1. 根据数罪所触犯的罪名是否相同，可以将数罪分为同种数罪和异种数罪。

同种数罪，是指行为人实施的数个行为均构成独立犯罪，但是属于性质相同、罪名相同的犯罪。由于连续犯也具有触犯性质相同、罪名相同的特性，因而其在某种意义上说也属于同种数罪，只是因考虑处断效果而将连续犯从同种数罪中分离出去，定一罪从重处罚。排除了连续犯的同种数罪，仅指并非基于同一的故意而数次实施了同一种犯罪的情况，一般表现为数次犯罪在时间上有较大间隔、行为之间并无联系的情形。因此，我们这里所讲述的典型数罪中的同种数罪没有包含连续犯。

异种数罪，是指行为人的行为触犯了不同罪名的数个犯罪。例如，行为人既盗窃，又诈骗，还杀人，即触犯盗窃罪、诈骗罪和故意杀人罪三种不同性质的罪名。从某种意义上说，结合犯、牵连犯和吸收犯也是异种数罪，但是由于法律上将其规定为一

---

① 参见顾肖荣：《刑法中的一罪与数罪问题》，学林出版社 1986 年版，第 11 页。

② 参见何秉松主编：《刑法教科书》（上卷），中国法制出版社 2000 年版，第 490 页。

罪,或者在裁判上被处断为一罪,因此,这里所讨论的典型数罪中的异种数罪没有包括结合犯、牵连犯和吸收犯。

区分同种数罪和异种数罪的主要意义在于:有利于在量刑时正确地进行数罪并罚。因为在一定的法律条件下,异种数罪必须实行并罚,而同种数罪则无需实行并罚。

2. 根据是否对已构成的实质数罪实行并罚,可以将数罪分为并罚数罪和非并罚数罪。

行为人基于数个罪过,实施数个行为,构成数个独立的犯罪,依照法律应当实行并罚的数罪,是并罚数罪。异种数罪在一般情况下,都是并罚数罪。同种数罪在法律有特别规定的情况下,也可能成为并罚数罪。例如,《刑法》第70条、第71条分别规定应对漏罪、新罪与刑罚未执行完毕的罪,依照数罪并罚的原则,决定执行的刑罚。其中,漏罪、新罪与刑罚未执行完毕的罪即分别可能是同种数罪。行为人虽然实施数个行为,符合数个犯罪构成,触犯数个罪名,但由于特定事由或法律规定不实行并罚,只按一罪处罚的数罪,是非并罚数罪。一般情况下的同种数罪、处断一罪中的连续犯、牵连犯、吸收犯等,均是非并罚数罪。

区分并罚数罪和非并罚数罪的主要意义在于:明辨实质数罪中应予并罚的数罪范围,并在此基础上,针对非并罚的实质数罪确定与之相对应的处断原则。

此外,还有观点根据符合数个犯罪构成的行为个数将数罪划分为实质数罪和想象数罪、根据实质数罪发生的时间条件将数罪划分为判决宣告前的数罪和刑罚执行期间的数罪,以及根据数罪发生的关系不同将数罪分为并发关系的数罪和累次关系的数罪等。

第二节　单纯的一罪

单纯的一罪,是指行为人以一个罪过、实施一个行为,侵犯一个客体的犯罪。大陆法系多称其为单一罪,我国刑法理论界称其为典型的一罪、纯粹的一罪。我们通常所说的单纯的一罪,是指行为人在一个罪过支配下实施一个犯罪行为,侵犯一种社会关系的犯罪,无论形式上抑或实质上均不具有任何数罪特征,也不会使人在罪数上发生困惑的一罪。例如,行为人以一个杀人故意,实施一个杀人行为,导致一个危害结果(人的生命权被剥夺)的发生,其符合故意杀人罪犯罪构成的规定是非常清楚的,并不像其他一罪的类型那样可能存在数罪的特征。

单纯的一罪属于一罪的类型之一,因其不具有貌似数罪的特征而在刑法理论和司法实践中较容易认定,所以并非罪数形态的研究重点,但不能否认或者排除其作为一罪的类型。将单纯的一罪作为一罪的类型之一是从狭义的单纯一罪来理解的,即无论是从字面上还是从语义上,都应将其理解为典型的、纯粹的一罪。

第三节　实质的一罪

实质的一罪，是指形式上具有一定的数罪特征，但实质上属于一罪的情况。其主要有两个特点：一是具有一定数罪的特征，由此而与单纯的一罪区分开来；二是实质上应属一罪，由此和数罪区分开来。有人把这种情况形象化地称作"貌似数罪、实质一罪的情况"。

一、继续犯

继续犯，也称持续犯，是指行为从着手实行到由于某种原因终止以前一直处于持续状态的犯罪。非法拘禁罪被认为是典型的继续犯，即行为人从着手非法剥夺他人人身自由到恢复他人人身自由为止，其非法剥夺他人自由的行为一直处于持续状态中。此外，窝藏罪，非法持有、私藏枪支、弹药罪等也都是较为典型的继续犯。

继续犯具有以下四个基本特征：

第一，只有一个犯罪行为。继续犯中的犯罪行为和犯罪状态的持续是同一个行为的持续。连续犯是指数个行为之间的连续，两者的区别是显而易见的。由此可以将继续犯和连续犯区分开来。

第二，犯罪行为与不法状态在一定时间内同时持续存在。首先，继续犯要求行为与不法状态同时持续，而不仅仅是不法状态的持续。由此可以将继续犯和状态犯区分开来。状态犯，是指犯罪行为结束后，其造成的不法状态仍处于持续状态中的情形。例如诈骗罪，行为人骗取他人财物后，犯罪便终了，但行为人非法占有他人财物的状态仍然在持续。其次，继续犯的犯罪行为必须具有时间上的持续性，即在一定时间内持续，持续时间的长短不影响继续犯的成立，但如果过于短暂以致表明行为没有继续性时，则不成立继续犯。由此可以将继续犯和即成犯区分开来。即成犯是指犯罪行为实施完毕以后犯罪行为即告结束的犯罪情形。即成犯不具备犯罪行为的持续性。最后，犯罪行为必须不间断，即从开始到结束一直没有间断，处于持续状态。

第三，犯罪行为自始至终都针对同一对象，侵犯同一具体的客体。如果数行为侵犯同一种社会关系，或者一行为侵犯数种社会关系，则不是继续犯。

第四，行为人必须出于一个罪过且必须是直接故意。一般而言，继续犯是出于一个故意，出于数个故意的行为不可能构成继续犯。此外，过失犯罪、间接故意犯罪均以发生特定危害结果为成立条件，而且行为人并不追求危害结果的发生，所以不可能存在继续犯的形态。

由于继续犯是基于一个故意，其持续性的犯罪行为是在一个故意心理支配下实施的，也仅侵犯了一种社会关系，因而只符合一个犯罪构成，只能认定为一罪，而不能实行数罪并罚。刑法规定继续犯的犯罪构成,也预定了该罪行为会持续一定时间,故行为的持续性已经包含于犯罪构成所预定的范围内。[1]至于继续时间的长短在裁量刑罚时可以作为量刑情节考虑。对于行为人在实施继续犯的过程中,他人中途加入该继续犯的,成立共同犯罪。另外,根据《刑法》第89条第1款的规定,继续犯的追诉时效从犯罪行为终了之日起计算。这也表明对继续犯只能以一罪论处。

二、想象竞合犯

想象竞合犯,也称想象的数罪、观念的竞合,是指行为人实施一个犯罪行为而侵犯了数个客体,同时触犯了数个罪名的犯罪形态。最通常的举例是,甲持枪射杀乙,却同时射伤乙身旁的丙,一个开枪行为同时触犯了故意杀人罪与故意伤害罪或过失致人重伤罪。再如,对正在依法执行公务的国家机关工作人员实施暴力使之受轻伤的,同时触犯了妨害公务罪与故意伤害罪。

想象竞合犯通常有以下两个基本特征:

第一,行为人在客观上只实施了一个行为。至于这种行为是故意行为还是过失行为在所不问。出自一个故意而实施犯罪,因为同一行为过失地造成了另一个犯罪结果,也只是一个犯罪行为。想象竞合只能是一个行为触犯数个罪名,如果是数个行为触犯数个罪名,则是实际上的数罪,不发生想象竞合的问题。

第二,一行为必须同时触犯数罪名,即在犯罪构成的评价上,该行为符合数个犯罪构成,而且只有数个不同的罪名才是数罪名。数个相同的罪名,即使是侵犯数个被害人的权益,仍然只是一个罪名。一个行为触犯数个罪名,往往是因为该行为具有多重属性或者造成多种结果。

刑法理论和司法实践中,想象竞合犯经常同法条竞合的情形相混淆,因此有必要加以区分。法条竞合,也称法规竞合,是指行为人实施一个犯罪行为同时触犯数个在犯罪构成上具有包容或交叉关系的刑法规范,只适用其中一个刑法规范的情况。例如,行为人出于盗窃枪支、弹药的规定,实施了盗窃枪支、弹药的行为,同时触犯了《刑法》第127条第1款规定的盗窃枪支、弹药罪和第264条规定的盗窃罪,而盗窃枪支、弹药罪的构成就为盗窃罪所包容,实际上只构成盗窃枪支、弹药罪,应按《刑法》第127条第1款的规定论处。

想象竞合犯与法条竞合犯的易混淆点表现在:(1)都是一行为;(2)都是一行为触犯了数个罪名;(3)处理上都只适用一法条并受一罪而不是数罪的惩罚。但是,两者也存在严格的区别:(1)产生的原因不同。想象竞合犯是由于犯罪的事实特征,即出于数个罪过、产生数个结果,以致一行为触犯数罪名;法条竞合犯则是由于法规的错杂规定即法律条文内容存在着包容或交叉关系,以致一个犯罪行为触犯数个刑法规范。因此,如果不是基于某个现实的行为,想象竞合犯的两个犯罪之间不会存在关

---

[1] 参见张明楷著:《刑法学》,法律出版社2011年版,第417页。

联,而法条竞合犯的两个犯罪之间本身就存在关联。(2)主观罪过和客观结果的数量不同。想象竞合犯的一行为,往往是基于数个罪过和产生数个结果;法条竞合犯的一行为,则是出于一个罪过,并且是产生一个结果。(3)被触犯的法条是否有包容关系。想象竞合犯,一行为触犯的数个罪名的法条不存在包容关系;法条竞合犯,一行为触犯的数个法条之间则存在着此一法条规定的犯罪构成包容另一法条规定的犯罪构成的关系。(4)适用法律原则不同。想象竞合犯在法律适用的问题上,依照"从一重处断"的原则来解决;法条竞合犯,在竞合的数个法条中,一般依照特别法优于普通法的原则来解决。

对于想象竞合犯的处罚,应当按照"从一重处断"原则,即按其一行为同时触犯数个罪名中法定刑较重的罪名适用刑罚,而不以数罪论处。如设定一行为同时触犯故意杀人罪和过失致人重伤罪两个罪名,则应按照法定刑较重的故意杀人罪来适用刑罚。刑法分则的某些条文也肯定了这一处断原则。《刑法》第 329 条第 1 款、第 2 款分别规定了抢夺、窃取国有档案罪与擅自出卖、转让国有档案罪。该条第 3 款接着规定:有前两款行为,同时又构成本法规定的其他犯罪的,依照处罚较重的规定定罪处罚。如果窃取的档案是国家秘密,则同时触犯了窃取国有档案罪和非法获取国家秘密罪,对此,仅按照其中的一个重罪处罚。衡量数罪名轻重的基本标准是其法定刑的高低。如果数罪名法定刑相同,一般认为可以考虑以下层次:首先考虑"罪过",如设定行为人是为故意杀人而竞合故意伤害致人死亡,应以故意杀人定;其次考虑"客体",如设定行为人是为故意杀人而竞合放火,应以客体在先来定,可定放火罪。综合起来讲,应根据具体犯罪情节的轻重,然后按照较重之罪适用刑罚。

三、结果加重犯

结果加重犯,也称加重结果犯,是指实施基本犯罪构成要件的行为,因发生了基本犯罪构成要件以外的严重结果而刑法规定加重其法定刑的犯罪形态。《刑法》第234 条规定的故意伤害(致死)罪,即是典型的结果加重犯。故意伤害是基本的行为,凡故意伤害造成轻伤害的处 3 年以下有期徒刑或者拘役;造成重伤害的处 3 年以上10 年以下的有期徒刑。而如果发生伤害致人死亡的结果的,则应处以 10 年以上的有期徒刑。

结果加重犯具有以下三个基本特征:

第一,行为人对于基本犯罪一般持故意,对加重的结果至少存在着过失。

关于基本犯罪的罪过形式,有观点认为只能是故意,也有观点则认为既可以是故意也可以是过失。而从中外刑事立法来看,基本犯罪是故意和过失的立法例均客观存在。因此,我们认为,行为人对基本犯罪一般持故意,但也有少数情况是对基本犯罪持过失。例如《刑法》第 131 条规定,造成飞机坠毁或者人员死亡的,处 3 年以上7 年以下有期徒刑。该条款规定的重大飞行事故罪是过失犯罪,但也有结果加重犯。

关于对加重结果所持的主观罪过形式,有观点认为只能出于过失,也有观点则认为既可以基于过失也可以基于故意。我们认为,行为人对加重的结果至少存在着过失,如果对加重结果没有故意或过失,则不成立结果加重犯。有些结果加重犯,行为人对加重结果只能是过失。如故意伤害致死,行为人对死亡结果的罪过形式只能是过失,如果对死亡结果持故意心态,则构成故意杀人罪,而不再认定为故意伤害罪;有些结果加重犯,行为人对加重结果既可以是过失也可以是故意。例如,拐卖妇女、儿童造成被拐卖的妇女、儿童或者其亲属重伤、死亡或者其他严重后果的,属于结果加重犯,不论行为人对重伤、死亡结果是出于过失还是故意,均属于拐卖妇女、儿童罪的结果加重犯。

第二,加重的结果是因基本犯罪行为所导致的,也就是说基本犯罪行为和加重结果之间具有因果关系。如果加重结果不是由于基本犯罪行为造成的,则不成立结果加重犯。

第三,加重结果具有法定性和非独立性。基本犯罪构成要件以外的加重结果必须通过刑法明文规定的方式,成为依附于基本犯罪构成要件而存在的特定犯罪的有机组成部分,加重犯罪不能离开基本犯罪构成要件而独立存在。

第四,刑法因为加重结果而规定了比基本犯罪较重的法定刑。对结果加重犯,各国刑法均规定了重于基本犯罪的刑罚,这也是构成结果加重犯不可或缺的条件,否则,就谈不上结果加重犯了。

结果加重犯和结果犯存在着本质的区别。虽然结果加重犯和结果犯一样都有刑法所要求的结果要件,但是两个结果不一样:前者要求的是加重结果,后者要求的是基本结果。而更为关键的不是加重结果相对于基本结果的加重情形,而是加重结果在形式上已经超出了该罪结果的限度,在形式上已经构成了其他犯罪所要求的犯罪结果,从而需要通过结果加重犯来加以规定。

由于刑法对结果加重犯规定了比基本犯罪较重的法定刑,因而对结果加重犯只能认定为一罪,只需依照刑法的规定在较重的法定刑幅度内量刑,既不能实行数罪并罚,也不能按基本犯罪的法定刑量刑。

第四节　法定的一罪

法定的一罪,是指数行为原本可以成立数罪,但刑法基于某种原因将其规定为一罪的情况。它以本来就是数罪和实质的一罪相互区分,以法律上规定为一罪而与处断上的一罪区分开来。

一、结合犯

结合犯,是指数个原本独立的犯罪行为,根据刑法分则的明文规定,结合成为另一独立新罪的情况。《日本刑法典》第241条规定的"犯强盗罪，而又强奸妇女者"，构成强盗强奸罪，即是典型的结合犯，但我国刑法中还没有典型的结合犯。

结合犯具有以下四个基本特征：

第一，结合犯所结合的数罪，原本为刑法上数个独立的犯罪。独立的犯罪，是指不依附于其他任何犯罪，符合独立的犯罪构成的行为。数个独立的犯罪，必须是数个不同的犯罪，而不是数个相同的犯罪。

第二，结合犯是将原本独立的数罪，结合成为另一独立的新罪。结合数罪成为一个新罪主要有两种方式：其一为甲罪＋乙罪＝甲乙罪，甲乙罪即为结合犯，如上例强盗罪＋强奸罪＝强盗强奸罪，这种方式在结合犯中比较常见；其二为甲罪＋乙罪＝丙罪，丙罪即是结合犯，如暴行或胁迫＋财物夺取行为＝强盗罪，[①]这种方式在结合犯中比较少见。

第三，数个独立的犯罪被结合为另一独立的新罪后，数个独立的原罪失去原有的独立犯罪的意义，仅成为新罪的一部分。

第四，数个独立的犯罪结合为另一独立新罪，是基于刑法分则的明文规定。如果没有刑法的明文规定，就不能任意将数个独立的犯罪结合为另一独立的新罪。刑法之所以将数个原本独立的犯罪规定成为另一独立新罪，有的是因为原本独立的数罪之间存在密切联系，容易同时发生；也有的是因为一罪是为另一罪服务的；还有的是因为数罪的实施条件相同。

由于结合犯是刑法将特定的数罪规定为一个新罪，而原来的数罪失去独立意义的情况，故结合犯就是符合新罪的犯罪构成的行为，而不再是符合几个犯罪的构成要件的行为。因此，不能按原来的数罪认定为数罪，而应按结合后的新罪，认定为一罪，而不能数罪并罚。

对于结合犯的认识，刑法学界一般认为我国刑法中没有结合犯复数犯罪构成的形式。但是在近年来，有关刑法学论述中提出我国刑法中也有结合犯的规定，如《刑法》第239条规定的"杀害被绑架人的，或者故意伤害被绑架人，致人重伤、死亡"，第240条规定的"奸淫被拐卖的妇女"、第358条规定的"强奸后迫使卖淫"等。[②]但是，结合犯的构成公式是甲罪＋乙罪＝丙罪或甲乙罪。在现行刑法的具体条文中，还没有明确地规定这种结合犯和被结合犯。构成结合犯，必须是结合与被结合的罪由法律明文规定，凡是不符合这一特征的，结合犯不能成立。当然，虽然理论上对于我国的刑法中是否有结合犯的规定存在争论，但结合犯作为罪数理论和实践中的一个重要问题，对其进行深入研究具有重大的意义。结合犯类型的犯罪对社会的危害性要比单一犯罪严重得多，在刑法上明文规定结合犯，使独立成罪而又联系在一起的多个犯罪的社会危害性，在整体上受同一的评价。两个以上独立成罪的犯罪通过法律结合

---

① ［日］前田雅英著：《刑法总论讲义》，东京大学出版社2006年版，第496页："结合犯作为其代表实例，例如强盗罪由暴行、胁迫行为和财物夺取行为而成立。"转引自高铭暄、马克昌主编：《刑法学》，北京大学出版社、高等教育出版社2014年版，第189页。

② 参见张明楷著：《刑法学》，法律出版社2011年版，第438页。

为统一的罪行,只需依照刑法对结合犯所规定的法定刑按一罪适用刑罚,而不必实行数罪并罚,也会带来刑事实体和程序法律适用的便利。所以很多刑法学者建议在我国的刑事立法中应明确地规定结合犯。[1]

二、集合犯

集合犯,是指犯罪构成预定了数个同种类行为的犯罪。一般认为,集合犯包含常习犯、职业犯和营业犯。犯罪构成预定具有常习性的行为人反复多次实施行为的,称为常习犯;犯罪构成预定将一定的犯罪作为职业或业务反复实施的,称为职业犯;犯罪构成预定以营利为目的反复实施一定犯罪的,称为营业犯。我国刑法理论过去主要研究惯犯而对集合犯少有问津,由于现行刑法取消了惯犯的概念,且有关营业犯的规定也非惯犯概念所能包含,故应以集合犯的概念取代惯犯的概念。

根据刑法理论和司法实践,集合犯具有以下三个基本特征:

第一,集合犯的行为人以实施不定次数的同种犯罪行为为目的。构成集合犯的行为人不是意图实施一次犯罪行为就结束,而是计划实施不定次数的同种犯罪行为。例如,《刑法》第 336 条"非法行医罪",行为人就是意图实施不定次数的非法行医行为。

第二,集合犯通常实施了数个同种的犯罪行为。构成集合犯的行为人虽然意图实施不定次数的同种犯罪行为,并且通常也实施了数个同种的犯罪行为,但如果行为人实施一次犯罪行为且情节严重的,也可能构成犯罪。例如非法行医罪,虽然多次非法行医仍仅构成非法行医罪一罪,但即便行为人仅非法行医一次,如果情节严重的,如造成就诊人身体健康受到严重损害等,也可能构成非法行医罪。

第三,集合犯必须是在刑法将可能实施的数个同种犯罪行为规定为一罪的情况下才成立。一般而言,刑法中的集合犯是考虑到行为人主观上只具有一种犯罪故意,反复多次实施的是同一性质的行为,便将其规定为一罪。基于刑法的规定,行为人即使实施了数个同种犯罪行为,也只能构成一罪。从数个同种行为构成一罪来看,集合犯与连续犯存在相似之处,但两者存在本质区别:集合犯是刑法规定同种的数行为为一罪,所以是法定的一罪;而连续犯中连续实施的同种数行为均独立构成犯罪,是数罪作为一罪处断,所以是处断的一罪。从犯罪在时间上可能存在一定的过程来看,集合犯又与继续犯相似,但两者亦存在明显区别:集合犯是由数个同种的犯罪行为组成且行为之间存在时间间隔,而继续犯则是一行为处于不间断地持续当中。

从现行刑法的规定来看,我国刑法典没有规定常习犯。[2]《刑法》第 303 条的"赌博罪",要求以营利为目的,聚众赌博或者以赌博为业。其中,"以赌博为业的"行为,属于营业犯。《刑法》第 336 条的"非法行医罪",即未取得医生职业资格的人将行医

---

[1] 苏惠渔主编:《刑法学》,法律出版社 2001 年版,第 229 页。
[2] 1979 年《刑法》规定的惯窃、惯骗罪(惯犯)属于常习犯。

作为一种职业而反复从事行医活动，属于常业犯。营业犯与常业犯的关键区别在于刑法是否要求行为人主观上出于营利目的，要求具有营利目的的，是营业犯，不要求具有营利目的的，是常业犯。

集合犯是法定的一罪，"依法律规定应按一罪处理"是认定集合犯的法律依据，对于集合犯，不论行为人实施多少次行为，都只能根据刑法的规定以一罪论处，不实行数罪并罚。

三、转化犯

转化犯是我国刑法理论中首创的关于罪数形态的概念，也是近年来我国刑法理论研究较为深入的罪数形态之一。[①]转化犯，是指在实施某一故意犯罪行为的过程中，因又实施了一行为或者出现了某一较为严重的结果而转化为更为严重的另一故意犯罪，刑法规定依照后一较重犯罪定罪量刑的犯罪形态。

转化犯具有以下三个基本特征：

第一，犯罪趋重性。转化犯的转化前后涉及两个不同的犯罪，而且是从法定刑较轻之罪向法定刑较重之罪转化，进而呈现出一种趋重性。这主要是因为，对于原犯罪实施过程中新出现的行为或结果，如果仅依照原犯罪的刑罚处罚则过轻，而转化犯的趋重性则恰好可以弥补这种缺憾，充分体现了罪刑均衡原则。

第二，犯罪故意性。有观点认为转化犯包括由过失犯罪向故意犯罪转化的情形。[②]我们认为，转化犯所涉及的两个犯罪应均为故意性质的犯罪。虽然作为转化原因之一的结果可能是过失导致的，但转化后的犯罪也一定是故意犯罪。这主要是因为过失犯罪均为社会危害性较小的犯罪，是刑罚处罚的例外。而刑法规定转化犯的主要目的就在于通过刑法的强制性规定来惩治那些值得科处较重刑罚的具有严重社会危害性的犯罪。对于过失犯罪这种社会危害性较小的犯罪，通过其原有条文进行定罪量刑就足以实现罪刑均衡，没有必要再专门设置转化犯条款予以加重处罚。

第三，转化的法定性。主要体现为两个方面：一是基于罪刑法定的基本原则，转化犯以刑法规定为限，只有在法律明确规定的情况下，才发生转化犯中的轻罪向重罪转化的情形。二是转化犯条款均使用了"依照本法第×××规定定罪处罚"这一特定的立法用语。这种较为鲜明的立法用语从形式上突出了转化犯的转化法定性特征。当然，并非所有采用"依照本法第×××规定定罪处罚"立法用语的规定都是转化犯，使用该立法用语只是从形式上判断转化犯的一个主要方面，最终认定是否属于转化犯还须结合转化犯的基本原理。

---

① 参见陈兴良著：《刑法适用总论》，法律出版社1999年版，第664页。
② 杨新京：《论转化犯》，载《国家检察官学院学报》2008年第4期。

目前,刑法学界公认的刑法中关于转化犯的立法例主要包含以下八个条款:[①](1)《刑法》第238条第2款:"使用暴力致人伤残、死亡的,依照本法第二百三十四条、第二百三十二条的规定定罪处罚";(2)《刑法》第241条第5款:"收买被拐卖的妇女、儿童又出卖的,依照本法第二百四十条的规定定罪处罚";(3)《刑法》第247条:"司法工作人员对犯罪嫌疑人、被告人实行刑讯逼供或者使用暴力逼取证言,致人伤残、死亡的,依照本法第二百三十四条、第二百三十二条的规定定罪从重处罚";(4)《刑法》第248条第1款:"监狱、拘留所、看守所等监管机构的监管人员对被监管人进行殴打或者体罚虐待,致人伤残、死亡的,依照本法第二百三十四条、第二百三十二条的规定定罪从重处罚";(5)《刑法》第253条第2款:"犯前款罪而窃取财物的,依照本法第二百六十四条的规定定罪从重处罚";(6)《刑法》第269条:"犯盗窃、诈骗、抢夺罪,为窝藏赃物、抗拒抓捕或者毁灭罪证而当场使用暴力或者以暴力相威胁的,依照本法第二百六十三条的规定定罪处罚";(7)《刑法》第292条第2款:"聚众斗殴,致人重伤、死亡的,依照本法第二百三十四条、第二百三十二条的规定定罪处罚";(8)《刑法》第333条第2款规定:"有前款行为,对他人造成伤害的,依照本法第二百三十四条的规定定罪处罚。"

对于转化犯,只需按照转化后的重罪定罪处罚即可,不实行数罪并罚。

第五节　处断的一罪

处断的一罪,也称裁判的一罪,是指数个行为原本构成数罪,但由于数行为之间存在某些特殊关系,司法实践中按一罪处理的情况。其因本为数罪而迥异于实质的一罪,又因司法实践中按一罪处断而与法定的一罪相区别。

一、连续犯

连续犯,是指基于同一或者概括的犯意,连续实施数个性质相同且独立的犯罪行为,触犯同一罪名的犯罪形态。《刑法》第89条第1款规定:"犯罪行为有连续或者继续状态的,从犯罪行为终了之日起计算。"该规定被公认为是我国刑法中存在连续犯的法律依据。

连续犯主要有以下四个基本特征:

---

① 参见张小虎:《转化犯基本问题探究》,载《现代法学》2003年第6期;周少华:《现行刑法中的转化犯之立法检讨——兼论刑法规范的内部协调》,载《法律科学》2000年第5期;薛进展:《转化犯基本问题新论》,载《法学》2004年第4期;初炳东等:《论新刑法中的包容犯与转化犯》,载《法学》1998年第6期;赵立勋:《也论转化犯》,载《法学论坛》2000年第2期;肖中华:《论转化犯》,载《浙江社会科学》2000年第3期;杨新京:《论转化犯》,载《国家检察官学院学报》2008年第4期。

第一，数行为基于同一或概括的犯意。连续犯实施的数个犯罪行为,必须是基于同一的或者概括的犯罪故意。一般而言,同一的犯罪故意,是指行为人具有数次实施同一犯罪的故意;概括的犯罪故意,是指行为人主观上具有只要有条件就实施特定犯罪的故意。在连续犯中,行为人在一系列呈连续状态的犯罪行为开始实行之前就具有实施数行为的总的犯意,在实施每个具体犯罪行为时又分别具有单个犯意。其中总的犯意对于数行为的单个犯意起统领作用,贯穿于每个犯罪的单个犯意之中,从数行为开始时起到终了时止始终发挥作用;而行为人实施每个犯罪行为的单个犯意都是其总犯意的一部分,是通过总犯意连结成连续犯主观要件的整体。

第二，必须实施了数个独立且性质相同的犯罪行为。行为人实施的数个危害行为必须能够构成数个相对独立的犯罪,这是成立连续犯的前提条件。如果数个危害行为在刑法上不能构成独立的犯罪,就不能成立连续犯。构成连续犯的数个危害行为既不是指数个一般违法行为或者数个自然举动,也不是指在法律上无意义的事实上的数行为,而是指在刑法上能够单独构成犯罪的数个危害行为。相对独立的犯罪行为的数量,只取决于行为人实施的危害行为齐备特定犯罪构成要件的次数。[1]连续犯的这一基本特征,使得其区别于徐行犯。[2]

第三，连续犯所构成的数个犯罪之间必须具有连续性。是否具有连续性,应从主客观两个方面进行判断。既要通过分析客观行为的性质、对象、方式、环境、结果等来判断是否具有连续性,又要看行为人有无连续实施某种犯罪行为的故意。[3]

第四，数行为触犯同一罪名。同一罪名,是指数次行为触犯同一具体罪名,而不包括触犯同类罪名的情况。判断行为人连续实施的数个犯罪行为是否触犯同一具体罪名,只能以其是否符合相同的特定构成要件为标准。行为人的数个犯罪行为只有均符合某一特定犯罪的构成要件,才能认定为触犯同一具体罪名,具备成立连续犯的条件。

连续犯与同种数罪关系密切,即两者都是行为人实施数个犯罪行为并触犯同种罪名的犯罪形态,连续犯实际上是广义同种数罪的表现形式之一,属于广义同种数罪的范畴。在此,需要了解的是连续犯与狭义同种数罪即不包括连续犯的同种数罪之间的区别。

第一，构成连续犯的数个相对独立的犯罪的罪过形式只能是故意且基于连续意图的支配,而构成同种数罪的各个具体犯罪的罪过形式虽然必须一致,但既可以是同一的故意,也可以是同一的过失,并且不受连续意图所支配。

第二，构成连续犯的数个相对独立的犯罪之间具有特定的连续性,而构成同种数罪的各个犯罪之间并不存在特定连续性。

第三，构成连续犯的数个相对独立的犯罪必须是未经宣判的犯罪,而构成同种数

---

[1] 赵秉志主编:《刑法新教程》,中国人民大学出版社 2012 年版,第 196 页。

[2] 徐行犯是指连续实施同一种行为,但每次都不能独立构成犯罪,只是这些行为的总合才构成犯罪的情况。
参见张明楷著:《刑法学》,法律出版社 2011 年版,第 430 页。

[3] 张明楷著:《刑法学》,法律出版社 2011 年版,第 430 页。

罪的数个犯罪则并不都是未经宣判的。

第四,连续犯以一罪论,是实质上的数罪,处断上的一罪;而对同种数罪的处罚则有所不同,按照目前我国司法实践的通常做法,对于判决宣告以前一人所犯同种数罪原则上无须并罚,对于判决宣告以后、刑罚尚未执行完毕以前发现的同种漏罪和再犯的新罪应当进行并罚。[1]

连续犯与继续犯也非常容易混淆。连续犯与继续犯在行为的连续意思与继续意思方面存在相似之处,但两者也存在较大差异:

第一,犯罪行为及其对应的犯罪故意的个数不同。连续犯是多个相同犯罪故意支配下的数个犯罪行为,而继续犯则是一个犯罪故意支配下的一个犯罪行为。

第二,犯罪行为的状态不同。连续犯的行为因由数个独立的犯罪行为组成而具有间断性,而继续犯的行为因是一个行为的较长时间的持续而不具有间断性。

第三,犯罪行为与不法状态是否同步存在不同。连续犯的犯罪行为与其可能造成的不法状态的产生、持续、终止是不同步的,而继续犯罪的犯罪行为与其必然引起的不法状态的产生、持续、终止是同步的。

对连续犯应按"从一重处断"的原则处理,即构成一罪,从重处罚,而不实行数罪并罚。在此前提下,应按照行为人所触犯的罪名从重处罚或者作为加重构成情节酌情判处刑罚:

第一,刑法规定只有一个量刑档次,或者虽有两个量刑档次但无加重构成的量刑档次的,按照一个罪名从重处罚。例如,《刑法》第 232 条的规定中虽有两个量刑档次,但无加重构成的量刑档次,故而故意杀人罪的连续犯只能在该罪基本构成的相应量刑档次内从重处罚。

第二,刑法对多次实施某种犯罪明文规定重于基本构成的量刑档次的,符合这种情况的连续犯,应依照该加重构成的量刑档次处罚。例如,《刑法》第 263 条规定中"多次抢劫"的量刑档次远远高于抢劫罪基本构成的量刑档次,那么,连续三次以上抢劫的,即应依照加重抢劫构成的量刑档次处罚。

第三,刑法对多次实施某种犯罪虽然没有明文规定,但对"情节严重"、"情节特别严重"等分别规定了不同的加重刑罚的量刑档次,符合某种情况的连续犯,应依照有关的量刑档次处罚。[2]例如,《刑法》第 248 条对虐待被监管人罪按照情节严重和情节特别严重分为两个量刑档次加以规定,虐待被监管人罪的连续犯,应根据事实虐待被监管人行为的次数的多少,依据刑法的规定,按照相应的量刑档次处罚。

二、牵连犯

牵连犯,是指以实施某一犯罪为目的,但其方法行为或结果行为又触犯其他罪名

---

[1] 赵秉志主编:《刑法新教程》,中国人民大学出版社 2012 年版,第 199 页。

[2] 高铭暄、马克昌主编:《刑法学》,北京大学出版社、高等教育出版社 2014 年版,第 193 页。

的犯罪形态,即在犯罪行为可分为手段行为与目的行为时,如手段行为与目的行为分别触犯不同的罪名,便成了牵连犯;在犯罪行为可分为原因行为与结果行为时,若原因行为与结果行为分别触犯不同的罪名,也成立牵连犯。前者如以伪造国家机关公文的方法(方法行为)骗取公私财物(目的行为),分别触犯了伪造国家机关公文罪和诈骗罪,成立牵连犯;后者如盗窃财物(原因行为)后,为了销赃而伪造国家机关印章(结果行为),分别触犯了盗窃罪和伪造国家机关印章罪,成立牵连犯。

牵连犯具有以下四个基本特征:

第一,必须出于一个犯罪目的。行为人是为了达到某一犯罪目的而实施犯罪行为(目的行为),在实施犯罪行为的过程中,其所采取的方法行为(或手段行为)或结果行为又构成另一个独立犯罪。正是在这一犯罪目的的支配下形成了牵连犯罪的目的行为、方法行为、结果行为相对应的数个犯罪故意。因此,如果行为人出于实施数个犯罪目的,并在这些目的支配下实施了数个犯罪行为,则不能成立牵连犯。根据这一特征,过失犯罪与间接故意犯罪不能成立牵连犯,因为它们没有犯罪目的。

第二,必须实施了两个以上独立的犯罪行为。其中有一个是目的行为,其他的是方法行为或结果行为。方法行为或结果行为都是符合犯罪构成要件的行为,能独立成罪;方法行为或结果行为又是围绕目的行为而实施的。如果仅实施了一个犯罪行为,则因行为之间的牵连关系无从谈起而无法构成牵连犯,这也是牵连犯与想像竞合犯的重要区别之一;如果行为人实施的数个行为中只有一个构成犯罪,则也因不存在数额犯罪之间的牵连关系而无法构成牵连犯。

第三,必须是数行为之间具有牵连关系。牵连关系具体可以理解为方法行为与目的行为是手段与目的的关系,目的行为与结果行为是原因与结果的关系。至于这种牵连关系是只要客观上存在就行了,还是需要行为人主观上认识到这种关系,抑或根据犯罪的通常形式限定牵连关系,在刑法理论上存在较大争论。对于是否具有牵连关系,应从主客观两个方面进行认定。仅仅客观上存在牵连关系而主观上不存在牵连关系的,不宜认定为牵连犯。例如,行为人在一年前为了抢劫而盗窃了枪支,一年后为了杀人而使用了该枪支。两个行为虽然客观上存在牵连关系,但主观上并不具有牵连关系,故不成立牵连犯。同时需要注意的是,如果手段行为与目的行为之间的牵连关系不具有通常性(即为了实现目的的行为,一般都会采取该手段行为),即便手段行为与目的行为在主观上存在牵连关系,也不应认定为牵连犯。例如,为了冒充军人招摇撞骗而盗窃军车,然后驾驶军车冒充军人招摇撞骗的,应当认定为数罪,而不能认定为牵连犯。总之,只有当某种手段通常用于实施某种犯罪,或者某种原因行为通常导致某种结果行为时,才宜认定为牵连犯。

第四,数个行为必须触犯不同的罪名。这里存在两种情况:一是实施一种犯罪,其犯罪所采用的方法行为又触犯了其他罪名;二是实施一种犯罪,其结果行为又触犯了其他罪名。如果实施一种犯罪,其犯罪的方法行为或结果行为不是触犯其他罪名,而是触犯相同的罪名,则不构成牵连犯。这也是牵连犯与连续犯的重要区别之一。

牵连犯与想象竞合犯均是出于一个犯罪目的,并且触犯了数个罪名。但牵连犯是具有牵连关系的数行为而触犯数个罪名,而想象竞合犯是一行为而触犯数个罪名。因此,牵连犯与想象竞合犯的根本区别在于:行为人触犯数罪名的到底是数行为还是一行为。在一般情况下,数行为与一行为不难区分:同时触犯数罪的,一般是一行为;不是同时触犯数罪,而是明显有间隔的,一般是数行为。但在某些情况下,往往容易将犯罪方法误认为方法行为,或将犯罪结果误认为是结果行为。

牵连犯实施一罪后并以继续犯意实施他罪,与继续犯的继续行为是在继续的犯意支配下实施这一点不无相似之处,但牵连犯与继续犯也存在明显区别:(1)前者是数行为触犯数罪名;而后者是一行为触犯一罪名;(2)前者侵犯的客体为复数;而后者侵犯的客体是单数;(3)前者是数罪而在裁判上以一重罪论处;而后者是实质一罪,继续行为时间长短是量刑的酌定情节,对犯罪的个数不发生影响。

刑法总则并没有明文规定牵连犯的概念与处罚原则。刑法理论一般认为,对牵连犯应从一重罪处罚或者从一重从重处罚(按其中的一个重罪定罪并从重处罚)。刑法分则对牵连犯表现出不同的态度:分则条文对大多数牵连犯的处罚没有作出明文规定,有的条文规定对牵连犯从一重处罚;有的条文规定对牵连犯从一重从重处罚;有的条文对牵连犯规定了独立的较重法定刑;有的条文规定对牵连犯实行数罪并罚。①在我国现行刑法规定的背景下,对牵连犯的处罚原则应当是:在刑事立法和相关的司法解释没有特别规定的情况下,对牵连犯应当适用从一重处断原则定罪处罚,不实行数罪并罚。

三、吸收犯

吸收犯,是指行为人实施了数个犯罪行为,因其所符合的犯罪构成之间存在特定关系而导致其中一个犯罪行为吸收其他的犯罪行为,对行为人仅以吸收之罪论处而对被吸收之罪直至不论的犯罪形态。例如,行为人非法制造枪支后藏匿于家中。前一行为构成非法制造枪支罪,后一行为构成私藏枪支罪。前一行为吸收后一行为,仅成立非法制造枪支罪,私藏枪支罪因被吸收而不再论处。这即为吸收犯。

吸收犯具有以下三个基本特征:

第一,必须实施了数个犯罪行为。吸收犯的成立以存在数个犯罪行为为前提。如果不存在数个犯罪行为,就没有吸收犯可言。这里的数个犯罪行为,是指充足犯罪构成要件的行为,既可以是充足基本的犯罪构成,也可以是充足修正的犯罪构成。如果不是充足犯罪构成要件的行为,而只是表现为一定动作的犯罪手段,例如抢劫罪的杀害、伤害、捆绑、禁闭等劫取财物的方法,由于已经包含在抢劫罪的构成要件中,不具有相对独立性,因而不成立吸收犯。如果数个行为中只有一个是犯罪行为,其他是

---

① 当然,由于牵连犯概念创设的初衷是为了避免将某些刑法无明文规定但行为人实施的数行为之间具有牵连关系且具有共同犯罪目的的情况予以数罪并罚,以充分实现罪刑均衡,因而有学者提出在刑法已经进行明确规定的情况下,就不存在牵连犯的问题。

违法行为,亦不可成立吸收犯。吸收犯的数个犯罪行为的特征使得其严格区别于想象竞合犯。

第二,数个犯罪行为必须触犯不同罪名。如果数个犯罪行为触犯同一罪名,则不可能是吸收犯,而可能是连续犯或集合犯。

第三,数行为之间必须存在吸收关系。吸收犯的成立,必须是数行为之间存在吸收关系。而数行为之间之所以具有吸收关系,是因为这些行为通常属于实施某种犯罪的同一过程,彼此之间存在着密切的联系,即前行为可能是后行为发展的必经阶段,后行为可能是前行为发展的自然结果。一般认为,吸收关系主要有三种情况:(1)重行为吸收轻行为,即社会危害性大、罪质重、法定刑高的犯罪行为,吸收社会危害性小、罪质轻、法定刑低的犯罪行为。例如,制造毒品后持有的,由制造毒品罪吸收持有毒品罪;又如,伪造货币后持有、使用、出售、运输伪造的,由伪造货币罪吸收持有、使用、出售、运输伪造货币罪。在这些情况下,重罪之所以可以吸收轻罪,是因为犯罪构成预设的两个犯罪构成要件之间在规范领域存在着自然的发展关系。前行为是后行为发展的必经阶段,后行为是前行为发展的自然结果。(2)针对同一客体的犯罪,实行行为吸收预备行为,[1]即行为人已经着手实施犯罪,而预备行为触犯另一罪名时,对预备行为不独立定罪,而由实行行为吸收。例如,入户抢劫的行为,其预备行为即入户行为触犯了非法侵入住宅罪,但被其实行行为即抢劫行为所吸收。(3)主行为吸收从行为,即在共同犯罪中,行为人分别实施了实行行为、帮助行为和教唆行为时,由起主要作用的行为吸收其他行为。例如,行为人先教唆杀人后又帮助杀人的,杀人的教唆行为吸收帮助行为,对杀人的帮助行为不再另行定罪。

吸收犯与牵连犯均是数行为触犯数罪名,也均是处断的一罪。正是由于两个概念的作用基本相同,难免在使用中发生冲突,因而有观点主张将两者废一,仅保留一个。但目前刑法理论上仍同时保留着这两个概念,而且其本身也确实存在一定的差异,故而仍应当加以区分。

第一,主观方面不同。吸收犯必须基于一个犯意,为了实现一个具体的犯罪目的而实施数个犯罪行为,故而犯意具有同一性和单一性;而牵连犯虽然也必须基于一个犯罪目的实施数个犯罪行为,但行为人在一个犯罪目的的支配下,形成了与牵连犯罪的目的行为、方法行为、结果行为相对应的数个犯罪故意,故而犯意具有异质性和复数性。[2]

第二,数行为之间的关系不同。吸收犯是法定的犯罪构成预设一犯罪行为是另一犯罪行为的必经阶段或者自然结果;而牵连犯的数行为存在目的行为与手段行为、原因行为与结果行为的关系,这种关系并非法定犯罪构成所预设,而是事实上通常存在。因此,吸收关系比牵连关系更为紧密。[3]

---

[1]　这里所说的预备行为,是指为实施某种犯罪制造条件而实施的另一种犯罪行为。

[2]　赵秉志主编:《刑法新教程》,中国人民大学出版社 2012 年版,第 203 页。

[3]　曲新久主编:《刑法学》,中国政法大学出版社 2011 年版,第 188 页。

第三,侵犯的客体和作用的对象不同。构成吸收犯的数个犯罪行为必须侵犯同一或相同的直接客体,并且指向同一的具体犯罪对象;而构成牵连犯的数个犯罪行为侵犯的直接客体必然是不同的,并且也不必作用于同一的具体犯罪对象。

此外,刑法理论中所存在的事后不可罚行为或不可罚的事后行为的概念也容易与吸收犯相混淆。事后不可罚行为,是指在状态犯的场合,①利用该犯罪行为的结果的行为,如果孤立地看,符合其他犯罪的犯罪构成,具有可罚性,但由于被综合评价在该状态犯中,故没有必要另认定为其他犯罪。事后不可罚行为之所以不另成立其他犯罪,主要是因为事后行为没有侵犯其他社会关系或者事后行为缺乏期待可能性。例如,行为人盗窃他人财物后又毁坏该财物的,其毁坏财物的行为属于事后不可罚的行为,不另立故意毁坏财物罪。可见,事后不可罚行为与吸收犯存在相似甚至相同之处,但不能将二者完全等同。因为作为后行为的事后不可罚行为并不作为犯罪行为论处,而吸收犯中是数个犯罪行为中的一个犯罪行为吸收其他犯罪行为,该行为既可能是前行为,也可能是后行为。

由于吸收犯的前后行为之间存在必经阶段与自然发展之间的关系,因而宜以一罪论处,而不实行数罪并罚,但某些情况下可以在量刑上从重处罚。

---

① 状态犯,是指犯罪行为终了,仅有不法状态处于继续状态的犯罪形态,即在犯罪完成后的一种不法状态。如盗窃行为实施完毕后,非法占有他人财物的不法状态仍然继续存在的情况。

第三编　刑　罚　概　论

第十四章

刑 事 责 任

作为法律责任体系中的构成要素,刑事责任在整个法律责任体系中具有特殊的地位。自从 20 世纪 80 年代中期以来,刑事责任的问题在我国刑法理论中开始被重视并逐步系统化,无论是在研究的广度上还是深度上,都为刑法理论研究范围拓展了新的领域和新的思路。刑事责任理论基本范畴的研究由此取得较为突出的成果。刑事责任本身也已经成为我国刑法理论中的一个重要范畴,成为刑法中关联犯罪与刑罚的重要规范内容。刑事责任理论研究在丰富了法律责任体系内容的同时,其研究的逐步规范化、体系化,对于其他的法律责任的理解和研究也具有深远意义。

第一节　刑事责任概述

一、刑事责任的概念

刑事责任是刑法学中的一个基本范畴,刑法典中有关犯罪和刑罚的规定,都是围绕"是否追究刑事责任"和"如何追究刑事责任"而展开的,因此具有非常重要的理论研究价值。对于什么是刑事责任,在刑法理论上意见不一。从刑事责任理论产生开始到现在,关于刑事责任概念的观点主要有以下五种。

(一) 法律责任说

法律责任说认为,刑事责任是因为犯罪行为而应承担的刑事法律所规定的责任。该说明确指出了刑事责任是刑法上的责任,为法律责任的一种,是值得肯定的,但是没有指出刑事责任的实质内容和本质,并且在逻辑上犯了循环定义的错误,因而是不全面的。

(二) 法律后果说

法律后果说认为,刑事责任是犯罪主体因给社会造成严重危害,而必须承受的由法院依法确定的一种否定性法律后果。该说较为准确地反映了刑事责任的一般性特征,但从客观表现来看,刑事责任仅是犯罪所引起的法律后果之一,并不等同于法律后果。法律后果说并不能将刑罚概念与其区分开来,须加以完善。

（三）否定评价说

否定评价说认为,刑事责任是国家根据刑事法律对犯罪人及其犯罪行为所作出的否定评价或谴责。该说站在国家本位的立场从价值判断的角度指出了刑事责任的实质,值得肯定,但是该说没有体现刑事责任的法律特征,也过分强调了刑事责任在伦理、道德方面的意义,显得过于抽象。

（四）刑事义务说

刑事义务说认为,刑事责任是犯罪人因犯罪行为而必须承担的刑事法律义务。该说试图从犯罪人的角度来揭示刑事责任的法律性质,应予以肯定。但义务一词的本义更加接近一种职责、分内的事,即积极意义上的责任,而刑事责任应该是一种消极责任,因此把刑事责任理解为刑事义务是欠妥的。

（五）刑事强制说

刑事强制说认为,刑事责任是国家对犯罪人施行的一种强制方法或刑事处罚。例如,"刑事责任是法律责任的一种,实施犯罪的法律后果,即对犯罪人适用国家强制手段——刑罚"。[①]该说也存在一定的缺陷,即将刑事责任等同于强制方法或刑罚,否定了刑事责任的独立意义,也未能正确揭示刑事责任的内涵,因而是不科学的。

由于刑事责任范畴本身具有多重含义,试图将刑事责任的概念作单一的或排他性的理解是不合实际的。绝对化的责任说、后果说、否定评价说、义务说及强制说等都是片面的,都只是把握了刑事责任的局部特征。因此,在对刑事责任进行定义的时候,既要注重对各种学说合理部分的吸收,又要从整体上对其本质内涵作合理的把握。要给刑事责任下定义,应当从刑事责任的本质出发,其含义包括刑事责任的原因、刑事责任的根据、刑事责任的主体、刑事责任的内容等方面。刑事责任的本质,用马克思辩证唯物主义的观点可以理解为体现统治阶级利益的国家对犯罪的一种否定性评价。刑事责任的原因主要为犯罪本身,刑事责任的根据主要包括事实根据和法律根据。刑事责任的主体包括追究主体和承担主体,刑事责任的内容是以刑罚为主的法律惩罚或否定性评价。因此,基于以上各个方面,刑事责任的概念可以概括为:刑事责任是由刑事法律规定的,因实施犯罪行为而产生的,由司法机关强制犯罪者承受的刑事惩罚或否定性法律评价。

二、刑事责任的属性

刑事责任与民事责任、行政责任等法律责任相比,刑事责任具有以下属性:

（一）刑事责任的严厉性

刑事责任的这一特征最为明显地表达为刑法的制裁手段的严厉程度。作为刑罚方法,其不仅可以通过国家强制力量对公民的财产进行剥夺,对公民参与社会事务的某些资格进行剥夺,对公民的人身自由进行剥夺,甚至可以剥夺公民的生命权利。这

---

① 韩忠谟著:《刑法原理》,北京大学出版社 2000 年版,第 173 页。

些都是其他的法律责任所不具备的。但是,对于刑事责任的这种性质必须具有清醒的认识,不能因为其严厉性特征就错误地将其作为解决所有法律问题的手段,不能将有深刻社会根源而发生的犯罪寄希望于通过刑事惩罚完全得以解决,更不能简单地将其他法律无法解决的问题轻易地视同为刑法意义上的问题,随意动用刑事惩罚的方式加以解决。正是因为刑事责任的严厉性特征,刑法的适用更应该审慎对待。

(二)刑事责任具有强烈的国家性

刑法作为司法法,作为禁止性规范,其强烈的国家属性是极为明显的,表现出国家权力与个人利益之间的分配和对抗。在形式上主要表现在几个方面:首先,刑事责任的追究是以强大的国家机器为后盾的,主要是以国家的名义求刑、量刑、行刑;其次,刑事责任的价值取向是以国家的价值取向为基础的,而不完全是以市民社会为基础的,因此其相较于其他部门法,刑事责任更为直接反映了国家的意志。所以刑事责任的设置如果得当,可以成为维护公民权利的宪章,刑事责任的设置如果被国家滥用,刑法将会成为国家干涉公民权利的最严厉的手段。

以上特征是针对刑法的普遍意义而言的,此外在多数教科书中还表述了刑事责任的其他特征,我们认为,其他特征不具有普遍性,只能说是我国当代刑法中的主要特征。其主要有:

1. 准据性,即刑事责任是因犯罪行为的存在而产生的法律责任,行为是责任的基础,只有实施了犯罪行为,刑事责任才有存在的基础和合理性。

2. 专属性,即刑事责任是一种严格的个体法律责任,罪责自负,反对株连。

3. 强制性,即刑事责任是国家通过国家强力对法律进行的设定,并通过强力对违背设定的行为加以制裁。

三、刑事责任的意义

刑事责任的意义是建立在刑事责任特征的基础之上的,刑事责任的特征决定了刑事责任在刑法理论和实践中的地位与作用,并由此延伸出刑事责任的法律意义。

首先,刑事责任理论的建构是国家制定或改造刑法的理论基石。刑事责任理论最先涉及的便是国家刑罚权的合理性以及国家刑罚权多大程度的合理性问题,为国家的刑罚权寻找存在的依据。更为重要的是,国家将何种行为认定为犯罪行为,国家将何种行为人认定为犯罪行为人,是以国家刑事责任理论的选择为先导的。刑法的原则、功能、目的甚至具体刑法规范如何确定,都与刑事责任的建构存在着必然的联系。刑法的基础建立在道义刑事责任的理论基础之上,相应地派生出近代刑法的基本原则。社会学派的社会责任理论成为国家的立法的理论基础,教育刑论、矫正刑论则随之成为刑法的依据,刑法中新的规范也被创设。如果没有明确的刑事责任理论作为刑法发展的理论指导,刑法的价值性和实用性也将被削弱。例如,由于严格责任问题在我国刑法中未被加以解决,直接造成总则、分则中的一些规范的界限十分模糊,影响了法律的确定性。

其次,刑事责任是犯罪与刑罚处罚结果的中介。在我国一些刑法教科书中明确将刑法的概念规定为犯罪、刑事责任和刑罚的法律。①无论归纳是否有待于完善,至少其将刑事责任作为犯罪行为与刑罚处罚的中介是具有可取之处的。但是我们不能简单地从形式上理解这一提法,其应当包含更为深刻的含义。刑事责任中介理论实际上是对现行的刑法理论中的犯罪理论的一种探索。犯罪行为只是客观的,并不自然归结为刑事处罚或者刑法否定,只有通过刑事责任的追究才能达到刑法追求的非难与谴责。譬如告诉才处理的犯罪,犯罪行为人的行为构成犯罪是客观的,但是必须具有被害人或者相关人员的告诉才存在刑事责任的追究问题。同时我国刑法中的许多范畴实际上都是刑事责任的范畴,但由于长期以来缺少对刑事责任理论的研究,没有发掘和重视刑事责任作为犯罪与责任承担方式的中介地位,因而将这些范畴归类为犯罪的范畴,刑法中一些概念陷入二律背反的境地。如正当行为的前提如何界定?刑事责任年龄到底是构成罪与非罪的标准还是承担刑事责任的标准?共同犯罪中作用不大的行为人的行为到底不是犯罪还是不追究刑事责任?何谓情节显著轻微危害不大的行为,这样的行为究竟不是犯罪还是不应承担刑事责任?总之,正确地界定犯罪与刑事责任的关系有利于揭示犯罪与责任的关系,不应将责任认定的问题归结为犯罪的问题。同时,刑事责任与刑法实体结果是关联的。因为无论是何种刑法处罚方法,最终只能是刑事责任的承担方式。而危害行为引起的刑法否定尽管就理论基础而言是道义和人格的结果,但是在实定法中却必须通过责任的设定来完成。

此外,刑事责任是对犯罪行为的非难和对犯罪人的谴责,是国家刑罚权力行使的结果,也是国家的基本刑法价值取向的反映,同时还是一定社会道义的体现。其既是一种国家对违法行为的否定性评价,也是行为人因其行为导致的客观后果。就行为特点而言,犯罪行为最主要的特点表现为对法律的侵害或者是对社会的危害,即行为的违法性和危害性。但是无论如何界定,犯罪行为的外在危害是客观的,犯罪化与非犯罪化的根本标准就是建立在此基础之上的。这种客观的外在危害是国家对行为主体进行否定性评价的基础。同时,由于犯罪行为是主体的自由意志的选择,是主观能动性的体现,所以行为的客观危害本身即反映了行为人的主观恶性,刑事责任针对的对象是行为,但批评的对象是行为人。通过否定性评价,使行为人被动或主动消除内在的恶性,从善弃恶。

刑事责任的严厉性、专属性、强制性和准据性特征也昭示了刑事责任作为法律责任体系中一个独特的责任方式的重要意义,但意义是相对而言的,刑事责任的严厉性、专属性意味着刑事责任的前提必须是严重的违法行为,不能任意扩张刑法中的犯罪圈的范围,将民事责任、行政责任的专属领域蚕食。但是,又必须注意规范地将各种责任的追究方式加以衔接,出礼入刑。同时也要重视不能任意扩张主体的范围,刑事责任的严厉性和准据性均意味着受责主体必须是犯罪行为人本人,坚持罪责自负,反对株连,充分发挥刑法的保障机能和防卫机能。

---

① 高铭暄主编:《刑法学》,北京大学出版社 1998 年版,第 1 页。

第二节 刑事责任的理论根据

规范的形成来源于人类社会和国家的形成,社会规范的形成渊源始终只能是一种假设,而人们又永远无法不以这种假设为前提作出结论,即使实证主义极力否定假设的结论,其渊源实际上仍然是一种对假设的否定的假说。刑法作为一种社会规范也必须以各种理论的假说为依据,并且以假说为刑事责任存在的合理性根据。因为刑事责任的准据性基础可以在实定法中得出结论,刑事责任的法源性基础却无法在实定法中得出结论。从这种意义上说,刑事责任的准据实际上是刑法哲学中的重要课题。基于上述原因,刑事责任的根据研究成为法学连接哲学的桥梁。无论是将刑法作为一种规范现象,还是将刑法作为一种法律现象,古往今来的学者们无不对此倾注了极大的热情,并产生了以下几种主要的关于刑事责任本质的理论。

一、道义责任论

道义责任论将责任的理论与哲学的非决定论相关联,以理性人的意志自由为基本的理论前提,提出个人存在着自由选择的可能性,因此存在着个人对自己行为负责的道义可能性,将个人的自由意志作为道义非难的依据。个人承担刑事责任的原因在于行为人自愿违背了正当行为道义命令,因此责任是过错的必然结果。具有过错或者说只有过错才应该承担非难与谴责。道义责任论将刑事责任产生的依据界定在行为人的意志自由基础之上,即行为人首先具有正常的刑事责任能力(或者称之为理性人),具有刑法意义上的辨认和控制行为的能力,对于善与恶、真与假、正义与非正义具有客观全面的理解能力,即使这种理解能力与自身的价值观念表现为分离的特征,也无法排除责任。此外行为人应当具有选择自由的环境,即其具有选择行为的善与恶、正义与非正义的任意环境。在以上两个条件之下,道义责任论认为违法意思的产生完全不存在意志以外的因素的影响,完全是行为人内心的深思熟虑的结果,在此假设下责任的承担依据是必然的。所以这种非决定论的推理是合理的而且是必然的。道义责任论将刑事责任的基础建立在超验的基石上,尽管始终受到理论非难,并且存在一定的局限性,但是仅仅通过实证方法或者经验论却是不足以将其驳倒的。但是其并非在历史发展中风雨不动,道德法律一元化的道义内容如今面临被替代的现实是客观存在的,对此将在规范责任论部分加以阐释。

二、社会责任论

社会责任论实际上是 19 世纪末 20 世纪初随着哲学的现代化而出现的。资产阶级革命以来,长期被奉为经典理论的哲学理论乃至自然科学均受到空前的冲击。哲学更多地表现为对现实的关心,实证主义的思潮迅速波及社会科学的各个领域。在刑事责任理论中,实证方法反对思辨的方法,对抽象的刑事责任道义理论提出质疑,由此逐渐形成了社会责任论。社会责任论认为社会是一个多元性的利益冲突的系统。刑事责任的设定是针对违法行为而设定的一种纠恶机制,刑事责任的目的表现为对恶行的纠正或者补救,对权利的声明与保证,对合法的社会利益系统进行维护。社会责任论尽管未提及社会本位,但是的确对刑事责任设定的应世性表示了终极的关心。其否定道义责任理论的自由意志的思辨性的假说,排除了道义非难性与选择自由的归责基础,从防卫社会的角度规制责任,实质上是将刑事责任的依据建立在行为人的反社会性格前提下。尽管其反对理论看到了假说的局限而反对假设,但最终事实上造就了新的假设。这种假设的结果是刑法中行为人中心论、主观危险性论的形成,以及保安处分、严格责任的出现。

三、折衷性的责任理论

鉴于道义责任论与社会责任论的对立,出现了较为折衷性的理论。主要有以下几种理论:

一是人格责任论。该说认为,刑事责任主体具有行动的自由,人可以通过对外在环境的理解进而控制自己的行为,通过自我的努力实现目的。但是行为主体又不得不受到人本身的素质和环境的制约,使得其自由意志成为约束下的自由,所以在人格中存在着超越行为主体控制的部分。犯罪行为的形成不仅仅是主体行为的体现,而且是行为人内在人格的揭示。最早提出人格责任论的古典学派的代表人物毕克·迈耶对人格责任进行了最初的说明,他指出:"为确定有无责任起见,如何意欲犯罪以及以如何的强度意欲犯罪,暨行为者犯罪目的、动机、行为之特性,以及累犯等视为问题。在上述情形中,因系表现行为者之危险性、情操、人格、性格,故俱为深化责任之因素,而为责任评价之对象。"[①]也就是说,责任评价的对象应当是在结合了行为人的自由"意欲"的基础上形成的特定的人格加以确定刑事责任的有无或深化。在此基础之上人格责任论不断地被发展,理论对责任、人以及行为的关系的理解也更为精辟和深入。人格责任论承认刑法中的责任判断之直接对象是具体的犯罪行为,如不以犯罪行为为直接评价之对象则无刑法,这是罪刑法定主义的必然要求,决定刑罚之质量的最重要的基准是犯罪行为的大小,但此犯罪行为必须以具有作为一个完整的社会人之人格为背景,且与其人格之联系上可以认定其行为。就某种不具有正常的辨认控制行为能力的人、未成年人等而言,因为其行为与行为人人格分离,所以追究刑事责任的合理性也成为问题。尽管人格行为论强调行为人的内在人格,但是行为责任是第一性的,人格责任是第二性的。责任的基础仍然以行为为基准,刑罚的质量标准

① 洪福增著:《刑事责任之理论》,三民书局 1988 年版,第 42 页。

仍然是行为的程度与方式,但是行为显然是以人格为背景,因此责任考察与行为与人格相联系,是人格责任论的必然要求。

二是规范责任论。规范责任论不是从心理上或者从物质基础上理解刑事责任的根据,也并非简单地从道义上或者政治上对责任的标准进行评价,而是从行为的规范性认识的角度进行解释。

刑法作为一种社会规范,对于符合刑法规范的行为,刑法予以肯定的评价,对于与法律规范相冲突的行为,刑法予以否定性的评价。在规范责任论看来,责任结构应该包含心理事实、规范评价以及期待可能性方面的内容。心理事实表现为行为主体的过错心态,规范评价行为主体因为违反了法律规定的义务而应当受到规范谴责。期待可能性是指在特定条件下,是否能够期待行为主体实施合法行为的可能性。如果存在实施合法行为的可能性,行为主体却作出了相反的决定,而实施了违法行为,则可以确定行为主体具备有责性,不能排除法规的非难。规范责任论的"故乡"是道义责任论,无论是存在期待可能性的原因,还是行为的心理事实,均无法排斥道义的内容,其与道义责任论的基础是相同的。正如日本学者团藤重光所言,其"仍然需要在其故乡成长、发育"。规范责任论对道义责任论的绝对意志自由的假设进行了一定程度的修正,使得其能够被西方刑法学界普遍承认。但其本身仍处于发展过程中,有待于进一步完善。

第三节　刑事责任的归责原则与责任实现

一、刑事责任的归责原则

将刑事责任主体认知性因素和评价性因素结合起来,其归责依据主要包含罪过责任与严格责任。罪过责任又称相对责任,是指以行为人的主观上的罪过为归责依据的刑事责任归责原则。罪过,是指刑事责任主体对其所实施的危害行为引起的危害结果的故意或过失的心理态度。当行为主体具有故意和过失的时候,行为主体的行为才具有过错的理由,对于行为主体才具有道义上或者人格上进行否定评价的合理前提。因此,罪过并不是一个单纯的心理学上的概念,不能将罪过仅仅归结为心理学的过程,罪过的内容更多地包含了法律的过程。罪过的有责性可以从责任主体的认识因素和意志因素进行理解。

罪过问题在各国刑法理论中,表现为几种性质,但综合起来不外乎两种:一种方式是将罪过问题作为犯罪构成的基本要件,并且在犯罪的基本概念中加以规定;另一种方式是将罪过内容从犯罪概念中加以排除,仅仅将罪过内容作为有责性的要件,作为追究刑事责任的基本要求。《刑法》第二章的"犯罪"中,将第一节规定为"犯罪与刑事责任"。其中第 13 条关于犯罪的基本概念并没有直接涉及主观罪过的内容,而是在其后才涉及刑事责任能力与主观罪过问题,依据罪刑相适应原则,根据责任能力以及罪过的性质程度追究刑事责任。所以如果仅仅从我国刑法的规定分析,显然罪过是超越于犯罪概念之外的,罪过作为归责原则仅仅是在对犯罪追究刑事责任时必须予以考虑的,而不是犯罪的必然内容。这就对我国刑法理论中将罪过作为要件之一的犯罪构成的四要件理论提出了质疑。我们认为,将罪过作为刑事责任的归责原则而不是犯罪构成要件,更为符合我国刑法的规定和精神,因为刑法规定故意犯罪应当负刑事责任,过失犯罪的法律有规定的才负刑事责任,应当理解构成犯罪有故意或过失心态的,才应当追究刑事责任。①其次,将罪过内容作为刑事责任归责原则有利于解决刑法中的许多问题,例如正当行为问题。正当行为形式上的犯罪性是公认的,但是鉴于传统理论又认为其实质目的的正当性阻却犯罪,这实际上是设定了双重的标准。而且目的的正当性并不是一个确定的法律标准。如果将罪过问题作为归责原则对待,则可以回避这一问题,因为正当行为可以被认为是犯罪基础之上的违法阻却事由。

其次,在罪过责任中,以处罚故意为基础,以处罚过失为例外。但是随着对刑事责任本质认识的多元化,罪过责任的归责原则在某些方面受到了挑战。"没有犯罪意图的行为不为罪"的固有观念受到了冲击。从 19 世纪末至今,在一些国家出现了严格责任的判例和立法。严格责任,又被称为绝对责任,主要是出于防卫社会和有利于诉讼的效率而提出的,是指"只要具备了犯罪行为方面的某些特定的要素,那么,被告人对实施的物质或认识的错误(不管这种错误到底多么合理),就不能成为辩护理由"。②严格责任的特点在于:第一,不以责任主体的主观罪过为条件,即使缺乏犯意,也可以追究刑事责任。第二,规定严格责任的犯罪行为必须是特定的,在成文法的国家,必须是法律规定的。考察各国刑法的规定,主要是在公害犯罪的范围之内。第三,严格责任的辩护理由、规则与罪过责任的辩护理由、规则存在差异。第四,严格责任的责任承担以罚金刑为主要方式。以上严格责任在刑法中是否有规定,我们持否定的观点,理由在于刑法中仅仅规定了罪过责任,而并未规定严格责任。所以对于犯罪必须而且只能按照罪过责任进行认定和处罚。例如针对《刑法》第 18 条规定"醉酒的人犯罪应当追究刑事责任",有观点认为在一定情况之下可以视为严格责任。我们认为,对于醉酒的人犯罪,应当严格依照刑法的罪过责任的规定,当缺乏罪过的时候,不应追究责任,而不是对所有醉酒的人均应追究责任。

第三,除了上述的罪过责任以及严格责任之外,期待可能性理论也在大陆法系得到相当程度的确立,并逐步得到立法上的承认。在刑法理论中,存在这样几种观点:一种观点将期待可能性作为与责任能力、罪过并列的刑事责任的第三要素。另一种观点是罪过要素说,认为期待可能性是被包含在故意和过失中,属于故意和过失的构

---

① 有些观点认为,《刑法》第 16 条规定行为在客观上造成了损害结果,但是不是出于故意或过失,而是由于无法抗拒或无法预见的原因引起的,不是犯罪。据此推论罪过构成犯罪的必然内容。这实际上在形式逻辑中存在着推理的错误,因为其并不能说明罪过内容一定是犯罪的内容。

② [英]鲁波特·克罗斯等著:《英国刑法导论》,赵秉志等译,中国人民大学出版社 1992 年版,第 68 页。

成要素。有期待可能性,则存在罪过心理,无期待可能性,不存在罪过心理。第三种观点是例外要素说,认为责任能力、故意或过失是责任的基本要素,期待可能性是责任的例外因素。在特殊情况下,证明无期待可能性,便阻却责任。将期待可能性作为罪过形式的一种例外似乎更为符合我国刑法理论,更为符合刑事责任理论的特点。因为其与责任能力是不完全一致的。尽管两者的基础相同,即均以意志自由为前提,但是刑事责任能力作为主体资格显然与期待可能性的范畴相去甚远。其次,期待可能性很难通过过失或故意加以涵盖。罪过仅仅是行为时的一种心理态度,是支配行为的主观意志。而期待可能性则是考察行为的客观现实,期待可能性正是对在强有力的国家法律面前喘息不已的国民脆弱人性倾注刑法的同情之泪的理论。期待可能性理论的引进,可以使我国刑法理论中的许多问题得到合理的说明。如对于执行上级命令的行为的法源如何界定问题,尽管在众多的刑法教科书或者其他理论中被作为阻却社会危害性的行为加以对待,但实际上仅仅用阻却社会危害性的观点加以解释是比较牵强的。因为无论是执行命令的行为乃至紧急避险行为所存在的社会危害是客观存在的,只是出于命令状态或者危险状态之下,行为人不可能期待采取其他的更为合适的行为。在这种情况之下,行为人的意志自由丧失,失去了刑事责任能力,因而行为不应受到刑事追究。期待可能性理论对刑事司法的指导意义也是明显的。譬如,同样是盗窃、抢劫、贪污、侵占等犯罪,出于动机不同,实施适法行为的期待可能性是不同的,因此对于是否追究刑事责任以及追究刑事责任的程度必将存在较大的差异。例如当事人由于在难以逃脱犯罪分子伤害的紧急情况之下,牺牲了他人生命保护自身生命安全的行为如何界定,在理论中和实践中均存在较大争议。认为当事人行为属于正当防卫者有之,认为紧急避险者有之,但均不够周密,而且破坏了刑法制度的完整性,破坏了正当防卫的对象条件和紧急避险的限度条件。实际上当事人的行为在当时的情形之下,由于缺乏适法行为的期待可能性,缺乏追究刑事责任的充足依据,所以应当免除刑事责任或从宽追究刑事责任。

二、刑事责任的承担方式及其终结

具备刑事责任能力的刑事责任承担者在实施了犯罪行为之后,根据一定的归责原则,要求承担相应的刑事责任结果。由于各国刑法的传统以及发展脉络的特殊性,各国刑法中对于刑事责任的承担方式在共性的基础上存在差异性。最终对刑事责任承担者处以刑罚固然是一种最为主要的方式,有罪宣告本身也意味着国家刑法对犯罪行为的否定。在我国刑法中刑事责任的承担方式主要包含以上两种方式。宣告有罪的方式在刑法中表现为对行为认定为犯罪之后免除处罚等一些方式,即既不予以刑罚处罚,也不予以非刑罚处罚,仅仅对行为宣告为犯罪,从而对行为进行刑法上的谴责与评价。加以处罚的方式在我国表现为两种:一是判处刑罚,包括刑罚中的主刑与附加刑的方法,当然缓刑等刑罚制度也是一种承担方式,只不过其是建立在刑罚等基础之上的;二是进行非刑罚处罚,主要是指训诫或者责令具结悔过、赔礼道歉、赔偿损失或者由主管部门予以行政处罚和行政处分。

刑事责任的终结包含两种方式：

一是刑事责任的实现而终结。主要包含以下内容：(1)判处刑罚的，刑罚执行完毕；(2)宣告缓刑或者假释的，符合法定条件时，考验期满；(3)适用非刑罚处罚方法的，非刑罚处罚方法执行完毕；(4)仅作有罪宣告的，判决生效。

二是刑事责任的消灭方式。消灭方式与实现方式是不同的。前者是行为人应当被依法追究刑事责任，但由于追究责任的前提不复存在，而无法追究刑事责任。后者则是指刑事责任承担完毕而使刑事责任不复存在。消灭方式主要包括：(1)法定告诉才处理的犯罪，被害人不提出告诉或者撤回告诉；(2)犯罪已过追诉时效；(3)犯罪分子被特赦的；(4)尚未追究刑事责任时，犯罪分子死亡；(5)战时缓刑的犯罪分子符合法定条件被判处缓刑并且不以犯罪论处的。

第十五章

刑 罚 概 述

第一节　刑 罚 的 概 念

一、刑罚的概念

刑罚,是统治阶级为了维护本阶级利益和统治秩序,由法院根据刑事立法,对犯罪人适用的一种最严厉的强制方法。

对于刑罚的概念,可从以下几个方面进一步理解:

一是刑罚具有政治属性。刑罚和犯罪一样,是社会发展到一定历史阶段的产物。它也是随着社会生产力的发展、私有制的出现,社会划分阶级并产生了国家而出现的。刑罚从它产生的那一天起,就作为代表统治阶级的意志,维护统治阶级利益的工具而存在着。刑罚具有鲜明的阶级性,国家的阶级本质,决定刑罚的阶级本质。

二是刑罚具有惩罚属性。刑罚的本质属性,是使犯罪人承受一定的剥夺性痛苦。我国一贯遵行惩罚与教育相结合的方针,不采取那些残酷、野蛮的刑罚方法来摧残、折磨犯罪人。但是,刑罚作为国家对犯罪行为的否定评价与对犯罪人的谴责的一种最严厉的形式,当然地对犯罪人具有身体的、精神的、财产的剥夺性痛苦,相对于其他强制措施而言,是最强烈的痛苦。这正是刑罚有别于其他强制措施的重要之处。在我国,将刑罚当作摧残人、折磨人的报复手段固然是错误的,但如果超越我国社会主义初级阶段的国情、社会的平均价值观念,以及人道主义所允许的限度,将刑罚视为仁慈的东西,甚至将服刑人的生活待遇提高到超过人民群众的一般水平而令人向往的地步,也是背离刑罚的基本属性,不能为国家和人民所容忍。

三是刑罚具有法律属性。刑罚是刑事责任的一种实现方式,由刑法明文规定。不仅如此,刑罚还只能由国家的审判机关严格遵循法律规定的管辖权限和诉讼程序适用。

四是刑罚具有目的属性。剥夺犯罪人享有的某些权益而使之感到一定痛苦,是刑罚的本质属性,却不是刑罚的目的。我国刑罚的目的,在于预防犯罪。刑罚既具有惩罚的一面,也具有改造的一面,但两者都是达到刑罚目的的手段。只讲惩罚而不讲教育改造,或者只讲教育改造而不讲惩罚,都将有碍于刑罚目的的实现。

二、我国刑罚的本质和特征

我国是人民民主专政的社会主义国家。我国的刑罚是由国家最高立法机关在刑法中确立,由人民法院对犯罪人适用并由专门的机构执行的最严厉的强制方法。我国刑罚与一切资本主义国家的刑罚相比,有着本质上的区别,表现如下:

第一,两者代表的阶级意志不同。我国刑罚是人民民主专政的重要工具之一,其打击锋芒是严重刑事犯罪分子。我国刑罚从制定到实施,完全代表了工人阶级和广大人民群众的利益,反映了工人阶级和广大人民群众的意志,因而具有广泛的人民性和深厚的群众基础。一切资本主义国家的刑罚,是保护少数剥削阶级的利益、镇压广大劳动人民群众的工具,具有少数人镇压大多数劳动群众的反人民性质。

第二,两者对社会发展所起的作用不同。我国刑罚通过打击刑事犯罪,为新的生产关系的建立和完善,以及生产力的解放和发展扫除障碍,保护国家、集体的利益和公民个人的合法利益,为巩固发展安定团结的政治局面,加速实现现代化的、具有高度文明、高度民主的社会主义国家服务。所以,我国刑罚对社会的进步和发展起着积极的推动作用。资本主义国家的刑罚,是保护剥削制度的经济基础和上层建筑的重要工具。当剥削制度成为社会发展的障碍,代表新制度的革命阶级起来反抗这个剥削制度的时候,刑罚就成为镇压新生力量、维护腐朽的旧制度,阻碍社会向前发展的工具。

第三,两者刑罚的效果不同。我国对犯罪分子适用刑罚,不是基于单纯的报复主义和惩罚主义,不是为惩罚而惩罚,而是从无产阶级改造社会、改造人类的历史使命出发,实行惩办与宽大相结合、惩罚与教育相结合的政策,贯穿着社会主义人道主义精神,最大限度地将罪犯改造成为新人,因而我国刑罚的适用不仅具有惩罚罪犯的作用,更重要的是具有教育改造罪犯的作用。剥削阶级国家的刑罚,作为维护剥削制度的工具,对罪犯实行惩办与报复,带有强烈的野蛮性和残酷性。我国奴隶社会的墨、劓、剕、宫、大辟五刑全是生命刑、肉刑和耻辱刑。封建社会的笞、杖、徒、流、死也大多为生命刑和肉刑。奴隶制、封建制国家的刑罚只能对犯人的人格、精神和肉体进行折磨、摧残,都不能对罪犯进行教育和改造。资本主义国家的刑罚虽然试图实行刑罚的人道化、个别化,并废除残酷的肉刑、耻辱刑,广泛适用自由刑,具有一定的历史进步意义,但这样不能改变其刑罚作为资产阶级专政工具的本质,其刑罚对罪犯的感化、教育效果是微乎其微的。

第四,在预防犯罪、消灭犯罪的诸方法中两者所占的地位不同。我国刑罚是预防犯罪、消灭犯罪的必要方法,但并不是唯一的和主要的方法。我国预防和消灭犯罪主要是实行包括刑罚惩罚在内的综合治理方针,通过建设高度的社会主义物质文明和精神文明、完善社会主义制度,从根本上铲除孳生犯罪的土壤。从预防并消灭犯罪的最终意义上说,人民法院适用刑罚惩罚犯罪只是一种辅助方法。在资本主义国家,由于社会制度本身就是产生犯罪的总根源,统治阶级对犯罪除依靠暴力镇压外,别无他法。因而,随着阶级矛盾的发展与激化,犯罪率的上升,刑罚就成为它们广泛使用的主要方法。

在我国,刑罚作为一种强制方法,和其他强制方法,如行政性的强制方法,民事诉讼上的强制方法和刑事诉讼上的强制方法相比较,具有以下特征:

第一,刑罚是最严厉的强制方法。刑罚不仅可以剥夺罪犯的财产,而且还可以剥夺罪犯的政治权利、人身自由乃至生命。而作为行政制裁的罚款、警告、记过、开除等,民事制裁的赔偿损失、恢复原状、支付违约金等,则不涉及政治权利、人身自由,更不涉及生命。至于行政制裁中的行政拘留和刑事诉讼上的强制措施,虽然也涉及公民的人身自由,但它们的持续时间短,制裁强度轻,远不如刑罚严厉,其法律后果也根本不同。

第二,刑罚只能适用于犯罪分子。公民如果仅仅违反国家的民事法规、行政法规、经济法规等,而没有达到触犯刑律、构成犯罪的严重程度,就不能对他适用刑罚,而只能相应地适用其他法律制裁措施。刑罚的适用对象与其他强制方法的适用对象有严格的区别。

第三,刑罚只能由人民法院依法适用。定罪量刑是国家审判权的一项重要内容,依照我国宪法规定,审判权只能由人民法院独立行使,因此,只有人民法院才有权适用刑罚,其他任何机关、团体或个人都无权对公民适用刑罚,而且人民法院对犯罪分子适用刑罚必须以刑法为根据,严格按照刑事诉讼法规定的程序进行。

第四,刑罚只能由国家最高立法机关确立。在我国,只有作为国家最高立法机关的全国人民代表大会及其常务委员会才拥有制定刑事法律、确立刑罚的权力。国务院及其各部委与地方各级人民代表大会、地方各级人民政府虽然有在一定范围内颁布行政法规、地方性法规,确立行政制裁措施的权力,但却无权确立刑罚。

第五,刑罚是由特定机构执行的制裁措施。对犯罪人适用的刑罚只能由人民法院、公安机关和监狱管理机关依法执行,而且主要是由监狱管理机关执行,其他任何单位或个人都无权执行刑罚。

三、刑罚与犯罪、刑事责任的关系

犯罪、刑事责任与刑罚构成刑法的有机组成部分,罪、责、刑关系贯穿刑法始终。

刑罚与犯罪是对立的统一。犯罪是统治阶级确认的危害统治阶级利益和统治秩序的行为,刑罚则是统治阶级为了维护自己的统治利益,追究行为人的刑事责任,用以惩罚犯罪的手段。刑罚与犯罪的统一表现在:刑罚与犯罪都是阶级社会的特有现象,犯罪是刑罚的前提,刑罚是犯罪的法律后果,两者相互依存,没有犯罪就没有刑罚,没有刑罚也就没有犯罪。

刑罚与刑事责任,两者是一对互相联系又互有区别的范畴。两者的联系表现在:(1)刑罚与刑事责任都以犯罪为前提,同时都是犯罪的法律后果。(2)刑事责任是行为人承受刑罚的前提,行为人只有在应当承担刑事责任的前提下,才可以承受刑罚处罚,所以,没有刑事责任就没有刑罚。(3)刑事责任的程度决定刑罚的轻重,即司法机关在裁量刑罚的时候,必须考虑行为人所承担的刑事责任的程度,刑事责任重则刑罚重,刑事责任轻则刑罚轻。(4)刑罚是实现刑事责任的基本方式,在大多数情况下,承担刑事责任的人要承受刑罚处罚。

刑罚与刑事责任又有明显的区别,其表现在:(1)刑事责任是法律责任的一种,它主要是从观念形态上对犯罪与犯罪人进行否定评价和谴责。刑罚则是惩罚犯罪的具体制裁方法,因而前者较为抽象,后者较为具体。(2)虽然刑罚与刑事责任都是犯罪的法律后果,但刑事责任是犯罪的直接后果,刑罚是刑事责任的直接后果,两者所处的层次不同。刑事责任是联结犯罪与刑罚的纽带。(3)刑事责任可以独立于刑罚之外,而刑罚则不能独立于刑事责任之外,即刑罚必须依附于刑事责任而存在。(4)刑事责任在犯罪实施时便产生,换言之,行为人在实施犯罪行为时,就产生了刑事责任,司法机关就可能追究刑事责任;刑罚则不是产生于行为人实施犯罪行为时,而是人民法院作出判处刑罚的有效判决时才产生的。(5)刑事责任不能被免除(不过可以被消灭),任何人犯了罪都应当承担刑事责任,刑罚则可以被免除。

第二节　刑罚权及其根据

一、刑罚权的概念

刑罚权,是指国家运用刑罚的权力。统治阶级为了维护、巩固自己的阶级统治,需要以刑罚对付犯罪,以加强威慑力量。因此,有统治权就必然有刑罚权。刑罚权与刑罚的关系,表现在刑罚权是刑罚得以产生的前提,没有刑罚权,刑罚就成了无源之水,无本之木,刑罚权由统治阶级授权代表本阶级意志的机关来行使。

从刑罚权的产生及其在刑事活动中的运作过程来看,刑罚权可以分为制刑权、求刑权、量刑权与行刑权四个方面的内容。

(一) 制刑权

制刑权,是指国家立法机关在刑事立法中创制刑罚的权力,其主要内容包括确定刑罚种类、建立刑罚体系、规定刑罚裁量的原则、刑罚执行方法和制度,以及具体犯罪的法定刑等。制刑权解决的是刑罚在刑法上的存在问题,我国行使制刑权的机关是全国人民代表大会及其常务委员会。

(二) 求刑权

求刑权,又可称为起诉权,是指请求国家的审判机关对犯罪人予以刑罚处罚的权力。我国行使求刑权的主要是检察机关,表现为公诉的形式;在少数情况下,即对于部分轻微犯罪,国家规定对其的求刑权由个人行使,表现为自诉的形式。行使求刑权的机关或个人必须承担举证责任。

(三) 量刑权

量刑权,是指人民法院决定是否科刑与科处什么样刑罚的权力。是否科刑,是指在确定被告人是否构成犯罪的基础上,决定其应否受刑罚处罚,如果被告人的行为已构成犯罪,决定是否对犯罪人实际地科处刑罚。科处什么样的刑罚,是指在确定犯罪人须实际科处刑罚的基础上,进一步确定判处的刑种和刑度。我国行使量刑权的机关是人民法院。

(四)行刑权

行刑权,是指对犯罪人执行刑罚的权力。行刑权是量刑权的延伸,行刑的根据只能是法院的刑事判决。我国行使行刑权的机关是人民法院、公安机关和监狱管理机关,其中监狱管理机关是主要的行刑机关。

制刑权、求刑权、量刑权和行刑权彼此联系,相辅相成,都是构成刑罚权的有机组成部分,其中制刑权占主导地位,没有制刑权,则求刑权、量刑权与行刑权就无从谈起。

二、刑罚权的根据

关于国家的刑罚权及刑罚权的根据问题,西方刑法学者长期以来争论不休,存在着否定说与肯定说两种截然不同的观点。

否定说认为,国家没有刑罚权,无权惩罚犯罪人。如以菲利为代表的刑事社会学派认为,犯罪并非犯罪人自由意志的产物,而是犯罪人的生理及所处的地理环境、社会环境的结果,国家对犯罪人只有治疗或矫正的义务,而无运用刑罚处罚的权力。有的刑法学者则认为,刑罚自产生以来并未收到预防、消灭犯罪的效果,由此推知国家并无刑罚权。

肯定说认为,国家当然具有运用刑罚的权力。但刑罚权的根据何在,即国家的刑罚权从何而来？对此,又有神授论、社会契约论、自由意志决定论、社会防卫论等诸种分歧。神授论把刑罚权的产生归于神明的命令。以贝卡利亚为代表的社会契约论则认为刑罚权的渊源是人们以契约的方式,割让一部分自由权委托给主权者,主权者对违反契约者有处罚的权利。以黑格尔为代表的自由意志决定论认为,犯罪是犯罪人自由意志的结果,犯罪人在选择犯罪的同时,也就选择了刑罚惩罚,因而刑罚权来自犯罪人的自由意志选择。以边沁、龙勃罗梭为代表的社会防卫论从防卫社会出发,认为社会秩序必须依靠国家维持,犯罪危害了社会秩序,国家为防卫自身免受犯罪侵害,有必要行使刑罚权。

马克思主义的观点认为,刑罚权是统治阶级行使统治权的表现形式之一。犯罪作为一种社会现象,严重危害着统治阶级的利益,威胁着统治秩序。统治阶级为维护自己的阶级统治就会适用刑罚,将其作为与犯罪作斗争的必要措施来遏制犯罪,这是刑罚权最基本的政治学根据。

从哲学上看,马克思主义哲学认为,人具有相对的意志自由。物质世界是不以人的主观意志为转移的客观存在,人的意识决定于物质,但人们对客观世界及其运动规律是能够认识的。人能够根据对于客观规律的正确认识,自觉地、能动地改造世界。由于人的意志是相对自由的,能够认识并控制自己的行为,因此,人对自己的行为要负法律上的责任。这是刑罚权的哲学根据。

第三节 刑罚的功能

刑罚的功能,是指国家创造、适用和执行刑罚所可能有的积极的社会作用,如威慑功能,安抚、补偿功能,教育感化功能,等等。刑罚的功能表现在整个刑事立法和司法过程中,刑罚的功能如何,反映了刑事立法和司法的价值取向。全面而深刻地揭示刑罚的功能,对于正确理解刑罚的目的有重要意义。

刑罚的功能具有多样性的特征,表现为多种形式。从刑罚对犯罪人的作用和对犯罪人以外的其他人的作用来看,刑罚的功能可分为特殊预防功能和一般预防功能两大类。

一、刑罚的特殊预防功能

刑罚的特殊预防功能是指刑罚对犯罪人适用而可能产生的积极的社会作用。它表现在如下几个方面:

(一) 剥夺或限制再犯能力功能

如果犯罪人在犯罪后未受到一定控制,就有可能再次犯罪。刑罚是对犯罪人赖以实现犯罪的一定权益的剥夺或限制,因而刑罚的实际执行在客观上可以消除或限制犯罪人的再犯罪条件。具体表现在立法和司法方面,就是针对各种犯罪的危害程度与犯罪人的人身危险程度,分别适用最有效的刑罚。死刑以剥夺犯罪人的生命为特征,死刑的适用与执行使罪犯的再犯能力彻底丧失。无期徒刑、有期徒刑和拘役以永远或在一定时期内剥夺犯罪人的自由为内容,其再犯能力在刑罚执行期间一般也近乎完全地被剥夺。管制刑作为限制犯罪人自由的刑种,使罪犯的再犯条件受到很大限制。作为财产刑的罚金与没收财产,其适用对象主要是经济犯罪,而经济犯罪有不少是以财产为其犯罪的资本。通过罚金与没收财产,剥夺犯罪人的财产,无疑在一定程度上限制了其再犯经济犯罪的可能性。剥夺政治权利的适用与执行,使犯罪人不再享有政治权利,消除了其利用政治权利再犯罪的可能性。

当然,需要指出的是,我国刑罚具有剥夺或限制再犯能力的功能,但它并非我国刑罚的主要功能。我们并不是为剥夺犯罪能力而剥夺犯罪能力,而是通过在客观上剥夺或限制犯罪能力,为改造罪犯服务。

(二) 个别威慑功能

刑罚对犯罪人的个别威慑功能包括行刑前威慑与行刑后威慑两个方面。行刑前的威慑功能表现在犯罪人在受到刑罚惩罚前,基于对刑罚的畏惧而采取放弃犯罪或争取宽大处理的行为。如犯罪人在犯罪时,可能由于对刑罚惩罚的畏惧而自动放弃犯罪,有效地阻止犯罪结果的发生;也可能由于外界因素的介入加剧了其畏惧心理而弃罪潜逃,使犯罪处于未遂状态。犯罪后,也可能基于对刑罚惩罚的恐惧而投案自首,坦白认罪,退还赃物,赔偿损失等。行刑后的威慑功能表现在刑罚的实际执行使犯罪人因畏惧再次受罚而不敢再犯。刑罚的实际执行,打破了犯罪人妄图逃避惩罚的侥幸心理,在犯罪人心理上建立了犯罪与刑罚惩罚之间必然联系的观念,从而消除犯罪人的犯罪动机,抑制其犯罪意志,使再犯心理不外化为再犯行为。

(三) 个别教育功能

惩办与宽大相结合,分清不同情况区别对待、惩办少数改造教育多数是我国一贯的刑事政策。我国刑法规定了自首、立功、缓刑、减刑、假释、死缓等刑罚制度以及一系列从轻、减轻或者免除处罚的量刑情节,体现了国家对犯罪分子宽大处理的精神,以消除犯罪人的抵触情绪,使其自觉地接受人民法院对自己的处罚,从而在心理上瓦解其犯罪意志,感化犯罪人。我国在行刑期间给犯罪人以人道待遇,在生活、劳动、文化教育等各个方面通过多种措施感化犯罪人,解除犯罪人的顾虑与对立情绪,使之安心改造。这些都是刑罚教育功能的体现。

我国刑罚的教育功能还表现在,刑罚对不知法而犯罪者的适用与执行,可以起到帮助他认清自己行为性质的作用。刑罚是国家对犯罪的否定评价与谴责的集中表现。不知法而犯罪者,通过接受法律的审判和刑罚的适用与执行,以亲身感受的方式清楚地认识到某一行为是刑法所禁止、为社会所不接受的,从而接受教育以后不再重犯。

(四) 改造功能

这是刑罚最主要的功能之一,无论是剥夺、限制功能,抑或是教育功能、威慑功能,都应主要服务于改造功能。刑罚的执行,通过强制改造,铲除犯罪人的犯罪意识,改变其不良习惯,使其养成良好的工作习惯、生活习惯和遵守社会共同生活准则的习惯,自食其力,遵纪守法。这不论对于社会还是对于犯罪者本人都是十分有益的。

在我国,对罪犯的改造不仅是必要的,而且是可能的。因为人的思想具有可塑性,人的意识来源于社会实践。犯罪人的犯罪意识并非天生,而是社会消极因素在其头脑中的反映。只要具备一定的条件,便可以通过教育、改造,使之为进步的思想意识所取代。

上述四个方面的功能,有着密切的内在联系。限制、剥夺行为人再犯能力的措施本身,如剥夺自由、剥夺财产、剥夺政治权利等,是个别威慑的力量所在以及促使其接受教育改造的前提。但是,如果不把限制、剥夺再犯能力和个别威慑的功能同教育、改造相结合起来,那么这种限制、剥夺再犯能力和个别威慑的措施,就不能促使犯罪人从思想上摒弃犯罪,那么,监狱和劳改场所都不足以真正预防再犯,而只会推迟再犯的发生。所以,对每一个受到刑罚处罚的犯罪人,都必须注意发挥上述四方面的刑罚功能,依次递进,获取最佳效果:受刑人由不能再犯,到不敢再犯,到不愿再犯,最终改造成为新人。这就是特殊预防的圆满结果。

二、刑罚的一般预防功能

刑罚的一般预防功能,是指刑罚对犯罪人以外的其他人可能产生的积极的社会作用。它表现在如下几个方面：

（一）一般威慑功能

一般威慑功能，指刑罚对潜在犯罪人即社会上不稳定分子产生的威吓慑止作用。它又分为立法威慑与司法威慑两个部分。立法威慑即国家以立法的形式明确规定罪刑关系，通过刑法规定犯罪是应受刑罚惩罚的行为，并具体列举各种犯罪应当受到的刑罚处罚，使意欲犯罪者望而止步。司法威慑即人民法院对犯罪分子适用刑罚，行刑机关对已决犯罪分子执行刑罚，使意欲犯罪者目睹犯罪人受到惩罚而悬崖勒马。

（二）安抚、补偿功能

法院对犯罪人适用刑罚，能在一定程度上满足受害人要求惩罚犯罪的强烈愿望，平息犯罪给其造成的激愤情绪，抚慰其受到的精神创伤，使其尽快从犯罪所造成的痛苦中解脱出来，此为刑罚安抚功能的表现。同时，法院通过判决弥补被害人所受的物质损失，此为刑罚补偿功能的表现。犯罪对社会造成了损害与威胁，破坏了社会秩序，不仅引起被害人的激愤，也引起其他人的义愤。通过对犯罪分子适用刑罚，正常发挥这两方面的功能，可以平息民愤，满足社会公正的报应要求。所以，发挥刑罚的安抚和补偿功能，是实现刑罚一般预防必不可少的社会效应。

（三）一般教育功能

刑罚对犯罪行为的适用，使社会上的其他人认清了这一行为的性质，这样，不知法而可能犯者在犯罪前基于自己对将要实施的行为的性质的认识而知道该行为的严重性与违法性，从而自觉地控制自己，防患于未然。

自发守法者虽然是一个合格的守法公民，但这种守法并非基于对法律的认识，只是因为尊重社会风俗与习惯而同时遵守刑法规范，因而是消极、被动地守法。通过对犯罪分子适用刑罚，可以帮助社会上的其他人了解法律内容，认识守法价值，由自发守法者转变为自觉守法者。

对于自觉守法者来说，刑罚规定犯罪应受刑罚惩罚，并通过法院将刑罚适用于犯罪人，既反映了国家对犯罪行为的否定，同时也表明了国家对守法行为的肯定，从而不断稳固与强化其守法意识。

第四节　刑罚的目的

一、刑罚目的的概念

刑罚目的，是指国家创制、适用与执行刑罚的目的，也即国家的刑事立法采用刑罚作为对付犯罪现象的强制措施及其具体适用和执行所期望达到的结果。这种效果不是立法、审判、行刑三个环节之一或之二所能达到的，只有三者协同一致，才能得以实现。因此,将刑罚的目的解释为审判机关对犯罪分子适用刑罚的目的是不全面的。刑罚的目的决定或制约着刑罚的其他全部问题,是刑罚论的要害。

刑罚的目的制约着刑罚的根据。如果认为刑罚的目的是预防犯罪,包括消除犯罪人的人身危险性,使犯罪人改恶从善,那么,作为刑罚事实根据的犯罪,就必须是主客观相统一的,即只有当实施危害行为的人主观上具有罪过时,才能说明科处刑罚的必要。奴隶制、封建制国家主张威吓主义、神意报应等,因而实行的是客观责任。因为,不管行为人主观上有无罪过,在其行为造成了损害的情况下,科处刑罚就能起到威吓、报应作用,使他们不再实施造成客观损害的行为。

刑罚的目的制约着刑罚承受主体的范围。奴隶制、封建制国家不仅对自然人科处刑罚,而且对动物、物品也施用刑罚。就对自然人科处刑罚而言,其范围也极为广泛,不问行为人是否具有辨认控制能力,对儿童、精神病人也科处刑罚。之所以如此,是因为当时所采取的是威吓主义,神意报应的刑罚目的观。近代国家主张道义报应主义、法律报应主义或预防主义,这就决定了承受刑罚的主体只能是人,而不能是动物或物品。因为针对动物和物品不可能实行道义或法律报应,道义观只有人类才具有,法律是人类才具有的行为规范与裁判规范。预防主义也决定了承受刑罚的主体只能是人。

刑罚的目的制约着刑事立法,是刑事立法的指导思想之一。刑罚的目的一经确定,就会有与之相适应的刑罚种类及刑罚体系作为其赖以实现的手段,因而刑罚的目的是确立刑罚制度的直接根据。确切地说,刑罚种类的选择、刑罚体系的排列以及刑罚各种内在体系中所处的地位和所占的比重,都是按照刑罚目的的要求来决定的。从历史上看,一般来说,严酷的刑种,往往容易被威吓主义、神意报应的主张者所赞同,并被广泛采纳和适用。因为,刑罚越残酷,就越能体现报应,实现威吓。反之,对刑罚持预防主义的主张者,通常赞成刑罚种类的人道化、合理化与多样化。因为残酷的刑罚并不利于预防犯罪,相反,根据犯罪与犯罪人的具体情况,给予适当的刑事制裁,就足以实现刑罚的目的。

刑罚的目的决定着刑罚的适用,直接影响刑罚裁量的结果。无论判处刑罚、选择刑种,还是确定刑度,都必须以刑罚目的为指导。对犯罪科处刑罚应当有一定的尺度或基准,刑法理论在此问题上的争论,也是基于不同的刑罚目的观。单纯注意刑罚的社会威慑与心理强制效果的人,必然重视罪刑等价和因果报应的影响作用,从而主张量刑应以表现为外部的罪质及其实害大小为标准;而单纯着眼于防止犯罪者再次犯罪的人,由于强调刑罚仅仅在于实现对犯罪者本人的矫正改善,因此主张以主体自身的性格危险程度作为量刑轻重的标准,即何种刑罚能使犯罪人矫正改善,就给予何种处罚,乃至采取不定期刑。

刑罚的目的指导着刑罚的执行。刑罚目的不仅体现在刑罚创制与刑罚适用过程之中,而且一直贯彻到刑罚的执行过程之中,指导着一个国家的行刑政策和行刑实践。行刑的方式、内容、制度都应符合刑罚的目的。

二、刑罚目的的具体内容

关于我国刑罚目的的具体内容,刑法学界目前认识并不一致,归纳起来,主要有以下诸种观点:(1)惩罚说。认为刑罚既然是阶级专政的工具,是国家的一种强制方法,惩罚就是刑罚的本质属性。适用刑罚的目的就在于使犯罪人的自由和权利受到限制和剥夺,使他们感到压力和痛苦,只有这样才能制止犯罪的发生。(2)改造说。认为刑罚的目的不是报复或惩罚,而是通过对犯罪人的惩罚来改造犯罪人,使其重新做人。(3)预防说。认为我国刑罚的目的是预防犯罪。具体表现为两个方面:一是特殊预防,就是对犯罪分子适用刑罚,以防其再次犯罪;二是一般预防,就是通过惩罚犯罪,教育和惩戒社会上可能犯罪的分子,使他们不至走上犯罪的道路。(4)双重目的说。认为刑罚既有惩罚犯罪分子的目的,又有教育改造犯罪分子的目的。(5)三目的说。认为刑罚的目的有三:惩罚与改造犯罪分子,预防他们重新犯罪;教育和警戒社会上的不稳定分子和可能走向犯罪的分子,使他们不致走上犯罪的道路;教育广大群众增强法制观念,积极同犯罪作斗争。(6)预防和消灭犯罪说。认为我们对犯罪分子适用刑罚,就是要把他们当中的绝大多数人教育改造成为新人,从而达到预防犯罪,最终消灭犯罪,以达到保护国家和人民利益的目的。(7)根本目的和直接目的说。认为刑罚的根本目的是预防犯罪,保卫社会。直接目的是惩罚犯罪,伸张社会正义;威慑犯罪分子和社会上不稳定分子,抑制其犯罪意念;改造犯罪分子,使其自觉遵守社会主义法律秩序。三个直接目的,各自从刑罚的不同作用出发,追求着不同的结果,从不同的角度和侧面,共同服务于我国刑罚的根本目的。(8)二元说。认为犯罪具有双重属性:对于已经发生的犯罪有人称为已然之罪,主要表现为主观恶性与客观危害相统一的社会危害性;对于尚未发生的犯罪,有人称为未然之罪,主要表现为再犯可能与初犯可能相统一的人身危险性。从这个意义上说,犯罪是社会危害性与人身危险性的统一,这就是犯罪本质的二元论。立足于此,刑罚作为对犯罪的摒弃,功能应当是具有相应的二元性:刑罚对于已然之罪,表现为惩罚;刑罚对于未然之罪,表现为教育。从刑罚功能再推论出刑罚目的,当然也具有二元性:惩罚之功能表现为报应,教育之功能表现为预防。

由上述可知,我国刑法学界在刑罚目的的内容问题上分歧严重,造成这种状况的原因有二:一是给刑罚目的下的定义不统一,主要有三种观点:(1)认为刑罚的目的是指法院对犯罪分子适用刑罚所要达到的结果。(2)认为刑罚的目的是指国家创制、适用刑罚所要达到的结果。(3)认为刑罚的目的是指国家创制、适用与执行刑罚所要达到的结果。刑罚的目的反映在整个刑事立法和司法过程中,无论是刑罚的创造,还是刑罚的适用或执行都要受刑罚目的的制约。因此,把刑罚的目的仅限定为国家适用刑罚或创制、适用刑罚所要达到的结果是有失片面的。二是我国刑法学界在讨论刑罚的目的时,缺乏一个确立刑罚目的的共同前提与标准。国家制定、适用与执行刑罚是为了实现刑罚的目的,刑罚目的的提出必须以刑罚的功能即积极作用为根据,刑罚目的即是追求刑罚功能的最大限度发挥，至于刑罚的消极作用则应予排斥。刑罚的功能是构成刑罚目的的基础，两者互不相同又互相制约，是构成手段与目的的关系。基于此，那种把惩罚作为刑罚目的的观点，实际上是把刑罚属性与刑罚目的混为一谈了。惩罚是刑罚固有的一种属性，并非刑罚的目的。改造与教育是刑罚的功能，功能与目的不能混淆。我国刑罚的目的应该是预防犯罪，包括特殊预防和一般预防。

（一）特殊预防

特殊预防，是指对犯罪分子适用与执行刑罚，以预防其再次犯罪。刑罚的适用与执行，意味着对犯罪分子自由或权利的剥夺或限制，使其受到一定的痛苦和损失，这就是对他们的惩罚。显然，特殊预防的对象是实施了犯罪行为的人。

特殊预防主要通过两个途径实现：一是通过对犯罪分子适用刑罚，使犯罪分子不能犯罪、不敢犯罪乃至不愿犯罪。例如，通过惩罚，给犯罪分子以强迫劳动和思想教育，对其进行改造，使他们弄清自己犯罪的阶级根源和思想根源，认识到犯罪是可耻的行为，逐渐由被迫的改造转变为自觉的改造，消除头脑中的腐朽、消极的思想意识，树立重新做人的决心和信心，养成劳动习惯，学会一定的生产技能，改恶从善，成为自食其力的对社会有利的新人。少数犯罪分子在刑罚执行完毕以后，可能仍然对自己的罪行没有认识或认识不足，但由于体验到刑罚的威力与痛苦，害怕再服刑，因而不敢再去犯罪。对于这种人，虽然其思想改造程度上还略有欠缺，但刑罚特殊预防的目的已经达到。二是通过对极少数罪行极其严重的犯罪分子适用死刑，永远剥夺其重新犯罪的能力。对于极少数罪大恶极、怙恶不悛的犯罪分子，为了使他们不致再危害社会，对其判处死刑立即执行，将他们从社会上加以淘汰，这也是我国刑罚的一种特殊预防，是一种特殊形式的特殊预防。这种方式虽然简单、有效，但在当今社会，它不是实现特殊预防的主要内容，改造犯罪分子成为新人，才是我国刑罚特殊预防的主要内容。

（二）一般预防

一般预防，是指国家通过制定、适用和执行刑罚，警戒社会上的不稳定分子，防止他们走上犯罪的道路。刑罚的制定和对犯罪分子的适用与执行，明确表明哪些行为是犯罪行为，应当受到刑罚惩罚，从而对社会上的不稳定分子起到警戒和抑制作用，促使他们及早醒悟，消除犯罪念头，不致重蹈他人的犯罪覆辙，防止犯罪的发生，达到一般预防的目的。

一般预防的对象不是犯罪人，而是犯罪人以外的社会上的不稳定分子。具体包括：(1)危险分子，即具有犯罪危险的人。如尚未得到有效改造的刑满释放人员，多次实施违法行为之人，多次受到刑罚处罚之人等。这些人无疑是一般预防的重点。(2)不稳定分子，即容易犯罪的人。这些人主要表现为法制观念淡薄、自制能力不强、没有固定职业、容易受犯罪诱惑或容易被犯罪人教唆拉拢之人。不稳定分子主要存在于不良群体与失业者中，这也是一般预防的重点。(3)犯罪被害人，即直接或间接受到犯罪行为侵害的人。这些人虽然是犯罪的受害者，但因为往往具有报复性倾向，也容易通过犯罪手段达到报复目的；对犯罪人适用刑罚，有利于消除被害人的报复心理,增强他们的规范意识。

而对于广大人民群众来说,因为我国的法律是人民意志的体现,是保护人民利益的,人民群众遵守法律同自身的利益是一致的,所以能够自觉守法。刑罚的制定、适用与执行可以使他们增强法制观念,鼓励他们积极主动地配合国家专门机关,不懈地同犯罪分子作斗争。因此,人民群众是预防犯罪的主体,而不是预防犯罪的对象。

(三) 特殊预防与一般预防的关系

我国刑罚的特殊预防与一般预防是密切结合、相辅相成的。任何犯罪行为都侵犯了一定的社会关系,都预示着犯罪人有再次犯罪的现实可能性;同时又表明我国还存在着诱发犯罪的原因以及可能实施犯罪行为的人。通过制定、适用和执行刑罚,防止已经犯罪的人再次犯罪,是保护社会关系最实际、最紧迫的任务;通过制定、适用和执行刑罚,警告、教育社会上其他人不犯罪和抵制他人犯罪,则是防患未然,保证社会长治久安的战略要求。因此,特殊预防与一般预防并重的重要性,是不言而喻的。从事实上看,制定、适用和执行刑罚,都具有对犯罪人特殊预防和对社会上其他人一般预防两方面的目的。特殊预防的实现,有利于一般预防的实现;同样,一般预防的实现,也有助于特殊预防的实现。

但特殊预防与一般预防由于各自内容以及对象的差别,两者并非永远处于平等的地位,而是随着刑事法律活动发展的各个阶段的不同,呈现不同的主次关系。

第一,在刑罚创制阶段以一般预防为主,以特殊预防为辅。刑罚的创制,主要是针对社会上犯罪的一般状况,具有对事不对人的特点,因而应当以一般预防为主,根据一般预防的要求来安排刑罚的体系、种类和各种犯罪的法定刑。同时,也应当根据特殊预防的要求,对首要分子、累犯等反映犯罪分子人身危险性较大的犯罪情节与自首、立功、中止等反映犯罪分子人身危险性较小的犯罪情节等特殊情况作出特别规定。

第二,在刑罚适用阶段一般预防与特殊预防并重。一方面,刑罚的适用即是依法定罪量刑,这当然体现了一般预防,因为刑罚创制是以一般预防为主要根据的。同时,刑罚的适用也必须考虑社会治安形势、犯罪率、民愤等情况,这也是一般预防的体现。另一方面,刑罚的适用是针对具体的案件、具体的犯罪人定罪量刑,自然应当根据犯罪的性质及犯罪人再犯可能性的大小判处罪刑相适应的刑罚。

第三,在刑罚执行阶段以特殊预防为主,以一般预防为辅。在刑罚执行阶段,教育与改造犯罪人是首要的任务,因此应以特殊预防为主。但是,一般预防也并非处于可有可无的地位,而应适当予以兼顾。我国刑法中的减刑制度规定,减刑以后实际执行的刑期,判处管制、拘役、有期徒刑的,不能少于原判刑期的二分之一;判处无期徒刑的,不能少于10年。假释对被判处有期徒刑的犯罪分子只能适用于已执行宣告刑二分之一以上的罪犯,对被判处无期徒刑的犯罪分子,只能适用于已执行10年以上的罪犯等等。都体现了一般预防的制约作用。因为如果宣告刑可以无限制的减轻,罪犯可以无条件的假释,那么,社会上的不稳定分子就会感到刑罚不足畏惧,从而影响刑罚一般预防目的的实现。

第十六章

刑罚的体系和种类

第一节 刑罚的体系概述

一、刑罚体系的概念与特点

刑罚的体系,是指刑事立法者以有利于发挥刑罚的功能和实现刑罚的目的为指导原则,选择一定的惩罚方法作为刑罚方法并加以归类,通过刑法的规定而形成的,由一定刑罚种类按其轻重程度而组成的序列。当今时代,罪刑法定精神已为文明国家接受。受其影响,各国在制定刑法典时均对刑种作出明确规定,大多数国家还依据刑种的某一性质或特点进行分类与排列。名目繁多、危害各异的种种犯罪,决定了刑罚种类的多样性与刑罚强度的阶梯性。正是遵循多样性的刑罚种类与阶梯性的刑罚强度这两条主线,同时围绕着刑罚目的的实现这一个目标,不同的刑罚方法经过层次有别的排列组合进而构成了刑罚的体系。

刑罚体系具有以下四个特点:

第一,刑罚体系的构成要素是具体的刑罚方法即刑种。体系是由要素构成的,刑罚体系亦是如此。刑罚体系的构成要素当然是具体的刑罚方法即刑种,没有刑种,就不可能形成刑罚体系。

第二,构成刑罚体系要素的各刑种是依照一定的标准排列的。我国刑法中的刑罚体系主刑和附加刑都是按照各自的严厉程度由轻到重依次排列的。

第三,刑罚体系是由刑法明文规定的。首先,构成刑罚体系要素的刑种是由刑法明文规定的,我国的刑种是立法者在总结长期以来我国各种刑事立法规定的刑罚种类及其运用效果的基础上进行选择,并通过刑法予以确定的;其次,主刑与附加刑的分类是由刑法规定的;最后,刑罚种类的先后排列也是刑法规定的。

第四,刑罚体系确立的依据是有利于刑罚功能的发挥和刑罚目的的实现。我国刑罚体系中,无论是刑种的选择,还是刑种的分类,抑或是刑种的排列,都是立法者从有利于刑罚功能的发挥和刑罚目的的实现确定的,而不是随心所欲规定的。

二、我国的刑罚体系

我国刑罚体系的形成经历了一个较长的历史发展过程,刑罚种类的选择和确定也经历了一个从不统一到统一、从不完备到完备的发展过程。早在民主革命时期,各革命根据地和解放区人民政府颁布的有关刑事法规中就规定过死刑、无期徒刑、有期徒刑、拘役、远期劳役、驱逐出境、剥夺政治权利、没收财产、罚金等刑罚种类。新中国成立后,除对上述刑罚种类大部分仍然采用外,又设置了一些新的刑罚方法,以应对种类日益繁多的刑事犯罪。但由于当时还没有能制定出一部完备的刑事法律来规定刑罚体系,因而各地人民法院在使用刑罚上还存在一些混乱现象。1956 年,最高人民法院的有关总结中,将各地适用过的刑罚整理归纳为十种,即死刑、无期徒刑、有期徒刑、劳役、管制、逐出国境、剥夺政治权利、没收财产、罚金、公开训诫。这对当时全国各地人民法院适用刑罚发挥了重大的指导作用,也为确立我国的刑罚体系打下了良好的基础。新中国成立后的第一部刑法典在 1979 年通过和公布后,其刑罚体系就是在对过去适用的刑罚方法进行了比较研究并参考了各国立法例的基础上建立起来的,从而形成了一个具有我国特色的较为科学的刑罚体系。

根据我国刑法的规定,刑罚分为主刑和附加刑两类。主刑的种类有五种:(1)管制;(2)拘役;(3)有期徒刑;(4)无期徒刑;(5)死刑。附加刑的种类主要有三种:(1)罚金;(2)剥夺政治权利;(3)没收财产。此外,对于犯罪的外国人,根据我国《刑法》第35 条的规定,可以独立适用或者附加适用驱逐出境。原《惩治军人违反职责罪暂行条例》第 24 条曾经规定,对危害重大的犯罪军人还可以附加剥夺勋章、奖章和荣誉称号。1997 年《刑法》已将军人违反职责罪纳入分则作为一章,故而原《惩治军人违反职责罪暂行条例》中的规定不再适用,应统一适用上述刑罚体系。由此可见,在我国的刑罚中,主刑和附加刑、重刑和轻刑、生命刑、自由刑、财产刑和资格刑互相衔接,共同组成了我国的刑罚体系,并充分反映了自己的特点。这些特点主要体现在以下三个方面:

第一,体现了罪刑相适应的原则。犯罪是一种复杂的社会现象,各种具体犯罪行为的社会危害性及其程度是各不相同的,在各种具体犯罪行为中往往又有目的、动机、手段、后果等不同情况。这种犯罪现象的复杂性,决定了惩罚犯罪的方法必须保持一定的多样性。刑法从实际出发,依照宽严相济的刑事政策,规定了有主有从、由轻到重的不同刑种,各个刑种均有不同的内容和方法,互相衔接,从而构成一个完整的、科学的刑罚体系。法院就可以根据犯罪的性质、情节、后果等选择轻重适当的刑罚,做到罪刑相当、罚当其罪,最大限度地实现刑罚的目的。

第二,体现了刑罚的人道性。人道性是现代刑罚的科学性与合理性的重要衡量标准之一。在我国刑罚体系中,既没有摧残人身的肉体刑,也没有侮辱人格的羞辱刑。虽然我国保留了死刑,但对死刑的适用进行了较为严格的限制,其中包括对死刑执行方式的严格限制,并且对犯罪时未满 18 周岁的人和审判时怀孕的妇女一律不适用死刑,对审判时已满 75 周岁的人一般不适用死刑。对被判处有期徒刑和无期徒刑的犯罪人实行劳动改造,严禁对其进行体罚虐待,并对其在刑罚执行过程中的申诉权、辩护权、控告权、选举权(剥夺政治权利的除外)、发明创造权、合法财产不受侵犯权等权利依法予以保护。对被判处拘役的犯罪人允许每月回家 1 至 2 天,参加劳动的,可以酌情发给报酬。对被判处管制的犯罪人,在劳动中同工同酬。这些均体现我国刑罚体系的人道性。[①]

第三,体现了惩罚与教育相结合的原则。改造罪犯成为新人,是我国刑罚的一项基本原则。我们对罪犯适用刑罚,并不是为惩罚而惩罚,而是惩罚与教育相结合,将其中的绝大多数人改造成为对社会有用的新人。根据刑法规定,对于那些应当判处死刑,但不是必须立即执行的犯罪人,应适用死缓制度,即宣告缓期 2 年执行,强迫劳动,以观后效。至于对其他罪犯则根据他们罪行的轻重,分别适用管制、拘役、有期徒刑、无期徒刑,并对他们实行劳动改造。在执行期间,如果确有悔改或者立功表现,可以减刑,对具备一定条件的犯罪人,还可以适用假释,以鼓励其通过改造获得新生。

第二节　主　刑

主刑,是指只能独立适用的主要刑罚方法。主刑只能独立适用,不能附加适用;一个罪行只能适用一个主刑,不能同时适用两个或两个以上主刑,也不能在附加刑独立适用时再适用主刑。不管是从法定刑还是从宣告刑来看,主刑都是主要的刑罚方法。根据《刑法》第 33 条的规定,主刑包括管制、拘役、有期徒刑、无期徒刑与死刑。

一、管制

(一)管制的概念和特征

管制,是指对犯罪人不实行关押,但限制其一定自由,依法实行社区矫正的刑罚方法。管制是我国刑罚的五种主刑中唯一不剥夺犯罪人人身自由的开放性刑种。

管制刑作为刑罚方法,是我国的一个创造,是适应我国的具体情况而建立起来的,早在民主革命时期就已经产生并在一些地区适用。新中国建立后,在实践中继续采用了这一刑罚方法。最初只对某些反革命分子和贪污分子适用管制,后来逐步把管制适用于其他犯罪人。1952 年 4 月中央人民政府颁布的《中华人民共和国惩治贪污条例》,规定了管制刑,当时主要适用于"那些可以不判处徒刑,但须剥夺一定时期的一部或全部政治权利并加以改造的罪犯","是过去在解放区久已实行有效的办

---

① 赵秉志主编:《刑法总论》,中国法制出版社 2008 年版,第 380 页。

法"。①1952 年 7 月,政务院批准公布的《管制反革命分子暂行办法》,规定了管制适用按其罪恶程度尚不需要逮捕判刑的历史反革命分子,当时管制是作为依靠群众制服敌人进行专政的一种手段。从批准的机关来说,除法院依法判决外,由县市以上的公安机关决定。可见,当时的管制既是法院适用的刑罚方法,又是公安机关采用的行政强制手段,具有双重性质。1956 年 11 月 16 日全国人民代表大会常务委员会通过的《反革命分子的管制一律由人民法院判决的决定》中规定:"今后对于反革命分子和其他犯罪人的管制,一律由人民法院判决,交由公安机关执行。"从此,管制作为一种刑罚,必须由人民法院统一判决适用。1979 年《刑法》将管制刑规定在刑法典中,1997年《刑法》沿用 1979 年《刑法》的规定继续保留了管制刑。在我国现行刑法中,则把管制作为一种轻刑而适用于罪行轻微的犯罪人。应该说,管制在立法中的适用范围还是很广的,我国《刑法》中有四分之一左右的罪名可以适用管制。当然,需要指出的是,类似我国管制刑的限制自由刑,在其他国家也存在,只是在名称、内容、刑期上有些差别。《苏联刑法典》第 27 条有不剥夺自由的劳动改造的刑罚;在英美法系国家,也存在着保护观察、社会服务令等限制自由刑。

管制主要有以下三个特征:

第一,对犯罪人不予关押,不剥夺其人身自由。被判处管制的犯罪人在服刑期间,不羁押在监狱、看守所等执行场所中,仍留在原工作单位或居住地,也不离开自己的家庭,不中断与社会的正常交往。对犯罪人不实行关押,是管制与拘役、有期徒刑等剥夺自由刑的重要区别。

第二,限制犯罪人一定的自由。管制虽然不剥夺犯罪人的自由,但作为一种刑罚方法,当然应当具有惩罚的属性。管制的惩罚性就表现在必须在公安机关的管束和人民群众的监督下进行劳动改造,其自由受到一定程度的限制。限制犯罪人自由主要表现在限制犯罪人的政治自由、外出经商、迁居等自由。

第三,被判处管制刑的犯罪人应依法实行社区矫正。《刑法》第 38 条第 3 款规定:"对判处管制的犯罪分子,依法实行社区矫正。"社区矫正是我国的一项重要法律制度,是将管制、缓刑、假释、暂予监外执行的罪犯置于社区内,由专门的国家机关在相关人民团体、社会组织和社会志愿者的协助下,在判决、裁定或决定确定的期限内,矫正其犯罪心理和行为恶习,促进其顺利回归社会的刑罚执行活动。社区矫正是深化司法体制改革和社会体制改革的重要内容,是法治中国建设的重要方面。

(二) 管制的主要内容

1. 管制的期限。管制作为一种限制人身自由的刑罚,期限为 3 个月以上 2 年以下,数罪并罚时最高不能超过 3 年。这一期限既反映了管制作为轻刑的特点,又不失作为刑罚的必要惩罚作用。管制刑期的上限虽然比拘役长,但由于管制只是限制人身自由,而拘役是剥夺人身自由。从性质上讲,管制仍轻于拘役。管制的刑期,从判决执行之日起计算,判决执行以前先行羁押的,羁押 1 日折抵刑期 2 日。所谓"判决

---

① 　参见 1952 年政治法律委员会发布的《关于〈中华人民共和国惩治贪污条例(草案)〉的说明》。

执行之日",是指法院签发执行通知书之日。之所以规定羁押1日折抵刑期2日,是因为判决执行以前的"先行羁押"也是剥夺人身自由,而管制只是限制人身自由。如果被告人只是取保候审,并未剥夺人身自由,不能算作羁押。在司法实践中,有些罪犯在判决前曾经屡次被拘留又屡次逃跑,并继续犯罪,最后逮捕判刑的,能够折抵刑期的只是最后一次被羁押的时间,在此之前多次羁押的时间,均不能折抵刑期。针对管制在数罪并罚中的适用难题,《刑法修正案(九)》第4条在《刑法》第69条中增设1款进行了明确:数罪中有判处有期徒刑和管制,或者拘役和管制的,有期徒刑、拘役执行完毕后,管制仍须执行。

2. 管制的执行机关。《刑法修正案(八)》将《刑法》原38条规定的"由公安机关执行"修改为"依法实行社区矫正"。根据2012年1月10日最高人民法院、最高人民检察院、公安部、司法部《社区矫正实施办法》第2条、第3条的规定,司法行政机关负责指导管理、组织实施社区矫正工作;人民法院对符合社区矫正适用条件的被告人、罪犯依法作出判决、裁定或者决定;人民检察院对社区矫正各执法环节依法实行法律监督;公安机关对违反治安管理规定和重新犯罪的社区矫正人员及时依法处理;县级司法行政机关社区矫正机构对社区矫正人员继续监督管理和教育帮助;司法所承担社区矫正日常工作;社会工作者和志愿者在社区矫正机构的组织指导下参与社区矫正工作;有关部门、村(居)民委员会、社区矫正人员所在单位、就读学校、家庭成员或者监护人、保证人等协助社区矫正机构进行社区矫正。

3. 管制执行期间犯罪人应遵守的规定。根据《刑法》第38条第2款规定,判处管制可以根据犯罪情况,同时禁止犯罪分子在执行期间从事特定活动,进入特定区域、场所,接触特定的人。《刑法》第38条第4款进一步规定:"违反第二款规定的禁止令的,由公安机关依照《中华人民共和国治安管理处罚法》的规定处罚。"2011年4月28日最高人民法院、最高人民检察院、公安部、司法部《关于对判处管制、宣告缓刑的犯罪分子适用禁止令有关问题的规定(试行)》第3条至第5条对前述禁止内容作了详细规定:(1)被禁止从事的特定活动主要包括:个人为进行违法犯罪活动而设立公司、企业、事业单位或者在设立公司、企业、事业单位后以实施犯罪为主要活动的,禁止设立公司、企业、事业单位;实施证券犯罪、贷款犯罪、票据犯罪、信用卡犯罪等金融犯罪的,禁止从事证券交易、申领贷款、使用票据或者申领、使用信用卡等金融活动;利用从事特定生产经营活动实施犯罪的,禁止从事相关生产经营活动;附带民事赔偿义务未履行完毕,违法所得未追缴、退赔到位,或者罚金尚未足额缴纳的,禁止从事高消费活动;其他确有必要禁止从事的活动。(2)被禁止进入的特定区域、场所主要包括:夜总会、酒吧、迪厅、网吧等娱乐场所;举办大型群众性活动的场所(执行机关批准除外);中小学校区、幼儿园园区及周边地区(确因本人就学、居住等原因,经执行机关批准的除外);其他确有必要禁止进入的区域、场所。(3)被禁止接触的特定人员主要包括:被害人及其法定代理人、近亲属(经对方同意除外);证人及其法定代理人、近亲属(经对方同意除外);控告人、批评人、举报人及其法定代理人、近亲属(经对方同意除外);同案犯;其他可能遭受其侵害、滋扰的人或者可能诱发其再次危害社会的人。

此外,《刑法》第 39 条规定,被判处管制的犯罪分子,在执行期间,应当遵守下列规定:(1)遵守法律、行政法规,服从监督;(2)未经执行机关批准,不得行使言论、出版、集会、结社、游行、示威自由的权利;(3)按照执行机关的规定报告自己的活动情况;(4)遵守执行机关关于会客的规定;(5)离开所居住的市、县或者迁居,应当报告执行机关批准。根据上述规定可见,管制本身并不包含剥夺政治权利的内容。如果被判处管制的犯罪人需要剥夺政治权利的,应当附加剥夺政治权利,其期限与管制刑期相同,同时执行。《刑法》第 56 条规定,对于危害国家安全的犯罪分子应当附加剥夺政治权利;对于故意杀人、强奸、放火、爆炸、投放危险物质、抢劫等严重破坏社会秩序的犯罪人,可以附加剥夺政治权利。可见,没有附加剥夺政治权利的,在管制期间仍然享有政治权利。

4. 管制的解除。被判处管制的犯罪人,管制期满,执行机关应立即向本人和其所在单位或居住地的群众宣布解除管制,并且发给本人解除管制通知书。如果附加剥夺政治权利的,应同时宣布恢复政治权利。

(三) 有关管制刑的争议

管制虽为我国所独创的一种限制自由刑,从实质内容本身而言,是一种很好的刑罚方法。但伴随着经济改革的发展,人们的职业和业务上的流动性增大,加上国家没有建立监督管制执行的专门机构与人员,使管制的执行往往流于形式,导致司法机关很少适用管制。于是,应否取消管制这一刑种,就成为争议的问题。

管制刑废止说认为,管制作为一种主刑存在,在理论上带来不少难以解决的问题,在实践中也造成了种种弊端,因此管制刑应当废止。理由归纳起来主要有以下几点:其一,管制缺乏执行保障。刑法虽然详尽规定了管制刑的内容,但是对违反这一内容的法律后果并没有规定,仅仅在《刑法》第 38 条第 4 款规定了违反第 2 款规定的,由公安机关依照《治安管理处罚法》的规定给予相应的处罚。但是,这一规定仅仅是违反禁止令的法律后果,并不是违反管制规定的后果。无救济的权利不是权利,同理,缺乏救济的制度也会得不到良好的执行,功能得不到有效的发挥。修正后的《刑法》第 38 条规定对判处管制的犯罪分子,依法实行社区矫正,但在社区矫正机制尚不健全的背景下,对于违反管制规定的管制犯,刑法并没有作出应有的回应,使得执行机关在遇到管制犯违反管制规定时无所适从。执行机关要么不处罚要么处罚,处罚缺乏合法性,不处罚则缺乏合理性,这样一来,管制刑就流于形式,这一缺陷也造就了管制刑在实践中的使用率极其低下,使得管制刑在很大程度上成了摆设,只能充当维护刑罚体系协调的角色。其二,管制赖以存在的历史条件早已消失。当时解放区战事频繁,没有健全的监管制度和设施,对一些不法分子通过管制控制起来,是一种出于不得已的权宜之计。但现在这种状况已经不复存在。其三,管制的存在有损刑罚体系的科学性。按照刑罚体系中各种刑罚种类的排列顺序,管制是最轻的主刑。但管制的刑期是 3 个月以上 2 年以下,拘役的刑期是 1 个月以上 6 个月以下。按照管制 2 日相当于拘役 1 日的比例折算,管制要比拘役严厉。[1]

---

[1] 参见邱兴隆、许章润著:《刑罚学》,中国政法大学出版社 1999 年版,第 202—207 页。

管制刑保留说则认为,尽管管制刑本身存在着某些缺陷,但是还远远没有到需要废止的地步。相反,管制还存在着不少可贵的优点。其一,管制的存在符合刑罚的目的。我国对犯罪人适用刑罚的目的,在于教育人、改造人,从而收到预防犯罪的效果。管制摒弃了惩罚、报复的刑罚观念,认为犯罪人是可以改造的,这与我们的刑罚目的是吻合的。其二,管制具有较好的行刑效果。作为一种限制自由刑,管制只是限制犯罪人一定的人身自由,被判处管制的犯罪人仍然在原单位或者居住地劳动或工作,这种行刑方法使得刑罚的强制性、犯罪人的自我改造和社会监督有机结合起来,使管制取得了较好的行刑效果。其三,管制的存在体现了罪刑相适应原则。现实生活中的犯罪是复杂多样的,其社会危害性有轻有重,保留管制这一刑种,使我国的刑罚体系除了有生命刑、财产刑、资格刑、剥夺自由刑外,还有限制自由刑,这有利于贯彻刑罚个别化,体现罪刑相适应原则。其四,管制的存在符合刑罚发展变化的趋势。从几千年的中外刑法发展来看,刑罚体系表现为一个动态结构,从生命刑、身体刑占据刑罚体系的中心位置发展到自由刑成为刑罚体系的中心位置。管制刑的存在符合刑罚体系的发展趋势。[1]

毋庸讳言,我国的管制刑确实存在一些缺陷,作为刑罚种类,有名存实亡的现象,这也是管制刑废除说的一个重要理由。但这些均不能成为废除管制的理由。管制作为限制自由刑所体现的刑罚目标以及刑罚发展趋势,是应予肯定的。正如有观点所指出,其存在并没有破坏刑罚体系的科学性,而是使我们的刑罚体系更为完善。[2]对于管制刑种比较突出的执行缺乏保障的问题,可以借鉴国外建立"易科制度",对那些违反管制规定、逃避管制处罚的犯罪人,予以监禁处罚,从而有效保障管制犯认真遵守管制的规定,接受教育改造。

二、拘役

(一) 拘役的概念和特征

拘役是指剥夺犯罪人短期人身自由,就近实行强制劳动改造的刑罚方法。

拘役这种刑罚,在我国民主革命时期的解放区就适用过,新中国建立以后,有些地区仍然适用,1979 年《刑法》对拘役刑罚进行了较详细的规定,1997 年《刑法》除了对拘役的刑期由原规定"15 日以上 6 个月以下"改为"1 个月以上 6 个月以下"以外,其余均无变动。关于拘役的最低期限,修订时考虑到,司法实践中判处 15 天拘役的情况极少,1996 年修正后的刑事诉讼法规定的刑事拘留最长可达 1 个月,15 天通常还不够折抵羁押日期,因此将拘役刑的最低期限提高到了 1 个月。它在我国刑罚体系中是介于管制和徒刑之间的一种较轻的刑罚。与管制相比,它是剥夺犯罪人的人身自由,而不是限制自由,所以,它的法定刑期尽管相比于管制要短,但在性质上比管

---

[1] 参见赵秉志主编:《刑法修改研究综述》,吉林大学出版社 1992 年版,第 170 页。

[2] 参见李贵方著:《自由刑比较研究》,吉林人民出版社 1992 年版,第 165 页。

制显然要重。与有期徒刑相比，虽然同为剥夺自由，由于其法定刑期较短，又是实行就近劳动改造，在服刑期间，每月可以回家 1 至 2 天，参加劳动的，可以酌量发给报酬。所以，它在自由刑中又属于最轻的一种，主要适用于罪行较轻，但仍需实行短期关押改造的犯罪人。

拘役具有以下三个特征：(1)拘役是一种短期自由刑，其期限最短不少于 1 个月，最长不超过 6 个月；(2)拘役适用于罪行较轻，不需要判处有期徒刑，但又必须予以短期关押改造的犯罪人；(3)拘役由公安机关就近执行。所谓就近执行，是指犯罪人所在地的县、市或市辖区的公安机关设置的拘役所执行。

(二) 拘役与相关概念的区别

1. 拘役与行政拘留的区别。行政拘留是对违反治安管理的行为所采用的一种行政性的强制措施，其适用对象是违反治安管理不构成犯罪的人。行政拘留的期限依照《治安管理处罚条例》的规定为 1 日以上 15 日以下，由公安机关裁决执行。而拘役是法院对犯罪人适用的一种刑罚，由法院依法判决，其期限长于行政拘留的期限。所以两者的性质、适用的对象、适用的机关、依据的法律以及期限都不同。

2. 拘役与刑事拘留的区别。刑事拘留，是公安机关在紧急情况下依法临时限制现行犯或重大犯罪嫌疑分子的人身自由的一种强制措施。它是在紧急情况下，来不及办理逮捕手续，为防止现行犯罪分子或重大嫌疑分子逃避侦查、审判或继续进行犯罪活动而采取的紧急措施。拘役和刑事拘留的主要区别在于：(1)性质不同。拘役是对已判决的犯罪人所适用的一种刑罚；而刑事拘留是对未经判决的现行犯或重大犯罪嫌疑分子在紧急情况下所采取的临时强制措施。(2)期限不同。拘役的期限为 1 个月以上 6 个月以下；刑事拘留从限制被拘留人的人身自由开始算起，最多延长至 30 天。(3)适用的机关不同。拘役由法院判决适用；而刑事拘留一般由公安机关直接采用。

3. 拘役和刑事诉讼法上的羁押也有区别。刑事诉讼法上的羁押，是把依法逮捕或拘留的现行犯或重大犯罪嫌疑分子，关押在看守所或其他规定的场所，以限制人身自由的一种强制措施。羁押和逮捕、拘留密切相联系。逮捕、拘留是羁押的前提条件，羁押是逮捕、拘留后的必然措施。判决前的羁押不是刑罚。纵然对于被判处管制、拘役、有期徒刑的罪犯，如果判决前先行羁押，判决后可以将羁押的时间依照刑法的规定折抵刑期，但终究只是折抵问题，两者性质不同。

4. 拘役与民事拘留也有区别。两者具有不同的性质，民事拘留属于司法行政性质，是民事诉讼中的一项强制措施，按照民事诉讼法的规定，仅适用于犯有法律规定的某种情况，但又不构成犯罪的民事诉讼参与人或其他人，完全不同于专门适用于犯罪人、作为刑罚方法的拘役。

(三) 拘役的主要内容

1. 拘役的期限。根据《刑法》第 42 条和第 69 条的规定，拘役的期限为 1 个月以上 6 个月以下；数罪并罚时，最高不得超过 1 年。可见，拘役的上限刑期与有期徒刑的 6 个月的下限刑期相衔接，体现出刑罚体系连贯性和紧密性的特点。拘役的刑期从判决之日起计算。判决以前先行羁押的,羁押1日折抵刑期1日。根据有关规定,凡是由于犯罪嫌疑人、被告人被依法逮捕、刑事拘留而被剥夺人身自由的日期,以及依照海关法规定被扣留而限制人身自由的日期,都可以折抵刑期。因行政拘留或劳动教养而被限制或剥夺人身自由的日期,如果被行政拘留的行为或者被劳动教养的行为与被判处刑罚的犯罪行为属于同一行为的,也可以折抵刑期。对于犯罪人在被判决前,被依法取保候审、监视居住的期间,因为取保候审、监视居住并未完全限制其人身自由,因此,不予折抵刑期。

2. 拘役的执行。被判处拘役的犯罪人,由公安机关就近执行。从刑法的规定看,拘役的执行场所较为灵活,既可以在受刑人所在地的县、市或市辖区的公安机关设立的拘役所执行,也可以在就近的监狱执行,还可以在看守所内执行。但在监狱或看守所执行的,要实行分管分押,以便把判处拘役的犯罪人与判处有期徒刑、无期徒刑的犯罪人以及未决犯相区别,防止交叉感染等情形。

3. 被判处拘役的犯罪人享有的待遇。根据法律规定,被判处拘役的犯罪人在执行期间享有如下待遇:第一,每月可以回家探亲1至2天,路费自理,路途较远的可以积累使用假期;第二,参加劳动的,可以酌量发给报酬。被判处拘役的犯罪人的待遇体现了我国刑罚的人道主义精神,可使犯罪人能够同家庭和社会保持一定的联系,有利于犯罪人接受来自家庭和社会方面的教育,也有助于解决家庭生活方面的困难,这对于促进犯罪人的改造和早日回归社会具有积极的意义。

(四) 有关拘役刑的争议

我国一般将拘役视为短期自由刑。在取消拘役刑与实现自由刑单一化的世界性立法趋势的冲击下,作为短期自由刑的拘役首当其冲被许多国家刑法所抛弃,而与有期徒刑融为一体。在这种趋势下,拘役刑的存废就成为立法者所权衡的问题之一。由此,也引发了刑法学界对于拘役刑存废的激烈争论。

拘役刑废止说认为,拘役作为短期自由刑,弊病丛生,矛盾甚多,可以说拘役的实际效果在很大程度上违背了立法本意。具体理由是:拘役作为一种主刑,其刑期过短,对犯罪人缺乏应有的惩罚性,也难以教育改造犯罪人。拘役一般就在看守所执行,由于看守所的主要任务并不是教育改造已决犯,且收押任务重,收押待审人员多,很多不实行分管分押,因此拘役执行场所条件相对来说是比较恶劣的,犯罪人之间容易交叉感染。而且,从立法上看,拘役是一种分布广泛的刑罚方法,但在审判实践中拘役的适用率低,没有起到主刑应有的作用。[①]

拘役刑保留说认为,我国刑法宜继续保留拘役刑。因为,犯罪的社会危害性有轻有重,从罪刑相适应的要求出发,刑罚也应有轻重之别。拘役可以适用于犯罪较轻的犯罪人,它的存在可以体现罪刑相适应原则。且拘役刑可以避免有期徒刑的某些弊端,拘役的刑期短,对人身危险性小的犯罪人不会发生刑期过剩的问题,也不会因为与社会长期隔离而难以复归社会。至于审判实践中很少适用拘役以及拘役有可能导

---

① 参见李贵方:《限制自由刑的比较研究》,载《吉林大学社会科学学报》1990年第1期。

致恶性感染和交叉感染的问题,这与审判人员的认识偏差以及拘役执行过程中的改造措施不力等有关,并不是拘役刑本身的问题。①

应该说,拘役刑作为一种短期自由刑,其存在的弊端是严重的。但是,从罪刑相适应原则出发,拘役刑的存在又是不可缺少的,其也能体现轻刑化趋势。归根结底,大量轻罪的存在为拘役刑的存在提供了现实基础。因此,在这样的形势下,我们面临的现实选择是在保留拘役刑的基础上继续从立法和司法角度完善我国的拘役刑。

三、有期徒刑

(一) 有期徒刑的概念和特征

有期徒刑,是指剥夺犯罪人一定期限的人身自由,在监狱或其他执行场所强制进行劳动改造的刑罚方法。有期徒刑是我国刑法中适用范围最广泛的一种刑罚。如果说自由刑在刑罚体系中占据着中心地位,那么有期徒刑就是自由刑的核心。

有期徒刑是我国适用面最广的刑罚方法,是名副其实的主刑,其主要特征有:(1)有期徒刑是剥夺自由刑,这是有期徒刑区别于生命刑、财产刑、资格刑以及管制刑的基本特征;(2)有期徒刑的基本内容是对犯罪人实行劳动改造;(3)有期徒刑的刑罚幅度变化较大,从较轻犯罪到较重犯罪都可以适用,有利于实现罪刑相适应。我国有期徒刑的幅度,大致可分为三种:一是长期有期徒刑,10 年以上的有期徒刑;二是中期有期徒刑,即 3 年以上 10 年以下的有期徒刑;三是短期有期徒刑,即 3 年以下有期徒刑。需要指出的是,我国有期徒刑在立法上的显著特点是长期自由刑在刑罚结构中地位突出,由此使得我国刑罚配置呈整体偏重状态。

(二) 有期徒刑与拘役的区分

有期徒刑和拘役相比,虽然都是剥夺犯罪人一定期限自由的刑罚方法,但他们是有区别的:(1)适用对象上,有期徒刑适用于罪行相对比较严重的罪犯,由于其刑期的幅度比较大,因此对不同性质和情节的犯罪人适用的跨度比较大,而拘役只适用于罪行较轻的犯罪人。(2)刑期上,有期徒刑的期限长、起点高、幅度大,拘役刑的期限短、起点低、幅度小。(3)执行上,判处有期徒刑的罪犯,一般在监狱或者其他劳动场所执行,凡有劳动能力的一律实行无偿的强制劳动改造,而对被判处拘役的犯罪人交由公安机关就近执行,即主要在当地拘役所执行,服刑期间每月可以回家 1 至 2 天,参加劳动的,可以酌量发给报酬。(4)法律后果上,被判处有期徒刑的罪犯,在刑罚执行完毕或者赦免后,在 5 年内再犯应当判处有期徒刑以上刑罚的,可以构成累犯,而拘役不具有这样的法律后果。

(三) 有期徒刑的主要内容

有期徒刑适用对象非常广泛,在我国刑法中,凡是规定了法定刑的,都规定了有期徒刑这一刑罚种类。其主要内容包括:

---

① 参见杨敦先主编:《刑法发展与司法完善》,中国人民大学出版社 1989 年版,第 148 页。

1. 有期徒刑的刑期。《刑法》第 45 条规定,有期徒刑的刑期为 6 个月以上 15 年以下。也就是说,在一般情况下,对犯罪人所犯的一个罪一次判处的有期徒刑不能超过 15 年,最低不能低于 6 个月,但有两种例外情况:一是根据《刑法》第 50 条的规定,判处死刑缓期执行的,在死刑缓期执行期间,如果确有重大立功表现,2 年期满以后可减为 25 年有期徒刑;二是根据《刑法》第 69 条的规定,数罪并罚时,有期徒刑总和刑期不满 35 年的,有期徒刑最高不超过 20 年;总和刑期在 35 年以上的,有期徒刑最高不能超过 25 年。有期徒刑的刑期,刑法规定从判决执行之日起计算;判决执行以前先行羁押的,羁押 1 日折抵刑期 1 日。

2. 有期徒刑的执行场所。《刑法》第 46 条规定,被判处有期徒刑的犯罪分子,在监狱或者其他执行场所执行。"其他执行场所",是指少年犯管教所、拘役所等。另外,根据我国《监狱法》和《刑事诉讼法》的有关规定,有期徒刑的执行场所分为三种:一是监狱,这是成年男犯和成年女犯的执行场所;二是未成年犯管教所,是被判处有期徒刑不满 18 周岁的未成年犯的专门执行场所;三是看守所,根据《刑事诉讼法》第 253 条第 2 款的规定,对被判处有期徒刑的罪犯,在被交付执行刑罚前,剩余刑期在 3 个月以下的,由看守所代为执行。

3. 有期徒刑的执行内容。《刑法》第 46 条规定,被判处有期徒刑的犯罪分子,凡有劳动能力的,都应当参加劳动,接受教育和改造。这里的劳动改造具有强制性,除丧失劳动能力的以外,都必须参加劳动。因为通过劳动,可以改掉好逸恶劳的习性,学会一定的生产技能,养成良好的生活习惯,从而得以改造成自食其力、遵纪守法的公民。正因为如此,我国的有期徒刑不同于西方一些国家刑法中单纯剥夺犯罪人自由的监禁刑。

(四) 有关有期徒刑的争议

由于有期徒刑在刑罚体系中有举足轻重的地位,理论上对有期徒刑的存废基本不存在争论,但关于有期徒刑的优劣却有不同的看法。

有期徒刑的优点表现为:其一,有期徒刑适用范围广,具有较强的伸缩性。在自由刑中,无期徒刑不具有可分性,其本身没有轻重之分。拘役虽具有可分性,但因其刑期幅度小,适用范围也较小。而有期徒刑期限长、幅度大,有短期有期徒刑、中期有期徒刑、长期有期徒刑之分,它既可适用于罪行较轻的犯罪人,也可适用于罪行较重的犯罪人。其二,有期徒刑有利于发挥刑罚的教育性。有期徒刑是对犯罪人实行强制劳动和教育改造的刑罚方法,它不是单纯地给犯罪人以痛苦和报复,而是通过教育改造犯罪人,使之弃恶从善,重新做人。并且,有期徒刑在时间上地较长的延续性使刑罚的教育改造作用更为明显。其三,有期徒刑在一定期限内将犯罪人隔离于社会,在一定程度上剥夺了犯罪人的再犯能力,而适用刑罚的目的之一是预防再犯,故有期徒刑符合刑罚的目的性。此外,有期徒刑比死刑和无期徒刑在剥夺犯罪人再犯能力方面显得更为温和。

而有期徒刑的缺陷则表现为:其一,有期徒刑为犯罪人的交叉感染、恶性感染提供了场所。监狱是个大染缸,犯罪人可以在监狱里交流犯罪经验、切磋犯罪技能,监狱可能成为犯罪技术的传习所。罪犯经过一段时间的关押,不仅人身危险性没有消除,而且可能增大,也有可能从原先的"单面手"变为"多面手"。其二,有期徒刑的封闭性可能造成犯罪人对新生活的不适应。有期徒刑将犯罪人隔离于社会,使犯罪人过着封闭的生活,其对社会的发展变化所知甚少,造成了犯罪人复归社会的困难,增加了犯罪人再犯的可能性。其三,有期徒刑的定期性可能造成刑罚的"不足"或"过剩"。有期徒刑的刑期是确定的,尽管在量刑时已经考虑了犯罪人的人身危险性因素,但这种预测并不准确,因此有可能造成刑罚不足或者刑罚过剩,影响刑罚功能的正常发挥。[①]

有期徒刑虽然利弊共存,但我们还难以找出更为合适的刑种来代替有期徒刑,因此有期徒刑的废除是不可能的,有期徒刑具有相当多的积极功能。然而,保留有期徒刑并不意味着对其缺陷听之任之。在广泛适用有期徒刑的我国,必须严格刑罚执行制度主要是应当完善减刑制度,以强化有期徒刑之刚性,并对减刑、假释以及暂予监外执行程序的运行进行有力的监督,以形成对刑罚执行变更权的有力约束,从而最大限度地发挥有期徒刑的积极功能。

四、无期徒刑

(一) 无期徒刑的概念和特征

无期徒刑,是指剥夺犯罪人终身自由,在监狱进行强制劳动改造的刑罚方法。无期徒刑是生刑中最严厉的刑罚方法,主要表现在剥夺犯罪人终身的人身自由。虽然生命价值优于自由价值的观念已经得到了很多人的认同,但是,还有不少人认为,无期徒刑作为保留剥夺犯罪人终身自由可能性的制度的严厉性在某种程度上并不逊于死刑。例如,贝卡里亚就指出终身苦役刑甚至比死刑更可怕,"有人说,终身苦役同死刑一样也是痛苦的,所以,它也同样是残酷的。我认为:如果把苦役的受苦时间性加在一起,甚至是有过之而无不及。"因为"对人类心灵发生重大影响的不是刑罚的强烈性,而是刑罚的延续性"。[②]就此而言,无期徒刑从某种程度上说其残酷性并不亚于死刑。

无期徒刑的法律特征主要有:(1)形式上表现为对罪犯进行关押,剥夺其人身活动自由,体现了无期徒刑作为刑罚的惩罚性。(2)内容上表现为对罪犯进行强制劳动改造,这体现了无期徒刑矫正、教育犯罪人,使之成为社会新人的积极作用。(3)时间上表现为剥夺罪犯的终身自由,就是说,如果在服刑期间没有得到减刑或假释,罪犯将在羁押场所服刑终身,直至死亡。这体现了无期徒刑惩罚的严厉性。终身剥夺罪犯的人身自由是无期徒刑的最突出特征。此外,被判处无期徒刑的犯罪人,还必须附加剥夺政治权利终身,其判决执行之前先行羁押的时间也不存在折抵刑期的问题。

---

① 参见陈兴良著:《刑法哲学》,中国政法大学出版社 1992 年版,第 386—398 页。
② [意]贝卡里亚著:《论犯罪与刑罚》,黄风译,中国法制出版社 2005 年版,第 58 页。

无期徒刑的上述特征,决定了它是仅次于死刑的一种惩罚方法,也是适用范围颇为广泛的刑罚种类。1997年《刑法》规定的400多个罪名中,有100个左右的罪名可以适用无期徒刑(其中,除了渎职罪一章外,其他各章均有无期徒刑的规定)。我国刑法分则规定适用无期徒刑的方式有两种:一种是规定的条文有死刑,将无期徒刑规定为可供选择的法定刑,为了尽可能减少死刑的适用,所有规定了死刑的条款都规定了无期徒刑;另一种是将无期徒刑规定为法定最高刑,同时将较长期限的有期徒刑规定为选择刑。

(二) 无期徒刑的主要内容

刑法对无期徒刑规定的主要内容是:

1. 无期徒刑的适用对象。无期徒刑的适用对象是那些罪行严重,但不够判处死刑,而判处有期徒刑又不足以惩罚其罪的犯罪人。刑法分则条文中规定无期徒刑的,约占全部条文数量的五分之一左右,主要适用于罪行严重的危害国家安全的犯罪人和故意杀人、重伤、绑架、放火、爆炸、投放危险物质、抢劫、强奸、走私、贩毒、受贿、贪污、诈骗、等重大刑事犯罪人。

2. 无期徒刑的执行场所。《刑法》第46条规定,被判处无期徒刑的犯罪人,在监狱或者其他执行场所执行。实践中,被判处无期徒刑的未成年犯,在18周岁以前可能在未成年管教所进行服刑,但由于他们在执行期间肯定会超过18周岁,按规定必须转到监狱继续执行刑罚,所以,无期徒刑的实际执行场所只有监狱。

3. 无期徒刑的执行内容。《刑法》第46条规定,被判处无期徒刑的犯罪人,凡有劳动能力的,都应当参加劳动,接受教育和改造。如果在劳动改造中确有悔过或立功表现的,在执行一定期限以后可以依法予以减刑或者假释。可见,即便是被判处无期徒刑的犯罪人,并不等于就"无望"了,他仍然有获得人身自由的机会。

4. 无期徒刑的执行结果。在实践中,无期徒刑的执行结果可能有两种:一种是犯罪人不认罪、不悔罪,确实在监狱中服刑终身;另一种是犯罪人由于减刑而改为有期徒刑,无期徒刑减为有期徒刑后,刑期从法院裁定减刑之日起计算。此外,随着《刑法修正案(九)》的生效,实践中无期徒刑的执行结果还可能出现第三种结果,即即便罪犯认罪、悔罪,但也可能要在监狱中服刑终身。根据《刑法修正案(九)》第44条的规定,犯贪污罪或受贿罪,贪污受贿数额特别巨大或者有其他特别严重情节的,或者贪污受贿数额特别巨大,并使国家和人民利益遭受特别重大损失的,法院根据犯罪情节等情况可以同时决定在其死刑缓期执行2年期满依法减为无期徒刑后,终身监禁,不得减刑、假释。[①]因此,如果犯贪污罪或受贿罪的罪犯被法院同时判处终身监禁,不得减刑或假释,那么,即便其在服刑期间认罪、悔罪,也可能要服刑终身。

---

① 需要指出的是,对贪污贿赂罪设置终身监禁的刑罚,实际上并没有加重对贪污贿赂罪的处罚,反而是减轻了对贪污贿赂罪的处罚。因为,对贪污贿赂罪终身监禁刑的设立,既可以从刑事司法上进一步限制、减少对贪污贿赂罪适用死刑,也可以为将来从刑事立法上废止贪污贿赂罪的死刑打下一个很好的基础。所以,对贪污贿赂罪设置终身监禁的刑罚,表面上看似乎加重了对贪污贿赂罪的处罚,实际上是减轻了对贪污贿赂罪的处罚。

（三）有关无期徒刑的争论

针对无期徒刑，刑法学界也存在存废之争。

主张无期徒刑废止论者列举了无期徒刑诸多弊端，主要有：其一，无期徒刑剥夺犯罪人终身自由，使犯罪人与世隔绝，其残酷程度甚于死刑。因为死刑给予犯罪人的痛苦是一时的，而无期徒刑对犯罪人终身监禁，给犯罪人造成的痛苦是永久性的。其二，无期徒刑不利于对犯罪人的教育改造，不利于发挥刑罚改造罪犯的功能。因为被判无期徒刑的罪犯往往会心灰意冷，自暴自弃，轻则不积极改造，重则抗拒改造，越狱逃跑，无法达到刑罚的预防目的。其三，无期徒刑不能体现刑罚公平性原则。因为无期徒刑以犯罪人的有生之年作为刑期的全部，而人的生命有长短之分，判刑时间也有早晚之分，所以同是被判处无期徒刑的犯罪人实际上执行的刑期大有差别，这就以形式上的公平掩盖了实质上的不平等。其四，无期徒刑是一种很不经济的刑罚方法。由于被判处无期徒刑的罪犯的大量存在，使监狱人满为患，国家负担沉重。①

与此相反，无期徒刑保留论者则列举了无期徒刑诸多优点，主张保留无期徒刑。其理由主要有：其一，无期徒刑是介于有期徒刑和死刑之间的一种刑罚方法，认为无期徒刑比死刑更为残酷的说法不符合实际。因为生命权是人最根本的权利，自由权是以人的生命为前提的，没有生命也就无所谓自由。因此，毫无疑问死刑要比无期徒刑残酷。其二，无期徒刑虽然是剥夺犯罪人终身自由的刑罚方法，但它并未断绝犯罪人改过自新的前途。依照刑法规定，被判处无期徒刑的犯罪人，在服刑期间如果认真遵守监规，接受教育改造，确有悔改或者立功表现，在执行一定期限的刑罚后，可以减刑或者假释。在国家发布特赦令的情况下，符合条件的无期徒刑罪犯还可以被特赦释放。因此，无期徒刑并不一定遥遥无期，关押至死。其三，刑罚的公正在任何时候都是相对的，绝对的公正是不存在的。刑罚公正的相对性在生命刑和其他自由刑中同样存在。因此，对那些不够判死刑，而判有期徒刑又不足以预防其再次犯罪的犯罪人，判处无期徒刑是适宜的。其四，无期徒刑可以弥补死刑的不足，无期徒刑是在保留犯罪人生命的前提下被终身监禁，万一错判了无期徒刑，还可以纠正，而死刑的错误却无法挽回。目前死刑的废除和限制成为刑法改革的趋势，在废除死刑的国家，无期徒刑可以成为惩罚犯罪的最有力的手段，在没有废除死刑的国家，也可以减少死刑的适用。我国相当多的死缓犯被减为无期徒刑，也说明了这一点。②

无期徒刑尽管有着不经济、太残酷等缺陷，但从我国现实情况看，要求取消无期徒刑是不合时宜的。无期徒刑作为严格限制死刑适用的补救措施仍有保留的必要，而且我国现行刑法对于无期徒刑的规定总的来说是合适的，不过从长远发展考虑，对无期徒刑的适用，仍有从立法和司法角度进行完善的必要。

---

① 参见马克昌主编：《刑罚通论》，武汉大学出版社1999年版，第149页。
② 参见陈兴良主编：《刑种通论》，人民法院出版社1993年版，第192页。

五、死刑

死刑,又称为生命刑,是剥夺犯罪人生命的刑罚方法,在我国包括死刑立即执行和死刑缓期 2 年执行两种情况。死刑是剥夺犯罪人生命的刑罚方法,是刑罚体系中最为严厉的惩罚手段。

(一)死刑的适用

我国对于死刑的具体适用,采取的是"坚持少杀、慎杀,防止错杀"的刑事政策,即我国死刑政策的核心是限制死刑,对于那些可杀可不杀的犯罪人,坚决不杀。我国之所以长期坚持该死刑政策,主要是因为:其一,大量适用死刑有悖于我国的社会主义性质;其二,死刑的威慑力来源于死刑适用的必要性和谨慎性,只有在必要的时候谨慎地适用死刑,才能保持死刑的威慑力,滥施死刑必将使其丧失威慑力和预防犯罪的作用;其三,生命的丧失具有不可恢复性,死刑的错误适用必将导致不可挽回的损失;其四,限制死刑是当今世界发展的趋势。

死刑的适用必须严格遵循罪刑法定原则,即只有对刑法分则条文明文规定了死刑的犯罪,才可能判处死刑,对于刑法分则没有明文规定死刑的犯罪,一律不得适用死刑。既不能擅自将没有规定死刑的犯罪判处死刑,也不能为了判处死刑而将法定刑没有死刑的犯罪认定为法定刑具有死刑的犯罪。在此基础上,我国刑法对适用死刑的严格控制,主要体现在以下几个方面:

1. 严格控制死刑适用范围。《刑法》第 48 条规定:"死刑只适用于罪行极其严重的犯罪分子。"所谓罪行极其严重就是通常所说的"罪大恶极"。"罪大"是指犯罪性质和后果极其严重,给社会造成的损失特别巨大,是犯罪的客观危害的体现;"恶极"是指犯罪人的主观恶性和人身危险性特别巨大,是犯罪人的一种主观心理,通常表现为犯罪人蓄意实施严重罪行,丧尽良知,不思悔改,极端蔑视法制,仇视社会。作为死刑适用对象的犯罪人,应当是罪大与恶极同时具备,缺一不可。死刑适用的具体范围在刑法分则中亦有明确规定,据统计,我国 1979 年《刑法》的 130 个罪名中,能够适用死刑的罪名为 28 个,其中,反革命罪 15 个,危害公共安全罪 8 个,侵犯公民人身权利犯罪 3 个,侵犯公民财产权利犯罪 1 个,贪污贿赂罪 1 个。其后随着 80 年代严打的开展,颁布的很多单行刑法又有 40 多个条文 60 多个罪名规定了死刑。而 1997 年《刑法》在制定之初因将单行刑法统一纳入刑法典中而使得能够适用死刑的罪名达到 68 个。《刑法修正案(八)》废止了走私文物罪,走私贵重金属罪,走私珍贵动物、珍贵动物制品罪,走私普通货物、物品罪,票据诈骗罪,金融凭证诈骗罪,信用证诈骗罪,虚开增值税专用发票、用于骗取出口退税、抵扣税款发票罪,伪造、出售伪造的增值税专用发票罪,盗窃罪,传授犯罪方法罪,盗掘古文化遗址、古墓葬罪,以及盗掘古人类化石、古脊椎动物化石罪等 13 个犯罪的死刑。《刑法修正案(九)》废止了走私武器、弹药罪,走私核材料罪,走私假币罪,伪造货币罪,集资诈骗罪,组织卖淫罪,强迫卖淫罪,阻碍执行军事职务罪,以及战时造谣惑众罪等 9 个犯罪的死刑。目前刑法分则的十章犯罪中共余 46 个死刑罪名,除第九章渎职罪以外,每一章都规定有死刑罪名。但是,这并不意味着对刑法分则条文规定了死刑的犯罪都应适用死刑。如故意伤害罪的死刑也仅适用于致人死亡或者以特别残忍手段致人重伤造成严重残疾的情形。

2. 犯罪主体上的限制。《刑法》第 49 条规定:"犯罪的时候不满十八周岁的人和审判的时候怀孕的妇女,不适用死刑。审判的时候已满七十五周岁的人,不适用死刑,但以特别残忍手段致人死亡的除外。"这是刑法对适用死刑在犯罪主体上的限制性规定。这里的"不适用死刑",是指不能判处死刑,也不能判处死刑缓期 2 年执行,因为后者也属于死刑的执行方式。刑法对犯罪时不满 18 周岁的人不适用死刑,是考虑到不满 18 周岁的未成年人对自己的行为的认识能力和控制能力都有局限性,同时他们的可塑性大,容易接受改造,从刑罚人道主义和特殊预防的效果两方面去看,对他们都不宜适用死刑。1979 年《刑法》本来还规定,已满 16 周岁不满 18 周岁的人,如果所犯罪行特别严重,可以判处死刑缓期 2 年执行,修订后的刑法取消了这一规定。对审判的时候怀孕的妇女不适用死刑,也是基于刑罚人道主义的立场,考虑到虽然妇女犯有死罪但胎儿是无辜的,不能为了惩罚犯罪人而株连无辜的胎儿,所以不宜对孕妇适用死刑。对已满 75 周岁的老年人,一般不适用死刑,则体现了矜老的刑罚原则,标志着我国刑法走向理性、人道、文明,也符合国际上对老年人不适用死刑的立法例。

"犯罪的时候不满十八周岁的人",是指实施犯罪时不满 18 周岁的人,即便被告人审判时已满 18 周岁,但只要其犯罪时未满 18 周岁,就不能适用死刑。"不满 18 周岁"以及下文的"已满 75 周岁",均是按公历的年、月、日计算,是否满周岁,应从生日的第二天起算,即生日的当天不计算在内。

"审判的时候怀孕的妇女",是指在羁押期间怀孕或怀孕过的妇女。这里的"审判的时候"应作扩大解释,包括整个羁押期间,即审前羁押期间、审判期间和判决后的执行期间。这里的"怀孕",是指在整个羁押期间怀孕过,只要在羁押期间处于怀孕状态,即便之后流产,不论是自然流产还是人工流产,均应视为"怀孕的妇女"。怀孕妇女因涉嫌犯罪在羁押期间自然流产后,又因同一事实被起诉、交付审判的,亦应视为审判的时候怀孕的妇女,依法不适用死刑。①另外需要指出的是,这里的"怀孕"是指一种价值无涉的自然状态,在羁押期间已经怀孕的被告人,无论其怀孕是否属于违反国家计划生育政策,也不论其是否自然流产或者经人工流产以及流产后移送起诉或者审判期间的长短,都不应适用死刑,更不能为了判处死刑而强制怀孕的被告人做人工流产。②

"审判的时候已满七十五周岁的人",是指在审判的时候已满 75 周岁的老年人,即便被告人犯罪时不满 75 周岁,但只要其审判时已满 75 周岁,就一般不能适用死

---

① 参见 1998 年 8 月 7 日最高人民法院《关于对怀孕妇女在羁押期间自然流产审判时是否可以适用死刑问题的批复》。

② 参见 1991 年 3 月 18 日最高人民法院研究室《关于如何理解"审判的时候怀孕的妇女不适用死刑"问题的电话答复》。

刑。但对于审判的时候已满 75 周岁的人，以特别残忍手段致人死亡的，则可以适用死刑。①这里的"以特别残忍手段致人死亡"通常是指以暴力方式实施的故意杀人、故意伤害致人死亡，如肢解、毁容、烹煮等恶劣手段折磨被害人死亡等。过失致人死亡的，不属于以特别残忍手段致人死亡。对于这里的"审判的时候"，应理解为"一审判决确定时"这一时间点。《刑法》之所以规定怀孕妇女不适用死刑，主要是考虑怀孕妇女腹中的胎儿或刚出生的婴儿是无辜的，如果判处怀孕妇女死刑，则必然会伤及无辜的胎儿或者会影响刚出生婴儿的正常发育与生长。因而，从有利于怀孕妇女的角度出发，将其不适用死刑规定中的"审判的时候"扩大解释为"羁押期间"显然具有较大合理性。但老年人与怀孕妇女不适用死刑的情形并不相同。就老年人而言，"已满75 周岁"是其不适用死刑的考量因素，而这一因素只会随着时间的推移产生，而并不会随着时间的推移消失。因而，老年人不适用死刑规定中的"审判的时候"理应指的是一个时间点，而不可能是"羁押期间"或"审判期间"这样的时间段。同时，由于年龄具有不可逆转性，因而随着时间的推移，老年人不适用死刑的考量因素就越可能出现。因此，越往后确定老年人不适用死刑的时间节点，对老年人而言就越有利。据此，理应将老年人不适用死刑规定中的"审判的时候"理解为"一审判决确定时"这一时间点，而不能理解为"羁押期间"这一时间段。②

3. 死刑核准程序的限制。《刑法》第 48 条规定："死刑除依法由最高人民法院判决的以外，都应当报请最高人民法院核准。"此外，我国《刑事诉讼法》对死刑复核程序，也作了相应的配套规定。依照《刑事诉讼法》第 235 条至第 238 条的规定，死刑由最高人民法院核准；中级人民法院判处死刑的第一审案件，被告人不上诉的，应当由高级人民法院复核后，报请最高人民法院核准；高级人民法院不同意判处死刑的，可以提审或者发回重新审判；高级人民法院判处死刑的第一审案件被告人不上诉的，和判处死刑的第二审案件，都应当报请最高人民法院核准；中级人民法院判处死刑缓期2 年执行的案件，由高级人民法院核准；最高人民法院复核死刑案件，高级人民法院复核死刑缓期执行的案件，应当由审判员 3 人组成合议庭进行。违反上述法定程序适用死刑的，应认为是非法适用死刑。

当然，需要说明的是，1979 年《刑法》原本规定所有死刑都由最高人民法院核准，但全国人大常委会于 1983 年 9 月将《人民法院组织法》第 13 条修改为："死刑案件除由最高人民法院判决的以外，应当报请最高人民法院核准。杀人、抢劫、强奸、爆炸以及其他严重危害公共安全和社会治安判处死刑案件的核准权，最高人民法院在必要的时候，得授权省、自治区、直辖市的高级人民法院行使。"随后，最高人民法院将杀人、抢劫、强奸、

① 该但书规定受到诸多诟病，因为在死刑限制如此严格的今天，除非是以特别残忍手段致人死亡，才会考虑对故意杀人罪的被告人判处死刑，而该但书规定则排除了最可能判处死刑的情况，而仅剩余为数不多且一般也不会考虑适用死刑的情况作为不适用死刑的情形，故而其象征意义远大于实际意义。

② 同理，还应将老年人犯罪从宽处罚规定和缓刑适用规定中的"审判的时候"均理解为"一审判决确定时"这一时间点；而将怀孕妇女缓刑适用规定中的"审判的时候"理解为"羁押期间"这一时间段。参见刘宪权、周舟：《特殊群体从宽处罚规定司法适用分析》，载《华东政法大学学报》2011 年第 6 期。

爆炸以及其他严重危害公共安全和社会治安判处死刑的案件的核准权,授予各省、自治区、直辖市的高级人民法院以及解放军军事法院行使;危害国家安全罪、经济犯罪、贪污、受贿等犯罪判处死刑案件的核准权,仍由最高人民法院行使;后来又将毒品犯罪判处死刑案件的核准权,授予毒品犯罪严重的几个省高级人民法院行使。应当看到,上述《人民法院组织法》第13条的规定,是由全国人大常委会修改的,是一般法律,而《刑法》与《刑事诉讼法》是由全国人民代表大会通过的,是我国的基本法律,后者的效力显然高于前者。最高人民法院将法律明确规定属于自己的死刑核准权下放给各地方高级人民法院行使在一定意义上是有悖于相关法律的。因此,死刑适用应由最高人民法院核准,最高人民法院已于2007年1月1日将死刑核准权收回。

4. 死刑执行制度上的限制。刑法规定了死刑缓期执行制度,以控制死刑立即执行的范围。《刑法》第48条第1款规定,对于应当判处死刑的犯罪分子,如果不是必须立即执行的,可以判处死刑同时宣告缓期2年执行。这就是我国独创的死刑缓期执行制度(简称"死缓"),是我国死刑制度的重要组成部分。死缓是我国刑罚在死刑适用方面的一个独创,具有保留死刑和限制死刑的双重功能。它既可以对罪行极其严重的犯罪人保持最严厉的制裁,又可以给那些最该判处死刑但又不是必须立即执行的犯罪人留了一条生路,从而在很大程度上减少了死刑的实际适用。事实上,绝大多数被判处死缓的犯罪人也都减为无期徒刑甚至有期徒刑。需要注意的是,死缓不是一个刑种,而只是死刑的一种执行制度。死缓没有适用的独立性,所以刑罚体系中没有规定死缓。死缓只有在对罪犯判处死刑的前提下,才有适用的可能性,可见死刑是死缓的前提条件。凡是可以判处死刑的罪犯一般都可以适用死缓,没有规定死刑的犯罪,都不能适用死缓。

死缓适用的条件。根据《刑法》第48条的规定,死缓的适用必须具备两个条件:一是罪该处死。这是适用死缓的前提条件,它表明适用死缓的对象是罪行极其严重的犯罪人,如果根据罪行不应当判处死刑,就不存在适用死缓的问题。二是虽然罪该处死,但还不是必须立即执行。这是区别死刑立即执行和死刑缓期执行的原则界限,是适用死缓的本质条件。法律对这一条件没有明确、具体的规定,至于哪些是属于不是必须立即执行的情况,在具体适用时,由司法机关根据案件的不同情况,综合运用刑法的其他相关规定,具体问题具体分析。

死缓的执行。根据《刑法》第50条规定,死缓在适用过程中有四种不同的处理办法:(1)在死刑缓期执行期间,如果没有故意犯罪,2年期满后,减为无期徒刑。这里所说的故意犯罪是指我国刑法规定的主观上在罪过心理支配下所实施的犯罪行为。至于故意犯罪的性质、种类、轻重等则在所不问。(2)死刑缓期执行期间,如果确有重大立功表现,2年期满后,减为25年有期徒刑。这里强调的是立功必须达到重大的程度,如在接受教育、改造过程中,检举、揭发其他罪犯的罪行,从而破获重大案件,或者钻研技术,有发明创造等,才能在2年期满后减为25年有期徒刑,以保持量刑均衡,避免发生被宣告死缓的罪犯减刑后反而比判处无期徒刑者还要轻的不合理现象。《刑法修正案(八)》在《刑法》第50条第1款后增设1款作为第2款规定:对被判处死刑缓期执行的累犯以及因故意杀人、强奸、抢劫、绑架、放火、爆炸、投放危险物质或者有组织的暴力性犯罪被判处死刑缓期执行的犯罪分子,人民法院根据犯罪情节情况,可以同时决定对其限制减刑。该规定既可以实现量刑上的均衡,避免死缓罪犯减刑后比判处无期徒刑者的还要轻的不合理现象,也可以在一定程度上限制死刑立即执行的适用。①(3)在死刑缓期执行期间,如果故意犯罪,情节恶劣的,报请最高人民法院核准后执行死刑。这是死缓变更为死刑立即执行的规定。这一规定与上述依法可以减刑的两种情况在期限上明显不同,上述可以减刑的两种情况必须在 2 年期满后,而后者不一定需要等到 2 年期满后,只要在死缓执行期间有故意犯罪且情节恶劣的,无论什么时候均可以报请核准执行死刑。当然,此时的核准机关必须为最高人民法院。(4)对于故意犯罪未执行死刑的,死刑缓期执行的期间重新计算,并报最高人民法院备案。②即对于虽然构成故意犯罪,但因情节并不恶劣而没有被执行死刑的,2 年的死缓执行期无论经过多长时间均应重新计算。这是《刑法修正案(九)》对死缓制度的修正,即把死缓执行死刑的条件由原先的"故意犯罪"改为"故意犯罪,情节恶劣的",同时规定死缓执行的期间重新计算。这一规定提高了死缓执行死刑的条件,可以在一定程度上缩小死缓执行死刑的范围并减少实际执行死刑的数量。

值得注意的是,对于判处死刑缓期 2 年执行期满后,尚未裁定减刑以前又犯新罪的,根据最高人民法院 1987 年 5 月 12 日《关于对判处死刑缓期二年执行期满后尚未裁定减刑前又犯新罪的罪犯能否执行死刑问题的批复》,不能视为是在死缓执行期间犯罪,因此,不能以此作为在死刑缓期执行期间有故意犯罪而执行死刑,应当依照《刑法》第 50 条、《刑事诉讼法》第 250 条的规定予以减刑,然后对其所犯的新罪另行起诉、审判,作出判决,并按照《刑法》第 71 条数罪并罚的规定,决定执行的刑罚。只有新罪依法应当判处死刑的,才能执行死刑。

关于死刑缓期执行的期限计算问题。根据《刑法》第 51 条规定,死刑缓期执行的期间,从判决确定之日起计算。死刑缓期执行减为 25 年有期徒刑的刑期,从死刑缓期执行期满之日起计算。刑法对期间计算的这一规定说明:对于被判处死缓的罪犯,判决确定之前的羁押时间,不能计算在缓期 2 年的期限之内,也不能把缓期 2 年的执行期限计算到减刑后的有期徒刑的刑期之内。

关于死刑缓期执行的执行场所,《监狱法》第 2 条规定,被判处死刑缓期 2 年执行的罪犯,在监狱内执行刑罚。

5. 死刑执行方法的限制。《刑事诉讼法》第 252 条第 2 款规定:"死刑采用枪决或者注射等方法执行。"由于该条在规定了两种执行方法之后使用了一个"等"字,故可能有人认为司法机关可以任意采用死刑执行方法。这样理解该法条是有问题的,因

---

① 对判处死缓并限制减刑通常是考虑到,一些罪行介于判处死刑立即执行与死刑缓期执行之间,判处死刑立即执行可能太重,宣告死刑缓期执行又似乎太轻。

② 我们认为,报最高人民法院备案的主要原因之一在于,给死缓罪犯的故意犯罪设置"前科",如果死缓执行期重新计算期间又再次故意犯罪,即便该次故意犯罪亦未达到情节恶劣的程度,也可能综合两次或多次故意犯罪而对其报请核准执行死刑。

为,"等"字虽然有列举后表示省略的意思,但也有列举后表示刹尾的意思。我们认为,任何死刑执行方式,都必须有立法机关的明文认可,因此,对上述条文中的"等"字宜做后一种含义的理解,即执行死刑只能采用枪决或者注射方法,而不能任意采用其他死刑执行方法。

(二) 死刑的存废之争

死刑是以剥夺犯罪人生命为基本内容的刑罚,是凭借从肉体上消灭犯罪人的手段来惩罚犯罪,从而达到防卫社会的刑罚方法。正因为死刑的严厉性和巨大的威慑作用,历史上各国统治者无不重视死刑的使用,把死刑作为对付最严重犯罪的重要手段。但是由于死刑剥夺的是人之最宝贵的权利——生命权。死刑被毫无怀疑地使用了几千年,直到西方启蒙运动的兴起,死刑才真正形成为一个社会问题,进而成为刑法上争论的焦点。人类在适用死刑的过程中,随着对死刑认识的不断深化,死刑是否正当受到了怀疑,终于受到西方有识之士的反对和讨伐,从而引发了一场延续了数百年的死刑存废之争。

废除死刑的观点最早可源于 16 世纪英国学者托马斯·莫尔,但是莫尔对死刑的质疑并未得到人们的关注,而与此同时,基于原始教义而由基督教提出的死刑废除观点亦未引起多少反响。死刑存废之争的挑起者,为意大利刑法学家贝卡里亚。1764年贝卡里亚在其成名著作《论犯罪与刑罚》中,提出了一个大胆的问题:"在一个组织优良的社会里,死刑是否真的有益和公正? 人们可以凭借怎样的权利来杀死自己的同类呢?"[①]从而引发了一场世界范围的、长达 200 多年且至今不息的死刑存废之争。他们争论的观点主要围绕着以下方面:(1)死刑废除论者认为死刑是野蛮时代血腥复仇的沿袭,与文明人类的伦理正义相悖;死刑保留论者则认为死刑正是基于伦理正义的必然要求。(2)死刑废除论者认为死刑根本不能威慑犯罪人;死刑保留论者则认为死刑具有最大的威慑作用。(3)死刑废除论者认为死刑根本不符合社会契约论;死刑保留论者则认为死刑的存在是社会契约论的基本要求。(4)死刑废除论者认为死刑的不可分性有悖于罪刑相适应原则;死刑保留论者则认为,无期徒刑也具有不可分性,如果这样的话,同样也得废除。(5)死刑废除论者认为死刑错判难纠;死刑保留论者则认为,自由刑照样错判难纠,不能因噎废食。(6)死刑废除论者认为死刑助长人们的残忍心理;死刑保留论者则认为现代较文明的死刑执行方法,减少了助长人们残忍心理的可能性。(7)死刑废除论者认为死刑杜绝了犯罪人自新之路,不符合现代教育刑的旨趣;死刑保留论者则认为,死刑只适用罪行极其严重且不堪改造的犯罪人,并不违背现代教育刑的精神。

由上可见,围绕死刑的优劣存废,死刑废除论者与死刑保留论者互不相让。在这样的存废之争中,我们看到了死刑具有两面性:死刑是剥夺犯罪人再犯能力的最彻底手段,同时又最易断绝犯罪的自新之路;死刑是遏制不稳定分子的最有力武器,同时又有最大的副作用;死刑执行简便又经济,同时又容易断绝证据来源且误判难纠。[②]

---

① 参见[意]贝卡里亚著:《论犯罪与刑罚》,黄风译,中国大百科全书出版社 1993 年版,第 45 页。

② 邱兴隆、许章润著:《刑罚学》,中国政法大学出版社 1999 年版,第 160 页。

总之,死刑犹如一把双刃剑,用之不当,国家和个人双受其害。刑法学界的死刑存废之争可以说是针锋相对,各执一词。正如学者所归纳的:"存废之争归纳起来无非是就死刑是否必要、死刑是否正义而展开的。死刑是否必要,是对死刑存废的功利之争;死刑是否正义,是对死刑存废的人道之争。"①

对于死刑是否必要,简单的肯定回答和否定回答都是片面的,应该承认死刑的确有威慑作用,因为大多数犯罪人还是贪生怕死的。从刑罚所具有的一般预防和特殊预防功能角度分析,一般预防是指通过对犯罪人使用一定的刑罚,对社会上的其他人产生的阻止其犯罪的作用。而一般预防又可具体分化为对被害人的安抚功能和对社会的预防功能。对于死刑的安抚功能,我们无须做太多的论证,因为就如同死刑之于杀人者,在"杀人者死"这样的思想基础下,让杀人者偿命比什么都可以更好地安抚受害者家属的心灵创伤。对社会的功能即一种社会预防,也就是说以刑罚的严厉后果警告社会上的其他人,告诫他们不要去犯同样的罪,否则将受到刑罚的惩罚,从而产生防卫社会的功效。防卫社会,需要的是一种威慑效果。不管是否承认,死刑的威慑效果是十分明显的,威慑力的大小在于刑罚的严厉性,死刑剥夺的是人最基本的权利——生命,因此在如此严厉的刑罚下,死刑的社会预防功能也是显而易见的。死刑的特殊预防功能比其一般预防功能更为明显,因为死刑剥夺的是人的生命,而人的活动所需要的基础便是使人作为人而去为一切行为的生命。当人的生命被剥夺后,其便不再具有这个基础,也不可能再去为任何的行为,自然也不可能再去为犯罪行为了。因此死刑的特殊预防功能也较其他刑罚方法更大。从这个意义上说,死刑保留论是占上风的。

至于死刑是否正义,死刑保留论与死刑废除论的观点也是大相径庭的。从历史角度看,死刑存在的正当性很少受到质疑,哪怕是死刑废除论学者,也很少在论述其废除观点时对死刑存在的正当性进行发难,因此,死刑的正当性几乎成为一个不容置疑的命题了。但从人权保障角度来看,即便是罪犯,也有其基本权利,对其判处死刑,确有不正当之嫌疑。而且,正义观念本身也是个历史的范畴,在古代社会能够容忍我们今天看来十分残酷的刑罚,刑罚从以生命刑为中心到今天西方社会的以自由刑为中心乃至向以罚金刑为中心的演变,正说明了正义观念也在不断地变更着。人权思想的崛起,标志着个人本位的正义观逐渐取代社会本位的正义观,因此,从死刑是否正义这一问题而言,不能不说死刑废除论是合理的。②然而,不论是死刑保留论抑或死刑废除论,其理论基础或者是基本立论都存在合理的一面,这些合理因素是长达两个世纪的死刑存废之争所留下来的宝贵财富,也为现在的死刑制度的设置和发展都起到了很大的影响作用。同时,死刑存废论也都存在着各自不合理的地方,而这些不合理的因素是死刑存废论的理论糟粕或误区,这些不合理因素可能影响我们对死刑正确的认识和全面的评价,也极易将死刑研究引入歧途。

---

① 陈兴良著:《刑法哲学》,中国政法大学出版社 1992 年版,第 368 页。
② 参见陈兴良著:《刑法哲学》,中国政法大学出版社 1992 年版,第 369 页。

伴随着死刑存废的激烈争论,不少国家逐渐展开废除死刑的实践。1847年美国的密歇根州率先废除了死刑。此后,美国的威斯康星等州以及荷兰、比利时等国家相继效仿。[1]就目前而言,废除死刑已成为一种世界性趋势。从各国的立法来看,据联合国有关数字统计,目前世界上保留死刑的国家还是占大多数,宣布废除死刑的约有40多个国家,且有的国家在宣布废除死刑后近年来又宣布恢复了死刑。废除死刑的做法,包括如下三种情况:一是完全废除。即无论对何种犯罪,亦无论在平时还是在战时,均彻底废除了死刑。如德国与奥地利,通过宪法宣布彻底废除死刑,瑞典也在刑法中对所有犯罪废除了死刑。其他还有欧洲不少国家在刑事法律中废除了死刑。美国不少州也采取了这一完全废除死刑的立法。二是实际废除。即虽然在法律上保留了死刑,但事实上多年来一直未判死刑或执行死刑。如比利时自1867年以来从未适用过死刑,属于实际废除死刑的国家还有尼泊尔等国。三是在平时与对普通犯废除死刑。即仅对战时发生的某些军事犯罪或仅对政治犯保留死刑,而对和平时期实施的一切犯罪或普通刑事犯罪一律废除死刑。在当今号称已废除死刑的国家,实际上大多只是在平时或对普通犯罪废除了死刑,主要有以色列、新西兰、澳大利亚、英国等。例如,英国刑法废除了对包括谋杀罪在内的所有普通犯罪的死刑,但对叛逆罪仍然保留了死刑。

我国现阶段之所以仍然保留死刑,主要基于以下三个方面的考量:一是现实生活中还存在着极其严重的危害国家安全、危害公共安全、侵犯公民人身权利等犯罪,保留死刑可以在一定程度上威慑这些犯罪。二是保留死刑有利于我国刑罚目的的实现。对于那些罪行极其严重的各类犯罪人,只有适用死刑,才能使其不再犯罪,从而达到刑罚特殊预防的目的。同时,死刑的存在使那些试图铤而走险、意图实施极其严重犯罪的人有所惧怕,不敢重蹈覆辙,不去实施犯罪,从而达到一般预防的目的。三是我国仍处于社会主义初级阶段,保留死刑符合我国现阶段的社会一般价值观念,为广大民众所支持,具有满足社会大众安全心理需要的功能。而彻底废除死刑则超越了我国现阶段的社会价值观念,不能为广大民众所接受,会导致社会大众的心理恐惧。[2]然而,应当看到,死刑的废除是一种必然的趋势,因为社会的发展决定了刑罚的惩罚性由重到轻是一种历史的必然。从这个意义上说,死刑存废之争实际上是应当何时废除死刑之争。

第三节　附　加　刑

附加刑,是补充主刑适用的刑罚方法,又称从刑。附加刑既可附加于主刑适

---

[1]　参见邱兴隆、许章润著:《刑罚学》,中国政法大学出版社1999年版,第160—161页。

[2]　高铭暄、马克昌主编:《刑法学》,北京大学出版社、高等教育出版社2014年版,第237页。

用,亦可独立适用。在附加适用时,可以同时适用两个以上的附加刑。在独立适用时,主要是针对较轻的犯罪。《刑法》第34条、第35条规定,附加刑的种类主要有罚金、剥夺政治权利、没收财产,以及对于犯罪的外国人可以独立适用或者附加适用驱逐出境。

一、罚金

罚金,是指人民法院判处犯罪人向国家缴纳一定数额金钱的刑罚方法。

(一)罚金的主要特点

罚金的主要特点是:(1)罚金是一种刑罚方法,它与行政罚款、赔偿经济损失等非刑罚处置措施有着原则性区别;(2)罚金作为一种刑罚方法,只能由法院依照刑法的规定来判处,其他任何机关、团体、单位、个人均无权适用罚金;(3)罚金是以剥夺犯罪人一定数额的金钱为内容的刑罚方法;(4)罚金具有广泛适用性,既可以适用于处刑较轻的犯罪,也可以适用于处刑较重的犯罪。

(二)罚金的适用对象

从犯罪性质上看,我国刑法中的罚金主要适用于三种犯罪:(1)经济犯罪。在我国刑法中,经济犯罪主要是刑法分则第三章规定的"破坏社会主义市场经济秩序罪",共有90多个条文,基本上都规定了罚金的独立或附加适用。(2)财产犯罪。《刑法》分则第五章规定的侵犯财产罪,共有14个条文,其中9个法条规定了罚金,占条文总数一半以上。(3)其他故意犯罪。主要指《刑法》分则第六章规定的"妨害社会管理秩序罪",共有90多个条文,其中一半以上的法条规定了罚金刑。此外,《刑法》分则第四章"侵犯公民人身权利、民主权利罪"中的组织出卖人体器官罪,拐卖妇女、儿童罪,强迫劳动罪,雇用童工从事危重劳动罪,侵犯公民个人信息罪,组织残疾人、儿童乞讨罪,组织未成年人进行违反治安管理活动罪等7个罪名也规定了罚金刑。刑法分则中,罚金刑的适用范围如此广泛,一方面是因为它是处罚单位犯罪的主要刑罚方法,另一方面则由于经济犯罪的日益突出,也导致罚金刑的适用范围扩大。

(三)罚金的数额确定

《刑法》第52条规定,判处罚金,应当根据犯罪情节决定刑罚的数额。所谓"犯罪情节",包括犯罪人主观恶性程度的大小,造成危害结果的轻重,以及犯罪人的非法获利情况等。刑法分则在有关条文中规定罚金的主要方法有:(1)明确规定罚金的上下限数额;(2)倍比罚金制,即规定一定倍数或比例的罚金数额;(3)对数额未做具体规定。值得注意的是,虽然刑法规定的是按照犯罪情节确定罚金数额,但实践中,还应考虑到犯罪人的实际缴纳能力,唯有如此才能发挥罚金刑的最大效用。

(四)罚金的缴纳

2014年10月30日最高人民法院《关于刑事裁判涉财产部分执行的若干规定》第2条规定:"刑事裁判涉财产部分,由第一审人民法院执行。第一审人民法院可以委托财产所在地的同级人民法院执行。"可见,罚金刑由人民法院来执行。根据《刑法》第 53 条的规定,罚金的缴纳执行主要包含以下几种情形:(1)限期一次缴纳,即要求犯罪人在指定的期限内,按判决书上所确定的数额,一次性缴纳完毕;(2)限时间分期缴纳,即要求犯罪人在判决指定的期限内分期缴纳;(3)强制缴纳,即在判决书所规定的缴纳期满后,犯罪人有缴纳能力却拒不缴纳的,法院可以采取查封、扣押、冻结等强制措施,来强制犯罪人缴纳;(4)对于不能全部缴纳罚金的人,法院在任何时候发现被执行人有可以执行的财产,应当随时追缴;(5)延期、减少或免除缴纳,即如果由于遭遇不能抗拒的灾祸等原因缴纳确实有困难的,经法院裁定,可以延期、酌情减少或者免除。

(五) 罚金刑的利弊

罚金作为一种刑罚方法,其作用在市场经济条件下尤为明显。罚金刑的优点至少有以下几个方面:(1)罚金刑对贪利性犯罪是罚当其罪;(2)罚金刑可避免犯罪人在监狱内交叉感染;(3)罚金刑可避免犯罪人对社会生活的不适应性;(4)罚金刑具有可分割性,符合罪刑相适应原则;(5)罚金刑具有匿名性,不会给犯罪人留下污点;(6)罚金刑具有经济性;(7)罚金刑是惩罚单位犯罪的最佳手段;(8)罚金刑有误判易纠性。正因为如此,有不少学者建议将罚金刑上升为主刑。我们认为,重视罚金刑在刑种体系中的作用,是社会主义市场经济的必然要求,也符合世界各国刑罚的发展趋势。但同时我们也应清醒认识到,罚金刑也存在着许多缺陷,比如:(1)罚金刑具有不平等性;(2)罚金刑可能株连无辜;(3)罚金刑可能有悖于罪刑相适应原则;(4)罚金刑容易导致逃避制裁;(5)罚金刑难以执行等。因此,在适用罚金时,我们应扬长避短,尽量避免罚金刑的短处,而充分发挥罚金刑的长处。

二、剥夺政治权利

剥夺政治权利,是指剥夺犯罪人参加国家管理和政治活动权利的刑罚方法。

(一) 剥夺政治权利的内容

《刑法》第 54 条规定,剥夺政治权利的内容,主要包括四个方面:(1)选举权和被选举权;(2)言论、出版、集会、结社、游行、示威自由的权利;(3)担任国家机关职务的权利;(4)担任国有公司、企业、事业单位和人民团体领导职务的权利。

(二) 剥夺政治权利的适用对象

从刑法分则的规定看,剥夺政治权利的适用方式和对象都比较广泛。在适用方式上,剥夺政治权利既可以附加使用,也可以独立适用。在适用对象上,既包括严重的刑事犯罪,亦包含一些较轻的刑事犯罪。(1)剥夺政治权利附加适用的对象。附加适用剥夺政治权利,是作为一种比较严厉的刑罚方法适用于重罪犯。根据《刑法》第 56 条、第 57 条的规定,附加适用剥夺政治权利的对象有三种:一是对于危害国家安全的犯罪人,应当附加剥夺政治权利;二是对于被判处死刑和无期徒刑的犯罪人,刑法规定对该类犯罪人应当剥夺政治权利终身;三是对于故意杀人、强奸、爆炸、投放危险物质、抢劫等严重破坏社会秩序的犯罪人，可以附加剥夺政治权利；"严重破坏社会秩序的犯罪"是个概括性的规定，是指出于故意而实施了相当于上述各罪的严重危害社会秩序的其他犯罪；1997 年 12 月 31 日最高人民法院《关于对故意伤害、盗窃等严重破坏社会秩序的犯罪分子能否附加剥夺政治权利问题的批复》也指出，对故意伤害、盗窃等其他严重破坏社会秩序的犯罪，犯罪人主观恶性较深、犯罪情节恶劣、罪行严重的，也可以依法附加剥夺政治权利。(2)剥夺政治权利独立适用的对象。独立适用剥夺政治权利，是作为一种不剥夺罪犯人身自由的轻刑，适用于罪行较轻、不需要判处主刑的罪犯，这取决于刑法分则的规定。

（三）剥夺政治权利的期限

剥夺政治权利的期限，除独立适用的以外，依所附加的主刑不同而有所不同。根据《刑法》第 55 条至第 58 条的规定，剥夺政治权利的期限包括以下四种情况：(1)单处剥夺政治权利或者判处拘役、有期徒刑附加剥夺政治权利的，剥夺政治权利的期限为 1 年以上 5 年以下；(2)判处管制附加剥夺政治权利的，剥夺政治权利的期限与管制的期限相同，同时执行，即 3 个月以上 2 年以下；(3)判处死刑、无期徒刑的，应当附加剥夺政治权利终身；(4)判死刑缓期执行减为有期徒刑或者原判无期徒刑减为有期徒刑的，应当把附加剥夺政治权利的期限改为 3 年以上 10 年以下。

（四）剥夺政治权利的期限计算

剥夺政治权利的刑期计算，根据主刑的不同可包括四种情况：(1)判处管制附加剥夺政治权利的，剥夺政治权利的期限从管制判决执行之日起计算，剥夺政治权利的期限与管制的刑期相等，同时起算，同时执行。管制期满解除管制，政治权利也同时恢复。(2)判处拘役、有期徒刑附加剥夺政治权利的，剥夺政治权利的期限从拘役、有期徒刑执行完毕或者假释之日起计算。值得注意的是，判处拘役、有期徒刑附加剥夺政治权利的，剥夺政治权利的效力当然施用于主刑执行期间，即被判处拘役、有期徒刑并被附加剥夺政治权利的犯罪人，在拘役、有期徒刑执行期间，当然剥夺政治权利。其附加的剥夺政治权利的刑期，要从拘役、有期徒刑执行完毕之日或从假释之日起计算。(3)判处死刑(包括死刑缓期 2 年执行)、无期徒刑附加剥夺政治权利终身的，刑期从判决发生法律效力之日起计算。死刑缓期 2 年执行或无期徒刑减为有期徒刑时，剥夺政治权利的期限依法相应减为 3 年以上 10 年以下，其刑期应当从减刑后的有期徒刑执行完毕之日或假释之日起计算。(4)独立适用剥夺政治权利的，剥夺政治权利的期限从判决执行之日起计算。

（五）剥夺政治权利的解除

除剥夺政治权利终身的以外，剥夺政治权利的期限届满时，应宣布恢复政治权利；恢复政治权利后，便享有法律赋予的权利，但有的政治权利因为法律的特别规定却不可能再享有。如《人民法院组织法》规定，被剥夺过政治权利的人，无论是否犯罪，无论经过多长时间，也不能被选举为人民法院院长、人民陪审员，不得被任命为副院长、庭长、副庭长、审判员和助理审判员等职务。

三、没收财产

没收财产,是指将犯罪人个人所有的财产的部分或者全部强制无偿收归国有的刑罚方法。

(一) 没收财产的适用对象

没收财产只能适用于刑法分则明文规定可以判处没收财产的那些犯罪,刑法分则规定有没收财产的条文共50余个,主要适用于以下几类犯罪:(1)危害国家安全罪。根据《刑法》第113条的规定,对所有的危害国家安全罪都可以并处没收财产。(2)严重的经济犯罪。《刑法》分则第三章规定的破坏社会主义市场经济秩序罪中,对某些严重的经济犯罪如生产、销售伪劣商品犯罪,走私犯罪,伪造货币罪,金融诈骗犯罪等可以没收财产。例如,《刑法》第140条规定,犯生产、销售伪劣产品罪,销售金额200万元以上的,处15年有期徒刑或无期徒刑,并处销售金额50%以上2倍以下罚金或者没收财产。(3)严重的财产犯罪。刑法分则第五章规定的侵犯财产罪中,有5个条文规定适用没收财产。(4)其他严重的刑事犯罪。例如,《刑法》第318条规定的组织他人偷越国(边)境罪,有违法所得数额巨大等特别严重情节的,处7年以上有期徒刑或者无期徒刑,并处罚金或者没收财产。《刑法》第383条规定的贪污罪和受贿罪的处罚中也规定有适用没收财产。应当看到,没收上述这些犯罪人的个人财产,不仅是对他们的惩罚,也是对他们继续犯罪活动的物质能力的限制或剥夺。

(二) 没收财产的范围

我国《刑法》第59条对没收财产的范围进行了规定,根据这些规定,没收财产的范围应当从以下三个方面确定:(1)没收财产是没收犯罪人个人所有财产的一部分或全部。所谓犯罪人个人所有财产,是指属于犯罪人本人实际所有的财产及与他人共有财产中依法应得的份额。应当严格区分犯罪人个人所有的财产与其家属或者他人财产的界限,只有依法确定为犯罪人个人所有的财产,才能予以没收。至于是没收部分财产还是没收全部财产,则要根据犯罪的社会危害性、犯罪人的人身危险性以及犯罪人家庭的经济状况来确定。根据2014年10月30日最高人民法院《关于刑事裁判涉财产部分执行的若干规定》第6条第2款的规定:"判处没收部分财产的,应当明确没收的具体财物或者金额。"(2)没收全部财产的,应当对犯罪人个人及其抚养的家属保留必需的生活费用以维持犯罪人个人和所抚养的家属的生活。(3)在判处没收财产的时候,不得没收属于犯罪人家属所有或者应有的财产。所谓家属所有财产,是指纯属家属个人的财产,如家属自己穿用的衣物、个人劳动所得财产。家属应有的财产,是指犯罪人与家属共同所有的财产中应当属于家属的那一部分财产。对于犯罪人与他人共同的财产,属于他人所有的部分,也不得予以没收。

(三) 没收财产的债务偿还

《刑法》第60条规定,没收财产以前的犯罪人所负的正当债务,需要以没收的财产偿还的,经债权人请求,应当偿还。但是,需要用没收的财产偿还债务的,必须具备以下四个条件:(1)必须是在没收财产以前犯罪人所负的债务,包括所负国家、集体和个人的债务;(2)必须是犯罪人所负的正当债务。不正当债务,如赌债、高利贷超出合法利息部分的债务不在此列;(3)必须由债权人提出偿还债务的请求;(4)偿还犯罪人所负债务,仅限于没收财产的范围内并按我国《民事诉讼法》规定的清偿顺序偿还。

(四) 没收财产与追缴犯罪所得及没收违禁品的区分

没收财产与《刑法》第 64 条关于"犯罪分子违法所得的一切财物,应当予以追缴或者责令退赔"、"违禁品和供犯罪所用的本人财物,应当予以没收"的规定有重大区别:前者是一种刑罚方法;而后者不属于作为刑罚的没收财产,例如对巨额财产来源不明罪中本人不能说明来源的差额部分以非法所得论,予以追缴;对犯罪人用于贩运毒品的车辆予以没收,均不属于没收财产。没收犯罪人违法所得的一切财物,是因为犯罪人本无权占有这些财物,自然应予追缴或责令退赔,查明物主的要退还给物主,使国家、集体或公民个人的合法财产恢复原状。至于没收违禁品和供犯罪使用的本人财物,如枪支、弹药、毒品和淫秽物品等,这是刑罚以外的对这部分财物的处理,一般具有诉讼证据的作用。

(五) 没收财产刑的执行

根据 2014 年 10 月 30 日最高人民法院《关于刑事裁判涉财产部分执行的若干规定》第 2 条的规定:"刑事裁判涉财产部分,由第一审人民法院执行。第一审人民法院可以委托财产所在地的同级人民法院执行。"可见,没收财产是由人民法院来执行的。根据《刑法》第 59 条的规定,没收全部财产的,应当对犯罪人个人及其扶养的家属保留必需的生活费用。上述司法解释第 9 条进一步明确:"执行没收财产或罚金刑,应当参照被扶养人住所地政府公布的上年度当地居民最低生活费标准,保留被执行人及其所扶养家属的生活必需费用。"这些均是出于人道主义的考虑作出的规定。此外,在没收财产与罚金并罚时需要考虑:如果一个犯罪被判处罚金,另一个犯罪被判处没收部分财产,则采取并科原则,合并执行;如果一个犯罪被判处罚金,而另一个犯罪被判处没收全部财产,则采取吸收原则,只执行没收财产。

(六) 没收财产刑的争议

从世界范围来看,适用没收财产刑的国家逐渐减少,特别是大多数西方国家已取消了没收财产刑。我国刑法学者对没收财产刑的存废存在两种相反的观点,主张废除论者认为:(1)没收财产难以执行;(2)没收财产具有不平等性;(3)没收财产可能株连无辜;(4)没收财产有碍于犯罪人的社会化。主张保留论者认为:(1)没收财产是惩治贪污、贿赂等犯罪的有效方法;(2)没收财产是惩治严重犯罪的辅助措施;(3)没收财产具有经济性。没收财产作为一种较为严厉的附加刑,对于打击那些严重危害国家安全的犯罪和严重的经济犯罪效果明显,至于没收财产的某些不足可以通过完善立法和严格执法来予以弥补,因此保留没收财产刑仍有必要。

四、驱逐出境

驱逐出境,是指对犯罪的外国人或无国籍人逐出我国国(边)境的刑罚方法。

这种刑罚方法不能适用于本国犯罪人,不具有普遍适用性。因此,我国《刑法》第34条没有将它列入具有普遍适用意义的附加刑种类之中,而是设立《刑法》第35条专条规定:"对于犯罪的外国人,可以独立适用或者附加适用驱逐出境。"我国是享有独立主权的国家,一切外国人或无国籍人,在我国境内都必须严格遵守我国的法律、法令。如果进行犯罪活动,除享有外交特权或豁免权的应通过外交途径解决以外,一律由我国司法机关进行追诉,适用我国刑法。外国人在我国居留,有义务遵守我国的法律、法令,不得侵犯我们国家和人民的利益。如果在我国犯了罪,就违背了在我国居留应尽的义务,为了消除其在我国境内继续犯罪的可能性,有必要剥夺其在我国的居留权。

驱逐出境,可以独立适用,也可以附加适用。究竟是否适用该刑罚,由人民法院根据犯罪性质、情节及本人的情况处理。同时适用中还要考虑到国与国的关系和外交工作的需要,法律只规定"可以适用",而不是"应当适用"。实践中,对于犯罪较轻,不宜判处徒刑,而又要驱逐出境的,可以单独适用,单独判处的驱逐出境从判决确定之日起执行;如果罪行较重,判处徒刑后,也可以附加驱逐出境。附加判处驱逐出境的,从主刑执行完毕之日起执行。

这里需要区别的是,除了我国刑法中作为刑罚方法规定有驱逐出境外,2013年7月1日起施行的《出境入境管理法》也规定有驱逐出境,而且名称也相同。但两者的性质、适用对象、适用的机关是不同的,不能混淆。主要区别是:(1)性质不同,前者是刑罚方法,后者是一种行政处罚方法。(2)适用对象不同,前者适用于犯罪的外国人,后者适用于违反了《出境入境管理法》且情节严重尚不构成犯罪的在我国境内的外国人。(3)适用的机关不同,前者由人民法院依照《刑法》和《刑事诉讼法》的规定适用,后者由公安机关依照《中华人民共和国出境入境管理法》的规定作出决定。(4)执行的时间不同。人民法院判决的驱逐出境,独立适用时从判决确定之日起执行,附加适用时从主刑执行完毕之日起执行。公安机关决定的驱逐出境,在公安部作出决定后立即执行。

第四节 非刑罚处罚措施

一、非刑罚处罚措施的概念及种类

非刑罚处罚措施又称为非刑罚处理方法,是指人民法院对犯罪人适用的刑罚以外的处罚方法的总称。刑罚虽然是承担刑事责任的基本方式,但不是唯一的方式。虽然刑罚的目的是预防犯罪,但犯罪千姿百态,罪行轻重各不相同,再犯罪的可能性也千差万别,其中必然会出现不需要判处刑罚的情况,刑法中免除刑罚的规定本身就肯定了这一点。但是,为了伸张正义、防止犯罪和教育犯罪人,对于不需要判处刑罚但又需要适用其他强制方法的犯罪人,确有必要适用非刑罚处罚措施。[①]

非刑罚处罚措施的特点是:对犯罪人适用,但不具有刑罚性质。换言之,非刑罚处罚措施适用的前提是行为人的行为已经构成犯罪。如果行为人的行为不构成犯罪,就不能适用非刑罚处罚措施。在刑法中规定非刑罚处罚措施,表明我们国家对犯罪的处理不是单纯地依靠刑罚,而是兼采多种方法。对于那些罪行轻微、不需要判处刑罚的犯罪人,给予适当的非刑罚处理,一方面体现了我国刑法宽严相济的基本刑事政策,另一方面也可以给予犯罪人一定的否定评价,使其受到教育、警戒,不致再次犯罪,从而达到预防犯罪的目的。

根据《刑法》第 36 条和第 37 条之一的规定,非刑罚处罚措施包括以下四类:

(一) 判处赔偿经济损失或责令赔偿损失

判处赔偿经济损失,是指人民法院对犯罪人除依法给予刑事处罚外,并根据其犯罪行为给被害人所造成的经济损失情况,判处犯罪人给予被害人一定经济赔偿的处理方法。责令赔偿损失,是指人民法院对犯罪情节轻微不需要判处刑罚的犯罪人,在免除其刑事处罚的同时,根据其犯罪行为对被害人造成的经济损失情况,责令其向被害人支付一定数额的金钱,以赔偿被害人经济损失的处理方法。判处赔偿经济损失和责令赔偿损失,虽均是赔偿被害人经济损失的非刑罚处罚措施,但两者有所不同:前者适用于依法被判处刑罚的犯罪人,即与刑罚一并适用;后者则适用于犯罪情节轻微、不需要判处刑罚而免予刑事处分的犯罪人,即属于独立适用。

(二) 训诫、责令具结悔过及赔礼道歉

这是人民法院对情节轻微、不需要判处刑罚的犯罪人在免予刑事处分的情况下所采用的几种教育方法。其中训诫是人民法院对犯罪人当庭予以批评或谴责,并责令其改正的一种教育方法;责令具结悔过,是人民法院责令犯罪人用书面方式保证悔改、不再重犯的一种教育方法;责令赔礼道歉是人民法院责令犯罪人公开向被害人当面承认错误、表示歉意的一种教育方法。上述几种方法尽管都是适用于以有罪为前提的被告人,但其性质都不属于刑罚,而是属于非刑罚处罚措施。这些非刑罚处罚措施是针对犯罪情节轻微不需要判处刑罚的犯罪人适用的。

(三) 由主管部门予以行政处罚或者行政处分

由主管部门予以行政处罚或者行政处分,是指人民法院根据案情向犯罪人所在单位提出对犯罪人予以行政处罚或行政处分的建议,由主管部门给予犯罪人以一定的行政处罚或者行政处分的非刑罚处罚措施。至于行政部门究竟给予何种行政处罚或者行政处分,应当由主管部门决定,人民法院不能直接对犯罪人作出。所谓行政处

---

① 张明楷著:《刑法学》,法律出版社 2011 年版,第 560 页。

罚,是指行政机关或者其他行政主体,依照国家行政法规和行政处罚法的规定,给予被免于刑事处罚的犯罪人以经济制裁或剥夺人身自由的处罚,如罚款、行政拘留等。所谓行政处分,是指犯罪人的所在单位或基层组织,依照行政规章、纪律、章程等,对被免于刑事处罚的犯罪人予以行政纪律处分,如开除、记过、警告等。这种非刑罚处罚措施也是对犯罪情节轻微不需要判处刑罚的犯罪人适用的。

(四) 从业禁止

《刑法修正案(九)》增设了《刑法》第37条之一:"因利用职业便利实施犯罪,或者实施违背职业要求的特定义务的犯罪被判处刑罚的,人民法院可以根据犯罪情况和预防再犯罪的需要,禁止其自刑罚执行完毕之日或者假释之日起从事相关职业,期限为三年至五年。被禁止从事相关职业的人违反人民法院依照前款规定作出的决定的,由公安机关依法给予处罚;情节严重的,依照本法第三百一十三条的规定定罪处罚。其他法律、行政法规对其从事相关职业另有禁止或者限制性规定的,从其规定。"本条款被称为"从业禁止"条款。我国很多行政管理法律法规中均有类似规定,如《公司法》、《证券法》、《公务员法》等。这并不是一个新刑种的设置,该规定的设立初衷主要在于防止犯罪人利用职业和职务之便再次犯罪,从预防犯罪、保障社会公众安全和维护社会公众利益的角度,赋予法院根据犯罪情况对这类犯罪采取预防性措施的权力。可见,从业禁止应是一种非刑罚处罚措施。从业禁止的执行机关为公安机关,一旦行为人违反人民法院决定非法从事相关业务,公安机关将依法予以处罚;情节严重的,将依照《刑法》第313条规定的拒不执行判决罪定罪处罚。

二、适用非刑罚处罚措施的条件及其意义

(一) 适用非刑罚处罚措施的条件

适用《刑法》第36条规定的判处赔偿经济损失,必须具备两个条件:(1)被害人的经济损失必须是由犯罪人的犯罪行为所造成的,即犯罪人的犯罪行为与被害人的经济损失之间具有刑法上的因果关系;(2)适用的对象必须是依法被判处刑罚的犯罪人,即必须是既要判处刑罚又要判处赔偿经济损失的犯罪人。《刑法》第36条第2款还规定:"承担民事责任的犯罪分子,同时被判处罚金,其财产不足以全部支付的,或者被判处没收财产的,应当先承担对被害人的民事赔偿责任"。也就是说,在刑事责任与民事责任竞合且犯罪人的财产不足以全部支付的情况下,应实行民事赔偿优先的原则,以利于对被害人利益的保护。

适用《刑法》第37条规定的训诫、责令具结悔过、赔礼道歉、赔偿损失或者由主管部门予以行政处罚或者行政处分的,也必须具备两个条件:(1)适用的对象是由于犯罪情节轻微不需要判处刑罚而被免予刑事处分的犯罪人;(2)虽然不需要判处刑罚,但根据案情又给予适当处理的。如果根据案件的具体情况仅需对犯罪人单纯作有罪宣告而不必给予适当的处理,则不能适用上述非刑罚处罚措施。

适用《刑法》第37条之一条规定的从业禁止,必须具备下列情形之一:(1)利用职

业便利实施犯罪被判处刑罚的,例如实施职务侵占罪、挪用资金罪、非国家工作人员受贿罪、非法经营同类营业罪、为亲友非法牟利罪等。(2)实施违背职业要求的特定义务的犯罪被判处刑罚的,例如实施徇私舞弊低价折股、出售国有资产罪和背信损害上市公司利益罪等。

(二) 适用非刑罚处罚措施的意义

非刑罚处罚措施就其性质而言均不是刑罚,均不具有刑罚的性质和作用,但是从一定意义上讲,这些非刑罚的处罚措施是刑罚的必要补充,在我国刑法中有着重要的意义。对于伸张正义、防止犯罪、教育犯罪人、维护被害人的合法权益有着良好的作用,同时也有利于司法部门和其他行政部门的相互联系和配合,衔接、协调各部门法的适用,既体现了我国刑法罪刑相适应的原则和宽严相济的刑事政策,又体现了法律的严肃性,既使犯罪人受到应有的惩罚,又保护了被害人的合法权益,使犯罪人与被害人之间的矛盾得以缓和,从而维护社会的稳定。

第十七章

刑罚裁量及其制度

第一节　刑罚裁量概述

一、刑罚裁量的概念

刑罚裁量,是指审判机关对构成犯罪的人衡量和决定刑罚的活动。在我国,指的是人民法院对犯罪分子依法裁量决定刑罚的审判活动,也被称为量刑。

从上述概念可以看出:

首先,刑罚裁量只能对构成犯罪的人才可以进行,从这个意义上说,对行为人的有罪定性是量刑开始的前提。

其次,刑罚裁量必须依法进行。刑罚裁量时对刑罚的衡量及其确定,是由法律明文规定的。不同的刑种或者刑期,都具有严格的法律性,其具体适用过程同样不能违背法律的规定。

最后,刑罚裁量只能由审判机关(在我国专指人民法院)适用,任何其他机关都无权裁量刑罚。

量刑作为人民法院运用刑罚的活动,在刑事审判中具有重要作用。当一个案件的事实查清以后,就要正确判断案件的性质,并确定被告人的行为是否构成犯罪。如果依法确认其行为已构成犯罪,进而需要解决的就是如何正确量刑。量刑的适当与否,是检验人民法院刑事审判工作质量的重要标准之一。量刑与定罪是人民法院刑事审判活动中两个紧密相联的重要部分。定罪是量刑的必要前提,量刑是定罪的必然归宿。只有切实做到定罪准确,量刑适当,才能维护社会主义法制尊严,发挥国家法律威力,有效实现刑罚目的;才能体现惩办与宽大相结合的政策;发挥刑法惩罚犯罪、保护人民,保障社会主义建设事业顺利进行的作用。如果量刑不当,导致重罪轻判或者轻罪重判,要么轻纵了罪犯,要么冤枉了无辜,不仅会给公民造成严重的侵害,而且会给社会主义法制的权威、国家的威信带来损害。

二、刑罚裁量的原则

量刑作为审判机关适用刑罚的活动,必须在一定的原则指导下进行。因为量刑原则制约着量刑的方式,影响着审判人员对量刑的主观倾向,规制着量刑的发展方向。由于量刑是一种审判活动,审判活动的基本依据是法律的规定,因此,确定量刑原则必须以法律的规定为基础。《刑法》总结了我国刑事司法实践经验,第 61 条明确规定:"对于犯罪分子决定刑罚的时候,应当根据犯罪的事实、犯罪的性质、情节和对于社会的危害程度,依照本法的有关规定判处",这就是刑法关于量刑原则的具体规定。由此可见,在我国,量刑的原则就是"以犯罪事实为依据"和"以刑事法律为准绳"。

(一) 量刑必须以犯罪事实为根据原则

量刑必须以犯罪事实为根据,就是要求在量刑时首先考虑被告人的犯罪事实。犯罪事实是量刑的客观依据,没有犯罪事实,就没有犯罪可言,也就没有了量刑。在量刑活动中以犯罪事实为根据,就是要查清犯罪分子的犯罪事实,正确地认定犯罪性质,全面地分析犯罪情节,考察犯罪行为的社会危害性,从而为准确适用刑罚提供可靠的客观依据。

量刑必须以犯罪事实为根据的原则中的犯罪事实,应当是指客观存在的诸种犯罪情况的总和。对于犯罪事实的理解,存在广义和狭义之说。广义的犯罪事实是指《刑法》第 61 条所言的客观存在的犯罪的各种事实情况的总和,包括犯罪事实、犯罪性质、情节和对于社会的危害程度。狭义的犯罪事实,仅指犯罪构成的基本事实,即犯罪的客体、客观要件、主体、主观要件中的内容。在这里,我们采用的是广义的说法。具体来看:

第一,必须查清犯罪事实。只有在查清犯罪事实的前提下,才能确定行为人是否构成犯罪,属于何种性质的犯罪,是否需要给予刑罚处罚,给予何种刑罚处罚。只有案件事实清楚,尤其是与定罪量刑有关的事实和情节,如犯罪行为是否系被告人所为,犯罪的时间、地点、手段、后果、目的、动机以及被告人自身的情况和犯罪后的表现等都清楚明了,并有确实充分证据予以证明,才会使量刑准确无误。

第二,必须确定犯罪性质。在查清楚事实状况以后,对行为人的行为是否构成犯罪,犯的什么罪,应定什么具体罪名,应当作出确切无疑的判断。只有定罪准确,才能划清罪与非罪、此罪与彼罪的界限。尤其在确定行为人的行为已经构成犯罪的情况下,犯罪的性质不同,能够反映出犯罪行为的社会危害程度不同,因而也就决定了法定刑的轻重。只有准确地界定了犯罪性质,才谈得上正确量刑,进而实现罪刑相当原则的要求。

第三,必须考察犯罪情节。刑法上的犯罪情节有两种:一种是定罪情节,即影响犯罪性质的情节;另一种是量刑情节,是指决定刑罚轻重的各种事实。这里所说的犯罪情节,通常是指除了决定犯罪性质的事实以外的其他事实情况,如犯罪的动机、手段、环境和条件,以及犯罪分子的一贯表现、犯罪后的态度、直接或间接的损害后果等,这些情节反映犯罪行为的社会危害性和犯罪分子的人身危险性,在一定程度上影响量刑。同一性质的犯罪,要使刑罚与犯罪的社会危害程度和犯罪人的人身危险性相适应,就必须使刑罚与犯罪情节相适应。

第四,必须全面准确评价犯罪行为对社会的危害程度。行为的社会危害程度,是区分罪与非罪、罪刑轻重,从而决定量刑轻重的主要依据。对于犯罪的社会危害程度,需要进行综合评价。

(二) 量刑必须以刑事法律为准绳原则

要做到量刑适当,仅仅弄清犯罪的事实、性质、情节和危害程度是远远不够的,《刑法》第 61 条明确规定,对犯罪分子决定刑罚的时候,应当"依照本法的有关规定判处"。这就要求严格司法,以刑事法律的规定为准绳,正确量刑。具体来说包括以下两个方面的内容:

第一,严格依照刑法分则规定量刑。刑法分则设立了罪刑单位,对于哪种犯罪适用哪种刑罚方法或哪种刑期,以及同一犯罪中的不同情况应当适用什么刑罚方法或什么刑期,都作了明确规定,人民法院应当根据案件的具体情况,选择最为合适的刑种或刑期。但是,无论决定适用什么刑种、刑期,都必须处于刑法分则规定的刑罚范围之内,不能超越法律的规定。对刑法分则规定的量刑幅度,除具有法定加重处罚、减轻处罚的情节以外,不能任意突破,否则即是违法。

第二,严格依照刑法总则的规定量刑。刑法总则是关于犯罪与刑罚的一般规定,对刑法全部内容均发生影响,因此,对其中关于刑罚适用的规定,如有关刑罚方法、刑罚制度及其适用条件、量刑情节的规定等,均涉及刑罚适用的轻重,量刑时都必须予以适用。不考虑、不适用甚至是违反这些规定,就谈不上全面地、准确地依法量刑。

以犯罪事实为根据,以刑事法律为准绳,是我国刑法中规定的量刑原则,两者是相辅相成、不可分割的,偏离其中任何一个部分,都会量刑失当,危害国家和人民的利益。量刑作为运用刑罚的一项重要审判活动,是法律赋予人民法院的一项权力,量刑适当,就能维护社会主义法制的尊严,有效地实现刑罚的目的。要正确量刑,就要理解和运用好量刑的原则。量刑的原则是量刑活动的灵魂和核心,是量刑活动内在精神的集中体现。我们必须高度重视量刑原则,更好地将量刑原则自觉运用于量刑活动之中,做到罚当其罪,方能真正体现惩办与宽大相结合的政策精神,做到罪刑相当。

三、刑罚裁量中的情节

刑罚裁量中的情节,也称量刑情节,是指对犯罪分子量刑时,影响刑罚轻重的各种事实。

(一) 量刑情节的分类

按照不同的标准,量刑情节通常可以分为下列几类:

1. 以是否由法律明文规定为标准,可以将量刑情节分为法定的量刑情节和酌定的量刑情节。法定的量刑情节(简称法定情节),是刑法明文规定的情节,如犯罪的停止形态、从犯等。酌定的量刑情节(简称酌定情节),是刑法没有明确规定,但是按照刑事政策和刑事审判经验,由法官根据每个案件的具体情况予以掌握的情节,如是否积极赔偿被害人的经济损失、被告人认罪悔罪态度等。

2. 以是否必须在量刑中加以适用为标准,可以将量刑情节分为应当的量刑情节和可以的量刑情节。应当的量刑情节(简称应当情节),是指在量刑时必须予以考虑或体现的情节,其在刑法中通常用"应当"限定,如《刑法》第17条第3款的规定:"已满十四周岁不满十八周岁的人犯罪,应当从轻或者减轻处罚"。可以的量刑情节(简称可以情节),是指在量刑时法官依照法律许可或者法律授权在量刑时适用的选择性情节,其在刑法中的表达通常以"可以"描述,如《刑法》第23条第2款的规定:"对于未遂犯,可以比照既遂犯从轻或者减轻处罚"。

3. 以影响刑罚的轻重为标准,可以将量刑情节分为就轻的量刑情节和就重的量刑情节。就轻的量刑情节(简称就轻情节),是指依据刑法规定,选择较轻的刑种或较短的刑期予以处刑的情节。具体又可以分为:(1)从轻情节,即在法定刑的范围内选择较轻的刑种或者较短的刑期的事实;(2)减轻情节,即在法定最低刑以下裁量刑罚的事实;(3)免予刑事处罚情节,即可以予以有罪宣告,但是免予刑事处罚的事实。就重的量刑情节(简称就重情节),是指依据刑法规定,选择较重的刑种或者较长的刑期予以处刑的情节。具体又可以分为:(1)加重情节,即在法定刑的最高刑以上予以处刑的事实,我国刑法对此持否定态度;(2)从重情节,即在法定的处刑幅度内选择较重的刑种或者较长的刑期的事实。

4. 以一种事实对量刑影响的单一或复合情况为标准,可以将量刑情节分为单功能的量刑情节和多功能的量刑情节。单功能的量刑情节(简称单功能情节),是指对于量刑仅发生一种影响的情节,如累犯,只具有量刑情节的从重功能。多功能的量刑情节(简称多功能情节),是指对于量刑可以产生多种影响的情节,如共同犯罪中的从犯,刑法规定"应当从轻、减轻或者免除处罚"。

(二) 法定量刑情节

根据我国刑法的规定,法定量刑情节主要有如下类别:

1. 应当免除处罚的情节:没有造成损害的中止犯(第24条第2款前段)。

2. 可以免除处罚的情节:(1)犯罪较轻且自首的(第67条第1款后段);(2)非法种植罂粟或者其他毒品原植物,在收获前自动铲除的(第351条第3款)。

3. 应当减轻或者免除处罚的情节:(1)防卫过当(第20条第2款);(2)避险过当(第21条第2款);(3)胁从犯(第28条)。

4. 应当减轻处罚的情节:造成损害的中止犯(第24条第2款后段)。

5. 可以免除或者减轻处罚的情节:在国外犯罪,已在外国受过刑罚处罚的(第10条后段)。

6. 可以减轻或者免除处罚的情节:(1)有重大立功表现的(第68条后段);(2)行贿人在被追诉前主动交代向非国家工作人员、外国公职人员、国际公共组织官员行贿行为的(第164条第4款);(3)拒不支付劳动报酬,尚未造成严重后果,在提起公诉前支付劳动者的劳动报酬,并依法承担相应赔偿责任的(第276条之一第3款);(4)行贿人在被追诉前主动交代行贿行为,犯罪较轻的,对侦破重大案件起关键作用的,或者有重大立功表现的(第390条第2款后段);(5)介绍贿赂人在被追诉前主动交代介绍贿赂行为的(第392条第2款)。

7. 可以减轻处罚的情节:犯罪后如实供述自己罪行,避免特别严重后果发生的

（第 67 条第 3 款后段）。

8. 应当从轻、减轻或者免除处罚的情节：从犯（第 27 条第 2 款）。

9. 可以从轻、减轻或者免除处罚的情节：（1）又聋又哑的人或者盲人犯罪（第 19 条）；（2）预备犯（第 22 条第 2 款）；（3）犯贪污、受贿罪，在提起公诉前如实供述自己罪行、真诚悔罪、积极退赃，避免、减少损害结果的发生，数额较大或者有其他较重情节的（第 383 条第 3 款前段以及第 386 条前段）。

10. 应当从轻或者减轻处罚的情节：（1）已满 14 周岁不满 18 周岁的人犯罪（第 17 条第 3 款）；（2）已满 75 周岁的人过失犯罪的（第 17 条之一后段）。

11. 可以从轻或者减轻处罚的情节：（1）已满 75 周岁的人故意犯罪的（第 17 条之一前段）；（2）尚未完全丧失辨认或者控制自己行为能力的精神病人犯罪的（第 18 条第 3 款）；（3）未遂犯（第 23 条第 2 款）；（4）被教唆的人没有犯被教唆的罪时的教唆犯（第 29 条第 2 款）；（5）自首的（第 67 条第 1 款中段）；（6）有立功表现的（第 68 条前段）；（7）收买被拐卖的妇女，按照被买妇女的意愿，不阻碍其返回原居住地的（第 241 条第 6 款后段）；（8）行贿人在被追诉前主动交待行贿行为的（第 390 条第 2 款前段）。

12. 可以从轻处罚的情节：（1）犯罪后如实供述自己罪行的（第 67 条第 3 款前段）；（2）收买被拐卖的儿童，对被买儿童没有虐待行为，不阻碍对其进行解救的（第 241 条第 6 款前段）；（3）犯贪污、受贿罪，在提起公诉前如实供述自己罪行、真诚悔罪，积极退赃，避免、减少损害结果发生，数额巨大或者有其他严重情节的，数额特别巨大或者有其他特别严重情节的（第 383 条第 3 款后段以及第 386 条前段）。

13. 应当从重处罚的情节：（1）教唆不满 18 周岁的人犯罪的（第 29 条第 1 款后段）；（2）累犯（第 65 条第 1 款中段）；（3）策动、胁迫、勾引、收买国家机关工作人员、武装部队人员、人民警察、民兵进行武装叛乱或者武装暴乱的（第 104 条第 2 款）；（4）与境外机构、组织、个人相勾结，实施《刑法》第 103 条、第 104 条、第 105 条规定的犯罪的（第 106 条）；（5）掌握国家秘密的国家工作人员犯叛逃罪的（第 109 条第 2 款）；（6）武装掩护走私的（第 157 条第 1 款）；（7）国有公司、企业、事业单位的工作人员，徇私舞弊，犯国有公司、企业人员失职罪，国有公司、企业人员滥用职权罪，国有事业单位人员失职罪，国有事业单位人员滥用职权罪的（第 168 条第 3 款）；（8）伪造货币并出售或运输伪造的货币的（第 171 条第 3 款）；（9）银行或者其他金融机构的工作人员利用职务上的便利，犯窃取、收买、非法提供信用卡信息罪的（第 177 条之一第 3 款）；（10）银行或者其他金融机构的工作人员违反国家规定，向关系人发放贷款的（第 186 条第 2 款）；（11）奸淫不满 14 周岁的幼女的（第 236 条第 2 款）；（12）猥亵儿童的（第 237 条第 3 款）；（13）非法拘禁他人或以其他方法非法剥夺他人人身自由，并有殴打、侮辱情节的（第 238 条第 1 款后段）；（14）国家机关工作人员利用职权犯非法拘禁罪的（第 238 条第 4 款）；（15）国家机关工作人员犯诬告陷害罪的（第 243 条第 2 款）；（16）司法工作人员滥用职权，犯非法搜查罪、非法侵入住宅罪的（第 245 条第 2 款）；（17）司法工作人员因刑讯逼供、暴力取证，致人伤残、死亡的（第 247 条后段）；（18）监狱、拘留所、看守所等监管机构的监管人员对被监管人进行殴打或者体罚虐待，致人伤残、死亡的(第248条第1款后段);(19)邮政工作人员犯私自开拆、隐匿、毁弃邮件、电报罪并窃取财物的(第253条第2款);(20)违反国家有关规定,将在履行职责或者提供服务过程中获得的公民个人信息,出售或者提供给他人的(第253条之一第2款);(21)暴力袭击正在依法执行职务的人民警察的(第277条第5款);(22)冒充人民警察招摇撞骗的(第279条第2款);(23)引诱未成年人参加聚众淫乱活动的(第301条第2款);(24)司法工作人员犯妨害作证罪,帮助毁灭、伪造证据罪的(第307条第3款);(25)以捏造的事实提起民事诉讼,非法占有他人财产或者逃避合法债务,又构成其他犯罪的(第307条之一第3款);(26)司法工作人员利用职权,与他人共同实施虚假诉讼罪,同时构成其他犯罪的(第307条之一第4款);(27)盗伐、滥伐国家级自然保护区内的森林或其他林木的(第345条第4款);(28)利用、教唆未成年人走私、贩卖、运输、制造毒品,或者向未成年人出售毒品的(第347条第6款);(29)缉毒人员或其他国家机关工作人员掩护、包庇走私、贩卖、运输、制造毒品的犯罪分子的(第349条第2款);(30)引诱、教唆、欺骗或者强迫未成年人吸食、注射毒品的(第353条第3款);(31)因走私、贩卖、运输、制造、非法持有毒品罪被判过刑,又犯走私、贩卖、运输、制造毒品罪一节中规定之罪的(第356条);(32)组织、强迫未成年人卖淫的(第358条第2款);(33)旅馆业、饮食服务业、文化娱乐业、出租汽车业等单位的主要负责人,利用本单位的条件,组织、强迫、引诱、容留、介绍他人卖淫的(第361条第2款);(34)制作、复制淫秽的电影、录像等音像制品组织播放的(第364条第3款);(35)向不满18周岁未成年人传播淫秽物品的(第364条第4款);(36)战时犯破坏武器装备、军事设施、军事通信罪或者过失损坏武器装备、军事设施、军事通信罪的(第369条第3款);(37)挪用用于救灾、抢险、防汛、优抚、扶贫、移民、救济款物归个人使用的(第384条第2款);(38)索贿的(第386条后段);(39)徇私舞弊犯食品监管渎职罪的(第408条之一第2款);(40)战时犯阻碍执行军事职务罪的(第426条后段);(41)伪造、变造海关签发的报关单、进口证明、外汇管理部门核准件等凭证和单据,并用于骗购外汇的(全国人民代表大会常务委员会《关于惩治骗购外汇、逃汇和非法买卖外汇犯罪的决定》第1条第2款);(42)海关、外汇管理部门以及金融机构、从事对外贸易经营活动的公司、企业或者其他单位的工作人员与骗购外汇或者逃汇的行为人通谋,为其提供购买外汇的有关凭证或者其他便利的,或者明知是伪造、变造的凭证和单据而售汇、付汇的(全国人民代表大会常务委员会《关于惩治骗购外汇、逃汇和非法买卖外汇犯罪的决定》第5条)。

(三)酌定量刑情节

我国刑法实践中,较为多见的酌定量刑情节有:(1)犯罪的手段是否恶劣、是否残忍等;(2)犯罪的时间、地点;(3)犯罪侵害的对象的具体情况,由此反映行为的社会危害程度不同;(4)犯罪造成的危害结果的大小;(5)犯罪的动机是否卑劣,能够表明犯罪人主观恶性程度不同;(6)犯罪分子犯罪后的态度,是否能够真诚坦白、主动交代罪行、积极退赔、主动赔偿损失等,能够反映犯罪分子的主观恶性;(7)犯罪人的一贯表现;(8)犯罪人有无前科等。

在最高人民法院《关于常见犯罪的量刑指导意见》确定的常见量刑情节中，属于酌定量刑情节的有：(1)当庭自愿认罪的；(2)退赃、退赔的；(3)积极赔偿被害人经济损失并取得谅解的；(4)有前科的；(5)犯罪对象为未成年人、老年人、残疾人、孕妇等弱势人员的；(6)在重大自然灾害、预防、控制突发传染病疫情等灾害期间犯罪的。

（四）量刑情节的运用

1. 法定量刑情节的运用。《刑法》第 62 条规定："犯罪分子具有本法规定的从重处罚、从轻处罚情节的，应当在法定刑的限度以内判处刑罚。"犯罪的从重、从轻情节，都是就犯罪分子没有适用该情节时刑法规定的应当判处的刑罚而言的。因此，只有在明确刑法规定的某一个具体犯罪的法定刑的情况下才能运用该量刑情节。在确定具体犯罪行为应判处的刑种和刑期时，首先应当在不考虑具体量刑情节的情况下，确定该犯罪行为应判处的法定的刑种和刑期，在此范围内，再运用量刑情节确定合适的刑种和刑期。从重、从轻处罚必须是在法定刑的范围之内，这是不成问题的，只需注意不能将其理解为是在法定刑的中间刑"以上"或"以下"量刑，而是应当根据每个案件的具体情况，按照应当选定的法定刑加以确定。

《刑法》第 63 条第 1 款规定："犯罪分子具有本法规定的减轻处罚情节的，应当在法定刑以下判处刑罚；本法规定有数个量刑幅度的，应当在法定量刑幅度的下一个量刑幅度内判处刑罚。"由此可见，与从轻处罚相比，减轻处罚更有利于被告人，如果法院决定适用减轻处罚情节，可以在法定最低刑以下判处刑罚。该规定的后半段明确了减轻处罚的限度，有助于司法机关的具体运用。

2. 酌定量刑情节的运用。《刑法》第 61 条规定："对于犯罪分子决定刑罚的时候，应当根据犯罪的事实、犯罪的性质、情节和对于社会的危害程度，依照本法的有关规定判处。"对于该条中所讲的"情节"，应当理解为犯罪的各种情节，包括酌定情节，这也是量刑时应当考虑的基本事实。酌定情节和法定情节一样，对量刑均有影响。虽然在实践中，法定情节是重点考虑的事实，但是，这并不等于否认酌定情节。要真正做到罚当其罪，酌定情节对确定刑罚也有一定的辅助性影响。

3. 特殊量刑情节的运用。《刑法》第 63 条第 2 款规定："犯罪分子虽然不具有本法规定的减轻处罚情节的，但是根据案件的特殊情况，经最高人民法院核准，也可以在法定刑以下判处刑罚。"在颇受社会关注的"许霆盗窃案"中，再审一审判决由原一审的无期徒刑改为 5 年有期徒刑，就是运用该规定的充分体现。

第二节　累　　犯

一、累犯的概念

累犯，是指受过一定的刑罚处罚，在刑罚执行完毕或者赦免以后，在一定的时间内又犯应当被判处一定刑罚之罪的犯罪分子。

在司法实践中,和累犯相似的名词很多,例如,再犯(再次犯罪)、又犯(又一次犯罪)、重犯(重新犯罪)、屡犯(屡犯屡罚、屡罚不改)等。但是,同累犯相比,这些概念均不是同一性质的问题。从刑事实体法的角度看,累犯是一个严格的法律规定,不是犯罪学意义上的对一般犯罪现象的概括,它会影响对犯罪分子的最终刑事裁判。

累犯的危害性在于:首先,这类罪犯先前犯过罪并受过刑罚处罚,但是在刑满释放后不久又犯较为严重的犯罪,从其主观恶性上看是较为恶劣的;其次,由于这类罪犯有犯罪的前科,熟悉一定的犯罪的手段、方法,重新犯罪的成功率较大;再次,这类罪犯接受过司法机关的处罚,有一定的抗侦查、抗审判的能力,往往会给案件的侦破带来困难;最后,由于这类罪犯的主观恶性大,他们一旦再犯罪,其犯罪的性质或危害性一般较大,会对社会造成较大的侵害。总而言之,这类人的人身危险性比较大,量刑时应当予以特别关注。

从刑法理论上看,与累犯紧密关联的概念是人身危险性,我国刑法学界对这一概念存在不同认识,主要有以下几种观点:(1)犯罪分子的人身危险性是指已经犯了罪的人在其言行中所表现出来的危害社会的思想品质;(2)犯罪分子的人身危险性是指犯罪分子存在对社会所构成的威胁,即具有再犯可能性;(3)犯罪分子的人身危险性是指由犯罪分子的年龄、心理、生理状况、个人气质、经历、道德观念、教育程度、犯罪前的表现、犯罪后的态度等一系列个人情况所决定的再次犯罪的可能性;(4)犯罪分子的人身危险性是指犯罪人存在对社会所构成的潜在威胁,它由犯罪人的改造可能性和再犯可能性组成。在以上几种观点中,第二、三、四种属于同一观点,即犯罪人的人身危险性是犯罪分子再次犯罪的可能性,第四种观点补充了改造可能性,第三种观点进一步明确了是犯罪人的个人情况和具体哪些个人情况决定犯罪人的人身危险性。可见,犯罪分子的人身危险性是由犯罪人个人情况决定的再次犯罪的可能性。刑法上累犯的认定和处理,就是考虑到了这部分人的特殊情形,给予特别的规定。

二、累犯的分类和条件

《刑法》第65条和第66条规定,累犯可以分为一般累犯和特殊累犯两种。

(一) 一般累犯

《刑法》第65条第1款规定:"被判处有期徒刑以上刑罚的犯罪分子,刑罚执行完毕或者赦免以后,在五年以内再犯应当判处有期徒刑以上刑罚之罪的,是累犯,应当从重处罚,但是过失犯罪和不满十八周岁的人犯罪的除外。"该规定包含了一般累犯的法定概念。

一般累犯的成立必须具备以下条件:

1. 前罪和后罪必须都是故意犯罪。如果前罪和后罪有一个是过失犯罪,或者前后两罪都是过失犯罪,则不能构成累犯。由此可见,犯罪的主观罪过形式,对累犯的构成极其重要,因为其充分反映了设立累犯制度的着眼点。

2. 前罪所判处的刑罚和后罪应当判处的刑罚都是有期徒刑以上的刑罚。这里所讲的前罪所判处的刑罚,指的是行为人所犯前罪实际被判处的刑罚,不是行为人所犯之罪法定刑的规定;同样,这里所讲的后罪应当判处的刑罚,也是指的行为人所犯之罪实际应当被判处的刑罚,不是行为人所犯之罪的法定刑的规定。

3. 后罪必须发生在前罪刑罚执行完毕或者赦免以后5年之内。5年的起算是从前罪的受刑最终之日算起还是从受刑最终之日的次日算起?由于司法实践中是在受刑最终日的当天释放受刑人,因此,这一天即为刑罚执行完毕时。如果受刑人在当天又犯罪,应当认为是在"刑罚执行完毕以后"再犯罪。同理,对"赦免之日"的理解也是如此。此外,刑罚执行完毕是指主刑执行完毕,附加刑是否执行完毕不影响累犯的成立。

根据《刑法》第65条第2款的规定,如果前罪在执行过程中,罪犯被假释,那么5年的期限是从假释期满之日起计算。

4. 行为主体实施前罪和后罪时,都必须已满18周岁。犯后罪时不满18周岁的,不得认定为累犯;同样,犯前罪时不满18周岁但犯后罪时已满18周岁的,也不构成累犯。刑法之所以如此规定,一方面是因为未成年人容易接受教育改造,不以累犯从重处罚,也足以预防其再次实施犯罪,另一方面也符合《未成年人保护法》第54条第1款的规定,即"对违法犯罪的未成年人,实行教育、感化、挽救的方针,坚持教育为主、惩罚为辅的原则"。

(二)特殊累犯

《刑法》第66条规定:"危害国家安全犯罪、恐怖活动犯罪、黑社会性质的组织犯罪的犯罪分子,在刑罚执行完毕或者赦免以后,在任何时候再犯上述任一类罪的,都以累犯论处。"这就是所谓的特殊累犯。

特殊累犯的成立条件如下:

1. 前罪与后罪必须都是危害国家安全罪、恐怖活动犯罪、黑社会性质的组织犯罪之一,如果其中有一个不是,那就不能按照特殊累犯对待。如果前后两罪或其中一罪不属于这三类犯罪,那么不成立特殊累犯,符合一般累犯条件的,成立一般累犯。

2. 后罪发生在前罪的刑罚执行完毕或赦免以后。可见,在特殊累犯的情形中,前罪被判处何种刑罚、后罪应当被判处何种刑罚、两罪的间隔时间、两罪的主观罪过等因素,都不影响特殊累犯的成立。但是,由于免予刑事处罚实际上是没有给行为人以刑事处罚,因此,如果行为人的前罪被宣告免予刑事处罚,就不会发生刑罚执行完毕的问题,不构成特殊累犯,也不成立一般累犯。

3. 行为主体实施前罪和后罪时,都必须已满18周岁。

刑法之所以规定特殊累犯,且在构成条件上有所放宽,在于以上三类犯罪的社会危害性比一般犯罪的社会危害性更大,也是为了维护国家的安全,保障人民的根本利益。

三、累犯的刑事责任

刑法规定,对于累犯应当从重处罚。从重处罚是处理累犯的一个基本原则,是基于社会的公平和正义。这是由于累犯对社会、公民心理秩序的破坏都较一般刑事犯罪分子更为严重,其人身危险性也更大。

刑法对累犯的从重处罚具体体现在:(1)《刑法》第 65 条第 1 款规定,对累犯应当一律从重处罚,不论其是一般累犯还是特殊累犯;(2)《刑法》第 74 条规定,对于累犯不适用缓刑;(3)《刑法》第 81 条第 2 款规定,对于累犯不得假释;(4)《刑法》第 50 条第 2 款规定,对被判处死刑缓期执行的累犯,人民法院根据犯罪情节等情况可以同时决定对其限制减刑。

第三节　自首、坦白

一、自首的概念

根据《刑法》第 67 条的规定,自首是指在犯罪以后自动投案,如实供述自己的罪行,或者被采取强制措施的犯罪嫌疑人、被告人和正在服刑的罪犯,如实供述司法机关还未掌握的本人其他罪行的行为。

评价法律设立自首制度的价值,应当有经济效益和社会效益两个尺度。从经济效益的层面看,一是衡量犯罪主观方面的恶意程度和实际造成的损害程度;二是衡量犯罪人对犯罪后果的弥补程度;三是衡量给国家节省了多少破案和审案开支,即所谓的司法成本。从社会效益分析,则应当衡量下面几个问题:一是自首的犯罪人悔罪的真诚度及其守法自律的可信度;二是犯罪起因上的可恕度和社会接受犯罪人悔罪的可能度。国家依据这两个尺度,衡量具体自首行为的价值,并根据自首价值的大小给予自首的当事人相应程度的宽恕,这是自首制度实际运作的基本原则。根据这个原则处理自首案件,应当在客观认定自首行为价值的同时,充分注意国家与当事人之间类似于等价交换的公平问题,维护自首与宽恕之间的对等关系。从司法理性的要求讲,促成自首制度实施的良性循环(即:自首制度→悔罪和求宽大的愿望→主动认罪→案件告破→获得经济效益和社会效益→进一步促使悔罪和求宽大愿望的产生→主动认罪→……)是设立自首制度的目的所在。因此,认定和处理自首,应当服从于自首制度的这个目的,不论是"出头认罪",还是"自陈其罪",只要符合自首的本意,具有自首的实际价值,就应当认定为自首。

二、自首的种类和条件

根据《刑法》第 67 条的规定,自首可以分为一般自首和特别自首。

(一) 一般自首及其成立条件

一般自首,是指犯罪以后自动投案,如实供述自己罪行的行为。

从我国刑法规定、司法实践和刑法理论的基本观点来看,成立一般自首必须具备以下条件:

1. 自动投案。自动投案是指犯罪事实或者犯罪嫌疑人未被司法机关发觉,或者虽被发觉,但犯罪嫌疑人尚未受到讯问、未被采取强制措施时,主动、直接向公安机关、人民检察院或者人民法院投案。其具体又可以有以下三种情形:(1)犯罪事实和犯罪嫌疑人都没有被发现,犯罪嫌疑人自动投案;(2)犯罪事实已经被发现,但是犯罪嫌疑人尚未被发现,犯罪嫌疑人自动投案;(3)犯罪事实和犯罪嫌疑人都已经被发现,在司法机关采取强制措施之前,犯罪嫌疑人自动投案。

根据 1998 年 4 月 6 日最高人民法院《关于处理自首与立功具体应用法律若干问题的解释》以及 2010 年 12 月 22 日最高人民法院《关于处理自首和立功若干具体问题的意见》,对于下述情形按自动投案认定:(1)犯罪嫌疑人向其所在单位、城乡基层组织或者其他有关负责人员投案的;(2)犯罪嫌疑人因病、伤或者为了减轻犯罪后果,委托他人先代为投案,或者先以信电投案的;(3)罪行尚未被司法机关发觉,仅因形迹可疑,被有关组织或者司法机关盘问、教育后,主动交待自己的罪行的;(4)犯罪后逃跑,在被通缉、追捕过程中,主动投案的;(5)经查实确已准备去投案,或者正在投案途中,被公安机关捕获的;(6)并非出于犯罪嫌疑人主动,而是经亲友规劝、陪同投案的;(7)公安机关通知犯罪嫌疑人的亲友,或者亲友主动报案后,将犯罪嫌疑人送去投案的;(8)犯罪后主动报案,虽未表明自己是作案人,但没有逃离现场,在司法机关询问时交代自己罪行的;(9)明知他人报案而在现场等待,抓捕时无拒捕行为,供认犯罪事实的;(10)在司法机关未确定犯罪嫌疑人,尚在一般性排查询问时主动交代自己罪行的;(11)因特定违法行为被采取劳动教养、行政拘留、司法拘留、强制隔离戒毒等行政、司法强制措施期间,主动向执行机关交代尚未被掌握的犯罪行为的;(12)交通肇事后保护现场、抢救伤者,并向公安机关报告的;(13)交通肇事逃逸后自动投案,如实供述自己罪行的;(14)其他符合立法本意,应当视为自动投案的情形。

上述解释还同时明确,如下情形不得认定为"自动投案":(1)犯罪嫌疑人自动投案后又逃跑的;(2)罪行未被有关部门、司法机关发觉,仅因形迹可疑被盘问、教育后,虽然主动交代了犯罪事实,但有关部门、司法机关在其身上、随身携带的物品、驾乘的交通工具等处发现与犯罪有关的物品的;(3)犯罪嫌疑人被亲友采用捆绑等手段送到司法机关,或者在亲友带领侦查人员前来抓捕时无拒捕行为,并如实供认犯罪事实的,虽然不能认定为自动投案,但可以参照法律对自首的有关规定酌情从轻处罚。

在司法实践中,职务犯罪的自首认定存在较多争议,为此,最高人民法院、最高人民检察院 2009 年 3 月 12 日发布《关于办理职务犯罪案件认定自首、立功等量刑情节若干问题的意见》，明确指出，根据《刑法》第 67 条第 1 款的规定，成立自首需同时具备自动投案和如实供述自己的罪行这两个要件。因此，(1)犯罪事实或者犯罪分子未被办案机关掌握，或者虽被掌握，但犯罪分子尚未受到调查谈话、讯问，或者未被宣布采取调查措施或者强制措施时，向办案机关投案的，是自动投案。在此期间如实交代自己的主要犯罪事实的，应当认定为自首。(2)犯罪分子向所在单位等办案机关以外的单位、组织或者有关负责人员投案的，应当视为自动投案。同时明确指出，没有自动投案，在办案机关调查谈话、讯问、采取调查措施或者强制措施期间，犯罪分子如实交代办案机关掌握的线索所针对的事实的，不能认定为自首。

《意见》还规定，虽然没有自动投案，但具有以下情形之一的，以自首论：(1)犯罪分子如实交代办案机关未掌握的罪行，与办案机关已掌握的罪行属不同种罪行的；(2)办案机关所掌握线索针对的犯罪事实不成立，在此范围外犯罪分子交代同种罪行的。

2. 如实供述自己的罪行。如实供述自己的罪行是指犯罪嫌疑人自动投案后，如实交代自己的主要犯罪事实。如实供述自己的犯罪事实，可以说是犯罪嫌疑人自动投案行为的自然延伸，这是认定自首成立与否的根本依据和基本条件。

在一般情况下，行为人自动投案后交代了犯罪的基本事实，如在什么时候、什么地点、实施了什么样的犯罪行为，即使没有讲清楚犯罪的全部细节，也可认为如实交代了主要犯罪事实。因为，此时这些还未讲清楚的细节，并不影响行为人自动将自己置于司法机关的控制之下，由国家对其追究刑事责任的事实的认定。行为人的投案和交代已为司法机关启动追究犯罪人的刑事责任的程序提供了必要条件，节约了司法资源。

根据最高人民法院的前述解释，(1)"如实供述自己的罪行"，除供述自己的主要犯罪事实外，还应包括姓名、年龄、职业、住址、前科等情况。犯罪嫌疑人供述的身份等情况与真实情况虽有差别，但不影响定罪量刑的，应认定为如实供述自己的罪行。犯罪嫌疑人自动投案后隐瞒自己的真实身份等情况，影响对其定罪量刑的，不能认定为如实供述自己的罪行；(2)犯罪嫌疑人自动投案时虽然没有交代自己的主要犯罪事实，但在司法机关掌握其主要犯罪事实之前主动交代的，应认定为如实供述自己的罪行；(3)犯罪嫌疑人多次实施同种罪行的，应当综合考虑已交代的犯罪事实与未交代的犯罪事实的危害程度，决定是否认定为如实供述主要犯罪事实。虽然投案后没有交代全部犯罪事实，但如实交代的犯罪情节重于未交代的犯罪情节，或者如实交代的犯罪数额多于未交代的犯罪数额，一般应认定为如实供述自己的主要犯罪事实。无法区分已交代的与未交代的犯罪情节的严重程度，或者已交代的犯罪数额与未交代的犯罪数额相当，一般不认定为如实供述自己的主要犯罪事实；(4)犯有数罪的犯罪嫌疑人仅如实供述所犯数罪中部分犯罪的，只对如实供述部分犯罪的行为，认定为自首；(5)共同犯罪案件中的犯罪嫌疑人，除如实供述自己的罪行，还应当供述所知的同案犯，主犯则应当供述所知其他同案犯的共同犯罪事实，才能认定为自首；(6)犯罪嫌疑人自动投案并如实供述自己的罪行后又翻供的,不能认定为自首,但在一审判决前又能如实供述的,应当认定为自首。

之所以强调犯罪人必须如实供述其所犯的罪行,主要是针对司法实践中有的犯罪人故意作虚假的供述。投案人作虚假供述可能基于以下几种情形:推诿他人,保全自己,逃避惩罚;江湖义气,包庇同伙;歪曲事实,谎报行为性质,妄想蒙混过关;捏造事实,虚构犯罪情节,以图入狱食宿;避重就轻,意图减轻罪责等。对这些情形均不能认定为自首。

行为人投案后隐瞒犯罪事实中对量刑有重大影响的重要情节或虚构减轻自己刑事责任的情节,原则上不应认定其如实交代主要犯罪事实。因为在这种情况下,行为人虽然自动投案,自愿将自己交由国家追究刑事责任,为国家节约了司法资源,但是,自首制度不仅基于节约司法资源的刑事政策的考虑,还包含了犯罪分子人身危险性减少的设定和实现一般预防和特殊预防的刑罚目的的需要。行为人自动投案,为国家节约了司法资源,表明其人身危险性有所减少,但其隐瞒犯罪事实中影响量刑的重要情节或添加可以减轻、免除自己刑事责任的情节,表明其对交代罪行有很大的保留,其人身危险性的减轻程度是有限的,故不予认定自首是适宜的,这也表明了司法机关要求投案人如实交代罪行的导向。当然,考虑到行为人自动投案,交代了一定的犯罪事实,量刑时应酌情从轻处罚。

在认定行为人是否如实交代主要犯罪事实时,要注意区分行为人在如实交代基本犯罪事实过程中对自己行为的性质、在犯罪中地位、作用的辩解与为了逃避刑罚或避重就轻有意歪曲事实的界限。前者是在如实交代自己行为或和他人的共同行为的前提下,提出对行为性质等的认识,不影响对其如实交代主要犯罪事实的认定。而后者,因为其在交代事实时就有意歪曲或隐瞒自己的行为,显然不能认定为如实交代主要犯罪事实。对此,最高人民法院专门作出《关于被告人对行为性质的辩解是否影响自首成立问题的批复》(自2004年4月1日起施行),该《批复》确认:"根据《刑法》第六十七条第一款和最高人民法院《关于处理自首和立功具体应用法律若干问题的解释》第一条的规定,犯罪以后自动投案,如实供述自己的罪行的,是自首。被告人对行为性质的辩解不影响自首的成立。"

(二) 特别自首及其成立条件

特别自首,也称准自首,是指被采取强制措施的犯罪嫌疑人、被告人和正在服刑的罪犯,如实供述司法机关还未掌握的本人其他罪行的行为。

特别自首成立的条件是:

1. 特别自首的主体只能是已经被采取强制措施的犯罪嫌疑人、被告人和正在服刑的罪犯。这是特别自首与一般自首最大的区别,由此可见,特别自首不需要"自动投案"这一要件,因为其已经丧失了自动投案的前提条件。

2. 特别自首的主体必须如实供述司法机关还未掌握的本人的其他罪行。根据前述最高人民法院的解释,此处交代的"其他罪行"是与司法机关已掌握的或者判决确定的罪行属不同种罪行。(1)该罪行能否认定为司法机关已掌握,应根据不同情形区别对待。如果该罪行已被通缉,一般应以该司法机关是否在通缉令发布范围内作出判断,不在通缉令发布范围内的,应认定为还未掌握,在通缉令发布范围内的,应视为已掌握;如果该罪行已录入全国公安信息网络在逃人员信息数据库,应视为已掌握。如果该罪行未被通缉,也未录入全国公安信息网络在逃人员信息数据库,应以该司法机关是否已实际掌握该罪行为标准。(2)犯罪嫌疑人、被告人在被采取强制措施期间如实供述本人其他罪行,该罪行与司法机关已掌握的罪行属同种罪行还是不同种罪行,一般应以罪名区分。虽然如实供述的其他罪行的罪名与司法机关已掌握犯罪的罪名不同,但如实供述的其他犯罪与司法机关已掌握的犯罪属选择性罪名或者在法律、事实上密切关联,如因受贿被采取强制措施后,又交代因受贿为他人谋取利益行为,构成滥用职权罪的,应认定为同种罪行。

被采取强制措施的犯罪嫌疑人、被告人和已宣判的罪犯,如实供述司法机关尚未掌握的罪行,与司法机关已掌握的或者判决确定的罪行属同种罪行的,可以酌情从轻处罚;如实供述的同种罪行较重的,一般应当从轻处罚。

三、关于单位犯罪自首问题

刑法规定了单位犯罪,因此,实践中单位可以构成自首就成为一种必然。最高人民法院、最高人民检察院《关于办理职务犯罪案件认定自首、立功等量刑情节若干问题的意见》规定,单位犯罪案件中,单位集体决定或者单位负责人决定而自动投案,如实交代单位犯罪事实的,或者单位直接负责的主管人员自动投案,如实交代单位犯罪事实的,应当认定为单位自首。单位自首的,直接负责的主管人员和直接责任人员未自动投案,但如实交代自己知道的犯罪事实的,可以视为自首;拒不交代自己知道的犯罪事实或者逃避法律追究的,不应当认定为自首。单位没有自首,直接责任人员自动投案并如实交代自己知道的犯罪事实的,对该直接责任人员应当认定为自首。

四、自首的处罚原则

自首表明犯罪人有一定的认罪表现,《刑法》第67条第1款对自首规定了从宽处罚的原则:"对于自首的犯罪分子,可以从轻或者减轻处罚。其中,犯罪较轻的,可以免除处罚。"同时,在刑法分则和有关单行法规中对自首的一些特别情况的处罚作了规定。《刑法》第67条规定的对自首处罚的一般原则,适用于除法律有特别规定的自首以外的一切自首。因此,对特别情形下的自首,应适用特别规定。

刑法理论界通常认为,自首制度的本质特征在于,犯罪人犯罪后自己把自己交付给国家追诉。这是自首制度得以减轻处罚和区别于坦白的关键点。基于这样的看法,在刑法分则和有关单行法规中,特别规定了几种特定情形及处罚原则:

1.《刑法》第164条第4款规定:(犯对非国家工作人员行贿罪,对外国公职人员、国际公共组织官员行贿罪的)"行贿人在被追诉前主动交代行贿行为的,可以减轻处罚或者免除处罚。”

2.《刑法》第 383 条第 3 款以及第 386 条规定：（犯贪污、受贿罪的）“在提起公诉前如实供述自己罪行、真诚悔罪、积极退赃，避免、减少损害结果的发生，有第一项规定情形的，可以从轻、减轻或者免除处罚；有第二项、第三项规定情形的，可以从轻处罚。”

3.《刑法》第 390 条第 2 款规定：（犯行贿罪的）“行贿人在被追诉前主动交待行贿行为的，可以从轻或者减轻处罚。其中，犯罪较轻的，对侦破重大案件起关键作用的，或者有重大立功表现的，可以减轻或者免除处罚。”

4.《刑法》第 392 条第 2 款规定：（犯介绍贿赂罪的）“介绍贿赂人在被追诉前主动交待介绍贿赂行为的，可以减轻或者免除处罚。”

5. 我国《反间谍法》第 27 条第 2 款规定：“实施间谍行为，有自首或者立功表现的，可以从轻、减轻或者免除处罚；有重大立功表现的，给予奖励。”

6. 我国《反间谍法》第 28 条规定：“在境外受胁迫或者受诱骗参加敌对组织、间谍组织，从事危害中华人民共和国国家安全的活动，及时向中华人民共和国驻外机构如实说明情况，或者入境后直接或者通过所在单位及时向国家安全机关、公安机关如实说明情况，并有悔改表现的，可以不予追究。”

五、坦白

根据《刑法》第 67 条第 3 款的规定，坦白是指犯罪嫌疑人被动归案后，如实供述自己罪行的行为。

坦白本来属于酌定量刑情节，《刑法修正案（八）》增设了第 67 条第 3 款，使其成为法定量刑情节。

（一）坦白成立的条件

1. 坦白的主体是被动归案的犯罪嫌疑人。被动归案的情形主要有：被司法机关采取强制措施归案；被司法机关传唤到案；被群众扭送归案等。

2. 在交代的罪行上，坦白如实交代的是被指控的罪行，通常是指司法机关已经掌握的罪行。如犯罪嫌疑人犯抢劫罪被判处 5 年有期徒刑，在服刑期间，主动交代还曾经犯有一起抢劫的罪行、一起盗窃的罪行，对于盗窃罪应以自首论，对交代的另一起抢劫罪，则认定为坦白。

（二）坦白与自首的关系

坦白与自首有相同之处：都以犯罪嫌疑人实施了犯罪行为为前提；都在归案后如实供述了自己的罪行；都可以得到从宽处罚。

两者的区别是：

1. 坦白是犯罪人被动归案，一般自首是犯罪人自动投案。

2. 坦白如实交代的是被指控的罪行，通常是指司法机关已经掌握的罪行；自首供述的既可以是被司法机关发觉的罪行，也可以是司法机关尚未发觉的罪行。

3. 在交代的态度上，坦白较多的是被动供述自己的罪行；而自首一般是主动供述自己的罪行。

坦白与自首上述区别的存在，使得自首比坦白从宽处罚的幅度要大。

（三）坦白的处罚原则

根据《刑法》第 67 条第 3 款的规定，对于坦白的犯罪分子，依照两种不同情形予以不同的从宽处罚：(1) 一般坦白的，可以从轻处罚；(2) 因坦白避免特别严重后果发生的，可以减轻处罚。

发布于《刑法修正案（八）》之前的最高人民法院、最高人民检察院《关于办理职务犯罪案件认定自首、立功等量刑情节若干问题的意见》明确规定，犯罪分子依法不成立自首，但如实交代犯罪事实，有下列情形之一的，可以酌情从轻处罚：(1) 办案机关掌握部分犯罪事实，犯罪分子交代了同种其他犯罪事实的；(2) 办案机关掌握的证据不充分，犯罪分子如实交代有助于收集定案证据的。犯罪分子如实交代犯罪事实，有下列情形之一的，一般应当从轻处罚：(1) 办案机关仅掌握小部分犯罪事实，犯罪分子交代了大部分未被掌握的同种犯罪事实的；(2) 如实交代对于定案证据的收集有重要作用的。

第四节　立　　功

一、立功的概念

根据《刑法》第 68 条的规定，立功是指犯罪分子有揭发他人犯罪行为，经查证属实，或者提供重要线索，从而得以侦破其他案件等行为。立功有两个层面的含义，如果只考虑刑罚裁量中的立功，立功应当是指《刑法》第 68 条所规定的情形，如果把立功作为刑法中的一个系统性、独立性的制度，把刑罚裁量和刑罚执行视为刑罚的具体运用，则立功包括刑罚裁量和刑罚执行中的情况。本节所讲的立功指的是前一种情形。

刑法规定的立功制度，其制定根据与自首制度基本相同。[1]立功制度是以惩办与宽大相结合的刑事政策为根据的刑罚裁量和刑罚执行中的一种刑罚奖励制度。立功受奖是我国长期坚持的刑事政策，是惩办与宽大相结合的刑事政策的具体化和法律化。实践证明，对于立功的犯罪分子予以从宽处罚，具有重要的意义。立功制度符合刑法的正义性，有利于实现刑罚目的和提高司法效率。[2]立功制度在实际适用中也确实体现了上述积极功效，一方面，它有助于通过对犯罪分子立功从宽的处罚结果，激励犯罪分子悔过自新、改过从善，分化瓦解犯罪势力，进而较好地协调和发挥刑罚的

---

① 高铭暄、马克昌主编：《刑法学》，北京大学出版社、高等教育出版社 2000 年版，第 281 页。
② 邵维国：《论立功》，载《吉林大学社会科学学报》1999 年第 5 期。

惩罚犯罪和教育改造罪犯的重要功能;另一方面,它也有利于提高司法机关办理刑事案件的效率,减少司法机关打击犯罪的成本,有利于犯罪案件的及时处理,从而获得有利于国家、社会的预防犯罪效果。

二、立功的条件

根据《刑法》第 68 条和最高人民法院的司法解释,构成立功必须具备下列条件:

（一）立功的时间条件

立功作为刑法中的一项独立制度,就刑法规定来看,其存在的时间段应当始于犯罪分子到案之后,终于刑罚执行完毕之前。但是,作为量刑制度的立功,应当发生在犯罪分子到案后至人民法院判处刑罚前,如若在此之后犯罪分子有立功表现的话,则是刑罚执行中的问题了。

根据刑法和最高人民法院的司法解释的规定,立功的开始时间是犯罪分子到案后。所谓"到案",应理解为犯罪分子处于司法机关、有关机关或个人控制之下,或其自愿置于有关机关或个人控制之下。这里的"司法机关"包括犯罪分子所属的国家机关、国有公司、企业、事业单位、人民团体的保卫部门或乡政府、村集体及其治保组织。这里的"个人",主要是指非在执行职务之中的司法机关及其他国家机关、企业、事业单位的国家工作人员。如果犯罪分子被正在依法执行职务的国家工作人员控制或犯罪分子自愿置于正在依法执行职务的国家工作人员的控制之下,则属于被所属的机关、单位控制之下。此外"个人"也可以指某些非国家工作人员,如村民(居民)委员会主任、治保主任等。

（二）立功的主体条件

立功必须是犯罪分子本人实施的行为。凡是构成犯罪的人,无论犯何种性质的罪,被判何种刑罚,皆可以构成刑法中规定的立功主体。

为使犯罪分子得到从轻处理,犯罪分子的亲友直接向有关机关揭发他人犯罪行为,提供侦破其他案件的重要线索,或者协助司法机关抓捕其他犯罪嫌疑人的,不应当认定为犯罪分子的立功表现。

（三）立功的实质条件

根据《刑法》第 68 条和最高人民法院司法解释的规定,立功包括一般立功和重大立功两种情形。

一般立功的具体情形有:(1)检举、揭发他人犯罪行为,包括共同犯罪案件中的犯罪分子揭发同案犯共同犯罪以外的其他犯罪,经查证属实的;(2)提供侦破其他案件的重要线索,经查证属实的;(3)阻止他人犯罪活动的;(4)协助司法机关抓捕其他犯罪嫌疑人(包括同案犯)的;(5)其他有利于国家和社会的突出表现的。

重大立功的具体情形有:(1)犯罪分子检举、揭发他人重大犯罪行为,经查证属实的;(2)提供侦破其他重大案件的重要线索,经查证属实的;(3)阻止他人重大犯罪活动的;(4)协助司法机关抓捕其他重大犯罪嫌疑人(包括同案犯)的;(5)对国家和社会有其他重大贡献等突出表现的。这里的"重大犯罪"、"重大案件"、"重大犯罪嫌疑人"的标准，一般是犯罪嫌疑人、被告人可能被判处无期徒刑以上刑罚或者案件在本省、自治区、直辖市或者全国范围内有较大影响等情形。其中，可能被判处无期徒刑以上刑罚，是指根据犯罪行为的事实、情节可能判处无期徒刑以上刑罚。案件已经判决的，以实际判处的刑罚为准。但是，根据犯罪行为的事实、情节应当判处无期徒刑以上刑罚，因被判刑人有法定情节经依法从轻、减轻处罚后判处有期徒刑的，应当认定为重大立功。

其中的"协助司法机关抓捕其他重大犯罪嫌疑人(包括同案犯)"具体包括：(1)按照司法机关的安排，以打电话、发信息等方式将其他犯罪嫌疑人(包括同案犯)约至指定地点的；(2)按照司法机关的安排，当场指认、辨认其他犯罪嫌疑人(包括同案犯)的；(3)带领侦查人员抓获其他犯罪嫌疑人(包括同案犯)的；(4)提供司法机关尚未掌握的其他案件犯罪嫌疑人的联络方式、藏匿地址的等。犯罪分子提供同案犯姓名、住址、体貌特征等基本情况，或者提供犯罪前、犯罪中掌握、使用的同案犯联络方式、藏匿地址，司法机关据此抓捕同案犯的，不能认定为协助司法机关抓捕同案犯。

立功线索的来源必须符合法律规定。(1)犯罪分子通过贿买、暴力、胁迫等非法手段，或者被羁押后与律师、亲友会见过程中违反监管规定，获取他人犯罪线索并"检举揭发"的，不能认定为有立功表现；(2)犯罪分子将本人以往查办犯罪职务活动中掌握的，或者从负有查办犯罪、监管职责的国家工作人员处获取的他人犯罪线索予以检举揭发的，不能认定为有立功表现；(3)犯罪分子亲友为使犯罪分子"立功"，向司法机关提供他人犯罪线索、协助抓捕犯罪嫌疑人的，不能认定为犯罪分子有立功表现。

据以立功的他人罪行材料应当指明具体犯罪事实；据以立功的线索或者协助行为对于侦破案件或者抓捕犯罪嫌疑人要有实际作用。犯罪分子揭发他人犯罪行为时没有指明具体犯罪事实的；揭发的犯罪事实与查实的犯罪事实不具有关联性的；提供的线索或者协助行为对于其他案件的侦破或者其他犯罪嫌疑人的抓捕不具有实际作用的，不能认定为立功表现。

犯罪分子揭发他人犯罪行为，提供侦破其他案件重要线索的，必须经查证属实，才能认定为立功。审查是否构成立功，不仅要审查办案机关的说明材料，还要审查有关事实和证据以及与案件定性处罚相关的法律文书，如立案决定书、逮捕决定书、侦查终结报告、起诉意见书、起诉书或者判决书等。

三、立功的刑事责任

对于具有立功情节的犯罪分子，应当根据犯罪的事实、性质、情节和对于社会的危害程度，结合立功表现所起作用的大小、所破获案件的罪行轻重、所抓获犯罪嫌疑人可能判处的刑罚以及立功的时机等具体情节，依法决定是否从轻、减轻或者免除处罚以及从轻、减轻处罚的幅度。

《刑法》第 68 条对立功的从宽处罚，按不同情形规定为两种：

1. 对有立功表现的犯罪分子，"可以从轻或者减轻处罚"。这里的"可以"应当理解为在通常情况下都得考虑从轻处罚或者减轻处罚。究竟是选择适用"从轻"还是"减轻"处罚，应当根据犯罪分子自身所犯罪行的性质、情节、后果以及立功的具体表现酌情决定。

2. 对有重大立功表现的犯罪分子，"可以减轻或者免除处罚"。适用减轻还是免除处罚，应根据犯罪分子本人所犯罪行的性质、情节、后果以及立功的具体表现酌情决定。

第五节　数罪并罚

一、数罪并罚概述

数罪并罚，是指刑法规定的一人犯有数罪而由审判机关依照刑法规定的原则和方法合并处罚的制度。

从数罪并罚的概念可以看出，数罪并罚具有以下特点：

第一，数罪并罚是针对一人犯数罪而言的，没有数罪的存在，就没有并罚的问题。刑法中应当进行并罚的数罪是由法律规定的，根据《刑法》第 69 条、第 70 条、第 71 条的规定，判决宣告以前，一个人犯有数罪的；判决宣告以后，刑罚执行完毕以前，发现被判刑的犯罪分子在判决宣告以前还有其他罪没有判决的；判决宣告以后，刑罚执行完毕以前，被判刑的犯罪分子又犯新罪的，这三种情形属于需要"并罚"的"数罪"，对其他的"数罪"不存在"并罚"的问题。

第二，数罪并罚中的数罪，均是发生在刑罚执行完毕以前，不在此期间的数罪，不属于数罪并罚的范畴，例如累犯，也存在数个犯罪的问题，但对其只需要从重处罚即可。

第三，对数罪的并罚，是按照法定的原则和方法进行的，不是简单的合并相加。刑法要求，对于行为人所犯数罪，应当分别定罪量刑，然后决定应当判处的刑罚。因此，从数罪并罚的结局看，审判机关对数罪作出的是一个判决结果，不能是几个互相独立的判决结果。而所谓的一个判决结果，不是数个犯罪的大体估量，也就是人们通常所说的"估堆"，而是对数罪分别定罪量刑后根据一定的原则和方法决定合并执行的刑罚种类或刑期。

刑法规定数罪并罚制度，首先是为了充分体现罪刑相适应原则，进而实现刑罚目的；其次也有助于审判机关对犯罪分子判处合适的刑罚，体现法律适用的准确性、稳定性；最后，有利于保障犯罪嫌疑人、被告人的合法权益，有利于刑罚执行。

二、数罪并罚的原则

(一) 数罪并罚原则概述

数罪并罚原则是指对一人犯数罪合并处罚所依据的基本规则。对此,各国刑法作了不同规定,概括起来主要有下列几种:

1. 吸收原则,即将数罪分别定罪量刑,然后选择其中判得最重的刑罚(包括最重的刑种或者最长的刑期)予以执行,其余相对较轻的刑罚(包括刑种或者刑期)不再执行。

2. 并科原则(相加原则),即将数罪分别定罪量刑后,然后再将各罪的刑罚(包括刑种或者刑期)合并在一起执行。

3. 限制加重原则,即将数罪分别定罪量刑,以数罪中的最高刑罚(包括刑种或者刑期)为基础,执行有限制的加重刑罚(包括刑种或者刑期)。

4. 混合原则,即将吸收原则、并科原则、限制加重原则按照不同的刑罚种类,考虑各自的不同特性,予以分别的选择。我国刑法就是采用了这种原则。

(二) 我国刑法中的数罪并罚原则

《刑法》第 69 条规定:"判决宣告以前一人犯数罪的,除判处死刑和无期徒刑的以外,应当在总和刑期以下、数刑中最高刑期以上,酌情决定执行的刑期,但是管制最高不能超过三年,拘役最高不能超过一年,有期徒刑总和刑期不满三十五年的,最高不能超过二十年,总和刑期在三十五年以上的,最高不能超过二十五年。""数罪中有判处有期徒刑和拘役的,执行有期徒刑。数罪中有判处有期徒刑和管制,或者拘役和管制的,有期徒刑、拘役执行完毕后,管制仍须执行。""数罪中有判处附加刑的,附加刑仍须执行,其中附加刑种类相同的,合并执行,种类不同的,分别执行。"

由此可见,我国刑法中的数罪并罚,根据不同的刑罚采用了不同的原则:

1. 对一人犯数罪被判处死刑和无期徒刑的,采用吸收原则。即数罪中有一个罪或者几个罪被判处死刑的,只执行死刑,其他主刑不再执行;数罪中有一个罪或者几个罪被判处无期徒刑的,只执行无期徒刑,其他主刑不再执行。

2. 对一人犯数罪被同时判处有期徒刑、拘役或者管制的,采用限制加重原则。其最低刑为数刑中的最高刑,其最高刑,对有期徒刑而言,可以高于 15 年;对拘役而言,可以高于 6 个月;对管制而言,可以高于 2 年;但加重也是有限制的,即有期徒刑最高不得超过 20 年或 25 年,拘役最高不得超过 1 年,管制最高不得超过 3 年。

对于数罪中被判处非同种自由刑的并罚问题,《刑法修正案(九)》予以了明确:"数罪中有判处有期徒刑和拘役的,执行有期徒刑。数罪中有判处有期徒刑和管制,或者拘役和管制的,有期徒刑、拘役执行完毕后,管制仍须执行。"也即根据非同种自由刑的刑种,相应采取了吸收或并科原则。

3. 对一人犯数罪被判处附加刑的,采用并科原则,即一人犯数罪被分别判处几个附加刑的,附加刑都要执行。

(三) 数罪并罚的三种情形

1. 判决宣告以前,一个人犯有数罪的,应当对所犯各罪分别量刑,然后按照《刑法》第 69 条规定的上述原则和方法,决定应当执行的刑罚。

2. 判决宣告以后,刑罚执行完毕以前,发现被判刑的犯罪分子在判决宣告以前还有其他罪没有判决的,应当对新发现的犯罪作出判决,把前后两个判决所判处的刑罚,依据前述并罚原则,决定执行的刑罚。已经执行的刑期,应当计算在新判决决定的刑期以内。这就是数罪并罚计算刑期的"先并后减"原则。例如,被告人因犯甲罪被判处有期徒刑 5 年,在执行 2 年后,又发现有漏罪,应当判处有期徒刑 7 年,法院应当在 7 至 12 年的限度内决定执行的刑罚,假设法院判决 8 年有期徒刑,则被告人还应当执行 6 年,其实际执行的刑罚为 8 年。

3. 判决宣告以后,刑罚执行完毕以前,被判刑的犯罪分子又犯罪的,应当对新犯的罪作出判决,把前罪没有执行的刑罚与后罪所判处的刑罚,依据前述并罚原则,决定执行的刑罚。这就是数罪并罚计算刑期的"先减后并"原则。例如,被告人因犯甲罪被判处有期徒刑 5 年,在执行 2 年后,又犯有新罪,应当判处有期徒刑 7 年,法院应当在 7 至 10 年的限度内决定执行的刑罚,假设法院判决 8 年有期徒刑,则被告人实际执行的刑罚为 10 年。

对犯新罪的犯罪分子的数罪并罚,是采用把前罪未执行完毕的刑罚与后罪的刑罚合并决定执行刑期,已执行的刑期不计算在新决定执行的刑期之内。与发现漏罪的数罪并罚的计算方法不同,按照这种计算方法,犯罪分子实际被执行刑罚的最高期限有可能超过 20 年或者 25 年,这是由于犯罪分子在刑罚执行期间又犯新罪,说明其主观恶性及人身危险性较大,应当给予更重的处罚。

新罪的"先减后并"原则与漏罪的"先并后减"原则有着重大区别。采用"先减后并"原则的犯罪分子在服刑期间不思悔改,继续作恶,又犯新罪,表明其难以改造,人身危险性较大,所以对其应当贯彻从严惩处的精神,这就导致了其决定执行刑期的最低期限高,而且实际执行的刑期有可能超过法定的数罪并罚最高期限。例如,甲犯有抢劫罪,被判有期徒刑 12 年,刑罚执行 8 年后,在监狱里又犯故意伤害罪,应判 15 年有期徒刑,按数罪并罚的"先减后并"原则应当在 15 年以上 19 年以下决定执行的刑罚,假设决定执行 18 年,那么,犯罪分子实际总共被执行的刑期是 26 年,超过了数罪并罚时有期徒刑最高不得超过 20 或者 25 年的限制。而采用"先并后减"原则时的考虑重点则有所不同:司法机关尽管在对犯罪分子执行刑罚期间发现其有漏罪,犯罪人也试图隐瞒部分犯罪,但是漏罪毕竟是既往的犯罪事实,属于"旧账",所以对前罪判决宣告前发生的犯罪的处理应当贯彻相对从宽的刑事政策,根据"先并后减"原则,犯罪分子实际被执行的刑期与数罪一并宣判所受到的处罚差别不大。

第六节　缓　　刑

一、缓刑概述

缓刑,是指对被判处一定刑罚的犯罪分子,在一定期限内附条件地不执行原判刑罚的制度。[1]

根据现代刑法学的一般观点,缓刑最早产生于英国,由该国法官希尔(Hill)首创,但是,作为一种刑罚执行制度,则起源于 1870 年美国波士顿的缓刑法。[2]作为一种刑罚执行思想,缓刑与主张目的刑、教育刑的刑法新派学者的观点相一致。

根据《刑法》第 72 条的规定,缓刑是指人民法院对于被判处拘役、3 年以下有期徒刑的犯罪分子,根据犯罪分子的犯罪情节和悔罪表现,认为暂缓执行原判刑罚没有再犯罪危险的,规定一定的考验期,暂缓其刑罚的执行,若被暂缓执行刑罚的犯罪分子在缓刑考验期内没有犯新罪也没有发现漏罪,并且遵守缓刑考验监管制度,缓刑考验期满,原判刑罚就不再执行的制度。

缓刑不是一种独立的刑罚方法,只是一种刑罚的执行制度,其以判处一定的刑罚为前提,其特点在于判处刑罚,同时宣告暂缓执行,但是又保留在一定期限内执行原判刑罚的可能性。

缓刑是我国刑法确立的重要刑罚制度之一,是惩办与宽大相结合的刑事政策在刑罚运用中的具体化。

首先,适用缓刑,既表明了国家对犯罪分子及其犯罪行为的否定,同时又体现了对犯罪分子一定的宽大。在维护原判刑罚效力的基础上,给犯罪分子以悔过自新的机会,有利于教育、改造犯罪分子,充分体现刑法的人道主义精神。

其次,缓刑的适用,有利于避免短期自由刑的某些弊端,有利于充分实现刑罚的功能,符合刑罚经济的思想。对于良知未泯的罪犯,尤其是轻刑犯,适用缓刑既能够使其感受到刑罚的威慑力,促使其自觉地改恶从善、遵纪守法,有利于避免因执行短期自由刑而带来的与社会隔绝、回归社会的困难,也有利于避免罪犯间的交叉感染,以最经济的方式实现刑罚的惩罚、威慑、教育、改造等功能。

再次,适用缓刑,有利于更好地实现刑罚的目的。刑罚的基本目的,是预防犯罪人重新犯罪。实现刑罚目的的途径,主要是对犯罪人判处并执行刑罚。基于刑罚个别化的原则判处缓刑,是在判处刑罚并保持执行可能性的条件下,暂缓刑罚的执行。是否被撤销缓刑,取决于缓刑犯的自律,即取决于犯罪人的主观努力,在以自律为主

---

① 苏惠渔主编:《刑法学》,法律出版社 2001 年版,第 323 页。
② 高铭暄主编:《刑法学原理》(第三卷),中国人民大学出版社 1994 年版,第 442 页。

的社会生活中,有利于促使犯罪分子自觉约束自己的行为,获得刑罚特殊预防的效果。较之将罪犯收押于监禁设施内执行刑罚,在以他律为主的监禁生活中获得的特殊预防效果,相对更为科学,效果也更为持久。

最后,缓刑是实现刑罚社会化的重要制度保障。被宣告缓刑的犯罪分子不脱离家庭、社会,可以继续从事原有的工作,避免了因执行实刑给其本人和家庭带来的不利影响,可以使其不致因犯罪而影响履行自身负有的家庭和社会义务。使其既感受到法律的威严,也亲身体会到法律、国家和社会的宽容,从而较自觉地完成改造任务,收到比执行实刑更好的效果。同时,缓刑的适用能减少国家经济支出。从经济角度看,刑罚执行是一种经济投入,即国家通过人力、物力、财力投放,以实现预防犯罪的目的。对缓刑者附条件不执行刑罚,无需国家增加监舍建设费用、监管人员费用。因此,缓刑具有减少国家经济支出的价值。

二、缓刑的适用

(一) 缓刑适用条件

根据《刑法》第72条和第74条的规定,适用缓刑必须具备三个条件:

1. 适用缓刑的前提条件。缓刑只适用于被判处拘役或者3年以下有期徒刑的犯罪分子。这表明缓刑只适用于罪行较轻、社会危害较小的犯罪分子。因为通常而言,犯罪分子应处拘役或者3年以下有期徒刑,该罪行一般较轻、危害较小。需要强调的是,此处所讲的被判处拘役或者3年以下有期徒刑是人民法院对犯罪分子的宣告刑而非法定刑。这是由于:(1)刑法规定的法定刑幅度比较大,绝大多数犯罪都挂有多个刑种或较长刑期,如果以法定刑为准,就会使缓刑的适用范围大大减少,不利于发挥缓刑的积极作用;(2)以宣告刑为标准,更能体现缓刑的要求,实现缓刑的积极作用。较法定刑而言,宣告刑更能体现具体犯罪的个性差异,因为宣告刑是法官在综合考虑被告人犯罪的客观危害及人身危险性的基础上得出来的。缓刑适用的依据是在考虑犯罪客观危害的同时,更加注重犯罪人主观恶性的大小。如果犯罪人主观恶性较大,再犯的危险性很强,法官就会在法定刑幅度内判处较重的刑罚,反之,就会处较轻的刑罚。可见,宣告刑更能反映缓刑的适用条件——犯罪人的人身危险性。

2. 适用缓刑的实质条件。适用缓刑必须根据犯罪分子的犯罪情节和悔罪表现,只有认为对其适用缓刑没有再犯罪危险的才能适用缓刑。这说明,并不是所有被判处拘役或者3年以下有期徒刑的犯罪分子都要或者都能宣告缓刑,应当根据每个犯罪分子的具体情况作出具体的分析判断。

对此,《刑法》第72条第1款明确了判断依据:(1)犯罪情节较轻;(2)有悔罪表现;(3)没有再犯罪的危险;(4)宣告缓刑对所居住社区没有重大不良影响。法官应当综合考虑案件事实以及被告人的基本情况,结合上述规定予以综合判断,得出是否判处缓刑的结论。

3. 适用缓刑的排除条件。《刑法》第 74 条规定,缓刑不能适用于累犯和犯罪集团的首要分子。犯罪分子的主观恶性和人身危险性程度是评价犯罪分子社会危害性的主要标志,累犯和犯罪集团的首要分子往往具有较大的主观恶性和较强的人身危险性,因而其社会危害性较之初犯、偶犯显然更大。对于这样的犯罪分子,必须施以实刑惩罚,才能起到有效的震慑作用和改造作用,实现刑罚目的。

需要强调的是,同时符合上述三个条件的,法院并非一律宣告缓刑,法官对此享有自由裁量权,也可以对被告人不宣告缓刑,但对不满 18 周岁的人、怀孕的妇女和已满 75 周岁的人符合上述三个条件的,应当宣告缓刑。

（二）缓刑考验期

根据《刑法》第 73 条的规定,缓刑考验期根据原判刑罚的不同分为两种:

1. 处拘役的缓刑考验期:原判刑期以上 1 年以下,但不能少于 2 个月。

2. 被判处 3 年以下有期徒刑的缓刑考验期:原判刑期以上 5 年以下,但不能少于 1 年。

缓刑考验期,从判决确定之日起计算。

刑法之所以作出如此规定,主要有以下几方面的原因:(1)缓刑考验期的长短以原判刑期为依据,可以和原判刑期时间相等,也可以适当长于原判刑期;(2)缓刑考验期不能短于原判刑期,否则不能充分发挥缓刑的作用;(3)缓刑考验期,说明对判缓刑的犯罪分子并非免除刑事处罚,是否执行刑事处罚,取决于犯罪分子在考验期内的表现;(4)缓刑考验期间从判决确定之日起计算,由于缓刑是有条件的不执行原判刑期,所以判决之前先行羁押的日期不能折抵缓刑考验期。

（三）缓刑犯的义务

根据《刑法》第 75 条和第 72 条的规定,被宣告缓刑的犯罪分子,应当遵守下列规定:(1)遵守法律、行政法规,服从监督;(2)按照考察机关的规定报告自己的活动情况;(3)遵守考察机关关于会客的规定;(4)离开所居住的市、县或者迁居,应当报经考察机关批准。

此处的缓刑考察的执行机关是社区矫正机构。

法院可以在宣告缓刑的时候,根据犯罪情况,同时禁止犯罪分子在缓刑考验期限内从事特定活动,进入特定区域、场所,接触特定的人。

被宣告缓刑的犯罪分子,如果被判处附加刑,附加刑仍须执行。

（四）缓刑的法律后果

根据《刑法》第 76 条和第 77 条的规定,缓刑的法律后果有三种情形:

1. 被宣告缓刑的犯罪分子,在缓刑考验期限内,没有犯新罪也没有发现漏罪,并且遵守法律、行政法规或者国务院有关部门关于缓刑的监督管理规定,遵守人民法院判决中的禁止令,缓刑考验期满,原判的刑罚就不再执行,并公开予以宣告。

2. 被宣告缓刑的犯罪分子,在缓刑考验期限内犯新罪或者发现判决宣告以前还有其他罪没有判决的,应当撤销缓刑,对新犯的罪或者新发现的罪作出判决,把前罪和后罪所判处的刑罚,依照《刑法》第 69 条的规定进行数罪并罚,决定执行的刑罚。

这里的"新罪"和"漏罪",不论是和被宣告缓刑的犯罪同种性质还是不同种性质,都不影响数罪并罚。

3. 被宣告缓刑的犯罪分子,在缓刑考验期限内,违反法律、行政法规或者国务院有关部门关于缓刑的监督管理规定,或者违反人民法院判决中的禁止令,情节严重的,应当撤销缓刑,执行原判刑罚。

这是为了解决实践中发生的被宣告缓刑的犯罪分子,在缓刑考验期内不犯罪,但是却用各种方法抵抗考察,如果不予处理,也是对法律的亵渎。同时,这种表现也证明对其是不应该宣告缓刑的。因为没有"悔罪"表现,对他们撤销缓刑、执行原判刑罚是完全必要的。

三、战时缓刑制度

战时缓刑制度来自《刑法》第449条的规定:"在战时,对被判处三年以下有期徒刑没有现实危险宣告缓刑的犯罪军人,允许其戴罪立功,确有立功表现时,可以撤销原判刑罚,不以犯罪论处。"战时缓刑也被称为特殊缓刑,其与一般缓刑虽然都属于缓刑制度的范畴,但与一般缓刑相比较,存在明显区别:

1. 适用对象不同。一般缓刑适用除累犯、犯罪集团的首要分子以外的被判处拘役或3年以下有期徒刑的犯罪分子(包括和平时期的犯罪军人),而战时缓刑只适用于被判处3年以下有期徒刑(含拘役)的犯罪军人。

2. 适用时间不同。一般缓刑,不存在适用时间的限制,战时缓刑只能在战时适用。

3. 适用的关键条件不同。一般缓刑,其适用的关键条件是适用缓刑确实没有再犯罪的危险,战时缓刑则是在战时状态下适用缓刑没有现实的危险。

4. 适用方法不同。一般缓刑的适用,必须在宣告缓刑的同时依法确定其考验期,而战时缓刑的适用,没有明确的缓刑考验期,缓刑的考验内容为犯罪军人是否有立功表现。

5. 法律后果不同。一般缓刑考验期满,如果符合《刑法》第76条的规定,不再执行原判刑罚,而其犯罪仍成立(即仍有前科);而战时缓刑,在犯罪军人有立功的情形下,原判刑罚可撤销,不以犯罪论处(即不认为构成犯罪)。

可以这样认为,我国设立战时缓刑制度,实际上是为了更充分地发挥缓刑的功效,鼓励犯罪军人努力为国家、为人民多作贡献,与此相适应,法律对犯罪军人的奖赏也更大。

第十八章

刑罚执行制度

第一节　刑罚执行制度概述

一、刑罚执行

（一）刑罚执行的概念和特征

刑罚执行，也称为行刑，是指法律规定的执行机关依据法律将人民法院生效的判决所确定的刑罚内容付诸实施的刑事司法活动。

刑罚执行的特征是：

首先，刑罚执行是将刑罚付诸实施的一项刑事司法活动，是国家对犯罪行为的侦察、审判、执行刑事司法活动的最后一个环节，这一环节是对犯罪分子实施刑罚惩罚的具体施行环节。

其次，执行的前提和基础是人民法院生效的判决所确定的刑罚，刑罚执行机关对犯罪人执行刑罚的依据必须是人民法院发生法律效力的刑事判决或者裁定，其具体包括：已过法定期限而未提起上诉、抗诉的判决和裁定、终审的判决和裁定、最高人民法院核准的死刑判决和死刑缓期2年执行的判决等。

最后，执行的主体是国家有权行刑的司法机关，这些机关分别执行不同的刑罚：监狱，是刑罚执行的专门机关，负责有期徒刑、无期徒刑、死刑缓期2年执行刑罚的执行；公安机关，负责管制、拘役、剥夺政治权利、监外执行等刑罚的执行；人民法院负责罚金、没收财产、死刑的执行等。

（二）刑罚执行的原则

作为刑罚的执行，执行机关应当依照法律和实践的要求，遵循一定的原则进行。刑法理论界提出了合法性原则、教育性原则、人道主义原则、个别化原则、社会化原则、经济性原则、效益性原则等。按照较为通常的观点，以下列原则作为刑罚执行的原则是合适的：

1. 合法性原则。即首先是执行机关的合法性，法律规定不具有刑罚执行权的机关无权进行；其次是执行依据的合法性，只有人民法院的生效裁判才能成为刑罚执行的唯一依据；最后是执行程序的合法性，应当符合刑事诉讼法的规定程序而执行。

2. 惩罚与改造相结合、教育与劳动相结合的原则。刑罚执行是为了体现刑罚的目的,惩罚是改造的前提,改造是惩罚的目的;劳动是教育的手段,教育是劳动的目的,最终达到改造罪犯、预防犯罪的要求。

3. 人道主义原则。保障受刑人的人身安全、人格、名誉和其他应有权利是刑法执行本意之所在。

4. 个别化原则。犯罪是犯罪行为人的行为,应当受到处罚的也是每一个具体的犯罪人,因此,应当根据受刑人的具体情况,给予不同的处罚、采用不同的教育改造方法。

5. 效益性原则。即刑罚执行应当以较小的实际执行获取教大的执行效果。

二、刑罚执行制度

刑罚执行制度,是指为了体现刑罚执行的原则,而在刑罚执行中所适用的办法。换言之,刑罚执行制度只能在刑罚执行过程中适用,因此,没有刑罚的裁决和实际适用,就没有刑罚的执行制度。

刑罚执行制度的特点有:

首先,刑罚执行制度的适用对象是构成犯罪、已经被判处刑罚的犯罪分子;

其次,刑罚执行制度以判处一定的刑罚为前提,其本身均不能独立适用;

最后,刑罚执行制度在我国一般只能减轻刑罚,而不能消灭刑罚的执行。

第二节　减　　刑

一、减刑的概念

减刑,是指对被判处管制、拘役、有期徒刑、无期徒刑的犯罪分子,在刑罚执行期间,如果认真遵守监规,接受教育改造,确有悔改表现或者立功表现,将其原判刑罚予以适当减轻的一种刑罚执行制度。[①]

我国的减刑制度是在对罪犯执行刑罚和改造的实践中建立、发展和完善起来的。减刑制度作为一项刑法中明确规定的刑罚执行制度,在司法实践中得到了广泛适用。考察我国刑法的规定,减刑可分为广义减刑和狭义减刑。广义减刑是泛指罪犯在刑罚执行中,凡符合法定事由,即将原判刑罚予以减轻的制度。广义减刑包括《刑法》第78条规定的减刑和第50条规定的死缓执行的减刑。狭义减刑则专指《刑法》第78条规定的减刑。本节所讲的减刑,仅指狭义减刑。

---

① 苏惠渔主编:《刑法学》,法律出版社 2001 年版,第 330 页。

减刑作为一项刑罚的执行制度,体现了对经过一定劳动改造后取得较好效果的犯罪分子实行宽大政策,以鼓励正在服刑的犯罪分子积极改造,促使其自觉悔过。建国以来改造罪犯的实践证明,减刑是改造罪犯的有效手段,是一种科学、合理的刑罚执行制度。

二、减刑的条件

减刑实际上是将犯罪分子的原判刑罚予以适当减轻,具体包括:或是把原判较重的刑种减轻为较轻的刑种,即刑种的减轻;或是把原判较长的刑期减轻为较短的刑期,即刑期的减轻。

根据《刑法》第 78 条、第 79 条的规定,适用减刑必须具备以下条件:

(一) 适用减刑的前提条件

适用减刑的对象是被判处管制、拘役、有期徒刑、无期徒刑的犯罪分子。可见,在刑法规定的 5 种主刑中,除了死刑以外的其他几种主刑都可以适用减刑。死刑缓期两年执行后被减为无期徒刑或者有期徒刑,不属于减刑制度的内容,而属于死缓制度的范畴。

对于附加刑的减刑问题,刑法没有作出规定。原因在于,罚金和没收财产这两种刑罚方法具有即时性的特点,在特定情况下发生酌情减少或者免除的情况是完全可能的,但是其不属于刑罚执行制度,适用的环境和要求与减刑不同;剥夺政治权利中的减免问题,也只发生在死刑缓期执行减为有期徒刑或者无期徒刑减为有期徒刑的时候,而那只是作为特殊情况的例外规定,并不属于刑罚执行制度中的减刑。[①]

(二) 适用减刑的实质条件

犯罪分子只要在刑罚执行期间,认真遵守监规,接受教育改造,确有悔改或者立功表现,就可以适用减刑。根据有关司法解释,确有悔改表现,是指同时具备以下四个方面的情形:(1)认罪悔罪;(2)认真遵守法律法规及监规,接受教育改造;(3)积极参加思想、文化、职业技术教育;(4)积极参加劳动,努力完成劳动任务。对罪犯在刑罚执行期间提出申诉的,要依法保护其申诉权利,对罪犯申诉不应不加分析地认为是不认罪悔罪;罪犯积极执行财产刑和履行附带民事赔偿义务的,可视为有认罪悔罪表现,在减刑时可以从宽掌握;确有执行、履行能力而不执行、不履行的,在减刑时应当从严掌握。

确有立功表现,是指具有下列情形之一的:(1)阻止他人实施犯罪活动的;(2)检举、揭发监狱内外犯罪活动,或者提供重要的破案线索,经查证属实的;(3)协助司法机关抓捕其他犯罪嫌疑人(包括同案犯)的;(4)在生产、科研中进行技术革新,成绩突出的;(5)在抢险救灾或者排除重大事故中表现突出的;(6)对国家和社会有

---

① 刘晓辉、赵亚光:《对附加刑不能单独适用减刑》,载《检察日报》2004 年 12 月 16 日。

其他贡献的。①具有下列重大立功表现之一的，应当适用减刑：（1）阻止他人实施重大犯罪活动的；（2）检举监狱内外重大犯罪活动，经查证属实的；（3）协助司法机关抓捕其他重大犯罪嫌疑人（包括同案犯）的；（4）有发明创造或者重大技术革新的；（5）在日常生产、生活中舍己救人的；（6）在抗御自然灾害或者排除重大事故中，有特别突出表现的；（7）对国家和社会有其他重大贡献的。②

（三）适用减刑的限制条件

为了维护刑罚的严肃性，保证执行的效果，减刑不能超过必要的限度。《刑法修正案（八）》对《刑法》第 78 条进行了修订，减刑以后实际执行的刑期，原被判处管制、拘役、有期徒刑的，不能少于原判刑期的二分之一；原被判处无期徒刑的，不能少于 13 年；人民法院依照《刑法》第 50 条第 2 款③规定限制减刑的死刑缓期执行的犯罪分子，缓期执行满后依法减为无期徒刑的，不能少于 25 年，缓期执行期满后依法减为 25 年有期徒刑的，不能少于 20 年。

被减刑以后的刑期计算方法，具体来讲有几种情况：

1. 原判刑罚为管制、拘役、有期徒刑的，减刑以后的刑期应自判决执行之日起计算，已经执行过的刑期（包括判决宣告前先羁押的时间在内）应当计算在减刑后的刑期之内。

2. 原判刑罚为无期徒刑减为有期徒刑的，减刑后的刑期从裁定减刑之日起计算，减刑以前已经执行过的刑期不计算在减刑后的刑期之内。

（四）适用减刑的程序条件

《刑法》第 79 条规定："对于犯罪分子的减刑，由执行机关向中级以上人民法院提出减刑建议书。人民法院应当组成合议庭进行审理，对确有悔改或者立功事实的，裁定予以减刑。非经法定程序不得减刑。"

司法实践中，对于减刑后数罪并罚的刑期计算有专门讨论，所谓减刑后数罪并罚的刑期计算问题，是指犯罪人因犯罪已被判处刑罚，在刑罚执行过程中已经被依法减刑，但是却又发现犯罪人的遗漏罪行或者是犯罪人又犯新罪的情况下如何进行数罪并罚。④可以认为，减刑后出现数罪并罚的情形，在计算数罪并罚最后决定执行刑期时，对依法减刑的刑期应采用与已执行刑期相同的处理原则处理。

首先，对数罪并罚中的"先减后并"、"先并后减"的"减"要作扩张理解。在数罪并罚的刑期计算问题上，判决宣告后发现有漏罪的并罚和判决宣告后又犯新罪的并罚有根本的不同，前种情况适用"先并后减"的方法，而后者则适用"先减后并"的方法。

---

① 最高人民法院《关于办理减刑、假释案件具体应用法律若干问题的规定》（2012 年 7 月 1 日起施行）第 2 条、第 3 条。

② 最高人民法院《关于办理减刑、假释案件具体应用法律若干问题的规定》（2012 年 7 月 1 日起施行）第 4 条。

③ 《刑法修正案（八）》第 4 条第 2 款对该条修订为：对被判处死刑缓期执行的累犯以及因故意杀人、强奸、抢劫、绑架、放火、爆炸、投放危险物质或者有组织的暴力性犯罪被判处死刑缓期执行的犯罪分子，人民法院根据犯罪情节等情况可以同时决定对其限制减刑。

④ 程黎明：《减刑后数罪并罚的刑期计算》，载《人民法院报》2001 年 5 月 11 日。

根据《刑法》第 70 条、第 71 条的规定，无论是何种情形，两种方法中的"减"，其指向的对象都是已执行的刑期。因此，数罪并罚中的减的对象不仅应指已执行的刑期，而且还应指减刑的刑期。即在减刑刑期的减的计算方法上，应根据犯罪分子是有漏罪还是发现新罪分别按数罪并罚中"先并后减"和"先减后并"两种方法计算。虽然减刑的刑期不是已实际执行的刑期，但依法减刑的刑期已不必再执行，应视为已执行的刑期，故在处理上也应与已执行刑期按相同方法处理。对罪犯执行刑罚，并不是刑罚的基本目的和要达到的效果。执行刑罚只是教育、改造罪犯的一种手段，教育、改造罪犯才是刑罚的真正目的和追求的效果。从减刑的目的和效果看，对罪犯给予减刑，既是对他们悔罪和立功表现的肯定，是为了教育改造犯罪分子，也有利于推动罪犯改造，悔过自新。

其次，数罪并罚对漏罪和新罪分别采用了"先并后减"、"先减后并"的计算方法，体现了法律对漏罪处理要轻，对新罪处理要重的精神。减刑中减去的刑期应该如何"减"，刑法没有规定，一般也有两种减法。其一是先在原判刑期内减去减刑刑期，然后与后判刑期进行并罚。其二是先将原判刑期与后判刑期并罚，然后在决定刑期内减去减刑刑期。这两种计算方法对决定犯罪分子最终实际要执行的刑期会产生不同结果，前一种计算方法对犯罪分子处罚要重，后一种计算方法相对要轻。减刑后发现漏罪与重新犯罪，对减刑刑期的处理也要有所区别。对减刑后又犯新罪的处理要重，采用前一种计算方法，对减刑后发现漏罪，处理相对要轻，采用后一种计算方法，这与数罪并罚的立法精神相一致，体现了对漏罪轻罚，对新罪重罚，有利于罪犯改造。

具体而言，刑罚执行中，依法对犯罪分子减刑后，又发现犯罪分子还有其他犯罪未判决的，应先将原判刑期与后判刑期按限制加重原则并罚，然后减去已执行刑期和减刑刑期，从而确定犯罪分子还需服刑的期限。对减刑后又犯新罪的，应先将原判刑期内减去已执行刑期和减刑刑期，然后将剩余刑期与新判刑期按限制加重原则并罚，确定罪犯还需服刑的期限。

三、关于减刑的思考

减刑作为一种刑罚执行制度，从某种意义上讲属于我国刑法的创造。[①]1951 年 5 月 15 日全国公安会议通过《关于组织全国犯人劳动改造问题的决议》，把减刑规定为对正在劳动改造的罪犯的最高奖励。1954 年 9 月 7 日颁布的《劳动改造条例》第 68 条规定，对于包括阻止他人的不法行为或者检举监内反革命组织和活动，经查证属实的；积极劳动，能完成或者超额完成生产任务的等 7 种情况可以减刑。1979 年《刑法》对减刑制度作了明确规定，1997 年《刑法》加以延用。我国劳动改造的实践也证明，减刑制度是卓有成效的刑罚执行制度。

但是，对于减刑制度也存在着争论。有观点认为，罪刑相适应原则属于刑法的基

---

① 苏惠渔主编：《刑法学》，法律出版社 2001 年版，第 330 页。

本原则之一,根据该原则,犯罪应当承担刑事责任,犯多大罪就应当承担多大的刑事责任,这是理所当然的。犯罪分子犯了罪被判处了刑罚,这个刑罚(包括刑种和刑期)是犯罪人的犯罪行为之应得,如果被处刑人在刑罚执行过程有某种值得奖励的行为,应当对这个行为予以奖励,而不会影响先前构成犯罪的行为的裁判。因此,由于被处刑人具备可以奖励的行为而予以假释,或者是采用监外执行的方式,都是可以的。把原判刑罚(包括刑种和刑期)予以减轻,实际上可以理解为是对原判决的重新评价,这显然是不合适的,其和司法是社会保护最后屏障的理念是相背离的。这种理解是值得考虑的,因为任何刑法制度的设立均不得违背刑法的基本原则,虽然我们相信人是能够改变的,应当给予被处刑人以出路,鼓励他们早日改过自新,但是,以修改原判决的方法重新量刑并非一个正确的途径,毕竟需要评价的是处刑以后的表现,而不是处刑依据的行为。

第三节　假　　释

一、假释的概念

假释,是对在押犯罪分子附条件地予以释放的刑罚执行制度。

根据《刑法》第 81 条的规定,我国刑法中的假释,是指被判处有期徒刑或者无期徒刑的犯罪分子,在执行一定刑期之后,因其确有悔改表现,不致再危害社会而附条件地将其提前释放的刑罚执行制度。

假释作为一种奖励制度,是对投入监狱强制劳动改造的罪犯主动遵守监规,努力学习政治、文化、技术,完成和超额完成生产任务,检举、揭发、阻止他人犯罪活动的立功表现的奖励,因此,适用于被判处较长刑期的犯罪分子。

二、假释的条件

(一)适用假释的前提条件

适用假释的前提条件是被判处有期徒刑或者无期徒刑的罪犯。这也表明了假释作为刑罚执行制度的特性所在,即对于被判处较长刑期、较重刑罚的罪犯,既要保留对他们予以较严厉管制的可能性,又要给以出路,使他们存在能够回归社会的希望,进而认真改造。假释充分体现了惩罚与改造相结合的思想。

(二)适用假释的实质条件

适用假释的实质条件,依照刑法规定,必须是犯罪分子"确有悔改表现",且适用假释"不致再危害社会"。根据有关司法解释,对于"确有悔改表现"、"不致再危害社会",应当把它们作为一个整体来考察,判断"没有再犯罪的危险",除符合《刑法》第

81 条规定的情形外,还应根据犯罪的具体情节、原判刑罚情况,在刑罚执行中的一贯表现,罪犯的年龄、身体状况、性格特征,假释后生活来源以及监管条件等因素综合考虑。[1]另外,在特殊情况下,比如有国家政治、国防、外交等方面特殊需要时,可以设定为符合了适用假释的实质条件。对犯罪分子决定假释时,应当考虑其假释后对所居住社区的影响。

(三) 适用假释的排除条件

《刑法》第 81 条第 2 款规定:“对累犯以及故意杀人、强奸、抢劫、绑架、放火、爆炸、投放危险物质或者有组织的暴力性犯罪被判处十年以上有期徒刑、无期徒刑的犯罪分子,不得假释。”这是由于该类犯罪分子的主观恶性较大,社会危害性较重,改造的难度也会比较大,因此,对他们不适用假释,从对社会安全保障的角度看是合适的。当然,这也并非意味着不给这类犯罪分子以出路,他们可以通过自己的努力改造,争取获得减刑,同样可以获得早日回归社会的机会。

(四) 适用假释的时限条件

由于假释实际上是对犯罪分子的奖励制度,因此,一段时间的观察是必需的,随意的奖励反而会造成假释效用的降低。为此,《刑法》第 81 条规定,被判处有期徒刑的犯罪分子在执行了原判刑期二分之一以上,被判处无期徒刑的犯罪分子在实际执行 13 年以上的才有可能适用假释。考虑到司法实践的复杂性,该条同时还规定:“如果有特殊情况,经最高人民法院核准,可以不受上述执行刑期的限制。”

根据通说,以上所讲的“执行”,理应包括服刑期间被保外就医、监外执行的情况。同时,判决前先行羁押的时间,对于原判为有期徒刑的情况来说当然不成问题,应当计算在内。对于原判为无期徒刑的,也应当包括在计算“实际执行十三年”的含义中,因为,对原判无期徒刑来说,判决前先行羁押的时间虽然不能折抵刑期,但是在考虑适用假释时,不加以考虑却是不合适的,否则就没有考察的标尺了。另外,被判处无期徒刑的犯罪分子,虽然经过减刑而被减为有期徒刑,但是在对其适用假释时,仍应按原判的无期徒刑是否实际执行 13 年来对待,否则又属于法律适用上的不公平。同理,被判处有期徒刑的犯罪分子在服刑期间曾被减刑的,仍应按原判刑罚执行二分之一以上才能考虑适用假释。

对于被判处死刑缓期 2 年执行的犯罪分子,毫无疑问,在死缓 2 年期间肯定不存在假释问题。如果死缓 2 年期满后被减为无期徒刑或者有期徒刑的,从法律文本的表述上看是可以适用假释的。当然,对累犯以及故意杀人、强奸、抢劫、绑架、放火、爆炸、投放危险物质或者有组织的暴力性犯罪被判处 10 年以上有期徒刑、无期徒刑的犯罪分子,不得假释。在这种情况下,实际执行刑期的计算,应当从裁定减为有期徒刑或者无期徒刑之日起计算,判决以前先行羁押的时间和死刑缓期 2 年执行期的时间都不能计算在内。[2]

---

[1] 最高人民法院《关于办理减刑、假释案件具体应用法律若干问题的规定》(2012 年 7 月 1 日起施行)第 15 条。

[2] 苏惠渔主编:《刑法学》,法律出版社 2001 年版,第 333 页。

（五）适用假释的程序条件

假释的程序,是指罪犯获得假释,应依照刑法有关规定的步骤实施,非经法定程序不得假释。《刑法》第82条规定:"对于犯罪分子的假释,依照本法第七十九条规定的程序进行。非经法定程序不得假释。"《刑法》第79条是对适用减刑的程序性规定,联系到假释,就是对于犯罪分子的假释,由执行机关向中级以上人民法院提出假释建议书。人民法院应当组成合议庭进行审理,对符合假释条件的,裁定予以假释。非依法定程序,不得假释。

三、对假释犯的考察

（一）假释考验期与社区矫正

假释的实质是对被处刑罚的犯罪人附条件的提前释放,予以必要的考验,如若犯罪人能够合乎考验要求,那么,当考验期满,后原判刑罚就视为执行完毕;如若在考验期内出现违反考验要求的情形,则应依法执行相关的刑罚。因此,可以这样认为,被假释的犯罪分子虽然离开了监狱,但仍未完全恢复自由,在假释考验期间,必须接受社区矫正。根据《刑法》第85条的规定,对假释的犯罪分子,在假释考验期限内,依法实行社区矫正,如果没有《刑法》第86条规定的情形,假释考验期满,就视为原判刑罚已经执行完毕,并公开予以宣告。

由此可见,假释考验期,在刑期执行完毕之前对获得假释的罪犯制定一定期限的考察,这段期限就是假释考验期。

《刑法》第83条规定,假释的考验期限,被判有期徒刑的为没有执行完毕的刑期;被判无期徒刑的假释考验期限为10年。该条同时规定:"假释考验期限从假释之日起计算。"

（二）假释考察事由

假释考察的重点是考察犯罪分子在假释考察期内是否有新的犯罪行为,是否还有漏罪及是否有严重违反法律、法规的行为。同时,依照《刑法》第84条的规定,在假释考验期内,被宣告假释的犯罪分子,应当遵守下列规定:(1)遵守法律、行政法规,服从监督;(2)按照监督机关的规定报告自己的活动情况;(3)遵守监督机关关于会客的规定;(4)离开所居住的市、县或者迁居,应当报经监督机关批准。

（三）假释的法律后果

根据《刑法》第86条的规定,假释的法律后果有三种可能:

1. 被宣告假释的罪犯,在假释考验期内没有犯新罪,也没有发现漏罪,并且遵守监管规定,假释考验期满,原判刑罚就视为已执行完毕;

2. 被宣告假释的罪犯,在假释考验期内又犯新罪,或者发现漏罪,那么,应当撤销假释,将原罪的残余刑期(对于原判为有期徒刑的,是指被宣告假释时的所有残余刑期;对于原判为无期徒刑的,则应当是恢复终身监禁)和新罪或者漏罪的刑期实行数罪并罚,即对新罪实行"先减后并"的方法,对漏罪实行"先并后减"的方法;

3. 被宣告假释的罪犯,在假释考验期内,违反法律、行政法规或者公安部门有关假释的监督管理规定,尚未构成新的犯罪,应当依照法定程序撤销假释,收监执行尚未执行完毕的刑罚。

另外,如果犯罪人被判处附加剥夺政治权利的,剥夺政治权利从假释之日起执行。

四、关于假释的讨论

有人认为,假释作为附条件地予以提前释放的制度,是一种追求积极的刑罚效果而采取的处罚手段,其实质在于通过假释制度的运用实现刑罚效益的最大化,规范引导受刑人遵守社会法律秩序。因此,除了对累犯以及故意杀人、强奸、抢劫、绑架、放火、爆炸、投放危险物质或者有组织的暴力性犯罪被判处 10 年以上有期徒刑、无期徒刑的犯罪分子不得假释以外,基于实际考虑,对下列四类罪犯也不宜假释:

一是曾被撤销假释的罪犯。《刑法》第 86 条规定,被假释的犯罪分子在假释考验期限内犯新罪、发现有漏罪或者有违反法律、行政法规或者公安部门有关假释的监督管理规定的行为,应当撤销假释。这三种情况均说明被假释的罪犯并未真正认罪悔改,主观恶性较大,危害社会的可能性较大。为预防罪犯假释后违法犯罪,敦促其认真改造,对曾被撤销假释的罪犯不应再假释。

二是服刑期间又故意犯罪的罪犯。罪犯在服刑期间又故意犯罪,改造态度不端正,可能贻害社会,因此不宜假释。

三是因暴力性犯罪被判处死刑,缓期 2 年执行后又减为有期徒刑、无期徒刑的罪犯。《刑法》第 81 条第 2 款并未明确规定"被判处十年以上有期徒刑、无期徒刑的犯罪分子"是否包括死刑缓期 2 年执行后被"减为"有期徒刑、无期徒刑的罪犯,从立法文本表述上看,应当包含后一情形。

四是因实施两种或多种暴力性犯罪,分别被判刑期不满 10 年,而合并执行达 10 年以上的罪犯。对此情形,是否同样适用《刑法》第 81 条第 2 款的规定,立法及司法解释并未明确予以规定。而在司法实践中,当一个犯罪人同时触犯了两种暴力性犯罪,如故意杀人罪和抢劫罪各被判处 10 年以下有期徒刑,合并执行达到 10 年有期徒刑的,该受刑人是可以被假释的。但是这种做法并不符合立法宗旨。首先,《刑法》第 81 条第 2 款的规定是对严重危险犯人的一种禁止性条款,它的立法本意是考虑到上述严重暴力性犯罪具有严重的社会危害性及人身危险性,而实践中的做法不利于对犯罪人的改造,也不利于社会的稳定;其次,"罪刑相适应"是刑法的基本原则之一,犯罪人所犯罪行理应与其所受刑罚相适应,若上述情形中的犯罪人可以被假释,势必有重犯轻罚的意味,故对存在此种情形的犯罪人不应适用假释;最后,虽然在第 81 条第 1 款中也有"如有特殊情况,经最高人民法院核准,可以不受上述执行刑期的限制"的规定,但这里的"特殊情况"也仅指国家政治、国防、外交等方面的特殊需要的情况,因此对司法实践中所出现的上述情形不可使用此规定来解释。

上述观点确实反映了刑事侦察、检察、审判、执行实际工作对类似情况的关注，也确实可见其在实践中的影响。但是，就我国刑事法制环境而言，这只能是一个讨论性的问题，毕竟一则其有待于立法的解决，不能以司法或者其他的手段自行解决；二则其同假释制度设立本意如何衔接、如何判断犯罪分子的可改造性等都还值得深思。

第十九章

刑罚消灭制度

第一节　刑罚消灭概述

刑罚消灭,是指由于法定的或事实的原因,致使司法机关不能对犯罪人行使具体的刑罚权。刑罚消灭的事由有刑罚裁量权和刑罚处罚权的消灭两种。

刑罚裁量权的消灭事由有以下三种:(1)犯罪人在判决前死亡;(2)自诉案件的自诉人撤诉;(3)犯罪人在判决前获得赦免。

刑罚处罚权的消灭事由有如下八种:(1)犯罪人在判决后或在刑罚执行过程中死亡;(2)犯罪人执行完毕人民法院判决的刑罚;(3)被判缓刑的犯罪人缓刑期限届满,依法宣告原判刑期不再执行;(4)犯罪分子获假释,假释考验期限届满,原判刑期执行完毕;(5)免于刑事处罚,犯罪人虽负有刑事责任,但因免于刑事处罚而无刑罚执行;(6)犯罪人在刑罚执行过程中被大赦,原判刑期终止执行;(7)犯罪人在刑罚执行过程中被宣告特赦;(8)超过刑罚执行时效,犯罪人被依法判处刑罚,但因某种原因超过法定的行刑时效而刑罚没有执行;(9)超过追诉时效,犯罪人犯罪后超过规定的追诉时效。

刑罚消灭具有以下特征:(1)行为人的行为已经构成犯罪,并且应当受到刑罚处罚或者已经受到刑罚处罚;(2)已经构成犯罪,并且应当受到或者已经受到刑罚处罚的行为,基于某种原因而使刑罚趋于消灭,这种原因是由法律——包括刑法或者是国家根本法的明文规定以及某种事实的发生;(3)刑罚消灭意味着刑罚执行或后果的消灭,一般不影响犯罪行为的曾经发生或存在。

第二节　时　效

一、时效的概念

刑法意义上的时效,是指经过一定期限,对刑事犯罪不得再追诉或者对所判刑罚不得再执行的刑罚制度。因此,按照严格的要求,刑法上的时效理应包括两种,即追诉时效和行刑时效。①

一般认为,刑法规定追诉时效的意义在于:

首先,符合刑法预防犯罪的刑罚目的。追诉时效的规定,能充分发挥刑罚的预防犯罪的目的。对犯罪分子实施刑罚,其目的在于有效地预防犯罪,如果犯罪分子犯罪后在法定的期限内没有再犯罪,说明犯罪分子已认识到自己的犯罪行为的社会危害性而改恶从善,刑罚已无再进行处罚的必要。打击犯罪,对犯罪人的及时处罚可以警告社会上的其他可能犯罪的人,而对已过法定时效的犯罪的追诉,难以达到及时警戒的一般预防效果。

其次,有利于司法机关集中精力打击现行犯罪活动。追诉时效的规定,能使司法机关集中力量打击现行犯罪。这是因为犯罪后未及时受到刑罚处罚,随着时间的流逝,有可能出现诸如犯罪证据灭失、当事人死亡等状况,如果无限期地追诉,司法机关会陷入难以摆脱的境地不能自拔,形成恶性循环,会极大地削弱及时打击现行犯罪的力量,反而会出现不利于社会稳定的局面。

最后,有利于社会的安定团结。追诉时效的规定,能有利于社会的安定团结,对于轻微的刑事犯罪,经过一定的时间和环境的改变,当事人之间已经相互谅解,如果超过追诉时效再追究当事人的刑事责任,反而会导致破坏社会的安定团结,不利于社会稳定。

行刑时效,是指犯罪分子被判处刑罚以后,经过法律规定的时限而未执行,便不再执行原判刑罚的刑罚制度。我国刑法没有规定行刑时效制度。②

二、时效的具体规定

(一) 追诉时效期限

追诉时效期限,是指刑法规定的对犯罪分子追究刑事责任的有效期限。因此,没有法律的规定,也就没有追诉时效期限可言。

根据《刑法》第 87 条规定,追诉时效的期限是根据刑法规定的各个具体犯罪的法定刑的轻重,分别规定长短不一的追诉时效期限:

(1) 法定最高刑为不满 5 年有期徒刑的,追诉时效的期限为 5 年;

(2) 法定最高刑为 5 年以上不满 10 年有期徒刑的,追诉时效期限为 10 年;

(3) 法定最高刑为 10 年以上有期徒刑的,追诉时效的期限为 15 年;

(4) 法定最高刑为无期徒刑、死刑的,追诉时效的期限为 20 年。如果 20 年以后认为必须追诉的,报请最高人民检察院核准后,仍然可以追诉。

可见,追诉时效的期限是以犯罪分子所犯之罪的法定最高刑为标准的。但是,对

① 苏惠渔主编:《刑法学》,中国政法大学出版社 1997 年版,第 336 页。
② 苏惠渔主编:《刑法学》,中国政法大学出版社 1997 年版,第 337 页。

追诉时效期限中的"法定最高刑"应如何理解，观点不一。第一种观点认为，法定最高刑是指具体案件可能判处的最高刑；第二种观点认为，法定最高刑是指刑法对某种罪名所规定的最高刑；第三种观点认为，法定最高刑是指刑法规定的与具体犯罪行为的轻重相适应的量刑幅度的最高刑。为了统一认识，最高人民法院曾在 1985 年 8 月 21 日对如何准确理解"法定最高刑"作出司法解释，认为"虽然案件尚未开庭审理，但是，经过认真审查案卷材料和必要的核实案情，在基本事实查清的情况下，已可估量刑期，计算追诉期限"，并认可了上述的第三种意见。①然而，该司法解释仍存在一定的缺陷。根据此解释，司法机关在立案之前确定是否对犯罪追诉时，应依据已有的案卷证据材料推断案情，估量追诉后对犯罪人可能适用的量刑幅度的最高刑，然后再计算追诉期限。但是，司法机关在立案时据以计算追诉期限的证据材料都是未经法庭质证的，不可排除某些案件立案时认定的犯罪事实庭审时仅被法院部分认可，这势必影响到被告人的量刑幅度和追诉期限。因此，极有可能出现这样一种尴尬情况，即根据司法机关在立案时估量的量刑幅度的最高刑计算，犯罪人当时尚在追诉期限内，但根据法院实际宣判的刑期计算，犯罪人在立案时就已超出追诉期限，依法对其不应追诉。这种情形在理论上是存在的，实践中亦是可能的。

为避免出现此种矛盾情形，有观点提出，宜将《刑法》第 87 条的"法定最高刑"修改为"法定最低刑"，并将"法定最低刑"定义为：司法机关在立案前根据已有的案卷材料和初步核实的案情，估量犯罪可能适用的刑法条款或量刑幅度中的最低刑。因为，在事实和证据均未查清之前，司法机关即使要根据估量的犯罪可能适用的刑法条款或量刑幅度来决定是否对犯罪人追诉，也不应选择其中的"最高刑"，至多是选择"中间刑"或者"最低刑"。否则，对犯罪人显然是不公正的，也不符合国际上"刑罚轻刑化"的潮流。当然，按照法定最低刑追诉犯罪人，确实可能会使部分犯罪人逃避了刑罚追究，但这比按照法定最高刑追诉犯罪人更为可取。因为，按照法定最高刑追诉犯罪人时，可能会存在依法本应对犯罪人判处较轻刑罚，但法院考虑到若判处较轻刑罚将会出现案件已过追诉时效的上述尴尬情况，而判处较重的刑罚。虽然这种侵害犯罪人权益的判例较难列举，但不能排除它存在的可能性。并且，按照法定最低刑追诉犯罪人，还可以加强对人权的保护，有利于我国的国际斗争。这种观点确有可取之处，其反映了一种刑法立法和司法理念。但是，在法律还没有修改之前，以法定最高刑作为追诉时效期限的唯一标志是不可怀疑，也是必须坚持的。

刑法分则条文中对法定刑的规定包括几种不同的情况，由此，对追诉时效的确认也具有重要意义：

首先，在一种犯罪有几个罪刑单位的情况下，应当按照犯罪的实际情况确定追诉时效期限的长短。即犯罪属于哪一个罪刑单位，就应当以那个罪刑单位的法定最高

---

① 1985 年 8 月 21 日最高人民法院颁发的《关于人民法院审判严重刑事犯罪案件中具体应用法律的若干问题的答复（三）》。需要说明的是，根据《最高人民法院关于废止 1980 年 1 月 1 日至 1997 年 6 月 30 日期间发布的部分司法解释和司法解释性质文件（第九批）的决定》，该答复已被废止。

刑确定追诉时效的期限。

其次，在刑法分则条文中，有时会出现只表明某个犯罪应处的刑罚的最低刑，但是，由于该最低刑所属刑种的法定刑期的法律规定性，仍然应当以该刑种的法定最高刑为计算追诉时效期限的标志。

最后，根据《刑法》第99条的规定，刑法中所称的以上、以下、以内，均包括本数在内。但是，在追诉时效期限的法律规定中，有的规定为"不满"，有的规定为"以下"、"以上"，按照最高人民法院的司法解释，必须加以明确区分。

另外，为了促进祖国统一大业，最高人民法院、最高人民检察院在1988年3月14日颁布了《关于不再追诉去台人员在中华人民共和国成立前的犯罪行为的公告》。1989年9月又颁布了《关于不再追诉去台人员在中华人民共和国成立后当地人民政权建立前的犯罪行为的公告》。根据上述司法解释的规定：第一，对去台人员在中华人民共和国成立后，犯罪地地方人民政权建立前所犯历史罪行，不再追诉；第二，去台人员在中华人民共和国成立后、犯罪地地方人民政权建立前犯有罪行，并连续或继续到当地人民政权建立后的，追诉期限从犯罪行为终了之日起计算。凡符合《刑法》（此处是指1979年《刑法》）第76条规定的，不再追诉。其中法定最高刑为无期徒刑、死刑的，经过20年，也不再追诉。如果认为必须追诉的，由最高人民检察院核准；第三，对于去海外其他地方的人员在中华人民共和国成立前，或者在中华人民共和国成立后、犯罪地地方人民政权建立前所犯的罪行，按前述规定办理。这两个公告的精神适用于1997年《刑法》施行以后。

（二）追诉时效的计算

根据《刑法》第88条、第89条的规定，追诉时效的计算分为四种情况：

1. 追诉时效计算的一般情况。

在一般情况下，追诉时效的期限从犯罪之日起计算。

关于"犯罪之日"的理解，理论界有不同说法，有认为犯罪成立之日，有认为犯罪行为实施之日，有认为犯罪行为发生之日，有认为犯罪行为完成之日，有认为犯罪行为停止之日。本书强调犯罪构成的理论和实践，因此当犯罪分子的行为符合犯罪构成标准之日就是"犯罪之日"。对于行为犯，从犯罪行为实施之日起计算；对于危险犯，从实施危害行为形成危险状态之日起计算；对于结果犯，则应当从犯罪结果产生之日起计算；对于预备犯、未遂犯、中止犯，从犯罪预备、犯罪未遂、犯罪中止之日起计算。

至于追诉时效期限的终点究竟是指侦查、检察或是审判时，有不同的观点。[1]我们认为，追诉时效的关键是"追诉"，简而言之，是为了诉讼而追究之，在这个意义上，张明楷教授的观点更贴近法律本意，即只有在审判之日还没有超过追诉期限的，才能追究刑事责任。[2]

---

[1] 高铭暄、马克昌主编：《刑法学》，北京大学出版社、高等教育出版社2000年版，第324页。

[2] 张明楷著：《刑法学》，法律出版社2011年版，第568页。

2. 追诉时效计算的特殊情况。

（1）连续或继续犯罪追诉时效的计算。《刑法》第89条第1款中特别规定，如果犯罪行为有连续或者继续状态的，追诉时效的期限从犯罪行为终了之日起计算。

（2）追诉时效的中断。《刑法》第89条第2款规定，在追诉期限以内又犯罪的，前罪追诉的期限从犯后罪之日起计算。在一般情况下，追诉时效的期限从犯罪之日起计算。但是，如果犯罪行为有连续或者继续状态的，追诉时效的期限从犯罪行为终了之日起计算。

（3）追诉时效的延长。《刑法》第88条规定，在人民检察院、公安机关、国家安全机关立案侦查或者在人民法院受理案件以后，逃避侦查或者审判的，不受追诉期限的限制。同条第2款规定，被害人在追诉期限内提出控告，人民法院、人民检察院、公安机关应当立案而不予立案的，不受追诉期限的限制。

对于《刑法》第88条两款条文的理解上，应当注意几个问题：

第一，根据刑事诉讼法的有关规定，"立案"是指司法机关在审查材料（包括公诉或者自诉材料）后，根据事实和法律，决定是否作为刑事案件进行侦查或审判的诉讼活动。它包括发现立案材料或对立案材料的接受、对立案材料的审查、根据审查的结果作出立案或不立案的决定三方面的内容。而"侦查"是指司法机关采取的专门调查工作和有关的强制性措施。因此，立案与侦查是两个不同的诉讼阶段。根据该条第1款的规定，对于人民检察院、公安机关或者国家安全机关办理的案件，只对那些逃避"侦查"的犯罪人适用追诉时效的延长。因此适用追诉时效延长的时间应起始于侦查阶段，对于在立案阶段有潜逃、隐匿等逃避行为的犯罪人一般不应适用追诉时效延长。

第二，对于"逃避侦查或者审判的"的理解，应当强调犯罪分子主观上必须有逃避侦查或者审判的故意。即犯罪人必须是明知人民检察院、公安机关或者国家安全机关已经对其犯罪行为予以立案侦查，或者明知人民法院已经决定对其犯罪行为进行受理，却故意逃避侦查或者审判。同时犯罪分子在客观上必须有逃避侦查或审判的行为。

第三，对于"被害人在追诉期限内提出控告"，应当先确认被害人为了使犯罪分子受到刑事追究，是在法定的追诉期限内提出的控告。如果被害人没有在追诉期限内提出控告，即使其合法权益受到犯罪人侵害，也不能对犯罪人适用追诉时效的延长。但是，对于被害人在追诉期限内提出控告，司法机关当时没有立案，被害人在追诉期限届满后能否再提出控告。根据该条第2款的精神，适用此款的对象都是那些已过追诉期限的案件。如果被害人曾在追诉期限内提出过控告，若不允许被害人在追诉期限届满后再次提出控告，此款规定的适用追诉时效延长的案件则无法适用，刑法增设此款也就失去了意义。因此，只要被害人曾在追诉期限内提出过控告，即使追诉期限已满，被害人仍可向司法机关再次提出控告，至于应不应当立案则由司法机关决定。

第四，对于应当立案而不予立案问题的理解。根据《刑诉》法第86条的规定，应当立案是指司法机关认为有犯罪事实，并需要追究刑事责任的。因此，对"应不应当立案"标准的判断并不困难。但是,当受理控告的司法机关与被害人之间就应不应当立案发生争议时,应由谁来作为认定"应不应当立案"的主体,则较为复杂。法律对此尚无明确规定,可按以下几种精神处理:首先,被害人对公安机关应当立案侦查而不立案侦查的案件有异议,向人民检察院提出时,应由谁认定? 根据《刑事诉讼法》第111条的规定,应由人民检察院作为认定应不应当立案的主体;其次,被害人对人民法院、人民检察院、公安机关应当立案而不予立案的案件不服时,根据《刑事诉讼法》第110条的规定,控告人可向各司法机关申请复议,由于刑事诉讼法未规定控告人可以申请复核,所以这时认定应否立案的主体应仍是各司法机关;最后,根据审判监督程序的规定,受理被害人在追诉期限内提出控告的各司法机关的上级机关或者上级人民检察院有权作为认定应不应当立案的主体。

第三节 赦 免

一、赦免的概念

赦免,是指依法免除或者减轻犯罪分子罪责或者刑罚的刑罚制度。

赦免的法律后果一般有以下几种:

第一,对于已经发生的犯罪案件,未被提起刑事追究的,不再提起,或者虽然提起但是减轻或者免除刑罚;

第二,对于已经提起刑事追究但是还未判决的案件,不再判决或者减轻判决;

第三,对于已经被判刑并正在执行刑罚的罪犯,减轻或者免除刑罚的执行;

第四,宣布对已经执行刑罚或者免除刑罚的罪犯,免除其罪,视同没有前科的人。

二、大赦和特赦

大赦,是指对一定范围内的罪犯一概赦免的刑罚制度。经过大赦,行为人的刑事责任完全归于消灭。尚未追诉的不再追诉;已经追诉的撤销追诉;已经受到罪刑宣告的,宣告刑归于无效,不再执行。

我国1954年《宪法》规定有大赦,大赦权由全国人民代表大会行使。1982年《宪法》没有大赦的规定。实际上,我国自建国以后从未实行过大赦。

特赦,是指对已受罪刑宣告的特定犯罪分子免除其刑罚的一部分或者全部的制度。

特赦和大赦的区别有以下几点:第一,适用的范围不同,大赦通常适用于某一时期或者特定地域内的某一类或者几类犯罪分子,具有一定的普遍效力。反之,特赦只适用于特定的犯罪分子。第二,法律的效果不同,特赦一般只能免除被特赦者的刑罚的执行,通常不能使对被特赦者的有罪宣告归于无效。反之,被大赦者的罪与刑则一般认为完全归于消灭。第三,宣告的时间不同,大赦在判决确定前或者确定后均可实行。反之,特赦只能在判决确定后实行。第四,法律的后果不同,被大赦者在大赦后如果再犯罪,不发生累犯的问题。反之,被特赦者在特赦后如果再犯罪,符合累犯条件的,依法构成累犯。

根据《宪法》第67条和第80条的规定,中华人民共和国主席根据全国人民代表大会常务委员会的决定颁发特赦令。从这个意义上看,《刑法》第65条、第66条中所指的赦免,毫无疑问指的是特赦。

三、我国历史上的特赦

1959年以来,全国人民代表大会常务委员会根据中国共产党中央委员会、国务院的建议,经过审议决定,先后八次实行了特赦:第一次,1959年9月17日,在建国十周年大庆即将到来之际,经中华人民共和国国家主席刘少奇签发特赦令,对确已改恶从善的蒋介石集团和伪满洲国的战争罪犯、反革命犯和普通罪犯实行特赦。1960年11月10日、1961年10月10日,又两次对已经改恶从善的蒋介石集团和伪满洲国的战争罪犯实行特赦。1963年3月30日、1964年12月12日和1966年3月29日,对确已改恶从善的蒋介石集团、伪满洲国和伪蒙疆自治政府的战争罪犯实行特赦。1975年3月对全部在押的战争罪犯实行特赦。2015年8月29日,国家主席习近平签署主席特赦令,根据十二届全国人大常委会第十六次会议通过的全国人大常委会关于特赦部分服刑罪犯的决定,对依据2015年1月1日前人民法院作出的生效判决正在服刑,释放后不具有现实社会危险性的四类罪犯实行特赦:一是参加过中国人民抗日战争、中国人民解放战争的;二是中华人民共和国成立以后,参加过保卫国家主权、安全和领土完整对外作战的,但犯贪污受贿犯罪,故意杀人、强奸、抢劫、绑架、放火、爆炸、投放危险物质或者有组织的暴力性犯罪,黑社会性质的组织犯罪,危害国家安全犯罪,恐怖活动犯罪的,有组织犯罪的主犯以及累犯除外;三是年满75周岁、身体严重残疾且生活不能自理的;四是犯罪的时候不满18周岁,被判处3年以下有期徒刑或者剩余刑期在1年以下的,但犯故意杀人、强奸等严重暴力性犯罪,恐怖活动犯罪,贩卖毒品犯罪的除外。这些特赦都是国家对于经过一定期限的劳动改造确已改恶从善的特定犯罪分子免除其刑罚的剩余部分或者减轻其原判刑罚,或者对少数虽未判决,但是经过一定期限关押确已改恶从善的予以释放。

八次特赦的特点可以概括为:第一,特赦的对象除第一次特赦略大,基本限于战争罪犯;第二,特赦的范围属于一类或几类犯罪分子,不是个别人;第三,特赦的前提是犯罪分子确有改恶从善的表现;第四,特赦者分情况给予释放或减轻刑罚;第五,特赦的效力只及于刑罚,不涉及罪行,不等于宣告无罪。

·新世纪法学教材·

刘宪权 主编

刑法学

（第四版）下

上海人民出版社

目 录

下 册

第四编 罪 刑 各 论

第四编　罪刑各论

第四編　罪刑各論

第二十章

罪刑各论概述

第一节　刑法分则体系

一、刑法分则的研究对象和研究内容

刑法总则和分则组成《刑法》的全部内容，与此相应，刑法总论和罪刑各论构成了刑法学的全部内容。罪刑各论一般以刑法分则为研究对象，根据刑法分则对各种具体犯罪的规定，研究各种具体犯罪的概念、构成要件、法定刑、处罚原则，以及与具体定罪量刑相关的问题。

罪刑各论以刑法分则为研究对象，但也不仅仅局限于此。在 1997 年《刑法》之前，有关具体犯罪的罪刑规范一部分表现在刑法分则中，另一部分表现在由全国人大常委会制定的单行性刑事决定和补充规定中，此外还有相当一部分散见于民事、经济、行政法律中。虽然 1997 年《刑法》将以前的上述三部分罪刑内容，集中整理修订成统一的刑法典，但是随着社会的发展和需要，有关具体犯罪的罪刑规范仍出现在上列所述的三大方面，1998 年 12 月 29 日由第九届全国人大常委会通过的《关于惩治骗购外汇、逃汇和非法买卖外汇犯罪的决定》就是一个明显的说明。因此，罪刑各论的研究对象除以刑法分则为主之外，还应包括分则之外的其他罪刑规范。

罪刑各论研究的内容与刑法总论研究的相同——罪与罚，所不同的是刑法总论研究的是罪与罚的共性，刑法各论研究的是具体的罪与罚。罪刑各论研究的内容归纳起来有以下几方面：

1. 研究各种具体犯罪的概念和构成要件。刑法分则是对各种具体犯罪的规定，但其规定主要着眼于罪状，除少部分犯罪分则明文规定其概念之外，绝大多数犯罪没有明文的概念。作为罪刑各论的研究内容，首先就是对各种具体犯罪的立法规定加以概括和提炼，以确定各种犯罪的概念，概括出各种犯罪的具体特征。在此基础之上，罪刑各论根据各种犯罪的具体概念分解出各种具体犯罪所具有的犯罪构成要件，从认定犯罪方面确立构成犯罪的标准，为区分罪与非罪提供具体的标准。

2. 研究罪与罪之间的界限。刑法分则规定了 400 多种犯罪，许多犯罪之间存在着较大的相似性，无论在理论上还是在实践中均易产生混淆，影响定罪的准确性。因

此区分此罪与彼罪,就成为罪刑各论的一项重要内容。罪刑各论在研究各种具体犯罪的构成特征的同时,根据每种犯罪所特有的构成特征,着重对此罪与彼罪进行分析和研究,指出容易混淆的犯罪,并提出罪与罪之间的区分界限。

3. 研究具体的罪数。刑法总论有一罪与数罪的区分标准,有形式数罪实质一罪或者实质数罪处断一罪等的研究,这些研究具有抽象性。在刑法分则中,罪与罪之间的紧密联系性和罪与罪之间的交叉性,使罪数认定不仅具有复杂性,更具有实在性(由此确定犯罪的数量和相应的刑罚数量)。特别是刑法分则中对一些犯罪的规定,采用了包容或者转化的立法方式,这为罪数的研究提供了新的内容。罪刑各论为此在研究具体罪数过程中,结合刑法总论中的罪数原理,依据刑法分则对具体犯罪的犯罪构成的规定,提出对具体罪数认定的方法、标准和界限。

4. 研究各种具体犯罪的处罚。刑罚处罚是犯罪的必然结果,有犯罪的规定,同时也就有刑罚处罚的规定。刑法分则针对各种具体犯罪的危害状况、特点和轻重程度,设定了各自不同的法定刑。为此罪刑各论根据刑法分则对各罪法定刑的规定,研究各种具体犯罪的刑罚处罚,轻重不等的法定刑的适用。特别是上下幅度的法定刑,其适用的依据和标准,更是罪刑各论所研究的重要内容。

5. 研究与具体犯罪和处罚相关的司法解释。有关刑法方面的司法解释,大多数是针对刑法分则中具体犯罪的认定和处罚。这些司法解释不仅将分则规定的犯罪的构成要件具体化,还将具体犯罪的法定刑的适用具体化。诸如有关抢劫犯罪中故意杀人和加重情节适用的司法解释,或者有关交通肇事犯罪的犯罪认定标准、共犯适用情况、法定刑适用的司法解释等。罪刑各论必须研究有关的刑事司法解释,研究解释中对具体犯罪的构成要件、法定刑的适用性规定,以充实刑法分则所规定的具体犯罪的犯罪构成内容,明确具体犯罪法定刑的适用标准。

罪刑各论对各种具体犯罪的概念、构成、罪数、法定刑运用的研究依据,离不开刑法分则对各种犯罪的规定,离不开刑法总论对犯罪和处罚的共性研究理论,当然也离不开有关的司法解释。刑法分则以及有关罪刑规范的刑事立法专门规定了各种具体犯罪和处罚,因此作为专门研究各种具体犯罪概念、构成和法定刑运用的罪刑各论,必须以这种分则性立法规定为依据。刑法总论是对刑法总则的理论研究,它所研究的犯罪的一般概念、犯罪构成、犯罪形态以及处罚种类和处罚原则,必然成为罪刑各论对各种具体犯罪研究的依据,刑法总则指导刑法分则,刑法总论也必然指导罪刑各论的研究。另外,由于立法不可能详细规定各种犯罪的认定和处罚,许多立法适用问题由司法解释作出具体规定,包括对具体犯罪的理解与掌握,具体犯罪的认定标准,特别是一些较为灵活的法律规定的适用。这些司法解释无论从哪种角度而言,皆应成为罪刑各论研究具体犯罪概念、构成特征和法定刑适用的依据。

二、刑法分则的研究意义

以刑法分则为对象的罪刑各论的研究,对于刑事立法、刑事司法和刑法理论,都有十分重要的意义。

1. 罪刑各论的研究对刑事立法的完善有重要意义。社会在不断发展，客观上就对刑事立法提出不断改进和完善的要求，不仅要求对现有刑事立法中与社会发展状况不相协调的部分加以修改，还要求刑事立法对新出现的情况加以确认。刑事立法的改进和完善很大程度上依赖于罪刑各论的研究，因为罪刑各论在对刑法分则进行研究时，必然结合社会的实践和发展，对刑法分则具体规定的立法依据、立法的不足和遗漏、立法的改进和完善等问题提出研究意见。这些研究为刑事立法的修改和完善提供了重要的内容和参考，从 1980 年至 1997 年的立法修改、补充状况来看，也充分地说明了罪刑各论的研究对刑事立法完善的重要作用。

2. 罪刑各论的研究对刑事司法有重要的意义。刑事司法的工作内容就是对具体行为决定是否构成犯罪，构成何种犯罪，应当处以何种刑罚和处以何种程度的刑罚。而要对具体行为定罪量刑，离不开对罪刑各论的研究。罪刑各论对刑法分则的具体规定进行研究，明确各种具体犯罪的概念和构成要件，这为刑事司法确定具体行为是否构成犯罪提供了确切的标准，从而保证在罪与非罪问题上的正确认定。同样，罪刑各论对各种具体犯罪的构成要件的研究，有利于明确每种犯罪所特有的犯罪构成，划分罪与罪之间的界限，这又为刑事司法正确认定犯罪的性质，区分此罪与彼罪提供了可靠的依据。诸如故意杀人既遂与故意伤害致死的构成和界限，抢劫罪与敲诈勒索罪的界限等，皆为刑事司法提供了有力的划分依据。此外，罪刑各论对各种具体犯罪的法定刑运用的研究，包括不同档次的法定刑运用，加重处罚情况下的法定刑运用等，都为刑事司法的正确量刑提供了依据。由此可见，罪刑各论的研究，为刑事司法的定罪量刑，特别是在复杂情况下的正确定罪量刑提供了依据。

3. 罪刑各论的研究也丰富了刑法理论的研究。罪刑各论对各种具体犯罪的研究，虽然以刑法分则的具体规定为基点，以刑法的理论为指导，但是反过来也为刑法理论提供了研究的素材和内容。例如抢劫过程中的致人死亡问题，受贿罪的利用职务便利问题，国家工作人员在贪污、受贿、挪用公款犯罪中的范围问题等，都为刑法理论的研究和丰富提供了有价值的内容。当然，罪刑各论在丰富刑法理论研究的同时，刑法理论研究也在为罪刑各论的研究提供理论依据，为完善立法和正确适用法律的司法实践提供理论依据。

三、刑法分则的体系

刑法分则体系，是指刑法分则对所规定的犯罪的分类和排列顺序。现行刑法规定有 400 多种犯罪，对各种各样的犯罪进行一定的分类和排序，这是刑法分则应有的内容。罪刑各论的体系是以刑法分则的体系为自己的体系，因此罪刑各论的体系也就是刑法分则的体系。我国刑法分则体系的设置，以各种犯罪所侵犯的社会主义社会关系不同为分类依据，并以犯罪对社会的危害程度作为排列的主要依据，将各种各样的犯罪根据所侵犯的社会关系的不同分为十大类，又主要根据其对社会的危害程度进行先后排列。由此刑法分则的体系设置如下：

第一章　危害国家安全罪
第二章　危害公共安全罪
第三章　破坏社会主义市场经济秩序罪
第四章　侵犯公民人身权利、民主权利罪
第五章　侵犯财产罪
第六章　妨害社会管理秩序罪
第七章　危害国防利益罪
第八章　贪污贿赂罪
第九章　渎职罪
第十章　军人违反职责罪

我国刑法分则设置的体系，把纷繁复杂的各种各样的犯罪规划成一个井然有序的整体，对于认识犯罪所侵犯的社会关系，掌握罪与罪之间类别差异和危害差别有着相当重要的作用。

四、刑法分则体系的特点

刑法分则将各种具体犯罪划分成如上十类，并先后排列，有其一定的特点。

1. 将同类客体作为刑法分则犯罪分类的基本依据。刑法分则根据具体犯罪侵犯的客体的不同，把各种各样的犯罪分成十类，即分则的十章犯罪。每一类犯罪侵犯同一客体，反映了这一类犯罪所侵害的社会关系的共性。如刑法把对国家根本利益危害的犯罪，汇成危害国家安全罪一类，表现出这类犯罪的共性——危害国家安全。另外，刑法分则的第三章破坏社会主义市场经济秩序罪和第六章妨害社会管理秩序罪，由于犯罪种类繁多，条文设立的也多，两章的条文之和达180余条，占全部刑法分则十章条文总数的50%以上，因此刑法对这些条文采用了在章中再分节的方法进行设置。其分节设置的依据，基本上也是以侵犯社会关系的相同或相近性为据。

2. 犯罪的社会危害程度既是刑法分则各类犯罪先后排列的主要依据，也是每一类犯罪中具体各种犯罪先后排列的主要依据。刑法分则的十类犯罪的先后顺序，主要是根据其危害的大小，如把危害国家安全罪放在分则各类犯罪之首，危害公共安全犯罪排在其次，就是表明这两类犯罪的危害要超过分则其他各类犯罪。同样在每一类犯罪中，刑法也是把危害最大的个罪列在各种具体犯罪之首，如故意杀人罪列在各种侵犯公民人身权利、民主权利犯罪的最前面；抢劫罪列在财产犯罪的首位。刑法分则按照重在先，轻在后的顺序进行排列，一方面反映了刑法打击的重点，另一方面也反映了刑法保护的重点。当然刑法分则中也并非完全以危害重轻顺序先后排列，有部分犯罪不以危害重轻为序，但从总体上看，刑法分则的整体性排列和绝大多数犯罪排列是以重轻为先后之序的。

第二节 刑法分则的条文结构

刑法总则的条文通常是概念性、原理性的规定,与此不同,刑法分则的条文通常是罪与刑的统一体。在绝大多数刑法分则条文中,前半部分是对犯罪的规定,后半部分则是对刑罚处罚的规定,前者称为罪状,后者称为法定刑。罪状与法定刑并存于一个条文之中,构成了刑法分则条文的罪刑一体化的结构。

一、罪状

罪状是刑法分则条文对犯罪具体状况的规定和描述。其内容通常是对犯罪的构成要件的说明。掌握罪状是掌握具体犯罪的犯罪构成要件的前提,更是正确认定犯罪、适用罪刑规范的前提。

刑法分则罪刑规范对罪状的规定,主要分为以下两大类别:

(一) 基本罪状

基本罪状,是指对基本犯罪构成特征的描述。根据其描述方式的不同,有以下四种:

1. 简单罪状。即仅规定犯罪的名称,对具体犯罪构成特征不作描述。例如,《刑法》第 232 条规定:"故意杀人的"、第 240 条规定:"拐卖妇女、儿童的"等,都是简单罪状。在全部刑法分则条文中,简单罪状数量相对较少,通常用于一些众所周知的犯罪规定中。简单罪状的特点是条文可以简练,但也往往因过于简练而引起认识和理解的分歧。

2. 叙明罪状。即详细规定具体犯罪构成特征。例如,《刑法》第 254 条规定:"国家机关工作人员滥用职权、假公济私,对控告人、申诉人、批评人、举报人实行报复陷害的"。在这个罪状规定中,既规定了主体人员,又规定了对象人员,还规定了行为的方式和内容。叙明罪状在刑法分则条文中占有的比例极大,所不同的是,有的叙明罪状把犯罪构成的四个特征均作规定,有的只规定犯罪构成中的两个或三个特征。大多数叙明罪状因为主体、主观方面以及客体比较明确,无须再作规定,仅对行为的方式、内容和后果作出规定。叙明罪状的特点是构成特征详细描述,便于理解和掌握,有利于司法实践对罪与非罪、此罪与彼罪的正确认定。

3. 引证罪状。即分则条文本身没有直接规定某一犯罪的构成特征,而是引用分则的其他条款来说明和确定某一犯罪的构成特征。其中可能是引用该条前款规定,如刑法分则许多关于单位犯罪的规定,通常采用"单位犯前款罪的"这种表述,也有可能是引用分则的其他条款,如《刑法》第 185 条规定:"商业银行、证券交易所、期货交易所、证券公司、期货经纪公司、保险公司或者其他金融机构的工作人员利用职务上的便利,挪用本单位或者客户资金的,依照本法第二百七十二条的规定定罪处罚"。引证罪状的特点是条文简练,避免在法律已有规定情况下的重复规定。

4. 空白罪状。即条文本身没有明确某一犯罪的构成特征,而是指出需要参照其他法律或者法规中的有关规定来具体说明某一犯罪的构成特征。如《刑法》第343条第2款规定:"违反矿产资源法的规定,采取破坏性的开采方法开采矿产资源,造成矿产资源严重破坏的……"。刑法采用空白罪状,往往是刑法难以全面表述,而其他法律法规又已作详细规定,因而采用空白罪状的方式来规定。

(二)加重罪状或者减轻罪状

加重罪状或者减轻罪状,是指对适用加重或者减轻法定刑的罪状的描述。

1. 加重罪状。即适用比基本罪状的法定刑更重法定刑的罪状。通常是在基本罪状和相应法定刑之后,对更重法定刑适用的罪状规定。可能是规定在基本罪状相应的法定刑之后,也可能是用第2款的形式或者是用专条形式来规定。其内容主要是规定情节严重、情节特别严重、情节恶劣、情节特别恶劣、数额巨大、数额特别巨大、造成严重后果、致人重伤死亡或者某种特定手段、特定场合、特定对象等。

2. 减轻罪状。即适用比基本罪状的法定刑更轻法定刑的罪状。该罪状与基本罪状及其相应的法定刑在同一条款中,只是在其之后。减轻罪状的内容都是规定"情节较轻"。

(三)罪状与犯罪构成的关系

基本罪状与犯罪构成既有联系又有区别。其联系表现为罪状就是对具体犯罪的犯罪构成特征的描述,具体犯罪的犯罪构成要件来自于基本罪状,通过基本罪状的描述来确定该罪的犯罪构成要件。当然罪状所描述的往往是具体犯罪的部分构成要件,大多是犯罪构成中的客观要件,如行为、手段、场合、行为形式等,少量的是犯罪构成的主观要件(如以营利为目的)或者主体要件(如国家工作人员)。大多数具体犯罪的主体要件和主观要件必须结合刑法总论的规定来确定,单从罪状本身不能确定该罪的全部构成要件,这也是罪状与犯罪构成的不同之处。

加重或者减轻罪状与犯罪构成没有直接的联系。虽然有的观点认为加重或者减轻罪状就是加重的犯罪构成或者减轻的犯罪构成,但是从加重或者减轻罪状的规定内容本身来看,与犯罪构成相距甚远。因为在加重或者减轻罪状中,所规定的往往不是具体犯罪构成四个要件的内容,而是犯罪的严重或者不严重状况,或者是对某一个要件中的部分内容的规定,如场合、后果、数量等。这些内容与犯罪构成有明显的不同,所以也反映了加重或者减轻罪状与犯罪构成之间没有相应关系。

二、罪名

罪名,就是犯罪的名称,是对某一具体犯罪的本质或主要特征的高度概括。每一种犯罪都应有一个名称,这既是概括的需要,也是区别此罪与彼罪的需要。如果一种犯罪没有一个可以称呼的概括名称,将会给理论研究和实践运用带来极大的麻烦。

对犯罪确定罪名,通常应当由立法来进行,许多国家采用条标的方式来确定分则条文规定的犯罪的罪名,是个比较好的方式。这种方式不仅可以保持罪名确定的权威性,还可以保证司法实践认定罪名的统一性。

在我国刑法中,只有为数不多的条文直接规定了罪名,如《刑法》第382条规定了"贪污罪"、第384条规定了"挪用公款罪"、第385条规定了"受贿罪"、第389条规定了"行贿罪"等,刑事立法对绝大多数分则条文规定的犯罪没有确定罪名。由于立法没有确定,表现在各种刑法教科书或论著之中的罪名就多种多样,不仅罪名总数不一,对同一条文的犯罪的名称也会不同。基于此,最高人民法院于1997年12月9日以司法解释的形式确定了全部刑法分则的罪名,从而为理解、运用和研究提供了统一的标准。

罪状与罪名既有一定的联系,又有相当大的区别。罪状是对犯罪构成特征的描述,而罪名是从罪状中概括而来,从罪状的具体描述中概括出本质的或主要的特征,因此罪名以罪状为概括的基础。当然在有些条文中,罪状本身就是犯罪的名称,这往往存在于简单罪状之中,如《刑法》第232条规定的"故意杀人的……"这本身就是罪名,《刑法》第240条规定的"拐卖妇女、儿童的",也是如此。但这毕竟为数甚少。罪状与罪名的区别则表现为:罪状是对具体犯罪的犯罪构成特征的描述,罪名是对具体犯罪的犯罪特征的概括,因此罪状对具体犯罪的犯罪构成的描述越详细越具体越好,而罪名则是越概括越抽象越好。

刑法分则中的罪名有不同的表现形式,归纳起来,有以下三种类别:

1. 类罪名与具体罪名。类罪名,就是一类犯罪所共有的名称。刑法分则规定的十章犯罪,每章犯罪的名称就是这一类犯罪共有的罪名,如第二章危害公共安全罪是刑法分则第114条至第139条所规定犯罪的类罪名,第五章侵犯财产罪是刑法分则第263条至第276条的类罪名。具体罪名是每一种具体犯罪的名称。每一种犯罪都有其独自的罪名,有多少种刑法意义上的犯罪就有多少个罪名。具体罪名不仅是区别于其他犯罪的一种名称,更是司法实践和法律文书所运用的名称。在一个类罪名之下,有数量众多的具体罪名,有的甚至达到上百个具体罪名,如刑法分则第三章和第六章分别规定的具体犯罪有上百种,其罪名也就有上百种,所以在刑法分则中,类罪名只有10个,而具体罪名却有400多个。

2. 单一罪名和选择罪名、概括罪名。单一罪名,是指在一个犯罪规定之中只能有一个罪名的情况。单一罪名所包含的犯罪行为只有一种,如故意杀人罪、盗窃罪、贪污罪等,其行为方式可以有多种多样,但就行为性质或种类而言只有一种,也不能分解成多种。在刑法分则中,绝大多数犯罪是单一罪名。选择罪名,是指在一个犯罪规定中,有多种行为或者有多种对象的情况。在选择罪名的情况中,既可以将同一法律条文所规定的多种行为概括成一个罪名,也可以将多种行为分解成数个罪名,择一行为或选择其中几个行为定罪名的情况。选择罪名所包含的犯罪行为有多种,如《刑法》第347条规定的走私、贩卖、运输、制造毒品罪,就包含四种行为,如果行为人实施了这四种行为,即以走私、贩卖、运输、制造毒品罪一罪论处。如果行为人仅实施了贩卖毒品的行为,则可以以贩卖毒品罪论处。如果既有贩卖,又有运输毒品行为,则以贩卖、运输毒品罪论处,不数罪并罚。刑法中的选择性罪名,有的是行为的多种选择,有的是对象的多种选择,如公文、证件、印章等,还有的则是行为和对象在一个条文中都有多项选择,如《刑法》第125条规定的非法制造、买卖、运输、邮寄、储存枪支、弹药、爆炸物罪。概括罪名,是指在一个犯罪的规定中,有多种不同的犯罪行为但只能以一个罪名定罪的情况。在概括罪名的情况中,虽然有多种行为,如《刑法》第224条规定的合同诈骗罪中,有以虚假的单位或者冒用他人名义签订合同的行为,也有以伪造、变造、作废的票据或者其他虚假产权证明作担保的行为等五种合同诈骗行为,但这五种行为都只有合同诈骗罪这一个统一的罪名。概括罪名仅一个罪名,这与单一罪名相同,但是概括罪名有多种行为,则是单一罪名所没有的。概括罪名有多种行为,这同选择罪名有相同性,但是概括罪名仅有一个统一罪名,则与选择罪名不同。

3. 包容罪名与并列罪名。与前述一个分则条文只有一个罪名情况不同的是,这两种情况都是在一个分则条文中有多个罪名存在。包容罪名是在一个条文中有两个以上的罪名,其中一个罪名被另一个罪名所包容的情况。如《刑法》第240条所规定的拐卖妇女、儿童罪中包括了强奸、强迫妇女卖淫罪等多个罪名,如果行为人实施了该条文所包含的多个罪名的行为,在认定该犯罪时只能定一个拐卖妇女、儿童罪,不能数罪并罚。并列罪名是指在分则一个条文中并列规定了几个罪名的情况。如《刑法》第114条并列规定有放火罪、决水罪、爆炸罪、投放危险物质罪、以危险方法危害公共安全罪五个罪名,当行为人实施了并列罪名中的一个行为,即以一个罪名定罪处罚;当实施两种以上行为,如实施了放火、爆炸行为,对行为人应以放火罪、爆炸罪两罪并罚论处。这与选择罪名中行为人实施了选择罪名中的多种行为不以数罪论处有明显不同,也与包容罪名中即使实施了多种行为也以一个罪名定罪不同。

三、法定刑

刑法分则条文的罪刑结构是由罪状和法定刑两部分组成的。法定刑,是指刑法分则和其他单行刑事法律对各种具体犯罪所规定的刑罚种类和刑罚幅度。它是刑法分则根据刑法总则对主刑、附加刑及其运用的规定,依据罪刑相适应的原则针对各种具体犯罪的危害状况和危害程度所确定的。

(一) 法定刑的种类

在刑事立法和刑法理论中,法定刑一般有以下三种形式:

1. 绝对确定的法定刑。即在条文中只规定单一的刑种和固定的刑度。如我国《刑法》第121条规定犯劫持航空器罪"致人重伤、死亡或者使航空器遭受严重破坏的,处死刑"。这是《刑法修正案(九)》之后现行刑法中唯一一个规定有绝对确定法定刑的罪名。《刑法修正案(九)》删除了贪污罪、绑架罪中的绝对确定的法定刑。

2. 绝对不确定的法定刑。即在条文中不规定具体的刑种和刑度，只笼统规定对某种犯罪应"依法惩处"或"依法追究刑事责任"。这种形式的法定刑由于法律没有明确应适用的刑种和刑度，留给了法官以极大的自由裁量权，从而使刑事司法因缺乏统一标准而导致处刑的混乱与不公，最终不利于罪刑相适应原则的贯彻和法制的统一。据此，包括我国刑法在内的各国刑法已不再采用此种法定刑形式。

3. 相对确定的法定刑。即在条文中对某种犯罪规定一定的刑种与刑度，并明确规定最低刑与最高刑。此种形式的法定刑，既有明确的刑种与刑度，又有一定的灵活限度，这对于保持量刑的相对统一是有利的，并且也有利于刑事司法根据案件的具体情况酌情裁量刑罚。因此我国刑法和其他国家刑法均采用这种法定刑形式。

我国刑法分则采用的相对确定的法定刑，又有以下几种不同形式：

（1）规定最高限度的法定刑。即刑法分则条文仅规定刑罚的最高限度，刑罚的最低限度则根据刑法总则的规定。例如《刑法》第 429 条规定的"拒不救援友邻部队罪"的法定刑是"处五年以下有期徒刑"。该罪的法定刑种为有期徒刑，其最高刑度分则规定为 5 年有期徒刑，其最低限度依据刑法总则第 45 条的规定为 6 个月有期徒刑。

（2）规定最低限度的法定刑。即刑法分则条文仅规定刑罚的最低限度，刑罚的最高限度则根据刑法总则的规定。例如《刑法》第 105 条第 2 款规定的煽动颠覆国家政权罪中对"首要分子或罪行重大的，处五年以上有期徒刑"。这里的最低刑度为 5 年有期徒刑，其最高限度依据刑法总则第 45 条的规定为 15 年有期徒刑。

（3）规定最低限度和最高限度的法定刑。即分则条文同时规定刑罚的最低刑期和最高刑期。刑法分则中常见的 3 年以上 10 年以下或者 3 年以上 7 年以下有期徒刑，即是此种法定刑形式。

（4）规定两种以上主刑或者同时规定一种或两种以上附加刑的法定刑。例如《刑法》第 240 条规定："拐卖妇女、儿童的……有下列情形之一的，处十年以上有期徒刑或者无期徒刑，并处罚金或者没收财产"。

我国刑法除个别犯罪的某些特别严重情节适用绝对确定的法定刑和绝大多数犯罪适用相对确定的法定刑之外，还有一些犯罪没有直接规定其应适用的法定刑，而是规定依照本法×××条的规定处罚，这可以说是一种特殊的法定刑形式。

需要指出的是，我国刑法对主刑与附加刑有不同的规定形式。对主刑适用的法定刑，刑法主要采用相对确定的法定刑。对附加刑适用的法定刑，则主要采用不确定的法定刑形式，如法律对单位犯罪所规定的罚金，没有明确的罚金数额。理论上对此称为"浮动的法定刑"，意即没有明确的量的规定。这种不明确的罚金法定刑规定产生的主要原因，是法律很难作出具体的明确规定，所以采用"对单位处罚金"或者"并处或者单处罚金"等的规定形式。不可否认，这种所谓的"浮动法定刑"所产生的不利后果是现实存在的。一方面使行为人在犯罪前无法预知其所犯之罪会产生的法律后果，另一方面则使司法机关有特别大的自由裁量权，更容易产生同案不同罚金处罚的不公正。所以对此类不明确的附加刑法定刑，应当如何加以规范，是需要进一步研究的问题。

（二）法定刑与宣告刑

宣告刑，是人民法院根据法律规定的刑罚和具体的犯罪状况，对犯罪分子判处的刑罚。法定刑与宣告刑不同：法定刑是立法者确定的刑罚，有一定的刑种选择和幅度选择；宣告刑是司法机关对案件处理时确定的刑罚，只限于特定的刑种和刑度。宣告刑以法定刑为依据，是法定刑的具体运用。

第三节　刑法分则的法条竞合

一、法条竞合的概念和特征

法条竞合，是指一个犯罪行为同时符合数个法条规定，在法律适用上发生重合，只能选择适用其中一个法条，排斥其他法条适用的情况。法律往往为了给某种对象以特别保护，或者对某种行为以特别的禁止，把在原先某罪中的一部分分离出来单独设罪，或者与其他犯罪合起来规定，从而形成了有的犯罪是另一犯罪的一部分，或者有的犯罪的一部分同时也是另一犯罪的一部分。当行为人实施这样的行为时，就出现法律适用上的竞合。法条竞合一般表现为两种形式：一是同一法律内部数个法条的竞合，这是法条竞合的常见形式。二是异种刑事法律或法规中的法条竞合（也称法规竞合），此种形式的竞合在新刑法颁布以前多有存在，新刑法颁布之后暂时不存在，但如有新的刑事决定或补充规定等单行刑事法律的出现，这种竞合可能还会出现。

法条竞合有以下几个特征：

1. 行为人实施了一个犯罪行为，而不是数个犯罪行为。这个特征是最终处理只能适用一个法条的原因所在。虽然行为人实施的行为涉及有多个法律条文，表面上看行为似乎触犯了数个罪名，具有数个行为。但实际上行为人仅实施了一个行为。

2. 行为人实施的行为仅具有一个犯罪构成，但却被规定在数个法条之中。形式上行为分别在数个法条中均有规定，具备数个法条规定的犯罪构成，但究其实质而言，仅有一个犯罪构成。法条竞合的这一特征，也是同想象竞合犯的区别所在。因为法条竞合犯的行为主客观四个要件都在一个犯罪构成的范围之中，没有超出一个犯罪构成的范围之外。而想象竞合犯虽然也是只有一个行为，但行为所实施的结果却超出了一罪犯罪构成所容纳的范围，比一罪多却又不具备两罪的犯罪构成。

3. 只能择一个法条适用，即选择数个法条中的一条定罪处罚，而排斥其他法条的适用。在法条竞合中，行为人实施的行为所符合的两个法条之间，通常认为存在包容与被包容的关系，即其中一个法条被另一个法条所包含，如《刑法》第224条规定的合同诈骗罪被《刑法》第266条规定的普通诈骗罪所包容。因为存在包容与被包容的关系，其实质就是一个罪，因此对法条竞合的处理，也必须选择其中一个法条适用。

一般认为,法条竞合有多种原因:有因犯罪主体形成的竞合;因犯罪对象形成的竞合;因犯罪目的形成的竞合;因犯罪手段形成的竞合;因危害结果形成的竞合;同时因手段、对象等形成的竞合。

二、法条竞合的适用原则

由于法条竞合必须在数个法条中择一适用,因此应当选择哪一个法条,国内外刑法理论有许多看法和意见,有的根据法条竞合的表现情况选用不同的择一适用原则,有的则依据法条竞合形成的关系分别选择不同的适用原则。所适用的原则往往是特别法优于普通法;基本法优于补充法;完全法优于不完全法;重法优于轻法;实害法优于危险法等,众说纷纭,令人颇感茫无头绪。在罪刑法定原则已被明文确立之时,认识和研究法条竞合的适用原则,应当以刑事立法规定为基本前提,尤其在1997年《刑法》对法条竞合择一适用的规定比之1979年《刑法》已极为详尽之时,更应以刑事立法的规定为基准。

从新刑法对涉及法条竞合的适用规定看,对法条竞合适用的原则可以表现为以下几种:

1. 特别法优于普通法原则,即当法条竞合时,应当适用特别法,排斥普通法的适用。普通法是指在一切场合普遍适用的法条,特别法是在特定范围内适用的法条。特别法条的产生往往是立法者在设立普通法条之后,出于种种原因需要对普通法条规定的某些特别情况作专门规定而分离形成,因此特别法条所针对的是特定的人、地、时、事、结果,其效力限于特定范围。在刑法的规定中,普通法条与特别法条在刑罚的轻重方面,表现为轻于、等于、重于三种情况。例如《刑法》第266条的普通法条诈骗罪之刑轻于特别法条的第192条的集资诈骗罪;诈骗罪之刑与特别法条的第224条合同诈骗罪刑罚相等;诈骗罪之刑又重于第198条特别法的保险诈骗罪。由于特别法已经体现了法律的特别要求和特定评价,因此当普通法与特别法发生竞合时,刑法理所当然地选择适用特别法,《刑法》第233条规定的过失致人死亡罪、第234条第2款规定的故意伤害罪、第266条规定的诈骗罪和第397条规定的玩忽职守罪及滥用职权罪都是极为明显的例证。在这些普通法条中,立法均明确规定:"本法另有规定的,依照规定",不再适用普通法条。

2. 重法优于轻法原则。当发生法条竞合时,适用重法而排斥轻法的适用。这项原则的适用同样存在于特别法条与普通法条竞合的情况下,但应以法律规定为限。《刑法》第149条第2款规定:"生产、销售本节第一百四十一条至第一百四十八条所列产品,构成各该条规定的犯罪,同时又构成本节第一百四十条规定之罪的,依照处罚较重的规定定罪处罚。"《刑法》第140条规定的生产、销售伪劣产品罪,包括各种各样的伪劣产品,属于普通法条。《刑法》第141条至第148条规定的是各种具体的生产、销售伪劣产品罪,诸如生产、销售假药罪,生产、销售不符合安全标准的食品罪,属于特别法条。当行为既符合普通法条,又符合特别法条时,法律改变传统的特别法优于普通法的适用原则,转向采用重法优于轻法的原则,即在两者之中规定选择重法为竞合时的适用条文。法律作出如上规定,用意很明确,无论普通法条规定的行为,还是特别法条规定的行为,均系应予以严惩的行为,因而择其重者为适用法条。

值得注意的是,1997年《刑法》为了减少死刑条文而出现了一些特别的规定,如《刑法》第238条(非法拘禁罪)第2款规定的"犯前款罪,致人重伤的,处三年以上十年以下有期徒刑;致人死亡的,处十年以上有期徒刑。使用暴力致人伤残、死亡的,依照本法第二百三十四条、第二百三十二条的规定定罪处罚"。该条款前面两部分,带有明显的特别法优于普通法的适用原则特点,该款的后部分则又是特别法优于普通法适用原则的例外。类似的立法规定在《刑法》第247条"刑讯逼供罪"、"暴力取证罪"和《刑法》第248条"虐待被监管人罪"、第292条"聚众斗殴罪"的第2款中均有表现。对这种性质的条文规定,有的观点认为,这也是一种法条竞合犯,所适用的是重法优于轻法原则。也有的观点认为,这是一种转化犯,是从一种犯罪转到另一种犯罪,即从非法拘禁罪转到故意伤害罪、故意杀人罪,或者从聚众斗殴罪转到故意伤害罪、故意杀人罪。还有的观点认为,这本是一种结果加重犯,只是法律为了减少死刑条款而作出的改变,实际仍是结果加重犯的转变。观点的分歧,表明了这个问题值得予以重视和研究。

第二十一章

危害国家安全罪

第一节 危害国家安全罪概述

一、危害国家安全罪的概念与特征

（一）危害国家安全罪的概念

危害国家安全罪，是指故意危害中华人民共和国的主权、领土完整与安全，破坏国家统一，颠覆国家政权、推翻社会主义制度及其他危害国家安全利益的依照刑法应予刑罚处罚的行为。刑法规定危害国家安全罪，是为了保护国家安全，即中华人民共和国的主权、领土完整与安全，人民民主专政政权和社会主义制度。

危害国家安全罪作为类罪名，是由 1979 年《刑法》分则第一章"反革命罪"修改而来的。之所以用危害国家安全罪的名称代替原来的反革命罪，是因为：第一，反革命是一个政治概念，难以作为严格的法律术语来使用。反革命的本质是危害了国家安全，因而以危害国家安全罪作为这类犯罪的同类客体，更加能够反映其犯罪本质。第二，对于危害国家安全的犯罪，各国罕有采用反革命罪的提法，而是大多规定为内乱罪和外患罪。我国以反革命这一政治概念作为罪名，往往被他国视为政治犯，非常不利于同危害国家安全的犯罪行为作斗争。第三，将反革命罪修改为危害国家安全罪，也是适应我国"一国两制"的需要。在今后很长一段时间内，祖国大陆的社会主义制度将与香港、澳门、台湾的资本主义制度同时并存，如果保留反革命罪这一提法，对于颠覆、分裂香港、澳门、台湾等特别行政区政府的行为就难以依法惩治，而使用危害国家安全罪这一命名，则有利于以相应罪名处理这类案件。应当指出的是，虽然 1997 年《刑法》取消了反革命罪的提法，但这并不意味着将 1979 年《刑法》规定的反革命罪的具体罪名"非犯罪化"，更不是将 1979 年《刑法》分则第一章的规定全部删除，而是使用危害国家安全罪这一类罪名来取代反革命罪这一类罪名，并对一些具体犯罪的归类进行了调整。此外还通过《刑法》第 56 条作了专门的总则性规定，即对于危害国家安全的犯罪分子，应当在适用刑罚时附加剥夺政治权利。

（二）危害国家安全罪的构成要件

危害国家安全罪的构成要件如下：

1. 本类罪侵犯的客体是中华人民共和国的国家安全。国家安全是国家的根本所在,危害国家安全的犯罪也是每个国家刑法专门规定的内容和打击的重点。根据2015年7月1日实施的《国家安全法》第2条的规定,国家安全是指:"国家政权、主权、统一和领土完整、人民福祉、经济社会可持续发展和国家其他重大利益相对处于没有危险和不受内外威胁的状态,以及保障持续安全状态的能力。"具体来说,国家安全包括国家的政权和社会主义制度不受颠覆;国家的独立、主权和领土完整不受侵犯;国家的统一和民族团结不受侵犯和破坏;国家的政治、经济发展、科技进步、文化繁荣不受侵害;对外平等互利的交往关系不受干涉;国家的秘密不被窃取;国家机构不被渗透;国家工作人员不被策反等。对国家安全的危害,是对国家赖以存在和发展繁荣的根基的破坏和危害,因此,在各类刑事犯罪中,其危害最为严重,我国刑法由此把危害国家安全的犯罪置于刑法分则各类犯罪之首,并以严厉的刑罚加以制裁。

2. 在客观方面,本类罪表现为实施了危害中华人民共和国国家安全的行为。根据《国家安全法》第15条第2款的规定,危害国家安全的行为主要是指:(1)叛国、分裂国家、煽动叛乱、颠覆或者煽动颠覆人民民主专政政权的行为;(2)窃取、泄露国家秘密等危害国家安全的行为;(3)境外势力的渗透、破坏、颠覆、分裂活动。当然,必须强调的是,在现实中,危害国家安全的行为是多种多样的,行为人只有实施了本章规定的各种具体的危害国家安全的行为,诸如背叛国家、分裂国家、武装叛乱或者暴乱等,才能构成危害国家安全罪。对于除此之外的危害国家安全的行为,在无其他刑法根据的情况下,不能以危害国家安全罪论处,这是罪刑法定原则的基本要求。就行为方式而言,本章犯罪既可以由作为的方式构成,也可以由不作为的方式构成。

3. 本类罪的犯罪主体多为一般主体,多数犯罪并未对犯罪主体有特殊的身份要求。当然,本章犯罪也存在个别身份犯,如叛逃罪,其犯罪主体限于国家机关工作人员以及掌握国家秘密的国家工作人员。

本章犯罪主体的一个重要特点是,对一些犯罪的共同犯罪人按其在共同犯罪中的作用,直接在分则条文中作了明确的划分与规定。例如分裂国家罪,武装叛乱、暴乱罪,颠覆国家政权罪的犯罪主体被具体划分为首要分子或者罪行重大的、积极参加的、其他参加的三类,分别规定了不同幅度的法定刑;煽动分裂国家罪、煽动颠覆国家政权罪的犯罪主体被划分为首要分子或者罪行重大的、情节一般的两类,同样分别规定了不同幅度的法定刑。这些规定符合刑法总则关于共同犯罪的趣旨,是对总则规定的贯彻落实。

机构、组织一般不能成为本章犯罪的犯罪主体,但是《刑法》第107条规定,境内外机构、组织或者个人资助实施本章背叛国家、分裂国家、煽动分裂国家、武装叛乱、武装暴乱、颠覆国家政权、煽动颠覆国家政权犯罪的,对直接责任人员,以资助危害国家安全犯罪活动罪论处。这里就包含了单位犯罪,只不过采用了单罚制(对直接责任人员处5年以下有期徒刑、拘役、管制或者剥夺政治权利;情节严重的,处5年以上有期徒刑),即对于资助危害国家安全犯罪活动罪,只追究直接责任人员的刑事责任。当然,本罪是否属于单位犯罪,理论界尚有争论。

4. 本类罪在主观方面只能由故意构成,过失不能构成本类犯罪。1979 年《刑法》第 90 条规定:"以推翻无产阶级专政的政权和社会主义制度为目的的、危害中华人民共和国的行为,都是反革命罪。"显然,构成反革命罪要求行为人在主观上必须具有反革命的目的。但是,对于 1997 年《刑法》规定的危害国家安全罪而言,行为人在主观上是否必须具有危害国家安全的目的,刑法学界存在着不同认识。由于对危害国家安全罪的成立来说,刑法并没有明确要求行为人必须具有危害国家安全的目的,因此危害国家安全的目的并非危害国家安全罪的主观构成要件要素。至于行为人出于何种动机(如为了出国、贪财、贪色等),并不影响本类犯罪的成立。

二、危害国家安全罪的种类

《刑法》分则第一章共设有 12 个条文,共计设有 12 个罪名,根据犯罪之间的相同性和相似性,本章之罪可以分成以下三类:

1. 危害国家政权和分裂国家类的犯罪。具体包括背叛国家罪,分裂国家罪,煽动分裂国家罪,武装叛乱、暴乱罪,颠覆国家政权罪,煽动颠覆国家政权罪,资助危害国家安全犯罪活动罪。

2. 叛变、叛逃类的犯罪。具体包括投敌叛变罪、叛逃罪。

3. 间谍、资敌类的犯罪。具体包括间谍罪,为境外窃取、刺探、收买、非法提供国家秘密、情报罪,资敌罪。

三、危害国家安全罪的认定

在具体认定危害国家安全罪时,应当特别注意以下两个方面的问题:

其一,应当坚持无行为则无犯罪这一罪刑法定原则的根本要求。因此,有无危害国家安全的行为,是区分罪与非罪以及危害国家安全罪与其他犯罪的重要依据。仅仅有某种政治偏见,或者只有犯罪意图,而没有实施危害国家安全的行为的,不构成危害国家安全罪。

其二,本章犯罪多为行为犯,只要行为人故意实施了符合危害国家安全罪各具体犯罪之构成要件的行为,即构成相应具体犯罪的既遂,而不要求必须发生犯罪结果。即使结果没有发生,也应以犯罪既遂论处,例如分裂国家罪,颠覆国家政权罪等。这是因为危害国家安全的行为具有严重的社会危害性,只要实施这些行为,就会对国家安全造成严重威胁,一旦发生实际的犯罪结果,后果往往不堪设想。但是,如果行为人在实施危害国家安全罪的过程中自动中止犯罪,则可以犯罪中止论。

第二节　危害国家、颠覆政权的犯罪

一、背叛国家罪

(一) 背叛国家罪的概念和构成

背叛国家罪,是指中国公民勾结外国或者与境外机构、组织、个人相勾结,危害国家的主权、领土完整和安全的行为。

本罪的构成要件如下:

1. 本罪侵犯的客体是中华人民共和国的主权、领土完整和安全。国家的主权、领土完整和国家的安全,是国家独立的标志,也是国家存在和发展的基础,更是进行社会主义现代化建设的根本保证,危害国家的主权、领土完整和安全,直接威胁着国家的存亡和发展。因此,背叛国家罪是危害最大、性质最为严重的一种危害国家安全的犯罪。

2. 在客观方面,本罪表现为实施了勾结外国或者与境外机构、组织、个人相勾结,危害国家主权、领土完整和安全的行为。本罪的客观要件包括两个方面的内容:一是勾结外国或者境外机构、组织、个人;二是危害中华人民共和国的主权、领土完整和安全。前者是本罪的外部形式特征,后者是本罪的内容特征,两者不可分离。前者是后者得以进行的条件,也是本罪区别于其他国家安全犯罪的重要特征之一,后者则是本罪行为的根本内容,是前者的目的。如果行为人勾结外国、境外机构、组织、个人是为了实施其他不具有危害国家安全性质的犯罪行为,例如走私、洗钱、贩卖毒品等,则不构成背叛国家罪。

勾结,是指为了进行不正当活动而暗中相互串通、勾联和缔结。勾结的方式很多,如人员秘密接触、彼此信件来往、秘密签约等。勾结的内容通常是策划如何签订卖国条约、组织傀儡政权、对我国发动战争、制造国际争端、向我国提出领土要求等。外国,是指对我国怀有侵略、控制、颠覆企图或怀有敌意的外国政府、政党、政治集体及其他反动势力,包括外国机构、组织和个人。境外机构和组织,是指统一前的台湾等地区和外国的机构、组织及其在我国境内设立的分支(代表)机构和分支组织。如外国的政府、军队及其他国家机关在我国境内设置的机构、社团及其他企事业组织,包括外国驻华使领馆、办事处、商社、新闻机构、公司、企业等。境外个人,是指居住在外国和统一前的台湾地区的人以及居住在我国境内不具备我国国籍的人。

一般认为,只要行为人就危害中华人民共和国的主权、领土完整和安全进行谋议、策划,就构成背叛国家罪的既遂。就本罪而言,虽然 1997 年《刑法》删掉了 1979 年《刑法》中的"阴谋"二字,但是对危害行为仍应当理解为包括阴谋危害在内。

3. 本罪的主体为一般主体,即年满 16 周岁具有辨认和控制自己行为能力的人。由于背叛国家罪的实质是破坏对国家的忠诚,这就决定了外国人和无国籍人不能成为本罪的实行犯,只有我国公民才能构成本罪的实行犯。当然,外国人和无国籍人如果勾结我国公民背叛国家的,则可以成为本罪的共犯。在现实生活中,本罪的犯罪主体一般都是在我党、政、军机关内部窃据要职、掌握重要权力的人或者在社会上有重大政治影响的人。普通中国公民一般难以直接实施上述行为,但是可能与上述人员共同实施本罪。

4. 本罪在主观方面表现为故意。即行为人明知自己的行为会发生危害国家主权、领土完整与安全的结果,并且希望或者放任这种结果发生。

(二) 背叛国家罪的认定

在认定背叛国家罪时,应注意以下一些问题:

1. 背叛国家罪与非罪的认定。背叛国家罪在客观方面表现为实施了与外国或境外通谋、策划等勾结的行为。如果只有与外国、境外联系的意向或愿望,并没有具体实施勾结行为,则不构成犯罪。不过,背叛国家罪是行为犯,在认定中并不要求真正实现危害国家主权、领土完整和安全的实际结果,只要行为人实施了勾结外国、背叛国家的行为,足以危害国家的主权、领土完整和安全,即构成本罪。

2. 背叛国家罪与其他危害国家安全罪的界限。本罪侵犯的客体是国家主权、领土完整和安全,行为方式是与外国或境外相勾结,这是本罪与其他危害国家安全罪的本质区别。一方面,只与外国或境外相勾结,并没有危害到国家主权、领土完整和安全的,不构成本罪,而构成其他危害国家安全的犯罪。如间谍罪、投敌叛变罪、叛逃罪、资敌罪等,都有与外国或境外相勾结或联系的行为方式,但因其不直接危及国家的主权、领土完整和安全,故不构成本罪。另一方面,如果危害的是国家主权、领土完整和安全,但没有与外国相勾结,也不构成本罪,而构成其他危害国家安全罪。如分裂国家罪就不一定与外国或境外相勾结。

3. 背叛国家罪的罪数。如果行为人在勾结外国或者境外势力危害我国主权、领土完整和安全的过程中,又实施了其他危害国家安全的行为,则应当按照牵连犯的处理原则从一重罪处罚,一般不实行数罪并罚。

(三) 背叛国家罪的处罚

《刑法》第 102 条和第 113 条规定,犯背叛国家罪的,处无期徒刑或者 10 年以上有期徒刑;对国家和人民危害特别严重、情节特别恶劣的,可以判处死刑。犯本罪的,可以并处没收财产。

二、分裂国家罪

(一) 分裂国家罪的概念和构成

分裂国家罪,是指组织、策划、实施分裂国家、破坏国家统一的行为。

本罪的构成要件如下:

1. 本罪侵犯的客体是国家的统一。我国是由众多民族共同缔造的多民族国家,国家的统一乃是我国各民族的共同愿望,也是我国繁荣发展的基础。因此我国法律始终把维护国家统一、反对国家分裂作为一项重要任务,把促进和完成祖国的统一事业作为一项重要使命来对待。刑法设立分裂国家罪,其针对性很明确,就是要坚决打击那些分裂国家、破坏祖国统一的行为。

2. 在客观方面,本罪表现为实施了组织、策划、实施分裂国家和破坏国家统一的行为。分裂国家,就是把统一的国家分裂成几个部分,或者人为地使不可分隔的其中一部分分离出去。在国际法上,构成一个国家必须具备以下要素:(1)定居的居民;(2)确定的领土;(3)政权组织;(4)主权。正是在这种意义上,分裂国家才有具体所指,即只要行为人将国家这一整体中的任何一项要素分离出去,就是分裂国家的行为。对于分裂国家政权组织、主权的行为,我国刑法已专门规定为颠覆国家政权罪和背叛国家罪,故对这类行为不再论以分裂国家罪。因此在刑法上,分裂国家指的是将我国的居民或领土分离出去的行为。事实上,"分裂国家"就是一种"破坏国家统一"的行为,分裂国家是破坏国家统一的手段,而破坏国家统一则是分裂国家的一种特殊形式或结果。在 1979 年《刑法》中并没有规定"破坏国家统一"的内容,这是 1997 年《刑法》新增加的。尽管当前海峡两岸统一的问题已经提上议事日程,但破坏祖国大陆与台湾和平统一的逆流仍比较强劲。由于台湾地区是我国领土不可分割的一部分,因而破坏两岸统一在本质上属于分裂国家的行为,故 1997 年《刑法》增加了"破坏祖国统一"的内容。此外,我国还于 2005 年 3 月 14 日通过《反分裂国家法》,以反对和遏制"台独"分裂势力分裂国家,促进祖国和平统一,维护台湾海峡地区和平稳定,维护国家主权和领土完整,维护中华民族的根本利益。

构成本罪要求行为人有组织、策划、实施分裂国家、破坏国家统一的行为。组织,是指为分裂国家召集若干人而进行的一种行为或活动;策划,是指为分裂国家而暗中出谋划策、制定计划或方案等;实施,是指个人或者有组织地将策划的内容付诸行动。侵犯的对象是国家统一,既包括窃取地方权力,拒绝中央领导,脱离中央搞地方割据或独立,也包括制造民族矛盾和民族分裂,导致多民族国家的分裂,还包括破坏祖国大陆与台湾统一,导致国家领土的分裂。根据有关司法解释,组织和利用邪教组织,组织、策划、实施分裂国家、破坏祖国统一的,成立本罪。①

3. 本罪的主体为一般主体。主要是一些窃据党和国家重要权力或有一定社会地位和影响的人。特殊情况下,一般公民也可构成。本罪属于必要共犯,主体又有首要分子或者罪行重大者、积极参加者、其他参加者之分。

4. 本罪在主观方面表现为直接故意。本罪是行为犯,并不以实际发生危害国家统一的结果为要件,因此只要行为人明知自己是在分裂国家、破坏国家统一,仍然积极进行组织、策划、实施行为的,即构成本罪的直接故意。至于行为人对危害国家统一、危害国家安全的结果是持希望还是放任的态度,并不影响本罪直接故意的成立。

---

① 见 1999 年 10 月 30 日最高人民法院、最高人民检察院《关于办理组织和利用邪教组织犯罪案件具体应用法律若干问题的解释》第 7 条。

（二）分裂国家罪的认定

在认定分裂国家罪时，应注意以下一些问题：

1. 分裂国家罪与非罪的认定。是否具有分裂国家、破坏国家统一的目的，是区分罪与非罪的重要条件。如果行为人没有分裂国家、破坏国家统一的目的，只是一时对国家政策、民族政策不理解而实施了一些错误行为，不能认定为本罪。

同时应当注意的是，有无组织、策划、实施分裂国家、破坏国家统一的行为，是区分罪与非罪的关键。如果行为人只是出于狭隘的民族主义或地方主义情绪，思想上倾向于民族或地方分裂分子，但没有参加组织、策划、实施分裂行为，不能认定为本罪。另外，本罪是行为犯，只要实施了组织、策划、实施分裂国家、破坏国家统一的行为，不需要造成任何结果，即可构成本罪的既遂。

2. 分裂国家罪与背叛国家罪的界限。两罪的区别表现在：第一，侵犯的客体不同，前者侵犯的是国家统一、民族团结，后者侵犯的是国家主权、领土完整和安全。虽然两者均涉及国家领土完整，但前者是通过制造地方独立或割据而将国家领土分裂出去，后者是出卖国家主权、出让国家领土或者策划勾结外国发动战争侵占我国领土，实质上是以出卖国家主权、出让国家领土或破坏国家统一来危害国家安全的。第二，客观方面的表现不同，前者未将"勾结外国"作为犯罪构成的必要条件，而后者必须要求具备"勾结外国"才构成犯罪。第三，犯罪主体不完全相同，前者对于犯罪主体未有特殊要求，后者只能是中国公民。第四，主观方面不同，前者具备分裂国家、破坏国家统一的故意和目的，后者具备危害国家主权、领土完整和安全的故意和目的。

（三）分裂国家罪的处罚

《刑法》第 103 条第 1 款、第 106 条和第 113 条规定，犯分裂国家罪的，对首要分子或者罪行重大的，处无期徒刑或者 10 年以上有期徒刑；对积极参加的，处 3 年以上10 年以下有期徒刑；对其他参加的，处 3 年以下有期徒刑、拘役、管制或剥夺政治权利；与境外机构、组织、个人相勾结进行分裂国家犯罪的，依据《刑法》第 103 条的规定从重处罚；对国家和人民危害特别严重、情节特别恶劣的，可以判处死刑；犯本罪的，可以并处没收财产。

三、煽动分裂国家罪

（一）煽动分裂国家罪的概念和构成

煽动分裂国家罪，是指为分裂国家、破坏国家统一、割据一方、另立伪政府、对抗中央人民政府的统一领导，而进行的有关煽动分裂国家、破坏国家统一的行为。

本罪的构成要件如下：

1. 本罪侵犯的客体是国家的统一。

2. 在客观方面，本罪表现为煽动分裂国家，破坏国家统一的行为。煽动，是指以语言、文字、图像等方法对他人进行蛊惑或劝诱，具体如当众演讲、呼喊口号、投递信件、散发传单等。根据有关司法解释，明知出版物中载有煽动分裂国家、破坏国家统一的内容,而予以出版、印刷、复制、发行、传播的,成立本罪。①组织和利用邪教组织,煽动分裂国家、破坏国家统一的,成立本罪。②利用突发传染病疫情等灾害,制造、传播谣言,煽动分裂国家、破坏国家统一的,成立本罪。③利用书刊、音像制品、互联网等各种信息载体宣扬宗教极端、暴力恐怖思想,煽动分裂国家、破坏国家统一的,成立本罪。明知上述信息载体中含有利用宗教极端、暴力思想煽动分裂国家、破坏国家统一的内容,而提供仓储、邮寄、投递、运输、传输等服务或者提供各种网络应用服务的,以本罪的共同犯罪论处。④煽动的内容主要表现为煽动挑拨民族关系、制造民族矛盾、搞民族分裂活动、破坏各民族团结和国家统一。煽动的对象一般是不特定的多数人,至于被煽动的对象是否接受煽动或者有无煽动的效果等,均不影响本罪的成立。

3. 本罪主体为一般主体,即达到法定年龄、具有刑事责任能力的自然人,包括中国人、外国人和无国籍人。

4. 本罪在主观方面表现为故意,过失不能构成本罪。

（二）煽动分裂国家罪的认定

在认定煽动分裂国家罪时,应注意以下问题:

1. 煽动分裂国家罪与非罪的认定。根据《刑法》第103条第2款的规定,行为人只要实施了煽动分裂国家、破坏国家统一的行为,即可构成本罪,并不要求被煽动的人真要听其摆布或者真正实施分裂国家、破坏国家统一的行为。但是,如果行为人只是打算这么做,却并未真正实施煽动行为,则不能构成本罪。

2. 煽动分裂国家罪与分裂国家罪的界限。虽然两罪侵犯的都是国家统一,主观上也均具有分裂国家的目的,但两者也存在着明显的区别:(1)实施的行为不同。前者是煽动行为,后者是具体的组织、策划、实施分裂的行为;(2)犯罪形式不同。前者既可共同实施,也可由单个人实施,而后者只能以共同的形式出现;(3)犯罪故意不同。前者是煽动故意,后者是组织、策划、实施的故意;(4)犯罪主体表现形式上不完全相同。前者多为民族极端分子或分裂分子,后者则不受此限,且多为窃据要职的人物。

（三）煽动分裂国家罪的处罚

《刑法》第103条第2款、第106条和第113条规定,犯煽动分裂国家罪的,处5年以下有期徒刑、拘役、管制或者剥夺政治权利;首要分子或者罪行重大的,处5年以上有期徒刑;与境外机构、组织、个人相勾结,实施煽动分裂国家犯罪的,以煽动分裂国家罪从重处罚;犯本罪的,可以并处没收财产。

---

① 见1998年12月17日最高人民法院《关于审理非法出版物刑事案件具体应用法律若干问题的解释》第1条。
② 见1999年10月30日最高人民法院、最高人民检察院《关于办理组织和利用邪教组织犯罪案件具体应用法律若干问题的解释》第7条。
③ 见2003年5月14日最高人民法院、最高人民检察院《关于办理妨害预防、控制突发传染病疫情等灾害的刑事案件具体应用法律若干问题的解释》第10条第2款。
④ 见2014年9月9日最高人民法院、最高人民检察院、公安部《关于办理暴力恐怖和宗教极端刑事案件适用法律若干问题的意见》"二、准确认定案件性质"中第(三)、(六)部分的规定。

四、武装叛乱、暴乱罪

（一）武装叛乱、暴乱罪的概念和构成

武装叛乱、暴乱罪，是指组织、策划、实施武装叛乱或武装暴乱的行为。

本罪的构成要件如下：

1. 本罪侵犯的客体是国家的安全和稳定。

2. 在客观方面，本罪表现为实施了组织、策划、实施武装叛乱、暴乱的行为。本罪的具体行为方式有三种：一是组织武装叛乱或者武装暴乱的行为；二是策划武装叛乱或者武装暴乱的行为；三是实施武装叛乱或者武装暴乱的行为。实施这三种行为之一，即可构成本罪。组织、策划，是指为实施武装叛乱而进行联络、召集、指使、策划、胁迫、勾引、收买、领导他人参与叛乱的一系列准备活动；实施，是指开始进行各种武装叛乱、暴乱活动。本罪中的武装叛乱，是指多人纠合在一起使用枪炮或其他军事武器、装备，公开反抗中央政府和各级政权以投靠境外敌对势力或组织的行为。本罪中的武装暴乱，是指多人纠合在一起动用武器进行杀人、放火、抢劫、破坏设备与物资、破坏社会秩序的暴力骚乱活动。武装叛乱与武装暴乱在以武装为形式、以制造混乱为内容方面具有相同性，但两者的根本区别在于是否以境外组织或敌对势力为背景，前者以境外组织或敌对势力为背景，具有投敌叛变的性质；后者只是发生在境内的直接与国家和政府的武装对抗，没有境外背景。后者虽然也不排除在犯罪过程中与境外势力相勾结，但其主要针对的是国家和政府，而无投敌叛变之意。

3. 本罪的主体为一般主体，既可以是中国公民，也可以是境外人员。值得注意的是，本罪的主体有首要分子或者罪行重大者、积极参加者和其他参加者之分。此外，根据《刑法》第107条的规定，境内外机构、组织或者个人资助境内组织或个人实施武装叛乱、暴乱的，应当追究其直接责任人员的刑事责任。

4. 本罪在主观方面由故意构成，过失不能构成本罪。

（二）武装叛乱、暴乱罪的认定

在认定武装叛乱、暴乱罪时，应注意以下问题：

1. 武装叛乱、暴乱罪与一般群众闹事的界限。关键区别在于是否具有破坏人民民主专政政权和社会主义制度的目的。一般性的群众闹事主要是对党和国家的政策一时不理解，或者因某些部门处理问题不当引起的矛盾激化，并不具备危害国家安全的目的。甚至有的群众由于不明真相，还混杂在具有危害国家安全意图的犯罪活动中，对此应分清性质，区别对待。

2. 武装叛乱、暴乱罪与分裂国家罪的区别。两罪的区别表现为：其一，主观故意的内容不同。前者并不以具有分裂国家的目的为必要要件；后者必须具备分裂国家的目的才构成分裂国家罪。其二，客观方面不同。前者只能是组织、策划、实施武装叛乱、暴乱的行为；后者则既可以是暴力性的，也可以是非暴力性的。如果以武装叛乱、暴乱的行为方式实施分裂国家的行为，应以分裂国家罪从重处罚。

3. 武装叛乱、暴乱罪的罪数。在武装叛乱、暴乱犯罪中,往往同时具有杀人、伤害、抢劫、放火等破坏活动,尽管形式上也触犯了其他罪名,但因其行为已涵盖在本罪之中,故不构成数罪。如杀人可按危害特别严重、情节特别恶劣处罚。但武装叛乱、暴乱后又实施其他危害国家安全行为的,如投敌叛变等,则构成数罪,应予以数罪并罚。

(三)武装叛乱、暴乱罪的处罚

《刑法》第 104 条、第 106 条和第 113 条规定,犯武装叛乱、暴乱罪的,对首要分子或者罪行重大的,处无期徒刑或者 10 年以上有期徒刑;对积极参加的,处 3 年以上 10 年以下有期徒刑;对其他参加的,处 3 年以下有期徒刑、拘役、管制或者剥夺政治权利;对国家和人民危害特别严重、情节特别恶劣的,可以判处死刑;对策划、胁迫、勾引、收买国家机关工作人员、武装部队人员、人民警察、民兵进行武装叛乱、暴乱的,从重处罚;与境外机构、组织、个人相勾结实施武装叛乱、暴乱罪的,从重处罚;犯本罪的,可以并处没收财产。

五、颠覆国家政权罪

(一)颠覆国家政权罪的概念和构成

颠覆国家政权罪,是指组织、策划、实施颠覆国家政权、推翻社会主义制度的行为。

本罪的构成要件如下:

1. 本罪侵犯的客体是人民民主专政的政权和社会主义制度。国家的安全和稳定,有赖于国家政权的稳固和社会主义制度的稳定,对国家政权和社会主义制度的侵犯,是对国家安全的根本性的危害。

2. 在客观方面,本罪表现为实施了组织、策划、实施颠覆国家政权、推翻社会主义制度的行为。颠覆国家政权,是指采取各种手段企图使人民民主专政的政权和社会主义制度覆灭。具体的颠覆方式多种多样,可以是公开或者秘密的,也可以是暴力或者非暴力的。颠覆国家政权必然导致推翻社会主义制度,政权与制度是统一的整体。构成本罪,只要行为人实施了颠覆国家政权的组织、策划、实施这三种行为之一即可,至于实际上是否得逞,对于定罪并无影响。而且,从一定意义上说,本罪是不可能得逞的。

3. 本罪的主体为一般主体,既可以是中国公民,也可以是境外人员。本罪的主体同样存在着首要分子或者罪行重大者、积极参加者和其他参加者之分。此外,根据《刑法》第 107 条的规定,境内外机构、组织或者个人资助境内组织或者个人实施颠覆国家政权罪的,应当追究其直接责任人员的刑事责任。

4. 本罪在主观方面表现为故意,过失不能构成本罪。

(二)颠覆国家政权罪的认定

在认定颠覆国家政权罪时,应注意以下问题:

1. 颠覆国家政权罪并不要求具有颠覆国家政权、推翻社会主义制度的后果，只要组织、策划、实施了颠覆政权和推翻社会主义制度的行为即构成本罪。当然，对于那些情节显著轻微、危害不大的，根据《刑法》第13条"但书"的规定，可以不作为犯罪处理。

2. 颠覆国家政权罪与分裂国家罪、煽动分裂国家罪的区别。它们的区别主要表现在以下两个方面：一是主观方面不同。前者的目的是颠覆现有的合法政权、推翻社会主义制度；后两者的目的是破坏国家与民族的统一。二是客观方面也不尽相同。前者造成的颠覆政权的结果不一定出现分裂状况；后两者被分裂的国家政权依然存在的情况可以说是屡见不鲜。

3. 颠覆国家政权罪与武装叛乱、暴乱罪的区别。两罪的区别主要表现为：第一，两者侵害的犯罪客体不同，前者侵犯的是政府的权力，后者危害的是国家安全秩序；第二，两者在犯罪主观方面的内容也存在差别。

(三) 颠覆国家政权罪的处罚

《刑法》第105条第1款、第106条和第113条规定，犯颠覆国家政权罪，对首要分子或罪行重大的，处无期徒刑或者10年以上有期徒刑；对积极参加者的，处3年以上10年以下有期徒刑；对其他参加的，处3年以下有期徒刑、拘役、管制或者剥夺政治权利；对国家和人民危害特别严重、情节特别恶劣的，可以判处死刑；与境外机构、组织、个人相勾结犯颠覆国家政权罪的，从重处罚；犯本罪的，可以并处没收财产。

六、煽动颠覆国家政权罪

(一) 煽动颠覆国家政权罪的概念和构成

煽动颠覆国家政权罪，是指以造谣、诽谤或者其他方式煽动颠覆国家政权、推翻社会主义制度的行为。

本罪的构成要件如下：

1. 本罪侵犯的客体是人民民主专政的政权和社会主义制度。

2. 在客观方面，本罪表现为以造谣、诽谤或其他方式煽动颠覆国家政权、推翻社会主义制度的行为。造谣、诽谤，是指无中生有，散布谣言，捏造事实的行为。如散布政治性谣言，攻击、污蔑国家的政策、法律，诋毁党和国家领导人，挑拨群众的不满情绪等。其他方式，是指以口头、书面等各种方式，如书写、张贴、散发标语、传单、呼喊口号、发表演讲等，也可以使用图片、书画，利用录音、录像、磁盘、计算机网络等各种信息载体等进行煽动。煽动，是指以上述方式对他人进行鼓励、蛊惑或诱使，一般表现为在公开场合进行，如当众演讲、呼喊口号、散发传单等，但也不排除采用秘密手段进行，如投寄信件、利用互联网等。明知出版物中载有煽动颠覆国家政权、推翻社会主义制度的内容，而予以出版、印刷、复制、发行、传播的，成立本罪。组织和利用邪教组织，煽动颠覆国家政权、推翻社会主义制度的，成立本罪。利用突发传染病疫情等灾害，制造、传播谣言，煽动颠覆国家政权、推翻社会主义制度的，成立本罪。煽动的对象一般是不特定的多数人，至于被煽动对象是否接受煽动或者是否造成煽动的效果等,均不影响本罪的成立。也就是说,只要行为人实施了意在颠覆国家政权的造谣、诽谤等煽动行为,即构成本罪。

3. 本罪的主体为一般主体,既可以是中国公民,也可以是境外人员。根据《刑法》第107条的规定,境内外机构、组织或者个人资助境内组织或个人实施了煽动颠覆国家政权罪的,应当追究其直接责任人员的刑事责任。

4. 本罪在主观方面表现为故意,过失不能构成本罪。

（二）煽动颠覆国家政权罪的认定

在认定煽动颠覆国家政权罪时,应注意以下问题:

1. 煽动颠覆国家政权罪与非罪的认定。一般的落后、不满言论,甚至一些过激言论,只要不是企图颠覆国家政权、推翻社会主义制度的;或是对国家某些政策的不理解,而产生的抵触情绪或发泄不满的;或是反映情况,提出批评、建议,言词过激,甚至带有错误言论的,均属思想认识问题,不应以犯罪论。

还应当注意的是,即使某些人对政府不满,其言辞甚至是造谣诽谤,但没有在公众场合发表、散布,也没有利用信息网络等渠道进行宣传煽动,亦即在群众中没有形成影响的,也不能构成本罪。但如果多次对人进行造谣、诽谤的,则可能构成相应的犯罪。

2. 煽动颠覆国家政权罪与颠覆国家政权罪的界限。两罪的主要区别在于:第一,前者以煽动群众的方式进行,而后者以组织、策划、实施的方式进行;第二,前者为任意的共同犯罪,后者多以共同犯罪形式出现,可以说是必要的共同犯罪;第三,两者主观故意的内容也不尽相同。

3. 煽动颠覆国家政权罪与煽动分裂国家罪的界限。虽然两罪都存在着煽动行为,但也存在着显著区别,主要表现为:第一,侵犯的直接客体不同,前者侵犯的是国家政权的稳固,后者侵犯的是国家和民族的统一;第二,煽动的内容不同,前者煽动的是破坏国家政权,后者煽动的破坏国家的统一;第三,两者犯罪的主观方面不同,前者的目的是希望达到国家政权被颠覆,后者的目的是希望达到国家分裂。

（三）煽动颠覆国家政权罪的处罚

《刑法》第105条第2款、第106条和第113条规定,犯煽动颠覆国家政权罪的,处5年以下有期徒刑、拘役、管制或剥夺政治权利;对首要分子或罪行重大的,处5年以上有期徒刑;与境外机构、组织、个人相勾结,犯煽动颠覆国家政权罪的,从重处罚;犯本罪的,可以并处没收财产。

七、资助危害国家安全犯罪活动罪

（一）资助危害国家安全犯罪活动罪的概念和构成

资助危害国家安全犯罪活动罪,是指境内外机构、组织或者个人资助境内组织或者个人实施背叛国家罪、分裂国家罪、煽动分裂国家罪、武装叛乱、暴乱罪、颠覆国家政权罪和煽动颠覆国家政权罪的行为。

本罪的构成要件如下：

1. 本罪侵犯的客体总体上为中华人民共和国的国家安全，具体则包括我国国家的独立与领土完整、国家的统一、国家的政权和社会主义制度。近年来，随着我国的改革开放，境外敌对势力和敌对分子频繁活动，培植或者资助境内组织和个人，进行政治、思想、文化等方面的渗透，意图颠覆我国的政权和社会主义制度或者分裂我国，破坏我国国家的统一。为此，我国 2015 年 7 月 1 日颁布实施的《国家安全法》第 77 条第 2 款明确规定，任何个人和组织不得向危害国家安全的个人或者组织提供任何资助或者协助。我国刑法专门设立此罪，对于打击此类犯罪，保护国家安全具有重大意义。

2. 在客观方面，本罪表现为实施了资助境内组织和个人实施《刑法》分则第 102 条至第 105 条规定的犯罪活动的危害国家安全行为。本罪客观方面包括以下三个方面的内容：其一，必须有资助行为。资助，是指向犯有上述罪的境内组织、个人提供经费、场所或者物资等。其二，资助的对象必须是境内的组织、个人。境内组织，是指各级政党机关、社会团体、企业、事业单位，以及各级权力机关、行政机关、司法机关、军事机关等。其三，资助境内组织、个人所实施的行为必须是危害国家安全的行为，包括《刑法》第 102 条至第 105 条规定的背叛国家、分裂国家、煽动分裂国家、武装叛乱、暴乱、颠覆国家政权、煽动颠覆国家政权的行为。

3. 本罪的主体为一般主体，既可以是单位又可以是个人，且既可以是境内的单位和个人，也可以是境外的单位和个人。

4. 本罪在主观方面表现为故意，过失不能构成本罪。

（二）资助危害国家安全犯罪活动罪的认定

在认定资助危害国家安全犯罪活动罪时，应当注意：

1. 行为人主观上是否具有故意。如果行为人确实不知被资助人从事危害国家安全的事实，或者资助的并非危害国家安全的活动，则不构成本罪。但要注意查明事实真伪，避免放纵罪犯。

2. 资助危害国家安全犯罪活动罪与本条规定的六种危害国家安全的犯罪的区别。资助危害国家安全犯罪活动罪的行为本质特征在于资助他人实施危害国家安全的行为，其行为人并不直接实施诸如背叛国家、颠覆国家政权等行为，这是本罪与其他危害国家安全犯罪的重要区别。由于刑法明文设立本罪，因此实施本罪的行为人即使明知所资助的内容是帮助他人实施危害国家安全的行为，也不能以共犯论处，而应以本罪的正犯论。但是本罪的主体并不直接参与实施被资助的犯罪，如果行为人不是资助，而是直接参与、共同策划则不构成本罪，则应以其参与和策划的相应具体罪名论处。

3. 资助危害国家安全犯罪活动罪中的资助是指有形物质的支持，如金钱、财物、场所等，如果只是给予精神、舆论上的声援与支持，则不构成此罪。

4. 资助对象仅限于本条规定的六种危害国家安全的犯罪，如果资助的是其他犯罪，则不构成本罪，可视为其他犯罪的共犯。

（三）资助危害国家安全犯罪活动罪的处罚

《刑法》第107条规定,犯资助危害国家安全犯罪活动罪的,对直接责任人员处5年以下有期徒刑、拘役、管制或者剥夺政治权利;情节严重的,处5年以上有期徒刑。这里的"情节严重",是指多次资助、资助金额大、资助实施的犯罪造成严重后果的。根据《刑法》第113条第2款的规定,犯本罪的,可以并处没收财产。

第三节 叛变、叛逃的犯罪

一、投敌叛变罪

（一）投敌叛变罪的概念和构成

投敌叛变罪,是指中华人民共和国公民背叛国家、投奔敌对营垒或者投奔敌方,或者在被捕、被俘后投降敌人,危害中华人民共和国国家安全的行为。

本罪的构成要件如下:

1. 本罪侵犯的客体是国家的安全和利益。

2. 在客观方面,本罪表现为实施了投敌叛变的行为。具体地说,就是背叛国家,投奔敌对营垒或者投奔敌方,或者在被捕、被俘后投降敌人的行为。投敌,是指投奔国际上与我国为敌的国家或国内敌对势力。叛变,是指反叛投降敌方变为敌方人员。本罪的投敌叛变行为可以有以下几种表现形式:一是投奔到境外的敌对国家及其控制方;二是投奔国内的敌对方;三是通过与境外敌对国家或者敌方联络,成为敌方助手,实际上已经背叛国家变为敌方工作人员;四是被捕、被俘后投降敌人或敌方。

3. 本罪的主体是一般主体,但一般为中国公民,外国人策动或帮助中国公民投敌叛变,应以投敌叛变罪的共犯论处。

4. 本罪的主观方面表现为故意,过失不能构成本罪。本罪的故意要求行为人明知所投奔的对方是我国的敌对方,还应当明知自己的行为会危害国家安全,即行为人具备危害国家安全的意图。如果不是出于危害国家安全的意图,而是为了投靠亲友、求学经商等原因投入敌控地区或者敌对国家的,不构成本罪。

（二）投敌叛变罪的认定

在认定投敌叛变罪时,应当注意以下问题:

1. 投敌叛变罪与非罪的界限。关键看投敌叛变行为是否达到对国家局部利益造成严重威胁或者损害的程度,造成严重威胁或损害的才构成犯罪。对于被捕、被俘后,只是停止反抗、交出武器等一般的变节或被迫行为,不能视为犯罪。只有在被捕、被俘后,向敌方卖身投靠、出卖组织、提供情报或者进行其他危害国家安全行为的才构成本罪。

2. 投敌叛变罪与背叛国家罪的界限。两者的区别表现为：第一，两者侵犯的客体不同。前者侵犯的是人民民主专政政权和社会主义制度，后者侵犯的是国家主权、领土完整和安全。第二，客观行为方式不同。前者表现为投敌叛变的行为，后者表现为背叛国家、勾结外国、危害国家独立的行为。

（三）投敌叛变罪的处罚

《刑法》第 108 条和第 113 条规定，犯投敌叛变罪的，处 3 年以上 10 年以下有期徒刑；情节严重或者带领武装部队人员、人民警察、民兵投敌叛变的，处 10 年以上有期徒刑或者无期徒刑；对国家和人民危害特别严重、情节特别恶劣的，可以判处死刑；犯本罪的，可以并处没收财产。

情节严重，是指投敌叛变后将我方阵地、防线的军事设施、武器设备、军事机密告知敌方，以及投敌叛变后参加敌特组织，危害我国国家安全的情况等。

二、叛逃罪

（一）叛逃罪的概念和构成

叛逃罪，是指国家机关工作人员在履行公务期间，擅离岗位，叛逃境外或者在境外叛逃，危害中华人民共和国安全的行为。

本罪的构成要件如下：

1. 本罪侵犯的客体是国家的安全和利益，更具体地可以说是给国家安全、国家荣誉和国家利益带来危害。

2. 在客观方面，本罪表现为在履行公务期间实施了擅离岗位、叛逃境外或者在境外叛逃，危害国家安全的行为。本罪的客观方面具体表现为以下几个方面：（1）必须是在履行公务期间，即国家机关工作人员代表国家、政府履行公共事务期间，也就是说，只能是在履行公务期间叛逃，危害国家安全的才构成犯罪，否则不构成本罪。履行公务既可以是在境内，也可以是在境外。如果不是在履行公务期间，而是在因私出境探亲、旅游、治病等期间叛逃，则不能构成本罪。（2）必须具有擅离职守、叛逃境外或者在境外叛逃的行为。擅离职守，是指未经批准，擅自离开应当尽职的岗位。叛逃境外，是指采用欺骗、偷渡、伪造证件等方式逃出境外。在境外叛逃，是指在境外履行公务期间，擅离职守，背叛国家，逾期不归。（3）叛逃行为必须是对我国的国家安全和利益有危害。这种危害既可能直接表现为对国家安全的损害，也可能表现为对国家利益的损害。如果叛逃行为并未危害我国的国家安全或者利益，则不能构成本罪。

3. 本罪的主体为特殊主体，即只能是国家机关工作人员和掌握国家秘密的国家工作人员。国家机关工作人员在实践中一般表现为一些涉外人员，诸如中国驻外使领馆的外交工作人员、国家机关赴境外访问、谈判或者其他外事活动的代表团成员、国家派驻境外进行公务活动或者执行专项任务的人员。并且，根据刑法规定，掌握国家秘密的国家工作人员也可以构成本罪。

4. 本罪在主观方面表现为故意，即具有危害国家安全的叛逃故意。至于被劫持、被诱骗的，因缺乏叛逃故意，不应以本罪论处。

（二）叛逃罪的认定

在认定叛逃罪时，应注意以下问题：

1. 叛逃罪与非罪的认定。关键看其是否具有背叛或者反叛之意。如果只是逃离，没有背叛和反叛之意，如前往境外或者滞留境外不归，并没有出卖国家利益和反叛国家的言行，不能构成叛逃罪。只有背叛或者反叛国家，出卖国家利益，甚至发表背叛国家声明、发表文章攻击、诽谤国家政权和政府等的，才构成叛逃罪。

2. 叛逃罪与投敌叛变罪的界限。两者的区别表现在：一是客观行为方式不同，前者只要有叛逃行为，无须实施其他危害国家安全的行为，且投奔的也不一定是敌对营垒即可构成犯罪；后者投奔的必须是敌对营垒才构成犯罪。二是犯罪主体不同。前者是特殊主体，即必须是国家机关工作人员以及掌握国家秘密的国家工作人员；后者是一般主体，即任何达到刑事责任年龄的公民即可构成。

3. 叛逃罪与背叛国家罪的界限。两罪的区别表现在：一是犯罪客体不同，前者侵犯的是一般意义上的国家安全；后者侵犯的是更高层次的国家主权、领土完整和安全。二是犯罪主体存在差别，前者一般国家工作人员均可构成；后者大多为掌握一定国家权力或者一定职位和政治影响的人才可构成。三是犯罪成立的时间、场合不同，前者必须是在履行公务期间才可构成犯罪；后者在任何时间均可构成犯罪。

（三）叛逃罪的处罚

《刑法》第 109 条和第 113 条规定，犯叛逃罪的，处 5 年以下有期徒刑、拘役、管制或者剥夺政治权利；情节严重的，处 5 年以上 10 年以下有期徒刑；犯本罪的，可以并处没收财产。掌握国家秘密的国家工作人员犯叛逃罪的，依照上述规定从重处罚。

第四节　间谍、资敌的犯罪

一、间谍罪

（一）间谍罪的概念和构成

间谍罪，是指参加境外的间谍组织或者接受间谍组织及其代理人的任务，或者为敌人指示轰击目标，危害中华人民共和国国家安全的行为。

本罪的构成要件如下：

1. 本罪侵犯的客体是我国的国家安全和利益。1979 年《刑法》除规定了间谍罪外，还规定了特务罪。特务罪是我国的一个习惯叫法。实际上，间谍罪与特务罪并无本质差别，只是分工有所不同而已，世界上大多数国家的刑事立法一般也只规定间谍罪的罪名，而没有规定特务罪。因此，1997 年《刑法》将间谍、特务实施的特定的危害国家安全的行为，统称为间谍罪。

2. 在客观方面，本罪表现为实施了参加间谍组织、接受间谍组织及其代理人的任务或者为敌人指示轰击目标的行为。本罪的客观行为方式有三种：一是参加间谍组织。间谍组织，是指外国政府或者境外敌对势力建立的，以收集我国政治、经济、文化、科技、军事、外交等情报，进行颠覆、分裂、渗透、破坏等活动，危害我国国家安全和利益的机构和组织。参加，是指通过履行一定手续加入间谍组织成为其成员的行为。二是接受间谍组织及其代理人的任务。间谍组织代理人，是指受间谍组织委托、指派或者资助，进行或者授意、指使他人进行间谍活动，危害我国国家安全的组织或个人。如在华的外国企业、公司或个人，虽然其并不属于国外间谍组织，但接受了某间谍组织的委托，代为收集情报。由于间谍组织代理人比较复杂，故一般应由国家安全机关来认定。接受间谍组织及其代理人的任务，是指受间谍组织及其代理人的命令、派遣、指使、委托为间谍组织服务，从事进行危害我国国家安全的活动。实施本项行为的人，即使没有参加间谍组织，或没有直接从间谍组织那里接受任务，仍然可以构成本罪。三是为敌人指示轰击目标。为敌人指示轰击目标，是指为处于军事及政治对抗状态的外国提供我国的地形图、军事图或者直接为其指示目标，方便敌人轰击或轰炸的行为。

行为人只要实施上述三种行为中的一种行为即可构成本罪，同时具备数种行为的，也只构成间谍罪一罪。在上述可以构成犯罪的三种行为之中，刑法对其要求各有不同：（1）对参加间谍组织的，只要求有参加行为即可，无须有接受任务或者指示目标的行为。这里需要说明的是，间谍罪的犯罪构成内容有其特殊之处。参加间谍组织或者接受间谍任务的行为并非间谍活动本身，但这种行为与间谍活动具有明显的联系，是间谍活动的前行行为。由于间谍活动具有严重的危害国家安全的性质，该活动的实施或者完成会极大地危害我国的国家安全，故从其危害性考虑，刑法有必要对间谍活动的前行行为予以打击，即只要有参加间谍组织或者接受间谍任务的行为，即使并未实施间谍活动，也构成间谍罪，这样能够更加有力地预防和打击间谍活动。所以，间谍活动的前行行为就成为了间谍罪的构成要件内容。（2）对接受间谍组织及其代理人的任务的，刑法只要求有接受任务的行为即可构成犯罪，至于接受任务者是否参加过间谍组织或者是否完成所接受的任务，并不影响本罪的认定。（3）对为敌人指示轰击目标的，刑法也只要求有指示行为即可。

3. 本罪的主体为一般主体，既可以是中国公民，也可以是外国人或者无国籍人。

4. 本罪在主观方面表现为故意。当然，行为人对所参加的组织为间谍组织、所接受的任务是间谍组织派遣的任务应有明知。

（二）间谍罪的认定

在认定间谍罪时，应注意以下一些问题：

1. 间谍与特务的区别。1979年《刑法》中有间谍与特务两个概念，通常将涉及国与国之间的谍报人员称为间谍，而习惯上把台湾地区针对大陆从事间谍活动的人员称为特务，现在我国新刑法把间谍和特务统一称为间谍，其组织称为间谍组织。因此，特务不再是刑法中的概念。

2. 间谍罪是一种行为犯,无论是否造成危害结果均构成犯罪。当然,根据《刑法》第 13 条的规定,如果情节显著轻微,危害不大的,不认为是犯罪。如某人通过收听敌台,向敌台指定地址索要财物并表示为其服务,实际没有为该机构提供情报,仍属于一般的索要财物行为,不构成本罪。

3. 间谍罪必须具备主观上的故意,否则如果不明真相而参加了间谍组织,或者为实现个人目的向间谍机关提供了一些根本不属于国家秘密的情报,则不构成犯罪。但如果要求参加组织、请领任务,并接受潜伏、破坏活动任务的,则应以犯罪论处。

4. 间谍机构或者组织往往以某种合法成立的企业、公司或者某个组织的名义为幌子,在这种合法成立的机构、组织中,并非所有该机构或者组织的成员皆可认定为参加间谍组织,只有那些履行加入手续或者实际在从事间谍活动的人员才可以认定为间谍组织成员。对于在间谍组织中未履行加入手续,也未进行间谍活动,仅仅从事一般事务性工作的勤杂人员,不应以犯罪论处。

5. 间谍罪与叛逃罪的界限。两罪的区别表现在:一是犯罪主体不同。前者是一般主体;后者是特殊主体,即必须是国家机关工作人员或者掌握国家秘密的国家工作人员。二是客观方面不同。前者表现为参加间谍组织、接受间谍组织及其代理人的任务或者为敌人指示轰击目标;后者表现为擅离职守,叛逃境外或在境外叛逃。

6. 间谍罪与投敌叛变罪的界限。两罪的区别表现在:一是犯罪主体不完全相同。前者既可以是中国公民,也可以是外国人;后者只能是中国公民。二是犯罪主观方面不同。前者无特定目的;后者则具有危害国家安全的特定目的。三是犯罪客观方面不同。前者是参加组织、接受任务、指示轰击目标;后者是投奔敌对营垒或者投降敌人。

7. 间谍罪的罪数。行为人参加了间谍组织,作为间谍从事其他危害国家安全的行为而触犯其他罪名,或者行为人接受间谍组织或其代理人的任务,并进而实施诸如杀人、放火、爆炸、绑架等任务,从而触犯其他罪名的情况,是构成一罪还是数罪,对此存在不同观点。我们认为,刑法规定参加间谍组织本身即可构成本罪,如果行为人参加之后实施本罪客观方面的其他行为,即使这些行为本身又构成犯罪的,不应以数罪论处。但是,倘若行为人实施了本罪之外的其他行为,诸如分裂国家、策动叛逃等,则应以数罪论处。

(三) 间谍罪的处罚

《刑法》第 110 条和第 113 条规定,犯间谍罪的,处 10 年以上有期徒刑或者无期徒刑;情节较轻的,处 3 年以上 10 年以下有期徒刑;对国家和人民危害特别严重、情节特别恶劣的,可以判处死刑;犯本罪的,可以并处没收财产。

二、为境外窃取、刺探、收买、非法提供国家秘密、情报罪

(一) 为境外窃取、刺探、收买、非法提供国家秘密、情报罪的概念和构成

为境外窃取、刺探、收买、非法提供国家秘密、情报罪,是指为境外机构、组织、人

员窃取、刺探、收买、非法提供国家秘密或者情报,危害中华人民共和国国家安全的行为。

本罪的构成要件如下:

1. 本罪侵犯的客体为我国的国家安全和利益。本罪的犯罪对象为我国的国家秘密、情报。根据 2010 年修订的《保守国家秘密法》第 2 条、第 9 条的规定,国家秘密,是指关系国家安全和利益,依照法定程序确定,在一定时间内只限一定范围的人员知悉的事项,具体包括:(1)国家事务重大决策中的秘密事项;(2)国防建设和武装力量活动中的秘密事项;(3)外交和外事活动中的秘密事项以及对外承担保密义务的事项;(4)国民经济和社会发展中的秘密事项;(5)科学技术中的秘密事项;(6)维护国家安全活动和追查刑事犯罪中的秘密事项;(7)经国家保密行政管理部门确定的其他秘密事项。政党的秘密事项符合上述规定的,也属于国家秘密。情报,是指关系国家安全和利益、尚未公开或者依照有关规定不应公开的事项。根据有关司法解释的规定,在审理为境外窃取、刺探、收买、非法提供国家秘密案件时,需要对有关事项是否属于国家秘密以及属于何种密级进行鉴定的,应由国家保密工作部门或者省、自治区、直辖市保密工作部门鉴定。①

2. 在客观方面,本罪表现为实施了为境外机构、组织、人员窃取、刺探、收买、非法提供国家秘密或情报的行为。这里的境外机构、组织、个人,不是专指敌对国家或者其他国家的间谍机构或者间谍人员,而是泛指我国境外的任何机构、组织、个人。因此,只要为境外机构、组织、个人窃取、刺探、收买、非法提供国家秘密和情报的,不论是哪个国家的,也不论是哪种机构、组织或个人,都应构成本罪。窃取,是指秘密盗取,具体包括直接盗取,用计算机盗取、用电磁波窃取、用摄影器材拍摄窃取等。刺探,是指采用探听或者使用侦察方式获取等行为。收买,是指利用金钱或其他物质收购买取。非法提供,是指违反法律规定,未经有关部门批准擅自向境外机构、组织、人员提供国家秘密和情报。同时,根据相关司法解释的规定,行为人知道或者应当知道没有标明密级的事项关系国家安全和利益,而为境外窃取、刺探、收买、非法提供的,以本罪定罪处罚。②通过互联网将国家秘密或者情报非法发送给境外的机构、组织、个人的,也应以本罪定罪处罚。③本罪为选择性罪名,行为人只要实施窃取、刺探、收买、非法提供这四种行为中的一种即可构成犯罪,实施两种以上行为的,不实行数罪并罚,也以一罪论处。

3. 本罪的主体为一般主体。

4. 本罪在主观方面表现为故意,过失不构成本罪。

---

① 见 2001 年 1 月 22 日最高人民法院《关于审理为境外窃取、刺探、收买、非法提供国家秘密、情报案件具体应用法律若干问题的解释》第 7 条。

② 见 2001 年 1 月 22 日最高人民法院《关于审理为境外窃取、刺探、收买、非法提供国家秘密、情报案件具体应用法律若干问题的解释》第 5 条。

③ 见 2001 年 1 月 22 日最高人民法院《关于审理为境外窃取、刺探、收买、非法提供国家秘密、情报案件具体应用法律若干问题的解释》第 6 条。

（二）为境外窃取、刺探、收买、非法提供国家秘密、情报罪的认定

在认定为境外窃取、刺探、收买、非法提供国家秘密、情报罪时，应注意以下问题：

1. 为境外窃取、刺探、收买、非法提供国家秘密、情报罪与非罪的认定。关键看是否非法提供。如果是在对外交流中经有关部门批准，依法提供，则不构成犯罪。同时也要看非法提供国家秘密或情报的质量与数量，是否造成严重后果等。如果多次非法提供，则构成本罪；如果偶然因说话不慎，或为显示我方实力而提供，未造成严重后果，则不构成本罪。

2. 为境外窃取、刺探、收买、非法提供国家秘密、情报罪与间谍罪的界限。两罪区分的关键是提供情报的对象不同。前者是为一般境外机构、组织、个人窃取、刺探、收买、非法提供；后者是为间谍组织或其代理人提供。如李某为了金钱多次向某外国驻华使馆提供情报，当该驻华使馆人员要求其加入间谍组织时，李某深感事情重大，向公安局投案自首。本案由于李某事先不知该机构是间谍组织，故李某只构成本罪，而不能构成间谍罪。

（三）为境外窃取、刺探、收买、非法提供国家秘密、情报罪的处罚

《刑法》第 111 条和第 113 条以及 2001 年 1 月 22 日最高人民法院《关于审理为境外窃取、刺探、收买、非法提供国家秘密、情报案件具体应用法律若干问题的解释》中的相关规定：

为境外窃取、刺探、收买、非法提供国家秘密或者情报，具有下列情形之一的，属于"情节特别严重"，处 10 年以上有期徒刑、无期徒刑，可以并处没收财产：(1)为境外窃取、刺探、收买、非法提供绝密级国家秘密的；(2)为境外窃取、刺探、收买、非法提供 3 项以上机密级国家秘密的；(3)为境外窃取、刺探、收买、非法提供国家秘密或者情报，对国家安全和利益造成其他特别严重损害的。对国家和人民危害特别严重、情节特别恶劣的，可以判处死刑，并处没收财产。

为境外窃取、刺探、收买、非法提供国家秘密或者情报，具有下列情形之一的，处 5 年以上 10 年以下有期徒刑，可以并处没收财产：(1)为境外窃取、刺探、收买、非法提供机密级国家秘密的；(2)为境外窃取、刺探、收买、非法提供 3 项以上秘密级国家秘密的；(3)为境外窃取、刺探、收买、非法提供国家秘密或者情报，对国家安全和利益造成其他严重损害的。

为境外窃取、刺探、收买、非法提供秘密级国家秘密或者情报，属于情节较轻的，处 5 年以下有期徒刑、拘役、管制或者剥夺政治权利，可以并处没收财产。

三、资敌罪

（一）资敌罪的概念和构成

资敌罪，是指在战时供给敌人武器装备、军用物资资助敌人的行为。

本罪的构成要件如下：

1. 本罪侵犯的客体是我国的国家安全和利益。

2. 在客观方面,本罪表现为实施了在战时供给敌人武器装备、军用物资资助敌人的行为。本罪客观方面的构成应包括以下三个方面:(1)本罪资助行为发生的时间必须是在战时。战时,通常是指国家宣布进入战备状态、部队受领作战任务或者遭受突然袭击时。国家在非战争状态下与邻国发生边界冲突战斗时,也可称为战时。(2)本罪资助行为的对象必须是敌人。即敌视我国的敌方营垒、敌对势力或者其他敌对武装力量,而不是个别的敌对分子。(3)本罪的行为内容是给敌人提供武器装备、军用物资。武器装备,通常包括枪械、火炮、火箭、导弹、弹药、爆炸器材、坦克、作战飞机、舰艇、核武器等。军用物资,是指提供军事作战、训练、施工、科研、后勤保障等用于军事行动的一切物资。为敌人提供军用物资,有偿与否不影响本罪的成立。

3. 本罪的主体是一般主体。既包括中国公民,也包括外国人、无国籍人。

4. 本罪在主观方面表现为故意,过失不构成本罪。

(二) 资敌罪的认定

在认定资敌罪时应注意以下问题:

1. 资敌罪与非罪的认定。资敌罪具有时间上的特定性,即必须是在战时才能构成犯罪,如果是在平时则不构成本罪。资敌罪资助的物品也具有特定性,即仅限于武器装备和军用物资,如不属于上述物品,则不构成本罪。资敌行为必须至少对我国的国防安全构成威胁,如果情节显著轻微,危害不大的,根据《刑法》第13条的规定,不认为是犯罪。如被我国驱逐出境的无国籍人赵某,在我边境小范围反击作战时,向敌方提供自制枪支,由于数量少,威力小,尚不足以造成对我国国防安全的威胁与损害,故不构成资敌罪,只属于一般的违法行为。

2. 资敌罪与资助危害国家安全犯罪活动罪的界限。两罪的区别如下:一是资助的对象不同。前者资助的是战时的敌人或敌方;后者资助的是危害国家安全的六种犯罪;二是资助的时间要求不同。前者必须是战时;后者则无战时限制,什么时间都可以;三是资助的物资不同,前者资助的是武器装备和军用物资;后者资助的是金钱、财物和设备,且财物和设备没有任何限制。

(三) 资敌罪的处罚

《刑法》第112条和第113条规定,犯资敌罪的,处10年以上有期徒刑或者无期徒刑;情节较轻的,处3年以上10年以下有期徒刑;对国家和人民危害特别严重、情节特别恶劣的,可以判处死刑;犯本罪的,可以并处没收财产。

第二十二章

危害公共安全罪

第一节　危害公共安全罪概述

一、危害公共安全罪的概念和构成

危害公共安全罪,是指故意或者过失地实施危害不特定的多数人的生命、健康或者重大公私财产安全的行为。危害公共安全罪是危险性最大、最为严重的一类普通刑事犯罪,其危险性在所有犯罪中仅次于危害国家安全犯罪。

本类罪的构成要件如下:

1. 本类罪侵犯的客体是公共安全。危害公共安全罪之所以成为危险性最大的一类普通刑事犯罪,其原因就在于对公共安全的侵犯上。就法律本身而言,维护社会秩序的有序性是其重要的内容,社会安全则构成社会秩序的前提,因此,保护社会秩序安全有效运作,是法律追求的目标之一。作为公法的刑法,可以说是从最大限度上保护社会安全的,因此,保护社会安全成为刑法的重要使命。

公共安全,是指不特定多数人的生命、健康或重大公私财产安全。其包含着两个方面的内容。一是安全性的范围具有广泛性。不仅包括人身安全、财产安全,还包括秩序的安全,从而使得安全的含义大大超出了分则其他各章的意义。其不仅可以物化为物质性对象,还可以表现为非物质性的对象。二是安全内容的广泛性受到一定的限制。也就是说,本章的安全内容表现为公共性,其针对的是涉及社会安全的犯罪行为,对于个人安全以及其他不表现为公共安全的内容则不属于本章的犯罪客体。

危害公共安全罪有时表现为以侵犯生命健康的安全为主,有时表现为以侵犯财产的安全为主,还有时两者兼而有之。这和侵犯人身权利罪以及侵犯财产罪有共同之处。但是它们的区别也是明显的,后者可能造成的损失是有局限性的,是以特定人和特定范围的公私财物为对象的,其行为对象是不可替代的,而且不能属于重大的具有公共性的私有财产;而前者可能造成的损害却是不特定的,其损害的范围往往是难以预料或难以控制的。换句话说,危害公共安全罪的行为一经实施,不论行为人是否意识到,他们在本质上都能够在一定条件下引起许多人的伤亡,公私财物的广泛破坏,或者形成对广大群众生命财产安全的严重威胁。这是此类犯罪之所以是危险性最大的一类普通刑事犯罪的根本原因。但是需要说明的是,由于犯罪行为人的行为目的与客观造成的危害结果往往是不一致的,所以对于罪行的性质需要具体分析。如果行为人使用了危害公共安全的方法,如放火、爆炸等方式,尽管他主观上追求的是特定对象和目标,而客观上实际损害对象的范围是不特定的,则仍可能属于危害公共安全罪,但并不绝对表现为故意型的危害公共安全罪。

不特定,包括了两个方面的内容:一是犯罪对象的不特定,是指犯罪行为可能侵害的对象,不是针对某一个人、某几个人的人身权或某项财产权的,而是针对某一类权利或多数权利,具有一定的广泛性;二是危害结果的不特定,是指犯罪行为的严重后果是难以明确或难以预料,甚至就连犯罪分子也是难以控制的。确定特定与不特定的标准,不是看行为人主观上事先有无确定的侵犯对象,而主要是看该行为是否具有危害公共安全的本质特征。

这里的不特定是不以行为人的主观意志为转移的。不管行为人实施危害行为时主观上有无确定的侵犯对象,只要其行为客观上具有危害或足以危害公共安全的不特定性,就可以认定此行为具有危害公共安全的属性。这是危害公共安全罪区别于其他各类犯罪的明显特征。

2. 在客观方面,本类罪表现为行为人实施了某种危害或足以危害公共安全的行为。

一切危害公共安全的行为都能造成一定人身、财产损失的后果,但是,就行为后果而言,从犯罪构成的角度分析,此类罪客观方面可包括两种情形:(1)多数犯罪属于结果犯,即出现某种法定的危害后果。例如重大飞行事故罪、危险物品肇事罪、重大责任事故罪、消防责任事故罪等。(2)一部分属于危险犯,即只要实施了刑法规定的行为,并出现某种法定危险状态即构成犯罪,而不要求有实害结果。例如放火罪、破坏交通工具罪、非法携带枪支、弹药、管制刀具、危险物品危及公共安全罪等。由于这类行为社会危险性很大,包含着造成重大人身伤亡和财产损失的可能性,因此尽管其没有造成严重后果,仍构成危害公共安全罪。这里需要说明的是,危险犯无需以严重实害后果为要件并不意味着其不存在危害结果。如破坏交通工具的行为虽然没有造成火车颠覆或者人员伤亡,但交通工具被破坏这种结果是客观存在的,这种结果属实施危险行为的客观结果状态,与实害结果是无法比拟的。

就行为的表现而言,危害公共安全的犯罪行为可以包括多种方式:(1)作为的方式。即行为人以积极的方式实施刑法所禁止的危害公共安全的行为,本章中绝大多数犯罪都属于作为犯罪。(2)不作为的方式。即行为人应该履行自己维护公共安全的义务并且能够履行此种义务却不履行,造成较大的人员伤亡或者公私财产重大损失。本章中许多犯罪属于不纯正不作为犯,即既可以以作为方式实施,也可以以不作为方式实施。(3)持有的方式。如非法持有、私藏枪支弹药罪。(4)作为与不作为相结合的方式。如消防责任事故罪,其违反消防管理法规的行为可以表现为作为,经消防监督机构通知采取改正措施而拒绝执行的行为则表现为不作为。此外,重大劳动安全事故罪、丢失枪支不报罪的客观行为均属此类形式。

3. 本类罪的主体多数是一般主体,少数是特殊主体——国家工作人员和其他业务上、职务上负有特定义务的人员。例如:铁路运营安全事故罪的主体只能由铁路职工构成;丢失枪支不报罪的主体只能由依法配备公务用枪的人员构成;教育设施重大安全事故罪的主体只能由对校舍或者教育教学设施负有直接管理责任的人员构成等。有些犯罪只能由单位构成,例如:工程重大安全事故罪。

有些犯罪由于社会危害性比较大,刑法对犯罪主体刑事责任年龄的规定也有相应变化,依据《刑法》第17条规定,已满14周岁不满16周岁的人犯放火罪、爆炸罪、投放危险物质罪的,应当负刑事责任。

4. 本类罪在主观方面表现为故意或过失。表现为明知自己的行为会发生严重危害公共安全的结果,而希望或者放任这种结果发生;或者应当预见自己的行为可能发生严重危害公共安全的结果,因为疏忽大意而没有预见或者已经预见而轻信能够避免以致发生这种结果的心理状态。本类罪的具体罪过形式包括三种情形:(1)只能由故意构成,如劫持航空器罪、抢劫枪支、弹药、爆炸物、危险物质罪;(2)只能由过失构成,如交通肇事罪、重大飞行事故罪、铁路运营安全事故罪等;(3)既可以由故意构成,也可以由过失构成,如关于火灾、爆炸、投放危险物质等犯罪行为。

危害公共安全罪的主观方面需要注意的是:(1)不同对象罪过的区分:故意犯罪中,有的犯罪分子主观上两种故意兼而有之,即对行为人直接指向的特定个人或特定财物持直接故意态度,而对其行为已经或可能危害公共安全的结果则持不希望却放任其发生的态度,因此,行为人又具有间接故意的主观心态。(2)罪过的转化:行为人因过失行为引起法律所保护的某种利益处于危险状态,基于过失的先前行为,行为人负有排除这种危险防止危害公共安全的义务。

在危害公共安全类犯罪中,要区分一般过失和业务过失,前者是指一般犯罪主体所实施的与业务无关的过失行为构成的过失犯罪,如失火罪;后者是指具有从事某项特定业务身份的人员,在从事业务工作过程中违反规定,不服从管理等而导致发生危害结果的犯罪,如重大责任事故罪。业务过失的不同表现在:(1)业务过失的犯罪主体是从事一定业务工作的人;(2)业务过失只能发生在从事业务过程中和从事业务的范围内。

二、危害公共安全罪的种类

1997年《刑法》分则第二章从第114条到第139条共26条规定了42个罪名。美国9·11事件后,为了适应反恐斗争的需要,2001年通过了《刑法修正案(三)》,对危害公共安全犯罪作了必要的修订,把投毒罪改为投放危险物质罪,并以危险物质为对象,设立非法制造、买卖、运输、储存危险物质罪,盗窃、抢夺危险物质罪和抢劫危险物质罪等,增加了资助恐怖活动罪;由于近年来责任事故方面的犯罪数量逐年上升,社会危害性越来越大,为了加大打击这类犯罪的力度,全国人大常委会2006年6月通过了《刑法修正案(六)》,修改了重大责任事故罪、重大劳动安全事故罪,增加了强令违章冒险作业罪,大型群众性活动重大安全事故罪,不报、谎报安全事故罪。2011

年通过的《刑法修正案（八）》又在交通肇事罪后新增危险驾驶罪。2015 年通过的《刑法修正案（九）》除对组织、领导、参加恐怖组织罪，危险驾驶罪等进行修改外，又增设了帮助恐怖活动罪，准备实施恐怖活动罪，宣扬恐怖主义、极端主义、煽动实施恐怖活动罪，利用极端主义破坏法律实施罪，强制穿戴宣扬恐怖主义、极端主义服饰、标志罪，非法持有宣扬恐怖主义、极端主义物品罪等 6 个罪名，并取消了资助恐怖活动罪的罪名。根据行为特征、犯罪对象以及罪过形式等不同情况，危害公共安全罪 52 个罪名可以分为以下几种类型：

1. 以危险方法危害公共安全的犯罪。包括放火罪，失火罪，决水罪，过失决水罪，爆炸罪，过失爆炸罪，投放危险物质罪，过失投放危险物质罪，以危险方法危害公共安全罪，过失以危险方法危害公共安全罪。

2. 破坏公用工具、设施危害公共安全的犯罪。包括破坏交通工具罪，过失破坏交通工具罪，破坏交通设施罪，过失破坏交通设施罪，破坏电力设备罪，破坏易燃易爆设备罪，过失破坏电力设备罪，过失破坏易燃易爆设备罪，破坏通讯设施罪，过失破坏通讯设施罪。

3. 实施恐怖、危险活动危害公共安全的犯罪。包括组织、领导、参加恐怖组织罪，帮助恐怖活动罪，准备实施恐怖活动罪，宣扬恐怖主义、极端主义、煽动实施恐怖活动罪，利用极端主义破坏法律实施罪，强制穿戴宣扬恐怖主义、极端主义服饰、标志罪，非法持有宣扬恐怖主义、极端主义物品罪，劫持航空器罪，劫持船只、汽车罪，暴力危及飞行安全罪。

4. 违反枪支、弹药、爆炸物、危险物质管理规定危害公共安全的犯罪。包括非法制造、买卖、运输、邮寄、储存枪支、弹药、爆炸物罪，非法制造、买卖、运输、储存危险物质罪，违规制造、销售枪支罪，盗窃、抢夺枪支、弹药、爆炸物、危险物质罪，抢劫枪支、弹药、爆炸物、危险物质罪，非法持有、私藏枪支、弹药罪，非法出租、出借枪支罪，丢失枪支不报罪，非法携带枪支、弹药、管制刀具、危险物品危及公共安全罪。

5. 造成重大责任事故危害公共安全的犯罪。包括重大飞行事故罪，铁路运营安全事故罪，交通肇事罪，危险驾驶罪，重大责任事故罪，强令违章冒险作业罪，重大劳动安全事故罪，大型群众性活动重大安全事故罪，危险物品肇事罪，工程重大安全事故罪，教育设施重大安全事故罪，消防责任事故罪，不报、谎报安全事故罪。

第二节　以危险方法危害公共安全的犯罪

一、放火罪

（一）放火罪的概念和构成
放火罪，是指故意以放火焚烧公私财物的方法，危害公共安全的行为。

本罪的构成要件如下：

1. 本罪侵犯的客体是公共安全，即不特定多数人的生命、健康或重大公私财产的安全。如果从放火焚烧的对象和情况以及当时的环境上看，行为人放火行为不足以危害公共安全的，则不应定放火罪。其情节严重的，可以定故意毁坏财物罪。但行为人如果明知自己的行为可能造成火灾而危及公共安全的，即使焚烧的是自己的财产，仍应以放火罪论处。

2. 在客观方面，本罪表现为行为人实施了足以危害公共安全的放火行为，包括作为与不作为。用作为方式实施的放火，如行为人用各种引火物直接把焚烧对象点燃，引起燃烧；用不作为方式实施的放火，如电气设备维修工人明知某项设备发生故障，存在着起火危险，却故意不加修理，任其起火燃烧以致发生火灾，对此应以放火罪论处。

本罪属危险犯，即只要行为人的放火行为足以危害社会公共安全的，就构成本罪。没有造成危害公共安全的严重后果，只应作为量刑情节予以考虑。这是由放火罪的社会危害性极大的特征决定的，但是如果行为人的放火危险根本不会危及公共安全的，则应以放火罪未遂或不以放火罪论处。

3. 本罪的主体为一般主体，年满14周岁不满16周岁的具有刑事责任能力的人实施的行为符合本罪构成要件的，应当负刑事责任。

4. 本罪在主观方面表现为故意，其中包括直接故意和间接故意，即明知自己的行为会引起犯罪对象的燃烧，从而危及公共安全，仍希望或者放任这种结果发生。但是需要注意，间接故意犯罪在一般情况下表现为结果犯，所以仅仅发生某种危险往往不宜作为犯罪处理。

此外，还需要注意，本罪中"致人重伤、死亡或者使公私财产遭受重大损失"的加重后果、导致其发生的心态也应该是故意的，而不应包括过失在内，否则会与失火罪混为一谈。

（二）放火罪的认定

在认定放火罪时应当注意以下几个问题：

1. 正确认定放火罪既遂和未遂的界限。一般来说，两者的区别不在于是否达到了预期目的，而在于行为是否实施完毕和危害公共安全，危险是否出现。只要行为人实施了放火行为，已将犯罪对象点燃，足以危及公共安全，有造成严重后果的危险性，即使由于犯罪人意志以外的原因尚未造成严重后果，也应认定为放火罪既遂。但如果放火行为尚未实行完毕，或者已经实施完毕但还未达到足以危害公共安全程度即被扑灭的，则应认定为放火罪未遂。针对不同的对象，达到危害公共安全的标准可能是点燃目的物，可能是目的物独立燃烧。

2. 正确区分本罪与故意杀人罪、故意伤害罪的界限。从行为手段、结果分析，放火罪与以放火方式实施的故意杀人罪、故意伤害罪是非常相似的。但是，两者在犯罪构成上有根本的区别：主要是侵犯的客体不同。即前者侵犯的是公共安全，后者侵犯的是特定公民的生命和健康权利。对于以上两种犯罪行为：（1）如果放火行为只是指向特定对象,并不足以危及公共安全的,则只能以故意杀人罪、故意伤害罪论处;(2)如果放火行为不是针对特定对象的,又足以危及公共安全的,则完全符合放火罪的构成要件;(3)如果放火行为虽然指向特定对象但可能造成火灾而危害公共安全的,不能一概而论,其多数情况下构成刑法中的想象竞合犯。

(三)放火罪的处罚

《刑法》第114条、第115条规定,犯放火罪尚未造成严重后果的,处3年以上10年以下有期徒刑;放火罪致人重伤、死亡或者使公私财产遭受重大损失的,处10年以上有期徒刑、无期徒刑或者死刑。

尚未造成严重后果,包括两种情况:一是放火行为没有造成任何实际损害后果,二是虽然造成一定后果但并不严重。发生严重后果属于加重结果,仅存在是否发生因而是否构成加重实害犯问题,但不影响放火罪的既遂。

二、决水罪

(一)决水罪的概念和构成

决水罪,是指故意破坏水利设施,决水制造水患,足以危害公共安全的行为。

本罪的构成要件如下:

1. 在客观方面,本罪表现为决水,足以使水流横溢、泛滥成灾的行为。其手段主要表现为对水利设施的破坏,其后果表现为多数人的生命、健康受到威胁,大量的财产、房屋、田地等遭到破坏。决水行为既可以表现为作为形式,也可以表现为不作为形式。前者如掘毁堤坝,破坏、开启水闸,后者如不开放泄洪闸门等。决水罪是实践中少见的,但却是危害十分严重的一类犯罪。

本罪属危险犯,在认定本罪时,需要注意危险犯的既遂标准。决水的危险状态必须达到一种现实的可能性才宜认定。如果仅仅是将水库、河流等堤坝炸出小缺口,但不足以立刻导致堤坝冲垮,按照正常的检查又是可以被及时发现的,不能轻易认定既遂。此外,由于决水的行为方式表现为多样性,既遂标准也各不相同。

2. 本罪在主观方面表现为故意,其中包括直接故意和间接故意,即明知自己的行为会引起水患,从而危及公共安全,仍希望或者放任这种结果发生。

(二)决水罪的认定

认定本罪应注意决水罪的既遂与未遂的区分,即应以公共危险的出现作为标准,决水足以危害不特定多数人的生命、健康或重大公私财产安全的为既遂,否则即为未遂。

(三)决水罪的处罚

《刑法》第114条、第115条规定,犯决水罪尚未造成严重后果的,处3年以上10年以下有期徒刑;决水罪致人重伤、死亡或者使公私财产遭受重大损失的,处10年以上有期徒刑、无期徒刑或者死刑。

三、爆炸罪

（一）爆炸罪的概念和构成

爆炸罪，是指故意引起爆炸物或其他设备、装置爆炸，危害公共安全的行为。

本罪的构成要件如下：

1. 本罪侵犯的客体是公共安全，即不特定多数人的生命、健康或重大公私财产的安全。

2. 在客观方面，本罪表现为行为人实施了引发爆炸物或其他方法制造爆炸，足以危害公共安全的行为。

爆炸物，是指炸弹、地雷、手榴弹、雷管、炸药、导火索、雷汞、雷银等起爆器材和各种自制的爆炸装置和炸药包、炸药瓶等。爆炸的对象可以是人，也可以是物。爆炸地点一般发生在车站、港口、广场、工厂、矿山、油田、仓库等处。

本罪属危险犯，即只要行为人引发爆炸物或其他方法制造爆炸的行为足以危害社会的公共安全的，就构成本罪；没有造成危害公共安全的严重后果，只应作为量刑情节予以考虑，如果行为人的行为不具有严重危害公共安全性的，则应以爆炸罪未遂或不以爆炸罪论处。

3. 本罪的主体为一般主体，已满14周岁不满16周岁的具有刑事责任能力的人实施的行为符合本罪构成要件的，应当负刑事责任。

4. 本罪在主观方面表现为故意，其中包括直接故意和间接故意，即明知自己的行为会引起爆炸或可能引起爆炸，从而危及公共安全，仍希望或者放任这种结果发生。

（二）爆炸罪的认定

理解爆炸罪，应注意以爆炸方法实施放火、决水行为的认定。司法实践中，行为人往往采用爆炸方法来实施放火、决水行为，如炸毁水库堤坝等。如果爆炸行为仅对堤坝造成破坏，是决水的一种方法，炸毁堤坝行为致使水灾发生的，决水危害到了公共安全的，应定决水罪；如果爆炸行为仅起到引火作用，是实施放火的一种方法，放火致使火灾发生而危害到公共安全的，应定放火罪。

（三）爆炸罪的处罚

《刑法》第114条、第115条规定，犯爆炸罪尚未造成严重后果的，处3年以上10年以下有期徒刑；爆炸罪致人重伤、死亡或者使公私财产遭受重大损失的，处10年以上有期徒刑、无期徒刑或者死刑。

四、投放危险物质罪

（一）投放危险物质罪的概念和构成

投放危险物质罪，是指故意投放毒害性、放射性、传染病病原体等物质，危害公共安全的行为。《刑法修正案(三)》对第114条、第115条的投毒罪进行修订:将投毒罪改为投放危险物质罪,包含以投放毒害性、放射性、传染病病原体等物质的危险方法危害公共安全行为,取消投毒罪罪名。

本罪的构成要件如下:

1. 本罪侵犯的客体是公共安全,即不特定多数人的生命、健康或重大公私财产的安全。

2. 在客观方面,本罪表现为投放毒害性、放射性、传染病病原体等物质,已经对公共安全造成严重危害或其已经威胁到不特定多数人的人身或财产安全的行为。行为人投放的危险物质主要包括毒害性、放射性、传染病病原体等物质。毒害性物质,是指含有毒质的有机物或者无机物,如砒霜、氰化钾、敌敌畏,以及含有剧毒的农药等;放射性物质,是指通过原子核裂变时放出的射线发生伤害作用的物质,如镭、铀、钴等放射性化学元素;传染病病原体,主要是指炭疽、霍乱等传染病病菌、病毒。行为人投放的危险物质除毒害性、放射性物质和传染病病原体外,还包括其他生化物质等。

投放危险物质的场所或对象较多,司法实践中较常见的如公众饮用的水源、公共食堂、饭锅、饲料等。在这些场所或对象中投放危险物质,往往使不特定多数人生命、健康受到危害或者使公私财产遭受重大损失。

本罪属危险犯,即只要行为人投放毒害性、放射性、传染病病原体等物质足以危害社会的公共安全的,就构成本罪,如果行为人投放危险物质的行为根本不具有公共危险的,则应以投放危险物质罪未遂或不以本罪论处。

3. 本罪的主体为一般主体。根据刑法规定,年满14周岁不满16周岁的具有刑事责任能力的人犯投毒罪的,应当负刑事责任。《刑法修正案(三)》将投毒罪修改为本罪,其内容涵盖投毒罪的内容,根据立法精神,已满14周岁不满16周岁的具有刑事责任能力的人犯投放危险物质罪的,应当负刑事责任。

4. 本罪在主观方面表现为故意,包括直接故意和间接故意。表现为行为人明知自己投放危险物质的行为会发生严重危害公共安全的结果,而希望或者放任这种结果发生。

(二) 投放危险物质罪的认定

认定投放危险物质罪应注意与投放虚假危险物质罪的区别。《刑法修正案(三)》规定,《刑法》第291条后增加一条,作为第291条之一第1款:投放虚假的爆炸性、毒害性、放射性、传染病病原体等物质,处5年以下有期徒刑、拘役或者管制;造成严重后果的,处5年以上有期徒刑。这就是投放虚假危险物质罪。但由于这种行为并不会对公共安全构成危害,与投放危险物质罪侵犯的客体不同,因此不属于危害公共安全的犯罪,而属于扰乱社会公共秩序的犯罪。

(三) 投放危险物质罪的处罚

《刑法》第114条、第115条规定,犯投放危险物质罪尚未造成严重后果的,处3年以上10年以下有期徒刑;致人重伤、死亡或者使公私财产遭受重大损失的,处10年以上有期徒刑、无期徒刑或者死刑。

五、以危险方法危害公共安全罪

（一）以危险方法危害公共安全罪的概念和构成

以危险方法危害公共安全罪，是指采用放火、决水、爆炸、投放危险物质以外的危险方法危害公共安全的行为。

本罪的构成要件如下：

1. 本罪侵犯的客体是公共安全，即不特定多数人的生命、健康或重大公私财产的安全。

2. 在客观方面，本罪表现为除放火、决水、爆炸、投放危险物质以外的其他危险方法，足以危害公共安全的行为。

犯罪作为一种复杂的社会现象，形式多种多样。即便是同一类型的犯罪，同是以危险方法危害公共安全的犯罪，其具体的犯罪方法也有多种。法条不可能对所有的使用危险方法危害公共安全的情形全部作出规定，因此使用了一个盖然性条款。在明确列举放火、决水、爆炸、投放危险物质等常见的四种危险方法的同时，对其他不常见的危险方法作了概括性的规定。其他危险方法一般情况必须满足如下要求：(1)危险方法是指放火、决水、爆炸、投放危险物质以外的危险方法。司法实践中常见的行为形式有：故意驾车撞击人群，私设电网，向公共场所开枪，破坏矿井通气设备等。(2)对"其他危险方法"应理解为与放火、决水、爆炸、投放危险物质的危险性相当的、足以危害公共安全的方法。即这种危险方法同放火、决水、爆炸、投放危险物质一样，一经实施就有可能危及不特定多数人的生命、健康或者重大公私财产的安全。

3. 本罪的主体为一般主体，年满16周岁的具有刑事责任能力的人实施的行为符合本罪构成要件的，应当负刑事责任。

4. 本罪在主观方面表现为故意。表现为行为人明知其实施的其他危险方法的行为会危害公共安全，会发生危及不特定多数人的生命、健康或重大公私财产安全的严重后果，并且希望或者放任这种结果发生。实践中除少数由直接故意构成、对危害公共安全的后果持希望态度外，大多属于间接故意，对危害公共安全后果持放任态度。

（二）以危险方法危害公共安全罪的认定

对某些司法实践中常发生的行为如私设电网行为，不能简单一概视为以危险方法危害公共安全。一方面，私设电网本身不一定如爆炸、放火等罪直接表现出对危险状态甚至结果出现的主观恶性，其行为本身不可能导致结果或危险状态的发生。另一方面，爆炸、放火等罪行为人的行为心态和结果是统一的，而私设电网的行为与危害公共安全结果的心态则可能不尽相同。私设电网等行为是否构成以危险方法危害公共安全罪关键在于是否危害到公共安全。

最高人民法院《关于醉酒驾车犯罪法律适用问题的意见》指出,行为人明知酒后驾车违法、醉酒驾车会危害公共安全,却无视法律醉酒驾车,特别是在肇事后继续驾车冲撞,造成重大伤亡,说明行为人主观上对持续发生的危害结果持放任态度,具有危害公共安全的故意。对此类醉酒驾车造成重大伤亡的,应依法以危险方法危害公共安全罪定罪。

另外,按照 2003 年 5 月 13 日最高人民法院、最高人民检察院《关于办理妨害预防、控制突发传染病疫情等灾害的刑事案件具体应用法律若干问题的解释》规定,故意传播突发传染病病原体,危害公共安全的,依照《刑法》第 114 条、第 115 条第 1 款的规定,按照以危险方法危害公共安全罪定罪处罚。

(三) 以危险方法危害公共安全罪的处罚

《刑法》第 114 条、第 115 条规定,犯以危险方法危害公共安全罪尚未造成严重后果的,处 3 年以上 10 年以下有期徒刑;致人重伤、死亡或者使公私财产遭受重大损失的,处 10 年以上有期徒刑、无期徒刑或者死刑。

六、失火罪

(一) 失火罪的概念和构成

失火罪,是指由于行为人的过失引起火灾,造成严重后果,危害公共安全的行为。本罪的构成要件如下:

1. 本罪侵犯的客体是公共安全,即不特定多数人的生命、健康或者重大公私财产的安全。失火罪侵犯的对象既可以是人,也可以是公私财产,还可以两者兼而有之。司法实践中,失火罪侵犯的对象主要是不特定的公私财产,如失火导致烧毁山林、房屋、货物等。

2. 在客观方面,本罪表现为行为人由于过失引起火灾,危害公共安全,造成严重后果。其包括两个方面:一方面,行为人在客观上具有过失引起火灾的行为,如果火灾是由于其他原因形成的,如自然原因,则不构成失火罪;另一方面,失火行为必须危害公共安全并造成严重后果,即致人重伤、死亡或者使公私财产遭受重大损失的,才构成失火罪。

3. 本罪的主体为一般主体。即凡是达到了刑事责任年龄,具备刑事责任能力,由于自己的过失行为引起火灾,危害公共安全,造成严重后果的自然人,均可成为失火罪的犯罪主体。

4. 本罪在主观方面表现为过失。即行为人应当预见自己的行为可能引起火灾,由于疏忽大意而没有预见,或者虽然已经预见,但轻信能够避免,以致发生了严重火灾。这里的过失是指行为人对危害后果的主观心理态度。至于行为人对引起火灾的行为本身,则往往是故意的。

(二) 失火罪的认定

在认定失火罪时应注意以下问题:

1. 失火罪与一般失火行为的界限。区分两者的关键是：是否造成致人重伤、死亡或者使公私财产遭受重大损失的严重后果。如果造成上述严重后果，则可构成失火罪；如果未造成上述严重后果，则不构成失火罪，而属于一般失火行为。

2. 失火罪与自然火灾的界限。两者的区别在于：前者是由于行为人的过失造成的，是本来可以避免的。后者是由于地震、火山爆发、雷击等不可抗拒或者不可预见的自然原因引起的，是人们不可抗拒和避免的。

（三）失火罪的处罚

《刑法》第115条第2款规定，犯失火罪的，处3年以上7年以下有期徒刑；情节较轻的，处3年以下有期徒刑或者拘役。据此，失火致人重伤、死亡或者使公私财物遭受重大损失的，即造成危害公共安全的严重后果的，才追究行为人的刑事责任。"情节较轻"的认定应该综合分析行为人主客观诸方面的情况进行，如行为人的刑事责任年龄、刑事责任能力；行为人的主观恶性程度；行为造成的具体损害情况、侵犯的对象等等。

七、过失决水罪

过失决水罪，是指过失毁坏水利设施，造成水患，致人重伤、死亡或者使公私财产遭受重大损失，危害公共安全的行为。

本罪的构成要件如下：

1. 在客观方面，本罪表现为行为人实施了引起水灾的行为，并且造成了危害公共安全的严重后果，即致人重伤、死亡或者使公私财产遭受重大损失。如果造成的危害后果不严重，或者未造成任何危害后果，不构成过失决水罪。而且这种严重后果必须是过失行为所引起，两者存在着因果关系。

2. 本罪在主观方面表现为过失，包括过于自信的过失和疏忽大意的过失。其内容表现为，行为人已经预见其行为可能引起水灾，危害公共安全，并轻信能够避免；或者应当预见，因为疏忽大意而未预见，以致发生了危害公共安全的严重后果。如果行为人对其行为引起的水灾并未预见，而且根据案件发生时的主、客观情况看，行为人也不可能预见，则属于意外事件，不负刑事责任。这里的过失指一般过失而非职务过失，如果负责防洪的工作人员，在工作中严重不负责任或擅离职守，过失引起水灾，致人重伤、死亡或者使公私财产遭受重大损失，不构成本罪，而应以责任事故犯罪处罚。

《刑法》第115条第2款规定，犯过失决水罪的，处3年以上7年以下有期徒刑；情节较轻的，处3年以下有期徒刑或者拘役。

八、过失爆炸罪

过失爆炸罪，是指过失引起爆炸，致人重伤、死亡或者使公私财产遭受重大损失，危害公共安全的行为。

本罪的构成要件如下：

1. 在客观方面，本罪表现为引起爆炸并造成致人重伤、死亡或者使公私财产遭受重大损失的危害公共安全的后果。过失引起爆炸，但未造成严重危害后果的，不构成犯罪。

2. 本罪在主观方面表现为过失。

《刑法》第 115 条第 2 款规定，犯过失爆炸罪的，处 3 年以上 7 年以下有期徒刑；情节较轻的，处 3 年以下有期徒刑或者拘役。

九、过失投放危险物质罪

过失投放危险物质罪，是指行为人因过失而投放毒害性、放射性、传染病病原体等危险物质，危害公共安全，造成严重后果的行为。

本罪的构成要件如下：

1. 在客观方面，本罪表现为投放毒害性、放射性、传染病病原体等危险物质，已经造成致人重伤、死亡或者使公私财产遭受重大损失的危害公共安全的后果。行为未造成严重危害后果的，不构成犯罪。

2. 本罪在主观方面表现为过失。

《刑法》第 115 条第 2 款规定，犯过失投放危险物质罪的，处 3 年以上 7 年以下有期徒刑；情节较轻的，处 3 年以下有期徒刑或者拘役。

十、过失以危险方法危害公共安全罪

过失以危险方法危害公共安全罪，是指行为人过失使用除放火、决水、爆炸、投放危险物质以外的危险性相当的其他危险方法，致人重伤、死亡或者使公私财产遭受重大损失，危害公共安全的行为。

本罪的构成要件如下：

1. 在客观方面，本罪表现为以与放火、决水、爆炸、投放危险物质等危险性相当的行为，造成危害公共安全的严重后果。最高人民法院、最高人民检察院《关于办理妨害预防、控制突发传染病疫情等灾害的刑事案件具体应用法律若干问题的解释》规定，患有突发传染病或者疑似突发传染病而拒绝接受检疫、强制隔离或者治疗，过失造成传染病传播，情节严重，危害公共安全的，依照《刑法》第 115 条第 2 款的规定，按照过失以危险方法危害公共安全罪定罪处罚。

2. 本罪在主观方面表现为过失。

《刑法》第 115 条第 2 款规定，过失以危险方法危害公共安全罪的，处 3 年以上 7 年以下有期徒刑；情节较轻的，处 3 年以下有期徒刑或者拘役。

第三节 破坏公用工具、设施
危害公共安全的犯罪

一、破坏交通工具罪

（一）破坏交通工具罪的概念和构成

破坏交通工具罪，是指故意破坏火车、汽车、电车、船只、航空器，已经造成严重后果或者足以使火车、汽车、电车、船只、航空器发生倾覆、毁坏危险，危害公共安全的行为。

本罪的构成要件如下：

1. 本罪侵犯的客体是交通运输安全。随着我国经济的快速发展和国际交往的日益频繁，物品与人员的流动大量增加，铁路、公路、水上、空中运输日益繁忙。维护交通运输安全，对于保障人民群众生命健康和财产的安全、促进国民经济的迅速发展，具有十分重要的意义。对危害交通运输安全的行为予以严惩，也显得十分必要。

2. 在客观方面，本罪表现为对交通工具进行破坏，已经造成严重后果或者足以使交通工具发生倾覆或者毁坏的危险行为。判断这种行为的关键在于是否足以使交通工具发生毁坏、倾覆危险，是否会影响到交通运输的安全。一般具有如下要求：(1)交通工具必须"正在使用中"。对正在使用中，不能理解为正在营运过程中，它包括正在行驶中，以及已交付使用而停靠待用的。破坏已经生产完毕并经检验合格即将投入营运的汽车，可以理解为正在使用中，对已经报废的汽车不能视为正在使用中。(2)交通工具被破坏的部位须足以使交通工具倾覆和毁坏。倾覆是指火车出轨、汽车电车翻车、航空器坠落等，毁坏是指造成交通工具的性能丧失或重大毁损，从而对公共安全造成危险。是否构成破坏交通工具，不能从价值上来判断，而要看被破坏的部位对安全的影响，如对制动、传动以及刹车系统的破坏，可能构成本罪。汽车的刹车片上的一只螺丝可以使汽车倾覆，但破坏汽车的挡风玻璃和火车上的行李架一般不认为构成本罪。(3)破坏交通工具所使用的方法，不仅是毁坏，而且还包括盗走或者爆炸等行为，改变其性能，使其不能正常运行也属于"破坏"。(4)交通工具范围限于火车、汽车、电车、船只和航空器等五种。由于此五类工具是主要交通工具，承担着大量人员或财产的运送任务，一旦遭到破坏，往往会造成不特定的多数人伤亡或公私财产重大损失，因此，刑法专门对这五类交通工具作出规定。在司法实践中，被用来从事公共交通运输的拖拉机、飞艇等也被作为交通工具对待。至于其他交通工具，如自行车、三轮车等，由于破坏性较小，破坏力较弱，所以不属于本罪的侵害对象。

3. 本罪的主体为一般主体。年满16周岁具有刑事责任能力的人均可以构成本罪。

4. 本罪在主观方面表现为故意，包括直接故意和间接故意。本罪的动机是多种多样的,如出于泄愤报复、邀功请赏或嫁祸于人而蓄意制造事故,出于贪利盗窃正在使用中的交通工具的重要部件,出于流氓动机故意捣乱破坏等。无论出于何种个人动机都不影响本罪的成立。

(二) 破坏交通工具罪的认定

在认定破坏交通工具罪时应该注意以下问题:

1. 破坏交通工具罪的既遂与未遂。本罪既遂与未遂的区分关键在于行为人是否实施完毕刑法分则规定的本罪的全部犯罪构成要件。本罪属危险犯,只要行为人实施了破坏火车、汽车、电车、船只、航空器的行为,并足以使其发生倾覆、毁坏危险的,即构成犯罪,并不要求出现实际的严重后果。如果实际上已经造成上述交通工具的倾覆、毁坏的严重后果,则应加重处罚。如果行为人尚未实施完毕足以危害公共安全的破坏交通工具行为,由于意志以外的原因而被迫停止犯罪,犯罪未得逞的,则构成本罪的未遂。如果行为人破坏交通工具的行为不足以危害公共安全的,不论是否实施完毕,均不构成本罪。

2. 破坏交通工具罪与盗窃罪、故意毁坏财物罪的界限。盗窃罪与故意毁坏财物罪在侵犯对象为交通工具时,易与破坏交通工具罪发生混淆。两罪区分的关键有两点:(1)判断行为的对象是否是正在使用中的交通工具。如果侵犯的对象是未处于使用中的交通工具,行为只体现了对公私财产所有权的侵犯,符合盗窃罪或故意毁坏财物罪的犯罪客体要求。若侵犯的对象是正在使用中的交通工具,则行为既体现了对交通运输安全的危害,又体现了对公私财产所有权的侵害,符合破坏交通工具罪的客体要求。(2)判断侵害导致的后果的程度是否达到严重危害公共安全。如果只是盗窃或毁坏交通工具上的一般设备或附属设备、辅助设施,不足以危害交通安全的,应以盗窃罪或故意毁坏财物罪论处;如果行为人盗窃交通工具重要机件直接危及交通运输安全,足以造成交通工具倾覆、毁坏的,则属于想象竞合犯,应以破坏交通工具罪论处。

(三) 破坏交通工具罪的处罚

《刑法》第116条和第119条第1款规定,犯破坏交通工具罪,足以使交通工具发生倾覆、毁坏危险,尚未造成严重后果的,处3年以上10年以下有期徒刑;造成严重后果的,处10年以上有期徒刑、无期徒刑或者死刑。

二、破坏交通设施罪

(一) 破坏交通设施罪的概念和构成

破坏交通设施罪,是指故意破坏轨道、桥梁、隧道、公路、机场、航道、灯塔、标志或者进行其他破坏活动,已经造成严重后果或者足以使火车、汽车、电车、船只、航空器发生倾覆、毁坏危险,尚未造成严重后果的危害公共安全的行为。

本罪的构成要件如下:

1. 本罪侵犯的客体是交通运输安全。

2. 在客观方面,本罪表现为对交通设施进行破坏,足以使火车、汽车、电车、船只、航空器发生倾覆或毁坏危险,尚未造成严重后果或者已经造成严重后果的行为。其犯罪对象限于与行车、行船、飞行安全有直接关系的交通设施,如轨道、桥梁、隧道、公路、机场、航道、灯塔、标志等。破坏,包括破坏交通设施本身或破坏交通设施的固有功能。例如,使航标灯熄灭、移动海上岛屿中的灯塔或航标的位置或方向,使其丧失了正常显示方位的功能。尽管灯塔或航标本身未受到损坏,但仍属于这里所说的"破坏"。此外刑法还规定了"进行其他破坏活动"。进行其他破坏活动,应包含两方面内容:一是指对除上述交通设施以外的其他交通设施进行破坏的行为;二是指虽然没有直接破坏本条所列的交通设施,但是通过其他行为使上述交通设施无法正常发挥作用,足以使交通工具发生倾覆或毁坏危险的一切破坏活动。例如,任意改动航空器、火车、船只的停发时间,使其标志等交通设施难以正常工作,交通运输安全受到威胁。由于这些破坏活动的严重社会危险性和危害性,因而也构成本罪。

本罪属危险犯,只要足以使火车、汽车、电车、船只、航空器发生倾覆、毁坏危险的,即构成犯罪既遂。如果实际上已经造成上述交通工具的倾覆、毁坏的严重后果,则应加重处罚。

3. 本罪的主体是一般主体。即凡是达到刑事责任年龄并具备刑事责任能力的自然人,均可以成为本罪的主体。

4. 本罪在主观方面表现为故意,包括直接故意和间接故意。

(二) 破坏交通设施罪的认定

认定破坏交通设施罪,要注意与破坏交通工具罪的区分。两者侵犯的客体都是交通运输安全。两者的主要区别表现为侵犯的对象不同。本罪侵犯的对象是正在使用中的与行车、行船、飞行安全有直接关系的交通设施,如轨道、桥梁、隧道、公路、机场、航道、灯塔、标志等;破坏交通工具罪侵犯的对象则直接指向正在使用中的火车、汽车、电车、船只、航空器等交通工具。前罪通过破坏交通设施致使交通工具发生倾覆、毁坏危险。后罪直接通过破坏交通工具来引起其倾覆、毁坏的危险。实践中,有的行为人往往是以破坏交通设施为手段来达到破坏交通工具的目的,甚至并未直接毁坏交通设施本身而是使交通设施功能减损,其行为仍应认定为破坏交通设施罪。如果导致交通工具损坏造成严重后果的,属于本罪的结果加重要件。

(三) 破坏交通设施罪的处罚

《刑法》第 117 条和第 119 条第 1 款规定,犯破坏交通设施罪,足以使交通工具发生倾覆、毁坏危险,尚未造成严重后果的,处 3 年以上 10 年以下有期徒刑;造成严重后果的,处 10 年以上有期徒刑、无期徒刑或者死刑。

三、破坏电力设备罪

(一) 破坏电力设备罪的概念和构成

破坏电力设备罪,是指故意破坏电力设备,已经造成或者足以造成严重后果,危害公共安全的行为。

本罪的构成要件如下：

1. 本罪侵犯的客体是公共供电方面的公共安全。破坏电力设备的社会危害性，不仅在于破坏电力设备的正常功能，更在于其往往引发爆炸、起火、触电等事故，从而危及不特定多数人的生命、财产的安全。

2. 在客观方面，本罪表现为故意破坏电力设备，危害公共安全的行为。其具有如下特征：(1)行为对象要求是正在使用中的电力设备，因为只有针对正在使用中的设备，才最能直接破坏电力的供应，使生产、生活受到重大影响，从而极大地威胁公共安全。正在使用中，是指电力设备经过验收以后，正式交付使用或投入使用。尚未安装完毕的农用低压照明电线路，不属于正在使用中的电力设备。但要注意：已经架设完毕交付电力部门验收的，即使尚未通电使用，也认为是正在使用中；水电站季节性通电的线路，或者季节性使用的电力排灌设备即使在暂停使用期间不通电的，也认为是正在使用中。2007 年 8 月 13 日最高人民法院《关于审理破坏电力设备刑事案件具体应用法律若干问题的解释》第 4 条规定：本解释所称电力设备，是指处于运行、应急等使用中的电力设备；已经通电使用，只是由于枯水季节或电力不足等原因暂停使用的电力设备；已经交付使用但尚未通电的电力设备。不包括尚未安装完毕，或者已经安装完毕但尚未交付使用的电力设备。(2)行为人采取的破坏行为表现形式多种多样。可以是作为，如采用爆炸、放火的方法破坏电力设备、盗窃电力设备以致危害公共安全等；也可以是不作为，如对电力设备负有维护义务的人明知电力设备存在故障，却故意不予处理而放任危险的发生。(3)行为人的破坏行为必须危及公共安全，即已经造成或足以造成危害公共安全的严重后果。认定行为人的行为是否危及公共安全，必须根据破坏的具体对象、部位、方法以及损害程度等来综合分析认定。如果行为人的行为已经造成或足以造成危害公共安全的严重后果的，即构成本罪。如果行为人的破坏行为不足以危害公共安全的，如破坏行为轻微或者破坏电力设备的次要部件，不影响电力设备的主要性能，不可能引发严重后果的，则不构成本罪。

3. 本罪的主体为一般主体。即凡是达到刑事责任年龄，具备刑事责任能力，实施破坏电力设备的自然人均可成为破坏电力设备罪的犯罪主体。

4. 本罪在主观方面表现为故意，包括直接故意和间接故意。行为人犯罪的动机可多种多样，但不论是泄愤报复、嫁祸他人，还是贪财图利或其他动机，都不影响本罪成立。

（二）破坏电力设备罪的认定

在认定破坏电力设备罪时应该注意以下问题：

1. 破坏电力设备罪与盗窃罪的界限。司法实践中较多出现行为人盗窃电力设备的情形。在认定行为是属于破坏电力设备罪还是盗窃罪时，主要是看被盗窃的电力设备是否处于正在使用中，盗窃电力设备的行为是否危及公共安全。如果行为人以非法占有为目的，窃取正在使用中的电力设备，已经危害公共安全或足以危害公共安全的，应当以本罪论处。如果不足以危及公共安全，则应以盗窃罪论处。对偷割已经安装完毕,但还未供电的电力线路,应分不同情况处理。如果偷割的是未正式交付电力部门使用的线路,应按盗窃案件处理。如果行为人明知线路已交付电力部门使用而偷割电线的,应认定为破坏电力设备罪。对拆盗某些排灌站、加工厂等生产单位正在使用中的电机设备等,没有危及公共安全,但应当追究刑事责任的,可以根据不同情况,按盗窃罪、破坏生产经营罪或者故意毁坏财物罪处理。如果盗窃库存的或者废置的线路上的电线的,则应定为盗窃罪。盗窃使用中的电力设备,同时构成盗窃罪和破坏电力设备罪的,择一重罪处罚。

2. 破坏电力设备罪与放火罪、爆炸罪的界限。破坏电力设备罪与放火罪、爆炸罪侵犯的客体都是公共安全,破坏电力设备罪的行为人亦可采用放火、爆炸的手段破坏电力设备,往往也会导致火灾、爆炸的严重后果。区分两者的关键在于犯罪的对象不同。破坏电力设备的犯罪对象仅限于正在使用中的电力设备;放火罪、爆炸罪的犯罪对象包括一切公私财物。行为人采用放火、爆炸方法破坏电力设备,这是法条竞合问题。按照特别法条优于普通法条的原则,应以破坏电力设备罪论处,而不能定放火罪或爆炸罪。但是,如果放火、爆炸行为不仅危及供电方面的公共安全,还严重侵害了电力设备之外不特定多数人的生命、健康或其他重大公私财产安全的,应认定为放火罪或爆炸罪。

（三）破坏电力设备罪的处罚

《刑法》第118条和第119条第1款规定,犯破坏电力设备罪,尚未造成严重后果的,处3年以上10年以下有期徒刑;造成严重后果的,处10年以上有期徒刑、无期徒刑或者死刑。《最高人民法院关于审理破坏电力设备刑事案件具体应用法律若干问题的解释》第1条规定的“造成严重后果”是指:(1)造成1人以上死亡、3人以上重伤或者10人以上轻伤的;(2)造成1万以上用户电力供应中断6小时以上,致使生产、生活受到严重影响的;(3)造成直接经济损失100万元以上的;(4)造成其他危害公共安全严重后果的。

四、破坏易燃易爆设备罪

破坏易燃易爆设备罪,是指故意破坏燃气设备或者其他易燃易爆设备,危害公共安全的行为。

本罪的构成要件如下:

1. 本罪侵犯的客体是公共供给燃气、易燃易爆物品的公共安全。破坏易燃易爆设备,不仅使易燃易爆设备的正常功能受到影响,还易导致易燃易爆物品的燃烧和爆炸,从而危及不特定多数人生命、健康和重大公私财产安全。

2. 在客观方面,本罪表现为行为人实施了破坏燃气设备或者其他易燃易爆设备的行为,已经造成或足以造成严重危害公共安全的后果。行为的对象为正在使用中的易燃易爆设备。易燃易爆设备包括煤气、天然气等燃气发生装置、净化装置、输送装置及其他一切易于燃烧或易于爆炸的设备。正在使用中,是指经过验收,正式交付或投入使用后的易燃易爆设备,而不包括库存的、废弃不用的、正在安装和正在修理中的设备。正在使用的油田输油管道,属于刑法规定的"易燃易爆设备"。行为人采用破坏性手段盗窃正在使用的油田输油管道中的油品,构成破坏易燃易爆设备罪、盗窃罪等犯罪的,依照处罚较重的规定定罪处罚。

3. 本罪的主体为一般主体。凡年满 16 周岁具有刑事责任能力的人均可以构成本罪。

4. 本罪在主观方面表现为故意,包括直接故意和间接故意。

《刑法》第 118 条和第 119 条第 1 款规定,犯破坏易燃易爆设备罪,尚未造成严重后果的,处 3 年以上 10 年以下有期徒刑;造成严重后果的,处 10 年以上有期徒刑、无期徒刑或者死刑。

五、过失损坏交通工具罪

过失损坏交通工具罪,是指由于过失而引起火车、汽车、电车、船只、航空器遭受严重破坏,造成严重后果,危害公共安全的行为。

本罪的构成要件如下:

1. 本罪侵犯的客体是交通运输中的公共安全。

2. 在客观方面,本罪表现为行为人损坏火车、汽车、电车、船只、航空器,已经造成严重后果,危害公共安全的行为。已经造成严重后果,是指已经造成交通工具倾覆、毁坏的重大公私财产损失或不特定多数人伤亡等严重危害公共安全的后果。虽有损坏交通工具的行为,但未造成严重的危害公共安全后果的,不构成本罪。

3. 本罪的主体为一般主体。

4. 本罪在主观方面表现为过失,包括疏忽大意的过失和过于自信的过失。

《刑法》第 119 条第 2 款规定,犯过失损坏交通工具罪,处 3 年以上 7 年以下有期徒刑;情节较轻的,处 3 年以下有期徒刑或者拘役。

六、过失损坏交通设施罪

过失损坏交通设施罪,是指过失损坏轨道、桥梁、隧道、公路、机场、航道、灯塔、标志等交通设施,致使火车、汽车、电车、船只、航空器等交通工具倾覆或毁坏,造成严重后果,危害公共安全的行为。

本罪的构成要件如下:

1. 在客观方面,本罪表现为行为人损坏交通设施,已经造成严重后果,危害公共安全的行为。已经造成严重后果,是指已经造成火车、汽车、电车、船只、航空器等交通工具倾覆或毁坏,致使重大公私财产损失或者不特定多数人伤亡。损坏交通设施未造成严重的危害公共安全后果的,不构成本罪。

2. 本罪在主观方面表现为过失,包括疏忽大意的过失和过于自信的过失。

《刑法》第 119 条第 2 款规定,犯过失损坏交通设施罪,处 3 年以上 7 年以下有期徒刑;情节较轻的,处 3 年以下有期徒刑或者拘役。

七、过失损坏电力设备罪

过失损坏电力设备罪,是指过失损坏电力设备,危害公共安全,造成严重后果的行为。

本罪的构成要件如下:

1. 本罪侵犯的客体是公共供电中的公共安全。

2. 在客观方面,本罪表现为行为人损坏电力设备,已经造成严重后果,危害公共安全的行为。已经造成严重后果,是指已经造成重大公私财产损失或者不特定多数人伤亡。损坏电力设备未造成严重的危害公共安全后果的,不构成本罪。

3. 本罪的主体为一般主体。

4. 本罪在主观方面表现为过失,包括疏忽大意的过失和过于自信的过失。

《刑法》第 119 条第 2 款规定,犯过失损坏电力设备罪,处 3 年以上 7 年以下有期徒刑;情节较轻的,处 3 年以下有期徒刑或者拘役。

八、过失损坏易燃易爆设备罪

过失损坏易燃易爆设备罪,是指过失损坏燃气设备或者其他易燃易爆设备,危害公共安全,造成人身伤亡或者重大公私财产损失的严重后果的行为。

本罪的构成要件如下:

1. 本罪侵犯的客体是供给燃气、易燃易爆设备中的公共安全。

2. 在客观方面,本罪表现为损坏燃气设备、易燃易爆设备,已经造成严重后果,危害公共安全的行为。已经造成严重后果,是指已经造成重大公私财产损失或者不特定多数人伤亡。虽有损害燃气设备、易燃易爆设备但未造成严重的危害公共安全后果的,不构成本罪。

3. 本罪的主体为一般主体。

4. 本罪在主观方面表现为过失,包括疏忽大意的过失和过于自信的过失。

《刑法》第 119 条第 2 款规定,犯过失损坏易燃易爆设备罪,处 3 年以上 7 年以下有期徒刑;情节较轻的,处 3 年以下有期徒刑或者拘役。

九、破坏广播电视设施、公用电信设施罪

(一) 破坏广播电视设施、公用电信设施罪的概念和构成

破坏广播电视设施、公用电信设施罪,是指故意破坏正在使用中的广播电视设施、公用电信设施,危害公共安全的行为。

本罪的构成要件如下：

1. 本罪侵犯的客体是传播与通讯方面的公共安全。传播、通讯事业是重要的公用事业，随着社会的发展，信息已渗透到社会生活的各个方面。在信息时代，传播、通讯的安全同国家的经济、政治、文化事业和社会的生活有着紧密的联系。因此，对广播电视设施、公用电信设施的破坏，可能在很大范围内给公共事业带来损害，危害社会安全，甚至可能造成巨大物质损失。

2. 在客观方面，本罪表现为行为人实施了破坏广播电视设施、公用电信设施，危害公共安全的行为。

破坏行为既可能是直接对有关设施进行毁损，也可能是采用如截断线路等方法使设备无法正常运作。可以表现为作为方式，也可以表现为不作为。前者如损坏、拆毁或者改换广播电视设施、公用电信设施的重要部件，破坏或者妨碍原有功能的正常发挥；后者如负有检修义务的人员发现广播电视设施、公用电信设施出现故障或异常现象，却不予排除和修理，因而足以危害公共安全或者已经造成严重后果。

本罪侵犯的是特定对象，即正在使用中的广播电视设施、公用电信设施。广播电视设施，主要是指发射无线电广播信号的发射台站，传播新闻信息的电视发射台、转播台等。公用电信设施，是指用于社会公用事业的通讯设施、设备及其他公用通讯设施，其具体可表现为公用电话的交换设施、收发电报设施等。其中非法使用"伪基站"设备干扰公用电信网络信号，危害公共安全的，以破坏公用电信设施罪追究刑事责任。单位内部闭路电视网络等不属于本罪的犯罪对象。此外，破坏尚未安装、调试、交付广电、通讯部门使用或者长久搁置、报废不用的广电、通讯设施，则不构成本罪。如果造成财物损失数额较大或者有其他严重情节的，可以以故意毁坏财物罪定罪处罚。因为只有破坏正在使用中的设施，才可能造成信息中断，从而给传播、通讯事业带来巨大损害，危害公共安全。正在维修中的广播电视设施、公用电信设施应认定为正在使用中。

此外，对于单位内部的一些电讯设施予以破坏，不能成立本罪。但是必须注意，如果破坏矿区内部的电讯设施，导致矿区生产造成严重损失和井下矿工生命安全危险的，可构成以危险方法危害公共安全罪或者有关的责任事故犯罪（过失），而不构成破坏公用电信设施罪。

本罪属危险犯，即只要破坏广播电视设施、公用电信设施的行为发生，足以危害公共安全，即符合本罪的客观要件，造成严重后果的，只是加重处罚的情节，而不是是否构成犯罪的标准。破坏行为尚未危及公共安全的，不应认定构成本罪。根据2011年6月7日最高人民法院《关于审理破坏广播电视设施等刑事案件具体应用法律若干问题的解释》第1条的规定，采取拆卸、毁坏设备，剪割缆线，删除、修改、增加广播电视设备系统中存储、处理、传输的数据和应用程序，非法占用频率等手段，破坏正在使用的广播电视设施，具有下列情形之一的，依照《刑法》第124条第1款的规定，以破坏广播电视设施罪处3年以上7年以下有期徒刑：（1）造成救灾、抢险、防汛和灾害预警等重大公共信息无法发布的；（2）造成县级、地市（设区的市）级广播电视台中直接关系节目播出的设施无法使用,信号无法播出的;(3)造成省级以上广播电视传输网内的设施无法使用,地市(设区的市)级广播电视传输网内的设施无法使用 3 小时以上,县级广播电视传输网内的设施无法使用 12 小时以上,信号无法传输的;(4)其他危害公共安全的情形。

3. 本罪的主体为一般主体,即凡是年满 16 周岁并具备刑事责任能力的自然人,均可以成为本罪的主体。

4. 本罪在主观方面表现为故意,包括直接故意和间接故意,其动机和目的不影响主观构成要件。

(二) 破坏广播电视设施、公用电信设施罪的认定

破坏广播电视设施、公用电信设施罪在认定时要注意与盗窃罪的区分。行为人出于非法占有为目的,秘密窃取正在使用中的广播电视设施、公用电信设施,到底是构成盗窃罪还是破坏广播电视设施、公用电信设施罪?区分的关键在于设施的价值以及行为是否足以危害到传播、通讯方面的安全。依据想象竞合犯从一重罪处罚的刑法理论,如果行为足以危害到传播、通讯方面的安全的,一般来说应以破坏广播电视设施、公用电信设施罪论处;但是如果所盗的设施,数额特别巨大,以盗窃罪应该判处无期徒刑的,应该定盗窃罪。因为破坏广播电视设施、公用电信设施罪的法定最高刑是 15 年,而盗窃罪的法定最高刑是无期徒刑。

(三) 破坏广播电视设施、公用电信设施罪的处罚

《刑法》第 124 条第 1 款规定,破坏广播电视设施、公用电信设施,危害公共安全的,处 3 年以上 7 年以下有期徒刑;造成严重后果的,处 7 年以上有期徒刑。

十、过失损坏广播电视设施、公用电信设施罪

过失损坏广播电视设施、公用电信设施罪,是指过失损坏广播电视设施、公用电信设施,造成严重后果,危害公共安全的行为。

本罪的构成要件如下:

1. 本罪侵犯的客体是传播、通讯方面的公共安全。

2. 在客观方面,本罪表现为行为人损坏广播电视设施、公用电信设施,造成人员严重伤亡或者重大公私财产损失,危害公共安全的行为。如果只有损害行为及其行为直接造成的较小损害,并未发生严重后果,则不构成本罪。

3. 本罪的主体是一般主体。即凡是年满 16 周岁并具备刑事责任能力的自然人,均可以成为本罪的主体。

4. 本罪在主观方面表现为过失。既可以是过于自信的过失,也可以是疏忽大意的过失。如果行为人主观上是故意而不是过失,则构成破坏广播电视设施、公用电信设施罪。

《刑法》第 124 条第 2 款规定,犯过失损坏广播电视设施、公用电信设施罪,处 3 年以上 7 年以下有期徒刑;情节较轻的,处 3 年以下有期徒刑或者拘役。

第四节 实施恐怖、危险活动危害公共安全的犯罪

一、组织、领导、参加恐怖组织罪

（一）组织、领导、参加恐怖组织罪的概念和构成

组织、领导、参加恐怖组织罪，是指以进行杀人、绑架、爆炸等恐怖活动为目的，组织、领导、参加恐怖活动组织，危害公共安全的行为。

本罪的构成要件如下：

1. 本罪侵犯的客体是公共安全。组织、领导、参加恐怖活动组织以进行杀人、绑架、爆炸等恐怖活动为目的，直接威胁到不特定的多数人的生命、健康或者重大公私财产安全。

2. 在客观方面，本罪表现为行为人组织、领导、积极参加或者其他参加恐怖活动组织的行为。本罪不是直接针对制造恐怖气氛的恐怖行为，而是针对组织、领导、参加恐怖活动组织的行为。行为方式包括：组织、领导、积极参加和其他参加。组织，是指倡导、发起、召集他人组成恐怖活动组织的行为；领导，是指策划、协调、指挥恐怖活动组织的行为；积极参加，是指参加恐怖活动组织，并积极参与策划、实施恐怖活动的行为；其他参加，是指参加恐怖活动组织，尚未参与恐怖活动或只在恐怖活动中起次要作用的行为。只要行为人实施组织、领导、积极参加或有其他参加行为之一的，即可构成本罪。如果恐怖活动组织实施了危害社会的行为构成犯罪的，实行数罪并罚。

恐怖活动组织，是指为实施恐怖活动而组成的犯罪集团。恐怖活动人员，是指组织、策划、实施恐怖活动的人和恐怖活动组织的成员。恐怖活动，是指以制造社会恐慌、危害公共安全或者胁迫国家机关、国际组织为目的，采取暴力、破坏、恐吓等手段，造成或者意图造成人员伤亡、重大财产损失、公共设施损坏、社会秩序混乱等严重社会危害的行为，以及煽动、资助或者以其他方式协助实施上述活动的行为。

3. 本罪的主体是一般主体，即凡是达到刑事责任年龄，具有刑事责任能力，并且实施了组织、领导、参加恐怖活动组织的自然人，均可成为本罪的主体。

4. 本罪在主观方面表现为故意，包括直接故意和间接故意，并且是以进行恐怖活动为目的的。

（二）组织、领导、参加恐怖组织罪的认定

在认定组织、领导、参加恐怖组织罪时应该注意以下问题：

1. 组织、领导、参加恐怖组织罪的罪数形态认定。恐怖活动组织一旦成立，就对社会构成潜在的巨大威胁，再来打击可能显得有点为时已晚。美国9·11事件发生后，许多国家加大对恐怖活动组织本身的打击力度，力求将恐怖活动消灭在萌芽状态

中。组织、领导、参加恐怖活动组织在刑法分则条文中被单独规定为一种犯罪行为，是一种实行行为，其实质是具体现实的恐怖活动的预备行为或组织行为，与具体的恐怖活动犯罪具有相同的性质。只要行为人有组织、领导、积极参加或者其他参加恐怖活动组织的任何一种行为，即构成本罪客观要件，不要求造成实际的危害后果。组织、领导、参加恐怖活动组织，又进行恐怖活动构成其他犯罪，如杀人、绑架、放火、爆炸的，则要依照数罪并罚的规定处罚。

2. 恐怖活动组织与一般犯罪集团的界限。恐怖性犯罪活动具有极大的社会危害性，只要有组织、领导和积极参加恐怖活动组织的行为即构成犯罪。其他犯罪集团不以造成社会的恐怖为实施犯罪的目的，社会危害性较恐怖活动组织要轻，除刑法另有规定外，组织、领导和参加非恐怖性犯罪组织不构成独立的犯罪，只能依据犯罪分子实施的具体犯罪确定罪名。

（三）组织、领导、参加恐怖组织罪的处罚

根据《刑法修正案（九）》第 5 条对《刑法》第 120 条第 1 款的修改，组织、领导恐怖活动组织的，处 10 年以上有期徒刑或者无期徒刑，并处没收财产；积极参加的，处 3 年以上 10 年以下有期徒刑，并处罚金；其他参加的，处 3 年以下有期徒刑、拘役、管制或者剥夺政治权利，可以并处罚金。依照《刑法》第 120 条第 2 款的规定，犯组织、领导、参加恐怖组织罪并实施杀人、爆炸、绑架等犯罪的，依照数罪并罚的规定处罚。

二、帮助恐怖活动罪

帮助恐怖活动罪，是指单位和个人资助恐怖活动组织、实施恐怖活动的个人的，或者资助恐怖活动培训以及为恐怖活动组织、实施恐怖活动或者恐怖活动培训招募、运送人员的行为。《刑法修正案（九）》对第 120 条之一进行修订：在原第 1 款中增设"资助恐怖活动培训"的规定，并新增设了第 2 款规定。2015 年 10 月 30 日最高人民法院、最高人民检察院《关于执行〈中华人民共和国刑法〉确定罪名的补充规定（六）》将资助恐怖活动罪改为帮助恐怖活动罪。

本罪的构成要件如下：

1. 本罪侵犯的客体是公共安全，即不特定多数人的生命、健康或者重大公私财产的安全。

2. 在客观方面，本罪表现为资助恐怖活动组织、实施恐怖活动的个人的，或者资助恐怖活动培训以及为恐怖活动组织、实施恐怖活动或者恐怖活动培训招募、运送人员。该罪的具体行为方式有两种：其中资助行为的方式包括单位和个人直接或间接地提供经费、物资或者提供场所以及其他物质便利的行为。资助的对象既包括组织也包括个人，既包括境内的也包括境外的，甚至包括培训恐怖活动的机构及人员。只要实施资助行为即构成既遂，恐怖活动组织或者实施恐怖活动的个人是否使用资助的金钱或物资实施恐怖活动，不影响本罪的认定；招募、运送行为的主要方式有：招揽或募集他人使之参与恐怖活动组织、实施恐怖活动或者接受恐怖活动培训，或是将恐

怖活动组织成员、实施恐怖活动的个人以及接受恐怖活动培训的人使用车辆、船只等交通工具从一地送往另一地。运送的始发地和目的地既可以是在同一国（境）内，也可以是不在同一国（境）内。

3. 本罪的主体为一般主体，单位可以构成本罪。

4. 本罪在主观方面表现为故意，即行为人明知所资助的对象是恐怖活动组织、实施恐怖活动的个人或是进行恐怖活动培训的机构及人员，且明知自己的资助行为会通过所资助对象实施的恐怖犯罪活动危害到公共安全；或是行为人明知为恐怖活动组织、实施恐怖活动以及为实施恐怖活动而培训成员的组织或个人招募、运送的人员会实施恐怖活动而危害公共安全，却希望或放任危害后果的发生。

《刑法》第120条之一第1款规定，犯帮助恐怖活动罪的，处5年以下有期徒刑、拘役、管制或者剥夺政治权利，并处罚金；情节严重的，处5年以上有期徒刑，并处罚金或者没收财产。单位犯本罪的，对单位判处罚金，并对其直接负责的主管人员和其他直接责任人员，依照帮助恐怖活动罪的规定处罚。

三、准备实施恐怖活动罪

准备实施恐怖活动罪，是指为恐怖活动的正式实施而进行各种准备活动的行为。此罪为《刑法修正案（九）》新增罪名。

本罪的构成要件如下：

1. 本罪侵犯的客体是公共安全，即不特定多数人的生命、健康或者重大公私财产的安全。

2. 在客观方面，本罪表现为行为人为实施恐怖活动进行各种准备活动。具体表现为：（1）为实施恐怖活动准备凶器、危险物品或者其他工具的；（2）组织恐怖活动培训或者积极参加恐怖活动培训的；（3）为实施恐怖活动与境外恐怖活动组织或者人员联络的；（4）为实施恐怖活动进行策划或者其他准备的。

3. 本罪的主体是一般主体，即达到刑事责任年龄，具有刑事责任能力的自然人。单位不构成本罪。

4. 本罪在主观方面表现为故意。

《刑法》第120条之二规定，犯准备实施恐怖活动罪，处5年以下有期徒刑、拘役、管制或者剥夺政治权利，并处罚金；情节严重的，处5年以上有期徒刑，并处罚金或者没收财产。准备实施恐怖活动的行为同时构成其他犯罪的，依照处罚较重的规定定罪处罚。

四、宣扬恐怖主义、极端主义、煽动实施恐怖活动罪

宣扬恐怖主义、极端主义、煽动实施恐怖活动罪，是指行为人以制作、散发图书、音频视频资料或者其他物品或者讲授、发布信息等方式传播恐怖主义、极端主义思想或者以造谣、诽谤或者其他方式煽动他人实施恐怖活动的行为。此罪为《刑法修正案

（九）》新增罪名。

本罪的构成要件如下：

1. 本罪侵害的客体是公共安全，即不特定多数人的生命、健康或者重大公私财产的安全。

2. 在客观方面，本罪表现为以制作、散发含有恐怖主义、极端主义内容的图书、音频视频资料或其他物品的形式或者以讲授、发布信息的方式向社会公众宣传并使其知晓恐怖主义、极端主义。其包含两方面的内容：（1）宣扬包括制作、散发、讲授、信息发布等其他一切可以使恐怖主义和极端主义为人所知晓的行为方式。由于恐怖主义和极端主义既可记载于图书、音频视频资料以及其他物品等实体中，也可以不依赖于任何实体物而"寄生"于行为人头脑中，因而也就决定宣扬恐怖主义、极端主义行为方式的多样性。宣扬不以公然为必要，即其既可以在公共场合针对不特定对象实施，也可以在私人空间针对特定对象实施。（2）宣扬的内容是恐怖主义和极端主义。关于何谓恐怖主义和极端主义，我国目前并无统一定义。2001 年 6 月 15 日上海合作组织成员国签署的《打击恐怖主义、分裂主义、极端主义上海公约》将恐怖主义定义为：致使平民或武装冲突情况下未积极参与军事行动的任何其他人员死亡或对其造成重大人身伤害、对物质目标造成重大损失的任何其他行为，以及组织、策划、共谋、教唆上述活动的行为，而此类行为因其性质或背景可认定为恐吓居民、破坏公共安全或强制政权机关或国际组织以实施或不实施某种行为，并且是依各方国内法应追究刑事责任的任何行为。而极端主义，依据上述公约的规定，是指旨在使用暴力夺取政权、执掌政权或者改变国家宪法体制，通过暴力手段侵犯公共安全，包括为达上述目的组织或者参加非法武装团伙，并且依各方国内法应追究刑事责任的任何行为。本罪中的"主义"一词基本与教条、思想同义，因而行为人宣扬的内容可理解为恐怖主义、极端主义思想。

煽动实施恐怖活动罪的客观方面是指行为人实施使他人产生实施恐怖活动决意或帮助强化已经产生实施恐怖活动决意的人实施恐怖活动的意志的行为。煽动，包括口头、书面以及其他方式，且不以公然实施为必要。行为人只要实施了煽动行为，即构成该罪并既遂，至于他人是否真的实施恐怖活动，不影响本罪的成立及既遂的认定。2011 年 10 月 29 日全国人大常委会《关于加强反恐怖工作有关问题的决定》第 2 条规定，恐怖活动，是指："以制造社会恐慌、危害公共安全或者胁迫国家机关、国际组织为目的，采取暴力、破坏、恐吓等手段，造成或者意图造成人员伤亡、重大财产损失、公共设施损坏、社会秩序混乱等严重社会危害的行为，以及煽动、资助或者以其他方式协助实施上述活动的行为。"

3. 本罪的主体是一般主体，即达到刑事责任年龄，具有刑事责任能力的自然人。单位不构成本罪。

4. 本罪在主观方面表现为故意，即行为人明知其制作、散发的图书、音频视频资料或者他人物品，其讲授或者发布的信息具有恐怖主义、极端主义内容，其煽动行为会导致他人实施恐怖活动因而会危及公共安全，并希望或放任这种结果的发生。

《刑法》第 120 条之三规定，犯宣扬恐怖主义、极端主义、煽动实施恐怖活动罪的，处 5 年以下有期徒刑、拘役、管制或者剥夺政治权利,并处罚金;情节严重的,处 5 年以上有期徒刑,并处罚金或者没收财产。

五、利用极端主义破坏法律实施罪

利用极端主义破坏法律实施罪,是指行为人利用极端主义煽动、胁迫群众破坏国家法律确立的婚姻、司法、教育、社会管理等制度的行为。此罪为《刑法修正案(九)》新增罪名。

本罪的构成要件如下:

1. 本罪侵犯的客体是公共安全,即不特定多数人的生命、健康或者重大公私财产的安全。

2. 在客观方面,本罪表现为行为人利用极端主义煽动、胁迫群众实施破坏国家法律确立的婚姻、司法、教育、社会管理等制度实施的行为。

3. 本罪主体是一般主体,即达到刑事责任年龄,具有刑事责任能力的自然人。单位不构成本罪。

4. 本罪在主观方面表现为故意。即行为人明知利用极端主义煽动、强迫群众破坏国家法律确立的婚姻、司法、教育、社会管理等制度会危及社会公众人身权利、国家司法秩序、正常教育体制和社会管理秩序,却希望或放任这种结果的发生。

《刑法》第 120 条之四规定,犯利用极端主义破坏法律实施罪,处 3 年以下有期徒刑、拘役或者管制,并处罚金;情节严重的,处 3 年以上 7 年以下有期徒刑,并处罚金;情节特别严重的,处 7 年以上有期徒刑,并处罚金或者没收财产。

六、强制穿戴宣扬恐怖主义、极端主义服饰、标志罪

强制穿戴宣扬恐怖主义、极端主义服饰、标志罪,是指采用暴力、胁迫等方式强制他人在公共场所穿着、佩戴能够宣扬恐怖主义、极端主义思想服饰、标志的行为。此罪为《刑法修正案(九)》新增罪名。

本罪的构成要件如下:

1. 本罪侵害的客体是公共安全和公民的穿戴自由权利。

2. 在客观方面,本罪表现为行为人利用强制手段迫使他人在公共场所穿戴宣扬恐怖主义、极端主义服饰、标志的行为。首先,构成该罪行为人手段行为具有强迫性,即行为人采用暴力、胁迫的方式使不愿穿戴宣扬恐怖主义、极端主义服饰、标准的他人穿戴,如果行为人以欺骗方式骗取不知服饰、标志具有宣扬恐怖主义、极端主义内容的他人穿戴,则不构成该罪。其次,构成该罪还要求被强迫者必须是在公共场所穿戴这种服饰和标志,如果强迫他人在私人空间穿戴这种服饰,则不构成本罪。

3. 本罪的主体是一般主体,即达到刑事责任年龄,具有刑事责任能力的自然人。单位不构成本罪。

4. 本罪在主观方面表现为故意。行为人明知他人不愿穿戴宣扬恐怖主义、极端主义的服饰、标志,而仍强迫其穿戴。

《刑法》第 120 条之五规定,犯强迫他人穿戴恐怖主义、极端主义服饰、标志罪的,处 3 年以下有期徒刑、拘役或者管制,并处罚金。

七、非法持有宣扬恐怖主义、极端主义物品罪

非法持有宣扬恐怖主义、极端主义物品罪,是指明知是宣扬恐怖主义、极端主义的图书、音频资料或者其他物品而非法持有且情节严重的行为。此罪为《刑法修正案(九)》新增罪名。

本罪的构成要件如下:

1. 本罪侵犯的客体是公共安全,即不特定多数人的生命、健康或者重大公私财产的安全。

2. 在客观方面,本罪表现为行为人非法持有宣扬恐怖主义、极端主义的图书、音频视频或者其他物品,情节严重。

3. 本罪的主体为一般主体,即达到刑事责任年龄,具有刑事责任能力的自然人。单位不能构成本罪。

4. 本罪在主观方面表现为故意。即行为人明知是宣扬恐怖主义、极端主义的图书、音频视频或者其他物品而持有。

《刑法》第 126 条之六规定,犯非法持有宣扬恐怖主义、极端主义物品罪,情节严重的,处 3 年以下有期徒刑、拘役或者管制,并处或者单处罚金。

八、劫持航空器罪

(一)劫持航空器罪的概念和构成

劫持航空器罪,是指以暴力、胁迫或者其他方法劫持航空器,危害航空运输安全的行为。

本罪的构成要件如下:

1. 本罪侵犯的客体是航空运输中的公共安全,即不特定多数乘客、机组人员的生命、健康和航空器等重大公私财产的安全。由于本罪的社会危害性巨大,所以我国不仅在国内法上对其严格规定,而且还注重加强国际间的合作,并分别于 1978 年和 1980 年先后加入《东京公约》、《海牙公约》和《蒙特利尔公约》,以此为契机,完善了我国对于劫持航空器的立法。尤其是刑法明确规定了劫持航空器罪,对于加强惩治犯罪行为,保护民航运输安全,维护国家主权和国际形象具有极其重要的意义。

2. 在客观方面,本罪表现为以暴力、胁迫或者其他方法劫持航空器的行为。劫持,是指以暴力、胁迫或其他方法迫使机组人员改变航空器原定方向,而飞往劫机者所指定的方向,强迫航空器改变着陆地点等。航空器,是指民用航空器,尤其是正在飞行中的

民用航空器,不包括军事、海关或者警用航空器,但我国刑法未对航空器范围加以限制,对于劫持民用航空器的行为,应以危害公共安全为标准;如果劫持非民用航空器的,也应以本罪论处。在一般情况下,航空器主要指飞机。只要行为人实施了劫持航空器的行为,无论是否发生危害结果,均不影响本罪客观行为的构成。

劫持航空器的行为形式是采取暴力、胁迫或其他方法。暴力,是指对驾驶员等机组人员、旅客或其他相关人员的身体实施打击或者强制,使其不能反抗的行为,如殴打、伤害、禁闭、捆绑等。胁迫,是指对机上人员进行精神恐吓和强制,使其不敢反抗的行为,如以炸毁飞机、杀害人质相威胁等。其他方法,是指使用上述暴力、胁迫方法以外的其他方法,使被害人不能抗拒或无法抗拒,劫持航空器的行为,如以药物麻醉机上工作人员等。本罪在何种情况下可以认为既遂,在刑法学界未有定论,从世界通行的理论和我国刑法对于本罪的法定刑而言,将本罪作为举止犯是不合适的,在目的说、离境说、着手说和控制说中,以控制说为佳。

根据国际公约的规定,本罪行为应发生在"正在飞行中"。"正在飞行中",是指航空器从装载完毕,机舱外部各门均已关闭开始,直至打开任一机舱门以便卸载的整个期间。如是被迫降落,则在主管当局接管该航空器及机上人员与财产的责任以前,视为"在飞行中"。

3. 本罪的主体为一般主体,既可以由我国公民构成,也可以由外国人或者无国籍人构成。由于我国参加了有关惩治劫持航空器犯罪的国际公约,因此在承担条约规定义务的范围内,我国刑法具有管辖权。无论是外国人还是无国籍人针对哪一个缔约国犯罪,其犯罪行为人均符合我国刑法中的犯罪主体资格。

4. 本罪在主观方面只能是故意,包括直接故意和间接故意。即明知劫持航空器的行为会引起危害航空运输安全的严重后果,而希望或放任危害结果发生。其目的是企图控制航空器的正常飞行。其动机是多样的,如逃避刑事责任、躲避经济债务、为了政治目的等。

(二)劫持航空器罪的认定

在认定劫持航空器罪时,应注意与破坏交通工具罪的界限。两罪的相同之处在于都是故意犯罪,侵犯的客体都是交通运输安全。但区别是十分明显的,主要表现在:一是犯罪的目的不同。前罪目的在于控制、改变航空器的原定方向或着陆地点;后罪目的在于使航空器等交通工具倾覆、毁坏。二是犯罪手段和危害结果不同。前罪通常采用暴力、胁迫或者其他方法劫持犯罪对象,一般不会造成航空器倾覆或者坠毁的结果,后罪通常采用盗窃、爆炸等手段破坏航空器等交通工具,一般容易导致交通工具倾覆或毁坏。三是管辖方面的不同。前罪属于国际犯罪,由于我国相继参加了有关国际公约,因而有条约规定的义务,对该罪具有普遍管辖权;后罪属于一般国内法意义上的犯罪,不存在普遍管辖问题。

(三)劫持航空器罪的处罚

《刑法》第121条规定,犯劫持航空器罪,处10年以上有期徒刑或者无期徒刑;致人重伤、死亡或者使航空器受到严重破坏的,处死刑。其中,"致人重伤、死亡"在主观上不仅包括过失,也包括故意。

九、劫持船只、汽车罪

(一)劫持船只、汽车罪概念和构成

劫持船只、汽车罪,是指以暴力、胁迫或者其他方法劫持船只、汽车,危害公共安全的行为。

本罪的构成要件如下:

1. 本罪侵犯的客体是水上、公路运输中的交通安全。

2. 在客观方面,本罪表现为行为人具有非法劫持正在使用中的船只、汽车的行为。劫持,是指以暴力、胁迫或者其他方法强行控制船只、汽车或支配其行驶路线、停靠、停泊地点。包含两个方面的内容:(1)使用暴力、胁迫或者其他方法,使人无法反抗或不知反抗;(2)强行控制船只、汽车。仅有使用暴力行为,无控制、支配行为,不是劫持。仅有控制、支配行为而未使用暴力、胁迫以及其他方法的,是否属于劫持,则存在争议。我们认为方法行为和目的行为的对立是相对的,目的行为和方法行为有时是统一的,控制、支配船只、汽车在有时可以直接表现为一种劫持方法。在特定情形之下是可以构成本罪的。劫持行为的性质是非法,因执行公务、紧急避险而强行控制船只、汽车的行为,不构成本罪。行为人在船只、汽车上使用暴力、胁迫或其他方法,而未达到控制、支配船只、汽车的目的,应属劫持犯罪未遂。行为人在劫持船只、汽车过程中,实施故意杀害、伤害乘客、司机、船员以及有关人员的,按刑法有关规定依数罪并罚处罚。

船只、汽车,是指正在使用中的船只和汽车,船只应理解为较大型的用于交通运输的机动或非机动船只;汽车应理解为以内燃机、柴油机、电机等机械为动力的车辆,不包括非机动车辆,也不包括机动的小型车辆。只有与公共安全相关联的船只、汽车才属于本罪对象。

3. 本罪的主体为一般主体,即年满16周岁并且具有刑事责任能力的自然人。

4. 本罪在主观方面表现为故意,包括直接故意和间接故意。其动机可能是多样的,如为逃避法律制裁、为抢劫财物、为绑架人质等。其目的表现为意图控制、支配船只、汽车。其与破坏交通工具罪的目的是有区别的,后者表现为意图使船只、汽车发生倾覆、毁坏。

(二)劫持船只、汽车罪的认定

认定劫持船只、汽车罪应与抢劫罪加以区别。劫持船只、汽车罪与针对船只、汽车的抢劫罪易产生混淆,区别的关键在于:一是行为的目的不同。抢劫是为了取得、占有交通工具,而劫持只是控制和支配交通工具。二是侵犯的客体不同。抢劫行为侵犯的是财产权和人身权,而劫持船只、汽车罪必须危害到公共安全,包括不特定多数人的健康、生命或重大公私财产安全。三是既遂的标准不同。抢劫一般以取得财物为标准,而劫持船只、汽车罪只要实施了劫持船只、汽车的行为,造成公共危险的,即成立既遂,不要求实际造成严重后果。

（三）劫持船只、汽车罪的处罚

《刑法》第 122 条规定，犯劫持船只、汽车罪，处 5 年以上 10 年以下有期徒刑；造成严重后果的，处 10 年以上有期徒刑或者无期徒刑。

十、暴力危及飞行安全罪

（一）暴力危及飞行安全罪的概念和构成

暴力危及飞行安全罪，是指对飞行中的航空器上的人员使用暴力，危及飞行安全的行为。

本罪的构成要件如下：

1. 本罪侵犯的客体是航空飞行安全和他人的人身权利。这种犯罪具有相当严重的社会危害性，可能导致飞机等航空器的倾覆、坠毁，导致重大财产损失和不特定的人员伤亡。

2. 在客观方面，本罪表现为行为人对飞行中的航空器中的人员使用暴力，尚未造成严重后果或者已经造成严重后果的行为。认定行为性质时必须注意以下情形：(1)行为人不是在"飞行中"的航空器上使用暴力的，不符合本罪的客观特征。飞行中，是指航空器从装卸完毕、机舱外部各门均已关闭时起，直至打开任一机舱门以便卸载为止，应被认为在飞行中。航空器被迫降落时，则在主管当局接管对该航空器及其所载人员和财产责任前，应被认为在飞行中。(2)使用暴力，主要是指乘客之间或者乘客与机组人员之间发生的暴力争斗，其行为对象必须是飞行中的航空器上的人员。暴力，是指对驾驶员等机组人员、旅客或其他航空器上人员身体实施打击或者强制，如殴打、伤害、捆绑等。(3)本罪属于危险犯，即只要暴力行为足以危及飞行安全即可构成。如果只是轻微冲撞争斗，没有引起骚乱，没有影响飞行安全，则不符合本罪的客观特征。如果已经造成严重后果的，则属于加重法定刑的问题。

3. 本罪的主体为一般主体，即凡是达到刑事责任年龄并且具有刑事责任能力的人均可成为本罪主体。

4. 本罪在主观方面只能是故意，包括直接故意和间接故意。

（二）暴力危及飞行安全罪的认定

在认定暴力危及飞行安全罪时，应注意以下两个问题：

1. 暴力危及飞行安全罪与劫持航空器罪的界限。两者都是故意犯罪，都可能实施了暴力行为，行为均发生在飞行中的航空器内。但两者的区别是明显的，主要表现在：一是侵害的对象不同。前者侵害的对象是航空器上的人员，后者侵害的对象是航空器。二是行为手段不同。前者是采用暴力手段，后者行为手段较丰富，如暴力、胁迫或麻醉等其他手段。三是行为的主观目的不同。前者目的在于使航空器中人员的人身财产权利受到侵害，后者使用暴力，侵犯人身权利不是目的，只是劫持航空器的手段，旨在控制航空器方向或着陆点。四是犯罪时间有所不同，前者只能发生在飞行中，后者时间范围相对较宽。

2. 暴力危及飞行安全罪与故意伤害罪的界限。两者相同之处主要表现在犯罪目的和行为手段可能相同。区别主要表现在：一是犯罪客体不同。前者是航空飞行安全和公民人身权利，后者是公民的健康权利。如果在航空器内实施暴力行为，不足以危及飞行安全，则不构成前罪，但有可能构成故意伤害罪。二是犯罪对象、地点不同。前者地点在航空器内，因而犯罪对象也是仅限于特定范围之内的，即航空器上的人员，后者则无此限制。三是行为方式不尽相同。前者以暴力的方式，是作为犯罪，后者则既可以表现为作为，也可以表现为不作为。

（三）暴力危及飞行安全罪的处罚

《刑法》第123条规定，犯暴力危及飞行安全罪，尚未造成严重后果的，处5年以下有期徒刑或者拘役；造成严重后果的，处5年以上有期徒刑。

第五节　违反枪支、弹药、爆炸物、危险物质管理规定危害公共安全的犯罪

一、非法制造、买卖、运输、邮寄、储存枪支、弹药、爆炸物罪

（一）非法制造、买卖、运输、邮寄、储存枪支、弹药、爆炸物罪的概念和构成

非法制造、买卖、运输、邮寄、储存枪支、弹药、爆炸物罪，是指未经国家有关部门许可，违反枪支、弹药、爆炸物的管理法规，非法制造、买卖、运输、邮寄、储存枪支、弹药、爆炸物，危害公共安全的行为。

本罪的构成要件如下：

1. 本罪侵犯的客体是公共安全和国家对枪支、弹药、爆炸物的管理制度。

2. 在客观方面，本罪表现为非法制造、买卖、运输、邮寄、储存枪支、弹药、爆炸物的行为。

非法制造，是指未经国家有关部门批准，私自制造枪支、弹药、爆炸物的行为。只要实际进行了制造行为（包括制作、组装、改装、拼装），不论是否成功，也不论是否出售还是自用，均构成本罪客观要件。非法买卖，是指未经国家有关部门批准，以金钱和实物作价，私自购买或者销售上述物品的行为。介绍买卖枪支、弹药、爆炸物的，以买卖枪支、弹药、爆炸物罪的共犯论处。非法运输，是指未经国家有关部门批准，将上述物品由甲地运往乙地的行为。非法邮寄，是指违反国家邮政部门规定，以邮件形式夹寄、邮寄枪支、弹药、爆炸物的行为。非法储存，是指未经国家有关部门批准，明知是他人非法制造、买卖、运输、邮寄的枪支、弹药、爆炸物而为其存放的行为。

由于本罪是选择性罪名，所以行为人只要实施了上述诸种行为中的任何一个行为，即符合本罪的客观行为特征。如果行为人同时实施了两个或两个以上的上述行为，也只构成一罪，不得数罪并罚。

本罪的犯罪对象是枪支、弹药、爆炸物。依据1996年《枪支管理法》的规定,枪支是指以火药或者压缩气体等为动力,利用管状器具发射金属弹丸或者其他物质,足以致人伤亡或者丧失知觉的各种枪支,包括军用手枪、冲锋枪、步枪和机枪,射击运动的各种枪支,狩猎用的有膛线枪、霰弹枪、火药枪,麻醉动物的注射枪和能发射金属弹丸的气枪等。根据司法实践,非法制造的火药枪、土枪也应包括在内。此外,私自制作的土枪出售,或者将体育运动用枪改装成火药枪的,应根据具体情况,区别对待:构成犯罪的,以非法制造、买卖枪支罪论处,如果情节显著轻微危害不大的,则不以犯罪论处。根据2009年11月16日最高人民法院《关于审理非法制造、买卖、运输枪支、弹药、爆炸物等刑事案件具体应用法律若干问题的解释》第1条的规定,具有下列情形之一的,依照本罪定罪处罚:(1)非法制造、买卖、运输、邮寄、储存军用枪支1支以上的;(2)非法制造、买卖、运输、邮寄、储存以火药为动力发射枪弹的非军用枪支1支以上或以压缩气体等为动力的其他非军用枪支2支以上的;(3)非法制造、买卖、运输、邮寄、储存军用子弹10发以上、气枪铅弹500发以上或者其他非军用子弹100发以上的;(4)非法制造、买卖、运输、邮寄、储存手榴弹1枚以上的;(5)非法制造、买卖、运输、邮寄、储存爆炸装置的;(6)非法制造、买卖、运输、邮寄、储存炸药、发射药、黑火药1000克以上或者烟火药3000克以上、雷管30枚以上或者导火索、导爆索30米以上的;(7)具有生产爆炸物品资格的单位不按照规定的品种制造,或者具有销售、使用爆炸物品资格的单位超过限额买卖炸药、发射药、黑火药10千克以上或者烟火药30千克以上、雷管300枚以上或者导火索、导爆索300米以上的;(8)多次非法制造、买卖、运输、邮寄、储存弹药、爆炸物的;(9)虽未达到上述最低数量标准,但具有造成严重后果等其他恶劣情节的。介绍买卖枪支、弹药、爆炸物的,以买卖枪支、弹药、爆炸物罪的共犯论处。

3. 本罪的主体为自然人,也可以由单位构成。

4. 本罪在主观方面表现为故意。即行为人明知是枪支、弹药、爆炸物,而非法制造、买卖、运输、邮寄、储存。如果行为人不知是上述物品,无论是否过失,均不构成本罪主观要件。

(二) 非法制造、买卖、运输、邮寄、储存枪支、弹药、爆炸物罪的处罚

《刑法》第125条第1款和第3款规定,犯非法制造、买卖、运输、邮寄、储存枪支、弹药、爆炸物罪,处3年以上10年以下有期徒刑;情节严重的,处10年以上有期徒刑、无期徒刑或者死刑。单位犯本罪的,对单位判处罚金,并对其直接负责的主管人员和其他直接责任人员,依照上述规定处罚。

行为人确因生产、生活所需而非法制造、买卖、运输枪支、弹药、爆炸物,没有造成严重社会危害,经教育确有悔改表现的,可依法从宽处罚。

二、非法制造、买卖、运输、储存危险物质罪

(一) 非法制造、买卖、运输、储存危险物质罪的概念和构成

根据《刑法修正案(三)》的规定,非法制造、买卖、运输、储存危险物质罪,是指未

经国家有关部门许可,违反危险物质管理法规,非法制造、买卖、运输、储存危险物质,危害公共安全的行为。

本罪的构成要件如下:

1. 本罪侵犯的客体是公共安全和国家对毒害性、放射性、传染病病原体等危险物质的管理制度。

2. 在客观方面,本罪表现为行为人未经国家有关部门许可,违反法律规定,非法制造、买卖、运输、储存危险物质的行为。首先,行为人非法制造、买卖、运输、储存的对象是危险物质。危险物质是指对人类及其他生物体的生存具有严重危害的物质,包括毒害性、放射性、传染病病原体等物质。其次,行为人必须违反国家有关毒害性、放射性、传染病病原体等物质的管理制度,擅自制造、买卖、运输、储存上述危险物质。本罪是选择性罪名,行为人只要实施了上述诸种行为中的任何一个行为,即符合本罪的客观行为特征。如果行为人同时实施了两个或两个以上的上述行为,也只构成一罪,不得适用数罪并罚。最后,行为人的非法制造、买卖、运输、储存行为必须危害或者足以危害公共安全。

3. 本罪的主体为一般主体,单位也可构成本罪。

4. 本罪在主观方面表现为故意,即明知是危险物质而制造、买卖、运输、储存。

(二) 非法制造、买卖、运输、储存危险物质罪的处罚

《刑法》第 125 条和《刑法修正案(三)》规定,犯非法制造、买卖、运输、储存危险物质罪,处 3 年以上 10 年以下有期徒刑;情节严重的,处 10 年以上有期徒刑、无期徒刑或者死刑。单位犯本罪的,对单位判处罚金,并对其直接负责的主管人员和其他直接责任人员,依照上述规定处罚。

三、违规制造、销售枪支罪

(一) 违规制造、销售枪支罪的概念和构成

违规制造、销售枪支罪,是指被依法指定、确定的枪支制造企业、销售企业违反枪支管理规定,违规制造、销售枪支,危害公共安全的行为。

本罪的构成要件如下:

1. 本罪侵犯的客体是公共安全和国家对枪支制造、销售的管理制度。枪支是具有很大杀伤力,对公共安全有巨大威胁的特殊物品。国家对枪支的制造、销售实行特别许可的制度,制造、销售枪支的企业必须由国家专门指定、确定。国家对制造、销售枪支的数量、型号等,实行限额管理,企业不得擅自制造、销售,否则有可能对公共安全构成威胁,构成犯罪。

2. 在客观方面,本罪表现为非法制造、销售枪支的行为。其具体行为表现为下列情形:(1)以非法销售为目的,超过限额或者不按规定的品种制造、配售枪支的;(2)以非法销售为目的,制造无号、重号、假号枪支的;(3)非法销售枪支或者在境内销售为出口制造的枪支的。超过限额,是指超过国家有关主管部门下达的制造或者配售枪

支的限额而制造或配售枪支。不按规定的品种,是指没有按照国家规定的技术标准或者不按国家规定的配售枪支的品种、型号去配售。配售,是指国家规定部门在指定范围内按照配购证件销售给特定对象和特定数量。民用枪支生产前,由公安部门确定并统一编制枪支序号下达给造枪企业,该企业必须在枪支指定部位铸印制造厂的厂名、枪种代号和公安部门统一编制的枪支序号。

3. 本罪的主体为特殊主体,即必须是依法被指定、确定的枪支制造、销售企业,以及直接负责的主管人员和其他直接责任人员。本罪属于典型的单位犯罪。

4. 本罪主观方面表现为故意,并且其制造、配售枪支行为均以非法销售为目的。

(二) 违规制造、销售枪支罪的认定

在认定违规制造、销售枪支罪时应该注意以下问题:

1. 违规制造、销售枪支罪与非罪的界限。根据最高人民法院《关于审理非法制造、买卖、运输枪支、弹药、爆炸物等刑事案件具体应用法律若干问题的解释》,依法被指定或者确定的枪支制造、销售企业,实施《刑法》第126条规定的行为,具有下列情形之一的,以本罪定罪处罚:(1)违规制造枪支5支以上的;(2)违规销售枪支2支以上的;(3)虽未达到上述最低数量标准,但具有造成严重后果等其他恶劣情节的。

2. 违规制造、销售枪支罪与非法制造、买卖枪支、弹药、爆炸物罪的界限。两者的区别主要表现在以下几个方面:一是主体不同。前者是特殊主体,即依法被指定、确定的枪支制造的企业、销售的企业,是一种典型的单位犯罪,后者是一般主体,既可以由自然人构成,也可以由单位构成。二是犯罪对象不同。前者是指枪支,后者则包括枪支、弹药、爆炸物等。三是主观目的不同。前者主要是以非法销售为目的,以牟取非法利益,后者的目的具有不特定性,可以表现为多种方式。

(三) 违规制造、销售枪支罪的处罚

《刑法》第126条规定,犯违规制造、销售枪支罪,对单位判处罚金,并对其直接负责的主管人员和其他直接责任人员,处5年以下有期徒刑;情节严重的,处5年以上10年以下有期徒刑;情节特别严重的,处10年以上有期徒刑或者无期徒刑。

根据上述司法解释第3条的规定,具有下列情形之一的,属于《刑法》第126条规定的"情节严重":(1)违规制造枪支20支以上的;(2)违规销售枪支10支以上的;(3)达到成立本罪的最低数量标准,并具有造成严重后果等其他恶劣情节的。具有下列情形之一的,属于《刑法》第126条规定的"情节特别严重":(1)违规制造枪支50支以上的;(2)违规销售枪支30支以上的;(3)达到情节严重的最低数量标准,并具有造成严重后果等其他恶劣情节的。

四、盗窃、抢夺枪支、弹药、爆炸物、危险物质罪

(一) 盗窃、抢夺枪支、弹药、爆炸物、危险物质罪的概念和构成

盗窃、抢夺枪支、弹药、爆炸物、危险物质罪,是指以非法占有为目的,秘密窃取或公然夺取枪支、弹药、爆炸物、危险物质,危害公共安全的行为。

本罪的构成要件如下：

1. 本罪侵犯的客体是公共安全及国家对枪支、弹药、爆炸物、危险物质的管理制度。

2. 在客观方面，本罪表现为盗窃或抢夺枪支、弹药、爆炸物以及毒害性、放射性、传染病病原体等危险物质的行为。盗窃枪支、弹药、爆炸物、危险物质，是指使用秘密窃取的方式将上述物品、物质非法占为己有。抢夺枪支、弹药、爆炸物、危险物质，是指乘人不备，公然夺取上述物品、物质。犯罪对象包括合法所有的枪支、弹药、爆炸物、危险物质，也包括非法所有的上述物品、物质。但是如果是盗窃、抢夺国家机关、军警人员、民兵的枪支、弹药、爆炸物的，则属于结果加重的要件。此外，本罪属于选择性罪名，即只要行为人实施其中一行为或犯罪对象涉及枪支、弹药、爆炸物、危险物质之一的，即可构成犯罪。如果同时侵犯两个或者两个以上犯罪对象的，只构成一罪，不按数罪并罚进行处罚。

3. 本罪的主体为一般主体，即凡是年满16周岁并且具有刑事责任能力的自然人均可构成。

4. 本罪在主观方面表现为故意。即明知是枪支、弹药、爆炸物、危险物质而进行盗窃、抢夺，如果不知道是上述物品而进行盗窃、抢夺，则不以本罪论处。对于加重结果的处理，应当要求行为人明知盗窃、抢夺的对象是国家机关、军警人员、民兵的枪支、弹药、爆炸物，否则不得加重处罚。

（二）盗窃、抢夺枪支、弹药、爆炸物、危险物质罪的认定

1. 本罪罪与非罪的界限。根据前述司法解释第4条的规定，有下列情形之一的，应以本罪论处：(1)盗窃、抢夺以火药为动力的发射枪弹非军用枪支1支以上或者以压缩气体等为动力的其他非军用枪支2支以上的；(2)盗窃、抢夺军用子弹10发以上、气枪铅弹500发以上或者其他非军用子弹100发以上的；(3)盗窃、抢夺爆炸装置的；(4)盗窃、抢夺炸药、发射药、黑火药1 000克以上或者烟火药3 000克以上、雷管30枚以上或者导火索、导爆索30米以上的；(5)虽未达到上述最低数量标准，但具有造成严重后果等其他恶劣情节的。

2. 此罪与彼罪的罪限。在认定盗窃、抢夺枪支、弹药、爆炸物、危险物质罪时应该注意本罪与盗窃罪、抢夺罪的界限。它们的相同之处主要表现在行为方式上，区别主要表现在：(1)侵犯的客体不同。前者侵犯的是公共安全及国家对枪支、弹药、爆炸物、危险物质的管理制度，后者侵犯的是公私财产所有权。(2)犯罪对象不同。前者仅限于枪支、弹药、爆炸物、危险物质，后者则是除枪支、弹药、爆炸物、危险物质之外的公私财产，如果不知道盗窃、抢夺的对象是枪支、弹药、爆炸物、危险物质的，则不构成前罪，有必要追究的，按一般盗窃罪、抢夺罪论处。(3)法定刑轻重不同。前者只要情节严重，均可判处死刑，而后者均不适用死刑。

（三）盗窃、抢夺枪支、弹药、爆炸物、危险物质罪的处罚

《刑法》第127条第1款和《刑法修正案(三)》规定，犯盗窃、抢夺枪支、弹药、爆炸物、危险物质罪，处3年以上10年以下有期徒刑；情节严重的或者盗窃、抢夺国家机关、军警人员、民兵的枪支、弹药、爆炸物的,处 10 年以上有期徒刑、无期徒刑或者死刑。

根据上述司法解释第 4 条的规定,具有下列情形之一的,属于《刑法》第 127 条第 1 款规定的"情节严重":(1)盗窃、抢夺枪支、弹药、爆炸物的数量达到成立本罪的最低数量标准 5 倍以上的;(2)盗窃、抢夺军用枪支的;(3)盗窃、抢夺手榴弹的;(4)盗窃、抢夺爆炸装置,危害严重的;(5)达到成立本罪的最低数量标准,并具有造成严重后果等其他恶劣情节的。

五、抢劫枪支、弹药、爆炸物、危险物质罪

抢劫枪支、弹药、爆炸物、危险物质罪,是指用暴力、胁迫或者其他方法强行劫取枪支、弹药、爆炸物、危险物质,危害公共安全的行为。

本罪的构成要件如下:

1. 本罪侵犯的客体是公共安全和国家对枪支、弹药、爆炸物、危险物质的管理制度。

2. 在客观方面,本罪表现为用暴力、胁迫或者其他方法强行劫取枪支、弹药、爆炸物、危险物质的行为。抢劫,是指以暴力、胁迫或其他方法为形式进行劫取。其他方法,是指采用除暴力、胁迫以外的,使被害人失去反抗或者不知反抗的方法,如药物麻醉等。行为对象仅限于枪支、弹药、爆炸物、危险物质。如果抢劫对象不属于上述物品或行为人不知抢劫对象是上述物品,则不应认定为本罪的客观构成。如果符合一般抢劫罪构成的,应认定为一般抢劫罪。

3. 本罪的主体为一般主体。即凡是达到刑事责任年龄,具有刑事责任能力的自然人均可构成。由于其客观方面表现为一种抢劫行为,所以已满 14 周岁不满 16 周岁的人犯本罪,应当负刑事责任。

4. 本罪在主观方面表现为故意。如果行为人不知抢劫的对象是枪支、弹药、爆炸物、危险物质而进行抢劫的,则不以本罪论处。

《刑法》第 127 条第 2 款和《刑法修正案(三)》规定,犯抢劫枪支、弹药、爆炸物、危险物质罪,处 10 年以上有期徒刑、无期徒刑或者死刑。

六、非法持有、私藏枪支、弹药罪

(一) 非法持有、私藏枪支、弹药罪的概念和构成

非法持有、私藏枪支、弹药罪,是指违反枪支、弹药管理规定,未经批准非法持有、私藏枪支、弹药,危害公共安全的行为。

本罪的构成要件如下:

1. 本罪侵犯的客体是公共安全和国家对枪支、弹药的管理制度。

2. 在客观方面,本罪表现为未经批准,非法持有、私藏枪支、弹药的行为。根据

《枪支管理法》的规定,配备公务用枪,由国务院公安部门统一审批,由国务院公安部门或省级人民政府公安机关发给公务用枪持枪证;配置射击运动枪支时,由省级人民政府公安机关发给民用枪持枪证件;配购猎枪、麻醉注射用枪的单位或个人,必须在配购枪支后30日内向公安机关申请民用枪支持枪证件;营业性射击场、狩猎场的民用枪支不得携带出场外;猎民、牧民配置猎枪不得携带出猎区。非法持有,是指不符合配备、配置枪支、弹药条件的人员,违反枪支管理法律、法规的规定,擅自持有枪支、弹药的行为。私藏,是指依法配备、配置枪支、弹药的人员,在配备、配置枪支、弹药的条件消除后,违反枪支管理法律、法规的规定,私自藏匿所配备、配置的枪支、弹药且拒不交出的行为。

3. 本罪主体为一般主体,即凡是达到刑事责任年龄并且具有刑事责任能力的自然人均可构成。

4. 本罪主观方面表现为故意,即行为人明知是枪支、弹药而非法持有、私藏,如果行为人不知是枪支、弹药的,则不以本罪论处。

(二)非法持有、私藏枪支、弹药罪的认定

在认定非法持有、私藏枪支、弹药罪时应该注意以下问题:

1. 本罪罪与非罪的界限。根据前述司法解释第5条的规定,具有下列情形之一的,以本罪论处:(1)非法持有、私藏军用枪支1支的;(2)非法持有、私藏以火药为动力发射枪弹的非军用枪支1支或者以压缩气体等为动力的其他非军用枪支2支以上的;(3)非法持有、私藏军用子弹20发以上,气枪铅弹1 000发以上或者其他非军用子弹200发以上的;(4)非法持有、私藏手榴弹1枚以上的;(5)非法持有、私藏的弹药造成人员伤亡、财产损失的。

2. 本罪与非法储存枪支、弹药、爆炸物罪的界限。两者的主要区别表现在:(1)犯罪对象不同。前者不包括爆炸物,后者则包括爆炸物。(2)行为方式不同。前者表现为持有、私藏,后者表现为储存,如果两罪竞合时或包括几种行为时,应本着吸收原则,认定为后罪。

3. 本罪与抢劫枪支、弹药、爆炸物、危险物质罪,盗窃、抢夺枪支、弹药、爆炸物、危险物质罪的联系。非法持有、私藏枪支、弹药罪一般是指行为人非法持有、私藏枪支弹药,根据证据尚不能认定为非法制造、买卖、运输、盗窃、抢夺、抢劫枪支、弹药而"持有"或者"私藏"的行为,即无法查明其是通过其他犯罪手段(如盗窃、抢夺、抢劫)而获取,而只得以本罪名来定罪,理论上也称为持有型犯罪。由于其他枪支、弹药犯罪而持有、私藏的,按有关犯罪定罪处罚。即非法制造、买卖枪支、弹药或者盗窃枪支、弹药以后又持有枪支、弹药的属于吸收犯,不实行数罪并罚。

(三)非法持有、私藏枪支、弹药罪的处罚

《刑法》第128条第1款规定,犯非法持有、私藏枪支、弹药罪,处3年以下有期徒刑、拘役或者管制;情节严重的,处3年以上7年以下有期徒刑。根据上述司法解释第5条的规定,具有下列情形之一的,属于《刑法》第128条第1款规定的"情节严重":(1)非法持有、私藏军用枪支2支以上的;(2)非法持有、私藏以火药为动力发射枪弹的非军用枪支 2 支以上或者以压缩气体等为动力的其他非军用枪支 5 支以上的;(3)非法持有、私藏军用子弹 100 发以上,气枪铅弹 5 000 发以上或者其他非军用子弹 1 000 发以上的;(4)非法持有、私藏手榴弹 3 枚以上的;(5)达到本条第 1 款规定的最低数量标准,并具有造成严重后果等其他恶劣情节的。

七、非法出租、出借枪支罪

非法出租、出借枪支罪,是指依法配备公务用枪的人员或单位,违反枪支管理法规,私自出租、出借枪支,或者依法配置枪支的人员和单位,违反枪支管理法规,私自出租、出借枪支,造成严重后果,危害公共安全的行为。

本罪的构成要件如下:

1. 本罪侵犯的客体是公共安全和国家对枪支的管理制度。

2. 在客观方面,本罪表现为违反枪支管理法规,私自出租、出借枪支,危害公共安全的行为。出租,是指以非法牟利为目的,将自己或者单位配备的公务用枪、自己或者单位配置的民用枪支租给他人的行为。出借,是指无偿地将自己或者单位配备的公务用枪、自己或者单位配置的民用枪支借给他人的行为。依法配备公务用枪的人员或单位,违反枪支管理法规,只要私自出租、出借枪支即可构成本罪。依法配置枪支的人员和单位,违反枪支管理法规,私自出租、出借枪支,以造成严重后果为犯罪成立的条件。

3. 本罪的主体为特殊主体,是依法配备公务用枪的人员或单位和依法配置枪支的人员和单位。

4. 本罪在主观方面表现为故意,即行为人明知依法配备的公务用枪、依法配置的民用枪支不能出租、出借,而非法出租、出借。行为人的犯罪动机多种多样,或者为了非法营利,或者为了炫耀等,动机不影响本罪的认定。

《刑法》第 128 条规定,犯非法出租、出借枪支罪,处 3 年以下有期徒刑、拘役或者管制;情节严重的,处 3 年以上 7 年以下有期徒刑;单位犯本罪的,对单位判处罚金,并对其直接负责的主管人员和其他直接责任人员,按上述规定处罚。

八、丢失枪支不报罪

丢失枪支不报罪,是指依法配备公务用枪的人员,丢失枪支不及时报告,造成严重后果,危害公共安全的行为。

本罪的构成要件如下:

1. 本罪侵犯的客体是公共安全和国家对枪支的管理制度。

2. 在客观方面,本罪表现为依法配备公务用枪的人员,丢失枪支不及时报告,造成严重后果的行为。丢失枪支,是指行为人由于疏于管理致使公务用枪丢失的情形。包括被盗、遗失或者因被抢、被骗而失去对枪支的控制等情况。未及时报告,是指行为人发现丢失枪支后,违反《枪支管理法》规定,不向本单位或者有关部门报告或拖延一段时间后报告的行为。如果行为人发现后及时、如实报告自己丢失枪支的情况,则不构成本罪。造成严重后果,是指丢失的枪支被犯罪分子作为犯罪工具使用的情形。

3. 本罪的主体为特殊主体,即依法配备公务用枪的人员。

4. 本罪主观方面在理论上有较大争议。有的观点认为,本罪的主观方面是过失,因为这里的过失是针对所造成的严重后果而言的,至于未及时报告的行为,可以是因为疏忽或者有意隐瞒。但是也有观点认为,本罪就不及时报告而言,显然是故意的,即明知丢失枪支应立即报告,故意不及时报告,而造成严重后果只是一种客观处罚条件。从立法精神看,本罪着重对依法配备公务用枪的人员,丢失枪支后不及时报告的行为予以处罚。这种不报告行为显然是故意的。因此,本罪的主观方面应评价为故意。

《刑法》第 129 条规定,犯丢失枪支不报罪,处 3 年以下有期徒刑或者拘役。

九、非法携带枪支、弹药、管制刀具、危险物品危及公共安全罪

(一)非法携带枪支、弹药、管制刀具、危险物品危及公共安全罪的概念和构成

非法携带枪支、弹药、管制刀具、危险物品危及公共安全罪,是指违反法律规定,未经有关部门批准,私自携带枪支、弹药、管制刀具或者爆炸性、易燃性、放射性、毒害性、腐蚀性物品,进入公共场所或者公共交通工具,危及公共安全,情节严重的行为。

本罪的构成要件如下:

1. 本罪侵犯的客体是社会的公共安全。

2. 在客观方面,本罪表现为行为人违反法律,携带枪支、弹药、管制刀具或其他危险物品进入公共场所或公共交通工具,情节严重的行为。其行为特征主要表现在以下几个方面:(1)行为人的携带行为具有非法性。如行为人违反《枪支管理法》、《集会游行示威法》、《铁路法》、《民用航空法》等法律规定,未经许可,私自携带。(2)非法携带对象包括枪支、弹药、管制刀具或其他危险物品。管制刀具,是指依法予以管制的刀具,如匕首、三角刮刀、弹簧刀及其他刀具。其他危险物品,包括爆炸性物品、易燃性物品,放射性物品、毒害性物品、腐蚀性物品等,如各类炸药、起爆器、汽油、酒精、液化气、氰化钾、硫酸、硝酸等。(3)必须发生在公共场所或者公共交通工具内。公共场所,是指机场、车站、码头、广场、公园、医院、图书馆、剧院、学校等地。公共交通工具,是指航空器、火车、公共汽车、电车、轮船等交通工具。(4)情节严重才符合本罪的客观特征。根据 2009 年 11 月 16 日最高人民法院《关于审理非法制造、买卖、运输枪支、弹药、爆炸物等刑事案件具体应用法律若干问题的解释》第 6 条的规定,具有下列情形之一的,属于"情节严重":(1)携带枪支或者手榴弹的;(2)携带爆炸装置的;(3)携带炸药、发射药、黑火药 500 克以上或者烟火药 1 000 克以上,雷管 20 枚以上或者导火索、导爆索 20 米以上的;(4)携带的弹药、爆炸物在公共场所或者公共交通

工具上发生爆炸或者燃烧,尚未造成严重后果的;(5)具有其他严重情节的。行为人非法携带上述第(3)项规定的爆炸物进入公共场所或者公共交通工具,虽未达到上述数量标准,但拒不交出的,依照本罪处罚;携带的数量达到最低数量标准,能够主动、全部交出的,可不以犯罪论处。

3. 本罪的主体为一般主体,即凡是年满 16 周岁并且具有刑事责任能力的自然人均可构成。

4. 本罪在主观方面表现为故意,即明知是枪支、弹药、管制刀具或者危险物品,而故意携带进入公共场所或公共交通工具。如果行为人不知是上述物品,则不构成本罪的主观要件。

(二) 非法携带枪支、弹药、管制刀具、危险物品危及公共安全罪的认定

在认定非法携带枪支、弹药、管制刀具、危险物品危及公共安全罪时应该注意以下问题:

1. 本罪与非法持有、私藏枪支、弹药罪的界限。两者的区别表现在:一是客观表现不同。本罪必须是携带危险物品进入公共场所、情节严重,危害公共安全;而后罪只要非法持有、私藏即可。二是犯罪对象不同。在实践中,行为人有本罪之携带行为,情节不严重的,以后罪论处;情节严重的,属于想象竞合犯,择一重罪处罚。三是主体要求不同。本罪的主体不仅限于有合法持枪身份的人和其他公民,没有合法配枪资格而非法持有枪支、弹药并携带进入公共场所或者公共交通工具的,属于法条竞合,应按本罪处断。如果其没有进入公共场所或公共交通工具而非法持有、私藏枪支、弹药行为构成犯罪的,应按非法持有、私藏枪支、弹药罪处理。

2. 本罪的罪数认定。如果行为人是为了进行其他犯罪而非法携带枪支、弹药、管制刀具、危险物品进入公共场所,则应按其实施的其他性质的犯罪定罪,不再定为本罪。

(三) 非法携带枪支、弹药、管制刀具、危险物品危及公共安全罪的处罚

《刑法》第 130 条规定,犯非法携带枪支、弹药、管制刀具、危险物品危及公共安全罪,处 3 年以下有期徒刑、拘役或者管制。

第六节　造成重大责任事故危害公共安全的犯罪

一、重大飞行事故罪

(一) 重大飞行事故罪的概念和构成

重大飞行事故,是指航空人员违反规章制度,致使发生重大飞行事故,造成严重后果,危害公共安全的行为。

本罪的构成要件如下：

1. 本罪侵犯的客体是民用航空运输中的公共安全，即不特定多数人的生命、健康和重大公私财产的安全。

2. 在客观方面，本罪表现为违反规章制度，致使发生重大飞行事故，造成严重后果的行为。其特点如下：(1)必须实施了违反规章制度的行为。违反规章制度，是指违反与民用航空管理、安全飞行有关的各项制度，包括有关法律、法规的规定和航空主管部门制定的旨在保障航空运输安全的各种规章制度。既可表现为作为方式如超过飞行高度等，也可表现为不作为方式如航空器修理师不全面检查、维修行为。(2)必须发生重大飞行事故。重大飞行事故，是指航空器在飞行过程中发生的危及公共安全的事故。造成严重后果，是指航空器或者其他航空设施受到严重损坏，航空器上人员受重伤、死亡，公私财产受到严重损失等。(3)违反规章制度与重大飞行事故、严重后果之间存在因果关系。如果由于自然原因引起重大飞行事故，则行为人不构成本罪。

3. 本罪的主体为特殊主体，即航空人员，指从事民用航空活动的空勤人员和地勤人员。非航空人员不能成为本罪的主体。

4. 本罪在主观方面表现为过失，即行为人应当预见自己违反规章制度的行为可能发生重大飞行事故，造成严重后果，由于疏忽大意没有预见或者已经预见却轻信能够避免，以致发生重大飞行事故，造成严重后果的心理态度。本罪的过失是针对危害结果的发生而言的，对违反规章制度的行为则可能是故意，也可能是过失。

(二) 重大飞行事故罪的认定

在认定重大飞行事故罪时应该注意以下问题：

1. 本罪与暴力危及飞行安全罪的界限。两者的主要区别在于：一是犯罪主体不同。本罪的主体仅限于航空人员，包括空勤人员和地勤人员；暴力危及飞行安全罪的犯罪主体是一般主体，既包括航空人员，也包括航空人员以外的人，但航空人员一般是空勤人员。二是客观方面不同。本罪表现为违反规章制度，致使发生重大飞行事故，造成严重后果的行为；暴力危及飞行安全罪则表现为对飞行中的航空器上的人员使用暴力，危及飞行安全的行为。三是构成犯罪的要求不同。本罪是实害犯，必须发生特定的重大飞行事故或严重后果方可构成犯罪。暴力危及飞行安全罪是危险犯，犯罪的成立并不要求出现实际的严重后果。严重后果是一种加重情节。四是犯罪主观方面不同。本罪的主观方面表现为过失；暴力危及飞行安全罪表现为故意。

2. 本罪与过失损坏交通工具罪、过失损坏交通设施罪的界限。三罪都是过失犯罪，都以造成一定的严重后果为构成犯罪的必备要件。三者的区别主要在于：一是犯罪主体不同。本罪的主体是特殊主体，仅限于航空人员；后两罪的主体为一般主体。二是严重后果产生的原因不同。本罪的原因是由于航空人员违反规章制度，实施了违章行为；后两罪的原因是行为人因过失实施了对交通工具、交通设施的损坏行为。航空人员在工作中过失损坏航空器或机场设施，从而发生重大飞行事故，造成严重后果的，如果行为人过失损坏行为有违反规章制度的，则应认定为重大飞行事故罪；否则应认定为过失损坏交通工具罪或过失损坏交通设施罪。

（三）重大飞行事故罪的处罚

《刑法》第 131 条规定，犯重大飞行事故罪，处 3 年以下有期徒刑或者拘役；造成飞机坠毁或者人员死亡的，处 3 年以上 7 年以下有期徒刑。

二、铁路运营安全事故罪

铁路运营安全事故罪，是指铁路职工违反规章制度，致使发生铁路运营安全事故，造成严重后果，危害公共安全的行为。

本罪的构成要件如下：

1. 本罪侵犯的客体是铁路运营中的公共安全。

2. 在客观方面，本罪表现为违反规章制度，致使发生重大铁路运营安全事故，造成严重后果的行为。违反规章制度，是指违反国家有关部门制定的保障铁路运营安全的各种规章制度。其行为可以表现为作为，如超速行车等；也可以表现为不作为，如不按时扳道岔等。铁路运营安全事故，是指在铁路运营过程中发生的危及公共安全的事故。造成严重后果，是指火车倾覆、出轨、撞车、爆炸等造成机车毁坏以及人员伤亡或公私财产遭受严重损失等结果。

3. 本罪的主体为特殊主体，系铁路职工，指具体从事铁路运营业务、与保障列车运营安全有直接关系的人员。非铁路职工不能成为本罪的犯罪主体。

4. 本罪在主观方面表现为过失，即行为人应当预见到自己的违章行为可能导致发生铁路运营安全事故，造成严重后果，但由于疏忽大意而没有预见或者已经预见但轻信能够避免，以致发生铁路运营安全事故，造成严重后果的心理态度。

《刑法》第 132 条规定，犯铁路运营安全事故罪，处 3 年以下有期徒刑或者拘役；造成特别严重后果的，处 3 年以上 7 年以下有期徒刑。

三、交通肇事罪

（一）交通肇事罪的概念和构成

交通肇事罪，是指违反交通运输管理法规，因而发生重大事故，致人重伤、死亡或者使公私财产遭受重大损失的行为。

本罪的构成要件如下：

1. 本罪侵犯的客体是交通运输的正常秩序和交通运输安全。

2. 本罪在客观方面表现为行为人违反交通运输管理法规，发生重大事故，造成人员重伤、死亡或者公私财产重大损失的行为。本罪的行为方式，可以表现为作为，也可以表现为不作为。行为的构成特征如下：(1)行为人必须处在从事交通运输过程中或者与正在进行的交通运输有直接关系。本罪的交通运输主要是指公路交通运输、水上交通运输。因此，交通肇事罪的适用范围是公路和水上交通肇事，不包括航空和铁路交通肇事。交通工具一般是指机动性交通工具,但如果非机动性交通工具在从事交通运输过程中发生重大事故的,也符合本罪客观行为的特征。交通运输的场所,必须是公共交通管理范围内的公路、城镇道路以及水路上。如果发生在机关、厂矿、学校、封闭的住宅小区等没有实行公共交通管理的范围内,因使用交通工具致人伤亡或者造成财产损失,构成犯罪的,应分别依照重大责任事故罪、重大劳动安全事故罪或者过失致人死亡罪定罪处罚。(2)行为人必须有违反交通运输管理法规(包括保证公路、水上交通运输安全而制定的各种规章制度)的行为。(3)必须有重大事故的发生,即必须造成他人重伤、死亡或者公私财产遭受重大损失的后果。根据最高人民法院《关于审理交通肇事刑事案件具体应用法律若干问题的解释》的规定,以下情形应以本罪论处:①死亡 1 人或者重伤 3 人以上,负事故全部或者主要责任的;②死亡 3 人以上,负事故同等责任的;③造成公共财产或者他人财产直接损失,负事故全部或者主要责任,无能力赔偿数额在 30 万元以上的。如果交通肇事致 1 人以上重伤,负事故全部或者主要责任,并具有下列情形之一的,以交通肇事罪定罪处罚:①酒后、吸食毒品后驾驶机动车辆的;②无驾驶资格驾驶机动车辆的;③明知是安全装置不全或者安全机件失灵的机动车辆而驾驶的;④明知是无牌证或者已报废的机动车辆而驾驶的;⑤严重超载驾驶的;⑥为逃避法律追究逃离事故现场的。(4)违章行为与事故之间有因果关系。不同的因果关系落实到具体案件的处理上,体现为不同的责任承担。行为人有违章行为,但与发生结果不存在因果关系的,则不构成本罪。在结果加重过程中的"因逃逸致人死亡"也要求逃逸行为与被害人死亡之间有因果关系。

3. 本罪的主体为一般主体,即凡是达到刑事责任年龄具有刑事责任能力的从事交通运输的人员或者非交通运输人员均可构成。从事交通运输的人员,是指一切从事交通运输业务、同保障交通运输安全有直接关系的人员,不是泛指与交通运输有关的人员。具体包括直接操纵交通工具的驾驶人员、直接操纵交通设施的业务人员、直接领导指挥交通运输活动的领导指挥人员、交通运输安全的管理人员等。非交通运输人员,是指没有合法手续,却从事正常交通运输的人员。具体包括:无合法手续,但被借调或受委托从事交通运输的人员;暂时没有合法手续,但为了从事交通运输工作,正准备取得合法手续的人员,等等。根据司法解释,为了练习开车、游乐等目的偷开机动车辆,在偷开过程中发生交通肇事构成犯罪的,应成立交通肇事罪。单位主管人员、机动车辆所有人或者机动车辆承包人指使、强令他人违章驾驶造成重大事故,以交通肇事罪定罪处罚。

4. 本罪主观方面表现为过失。其既可以是疏忽大意的过失,也可以是过于自信的过失。应注意的是这里所论的过失是指行为人对自己违章行为所造成后果的心理态度,而不是指其对违反交通运输法规的心理态度。如果将被害人带离现场后,故意隐藏或遗弃致被害人死亡或严重残疾的,属杀人或伤害的故意。

(二) 交通肇事罪的认定

在认定交通肇事罪时应该注意如下问题:

1. 本罪与利用交通工具故意杀人或者故意伤害行为的区别。两者都会出现致人重伤、死亡的危害后果。但是本罪是过失的罪过，对于致人重伤、死亡的危害结果的发生表现为过失的心理态度，而后者是故意。本罪是结果犯，只有发生了法律规定的重伤、死亡的危害结果才构成本罪，而后罪不要求有结果发生。行为人在交通肇事后为逃避法律追究，将被害人带离事故现场后隐藏或者遗弃，致使被害人无法得到救助而死亡或者严重残疾的，应当分别依照《刑法》第232条、第234条第2款的规定，以故意杀人罪或者故意伤害罪定罪处罚。此时行为人的目的是为了掩盖罪行、毁灭证据，逃避法律追究，从而使被害人处于无法获救的境遇，主观上是放任或者希望被害人死亡等结果的发生，故应当定为故意伤害罪或者故意杀人罪。

2. 本罪与用驾车的危险方法危害公共安全犯罪的区别。两者均属于危害公共安全的犯罪，其区别主要在于：主观方面，本罪是过失，后罪表现为故意；在客观方面，本罪是要求发生实际的危害结果才构成，后罪并不要求实际的损害结果发生。

3. 本罪与重大飞行事故罪、铁路运营安全事故罪的区分。两者不同点在于：(1)本罪侵犯的主要是公路、水上交通运输安全；后两罪侵犯的是航空交通运输、铁路交通运输的安全。(2)犯罪主体不同。本罪的主体是一般主体，包括交通运输人员和非交通运输人员；重大飞行事故罪的犯罪主体只能是航空人员，包括空勤人员和地勤人员；铁路运营安全事故罪的犯罪主体必须是铁路职工。航空人员、铁路职工以外的人员造成重大飞行事故或者铁路运营事故的，应以交通肇事罪处罚。

4. 交通肇事中，致人重伤、死亡或者造成公私财产的重大损失的，属于法条竞合关系，适用特别法优于普通法的原则，只定交通肇事罪，不再定过失致人死亡罪、过失致人重伤罪。

(三) 交通肇事罪的处罚

根据《刑法》第133条，犯交通肇事罪，处3年以下有期徒刑或者拘役；交通运输肇事后逃逸或者有其他特别恶劣情节的，处3年以上7年以下有期徒刑；因逃逸致人死亡的，处7年以上有期徒刑。

根据最高人民法院《关于审理交通肇事刑事案件具体应用法律若干问题的解释》的规定，交通肇事后逃逸，是指行为人交通肇事的行为达到定罪标准的，为了逃避法律追究而逃跑的行为。有其他特别恶劣情节，是指具有下列情形之一的：(1)死亡2人以上或者重伤5人以上，负事故全部或者主要责任的；(2)死亡6人以上，负事故同等责任的；(3)造成公共财产或者他人财产直接损失，负事故全部或者主要责任，无能力赔偿数额在60万元以上的。因逃逸致人死亡，是指行为人在交通肇事后为逃避法律追究而逃跑，致使被害人因得不到救助而死亡的情形。从客观上看，即行为人的肇事行为将被害人致伤以后，并没有立即死亡的现实性，而由于行为人的逃逸行为，延误了抢救时间，致使被害人死亡；从主观上看，行为人必须明知自己的肇事行为发生了一定的危害结果，但行为人对逃逸后致人死亡后果的心理态度，则是过失，不能是故意，否则与不作为的间接故意杀人难以区分。而行为人逃逸的目的是为了逃避法律追究。交通肇事后，单位主管人员、机动车辆所有人、承包人或者乘车人指使肇事人逃逸,致使被害人因得不到救助而死亡的,以交通肇事罪的共犯论处。

四、危险驾驶罪

(一)危险驾驶罪的概念和构成

危险驾驶罪,是指在道路上驾驶机动车追逐竞驶,情节恶劣;醉酒驾驶机动车;从事校车业务或者旅客运输,严重超过额定乘员载客,或者严重超过规定时速行驶;违反危险化学品安全管理规定运输危险化学品,危及公共安全的行为。

本罪的构成要件如下:

1. 本罪侵犯的客体是公路交通运输安全及行人人身、车辆及其他公共设施的安全。

2. 在客观方面,本罪表现为在道路上驾驶机动车追逐竞驶,情节恶劣;醉酒驾驶机动车;从事校车业务或者旅客运输,严重超过额定乘员载客,或者严重超过规定时速行驶;违反危险化学品安全管理规定运输危险化学品,危及公共安全的行为。行为的构成特征必须满足以下四点:(1)要在道路上进行。道路,是指公路、城市道路和虽在单位管辖范围内但允许社会机动车通行的地方,包括广场、公共停车场等用于公众通行的场所。(2)行为对象驾驶的是机动车,包括大型机动车、小型机动车、专用汽车、特种车、有轨电车和无轨电车,但是不包括电动自行车。(3)行为方式包括四种:驾驶机动车追逐竞驶,情节恶劣;醉酒驾驶机动车;从事校车业务或者旅客运输,严重超过额定乘员载客,或者严重超过规定时速行驶;违反危险化学品安全管理规定运输危险化学品,危及公共安全。①驾驶机动车追逐竞驶,俗称"飙车",是指在道路上以同行的其他车辆为竞争目标,追逐竞驶的行为。实践中有在道路上进行汽车驾驶"计时赛",或者若干车辆相互追逐进行竞技或比赛。至于速度的判定要考虑到机动车的行驶空间,比如在市区或是在高速公路上,速度的判定标准就不同,具体多少可以根据各地情况进行限制。根据2014年12月8日最高人民法院《关于发布第八批指导性案例通知》,机动车驾驶员出于竞技、追求刺激、斗气或其他动机在道路上曲折穿行、快速追赶行驶,属于"追逐竞驶"情形。②醉酒驾驶机动车,是指在醉酒状态下在道路上驾驶机动车的行为。根据2013年12月18日最高人民法院、最高人民检察院、公安部《关于办理醉酒驾驶机动车刑事案件适用法律若干问题的意见》第1条的规定,在道路上驾驶机动车,血液酒精含量达到80毫克/100毫升以上的,属于醉酒驾驶机动车,依照《刑法》第133条之一第1款的规定,以危险驾驶罪定罪处罚。根据上述司法解释第2条的规定,醉酒驾驶机动车,具有下列情形的应从重处罚:造成交通事故且负事故全部或者主要责任,或者造成交通事故后逃逸,尚未构成其他犯罪的;血液酒精含量达到200毫克/100毫升以上的;在高速公路、城市快速路上驾驶的;驾驶载有乘客的营运机动车的;有严重超员、超载或者超速驾驶,无驾驶资格驾驶机动车,使用伪造或者变造的机动车牌证等严重违反道路交通安全法的行为的;逃避公安机关依法检查,或者拒绝、阻碍公安机关依法检查尚未构成其他犯罪的;曾因酒后驾驶机动车受过行政处罚或者刑事追究的;其他可以从重处罚的情形。醉酒驾驶机动车,以暴力威胁方法阻碍公安机关依法检查,又构成妨碍公务罪等其他犯罪的,依照数罪并罚的规定处罚。③从事校车业务或旅客运输"超员"、"超速"的危险驾驶,要求严重超过额定乘员载客,或者严重超过规定时速。④危险品运输的危险驾驶,是指违反危险化学品安全管理规定进行危险化学品运输并危及公共安全的行为。(4)情节条件,在道路上追逐竞驶,情节恶劣的才构成犯罪。判断是否达到"情节恶劣",应从追逐竞驶造成的危害程度以及危害后果方面进行认定。例如,车上载有很多人进行追逐竞驶的行为,造成其他车辆为了躲避追逐竞驶车辆而发生事故等。

本罪属于危险犯,即只要实施上述行为之一,无论是否发生严重后果即构成犯罪。如果因此而造成重大交通事故的,则可能构成交通肇事罪或者以危险方法危害公共安全罪。

3. 本罪的主体为一般主体。机动车所有人、管理人对从事校车业务或旅客运输的超员、超速以及违规运输危险化学品行为负有直接责任的,也构成本罪。

4. 本罪在主观方面表现为故意。即明知自己在道路上醉酒驾驶机动车或者在道路上驾驶机动车追逐竞驶的行为危害到公共安全而希望或者放任这种状态的发生。

(二) 危险驾驶罪的认定

在认定危险驾驶罪时应该注意以下问题:

1. 本罪与交通肇事罪的界限。两罪侵犯的客体都是公共安全。其区别在于:(1)主观内容不同,前者的主观方面表现为故意即希望或者放任危险状态的发生;后者的主观方面是过失。(2)行为方式不同,前者的行为方式为四种:追逐竞驶,醉酒驾驶,校车或旅客运输中超员、超速行驶,违规运输危险化学品的行为;后者的行为方式包括违反交通安全管理法规的一切行为。(3)是否要求出现危害结果不同,前者危险是,以行为造成公共危险为入罪标准;后者要求造成重大事故或者人员财产的伤亡损失。

2. 本罪与以危险方法危害公共安全罪的界限。两罪侵犯的客体都是公共安全,主观方面都是故意。其区别的关键在于行为方式不同,前者的行为方式是追逐竞驶,醉酒驾驶,校车或旅客运输中超员、超速行驶,违规运输危险化学品四种;后者的行为方式是实施与"放火、决水、爆炸、投毒"以外且相当的危险行为。

(三) 危险驾驶罪的处罚

《刑法》第133条之一规定,犯本罪的,处拘役,并处罚金。机动车所有人、管理人对"从事校车业务或者旅客运输,严重超过额定乘员载客,或者严重超过规定时速行驶"、"违反危险化学品安全管理规定运输危险化学品、危及公共安全"行为负有直接责任的,依照前款规定处罚。有前两款行为,同时构成其他犯罪的,依照处罚较重的规定定罪处罚。这是指,实施追逐竞驶,醉酒驾驶,校车或旅客运输中超员、超速行驶,违规运输危险化学品发生重大事故,致人伤亡或者重大财产损失,构成交通肇事罪或者危险方法危害公共安全罪,应按照相应犯罪论处。

五、重大责任事故罪

（一）重大责任事故罪的概念和构成

重大责任事故罪，是指在生产、作业中违反有关安全管理的规定，因而发生重大伤亡事故或者造成其他严重后果的行为。

本罪的构成要件如下：

1. 本罪侵犯的客体是生产、作业中的公共安全，即不特定多数劳动者的生命、健康和重大公私财产的安全。

2. 在客观方面，本罪表现为在生产、作业过程中，违反有关安全管理的规定，因而发生重大伤亡事故，造成严重后果的行为。其行为必须具备三个条件：（1）行为人必须实施了违反有关安全管理的规定的行为。有关安全管理的规定，是指与保证安全有关的劳动纪律、操作规程以及劳动保护法规等。违反方式包括作为和不作为两种，前者如冒险作业等，后者如遇到险情不及时采取防护措施等。（2）违反有关安全管理的规定的行为必须发生在其生产作业活动中。如与生产、作业活动无关，则不构成本罪的客观行为。（3）必须造成重大伤亡事故或者其他严重后果。虽有违规行为，但未造成上述严重后果的，不构成本罪。根据 2011 年 12 月 30 日最高人民法院《关于进一步加强危害生产安全刑事案件审判工作的意见》第 14 条的规定，造成《关于办理危害矿山生产安全刑事案件具体应用法律若干问题的解释》第 4 条规定的"重大伤亡事故或者其他严重后果"，同时具有下列情形之一的，也可以认定为《刑法》第 134 条、第 135 条规定的"情节特别恶劣"：（1）非法、违法生产的；（2）无基本劳动安全设施或未向生产、作业人员提供必要的劳动防护用品，生产、作业人员劳动安全无保障的；（3）曾因安全生产设施或者安全生产条件不符合国家规定，被监督管理部门处罚或责令改正，一年内再次违规生产致使发生重大生产安全事故的；（4）关闭、故意破坏必要安全警示设备的；（5）已发现事故隐患，未采取有效措施，导致发生重大事故的；（6）事故发生后不积极抢救人员，或者毁灭、伪造、隐藏影响事故调查的证据，或者转移财产逃避责任的；（7）其他特别恶劣的情节。

3. 本罪的主体为特殊主体。《刑法修正案（六）》将本罪的主体从原来的企业、事业单位职工扩大到从事生产、作业的一切人员，把目前难以处理的对安全事故负有责任的个体、包工头和其他从事生产、作业的人员包括在内了。

4. 本罪在主观方面表现为过失，即行为人对自己行为造成的严重后果具有过失，而不是指对行为违规性的认识过失。

（二）重大责任事故罪的认定

在认定重大责任事故罪时应该注意以下问题：

1. 本罪与玩忽职守罪的界限。两罪在主观上都是出于过失，在客观上都造成了严重后果。其区别主要在于：（1）侵犯的客体不同。前者侵犯的是生产、作业中的公共安全；后者侵犯的是国家机关的正常管理活动。（2）犯罪客观方面不同。前者发生在生产、作业过程中，行为人违反有关安全管理的规定；后者发生在国家机关工作人员执行行政管理职能的职务活动中，行为人严重不负责任，不履行或不正确履行职责。(3)犯罪主体不同。前者的主体是从事生产、作业的一切人员；后者的主体是国家机关工作人员。

2. 本罪与失火罪、过失爆炸罪的界限。上述三罪均属于危害公共安全的犯罪，主观上都是出于过失，客观上都造成了人员的重大伤亡或者公私财产的重大损失。其区别的关键在于：(1)发生的场合不同。重大责任事故罪发生在业务活动中，具有业务过失性质；失火罪、过失爆炸罪一般发生在日常生活中，即使发生在企事业单位的生产、作业过程中，其过失也与生产、作业活动无直接联系，属于普通过失。(2)行为特点不同。重大责任事故罪违反的是有关安全管理的规定；失火罪、过失爆炸罪通常违反的是生活常理。

(三) 重大责任事故罪的处罚

《刑法》第134条规定，犯重大责任事故罪，处3年以下有期徒刑或者拘役；情节特别恶劣的，处3年以上7年以下有期徒刑。根据最高人民法院《关于进一步加强危害生产安全刑事案件审判工作的意见》第15条、第16条的规定，相关犯罪中，具有以下情形之一的，依法从重处罚：(1)国家工作人员违反规定投资入股生产经营企业，构成危害生产安全犯罪的；(2)贪污贿赂行为与事故发生存在关联性的；(3)国家工作人员的职务犯罪与事故存在直接因果关系的；(4)以行贿方式逃避安全生产监督管理，或者非法、违法生产、作业的；(5)生产安全事故发生后，负有报告职责的国家工作人员不报或者谎报事故情况，贻误事故抢救，尚未构成不报、谎报安全事故罪的；(6)事故发生后，采取转移、藏匿、毁灭遇难人员尸体，或者毁灭、伪造、隐藏影响事故调查的证据，或者转移财产，逃避责任的；(7)曾因安全生产设施或者安全生产条件不符合国家规定，被监督管理部门处罚或责令改正，一年内再次违规生产致使发生重大生产安全事故的。但是，对于事故发生后，积极施救，努力挽回事故损失，有效避免损失扩大；积极配合调查，赔偿受害人损失的，可依法从宽处罚。

六、强令违章冒险作业罪

(一) 强令违章冒险作业罪的概念和构成

强令违章冒险作业罪，是指强令他人违章冒险作业，因而发生重大伤亡事故或者造成其他严重后果的行为。此罪为《刑法修正案(六)》新增之罪。

本罪的构成要件如下：

1. 本罪侵犯的客体是生产、作业中的公共安全，即不特定多数劳动者的生命、健康和重大公私财产的安全。

2. 在客观方面，本罪表现为强令他人违章冒险作业，因而发生重大伤亡事故或者造成其他严重后果的行为。强令他人违章冒险作业，是指生产、施工、作业等工作的管理人员，明知自己的决定违反安全生产、作业的规章制度，可能会发生事故，却心存侥幸，自认为不会出事，而强行命令他人违章作业的行为。"强令"不能机械地理解为必须有说话态度强硬或者大声命令等外在表现，强令者也不一定必须在生产、作业现场，而应当理解为"强令"者发出的信息内容所产生的影响，达到了使工人不得不违心继续生产、作业的心理强制程度。

3. 本罪的主体为特殊主体。主要是指生产、施工、作业等工作的管理人员。

4. 本罪在主观方面表现为过失，即行为人对自己行为造成的严重后果具有过失，而不是指对行为违章性的认识过失。

（二）强令违章冒险作业罪的处罚

《刑法》第 134 条规定，犯强令违章冒险作业罪，处 5 年以下有期徒刑或者拘役；情节特别恶劣的，处 5 年以上有期徒刑。

七、重大劳动安全事故罪

（一）重大劳动安全事故罪的概念和构成

重大劳动安全事故罪，是指安全生产设施或者安全生产条件不符合国家规定，因而发生重大伤亡事故或者造成其他严重后果的行为。

本罪的构成要件如下：

1. 本罪侵犯的客体是生产、作业中的公共安全，即不特定多数劳动者的生命、健康和重大公私财产的安全。

2. 在客观方面，本罪表现为从事生产经营的企事业单位的安全生产设施或者安全生产条件不符合国家规定，因而发生重大伤亡事故或者造成其他严重后果的行为。安全生产设施，是指用于保护劳动者人身安全的各种设施、设备，如防护网、紧急逃生通道等。安全生产条件，主要是指保障劳动者安全生产、作业必不可少的安全防护用品和措施，如用于防毒、防爆、防火、通风等用品和措施等。"不符合国家规定"包括的情形较广泛，如有的生产经营单位新建或改扩建工程的安全设施未依法经有关部门审查批准，擅自投入生产或使用；有的不为工人提供法定必要的劳动、防护用品；有的不具备安全生产条件或存在重大事故隐患，被行政执法机关责令停产、停业或者取缔、关闭后，仍强行生产经营等，均属于"不符合国家规定"的情形。

3. 本罪的主体为特殊主体。《刑法修正案（六）》将本罪的主体从原来的企业、事业单位扩大到所有从事生产、经营的自然人、法人及非法人实体。

4. 本罪在主观方面表现为过失。

（二）重大劳动安全事故罪的认定

认定本罪应注意与重大责任事故罪、强令违章冒险作业罪的区别。三者都发生在生产、作业过程中，且都违反了生产、作业过程中的安全规定，因而非常相似。三罪的主要区别在于犯罪客观表现不同：本罪表现为劳动场所的硬件设施或者对劳动者提供的安全生产防护用品和防护措施不符合国家规定；后两罪表现为自然人在生产、作业过程中具体操作层面上违章操作或者强令他人违章作业，而引起的安全生产事故的行为。

（三）重大劳动安全事故罪的处罚

《刑法》第 135 条规定，犯重大劳动安全事故罪，对直接负责的主管人员和其他直接责任人员，处 3 年以下有期徒刑或者拘役；情节特别恶劣的，处 3 年以上 7 年以下有期徒刑。

八、大型群众性活动重大安全事故罪

（一）大型群众性活动重大安全事故罪的概念和构成

大型群众性活动重大安全事故罪，是指举办大型群众性活动违反安全管理规定，因而发生重大伤亡事故或者造成其他严重后果的行为。本罪为《刑法修正案（六）》新增之罪。

本罪的构成要件如下：

1. 本罪侵犯的客体是群众的生命、健康和重大公私财产安全。

2. 在客观方面，本罪表现为举办大型群众性活动违反安全管理规定，因而发生重大伤亡事故或者造成其他严重后果的行为。这里所说的"安全管理规定"，是指国家有关部门为保证大型群众性活动安全、顺利举行制定的管理规定。

3. 本罪的主体为特殊主体。是对发生大型群众性活动重大安全事故直接负责的主管人员和其他直接责任人员。直接负责的主管人员，是指大型群众性活动策划者、组织者、举办者；其他直接责任人员，是指对大型活动的安全举行、紧急预案负有具体落实、执行职责的人员。

4. 本罪在主观方面表现为过失。

（二）大型群众性活动重大安全事故罪的处罚

《刑法》第 135 条之一规定，犯大型群众性活动重大安全事故罪，对直接负责的主管人员和其他直接责任人员，处 3 年以下有期徒刑或者拘役；情节特别恶劣的，处 3 年以上 7 年以下有期徒刑。

九、危险物品肇事罪

（一）危险物品肇事罪的概念与构成

危险物品肇事罪，是指违反具有爆炸性、易燃性、放射性、毒害性、腐蚀性等危险性的物品的管理规定，在生产、储存、运输、使用中发生重大事故，造成严重后果，危害公共安全的行为。

本罪的构成要件如下：

1. 本罪侵犯的客体是公共安全，即不特定多数人的生命、健康和重大公私财产的安全。本罪的犯罪对象是特定的危险物品，包括具有爆炸性、易燃性、放射性、毒害性、腐蚀性等危险性的物品，上述危险物品本身具有较大的危险性，如果在生产、储存、运输、使用中稍有不当,便极易发生重大事故,损害不特定多数人的生命、健康和重大公私财产的安全。

2. 在客观方面,本罪表现为行为人违反危险物品的管理规定,在生产、储存、运输、使用中发生重大事故,造成严重后果的行为。行为人的违章行为必须发生在危险物品的生产、储存、运输、使用过程中,且与严重后果之间具有因果关系。

3. 本罪的主体为一般主体,主要是从事生产、保管、运输和使用危险物品的职工,但其他人也可以构成本罪。

4. 本罪在主观方面表现为过失,包括疏忽大意的过失和过于自信的过失。过失是针对所造成的重大事故后果的心理态度而言的。

(二)危险物品肇事罪的认定

在认定危险物品肇事罪时应该注意以下问题:

1. 危险物品肇事罪与投放危险物质罪的界限。两罪主要区别在于:一是主观方面不同。危险物品肇事罪是过失罪,而投放危险物质罪是故意罪。这里说故意还是过失,一般是指对结果的心态而言的,不是针对行为本身。二是对象的区别。危险物品肇事罪中的危险物品包括具有爆炸性、易燃性、放射性、毒害性、腐蚀性等危险性的物品,投放危险物质罪中的危险物质则包括毒害性、放射性、传染病病原体等物质,两者具有交叉关系。

2. 危险物品肇事罪与失火罪、过失爆炸罪、过失投放危险物质罪的界限。上述各罪在主观上均表现为过失,都以造成严重后果为构成犯罪的必备要件,犯罪的对象都具有危险性。其主要区别在于:一是主观上,危险物品肇事罪的过失是危险物品的管理过程中因为违反危险品管理的特别规定发生的过失,而在失火罪、过失爆炸罪、过失投放危险物质罪中是一般性的过失;二是犯罪的发生场合上,危险物品肇事罪只可能发生在生产、储存、运输、使用过程中,失火罪、过失爆炸罪、过失投放危险物质罪可发生在日常生活的任何场合;三是事故的原因上,危险物品肇事罪中事故的发生是由于违反危险物品管理规定的违章行为所引起的,失火罪、过失爆炸罪、过失投放危险物质罪中事故的发生则往往是由于行为人违背日常生活中的注意义务所引起。

(三)危险物品肇事罪的处罚

《刑法》第 136 条规定,犯危险物品肇事罪,处 3 年以下有期徒刑或者拘役;后果特别严重的,处 3 年以上 7 年以下有期徒刑。

十、工程重大安全事故罪

工程重大安全事故罪,是指建设单位、设计单位、施工单位、工程监理单位违反国家规定,降低工程质量标准,造成重大安全事故的行为。

本罪的构成要件如下:

1. 本罪侵犯的客体是国家有关建筑工程质量标准的规定以及公众的生命、健康和重大公私财产的安全,即公共安全。

2. 在客观方面,本罪表现为违反国家规定,降低工程质量标准,造成重大安全事故的行为。违反国家规定,是指违反国家关于建筑工程质量监督管理的法律、法规。降低工程质量标准的行为有多种表现,如建设单位违规要求设计单位压缩工程造价,设计单位不按工程质量标准设计,施工单位使用不合格的建筑材料,监理单位降低标准进行监理等。重大安全事故,是指建筑工程在建设中或者交付使用后,由于达不到质量标准,导致楼房倒塌、桥梁断裂、铁路塌陷,造成人员伤亡或重大经济损失等。违反国家规定,降低工程质量标准的行为必须与严重后果之间具有因果关系。

3. 本罪的主体为特殊主体。即建设单位、建筑设计单位、施工单位以及工程监理单位。本罪是单位犯罪,但刑法只处罚直接责任人员。

4. 本罪在主观方面表现为过失,即行为人应当预见违反国家规定,降低工程质量标准的行为可能发生重大安全事故,由于疏忽大意而没有预见或已经预见但轻信能够避免,以致发生重大安全事故的心理态度。

《刑法》第137条规定,犯工程重大安全事故罪,对直接责任人员,处5年以下有期徒刑或者拘役,并处罚金;后果特别严重的,处5年以上10年以下有期徒刑,并处罚金。

十一、教育设施重大安全事故罪

教育设施重大安全事故罪,是指学校及其他教育机构的直接责任人员,明知校舍或者教育教学设施有危险,而不采取措施或者不及时报告,致使发生重大伤亡事故的行为。

本罪的构成要件如下:

1. 本罪侵犯的客体是学校及其他教育机构的正常活动以及公众的生命、健康的安全,即公共安全。

2. 在客观方面,本罪表现为对校舍或教育教学设施存在的危险不采取措施或者不及时报告,致使发生重大伤亡事故的行为。校舍,是指各类学校及其他教育机构的教学楼、行政办公楼、宿舍、图书馆、体育馆等;教育教学设施,是指用于教育教学的各类设施、设备。不采取措施或者不及时报告的行为是一种不作为,其前提是行为人负有保障校舍或者教育教学设施安全的责任。重大伤亡事故,是构成本罪的必要条件。不采取措施或不及时报告的行为必须与重大伤亡事故之间具有因果关系。只是造成重大财产损失而没有人员伤亡的,不构成本罪。

3. 本罪的主体为特殊主体,即对校舍、教育教学设施的安全负有直接责任的人员。

4. 本罪在主观方面表现为过失,即行为人在明知校舍、教育教学设施有危险的情况下,应当预见自己不采取措施或者不及时报告的行为可能发生人员重大伤亡的严重后果,但由于疏忽大意没有预见或者已经预见却轻信能够避免,以致发生重大伤亡事故的心理态度。行为人对校舍、教育教学设施存在的危险没有认识的不构成本罪。

《刑法》第 138 条规定,犯教育设施重大安全事故罪,对直接责任人员,处 3 年以下有期徒刑或者拘役;后果特别严重的,处 3 年以上 7 年以下有期徒刑。

十二、消防责任事故罪

消防责任事故罪,是指违反消防管理法规,经消防监督机构通知采取改正措施而拒绝执行,造成严重后果的行为。

本罪的构成要件如下:

1. 本罪侵犯的客体是公共安全和国家消防监督管理制度。

2. 在客观方面,本罪表现为违反消防管理法规,经消防监督机构通知采取改正措施而拒绝执行,造成严重后果的行为。其特点如下:(1)必须有违反消防管理法规的行为。消防管理法规,是指国家有关消防安全管理的法律、法规以及有关主管部门为保障安全所作的有关规定。如《中华人民共和国消防法》、《消防监督程序规定》等。(2)必须是经消防监督机构通知采取改正措施而拒绝执行。(3)必须造成严重后果。严重后果,是指发生火灾,造成人员伤亡或者使公私财产遭受严重损失。(4)拒绝执行的行为必须与严重后果之间具有因果关系。即严重后果是由于行为人拒绝执行消防监督机构的改正措施通知的行为引起的。

3. 本罪的主体为特殊主体,即负有防火安全职责的直接责任人员。

4. 本罪在主观方面表现为过失,包括疏忽大意的过失和过于自信的过失。过失是针对造成的火灾事故后果的心理态度而言,而对自己不采取改正措施、拒绝执行的行为是明知的。

《刑法》第 139 条规定,犯消防责任事故罪,对直接责任人员,处 3 年以下有期徒刑或者拘役;后果特别严重的,处 3 年以上 7 年以下有期徒刑。

十三、不报、谎报安全事故罪

(一) 不报、谎报安全事故罪的概念和构成

不报、谎报安全事故罪,是指在安全事故发生后,负有报告职责的人员不报或者谎报事故情况,贻误事故抢救,情节严重的行为。此罪为《刑法修正案(六)》新增之罪。

本罪的构成要件如下:

1. 本罪侵犯的客体是生产、作业中的公共安全,即不特定多数劳动者的生命、健康和重大公私财产的安全。

2. 在客观方面,本罪主要表现为在安全事故发生后,负有报告职责的人员不报或者谎报事故情况,贻误事故抢救,情节严重的行为。安全事故不仅限于生产经营单位发生的安全生产事故、大型群众性活动中发生的重大伤亡事故,还包括《刑法》分则

第二章规定的所有与安全事故有关的犯罪。"贻误事故抢救，情节严重"，是构成罪与非罪的重要界限，主要是指安全事故发生后，由于不报或者谎报，耽误了抢救的最佳时机，使一些本可抢救出来的人员未能救出，或者造成财产损失进一步扩大的情形。根据2007年2月28日最高人民法院、最高人民检察院《关于办理危害矿山生产安全刑事案件具体应用法律若干问题的解释》第6条的规定，具有下列情形之一的，属于情节严重：(1)导致事故后果扩大，增加死亡1人以上，或者增加重伤3人以上，或者增加直接经济损失100万元以上的；(2)实施下列行为之一，致使不能及时有效开展事故抢救的：决定不报、谎报事故情况或者指使、串通有关人员不报、谎报事故情况的；在事故抢救期间擅离职守或者逃匿的；伪造、破坏事故现场，或者转移、藏匿、毁灭遇难人员尸体，或者转移、藏匿受伤人员的；毁灭、伪造、隐匿与事故有关的图纸、记录、计算机数据等资料以及其他证据的；(3)其他严重的情节。

3. 本罪的主体是特殊主体，即对安全事故负有报告职责的人员。负有报告职责的人员，通常是指生产经营单位的主要负责人，对生产安全、作业负有组织、监管职责的部门的监督检查人员，地方政府负有安全生产监管职责的部门直接负责的主管人员，以及直接造成安全事故的责任人员。根据2011年12月30日最高人民法院《关于进一步加强危害生产安全刑事案件审判工作的意见》的规定，安全事故发生后，负有报告职责的国家工作人员不报或者谎报事故情况，贻误事故抢救，情节严重，构成不报、谎报安全事故罪，同时构成职务犯罪或其他危害生产安全犯罪的，依照数罪并罚的规定处罚。

4. 本罪在主观方面表现为过失，即行为人针对事故后果进一步扩大存在过失，而对自己不报或者谎报事故情况的行为是明知的。

（二）不报、谎报安全事故罪的处罚

《刑法》第139条之一规定，犯不报、谎报安全事故罪，处3年以下有期徒刑或者拘役；情节特别严重的，处3年以上7年以下有期徒刑。根据2007年2月28日最高人民法院、最高人民检察院《关于办理危害矿山生产安全刑事案件具体应用法律若干问题的解释》第6条的规定，具有下列情形之一的，应当认定为情节特别严重：(1)导致事故后果扩大，增加死亡3人以上，或者增加重伤10人以上，或者增加直接经济损失300万元以上的；(2)采用暴力、胁迫、命令等方式阻止他人报告事故情况导致事故后果扩大的；(3)其他特别严重的情节。

第二十三章

破坏社会主义市场经济秩序罪

第一节　破坏社会主义市场经济秩序罪概述

一、破坏社会主义市场经济秩序罪的概念与基本要件

破坏社会主义市场经济秩序罪,是指违反我国国家市场经济管理法规,破坏和扰乱市场经济秩序,严重危害市场经济秩序,妨害国民经济正常进行和发展的行为。

根据破坏社会主义市场经济秩序罪的概念,破坏社会主义市场经济秩序罪的基本构成要件是:

1. 本类罪侵犯的客体是我国的市场经济秩序。

市场经济秩序是指市场经济有序活动的总和,既包括市场经济活动之间纵向的有序经济联系,也包括市场经济活动之间横向的有序经济联系。社会经济运动不仅是人们赖以生存和发展的重要物质基础,也是社会关系得以形成和发展的重要条件。人们在社会物质财富的生产、分配、交换、消费过程中的所有经济活动,只有符合一定的规则,才能为国家所认可,进而形成稳定而有序的经济秩序。然而,任何社会形态、任何社会时代的经济活动,总是既有为国家认可的经济活动形式,又有为国家禁止的经济活动形式。因此,国家在刑法领域设立的任何经济犯罪,就是希望通过禁止某些经济活动形式,从而维护国家业已建立的经济秩序。而我国刑法设立破坏社会主义市场经济秩序罪,就是为了保护市场经济的正常秩序。

从刑法保护市场经济的纵向秩序来说,刑法保护着有序的市场生产秩序;保护着合法的市场分配秩序;保护着规范的市场交换秩序;保护着合理的市场消费秩序。从刑法保护市场经济的横向秩序来说,刑法设立生产、销售伪劣商品罪,以保护工农业生产领域和社会商品流通领域的应有秩序;刑法设立走私罪,以保护国家对外贸易领域的管理秩序;刑法设立妨害对公司、企业的管理秩序罪,以保护市场经济主体进出领域和公司、企业经营领域的应有秩序;刑法设立破坏金融管理秩序罪,以保护金融管理领域的应有秩序;刑法设立金融诈骗罪,以保护社会资金融资领域和社会资金流通领域的应有秩序;刑法设立危害税收征管罪,以保护国家税收征管领域的应有秩

序;刑法设立侵犯知识产权罪,以保护知识产权领域的应有秩序;刑法设立扰乱市场秩序罪,以保护市场交易、市场竞争领域的应有秩序。

2. 在客观方面,本类罪表现为违反国家市场经济管理法规,严重危害市场经济秩序,妨害国民经济正常发展和进行的行为。

首先,本类犯罪表现为违反国家有关的经济管理法规,行为具有经济违法性。市场经济就其一定意义而言是法制经济。为了保护、规范和调整市场经济活动,国家制定和颁布了有关生产、分配、交换和消费方面的经济法规,涉及工业、农业、林业、商业、财政、金融、商标、专利、海关、外贸、税收、证券等领域。这些经济法规规范、调整、促进着市场经济活动的进行,维护着市场经济秩序。破坏市场经济秩序犯罪,必然首先违反这些经济管理法规。这类犯罪具有行政犯的特点。

其次,本类犯罪表现为具有破坏和扰乱市场经济秩序的行为,也就是说行为人实施了非法的经济活动。这种行为绝大多数属于作为的形式,但也有少数行为可以表现为不作为的形式,如逃税罪、逃避进出口商检罪等。

最后,本类犯罪表现为在客观上给市场经济秩序造成了严重的危害性。这种严重的危害性表现为三种形式:(1)犯罪数额达到较大程度,例如刑法规定的一些以"数额较大"为要求的犯罪;(2)犯罪具有法定的严重后果,例如一些造成"重大损失"、"对人体健康造成严重危害"的犯罪;(3)犯罪本身具有严重的情节。

3. 本类罪的主体有两类,即既可以是自然人,也可以是拟制人(即单位)。

自然人的犯罪主体资格须同时具备达到法定的刑事责任年龄和具有一定的刑事责任能力这两个条件。根据《刑法》第17条第1款的规定,破坏社会主义市场经济秩序犯罪的刑事责任年龄是以16周岁为起点。刑法作出这样的规定,是由市场自然犯的复杂性和破坏社会主义市场经济秩序犯罪不同于传统的自然性犯罪的特殊性所决定的。传统自然犯是违反一般社会道德的犯罪,其犯罪的反社会性十分明显,容易被人认识,也容易为人自控。而破坏社会主义市场经济秩序犯罪则是在市场经济运行过程中违反特殊的经济法规而构成的,非达到较大的年龄一般不能认识,也不能自控。就一般而言,我国刑法对刑事责任年龄的详细规定,也意味着对相应刑事责任能力的认可。但是,达到法定刑事责任年龄的自然人并非毫无例外都具有相应的刑事责任能力。某些自然人由于受内在病症、外力作用或生理功能等原因的影响,也会先天丧失刑事责任能力或有而复失。为此我国刑法强调,精神病人在不能辨认或者控制自己行为和完全丧失辨认或者控制自己行为能力时造成危害结果的,经法定程序鉴定确认后,不负刑事责任。本类犯罪的犯罪主体资格,绝大多数为一般主体资格,但也有少数犯罪,只能由特殊主体资格才能构成,例如非国家工作人员受贿罪,非法经营同类营业罪,为亲友非法牟利罪,金融工作人员购买假币、以假币换取货币罪,内幕交易、泄露内幕信息罪等。

拟制人的犯罪主体资格须具备单位组织的合法性和单位行为的整体性这两个条件。根据刑法的规定,本类犯罪绝大多数可以由单位构成,其中有些犯罪只能由单位构成,例如逃汇罪,违规披露、不披露重要信息罪,妨害清算罪,等等。

4. 本类罪在主观方面绝大多数表现为故意的罪过形式,但极个别可以是过失的罪过形式。

本类犯罪中的故意犯罪绝大多数又具有非法营利或者牟取非法利益的目的。当然,对于具体构成犯罪来说,这些目的是否最终实现,并不影响犯罪的成立。对于过失犯罪来说,例如签订、履行合同失职被骗罪、出具证明文件重大失实罪等,则需要以造成实际的损害结果为条件。

二、破坏社会主义市场经济秩序罪的分类

(一) 生产、销售伪劣商品罪

这一类犯罪包括生产、销售伪劣产品罪,生产、销售假药罪,生产、销售劣药罪,生产、销售不符合安全标准的食品罪,生产、销售有毒、有害食品罪,生产、销售不符合标准的医用器材罪,生产、销售不符合安全标准的产品罪,生产、销售伪劣农药、兽药、化肥、种子罪,生产、销售不符合卫生标准的化妆品罪。

(二) 走私罪

这一类犯罪包括走私武器、弹药罪,走私核材料罪,走私假币罪,走私文物罪,走私贵重金属罪,走私珍贵动物、珍贵动物制品罪,走私国家禁止进出口的货物、物品罪,走私淫秽物品罪,走私废物罪,走私普通货物、物品罪。

(三) 妨害对公司、企业的管理秩序罪

这一类犯罪包括虚报注册资本罪,虚假出资、抽逃出资罪,欺诈发行股票、债券罪,违规披露、不披露重要信息罪,妨害清算罪,隐匿、故意销毁会计凭证、会计账簿、财务会计报告罪,虚假破产罪,非国家工作人员受贿罪,对非国家工作人员行贿罪,对外国公职人员、国际公共组织官员行贿罪,非法经营同类营业罪,为亲友非法牟利罪,签订、履行合同失职被骗罪,国有公司、企业、事业单位人员失职罪,国有公司、企业、事业单位人员滥用职权罪,徇私舞弊低价折股、出售国有资产罪、背信损害上市公司利益罪。

(四) 破坏金融管理秩序罪

这一类犯罪包括伪造货币罪,出售、购买、运输假币罪,金融工作人员购买假币、以假币换取货币罪,持有、使用假币罪,变造货币罪,擅自设立金融机构罪,伪造、变造、转让金融机构经营许可证、批准文件罪,高利转贷罪,骗取贷款、票据承兑、金融票证罪,非法吸收公众存款罪,伪造、变造金融票证罪,妨害信用卡管理罪,窃取、收买、非法提供信用卡信息罪,伪造、变造国家有价证券罪,伪造、变造股票、公司、企业债券罪,擅自发行股票、公司、企业债券罪,内幕交易、泄露内幕信息罪,利用未公开信息交易罪,编造并传播证券、期货交易虚假信息罪,诱骗投资者买卖证券、期货合约罪,操纵证券、期货市场罪,背信运用受托财产罪,违法运用资金罪,违法发放贷款罪,吸收客户资金不入账罪,违规出具金融票证罪,对违法票据承兑、付款、保证罪,逃汇罪,骗购外汇罪,洗钱罪。

（五）金融诈骗罪

这一类犯罪包括集资诈骗罪，贷款诈骗罪，票据诈骗罪，金融凭证诈骗罪，信用证诈骗罪，信用卡诈骗罪，有价证券诈骗罪，保险诈骗罪。

（六）危害税收征管罪

这一类犯罪包括逃税罪，抗税罪，逃避追缴欠税罪，骗取出口退税罪，虚开增值税专用发票、用于骗取出口退税、抵扣税款发票罪，虚开发票罪，伪造、出售伪造的增值税专用发票罪，非法出售增值税专用发票罪，非法购买增值税专用发票、购买伪造的增值税专用发票罪，非法制造、出售非法制造的用于骗取出口退税、抵扣税款发票罪，非法制造、出售非法制造的发票罪，非法出售用于骗取出口退税、抵扣税款发票罪，非法出售发票罪、持有伪造的发票罪。

（七）侵犯知识产权罪

这一类犯罪包括假冒注册商标罪，销售假冒注册商标的商品罪，非法制造、销售非法制造的注册商标标识罪，假冒专利罪，侵犯著作权罪，销售侵权复制品罪，侵犯商业秘密罪。

（八）扰乱市场秩序罪

这一类犯罪包括损害商业信誉、商品声誉罪，虚假广告罪，串通投标罪，合同诈骗罪，组织、领导传销活动罪，非法经营罪，强迫交易罪，伪造、倒卖伪造的有价票证罪，倒卖车票、船票罪，非法转让、倒卖土地使用权罪，提供虚假证明文件罪，出具证明文件重大失实罪，逃避商检罪。

第二节　生产、销售伪劣商品罪

一、生产、销售伪劣产品罪

（一）生产、销售伪劣产品罪的概念和构成

生产、销售伪劣产品罪，是指生产者、销售者在产品中掺杂掺假、以假充真、以次充好或者以不合格产品冒充合格产品，销售金额 5 万元以上的行为。

本罪的构成要件如下：

1. 在客观方面，本罪表现为行为人违反产品质量管理法规，在产品中掺杂掺假、以假充真、以次充好或者以不合格产品冒充合格产品，销售金额 5 万元以上的行为。具体表现为：

（1）违反产品质量管理法规。违反产品质量管理法规，主要是指违反了《产品质量法》《标准化法》《工业产品质量责任条例》等法规。在这些法规中，明确规定了生产、销售合格产品的应有要求和生产、销售伪劣产品的法律责任。

（2）实施生产、销售伪劣产品的行为。生产伪劣产品，是指行为人在产品生产过

程中,不按照《产品质量法》等法规的要求,在产品中掺杂掺假、以假充真、以次充好或者以不合格产品冒充合格产品的行为。销售伪劣产品,是指行为人对于明知是掺杂掺假,以假充真,以次充好或者以不合格产品冒充合格产品予以销售的行为。生产、销售伪劣产品的行为,是两个既有联系又有相对独立性的行为。

根据 2001 年 4 月 9 日最高人民法院、最高人民检察院《关于办理生产、销售伪劣商品刑事案件具体应用法律若干问题的解释》的规定,在产品中掺杂、掺假,是指在产品中掺入杂质或者异物,致使产品质量不符合国家法律、法规或者产品明示质量标准规定的质量要求,降低、失去应有使用性能的行为。以假充真,是指以不具有某种使用性能的产品冒充具有该种使用性能的产品的行为。以次充好,是指以低等级、低档次产品冒充高等级、高档次产品,或者以残次、废旧零配件组合、拼装后冒充正品或者新产品的行为。不合格产品,是指不符合《产品质量法》第 26 条第 2 款规定的质量要求的产品。[①]生产伪劣产品,其目的在于通过销售获取非法经济利益。所以生产者必定又是直接或者间接的销售者。但是销售伪劣产品并不必然包括生产行为,销售行为可以独立于生产过程之外。根据刑法的规定,生产、销售伪劣产品的行为具有内在的联系性而存在于一个主体行为的过程中,应以一罪论处;生产、销售伪劣产品的行为具有相对的独立性而存在于两个以上主体的行为过程中,则分别以各自涉及的行为特征论罪。

(3) 生产、销售伪劣产品的价额,必须达到数额较大的程度,即达到 5 万元以上的价额。根据刑法的规定,生产、销售伪劣产品罪是以销售金额作为其客观方面的一个基本要求。生产后还未销售,意味着这种产品还没有和社会发生联系,还不能为他人所使用,对此,应适用行政法规予以制裁。当然,还未销售并不包括已经通过销售协议、销售意向,但还未来得及将伪劣产品进行转交的行为。这里的伪劣产品,既包括刑法规定的一般伪劣产品,也包括刑法另有规定的其他特殊伪劣产品,只要销售金额在 5 万元以上的,均可以本罪论处。但是,生产、销售刑法另有规定的其他特殊伪劣产品,已另构成他罪的,根据法条竞合犯罪中特殊法条优于普通法条的原则,则优先以他罪论处。

2. 本罪的主体是伪劣产品的生产者和销售者,这里的生产者和销售者既可以是自然人,即已满 16 周岁、具有刑事责任能力的自然人,也可以是法人形式的单位,即具有组织性、合法性的单位(法人)。在本罪的主体资格上,生产者、销售者是否取得合法的经营资格并不影响本罪的成立,若不构成单位犯罪,则以自然人犯罪论处。

3. 本罪在主观方面表现为故意。将本罪在主观方面限定在故意的罪过性质内,不但基于销售行为是以"明知"为条件,生产者、销售者在主观上必定具有牟取非法利益的目的内容,而且还基于刑法并没有附加规定过失实施本行为也要追究刑事责任的规定。如何确认行为人在主观上已具有了故意? 只要行为人明知自己生产、销售

---

① 2001 年 4 月 9 日最高人民法院、最高人民检察院《关于办理生产、销售伪劣商品刑事案件具体应用法律若干问题的解释》。

的产品属于违反产品质量管理法规的伪劣产品,仍予以生产、销售,即可认定行为人已具有了故意的罪过内容。在本罪的主观方面,行为人不懂法、不知法不能阻却其犯罪故意的成立。

(二) 生产、销售伪劣产品罪的认定

在认定生产、销售伪劣产品罪时,应注意以下问题:

1. 生产、销售伪劣产品罪与非罪的界限。本罪与生产、销售伪劣产品的违法行为之间的主要区别表现在两个方面:一是主观方面要求不同,本罪的主观方面要求具有故意的罪过性质,而一般的生产、销售伪劣产品的行为往往表现为不负责任、马虎了事、监管不严等过失或过错;二是客观后果要求不同,本罪的客观方面须要求销售金额在 5 万元以上,而一般的生产、销售伪劣产品的行为往往限定在销售金额在 5 万元以下。一般的生产、销售伪劣产品的违法行为应当按照行政法规加以制裁。

2. 生产、销售伪劣产品罪与生产、销售其他特定伪劣产品犯罪的关系。本罪与生产、销售其他特定伪劣产品犯罪之间属于一般与特殊的关系。根据《刑法》第 149 条的规定,生产、销售《刑法》第 141 条至第 148 条所列产品,构成各该条规定的犯罪。这是法条竞合犯罪中特殊法条优于普通法条原则的体现。但构成该条规定的犯罪,同时又构成生产、销售伪劣产品罪,须依照处罚较重的规定定罪处罚。这是法条竞合犯罪中重刑法条优于轻刑法条原则的体现。处罚较重,是指涉及同一犯罪或同一情节的法条在法定刑规定上,以重者为标准。但是生产、销售《刑法》第 141 条至第 148 条所列产品,虽不构成各该条规定的犯罪,例如并未造成严重后果或对人体健康并未造成严重危害的,但销售金额在 5 万元以上的,应依照本罪论处。

(三) 生产、销售伪劣产品罪的处罚

《刑法》第 140 条规定,犯生产、销售伪劣产品罪的,销售金额 5 万元以上不满 20 万元的,处 2 年以下有期徒刑或者拘役,并处或者单处销售金额 50% 以上 2 倍以下罚金;销售金额 20 万元以上不满 50 万元的,处 2 年以上 7 年以下有期徒刑,并处销售金额 50% 以上 2 倍以下罚金;销售金额 50 万元以上不满 200 万元的,处 7 年以上有期徒刑,并处销售金额 50% 以上 2 倍以下罚金;销售金额 200 万元以上的,处 15 年有期徒刑或者无期徒刑,并处销售金额 50% 以上 2 倍以下罚金或者没收财产。

第 149 条规定,生产、销售本节第 141 条至第 148 条所列产品,不构成各该条规定的犯罪,但是销售金额在 5 万元以上的,依照本节第 140 条的规定定罪处罚。

生产、销售本节第 141 条至第 148 条所列产品,构成各该条规定的犯罪,同时又构成本节第 140 条规定之罪的,依照处罚较重的规定定罪处罚。

第 150 条规定,单位犯本节第 140 条规定之罪的,对单位判处罚金,并对其直接负责的主管人员和其他直接责任人员,依照该条的规定处罚。

根据这些规定,自然人犯本罪的,要注意附加刑中的罚金和没收财产刑的适用;单位犯本罪的,实行两罚制,即除了对单位判处罚金外,还对其直接负责的主管人员和其他直接责任人员判处刑罚。

二、生产、销售假药罪

（一）生产、销售假药罪的概念和构成

生产、销售假药罪，是指行为人违反药品管理法规，生产、销售假药的行为。

本罪的构成要件如下：

1. 在客观方面，本罪表现为违反国家药品管理法规，生产、销售假药的行为。具体表现为：

（1）行为违反了国家药品管理法规。用于救死扶伤、治疾去病的药品是直接关系到人民群众的生命安全、身体健康的大事，药品的生产、使用来不得半点马虎。为此，国家专门制定《中华药典》、《药品管理法》对药品的成分结构和质量标准作了明确而详细的规定。

（2）实施了生产、销售假药的行为。认定本罪，在客观方面关键在于正确掌握和理解假药的性质和范围。假药，根据《药品管理法》第48条的规定，是指药品所含成分与国家药品标准规定的成分不符的；以非药品冒充药品或者以他种药品冒充此种药品的。按假药论处的药品指：国务院药品监督管理部门规定禁止使用的；依照本法必须批准而未经批准生产、进口，或者依照本法必须检验而未经检验即销售的；变质的；被污染的；使用依照本法必须取得批准文号而未取得批准文号的原料药生产的；所标明的适应症或者功能主治超出规定范围的。本罪在客观方面的生产、销售行为，只要具备其中之一，即符合犯罪客观要件；两种行为兼而有之，也以一罪论处。

2. 本罪的主体是假药的生产者和销售者。这里的生产者和销售者既可以是自然人，即已满16周岁、具有刑事责任能力的自然人，也可以是法人形式的单位，即具有组织性、合法性的单位（法人）。在本罪的主体资格上，生产者、销售者是否取得合法的经营资格并不影响本罪的成立，若不构成单位犯罪，则以自然人犯罪论处。

3. 本罪在主观方面表现为故意，即行为人明知药品为不符合《药品管理法》规定的假药，仍予以生产，或者明知是假药仍予以销售的主观状态。

（二）生产、销售假药罪的认定

在认定生产、销售假药罪时，应注意生产、销售假药罪与间接故意以危险方法危害公共安全罪的关系。由于假药一般具有危害人体健康的特性，其涉及的对象又往往是不特定的多数人，所以，生产、销售假药罪与间接故意以危险方法危害公共安全罪有着一定的联系。但是从刑法理论角度而言，两者属于法条竞合犯罪的关系。对于法条竞合的犯罪，刑法理论一般主张以特殊法条优于普通法条的原则加以选择适用；同时，生产、销售假药罪致人死亡或者对人体健康造成特别严重危害的，其法定最高刑为死刑，并处没收财产，从重刑法条优于轻刑法条的原则而言和形式与内容相结合的特点而言，也应当以生产、销售假药罪论处。

（三）生产、销售假药罪的处罚

《刑法》第141条规定，犯生产、销售假药罪的，处3年以下有期徒刑或者拘役，并

处罚金;对人体健康造成严重危害或者有其他严重情节的,处 3 年以上 10 年以下有期徒刑,并处罚金;致人死亡或者对人体健康造成特别严重危害或者有其他特别严重情节的,处 10 年以上有期徒刑、无期徒刑或者死刑,并处罚金或者没收财产。

2014 年 11 月 3 日最高人民法院、最高人民检察院《关于办理危害药品安全刑事案件适用法律若干问题的解释》规定,生产、销售假药,具有下列情形之一的,应当酌情从重处罚:(1)生产、销售的假药以孕产妇、婴幼儿、儿童或者危重病人为主要使用对象的;(2)生产、销售的假药属于麻醉药品、精神药品、医疗用毒性药品、放射性药品、避孕药品、血液制品、疫苗的;(3)生产、销售的假药属于注射剂药品、急救药品的;(4)医疗机构、医疗机构工作人员生产、销售假药的;(5)在自然灾害、事故灾难、公共卫生事件、社会安全事件等突发事件期间,生产、销售用于应对突发事件的假药的;(6)两年内曾因危害药品安全违法犯罪活动受过行政处罚或者刑事处罚的;(7)其他应当酌情从重处罚的情形。生产、销售假药,具有下列情形之一的,应当认定为《刑法》第 141 条规定的"对人体健康造成严重危害":(1)造成轻伤或者重伤的;(2)造成轻度残疾或者中度残疾的;(3)造成器官组织损伤导致一般功能障碍或者严重功能障碍的;(4)其他对人体健康造成严重危害的情形。生产、销售假药,具有下列情形之一的,应当认定为《刑法》第 141 条规定的"其他严重情节":(1)造成较大突发公共卫生事件的;(2)生产、销售金额 20 万元以上不满 50 万元的;(3)生产、销售金额 10 万元以上不满 20 万元,并具有应当酌情从重处罚情形的;(4)根据生产、销售的时间、数量、假药种类等,应当认定为情节严重的。生产、销售假药,具有下列情形之一的,应当认定为《刑法》第 141 条规定的"其他特别严重情节":(1)致人重度残疾的;(2)造成 3 人以上重伤、中度残疾或者器官组织损伤导致严重功能障碍的;(3)造成 5 人以上轻度残疾或者器官组织损伤导致一般功能障碍的;(4)造成 10 人以上轻伤的;(5)造成重大、特别重大突发公共卫生事件的;(6)生产、销售金额 50 万元以上的;(7)生产、销售金额 20 万元以上不满 50 万元,并具有应当酌情从重处罚情形的;(8)根据生产、销售的时间、数量、假药种类等,应当认定为情节特别严重的。

第 150 条规定,单位犯本节第 141 条规定之罪的,对单位判处罚金,并对其直接负责的主管人员和其他直接责任人员,依照该条的规定处罚。

三、生产、销售劣药罪

(一) 生产、销售劣药罪的概念和构成

生产、销售劣药罪,是指行为人违反药品管理法规,生产、销售对人体健康造成严重危害的劣药的行为。

本罪的构成要件如下:

1. 在客观方面,本罪表现为生产、销售劣药,对人体健康造成严重危害的行为。劣药,根据《药品管理法》第 49 条规定,是指药品成分的含量不符合国家药品标准。按劣药论处的药品指:未标明有效期或者更改有效期的;不注明或者更改生产批号

的;超过有效期的;直接接触药品的包装材料和容器未经批准的;擅自添加着色剂、防腐剂、香料、矫味剂及辅料的;其他不符合药品标准规定的。根据刑法的规定,本罪在客观方面是以结果为条件的犯罪,即是以生产、销售劣药的行为造成了对人体健康严重损害的结果,才可以构成犯罪。对于未造成对人体健康严重损害的行为或者只是一般的生产、销售劣药行为,则应当按照行政法规加以处理。

2. 本罪的主体是劣药的生产者和销售者,这里的生产者和销售者既可以是自然人,即已满16周岁、具有刑事责任能力的自然人,也可以是法人形式的单位,即具有组织性、合法性的单位(法人)。在本罪的主体资格上,生产者、销售者是否取得合法的经营资格并不影响本罪的成立,即不构成单位犯罪,以自然人犯罪论处。

3. 本罪在主观方面表现为故意,即表现为行为人明知是不符合《药品管理法》的规定,仍予以生产劣药,或者明知是劣药仍予以销售的主观心理状态。

(二) 生产、销售劣药罪的认定

本罪与生产、销售假药罪的区别主要体现在两个方面:一是两罪的犯罪对象不同,生产、销售假药罪的犯罪对象是假药;而生产、销售劣药罪的犯罪对象是劣药。二是两罪犯罪性质不同,生产、销售假药罪是行为犯,即只要实施了生产、销售具有足以危害人体健康的假药的行为,即已构成犯罪;而生产、销售劣药罪属于结果犯,即只有实施的生产、销售劣药的行为,产生了危害人体健康的结果,才能构成犯罪。

2014年11月3日最高人民法院、最高人民检察院《关于办理危害药品安全刑事案件适用法律若干问题的解释》规定,生产、销售劣药,具有下列情形之一的,应当酌情从重处罚:(1)生产、销售的劣药以孕产妇、婴幼儿、儿童或者危重病人为主要使用对象的;(2)生产、销售的劣药属于麻醉药品、精神药品、医疗用毒性药品、放射性药品、避孕药品、血液制品、疫苗的;(3)生产、销售的劣药属于注射剂药品、急救药品的;(4)医疗机构、医疗机构工作人员生产、销售劣药的;(5)在自然灾害、事故灾难、公共卫生事件、社会安全事件等突发事件期间,生产、销售用于应对突发事件的劣药的;(6)两年内曾因危害药品安全违法犯罪活动受过行政处罚或者刑事处罚的;(7)其他应当酌情从重处罚的情形。生产、销售劣药,具有下列情形之一的,应当认定为《刑法》第142条规定的"对人体健康造成严重危害":(1)造成轻伤或者重伤的;(2)造成轻度残疾或者中度残疾的;(3)造成器官组织损伤导致一般功能障碍或者严重功能障碍的;(4)其他对人体健康造成严重危害的情形。生产、销售劣药,具有下列情形之一的,应当认定为《刑法》第142条规定的"后果特别严重":(1)致人死亡的;(2)致人重度残疾的;(3)造成3人以上重伤、中度残疾或者器官组织损伤导致严重功能障碍的;(4)造成5人以上轻度残疾或者器官组织损伤导致一般功能障碍的;(5)造成10人以上轻伤的;(6)造成重大、特别重大突发公共卫生事件的。

(三) 生产、销售劣药罪的处罚

《刑法》第142条规定,犯生产、销售劣药罪的,处3年以上10年以下有期徒刑,并处销售金额50%以上2倍以下罚金;后果特别严重的,处10年以上有期徒刑或者无期徒刑,并处销售金额50%以上2倍以下罚金或者没收财产。

劣药,是指依照《药品管理法》的规定属于劣药的药品。

第150条规定,单位犯本节第142条规定之罪的,对单位判处罚金,并对其直接负责的主管人员和其他直接责任人员,依照该条的规定处罚。

四、生产、销售不符合安全标准的食品罪

(一) 生产、销售不符合安全标准的食品罪的概念和构成

生产、销售不符合安全标准的食品罪,是指行为人违反国家食品安全管理法规和工商行政管理法规,生产、销售不符合食品安全标准的食品足以造成严重食物中毒事故或其他严重食源性疾病的行为。

本罪的构成要件如下:

1. 在客观方面,本罪表现为行为人违反行政管理法规,生产、销售不符合食品安全标准的食品,足以造成严重食物中毒事故或其他严重食源性疾患的行为。具体表现为:

(1)违反国家食品卫生管理法规和工商行政管理法规。违反食品安全管理法规主要是指违反了《食品安全法》等法规。在这些法规中都明确规定了生产、销售合格安全食品的应有要求和生产、销售足以造成严重食物中毒事故或其他严重食源性疾病食品之行为的法律责任。

(2)实施生产、销售不符合安全标准的食品的行为。这里所说的食品,是指各种为人们食用的物品,既包括为人们充饥食用的固体食品,也包括为人们解渴饮用的液体食品。

(3)生产、销售的不符合安全标准的食品具有足以造成严重食物中毒事故或其他严重食源性疾病性质。对于生产、销售不足以造成严重食物中毒事故或其他严重食源性疾病性质的食品行为,则应当按照行政法规加以处理。

2. 本罪的主体是不符合安全标准食品的生产者和销售者。这里的生产者和销售者既可以是自然人,即已满16周岁、具有刑事责任能力的自然人,也可以是法人形式的单位,即具有组织性、合法性的单位(法人)。在本罪的主体资格上,生产者、销售者是否取得合法的经营资格并不影响本罪的成立,若不构成单位犯罪,则以自然人犯罪论处。

3. 本罪在主观方面表现为故意。

(二) 生产、销售不符合安全标准的食品罪的认定

在认定生产、销售不符合安全标准的食品罪时,应注意以下问题:

1. 生产、销售劣质的亦食亦补的产品的行为性质。从药物原理来说,补品不属于药品,所以不属于假药、劣药的范畴,但补品也不属于食品,因此也不属于本罪的范畴。对于生产、销售劣质的亦食亦补的产品的行为性质,我们认为应当以生产、销售伪劣产品罪论处较为适宜。

2. "足以造成严重食物中毒事故或者其他严重食源性疾病"的认定。根据 2013 年 5 月 2 日最高人民法院、最高人民检察院《关于办理危害食品安全刑事案件适用法律若干问题的解释》的规定,生产、销售不符合食品安全标准的食品,具有下列情形之一的,应当认定为"足以造成严重食物中毒事故或者其他严重食源性疾病":(1)含有严重超出标准限量的致病性微生物、农药残留、兽药残留、重金属、污染物质以及其他危害人体健康的物质的;(2)属于病死、死因不明或者检验检疫不合格的畜、禽、兽、水产动物及其肉类、肉类制品的;(3)属于国家为防控疾病等特殊需要明令禁止生产、销售的;(4)婴幼儿食品中生长发育所需营养成分严重不符合食品安全标准的;(5)其他足以造成严重食物中毒事故或者严重食源性疾病的情形。

(三)生产、销售不符合安全标准的食品罪的处罚

《刑法》第 143 条规定,犯生产、销售不符合安全标准的食品罪的,处 3 年以下有期徒刑或者拘役,并处罚金;对人体健康造成严重危害或者有其他严重情节的,处 3 年以上 7 年以下有期徒刑,并处罚金;后果特别严重的,处 7 年以上有期徒刑或者无期徒刑,并处罚金或者没收财产。

根据 2013 年 5 月 2 日最高人民法院、最高人民检察院《关于办理危害食品安全刑事案件适用法律若干问题的解释》的规定,生产、销售不符合食品安全标准的食品,具有下列情形之一的,应当认定为《刑法》第 143 条规定的"对人体健康造成严重危害":(1)造成轻伤以上伤害的;(2)造成轻度残疾或者中度残疾的;(3)造成器官组织损伤导致一般功能障碍或者严重功能障碍的;(4)造成 10 人以上严重食物中毒或者其他严重食源性疾病的;(5)其他对人体健康造成严重危害的情形。生产、销售不符合食品安全标准的食品,具有下列情形之一的,应当认定为"其他严重情节":(1)生产、销售金额 20 万元以上的;(2)生产、销售金额 10 万元以上不满 20 万元,不符合食品安全标准的食品数量较大或者生产、销售持续时间较长的;(3)生产、销售金额 10 万元以上不满 20 万元,属于婴幼儿食品的;(4)生产、销售金额 10 万元以上不满 20 万元,一年内曾因危害食品安全违法犯罪活动受过行政处罚或者刑事处罚的;(5)其他情节严重的情形。生产、销售不符合食品安全标准的食品,具有下列情形之一的,应当认定为《刑法》第 143 条规定的"后果特别严重":(1)致人死亡或者重度残疾的;(2)造成 3 人以上重伤、中度残疾或者器官组织损伤导致严重功能障碍的;(3)造成 10 人以上轻伤、5 人以上轻度残疾或者器官组织损伤导致一般功能障碍的;(4)造成 30 人以上严重食物中毒或者其他严重食源性疾病的;(5)其他特别严重的后果。

第 150 条规定,单位犯本节第 143 条规定之罪的,对单位判处罚金,并对其直接负责的主管人员和其他直接责任人员,依照该条的规定处罚。

五、生产、销售有毒、有害食品罪

(一)生产、销售有毒、有害食品罪的概念和构成

生产、销售有毒、有害食品罪,是指行为人违反食品卫生管理法规,在生产、销售的食品中掺入有毒、有害的非食品原料，或者销售明知掺有有毒、有害的非食品原料的食品的行为。

本罪的构成要件如下：

1. 在客观方面，本罪表现为在生产、销售的食品中掺入有毒、有害的非食品原料，或者销售明知掺有有毒、有害的非食品原料的食品的行为。本罪在客观方面不要求以造成严重后果为构成要素。

2. 本罪的主体是有毒、有害食品的生产者和销售者。这里的生产者和销售者既可以是自然人，即已满16周岁、具有刑事责任能力的自然人，也可以是法人形式的单位，即具有组织性、合法性的单位（法人）。在本罪的主体资格上，生产者、销售者是否取得合法的经营资格并不影响本罪的成立，即不构成单位犯罪，以自然人犯罪论处。

3. 本罪在主观方面表现为故意，即行为人明知而仍予为之。

（二）生产、销售有毒、有害食品罪的认定

在认定生产、销售有毒、有害食品罪时，应注意以下问题：

1. 生产、销售有毒有害食品罪与生产、销售不符合安全标准的食品罪之间的区别。两罪的区别在于两者的犯罪对象的性质有所不同。本罪的犯罪对象是掺有有毒、有害的非食品原料的食品。有毒、有害的非食品原料，是指含有有毒性元素或者对人体有害的成分而不能作为食品配料或者食品添加剂的物质。而生产、销售不符合安全标准的食品罪的犯罪对象是不符合安全标准的食品。

2. 生产、销售有毒、有害食品罪与间接故意以危险方法危害公共安全犯罪的关系。有毒、有害食品一般具有危害人体健康的特性，其涉及的对象也往往是不特定的多数人，因此，生产、销售有毒、有害食品罪与间接故意以危险方法危害公共安全犯罪有着一定的联系。例如制造、销售用工业酒精兑制的假酒，往往会造成不特定地区的不特定多数人的人体伤害，甚至死亡，因而具有危害公共安全犯罪的特征。但是从刑法理论角度而言，两者属于法条竞合犯罪的关系。对于法条竞合的犯罪，其选择适用的原则是特殊法条优于普通法条，重刑法条优于轻刑法条。由于生产、销售有毒、有害食品致人死亡或者对人体健康造成特别严重危害的，是依照《刑法》第141条生产、销售假药罪的法定刑处罚的，其最高法定刑为死刑、并处没收财产。所以，生产、销售有毒、有害食品即使具有危害公共安全的性质，也应当以生产、销售有毒、有害食品罪论处。

3. 生产、销售有毒、有害食品罪与生产、销售假药罪的关系。有毒、有害食品也会致人死亡或者对人体健康造成危害，这一特点与假药有相似之处。为此刑法规定，生产、销售有毒、有害食品致人死亡或者对人体健康造成特别严重危害的，罪名不变，但须按照生产、销售假药罪的法定刑进行处罚。

（三）生产、销售有毒、有害食品罪的处罚

《刑法》第144条规定，犯生产、销售有毒、有害食品罪的，处5年以下有期徒刑，并处罚金；对人体健康造成严重危害或者有其他严重情节的，处5年以上10年以下有期徒刑，并处罚金；致人死亡或者有其他特别严重情节的，依照《刑法》第141条的规定处罚。

根据 2013 年 5 月 2 日最高人民法院、最高人民检察院《关于办理危害食品安全刑事案件适用法律若干问题的解释》的规定,生产、销售有毒、有害食品,具有下列情形之一的,应当认定为《刑法》第 144 条规定的"对人体健康造成严重危害":(1)造成轻伤以上伤害的;(2)造成轻度残疾或者中度残疾的;(3)造成器官组织损伤导致一般功能障碍或者严重功能障碍的;(4)造成 10 人以上严重食物中毒或者其他严重食源性疾病的;(5)其他对人体健康造成严重危害的情形。生产、销售有毒、有害食品,具有下列情形之一的,应当认定为《刑法》第 144 条规定的"其他严重情节":(1)生产、销售金额 20 万元以上不满 50 万元的;(2)生产、销售金额 10 万元以上不满 20 万元,有毒、有害食品的数量较大或者生产、销售持续时间较长的;(3)生产、销售金额 10 万元以上不满 20 万元,属于婴幼儿食品的;(4)生产、销售金额 10 万元以上不满 20 万元,1 年内曾因危害食品安全违法犯罪活动受过行政处罚或者刑事处罚的;(5)有毒、有害的非食品原料毒害性强或者含量高的;(6)其他情节严重的情形。生产、销售有毒、有害食品,生产、销售金额 50 万元以上,或者具有下列情形之一的,应当认定为《刑法》第 144 条规定的"致人死亡或者有其他特别严重情节":(1)致人死亡或者重度残疾的;(2)造成 3 人以上重伤、中度残疾或者器官组织损伤导致严重功能障碍的;(3)造成 10 人以上轻伤、5 人以上轻度残疾或者器官组织损伤导致一般功能障碍的;(4)造成 30 人以上严重食物中毒或者其他严重食源性疾病的;(5)其他特别严重的后果。

第 150 条规定,单位犯本节第 144 条规定之罪的,对单位判处罚金,并对其直接负责的主管人员和其他直接责任人员,依照该条的规定处罚。

根据这一规定,自然人犯本罪的,要注意附加刑中的罚金和没收财产刑的适用;单位犯本罪的,实行两罚制,即除对单位判处罚金外,并对其直接负责的主管人员和其他直接责任人员判处刑罚。

六、生产、销售不符合标准的医用器材罪

(一) 生产、销售不符合标准的医用器材罪的概念和构成

生产、销售不符合标准的医用器材罪,是指生产不符合保障人体健康的国家标准、行业标准的医疗器械、医用卫生材料,或者销售明知是不符合保障人体健康的国家标准、行业标准的医疗器械、医用卫生材料,足以严重危害人体健康的行为。

本罪的构成要件如下:

1. 在客观方面,本罪表现为生产不符合保障人体健康的国家标准、行业标准的医疗器械、医用卫生材料,或者销售明知是不符合保障人体健康的国家标准、行业标准的医疗器械、医用卫生材料,足以严重危害人体健康的行为。

2. 本罪在主观方面表现为故意,即行为人明知而仍予为之。

(二) 生产、销售不符合标准的医用器材罪的处罚

《刑法》第 145 条及《刑法修正案(四)》规定,犯生产、销售不符合标准医用器材罪

的,处 3 年以下有期徒刑或者拘役,并处销售金额 50％ 以上 2 倍以下罚金;对人体健康造成严重危害的,处 3 年以上 10 年以下有期徒刑,并处销售金额 50％ 以上 2 倍以下罚金;后果特别严重的,处 10 年以上有期徒刑或者无期徒刑,并处销售金额 50％ 以上 2 倍以下罚金或者没收财产。

第 150 条规定,单位犯本节第 145 条规定之罪的,对单位判处罚金,并对其直接负责的主管人员和其他直接责任人员,依照该条的规定处罚。

根据这一规定,自然人犯本罪的,要注意附加刑中的罚金和没收财产刑的适用;单位犯本罪的,实行两罚制,即除对单位判处罚金外,并对其直接负责的主管人员和其他直接责任人员判处刑罚。

七、生产、销售不符合安全标准的产品罪

(一) 生产、销售不符合安全标准的产品罪的概念和构成

生产、销售不符合安全标准的产品罪,是指违反国家产品质量法规,生产不符合保障人身、财产安全的国家标准、行业标准的电器、压力容器、易燃易爆产品或者其他不符合保障人身、财产安全的国家标准、行业标准的产品,或者销售明知是以上不符合人身、财产安全的国家标准、行业标准的产品,造成严重后果的行为。

本罪的构成要件如下:

1. 在客观方面,本罪表现为生产不符合保障人身、财产安全的国家标准、行业标准的电器、压力容器、易燃易爆产品或者其他不符合保障人身、财产安全的国家标准、行业标准的产品,或者销售明知是以上不符合人身、财产安全的国家标准、行业标准的产品,造成严重后果的行为。

2. 本罪在主观方面表现为故意。

(二) 生产、销售不符合安全标准的产品罪的处罚

《刑法》第 146 条规定,犯生产、销售不符合安全标准的产品罪,造成严重后果的,处 5 年以下有期徒刑,并处销售金额 50％ 以上 2 倍以下罚金;后果特别严重的,处 5 年以上有期徒刑,并处销售金额 50％ 以上 2 倍以下罚金。

第 150 条规定,单位犯本节第 146 条规定之罪的,对单位判处罚金,并对其直接负责的主管人员和其他直接责任人员,依照该条的规定处罚。

根据这一规定,自然人犯本罪的要注意附加刑中的罚金和没收财产刑的适用;单位犯本罪的,实行两罚制,即除对单位判处罚金外,并对其直接负责的主管人员和其他直接责任人员判处刑罚。

八、生产、销售伪劣农药、兽药、化肥、种子罪

(一) 生产、销售伪劣农药、兽药、化肥、种子罪的概念和构成

生产、销售伪劣农药、兽药、化肥、种子罪,是指违反产品质量管理法规,生产假农

药、假兽药、假化肥,销售明知是假的或者是失去使用效能的农药、兽药、化肥、种子,或者在生产、销售活动中以不合格的农药、兽药、化肥、种子冒充合格的农药、兽药、化肥、种子,使生产遭受较大损失的行为。

本罪的构成要件如下:

1. 在客观方面,本罪表现为生产假农药、假兽药、假化肥,销售明知是假的或者是失去使用效能的农药、兽药、化肥、种子,或者在生产、销售活动中以不合格的农药、兽药、化肥、种子冒充合格的农药、兽药、化肥、种子,使生产遭受较大损失的行为。

2. 本罪在主观方面表现为故意。

(二) 生产、销售伪劣农药、兽药、化肥、种子罪的处罚

《刑法》第147条规定,犯生产、销售伪劣农药、兽药、化肥、种子罪的,处3年以下有期徒刑或者拘役,并处或者单处销售金额50%以上2倍以下罚金;使生产遭受重大损失的,处3年以上7年以下有期徒刑,并处销售金额50%以上2倍以下罚金;使生产遭受特别重大损失的,处7年以上有期徒刑或者无期徒刑,并处销售金额50%以上2倍以下罚金或者没收财产。

根据有关司法解释,《刑法》第147条规定的生产、销售伪劣农药、兽药、化肥、种子罪中"使生产遭受较大损失",一般以2万元为起点;"重大损失",一般以10万元为起点;"特别重大损失",一般以50万元为起点。[①]

第150条规定,单位犯本节第147条规定之罪的,对单位判处罚金,并对其直接负责的主管人员和其他直接责任人员,依照该条的规定处罚。

根据这一规定,自然人犯本罪的,要注意附加刑中的罚金和没收财产刑的适用;单位犯本罪的,实行两罚制,即除对单位判处罚金外,并对其直接负责的主管人员和其他直接责任人员判处刑罚。

九、生产、销售不符合卫生标准的化妆品罪

(一) 生产、销售不符合卫生标准的化妆品罪的概念和构成

生产、销售不符合卫生标准的化妆品罪,是指违反产品质量管理法规,生产不符合卫生标准的化妆品,或者销售明知是不符合卫生标准的化妆品,造成严重后果的行为。

本罪的构成要件如下:

1. 在客观方面,本罪表现为生产不符合卫生标准的化妆品,或者销售明知是不符合卫生标准的化妆品,造成严重后果的行为。

2. 本罪在主观方面表现为故意。

(二) 生产、销售不符合卫生标准的化妆品罪的处罚

《刑法》第148条规定,犯生产、销售不符合卫生标准的化妆品罪的,处3年以下

---

① 2001年4月5日最高人民法院、最高人民检察院《关于办理生产、销售伪劣商品刑事案件具体应用法律若干问题的解释》第7条。

有期徒刑或者拘役,并处或者单处销售金额 50％以上 2 倍以下罚金。

第 150 条规定,单位犯本节第 148 条规定之罪的,对单位判处罚金,并对其直接负责的主管人员和其他直接责任人员,依照该条的规定处罚。

根据这一规定,自然人犯本罪的要注意附加刑中的罚金和没收财产刑的适用;单位犯本罪的,实行两罚制,即除对单位判处罚金外,并对其直接负责的主管人员和其他直接责任人员判处刑罚。

第三节 走 私 罪

走私罪的一般概念是指,违反海关法规,逃避海关监管,非法运输、携带、邮寄国家禁止进出口或者国家限制进出口的物品进出国境的行为。根据我国刑法的规定,走私罪是一类犯罪的总称,我国刑法中共有 10 个具体的罪名,并规定了各罪的具体刑事责任。现分述如下。

一、走私普通货物、物品罪

(一) 走私普通货物、物品罪的概念与构成

走私普通货物、物品罪,是指行为人违反海关法规、逃避海关监管,非法运输、携带、邮寄刑法规定的特定物品对象以外的普通货物、物品进出国(边)境,偷逃应缴税额较大的行为。

本罪的构成要件如下:

1. 本罪侵犯的客体是国家对对外贸易垄断和海关监管制度。国家对对外贸易垄断,是指国家对所有进出口的货物、物品实行准许、限许和不许的制度;国家海关监管制度,是指国家设立海关对所有进出口的货物、物品实施监督管制,征收关税的制度。走私行为正是破坏了刑法所要保护的国家对对外贸易的垄断和国家的海关监管制度。

本罪的犯罪对象是指《刑法》第 151 条规定的武器、弹药、核材料、假币、文物、贵重金属,或者国家禁止进出口的珍贵动物及其制品、珍稀植物及其制品,《刑法》第 152 条规定的淫秽物品,《刑法修正案(四)》修改后的《刑法》第 339 条规定的固体废物、液态废物和气态废物,《刑法》第 347 条规定的毒品以外的其他普通货物、物品。普通货物、物品一般来说分成两类:一类是国家限制进出口的货物、物品,即国家对进出口实行配额管理或者许可证管理的货物、物品;另一类是国家一般征税的货物、物品。

2. 在客观方面,本罪表现为违反海关法规,逃避海关监管,非法运输、携带、邮寄刑法特别规定以外的普通货物、物品进出国(边)境,偷逃应缴税额较大的行为。本罪

在客观方面的行为包含着三层含义：

(1) 违反海关法规。我国对一般货物、物品的进出境实行海关监管并进行征收关税。走私普通货物、物品，偷逃关税，必然会给国家的经济利益和经济秩序造成严重的危害，为此，国家以刑法规定予以禁止。

(2) 逃避海关监管。逃避海关监管的方法通常有绕关走私、瞒关走私、夹藏走私、后续走私。后续走私，是指行为人以合法的进关形式为幌子，实际上进行走私的行为。根据《刑法》第 154 条规定：①未经海关许可并且未补缴应缴税额，擅自将批准进口的来料加工、来件装配、补偿贸易的原材料、零件、制成品、设备等保税货物，在境内销售牟利的；②未经海关许可并且未补缴应缴税额，擅自将特定减税、免税进口的货物、物品，在境内销售牟利的，应依照走私普通货物、物品罪定罪处罚。

(3) 本罪走私偷逃税额在 5 万元以上。

3. 本罪的主体既可以是达到 16 周岁、具有刑事责任能力的自然人，也可以是具有合法组织性的(法人)单位。

4. 本罪在主观方面表现为故意，即行为人明知是应由海关监管并应缴关税的货物、物品，仍故意予以走私。并且行为人在主观上具有牟利的目的，但行为人实际上是否实现牟利目的，则不影响犯罪的成立。

(二) 走私普通货物、物品罪的认定

在认定走私普通货物、物品罪时应注意以下问题：

1. 走私普通货物、物品罪与非罪的认定。本罪与一般走私行为的区别，主要在于走私偷逃税额数量的大小，走私偷逃税额不满 5 万元的，属于一般走私行为，由海关按海关行政法处理。

2. 走私普通货物、物品罪与走私其他特定货物、物品犯罪的关系。本罪与走私其他特定货物、物品犯罪的关系，是一般与特殊的关系。根据刑法的规定，走私武器、弹药、核材料、假币、文物、贵重金属、珍贵动物及其制品、珍稀植物及其制品、淫秽物品、固体废物、毒品等都有专条规定，各构成特定的走私犯罪。两者之间的区别主要在于两个方面的不同：一是犯罪对象的性质不同；二是税额数量的要求，本罪以偷逃税额在 5 万元以上为构成要件，走私其他特定货物、物品犯罪则不要求税额数量的大小多少。

3. 非关口走私的认定与处罚。《刑法》第 155 条第 1 款、第 2 款是关于非关口走私的规定。非关口走私，是指某种涉及走私物品的行为，并没有与海关关口发生直接的联系，但经刑法的特别规定以走私犯罪论处的情形。具体包括：(1)直接向走私人非法收购国家禁止进口物品的，或者直接向走私人非法收购走私进口的其他货物、物品，数额较大的；(2)在内海、领海界河、界湖运输、收购、贩卖国家禁止进出口物品的，或者运输、收购、贩卖国家限制进出口货物、物品，数额较大，没有合法证明的。

4. 共同走私罪的认定与处罚。《刑法》第 156 条规定，与走私罪犯通谋，为其提供贷款、资金、账号、发票、证明，或者为其提供运输、保管、邮寄或者其他方便的,以走私罪的共犯论处。《刑法》第156条是关于共同走私罪的规定,凡是与走私罪犯有通谋,均应以走私罪的共犯论处,按其所触犯的各具体走私罪的法定刑处罚。

5. 武装掩护走私的行为性质与处罚。《刑法》第157条规定:武装掩护走私的,依照本法第151条第1款的规定从重处罚。《刑法》第157条规定,对于武装掩护走私的行为,依照《刑法》第151条第1款走私武器、弹药罪、走私核材料罪、走私假币罪论处,从重处罚。

6. 暴力抗拒缉私的认定与处罚。《刑法》第157条第2款规定,对于以暴力、威胁方法抗拒缉私的,以所犯的走私罪和妨害公务罪,实行数罪并罚。

(三) 走私普通货物、物品罪的处罚

《刑法》第153条规定,犯走私普通货物、物品罪的,根据情节轻重,分别依照下列规定处罚:

1. 走私货物、物品偷逃应缴税额较大或者一年内曾因走私被给予二次行政处罚后又走私的,处3年以下有期徒刑或者拘役,并处偷逃应缴税额1倍以上5倍以下罚金。

2. 走私货物、物品偷逃应缴税额巨大或者有其他严重情节的,处3年以上10年以下有期徒刑,并处偷逃应缴税额1倍以上5倍以下罚金。

3. 走私货物、物品偷逃应缴税额特别巨大或者有其他特别严重情节的,处10年以上有期徒刑或者无期徒刑,并处偷逃应缴税额1倍以上5倍以下罚金或者没收财产。

4. 单位犯前款罪的,对单位判处罚金,并对其直接负责的主管人员和其他直接责任人员,处3年以下有期徒刑或者拘役;情节严重的,处3年以上10年以下有期徒刑;情节特别严重的,处10年以上有期徒刑。

2014年8月12日最高人民法院、最高人民检察院《关于办理走私刑事案件适用法律若干问题的解释》第18条的规定,所谓"应缴税额",是指进出口货物、物品应当缴纳的进出口关税和进口环节海关代征税的税额。应缴税额以走私行为实施时的税则、税率、汇率和完税价格计算;多次走私的,以每次走私行为实施时的税则、税率、汇率和完税价格逐票计算;走私行为实施时间不能确定的,以案发时间的税则、税率、汇率和完税价格计算。

根据我国刑法对走私罪的规定,各种走私犯罪均可由单位构成。对单位犯走私罪,实行两罚制原则。但刑法对单位犯走私罪的两罚制原则有两种规定形式:一是对单位判处罚金,并对其直接负责的主管人员和其他直接责任人员,依照所触犯的各条规定的法定刑处罚;二是《刑法》第153条规定的,犯走私普通货物、物品罪,对单位判处罚金,并对其直接负责的主管人员和其他直接责任人员,处3年以下有期徒刑或者拘役;情节严重的,处3年以上10年以下有期徒刑;情节特别严重的,处10年以上有期徒刑。

5. 对多次走私未经处理的,按照累计走私货物、物品的偷逃应缴税额处罚。

二、走私武器、弹药罪

（一）走私武器、弹药罪的概念和构成

走私武器、弹药罪，是指违反海关法规，逃避海关监管，非法运输、携带、邮寄武器、弹药进出国（边）境的行为。

本罪的构成要件如下：

1. 在客观方面，本罪表现为违反海关法规，逃避海关监管，非法运输、携带、邮寄武器、弹药进出国（边）境的行为。本罪的犯罪对象仅限于武器和弹药。武器，是指《中华人民共和国禁止进出境物品表》所列的各种军用武器以及其他类似军用武器的枪支器械。弹药，是指能够供军用武器使用的具有杀伤力的火药物品和其他具有爆炸性、杀伤力的物品。由于武器、弹药具有的杀伤力和危险性的性质，所以刑法规定，走私武器、弹药，不论数量多少、情节轻重，一律当以犯罪论处。

2. 本罪在主观方面表现为故意，即行为人明知自己走私涉及的对象为武器、弹药，仍故意违法运输、携带、邮寄进出国（边）境。在司法实践中，要将本罪与危害公共安全犯罪中非法运输枪支、弹药、爆炸物罪加以区别开来。两者的区别主要在于本罪的行为是与逃避海关监管紧密联系在一起，表现为非法进出国（边）境的行为。而非法运输枪支、弹药、爆炸物罪的行为主要发生在国（边）境内侧的范围。

（二）走私武器、弹药罪的处罚

《刑法》第151条规定，犯走私武器、弹药罪的，处7年以上有期徒刑，并处罚金或者没收财产；情节特别严重的，处无期徒刑，并处没收财产；情节较轻的，处3年以上7年以下有期徒刑，并处罚金。

单位犯本条规定之罪的，对单位判处罚金，并对其直接负责的主管人员和其他直接责任人员，依照本条的规定处罚。

三、走私核材料罪

（一）走私核材料罪的概念和构成

走私核材料罪，是指违反海关法规，逃避海关监管，非法运输、携带、邮寄核材料进出国（边）境的行为。

本罪的构成要件如下：

1. 在客观方面，本罪表现为违反海关法规，逃避海关监管，非法运输、携带、邮寄核材料进出国（边）境的行为。本罪的犯罪对象仅限于核材料。核材料，是指铀或含铀的材料和制品；钚或含钚的材料和制品；氚或含氚的材料和制品；锂或含锂的材料和制品；其他被管制的核材料。

2. 本罪在主观方面表现为故意，即行为人明知是核材料，仍故意予以走私。

(二) 走私核材料罪的处罚

《刑法》第 151 条规定,犯走私核材料罪的,处 7 年以上有期徒刑,并处罚金或者没收财产;情节特别严重的,处无期徒刑,并处没收财产;情节较轻的,处 3 年以上 7 年以下有期徒刑,并处罚金。

单位犯本条规定之罪的,对单位判处罚金,并对其直接负责的主管人员和其他直接责任人员,依照本条的规定处罚。

四、走私假币罪

(一) 走私假币罪的概念和构成

走私假币罪,是指违反海关法规,逃避海关监管、非法运输、携带、邮寄伪造的货币进出国(边)境的行为。

本罪的构成要件如下:

1. 在客观方面,本罪表现为违反海关法规,逃避海关监管、非法运输、携带、邮寄伪造的货币进出国(边)境的行为。本罪的犯罪对象仅限于伪造的货币。伪造的货币,是指仿照各种真币制作的货币。这里的货币是指可在国内市场流通或者兑换的人民币、境外货币。

2. 本罪在主观方面表现为故意,即行为人明知是伪造的货币,仍故意予以走私。

(二) 走私假币罪的处罚

《刑法》第 151 条规定,犯走私假币罪的,处 7 年以上有期徒刑,并处罚金或者没收财产;情节特别严重的,处无期徒刑,并处没收财产;情节较轻的,处 3 年以上 7 年以下有期徒刑,并处罚金。

单位犯本条规定之罪的,对单位判处罚金,并对其直接负责的主管人员和其他直接责任人员,依照本条的规定处罚。

五、走私文物罪

(一) 走私文物罪的概念和构成

走私文物罪,是指违反海关法规、逃避海关监管,非法运输、携带、邮寄国家禁止出口的文物进出国(边)境的行为。

本罪的构成要件如下:

1. 在客观方面,本罪表现为违反海关法规、逃避海关监管,非法运输、携带、邮寄国家禁止出口的文物进出国(边)境的行为。本罪的犯罪对象仅限于国家禁止出口的文物。国家禁止出口的文物,是指《中华人民共和国文物保护法》规定的具有重要历史、艺术、科学价值的文物。

2. 本罪在主观方面表现为故意,即行为人明知是文物,仍故意予以走私。

（二）走私文物罪的处罚

《刑法》第 151 条规定，犯走私文物罪的，处 5 年以上 10 年以下有期徒刑，并处罚金；情节特别严重的，处 10 年以上有期徒刑或者无期徒刑，并处没收财产；情节较轻的，处 5 年以下有期徒刑，并处罚金。

单位犯本条规定之罪的，对单位判处罚金，并对其直接负责的主管人员和其他直接责任人员，依照本条的规定处罚。

根据 2015 年 10 月 12 日最高人民法院、最高人民检察院《关于办理妨害文物管理等刑事案件适用法律若干问题的解释》第 1 条第 2 款规定，走私国家禁止出口的二级文物的，应当依照《刑法》第 151 条第 2 款规定，以走私文物罪处 5 年以上 10 年以下有期徒刑，并处罚金；走私国家禁止出口的一级文物的，应当认定为《刑法》第 151 条第 2 款规定的"情节特别严重"；走私国家禁止出口的三级文物的，应当认定为《刑法》第 151 条第 2 款规定的"情节较轻"。

六、走私贵重金属罪

（一）走私贵重金属罪的概念和构成

走私贵重金属罪，是指违反海关法规，逃避海关监管，非法运输、携带、邮寄黄金、白银和其他贵重金属进出国（边）境的行为。

本罪的构成要件如下：

1. 在客观方面，本罪表现为违反海关法规，逃避海关监管，非法运输、携带、邮寄黄金、白银等贵重金属进出国（边）境的行为。本罪的犯罪对象仅限于黄金、白银等贵重金属。黄金、白银，是指《中华人民共和国金银管理条例》规定的各种金银矿产品；金银制品和含金含银制品；金银铸币；金银条、块、锭、粉；化工产品中含的金银。其他贵重金属，是指金银以外具有化学稳定性、延展性、耐溶性，而且储藏量小、价格高或比重大于五的金属，如铱、铂、钯、汞、铜等金属品。随着我国贵重金属市场的放开，已剔出管制范围的贵重金属将不再属于本罪的犯罪对象。

2. 本罪在主观方面表现为故意，即行为人明知是黄金等贵重金属，仍故意予以走私。

（二）走私贵重金属罪的处罚

《刑法》第 151 条规定，犯走私贵重金属罪的，处 5 年以上 10 年以下有期徒刑，并处罚金；情节特别严重的，处 10 年以上有期徒刑或者无期徒刑，并处没收财产；情节较轻的，处 5 年以下有期徒刑，并处罚金。

单位犯本条规定之罪的，对单位判处罚金，并对其直接负责的主管人员和其他直接责任人员，依照本条的规定处罚。

七、走私珍贵动物、珍贵动物制品罪

（一）走私珍贵动物、珍贵动物制品罪的概念和构成

走私珍贵动物、珍贵动物制品罪，是指违反海关法规、逃避海关监管、非法运输、

携带、邮寄珍贵动物及其制品进出国(边)境的行为。

本罪的构成要件如下:

1. 在客观方面,本罪表现为违反海关法规、逃避海关监管、非法运输、携带、邮寄珍贵动物及其制品进出国(边)境的行为。本罪的犯罪对象仅限于珍贵动物及其制品。珍贵动物,是指《中华人民共和国野生动物保护法》规定的对生态平衡、科学研究、文化艺术、经济发展以及国际交往等方面具有重要价值的陆生、水生野生动物,既包括我国特有且闻名世界的稀有野生动物,如大熊猫、金丝猴等;也包括我国目前尚存的濒临于绝种危险境地的野生动物,如天鹅、雪豹等,总计有 12 纲、55 目、106 属、389 种。珍贵动物制品,是指利用上述珍贵动物加工、制作的副产品,如标本、皮毛、饰品等。

2. 本罪在主观方面表现为故意,即行为人明知是珍贵动物及其制品,仍故意予以走私。

(二) 走私珍贵动物、珍贵动物制品罪的处罚

《刑法》第 151 条规定,犯走私珍贵动物、珍贵动物制品罪的,处 5 年以上 10 年以下有期徒刑,并处罚金;情节特别严重的,处 10 年以上有期徒刑或者无期徒刑,并处没收财产;情节较轻的,处 5 年以下有期徒刑,并处罚金。

单位犯本条规定之罪的,对单位判处罚金,并对其直接负责的主管人员和其他直接责任人员,依照本条的规定处罚。

八、走私国家禁止进出口的货物、物品罪

(一) 走私国家禁止进出口的货物、物品罪的概念和构成

走私国家禁止进出口的货物、物品罪,是指违反海关法规、逃避海关监管,非法运输、携带、邮寄珍稀植物及其制品等国家禁止进出口的货物、物品进出国(边)境的行为。

本罪的构成要件如下:

1. 在客观方面,本罪表现为违反海关法规、逃避海关监管,非法运输、携带、邮寄珍稀植物及其制品等国家禁止进出口的货物、物品进出国(边)境的行为。本罪的犯罪对象为珍稀植物及其制品等。珍稀植物,是指国家重要保护的、原生的、天然生长的珍贵植物和原生的、天然生长的、具有重要经济、科学研究、文化价值的濒危、稀有植物。珍稀植物制品,是指利用珍稀植物加工、制作的标本、器具等。

2. 本罪在主观方面表现为故意,即行为人明知是珍稀植物、珍稀植物制品等国家禁止进出口的其他货物、物品,仍故意予以走私。

(二) 走私国家禁止进出口的货物、物品罪的处罚

《刑法》第 151 条规定,犯走私禁止进出口的其他货物、物品罪的,处 5 年以下有期徒刑或者拘役,并处或者单处罚金;情节严重的,处 5 年以上有期徒刑,并处罚金。

单位犯本条规定之罪的,对单位判处罚金,并对其直接负责的主管人员和其他直接责任人员,依照本条的各款规定处罚。

九、走私淫秽物品罪

（一）走私淫秽物品罪的概念和构成

走私淫秽物品罪，是指以牟利或传播为目的，违反海关法规，逃避海关监管，非法运输、携带、邮寄淫秽物品进出国（边）境的行为。

本罪的构成要件如下：

1. 在客观方面，本罪表现为违反海关法规，逃避海关监管，非法运输、携带、邮寄淫秽物品进出国（边）境的行为。本罪的犯罪对象仅限于淫秽物品。淫秽物品，是指具体描绘性行为或者露骨宣扬色情的淫秽性的书刊、影片、录像带、录音带、图片及其他淫秽物品。其他淫秽物品，是指除淫秽的影片、录像带、录音带、图片、书刊以外的，通过文字、声音、形象等形式表现淫秽内容的影碟、音碟、电子出版物等物品。根据刑法规定，有关人体生理、医学知识的科学著作不是淫秽物品；包含有色情内容的有艺术价值的文学、艺术作品，不视为淫秽物品。走私非淫秽的影片、影碟、录像带、录音带、音碟、图片、书刊、电子出版物等物品的，依照《刑法》第 153 条的规定定罪处罚。

2. 本罪在主观方面表现为故意，即行为人以牟利或者传播为目的，明知是淫秽物品，仍予以走私。

（二）走私淫秽物品罪的处罚

《刑法》第 152 条规定，犯走私淫秽物品罪的，处 3 年以上 10 年以下有期徒刑，并处罚金；情节严重的，处 10 年以上有期徒刑或者无期徒刑，并处罚金或者没收财产；情节较轻的，处 3 年以下有期徒刑、拘役或者管制，并处罚金。

走私淫秽物品达到下列数量之一的，属于走私淫秽物品罪"情节较轻"：（1）走私淫秽录像带、影碟 50 盘（张）以上至 100 盘（张）的；（2）走私淫秽录音带、音碟 100 盘（张）以上至 200 盘（张）的；（3）走私淫秽扑克、书刊、画册 100 副（册）以上至 200 副（册）的；（4）走私淫秽照片、画片 500 张以上至 1 000 张的；（5）走私其他淫秽物品相当于上述数量的。①

走私淫秽物品在前述规定的最高数量以上不满最高数量 5 倍的，处 3 年以上 10 年以下有期徒刑，并处罚金。

走私淫秽物品在前述规定的最高数量 5 倍以上，或者虽不满最高数量 5 倍，但具有是犯罪集团的首要分子，使用特种车从事走私活动等情节的，属于走私淫秽物品罪"情节严重"，处 10 年以上有期徒刑或者无期徒刑，并处罚金或者没收财产。②

单位犯前款罪的，对单位判处罚金，并对其直接负责的主管人员和其他直接责任人员，依照前款的规定处罚。

---

① ② 2000 年 9 月 20 日最高人民法院《关于审理走私刑事案件具体应用法律若干问题的解释》第 5 条。

十、走私废物罪

(一) 走私废物罪的概念和构成

走私废物罪,是指违反海关法规,逃避海关监管,非法运输境外固体废物、液态废物和气态废物进入境内,情节严重的行为。

本罪的构成要件如下:

1. 在客观方面,本罪表现为违反海关法规,逃避海关监管,非法运输境外废物进入境内,情节严重的行为。

2. 本罪在主观方面表现为故意,即行为人明知是废物,仍故意予以走私。

(二) 走私废物罪的处罚

《刑法》第 152 条第 2 款及《刑法修正案(四)》规定,犯走私废物罪的,处 5 年以下有期徒刑,并处或者单处罚金;情节特别严重的,处 5 年以上有期徒刑,并处罚金。

单位犯前款罪的,对单位判处罚金,并对其直接负责的主管人员和其他直接责任人员,依照前款的规定处罚。

第四节　妨害对公司、企业的管理秩序罪

一、虚报注册资本罪

(一) 虚报注册资本罪的概念和构成

虚报注册资本罪,是指违反公司管理法规,使用虚假证明文件或者采取其他欺诈手段虚报注册资本,欺骗公司登记主管部门,取得公司登记,虚报注册资本数额巨大、后果严重或者有其他严重情节的行为。

本罪的构成要件如下:

1. 在客观方面,本罪表现为违反公司管理法规,使用虚假证明文件或者采取其他欺诈手段虚报注册资本,欺骗公司登记主管部门,取得公司登记,虚报注册资本数额巨大、后果严重或者有其他严重情节的行为。需要注意的是,根据 2014 年 4 月 24 日《关于〈中华人民共和国刑法〉第一百五十八条、第一百五十九条的解释》规定,《刑法》第 158、159 条的规定只适用于依法实行注册资本实缴登记制的公司。本罪在客观方面具有三层含义:

其一,虚报注册资本行为表现为违反了国家对公司成立的管理法规。为了规范公司的各项经营活动,国家专门制定颁布了《中华人民共和国公司法》、《中华人民共和国公司登记管理条例》以及其他相关的法律、法规。这些法律、法规规定,成立公司必须依照法定程序申请登记,领取公司营业执照,成立有限责任公司除应当具备有关

的法定条件外,股东出资应当达到法定最低限度;注册资本为全体股东的出资额;对作为出资的实物、工业产权、非专利技术或者土地使用权,必须进行评估作价,核实财产,不得高估或者低估;注册资本为实收股东总额。虚报注册资本行为实际上就是弄虚作假,违反了国家对公司成立的管理法规。

其二,虚报注册资本行为表现为采取虚假证明文件或者其他欺诈手段虚报注册资本,欺骗公司登记主管部门,取得公司登记。取得公司登记,是指通过欺骗行为,使得公司登记主管部门批准公司的成立并发给《企业法人营业执照》。

其三,虚报注册资本数额巨大、后果严重或者具有其他严重情节。根据有关司法解释,申请公司登记使用虚假证明文件或者采取其他欺诈手段虚报注册资本,欺骗公司登记主管部门,取得公司登记,涉嫌下列情形之一的,应予追诉:(1)超过法定出资期限,实缴注册资本不足法定注册资本最低限额,有限责任公司虚报数额在30万元以上并占其应缴出资数额60%以上的,股份有限公司虚报数额在300万元以上并占其应缴出资数额30%以上的。(2)超过法定出资期限,实缴注册资本达到法定注册资本最低限额,但仍虚报注册资本,有限责任公司虚报数额在100万元以上并占其应缴出资数额60%以上的,股份有限公司虚报数额在1 000万元以上并占其应缴出资数额30%以上的。(3)造成投资者或者其他债权人直接经济损失累计数额在10万元以上的。(4)虽未达到上述数额标准,但具有下列情形之一的:①两年内因虚报注册资本受过行政处罚两次以上,又虚报注册资本的;②向公司登记主管人员行贿的;③为进行违法活动而注册的。(5)其他后果严重或者有其他严重情节的情形。

虚报注册资本行为在客观方面必须同时具备上述三个条件,才能成立犯罪。

2. 本罪的主体既可以是已满16周岁、具有刑事责任能力的自然人,也可以是具有合法组织性的(法人)单位。

3. 本罪在主观方面表现为故意。

(二)虚报注册资本罪的处罚

《刑法》第158条规定,犯虚报注册资本罪的,处3年以下有期徒刑或者拘役,并处或者单处虚报注册资本金额1%以上5%以下罚金。

单位犯前款罪的,对单位判处罚金,并对其直接负责的主管人员和其他直接责任人员,处3年以下有期徒刑或者拘役。

二、虚假出资、抽逃出资罪

(一)虚假出资、抽逃出资罪的概念和构成

虚假出资、抽逃出资罪,是指公司发起人、股东违反公司管理法规,未交付货币、实物或者未转移财产权,虚假出资,或者在公司成立后又抽逃其出资,数额巨大,后果严重或者有其他严重情节的行为。

本罪的构成要件如下:

1. 在客观方面,本罪表现为违反公司管理法规,未交付货币、实物或者未转移财

产权,虚假出资,或者在公司成立后又抽逃其出资,数额巨大,后果严重或者有其他严重情节的行为。这一特征具有三层含义:

其一,表现为违反公司法规,《公司法》规定,有限责任公司的注册资本为在公司登记的全体股东认缴的出资额。法律、行政法规以及国务院决定对有限责任公司注册资本实缴、注册资本最低限额另有规定除外,本罪适用于实行注册资本实缴登记制的公司;以货币、实物、工业产权、非专利技术或者土地使用权出资的,应当依法办理其财产权的转移手续;虚假出资、抽逃出资的行为,实际上是明出资暗不出资的欺诈行为,直接违反了《公司法》对公司发起人、股东规定的应当如实足额缴纳出资的规定。其二,表现为未交付货币、实物或者未转移财产权,虚假出资或者在公司成立之后又抽逃出资的行为。其三,虚假出资或者抽逃出资数额巨大、后果严重或者有其他严重情节的。

2. 本罪的主体既可以是已满 16 周岁、具有刑事责任能力的自然人,也可以是具有合法组织性的(法人)单位。

3. 本罪在主观方面表现为故意。

(二) 虚假出资、抽逃出资罪的认定

在司法实践中,要注意本罪与虚报注册资本罪的区别。两者在违反公司管理法规,行为具有虚假欺诈性质方面具有相同之处,而且有时两者可以互相转化。但两者又有着严格的区别,这主要表现在:一是主体资格要求不同。虚假出资、抽逃出资罪的主体是公司的发起人、股东,而虚报注册资本罪的主体是公司指派的代表或委托的代理人。二是行为过程不同。虚假出资、抽逃出资的行为发生在发起人、股东与公司之间,而虚报注册资本的行为发生在公司申请人与国家公司登记部门之间。三是行为表现不同。虚假出资、抽逃出资的行为表现为未交付钱物或交付后又抽逃出资、危害公司利益,而虚报注册资本罪主要表现为通过虚假证明文件等手段,骗取公司登记。

(三) 虚假出资、抽逃出资罪的处罚

《刑法》第 159 条规定,犯虚假出资、抽逃出资罪的,处 5 年以下有期徒刑或者拘役,并处或者单处虚假出资金额或者抽逃出资金额 2% 以上 10% 以下罚金。

单位犯前款罪的,对单位判处罚金,并对其直接负责的主管人员和其他直接责任人员,处 5 年以下有期徒刑或者拘役。

三、欺诈发行股票、债券罪

(一) 欺诈发行股票、债券罪的概念和构成

欺诈发行股票、债券罪,是指违反公司管理法规,在招股说明书、认股书、公司、企业债券募集办法中隐瞒重要事实或者编造重大虚假内容,发行股票或者公司、企业债券,数额巨大、后果严重或者有其他严重情节的行为。

本罪的构成要件如下:

1. 在客观方面,本罪表现为违反公司管理法规,在招股说明书、认股书、公司、企业债券募集办法中隐瞒重要事实或者编造重大虚假内容,发行股票或者公司、企业债券,数额巨大、后果严重或者有其他严重情节的行为。这一特征具有三层含义:

其一,表现为违反公司法规。《公司法》规定,公司的股份采取股票形式。股票的发行,实行公开、公平、公正的原则。公司经批准向社会公开发行新股时,必须公告新股说明书和财务会计报表及附属明细表,并制作认股书。发行公司、企业债券的申请经批准后,应当公告公司、企业债券募集办法。欺诈发行公司、企业股票、债券的行为,首先违反了国家对公司、企业发行股票、债券的有关规定。

其二,表现为在招股说明书、认股书,公司、企业债券募集办法中隐瞒重要事实或者编造重大虚假事实。招股说明书,是指公司在获准公开发行股票后,在法定日期和指定的报刊上刊载的全面、真实、准确披露公司资料、提供投资者参考的文件。认股书是指表明股票持有人拥有在特定时间以内按规定价格购买一定数量股票的权利证书。公司、企业债券募集办法是指明公司、企业名称、债券总额和债券票额、债券利率、还本付息的方式、期限,债券发行日期,公司、企业的净资产额,已发行的尚未到期的债券总额、债券的承销机构等注意事项的文件。上述文件都是投资者在投资时做出选择考虑的重要依据,在这些文件中隐瞒重要事实或者编造重大虚假内容,必然给投资者乃至整个经济秩序造成极大的危害。

其三,欺诈发行股票或公司、企业债券数额巨大,后果严重或者有其他严重情节的情形。根据有关司法解释,在招股说明书、认股书,公司、企业债券募集办法中隐瞒重要事实或者编造重大虚假内容,发行股票或者公司、企业债券,涉嫌下列情形之一的,应予追诉:(1)发行数额在 500 万元以上的;(2)伪造、变造国家机关公文、有效证明文件或者相关凭证、单据的;(3)利用非法募集的资金进行违法活动的;(4)转移或者隐瞒所募集资金的;(5)其他后果严重或者有其他严重情节的情形。

2. 本罪的主体既可以是已满 16 周岁,具有刑事责任能力的自然人,也可以是具有合法组织性的(法人)单位。

3. 本罪在主观方面表现为故意。

(二)欺诈发行股票、债券罪的处罚

《刑法》第 160 条规定,犯欺诈发行股票、债券罪的,处 5 年以下有期徒刑或者拘役,并处或者单处非法募集资金金额 1% 以上 5% 以下罚金。

单位犯前款罪的,对单位判处罚金,并对其直接负责的主管人员和其他直接责任人员,处 5 年以下有期徒刑或者拘役。

四、违规披露、不披露重要信息罪

(一)违规披露、不披露重要信息罪的概念和构成

违规披露、不披露重要信息罪,是指依法负有信息披露义务的公司、企业向股东和社会公众提供虚假的或者隐瞒重要事实的财务会计报告,或者对依法应当披露的

其他重要信息不按照规定披露,严重损害股东或者其他人利益,或者有其他严重情节的行为。这是《刑法修正案(六)》对《刑法》第161条修改后的罪名。

本罪的构成要件如下:

1. 在客观方面,本罪表现为公司、企业向股东和社会公众提供虚假的或者隐瞒重要事实的财务会计报告,或者对依法应当披露的其他重要信息不按照规定披露,严重损害股东或者其他人利益,或者有其他严重情节的行为。一方面,根据《公司法》规定,公司应当依照法律、行政法规和国务院财政主管部门的规定,建立公司财务会计制度,按照规定向股东和社会公众送交或者公布其财务会计报告。财务会计报告反映一个公司在一定时期的经营状况,是保证公司正常运转的基本要素,也是让股东和社会公众了解自己出资或者投资所产生经济效益的重要窗口。编制财务会计报告必须"合法、真实、准确、完整",提供虚假的财务会计报告,就是违反上述管理规定的行为。隐瞒重要事实的财务会计报告,主要是隐瞒公司的负债或重大亏损情况,从而误导股东或社会公众的情形,但是这种虚假的或者隐瞒重要事实的财务会计报告必须已经向股东与社会公众公布。另一方面,不依法披露信息,是指对依法应当披露的其他重要信息不按照规定披露。依法应当披露的其他重要信息,不仅包括《证券法》、《公司法》、《银行业监督管理法》、《证券投资基金法》及行政法规对于应当披露的信息事项的规定,而且还包括国务院证券管理机构依照《证券法》、《公司法》的授权对信息披露事项的具体规定。不按照规定披露,不仅包括违背法律、法规和国务院证券管理机构的规定搞虚假披露,还包括对所披露的信息有虚假记载、误导性陈述或者重大遗漏等情形。

2. 本罪的主体是所有依法负有信息披露义务的公司、企业,包括依据《公司法》、《证券法》、《银行业监督管理法》、《证券投资基金法》等法律、行政法规、规章规定的具有信息披露义务的股票发行人、上市公司,公司、企业债券上市交易的公司、企业,银行、基金管理人、基金托管人和其他信息披露义务人。

3. 本罪在主观方面表现为故意。

(二) 违规披露、不披露重要信息罪的处罚

《刑法》第161条规定,犯违规披露、不披露重要信息罪的,对其直接负责的主管人员和其他直接责任人员,处3年以下有期徒刑或者拘役,并处或者单处2万元以上20万元以下罚金。

本罪是只有单位才能构成的犯罪,但在处罚上采取"单罚制"的原则。

五、妨害清算罪

(一) 妨害清算罪的概念和构成

妨害清算罪,是指公司、企业违反清算管理法规,在进行清算时,隐匿财产,对资产负债表或者财产清单作虚伪记载或者在未清偿债务前分配公司、企业财产,严重损害债权人或者其他人利益的行为。

本罪的构成要件如下:

1. 在客观方面,本罪表现为公司、企业违反清算管理法规,在进行清算时,隐匿财产,对资产负债表或者财产清单作虚伪记载或者在未清偿债务前分配公司、企业财产,严重损害债权人或者其他人利益,情节严重的行为。这一特征具有三层含义:

其一,表现为公司、企业违反清算管理法规。《公司法》及有关行政和经济法规规定,公司、企业面临破产、解散时,要组织股东、有关机关及专业人员成立清算组,进行清算。清算组成员应当忠于职守,依法履行清算义务。公司、企业妨害清算的行为,就直接违反了有关清算规定。

其二,表现为在进行清算时,隐匿财产,对资产负债表或者财产清单作虚伪记载或者在未清偿债务前分配公司、企业的财产。按照有关规定,公司、企业在清算时,应当对公司、企业的财产、债权和债务进行清理。所有清理活动,都应当如实公开。在公司、企业债务清偿之前,不得进行剩余财产的分配。隐匿财产,是指将公司、企业的财产隐藏或者转移至他处,逃避财产清理。对资产负债表或者财产清单作虚伪记载,是指在制作资产负债表或者财产清单时,做虚假不实的记载,以逃避债务。在未清偿债务前分配公司、企业的财产,是指在没有全部清缴所欠税款和偿还所欠债务之前,擅自对公司、企业财产进行提前分配。

其三,严重损害了债权人或者其他人的利益。根据有关司法解释,公司、企业进行清算时,隐匿财产,对资产负债表或者财产清单作虚伪记载或者在未清偿债务前分配公司、企业财产,隐匿财产价值在 50 万元以上或者造成债权人或者其他人直接经济损失数额在 10 万元以上的,应予追诉。

妨害清算行为必须同时具备上述三个条件,才能构成本罪。

2. 本罪的主体是特殊主体,必须是进行清算的公司、企业。

3. 本罪在主观方面表现为故意。

(二) 妨害清算罪的处罚

《刑法》第 162 条规定,犯妨害清算罪的,对其直接负责的主管人员和其他直接责任人员处 5 年以下有期徒刑或者拘役,并处或者单处 2 万元以上 20 万元以下罚金。

六、隐匿、故意销毁会计凭证、会计账簿、财务会计报告罪

(一) 隐匿、故意销毁会计凭证、会计账簿、财务会计报告罪的概念和构成

隐匿、故意销毁会计凭证、会计账簿、财务会计报告罪,是指隐匿或者故意销毁会计凭证、会计账簿、财务会计报告,情节严重的行为。

本罪的构成要件如下:

1. 在客观方面,本罪表现为隐匿或者故意销毁会计凭证、会计账簿、财务会计报告,情节严重的行为。

2. 本罪在主观方面表现为故意。

(二) 隐匿、故意销毁会计凭证、会计账簿、财务会计报告罪的处罚

《刑法》第 162 条和《刑法修正案》规定,犯隐匿、故意销毁会计凭证、会计账簿、财

务会计报告罪的,处5年以下有期徒刑或者拘役,并处或者单处2万元以上20万元以下罚金。

单位犯前款罪的,对单位判处罚金,并对其直接负责的主管人员和其他直接责任人员,依照前款的规定处罚。

七、虚假破产罪

(一) 虚假破产罪的概念和构成

虚假破产罪,是指公司、企业通过隐匿财产、承担虚构的债务或者以其他方法转移、处分财产,实施虚假破产,严重损害债权人或者其他人利益的行为。本罪为《刑法修正案(六)》新增之罪。

本罪的构成要件如下:

1. 在客观方面,本罪表现为公司、企业通过隐匿财产、承担虚构的债务或者以其他方法转移、处分财产,实施虚假破产,严重损害债权人或者其他人利益的行为。隐匿财产,是指将公司的财产隐藏,或者对公司、企业的财产清单和资产负债表作虚假记载,或者采用少报、低报的手段,故意隐瞒、缩小公司、企业财产的实际数额。承担虚构的债务,是指夸大公司、企业的负债状况,目的是造成公司、企业资不抵债的假象。以其他方法转移、处分财产,是指在未清偿债务之前,将公司、企业财产无偿转让、以明显不合理的低价转让财产或者以明显高于市场的价格受让财产、对原来没有财产担保的债务提供财产担保、放弃债券、对公司财产进行分配等情形。"严重损害债权人利益",是指通过虚假破产意图逃避偿还债权人的债务数额巨大等情形;严重损害其他人利益,是指搞虚假破产造成公司、企业拖欠的职工工资、社会保险费和国家的税款得不到清偿,或者使公司、企业的其他股东的合法权益受到损害等情形。

2. 本罪的主体是具有实施虚假破产以达破产避债目的的公司、企业。

3. 本罪在主观方面表现为故意。

(二) 虚假破产罪的处罚

《刑法》第162条之二的规定,犯虚假破产罪的,对其直接负责的主管人员和其他直接责任人员,处5年以下有期徒刑或者拘役,并处或者单处2万元以上20万元以下罚金。

本罪是一个只有单位才能构成的犯罪,但在处罚上采取"单罚制"的原则。

八、非国家工作人员受贿罪

(一) 非国家工作人员受贿罪的概念和构成

非国家工作人员受贿罪,是指公司、企业或者其他单位的工作人员利用职务上的便利,索取他人财物或者非法收受他人财物,为他人谋取利益,数额较大的行为。此罪为《刑法修正案(六)》作了重大修改之罪。从"公司、企业工作人员"扩大到"其他单位的工作人员",主体范围上扩大了商业贿赂犯罪的打击面。

本罪的构成要件如下:

1. 在客观方面,本罪表现为公司、企业或者其他单位的工作人员利用职务上的便利,索取他人财物或者非法收受他人财物,为他人谋取利益,数额较大的行为,这一特征具有三层含义:

其一,利用职务上的便利,是指行为人利用其主管的公司、企业或者其他单位的生产经营管理的有关职权,或者利用其基于职务从事生产经营活动所形成的便利条件。这里的职务,通常是指行为人通过合法程序所获得的职务,如通过选举、任命等等。

其二,表现为索取他人财物或者非法收受他人财物,为他人谋利益。索取他人财物,是指利用行为人利用职务上的便利,主动向利害关系人索要财物;非法收受他人财物,是指利用行为人利用职务上的便利,接受他人主动送予的财物。根据刑法的规定,收受他人财物构成本罪,必须以行为人为他人谋取利益为条件。至于谋取的利益是合法的还是非法的,是在收受行为之前为他人谋利益还是在收受行为之后为他人谋利,则在所不论。至于索取他人财物构成本罪的,是否为他人谋利益,均不影响本罪的成立。根据刑法的规定,公司、企业或者其他单位的工作人员在经济往来中,利用职务上的便利,违反国家规定,收受各种各样回扣、手续费,归个人所有的,依照本罪论处。

其三,索取或非法收受他人财物,必须达到数额较大的程度。公司、企业的工作人员利用职务上的便利,索取他人财物或者非法收受他人财物,为他人谋取利益,或者在经济往来中,利用职务上的便利,违反国家规定,收受各种各样回扣、手续费,归个人所有,数额在5 000元以上的,应予追究。其他单位人员构成本罪,也应参照此标准。

2. 本罪的主体是特殊主体,仅限于公司、企业或者其他单位的工作人员。规定公司、企业以外的单位的工作人员也可构成本罪,扩大了非国家工作人员受贿的主体,根据2008年11月20日最高人民法院、最高人民检察院《关于办理商业贿赂刑事案件适用法律若干问题的意见》有关规定,这里的"其他单位",既包括事业单位、社会团体、村民委员会、居民委员会、村民小组等常设性的组织,也包括为组织体育赛事、文艺演出或者其他正当活动而成立的组委会、筹委会、工程承包队等非常设性的组织。尤其值得注意的是,在该司法解释中,医疗机构中的医务人员,利用开处方的职务便利,以各种名义非法收受药品、医疗器械、医用卫生材料等医药产品销售方财物,为医药产品销售方谋取利益,数额较大的,以非国家工作人员受贿罪定罪处罚;学校及其他教育机构中的教师,利用教学活动的职务便利,以各种名义非法收受教材、教具、校服或者其他物品销售方财物,为教材、教具、校服或者其他物品销售方谋取利益,数额较大的,以非国家工作人员受贿罪定罪处罚。

3. 本罪在主观方面表现为故意。

(二) 非国家工作人员受贿罪的认定

在认定非国家工作人员受贿罪时,应当注意以下问题:

1. 非国家工作人员受贿罪的犯罪主体资格。本罪的主体是非国家工作人员,国有公司、企业,或者其他国有单位中从事公务的人员和国有公司、企业,或者其他国有单位委派到非国有公司、企业,或者其他单位中从事公务的人员,利用职务的便利,索取或非法收受他人财物,为他人谋利益,数额较大的,或者在经济往来中,利用职务上的便利,违反国家规定,收受各种各样回扣、手续费,归个人所有的,应依照《刑法》第385条、第386条的受贿罪论处。

2. 非国家工作人员受贿罪和礼尚往来之间的界限。礼尚往来,合理馈赠,是社会生活的正常现象。两者的区别主要在于:馈赠的钱财数额不大,在社会生活中合理的范围之内;二是双方必须互有馈赠行为,属于双向性的行为。

3. 非国家工作人员受贿罪和合理收入、劳务报酬之间的界限。公司、企业或者其他单位工作人员利用自己的一技之长,在工作之外,从事某些与其工作单位无关的劳务活动,因而取得一定的经济收入,一般未被法律和政策所禁止,只要其没有利用本单位的职务之便,索取或者收受他人财物。

(三) 非国家工作人员受贿罪的处罚

《刑法》第163条规定,犯非国家工作人员受贿罪的,处5年以下有期徒刑或者拘役;数额巨大的,处5年以上有期徒刑,可以并处没收财产。

公司、企业或者其他单位的工作人员在经济往来中,利用职务上的便利,违反国家规定,收受各种名义的回扣、手续费,归个人所有的,依照前款的规定处罚。

国有公司、企业或者其他国有单位中从事公务的人员和国有公司、企业或者其他国有单位委派到非国有公司、企业以及其他单位从事公务的人员有前两款行为的,依照《刑法》第385条、第386条的规定定罪处罚。

九、对非国家工作人员行贿罪

(一) 对非国家工作人员行贿罪的概念和构成

对非国家工作人员行贿罪,是指行为人为谋取不正当利益,给予公司、企业或者其他单位的工作人员以财物,数额较大的行为。这是《刑法修正案(六)》对应"非国家工作人员受贿罪"所作的修改,同样将行贿对象扩大到"其他单位的工作人员"。

本罪的构成要件如下:

1. 在客观方面,本罪表现为行为人为谋取不正当利益,给予公司、企业或者其他单位的工作人员以财物,数额较大的行为。谋取不正当利益,最高人民法院、最高人民检察院《关于在办理受贿犯罪大要案的同时要严肃查处严重行贿犯罪分子的通知》对其做了具体解释:"'谋取不正当利益'是指谋取违反法律、法规、国家政策和国务院各部门规章规定的利益,以及要求国家工作人员或者有关单位提供违反法律、法规、国家政策和国务院各部门规章规定的帮助或者方便条件。"而对于因被勒索给予公司、企业或者其他单位工作人员以财物,没有获得不正当利益的情形,我们认为,原则上可以根据《刑法》第389条第3款规定精神,认定不构成行贿。根据相关司法解释,为谋取不正当利益,给予公司、企业的工作人员以财物,个人行贿数额在 1 万元以上的,单位行贿数额在 20 万元以上的,应予追诉。而对公司企业以外的其他单位人员行贿的,也应参照此标准。

2. 本罪在主观方面表现为故意,具有谋取不正当利益的目的。

(二) 对非国家工作人员行贿罪的处罚

《刑法》第 164 条规定,犯对非国家工作人员行贿罪的,数额较大的,处 3 年以下有期徒刑或者拘役,并处罚金;数额巨大的,处 3 年以上 10 年以下有期徒刑,并处罚金。

单位犯前款罪的,对单位判处罚金,并对其直接负责的主管人员和其他直接责任人员,依照前款的规定处罚。

行贿人在被追诉前主动交代行贿行为的,可以减轻处罚或者免除处罚。

十、对外国公职人员、国际公共组织官员行贿罪

(一) 对外国公职人员、国际公共组织官员行贿罪的概念和构成

对外国公职人员、国际公共组织官员行贿罪,是指为谋取不正当商业利益,给予外国公职人员或者国际公共组织官员以财物的行为。

本罪的构成要件如下:

1. 在客观方面,本罪表现为谋取不正当商业利益,给予外国公职人员或者国际公共组织官员以财物的行为。根据《联合国反腐败公约》的规定,外国公职人员,是指外国无论是经任命还是选举而担任立法、行政、行政管理或者司法职务的任何人员,以及为外国包括为公共机构或者公营企业行使公共职能的任何人员。国际公共组织官员,是指国际公务员或者此种组织授权代表该组织行事的任何人员,国际没有限制(包括具有中国国际的国际公共组织官员)。至于上述人员是长期任职还是临时任职,是计酬还是不计酬,都不影响对其身份的认定,"财物"包括金钱、实物与财产性利益。

2. 本罪在主观方面是故意,还要求有为谋取不正当商业利益的目的。商业利益,是指与国际商务有关的经济利益与商业机会。至于是否实际谋取利益,则不影响本罪的成立。

(二) 对外国公职人员、国际公共组织官员行贿罪的处罚

对外国公职人员、国际公共组织官员行贿罪是《刑法修正案(八)》新增的罪名,《刑法》第 164 条第 2 款规定,犯本罪的,依照对非国家工作人员行贿罪处罚,也即对外国公职人员、国际公共组织官员行贿罪,处 3 年以下有期徒刑或者拘役,并处罚金;数额巨大的,处 3 年以上 10 年以下有期徒刑,并处罚金。

单位犯前款罪的,对单位判处罚金,并对直接负责的主管人员和其他直接责任人员,依照前款规定处罚。

十一、非法经营同类营业罪

(一) 非法经营同类营业罪的概念和构成

非法经营同类营业罪,是指国有公司、企业的董事、经理利用职务便利,自己经营或者为他人经营与其所任职公司、企业同类的营业,获取非法利益,数额巨大的行为。

本罪的构成要件如下:

1. 在客观方面,本罪表现为行为人利用职务便利,自己经营或者为他人经营与其所任职公司、企业同类的营业,获取非法利益,数额巨大的行为。这一特征具有三层含义:

其一,表现为公司、企业的董事、经理利用职务的便利。国有公司、企业的董事、经理往往掌握着某一经营领域的各种便利条件,如材料、物资、市场、计划、销售等方面有利条件,如果这些人利用这一职务便利,再去经营与其所任职的公司、企业同类的营业,势必损害国有公司、企业的应有利益。为此,国家法律明文予以禁止。

其二,表现为国有公司、企业的董事、经理自己经营或者为他人经营与其任职公司、企业同类的营业。

其三,获取非法利益,数额巨大。非法利益,是指行为人利用职务之便,通过损害其所任职公司、企业的合法利益而获取的利益,或者通过其具有的职务便利而获取的如没有职务便利根本无法获取的利益。根据有关司法解释,国有公司、企业的董事、经理利用职务便利,自己经营或者为他人经营与其所任职公司、企业同类的营业,获取非法利益,数额在 10 万元以上的,应予追诉。

2. 本罪的主体是特殊主体,仅限于国有公司、企业的董事、经理。

3. 本罪在主观方面表现为故意。

(二) 非法经营同类营业罪的处罚

《刑法》第 165 条规定,犯非法经营同类营业罪的,处 3 年以下有期徒刑或者拘役,并处或者单处罚金;数额特别巨大的,处 3 年以上 7 年以下有期徒刑,并处罚金。

十二、为亲友非法牟利罪

(一) 为亲友非法牟利罪的概念和构成

为亲友非法牟利罪,是指国有公司、企业、事业单位的工作人员,利用职务便利,徇私经营,为亲友牟取利益,致使国家利益遭受重大损失的行为。

本罪的构成要件如下:

1. 在客观方面,本罪表现为行为人利用职务便利,徇私经营,为亲友牟取利益,致使国家利益遭受重大损失的行为。

其行为表现方式有:首先,将本单位的盈利业务交由自己的亲友进行经营的;其次,以明显高于市场的价格向自己的亲友经营管理的单位采购商品或者以明显低于市场的价格向自己的亲友经营管理的单位销售商品的;最后,向自己的亲友经营管理的单位采购不合格商品的行为。

2. 本罪的主体是特殊主体,只能是国有公司、企业、事业单位的工作人员。

3. 本罪在主观方面表现为故意。

(二)为亲友非法牟利罪的处罚

《刑法》第166条规定,犯为亲友非法牟利罪的,处3年以下有期徒刑或者拘役,并处或者单处罚金;致国家利益遭受特别重大损失的,处3年以上7年以下有期徒刑,并处罚金。

十三、签订、履行合同失职被骗罪

(一)签订、履行合同失职被骗罪的概念和构成

签订、履行合同失职被骗罪,是指国有公司、企业、事业单位直接负责的主管人员,在签订、履行合同过程中,因严重不负责任被诈骗,或者金融机构和从事对外贸易经营活动的公司、企业的工作人员严重不负责任,造成大量外汇被骗购或者逃汇,致使国家利益遭受重大损失的行为。

本罪的构成要件如下:

1. 在客观方面,本罪表现为行为人在签订、履行合同过程中,因严重不负责任被诈骗,或者因严重不负责任,造成大量外汇被骗购或逃汇,致使国家利益遭受重大损失的行为。

2. 本罪的主体是特殊主体,只能是国有公司、企业、事业单位直接负责的主管人员与金融机构和从事对外贸易经营活动的公司、企业的工作人员。

3. 本罪在主观方面表现为过失,即行为人对被骗结果应当预见而因疏忽大意未能预见,或者已经预见而轻信能够避免,以致造成被骗结果的发生。

(二)签订、履行合同失职被骗罪的认定

在认定签订、履行合同失职被骗罪时,应当注意以下问题:

1. 签订、履行合同失职被骗罪的主体资格。本罪的主体资格属于特殊主体资格,包括两种人员:一是国有公司、企业、事业单位直接负责的主管人员。直接负责的主管人员,是指上述单位中主要行政负责人员或者直接分管签订、履行合同的负责人员。二是金融机构和从事对外贸易经营活动的公司、企业的工作人员,是具体经手、管理对外贸易经营活动中涉及外汇业务的人员。

2. 签订、履行合同失职被骗罪与一般工作失职及意外事件的界限。本罪强调行为人在主观方面必须存有过失的罪过形式,在客观方面必须造成国家利益遭受重大损失的结果。行为人已尽心尽职,无法识破犯罪分子的诈骗伎俩,即使造成被骗结果,应当以意外事件认定;如果行为人在主观上有过失,但经过努力,挽回或者弥补了重大损失,应当以一般工作失职认定,只追究相应的政纪处分。

3. 签订、履行合同失职被骗罪与利用合同诈骗的共犯之间的区别。本罪与利用合同诈骗的犯罪是必要的对合行为,但由于在主观方面缺乏必要的通谋联系,刑法规定各构成不同的犯罪。如果行为人在签订、履行合同中,与诈骗犯具有主观的通谋联系,则应当以诈骗犯罪的共犯论处。

(三) 签订、履行合同失职被骗罪的处罚

《刑法》第167条规定,犯签订、履行合同失职被骗罪的,处3年以下有期徒刑或者拘役;致使国家利益遭受特别重大损失的,处3年以上7年以下有期徒刑。

根据《全国人大常委会关于惩治骗购外汇、逃汇和非法买卖外汇犯罪的决定》:为了惩治骗购外汇、逃汇和非法买卖外汇的犯罪行为,维护国家外汇管理秩序,对刑法作如下补充修改:

金融机构、从事对外贸易经营活动的公司、企业的工作人员严重不负责任,造成大量外汇被骗购或者逃汇,致使国家利益遭受重大损失的,依照《刑法》第167条的规定定罪处罚。

十四、国有公司、企业、事业单位人员失职罪

(一) 国有公司、企业、事业单位人员失职罪的概念和构成

国有公司、企业、事业单位人员失职罪,是指国有公司、企业、事业单位的工作人员由于严重不负责任,造成国有公司、企业破产或者严重损失,或者国有事业单位严重损失,致使国家利益遭受重大损失的行为。

本罪的构成要件如下:

1. 在客观方面,本罪表现为国有公司、企业、事业单位人员由于严重不负责任,造成国有公司、企业破产或者严重损失,或者国有事业单位严重损失,致使国家利益遭受重大损失的行为。

2. 本罪的主体是特殊主体,仅限于国有公司、企业、事业单位的工作人员。

3. 本罪在主观方面表现为过失,即行为人对严重损失的结果应当预见而因疏忽大意未能预见,或者已经预见而轻信能够避免,以致造成严重损失结果的发生。

(二) 国有公司、企业、事业单位人员失职罪的处罚

《刑法》第168条规定,犯国有公司、企业、事业单位人员失职罪的,处3年以下有期徒刑或者拘役;致使国家利益遭受特别重大损失的,处3年以上7年以下有期徒刑。

国有事业单位的工作人员有前款行为,致使国家利益遭受重大损失的,依照前款的规定处罚。

国有公司、企业、事业单位的工作人员,徇私舞弊,犯国有公司、企业、事业单位失职罪的,依照第1款的规定从重处罚。

十五、国有公司、企业、事业单位人员滥用职权罪

(一) 国有公司、企业、事业单位人员滥用职权罪的概念和构成

国有公司、企业、事业单位人员滥用职权罪,是指国有公司、企业的工作人员,由

于滥用职权,造成国有公司、企业破产或者严重损失,或者国有事业单位严重损失,致使国家利益遭受重大损失的行为。

本罪的构成要件如下:

1. 在客观方面,本罪表现为滥用职权或者徇私舞弊,造成国有公司、企业破产或者严重损失,或者国有事业单位严重损失,致使国家利益遭受重大损失的行为。

2. 本罪的主体是特殊主体,仅限于国有公司、企业、事业单位的工作人员。

3. 本罪在主观方面一般表现为过失,但也不排除因徇私舞弊而表现出的间接故意罪过性质。

(二) 国有公司、企业、事业单位人员滥用职权罪的认定

在司法实践中,要注意将本罪与签订、履行合同失职被骗罪区别开来。主要区别在于两者的行为过程和行为表现特征有所不同。本罪主要发生在生产经营的决策、管理过程中,而签订、履行合同失职被骗罪主要发生在具体的合同签订、履行过程中。

(三) 国有公司、企业、事业单位人员滥用职权罪的处罚

《刑法》第 168 条规定,犯国有公司、企业、事业单位人员滥用职权罪的,处 3 年以下有期徒刑或者拘役;致使国家利益遭受特别重大损失的,处 3 年以上 7 年以下有期徒刑。国有事业单位的工作人员犯上述行为,致使国家利益遭受重大损失的,依照本罪的规定处罚。国有公司、企业、事业单位的工作人员,徇私舞弊,犯国有公司、企业、事业单位人员滥用职权罪的,依照第 1 款的规定从重处罚。

十六、徇私舞弊低价折股、出售国有资产罪

(一) 徇私舞弊低价折股、出售国有资产罪的概念和构成

徇私舞弊低价折股、出售国有资产罪,是指国有公司、企业或者其上级主管部门直接负责的主管人员,徇私舞弊,将国有资产低价折股或者低价出售,致使国家利益遭受重大损失的行为。

本罪的构成要件如下:

1. 在客观方面,本罪表现为徇私舞弊,将国有资产低价折股或者低价出售,致使国家利益遭受重大损失的行为。本罪是以致使国家利益遭受重大损失的结果为条件的犯罪。

2. 本罪的主体是特殊主体,仅限于国有公司、企业或者其上级主管部门直接负责的主管人员。

3. 本罪在主观方面一般表现为间接故意,即行为人明知自己的行为性质,但持放任的心理态度。

(二) 徇私舞弊低价折股、出售国有资产罪的认定

在司法实践中,要将徇私舞弊低价折股、出售国有资产罪与国有公司、企业、事业单位人员滥用职权罪,国有公司、企业、事业单位人员失职罪区别开来。两者的区别主要在于:一是行为发生的过程和行为表现特征的不同。本罪主要发生在对国有资

产进行处理的过程中,其行为通过低价折股、出售国有资产的方式表现出来;而国有公司、企业、事业单位人员滥用职权罪、国有公司、企业、事业单位人员失职罪主要发生在生产经营的决策、管理过程中,其行为通过严重不负责任、滥用职权或徇私舞弊的方式表现出来。二是主观罪过的形式不同。本罪在主观方面一般表现为间接故意的罪过形式,即行为人明知自己的行为性质,而国有公司、企业、事业单位人员滥用职权罪,国有公司、企业、事业单位人员失职罪一般被认为是过失的罪过形式。

(三) 徇私舞弊低价折股、出售国有资产罪的处罚

《刑法》第169条规定,犯徇私舞弊低价折股、出售国有资产罪的,处3年以下有期徒刑或者拘役;致使国家利益遭受特别重大损失的,处3年以上7年以下有期徒刑。

十七、背信损害上市公司利益罪

(一) 背信损害上市公司利益罪的概念和构成

背信损害上市公司利益罪,是指上市公司的董事、监事、高级管理人员违背对公司的忠实义务,利用职务便利,操纵上市公司进行不正当关联交易,损害上市公司利益的行为。此罪为《刑法修正案(六)》新增之罪。

本罪的构成要件如下:

1. 在客观方面,本罪表现为行为人利用职务便利,操纵上市公司进行不正当关联交易,损害上市公司利益的行为。违背了对公司的忠实义务,这是本罪客观方面要件的本质特征。公司法明确规定:董事、监事、高级管理人员、公司的控股股东、实际控制人应当遵守法律、行政法规和公司章程,对公司负有忠实义务和勤勉义务,不得利用其关联关系损害公司利益。具体包括:(1)无偿向其他单位或者个人提供资金、商品、服务或者其他资产的;(2)以明显不公平的条件,提供或者接受资金、商品、服务或者其他资产的;(3)向明显不具有清偿能力的单位或者个人提供资金、商品、服务或者其他资产的;(4)为明显不具有清偿能力的单位或者个人提供担保,或者无正当理由为其他单位或者个人提供担保的;(5)无正当理由放弃债权、承担债务的;(6)采用其他方式损害上市公司利益的。第(6)项是个兜底性条款。不是说凡是上市公司的董事、监事、高级管理人员的行为,只要对上市公司利益造成损害的都可依本项规定去追究刑事责任,还应当结合构成本罪的前提条件——是否"违背对公司的忠实义务",去综合分析。显然,如果是出于对市场判断的错误,虽然给上市公司利益造成损害,仍不能以本条追究刑事责任。

2. 本罪的主体是特殊主体,即上市公司的董事、监事、高级管理人员、上市公司的控股股东或者实际控制人。

3. 本罪在主观方面表现为故意。

(二) 背信损害上市公司利益罪的处罚

《刑法》第169条之一规定,犯背信损害上市公司利益罪,致使上市公司利益遭受重大损失的,处3年以下有期徒刑或者拘役,并处或者单处罚金;致使上市公司利益遭受特别重大损失的,处 3 年以上 7 年以下有期徒刑,并处罚金。

上市公司的控股股东或者实际控制人,指使上市公司董事、监事、高级管理人员实施前款行为的,依照前款的规定处罚。

犯前款罪的上市公司的控股股东或者实际控制人是单位的,对单位判处罚金,并对其直接负责的主管人员和其他直接责任人员,依照第 1 款的规定处罚。

第五节　破坏金融管理秩序罪

一、伪造货币罪

(一) 伪造货币罪的概念与构成

伪造货币罪,是指行为人仿照我国货币或者外国货币的图案、形状、色彩、文字、面额,非法制造假货币的行为。

本罪的构成要件如下:

1. 在客观方面,本罪表现为仿照我国货币或者外国货币的外在形式,非法制造假货币的行为。

为了确保货币的严肃性和有效性,世界各国对于货币的制作、印刷和发行,都有严格的法律制度。《中国人民银行法》明确规定:"人民币由中国人民银行统一印制、发行。""禁止伪造、变造人民币。"伪造货币的行为就是表现为违反国家对于货币的管理法规,非法制造假币。

本罪的犯罪对象是我国的货币和外国的货币。我国的货币,是指在中华人民共和国领域内发行并流通或在特定区域内流通的货币。它包括:

(1) 人民币。《中国人民银行法》第 15 条规定:"中华人民共和国的法定货币是人民币。"第 16 条规定:"人民币的单位为元,人民币辅币单位为角、分。"第 17 条规定:"人民币由中国人民银行统一印制、发行。"截至目前,中国人民银行共发行了八套人民币,除已明文禁止流通的以外,所有人民币都具有同等价值,在市场上可以自由混合流通使用。

(2) 人民币纪念币。为了纪念国家的重大庆典、具有历史意义的重大事件和纪念我国灿烂的历史文化、珍贵动物等独特事由,中国人民银行曾不定期地发行过各种人民币的纪念币。这些纪念币与人民币完全等额等价,也可以在市场流通使用,它们是人民币的必要组成部分。

(3) 港币。港币是中华人民共和国香港特别行政区基本法以法律的形式加以确认的在香港特别行政区领域内发行和流通的货币。港币是中华人民共和国的一种特别货币。鉴于香港特别行政区的特殊政治地位,港币在流通使用上等同于外币,不隶属于中华人民共和国的货币制度。

（4）澳币。澳币是指在中华人民共和国澳门特别行政区领域内发行和流通的货币。澳币与港币一样，属于中华人民共和国的特殊货币，其性质与流通特点与港币相同。

（5）新台币。台币是指在中华人民共和国固有领土的台湾地区发行和流通的货币。由于台币所具有的历史特殊性，事实上台币在我国已属于自由兑换货币。所以，台币也是中华人民共和国整个领域内的一种特殊货币。

外国的货币，是指国外的主权国家依法发行并在一定区域内流通的货币。这些既可以包括可在我国自由兑换的外国货币，也可包括目前尚不可以在我国自由兑换的外国货币。

2. 本罪的主体是已满 16 周岁、具有刑事责任能力的自然人。

3. 本罪在主观方面表现为故意。伪造货币罪在主观方面是否必须具有牟利的目的，这在刑法理论上有不同的观点。从行为人的心理状态来说，牟利既是一种动机，也可转化为目的。但是从刑法理论的目的而言，刑法上的目的是指行为人希望通过改变客观状态而满足其自身需要的一种主观愿望。这里的目的内容包含的是行为人追求客观世界的变化，而不是其自身心理需要的满足程度。因此，只要行为人明知自己的行为是在制造假币，仍希望并积极追求成功，即可认定已具有了故意的罪过内容。

（二）伪造货币罪的认定

在认定伪造货币罪时，应当注意以下问题：

1. 伪造货币罪的数额标准。根据刑法规定，伪造货币罪不要求数额大小和数量多少。但是在司法实践中，根据司法解释，以伪币面额 2 000 元或者币量 200 张（枚）为标准。如果行为人的伪造行为情节显著轻微，危害不大的，可依《刑法》第 13 条但书的规定，不认为是犯罪。如利用彩色复印机复印人民币，以检验复印的质量；如模仿人民币绘制货币，以炫耀其画技等等，可以违法行为加以处理。

2. 伪造货币又走私伪造的货币行为如何处理？行为人伪造货币又走私伪币进出境，在刑法理论上属于牵连犯。对此，根据《刑法》第 171 条的立法精神，应当依照《刑法》第 170 条的规定定罪并从重处罚。

（三）伪造货币罪的处罚

《刑法》第 170 条规定，犯伪造货币罪的，处 3 年以上 10 年以下有期徒刑，并处罚金；有下列情形之一的：（1）伪造货币集团的首要分子；（2）伪造货币数额特别巨大的；（3）有其他特别严重情节的，处 10 年以上有期徒刑或者无期徒刑，并处罚金或者没收财产。

二、出售、购买、运输假币罪

（一）出售、购买、运输假币罪的概念和构成

出售、购买、运输假币罪，是指出售、购买、运输伪造的货币，数额较大的行为。

本罪的构成要件如下：

1. 在客观方面，本罪表现为出售、购买、运输伪造的货币，数额较大的行为。

2. 本罪在主观方面表现为故意。

（二）出售、购买、运输假币罪的认定

在认定出售、购买、运输假币罪时，应该注意以下问题：

1. 运输假币行为与走私假币行为存在着吸收关系时，应当以走私假币罪论处。这里走私假币中的运输行为本身属于走私行为的一个组成部分，理应为走私行为所吸收。

2. 走私假币后又非法出售，这一出售行为属于走私行为的延续行为，对此应当以走私假币罪论处。

3. 直接向走私人非法购买伪币，根据《刑法》第155条规定，应当以走私假币罪论处。

（三）出售、购买、运输假币罪的处罚

《刑法》第171条规定，犯出售、购买、运输假币罪的，处3年以下有期徒刑或者拘役，并处2万元以上20万元以下罚金；数额巨大的，处3年以上10年以下有期徒刑，并处5万元以上50万元以下罚金；数额特别巨大的，处10年以上有期徒刑或者无期徒刑，并处5万元以上50万元以下罚金或者没收财产。

伪造货币并出售或者运输伪造的货币的，依照本法第170条的规定定罪从重处罚。

三、金融工作人员购买假币、以假币换取货币罪

（一）金融工作人员购买假币、以假币换取货币罪的概念和构成

金融工作人员购买假币、以假币换取货币罪，是指金融机构的工作人员购买假币或者利用职务上的便利，以伪造的货币换取真币的行为。

本罪的构成要件如下：

1. 在客观方面，本罪表现为金融机构的工作人员购买假币或者利用职务上的便利，以伪造的货币换取真币的行为。与普通的社会成员相比，金融机构的工作人员具有更便利的条件经手大量的货币，对假币的识别能力也较强。任何购买假币的行为人，无非为了进入流通领域或者转手倒卖，获取非法利润。由于金融工作人员自身的条件和性质所决定，其购买假币的行为具有更大社会危害性，其利用职务上的便利以假币换取真币更具有隐蔽性。为此，我国刑法特设立此罪，予以重点防范和给以更严厉的惩罚。

2. 本罪的主体是特殊主体，仅限于金融机构的工作人员。

3. 本罪在主观方面表现为故意。如果金融工作人员在进行业务往来中，由于过失而发生上述行为，则不能构成犯罪。

（二）金融工作人员购买假币、以假币换取货币罪的处罚

《刑法》第 171 条规定，犯金融工作人员购买假币、以假币换取货币罪的，处 3 年以上 10 年以下有期徒刑，并处 2 万元以上 20 万元以下罚金；数额巨大或者有其他严重情节的，处 10 年以上有期徒刑或者无期徒刑，并处 2 万元以上 20 万元以下罚金或者没收财产；情节较轻的，处 3 年以下有期徒刑或者拘役，并处或者单处 1 万元以上 10 万元以下罚金。

四、持有、使用假币罪

（一）持有、使用假币罪的概念和构成

持有、使用假币罪，是指持有、使用假币，数额较大的行为。

本罪的构成要件如下：

1. 在客观方面，本罪表现为持有、使用假币，数额较大的行为。持有，是指伪造的货币实际上处于行为人的静态控制之下。现代刑事诉讼理论和实践实行控诉人举证的原则。行为人持有伪币，即有一定的来源，又将有一定的用途。但伪币的持有者一旦拒绝说明伪币的来源和伪币的用途，势必对伪币持有者无法按伪币来源的行为性质和伪币用途的行为性质论处。为此，我国刑法及时增设持有假币罪，正好弥补了这一缺憾。使用，是指行为人明知是伪币，仍将伪币作为真币予以使用，使伪币能够进入流通领域。这里的使用，强调行为人是将伪币作为商品媒介的支付手段使用的，而不是将伪币作为"特殊商品"进行买卖的行为。

2. 本罪在主观方面表现为故意。如果行为人不知是假币误收后持有，或受骗为他人携带、保管假币，或不知是假币误收后又使用，均不能构成本罪。

（二）持有、使用假币罪的认定

在认定持有、使用假币罪时应该注意以下问题：

1. 在司法实践中，明知假币而使用，与诈骗犯罪发生法条竞合。对此，应当按照特殊法条优于普通法条的原则，以本罪论处。

2. 伪造货币后又持有、使用的行为，按照吸收犯的原则加以处理，以伪造货币罪一罪论处。

3. 持有假币罪与运输假币罪的区别，一是前者一般是指发生在静态中，而后者主要是指发生在动态过程中。二是前者一般无法查清假币的来源，而后者一般是指明知是伪造或买卖来的假币而予以长途运送。

（三）持有、使用假币罪的处罚

《刑法》第 172 条规定，持有、使用假币罪的，处 3 年以下有期徒刑或者拘役，并处或者单处 1 万元以上 10 万元以下罚金；数额巨大的，处 3 年以上 10 年以下有期徒刑，并处 2 万元以上 20 万元以下罚金；数额特别巨大的，处 10 年以上有期徒刑，并处 5 万元以上 50 万元以下罚金或者没收财产。

五、变造货币罪

（一）变造货币罪的概念和构成

变造货币罪，是指行为人对真实的货币，通过剪贴、涂改、挖补、拼接、揭层等方法，使真币发生增值，数额较大的行为。

本罪的构成要件如下：

1. 在客观方面，本罪表现为行为人对真实的货币，通过剪贴、涂改、挖补、拼接、揭层等方法，使真币发生增值，数额较大的行为。

2. 本罪在主观方面表现为故意。

（二）变造货币罪的认定

在司法实践中，要注意变造货币罪与伪造货币罪的区别。变造行为就其实质而言，也是一种"伪造"。但两者也有区别，这主要表现在变造货币的对象本身是真实的，是一种"从少到多"的行为，是在原有票面价值的基础上通过非法手段扩大、增加其票面的价值；而伪造货币的对象本身就是虚假的，是一种"从无到有"的行为，通过非法的行为凭空制造"新货币"。大多数国家把变造货币的行为作为一种独立的犯罪加以规定的，刑法现已明文将变造行为从伪造行为中分离出来，按照罪刑法定的原则，应以独立之罪加以认定处罚。

（三）变造货币罪的处罚

《刑法》第173条规定，犯变造货币罪的，处3年以下有期徒刑或者拘役，并处或者单处1万元以上10万元以下罚金；数额巨大的，处3年以上10年以下有期徒刑，并处2万元以上20万元以下罚金。

六、擅自设立金融机构罪

（一）擅自设立金融机构罪的概念和构成

擅自设立金融机构罪，是指未经国家有关主管部门批准，擅自设立商业银行、证券交易所、期货交易所、证券公司、期货经纪公司、保险公司或者其他金融机构的行为。

本罪的构成要件如下：

1. 本罪客观方面表现为未经国家有关主管部门批准，擅自设立商业银行、证券交易所、期货交易所、证券公司、期货经纪公司、保险公司或者其他金融机构的行为。

2. 本罪主观方面表现为故意，即行为人是明知故犯。并且一般具有非法经营金融业务的目的，从而获取非法利润。

（二）擅自设立金融机构罪的处罚

《刑法》第174条规定，犯擅自设立金融机构罪的，处3年以下有期徒刑或者拘役，并处或者单处2万元以上20万元以下罚金；情节严重的，处3年以上10年以下有期徒刑，并处 5 万元以上 50 万元以下罚金。

七、伪造、变造、转让金融机构经营许可证、批准文件罪

（一）伪造、变造、转让金融机构经营许可证、批准文件罪的概念和构成

伪造、变造、转让金融机构经营许可证、批准文件罪，是指伪造、变造、转让商业银行、证券交易所、期货交易所、证券公司、期货经纪公司、保险公司或者其他金融机构的经营许可证或者批准文件的行为。

本罪的构成要件如下：

1. 本罪客观方面表现为伪造、变造、转让商业银行、证券交易所、期货交易所、证券公司、期货经纪公司、保险公司或者其他金融机构的经营许可证或者批准文件的行为。

2. 本罪在主观方面表现为故意，即行为人是明知故犯。

（二）伪造、变造、转让金融机构经营许可证、批准文件罪的处罚

1999 年 12 月 25 日九届全国人大常委会第十三次会议通过的《刑法修正案》第 3 条规定，犯伪造、变造、转让金融机构经营许可证、批准文件罪的，处 3 年以下有期徒刑或者拘役，并处或者单处 2 万元以上 20 万元以下罚金；情节严重的，处 3 年以上 10 年以下有期徒刑，并处 5 万元以上 50 万元以下罚金。

单位犯前款罪的，对单位判处罚金，并对其直接负责的主管人员和其他直接责任人员，依照第一款的规定处罚。

八、高利转贷罪

（一）高利转贷罪的概念和构成

高利转贷罪，是指以转贷牟利为目的，套取金融机构信贷资金高利转贷他人，违法所得数额较大的行为。

本罪的构成要件如下：

1. 在客观方面，本罪表现为套取金融机构信贷资金高利转贷他人，违法所得数额较大的行为。信贷资金，是指金融机构依法运用来自社会公众的储蓄和企业存款等资金，经严格审批后，用于公司、企业、事业单位和个人的政策性贷款和商业贷款。高利转贷信贷资金的行为，直接破坏了金融机构根据国民经济和社会发展的需要，依法开展贷款业务的正常活动。套取金融机构信贷资金，是指行为人虚设贷款用途，采取担保贷款或者信用贷款的方式，从银行或者其他金融机构取得信贷资金。高利转贷他人，是指行为人在取得信贷资金后，又以高于银行或其他金融机构根据中国人民银行的利率规定而确定的同期贷款利率幅度，再将取得的信贷资金转贷给他人，从中谋取非法利益。根据刑法的规定，本罪在客观方面要求以数额较大作为构成要件。

2. 本罪在主观方面表现为故意，并且具有转贷牟利的目的。

（二）高利转贷罪的处罚

《刑法》第 175 条规定，犯高利转贷罪的，处 3 年以下有期徒刑或者拘役，并处违法所得 1 倍以上 5 倍以下罚金；数额巨大的，处 3 年以上 7 年以下有期徒刑，并处违法所得 1 倍以上 5 倍以下罚金。

单位犯前款罪的，对单位判处罚金，并对其直接负责的主管人员和其他直接责任人员，处 3 年以下有期徒刑或者拘役。

九、骗取贷款、票据承兑、金融票证罪

（一）骗取贷款、票据承兑、金融票证罪的概念和构成

骗取贷款、票据承兑、金融票证罪，是指以欺骗手段取得银行或者其他金融机构贷款、票据承兑、信用证、保函等，给银行或者其他金融机构造成重大损失或者有其他严重情节的行为。此罪为《刑法修正案（六）》新增之罪。

本罪的构成要件如下：

1. 在客观方面，本罪表现为行为人以欺骗手段取得银行或者其他金融机构贷款、票据承兑、信用证、保函等，给银行或者其他金融机构造成重大损失或者有其他严重情节的行为。

2. 本罪的主体是一般主体，自然人和单位都可成为犯罪主体。

3. 本罪在主观方面表现为故意，行为人具有使用的目的，也即没有非法占有的目的。

（二）骗取贷款、票据承兑、金融票证罪的处罚

《刑法》第 175 条之一规定，犯骗取贷款、票据承兑、金融票证罪的，处 3 年以下有期徒刑或者拘役，并处或者单处罚金；给银行或者其他金融机构造成特别重大损失或者有其他特别严重情节的，处 3 年以上 7 年以下有期徒刑，并处罚金。

单位犯前款罪的，对单位判处罚金，并对其直接负责的主管人员和其他直接责任人员，依照前款的规定处罚。

十、非法吸收公众存款罪

（一）非法吸收公众存款罪的概念和构成

非法吸收公众存款罪，是指非法吸收公众存款或者变相吸收公众存款，扰乱金融秩序的行为。

本罪的构成要件如下：

1. 在客观方面，本罪表现为非法吸收公众存款或者变相吸收公众存款，扰乱金融秩序的行为。实施以下行为之一的，都以非法吸收公众存款罪定罪处罚：（1）不具有房产销售的真实内容或者不以房产销售为主要目的，以返本销售、售后包租、约定回购、销售房产份额等方式非法吸收资金的；（2）以转让林权并代为管护等方式非法

吸收资金的;(3)以代种植(养殖)、租种植(养殖)、联合种植(养殖)等方式非法吸收资金的;(4)不具有销售商品、提供服务的真实内容或者不以销售商品、提供服务为主要目的,以商品回购、寄存代售等方式非法吸收资金的;(5)不具有发行股票、债券的真实内容,以虚假转让股权、发售虚构债券等方式非法吸收资金的;(6)不具有募集基金的真实内容,以假借境外基金、发售虚构基金等方式非法吸收资金的;(7)不具有销售保险的真实内容,以假冒保险公司、伪造保险单据等方式非法吸收资金的;(8)以投资入股的方式非法吸收资金的;(9)以委托理财的方式非法吸收资金的;(10)利用民间"会"、"社"等组织非法吸收资金的;(11)其他非法吸收资金的行为。存款是银行的生命所在,银行只有吸收大量的社会闲散资金,才可以开展其他业务。根据金融法规的规定,只有银行或者经批准的其他金融机构才可以吸收社会资金作为存款。而非法吸收或者变相吸收公众存款,就是通过不正当手段,与银行等金融机构争夺社会闲散资金,扰乱金融秩序。

2. 本罪在主观方面表现为故意,即行为人是明知故犯,并且具有非法牟利的目的。

(二)非法吸收公众存款罪的处罚

《刑法》第176条规定,犯非法吸收公众存款罪的,处3年以下有期徒刑或者拘役,并处或者单处2万元以上20万元以下罚金;数额巨大或者有其他严重情节的,处3年以上10年以下有期徒刑,并处5万元以上50万元以下罚金。

单位犯前款罪的,对单位判处罚金,并对其直接负责的主管人员和其他直接责任人员,依照前款的规定处罚。

十一、伪造、变造金融票证罪

(一)伪造、变造金融票证罪的概念和构成

伪造、变造金融票证罪,是指行为人违反金融票据管理法规,仿照金融票据的式样、形状、色彩、文字等要素进行制作假的金融票据或者对真实的金融票据进行改制的行为。

本罪的构成要件如下:

1. 在客观方面,本罪表现为行为人违反金融票据管理法规,仿照金融票据的式样、形状、色彩、文字等要素进行制作假的金融票据或者对真实的金融票据进行改制的行为。

金融票据是商业银行或者其他金融机构进行金融活动的重要凭证。根据《中华人民共和国票据法》的规定,金融票据的外在形式必须规范统一,金融票据的内在记载必须真实。金融票据不能伪造、变造。金融票据已成为现代经济活动的重要凭证,就在于金融票据本身具有一系列的经济功能。它是以金融机构的信用为基础,以货币价值为内容,以替代货币作为支付功能。因此,伪造、变造金融票据,直接危害着金融机构的正常活动。

根据刑法的规定,本罪的犯罪对象范围有汇票、本票、支票;委托收款凭证、汇款凭证、银行存单等其他银行结算凭证;信用证或者附随的单据、文件;信用卡。汇票,是指由出票人签发的、委托付款人按约定的付款期限无条件地支付一定数额的钱款给予收款人或者持票人的票据凭证;本票,是指出票人签发的、约定自己在见票时无条件地支付已确定的钱款给予收款人或者持票人的票据凭证;支票,是指由出票人签发的、委托办理支票存款业务的银行或者其他金融机构在见票时无条件地支付已确定的钱款给予收款人或者持票人的票据凭证;委托收款凭证,是指收款人在委托银行或者其他金融机构向付款人收取钱款时所填写的票据凭证;汇款凭证,是指汇款人委托银行或者其他金融机构将款项汇往外地时所填写的票据凭证;银行存单,是指由储户向银行或者其他金融机构提交存款办理开户时,银行或者其他金融机构所签发的载有户名、账号、存款数额、存入日期、到期日期以及利率等内容,持票人凭存单到期领取钱款、银行或者其他金融机构见票时无条件地予以支付钱款的票据凭证;信用证,是指开证银行根据申请人的请求,签发给受益人的一种在其具备约定条件后,即可得到开证银行或者支付银行支付约定钱款的保证付款凭证;信用证附随的单据、文件,主要是指使用信用证时所要求必须同时附随的单据和其他证明文件;信用卡,是指银行或者信用卡发卡机构签发给客户用于购买商品、接受服务或者提取现金的凭证。根据刑法理论,伪造与变造属于本罪的选择性行为,只要具备行为之一的,即可构成本罪。同时具有两种行为,仍以一罪论处。

2. 本罪在主观方面表现为故意,并且具有非法牟利的目的。

(二)伪造、变造金融票证罪的处罚

《刑法》第 177 条规定,犯伪造、变造金融票证罪的,处 5 年以下有期徒刑或者拘役,并处或者单处 2 万元以上 20 万元以下罚金;情节严重的,处 5 年以上 10 年以下有期徒刑,并处 5 万元以上 50 万元以下罚金;情节特别严重的,处 10 年以上有期徒刑或者无期徒刑,并处 5 万元以上 50 万元以下罚金或者没收财产。

单位犯前款罪的,对单位判处罚金,并对其直接负责的主管人员和其他直接责任人员,依照前款的规定处罚。

十二、妨害信用卡管理罪

(一)妨害信用卡管理罪的概念和构成

妨害信用卡管理罪,是指行为人违反信用卡管理法规,以虚假的身份证明骗领信用卡,或者对伪造的信用卡、骗领的信用卡加以非法利用,妨害信用卡管理秩序的行为。此罪为《刑法修正案(五)》新增之罪。

本罪的构成要件如下:

1. 在客观方面,本罪表现为违反信用卡管理法规,以虚假的身份证明骗领信用卡,或者对伪造的信用卡、骗领的信用卡加以非法利用,妨害信用卡管理秩序的行为。具体的表现形式有:(1)明知是伪造的信用卡而持有、运输的,或者明知是伪造的空白信用卡而持有、运输,数量较大的。可见,行为人是必须以明知为前提,持有、运输的对象有两种:一是完全伪造的,已经写入个人信用卡磁条信息的具有支付功能的信用卡,二是伪造的空白的,尚未写入个人信用卡磁条信息的不具备支付功能的信用卡。另外,必须达到"数量较大",才能成立犯罪;(2)非法持有他人信用卡,数量较大的。按照国际信用卡组织和中国人民银行的规定,持有他人的信用卡本身是违法的,但还不具备刑事违法性。然而大量非法持有他人信用卡的情形,是出于便于恶意透支的目的的,当达到数量较大时,具有相当的社会危害性;(3)使用虚假的身份证明骗领信用卡的。这种骗领是指,行为人在办理信用卡申领手续时,使用虚假的身份证明骗取发卡行的信任,获取信用卡的行为。另外,一定要严格把使用虚假的身份证明和使用其他的虚假证明文件区分开来;(4)出售、购买、为他人提供伪造的信用卡或者以虚假的身份证明骗领的信用卡的。根据我国相关法律法规的规定,信用卡是严禁出售、购买、出租和提供给他人使用的。而在这里,把两种所谓的"信用卡"规定为犯罪对象,是因为它们本身就可以作为实施金融犯罪的便利工具,具有相当严重的社会危害性。

还需要注意的是,上述四种行为方式,可以单独进行,也可以结合进行,但只构成本罪一罪,不得数罪并罚。同时,也应尽量查清行为人所持的伪造的信用卡和空白的信用卡的来源,如确能证明其参与伪造信用卡的活动并实施了上述行为,应当按吸收犯原理,以伪造、变造金融票证罪追究刑事责任。

2. 本罪的主体是已满16周岁,具有刑事责任能力的自然人。

3. 本罪在主观方面表现为故意,具有获取非法利益的目的,但不具有非法占有的目的。

(二)妨害信用卡管理罪的处罚

《刑法》第177条之一规定,犯妨害信用卡管理罪的,处3年以下有期徒刑或者拘役,并处或者单处1万元以上10万元以下罚金;数量巨大或者有其他严重情节的,处3年以上10年以下有期徒刑,并处2万元以上20万元以下罚金。

十三、窃取、收买、非法提供信用卡信息罪

(一)窃取、收买、非法提供信用卡信息罪的概念和构成

窃取、收买、非法提供信用卡信息罪,是指行为人窃取、收买、非法提供他人信用卡信息资料的行为。此罪为《刑法修正案(五)》新增之罪。

本罪的构成要件如下:

1. 在客观方面,行为人采取窃取、收买、非法提供的方式是多种多样的。信用卡信息资料是以信用卡磁条作为载体的,它是一组关于发卡行代码、持卡人账户、账号、密码等内容的加密电子数据。这些信息通常是由发卡行在发卡时使用专用设备写入信用卡的磁条中,作为POS机、ATM机等终端设备识别该用户是否合法的依据。因此,该信息便成为犯罪人的行动目标。窃取的方式多种多样,充分利用了当今科技的发达;而收买信息也是基于现代电子支付货币的普及,特约商户以及金融机构

工作人员职务的有利条件；对他人信用卡信息加以提供本身就是不法行为，具体到本罪，能构成犯罪的人更可能的是在特约商户和金融机构等特定人群中有工作之便的人员。

2. 本罪的主体是一般主体，即已满 16 周岁，具有刑事责任能力的自然人。

3. 本罪在主观方面只能是故意。

（二）窃取、收买、非法提供信用卡信息罪的处罚

《刑法》第 177 条之一规定，犯窃取、收买、非法提供信用卡信息罪的，处 3 年以下有期徒刑或者拘役，并处或者单处 1 万元以上 10 万元以下罚金；数量巨大或者有其他严重情节的，处 3 年以上 10 年以下有期徒刑，并处 2 万元以上 20 万元以下罚金。另外，银行或者其他金融机构的工作人员利用职务上的便利犯本罪的，从重处罚。

十四、伪造、变造国家有价证券罪

（一）伪造、变造国家有价证券罪的概念和构成

伪造、变造国家有价证券罪，是指伪造、变造国库券或者国家发行的其他有价证券，数额较大的行为。

本罪的构成要件如下：

1. 在客观方面，本罪表现为伪造、变造国库券或者国家发行的其他有价证券，数额较大的行为。本罪的犯罪对象包括国家发行的国库券或者其他有价证券。国库券，是指国家为了解决财政资金、建设资金不足而向社会发行的政府债券。国库券作为国家发行的一种有价证券，可以依法转让，可以作为财产进行抵押，可以上市交易。国库券的持券人在国库券设定的期限届满时，可以取得包括利息在内的相应货币。其他有价证券，是指国家面向全社会发行的、以人民币计算面值的、持券人凭券到期取得相应货币收入的凭证。其他有价证券的种类除国库券以外，包括国家重点建设债券、特种国家债券、保值公债券、财政债券、金融债券等等。根据有关规定，这些债券虽不能作为货币直接进入流通领域进行消费，但同样具有财产价值，可以依法转让，可以作为财产抵押，可以上市交易。国家发行的有价证券，都是以国家的信誉进行担保，其安全性、可靠性极高，且利率收入较高，免征个人调节税，深受社会公众的欢迎。为了加强国家有价证券的管理，国家专门制定了有关法规，严禁任何伪造、变造国家有价证券的行为。伪造国家有价证券的行为，是指仿照国家有价证券格式、样式、图案、色彩、面额等形式，非法制作假的国家有价证券的行为。变造国家有价证券的行为，是指对真的国家有价证券，通过挖剪、拼接、揭层、涂改等方式进行非法改造加工，使之增值的行为。伪造和变造是本罪两种选择性的行为，只有具有其中之一的行为，且达到数额较大的程度，即可以构成本罪。但同时具备两种行为的，仍只构成一罪。

2. 本罪在主观方面表现为故意。

(二) 伪造、变造国家有价证券罪的处罚

《刑法》第 178 条规定,犯伪造、变造国家有价证券罪的,处 3 年以下有期徒刑或者拘役,并处或者单处 2 万元以上 20 万元以下罚金;数额巨大的,处 3 年以上 10 年以下有期徒刑,并处 5 万元以上 50 万元以下罚金;数额特别巨大的,处 10 年以上有期徒刑或者无期徒刑,并处 5 万元以上 50 万元以下罚金或者没收财产。

单位犯前款罪的,对单位判处罚金,并对其直接负责的主管人员和其他直接责任人员,依照前款的规定处罚。

十五、伪造、变造股票、公司、企业债券罪

(一) 伪造、变造股票、公司、企业债券罪的概念和构成

伪造、变造股票、公司、企业债券罪,是指伪造、变造股票或者公司、企业债券,数额较大的行为。

本罪的构成要件如下:

1. 在客观方面,本罪表现为伪造、变造股票或者公司、企业债券,数额较大的行为。股票是指股份有限公司发给股东表明其入股股份,据以行使权利的凭证,是具有财产价值的有价证券。公司、企业债券是指公司、企业为了筹集发展资金而依法发行的并承诺在规定的日期、按约定的利息还本付息、持券人凭券能够取得相应货币收入的凭证。股票和公司、企业债券也是一种有价证券,它们和国家有价证券的区别,主要在于发行主体的不同。由于刑法已将股票和公司、企业债券与有价证券作为不同的犯罪对象分别规定,所以伪造、变造这一类有价证券已独立成为一罪。

2. 本罪在主观方面表现为故意。

(二) 伪造、变造股票、公司、企业债券罪的处罚

《刑法》第 178 条规定,犯伪造、变造股票、公司、企业债券罪的,处 3 年以下有期徒刑或者拘役,并处或者单处 1 万元以上 10 万元以下罚金;数额巨大的,处 3 年以上 10 年以下有期徒刑,并处 2 万元以上 20 万元以下罚金。

单位犯前款罪的,对单位判处罚金,并对其直接负责的主管人员和其他直接责任人员,依照前款的规定处罚。

十六、擅自发行股票、公司、企业债券罪

(一) 擅自发行股票、公司、企业债券罪的概念和构成

擅自发行股票、公司、企业债券罪,是指未经国家有关主管部门批准,擅自发行股票或者公司、企业债券,数额巨大、后果严重或者有其他严重情节的行为。

本罪的构成要件如下:

1. 本罪客观方面表现为未经国家有关主管部门批准,擅自发行股票或者公司、企业债券,数额巨大、后果严重或者有其他严重情节的行为。根据国家的有关规定,

发行股票、债券的主体必须具有法定的资格；发行股票、债券必须具备国家规定的条件；发行股票、债券必须获得国家主管部门的批准。擅自发行股票、公司、企业债券的行为就是违法的行为，数额巨大、后果严重或者具有其他严重情节的行为，就构成了刑法规定的犯罪。

2. 本罪在主观方面表现为故意，即行为人是明知故犯。

（二）擅自发行股票、公司、企业债券罪的处罚

《刑法》第179条规定，犯擅自发行股票、公司、企业债券罪的，处5年以下有期徒刑或者拘役，并处或者单处非法募集资金金额1％以上5％以下罚金。

单位犯前款罪的，对单位判处罚金，并对其直接负责的主管人员和其他直接责任人员，处5年以下有期徒刑或者拘役。

十七、内幕交易、泄露内幕信息罪

（一）内幕交易、泄露内幕信息罪的概念和构成

内幕交易、泄露内幕信息罪，是指证券、期货交易内幕信息的知情人员或者非法获取证券、期货交易内幕信息的人员，在涉及证券的发行，证券、期货交易或者其他对证券、期货交易价格有重大影响的信息尚未公开前，买入或者卖出该证券，或者从事与该内幕信息有关的期货交易，或者泄露该信息，或者明示、暗示他人从事上述交易活动情节严重的行为。

本罪的构成要件如下：

1. 在客观方面，本罪表现为在涉及证券的发行，证券、期货交易或者其他对证券、期货交易价格有重大影响的信息尚未公开前，买入或者卖出该证券，或者从事与该内幕信息有关的期货交易，或者泄露该信息，情节严重的行为。

本罪的具体行为方式包括：(1)在内幕信息尚未公开前，买入该种证券，以获取非法利益；(2)在内幕信息尚未公开前，卖出该种证券，已减少利益损失；(3)在内幕信息尚未公开前，泄露该信息使他人利用该信息买入或者卖出该种证券，扰乱正常的交易秩序；(4)明示、暗示他人从事上述交易活动。内幕信息，是指为证券、期货交易内幕人员知悉的，尚未公开的而对证券价格有重大影响的信息。

2. 本罪的主体属于特殊主体，只能是证券、期货交易内幕信息的知情人员和非法获取证券、期货交易内幕信息的人员。内幕信息的知情人员，根据《禁止证券欺诈行为暂行办法》第6条规定，是指由于持有发行人的证券，或者在发行人或与发行人有密切联系的公司中担任董事、监事、高级管理人员，或者由于其会员地位、管理地位、监督地位和职业地位，或者作为雇员、专业顾问履行职务，能够接触或者获得内幕信息的人员。2012年3月29日最高人民法院、最高人民检察院《关于办理内幕交易、泄露内幕信息刑事案件具体应用法律若干问题的解释》规定，具有下列行为的人员应当认定为《刑法》第180条第1款规定的"非法获取证券、期货交易内幕信息的人员"：(1)利用窃取、骗取、套取、窃听、利诱、刺探或者私下交易等手段获取内幕信息的;(2)内幕信息知情人员的近亲属或者其他与内幕信息知情人员关系密切的人员,在内幕信息敏感期内,从事或者明示、暗示他人从事,或者泄露内幕信息导致他人从事与该内幕信息有关的证券、期货交易,相关交易行为明显异常,且无正当理由或者正当信息来源的;(3)在内幕信息敏感期内,与内幕信息知情人员联络、接触,从事或者明示、暗示他人从事,或者泄露内幕信息导致他人从事与该内幕信息有关的证券、期货交易,相关交易行为明显异常,且无正当理由或者正当信息来源的。

3. 本罪在主观方面表现为故意,并且具有获取非法利益或减少利益损失的目的。至于行为人在具体的证券交易操作中是否实现了该目的,并不影响本罪的成立。

(二)内幕交易、泄露内幕信息罪的处罚

《刑法》第180条第1款规定,犯内幕交易、泄露内幕信息罪的,处5年以下有期徒刑或者拘役,并处或者单处违法所得1倍以上5倍以下罚金;情节特别严重的,处5年以上10年以下有期徒刑,并处违法所得1倍以上5倍以下罚金。

单位犯前款罪的,对单位判处罚金,并对其直接负责的主管人员和其他直接责任人员,处5年以下有期徒刑或者拘役。

十八、利用未公开信息交易罪

(一)利用未公开信息交易罪的概念和构成

利用未公开信息交易罪,是指证券交易所、期货交易所、证券公司、期货经纪公司、基金管理公司、商业银行、保险公司等金融机构的从业人员以及有关监管部门或者行业协会的工作人员,利用因职务便利获取的内幕信息以外的其他未公开的信息,违反规定,从事与该信息相关的证券、期货交易活动,或者明示、暗示他人从事相关交易活动,情节严重的行为。该罪名为《刑法修正案(七)》新增罪名。

本罪的构成要件如下:

1. 在客观方面,本罪表现为上述人员,利用因职务便利获取的内幕信息以外的其他未公开的信息,并违反规定,从事与该信息相关的证券、期货交易活动,或者明示、暗示他人从事相关交易活动,情节严重的行为。

2. 本罪的主体属于特殊主体,只能是证券交易所、期货交易所、证券公司、期货经纪公司、基金管理公司、商业银行、保险公司等金融机构的从业人员以及有关监管部门或者行业协会的工作人员。

3. 本罪在主观方面表现为故意,并且往往具有获取非法利益或者减少利益损失的目的。至于行为人最后是否实现其目的,并不影响该罪的成立。

(二)利用未公开信息交易罪的处罚

《刑法》第180条第4款规定,犯利用未公开的信息交易罪的,处5年以下有期徒刑或者拘役,并处或者单处违法所得1倍以上5倍以下罚金;情节特别严重的,处5年以上10年以下有期徒刑,并处违法所得1倍以上5倍以下罚金。

十九、编造并传播证券、期货交易虚假信息罪

（一）编造并传播证券、期货交易虚假信息罪的概念和构成

编造并传播证券、期货交易虚假信息罪，是指编造并且传播影响证券、期货交易的虚假信息，扰乱证券、期货交易市场，造成严重后果的行为。

本罪的构成要件如下：

1. 在客观方面，本罪表现为编造并且传播影响证券、期货交易的虚假信息，扰乱证券、期货交易市场，造成严重后果的行为。证券市场对于信息十分敏感，稍有风吹，便有草动。一旦谣言入市，更是股价波动，市场混乱。为此，我国证券管理机关对信息的披露作了必要的规定。编造并传播虚假信息的行为人，正是利用信息对证券市场的影响力，使投资者陷入错误的认识并作出错误的决定，购进或者抛售证券，从而达到从中渔利或者避免损失的目的。

2. 本罪在主观方面表现为故意。行为人的故意内容既可以表现为了自己购进或者抛售某种证券，从中获取暴利或者避免损失；也可以表现为出于其他动机或目的，诱骗他人购进或者抛售某种证券，造成证券交易市场的混乱。

（二）编造并传播证券、期货交易虚假信息罪的处罚

《刑法》第 181 条规定，犯编造并传播证券、期货交易虚假信息罪的，处 5 年以下有期徒刑或者拘役，并处或者单处 1 万元以上 10 万元以下罚金。

单位犯前款罪的，对单位判处罚金，并对其直接负责的主管人员和其他直接责任人员，处 5 年以下有期徒刑或者拘役。

二十、诱骗投资者买卖证券、期货合约罪

（一）诱骗投资者买卖证券、期货合约罪的概念和构成

诱骗投资者买卖证券、期货合约罪，是指提供虚假信息或者伪造、变造、销毁交易记录，诱骗投资者买卖证券、期货合约，造成严重后果的行为。

本罪的构成要件如下：

1. 在客观方面，本罪表现为提供虚假信息或者伪造、变造、销毁交易记录，诱骗投资者买卖证券、期货合约，造成严重后果的行为。

2. 本罪的主体属于特殊主体，只能是证券交易所、期货交易所、证券公司、期货经纪公司的从业人员和证券业协会、期货业协会或者证券期货监督管理部门的工作人员。证券交易所，是指为证券集中竞价交易提供场所，对证券交易进行管理的机构。证券公司，又称证券商，是指依照公司法和证券管理法规，经国务院证券管理部门批准设立的从事证券经营业务的有限责任公司或者股份有限公司。证券业协会，是指由证券经营机构组成的、以进行证券行业自律管理为目的的民间组织，即社会团体。证券管理部门，是指国家证券管理机构，包括由国家或者政府组建的对证券市场

实施监督管理的政府机构和由国家或者政府授权监管证券市场的非政府机构。非上述法律明文规定机构的从业人员或者工作人员不能成为本罪的犯罪主体。

3. 本罪在主观方面表现为故意。

（二）诱骗投资者买卖证券、期货合约罪的处罚

《刑法》第181条规定，犯诱骗投资者买卖证券、期货合约罪的，处5年以下有期徒刑或者拘役，并处或者单处1万元以上10万元以下罚金；情节特别恶劣的，处5年以上10年以下有期徒刑，并处2万元以上20万元以下罚金。

单位犯前款罪的，对单位判处罚金，并对其直接负责的主管人员和其他直接责任人员，处5年以下有期徒刑或者拘役。

二十一、操纵证券、期货市场罪

（一）操纵证券、期货市场罪的概念和构成

操纵证券、期货市场罪，是指违法操纵证券、期货市场，情节严重的行为。这是《刑法修正案（六）》对《刑法》原第182条"操纵证券、期货交易价格罪"所作的修改。主要修改了构成本罪的处罚规定和罪名、行为要件的表述。

本罪的构成要件如下：

1. 在客观方面，本罪表现为违法操纵证券、期货交易市场，情节严重的行为。具体表现为以下四种行为：(1)单独或者合谋，集中资金优势、持股或者持仓优势或者利用信息优势联合或者连续买卖，操纵证券、期货交易价格或者证券、期货交易量的；(2)与他人串通，以事先约定的时间、价格和方式相互进行证券、期货交易，影响证券、期货交易价格或者证券、期货交易量的；(3)在自己实际控制的账户之间进行证券交易，或者以自己为交易对象，自买自卖期货合约，影响证券、期货交易价格或者证券、期货交易量的；(4)以其他方法操纵证券、期货市场的。

2. 本罪在主观方面表现为故意。

（二）操纵证券、期货市场罪的处罚

《刑法》第182条规定，犯操纵证券、期货市场罪的，处5年以下有期徒刑或者拘役，并处或者单处罚金；情节特别严重的，处5年以上10年以下有期徒刑，并处罚金。

单位犯前款罪的，对单位判处罚金，并对其直接负责的主管人员和其他直接责任人员，依照前款的规定处罚。

二十二、背信运用受托财产罪

（一）背信运用受托财产罪的概念和构成

背信运用受托财产罪，是指商业银行、证券交易所、期货交易所、证券公司、期货经纪公司、保险公司或者其他金融机构，违背受托义务，擅自运用客户资金或者其他委托、信托的财产，情节严重的行为。此罪为《刑法修正案（六）》新增之罪。

本罪的构成要件如下：

1. 在客观方面，本罪表现为行为主体违背受托义务，擅自运用客户资金或者其他委托、信托的财产，情节严重的行为。违背受托义务，是指行为主体违背法定义务或与受托人约定的具体义务。委托、信托的财产，主要是指在当前的委托理财业务中，存放在各类金融机构中的以下几类客户资金和资产：(1)证券投资业务中的客户交易资金；(2)委托理财业务中的客户资产；(3)信托业务中的信托财产；(4)证券投资基金。情节严重，主要是指由于违背受托义务，擅自运用客户资金或者其他委托、信托的财产，给委托人造成重大财产损失等情形。

2. 本罪的主体是特殊主体，包括商业银行、证券交易所、期货交易所、证券公司、期货经纪公司、保险公司或者其他金融机构。其他金融机构，主要包括信托投资公司、投资咨询公司、投资管理公司等金融机构，个人不能构成本罪的主体。

3. 本罪在主观方面表现为故意。

(二) 背信运用受托财产罪的处罚

《刑法》第185条第1款规定，犯背信运用受托财产罪的，对单位判处罚金，并对其直接负责的主管人员和其他直接责任人员，处3万元以上30万元以下罚金；情节特别严重的，处3年以上10年以下有期徒刑，并处5万元以上50万元以下罚金。

二十三、违法运用资金罪

(一) 违法运用资金罪的概念和构成

违法运用资金罪，是指社会保障基金管理机构、住房公积金管理机构等公众资金管理机构，以及保险公司、保险资产管理公司、证券投资基金管理公司，违反国家规定运用资金的行为。此罪为《刑法修正案(六)》新增之罪。

本罪的构成要件如下：

1. 在客观方面，本罪表现为行为主体违反国家规定，运用公众资金。

2. 本罪的主体是特殊主体，是单位才能构成本罪，具体包括社会保障基金管理机构、住房公积金管理机构等公众资金管理机构和保险公司、保险资产管理公司、证券投资基金管理公司。

3. 本罪在主观方面表现为故意。

(二) 违法运用资金罪的处罚

《刑法》第185条规定，犯违法运用资金罪的，对其直接负责的主管人员和其他直接责任人员，处3年以下有期徒刑或者拘役，并处3万元以上30万元以下罚金；情节特别严重的，处3年以上10年以下有期徒刑，并处5万元以上50万元以下罚金。

二十四、违法发放贷款罪

(一) 违法发放贷款罪的概念和构成

违法发放贷款罪，是指银行或者其他金融机构的工作人员违反国家规定发放贷款,数额巨大或者造成重大损失的行为。本罪依据《刑法修正案(六)》进行了修改。

本罪的构成要件如下:

1. 在客观方面,本罪表现为银行或者其他金融机构的工作人员违反国家规定发放贷款数额巨大或者造成重大损失的行为。

2. 本罪的主体是特殊主体,即银行或者其他金融机构的工作人员。

(二) 违法发放贷款罪的处罚

《刑法》第 186 条规定,犯违法发放贷款罪的,处 5 年以下有期徒刑或者拘役,并处 1 万元以上 10 万元以下罚金;数额特别巨大或者造成特别重大损失的,处 5 年以上有期徒刑,并处 2 万元以上 20 万元以下罚金。

银行或者其他金融机构的工作人员违反国家规定,向关系人发放贷款的,依照前款规定从重处罚。

单位犯前两款罪的,对单位判处罚金,并对其直接负责的主管人员和其他直接责任人员,依照前两款的规定处罚。

关系人的范围,依照《中华人民共和国商业银行法》和有关金融法规确定。

二十五、吸收客户资金不入账罪

(一) 吸收客户资金不入账罪的概念和构成

吸收客户资金不入账罪,是指银行或者其他金融机构的工作人员吸收客户资金不入账,数额巨大或者造成重大损失的行为。本罪依据《刑法修正案(六)》作了相应的修改。

本罪的构成要件如下:

1. 在客观方面,本罪表现为银行或者其他金融机构的工作人员吸收客户资金不入账,数额巨大或者造成重大损失的行为。

2. 本罪的主体属于特殊主体,只能是银行或者其他金融机构的工作人员。

3. 本罪在主观方面表现为故意,即行为人是明知故犯。

(二) 吸收客户资金不入账罪的处罚

《刑法》第 187 条规定,犯吸收客户资金不入账罪的,处 5 年以下有期徒刑或者拘役,并处 2 万元以上 20 万元以下罚金;数额特别巨大或者造成特别重大损失的,处 5 年以上有期徒刑,并处 5 万元以上 50 万元以下罚金。

单位犯前款罪的,对单位判处罚金,并对其直接负责的主管人员和其他直接责任人员,依照前款的规定处罚。

二十六、违规出具金融票证罪

(一) 违规出具金融票证罪的概念和构成

违规出具金融票证罪,是指银行或者其他金融机构的工作人员违反法律、法规的规定,为他人出具信用证或者其他保函、票据、存单、资信证明,情节严重的行为。这是《刑法修正案(六)》对原刑法第 188 条作的罪名和构成要件的修改,将"造成较大损失"修改为"情节严重"。

本罪的构成要件如下:

1. 在客观方面,本罪表现为银行或者其他金融机构的工作人员违反法律、法规的规定,为他人出具信用证或者其他保函、票据、存单、资信证明,情节严重的行为。

2. 本罪的主体属于特殊主体,只能是银行或者其他金融机构的工作人员。

3. 本罪在主观方面表现为故意,即行为人是明知而故犯。

(二) 违规出具金融票证罪的处罚

《刑法》第 188 条规定,犯违规出具金融票证罪,情节严重的,处 5 年以下有期徒刑或者拘役;情节特别严重的,处 5 年以上有期徒刑。

单位犯前款罪的,对单位判处罚金,并对其直接负责的主管人员和其他直接责任人员,依照前款的规定处罚。

二十七、对违法票据承兑、付款、保证罪

(一) 对违法票据承兑、付款、保证罪的概念和构成

对违法票据承兑、付款、保证罪,是指银行或者其他金融机构的工作人员在票据业务中,对违反票据法规定的票据予以承兑、付款或者保证,造成重大损失的行为。

本罪的构成要件如下:

1. 在客观方面,本罪表现为银行或者其他金融机构的工作人员,在票据业务中,对违反票据法规定的票据予以承兑、付款或者保证,造成重大损失的行为。这里的票据是指汇票、本票、支票。

2. 本罪的主体为特殊主体,只能是银行或者其他金融机构的工作人员。

3. 本罪在主观方面表现为故意,即行为人是明知故犯。如果行为人出于过失,应当分清行为人的不同身份资格,或以玩忽职守的有关犯罪论处,或以政纪处分。

(二) 对违法票据承兑、付款、保证罪的处罚

《刑法》第 189 条规定,犯对违法票据承兑、付款、保证罪的,处 5 年以下有期徒刑或者拘役;造成特别重大损失的,处 5 年以上有期徒刑。

单位犯前款罪的,对单位判处罚金,并对其直接负责的主管人员和其他直接责任人员,依照前款的规定处罚。

二十八、逃汇罪

(一) 逃汇罪的概念和构成

逃汇罪,是指违反国家规定,擅自将外汇存放境外,或者将境内的外汇非法转移到境外,数额较大的行为。

本罪的构成要件如下：

1. 在客观方面，本罪表现为违反国家规定，擅自将外汇存放境外，或者将境内的外汇非法转移到境外，数额较大的行为。这一特征具有三层含义：

其一，违反国家有关外汇管理的规定。外汇，是指外国货币以及以外国货币作为票面价额的各种有价证券、支付凭证。根据国家对外汇的管理法规，国有公司、企业或者其他国有单位，对于经常性项目的外汇收入，应当及时调回国内，不得存放境外。境内机构向境外投资，必须经国家主管部门批准后，才能将外汇汇出境。而逃汇行为就是采取各种不正当手段，违反国家的外汇管理法规，破坏国家对外汇的管理活动，影响国家的外汇收入和外汇储备。

其二，擅自将外汇存放境外或者将境内的外汇非法转移至境外。擅自将外汇存放境外，是指没有按照国家的外汇管理法规的规定，不及时把境外取得的外汇收入调回国内或者不存入国家指定的银行，而是将外汇存放于国外的银行或其他机构的行为。将境内的外汇非法转移至境外，是指把境内的外汇或者取得的外汇收入，应当售给国家指定的银行而不结售，未经外汇管理部门的批准，私自将外汇携带、邮寄出境的行为。

其三，必须是情节严重。情节严重，是指逃汇数额较大、经常逃汇、抗拒检查、已经给国家造成严重的损失等等。

2. 本罪的主体只能是公司、企业或者其他单位，自然人不能成为本罪的主体。

3. 本罪在主观方面表现为单位故意，即公司、企业或者其他单位的直接负责的主管人员和其他直接责任人员明知国家对外汇有专门管理的规定，仍故意实施逃汇行为。

（二）逃汇罪的处罚

1998 年 12 月 29 日九届全国人大常委会第六次会议通过的《关于惩治骗购外汇、逃汇和非法买卖外汇犯罪的决定》指出，为了惩治骗购外汇、逃汇和非法买卖外汇的犯罪行为，维护国家外汇管理秩序，对《刑法》作如下补充修改：

《刑法》第 190 条修改为：公司、企业或者其他单位，违反国家规定，擅自将外汇存放境外，或者将境内的外汇非法转移到境外，数额较大的，对单位判处逃汇数额 5％以上 30％以下罚金，并对其直接负责的主管人员和其他直接责任人员处 5 年以下有期徒刑或者拘役；数额巨大或者有其他严重情节的，对单位判处逃汇数额 5％以上 30％以下罚金，并对其直接负责的主管人员和其他直接责任人员处 5 年以上有期徒刑。

二十九、骗购外汇罪

（一）骗购外汇罪的概念和构成

骗购外汇罪，是指使用伪造、变造的有关凭证、单据或者重复使用有关凭证、单据以及以其他方式骗购外汇，数额较大的行为。

本罪的构成要件如下：

1. 在客观方面,本罪表现为骗购外汇,数额较大的行为。

2. 本罪在主观方面表现为故意。

(二) 骗购外汇罪的处罚

根据全国人大常委会《关于惩治骗购外汇、逃汇和非法买卖外汇犯罪的决定》的规定:为了惩治骗购外汇、逃汇和非法买卖外汇的犯罪行为,维护国家外汇管理秩序,对刑法作如下补充修改:

1. 有下列情形之一,骗购外汇,数额较大的,处 5 年以下有期徒刑或者拘役,并处骗购外汇数额 5% 以上 30% 以下罚金;数额巨大或者有其他严重情节的,处 5 年以上 10 年以下有期徒刑,并处骗购外汇数额 5% 以上 30% 以下罚金;数额特别巨大或者有其他特别严重情节的,处 10 年以上有期徒刑或者无期徒刑,并处骗购外汇数额 5% 以上 30% 以下罚金或者没收财产:

(1) 使用伪造、变造的海关签发的报关单、进口证明、外汇管理部门核准件等凭证和单据的;

(2) 重复使用海关签发的报关单、进口证明、外汇管理部门核准件等凭证和单据的;

(3) 以其他方式骗购外汇的。

2. 伪造、变造海关签发的报关单、进口证明、外汇管理部门核准件等凭证和单据,并用于骗购外汇的,依照前款的规定从重处罚。

3. 明知用于骗购外汇而提供人民币资金的,以共犯论处。

4. 单位犯前三款罪的,对单位依照第 1 款的规定判处罚金,并对其直接负责的主管人员和其他直接责任人员,处 5 年以下有期徒刑或者拘役;数额巨大或者有其他严重情节的,处 5 年以上 10 年以下有期徒刑;数额特别巨大或者有其他特别严重情节的,处 10 年以上有期徒刑或者无期徒刑。

5. 海关、外汇管理部门以及金融机构、从事对外贸易经营活动的公司、企业或者其他单位的工作人员与骗购外汇或者逃汇的行为人通谋,为其提供购买外汇的有关凭证或者其他便利的,或者明知是伪造、变造的凭证和单据而售汇、付汇的,以共犯论,依照本决定从重处罚。

三十、洗钱罪

(一) 洗钱罪的概念和构成

洗钱罪,是指掩饰、隐瞒毒品犯罪,黑社会性质的组织犯罪,恐怖活动犯罪,走私犯罪,贪污贿赂犯罪,破坏金融管理秩序犯罪,金融诈骗犯罪的违法所得及其产生的收益的来源和性质,进行洗钱的行为。《刑法修正案(六)》对洗钱罪的上游犯罪在原来四类犯罪基础上,又扩大了贪污贿赂犯罪、破坏金融管理秩序犯罪、金融诈骗犯罪三类犯罪,具体罪名达数十个。还对行为要件表述、处罚规定作了修改。

本罪的构成要件如下:

1. 在客观方面,本罪表现为掩饰、隐瞒毒品犯罪,黑社会性质的组织犯罪,恐怖活动犯罪,走私犯罪,贪污贿赂犯罪,破坏金融管理秩序犯罪,金融诈骗犯罪的违法所得及其产生的收益的来源和性质,进行洗钱的行为。

2. 本罪在主观方面表现为故意,即行为人是明知属于上述犯罪的违法所得及其产生的收益,仍予以掩饰、隐瞒其来源和性质。"洗钱"一词,是由英文 washed money 或者 money laundering 转移而来的,意思是原先的"黑钱、脏钱"经过"合法"的金融活动的"洗涤"之后,变违法为合法,使之披上合法的外衣,成为干净之钱,逃避法律和社会的监视。根据《刑法》的规定,"洗钱"的具体行为包括:(1)提供资金账户的;(2)协助将财产转换为现金、金融票据、有价证券的;(3)通过转账或者其他结算方式协助资金转移的;(4)协助将资金汇往境外的;(5)以其他方式掩饰、隐瞒犯罪的违法所得及其收益的性质和来源的。

在本罪的客观方面,需要指出,"洗钱"的行为与上游犯罪行为有一定的联系又有严格的区别。有一定的联系,是指没有先前上游犯罪就没有后期的"洗钱";两者的严格区别在于,先前取得"黑钱、脏钱"的上游犯罪行为,和后期的"洗钱"行为之间不存在主观上的通谋,在客观上也不是一个有机的整体。"洗钱"行为是在他人的违法犯罪行为结束之后才开始进行的,否则,先前在主观上有通谋,在客观上属于一个行为整体,则应当以上游犯罪的共犯论处。

(二) 洗钱罪的处罚

《刑法》第 191 条和《刑法修正案(六)》规定,犯洗钱罪的,没收实施以上犯罪的所得及其产生的收益,处 5 年以下有期徒刑或者拘役,并处或者单处洗钱数额 5% 以上20% 以下罚金;情节严重的,处 5 年以上 10 年以下有期徒刑,并处洗钱数额 5% 以上20% 以下罚金:

单位犯前款罪的,对单位判处罚金,并对其直接负责的主管人员和其他直接责任人员,处 5 年以下有期徒刑或者拘役;情节严重的,处 5 年以上 10 年以下有期徒刑。

第六节 金融诈骗罪

一、集资诈骗罪

(一) 集资诈骗罪的概念和构成

集资诈骗罪,是指行为人以非法占有为目的,使用诈骗的方法非法集资,数额较大的行为。

本罪的构成要件如下:

1. 在客观方面,本罪表现为行为人使用诈骗的方法非法集资,数额较大的行为。所谓集资,是指在社会上募集资金。集资诈骗,就是使用诈骗的方法募集资金,例如虚构集资单位、集资用途,或者许诺高利率回报等等,使他人轻易交付资金,以至上当受骗。

2. 本罪在主观方面表现为故意的罪过性质,并且具有非法占有的目的。使用诈骗方法非法集资,具有以下情形之一的,可以认定为"以非法占有为目的":(1)集资后不用于生产经营活动或者用于生产经营活动与筹集资金规模明显不成比例,致使集资款不能返还的;(2)肆意挥霍集资款,致使集资款不能返还的;(3)携带集资款逃匿的;(4)将集资款用于违法犯罪活动的;(5)抽逃、转移资金、隐匿财产,逃避返还资金的;(6)隐匿、销毁账目,或者搞假破产、假倒闭,逃避返还资金的;(7)拒不交代资金去向,逃避返还资金的;(8)其他可以认定非法占有目的的情形。

(二) 集资诈骗罪的认定

在认定集资诈骗罪时,应该注意以下问题:

1. 集资诈骗罪与非罪的界限,这里主要指本罪与集资借贷的民事纠纷之间的区别。如果为了正常的经济需要,临时性集资借贷,后因客观原因无力归还或未能及时按约归还而发生纠纷,应通过民法调整加以解决。

2. 集资诈骗罪与非法吸收公众存款罪的区别。两者的区别主要表现在:(1)主观方面的目的内容不同:本罪具有非法占有的目的,而非法吸收公众存款罪则不具有如此目的;(2)客观方面的行为表现不同:本罪具有诈骗的特征,而非法吸收公众存款罪,则是违法吸收公众的存款。

3. 集资诈骗罪与擅自发行股票和公司、企业债券罪的区别。两者的区别主要表现在:(1)主观方面的目的内容不同:本罪具有非法占有的目的,而后者则不具有如此目的;(2)客观方面的行为表现不同:本罪具有诈骗的行为特征,而后者主要表现为违法擅自发行的行为。

(三) 集资诈骗罪的处罚

《刑法》第192条规定,犯集资诈骗罪的,处5年以下有期徒刑或者拘役,并处2万元以上20万元以下罚金;数额巨大或者有其他严重情节的,处5年以上10年以下有期徒刑,并处5万元以上50万元以下罚金;数额特别巨大或者有其他特别严重情节的,处10年以上有期徒刑或者无期徒刑,并处5万元以上50万元以下罚金或者没收财产。

《刑法》第200条规定,单位犯本节第192条规定之罪的,对单位判处罚金,并对其直接负责的主管人员和其他直接责任人员,处5年以下有期徒刑或者拘役,可以并处罚金;数额巨大或者有其他严重情节的,处5年以上10年以下有期徒刑,并处罚金;数额特别巨大或者有其他特别严重情节的,处10年以上有期徒刑或者无期徒刑,并处罚金。

二、贷款诈骗罪

(一) 贷款诈骗罪的概念和构成

贷款诈骗罪,是指以非法占有为目的,诈骗银行或者其他金融机构的贷款,数额较大的行为。

本罪的构成要件如下：

1. 在客观方面，本罪表现为诈骗银行或者其他金融机构的贷款，数额较大的行为。本罪的具体行为形式有：(1)编造引进资金、项目等虚假理由的；(2)使用虚假的经济合同的；(3)使用虚假的证明文件的；(4)使用虚假的产权证明作担保或者超出抵押物价值重复担保的；(5)以其他方法诈骗贷款的。

2. 本罪的主体是达到16周岁、具有刑事责任能力的自然人。

3. 本罪在主观方面表现为故意，并且具有非法占有的目的。

(二) 贷款诈骗罪的处罚

《刑法》第193条规定，犯贷款诈骗罪的，处5年以下有期徒刑或者拘役，并处2万元以上20万元以下罚金；数额巨大或者有其他严重情节的，处5年以上10年以下有期徒刑，并处5万元以上50万元以下罚金；数额特别巨大或者有其他特别严重情节的，处10年以上有期徒刑或者无期徒刑，并处5万元以上50万元以下罚金或者没收财产。

根据2001年1月21日最高人民法院《全国法院审理金融犯罪案件工作座谈会纪要》，对贷款诈骗罪的数额，可参照1996年12月24日最高人民法院《关于审理诈骗案件具体应用法律的若干问题的解释》，即个人进行贷款诈骗数额在1万元以上的，属于"数额较大"；个人进行贷款诈骗数额在5万元以上的，属于"数额巨大"；个人进行贷款诈骗数额在20万元以上的，属于"数额特别巨大"。

三、票据诈骗罪

(一) 票据诈骗罪的概念和构成

票据诈骗罪，是指行为人以非法占有为目的，利用虚假的金融票据进行诈骗活动，数额较大的行为。

本罪的构成要件如下：

1. 在客观方面，本罪表现为利用虚假的金融票据进行诈骗活动，数额较大的行为。金融票据，是指依照法定要式签发的能在金融机构流通或者流转的汇票、本票和支票等票据。具体的行为形式有：(1)明知是伪造、变造的汇票、本票、支票而使用的；(2)明知是作废的汇票、本票、支票而使用的；(3)冒用他人的汇票、本票、支票的；(4)签发空头支票或者与其预留印鉴不符的支票，骗取财物的；(5)汇票、本票的出票人签发无资金保证的汇票、本票或者在出票时作虚假记载，骗取财物的。

2. 本罪在主观方面表现为故意，并且具有非法占有的目的。需要指出的是，尽管刑法条文本身并无非法占有目的的规定，但是所有诈骗都必定在非法占有目的的支配下实施，票据诈骗也不例外。

(二) 票据诈骗罪的认定

在司法实践中，应当注意本罪与伪造、变造金融票证罪的区别。两罪的相似性主要表现在：(1)两者在主观方面都具有获取非法利益的目的内容；(2)两者涉及的犯罪对象都是金融票据。两者的区别主要表现在：(1)两者的行为方式不同。本罪的行为表现为利用虚假的金融票据，进行诈骗；伪造、变造金融票证罪的行为着重表现在伪造和变造的行为特征上；(2)两者对象的范围有所不同。本罪的票据仅限于汇票、本票和支票；而伪造、变造金融票证罪的对象除上述票据之外，还包括如信用证、信用卡等其他票据；(3)两者构成犯罪的要求不同。本罪把利用虚假的金融票证仅仅视为犯罪手段，通过利用虚假的金融票据骗取他人的钱财；而伪造、变造金融票据罪则把伪造、变造的金融票证视为犯罪的构成目的。如果行为人伪造、变造金融票证后再行骗，则属于刑法上的牵连犯，按从一从重原则处理。

（三）票据诈骗罪的处罚

《刑法》第 194 条规定，犯票据诈骗罪的，处 5 年以下有期徒刑或者拘役，并处 2 万元以上 20 万元以下罚金；数额巨大或者有其他严重情节的，处 5 年以上 10 年以下有期徒刑，并处 5 万元以上 50 万元以下罚金；数额特别巨大或者有其他特别严重情节的，处 10 年以上有期徒刑或者无期徒刑，并处 5 万元以上 50 万元以下罚金或者没收财产。

第 200 条规定，单位犯本节第 194 条规定之罪的，对单位判处罚金，并对其直接负责的主管人员和其他直接责任人员，处 5 年以下有期徒刑或者拘役，可以并处罚金；数额巨大或者有其他严重情节的，处 5 年以上 10 年以下有期徒刑，并处罚金；数额特别巨大或者有其他特别严重情节的，处 10 年以上有期徒刑或者无期徒刑，并处罚金。

根据 2001 年 1 月 21 日最高人民法院《全国法院审理金融犯罪案件工作座谈会纪要》，对票据诈骗罪的数额，可参照 1996 年 12 月 24 日最高人民法院《关于审理诈骗案件具体应用法律的若干问题的解释》，个人进行票据诈骗数额在 5 000 元以上的，属于"数额较大"；个人进行票据诈骗数额在 5 万元以上的，属于"数额巨大"；个人进行票据诈骗数额在 10 万元以上的，属于"数额特别巨大"。单位进行票据诈骗数额在 10 万元以上的，属于"数额较大"；单位进行票据诈骗数额在 30 万元以上的，属于"数额巨大"；单位进行票据诈骗数额在 100 万元以上的，属于"数额特别巨大"。

四、金融凭证诈骗罪

（一）金融凭证诈骗罪的概念和构成

金融凭证诈骗罪，是指使用伪造、变造的委托收款凭证、汇款凭证、银行存单等其他银行结算凭证，进行诈骗钱财，数额较大的行为。

本罪的构成要件如下：

1. 在客观方面，本罪表现为使用伪造、变造的委托收款凭证、汇款凭证、银行存单等其他银行结算凭证，进行诈骗钱财，数额较大的行为。

2. 本罪在主观方面表现为故意。

（二）金融凭证诈骗罪的认定

在司法实践中，要注意将本罪与票据诈骗罪区别开来。两者最大的区别在于犯罪对象不同，两者的行为区别表现在结算的方式和支取钱财的途径不同。金融票据的结算是直接以货币形式进行的；而金融凭证的结算则不是直接以货币形式进行的。

（三）金融凭证诈骗罪的处罚

《刑法》第 194 条规定，犯金融凭证诈骗罪的，处 5 年以下有期徒刑或者拘役，并处 2 万元以上 20 万元以下罚金；数额巨大或者有其他严重情节的，处 5 年以上 10 年以下有期徒刑，并处 5 万元以上 50 万元以下罚金；数额特别巨大或者有其他特别严重情节的，处 10 年以上有期徒刑或者无期徒刑，并处 5 万元以上 50 万元以下罚金或者没收财产。

第 200 条规定，单位犯本节第 194 条规定之罪的，对单位判处罚金，并对其直接负责的主管人员和其他直接责任人员，处 5 年以下有期徒刑或者拘役；数额巨大或者有其他严重情节的，处 5 年以上 10 年以下有期徒刑；数额特别巨大或者有其他特别严重情节的，处 10 年以上有期徒刑或者无期徒刑。

五、信用证诈骗罪

（一）信用证诈骗罪的概念和构成要件

信用证诈骗罪，是指利用虚假的信用证或者其他与信用证有关的方法，进行诈骗活动的行为。

本罪的构成要件如下：

1. 在客观方面，本罪表现为利用虚假的信用证或者其他与信用证有关的方法，进行诈骗活动的行为。信用证，是指开证银行根据作为进口商的开证申请人的请求，开给受益人（通常是出口商）的一种在其具备了约定的条件后，即可得到由开证银行或者支付银行支付的约定金额的保证凭证。信用证具有银行担保的性质，是国际贸易中取得资金融通的主要方式。本罪的具体行为形式有：（1）使用伪造、变造的信用证或者附随的单据、文件的；（2）使用作废的信用证的；（3）骗取信用证的；（4）以其他方法进行信用证诈骗活动的。

2. 本罪在主观方面表现为故意，并且具有非法占有的目的。

（二）信用证诈骗罪的认定

在认定信用证诈骗罪时，应该注意以下问题：

1. 信用证诈骗罪与伪造、变造金融票证罪的区别。两者的区别主要表现在客观方面的不同：（1）两者的行为方式不同。本罪的行为表现为利用虚假的信用证进行诈骗；而伪造、变造金融票证罪的行为着重表现在伪造、变造的行为特征上。（2）两者的对象范围有所不同。本罪的对象仅限于信用证以及与信用证相关的附随单据、文件；而伪造、变造金融票证罪的对象除信用证外，还包括了汇票、本票、支票、委托收款凭证、汇款凭证、银行存单或其他银行结算凭证、信用卡等。如果行为人伪造、变造信用证后又诈骗的,则属于刑法上的牵连犯,按从一从重原则处理。

2. 信用证诈骗罪与票据诈骗罪的区别。两者的区别主要在于犯罪对象的不同。本罪的对象仅限于信用证,而票据诈骗罪的对象则限于汇票、本票和支票。

3. 信用证诈骗罪与金融凭证诈骗罪的区别。两者的区别主要在于犯罪对象的不同。

(三) 信用证诈骗罪的处罚

《刑法》第 195 条规定,犯信用证诈骗罪的,处 5 年以下有期徒刑或者拘役,并处 2 万元以上 20 万元以下罚金;数额巨大或者有其他严重情节的,处 5 年以上 10 年以下有期徒刑,并处 5 万元以上 50 万元以下罚金;数额特别巨大或者有其他特别严重情节的,处 10 年以上有期徒刑或者无期徒刑,并处 5 万元以上 50 万元以下罚金或者没收财产。

第 199 条规定,犯第 195 条规定之罪,数额特别巨大并且给国家和人民利益造成特别重大损失的,处无期徒刑或者死刑,并处没收财产。

第 200 条规定,单位犯本节第 195 条规定之罪的,对单位判处罚金,并对其直接负责的主管人员和其他直接责任人员,处 5 年以下有期徒刑或者拘役;数额巨大或者有其他严重情节的,处 5 年以上 10 年以下有期徒刑;数额特别巨大或者有其他特别严重情节的,处 10 年以上有期徒刑或者无期徒刑。

根据 2001 年 1 月 21 日最高人民法院《全国法院审理金融犯罪案件工作座谈会纪要》,对信用证诈骗罪的数额,可参照 1996 年 12 月 24 日最高人民法院《关于审理诈骗案件具体应用法律的若干问题的解释》,个人进行信用证诈骗数额在 10 万元以上的,属于"数额巨大";个人进行信用证诈骗数额在 50 万元以上的,属于"数额特别巨大"。单位进行信用证诈骗数额在 50 万元以上的,属于"数额巨大";单位进行信用证诈骗数额在 250 万元以上的,属于"数额特别巨大"。

六、信用卡诈骗罪

(一) 信用卡诈骗罪的概念和构成

信用卡诈骗罪,是指利用虚假的信用卡或者其他与信用卡有关的方法,进行诈骗活动,数额较大的行为。

本罪的构成要件如下:

1. 在客观方面,本罪表现为利用虚假的信用卡或者其他与信用卡有关的方法,进行诈骗活动,数额较大的行为。信用卡,是指由商业银行或者其他金融机构发行的具有消费支付、信用贷款、转账结算、存取现金等全部功能或者部分功能的电子支付卡。[①]本罪的具体行为形式有:(1)使用伪造的信用卡,或者使用以虚假的身份证明骗领的信用卡的;(2)使用作废的信用卡的;(3)冒用他人信用卡的;(4)恶意透支的。

---

① 见 2004 年 12 月 29 日全国人大常委会《关于〈中华人民共和国刑法〉有关信用卡规定的解释》。

恶意透支,是指持卡人以非法占有为目的,超过规定限额或者规定期限透支,并且经发卡银行两次催收后超过 3 个月仍不归还的行为。恶意透支应当追究刑事责任,但在公安机关立案后人民法院判决宣告前已偿还全部透支款息的,可以从轻处罚,情节轻微的,可以免除处罚。恶意透支数额较大,在公安机关立案前已偿还全部透支款息,情节显著轻微的,可以依法不追究刑事责任。

2. 本罪在主观方面表现为故意,并且具有非法占有的目的。有以下情形之一的,应当认定为《刑法》第 196 条第 2 款规定的"以非法占有为目的":(1)明知没有还款能力而大量透支,无法归还;(2)肆意挥霍透支的资金,无法归还的;(3)透支后逃匿、改变联系方式,逃避银行催收的;(4)抽逃、转移资金,隐匿财产,逃避还款的;(5)使用透支的资金进行违法犯罪活动的;(6)其他非法占有资金,拒不还款的行为。在司法实践中,要注意将本罪与伪造、变造金融票证罪、信用证诈骗罪区别出来。本罪与伪造、变造金融票证罪的区别主要在于客观方面的行为表现不同。本罪与信用证诈骗罪的区别,主要在于犯罪对象的性质有所不同,信用证与信用卡是两种不同的信用凭证。

(二) 信用卡诈骗罪的处罚

《刑法》第 196 条规定,犯信用卡诈骗罪的,处 5 年以下有期徒刑或者拘役,并处 2 万元以上 20 万元以下罚金;数额巨大或者有其他严重情节的,处 5 年以上 10 年以下有期徒刑,并处 5 万元以上 50 万元以下罚金;数额特别巨大或者有其他特别严重情节的,处 10 年以上有期徒刑或者无期徒刑,并处 5 万元以上 50 万元以下罚金或者没收财产。

根据 2009 年 12 月 3 日最高人民法院、最高人民检察院《关于办理妨害信用卡管理刑事案件具体应用法律若干问题的解释》,使用伪造的信用卡、以虚假的身份证明骗领的信用卡、作废的信用卡或者冒用他人信用卡,进行信用卡诈骗活动,数额在 5 000 元以上不满 5 万元的,应当认定为《刑法》第 196 条规定的"数额较大";数额在 5 万元以上不满 50 万元的,应当认定为《刑法》第 196 条规定的"数额巨大";数额在 50 万元以上的,应当认定为《刑法》第 196 条规定的"数额特别巨大"。恶意透支,数额在 1 万元以上不满 10 万元的,应当认定为《刑法》第 196 条规定的"数额较大";数额在 10 万元以上不满 100 万元的,应当认定为《刑法》第 196 条规定的"数额巨大";数额在 100 万元以上的,应当认定为《刑法》第 196 条规定的"数额特别巨大"。

盗窃信用卡并使用的,依照《刑法》第 264 条规定的盗窃罪定罪处罚。

七、有价证券诈骗罪

(一) 有价证券诈骗罪的概念和构成

有价证券诈骗罪,是指使用伪造、变造的国库券或者国家发行的其他有价证券,进行诈骗活动,数额较大的行为。

本罪的构成要件如下:

1. 在客观方面,本罪表现为使用伪造、变造的国库券或者国家发行的其他有价证券,进行诈骗活动,数额较大的行为。

2. 本罪在主观方面表现为故意,并且具有非法占有的目的。

(二)有价证券诈骗罪的认定

在认定有价证券诈骗罪时,应该注意以下问题:

1. 有价证券诈骗罪与伪造、变造国家有价证券罪的区别。两者的区别主要在于客观方面的行为特征有所不同。

2. 有价证券诈骗罪与信用证诈骗罪、信用卡诈骗罪的区别。三者之间的区别主要在于犯罪对象之间的有所不同。

(三)有价证券诈骗罪的处罚

《刑法》第197条规定,犯有价证券诈骗罪的,处5年以下有期徒刑或者拘役,并处2万元以上20万元以下罚金;数额巨大或者有其他严重情节的,处5年以上10年以下有期徒刑,并处5万元以上50万元以下罚金;数额特别巨大或者有其他特别严重情节的,处10年以上有期徒刑或者无期徒刑,并处5万元以上50万元以下罚金或者没收财产。

八、保险诈骗罪

(一)保险诈骗罪的概念和构成

保险诈骗罪,是指行为人以非法占有为目的,利用虚假的保险事实进行诈骗活动,骗取保险金数额较大的行为。

本罪的构成要件如下:

1. 在客观方面,本罪表现为利用虚假的保险事实进行诈骗活动,骗取保险金数额较大的行为。保险,是指投保人根据合同约定,向保险人支付保险费,保险人对于合同约定的内容承担保险责任的一种商业行为。本罪的具体行为形式有:(1)投保人故意虚构保险标的,骗取保险金的;(2)投保人、被保险人或者受益人对保险事故编造虚假的原因或者夸大损失的程度,骗取保险金的;(3)投保人、被保险人或者受益人编造未曾发生的保险事故,骗取保险金的;(4)投保人、被保险人故意造成财产损失的保险事故,骗取保险金的;(5)投保人、受益人故意造成被保险人死亡、伤残或者疾病,骗取保险金的。

2. 本罪的犯罪主体为特殊主体,即只有投保人、被保险人或者受益人。投保人,是指对保险标的具有保险利益,向保险人申请订立保险合同,并负有交纳保险费义务的人。被保险人,是指在保险合同中标明的保险对象。受益人,是指投保人或者被保险人在保险合同中明确指定或者依照法律有权取得保险金的人。在有些保险合同中,投保人、被保险人和受益人可能是同一个人,在有些保险合同中,三者可能是彼此分开。

3. 本罪在主观方面表现为故意,并且具有非法占有的目的。

(二) 保险诈骗罪的认定

在认定保险诈骗罪时,应该注意以下问题:

1. 保险诈骗罪与一般夸大损失的违法行为之间的区别。两者的主要区别在于夸大的程度和骗取数额的大小。根据刑法的规定,本罪以骗取保险金数额较大为标准。

2. 故意制造保险事故,骗取保险金行为中的数罪认定。例如某甲因赌博输钱,遂对其已经投保的其妻产生歹意,通过实施投毒的行为杀死其妻,然后谎称暴病而亡,要求获取保险金。对此刑法已明文规定,要以故意杀人罪与保险诈骗罪实行数罪并罚。

3. 保险诈骗犯罪中的共犯。本罪的共犯包括着两种情况:一是投保人、被保险人、受益人共同通谋实施保险诈骗;二是保险事故的鉴定人、证明人、财产评估人故意提供虚假的证明文件,为他人诈骗提供条件的,根据刑法规定,要以保险诈骗的共犯论处。

(三) 保险诈骗罪的处罚

《刑法》第 198 条规定,犯保险诈骗罪的,处 5 年以下有期徒刑或者拘役,并处 1 万元以上 10 万元以下罚金;数额巨大或者有其他严重情节的,处 5 年以上 10 年以下有期徒刑,并处 2 万元以上 20 万元以下罚金;数额特别巨大或者有其他特别严重情节的,处 10 年以上有期徒刑,并处 2 万元以上 20 万元以下罚金或者没收财产。

单位犯第 1 款罪的,对单位判处罚金,并对其直接负责的主管人员和其他直接责任人员,处 5 年以下有期徒刑或者拘役;数额巨大或者有其他严重情节的,处 5 年以上 10 年以下有期徒刑;数额特别巨大或者有其他特别严重情节的,处 10 年以上有期徒刑。

根据 2001 年 1 月 21 日最高人民法院《全国法院审理金融犯罪案件工作座谈会纪要》,对保险诈骗罪的数额,可参照 1996 年 12 月 24 日最高人民法院《关于审理诈骗案件具体应用法律的若干问题的解释》,个人进行保险诈骗数额在 1 万元以上的,属于"数额较大";个人进行保险诈骗数额在 5 万元以上的,属于"数额巨大";个人进行保险诈骗数额在 20 万元以上的,属于"数额特别巨大"。单位进行保险诈骗数额在 5 万元以上的,属于"数额较大";单位进行保险诈骗数额在 25 万元以上的,属于"数额巨大";单位进行保险诈骗数额在 100 万元以上的,属于"数额特别巨大"。

《刑法》第 183 条规定,保险公司的工作人员利用职务上的便利,故意编造未曾发生的保险事故进行虚假理赔,骗取保险金归自己所有的,依照本法第 271 条的规定定罪处罚。

国有保险公司工作人员和国有保险公司委派到非国有保险公司从事公务的人员有前款行为的,依照本法第 382 条、第 383 条的规定定罪处罚。

第七节　危害税收征管罪

一、逃税罪

（一）逃税罪的概念和构成

逃税罪，是指纳税人或者扣缴义务人违反税收法律法规，逃税数额较大且达到应纳税额一定比例的行为。

本罪的构成要件如下：

1. 在客观方面，本罪表现为采取伪造、变造、隐匿、擅自销毁账簿、记账凭证，在账簿上多列支出或者不列、少列收入，经税务机关通知而拒不申报或者进行虚假的纳税申报手段，不缴或少缴应缴税款，逃税数额较大或者有其他严重情节的行为。数额较大，是指逃税数额占应纳税款的 10％ 以上并且在 5 万元以上；多次逃税未经处理的，按照累计数额计算。其他严重情节，是指因逃税被税务机关给予 2 次行政处罚又逃税的。

2. 本罪的主体为特殊主体，即只有纳税人和扣缴义务人才能构成。纳税人，是指法律、法规规定负有纳税义务的单位和个人；扣缴义务人，是指法律、法规规定负有代扣代缴、代收代缴义务的单位和个人。

3. 本罪在主观方面表现为故意，并且具有非法占有应缴税款的目的。

（二）逃税罪的认定

在认定逃税罪时，应注意以下一些问题：

1. 逃税罪与走私罪中偷逃关税行为的关系。走私罪中很多行为有偷逃关税的行为内容，在客观上也表现为对我国税收制度的危害。因为，关税从整体上而言，也是我国整个税收制度的一个组成部分。就这一意义而言，逃税罪与偷逃关税的走私行为在某些方面具有相似之处，存在着一定的关联。但两者毕竟存在着严格的区别。

（1）两者的法律性质不同。国家对关税的征收，属于海关法的组成部分。国家设立走私罪，并不仅仅着眼于对税款的征收，而是首先着眼于国家对对外贸易的管制。而逃税罪主要违反税收法规，主要危害着国家的财政收入。

（2）两者的行为过程不同。偷逃关税的走私犯罪主要表现为逃避海关监管，认定这种行为构成犯罪的实施环境必须与国家边境、关口密切相连。而逃税罪主要表现为逃避税务机关监管，认定这种行为构成犯罪的实施环境是在国内的一般经济活动中。

（3）两者的行为表现不同。偷逃关税的走私犯罪其行为的特征主要表现为运输、携带、邮寄一般应缴关税的货物、物品进出境的行为。而逃税罪的行为特征主要表现为利用账簿、记账凭证或虚假的财务收入、支出,逃避或者不接受税收征管的行为。

2. 逃税罪罪与非罪的区别。本罪与漏税、欠税等一般违规行为的区别主要在于前者在主观上属于明知而故犯,并且具有非法占有应缴税款的目的。而后者在主观上往往属于过失或因经济状况欠佳一时拖欠不缴,并不具有非法占有税款的目的。前者在客观方面以数额较大或情节严重为构成要件要素,而后者则表现为数额不大或情节较轻。特别是在《刑法修正案(七)》中,对于逃避缴纳税款数额较大且达到应纳税额一定比例的行为,经税务机关依法下达追缴通知后,补缴应纳税款,缴纳滞纳金,已受行政处罚的,不予追究刑事责任;但是 5 年内因逃避缴纳税款受过刑事处罚或者被税务机关给予 2 次以上行政处罚的除外。

(三) 逃税罪的处罚

《刑法》第 201 条规定,犯逃税罪的,处 3 年以下有期徒刑或者拘役,并处罚金;数额巨大并且占应纳税额的 30% 以上的,处 3 年以上 7 年以下有期徒刑,并处罚金。

扣缴义务人采取前款所列手段,不缴或者少缴已扣、已收税款,数额较大的,依照前款的规定处罚。

对多次实施前两款行为,未经处理的,按照累计数额计算。

第 211 条规定,单位犯本节第 201 条规定之罪有第 1 款行为,经税务机关依法下达追缴通知后,补缴应纳税款,缴纳滞纳金,已受行政处罚的,不予追究刑事责任;但是,5 年内因逃避缴纳税款受过刑事处罚或者被税务机关给予二次以上行政处罚的除外。其直接负责的主管人员和其他直接责任人员,依照该条的规定处罚。

第 212 条规定,犯本节第 201 条规定之罪,被判处罚金、没收财产的,在执行前,应当先由税务机关追缴税款。

二、抗税罪

(一) 抗税罪的概念和构成

抗税罪,是指负有纳税义务的行为人违反税收法律法规,以暴力、威胁的方法拒不缴纳税款的行为。

本罪的构成要件如下:

1. 在客观方面,本罪表现为负有纳税义务的行为人以暴力、威胁方法拒不缴纳税款的行为。暴力,是指行为人对依法履行职务的税务工作人员实施身体上的强暴。威胁,是指行为人对依法履行职务的税务工作人员实施精神上的强制。

2. 本罪在主观方面表现为故意,并且具有拒不缴纳税款的目的。

在司法实践中,要注意本罪的暴力限度。本罪的暴力一般限制在非严重的程度,如果故意实施暴力达到严重的程度,致人重伤或者死亡,则应以牵连犯的处理原则,从一重罪论处。

（二）抗税罪的处罚

《刑法》第 202 条规定,犯抗税罪的,处 3 年以下有期徒刑或者拘役,并处拒缴税款 1 倍以上 5 倍以下罚金;情节严重的,处 3 年以上 7 年以下有期徒刑,并处拒缴税款 1 倍以上 5 倍以下罚金。

第 212 条规定,犯本节第 202 条规定之罪,被判处罚金、没收财产的,在执行前,应当先由税务机关追缴税款。

三、逃避追缴欠税罪

（一）逃避追缴欠税罪的概念和构成

逃避追缴欠税罪,是指纳税人欠缴应缴税款,采取转移或者隐匿财产的手段,致使税务机关无法追缴欠缴的税款,数额在 1 万元以上的行为。

本罪的构成要件如下:

1. 在客观方面,本罪表现为欠缴应缴税款,采取转移或者隐匿财产的手段,致使税务机关无法追缴欠缴的税款,数额在 1 万元以上的行为。

2. 本罪在主观方面表现为故意,并且具有非法占有应缴税款的目的。

（二）逃避追缴欠税罪的认定

在认定逃避追缴欠税罪时,应当注意以下问题:

1. 逃避追缴欠税罪与漏税、欠税等一般违规行为的区别。两者的主要区别在于本罪在主观上属于故意,并且具有非法占有应缴税款的目的;而后者在主观上往往属于过失或因具体的客观原因一时拖欠不缴,行为人并不具有非法占有税款的目的。在客观上,本罪的行为往往采取转移或者隐匿财产的手段,致使税务机关无法追缴欠缴的税款,而后者则无转移或隐匿财产的行为。

2. 逃避追缴欠税罪与逃税罪的区别。两者在主观上都具有非法占有应缴税款的目的。但两者在客观方面存在着严格区别:

（1）行为前提不同。本罪是以已具有欠税事实为前提;而逃税罪则无需有欠税的事实。

（2）行为表现不同。本罪主要表现为转移或者隐匿财产的行为;而逃税罪主要表现为利用虚假的会计账簿、凭证或作虚假记载的行为。

（三）逃避追缴欠税罪的处罚

《刑法》第 203 条规定,犯逃避追缴欠税罪的,处 3 年以下有期徒刑或者拘役,并处或者单处欠缴税款 1 倍以上 5 倍以下罚金;数额在 10 万元以上的,处 3 年以上 7 年以下有期徒刑,并处欠缴税款 1 倍以上 5 倍以下罚金。

第 211 条规定,单位犯本节第 203 条规定之罪的,对单位判处罚金,并对其直接负责的主管人员和其他直接责任人员,依照该条的规定处罚。

第 212 条规定,犯本节第 203 条规定之罪,被判处罚金、没收财产的,在执行前,应当先由税务机关追缴税款。

四、骗取出口退税罪

(一) 骗取出口退税罪的概念和构成

骗取出口退税罪,是指以假报出口或者其他欺骗手段,骗取国家出口退税款,数额较大的行为。

本罪的构成要件如下:

1. 在客观方面,本罪表现为以假报出口或者其他欺骗手段,骗取国家出口退税款,数额较大的行为。出口退税是国家为鼓励商品出口,保证我国商品的国际竞争力,对出口的商品在出口后实行退税还款的制度。骗取出口退税,实际上就是利用国家的这一优惠政策,虚报出口商品的品种与数量,从而骗取国家税款。

2. 本罪在主观方面表现为故意,并且具有获取非法利益的目的。

(二) 骗取出口退税罪的认定

在认定骗取出口退税罪时应注意以下问题:

1. 骗取出口退税罪与偷逃关税的走私犯罪之间的区别。两者在主观上都具有获取非法利益的目的,但两者存在着诸多的区别:

(1) 两者行为表现不同。本罪主要表现为以假报出口或者其他欺骗手段,骗取国家税款。而偷逃关税的走私犯罪则主要表现为逃避海关监管,偷逃应缴税款。

(2) 两者涉及的物品范围不同。本罪仅限于出口的物品,而偷逃关税的走私罪的物品则包括了进出境的物品。

(3) 两者涉及的税款发生过程不同。本罪的税款是行为人先缴而后骗,而偷逃关税的走私犯罪的税款,行为人一开始就未发生过缴纳的事实。

2. 骗取出口退税罪与逃税罪之间的区别。两者在非法占有税款的目的方面具有同一性,但两者存在着严格区别:

(1) 两者的行为表现不同。本罪的行为主要表现在欺骗的特征上,而逃税罪的行为主要表现为秘密不为他人所知的特征上。

(2) 两者的行为过程的发生不同。本罪主要发生在出口业务过程中,而逃税罪主要发生在一般的国内经济活动中。

(3) 两者涉及的税款性质要求不同。本罪的税款是已为国家收缴的税款,而逃税罪的税款则是还未被国家收缴的税款。根据刑法的规定,纳税人缴纳税款后,采取假报出口或者其他欺骗手段,骗取所缴纳的税款的,依照逃税罪处罚。而骗取税款超过所缴纳的税款部分,则依照本罪处罚。

(三) 骗取出口退税罪的处罚

《刑法》第204条规定,犯骗取出口退税罪的,处5年以下有期徒刑或者拘役,并处骗取税款1倍以上5倍以下罚金;数额巨大或者有其他严重情节的,处5年以上10年以下有期徒刑,并处骗取税款1倍以上5倍以下罚金;数额特别巨大或者有其他特别严重情节的,处10年以上有期徒刑或者无期徒刑,并处骗取税款1倍以上5

倍以下罚金或者没收财产。

纳税人缴纳税款后，采取前款规定的欺骗方法，骗取所缴纳的税款的，依照《刑法》第201条的规定定罪处罚；骗取税款超过所缴纳的税款部分，依照前款的规定处罚。

《刑法》第211条规定，单位犯本节第204条规定之罪的，对单位判处罚金，并对其直接负责的主管人员和其他直接责任人员，依照该条的规定处罚。

第212条规定，犯本节第204条规定之罪，被判处罚金、没收财产的，在执行前，应当先由税务机关追缴所骗取的出口退税款。

五、虚开增值税专用发票、用于骗取出口退税、抵扣税款发票罪

（一）虚开增值税专用发票、用于骗取出口退税、抵扣税款发票罪的概念和构成

虚开增值税专用发票、用于骗取出口退税、抵扣税款发票罪，是指行为人虚开增值税专用发票或者虚开用于骗取出口退税、抵扣税款的其他发票的行为。

本罪的构成要件如下：

1. 在客观方面，本罪表现为行为人在没有商品销售或者提供应税劳务的情况下，虚开增值税专用发票或者虚开用于骗取出口退税、抵扣税款的其他发票的行为。增值税专用发票，是指以企业生产经营过程中新增的价额为征税依据的征收税款的凭证，即应缴税款不包括在商品的价格之内的价外税收凭证。增值税专用发票与普遍发票的区别在于：增值税专用发票除了与普通发票所共有的内容外，还设有"税种"、"税率"、"税额"等内容，用以证明购货方实际支付或者负担的增值税税额。用于骗取出口退税、抵扣税款的其他发票，是指可以用于申请出口退税、抵扣税款的非增值税的其他发票，如运输发票、购货发票等等。虚开上述发票，同样可以为偷逃税款提供方便。虚开的行为，是指为他人虚开、为自己虚开、让他人为自己虚开、介绍他人虚开等行为之一的情形。

2. 本罪在主观方面表现为故意，并且具有谋取非法经济利益的目的。在司法实践中，应当注意虚开增值税专用发票或者虚开用于骗取出口退税、抵扣税款的其他发票后又骗取国家税款的，对此，应当根据牵连犯的处理原则，从一从重论处。

（二）虚开增值税专用发票、用于骗取出口退税、抵扣税款发票罪的处罚

《刑法》第205条规定，犯虚开增值税专用发票、用于骗取出口退税、抵扣税款发票罪的，处3年以下有期徒刑或者拘役，并处2万元以上20万元以下罚金；虚开的税款数额较大或者有其他严重情节的，处3年以上10年以下有期徒刑，并处5万元以上50万元以下罚金；虚开的税款数额巨大或者有其他特别严重情节的，处10年以上有期徒刑或者无期徒刑，并处5万元以上50万元以下罚金或者没收财产。

单位犯本条规定之罪的，对单位判处罚金，并对其直接负责的主管人员和其他直接责任人员，处3年以下有期徒刑或者拘役；虚开的税款数额较大或者有其他严重情节的，处3年以上10年以下有期徒刑；虚开的税款数额巨大或者有其他特别严重情

节的,处 10 年以上有期徒刑或者无期徒刑。

第 212 条规定,犯本节第 205 条规定之罪,被判处罚金、没收财产的,在执行前,应当先由税务机关追缴税款。

六、虚开发票罪

(一)虚开发票罪的概念和犯罪构成

虚开发票罪是指,虚开增值税专用发票和用于骗取出口退税、抵扣税款的发票之外的其他发票,情节严重的行为。本罪是《刑法修正案(八)》增设的罪名。

本罪的构成要件如下:

1. 本罪侵犯的客体是国家的税收征管秩序。犯罪对象为增值税专用发票和用于骗取出口退税、抵扣税款的发票以外的其他发票,既包括真实的发票,也包括伪造的发票。

2. 在客观方面,本罪表现为行为人实行了虚开增值税专用发票和用于骗取出口退税、抵扣税款的发票之外的其他发票的行为,且情节严重。

3. 本罪主体包括已满 16 周岁,且具有刑事责任能力的自然人和单位。

4. 本罪在主观方面表现为故意。

(二)虚开发票罪的处罚

《刑法》第 205 条之一规定,犯本罪的,处 2 年以下有期徒刑、拘役或者管制,并处罚金;情节特别严重的,处 2 年以上 7 年以下有期徒刑,并处罚金。单位犯本罪的,对单位判处罚金,并对直接负责的主管人员和其他直接责任人员,依照前款的规定处罚。

七、伪造、出售伪造的增值税专用发票罪

(一)伪造、出售伪造的增值税专用发票罪的概念和构成

伪造、出售伪造的增值税专用发票罪,是指伪造、出售伪造的增值税专用发票的行为。

本罪的构成要件如下:

1. 在客观方面,本罪表现为伪造、出售伪造的增值税专用发票的行为。本罪只要具有两种行为之一的,即可构成。但如果同时具有两种行为的,也以一罪论处。

2. 本罪在主观方面表现为故意,一般具有谋取非法经济利益的目的。

(二)伪造、出售伪造的增值税专用发票罪的处罚

《刑法》第 206 条规定,犯伪造、出售伪造的增值税专用发票罪的,处 3 年以下有期徒刑、拘役或者管制,并处 2 万元以上 20 万元以下罚金;数量较大或者有其他严重情节的,处 3 年以上 10 年以下有期徒刑,并处 5 万元以上 50 万元以下罚金;数量巨大或者有其他特别严重情节的,处 10 年以上有期徒刑或者无期徒刑,并处 5 万元以上 50 万元以下罚金或者没收财产。

单位犯本条规定之罪的,对单位判处罚金,并对其直接负责的主管人员和其他直接责任人员,处3年以下有期徒刑、拘役或者管制;数量较大或者有其他严重情节的,处3年以上10年以下有期徒刑;数量巨大或者有其他特别严重情节的,处10年以上有期徒刑或者无期徒刑。

第210条规定,盗窃增值税专用发票或者可以用于骗取出口退税、抵扣税款的其他发票的,依照本法第264条的规定定罪处罚。

使用欺骗手段骗取增值税专用发票或者可以用于骗取出口退税、抵扣税款的其他发票的,依照本法第266条的规定定罪处罚。

根据这一规定,盗窃、诈骗增值税专用发票或者可以用于骗取出口退税、抵扣税款的其他发票,应当依照《刑法》第264条盗窃罪和第266条诈骗罪论处。

八、非法出售增值税专用发票罪

(一)非法出售增值税专用发票罪的概念和构成

非法出售增值税专用发票罪,是指行为人违反增值税专用发票管理规定,未经主管税务机关批准,非法出售增值税专用发票的行为。

本罪的构成要件如下:

1. 在客观方面,本罪表现为行为人违反增值税专用发票管理规定,未经主管税务机关批准,非法出售增值税专用发票的行为。根据增值税专用发票的管理规定,增值税专用发票实行专门机关(即税务机关)专门发售,购买人实行谁购买谁专用的原则,禁止擅自买卖增值税专用发票的行为。

2. 本罪在主观方面表现为故意,并且具有谋取非法经济利益的目的。

(二)非法出售增值税专用发票罪的处罚

《刑法》第207条规定,犯非法出售增值税专用发票罪的,处3年以下有期徒刑、拘役或者管制,并处2万元以上20万元以下罚金;数量较大的,处3年以上10年以下有期徒刑,并处5万元以上50万元以下罚金;数量巨大的,处10年以上有期徒刑或者无期徒刑,并处5万元以上50万元以下罚金或者没收财产。

第211条规定,单位犯本节第207条规定之罪的,对单位判处罚金,并对其直接负责的主管人员和其他直接责任人员,依照该条的规定处罚。

九、非法购买增值税专用发票、购买伪造的增值税专用发票罪

(一)非法购买增值税专用发票、购买伪造的增值税专用发票罪的概念和构成

非法购买增值税专用发票、购买伪造的增值税专用发票罪,是指行为人违反国家发票管理制度,非法购买增值税专用发票或者购买伪造的增值税专用发票的行为。

本罪的构成要件如下：

1. 在客观方面，本罪表现为行为人非法购买增值税专用发票或者购买伪造的增值税专用发票的行为。根据增值税专用发票的管理规定，需要使用增值税专用发票的单位或个人，应当提出购买申请，提供必要的证明，经税务机关批准，领取发票领购簿，凭发票领购簿向主管税务机关领购增值税专用发票。非法购买增值税专用发票，就是违反了这一规定私自违法购买。而伪造的增值税专用发票，本身属于违禁品，更不允许违法买卖。

2. 本罪在主观方面表现为故意，一般具有谋取非法经济利益的目的。

在司法实践中，应当注意行为人非法购买增值税专用发票或者购买伪造的增值税专用发票后又虚开或者出售的，对此，刑法明确规定，凡又虚开的，按虚开增值税专用发票罪定罪处罚；凡又出售的，如出售的是伪造的增值税专用发票，按出售伪造的增值税专用发票罪论处；如出售的是真实的增值税专用发票，则按非法出售增值税专用发票罪论处。

（二）非法购买增值税专用发票、购买伪造的增值税专用发票罪的处罚

《刑法》第 208 条规定，犯非法购买增值税专用发票、购买伪造的增值税专用发票罪的，处 5 年以下有期徒刑或者拘役，并处或者单处 2 万元以上 20 万元以下罚金。

非法购买增值税专用发票或者购买伪造的增值税专用发票又虚开或者出售的，分别依照本法第 205 条、第 206 条、第 207 条的规定定罪处罚。

第 211 条规定，单位犯本节第 208 条规定之罪的，对单位判处罚金，并对其直接负责的主管人员和其他直接责任人员，依照该条的规定处罚。

十、非法制造、出售非法制造的用于骗取出口退税、抵扣税款发票罪

（一）非法制造、出售非法制造的用于骗取出口退税、抵扣税款发票罪的概念和构成

非法制造、出售非法制造的用于骗取出口退税、抵扣税款发票罪，是指违反国家发票管理法规，伪造、擅自制造或者出售伪造、擅自制造的可以用于出口退税、抵扣税款的其他发票的行为。

本罪的构成要件如下：

1. 在客观方面，本罪表现为伪造、擅自制造或者出售伪造、擅自制造的可以用于出口退税、抵扣税款的其他发票的行为。

2. 本罪在主观方面表现为故意，一般具有谋取非法经济利益的目的。

（二）非法制造、出售非法制造的用于骗取出口退税、抵扣税款发票罪的处罚

《刑法》第 209 条规定，犯非法制造、出售非法制造的用于骗取出口退税、抵扣税款发票罪的，处 3 年以下有期徒刑、拘役或者管制，并处 2 万元以上 20 万元以下罚金；数量巨大的，处 3 年以上 7 年以下有期徒刑，并处 5 万元以上 50 万元以下罚金；

数量特别巨大的，处 7 年以上有期徒刑，并处 5 万元以上 50 万元以下罚金或者没收财产。

第 211 条规定，单位犯本节第 209 条规定之罪的，对单位判处罚金，并对其直接负责的主管人员和其他直接责任人员，依照该条的规定处罚。

十一、非法制造、出售非法制造的发票罪

(一) 非法制造、出售非法制造的发票罪的概念和构成

非法制造、出售非法制造的发票罪，是指伪造、擅自制造或者出售伪造、擅自制造的可以用于骗取出口退税、抵扣税款发票以外的其他发票的行为。

本罪的构成要件如下：

1. 在客观方面，本罪表现为行为人伪造、擅自制造或者出售伪造、擅自制造的可以用于骗取出口退税、抵扣税款发票以外的其他发票的行为。

2. 本罪在主观方面表现为故意，一般具有谋取非法经济利益的目的。

(二) 非法制造、出售非法制造的发票罪的处罚

《刑法》第 209 条第 2 款规定，犯非法制造、出售非法制造的发票罪的，处 2 年以下有期徒刑、拘役或者管制，并处或者单处 1 万元以上 5 万元以下罚金；情节严重的，处 2 年以上 7 年以下有期徒刑，并处 5 万元以上 50 万元以下罚金。

第 211 条规定，单位犯本节第 209 条规定之罪的，对单位判处罚金，并对其直接负责的主管人员和其他直接责任人员，依照该条的规定处罚。

十二、非法出售用于骗取出口退税、抵扣税款发票罪

(一) 非法出售用于骗取出口退税、抵扣税款发票罪的概念和构成

非法出售用于骗取出口退税、抵扣税款发票罪，是指非法出售用于骗取出口退税、抵扣税款发票的行为。

本罪的构成要件如下：

1. 在客观方面，本罪表现为非法出售用于骗取出口退税、抵扣税款发票的行为。

2. 本罪在主观方面表现为故意，一般具有谋取非法经济利益的目的。

(二) 非法出售用于骗取出口退税、抵扣税款发票罪的处罚

《刑法》第 209 条第 3 款规定，犯非法出售用于骗取出口退税、抵扣税款发票罪的，处 3 年以下有期徒刑、拘役或者管制，并处 2 万元以上 20 万元以下罚金；数量巨大的，处 3 年以上 7 年以下有期徒刑，并处 5 万元以上 50 万元以下罚金；数量特别巨大的，处 7 年以上有期徒刑，并处 5 万元以上 50 万元以下罚金或者没收财产。

第 211 条规定，单位犯本节第 209 条规定之罪的，对单位判处罚金，并对其直接负责的主管人员和其他直接责任人员，依照该条的规定处罚。

十三、非法出售发票罪

（一）非法出售发票罪的概念和构成

非法出售发票罪，是指非法出售除增值税专用发票、可以用于骗取出口退税、抵扣税款的非增值税专用发票以外的普通发票的行为。

本罪的构成要件如下：

1. 在客观方面，本罪表现为非法出售除增值税专用发票、可以用于骗取出口退税、抵扣税款的非增值税专用发票以外的普通发票的行为。

2. 本罪在主观方面表现为故意，一般具有谋求非法经济利益的目的。

在司法实践中，如果行为人盗窃或者使用欺骗手段骗取增值税专用发票或者可以用于骗取出口退税、抵扣税款的其他发票的，根据刑法的规定，应分别依照盗窃罪、诈骗罪的规定定罪处罚。

（二）非法出售发票罪的处罚

《刑法》第 209 条第 4 款规定，犯非法出售发票罪的，处 2 年以下有期徒刑、拘役或者管制，并处或者单处 1 万元以上 5 万元以下罚金；情节严重的，处 2 年以上 7 年以下有期徒刑，并处 5 万元以上 50 万元以下罚金。

第 211 条规定，单位犯本节第 209 条规定之罪的，对单位判处罚金，并对其直接负责的主管人员和其他直接责任人员，依照该条的规定处罚。

十四、持有伪造的发票罪

（一）持有伪造的发票罪的概念和构成

持有伪造的发票罪，是指明知是伪造的发票而持有，数量较大的行为。

本罪的构成要件如下：

1. 本罪侵犯的客体是国家发票的管理秩序。本罪的对象是伪造的发票，包括普通发票，也包括增值税专用发票和用于骗取出口退税、抵扣税款的其他发票。

2. 在客观方面，本罪表现为持有数量较大的伪造发票。持有，是指行为人对伪造的发票处于占有、支配、控制的一种状态，不仅指行为人随身携带伪造的发票，也包括在行为人的住所、驾驶的交通工具上存放的伪造的发票。

3. 本罪在主观方面表现为故意。

（二）持有伪造的发票罪的处罚

《刑法》第 210 条之一规定，犯本罪的，处 2 年以下有期徒刑、拘役或者管制，并处罚金；数量巨大的，处 2 年以上 7 年以下有期徒刑，并处罚金。单位犯本罪的，对单位判处罚金，并对其直接负责的主管人员和其他直接责任人员，依照前款的规定处罚。

第八节 侵犯知识产权罪

一、假冒注册商标罪

(一) 假冒注册商标罪的概念和构成

假冒注册商标罪,是指行为人违反国家商标管理法规,未经注册商标所有人许可,在同一种商品上使用与其注册商标相同的商标,情节严重的行为。

本罪的构成要件如下:

1. 在客观方面,本罪表现为行为人未经注册商标所有人许可,在同一种商品上使用与其注册商标相同的商标,情节严重的行为。商标,是指通过文字、图形、色彩或者文字、图形与色彩组合表明某种商品的标记。为了保护注册商标的专有使用权,促进生产者保证商品质量和维护商标信誉,保护消费者的合法权益,国家实行注册商标专用权制度。非法使用他人已注册商标的行为是一种违法行为,情节严重的,构成犯罪。

名称相同的商品以及名称不同但指同一事物的商品,可以认定为"同一种商品"。名称,是指国家工商行政管理总局商标局在商标注册工作中对商品使用的名称,通常即《商标注册用商品和服务国际分类》中规定的商品名称。名称不同但指同一事物的商品,是指在功能、用途、主要原料、消费对象、销售渠道等方面相同或者基本相同,相关公众一般认为是同一种事物的商品。认定"同一种商品",应当在权利人注册商标核定使用的商品和行为人实际生产销售的商品之间进行比较。具有下列情形之一,可以认定为"与其注册商标相同的商标":(1)改变注册商标的字体、字母大小写或者文字横竖排列,与注册商标之间仅有细微差别的;(2)改变注册商标的文字、字母、数字等之间的间距,不影响体现注册商标显著特征的;(3)改变注册商标颜色的;(4)其他与注册商标在视觉上基本无差别、足以对公众产生误导的商标。

根据有关司法解释,未经注册商标所有人许可,在同一种商品上使用与其注册商标相同的商标,涉嫌下列情形之一的,应予追诉:(1)非法经营数额在5万元以上或者违法所得数额在3万元以上的;(2)假冒两种以上注册商标,非法经营数额在3万元以上或者违法所得数额在2万元以上的;(3)其他情节严重的情形。①

2. 本罪在主观方面表现为故意。

(二) 假冒注册商标罪的认定

在认定假冒注册商标罪时,应注意以下一些问题:

---

① 2004年12月8日最高人民法院、最高人民检察院《关于办理侵犯知识产权刑事案件具体应用法律若干问题的解释》第1条。

1. 假冒注册商标罪与一般商标侵权行为的界限。两者之间的区别主要表现在：(1)两者的主观方面要求不同。本罪强调行为人必须具有故意的罪过内容，即明知故犯；而一般商标侵权行为则往往表现为过失。(2)两者的客观方面要求不同。本罪强调只有未经注册商标所有人许可，在同一种商品上使用与他人注册商标相同的商标，才能构成犯罪。而一般商标侵权行为则往往表现为抢先使用他人还未注册的商标，或者使用与他人注册商标相似、近似的商标，或者违反转让使用约定，超范围、超品种地使用他人注册商标。(3)两者的行为情节要求不同。本罪强调只有情节严重才可构成犯罪；而一般商标侵权行为不要求情节严重。

2. 假冒注册商标罪与生产、销售伪劣商品犯罪之间的联系与区别。在现实生活中，经常会发生一些既生产、销售伪劣商品，又在伪劣商品上使用他人注册商标的案件。两者在法律特征上要求不同。本罪强调的是商标的形式，而不在于商品质量；而生产、销售伪劣商品犯罪则强调商品的质量，而不在于商标的形式。商品质量是真，而商标形式是非法假冒使用，依然构成本罪。商品质量是伪劣的，即使商标使用是合法的，依然可以构成生产、销售伪劣商品罪。如果行为人既生产、销售伪劣商品，又假冒他人注册商标，属于刑法上的牵连犯，按从一从重原则处理。

(三) 假冒注册商标罪的处罚

《刑法》第 213 条规定，犯假冒注册商标罪的，处 3 年以下有期徒刑或者拘役，并处或者单处罚金；情节特别严重的，处 3 年以上 7 年以下有期徒刑，并处罚金。

第 220 条规定：单位犯本节第 213 条规定之罪的，对单位判处罚金，并对其直接负责的主管人员和其他直接责任人员，依照本节该条的规定处罚。

二、销售假冒注册商标的商品罪

(一) 销售假冒注册商标的商品罪的概念和构成

销售假冒注册商标的商品罪，是指销售假冒注册商标的商品，销售金额较大的行为。

本罪的构成要件如下：

1. 在客观方面，本罪表现为行为人销售假冒注册商标的商品，销售金额较大的行为。

根据 2010 年 5 月 7 日最高检、公安部《关于公安机关管辖的刑事案件立案追诉标准的规定(二)》第 70 条的规定，具有以下情形应予追诉：(1)销售金额在 5 万元以上的；(2)尚未销售，货值金额在 15 万元以上的；(3)销售金额不满 5 万元，但已销售金额与尚未销售的货值金额合计在 15 万元以上的。

2. 本罪在主观方面表现为故意。

(二) 销售假冒注册商标的商品罪的认定

在司法实践中，应当注意本罪与假冒注册商标罪的联系与区别。两者的区别主要在于本罪强调的是销售行为，商品的来源，注册商标是谁假冒的，在所不问。而假冒注册商标罪则强调的是假冒行为,假冒以后的商品由谁销售,在所不问。如果行为人既假冒注册商标,又销售假冒注册商标的商品,则属于刑法上的牵连犯,按从一从重原则处理。

（三）销售假冒注册商标的商品罪的处罚

《刑法》第214条规定,犯销售假冒注册商标的商品罪的,处3年以下有期徒刑或者拘役,并处或者单处罚金;销售金额巨大的,处3年以上7年以下有期徒刑,并处罚金。

第220条规定,单位犯本节第214条规定之罪的,对单位判处罚金,并对其直接负责的主管人员和其他直接责任人员,依照本节该条的规定处罚。

三、非法制造、销售非法制造的注册商标标识罪

（一）非法制造、销售非法制造的注册商标标识罪的概念和构成

非法制造、销售非法制造的注册商标标识罪,是指伪造、擅自制造他人注册商标标识或者销售伪造、擅自制造的注册商标标识,情节严重的行为。

本罪的构成要件如下:

1. 在客观方面,本罪表现为行为人伪造、擅自制造他人注册商标标识或者销售伪造、擅自制造的注册商标标识,情节严重的行为。商标标识包括了商标纸、商标标牌、商标织带等标志性识别物品。

根据有关司法解释,伪造、擅自制造他人注册商标标识或者销售伪造、擅自制造的注册商标标识,涉嫌下列情形之一的,应予追诉:(1)伪造、擅自制造或者销售伪造、擅自制造的注册商标标识数量在2万件以上,或者非法经营数额在5万元以上,或者违法所得数额在3万元以上的;(2)伪造、擅自制造或者销售伪造、擅自制造两种以上注册商标标识数量在1万件以上,或者非法经营数额在3万元以上,或者违法所得数额在2万元以上的;(3)其他情节严重的情形。①

2. 本罪在主观方面表现为故意。

（二）非法制造、销售非法制造的注册商标标识罪的认定

在认定非法制造、出售非法制造的注册商标标识罪时,应注意以下问题:

1. 非法制造、销售非法制造的注册商标标识罪与假冒注册商标罪的区别。两者的区别主要表现在:(1)两者的客观行为特征不同。本罪的行为特征是伪造或非法制造注册商标标识;而假冒注册商标罪的行为特征是非法使用他人的注册商标。(2)两者的犯罪对象要求不同。本罪的对象是注册商标标识本身;而假冒注册商标罪的对象除了他人注册商标外,必然还包括使用了他人注册商标的商品。伪造、擅自制造他人注册商标标识后又假冒使用,属于刑法上的牵连犯,按从一从

---

① 见2004年12月8日最高人民法院、最高人民检察院《关于办理侵犯知识产权刑事案件具体应用法律若干问题的解释》第3条。

重原则处理。

2. 非法制造、销售非法制造的注册商标标识罪与生产、销售伪劣商品犯罪的区别。商标标识本身也是一种商品，伪造、销售他人注册商标标识本身也是一种生产、销售伪劣商品行为，两者存在着法条上的竞合关系。对于法条竞合的犯罪，应当按特殊法条优于普通法条的原则加以处理，即应以本罪论处。

（三）非法制造、销售非法制造的注册商标标识罪的处罚

《刑法》第215条规定，犯非法制造、销售非法制造的注册商标标识罪的，处3年以下有期徒刑、拘役或者管制，并处或者单处罚金；情节特别严重的，处3年以上7年以下有期徒刑，并处罚金。

第220条规定，单位犯本节第215条规定之罪的，对单位判处罚金，并对其直接负责的主管人员和其他直接责任人员，依照本节该条的规定处罚。

四、假冒专利罪

（一）假冒专利罪的概念和构成

假冒专利罪，是指行为人违反国家专利管理法规，假冒他人专利，侵犯他人专利权益，情节严重的行为。

本罪的构成要件如下：

1. 在客观方面，本罪表现为行为人违反专利管理法规，假冒他人专利，情节严重的行为。专利是国家专利机关授予发明人、设计人或者其所在单位对某种发明创造在一定期间享有的专用权。国家实行专利权保护制度。任何单位或者个人未取得专利权人许可，不得使用其专利。假冒他人专利的行为是一种违法行为，情节严重的，则构成犯罪。

根据有关司法解释，假冒他人专利，涉嫌下列情形之一的，应予追诉：（1）非法经营数额在20万元以上或者违法所得数额在10万元以上的；（2）给专利权人造成直接经济损失50万元以上的；（3）假冒两项以上他人专利，非法经营数额在10万元以上或者违法所得数额在5万元以上的；（4）其他情节严重的情形。①

2. 本罪在主观方面表现为故意。

（二）假冒专利罪的处罚

《刑法》第216条的规定，犯假冒专利罪的，处3年以下有期徒刑或者拘役，并处或者单处罚金。

第220条规定，单位犯本节第216条规定之罪的，对单位判处罚金，并对其直接负责的主管人员和其他直接责任人员，依照本节该条的规定处罚。

---

① 见2004年12月8日最高人民法院、最高人民检察院《关于办理侵犯知识产权刑事案件具体应用法律若干问题的解释》第4条。

五、侵犯著作权罪

(一) 侵犯著作权罪的概念和构成

侵犯著作权罪,是指行为人以营利为目的,违反国家著作权管理法规,侵犯他人著作权,违法所得数额较大或者有其他严重情节的行为。

本罪的构成要件如下:

1. 在客观方面,本罪表现为侵犯他人著作权,违法所得数额较大或者有其他严重情节的行为。著作权是作者(包括单位和个人)依法对文学、艺术和科学作品享有的专有权利,它包括作品的发表权、署名权、修改权、保护作品的完整权以及使用权和获得报酬权。国家实行著作权保护制度,侵犯他人著作权是一种违法行为,违法所得数额较大或者有其他严重情节的,就构成了犯罪。本罪的具体行为表现有:(1)未经著作权人许可,复制发行其文字作品、音乐、电影、电视、录像作品、计算机软件及其他作品的;(2)出版他人享有专有出版权的图书的;(3)未经录音录像制作者许可,复制发行其制作的录音录像的;(4)制作、出售假冒他人署名的美术作品的。

根据有关司法解释,以营利为目的,实施《刑法》第 217 条所列侵犯著作权行为之一,个人违法所得数额在 3 万元以上的,单位违法所得数额在 9 万元以上的,属于"违法所得数额较大";以营利为目的,未经著作权人许可,复制发行其文字作品、音乐、电影、电视、录像作品、计算机软件及其他作品,复制品数量合计在 500 张(份)以上的,属于"有其他严重情节"。[①]

《刑法》第 217 条侵犯著作权罪中的"复制发行",包括复制、发行或者既复制又发行的行为。侵权产品的持有人通过广告、征订等方式推销侵权产品的,属于《刑法》第 217 条规定的"发行"。非法出版、复制、发行他人作品,侵犯著作权构成犯罪的,按照侵犯著作权罪定罪处罚。[②]

2. 本罪在主观方面表现为故意,并且具有营利的目的。

(二) 侵犯著作权罪的认定

在认定侵犯著作权罪时,应注意以下问题:

1. 侵犯著作权罪与一般著作权侵权行为的区别。《著作权法》规定了 7 种较为严重的著作权侵权行为:(1)剽窃、抄袭他人作品的;(2)未经著作权人许可,以营利为目的,复制发行其作品的;(3)出版他人享有专有出版权的图书的;(4)未经表演者许可,对其表演制作录音录像出版的;(5)未经录音录像者许可,复制发行其制作的广播、电视节目的;(6)未经广播、电视台许可,转播复制发行其制作的广播、电视节目的;(7)制作、出售假冒他人署名的美术作品的。刑法明文规定上述侵权行为中只有

---

① 见 2004 年 12 月 8 日最高人民法院、最高人民检察院《关于办理侵犯知识产权刑事案件具体应用法律若干问题的解释》第 5 条。

② 见 2007 年 4 月 4 日最高人民法院、最高人民检察院《关于办理侵犯知识产权刑事案件具体应用法律若干问题的解释(二)》第 2 条。

（2）、（3）、（5）、（7）四项行为在违法所得数额较大或者有其他严重情节时，才可以构成犯罪，其他三项行为不论情节是否轻重或违法所得不论数额大小，均不属犯罪的范围。这是刑法罪刑法定原则的必然要求。

2. 正确认定违法所得数额较大或者其他严重情节。根据2008年6月25日最高人民检察院、公安部《关于公安机关管辖的刑事案件立案追诉标准的规定（一）》第26条规定，具有以下情形应予追诉：

（1）违法所得数额3万元以上的；

（2）非法经营数额5万元以上的；

（3）未经著作权人许可，复制发行其文字、音乐、电影、电视、录像作品、计算机软件及其他作品，复制品数量合计500张（份）以上的；

（4）未经录音录像制作者许可，复制发行其制作的录音录像制品，复制品数量合计500张（份）以上的；

（5）其他情节严重的情形。

（三）侵犯著作权罪的处罚

《刑法》第217条规定，犯侵犯著作权罪的，处3年以下有期徒刑或者拘役，并处或者单处罚金；违法所得数额巨大或者有其他特别严重情节的，处3年以上7年以下有期徒刑，并处罚金。

第220条规定，单位犯本节第217条规定之罪的，对单位判处罚金，并对其直接负责的主管人员和其他直接责任人员，依照本节该条的规定处罚。

六、销售侵权复制品罪

（一）销售侵权复制品罪的概念和构成

销售侵权复制品罪，是指行为人以营利为目的，明知是侵犯他人著作权、邻接权的复制品而予以销售，违法所得数额巨大的行为。

本罪的构成要件如下：

1. 在客观方面，本罪表现为行为人销售侵犯著作权的复制品的行为。复制品，既包括侵犯著作权的复制品，也包括侵犯邻接权的复制品。邻接权，是指艺术表演人、录音录像制作人或者广播、影视对其表演、录制或广播、影视智力作品的活动依法享有的权利。

根据有关司法解释，以营利为目的，实施《刑法》第218条规定的行为的，个人违法所得数额在10万元以上，单位违法所得数额在30万元以上的，依照《刑法》第218条的规定，以销售侵权复制品罪定罪处罚。[①]

2. 本罪在主观方面表现为故意，并且具有营利的目的。

---

① 　见2004年12月8日最高人民法院、最高人民检察院《关于办理侵犯知识产权刑事案件具体应用法律若干问题的解释》第6条。

（二）销售侵权复制品罪的认定

应当将销售侵权复制品罪与侵犯著作权罪区别出来。两者的区别主要表现在：

1. 两者的行为特征不同。本罪的行为主要表现为销售；而侵犯著作权罪的行为主要表现为非法复制。

2. 两者的犯罪对象不同。本罪的犯罪对象是被侵权的著作权的复制品；而侵犯著作权罪的犯罪对象则是享有著作权的著作等作品本身。当行为人既侵权又销售，属于刑法上的吸收犯，按吸收犯的犯罪性质，即以侵犯著作权罪论处。如果行为人出售他人署名的美术作品，属于刑法上的法条竞合犯，按特殊法条优于普通法条的原则，以侵犯著作权罪论处。

（三）销售侵权复制品罪的处罚

《刑法》第218条规定，犯销售侵权复制品罪的，处3年以下有期徒刑或者拘役，并处或者单处罚金。

第220条规定，单位犯本节第218条规定之罪的，对单位判处罚金，并对其直接负责的主管人员和其他直接责任人员，依照本节该条的规定处罚。

七、侵犯商业秘密罪

（一）侵犯商业秘密罪的概念和构成

侵犯商业秘密罪，是指行为人违反商业秘密保护法规，采取不正当手段，侵犯他人的商业秘密，给商业秘密的权利人造成重大损失的行为。

本罪的构成要件如下：

1. 在客观方面，本罪表现为行为人采取不正当手段，侵犯他人的商业秘密，给商业秘密的权利人造成重大损失的行为。商业秘密，是指不为公众所知悉，能为权利人带来经济利益，具有实用性并经权利人采取保密措施的技术信息和经营信息。技术信息包括技术水平、技术潜力、技术图纸、技术资料等信息；经营信息包括营销策略、营销计划、营销手段、营销对象、产品市场占有资料、产品的发展方向等信息。商业秘密一旦被盗窃、披露或他人不法使用，就会给商业秘密的权利人带来无可弥补的损失。因此，国家实行商业秘密的保护制度。侵犯他人商业秘密、给商业秘密的权利人造成重大损失的行为被规定为一种犯罪。

本罪的具体行为特征有：（1）以盗窃、利诱、胁迫或者其他不正当手段获取权利人的商业秘密的行为；（2）披露、使用或者允许他人使用以上述手段获取的权利人的商业秘密的行为；（3）违反约定或者违反权利人有关保守商业秘密的要求，披露、使用或者允许他人使用其所掌握的商业秘密的行为；（4）明知或者应知上述所列行为，获取、使用或者披露他人的商业秘密的行为。

根据有关司法解释，实施《刑法》第219条规定的行为之一，给商业秘密的权利人造成损失数额在50万元以上的，属于"给商业秘密的权利人造成重大损失"，应当以侵犯商业秘密罪定罪处罚。①

2. 本罪在主观方面表现为故意。

（二）侵犯商业秘密罪的认定

在认定侵犯商业秘密罪时,应注意以下一些问题:

1. 侵犯商业秘密罪与一般商业秘密侵权行为的区别。两者的区别主要在于:(1)两者的行为范围不同。本罪的行为范围是指刑法明文规定四种严重侵权行为(三种为直接侵权行为,一种为间接侵权行为);而一般商业秘密侵权行为是指这四种侵权行为以外的其他行为,它们只承担民事、经济或行政责任。(2)两者危害的程度要求不同。本罪要求必须给商业秘密的权利人造成重大的损失;而一般商业秘密侵权行为则限定在造成一般的损失范围之内。

2. 侵犯商业秘密罪与内幕交易、泄露内幕信息罪的区别。两者的主要区别表现在:(1)两者的主体资格要求不同。本罪的主体资格属于一般主体资格;而内幕交易、泄露内幕信息罪的主体资格则要求是证券交易内幕信息的知情人员或者非法获取证券交易内幕信息的人员。(2)两者的秘密信息性质不同。本罪的秘密信息属于商业秘密;而内幕交易、泄露内幕信息罪的秘密信息属于证券交易的行业秘密。尽管从广义上说,证券交易的行业秘密也可属于商业秘密,但由于刑法已作了明确的特殊规定。按照法条竞合中特殊法条优于普通法条的原则,泄露证券交易的内幕信息的行为已不在侵犯商业秘密的范围之内。

（三）侵犯商业秘密罪的处罚

《刑法》第 219 条规定,犯侵犯商业秘密罪的,处 3 年以下有期徒刑或者拘役,并处或者单处罚金;造成特别严重后果的,处 3 年以上 7 年以下有期徒刑,并处罚金。

第 220 条规定,单位犯本节第 219 条规定之罪的,对单位判处罚金,并对其直接负责的主管人员和其他直接责任人员,依照本节该条的规定处罚。

第九节　扰乱市场秩序罪

一、损害商业信誉、商品声誉罪

（一）损害商业信誉、商品声誉罪的概念和构成

损害商业信誉、商品声誉罪,是指行为人捏造并散布虚伪事实,损害他人商业信誉、商品声誉,给他人造成重大损失或者有其他严重情节的行为。

本罪的构成要件如下:

---

① 见 2004 年 12 月 8 日最高人民法院、最高人民检察院《关于办理侵犯知识产权刑事案件具体应用法律若干问题的解释》第 7 条。

1. 在客观方面,本罪表现为行为人捏造并散布虚伪事实,损害他人商业信誉、商品声誉,给他人造成重大损失或者有其他严重情节的行为。开展竞争是市场经济最基本的运行机制,在市场交易活动中,经营者依靠自己的商业信誉和商品声誉参与公平竞争,不仅是促进市场经济发展的重要条件,也是保障市场秩序健康发展的前提。采取不正当的手段,捏造并散布虚伪事实,损害竞争对手的商业信誉和商品声誉,必然给竞争对手造成不应有的损失,使其丧失已经拥有的市场份额和竞争能力。同时,这种行为还严重扰乱市场秩序,在广大消费者中间造成混乱,使其消费活动遭受不必要的损失。因此,这种行为为国家法律所不容。捏造并散布虚伪事实,是指无中生有、凭空捏造而且有扩散传播与真实状况不符的虚假事实,用以损害他人的商业信誉和商品声誉。捏造虚伪事实,既包括捏造全部虚构的事实,也包括捏造部分的虚假事实。散布虚伪事实,既包括口头散布,也包括书面散布;既包括公开散布,也包括秘密散布;既可以利用宣传媒体加以散布,也可以直接加以散布。损害他人商业信誉、商品声誉,是指通过捏造并散布虚伪事实,对自己的竞争对手进行诋毁、诬蔑和攻击,或者对竞争对手的商品品牌、性质、质量进行歪曲、贬低和攻击。根据刑法的规定,本罪在客观方面要求给他人造成重大损失或者有其他严重情节。给他人造成重大损失,主要是指影响他人对外的商业信誉,使其无法进行正常的商业活动,以致在经济上蒙受重大的损失。其他严重情节,是指捏造并散布虚伪事实的手段恶劣,次数较多,造成的影响极坏,等等。

2. 本罪在主观方面表现为故意,并且具有损害他人商业信誉、商品声誉的目的。

(二)损害商业信誉、商品声誉罪的处罚

《刑法》第 221 条规定,犯损害商业信誉、商品声誉罪的,处 2 年以下有期徒刑或者拘役,并处或者单处罚金。

第 231 条规定,单位犯本节第 221 条规定之罪的,对单位判处罚金,并对其直接负责的主管人员和其他直接责任人员,依照本节该条的规定处罚。

二、虚假广告罪

(一)虚假广告罪的概念和构成

虚假广告罪,是指广告主、广告经营者、广告发布者违反法律、法规的规定,利用广告对商品或者服务作虚假宣传,情节严重的行为。

本罪的构成要件如下:

1. 在客观方面,本罪表现为广告主、广告经营者、广告发布者违反法律、法规的规定,利用广告对商品或者服务作虚假宣传,情节严重的行为。广告,是指商品经营者或者服务提供者承担费用,通过一定媒介和形式直接或者间接地介绍自己所推销的商品或者所提供的服务的一种宣传形式。利用广告对自己的商品信誉或者服务质量进行宣传,既是经营者促销商品和招徕生意的主要手段,又是消费者了解、选择商品或者服务的重要信息根据。利用广告对商品信誉和服务质量进行虚假的宣传,不仅直接破坏了国家对广告的正常管理活动,扰乱了市场秩序,而且还会误导消费者选购商品和选择服务,严重损害消费者的合法权益。本罪在客观方面的特征具有三层含义:

其一,表现为违反《广告法》以及有关法规规定:"广告主、广告经营者、广告发布者从事广告活动,应当遵守法律法规规定,遵守公平诚实信用的原则";"广告不得含有虚假的内容,不得欺骗和误导消费者";"经营者不得利用广告或者其他方法,对商品的质量、制作成分、性能、用途、生产者、有效期限、产地等作引人误解的虚假宣传"。虚假广告的行为直接违反了这些法律法规的规定。

其二,表现为利用广告对商品或者服务作虚假的宣传。虚假宣传内容包括信息、商品、服务、价格、证明文件虚假等等。

其三,必须是情节严重的行为。情节严重,一般是指利用广告对商品或服务所作的虚假宣传,手段恶劣,违法所得数额较大,给消费者造成了重大损失,在社会上产生恶劣的影响,等等。

2. 本罪的主体是广告主、广告经营者、广告发布者。

3. 本罪在主观方面表现为故意。

(二) 虚假广告罪的处罚

《刑法》第 222 条规定,犯虚假广告罪的,处 2 年以下有期徒刑或者拘役,并处或者单处罚金。

第 231 条规定,单位犯本节第 222 条规定之罪的,对单位判处罚金,并对其直接负责的主管人员和其他直接责任人员,依照本节该条的规定处罚。

三、串通投标罪

(一) 串通投标罪的概念和构成

串通投标罪,是指投标人相互串通投标报价,损害招标人或者其他投标人利益,情节严重的行为。

本罪的构成要件如下:

1. 在客观方面,本罪表现为投标人相互串通投标报价,损害招标人或者其他投标人利益,情节严重的行为。招标与投标是一种在进行发包工程、购买成套设备等活动时经常采用的有组织的市场行为。实行招标与投标有利于公平竞争,促进发包、承包双方加强管理,确保质量,降低成本,缩短工期以及提高投资效益。而串通投标则是在招标和投标过程中,投标人私下串通其他投标人通谋作弊,故意压低或者抬高标价,排挤竞争对手,从而严重扰乱市场秩序,损害招标人或者其他投标人的合法权益。本罪的具体行为方式表现为:

(1) 投标人相互串通,故意哄抬标价,迫使招标人不得不在过高的标价上选择,付出过高的代价,增加成本,从而遭受重大的经济损失。同时,由于投标人相互串通投标报价,也使得投标人之间的竞争流于形式。

（2）投标人相互串通，故意压低标价，不仅使招标人无法择优选用，而且也使得其他竞争对手的正常报价显得过高，以致无法入围参加选择，从而导致在经济利益上遭受不应有的损失。

根据刑法的规定，对于投标人与招标人串通投标，损害国家、集体、公民的合法利益的行为，也依本罪论处。

2. 本罪在主观方面表现为故意。

（二）串通投标罪的处罚

《刑法》第 223 条规定，犯串通投标罪的，处 3 年以下有期徒刑或者拘役，并处或者单处罚金。

第 231 条规定，单位犯本节第 223 条规定之罪的，对单位判处罚金，并对其直接负责的主管人员和其他直接责任人员，依照本节该条的规定处罚。

四、合同诈骗罪

（一）合同诈骗罪的概念和构成

合同诈骗罪，是指行为人以非法占有为目的，在签订、履行合同过程中，骗取对方当事人财物，数额较大的行为。

本罪的构成要件如下：

1. 在客观方面，本罪表现为行为人在签订、履行合同过程中，骗取对方当事人财物，数额较大的行为。合同是当事人之间为实现一定的目的，明确双方相互权利和义务关系的一种协议。签订、履行合同不仅是进行商品交换的重要形式，而且也是维护正常的市场秩序所不可缺少的必要保证。在签订、履行合同的过程中，采取不正当的手段虚构事实或者隐瞒真相，骗取对方当事人财物，不仅侵犯了公私财产的所有权，而且还严重破坏了国家对合同的正常管理，扰乱了市场秩序。本罪的具体行为表现为：（1）以虚构的单位或者冒用他人名义签订合同的；（2）以伪造、变造、作废的票据或者其他虚假的产权证明作担保的；（3）没有实际履行能力，以先履行小额合同或者部分履行合同的方法，诱骗对方当事人继续签订和履行合同的；（4）收受对方当事人给付的货物、货款、预付款或者担保财产后逃匿的；（5）以其他方法骗取对方当事人财物的。

根据 2010 年 5 月 7 日最高人民检察院、公安部《关于公安机关管辖的刑事案件立案追诉标准的规定（二）》第 77 条的规定，以非法占有为目的，在签订、履行合同过程中，骗取对方当事人财物，数额在 2 万元以上的，应予立案追诉。

2. 本罪在主观方面表现为故意，并且具有非法占有的目的。

（二）合同诈骗罪的认定

在认定合同诈骗罪时应注意以下问题：

1. 合同诈骗罪与一般合同欺诈行为的界限。合同欺诈行为，是指签订经济合同的一方当事人用虚构事实或隐瞒真相的方法，诱引对方当事人在不明真相、违背其真实意思表示的情况下,签订合同的行为。因欺诈而签订的经济合同属于无效的合同,依法当被撤销。合同诈骗罪本身也是一种合同欺诈行为,因而两者之间存在一定的相似性。这表现在两者在客观上都是通过签订合同的形式来实施行为的;两者在主观上都具有获取非法利益的意图;两者在法律效果上都属于无效的合同。但两者毕竟存在着严格的区别:

(1) 两者主观目的不完全相同。合同诈骗罪的行为人主观目的在于完全非法占有他人的合法财产;而合同欺诈行为人的主观目的在于通过一定的瑕疵经济行为、民事行为,尽量多获得一些不义之财。

(2) 两者的客观行为不尽相同。合同诈骗罪的行为主要表现为设置一个圈套,让人上当,行为人根本不想履行合同的内容,形式上也无实质性的交易、买卖和给付的行为;而合同欺诈行为主要表现为违背诚实信用的原则,隐瞒部分行为能力的欠缺、商品质量的瑕疵等内容,使人不完全明了真相,但在形式上仍有交易、买卖和给付的行为。

(3) 两者的数额要求不同。合同诈骗罪明确要求实际骗取的财物数额须达到较大的程度;而合同欺诈行为则限制在数额不大的范围内。

2. 合同诈骗罪与经济合同纠纷之间的区别。经济合同纠纷是指合同的一方当事人因经营中的客观原因而无法继续履行合同,致使对方当事人遭受经济损失而发生纠纷的行为。两者的主要区别在于:

(1) 两者的主观目的不同。合同诈骗罪的行为人在主观方面始终存有非法占有的目的;而经济合同纠纷的过错人并不存有非法占有的目的。

(2) 两者的签订合同的前提条件不同。合同诈骗罪在签订合同之前和之时,行为人始终表现为虚构事实和隐瞒真相,在设置着一种圈套,即签订合同的前提条件就是虚假;而经济合同纠纷在签订合同之前和之时,过错人并未隐瞒真相,即签订合同的前提条件是真实的。

(3) 两者履行合同的态度和行为表现不同。合同诈骗罪行为人在签订合同后,以非法获取他人财物为全部目的的内容,其行为根本谈不上在真正履行合同;而经济合同纠纷过错人在签订合同后曾真实履行过合同,并想继续履行,只是因客观原因无法继续履行合同,对自己无法继续履行合同而给对方当事人所造成的损失,不但能够予以承认,积极补救,并愿意主动承担民法、经济法的赔偿责任。

3. 合同诈骗罪与利用合同形式实施金融诈骗罪的联系与区别。金融诈骗罪也是一种以非法占有为目的,通过欺骗的手段,骗取他人财物的行为。在金融诈骗罪中,无论集资诈骗、贷款诈骗,还是保险诈骗,在其实施过程中,往往也是通过合同的形式加以进行的。这样两者之间就必然发生某种联系,甚至在行为形式上具有同一性。然而从法律特征上看,两者还是存有严格的区别:

(1) 两者行为的发生领域有所不同。合同诈骗罪主要发生在一般经济、民事活动过程中;而金融诈骗罪则主要发生在金融运行过程中,它以金融运行空间为发生领域,以金融活动时间为发生过程。

（2）两者行为的内容不同。合同诈骗的行为内容主要在于设定双方的交易、买卖和给付行为，也往往是一种双方性的行为；而金融诈骗的行为内容在于基于某种条件，由单方实施钱款的交付。

（三）合同诈骗罪的处罚

《刑法》第224条规定，犯合同诈骗罪的，处3年以下有期徒刑或者拘役，并处或者单处罚金；数额巨大或者有其他严重情节的，处3年以上10年以下有期徒刑，并处罚金；数额特别巨大或者有其他特别严重情节的，处10年以上有期徒刑或者无期徒刑，并处罚金或者没收财产。

第231条规定，单位犯本节第224条规定之罪的，对单位判处罚金，并对其直接负责的主管人员和其他直接责任人员，依照本节该条的规定处罚。

五、组织、领导传销活动罪

（一）组织、领导传销活动罪的概念和构成

组织、领导传销活动罪，是指行为人组织、领导以推销商品、提供服务等经营活动为名，要求参加者以缴纳费用或者购买商品、服务等方式获得加入资格，并按照一定顺序组成层级，直接或间接以发展人员的数量作为计酬或者返利依据，引诱、胁迫参加者继续发展他人参加，骗取财物，扰乱经济社会秩序的传销活动的行为。

本罪的构成要件如下：

1. 在客观方面，行为人的行为类型仅限于"组织、领导"行为，而不包括"积极参加"、"参加"等行为；"组织、领导"行为的对象是"传销活动"而非"传销组织"或其他。根据2005年8月10日，国务院通过的《禁止传销条例》的有关规定，传销活动的三种主要表现形式为：（1）"拉人头"以发展下线的数量为依据计提报酬的传销行为；（2）"团队计酬"以发展的下线的推销业绩为依据计提报酬的传销行为；（3）收取入门费的行为。

2. 本罪的主体是一般主体，即凡是达到刑事责任年龄，具有刑事责任能力，并且实施了组织、领导传销活动的自然人，均可成为本罪的主体。

3. 本罪在主观方面表现为故意。

（二）组织、领导传销活动罪的处罚

《刑法》第224条之一规定，犯组织、领导传销活动罪的，处5年以下有期徒刑或者拘役，并处罚金；情节严重的，处5年以上有期徒刑，并处罚金。

六、非法经营罪

（一）非法经营罪的概念和构成

非法经营罪，是指行为人违反国家的法律、法规规定，非法进行经营活动，扰乱市场秩序，情节严重的行为。

本罪的构成要件如下:

1. 在客观方面,本罪表现为行为人违反国家的法律、法规规定,非法进行经营活动,扰乱市场秩序,情节严重的行为。为了维护正常市场秩序,充分发挥社会主义市场对整个经济活动的调节作用,国家的法律、法规规定,经营专营、专卖或者其他限制买卖的物品,必须经国家有关主管部门的批准并发给经营许可证以后方可经营。否则,任何人和任何单位都不得擅自经营。进出口许可证、进出口原产地证明以及法律、法规规定的经营证或者批准文件,是国家对市场经济实现宏观调控的一种重要手段,明文规定不准买卖渔利。而非法进行经营活动就是违反国家对市场的整个正常管理制度,为了牟取非法利润,擅自经营不准自由经营的物品,倒买倒卖不准流通买卖的凭证,严重扰乱了正常的市场秩序,损害了国家和广大消费者的合法利益。本罪的具体行为形式有:(1)未经许可,经营法律、行政法规规定的专营、专卖物品或者其他限制买卖的物品的行为。专营、专卖物品,是指国家法律、行政法规规定的只允许特定部门或者单位经营的物品,如烟草、食盐、黄金以及其他贵重金属、民用枪支、民用爆炸物,有毒药物等等;其他限制买卖的物品,是指国家法律,行政法规规定在一定范围内不许超限买卖的物品,如棉花、药品以及易燃易爆、有毒物品等。(2)买卖进出口许可证,进出口原产地证明以及其他法律、行政法规规定的经营许可证或者批准文件的行为。进出口许可证,主要是指进出口配额的批件,允许进出口货物、物品的凭证;进出口原产地证明,是指用来证明进出口货物、物品的原产地的有效凭证,它是进口国和地区根据原产地的不同,征收差别关税和实行其他进口差别待遇的证明。其他法律、行政法规规定的经营许可证或者批准文件,是指国家有关主管部门批准上述专营、专卖或者其他限制买卖的物品和证件与批文。(3)未经国家有关主管部门批准,非法经营证券、期货或者保险业务的或者非法从事资金支付结算业务的行为。(4)其他严重扰乱市场秩序的非法经营行为。

根据 2010 年 5 月 7 日最高人民检察院、公安部《关于公安机关管辖的刑事案件立案追诉标准的规定(二)》的规定,违反国家规定,进行非法经营活动,扰乱市场秩序,涉嫌下列情形之一的,应予立案追诉:

违反国家有关盐业管理规定,非法生产、储运、销售食盐,扰乱市场秩序,具有下列情形之一的:(1)非法经营食盐数量在 20 吨以上的;(2)曾因非法经营食盐行为受过 2 次以上行政处罚又非法经营食盐,数量在 10 吨以上的。

违反国家烟草专卖管理法律法规,未经烟草专卖行政主管部门许可,无烟草专卖生产企业许可证、烟草专卖批发企业许可证、特种烟草专卖经营企业许可证、烟草专卖零售许可证等许可证明,非法经营烟草专卖品,具有下列情形之一的:(1)非法经营数额在 5 万元以上,或者违法所得数额在 2 万元以上的;(2)非法经营卷烟 20 万支以上的;(3)曾因非法经营烟草专卖品 3 年内受过 2 次以上行政处罚,又非法经营烟草专卖品且数额在 3 万元以上的。

未经国家有关主管部门批准,非法经营证券、期货、保险业务,或者非法从事资金支付结算业务,具有下列情形之一的:(1)非法经营证券、期货、保险业务,数额在 30

万元以上的；(2)非法从事资金支付结算业务，数额在 200 万元以上的；(3)违反国家规定，使用销售点终端机具(POS 机)等方法，以虚构交易、虚开价格、现金退货等方式向信用卡持卡人直接支付现金，数额在 100 万元以上的，或者造成金融机构资金 20 万元以上逾期未还的，或者造成金融机构经济损失 10 万元以上的；(4)违法所得数额在 5 万元以上的。

非法经营外汇，具有下列情形之一的：(1)在外汇指定银行和中国外汇交易中心及其分中心以外买卖外汇，数额在 20 万美元以上的，或者违法所得数额在 5 万元以上的；(2)公司、企业或者其他单位违反有关外贸代理业务的规定，采用非法手段，或者明知是伪造、变造的凭证、商业单据，为他人向外汇指定银行骗购外汇，数额在 500 万美元以上或者违法所得数额在 50 万元以上的；(3)居间介绍骗购外汇，数额在 100 万美元以上或者违法所得数额在 10 万元以上的。

出版、印刷、复制、发行严重危害社会秩序和扰乱市场秩序的非法出版物，具有下列情形之一的：(1)个人非法经营数额在 5 万元以上的，单位非法经营数额在 15 万元以上的；(2)个人违法所得数额在 2 万元以上的，单位违法所得数额在 5 万元以上的；(3)个人非法经营报纸 5 000 份或者期刊 5 000 本或者图书 2 000 册或者音像制品、电子出版物 500 张(盒)以上的，单位非法经营报纸 15 000 份或者期刊 15 000 本或者图书 5 000 册或者音像制品、电子出版物 1 500 张(盒)以上的；(4)虽未达到上述数额标准，但具有下列情形之一的：①两年内因出版、印刷、复制、发行非法出版物受过行政处罚 2 次以上的，又出版、印刷、复制、发行非法出版物的；②因出版、印刷、复制、发行非法出版物造成恶劣社会影响或者其他严重后果的。

非法从事出版物的出版、印刷、复制、发行业务，严重扰乱市场秩序，具有下列情形之一的：(1)个人非法经营数额在 15 万元以上的，单位非法经营数额在 50 万元以上的；(2)个人违法所得数额在 5 万元以上的，单位违法所得数额在 15 万元以上的；(3)个人非法经营报纸 15 000 份或者期刊 15 000 本或者图书 5 000 册或者音像制品、电子出版物 1 500 张(盒)以上的，单位非法经营报纸 50 000 份或者期刊 50 000 本或者图书 15 000 册或者音像制品、电子出版物 5 000 张(盒)以上的；(4)虽未达到上述数额标准，两年内因非法从事出版物的出版、印刷、复制、发行业务受过行政处罚 2 次以上的，又非法从事出版物的出版、印刷、复制、发行业务的。

采取租用国际专线、私设转接设备或者其他方法，擅自经营国际电信业务或者涉港澳台电信业务进行营利活动，扰乱电信市场管理秩序，具有下列情形之一的：(1)经营去话业务数额在 100 万元以上的；(2)经营来话业务造成电信资费损失数额在 100 万元以上的；(3)虽未达到上述数额标准，但具有下列情形之一的：①两年内因非法经营国际电信业务或者涉港澳台电信业务行为受过行政处罚 2 次以上，又非法经营国际电信业务或者涉港澳台电信业务的；②因非法经营国际电信业务或者涉港澳台电信业务行为造成其他严重后果的。

从事其他非法经营活动，具有下列情形之一的：(1)个人非法经营数额在 5 万元以上，或者违法所得数额在 1 万元以上的；(2)单位非法经营数额在 50 万元以上，或者违法所得数额在 10 万元以上的;(3)虽未达到上述数额标准,但两年内因同种非法经营行为受过 2 次以上行政处罚,又进行同种非法经营行为的;(4)其他情节严重的情形。

2. 本罪在主观方面表现为故意,并且具有牟取非法利益的目的。

(二) 非法经营罪的认定

在司法实践中,要注意非法经营罪与擅自设立金融机构罪的联系与区别。擅自设立金融机构罪包括擅自设立保险公司、期货交易公司、证券交易公司等准金融机构,这些行为与本罪中未经国家有关主管部门批准,非法经营证券、期货或者保险业务的行为必然发生着一定的联系。擅自设立上述公司后开展的有关业务,实际上已经属于非法经营活动了。但是从法律特征上说,两者还是存在着一定的区别:

(1) 两者的行为表现不同。本罪的行为特征强调非法经营活动;而擅自设立金融机构罪的行为特征强调擅自设立活动。

(2) 两者的行为对象要求不同。本罪的行为对象是指国家法律、法规明文规定限制买卖的物品或者禁止经营的业务;而擅自设立金融机构罪的行为对象是金融机构本身。

(3) 两者的机构性质不同。本罪经营非法业务的机构是否属于合法,在所不问,即使合法的证券、期货、保险公司,非法经营依然构成犯罪;而擅自设立金融机构罪中的金融机构本身就是违法的。

(三) 非法经营罪的处罚

《刑法》第 225 条规定,犯非法经营罪的,处 5 年以下有期徒刑或者拘役,并处或者单处违法所得 1 倍以上 5 倍以下罚金;情节特别严重的,处 5 年以上有期徒刑,并处违法所得 1 倍以上 5 倍以下罚金或者没收财产。

根据《关于惩治骗购外汇、逃汇和非法买卖外汇犯罪的决定》的规定,为了惩治骗购外汇、逃汇和非法买卖外汇的犯罪行为,维护国家外汇管理秩序,对刑法作如下补充修改:

在国家规定的交易场所以外非法买卖外汇,扰乱市场秩序,情节严重的,依照《刑法》第 225 条的规定定罪处罚。

七、强迫交易罪

(一) 强迫交易罪的概念和构成

强迫交易罪,是指以暴力、胁迫手段强迫他人交易,或者强迫他人参与或者退出投标、拍卖、特定的经营活动,情节严重的行为。

本罪的构成要件如下:

1. 本罪侵犯的客体是资源、平等、公正的市场交易秩序。

2. 在客观方面,本罪表现为以暴力、胁迫手段,实施下列行为之一,情节严重的:(1)强买强卖商品的;(2)强迫他人提供或者接受服务的;(3)强迫他人参与或者退出投标、拍卖的;(4)强迫他人转让或者收购公司、企业的股份、债券或者其他资产的;(5)强迫他人参与或者退出特定的经营活动的。

3.本罪主体包括任何已满16周岁并且具有刑事责任能力的自然人和单位。

4.本罪在主观方面表现为故意,并且具有非法牟利的目的。

（二）强迫交易罪的处罚

《刑法》第226条规定,犯强迫交易罪的,处3年以下有期徒刑或者拘役,并处或者单处罚金,情节特别严重的,处3年以上7年以下有期徒刑,并处罚金。

第231条规定,单位犯本节第226条规定之罪的,对单位判处罚金,并对其直接负责的主管人员和其他直接责任人员,依照本节该条的规定处罚。

八、伪造、倒卖伪造的有价票证罪

（一）伪造、倒卖伪造的有价票证罪的概念和构成

伪造、倒卖伪造的有价票证罪,是指行为人伪造或者倒卖伪造的车票、船票、邮票或者其他有价票证,数额较大的行为。

本罪的构成要件如下:

1.在客观方面,本罪表现为行为人伪造或者倒卖伪造的车票、船票、邮票或者其他有价票证,数额较大的行为。车票、船票、邮票是一种具有一定价格,持票人凭票可以享受某种服务的凭证。其他有价票证,是指与车、船、邮票具有同一性质的凭证,如各种休闲游乐场所的门票、彩票等等。本罪在客观方面只要具有两种行为之一的,即可构成犯罪。两种行为兼具的,也以一罪论处。

2.本罪在主观方面表现为故意,并且具有非法牟利的目的。

（二）伪造、倒卖伪造的有价票证罪的认定

在司法实践中,应当将本罪与其他形形色色的各种伪造、倒卖伪造的特定对象的犯罪区别开来。两者的行为特征具有完全的同一性,两者的主要区别在于伪造、倒卖伪造的物品性质、范围。只要能够正确认定行为人伪造、倒卖伪造和特定对象的性质和范围,然后按照"对号入座"或者"按图索骥"的方法,就能够准确地认定每一种具体犯罪。其他形形色色的各种伪造、倒卖伪造特定对象的犯罪有伪造货币罪,出售假币罪,伪造金融票证罪,伪造国家有价证券罪,伪造股票、公司、企业债券罪,伪造、出售伪造的增值税专用发票罪,非法制造、出售非法制造的用于骗取出口退税、抵扣税款发票罪,非法制造、出售非法制造的发票罪,等等。

（三）伪造、倒卖伪造的有价票证罪的处罚

《刑法》第227条第1款规定,犯伪造、倒卖伪造的有价票证罪的,处2年以下有期徒刑、拘役或者管制,并处或者单处票证价额1倍以上5倍以下罚金;数额巨大的,处2年以上7年以下有期徒刑,并处票证价额1倍以上5倍以下罚金。

第231条规定,单位犯本节第227条规定之罪的,对单位判处罚金,并对其直接负责的主管人员和其他直接责任人员,依照本节该条的规定处罚。

九、倒卖车票、船票罪

（一）倒卖车票、船票罪的概念和构成

倒卖车票、船票罪，是指行为人倒卖车票、船票，情节严重的行为。

本罪的构成要件如下：

1. 在客观方面，本罪表现为行为人倒卖车票、船票，情节严重的行为。根据1999年9月6日最高人民法院《关于审理倒卖车票刑事案件有关问题的解释》第1条的规定，高价、变相加价倒卖车票或者倒卖坐席、卧铺签字号及订购车票凭证，票面数额在5 000元以上，或者非法获利数额在2 000元以上的，构成刑法上的"倒卖车票情节严重"。

2. 本罪在主观方面表现为故意，并且具有牟利非法利益的目的。

（二）倒卖车票、船票罪的认定

在认定倒卖车票、船票罪时应注意以下问题：

1. 倒卖车票、船票罪与倒卖伪造的有价票证罪的界限。两者的主要区别在于犯罪对象的性质要求不同。本罪的对象仅限于真实的车、船票，而倒卖伪造的有价票证罪的对象则是指各种虚假的有价票证。

2. 倒卖车票、船票罪与其他形形色色的各种倒卖特定对象犯罪的界限。它们之间的区别关键在于两者犯罪对象的性质和范围不同。其他类似的犯罪有非法出售增值税专用发票罪、非法出售用于骗取出口退税、抵扣税款发票罪、非法出售发票罪等等。

（三）倒卖车票、船票罪的处罚

《刑法》第227条第2款规定，犯倒卖车票、船票罪的，处3年以下有期徒刑、拘役或者管制，并处或者单处票证价额1倍以上5倍以下罚金。

根据1999年9月6日最高人民法院《关于审理倒卖车票刑事案件有关问题的解释》第2条的规定，对于铁路职工倒卖车票或者与其他人员勾结倒卖车票；组织倒卖车票的首要分子；曾因倒卖车票受过治安处罚两次以上或者被劳动教养一次以上，两年内又倒卖车票，构成倒卖车票罪的，依法从重处罚。

第231条规定，单位犯本节第227条规定之罪的，对单位判处罚金，并对其直接负责的主管人员和其他直接责任人员，依照本节该条的规定处罚。

十、非法转让、倒卖土地使用权罪

非法转让、倒卖土地使用权罪，是指行为人以牟利为目的，违反土地管理法规，非法转让、倒卖土地使用权，情节严重的行为。

《刑法》第228条规定，犯非法转让、倒卖土地使用权罪的，处3年以下有期徒刑或者拘役，并处或者单处非法转让、倒卖土地使用权价额5%以上20%以下罚金；情节特别严重的，处3年以上7年以下有期徒刑，并处非法转让、倒卖土地使用权价额

5%以上20%以下罚金。

第231条规定，单位犯本节第228条规定之罪的，对单位判处罚金，并对其直接负责的主管人员和其他直接责任人员，依照本节该条的规定处罚。

十一、提供虚假证明文件罪

（一）提供虚假证明文件罪的概念和构成

提供虚假证明文件罪，是指承担资产评估、验资、验证、会计、审计、法律服务等职责的中介组织的人员提供虚假证明文件，情节严重的行为。

本罪的构成要件如下：

1. 在客观方面，本罪表现为承担资产评估，验资、验证、会计、审计、法律服务等职责的中介组织的人员提供虚假证明文件，情节严重的行为。

2. 本罪在主观方面表现为故意。

（二）提供虚假证明文件罪的处罚

《刑法》第229条规定，犯提供虚假证明文件罪的，处5年以下有期徒刑或者拘役，并处罚金。犯提供虚假证明文件罪，索取他人财物或者非法收受他人财物的，处5年以上10年以下有期徒刑，并处罚金。

十二、出具证明文件重大失实罪

（一）出具证明文件重大失实罪的概念和构成

出具证明文件重大失实罪，是指承担资产评估、验资、验证、会计、审计、法律服务等职责的中介组织的人员严重不负责任，出具的证明文件有重大失实，造成严重后果的行为。

本罪的构成要件如下：

1. 在客观方面，本罪表现为承担资产评估、验资、验证、会计、审计、法律服务等职责的中介组织的人员严重不负责任，出具的证明文件有重大失实，造成严重后果的行为。

2. 本罪在主观方面表现为过失。

（二）出具证明文件重大失实罪的认定

在司法实践中，应当注意本罪与提供虚假证明文件罪的区别。两者的主要区别在于：

（1）本罪在主观方面是过失；而提供虚假证明文件罪的主观方面属于故意。

（2）本罪在客观方面以造成严重后果为构成要件；而提供虚假证明文件罪则不要求造成严重后果，只要求有严重情节。

（三）出具证明文件重大失实罪的处罚

《刑法》第229条第3款规定，犯出具证明文件重大失实罪的，处3年以下有期徒刑或者拘役,并处或者单处罚金。

第231条规定,单位犯本节第229条规定之罪的,对单位判处罚金,并对其直接负责的主管人员和其他直接责任人员,依照本节该条的规定处罚。

十三、逃避商检罪

逃避商检罪,是指行为人违反进出口商品检验法的规定,逃避商品检验,将必须经商检机构检验的进口商品未报经检验而擅自销售、使用,或者将必须经商检机构检验的出口商品未报经检验合格而擅自出口,情节严重的行为。

《刑法》第230条规定,犯逃避商检罪的,处3年以下有期徒刑或者拘役,并处或者单处罚金。

第231条规定,单位犯本节第230条规定之罪的,对单位判处罚金,并对其直接负责的主管人员和其他直接责任人员,依照本节该条的规定处罚。

第二十四章

侵犯公民人身权利、民主权利罪

第一节　侵犯公民人身权利、民主权利罪概述

一、侵犯公民人身权利、民主权利罪的概念和构成

侵犯公民人身权利、民主权利罪，是指故意、过失侵犯他人人身及与人身直接相关的权利，或故意非法剥夺、妨害公民自由行使依法享有的管理国家和参加社会政治活动及其他民主权利的行为。

本罪的构成要件如下：

1. 本类罪侵犯的客体是公民的人身权利与民主权利。人身权利和民主权利是我国公民享有的并为宪法所赋予的最根本的权利。分析刑法条文的规定，不难发现，保障公民人身权利和民主权利不受侵犯，是我国刑法的主要任务之一。我国是社会主义国家，人民享有广泛的权利。这些权利来之不易，要保障这些权利不受侵犯，必须始终坚持同各种侵犯人身权利、民主权利的犯罪行为进行坚决斗争。当前，侵犯公民人身权利和民主权利的犯罪在一定范围内仍较严重，尤其是故意杀人、故意伤害、强奸、绑架、拐卖妇女儿童以及报复陷害、破坏选举等刑事案件还时有发生，这些都严重地危害了人民的利益、社会的安定和人们正当权利的行使。因此，必须充分认识这类犯罪的社会危害性，自觉地运用刑法武器打击这类犯罪，以切实保障公民的人身权利和民主权利。

公民的人身权利，是指法律所规定的与公民的人身不可分离的权利，只有权利人本人才享有。一般认为，公民的人身权利包括生命权、健康权、决定自己性行为的权利、人身自由权、人格名誉权、婚姻家庭方面的权利，以及与人身直接有关的住宅不受侵犯等权利。这种权利不具有经济内容，与人身紧密联系在一起，且只有权利人本人才享有。公民的民主权利，是指法律规定公民享有的参加国家管理及社会政治活动的权利以及其他民主权利，内容包括公民所享有的选举权与被选举权、批评权、控告权、申诉权、通信自由权、宗教信仰自由权、民族风俗习惯权等权利。民主权利并非每一位公民都享有，例如，被剥夺政治权利的犯罪分子，就没有选举权与被选举权。应该看到，公民的人身权利和民主权利具有密切的联系，人身权利是公民行使民主权利的前提和基础，民主权利的实现又有利于人身权利的保障。

我国《刑法》分则中有些犯罪,虽然也会同时侵犯到被害人的人身权利,如放火罪、爆炸罪、抢劫罪等,都可能造成他人伤亡的结果,但因这些行为所侵犯的客体主要不是人身权利,而是公共安全或财产权利等,所以不构成本类犯罪。

2. 在客观方面,本类罪表现为非法侵犯公民人身权利、民主权利的行为。侵犯公民人身权利、民主权利的行为具体包括剥夺、破坏、妨害、损害、限制等行为方式。侵犯公民人身权利、民主权利的行为表现形式各种各样,包括作为和不作为,有些犯罪只能以作为形式实施,如强奸罪,拐卖妇女、儿童罪,侮辱罪,诽谤罪等;有些犯罪只能以不作为形式实施,如遗弃罪等;有些犯罪则既能以作为形式实施,也能以不作为形式实施,如故意杀人罪、故意伤害罪等。从结果上看,有的要求发生危害结果才构成犯罪,如过失致人死亡罪、过失致人重伤罪,有的则不要求发生实际的危害结果就能构成犯罪,如故意杀人罪、强奸罪等。

3. 本类罪的主体大多数为一般主体,也有一些犯罪为特殊主体。侵犯公民人身权利、民主权利罪中,除刑讯逼供罪,暴力取证罪,虐待被监管人罪,非法剥夺公民宗教信仰自由罪,侵犯少数民族风俗习惯罪,私自开拆、隐匿、毁弃邮件、电报罪,报复陷害罪,打击报复会计、统计人员罪,虐待罪,遗弃罪等的主体是特殊主体外,其他犯罪的主体均为一般主体。

根据《刑法》第17条的规定,本类犯罪中故意杀人、故意伤害致人重伤或者死亡以及强奸罪已满14周岁的人就可构成,其余犯罪则须满16周岁的人才能构成。

4. 本类罪主观方面除过失致人死亡罪、过失致人重伤罪外,其他犯罪都只能由故意构成,即行为人明知自己的行为会发生侵犯公民人身权利、民主权利的危害结果,并且希望或者放任这种结果的发生。在各种具体故意犯罪中,不仅故意内容各不相同,而且有些犯罪只能由直接故意构成,如强奸罪、绑架罪、侮辱罪、诽谤罪等,有些犯罪则既可以由直接故意构成也可以由间接故意构成,如故意杀人罪、故意伤害罪等。

二、侵犯公民人身权利、民主权利罪的种类

根据侵犯公民人身权利、民主权利罪侵犯的直接客体的性质以及相互间的联系,我们可以将本类犯罪分为以下几类:

1. 侵犯公民生命、健康权利的犯罪:包括故意杀人罪、过失致人死亡罪、故意伤害罪、组织出卖人体器官罪、过失致人重伤罪。

2. 侵犯妇女、儿童身心健康的犯罪:包括强奸罪,[1]强制猥亵、侮辱罪,[2]猥亵儿童罪。

---

① 见2002年3月15日最高人民法院、最高人民检察院《关于执行〈中华人民共和国刑法〉确定罪名的补充规定》(自2002年3月26日起施行),《刑法》第236条的罪名为强奸罪,取消奸淫幼女罪罪名。

② 见2015年10月30日最高人民法院、最高人民检察院《关于执行〈中华人民共和国刑法〉确定罪名的补充规定(六)》(自2015年11月1日起施行),《刑法》第237条第1款、第2款的罪名为强制猥亵、侮辱罪,取消强制猥亵、侮辱妇女罪罪名。

3. 侵犯人身自由的犯罪：包括非法拘禁罪，绑架罪，拐卖妇女、儿童罪，收买被拐卖的妇女、儿童罪，聚众阻碍解救被收买的妇女、儿童罪，强迫职工劳动罪，雇用童工从事危重劳动罪，非法搜查罪，非法侵入住宅罪。

4. 侵犯名誉的犯罪：包括侮辱罪、诽谤罪。

5. 侵犯民主权利的犯罪：包括非法剥夺公民宗教信仰自由罪，侵犯少数民族风俗习惯罪，侵犯通信自由罪，私自开拆、隐匿、毁弃邮件、电报罪，侵犯公民个人信息罪，报复陷害罪，破坏选举罪。

6. 妨害婚姻家庭权利的犯罪：包括暴力干涉婚姻自由罪，重婚罪，破坏军婚罪，虐待罪，虐待被监护、看护人罪，遗弃罪，拐骗儿童罪。

7. 侵犯其他权利的犯罪：包括诬告陷害罪，刑讯逼供罪，暴力取证罪，虐待被监管人罪，煽动民族仇恨、民族歧视罪，出版歧视、侮辱少数民族作品罪，打击报复会计、统计人员罪。

第二节　侵犯生命、健康权利的犯罪

一、故意杀人罪

（一）故意杀人罪的概念和构成

故意杀人罪，是指故意非法剥夺他人生命的行为。

本罪的构成要件如下：

1. 本罪侵犯的客体是特定公民的生命权利。这是区别于其他侵犯人身权利罪的本质特征。人的生命是公民享受、行使其他一切权利的基础和前提，是公民最基本也是最重要的权利。世界各国一般均把保护公民的生命权利放在首位，也即任何公民的生命均受到法律的保护。就此而言，我们可以说，故意杀人罪是刑法中最严重的一种犯罪。人的生命有一个发生、孕育、诞生的过程，理论和实践中对这里所说的生命应始于何时、终于何时等问题颇有争议。

关于人出生的标准，在刑法理论上有不同学说：有人主张阵痛说，认为孕妇有规则的阵痛是分娩的开始，它意味着胎儿与胎盘的分离而成为有生命的人。因此，母亲在临产阵痛前是胎儿，自阵痛始，就是婴儿，是人的生命的开始。有人主张部分露出说，认为在妇女分娩时，只要胎儿有一部分露离母体能见其形的，就可认定为是婴儿；若全部还在母体内，不能见其形，仍然是母体一部分，是胎儿。也有人主张全部露出说，认为胎儿已完全与母体分离时才能算是具有独立生命的人；没有露离母体或者只有部分露离者仍是胎儿。还有人主张断带说，认为胎儿与母体分离，脐带剪断时才是生命的开始；否则，仍是依附于母体而存在的胎儿。除此之外，还有发声说的观点，认为胎儿与母体分离后发声时，才是生命的开始；没有发声的，不能认为是婴儿。当然当今世界上普遍主张的是"独立呼吸说"，即认为胎儿全部脱离母体后，能够进行独立呼吸的，才算是有生命的人。

关于人死亡的标准，刑法理论上也有不同的学说：有人主张呼吸停止说，认为人的死亡应以呼吸停止作为标志。应该说，这一观点在相当长的一段时间内被普遍接受，但是后来随着医学的不断发展，停止呼吸的人被救活的情况大量出现，坚持这一学说者已经不多。有人主张脉搏停止说，认为人的死亡应以脉搏停止跳动作为标志。由于此说难以概全，特别是在医学高度发展的今天，脉搏停止跳动者，经抢救后得到恢复的情况常有出现，所以现时坚持此说者也很少见。也有人主张心脏停止说，认为人的死亡应以心脏停止跳动作为标志。应该看到，这一学说在以往长时间地被世界各国和地区的刑法所接受和采纳，但是，随着现代医学的发展，实践中已经出现许多心脏停止跳动几分钟，甚至十几分钟，经抢救仍然得到恢复的情况。许多人甚至借助于心脏移植或者使用人工心脏等手术，使生命长期得以持续。因此，在当今世界上这一学说也逐渐地遭到人们的否定。当然当今世界上普遍主张的是脑死亡说，即认为人的死亡应该以大脑功能停止活动为标志。因为，医学发展至今尚未发生过在人的大脑功能停止活动后经抢救医治得以恢复的情况。

与其他国家一样，我国刑法中有关人出生和死亡的标准也有一个发展过程，即从采用心脏停止说或呼吸停止说作为判断人死亡的标准逐渐转变为采用脑死亡说作为认定人死亡的标准。分析这一发展过程不难发现，刑法上有关人死亡的标准的变化显然均与医学技术的发展直接相连。可以预见，随着现代医学技术的进一步发展，判断人死亡的标准必然还会发生变化。时下，理论和实践中人们普遍认为，人的生命从出生以后能够独立呼吸开始，至大脑功能停止活动时结束。实践中曾有人在全国人大会议上提出制定"脑死亡法"的提案，只是由于条件尚不成熟而未被采纳。但是无论如何，上述标准已经在司法实践中普遍地被接受和采纳。

由此可见，故意杀人罪的对象只能是独立存在的有生命的自然人，而胎儿和尸体不能成为故意杀人罪的对象。这是因为胎儿不属于具有刑法意义上的有生命之人，不存在有"生命"被非法剥夺的可能性，所以不能成为故意杀人罪的对象。如果伤害母体中胎儿的，不构成故意杀人罪，只负伤害母体的罪责，即可构成故意伤害罪。尸体是已经死亡的人，已无生命存在，因而也不存在有"生命"被非法剥夺的可能性，除行为人主观上有认识错误，如误将尸体当作活人进行杀害，可能构成故意杀人罪并按对象不能犯的故意杀人罪未遂处理外，在其他行为人明知是尸体的情况下所实施的行为，行为人均不可能构成故意杀人罪，如果行为人的行为符合侮辱尸体罪的构成要件，可以按侮辱尸体罪处理。总之，在我国凡是有生命的自然人（包括婴儿），不论其生命价值、生命能力、年龄、性别、种族、职业及生理、心理状态如何，都是刑法保护的对象，故意杀害这些人都应以故意杀人罪定罪。需要指出的是，本罪的行为对象为"他人"，即相对于自己而言的其他人，故意剥夺自己的生命不能构成故意杀人罪。

2.在客观方面,本罪表现为非法剥夺他人生命的行为。从行为形式上分析,本罪既可以由作为构成,也可以由不作为构成。常见的作为包括刀砍、斧劈、枪击、棍打、拳击、绳勒、毒杀及火焚等,也有用爆炸、放火、电击、化学药品以及放射性物质杀人的,甚至包括利用病菌杀人的。不作为构成本罪的只限于那些负有防止死亡结果发生的特定义务的人才能构成,这种特定义务产生于不同的来源:有些义务来源于法律所作的规定,例如,母亲故意不给婴儿哺乳,以达到使其饿死的目的,对于行为人而言,就可能构成故意杀人罪,因为按照我国法律规定,父母对未成年子女负有抚养的义务,母亲有能力对自己的婴儿哺乳,而故意不哺乳的,当然可以按不作为形式的故意杀人罪加以认定。有些义务则来源于人的职责,例如,医生对求治的病人故意见死不救,以达到使其因得不到及时救治而死亡的目的,对于行为人而言,就可能构成故意杀人罪,因为医生负有救死扶伤的特定义务,如果故意不抢救病人导致其死亡,也可以按不作为形式的故意杀人罪认定。有些义务还来源于行为人的先前行为,例如,行为人带未成年人去海边游泳,眼见未成年人将要淹死,在自己完全有能力救助的情况下,故意见死不救,对于行为人而言,就可能构成故意杀人罪,因为行为人带未成年人去游泳的先前行为实施后,就已经产生了保护未成年人生命安全的义务,当未成年人遇到危险时,行为人故意见死不救的,同样可以按不作为形式的故意杀人罪认定。

需要指出的是,故意杀人的行为必须是非法的,合法剥夺他人生命的行为(如依法执行命令枪决死刑犯,因正当防卫而造成不法侵害人死亡等)不构成故意杀人罪。故意杀人罪属结果犯,其既遂与未遂的界限划分应以被害人是否发生死亡结果为标准。已经发生死亡结果的,对于行为人可以故意杀人罪的既遂认定;没有发生死亡结果的,且是由于行为人意志以外原因造成的,对于行为人已经着手实施杀人的犯罪行为则应以故意杀人罪的未遂处理。通常情况下,故意杀人的结果有三种情况:第一种是被害人被杀死;第二种是被害人没被杀死,但受了伤;第三种是被害人既没被杀死,也未受伤。在这三种情况中,只有第一种情况才能按故意杀人罪的既遂认定,而后两种情况均只能按故意杀人罪的预备、未遂或中止加以认定。

3.本罪的主体是一般主体。凡是达到刑事责任年龄,并具有刑事责任能力的人均可以构成。根据《刑法》第17条第2款的规定,已满14周岁不满16周岁的人犯本罪的,应当负刑事责任。

4.本罪在主观方面表现为故意。即行为人明知自己的杀人行为会发生引起他人死亡的结果,并且希望或者放任死亡结果的发生。刑法理论上通常又将故意杀人划分为直接故意杀人和间接故意杀人两种情况,在其他因素相差不大的情况下,直接故意杀人比间接故意杀人的危害要大。理论上一般认为,间接故意杀人主要有几种形式:其一,行为人为实现一个直接故意杀人的犯罪目的而放任另外一些杀人结果的发生。例如,某人因奸情而欲杀自己的妻子,他在明知自己的儿子也可能回家吃饭的情况下,将农药放在家中的饭菜中,最后导致了其妻子和儿子均被毒死的结果发生。其二,行为人在实施一个非犯罪意图行为时,放任另外一些杀人结果的发生。例如,某人为防止家中的东西被他人偷去,在自己院子的围墙上拉了电网,导致一个爬墙者被电死的结果发生。其三,行为人在故意内容不确定的情况下,动辄行凶,放任一些杀人结果的发生。例如,某人因小事与他人发生争吵,情急之中不顾后果出手打了对方,导致对方死亡结果的发生。故意杀人的动机是多种多样的,有奸情杀人、图财杀人、报复杀人、灭口杀人、激于义愤杀人等等。不同的杀人动机,不影响本罪的构成,但能反映行为人的主观恶性程度,应作为量刑情节加以考虑。例如,同样是故意杀人,行为人出于义愤杀人和为了报复杀人,就有很大的区别,就行为人的动机所反映出来的主观恶性程度分析,后者的危害性就要大于前者。

(二) 故意杀人罪的认定

在认定故意杀人罪时,应注意以下几个问题:

1. 直接故意杀人与间接故意杀人的界限。直接故意杀人是指行为人明知自己的行为会发生被害人死亡的结果,并希望这种结果的发生;而间接故意杀人是指行为人明知自己的行为可能会造成他人死亡的结果,而放任这种结果的发生。从意识因素上分析,直接故意杀人和间接故意杀人的行为人均对自己的行为会造成他人死亡的结果有预见,但预见的程度有所不同,直接故意杀人的行为人对自己的行为会造成他人死亡结果的预见存在必然性和可能性两种,而间接故意杀人的行为人对自己的行为会造成他人死亡结果的预见则只能存在可能性一种。从意志因素上分析,直接故意杀人和间接故意杀人的行为人对于发生被害人死亡的结果所持的态度有很大的不同。直接故意杀人的行为人对被害人死亡结果的发生持希望(即肯定)的态度,而间接故意杀人的行为人对被害人死亡结果的发生则持放任(即既不肯定也不否定)的态度。另外,直接故意杀人存在犯罪目的,而间接故意杀人则不具有犯罪目的;直接故意杀人有未遂问题,而间接故意杀人则不存在未遂问题。

2. 有关弃、杀婴儿行为的定性。杀婴(又称溺婴)不论其动机如何,从性质上讲均属于故意杀人,因为婴儿的生命自其独立呼吸时就已经实际存在,其生命的权利同样也应该受到法律的保护。但是,由于杀婴总不乏情有可原的情况存在(如溺杀残疾婴儿、非婚生婴儿等),所以,在司法实践中对杀婴的行为人大多给予从宽处罚。处理弃、杀婴儿案件时,我们要注意将弃婴和杀婴行为区别开来。应该看到,弃婴不同于杀婴,对弃婴行为如何处理应作具体分析。如果行为人将婴儿抛弃于路口要道等公共场所,目的是摆脱抚养义务,让别人捡去,这种情况因行为人不存在剥夺他人生命的故意,所以不能以故意杀人罪定性,情节严重的,可以构成遗弃罪。如果将婴儿抛弃于深山荒野或其他不易被人注意的地方,其目的是让野兽吃掉婴儿或让婴儿饿死,则应以故意杀人罪定罪,因其行为无异于杀婴。

3. 有关自杀问题的定性。自杀是行为人故意剥夺自己生命的行为,由于行为人实际剥夺的是自己的生命而非他人的生命,因此,如果确实是出于自愿,我国刑法并不认为可以构成故意杀人罪。这里需要讨论的是行为人的行为引起他人自杀的是否要负刑事责任的问题。我们认为,对于行为人引起他人自杀的行为定性不能一概而论,应作具体分析。

(1) 正常行为或轻微的违法行为引起他人自杀。如果行为人的正常行为引起他人自杀的,行为人不负刑事责任。例如,教师正常批评学生,引起学生自杀;父母正常教育子女,引起子女自杀等,由于教师和家长等人的行为均属于正常行为,即使引起他人自杀,也不会发生刑事责任问题。如果行为人的轻微违法行为引起他人自杀的,行为人也不负刑事责任。例如,邻居之间的争吵中,夹杂了一些侮辱人格的语言,从而引起了当事人的自杀,由于行为人的行为本身并没有达到犯罪的程度,所以即使引起他人自杀,也不应承担刑事责任。需要指出的是,司法实践中的自杀是一个十分复杂的问题。考察行为的社会危害性主要应该从行为本身加以考察,他人自杀的结果仅仅是反映危害程度的因素之一。不能因为有了人死的结果,就一定认为行为的危害很严重,反之,也不能因为没有出现人死的结果,就一定认为行为的危害不严重。

(2) 因犯罪行为引起他人的自杀。对于行为人的犯罪行为(如侮辱、诽谤、强奸、强迫卖淫和诬告陷害等犯罪行为)引起他人自杀的案件应如何处理?一般认为,在这种情况下行为人理应对他人的自杀后果承担刑事责任,但是,对行为人的行为不以故意杀人罪定罪,而应该以行为人的行为本身所构成的犯罪定罪,把他人自杀的后果作为量刑时考虑的情节。

(3) 教唆、帮助他人自杀。理论上把教唆他人自杀(除教唆精神病人或未达法定年龄人以外)称为"不可罚的教唆",通常认为这种教唆虽然引起了他人自杀,但最后他人是否自杀还是由其自己决定的,因此,实施教唆者不应该构成故意杀人罪。至于帮助他人自杀,理论上通常认为,如果帮助行为对自杀的实现起了作用,且帮助行为与他人自杀的结果有因果关系,则应以故意杀人罪定性;如果帮助行为对自杀的实现不直接发生作用,且帮助行为与他人自杀的结果没有因果关系的,则帮助者不能承担故意杀人罪的刑事责任。对于教唆、帮助精神病人或未达法定年龄的人自杀的,理论和实践上一般认为,这实际上是借精神病人或未达法定年龄人的手实施杀人行为,因为,精神病人和未达法定年龄人均属于无责任能力的人,对他们进行教唆、帮助无异于"借刀杀人"。因此,对于实施有关教唆、帮助行为的人,应以故意杀人罪认定。需要指出的是,1999 年 10 月 9 日最高人民法院、最高人民检察院《关于办理组织和利用邪教组织犯罪案具体应用法律若干问题的解释》第 4 条指出,组织和利用邪教组织制造、散布迷信邪说,指使、胁迫其成员或者其他人实施自杀、自伤行为的,分别依照《刑法》第 232 条、第 234 条的规定,以故意杀人罪或者故意伤害罪定罪处罚。另外,2001 年 6 月 4 日最高人民法院、最高人民检察院《关于办理组织和利用邪教组织犯罪案件具体应用法律若干问题的解释(二)》,也对此作了类似的规定。《解释》第 9 条规定,组织策划、煽动、教唆、帮助邪教组织人员自杀、自残的,依照《刑法》第 232 条、第 234 条的规定,以故意杀人罪、故意伤害罪定罪处罚。

(4) 逼迫、诱骗他人自杀。逼迫他人自杀和诱骗他人自杀的情况比较复杂,关键是看这种逼迫或诱骗的程度:例如,当逼迫达到没有退路的境地,导致他人自杀的,行为人可能构成故意杀人罪。反之,行为人则不能承担刑事责任。当诱骗达到使他人不能自拔的程度,导致他人死亡的结果出现,行为人可能构成故意杀人罪。反之,行为人则不能承担刑事责任。应该看到,逼迫他人自杀和诱骗他人自杀构成故意杀人罪的情况,其表现形式仿佛为他人自杀,而实质上则是他杀,即行为人实质上是在控制他人的情况下,导致他人自杀结果产生的,这就是所谓"借刀杀人",对此,当然应以故意杀人罪定性。

（5）相约自杀。是指二人以上相约共同自杀,但其中一方在帮助另一方自杀后因各种原因而自己自杀未成的行为。由于自杀者本身并没有刑事责任问题存在,因此,如果相约自杀者均已死亡,对于其中的任何一方均不会发生刑事责任问题。理论上一般认为,这里所谓相约自杀必须符合如此条件:其一,每个相约自杀者必须具有真实的自杀决意。如果自己没有自杀的真意,仅作虚假的意思表示,相约与对方一起自杀,届时对方真自杀了,而自己则没有自杀。这实际上是诱骗他人自杀,假对方之手,以达到杀死对方的目的,对于实施诱骗行为的一方仍应承担故意杀人罪的刑事责任。其二,自杀者相互间必须有共同的谋议。如果行为人意欲自杀,也希望别人一起自杀,但未经共同谋议而先将他人杀害,而自己自杀未成的,也应当按故意杀人罪论处。对于符合上述两种条件且其中一方实施了一定帮助另一方自杀的行为,只是在自己自杀时由于各种客观原因而自杀没有成功的行为人应该如何处理? 理论上一般认为,对于自杀未成的这一方由于其客观上实施了帮助他人自杀的行为,应该按照故意杀人罪定性,但是在量刑时则应该与社会上一般的故意杀人罪区别开来,因为,这种情况中行为人的帮助行为毕竟是在得到另一方自杀者的承诺后实施的,其性质与安乐死有相同之处。

4. 有关安乐死行为的定性。长期以来,对于安乐死行为的合法性问题,理论上一直争论较大,观点颇不一致。荷兰等一些欧洲国家相继在法律中将安乐死合法化,这对其他国家的影响较大。虽然我国理论上曾为此进行过专门的讨论,但是基于安乐死合法化需要一系列制度的保证,特别是在程序上有许多细节要加以讨论,因此,我国立法上还没有将安乐死合法化的规定和考虑。刑法理论上现在较为一致的观点是,在没有从立法上确认安乐死行为合法性之前,对积极安乐死的行为实施者,应追究故意杀人罪的刑事责任,只是量刑时应与社会上一般故意杀人行为有所区别,可以从宽处理。这一观点在司法实践中处理这类案件时所普遍采纳。

5. 故意杀人罪与放火、爆炸、投放危险物质等以危险方法危害公共安全犯罪的界限。由于故意杀人可以采用诸如放火、爆炸、投毒等危险方法进行,而刑法中规定的放火、爆炸、投放危险物质罪等以危险方法危害公共安全的犯罪也可能导致一定人员死亡结果的发生,因此,理论和实践中就有必要注意划清故意杀人罪与以危险方法危害公共安全罪的界限。处理这类案件时应注意以下几点:其一,如果行为人以危险方法实施杀人行为的,已经或者可能危害到公共安全的,对于行为人的行为就应该以放火、爆炸、投放危险物质罪等以危险方法危害公共安全罪加以定罪处罚;其二,如果行为人以危险方法实施杀人行为的,没有且不可能危害到公共安全的,对于行为人的行为就应该以故意杀人罪定罪处罚;其三,如果行为人在实施故意杀人后,为了毁尸灭迹等目的而使用危险方法,危害或足以危害公共安全的,对于行为人的行为则应该以故意杀人罪和放火、爆炸、投放危险物质罪等以危险方法危害公共安全罪定罪并实行数罪并罚。

（三）故意杀人罪的处罚

《刑法》第232条规定，犯故意杀人罪的，处死刑、无期徒刑或者10年以上有期徒刑；情节较轻的，处3年以上10年以下有期徒刑。刑法这一规定要求我们在处理故意杀人罪时，要正确区分情节严重的故意杀人与情节较轻的故意杀人的界限，以便选择相应的法定刑幅度。根据司法实践，情节严重的故意杀人主要有：手段残忍的杀人、动机卑鄙的杀人、后果严重的杀人，等等。情节较轻的故意杀人主要有：当场基于义愤的杀人、因受被害人长期迫害的杀人、基于被告人请求或同意的杀人以及"大义灭亲"的杀人，等等。在处理故意杀人案件时，应该破除长期以来形成的"杀人偿命"的陈旧观念，改变简单地把被害人是否死亡作为是否实际判处死刑标准的做法。根据1999年10月27日最高人民法院《全国法院维护农村稳定刑事审判工作座谈会纪要》的要求，对故意杀人犯罪是否判处死刑，不仅要看是否造成了被害人死亡结果，还要综合考虑案件的全部情况。对于因婚姻家庭、邻里纠纷等民间矛盾激化引发的故意杀人犯罪，适用死刑一定要十分慎重，应当与发生在社会上的严重危害社会治安的其他故意杀人犯罪案件有所区别。对于被害人一方有明显过错或对矛盾激化负有直接责任，或者被告人有法定从轻处罚情节的，一般不应判处死刑立即执行。

二、过失致人死亡罪

（一）过失致人死亡罪的概念和构成

过失致人死亡罪，是指由于行为人的过失而造成他人死亡结果的行为。

本罪的构成要件如下：

1. 本罪侵犯的客体与故意杀人罪相同，即他人的生命权利。

2. 在客观方面，本罪表现为因过失而致人死亡的行为。过失致人死亡行为的形式同样也包括作为和不作为两种，过失致人死亡的作为，是指实施了不应当实施的行为，以致过失地致人死亡。过失致人死亡的不作为，是指不实施有义务实施的行为，以致过失地致人死亡。构成本罪，必须造成他人死亡的实际结果，没有发生死亡结果的，不能以本罪定性。换言之，本罪不存在未遂问题。

3. 本罪的主体是一般主体，且只有已满16周岁的人才能构成。

4. 本罪在主观方面表现为过失，包括疏忽大意过失与过于自信过失。前者是指行为人应当预见自己的行为可能发生非法剥夺他人生命的结果，因疏忽大意而没有预见，以致发生了被害人死亡的结果；后者是指行为人已经预见到自己的行为可能致人死亡，但是，轻信能够避免，以致发生被害人死亡的结果。

（二）过失致人死亡罪的认定

在认定过失致人死亡罪时，应注意以下几个问题：

1. 过失致人死亡罪与意外事件的界限。实践中过失致人死亡大多是由行为人的疏忽大意造成的,因此,是否"应当预见"是确定疏忽大意的过失致人死亡还是意外事件的关键。如何确定"应当预见"的标准,应根据发生过失致人死亡时的具体环境以及行为人的认识能力等因素加以综合认定。理论和司法实践中,对于是否"应当预见"有两种不同的标准:其一为一般标准,即以一般理智正常的人所能够预见的为准;其二为基于业务要求的标准,即对于某种行为可能发生死亡的结果,需要有专业知识的人才能预见到的。有些国家刑法根据上述两种不同的标准对过失犯罪作出区分,即根据第一种情况规定普通过失致人死亡罪,根据第二种情况规定业务过失致人死亡罪。我国刑法中并未作这种划分,但是对于发生在不同情况下的过失致人死亡罪,完全可以采用不同的标准进行判断。如果行为人对他人死亡结果的发生应该预见,只是由于疏忽大意而没有预见,构成疏忽大意的过失致人死亡罪;如果行为人对他人的死亡结果的发生,根本不能预见即不应该预见,则属于意外事件,行为人对此不负刑事责任。

2. 过失致人死亡罪同故意杀人罪的界限。两罪之间的区别关键在于行为人的主观方面的不同。其中我们应特别注意过于自信过失致人死亡行为与间接故意杀人行为的区别,因为两者在主观方面都已预见到自己的行为可能造成他人死亡的结果;并且在客观上都发生这种结果,故而很容易混淆。两者的主要区别是:首先,前者对危害结果的心理状态是轻信可避免,并且希望死亡结果不要发生,也即行为人对死亡结果的发生是持否定态度的,死亡结果的发生是违背行为人的意志的;后者则对危害结果的发生与否,听之任之,持放任态度,也即行为人对死亡结果的发生持既不肯定也不否定的态度。其次,前者对死亡结果认为可以避免发生,是有所依据的轻信,例如,自恃技术水平高明,或者已经采取了防止措施,过高地估计了客观上的有利条件等;而后者不希望危害结果发生是没有任何根据的。

3. "本法另有规定"的含义。《刑法》第 233 条在规定了过失致人死亡罪及其法定刑之后,还专门指出:"本法另有规定的,依照规定"。对此,应注意正确加以理解。这种情况主要是指因失火、过失决水、过失爆炸、过失投放危险物质致人死亡,交通肇事致人死亡,重大责任事故致人死亡等,它们在形式上与过失致人死亡有许多相同之处,但是,由于刑法有关规定已对这些过失致人死亡的行为作了特别规定,就应该依照特别规定的条款处罚,而不应以过失致人死亡罪论处。

(三)过失致人死亡罪的处罚

《刑法》第 233 条规定,犯过失致人死亡罪的,处 3 年以上 7 年以下有期徒刑;情节较轻的,处 3 年以下有期徒刑。

三、故意伤害罪

(一)故意伤害罪的概念和构成

故意伤害罪,是指故意非法损害他人身体健康的行为。

本罪的构成要件如下：

1. 本罪侵犯的客体是他人身体健康的权利。身体，是仅指具有生命之人的整体，包括躯体、四肢、内脏、五官器官及牙齿等等。他人的身体健康，是指他人人体组织的完整或者人体器官的正常功能活动。对自伤身体的行为，一般不认为是犯罪。但特定的人在特定的时间里实施自伤行为，损害了社会利益并触犯了《刑法》其他规定的，则构成相应的有关犯罪。例如，军人为了逃避军事义务，在战时自伤身体的，应按照《刑法》第434条的规定追究行为人的刑事责任。

2. 在客观方面表现为非法伤害他人身体健康的行为。伤害他人身体健康，一般包括两个方面：其一是对他人人体组织完整性的破坏，如砍掉手、足，咬掉鼻子等；其二是对他人人体器官正常机能的破坏，如打瞎眼睛、打聋耳朵，造成神经机能失常等。伤害行为既包括作为，也包括不作为。但不作为应以负有防止他人身体健康受损害的特定义务为前提。伤害行为的手段是多种多样的，可以是直接的，也可以是间接的。伤害行为的危害结果，也是多种多样的，如有的是外伤，有的是内伤，有的是肉体伤害，也有的是精神伤害等等。对于故意伤害来说，伤害结果的程度分为轻伤、重伤与伤害致死。这一种伤害程度直接反映伤害行为罪行轻重，因此查明伤害程度，对于故意伤害罪的量刑具有重大意义。

伤害行为必须是非法的，也即因正当防卫、紧急避险而伤害他人，因职务行为（如医生因医疗上的需要对他人做截肢手术）而实际致人伤残，以及在体育、竞技场合（如拳击场上拳击手把对方击伤）为规则所允许的伤害等，都因行为不具有非法性而不构成犯罪。

伤害行为既包括作为，也包括不作为。积极的作为是常见的伤害方式；消极的不作为则以负有防止他人身体健康损害的特定义务为前提。例如，行为人牵着狗到马路上去，如遇狗咬人而行为人不加制止，致使路人被狗咬伤，行为人就可能构成不作为形式的故意伤害罪。伤害行为的手段是多种多样的，行为人可以直接使用刀、枪、棍、棒、拳打脚踢等暴力手段对他人进行伤害，也可以间接利用未成年人、精神病患者、动物等伤害他人，还可以使用物理的机械撞伤和放射线、激光等科学技术方法进行伤害。实践中对于利用自己身患的病症用故意传染的手段对他人进行伤害的情况能否定故意伤害罪的问题，颇有争议。由于在这种情况下很难取得相应的证据，也即在很多情况下根本无法证明他人得病是否因行为人携带的病菌所致，因此尽管理论上认为行为人可以构成故意伤害罪，但实践中则较难认定。

3. 本罪的主体是一般主体。根据《刑法》第17条规定，对于一般伤害的，已满16周岁且具有刑事责任能力的人才能负刑事责任；根据《刑法》第17条第2款的规定，对于故意伤害致人重伤或者死亡的，已满14周岁的人就应负刑事责任。

4. 本罪在主观方面表现为故意。故意的内容是伤害他人健康，即明知自己的行为会发生伤害他人身体的结果，并且希望或者放任这种结果的发生。这既是区别于以剥夺他人生命为故意内容的故意杀人的唯一界限，又是区别于过失致人重伤的主要界限。故意伤害的犯罪动机多种多样，不论出于何种动机，均不影响本罪的成立。需要指出的是，在故意伤害罪中存在有故意伤害致人重伤、死亡的情况。一般认为，故意伤害致人重伤和故意伤害致人死亡中的行为人的罪过形式是不完全一致的。行为人对故意伤害致人重伤的结果而言，主观上应该是故意的；而行为人对故意伤害致人死亡的结果而言，主观上则应该是过失的。

（二）故意伤害罪的认定

在认定故意伤害罪时，应注意以下几个问题：

1. 故意伤害罪与一般殴打行为的界限。伤害，是造成他人身体器官或者功能的损害；而一般殴打只是造成他人身体的暂时性疼痛，不损及人体的机能及组织的完整性，或虽然造成他人身体的损害，但损害程度显著轻微，按《人体轻伤鉴定标准》不构成轻伤的。一般殴打行为不构成犯罪，可以予以其他处罚。

2. 重伤与轻伤的界限。在故意伤害案件的处理时，由于行为人同一种行为往往存在着造成轻伤或者重伤两种可能性，而不论发生哪种结果一般都不违反行为人的本意，也即轻伤或重伤都包括在行为人的犯意之内，因此，凡是伤害他人的案件，只要行为人主观上具有伤害他人的故意，结果造成轻伤的，就按轻伤处理，结果造成重伤的，就按重伤处理。这是因为，在通常情况下，行为人对于自己的伤害行为会给被害人造成何种程度的伤害，事先并不一定会有明确的认识。那么，在这种情况下按照结果认定，并不违背主客观相一致的刑事责任原则，事实上无论是造成轻伤还是重伤，都包括在行为人的主观犯意之内。按照 2013 年 8 月 30 日最高人民法院、最高人民检察院、公安部、司法部联合发布的《人体损伤鉴定标准》的规定，轻伤是指使人肢体或者容貌损害，听觉、视觉或者其他器官功能部分障碍或者其他对于人身健康有中度伤害的损伤。《刑法》第 95 条对重伤作了原则规定，重伤是指使人肢体残废、毁人容貌、丧失听觉、丧失其他器官功能或者其他对于人身健康有重大伤害的损伤。以下几种伤害属于重伤：

（1）使人肢体残废或者毁人容貌的。

（2）使人丧失听觉、视觉或者其他器官机能的。

（3）其他对于人身健康有重大伤害的。

判断伤势的轻重，一般应以受伤时的伤势为主加以认定，但对于审判前治疗的也可以结合考虑。损伤程度包括损伤当时原发性病变、与损伤有直接联系的并发症，以及损伤的后遗症。

3. 故意伤害致人死亡与故意杀人既遂的界限。两罪在犯罪的形式上很相似，首先两者都是故意犯罪，其次两者在客观上均造成了被害人死亡。关于两罪的主要区别标准理论上存在有不同的观点：有人认为，两罪的主要区别在于行为人的犯罪目的不同；也有人认为，两罪的主要区别在于行为人犯罪故意的内容不同；还有人认为，两罪的主要区别在于具体案件的客观事实不同。我们认为，两罪的主要区别在于犯罪故意的内容不同，故意伤害致死是行为人故意造成他人伤害，死亡是在其意料之外,而且是违反其本意的;故意杀人是行为人故意造成他人死亡,死亡是在其意料之中,而且不违反其本意的。至于对故意内容的判断,应结合主客观情况,综合加以考虑分析,特别要考察以下这些事实:案件的起因、行为人同被害人的关系、行为人作案是否有预谋、行为人使用的工具和手段、行为人打击被害人的部位和强度、行为人的犯罪行为有无节制、行为人平日的一贯表现、行为人对被害人是否抢救、行为人犯罪后的表现,等等。在量刑时,不能因为故意伤害致人死亡和故意杀人既遂均出现了被害人死亡的结果而均强调从严惩处,甚至一律适用死刑。正如1999年10月27日最高人民法院《全国法院维护农村稳定刑事审判工作座谈会纪要》中所指出的,间接故意杀人与故意伤害致人死亡,虽然都造成了死亡后果,但行为人故意的性质和内容是截然不同的。可见,划清故意伤害致人死亡与故意杀人既遂的界限是十分重要的。

4. 故意伤害同故意杀人未遂的界限。由于故意杀人未遂,有时也会造成他人身体伤害,因此在形式上同故意伤害难以区别。但是这两种犯罪的故意内容是有本质区别的,故意伤害是指具有伤害他人身体的故意,而故意杀人未遂则是具有非法剥夺他人生命的故意,只是由于行为人意志以外的原因而未得逞。正是因为这一点,两者在犯罪性质上是完全不同的。

5. 故意伤害致死同过失致人死亡的界限。两者在客观上均造成了他人死亡的结果,且主观上对于死亡结果的发生都表现为过失的心理态度,也即死亡结果的发生均违背了行为人的意志。过失致人死亡,不仅无杀人的故意,也无伤害的故意,而故意伤害致死,则具有伤害的故意,只是对被害人的死亡结果部分是过失而已。按照《刑法》规定,故意伤害致人死亡的法定刑为10年以上有期徒刑、无期徒刑或者死刑,而过失致人死亡的法定刑为3年以上7年以下有期徒刑,情节较轻的,甚至可处3年以下有期徒刑。可见,两者的处罚轻重相差很大,故意伤害致人死亡犯罪的处罚要远远重于过失致人死亡。因此,在处理这类案件时,不能仅仅根据犯罪的结果随意地加以认定。司法实践中,对于行为人具有一般的殴打行为而致使他人死亡案件的处理争议颇大,许多人认为,行为人既然具有殴打他人的行为,就证明了行为人主观上具有伤害他人的故意,由此导致他人死亡的结果,就应该按照故意伤害致人死亡的犯罪性质加以认定。我们认为,在故意伤害致人死亡案件中,行为人必须明显具有伤害他人的故意,一般的殴打行为不等于伤害,也即不能就此可以证明行为人具有伤害他人的故意。特别需要注意的是,刑法中犯罪故意的内容主要相对结果而言,而并非是相对行为而言的,因为,在日常生活中人们的任何行为均是"故意"实施的,而这种日常生活中的故意并非我们刑法意义上的故意。因此,对于司法实践中行为人的行为过失导致他人死亡案件的处理,理应把查实行为人主观上是否具有伤害他人的故意放在首位,如果无法查明行为人具有伤害他人故意的,一般均应以过失致人死亡犯罪对行为人定罪量刑。

6. 故意伤害的未遂。由于故意伤害罪是以造成一定的伤害程度作为定罪量刑的标准的,对轻微伤害不能认定为犯罪,因此,在司法实践中,对伤害未遂一般不以犯罪论处。因为行为人是否具有重伤他人的故意较难进行判断,而要进行相关的证明也并非易事,所以,以行为人的行为最后实际导致的结果作为认定的标准无疑是最为科学的。

7. "本法另有规定"的含义。《刑法》第 234 条规定,"本法另有规定的,依照规定",这是指实施其他犯罪而造成他人伤害的情况,且这些情况《刑法》分则中已有专门条款加以规定,应依照该条文的专门规定定罪量刑。例如,强奸、抢劫、放火等致人伤害的应分别依照各相应条款定罪量刑,不以故意伤害罪论处。

（三）故意伤害罪的处罚

《刑法》第 234 条规定,犯故意伤害罪的,处 3 年以下有期徒刑、拘役或者管制;致人重伤的,处 3 年以上 10 年以下有期徒刑;致人死亡或者以特别残忍手段致人重伤造成严重残疾的处 10 年以上有期徒刑、无期徒刑或者死刑。1999 年 10 月 27 日最高人民法院《全国法院维护农村稳定刑事审判工作座谈会纪要》指出,在对故意伤害罪定罪量刑时,"不注意区分犯罪的性质和故意的内容,只要有死亡后果就判处死刑"的做法是错误的,这在今后的工作中,应当予以纠正。对于故意伤害致人死亡,手段特别残忍,情节特别恶劣的,才可以判处死刑。参照 1996 年国家技术监督局颁布的《职工工伤与职业病致残程度鉴定标准》(以下简称"工伤标准"),《刑法》第 234 条第2 款规定的"严重残疾"是指下列情形之一:被害人身体器官大部缺损、器官明显畸形、身体器官有中等功能障碍、造成严重并发症等。残疾程度可以分为一般残疾(10至 7 级)、严重残疾(6 至 3 级)、特别严重残疾(2 至 1 级),6 级以上视为"严重残疾"。在有关司法解释出台前,可统一参照"工伤标准"确定残疾等级。实践中,并不是只要达到"严重残疾"就判处死刑,还要根据伤害致人"严重残疾"的具体情况,综合考虑犯罪情节和危害后果来决定刑罚。故意伤害致人重伤造成严重残疾,只有犯罪手段特别残忍,后果特别严重的,才能考虑适用死刑。

四、组织出卖人体器官罪

（一）组织出卖人体器官罪的概念和构成

组织出卖人体器官罪,是指违反国家有关规定,组织他人出卖人体器官的行为。本罪是《刑法修正案(八)》新增之罪。

本罪的构成要件如下:

1. 在客观方面,本罪表现为违反国家有关《人体器官移植条例》的规定,组织他人出卖人体器官的行为。组织,是指对自愿出卖人体器官人所实施的指挥、策划、控制的行为。至于行为人以何种方式组织,如劝说、以高额回报诱骗等,不影响认定。

出卖,是指将人体器官作价卖出。至于器官的来源、是否有先行买入的行为等,法律并无限制。

2. 本罪的主体为一般主体,且只能由已满 16 周岁的人才能构成。

3. 本罪在主观方面表现为故意,且为直接故意,故意的内容是出卖人体器官。犯罪动机不影响认定。

(二) 组织出卖人体器官罪的处罚

《刑法》第 234 条之一规定,组织他人出卖人体器官的,处 5 年以下有期徒刑,并处罚金;情节严重的,处 5 年以上有期徒刑,并处罚金或者没收财产。

未经本人同意摘取其器官,或者摘取不满 18 周岁的人的器官,或者强迫、欺骗他人捐献器官的,依照第 234 条、第 232 条的规定定罪处罚。违背本人生前意愿摘取其尸体器官,或者本人生前未表示同意,违反国家规定,违背其近亲属意愿摘取其尸体器官的,依照刑法盗窃、侮辱尸体罪的规定定罪处罚。

五、过失致人重伤罪

(一) 过失致人重伤罪的概念和构成

过失致人重伤罪,是指过失造成他人重伤的行为。

本罪的构成要件如下:

1. 在客观方面,本罪表现为须造成他人重伤后果。过失造成轻伤的,不构成本罪,但要承担被害人经济损失的民事赔偿责任。

2. 本罪的主体是一般主体,且只能由已满 16 周岁的人才能构成。

3. 本罪在主观方面表现为过失。其中包括疏忽大意的过失和过于自信的过失。本罪与故意伤害致人重伤的犯罪均造成他人重伤的结果,其区别在于主观心理态度不尽相同,关键在于有无伤害故意。本罪与意外事件的区别也在于有无过失,即对危害结果的发生,应不应当预见。

(二) 过失致人重伤罪的处罚

《刑法》第 235 条规定,犯过失致人重伤罪的,处 3 年以下有期徒刑或者拘役。在追究过失致人重伤罪的刑事责任时,往往存在有附带民事损害赔偿的问题,应该严格按照附带民事诉讼的有关规定处理。但是,不能在处理案件时混淆刑事责任和民事责任的界限,更不能进行相互替代或抵消,即不能因为行为人积极主动地对被害人进行了赔偿而放弃对行为人刑事责任的追究,也不能因为追究了行为人刑事责任而不要求行为人对被害人进行赔偿。正确的做法是,将行为人积极主动对被害人进行赔偿的行为看作是一种酌定的从轻情节,体现在对行为人的具体量刑之中。

第三节　侵犯妇女、儿童身心健康的犯罪

一、强奸罪

（一）强奸罪的概念和构成

强奸罪，是指违背妇女意志，使用暴力、胁迫或者其他手段，强行与妇女发生性交的行为。

本罪的构成要件如下：

1. 本罪侵犯的客体是妇女性的不可侵犯的权利，也即妇女按照自己正常意志决定正当性行为的权利。根据我国刑法规定，本罪侵犯的对象既包括已满14周岁的妇女，不论妇女作风是否正派，是否结婚与患病，均可成为本罪的对象；也包括未满14周岁的幼女。应该看到，在较长的一段时间里，我国刑法司法解释均把奸淫幼女作为一个独立罪名规定在强奸罪之外的。但是，这一解释明显不符合《刑法》第236条第2款："奸淫不满14周岁的幼女的，以强奸论，从重处罚"的规定精神。为此，2002年3月15日最高人民法院、最高人民检察院《关于执行〈中华人民共和国刑法〉确定罪名的补充规定》（自2002年3月26日起施行）明确指出，《刑法》第236条的罪名为强奸罪，取消奸淫幼女罪。由此，统一了对强奸罪刑法条文的不同理解，也统一了实践中对行为的定性。

由于妇女性的权利只有具有生命的妇女才能享有和行使，故行为人为发泄兽欲而奸污妇女尸体的，不构成强奸罪。同样，杀死妇女而后奸尸的，应以故意杀人罪从重处罚，而不以本罪论处。

另外，由于不满14周岁的幼女的生殖器官、智力和思维能力均处于未成熟状态，她们对社会的各种情况缺乏识别能力，不完全明白性行为可能产生的后果。同时更由于幼女对犯罪分子的侵害行为也缺乏识别和反抗能力，很容易受骗上当。因此，理论上认为，奸淫幼女的行为较一般的强奸行为而言具有更大的社会危害性。这种行为严重损害幼女身心健康，影响幼女的正常发育。为此，我国刑法明确规定，奸淫不满14周岁的幼女的，以强奸论，从重处罚。《刑法》的这一规定，体现了对祖国下一代的关怀和对幼女权利的特殊保护。

2. 在客观方面，本罪表现为违背妇女意志，使用暴力、胁迫或者其他手段，强行与妇女发生性交的行为。

违背妇女意志，是指在妇女不同意发生性交的情况下，强行与之性交。如果妇女同意发生性交，行为人的行为就不构成强奸罪。妇女意志是妇女对是否发生性关系的一种心理意愿，属于主观的范畴。判断是否违背妇女意志，不能仅仅以妇女是否抗拒做出定论，而应全面分析。

需要注意的是,理论上通常认为,违背妇女意志是行为人的行为构成强奸罪的最本质的要件,但是,违背妇女意志又不是唯一的特征,司法实践中不能仅凭是否违背妇女意志这一点,简单地对行为人的行为作出认定。事实上,行为人的行为是否违背妇女意志总是和行为人使用一定的强奸手段紧密联系、互为因果的。行为人使用暴力、胁迫或者其他手段,是违背妇女意志的原因,而违背妇女意志是犯罪分子使用暴力、胁迫或者其他手段的结果。在认定强奸罪时,必须将两者结合起来考察。

需要指出的是,这里所指的违背妇女意志是相对于具有正常心理的妇女而言的一个概念,也即是指违背具有正常心理的妇女的意志。对于精神病妇女和幼女而言,由于她们本身并不具有正常心理,无法与其他妇女一样正常决定自己的意志,因此,也就不存在有所谓是否违背意志的问题了。只是与间歇性精神病患者在未发病期间发生性行为,妇女本人同意的,不构成强奸罪。也正是因为这一点,司法实践中对于奸污精神病妇女和奸淫幼女构成强奸罪的,均强调不以违背意志为前提,而且在行为人的手段上也不强调一定要有暴力、胁迫和其他强制方法。即不论行为人采用何种手段,也不问精神病妇女或幼女是否表示同意或反抗,只要行为人明知是精神病妇女或幼女仍实施奸淫行为,就能构成强奸罪。2013年10月23日最高人民法院、最高人民检察院、公安部、司法部《关于依法惩治性侵害未成年人犯罪的意见》指出,以金钱财物等方式引诱幼女与自己发生性关系的,知道或者应当知道幼女被他人强迫卖淫而仍与其发生性关系的,均以强奸罪论处。对幼女负有特殊职责的人员与幼女发生性关系的,以强奸罪论处。在认定是否违背妇女意志时,不能以被害妇女作风好坏来划分。强行与作风不好的妇女发生性行为的,也应定强奸罪。同时,在认定是否违背妇女意志时,也不能以被害妇女有无反抗表示作为必要条件。对妇女未作反抗表示,或者反抗表示不明显的,要根据案件发生现场的实际情况具体加以分析,精心加以区别。

暴力,是指通过外力对妇女身体实行强制的一种方法。暴力通常是对妇女直接使用伤害身体、捆绑手足、掐脖子、捂嘴巴或强力按倒,使妇女处于不能抗拒的情况下,强行与其发生性交的行为。理论上通常认为,这里的暴力不包括故意杀人,最起码不包括直接故意杀人。因为,如果行为人在剥夺妇女生命后再实施奸淫行为的,实际上不可能构成强奸罪。

胁迫,是指对妇女采用威胁、恐吓等手段,实行精神上的强制,使妇女处于不敢反抗的情况下,强行与其发生性交的行为。胁迫的手段可以是多种多样的,既可以直接对被害妇女进行威胁,也可以通过第三者进行威胁;既可以是口头胁迫,也可以是书面胁迫;既可以是暴力胁迫,也可以是非暴力胁迫。暴力胁迫,是指以暴力作为内容对妇女进行威胁、恐吓,对妇女实行精神上的强制,使妇女因害怕受到暴力打击而不敢反抗。例如,行为人持刀威胁妇女,称如不服从就将妇女杀了,从而迫使妇女就范。非暴力胁迫,则是指以揭发隐私、毁坏名誉等非暴力内容对妇女进行威胁、恐吓,对妇女实行精神上的强制,使妇女因害怕不能公开的东西被公开并导致名誉损害而不敢反抗。例如,行为人以如果不服从就要揭发妇女有小偷小摸行为作为要挟内容,迫使妇女就范。需要指出的是,这里所谓隐私的内容既可以是违法犯罪的,如妇女的偷盗、重婚行为,其本人并不愿意让他人知道的情况;也可以是本身并不具有违法性或犯罪性的,如妇女正常与他人谈恋爱,或妇女身体或生理上有某些缺陷,其本人并不愿意让他人知悉的情况。

其他手段,是指用暴力和胁迫以外的手段,使妇女处于不知或不能反抗的情况下,强行与其发生性交行为。例如,用酒把妇女灌醉或用药物麻醉使之昏迷而进行奸淫;趁妇女熟睡时冒充其丈夫而与之发生性交;利用为妇女治病之机用欺骗的方法对妇女进行强奸;组织利用会道门、邪教组织或者利用迷信奸淫妇女;造成或利用妇女处于孤立无援的状态对妇女进行强奸等。对于利用欺骗的方法骗取妇女的信任,与妇女发生性行为的情况,不能一概而论而应作具体分析:主要应该以欺骗的方法是否达到足以使妇女在违背自己意志的情况下与他人发生性行为作为标准。如果这种欺骗已经达到了这种程度,在此情况下发生的性行为就可以认定为强奸罪,如上述提及的利用妇女熟睡之机冒充其丈夫而与之发生性交的情况,对行为人的行为可以按强奸罪认定。反之,如果这种欺骗尚未达到这种程度,则不能以强奸罪认定,如行为人冒充华侨、导演等身份骗取妇女的信赖而与之发生性行为的情况,对行为人的行为不能以强奸罪认定。

3. 本罪的主体一般是达到法定年龄,具有刑事责任能力的男子,但妇女可以成为本罪的教唆犯或帮助犯。理论和实践中认为,妇女利用无责任能力的男子强奸其他妇女的,也可以构成强奸罪的间接正犯。根据《刑法》第 17 条规定,已满 14 周岁的人应对本罪负刑事责任。

4. 本罪在主观方面表现为故意,且行为人必须具有奸淫的目的。也即不论事先预谋策划,还是临时起意,只要具有奸淫的目的,并以暴力、胁迫或其他手段对妇女实施强奸的,就构成强奸罪。如果行为人不具有奸淫目的,只是意图猥亵,或者偷看妇女阴私的,就不构成本罪。

(二) 强奸罪的认定

1. 关于奸淫精神病妇女、幼女构成强奸罪是否应以明知为前提的问题

司法实践中一般认为,奸淫精神病妇女构成强奸罪的必须以明知为前提。对明知是不能正确表达自己意志的精神病妇女或严重痴呆妇女而与之发生性交行为的,无论行为人采取什么手段,也无论被害人是否"同意",均应构成强奸罪。但是,对于奸淫幼女构成强奸的是否要以明知为前提则有不同的意见:一种观点认为,本罪的成立不要求行为人认识到对方为不满 14 周岁的幼女,主要理由是刑法分则条文并没有要求行为人"明知是幼女"。[1]而另一种观点则认为,行为人主观对对方为幼女必须有认识,或者明知对方是幼女,或者明知对方可能是幼女,或者不管对方是否幼女,在此基础上决意实施奸淫行为的,就具备奸淫幼女犯罪的主观要件。[2]

---

[1] 何秉松主编:《刑法教科书》上卷,中国法制出版社 2000 年版,第 312 页。
[2] 张明楷著:《刑法学》,法律出版社 2003 年版,第 693—694 页。

应该承认，我国关于奸淫幼女犯罪对象认知的司法解释是有一个发展过程的。1984 年 4 月 26 日最高人民法院、最高人民检察院、公安部《关于当前办理强奸案件中具体应用法律的若干问题的解答》（以下简称"两高一部"《解答》）规定："一般地说，不论行为人采用什么手段，也不问幼女是否同意，只要与幼女发生了性行为，就构成犯罪"。显然此处"一般地说"就意味着可以有例外。由此可见，即使在初步的司法解释中，我国司法机关也已经考虑到了在认定奸淫幼女犯罪中仍必须考虑主观认识的因素。这样的考虑可以从"两高一部"《解答》的规定中更进一步反映出来。该《解答》第 6 条最后一款规定："在办理奸淫幼女案件中出现的特殊问题，要具体分析，并总结经验，求得正确处理。"显然，"两高一部"已经认识到该《解答》只是暂时性的规定，需要不断"总结经验"，并加以完善。2001 年 6 月 11 日最高人民检察院《关于构成嫖宿幼女罪主观上是否需要具备明知要件的解释》规定："行为人知道被害人是或者可能是不满 14 周岁幼女而嫖宿的，适用《刑法》第 360 条第 2 款的规定，以嫖宿幼女罪追究刑事责任。"《解释》虽然是对嫖宿幼女罪对象的解释，但是，从中也可以看出司法机关在对待幼女性行为问题上对主观要件的强调。①2003 年 1 月 17 日最高人民法院《关于行为人不明知是不满 14 周岁的幼女双方自愿发生性关系是否构成强奸罪的批复》（以下简称《批复》）认为："行为人明知是不满 14 周岁的幼女而与其发生性关系，不论幼女是否自愿，均应依照《刑法》第 236 条第 2 款的规定，以强奸罪定罪处罚；行为人确实不知对方是不满 14 周岁的幼女，双方自愿发生性关系，未造成严重后果，情节显著轻微的，不认为是犯罪。"可见，最高人民法院的这一《批复》实际上将明知作为认定奸淫幼女构成强奸罪的一个要件。这样长期以来在奸淫幼女犯罪"明知"问题上的争论和带有客观归罪痕迹的习惯做法终于得到清理。应该说，《批复》的颁布使我国刑法中主客观相统一原则在奸淫幼女犯罪中得到了明确、具体的体现。《关于依法惩治性侵害未成年人犯罪的意见》指出，知道或者应当知道对方是不满 14 周岁的幼女，而实施奸淫等性侵害行为的，应当认定行为人"明知"对方是幼女。对于不满 12 周岁的被害人实施奸淫等性侵行为的，应当认定行为人"明知"对方是幼女。对于已满 12 周岁不满 14 周岁的被害人，从其身体、发育状况、言谈举止、衣着特征、生活作息规律等观察可能是幼女，而实施奸淫等性侵害行为的，应当认定行为人"明知"对方是幼女。

需要指出的是，刑法分则中具体犯罪中的明知与故意犯罪中的明知是存在有区别的。在我国刑法中，对对象的明知往往规定在分则中，而故意犯罪中的明知则规定于刑法总则中。在奸淫幼女犯罪中，故意犯罪所要求的"明知自己的行为人会发生危害社会的结果"这一认识因素，集中地表现在明知对方是幼女而故意奸淫这一点上。刑法对奸淫幼女犯罪的规定之所以不要求以使用暴力、胁迫或其他强制手段为要件，而只要求有奸淫不满 14 周岁的幼女的行为，是因为这种行为的社会危害性主要取决于对方是没有责任能力和发育尚未成熟的幼女。幼女自身的特殊性决定了奸淫幼

---

① 《刑法修正案（九）》第 43 条取消了嫖宿幼女罪。

的行为本身具有严重的社会危害性。因此对这种行为的危害结果的认识主要是通过对奸淫对象是幼女这一客观事实的认识表现出来的。如果行为人不知对方是幼女，他就不可能认识到在对方同意的情况下与之发生性行为会有严重的社会危害性。因此，"明知自己的行为会发生危害社会的结果"在奸淫幼女罪中是与奸淫对象不满14周岁这一客观事实的认识紧密联系在一起的，缺乏这一认识，就不能说行为人明知自己的行为会发生侵犯幼女的人身权利的结果。我们认为，对于奸淫幼女构成强奸罪中对幼女年龄的明知显然属于对对象明知中的内容，而按照现有司法解释的规定，这种明知只要达到"应当知道"的程度即可。

2. 关于少男幼女性行为的认定

司法实践中，奸淫幼女犯罪的行为复杂多样，其中有一类行为发生于少男幼女（指已满14周岁不满16周岁的少男与不满14周岁的幼女）的性行为中。上述最高人民法院的《批复》中并未涉及这种少男幼女性行为的处理，但是，2000年2月24日最高人民法院《关于审理强奸案件有关问题的解释》（以下简称《解释》）规定："对于已满14周岁不满16周岁的人，与幼女发生性关系构成犯罪的，依照《刑法》第17条、第236条第2款的规定，以强奸罪定罪处罚；对于与幼女发生性关系，情节轻微、尚未造成严重后果的，不认为是犯罪。"在取消奸淫幼女罪这一罪名之前，理论上和实践中通常还认为，少男和幼女在恋爱过程中自愿发生性行为的，一般不宜认定为犯罪。那么，在取消奸淫幼女罪之后，这种观点和判断标准是否仍可以适用呢？我们认为，仍然应该加以适用。司法解释中取消奸淫幼女罪的规定并不是要否定奸淫幼女这类犯罪行为的客观存在，只不过是强调要将这种行为归入强奸罪之中。实际上奸淫幼女的行为无论是否独立成罪，其构成犯罪的成立要件不应该发生什么变化。由于少男幼女发生性行为的情况较多可能发生于交友、早恋过程中，而少男本身对性行为的认识能力也有限，对这类行为作出特殊的处理应该是有必要的。

3. 关于婚内是否存在强奸的问题

近来在理论和司法实践中议论较多的一个问题是婚内是否存在强奸，即丈夫使用暴力等强制手段强行与妻子发生性交的行为是否构成强奸罪？有人主张一律不构成强奸罪，有人主张一律构成强奸罪，有人主张在提起离婚诉讼期间或者分居期间构成强奸罪。有学者提出，这一争论涉及如何确定夫妻之间的权利义务关系，如何认识夫妻关系及妻子被迫发生性交的现状，强奸侵犯的法益的性质，"违背妇女意志"是否因为婚姻关系而否认，"奸淫"概念是否限于婚姻外等诸多问题。[①] 我们认为，在现阶段以及现行刑法之下，承认所谓的婚内强奸是不妥的。主要理由如下：

首先，婚内不应有"奸"的问题存在。在日常生活中夫妻之间具有性的权利和性的义务，根本不存在什么"奸"的问题。按照有关汉语词典的解释，所谓"奸"，是指奸淫，包括通奸和强奸，也即指非婚姻关系内的不正当男女之间的性关系。如果把夫妻之间的性生活也看作是"奸"的话，那么从逻辑上讲就必然会有"强奸"和"通奸"之分，

---

① 　张明楷著：《刑法学》，法律出版社2003年版，第692页。

也即如果"不违背"双方意志的夫妻间的性生活就是"通奸",反之,则是"强奸"。这显然不仅与"奸"字的原意完全不符,而且与一般生活常理相差甚远。

其次,构成强奸罪必须同时具备"强"和"奸"两个条件。对于强奸罪的认定,目前社会上有一种观点,即认为只要行为人采用暴力、胁迫或者其他方法,与他人发生性行为的,即属违背妇女意志,就可以强奸罪定罪处罚。其实这是对强奸罪构成要件的曲解,是一种认识上的误区。认定强奸罪,不仅要看到行为人"强"的行为一面,而且更主要的是要看到行为人"奸"的行为一面。"奸"是强奸罪的前提和本质,而"强"只是手段和形式。光"强"无"奸",无所谓强奸,有"强"有"奸"才能定强奸。肯定婚内强奸的观点,显然是因为只注意"强"而忽略了"奸"所得出的结论。

再次,我国没有"事实离婚"制度。现在有一种观点认为,如果双方当事人虽然是夫妻,但实际上长期分居,但他们之间的夫妻关系"名存实亡",在这种情况下可以承认婚内强奸。我们认为这种观点也是不正确的。从法律概念来说,我国存在有"事实婚姻",但绝对不存在所谓的"事实离婚"之说,我国婚姻法中只有把夫妻因感情不和分居满两年的作为认定"感情确已破裂"的规定,但这仅仅是法官判处离婚的依据,而并非他们已经"事实离婚"。国外有些地方确实存在有所谓的"别居"制度,但这种制度的存在是以法律规定为依据的,且要经过法院来加以决定。我国没有这种相应的法律规定,司法实践中也不存在有所谓的"事实离婚"制度,因而认为夫妻之间长期分居,他们的夫妻关系实际上就不存在(或已解除),从而就有强奸问题存在的观点,不仅没有法律依据,也与我国的实际情况不相吻合。

最后,即使夫妻双方已处于离婚阶段,但离婚判决未生效,婚姻关系则未解除,在此种情况下仍然不能认为婚内有强奸。有一种观点认为,如果行为人与被害人之间一直在闹离婚,且一审法院已作出准予离婚的判决,虽然行为人不服此判决向二审法院提出上诉,但是,上诉内容并未涉及"婚姻解除"问题,因而,行为人事实上也认可了一审法院的"离婚判决",也即行为人与"被害人"对"离婚"均无异议,因而双方婚姻关系实际上"已经解除",因此在此种情况下可以承认婚内强奸。我们对此观点不能苟同。从法律上分析,这种观点至少有两点不妥之处:首先,根据法律规定,二审法院在审理上诉案件时,均须对全案作全面审理,即使上诉人没有涉及的内容也同样应该审理,更何况对离婚判决的上诉,当然不能不审理离婚的内容,而且经审理后二审法院对一审法院的判决完全有改判的可能性。就此而言,认为行为人上诉内容中未对"离婚"提出异议,就可以看作双方婚姻关系已经解除的观点,显然是不妥的。其次,根据法律规定,在上诉期间,双方当事人完全可以就"婚姻关系"内容转变观点,从而提出撤销离婚的请求。这样就意味着一审法院的判决根本不会生效。由此分析,认为行为人未对"离婚"内容提出异议,从而就可视为双方婚姻关系已经解除的观点明显有问题。我们认为,对于离婚案件,在一审法院判决生效之前,无论当事人是否上诉,也无论上诉的内容中是否涉及"离婚"内容,双方的夫妻关系理应属于"存续"期间,相互间的婚姻关系不能也不应该视为"已经解除"。而在婚姻关系存续期间,当然不应该有强奸问题存在。

另外,婚内定强奸与罪刑法定原则相悖。时下,还有一种观点认为,婚内定强奸并没有违反我国刑法规定,因为我国刑法规定的强奸罪并没有将婚姻关系存续期间的夫妻性行为排除在外,也即刑法并没有明文规定婚姻关系存续期间不能存在强奸问题。这种观点存在两种认识上的误区,需要予以澄清:其一,我国《刑法》第236条规定,以暴力、胁迫或者其他手段强奸妇女的,即构成强奸罪。从刑法有关强奸罪的规定中不难发现,无论是立法原意还是条文规定的内容,实际上是明显将"存续期间的婚姻"排除在强奸罪之外的。焦点仍然集中在"奸"的问题上,这在前文已作说明,因为既然是夫妻就不应该有"奸"的问题存在,从而也不会发生所谓"强奸"问题,刑法条文中所指的强奸罪的"妇女",显然是指夫妻关系以外的妇女。这是一种常理,人们对此均有共识,其实根本毋需在刑法条文中明确加以规定。应该看到,刑法是一种禁止性法规,其本身不可能也不应该对不欲禁止的行为加以规定,所以认为刑法未作明确规定,就可以认定婚内强奸,其实是一种认识上的误区。其二,我国刑法明确将"罪刑法定"确立为刑法的基本原则,就从根本上要求我们在定罪量刑时须严格地依照刑法规定,凡刑法没有明文规定的,就不能定罪和量刑。就分析案件的思路而言,也应该作根本的改变:这就是不能因为刑法对某种行为未明确规定为不是犯罪,就可以认定为是犯罪,相反,只有在刑法明确规定为犯罪的情况下才可以认为是犯罪,而对未明确规定为不是犯罪的,只要不是明确规定为是犯罪,就只能不认为是犯罪,只有这样才符合罪刑法定原则的根本精神。对婚内有否强奸存在的问题,我们的分析思路应该是,既然刑法没有明文规定婚姻存续期间也有强奸问题存在,那么只要夫妻关系存在就不应存在强奸问题。那种认为刑法没有将婚姻存续期间的情况排除在强奸罪之外,即可认定婚内强奸的观点,显然是没有正确理解罪刑法定原则的真正含义,从而进行了逆向推论,由此得出的结论当然与罪刑法定原则相悖。

由此可见,婚内有无强奸问题的存在,从理论上虽然可以进行讨论,但在我国有关婚姻法律制度未作改变以及刑法条文未作明确规定之前,对这类案件不应以强奸罪处理。当然,需要说明的是,对于丈夫教唆、帮助他人强奸妻子的,理当以强奸罪论处。

4. 强奸与恋爱中的不正当性行为的界限。男女恋爱中双方自愿发生性行为,属于道德范畴的问题,可以对当事人批评教育,但不能以强奸罪处理。对于那些在恋爱过程中男方采取不明显的强制手段与妇女发生性交,但后来感情破裂,女方告发男方强奸的案件,一般也不宜认定为强奸罪。

5. 强奸与通奸的界限。通奸是指一方或双方有配偶的男女,自愿发生性交行为。强奸与通奸的界限在理论上较易划分,只要看是否违背妇女意志,但在司法实践中则较难认定。一般认为,除以暴力、胁迫等手段,长期霸占妇女的情况应以强奸论处以外,对既有强奸又有通奸情节的,应以最后一次行为的性质作为认定的依据。对此特别要注意以下几个问题:

首先,有妇女与人通奸,一旦翻脸,关系恶化,或者事情暴露后,怕丢面子,或者为推卸责任、嫁祸于人等情况,把通奸说成强奸的,不能定为强奸罪。办案中要正确认定"半推半就"的问题。对此,主要应具体分析妇女是以"推"为主,还是以"就"为主;妇女"推"的实质含义;行为人是否清楚妇女的真实意志等。特别是要注意对双方平时的关系如何,性行为是在什么环境和情况下发生的,事情发生后女方的态度怎样,又在什么情况下告发等事实和情节,认真审查清楚,作全面的分析,不是确系违背妇女意志的,一般不宜按强奸罪论处。如果确系违背妇女意志的,以强奸罪惩处。

其次,对于通奸与强奸行为混杂在一起的案件要注意正确处理。如果第一次性行为违背妇女的意志,但事后并未告发,后来女方又多次自愿与该男子发生性行为的,一般不宜以强奸罪论处;但是,犯罪分子强奸妇女后,对被害妇女实施精神上的威胁,迫使其继续忍辱屈从的,应以强奸罪论处;男女双方先是通奸,后来女方不愿继续通奸,而男方纠缠不休,并以暴力或以败坏名誉等进行胁迫,强行与女方发生性行为的,以强奸罪论处。

再次,要正确认定利用特定关系和职权与妇女发生性行为的性质。利用教养关系、从属关系和利用职权与妇女发生性行为的,不能都视为强奸,应作具体分析。如果行为人利用其与被害妇女之间的特定关系,迫使其就范,如养(生)父以虐待、克扣生活费迫使养(生)女容忍其奸淫的;或者行为人利用职权,乘人之危,奸淫妇女的,应构成强奸罪。《关于依法惩治性侵害未成年人犯罪的意见》指出,对已满 14 周岁的未成年女性负有特殊职责的人员,利用其优势地位或者被害人孤立无援的境地,迫使未成年被害人就范,而与其发生性关系的,以强奸罪定罪处罚。如果行为人利用职权引诱女方,女方基于互相利用与之发生性交行为的,则不构成强奸罪。

6. 求奸未成与强奸未遂的界限。司法实践中,由于求奸未成不构成犯罪,而强奸未遂则仍然应按犯罪论处,因此划清两者的界限至关重要。区分两者的关键主要是:首先,看行为人是否采用了暴力、胁迫等强制手段。求奸未成的行为人一般不会采用暴力、胁迫等强制手段,而强奸未遂的行为人则须采用暴力、胁迫等强制手段;其次,看行为人是否适可而止,求奸未成的行为人一般均会适可而止,而强奸未遂的行为则完全是由于意志以外的原因而无法得逞;第三,看行为人停止行为的原因,求奸未成的行为人一般均是自己主动停止求奸行为的,而强奸未遂的行为则均是由于意志以外的原因而被迫停止强奸行为的;第四,看妇女的态度,求奸未成中的妇女一般并不存在有强烈违背意愿的情况,事后一般也不存在有妇女告发的情况,而强奸未遂中的被害妇女则明显有违背意愿的情况存在,事后往往会发生妇女告发的情况。

(三) 强奸罪的处罚

《刑法》第 236 条规定,犯强奸罪的处 3 年以上 10 年以下有期徒刑,有下列情形之一的,处 10 年以上有期徒刑、无期徒刑或者死刑:(1)强奸妇女、奸淫幼女情节恶劣的;(2)强奸妇女、奸淫幼女多人的;(3)在公共场所当众强奸妇女;(4)二人以上轮奸的;(5)致使被害人重伤、死亡或者造成其他严重后果的。其中"情节恶劣",是指强奸妇女手段残忍的;因强奸妇女引起被害人自杀、精神失常的;多次利用淫秽物品、跳黑灯舞等手段引诱女青年,进行强奸,在社会上造成很坏影响,危害极大的等。其中"致被害人重伤、死亡",是指因强奸导致被害人性器官严重损伤,或者造成其他严重伤害,甚至死亡或者经治疗无效死亡的。如果被害人被奸后怀孕,因人工流产或难产而死亡,或者被奸后自杀而死亡等不是由强奸行为直接造成的,不属于强奸致人重伤、死亡,但可作为犯罪的严重情节来考虑。对于强奸犯出于报复、灭口等动机,在实施强奸行为之后,杀死或者伤害被奸妇女的,应分别定罪并实行并罚。其中轮奸,是指二男以上在一段时间轮流对同一妇女强行奸淫的行为。轮奸是强奸罪中一种严重的犯罪形式,不是独立罪名。

二、强制猥亵、侮辱罪

(一) 强制猥亵、侮辱罪的概念和构成

强制猥亵、侮辱罪,是指以暴力、胁迫或者其他方法强制猥亵他人或者侮辱妇女的行为。

本罪的构成要件如下:

1. 本罪侵犯的客体是他人的人格、尊严等人身权利。行为人实施强制猥亵他人、侮辱妇女的行为极大地伤害了他人正常的性羞耻心,违反善良的性道德观。本罪的犯罪对象必须是年满 14 周岁的人,猥亵儿童的,不构成本罪。行为人在杀害妇女后,针对尸体所实施的猥亵、侮辱行为,不能构成本罪,对此行为可以故意杀人罪与侮辱尸体罪加以认定并实行数罪并罚。

2. 在客观方面,本罪表现为以暴力、胁迫或者其他方法强制猥亵他人、侮辱妇女的行为。暴力、胁迫或者其他方法的具体内容与强奸罪中的有关内容基本相同,其特征是在他人处于不能反抗、不敢反抗或不知反抗的状态下,对他人实施猥亵、侮辱行为。猥亵他人,是指针对他人实施的,刺激满足行为人或第三者的性欲,伤害普通人的正常的性羞耻心,违反善良的性道德观念的行为。侮辱妇女,是指以各种淫秽下流的动作使妇女感到难堪、羞辱,伤害妇女性羞耻心的行为。猥亵他人与侮辱妇女的行为方式多种多样,如强行与男性进行肛交、口交或强行鸡奸男性等性侵害行为;强行搂抱、亲吻、舔吮、抠摸妇女;强行脱光妇女衣服;向妇女身上涂抹污物;故意向妇女显露生殖器,等等。就此而言,猥亵与侮辱本身没有本质的区别,但是它们均是性交以外的行为,与奸淫行为具有本质的区别。

3. 本罪的主体是已满 16 周岁具有刑事责任能力的任何人。本罪的主体可以是男性,也可以是妇女。对于在共同犯罪中妇女能够成为本罪的主体,理论上和实践中已经没有任何障碍。但是,对于妇女能否单独成为本罪的主体,理论上则有不同的观点。由于强制猥亵、侮辱罪不同于强奸罪,在客观上妇女完全可能单独地以暴力、胁迫或者其他强制手段针对他人实施相关的猥亵和侮辱行为,而且这种行为同样也会伤害其他人的人格、尊严等人身权利,伤害他人正常的性羞耻心,违反善良的性道德观。同样,理论上对于丈夫能否单独成为本罪的主体也有不同的观点。对此应该作具体分析。如果丈夫在公共场所强行扒光妻子的衣服,对此行为仍可以按强制猥亵、侮辱罪认定。因为这种行为已经超出了夫妻之间的权利义务范围,同样也会伤害妻

子的人格、尊严等人身权利,伤害妻子正常的性羞耻心,违反善良的性道德观。当然,如果丈夫并非在公开场合实施某些行为,则并不当然构成本罪,因为,在非公开场合丈夫对妻子的这种行为对妻子的人格、尊严等人身权利的伤害程度有限,也一般不会伤害妻子正常的性羞耻心。

4. 本罪在主观方面表现为故意,行为人一般具有刺激或满足自己或第三者的性欲倾向,但不具有强行奸淫妇女的目的。

(二)强制猥亵、侮辱罪的认定

1. 注意区分强制猥亵、侮辱罪与非罪的界限

司法实践中的猥亵他人、侮辱妇女的情况常有发生,在处理这类案件时,要注意强制猥亵、侮辱罪与一般猥亵、侮辱的违法行为的界限。理论上认为,区别两者关键在于考察行为人是否使用了强制性手段和方法,以及这种强制性是否达到了犯罪的程度。如果行为人使用了暴力、胁迫或者其他方法,有关猥亵、侮辱行为实际导致了较为严重的后果,严重地损害了他人的性羞耻心,违反了善良的性道德观,就应该以强制猥亵、侮辱罪定罪处罚。反之,如果行为人对他人实施猥亵、侮辱行为并未使用暴力、胁迫或者其他使他人处于不能反抗、不敢反抗或不知反抗状态的强制性手段,就不能以犯罪论处;或者即使使用了强制性手段,但情节显著轻微危害不大的,也不能以犯罪论处。

2. 注意划清本罪与强奸罪(未遂)的界限

认定本罪时,要特别注意与强奸罪的区别。本罪与强奸罪都是可能侵犯妇女身心健康的犯罪,且在客观上均使用了暴力、胁迫或者其他方法,两者的主要区别在于:(1)客观方面不完全相同。本罪是对他人强行实施性交以外的猥亵、侮辱行为;而强奸罪则是强行与妇女发生性交,即使由于行为人自身原因而致性交行为未能完成,也应认定为强奸罪(未遂)。(2)犯罪目的不同。本罪行为人不以强行奸淫为目的,即行为人不以与他人发生性交行为为目的;而强奸罪行为人则以强行奸淫为目的,即行为人实施暴力、胁迫或者其他方法的目的在于与妇女发生性交行为。(3)犯罪主体的范围不完全相同。尽管强奸罪和强制猥亵罪的主体一般主要是男子,但在单独构成犯罪中,强制猥亵罪的主体既可以是男子(且可能包括丈夫),也可以是妇女;而强奸罪的主体则只能是男子。

(三)强制猥亵、侮辱罪的处罚

《刑法》第 237 条规定,犯强制猥亵、侮辱罪的,处 5 年以下有期徒刑或者拘役;聚众或者在公共场所当众犯罪的,或者有其他恶劣情节的,处 5 年以上有期徒刑。

三、猥亵儿童罪

(一)猥亵儿童罪的概念和构成

猥亵儿童罪,是指猥亵不满 14 周岁的儿童的行为。

本罪的构成要件如下:

1. 本罪的对象必须是不满 14 周岁的儿童(包括幼男和幼女)。

2. 在客观方面,本罪表现为以强制性或非强制性手段猥亵不满 14 周岁的儿童。

3. 本罪在主观上表现为故意,且行为人必须是明知是不满 14 周岁的儿童。行为人猥亵儿童的目的是刺激或满足性欲,但不具有奸淫的意图①。这是本罪与强奸罪中奸淫幼女行为的最主要区别。

(二) 猥亵儿童罪的处罚

《刑法》第 237 条第 3 款规定,犯猥亵儿童罪的,处 5 年以下有期徒刑或者拘役,并从重处罚;聚众或者在公共场所当众犯本罪的,或者有其他恶劣情节的,处 5 年以上有期徒刑,并从重处罚。2013 年 10 月 23 日最高人民法院、最高人民检察院、公安部、司法部《关于依法惩治性侵害未成年人犯罪的意见》指出,实施猥亵儿童犯罪,造成儿童轻伤以上后果,同时符合《刑法》第 234 条或者第 232 条的规定,构成故意伤害罪、故意杀人罪的,依照处罚较重的规定定罪处罚。结合《刑法修正案(九)》的规定,对已满 14 周岁的未成年男性实施猥亵,造成被害人轻伤以上后果,符合《刑法》第 234 条或者第 232 条规定的,应以强制猥亵罪和故意伤害罪或者故意杀人罪从一重罪论处。

第四节　侵犯人身自由的犯罪

一、非法拘禁罪

(一) 非法拘禁罪的概念和构成

非法拘禁罪,是指以拘押、禁闭或者使用其他非法强制手段,剥夺他人人身自由的行为。

本罪的构成要件如下:

1. 本罪侵犯的客体是他人的人身自由,即侵犯了公民按照自己的意志支配自己身体活动的自由。我国《宪法》明确规定:"公民的人身自由不受侵犯","任何公民,非经人民检察院批准或者决定或者人民法院决定,并由公安机关执行,不受逮捕。"人身自由既是他人人身权利的重要内容,又是他人行使民主权利的基本条件;人身自由既是人身权利的物质反映,也是人身权利的精神反映。非法剥夺他人的人身自由,就是直接侵犯了他人的人身权利和间接侵犯了他人的民主权利。因此,非法拘禁他人是一种严重侵犯公民人身自由的行为。

---

① 理论上认为,由于猥亵儿童罪的主体既包括男子也包括女子,因此,男子猥亵幼女的行为中不能包含奸淫行为,但是,女子猥亵幼男的行为中则可能包含性交行为与性交意图。之所以会出现这种情况,主要是因为我国刑法强奸罪中存在有奸淫幼女的行为而不存在有奸淫幼男的行为。如果认为猥亵幼男构成犯罪而奸淫幼男则不构成犯罪,显然不利于刑法本身的协调。

对于本罪所侵犯客体中公民按照自己的意志支配自己身体活动的自由,是否应该有一定的限制问题,理论上有不同的观点:有观点主张,人类自出生到死亡,不论老幼残疾以及意思活动能力之有无,均应享有行动自由,不受年龄或者其他偶然事件的限制,所以尽管是非法束缚精神病人或婴儿的手足,使他们不能动弹的,也应构成非法拘禁罪,即本罪中的"他人"包括精神病患者和婴儿。也有观点反对这一主张,认为本罪中的"他人",只是指有意思活动能力的人,包括潜在的有意思活动能力的人在内(例如幼儿、醉酒人、熟睡中的人等),但不应包括完全没有意思活动能力的人(例如婴儿、严重的精神病患者等)。对于这两种观点,理论上将前者称为无限定说,而将后者称为限定说。我们认为,由于人身权利本身所包含的内容较为丰富,而刑法设立非法拘禁罪的目的就是为了保护所有公民的按照自己的意志支配自己身体活动的自由,而按照宪法的规定,我国公民是指具有我国国籍的一切人,其中当然包括没有意思活动能力的人。也即对于婴儿、严重精神病患者等在内的完全没有意思活动能力的人的权利均属于保护之列。就此而言,非法拘禁罪的对象理应包括婴儿、严重精神病患者等完全没有意思活动能力的人在内。但是,尽管如此,由于在日常生活中婴儿、严重精神病患者等完全没有意思活动能力的人确实处于不能辨认或者不能控制自己行为的状态之中,如果对他们的行为不加以必要的管制,完全可能会危害其自身的健康、生命等权利甚至危害社会的利益。因此,在特殊情况下,采取必要的措施(甚至包括捆绑、拘禁等措施)是完全必要的,对这种行为就不能以非法拘禁罪加以认定。

2. 在客观方面,本罪表现为实施了各种形式的强制手段,非法剥夺他人人身自由的行为。非法拘禁的行为通常表现为,非法逮捕、拘留、监禁、扣押、绑架、办封闭式"学习班"、"隔离审查",等等。本罪的犯罪手段是多种多样的,既可以采用暴力的方法将人捆绑,或用引诱欺骗的方法将被害人引入特定的场所予以关押;也可以采用安眠药、催眠术使他人失去知觉而加以监禁;甚至可以用无形的心理方法,例如趁妇女洗澡时拿去其衣裤,使其不能外出。本罪犯罪行为的形式既可以是作为,也可以是不作为。例如,仓库管理员明知有人误入仓库并被关闭在里面而放任不管,不予放人。刑法理论上认为,非法拘禁罪是一种持续犯(也称继续犯),行为和状态始终不可分离,即非法拘禁他人的行为是随着他人被非法拘禁的状态的持续而持续,并随着这种状态的解除而终了。从理论上讲,非法剥夺他人人身自由的行为一旦实施,不论是瞬间性的,还是持续性的,都可以构成非法拘禁罪。但是,在司法实践中如果非法拘禁的时间很短暂,情节显著轻微危害不大的,则不认为是犯罪。

构成本罪拘禁他人的行为必须是非法的,司法机关根据法律规定,对于有犯罪事实和重大嫌疑的人采取拘留、逮捕等限制人身自由的强制性措施的行为,不能构成本罪。但是,如果有关人员发现不应拘捕时,借故不予释放,继续关押的,则仍可以本罪论处。同样,对于正在实行犯罪或犯罪后及时被发觉的、通缉在案的、越狱逃跑的、正在被追捕的人犯,群众依法扭送至司法机关的情况,不能构成本罪,因为这是一种权利,而不是非法剥夺人身自由。依法收容精神病患者的,也不是非法拘禁行为。

3. 本罪的主体是一般主体,即只要达到法定年龄并具有刑事责任能力的自然人,均可构成。

4. 本罪在主观方面表现为故意,并以剥夺他人人身自由为目的。过失行为不构成本罪。如果出于善意,保护他人安全,虽其行为已经达到剥夺他人自由的状态,也不构成本罪。以出卖或勒索为目的非法拘禁他人的,应构成有关相应的犯罪①,而不能以本罪论处。本罪行为人的动机是多种多样的,有的是挟嫌;有的是要特权,显示自己;有的是为了逼取口供等,不管出于什么动机,行为人只要具有非法剥夺他人人身自由的目的,故意实施了非法拘禁行为,就构成本罪。

(二)非法拘禁罪的认定

在认定非法拘禁罪时,应注意以下几个问题:

1. 本罪追诉期限的计算

从刑法理论上分析,本罪属于持续犯,也即从行为人非法拘禁他人行为开始时,由于非法拘禁的状态的持续,带动着非法拘禁行为的持续。根据《刑法》第 89 条规定,追诉期限从犯罪之日起计算;犯罪行为有连续或者继续状态的,从犯罪行为终了之日起计算。由此可见,非法拘禁罪的追诉期限应从犯罪行为终了之日(即他人被非法拘禁的状态解除之日)起计算。

2. 一罪与数罪的界限

认定本罪时,应注意分析行为人的目的,并正确划清一罪与数罪的区别。在一般情况下,非法拘禁的行为或结果又触犯其他罪名的,应根据牵连犯或吸收犯的原则处理,即以重罪吸收轻罪,而不实行数罪并罚。例如,以勒索他人为目的,非法绑架、扣留他人的,应以绑架罪论处;以出卖为目的,非法绑架妇女儿童的,应以拐卖妇女、儿童罪论处。但是,如果刑法有特别规定的,则应依法实行数罪并罚。例如,收买被拐卖的妇女、儿童并加以非法拘禁的,应数罪并罚。

3. 为索取债务扣押拘禁他人行为的定性

由于我国 1979 年《刑法》中没有规定绑架罪,因而在相当一段时间里司法实践中对此类案件是以非法拘禁罪或抢劫罪定性。1990 年 4 月 27 日最高人民检察院《关于以人质勒索他人财物犯罪案件如何定罪问题的批复》②规定:"以人质勒索他人财物的犯罪案件,依照《刑法》第 150 条规定的抢劫罪批捕起诉。"为解决实践中绑架勒索行为与抢劫行为存在有诸多的不同,很难统一定性的问题,1991 年全国人大常委会《关于严惩拐卖、绑架妇女、儿童的犯罪分子的决定》第 2 条第 3 款中规定了以勒索财物为目的的绑架勒索罪。此后,司法实践中对于扣押、拘禁索债型犯罪的处理有的以绑架罪定性,有的以非法拘禁定性,有的则以非法管制罪定性,定罪量刑极不统一。有鉴于此,1992 年 12 月 11 日最高人民法院、最高人民检察院《关于执行〈关于严惩

---

① 对以出卖为目的的扣押、拘禁他人的行为定性,要作具体分析。由于我国现行刑法中只有拐卖妇女、儿童罪,因此只有在对象为妇女、儿童时,才可能构成拐卖妇女、儿童罪,如果对象为成年男性则只能构成非法拘禁罪。对以勒索为目的的扣押、拘禁他人的行为,则应以绑架罪定罪处罚。

② 该司法解释已被 1993 年 11 月 3 日最高人民检察院《关于废止部分司法解释和业务文件的通知》所废止。

拐卖、绑架妇女儿童的犯罪分子的决定〉的若干问题的解释》明确规定："以索债为目的,非法剥夺他人人身自由的,定非法拘禁罪,不能定绑架勒索罪。"这一司法解释的精神被1997年《刑法》第238条第3款所吸收和沿用。由此,对于扣押、拘禁索债型犯罪的定性有了统一的刑法规定。但是,问题并不因此而完全解决,由于此类犯罪涉及"债"的问题,且实践中债务的形成原因多种多样,人们对于债务的理解也有分歧,并进而导致了刑法理论和司法实践中对于刑法规定的不同理解。有观点认为,《刑法》第238条第3款中规定的"债务"只包括合法债务,而不包括非法债务。如为索取非法债务而扣押、拘禁他人的,应以绑架罪定性。有观点则认为,此"债务"不仅包括合法债务,也包括赌债、高利贷等不受法律保护的债务。为此,2000年6月30日最高人民法院《关于对为索取法律不予保护的债务非法拘禁他人行为如何定罪问题的解释》司法规定:"行为人为索取高利贷、赌债等法律不予保护的债务,非法扣押、拘禁他人的,依照刑法第二百三十八条的规定定罪处罚。"从而为正确理解和适用刑法的规定,进一步提供了依据。

在各种各样的索债案件中,我们不难发现,索债案件中当事人所索要的债务可分为五种:合法债务、超过合法债务数额的"债务"、非法债务、根本不存在的债务、难以查清的债务。

(1)索要合法债务。如果行为人是为索取合法债务而实施扣押、拘禁行为,对他人进行扣押、拘留,且其债务是实际存在的,应定非法拘禁罪。这是因为,这种行为完全符合《刑法》第238条第3款的有关规定"为索取债务非法扣押、拘禁他人的,依照前两款的规定处罚",即以非法拘禁罪定罪量刑。

(2)为索取超过合法债权数额的"债务"。如果行为人为索取超过合法债权数额的"债务"而实施扣押、拘禁他人的行为,应具体分析行为人索取的数额与合法债权的数额之间的差价,分别不同情况以绑架罪或非法拘禁罪定罪量刑。我们认为,对于犯罪人与被害人之间存在合法的债权债务关系,犯罪人使用扣押、拘禁手段索取财物数额大大超过其实际享有的债权数额,应以绑架罪定罪量刑。这是因为,由于行为人索取财物的数额大大超过其实际债权,这就足以证明行为人的主观目的主要是非法占有他人财物,而索取合法债务显然已成次要目的。但若超过合法债权索取的数额不大,其绑架罪不能成立,仍应以非法拘禁罪定罪量刑。因为,在扣押拘禁索债型犯罪中,行为人超过合法债权索取的数额不大,本身就足以证明其主观目的主要是为了索取合法债权,而不是为了非法占有他人财物。但是,这同时产生了另一问题,即如何判断和确定超过合法债权数额的"大"与"不大"?首先,应当确定合法债权的数额,在此基础上才能确定超出合法债权的数额。其次,应当确定超出合法债权数额较大的"度"。虽然在扣押、拘禁索债型犯罪中索取大大超过合法债权的债务其行为构成绑架罪。但这与一般的绑架罪毕竟不同,因为其索要的财物中存在合法债务,而且在一些案件中往往难以确定其数额。为此,必须规定超过合法债务的是一个较大的数额,这样可以明显表现出行为人的主观恶性,也可以最大限度防止出入人罪。此类案件所涉及的数额我们可参照"两高"有关财产犯罪的司法解释中对于数额的规定。①

（3）索要非法债务。如果行为人为索取不受法律保护的债务而实施扣押、拘禁他人的行为，只要债务是客观存在的，也应以非法拘禁罪定罪处刑。在此类案件中，行为人的主观上是索取债务为目的，客观上实行了绑架他人、非法拘禁的行为，但其债务显系非法债务。对此行为的定性，有观点认为，应定绑架罪。因为对于非法债务，法律不予保护，行为人应清楚知道或应当知道非法债务的性质。因此，借口存在非法债务而以索债为目的扣押、拘禁他人的，应认定行为人主观上以勒索财物为目的，定绑架罪。②而有关司法解释对此类犯罪则作出明确规定，即"行为人为索取高利贷、赌债等法律不予保护的债务，非法扣押、拘禁他人的，依照《刑法》第238条的规定定罪处罚"。

最高人民法院的这一司法解释精神是符合《刑法》第238条第3款的立法原意的。理由是：首先，刑法中的非法拘禁罪和绑架罪，在法定刑的规定上具有相当大的不同：非法拘禁罪是"处三年以下有期徒刑、拘役、管制或者剥夺政治权利。具有殴打、侮辱情节的，从重处罚。""致人重伤的，处三年以上十年以下有期徒刑；致人死亡的，处十年以上有期徒刑"；而绑架罪则是"处十年以上有期徒刑或者无期徒刑，并处罚金或者没收财产；情节较轻的，处五年以上十年以下有期徒刑，并处罚金。杀害被绑架人的，或者故意伤害被绑架人，致人重伤、死亡的，处无期徒刑或者死刑，并处没收财产。"两者比较而言，绑架罪的法定刑远远高于非法拘禁罪的法定刑。这在相当程度上反映了立法者的原意是对扣押、拘禁他人的行为要区别行为人是否"事出有因"，以正确定性。正因如此，非法拘禁他人虽侵犯了他人的人身权利，但往往行为人与被拘禁人之间具有各种各样的经济纠纷和生活矛盾，许多拘禁案件确实是"事出有因。"而绑架他人的行为虽然也有"因"，但这种"因"仅仅是行为人"勒索财物"的目的。显然这种绑架行为不属于"事出有因"的范围。而行为人与被绑架人之间往往不具有所谓的"矛盾和纠纷"。对于"事出无因"的绑架罪规定较重的法定刑，而对于"事出有因"的非法拘禁罪规定较轻的法定刑。这无疑是立法者区分两罪的立法原意。其次，虽然高利贷、赌债等非法债务，法律不予保护，但是它们确实是现实中存在的债务。这种债务同样也反映行为人的行为与被害人的损害之间实际存在一定的关系（有学者将其称为条件关系，以区别于法律上的因果关系，而且法官对这种关系的过错只需站在一般人的角度来理解。），这种关系也就是上述所谓"事出有因"中的"因"。就此而言，司法解释将高利贷、赌博等法律不予保护的债务放入第238条第3款中的债务范围之中，无疑是符合立法原意的。因此，只要行为人以索取债务为目的，且该债务是现实存在的至少依民间习惯认为是确实存在的，无论债务合法与否，其绑架后非法

---

① 如根据2013年4月2日最高人民法院、最高人民检察院《关于办理盗窃刑事案件适用法律若干问题的解释》第1条的规定，盗窃公私财物价值1000元至3000元以上、3万元至10万元以上、30万元至50万元以上的，应当分别认定为《刑法》第264条规定的"数额较大"、"数额巨大"和"数额特别巨大"。

② 王宗光：《勒索型绑架罪认定中的疑难问题》，载陈兴良主编：《刑事法判解》第2卷，法律出版社2000年版，第212页。

扣押、拘禁他人的行为仍以非法拘禁罪定罪。

（4）索取根本不存在的债务。如果行为人以索取"债务"为名，实施扣押、拘禁他人的行为，而实际上根本就不存在债务，对行为人的行为则应以绑架罪定性。

（5）索取难以查清的债务。民间的债权债务关系有时由于证据的缺乏，而难以查清。如果行为人认为确实有债务存在而实施扣押、拘禁他人的行为，因行为人主观上没有"勒索他人财物的目的"，所以应以非法拘禁罪定罪处罚。

综上所述，由于绑架罪的法定最低刑为 10 年，其处罚之重是非法拘禁罪不能与之相提并论的。因此，在对扣押、拘禁索债型犯罪定性时，必须慎之又慎，并依据谦抑原则，尽可能对那些确实"事出有因"的行为以非法拘禁罪定罪。

（三）非法拘禁罪的处罚

《刑法》第 238 条规定，犯非法拘禁罪的，处 3 年以下有期徒刑、拘役、管制或者剥夺政治权利。具有殴打、侮辱情节的，从重处罚。非法拘禁致人重伤的，处 3 年以上 10 年以下有期徒刑；致人死亡的，处 10 年以上有期徒刑。使用暴力致人伤残、死亡的，依照刑法故意伤害罪、故意杀人罪的规定定罪处罚。国家机关工作人员利用职权犯本罪的，从重处罚。根据 2006 年 7 月 26 日最高人民检察院《关于渎职侵权犯罪案件立案标准规定》，国家机关工作人员利用职权非法拘禁，涉嫌下列情形之一的，应予立案：（1）非法剥夺他人人身自由 24 小时以上的；（2）非法剥夺他人人身自由，并使用械具或者捆绑等恶劣手段，或者实施殴打、侮辱、虐待行为的；（3）非法拘禁，造成被拘禁人轻伤、重伤、死亡的；（4）非法拘禁，情节严重，导致被拘禁人自杀、自残造成重伤、死亡，或者精神失常的；（5）非法拘禁 3 人次以上的；（6）司法工作人员对明知是没有违法犯罪事实的人而非法拘禁的；（7）其他非法拘禁应予追究刑事责任的情形。根据 2013 年 12 月 23 日最高人民法院《关于常见犯罪的量刑指导意见》的规定，构成非法拘禁罪的，可以根据下列不同情形在相应的幅度内确定量刑起点：（1）犯罪情节一般的，可以在 1 年以下有期徒刑、拘役幅度内确定量刑起点。（2）致 1 人重伤的，可以在 3 年至 5 年有期徒刑幅度内确定量刑起点。（3）致 1 人死亡的，可以在 10 年至 13 年有期徒刑幅度内确定量刑起点。在量刑起点的基础上，可以根据非法拘禁人数、拘禁时间、致人伤亡后果等其他影响犯罪构成的犯罪事实增加刑罚量，确定基准刑。非法拘禁多人多次的，以非法拘禁人数作为增加刑罚量的事实，非法拘禁次数作为调节基准刑的量刑情节。有下列情节之一的，可以增加基准刑的 10%—20%：（1）具有殴打、侮辱情节的（致人重伤、死亡的除外）；（2）国家机关工作人员利用职权非法扣押、拘禁他人的。

需要指出的是，在处理非法拘禁案件时，要注意划清非法拘禁致人重伤、死亡与使用暴力致人伤残、死亡的界限。前者是指因非法拘禁他人的行为而引起被害人重伤、死亡或引起被害人自杀身亡的情况，行为人对重伤或死亡的结果不能是故意，而只能是过失。尽管非法拘禁行为本身也可能表现为暴力，但作为非法拘禁行为中的暴力导致他人伤残、死亡的，完全不同于直接使用暴力致人伤残、死亡的情况。本罪中使用暴力致人伤残、死亡的是指行为人在非法拘禁中使用暴力直接致人伤残、死亡的情况,在这种情况中,被害人伤残、死亡的结果是由行为人的暴力直接引起的,且行为人对伤残或死亡结果只能是故意。

二、绑架罪

(一) 绑架罪的概念和构成

绑架罪,是指利用被绑架人的近亲或者其他人对被绑架人安危的忧虑,以勒索财物为目的或者出于其他目的,使用暴力、胁迫或者麻醉方法劫持他人,或为满足某种要求,使用暴力、胁迫或者麻醉的方法劫持他人作为人质的行为。

本罪的构成要件如下:

1. 本罪侵犯的客体是公民的人身权利和其他权利。由于绑架行为使用了暴力、胁迫等强制手段劫持他人,因而必然会严重侵犯了被绑架人或人质的人身权利。同时,行为人又是以绑架作为手段,达到其勒索财物或其他不法目的,故必然会侵犯他人的财产权利或者其他权利。需要指出的是,本罪中绑架的对象是任何他人,包括妇女、儿童和婴幼儿甚至包括行为人的子女或者父母等,但是勒索的对象则必须是被绑架者以外的其他人,如果行为人是向被绑架者本人直接索要财物的,则应构成抢劫罪。

2. 在客观方面,本罪表现为利用被绑架人的近亲或者其他人对绑架人安危的忧虑,而使用暴力、胁迫或者麻醉方法劫持他人以及劫持他人作为人质的行为。绑架,是指违背被害人或其监护人等的意志将被害人非法劫持。绑架的手段包括暴力、胁迫或麻醉等,对婴幼儿还包括偷盗行为,其实质在于使被害人处于行为人或第三者的实力支配之下。司法实践中对于以引诱、欺骗的方法将他人引入某一场所,并隐瞒实际情况向被害人的近亲或者其他人索要财物行为的定性颇有争议。对于这种行为的定性应具体情况具体分析:如果行为人的引诱、欺骗方法导致被害人实际被剥夺人身自由,则可以按照绑架罪定罪处罚。例如,行为人以玩游戏为名将邻居的小孩骗至某一居所,并专门设人进行看管,同时以小孩被绑架向小孩的父母索要钱财。在这一案件中,从表面看小孩并未真正被绑架,但实际上小孩已经失去自由而无法自己摆脱控制,因此,对于行为人的行为可以绑架罪加以认定。如果行为人的引诱、欺骗方法并没有实际导致被害人被剥夺人身自由,则可以按照敲诈勒索罪定罪处罚。例如,行为人以搓麻将为由引诱某一成年人至某一居所,同时以被害人被绑架为由向被害人的家属索要钱财。在这一案件中,尽管被害人处于某一居所,但其并没有实际被剥夺人身自由,其随时可以告退回家,行为人所称被害人被绑架完全是虚构的事实,以此作为取得他人财物的手段,只能以敲诈勒索罪定罪处罚。绑架的地点没有限制,可以是行为人居住的场所,也可以是其他人居住的场所,还可以是无人居住的场所以及被害人自己居住的场所。绑架他人作为人质,是指扣留被绑架人,以继续扣留或加害被绑架相胁迫,强行满足某种要求。

3. 本罪在主观方面表现为故意,且只能是直接故意。根据刑法规定,构成绑架罪(除绑架人质情况外),行为人必须以勒索财物为目的,也即勒索财物为目的是构成本罪的必要要件；绑架人质的情况虽然不以勒索财物的目的为必要要件，但行为人一般均具有其他不法目的，如抗拒逮捕，要求释放人犯等。在绑架案件中，行为人一方面利用被绑架人的近亲属或者其他人对被绑架人安危的忧虑，另一方面则以勒索财物或满足其他不法要求为目的。在通常的情况下，行为人勒索财物的目的产生于绑架行为之前，也即是以绑架作为手段来实现勒索财物的目的。但是，也不绝对排除行为人出于其他目的、动机对他人进行实际控制后或因为其他犯罪行为（如收买被拐卖的妇女、儿童）而导致他人实际被控制后，才产生勒索财物的目的这些情况的存在，对这些情况也应以绑架罪认定，因为尽管行为人勒索财物的故意产生于对他人实际控制后，但在这种情况下，行为人勒索财物的目的完全是通过（或意图通过）控制他人的行为来实现的。可见，在这类案件中，行为人勒索财物的故意产生时间的先后不应该成为是否构成绑架罪的理由。

（二）绑架罪的认定

在认定绑架罪时，应注意以下几个问题：

1. 绑架罪与非法拘禁罪的界限

绑架罪与非法拘禁罪在客观行为上有许多相似之处，均以剥夺他人人身自由为手段，且剥夺方法基本相同，即以绑架、拘禁形式进行，行为中也可以采用暴力、胁迫或者其他方法。在主观上两罪均为直接故意，尽管行为人的目的不完全相同，但在有些情况下（如索债型案件中），无论是绑架罪还是非法拘禁罪，行为人均具有索取财物的目的。但两罪也存在一定区别：

（1）犯罪目的不同。如果行为人是以勒索财物为目的的，就应构成绑架罪；如果行为人以索取债务等为目的的，则应构成非法拘禁罪。也即非法拘禁罪的目的是为了索要自己的财物，以实现自己的债权，而不是想将他人财物占为己有。而绑架罪则是将他人财物非法占为己有。特别是绑架罪行为人主观上包含着可能伤害，甚至杀害被绑架人的故意，从而迫使被勒索者为被绑架人的人身安危忧虑而交付财物；而非法拘禁罪中行为人主观上一般不包括伤害或者杀害被害人的故意。

（2）侵犯客体不同。非法拘禁罪侵犯的只是他人的人身自由权，属单一客体；绑架罪则不仅侵犯他人的人身权利而且还侵犯他人的财产权利，属于复杂客体。

（3）被害人与犯罪人的关系不同。非法拘禁罪中犯罪人与被害人之间存在着债权债务关系（包括法律不予保护的债权债务关系）；而绑架罪中则犯罪人与被害人之间不存在债权债务关系。

2. 绑架罪与抢劫罪的界限

构成绑架罪的一个最主要特征在于行为人是通过绑架手段向其他人进行勒索财物或提出其他不法要求。其他人之所以交出财物或满足行为人的其他不法要求，是因为担心被绑架人的安危而想"赎回"被绑架人。如果行为人用绑架手段，直接向被绑架人索取财物的，则不构成本罪，而应构成抢劫罪。根据 2005 年 6 月 8 日最高人民法院《关于审理抢劫、抢夺刑事案件适用法律若干问题的意见》的规定，绑架罪是侵害他人人身自由权利的犯罪，其与抢劫罪的区别在于：（1）主观方面不尽相同。抢劫罪中,行为人一般出于非法占有他人财物的故意实施抢劫行为,绑架罪中,行为人既可能为勒索他人财物而实施绑架行为,也可能出于其他非经济目的实施绑架行为。(2)行为手段不尽相同。抢劫罪表现为行为人劫取财物一般应在同一时间、同一地点,具有"当场性";绑架罪表现为行为人以杀害、伤害等方式向被绑架人的亲属或其他人或单位发出威胁,索取赎金或提出其他非法要求,劫取财物一般不具有"当场性"。绑架过程中又当场劫取被害人随身携带财物的,同时触犯绑架罪和抢劫罪两罪名,应择一重罪定罪处罚。

3. 绑架罪与敲诈勒索罪的界限

绑架罪与敲诈勒索罪在客观上均有"勒索"的行为,且行为人的主观目的也有一定的相似之处。两罪最主要的区别在于行为人是否实施了绑架的行为。构成绑架罪,行为人必须实施绑架行为,而敲诈勒索罪则无此要求。

4. 偷盗婴幼儿行为的性质

由于婴幼儿本身并不具有自由活动的能力,因此,对他们的控制相对成年人而言则有很大的不同。司法实践中行为人以偷盗行为作为控制婴幼儿的情况普遍存在,对这种行为人的定性主要应该根据行为人的主观目的动机的不同加以确定。根据刑法规定和司法实践的通常认定,行为人如以勒索财物为目的偷盗婴幼儿的,应以绑架罪论处;如以出卖为目的偷盗婴幼儿的,应以拐卖儿童罪论处;如以收养等为目的偷盗婴幼儿的,则应以拐骗儿童罪论处;如以索取债务为目的偷盗婴幼儿的,应以非法拘禁罪论处。

(三)绑架罪的处罚

《刑法》第 239 条规定,犯绑架罪,处 10 年以上有期徒刑或者无期徒刑,并处罚金或者没收财产;情节较轻的,处 5 年以上 10 年以下有期徒刑,并处罚金。杀害被绑架人的,或者故意伤害被绑架人,致人重伤、死亡的,处无期徒刑或者死刑,并处没收财产。理论上一般认为,杀害被绑架人的,或者故意伤害被绑架人,致人重伤、死亡的情况,属于刑法上的结合犯。行为人的行为如果符合这一情况,只需以绑架罪一罪定性,且按照刑法所规定的法定刑量刑即可,而不需要实行数罪并罚。杀害被绑架人,是指故意杀死被绑架人。故意伤害被绑架人,致人重伤、死亡的,是指主观上对被绑架人有伤害的故意,但对被绑架人死亡的结果是过失的情形。行为人绑架他人后,故意实施侮辱、强奸等其他行为的,则应实行数罪并罚。

三、拐卖妇女、儿童罪

(一)拐卖妇女、儿童罪的概念和构成

拐卖妇女、儿童罪,是指以出卖为目的,拐骗、绑架、收买、贩卖、接送、中转妇女、儿童的行为。

本罪的构成要件如下:

1. 本罪侵犯的客体是妇女、儿童的人身自由权利。本罪的犯罪对象为妇女、儿童。我国原刑法规定有拐卖人口罪的罪名,由于司法实践中拐卖人口的对象几乎全部是妇女、儿童,因而,新刑法取消了拐卖人口罪的罪名,而专门规定拐卖妇女、儿童罪这一罪名。这在某种程度上体现了宪法保护妇女、儿童合法权益的原则,体现了从严惩处拐卖妇女、儿童行为的精神。本罪侵犯的对象为妇女、儿童,这里的妇女、儿童既包括具有中国国籍的妇女、儿童,也包括具有外国国籍和无国籍的妇女、儿童。按照 2000 年 1 月 3 日最高人民法院《关于审理拐卖妇女案件适用法律有关问题的解释》的规定,被拐卖的外国妇女没有身份证明的,不影响对犯罪分子的定罪处罚。外国人或者无国籍人拐卖外国妇女到我国境内被查获的,应当根据《刑法》第 6 条的规定,适用我国刑法定罪处罚。

2. 在客观方面,本罪表现为实施了拐骗、绑架、收买、贩卖、接送、中转妇女、儿童的行为。拐骗,是指利用欺骗、引诱的方法带走妇女、儿童的行为;绑架,是指使用暴力、胁迫或者麻醉方法绑架妇女、儿童的行为;收买,是指为了再转手出卖而从拐卖妇女、儿童的犯罪分子手中买来被拐妇女、儿童的行为;贩卖,是指将买来的被拐妇女、儿童再出卖给第三人的行为;接送和中转,是指在拐卖妇女、儿童的共同犯罪活动中,分工接送被拐妇女、儿童或将被拐妇女、儿童转手交给其他人贩子的行为,也包括为人贩子介绍买主、为犯罪分子在拐卖途中窝藏被拐妇女、儿童的行为。另外,本罪在客观方面还包括偷盗婴幼儿的行为。行为人只要以出卖为目的,实施了上述任何一种行为的,即构成本罪。如果同时实施两种以上的行为或者既拐卖妇女、又拐卖儿童的,仍以本罪一罪定罪处罚,而无需实行数罪并罚。

3. 本罪在主观方面表现为故意,且行为人须具有出卖的目的。即行为人明知自己的拐卖行为侵犯了妇女、儿童的人身权利,但为了出卖获利,仍决意实施拐卖行为。至于行为人实施拐卖妇女、儿童的行为以后是否获利,则不影响本罪的成立。刑法将"以出卖为目的"作为本罪的构成要件,主要是为了区别本罪与拐骗儿童罪以及收买被拐卖的妇女、儿童罪的界限。

(二) 拐卖妇女、儿童罪的认定

在认定拐卖妇女、儿童罪时,应注意以下几个问题:

1. 出卖捡拾婴幼儿的认定。司法实践中经常碰到有些人捡拾到他人遗弃的婴幼儿后加以处置的情况。有些人将捡拾到的婴幼儿送到有关部门,有些人将捡拾到的婴幼儿留在自己家中收养或送人收养,还有些人则将捡拾的婴幼儿出卖。如行为人在捡拾婴幼儿后及时送交有关部门或者留在家中收养等,当然不能构成犯罪,其中的收养行为一般应办理一定的手续,否则可能会引起民事纠纷。但是,对于将捡拾的婴幼儿出卖的,对行为人可以按拐卖儿童罪定罪。这种情况与偷盗婴幼儿的主要区别在于行为人取得婴幼儿的手段不同,偷盗婴幼儿是用秘密窃取的方式获取婴幼儿,并使该婴幼儿脱离其家庭或监护人的监护;而捡拾到的婴幼儿本身多数是被人遗弃的,不存在行为人使其脱离家庭和监护的情况。但是,这种情况与偷盗婴幼儿最本质的相同点在于,行为人均将获得的婴幼儿出卖了,而这种出卖行为正体现了拐卖儿童罪最本质的特征：将人作为商品买卖。为此，2000年3月20日最高人民法院、最高人民检察院、公安部、民政部、司法部、全国妇联《关于打击拐卖妇女儿童犯罪有关问题的通知》明确指出，出卖捡拾的儿童的，应以拐卖儿童罪追究刑事责任。

2. 丈夫出卖妻子和父母出卖子女的认定。司法实践中将这些情况称之为家庭成员之间的买卖。由于在这些案件中出卖者和被卖者具有亲属关系，通常不会发生"拐"的问题，因此给司法认定工作带来了很大的难度。有人认为，这种情况不构成犯罪，因为拐卖妇女、儿童罪侵犯的对象是他人家庭中的成员，出卖家庭成员不构成本罪，这只是不道德的行为，但不能构成犯罪。①但理论上和司法实践中大多数人认为，拐卖妇女、儿童罪侵害的对象，可以是任何家庭的成员，并不仅仅限于他人家庭的成员。出卖妻子、儿女绝不仅仅是不道德的行为，而是国家法律所不容许的犯罪行为。如果丈夫违背妻子的意志、父母违背儿女的意志（事实上有些儿童并没有自己独立的意志）将妻子或儿女出卖的，在某种情况下仍然可以构成拐卖妇女、儿童罪。当然，如果是由于生活所迫，为了求生存而被迫将家庭成员出卖的，则可以酌情不认定为犯罪。上述最高人民法院、最高人民检察院、公安部、民政部、司法部、全国妇联的《通知》中也明确指出，出卖亲生子女的，由公安机关依法没收非法所得，并处以罚款；以营利为目的，出卖不满14周岁子女，情节恶劣的，应以拐卖儿童罪追究刑事责任。出卖14周岁以上女性亲属或者其他不满14周岁亲属的，以拐卖妇女、儿童罪追究刑事责任。根据2010年3月15日最高人民法院、最高人民检察院、公安部、司法部《关于依法惩治拐卖妇女儿童犯罪的意见》的规定，区分借送养之名出卖亲生子女与民间送养行为的关键在于行为人是否具有非法获利的目的。应当通过审查将子女"送"人的背景和原因、有无收取钱财及收取钱财的多少、对方是否具有抚养目的及有无抚养能力等事实，综合判断行为人是否具有非法获利的目的。具有下列情形之一的，可以认定属于出卖亲生子女，应当以拐卖妇女、儿童罪论处：（1）将生育作为非法获利手段，生育后即出卖子女的；（2）明知对方不具有抚养目的，或者根本不考虑对方是否具有抚养目的，为收取钱财将子女"送"给他人的；（3）为收取明显不属于"营养费"、"感谢费"的巨额钱财将子女"送"给他人的；（4）其他足以反映行为人具有非法获利目的的"送养"行为的。不是出于非法获利目的，而是迫于生活困难，或者受重男轻女思想影响，私自将没有独立生活能力的子女送给他人抚养，包括收取少量"营养费"、"感谢费"的，属于民间送养行为，不能以拐卖妇女、儿童罪论处。对私自送养导致子女身心健康受到严重损害，或者具有其他恶劣情节，符合遗弃罪特征的，可以遗弃罪论处；情节显著轻微危害不大的，可由公安机关依法予以行政处罚。

3. 拐卖妇女罪与借介绍婚姻索取钱财等违法行为的界限。司法实践中经常出现有些人应妇女本人或者他人之托，带妇女到外地为其介绍婚姻，从中索取一些财物

---

① 马克昌等主编：《刑法学全书》，上海科学技术文献出版社1993年版，第327页。

的情况。这种情况与拐卖妇女犯罪在形式上有许多相似之处,如均是带妇女到某地去结婚,又都是有从中取利的情况,但是两者还是有本质区别的:其一,妇女的意志不同。借介绍婚姻索取钱财等违法行为中的妇女在意志上完全自由和自愿,而拐卖妇女罪中妇女的意志则往往是不自愿的或者说是不自由的。其二,行为人的手段不同。拐卖妇女罪的行为人一般采用欺骗或者胁迫等手段,而借介绍婚姻索取钱财等违法行为的行为人则没有采取这些手段。其三,形式也有所不同。由于实施拐卖妇女犯罪的行为人是以出卖为目的,因此,在形式上一般均将妇女作为商品来谈价,出卖者与收买者之间大多纯粹是一种买卖关系。但借介绍婚姻索取钱财等违法行为的行为人与被介绍人之间一般均事先认识,有些甚至很熟悉,索取钱财主要是想以此为介绍行为得到一些报酬。

4. 拐卖儿童罪与拐骗儿童罪的界限。拐骗儿童罪,是指用蒙骗、利诱或者其他方法使不满 14 周岁的男女儿童,脱离家庭或者监护人而由其控制的行为。拐卖儿童罪与拐骗儿童罪在行为对象上,以及造成脱离家庭或者监护人等内容上均有许多相似或相同之处。但两者又具有许多区别:其一,侵犯的客体不同,拐卖儿童罪侵犯的是儿童的人身自由权利,而拐骗儿童罪侵犯的主要是他人的家庭关系。其二,行为人的目的不同,这是两罪最本质的区别。拐卖儿童罪是以出卖为目的,而拐骗儿童罪则一般是以收养、使唤或奴役为目的。

5. 拐卖儿童罪与介绍收养儿童索取财物行为的界限。拐卖儿童罪与介绍收养儿童索取财物行为的界限,与拐卖妇女罪同借介绍婚姻索取财物行为的界限差不多。除此之外,本罪一般不可能经过家长的同意,而介绍收养儿童索取财物的情况通常都是经过家长同意的。

6. 拐卖妇女、儿童罪与诈骗罪的界限。实践中,有时发生以介绍对象为名,骗取他人财物的,或者男女双方合谋,男方把女方"卖"给他人为妻,得款后双双潜逃的(俗称"放鹰")案件,这种行为在形式上类似于本罪,但实质上买卖行为是一种骗局,因此,不能以本罪论处,而只能以诈骗罪定性。

7. 拐卖妇女、儿童罪与绑架罪的界限。本罪与绑架罪的主要区别在于行为人的目的和犯罪对象不同,本罪行为人是以出卖为目的,且对象只限于妇女、儿童,而绑架罪行为人是以勒索财物或满足其他不法要求为目的,对象则包括任何人。

8. 关于拐卖妇女、儿童以外之其他人的行为定性。应该看到,我国刑法中有关拐卖妇女、儿童罪的设立有一个发展过程。1979 年《刑法》规定有拐卖人口罪,后来由于社会上拐卖人口的犯罪集中表现为是对妇女、儿童的拐卖,因此,根据司法实践的需要,为了加强对拐卖妇女、儿童犯罪活动的打击,1991 年 9 月 4 日全国人大常委会专门颁布了《关于严惩拐卖、绑架妇女、儿童的犯罪分子的决定》,强调对绑架、拐卖妇女、儿童的犯罪行为要进行严惩,并为此专门规定了拐卖妇女、儿童罪。但此时在刑法中仍然保留有拐卖人口罪这一罪名,也即在当时的情况下,我国刑事法律规定中关于拐卖人口的犯罪实际存在两个罪名:拐卖人口罪和拐卖妇女、儿童罪。在当时的情况下,在刑事法律中强调加强对拐卖妇女、儿童犯罪行为的惩治,其出发点以及实际效果均是无可厚非的。问题是1997年《刑法》修订过程中,看到了司法实践中拐卖妇女、儿童的情况较为严重,忽视了社会上同样可能有拐卖除妇女、儿童以外的其他"人口"情况存在,只在新刑法的条文中规定拐卖妇女、儿童罪,取消了原有刑法中有关拐卖人口罪的规定和罪名。这一重大立法变化,尽管在当时得到了许多学者和实际部门工作者的赞同和支持,因为,在此之前的一段时间内,我国刑事法律中既存在有拐卖人口罪,又存在有拐卖妇女、儿童罪的情况,从立法上讲,确实有条文重复、内容重叠的问题存在,理应在刑法修订时加以解决。但是,现行刑法在保留拐卖妇女、儿童罪的基础上取消拐卖人口罪的立法思路仍有许多不科学的地方。

首先,这一思路与立法原意相悖。在当今社会中,人不是商品,当然不能进行买卖。从对人权保护这一角度分析,作为人的权利应该是平等的,无论是男性还是女性,也无论是成年人还是儿童,他们的权利均应受到法律的保护。在拐卖人口的犯罪中,拐卖妇女、儿童行为固然应该受到惩罚,但这并不意味着对拐卖其他"人口"就可以视而不见,不加惩罚。我们不否认,在目前乃至在今后较长的一段时间里,我国拐卖人口犯罪中的对象主要是妇女、儿童,而且由于妇女、儿童本身受到性别及身体、生理条件的客观限制以及反抗能力相对较弱的影响,在拐卖人口犯罪中,他们始终处于相对弱者的地位。因此,适当地强调对拐卖妇女、儿童的行为进行严惩是完全必要的,但是,不能因为这一点,就干脆将原来刑法中所规定的拐卖人口罪就彻底取消,从而导致在目前情况下,司法上对拐卖除妇女、儿童以外的其他"人口"(如拐卖成年男性)的行为无法进行处罚的状况的出现。

其次,这一思路不符合一般立法要求。《刑法》第4条明文规定,对任何人犯罪,在适用法律上一律平等。不允许任何人有超越法律的特权。这就是现行刑法所确立的三大刑事原则之一,即所谓"适用刑法平等原则"。这一原则虽然只是从刑法适用角度提出来的,但是刑法适用的平等在很大程度上还是以刑法制定的平等为前提条件的。尽管在任何情况下,立法只能追求相对的平等,而不可能有绝对的平等。但是,无论怎么说,追求平等显然应该是对立法者的基本要求之一。由此分析,在刑法中将拐卖人口罪取消,而只保留拐卖妇女、儿童罪,就必然会在司法实践中出现适用上的不平等,而这种不平等则完全是由于立法本身所造成的。可见,取消拐卖人口罪应该是不符合一般立法要求的。另外,从一般立法技术分析,在很多情况下,刑法条文确实要突出强调对侵害某种特殊对象要从重处罚的问题,但是通常这种突出强调均是体现在对构成要件以及法定刑的特别规定上,即在基本条文中,用情节加重的形式强调对某些特别情况从重处罚,而不会采用取消基本条文的方式进行。例如,《刑法》第236条对强奸罪的规定,在规定了一般强奸罪的罪状和法定刑后,为了强调对奸淫幼女的处罚,该条第2款还专门规定,奸淫不满14周岁的幼女的,以强奸论,从重处罚。显然这一条文并没有为了强调要保护幼女的性的权利,而放弃对其他妇女的性的权利的保护。从立法技术上分析,刑法对强奸罪的规定明显要比对拐卖妇女、儿童罪的规定要科学得多。

再次,这一思路与司法实践不相适应。就社会上存在拐卖人口的情况分析,主要还是集中发生在对妇女、儿童的拐卖上,但是,并不是说拐卖其他"人口"的情况不存在,实践中应该说还是存在一些如对刚满14周岁的男子进行拐卖的情况。特别是由于各地经济发展的不平衡以及贫富和城乡之间差异的客观存在,司法实践中已经出现了较多的拐卖成年人去做苦力的情况,而且这种情况正在逐年增加。由于我国现行刑法已经对拐卖犯罪在对象上作了限制,这就使司法实践中无法对那些拐卖除妇女、儿童以外的其他"人口"的行为进行处理。有些地方甚至在发生了较为严重的拐卖成年男性做苦力的案件后,由于无法以拐卖人口罪追究当事人的刑事责任,在没有办法的情况下,只能变通以非法拘禁罪追究当事人的刑事责任。这种定罪处理方法不仅不符合刑法对行为人犯罪目的的要求(因为从刑法规定和刑法理论上讲,非法拘禁罪的行为人不能以出卖为目的,如果以出卖为目的非法拘禁他人,理应构成拐卖人口罪),而且也不符合刑法中罪、责、刑相适应原则的要求(因为非法拘禁罪的法定刑规定较低,而拐卖类犯罪的法定刑一般规定较高)。

最后,这一思路实践中难以适用。司法实践中已经出现拐卖两性人的案件,对于行为人误将两性人当作妇女进行拐卖的行为应如何处理,争议很大。尽管从刑法理论和刑法规定看,最后也还是能得出一定的结论,但是,有些观点仍然不免还有点牵强,特别是在两性人问题上,科学地讲,实际上这类人既可以说是男性也可以说是女性,在拐卖或收买的对象为具有一定女性成分的"非妇女",是否应认定为未遂?我们认为,起码在理论上还是值得探讨的。这些争议的产生关键在于刑法条文本身规定得不完善,试想,如果刑法中规定拐卖人口罪以及收买被拐卖的人口罪等罪名,相关案件中的这些问题就不会产生(因为无论是否是两性人均属于"人口",所以不会产生对象不能犯的问题),实践中的处理也就会容易得多。

由此可见,我国刑法中有关拐卖人口类犯罪的规定存在一些问题,其中最主要的在于对对象的限制。这种情况,无论从理论还是从实践上,理应加以完善。刑法条文中应该重新规定拐卖人口罪这一罪名,为了体现对妇女、儿童利益的特殊保护,完全可以将拐卖妇女、儿童行为作为拐卖人口罪的一种从重情节加以规定。这样既可以有力地打击任何拐卖人口的行为,也可以起到保护妇女和儿童利益的效果。

(三) 拐卖妇女、儿童罪的处罚

《刑法》第240条规定,犯拐卖妇女、儿童罪的,处5年以上10年以下有期徒刑,并处罚金。拐卖妇女、儿童有下列情形之一的,处10年以上有期徒刑或者无期徒刑,并处罚金或者没收财产;情节特别严重的,处死刑,并处没收财产:(1)拐卖妇女、儿童集团的首要分子;(2)拐卖妇女、儿童3人以上的;(3)奸淫被拐卖的妇女的;(4)诱骗、强迫被拐卖的妇女卖淫或者将被拐卖的妇女卖给他人迫使其卖淫的;(5)以出卖为目的,使用暴力、胁迫或者麻醉方法绑架妇女、儿童的;(6)以出卖为目的,偷盗婴幼儿的;(7)造成被拐卖妇女、儿童或者其亲属重伤、死亡或者其他严重后果的;(8)将妇女、儿童卖往境外的。

对于上述8种加重情节中的第(3)项"奸淫被拐卖的妇女"的含义,理论和实践中一般认为,这是指犯罪分子在拐卖过程中,与被害妇女(包括幼女)发生性交的行为。不论犯罪分子是否使用暴力或者胁迫手段,也不论被害人是否有反抗行为或表示,都包括在内。也即这里的奸淫并不仅限于强奸,而且还应当包括一般的奸淫行为。第(4)项"诱骗、强迫被拐卖的妇女卖淫或者将被拐卖的妇女卖给他人迫使其卖淫"的含义,则是指犯罪分子在拐卖过程中,又实施了引诱或强迫妇女卖淫的行为。应该看到,上述第(3)、第(4)项所述的情节在大多数情况下属于结合犯的范畴,即刑法将拐卖妇女罪与强奸罪、引诱卖淫罪和强迫卖淫罪结合规定在一个条文里,行为人的行为如果符合这一条款的规定,就可以被判处 10 年以上直至死刑的刑罚,而不需要对之实行数罪并罚。

上述 8 种加重情节中的第(5)项"以出卖为目的,使用暴力、胁迫或者麻醉方法绑架妇女、儿童",是指犯罪分子以绑架的手段对妇女、儿童进行控制后,然后进行出卖。这里需要强调的是在认定这一犯罪行为时,必须注意对行为人犯罪目的的识别。也即这一情节中的行为人必须具有出卖的目的,如果行为人绑架妇女、儿童的目的是出于勒索财物,对行为人的行为则应以绑架罪定性。同样的道理,第(6)项"以出卖为目的,偷盗婴幼儿"的含义,也应注意行为人的犯罪目的,只有行为人出于出卖的目的,对其偷盗婴幼儿的行为才可认定为本罪,反之,则应构成其他犯罪。

上述 8 种加重情节中的第七项"造成被拐卖妇女、儿童或者其亲属重伤、死亡或者其他严重后果的",是指由于拐卖妇女、儿童的行为,直接或间接造成被拐卖的妇女、儿童或者其亲属重伤、死亡或者其他严重后果。例如由于犯罪分子关押行为,造成了被害人重伤或死亡的结果;由于犯罪分子的拐卖行为或者侮辱、殴打等行为引起被害人或其亲属自杀、精神失常或者其他严重后果。很明显这一情节中不应该包括故意杀人或者故意伤害的行为,如果行为人在拐卖妇女、儿童过程中,对被拐卖的妇女、儿童实施故意杀害或伤害行为的,则应当以拐卖妇女罪和故意杀人罪或故意伤害罪定罪并实行数罪并罚。

四、收买被拐卖的妇女、儿童罪

(一) 收买被拐卖的妇女、儿童罪的概念和构成

收买被拐卖的妇女、儿童罪,是指不以出卖为目的,故意用金钱或财物收买被拐卖的妇女、儿童的行为。

本罪的构成要件如下:

1. 本罪侵犯的客体是他人的人身自由。与刑法中规定拐卖妇女、儿童罪的对象为妇女、儿童一样,本罪的对象为被拐卖的妇女、儿童,不是被拐卖的妇女、儿童不能成为本罪的对象。也即收买被拐卖的已满 14 周岁的男性少年或成年人,均不构成本罪。应该看到,收买被拐卖的妇女、儿童在客观上助长了拐卖妇女、儿童犯罪活动和犯罪现象的滋长和蔓延,正是因为社会上有许多收买被拐卖的妇女、儿童的人存在,才会导致拐卖妇女、儿童者认为有利可图、有市场存在,从而加剧拐卖行为的发生。

另外，行为人直接参与了将妇女、儿童当作商品进行买卖的不法行为，实际上也必然严重侵害妇女、儿童的人身权利和身心健康，给受害妇女、儿童及其家庭带来极大的不幸。所以，打击收买妇女、儿童的行为，对遏制拐卖妇女、儿童的犯罪活动具有重大的意义。

2. 在客观方面，本罪表现为实施了收买被拐卖的妇女、儿童的行为。收买，是指行为人用金钱或者其他财物，作为被拐卖的妇女、儿童的代价，将被拐卖的妇女、儿童收买下来归自己占有或支配。收买的基本特征是将被拐卖的妇女、儿童当作商品收买下来，因此它不同于收养。收养，是指单纯接受妇女、儿童（这些妇女、儿童不是被拐卖的）为自己的家庭成员，而不是用财物收买妇女、儿童。

为了严格掌握本罪的构成条件，《刑法》第 241 条第 6 款还专门规定，收买被拐卖的妇女、儿童，对被买儿童没有虐待行为，不阻碍对其进行解救的，可以从轻处罚；按照被买妇女的意愿，不阻碍其返回原居住地的，可以从轻或者减轻处罚。这里需要注意的是，刑法这一条款的规定包含着三个关键点：其一，为行为人在收买被拐卖的妇女、儿童后，没有对这些妇女、儿童返回原居住地进行阻碍或者对解救行为进行阻碍的。刑法对妇女、儿童返回原居住地作了不同的规定，对于妇女明确规定有"按照被买妇女的意愿"的前提条件，而对儿童则未作如此规定，但提出了"没有虐待行为"且"不阻碍对其进行解救"的要求，以区别于对于妇女的"按照被买妇女的意愿"且"不阻碍其返回原居住地"的要求。刑法之所以作这些不同的规定，主要是因为儿童身心发育未成熟，还很难正确地表达自己的意愿。其二，对行为人"可以从轻处罚"或"可以从轻或者减轻处罚"，表明仍必须要追究刑事责任。其中，对于收买儿童行为，只限于从轻处罚，不可以减轻处罚；对于收买妇女，可以从轻或者减轻处罚。这里刑法用了"可以"两字表明这是授权性规范，即司法机关根据实际情况也可以在追究行为人的刑事责任后不从轻或者减轻处罚。其三，刑法上述条款规定的"可以从轻处罚"和"可以从轻或者减轻处罚"的范围仅限于收买被拐卖的妇女、儿童罪，而并不包括其他犯罪。如果行为人在收买被拐卖的妇女、儿童后，对被拐卖的妇女、儿童又实施了其他诸如强奸、非法拘禁等犯罪行为，尽管事后能按照被买妇女的意愿，不阻碍其返回原居住地的，对于行为人可以从轻或减轻处罚；或者对被买儿童没有虐待行为，不阻碍对其进行解救的，对于行为人可以从轻处罚，但仍应追究其强奸罪、非法拘禁罪的刑事责任。

3. 本罪在主观方面表现为故意，即收买人明知自己的收买行为会发生侵犯妇女、儿童的人身权利与人格尊严，但收买人仍然决意收买。同时，构成本罪行为人必须以明知为前提，即行为人必须明知是被拐卖的妇女、儿童，仍予以收买。一般而言，收买人花钱收买被拐卖的妇女、儿童具有多种多样的动机，如有些行为人收买被拐卖的妇女是为了达到与其"结婚"过日子或给自己生育子女的目的；有些行为人收买被拐卖的妇女、儿童则是为了将其作为家庭成员予以"收养"或加以奴役。行为人的动机一般不影响本罪的成立。但是，如果是为了将被拐卖的妇女、儿童及时从人贩子手中解救出来，则不能以犯罪论处。需要指出的是，本罪行为人主观上不能以出卖为目的,如果行为人以出卖为目的,收买被拐卖的妇女、儿童的,则应以拐卖妇女、儿童罪定罪处罚。

(二) 收买被拐卖的妇女、儿童罪的认定

在认定收买被拐卖的妇女、儿童罪时,应注意以下几个问题:

1. 收买被拐卖的妇女、儿童罪与拐卖妇女、儿童罪的界限。拐卖妇女、儿童罪的行为中包括拐骗、绑架、收买、贩卖、接送、中转、出卖等行为,在这些行为中显然包含有"收买"行为,与本罪在客观上有一定相似之处。同样为收买行为,收买被拐卖的妇女、儿童罪与拐卖妇女、儿童罪之间最主要的区别就在于行为人的主观目的:收买被拐卖的妇女、儿童罪的行为人不能以出卖为目的,而拐卖妇女、儿童罪的行为人则必须以出卖为目的。需要注意的是,如果行为人在收买被拐卖的妇女、儿童时,并无出卖的目的,但在收买后产生了出卖的意图,则不应构成本罪,而应以拐卖妇女、儿童罪论处。《刑法》第241条第5款对此作了明确规定,收买被拐卖的妇女、儿童又出卖的,依照拐卖妇女、儿童罪定罪处罚。

2. 一罪与数罪的界限。由于收买被拐卖的妇女、儿童的行为往往违背被害人的意志,因而行为人收买被拐卖的妇女、儿童后,通常会采取一些强制手段,迫使妇女、儿童就范,如采取暴力、胁迫或者其他方法强奸被拐卖的妇女,或者对收买回来的妇女、儿童进行伤害、拘禁、侮辱等,这就产生了一罪与数罪的界限问题。根据《刑法》第241条规定,收买被拐卖的妇女,强行与其发生性关系的,依照强奸罪的规定定罪处罚;收买被拐卖的妇女、儿童,非法剥夺、限制其人身自由或者有伤害、侮辱等犯罪行为的,依照有关规定定罪处罚。由于强奸、伤害、拘禁、侮辱等行为与拐卖行为分别为独立的犯罪行为,它们不可能包含在收买行为之中,对这些行为必须进行并罚。为此,《刑法》第241条还专门规定,收买被拐卖的妇女、儿童,并有强奸、伤害、侮辱等犯罪行为的,依照数罪并罚的规定处罚。

理论上和司法实践中对于行为人不以出卖为目的收买了被拐卖的妇女、儿童后,对收买的妇女、儿童实施了强奸、非法拘禁等行为,后来由于各种原因又将这些妇女、儿童出卖的,应当以一罪处理还是以数罪处理的问题,争议颇大。有观点认为,由于刑法规定"收买被拐卖的妇女、儿童后又出卖的",依照拐卖妇女、儿童罪论处,而拐卖妇女、儿童罪的行为包括非法拘禁行为,法定刑升格情节中包括了强奸行为,故仅认定为拐卖妇女、儿童罪即可,没有必要实行数罪并罚。[①]我们对此观点不能苟同,因为《刑法》第240条所规定的拐卖妇女、儿童罪中的"奸淫被拐卖的妇女"的情节,是指犯罪分子在拐卖妇女中奸淫被拐卖的妇女的情况,也即行为人奸淫妇女的行为产生于拐卖行为中。而上述情况中的强奸等行为虽然发生于收买以后,但却是在行为人产生出卖目的之前,也即行为人是在实施强奸等行为后才产生将妇女出卖之目的。这种情况显然不符合在拐卖妇女行为中奸淫妇女的情况。而在收买后奸淫妇女的,依照刑法规定是要对行为人的行为数罪并罚的。所以尽管后来由于行为人产生了出卖的目

[①] 张明楷著:《刑法学》,法律出版社2003年版,第709页。

的,其收买的行为随即转化为拐卖行为,但对其强奸行为仍应单独追究刑事责任,并与拐卖妇女的行为实行数罪并罚。我们不能因为拐卖妇女罪中的法定加重情节中包含有奸淫妇女的内容,而认为由收买被拐卖的妇女行为转化而成的拐卖妇女行为中也包含这一内容。否则就与刑法所规定的内容相背离,不符合罪刑法定的原则。

另外,理论上对于行为人为了收买妇女、儿童而教唆或者帮助他人拐卖妇女、儿童,然后又收买了该被拐卖的妇女、儿童的行为是否需要数罪并罚的问题也存在较大争议。有观点认为,对于这种情况应该实行数罪并罚,因为教唆、帮助行为与收买行为是两种不同性质的行为,前者不能包含后者。但也有观点认为,对于这种情况应当按一重罪处理,因为,毕竟行为人的两种行为均是针对同一个对象。按照我国刑法中共同犯罪的理论,教唆或者帮助他人拐卖妇女、儿童的行为完全可以构成拐卖妇女、儿童罪的共犯,对行为人的教唆或者帮助行为按照拐卖妇女、儿童罪处理是合情合理的。以后又对被自己教唆或者帮助的实施拐卖行为者所拐卖的对象进行收买,这种收买行为显然也完全符合收买被拐卖的妇女、儿童罪。由于教唆或者帮助的行为与收买行为均可以独立构成犯罪,且对这些罪我国刑法均作了明确的规定,对这些行为作不同的刑法评价是完全必要的。更由于在这种情况中,行为人的收买行为根本无法被教唆或者帮助拐卖妇女、儿童的行为所吸收,因为拐卖妇女、儿童罪中的拐卖行为与收买被拐卖妇女、儿童罪的收买行为,具有完全不同的含义。由此可见,对于行为人为了收买妇女、儿童而教唆或者帮助他人拐卖妇女、儿童,然后又收买了该被拐卖的妇女、儿童的行为,理应实行数罪并罚。

(三) 收买被拐卖的妇女、儿童罪的处罚

《刑法》第 241 条规定,犯收买被拐卖的妇女、儿童罪的,处 3 年以下有期徒刑、拘役或者管制。

五、聚众阻碍解救被收买的妇女、儿童罪

(一) 聚众阻碍解救被收买的妇女、儿童罪的概念和构成

聚众阻碍解救被收买的妇女、儿童罪,是指纠集多人阻碍国家机关工作人员解救被收买的妇女、儿童的行为。

本罪的构成要件如下:

1. 在客观方面,本罪表现为以聚众方式阻碍国家机关工作人员解救被收买的妇女、儿童的行为。

2. 本罪的主体只能是聚众阻碍解救被收买的妇女、儿童活动中的首要分子。其他参与者除使用暴力、威胁的方法,可以妨害公务罪论处外,均不能成为本罪的主体。首要分子,是指在聚众阻碍解救被收买的妇女、儿童活动中起组织、策划、指挥作用的人。首要分子可以是一人,也可以是多人。

3. 本罪在主观方面表现为故意。即行为人明知是国家机关工作人员解救被收买的妇女、儿童,而仍聚众加以阻碍。

（二）聚众阻碍解救被收买的妇女、儿童罪的认定

在认定聚众阻碍解救被收买的妇女、儿童罪时，要注意划清本罪与妨害公务罪的界限。两罪在阻碍国家机关工作人员执行公务这一点是有相似之处，而主要的区别在于行为人的手段不同：本罪必须以聚众形式出现，而妨害公务罪则没有这个要求；另外，构成妨害公务罪，行为人必须使用暴力、威胁的方法，而构成本罪，行为人则不能使用暴力、威胁的方法。这里需要注意的是，如果行为人以聚众方式，没有使用暴力、威胁方法阻碍国家机关工作人员解救被拐卖的妇女、儿童的，对于其中的首要分子应以聚众阻碍解救被拐卖的妇女、儿童罪认定。如果行为人不以聚众方式，但以暴力、威胁方法阻碍国家机关工作人员解救被收买的妇女、儿童的，应构成妨害公务罪。如果行为人以聚众方式，同时又以暴力威胁方法阻碍国家机关工作人员解救被收买的妇女、儿童，对其中的首要分子应以聚众阻碍解救被拐卖的妇女、儿童罪认定（因为本罪的法定刑重于妨害公务罪的法定刑），而对其他参与者则应以妨害公务罪认定。

（三）聚众阻碍解救被收买的妇女、儿童罪的处罚

《刑法》第 242 条规定，犯聚众阻碍解救被收买的妇女、儿童罪的首要分子，处 5 年以下有期徒刑或者拘役。第 242 条同时还规定，以暴力、威胁方法阻碍国家机关工作人员解救被收买的妇女、儿童的，以及在聚众阻碍国家机关工作人员解救被收买的妇女、儿童活动中其他参与者使用暴力、威胁方法的，均依照刑法妨害公务罪的规定定罪处罚。

六、强迫劳动罪

（一）强迫劳动罪的概念和构成

强迫劳动罪，是指以暴力、威胁或者限制人身自由的方法强迫他人劳动的行为。本罪的构成要件如下：

1. 本罪的客体是劳动者的休息权、健康权和人身自由权利。

2. 在客观方面，本罪表现为以暴力、威胁或者限制人身自由的方法强迫他人劳动的行为。暴力，是指直接对被害人实施殴打、伤害等危及人身安全的行为，使其不能反抗、逃跑。限制人身自由的方法，则是指因限制离厂、不让回家，甚至雇用打手看管等方法非法限制被害人的人身自由，强迫其参加劳动。上述手段是否达到其效果，在所不问。对人身自由的剥夺是本罪的当然结果，不另以非法拘禁罪论处。根据《刑法》第 244 条第 2 款规定，明知他人实施前款行为，为其招募、运送人员或者有其他协助强迫他人劳动行为的，也构成本罪。招募，是指通过各种途径面向特定或者不特定的群体募集人员的行为。运送，是指用各种交通工具运输人员。

3. 本罪的主体是一般主体，单位可以构成。

4. 本罪在主观方面表现为故意。

（二）强迫劳动罪的处罚

《刑法》第 244 条之一规定，犯强迫劳动罪的，处 3 年以下有期徒刑或者拘役，并

处罚金;情节严重的,处3年以上10年以下有期徒刑,并处罚金。单位犯本罪的,对单位判处罚金,并对其直接负责的主管人员和其他直接责任人员,依照上述规定处罚。情节严重,是指强迫多人劳动,长时间强迫他人劳动,以非人道手段对待被强迫劳动者,以及强迫劳动造成劳动者人身伤害的严重后果等。如果在强迫劳动的过程中使用暴力,致使被害人伤残、死亡的,应当以本罪与故意伤害罪或故意杀人罪数罪并罚。

七、雇佣童工从事危重劳动罪

(一) 雇佣童工从事危重劳动罪的概念和构成

雇佣童工从事危重劳动罪(这是由全国人大常委会2002年12月28日颁布的《中华人民共和国刑法修正案(四)》第四条增设的罪名),是指违反劳动管理法规,雇用未满16周岁的未成年人从事超强度体力劳动的,或者从事高空、井下作业的,或者在爆炸性、易燃性、放射性、毒害性等危险环境下从事劳动,情节严重的行为。

本罪的构成要件如下:

1. 在客观方面,本罪表现为违反劳动管理法规,雇用未满16周岁的未成年人从事超强度体力劳动,或者从事高空、井下作业,或者在爆炸性、易燃性、放射性、毒害性等危险环境下从事劳动的行为。本罪的对象为童工,即年龄未满16周岁的未成年人。行为人在雇用这些未成年人后,迫使他们从事各种特定的劳动。如果行为人雇用童工从事一些非特定的劳动,则不能构成犯罪,对于违反劳动管理法规雇用童工的行为可给以行政处罚。构成本罪要求行为人的行为必须达到情节严重的程度。情节严重,是指造成未满16周岁的童工伤亡、引起被雇用的童工健康状况恶化或其他严重后果的;雇用童工从事各种特定的劳动时间较长、人数较多、造成的社会影响较坏,等等。

2. 本罪主体是用人单位,即理论上通常认为本罪属于单位犯罪。用人单位,既包括具有合法地位的单位,也包括不具有合法地位的单位,而且在司法实践中,尤其是以一些诸如地下黑工厂等不具有合法地位的用人单位实施雇佣童工从事危重劳动罪行为的情况为多。与强迫职工劳动罪一样,刑法对本罪的处罚采用"单罚制"的原则,即只处罚用人单位的直接责任人员,而不对雇用童工的单位进行处罚。直接责任人员,是指雇用童工从事特定劳动的用人单位的具体决策者和直接实施者。

3. 本罪在主观方面表现为故意。即行为人明知是未满16周岁的未成年人,且雇用这些人从事特定劳动会侵犯未成年人的身体健康,并且希望或者放任这种结果的发生。

(二) 雇佣童工从事危重劳动罪的处罚

经《刑法修正案(四)》修正后的《刑法》第241条之一规定,违反劳动管理法规,雇用未满16周岁的未成年人从事超强度体力劳动的,或者从事高空、井下作业的,或者在爆炸性、易燃性、放射性、毒害性等危险环境下从事劳动,情节严重的,对直接责任人员,处 3 年以下有期徒刑或者拘役,并处罚金;情节特别严重的,处 3 年以上 7 年以下有期徒刑,并处罚金。另外,刑法还规定,非法雇用童工,造成事故,又构成其他犯罪的,依照数罪并罚的规定处罚。也即如果行为人的行为符合雇佣童工从事危重劳动罪的构成要件,同时具有非法拘禁、故意伤害等犯罪行为的,应该以雇佣童工从事危重劳动罪与故意伤害罪、非法拘禁罪等实行数罪并罚。

八、非法搜查罪

(一) 非法搜查罪的概念和构成

非法搜查罪,是指无权实施搜查的人,或者虽然有权实施搜查但未经批准,擅自非法对他人的身体或者住宅进行搜查的行为。

本罪的构成要件如下:

1. 在客观方面,本罪表现为实施了非法搜查他人身体或住宅的行为。搜查行为,是指搜索、检查、翻阅、挖掘、搜身、抄家等行为。搜查行为的非法性,是构成本罪的客观前提。这里所指的非法性,既包括无权实施搜查的人对他人的身体或者住宅进行搜查,也包括虽然有权实施搜查的人但未经批准而对他人的身体或者住宅进行搜查。按照刑法规定,非法搜查的范围仅包括他人的身体和住宅。对于车辆、船只、飞机的非法搜查,是否构成本罪,刑法未作明确规定。一般认为,对这个问题应作具体分析,如果搜查车辆、船只、飞机,涉及对人身自由权利的侵犯,可按非法搜查罪论处。

2. 本罪在主观方面表现为故意,过失不构成本罪。本罪行为人的动机是多种多样的,有的是挟嫌报复,有的是为了寻找失物等等,不同的动机一般对构成本罪并无影响,但可以作为量刑时考虑的情节。

(二) 非法搜查罪的处罚

《刑法》第 245 条规定,犯非法搜查罪的,处 3 年以下有期徒刑或者拘役。针对司法实践中,司法工作人员犯非法搜查罪较严重的情况,第 245 条第 2 款还规定,司法工作人员犯本罪的,从重处罚。

九、非法侵入住宅罪

(一) 非法侵入住宅罪的概念和构成

非法侵入住宅罪,是指未经住宅主人同意,非法强行闯入他人住宅,或者经要求其退出仍拒绝退出,影响他人正常生活和居住安全的行为。

本罪的构成要件如下:

1. 本罪侵犯的客体是公民的居住自由权利。我国宪法明确规定,中华人民共和国公民的住宅不受侵犯。禁止非法侵入公民的住宅。住宅是公民居住、生活和休息的场所,非法侵入他人住宅,必然会侵犯公民的人身安全和生活安宁。由于刑法设立本罪的目的在于保障公民的居住安全和自由,因此,本罪中所指的住宅,应当以有人居住的建筑物及其四周的围墙为范围。无人居住的办公室、仓库、食堂等不包括在内。至于住宅的结构、形状、管理形式以及归何人所有等,则均不应对本罪的构成造成影响。也即住宅不限于普通建筑物,供人居住的山洞、地窖等也可以视为住宅。对于那些一直有人居住,而行为人侵入时正好无人在场的住宅,同样也可认定为本罪侵入的对象。他人住宅,是指行为人以外的别人的住宅。也即这里的"他人"既包括非住宅所有权人,也包括住宅所有权人。例如,住宅所有权人将自己的房屋租赁给他人,在租赁期未满时强行非法侵入该房屋,也可以构成本罪。

2. 在客观方面,本罪表现为各种各样形式的非法侵入他人住宅的行为。非法侵入,是指不经住宅主人的同意而又没有法律根据或合理情由,或者虽有法律根据,但不依照法定程序而强行侵入。对于本罪客观行为中的侵入应作何理解? 理论上有不同的观点:有观点认为,既然刑法中规定的是非法侵入他人住宅,因此"侵入"这一行为的形式只能是作为,而不可能是不作为。但也有观点认为,非法侵入的行为形式包括两种情况:一是不经住宅主人的同意,甚至在其坚决反对、劝阻的情况下而强行侵入他人住宅。这是积极的作为,不论其侵入的方式如何,都不影响本罪的构成,只作为量刑情节考虑。二是进入时虽然经住宅主人的允许,但是,后来主人要求其退出时而不肯退出的,这是消极的不作为。因为经过要求其退出而不肯退出,就违反了主人的意愿,同样侵犯了他人的居住自由,应视为非法侵入他人住宅。从理论上讲尽管司法实践中以作为的形式侵入他人住宅的情况较多,但是,非法侵入他人住宅的行为形式确实可以包括不作为的形式。特别是在有些情况下,消极的不作为还可能表现为对他人的居住自由的严重侵害。因此,从字面上对刑法中有关本罪的侵入作理解,显然是不够全面和完整的。

3. 本罪在主观方面表现为故意。盲人或误入他人住宅以及有正当理由必须紧急进入他人住宅的,因缺乏故意而不构成本罪。

(二)非法侵入住宅罪的认定

在认定非法侵入住宅罪时,必须划清一罪与数罪的界限。司法实践中,非法侵入他人住宅,往往是同其他犯罪行为结合在一起的,例如,非法侵入他人住宅抢劫、杀人、强奸等。在这种情况下,侵入住宅实际上是实施其他犯罪的必要步骤,属于刑法理论上的吸收犯,应当根据其目的犯罪以抢劫罪、故意杀人罪或者强奸罪等定罪判刑,并将非法侵入他人住宅的行为予以吸收,而不能对之实行数罪并罚。但是,如果侵入他人住宅后的行为构不成其他犯罪,且严重妨碍他人的居住与生活安宁的,则应当单独以本罪论处。

(三)非法侵入住宅罪的处罚

《刑法》第 245 条规定,犯非法侵入住宅罪的,处 3 年以下有期徒刑或者拘役。为严惩司法工作人员犯本罪的情况,第 245 条第 2 款还专门规定,司法工作人员滥用职权犯本罪的,从重处罚。

第五节　侵犯名誉的犯罪

一、侮辱罪

（一）侮辱罪的概念和构成

侮辱罪，是指使用暴力或者其他方法，公然贬低他人的人格、破坏他人名誉，情节严重的行为。

本罪的构成要件如下：

1. 本罪侵犯的客体是他人的名誉权。公民的名誉和人格是人身权利的一个组成部分。人们为了从事正常的社会生活，不仅要求保障自己的生命、健康和自由，而且要求维护自己的名誉、人格。在现代社会中，每个公民的名誉权都受法律的平等保护，尊重他人的人格和名誉，也是每个公民应当具备的社会道德品质，并且是必须遵循的共同生活准则。因此，任何侮辱他人人格和名誉的行为，不仅是对社会共同生活准则的违反，也是违反法律的行为。名誉，是指人在社会上的声誉，即社会对于人的价值的评价。理论上认为，名誉的内容较为广泛，既包括人的行为或伦理上的价值，也包括政治上、社会上、学术上、艺术上的能力，以及身体素质、精神素质、职业、身份、血统等在社会生活中的价值。事实上，在社会生活中无论对上述哪一种内容的侵犯，均可能给他人的名誉权造成损害。

本罪所侵犯的对象只能是具体、特定的自然人。特定的人，可以是一个人，也可以是几个人，但必须是具体的。如果将侮辱的对象指向某一代人、某一类人或某一国人，尽管行为中包含侮辱的内容，但由于不存在有具体的对象，因此，行为人不能构成侮辱罪。如果侮辱已经死亡的人，行为人只能构成侮辱尸体罪，而不构成本罪。因为死人已经丧失了法律所赋予的有关权利义务，从而也就不存在刑法所保护的名誉权。但是，如果行为人形式上在侮辱已经死亡的人，而实质上是侮辱死者的家属，则也可能构成本罪。如果侮辱民法上受到死亡宣告的人，在其死亡宣告依法撤销后，行为人仍然可能构成侮辱罪。根据我国民法通则规定，法人享有名誉权，但是，由于我国刑法并未对此作相应的规定，所以，一般认为，法人不能作为侮辱罪的对象。对于侮辱法人的行为只能追究民事责任，而不能追究刑事责任。

2. 在客观方面，本罪表现为实施了以暴力或者其他方法公然侮辱他人，情节严重的行为。侮辱，一般包括两种情况：其一，暴力侮辱，即指用外力对人身体强制的方法或者以这种方法作为后盾进行威胁对他人进行侮辱。例如，强令被害人当众做令人难堪的动作；往被害人身上泼粪便；往嘴里塞污秽的东西等等。需要指出的是，这里的暴力侮辱显然既包括直接使用暴力对他人进行侮辱，也包括使用暴力相威胁对他人进行侮辱，但是，不能包括杀人、伤害等行为。其二，其他方法的侮辱，即指用言词或文字等形式对他人进行侮辱。例如行为人当众进行不堪入耳的辱骂、嘲笑来侮辱被害人,以使被侮辱者当众出丑;或用包括文字、图画等书面形式进行侮辱,即通过书写、张贴、传阅有损他人名誉的大字报、小字报、漫画、标语等形式,让被害人出丑以损害他人的名誉权。

构成侮辱罪的行为必须是公然进行的。公然,是指采用不特定或者多数人可能知悉的方式对他人进行侮辱。即这种行为可以当着被害人的面进行,也可以背着被害人进行,但必须是在使第三者看到或听到的情况下公然实施的,因为只有在旁人听到或看到的情况下所实施的侮辱行为才足以使他人的人格和名誉受到损害。

必须指出的是,按照刑法规定,构成侮辱罪应以"情节严重"为必要要件。情节严重,是指侮辱手段恶劣,如当众强行将粪便塞入他人口中;侮辱行为造成的后果严重,如被害人不堪侮辱自杀的,因受侮辱导致精神失常的,多次实施侮辱行为的,侮辱行为给社会带来极坏的影响等。侮辱情节一般,违反治安管理的规定并应当受到处罚的,可按《治安管理处罚法》的相关规定处罚。

3. 本罪在主观方面表现为故意并且有损害他人名誉的目的。由于过失而使他人的人格、名誉受到损害的,不构成本罪。理论上对于间接故意能否构成侮辱罪存在有争议。我们认为,间接故意不能构成本罪。理由是因为本罪行为人必须具有损害他人名誉的目的,即在刑法理论上本罪属于目的犯,而犯罪目的只存在于直接故意之中,间接故意中不存在有犯罪目的。特别是从行为人实施侮辱行为的心理状态分析,间接故意不可能具有明确的贬低他人人格、破坏他人名誉的目的,因此间接故意不可能构成本罪。当然行为人实施侮辱行为的动机可能是多种多样的,例如有的是出于报仇泄愤,有的则是出于妒忌,但是行为人的不同动机并不影响本罪的成立,而只能作为量刑时考虑的情节。

(二) 侮辱罪的认定

在认定侮辱罪时,要注意划清本罪与强制猥亵、侮辱罪的界限。两罪的主要区别表现为:

1. 侵犯的客体不同。本罪侵犯的是他人名誉,而强制猥亵、侮辱罪侵犯的是他人的人格、尊严等人身权利。

2. 侵犯的对象不同。本罪的对象没有限制,而强制猥亵、侮辱罪中,强制猥亵的对象可以包括男性,强制侮辱罪的对象只能是妇女。

3. 方法不同。本罪不要求采取强制方法,强制猥亵、侮辱罪必须采取暴力、胁迫等强制方法。

4. 形式不同。本罪必须公然实施侮辱行为,强制猥亵、侮辱罪并不要求公然进行。

5. 目的动机不同。本罪行为人必须具有败坏他人名誉的目的,强制猥亵、侮辱罪行为人一般是为了刺激或满足性欲。

6. 情节要求不同。本罪以情节严重为构成要件,强制猥亵、侮辱罪则不以情节严重为必要要件。

7. 本罪属于告诉才处理的犯罪,强制猥亵、侮辱罪则不是。

(三) 侮辱罪的处罚

《刑法》第 246 条规定,犯侮辱罪的,处 3 年以下有期徒刑、拘役、管制或者剥夺政治权利。根据《刑法》第 246 条第 2 款的规定,本罪属于告诉才处理的犯罪,也即行为人构成本罪必须存在有告诉行为,如果没有人向司法机关控告,司法机关不能主动追究行为人的刑事责任。同时刑法还规定,对于严重危害社会秩序和国家利益的侮辱犯罪,则不属于告诉才处理的范围。根据《刑法》第 246 条第 3 款的规定,通过信息网络实施侮辱行为的,被害人向人民法院告诉,但提供证据确有困难的,人民法院可以要求公安机关提供协助。

二、诽谤罪

(一) 诽谤罪的概念和构成

诽谤罪,是指故意捏造并散布某种虚构的事实,足以损害他人人格、破坏他人名誉,情节严重的行为。

本罪的构成要件如下:

1. 在客观方面,本罪表现为实施了捏造并散布某种虚构的事实,足以损害他人名誉,情节严重的行为。捏造,是指无中生有,凭空制造虚假的事实。只是传播了确实存在的事实,或以讹传讹,确有其事但有出入的,就不构成本罪。捏造的虚假事实必须达到足以贬低被害人在社会上的价值,损害其人格和名誉的程度。另外,捏造还必须是具体的事实,如果行为人只是捏造的内容较为抽象且并非一件具体的事情,则可能构成侮辱罪而不构成本罪。散布,是指用口头或文字方式扩散其所捏造的事实,使众人知道,只有捏造事实的行为,而未加散布,就不能以本罪处理。

构成诽谤罪,必须以情节严重为必要要件。情节严重,一般是指手段、动机特别恶劣,引起被害人自杀或精神失常等其他严重后果的情况等等。

2. 本罪在主观方面表现为故意。并且具有损害他人人格和名誉的目的。也即行为人明知散布捏造的事实会损害他人的人格和名誉而仍然加以散布,并希望他人的人格和名誉受到损害。过失或误信他人捏造的诽谤言论而加以传播,本人并无诽谤他人之意的,不构成本罪。我们认为,与侮辱罪相同,间接故意也不能构成诽谤罪,因为构成本罪行为人必须具有损害他人人格和名誉的目的。行为人实施诽谤行为的动机是多种多样的,但动机的不同,不影响本罪的构成,而只能作为量刑时考虑的情节。

(二) 诽谤罪的认定

在认定诽谤罪时,应注意以下几个问题:

1. 诽谤罪与侮辱罪的界限

诽谤罪与侮辱罪有许多相似之处,如侵犯的客体均是他人的名誉权;对象都必须是特定的;行为人都是以损害他人的名誉为目的;客观方面均具有公然性的特征等等。两罪的主要区别在于:

（1）手段不同。侮辱罪可以用暴力手段进行，也可以用其他方法进行；而诽谤罪只能采用口头或文字的方式进行，不能采用暴力手段进行。

（2）行为方式不同。侮辱罪较多是当着被害人的面实施，但诽谤罪则较多是背着被害人实施。

（3）散布内容不同。诽谤罪必须有捏造虚假的具体事实并加以散布的行为，而侮辱罪则不具有这一特征。

2. 既遂与未遂的界限

本罪与侮辱罪均为行为犯，在其他要件具备的情况下，只要实施了足以损害他人人格和名誉的行为，情节严重即构成犯罪既遂，并不要求达到行为人所希望达到的结果。

3. 关于诽谤罪与侮辱罪的告诉才处理

在认定本罪与侮辱罪时，要充分注意有关告诉才处理的问题。按照刑法规定，本罪与侮辱罪除严重危害社会秩序和国家利益的情况外，均属于告诉才处理的犯罪。即两罪均须经被害人的控告，司法机关才能追究行为人的刑事责任。在一般情况下，被害人不控告，司法机关不应主动追究。如果行为人的行为严重危害社会秩序和国家利益的，即使被害人不控告，司法机关仍应主动追究。严重危害社会秩序，是指因侮辱、诽谤行为导致他人精神失常、自杀或家庭不和、夫妻感情破裂，以致严重破坏社会秩序的情况。严重危害国家利益，是指侮辱、诽谤党和国家领导人、外国元首、外交代表等，在国内外造成极坏政治影响的情况。另外，《刑法》第98条还规定，如果被害人因受强制、威吓无法告诉的，人民检察院和被害人的近亲属也可以告诉。

需要指出的是，尽管侮辱罪和诽谤罪属于告诉才处理的犯罪，但是这并不意味着当事人的告诉与否就是决定行为人的侮辱、诽谤行为是否构成犯罪的唯一因素。事实上，行为人的侮辱、诽谤行为是否构成犯罪，主要应该根据行为本身是否达到了情节严重的程度加以判断。当事人的控告只能引发刑事诉讼，但不能决定行为人的行为是否构成犯罪。

（三）诽谤罪的处罚

《刑法》第246条规定，犯诽谤罪的，处3年以下有期徒刑、拘役、管制或者剥夺政治权利。

第六节　侵犯民主权利的犯罪

一、非法剥夺公民宗教信仰自由罪

（一）非法剥夺公民宗教信仰自由罪的概念和构成

非法剥夺公民宗教信仰自由罪，是指国家机关工作人员非法剥夺公民宗教信仰自由,情节严重的行为。

本罪的构成要件如下:

1. 本罪侵犯的客体是公民的宗教信仰自由权利。宗教信仰自由是我国公民享有的民主权利之一。这种自由权利包括信仰宗教或不信仰宗教的自由,信仰这种宗教或信仰那种宗教的自由。宪法明确规定,中华人民共和国公民有宗教信仰自由,任何国家机关、社会团体和个人不得强制公民信仰宗教或者不信仰宗教,不得歧视信仰宗教的公民和不信仰宗教的公民。

2. 在客观方面,本罪表现为实施了各种形式的非法剥夺公民宗教信仰自由,情节严重的行为。本罪的行为方式,一般表现为使用暴力、威胁或者其他手段制止他人加入宗教团体,或者强迫他人退出宗教团体;禁止公民或教徒参加正常的宗教仪式如弥撒活动等;破坏、拆毁或封闭教堂、寺庙等教会活动场所及其必要设备;粗暴干涉公民或者教徒对宗教的信仰;强迫不信教的公民信教,或强迫过去信教而现在已不信教的人继续信教;或者对信仰宗教的人或不信仰宗教的人进行打击迫害等等。需要指出的是,剥夺公民宗教信仰自由的行为必须具有非法性,对于制止封建迷信活动、取缔各种打着宗教旗号的反动会道门、邪教组织、打击相关各种犯罪活动的行为不能构成本罪。

本罪以"情节严重"为必要要件。情节严重,是指手段恶劣,例如采取暴力等强制手段破坏正当的宗教仪式,对于信教的教徒或不信教的公民进行捆绑或殴打等等以非法剥夺他人宗教信仰自由的;后果严重、影响恶劣,例如非法封闭或捣毁宗教场所设施等情况,或者因非法剥夺他人宗教信仰自由的权利,引起不同宗教的教徒相互械斗,造成人身伤亡的等等。如果情节不严重,一般可作为工作上的错误予以批评教育,或者给予行政处分。在认定非法剥夺宗教信仰自由罪时,要注意实施非法剥夺宗教信仰自由行为既可能造成物质损害,也可能造成非物质损害(如政治损害等)。在通常情况下,政治损害往往大于物质损害。对某些政治上的危害性,我们必须有充分的认识。

3. 本罪的主体是特殊主体,即只能由国家机关工作人员才能构成。这是因为国家机关工作人员是国家方针政策的执行者,且非法剥夺公民宗教信仰自由的权利,一般都是利用职务上的便利实施的。只有国家机关工作人员滥用职权非法剥夺公民宗教信仰自由,才会直接妨害国家的宗教政策,并造成严重的社会危害性,社会影响也会很大。所以非国家机关工作人员不能成为本罪的主体。如果非国家机关工作人员干涉他人的宗教信仰自由而触犯刑律的,可以其他有关犯罪论处。

4. 本罪在主观方面表现为故意,过失不构成本罪。即行为人明知自己的行为是侵犯宗教信仰自由,并且希望或者放任这种危害结果的发生。行为人实施非法剥夺公民宗教信仰自由的行为可能出于不同的动机,但是行为人犯罪动机的不同不影响本罪的成立。

(二)非法剥夺公民宗教信仰自由罪的处罚

《刑法》第251条规定,犯非法剥夺公民宗教信仰自由罪的,处2年以下有期徒刑或者拘役。

二、侵犯少数民族风俗习惯罪

（一）侵犯少数民族风俗习惯罪的概念和构成

侵犯少数民族风俗习惯罪，是指国家机关工作人员以强制手段非法干涉、破坏少数民族的风俗习惯，情节严重的行为。

本罪的构成要件如下：

1. 本罪侵犯的客体是少数民族保持或改革自己风俗习惯的自由权利。应该看到，少数民族的风俗习惯自由权利既包括保持自己民族风俗习惯的自由权利，也包括改变自己民族风俗习惯的自由权利。我国宪法明确规定各民族"都有保持或者改革自己的风俗习惯的自由"。破坏少数民族的风俗习惯的行为，必然会侵犯少数民族公民所享有的保持或者改革自己风俗习惯的自由权利，而且会伤害少数民族的民族感情与民族自尊心，甚至会破坏民族团结和民族平等的原则。

2. 在客观方面，本罪表现为以强制手段，破坏少数民族风俗习惯的行为。干涉、破坏的形式表现为使用暴力、胁迫、利用权势、运用行政措施等。侵犯少数民族风俗习惯的客观行为必须具有强制性。这里所谓的强制手段，既可以是暴力的，也可以是非暴力的，如以行政命令强迫少数民族改变其风俗习惯等。如果行为人以宣传教育的方法，促使少数民族自愿放弃、改革自己的落后风俗习惯，则不能构成本罪。侵犯少数民族风俗习惯的行为必须具有非法性。也即这种侵犯少数民族保持或者改革自己风俗习惯的自由权利的行为不具有法律依据。另外，侵犯行为只有针对少数民族的风俗习惯才可能构成犯罪。由于在我国少数民族相对于汉族而言始终处于"少数"的地位，而且少数民族的风俗习惯与汉族有许多不同，在一个以汉族为多数人口的国家里，少数民族的风俗习惯较为容易受到侵害。如果行为人的行为侵犯的并非是少数民族（即汉族以外的民族）的风俗习惯，就不构成本罪。

本罪的构成还必须以"情节严重"为必要要件。情节严重，是指手段恶劣、后果严重、影响很坏等。

3. 本罪的主体是特殊主体，只能由国家机关工作人员构成，非国家机关工作人员不能构成本罪。这是因为只有作为国家方针政策执行者的国家机关工作人员实施的侵犯少数民族风俗习惯行为，才可能对少数民族保持或者改革自己风俗习惯的自由权利造成严重损害。如果非国家机关工作人员实施类似行为，构成犯罪的，按刑法其他有关犯罪论处。

4. 本罪在主观方面表现为故意，过失不能构成本罪。即行为人明知自己的行为会发生侵犯少数民族保持与改革本民族风俗习惯的危害结果，并且希望或者放任这种结果的发生。行为人实施侵犯少数民族风俗习惯的行为可能出于不同的动机，但是行为人犯罪动机的不同不影响本罪的成立。

（二）侵犯少数民族风俗习惯罪的处罚

《刑法》第251条规定，犯侵犯少数民族风俗习惯罪的，处2年以下有期徒刑或者拘役。

三、侵犯通信自由罪

(一) 侵犯通信自由罪的概念和构成

侵犯通信自由罪,是指故意隐匿、毁弃或者非法开拆他人信件,侵犯公民通信自由权利,情节严重的行为。

本罪的构成要件如下:

1. 本罪侵犯的客体是公民通信自由的权利。通信自由权利,包括通信安全与通信秘密两方面的内容。信件,是指特定人向特定人转达意思、表达感情、记载事实的文书(包括电子邮件)。这种文书并不一定要求通过邮政局投递。根据全国人大常委会 2000 年 12 月 28 日《关于维护互联网安全的决定》,非法截获、篡改、删除他人电子邮件或者其他数据资料,侵犯公民通信自由和通信秘密构成犯罪的,应以本罪追究刑事责任。需要指出的是,明信片也属于信件,但是其只能作为隐匿、毁弃的对象,而不能作为非法开拆的对象。本罪的对象仅指他人(自然人)的信件,而不包括单位的信件。对隐匿、毁弃、非法开拆单位信函的,应视具体情况处理:如果符合毁灭国家机关公文罪或故意泄露国家秘密罪的构成要件,则分别以相关犯罪论处;如果不符合犯罪构成要件,则不得认定为犯罪。

2. 在客观方面,本罪表现为实施隐匿、毁弃或者非法开拆他人信件,侵犯公民通信自由的行为。隐匿,是指私自将他人信件隐藏起来,不使收信人知道信件,即指妨害权利人发现信件的一切行为;毁弃,是指将他人信件撕毁、烧毁或者丢弃,使收信人无法收到信件,即指妨害信件本来效用的一切行为;开拆,是指未经许可擅自打开他人信件,偷看信件内容,即指擅自使他人信件处于其他人可能知悉的一切行为。理论上和司法实践中,对于行为人形式上对信件未予开拆但采取科技手段得知他人信件内容的行为,能否认定为非法开拆行为的问题颇有争议。我们认为,这种情况也应该列入开拆的范畴之中。因为随着科技的发展,不以形式的开拆为手段达到实质知悉他人信件的情况会愈来愈多,如果将这种情况排除于开拆行为之外,不符合刑事立法的原意。上述隐匿、毁弃或者非法开拆他人信件的行为,只要具备其中之一,即可构成本罪。三种行为兼而有之,仍定一罪而不实行数罪并罚,只是在量刑上酌情考虑。

本罪以"情节严重"为必要要件。情节严重,是指多次或一次大量隐匿、毁弃或者非法开拆他人信件的,即隐匿、毁弃或者非法开拆他人信件,次数较多或者数量较大的;隐匿、毁弃或者非法开拆他人的信件引起严重后果的,如致使他人工作生活受到严重妨害,或者身体、精神受到严重损害以及家庭不睦、夫妻离异等严重后果的;屡教不改或影响很坏的等等。

3. 本罪的主体是一般主体。如直接经手、管理信件的邮政工作人员利用职务之便,隐匿、毁弃、非法开拆他人信件的,应以私自开拆、隐匿、毁弃邮件、电报罪论处,而不构成本罪。

4. 本罪在主观方面表现为故意,过失不能构成本罪。即行为人明知自己隐匿、毁弃、非法开拆他人信件的行为会发生侵犯他人通信自由的危害后果,并且希望或者放任这种结果的发生。侵犯通信自由罪行为人的动机是多种多样的,有的为了报复,有的出于嫉妒,有的为了好奇,有的为了集邮等。不论其动机如何,不影响本罪的构成。

(二) 侵犯通信自由罪的认定

在认定本罪时,要注意对隐匿、毁弃或者非法开拆他人信件时又窃取他人财物行为的正确定性。

司法实践经常发生非邮电工作人员在隐匿、毁弃或者非法开拆他人信件的同时又窃取他人财物的案件,由于我国刑法只对邮政工作人员的类似行为作了定罪和处罚的规定,但对非邮政工作人员的这种行为未作专门的规定,因此在处理这类案件时,有关看法和做法并不完全一致。为此,1989 年 9 月 15 日最高人民检察院在《关于非邮电工作人员开拆他人信件并从中窃取财物案件定性问题的批复》中明确指出,非邮电工作人员非法开拆他人信件,侵犯公民通信自由权利,情节严重,并从中窃取少量财物,或者窃取汇票、汇款支票,骗取汇兑款数额不大的,依照刑法关于侵犯通信自由罪的规定,从重处罚。非邮电工作人员非法开拆他人信件,侵犯公民通信自由权利,情节严重,并从中窃取财物数额较大的,应按照重罪吸收轻罪的原则,依照刑法关于盗窃罪的规定从重处罚。非邮电工作人员非法开拆他人信件,侵犯公民通信自由权利,情节严重,并从中窃取汇票或汇款支票,冒名骗取汇兑款数额较大的,应依照刑法关于侵犯通信自由罪和诈骗罪的规定,依法实行数罪并罚。

(三) 侵犯通信自由罪的处罚

《刑法》第 252 条规定,犯侵犯通信自由罪的,处 1 年以下有期徒刑或者拘役。

四、私自开拆、隐匿、毁弃邮件、电报罪

(一) 私自开拆、隐匿、毁弃邮件、电报罪的概念和构成

私自开拆、隐匿、毁弃邮件、电报罪,是指邮政工作人员利用职务上的便利,私自开拆、隐匿、毁弃邮件、电报的行为。

本罪的构成要件如下:

1. 本罪侵犯的客体是国家邮政事业的正常活动,直接破坏邮政部门的工作秩序和信誉,以及公民的通信自由权利。与侵犯公民通信自由罪一样,邮政工作人员私自开拆、隐匿、毁弃邮件、电报的行为必然会对公民的通信自由造成侵害,同时由于这种行为是由邮政工作人员实施的,必然会影响国家邮政事业的正常活动,并直接破坏邮政部门的工作秩序和信誉。本罪的对象为邮件、电报。邮件,是指通过邮政部门寄递的信件、印刷品、邮包、汇款通知、报刊等。

2. 在客观方面,本罪表现为实施私自开拆、隐匿、毁弃邮件、电报的行为。非法开拆,是指未经收信人许可而又无法律依据,擅自打开他人封缄的信件,侵犯他人通

信秘密的行为。理论上通常认为,这里的开拆既包括开拆他人已经封缄的信件,也包括以其他方法透视邮件、电报中内容的情况。隐匿,是指把他人邮件、电报隐藏起来,不使收邮件、电报人知道或者不交给收邮件、电报人,侵犯他人通信自由的行为。毁弃,是指用撕毁、烧掉或者丢弃等方法将他人邮件、电报毁损,使收邮件、电报人无法知道或无法看到,侵犯他人通信自由的行为。上述行为只要实施其中之一即可构成本罪,实施多个行为也以一罪论处,而不实行数罪并罚。行为人必须利用职务上的便利实施上述行为才构成本罪,否则不构成本罪。

《刑法》第253条还规定,犯私自开拆、隐匿、毁弃邮件、电报罪而窃取财物的,以盗窃罪定罪从重处罚。

3. 本罪的主体是特殊主体,即必须由邮政工作人员才能构成。邮政工作人员,是指国家邮政部门、邮政企业中,与邮政业务有直接联系职责的干部、营业人员、分拣员、投递员、接发员和押运员等。根据《中华人民共和国邮政法》规定,邮政企业根据需要委托其他单位或个人代办邮政企业专营业务的代办人员,办理邮政业务时,可视为邮政工作人员。另外,根据有关法律规定,国际邮件的出入境、开拆与封发,由海关人员监管,故监管国际邮件的海关人员应视为邮政工作人员。

4. 本罪在主观方面表现为故意。即行为人明知自己的行为会发生侵犯他人通信自由权利、侵犯国家邮政事业的正常活动、直接破坏邮政部门的工作秩序和信誉的结果,并且希望或放任这种结果发生。至于行为人出于何种动机,并不影响本罪的成立。邮政工作人员由于工作严重不负责任、玩忽职守,丢失邮件、电报、延误投递,致使公共财产,国家和人民利益造成重大损失,构成犯罪的,以其他有关犯罪论处。

(二) 私自开拆、隐匿、毁弃邮件、电报罪的认定

在认定私自开拆、隐匿、毁弃邮件、电报罪时,应注意划清本罪与侵犯通信自由罪的界限。两罪在主观上都由故意构成,客观方面都实施了私自开拆、隐匿、毁弃信件等的行为。其主要区别是:

1. 犯罪主体不同。本罪的主体是特殊主体,即只能由邮政工作人员才能构成;而侵犯通信自由罪则是一般主体,任何达到法定年龄、具有刑事责任能力的人均可以构成。

2. 犯罪客体不同。本罪侵犯的客体是复杂客体,行为人的行为既侵犯了国家邮政事业的正常活动、邮政部门的工作秩序和信誉,又侵犯了公民的通信自由;而侵犯通信自由罪的客体则是简单客体,即行为人的行为侵犯了公民的通信自由权利。

3. 客观方面不同。本罪以利用职务上的便利为构成要件,但不以情节严重为必要要件;而侵犯通信自由罪的成立与行为人的职务无关,且须以"情节严重"为构成要件。

(三) 私自开拆、隐匿、毁弃邮件、电报罪的处罚

《刑法》第253条规定,犯私自开拆、隐匿、毁弃邮件、电报罪的,处2年以下有期徒刑或者拘役。

五、侵犯公民个人信息罪

（一）侵犯公民个人信息罪的概念和构成

侵犯公民个人信息罪，是指违反国家有关规定，向他人出售、提供公民个人信息，或者以窃取、其他方法非法获取公民个人信息，情节严重的行为。

本罪的构成要件如下：

1. 本罪侵犯的客体是公民个人信息的安全权利。公民个人信息是指能够识别公民个人身份和涉及公民个人隐私的信息。

2. 在客观方面，本罪表现为违反国家有关规定，向他人出售、提供公民个人信息，或者以窃取、其他方法非法获取公民个人信息的行为，并且以情节严重为必要。

3. 本罪的主体是一般主体，即已满16周岁的具有刑事责任能力的自然人和单位。

4. 本罪在主观方面表现为故意。

（二）侵犯公民个人信息罪的处罚

《刑法》第253条之一规定，犯侵犯公民个人信息罪，处3年以下有期徒刑或者拘役，并处或者单处罚金；情节特别严重的，处3年以上7年以下有期徒刑，并处罚金。违反国家规定，将在履行职责或者提供服务过程中获得的公民个人信息，出售或者提供给他人的，依照本罪的规定从重处罚。单位犯罪的，对单位判处罚金，并对其直接负责的主管人员和其他直接责任人员，依照上述规定处罚。

六、报复陷害罪

（一）报复陷害罪的概念和构成

报复陷害罪，是指国家机关工作人员滥用职权、假公济私，对控告人、申诉人、批评人、举报人实行报复陷害的行为。

本罪的构成要件如下：

1. 侵犯的客体是公民的控告权、申诉权、批评监督权和举报权。公民的控告权、申诉权、批评监督权和举报权是我国公民享有的重要的民主权利之一。宪法明确规定，我国公民对于任何国家机关和国家工作人员，有提出批评和建议的权利；对于任何国家机关和国家工作人员的违法失职行为，有向有关国家机关提出申诉、控告或者检举的权利。对于公民的控告、申诉或者检举，任何人不得压制和打击报复。国家机关工作人员滥用职权、假公济私，对控告人、申诉人、批评人、举报人实行报复陷害的行为必然会对公民的控告权、申诉权、批评监督权和举报权造成侵犯。

本罪侵害的对象是控告人、申诉人、批评人或举报人。控告人，是指向司法机关或其他党政机关告发国家机关工作人员违法失职的人。控告人既可以是一般公民，也可以是国家工作人员。申诉人，是指对于自己所受的处分不服，向原处理机关或上级机关提出申诉意见,请求改变原处分的人,也包括不服法院已经发生法律效力的判决或裁定,向原审法院或上级法院提出申诉,请求再审的人。当然申诉人既包括为本人申诉的人,也包括为他人申诉的其他公民。批评监督人,是指对国家机关工作人员工作上的缺点、错误或思想作风问题提出批评的人。举报人,是指向司法机关及其他有关部门检举、报告国家机关工作人员违法犯罪行为的人。

2. 在客观方面,本罪表现为滥用职权、假公济私,对控告人、申诉人、批评人、举报人实行报复陷害的行为。报复陷害的行为是多种多样的,例如,利用职权,对被害人进行政治上、经济上的迫害;制造各种理由或借口,非法克扣工资、奖金或开除公职、降职、降薪、压制学术自由、不给技术评定;假公济私,篡改被害人的档案等。不论采取何种形式,报复陷害行为必须同滥用职权、假公济私结合在一起。如果所采取的报复陷害行为与行为人的职权没有关系,则不构成本罪。滥用职权,是指非法地行使职务上的权限,即违反自己职务的权限或者在自己的职权范围内非法使用权力对被害人进行报复陷害。假公济私,是指为了达到报复陷害的目的,假借国家机关的名义或权力对被害人进行报复陷害。如果行为人不是滥用职权、假公济私,即使是出于报复陷害的目的,也不能构成本罪,而应按照其报复陷害行为所触犯的罪名定罪量刑,例如,报复陷害者以杀人、伤害、放火等手段进行报复陷害的,对行为人应以故意杀人罪、故意伤害罪或放火罪等罪定罪量刑。

3. 本罪的主体是特殊主体,即只能由国家机关工作人员才能构成。非国家机关工作人员由于不存在有滥用职权、假公济私的可能性,因此不能构成本罪。如果非国家机关工作人员对他人实行报复陷害的,应当根据其行为按有关犯罪论处。

4. 本罪在主观方面表现为故意,且具有报复陷害他人的目的。即行为人明知其行为会使被害人的有关权利受到严重损害,并希望这种结果的发生。

(二) 报复陷害罪的处罚

《刑法》第 254 条规定,犯报复陷害罪的,处 2 年以下有期徒刑或者拘役;情节严重的,处 2 年以上 7 年以下有期徒刑。

七、破坏选举罪

(一) 破坏选举罪的概念和构成

破坏选举罪,是指在选举各级人民代表大会和国家机关领导人员时,以暴力、威胁、欺骗、贿赂、伪造选举文件、虚报选举票数等手段破坏选举或者妨害选民和代表自由行使选举权与被选举权,情节严重的行为。

本罪的构成要件如下:

1. 本罪侵犯的客体是公民的选举权和被选举权。宪法和选举法都明确规定,凡中华人民共和国年满 18 周岁的公民,不分民族、种族、性别、职业、家庭出身、宗教信仰、教育程度、财产状况、居住期限,皆享有选举权和被选举权;但依法被剥夺政治权利的人除外。破坏选举犯罪的行为就是对这种权利的侵犯。本罪破坏的只能是各级人民代表大会代表和国家机关领导人的选举活动,如果破坏的是某一机关、企事业单位、人民团体内部各种工作人员的选举,不能以本罪论处。

2. 在客观方面,本罪表现为以暴力、威胁、欺骗、贿赂、伪造选举文件、虚报选举票数等手段破坏选举,或者妨害选民与代表自由行使选举权与被选举权的行为。本罪通常表现为破坏选举或者妨害选举两种情况。其中破坏选举主要包括,行为人实施了破坏选举工作的正常进行的行为,如伪造选举文件、虚报选举票数,扰乱选举会场,强行宣布合法选举结果无效等。妨害选民与代表自由行使选举权与被选举权,是指行为人以暴力、胁迫、欺骗、贿赂等手段,诱使或迫使选民违反自己的意志选举某人或不选举某人,阻碍他人充当被选举人等行为。

3. 本罪的主体是一般主体,即年满 16 周岁,具备刑事责任能力的人均可构成。本罪的主体既可以是有选举权的公民,也可以是无选举权的公民;既可以是一般公民,也可以是负责选举工作的工作人员。

4. 本罪在主观方面表现为故意。即行为人明知自己的行为会给选举工作造成危害结果,并且希望这种结果的发生。如果是由于过失影响了选举工作的正常进行,则不构成本罪。

(二) 破坏选举罪的处罚

《刑法》第 256 条规定,犯破坏选举罪的,处 3 年以下有期徒刑、拘役或者剥夺政治权利。

第七节　妨害婚姻家庭的犯罪

一、暴力干涉婚姻自由罪

(一) 暴力干涉婚姻自由罪的概念和构成

暴力干涉婚姻自由罪,是指以暴力的方法干涉他人婚姻自由的行为。

本罪的构成要件如下:

1. 本罪侵犯的客体是他人婚姻自由的权利和人身权利。婚姻自由是我国婚姻法的一个基本原则,也是我国宪法赋予公民的一项基本权利。从某种角度分析,婚姻自由是我国婚姻家庭制度的基础,也是建立和睦、幸福家庭的前提条件。一般而言,婚姻自由包括了结婚自由和离婚自由两方面的内容。结婚自由,是指缔结婚姻关系必须出于男女双方完全自愿,不容许一方对他方加以强迫或任何第三者加以干涉。离婚自由,是指在夫妻双方感情确已破裂,男女双方或任何一方均可以向婚姻登记机关或者人民法院提出解除婚姻关系的请求,任何人不得加以干涉。由于爱情是婚姻的基础,因此,恋爱自由也应包括在内。暴力干涉他人恋爱自由权利的行为,实际上是暴力干涉他人结婚自由,也可构成本罪。由于本罪是通过暴力方法实施犯罪行为的,又必然会侵犯到他人的人身权利。

2. 在客观方面,本罪表现为实施了以暴力干涉他人婚姻自由的行为。暴力,是指直接作用于被害人人身的物质强制力,如捆绑、殴打、强行禁闭等手段。需要指出的是,本罪的暴力须具有一定程度的严重性且足以使被害人的身心遭受严重创伤,以致不能自由行使结婚或离婚权利为必要条件,才能构成犯罪。极其轻微的暴力或者仅仅以暴力相威胁的行为,不能构成本罪。司法实践中,暴力干涉婚姻自由行为的主要表现形式有:强迫对方与自己结婚;强迫被害人与他人结婚;不准被害人与他人结婚;强迫对方与自己离婚或不准对方与自己离婚;强迫被害人与他人离婚或不准被害人与他人离婚等。

本罪属于告诉才处理的犯罪。这是因为本罪的主体多为被害人的亲属,有的甚至是父母。被害人一般只要求行为人停止实施暴力干涉婚姻自由的行为即可,而不希望行为人被追究刑事责任。因此,对于暴力干涉婚姻自由的行为,如果被害人自己不告诉的,司法机关一般不能主动追究。但是,对于被害人因受强制、威吓无法告诉的,人民检察院和被害人的近亲属也可以告诉。另外,根据刑法规定,暴力干涉婚姻自由,而致使被害人死亡的情况则不属于告诉才处理的范围。

3. 本罪的主体为一般主体,即年满 16 周岁,具备刑事责任能力的人均可构成。从司法实践的情况来看,本罪的主体一般与被害人具有一定的亲属关系,多为被害人的父母、祖父母、监护人、兄弟姐妹及其他亲属等。

4. 本罪在主观方面表现为故意,且行为人具有明确不许他人自由结婚或不许他人自由离婚的目的。行为人的动机可以是多种多样的,例如,有些人是出于贪图钱财的动机,有些人是出于高攀权势的动机,有些人是出于门当户对的动机,也有些人是出于换亲的动机,甚至有些人是出于霸占他人妻子的动机等等。不同的动机对于犯罪的成立不发生影响。

(二) 暴力干涉婚姻自由罪的认定

认定暴力干涉婚姻自由罪时,应注意以下问题:

1. 暴力干涉婚姻自由罪与故意杀人、故意伤害等罪的界限。由于本罪必须使用暴力手段才能构成,因而很容易与故意杀人、故意伤害等犯罪混淆。日常生活中以故意杀人、故意重伤方法干涉他人婚姻自由的,由于这些行为对他人人身的侵犯超过了对婚姻自由的妨害,所以,应以故意杀人或故意伤害罪论处,而不能以本罪论处。至于《刑法》第 257 条第 2 款所规定的"致使被害人死亡的",一般应理解为是指在实施暴力干涉婚姻自由行为的过程中过失导致被害人死亡与因暴力干涉婚姻自由而引起被害人自杀身亡。

2. 暴力干涉婚姻自由罪与以抢亲方式干涉婚姻自由行为的界限。抢亲案件比较复杂,应区别对待。如男女双方已登记结婚,后女方悔婚不愿同居,男方因而使用暴力强行抢亲并同居。这种情况因有合法的婚姻关系为背景,一般不应以犯罪论处。如男女双方本无婚姻关系,行为人纯属通过抢亲,强迫另一方与己结婚,例如,行为人向女方求婚,遭到女方拒绝而纠集他人采取暴力手段将女方劫持到自己家中,逼其成婚的，对此应以本罪论处。如果在这一过程中又发生强奸行为的，还应构成强奸罪，实行数罪并罚。

（三）对暴力干涉婚姻自由罪的处罚

《刑法》第257条规定，犯暴力干涉婚姻自由罪的，处2年以下有期徒刑或者拘役，但只有被害人告诉才处理。犯暴力干涉婚姻自由罪致使被害人死亡的，处2年以上7年以下有期徒刑，这种情况不属于告诉才处理的范围。

二、重婚罪

（一）重婚罪的概念和构成

重婚罪，是指有配偶又与他人结婚，或者明知他人有配偶而与之结婚的行为。

本罪的构成要件如下：

1. 本罪侵犯的客体是一夫一妻的婚姻制度。一夫一妻婚姻制度是我国婚姻法中所确立的一项基本制度。这一制度要求任何已成年的人在同一个时间里只能有一个配偶。不允许一夫多妻或一妻多夫的现象存在。重婚行为不仅破坏了一夫一妻制度，给合法婚姻关系的另一方的利益带来侵害，而且这种行为必然影响家庭关系，败坏社会主义道德风尚。

2. 在客观方面，本罪表现为行为人已有配偶又与他人结婚，或明知他人有配偶而与之结婚的行为。对于这里所谓的"有配偶"是否包括事实婚姻的问题，理论上曾有较大的争议。这主要是因为1994年2月1日民政部颁布的《婚姻登记管理条例》第24条明确规定，没有配偶的男女，未经结婚登记即以夫妻名义同居生活的，其婚姻关系无效，不受法律保护。为此，有人认为，根据这一规定的内容，说明我国已不再承认事实婚姻的效力。因此，事实婚姻中夫妻一方不能称之为这里的"配偶"。这意味着行为人如先有事实婚而与他人结婚的或明知他人事实婚而与之结婚，都不构成本罪。[1]但是，持该观点的人同时还认为，有配偶的人在未解除婚姻关系的条件下，与他人登记结婚或形成事实婚姻，或者明知他人有配偶而与之登记结婚或形成事实婚姻的，皆可构成本罪。理由在于，虽然事实婚姻不受法律保护，但这种公开以夫妻名义长期生活在一起的行为，事实上破坏了合法的婚姻关系，侵犯了一夫一妻制度。因此，为了保护合法的婚姻关系，有必要将事实重婚认定为重婚罪。[2]

我们不同意上述观点。对于上述有配偶的人在未解除事实婚姻关系的条件下，与他人登记结婚或形成事实婚姻，或者明知他人有配偶而与之登记结婚或形成事实婚姻的，可以构成本罪的观点，事实上已经有了定论，自然不属于争议的范围。1994年12月4日最高人民法院《关于〈婚姻登记管理条例〉施行后发生的以夫妻名义非法同居的重婚案件是否以重婚罪定罪处罚给四川省高级人民法院的批复》中明确指出，新的《婚姻登记管理条例》发布施行后，有配偶的人与他人以夫妻名义同居生活的，或

---

[1][2] 李晓明主编：《刑法学》（下），法律出版社2001年版，第461页。

者明知他人有配偶而与之以夫妻名义同居生活的,仍应按重婚罪定罪处罚。现在争议的主要问题是,事实婚姻中夫妻一方与他人结婚的或明知他人事实婚而与之结婚的行为是否构成本罪? 我们认为,这种行为也可以构成本罪。理由是:《婚姻登记管理条例》中所作的规定与刑法中关于重婚罪的规定事实并不矛盾。该条例只是指明事实婚姻关系法律不予保护,法律不予保护并不意味着行为人事实结婚行为的客观不存在,也即法律不予保护的婚姻关系并不能消灭事实结婚行为。而事实婚姻是否受法律保护与事实婚姻是否构成重婚罪并非同一个问题,在这一问题上,刑法分析问题的角度与婚姻条例分析问题的角度并不完全一致,《婚姻登记管理条例》主要是从婚姻关系是否需要保护的角度作出规定的,而刑法则较多地从对行为惩治角度作出规定的,认为重婚罪主要是针对同时存在的两次以上结婚行为的惩罚。特别是刑事司法实践中将事实婚姻中夫妻一方作为重婚罪的"配偶"来看待,实际上并不是对这种事实婚姻关系的保护,相反的却是通过对这种重婚行为的惩罚作出对这种事实婚姻关系的否定。就此而言,《婚姻登记管理条例》中的规定与司法实践中的通常做法是不相违背的,只不过考虑问题的角度不同而已。另外,如果认为行为人先有事实婚姻而与他人结婚的或明知他人事实婚而与之结婚都不构成本罪的话,司法实践中真正构成本罪的情况可能就不很多了,因为,日常生活中大量存在的重婚情况均没有法律登记的行为,如果认为这些行为均不能构成重婚罪,显然也与刑法设立重婚罪的原意相违背。

3. 本罪的主体既包括已有配偶的人,也包括虽然没有配偶但明知他人有配偶而仍与之结婚者。有配偶的人,是指男子有妻、女子有夫,而且夫妻关系处于存续期间。正如前述,这种夫妻关系既包括经过合法的登记结婚而形成的夫妻关系,也包括事实上形成的夫妻关系。对于虽然没有配偶但明知他人有配偶而仍与之结婚者而言,尽管在其结婚时只有一次婚姻存在,但其在明知他人有配偶的情况下仍与之结婚,在性质上与重婚者没有什么区别,故也可构成重婚罪。也即对构成本罪的行为人本人而言,并非一定要有两次婚姻关系。

4. 本罪在主观方面表现为故意。对于没有配偶的一方,如果构成本罪,必须以"明知他人有配偶"为前提,否则不构成本罪。但是,对于有配偶的一方只要与他人结婚就构成本罪,至于行为人是否明知对方有配偶则不受影响。需要指出的是,构成重婚罪并不要求婚姻的双方均同时构成犯罪,有时婚姻的单方构成犯罪而另一方并不构成犯罪的情况完全可能存在。如果有配偶的一方隐瞒了自己有配偶的事实真相,使无配偶的一方受骗与之结婚的,对有配偶的一方应以本罪论处,无配偶的一方则不构成犯罪。构成本罪的行为人的动机可能多种多样,有的是因为贪图享受,有的是因为夫妻关系不和,有的是为了解脱家庭生活痛苦,有的则是为了传宗接代。动机的不同不影响本罪的构成,但可能影响量刑。

(二)重婚罪的处罚

《刑法》第 258 条规定,犯重婚罪的,处 2 年以下有期徒刑或者拘役。

三、破坏军婚罪

（一）破坏军婚罪的概念和构成

破坏军婚罪，是指明知是现役军人的配偶而与之同居或者结婚的行为。

本罪的构成要件如下：

1. 本罪侵犯的客体是现役军人的婚姻关系。现役军人的婚姻关系是我国社会生活中婚姻关系的组成部分。由于军人担负着保卫国家安全和祖国建设事业的重任，军人婚姻关系的稳定尤为重要。破坏军婚的行为不仅侵犯了一般的婚姻自由权利，而且还必然影响到军人的战斗意志并由此而减弱军队的战斗力。现役军人，是指正在人民解放军服役的现役军官、文职干部、士兵及具有军籍的学员，正在人民武装警察部队服役的现役警官、文职干部、士兵及具有军籍的学员以及执行军事任务的预备役人员和其他人员。转业军人、复员退伍军人、残废军人和在军事机关工作而没有军籍的工作人员，以及因犯罪被判刑在执行刑罚期间仍保留军籍的罪犯均不包括在内。现役军人的配偶，是指与现役军人具有夫妻关系的男方或者女方。不包括与现役军人仅有"婚约"的"未婚妻"或"未婚夫"以及恋人。需要指出的是现役军人的配偶可能是现役军人，也可能不是现役军人，无论是否现役军人，均不影响其军人配偶的身份。

2. 在客观方面，本罪表现为明知是现役军人的配偶而与之同居或者结婚的行为。同居，是指男女双方在一段时间内进行共同生活。理论上一般认为，同居是以两性关系为基础，同时还有经济上和其他生活方面的特殊关系。同居不同于通奸：通奸，是指男女双方或其中一方有配偶的人暗中发生不正当性关系的行为。通奸一般仅限于性行为，而不包括有经济上和其他生活方面的特殊关系；而同居则不仅存在性关系而且还具有经济、生活方面的特殊关系。根据以往的司法解释，明知是现役军人的配偶而与之长期通奸，破坏军人婚姻家庭关系，造成现役军人夫妻关系破裂的严重后果的，应当适用破坏军婚罪的规定予以处罚。①

3. 本罪的主体是一般主体，包括男性与女性。理论上和司法实践中一般认为，现役军人也可成为本罪的主体，如现役军人与其他现役军人的配偶结婚或者同居的，也可构成本罪。

4. 本罪在主观方面表现为故意，即明知是现役军人的配偶仍与之同居或者结婚。如果行为人由于某种原因确实不知对方是现役军人的配偶（如现役军人的配偶隐瞒了军婚的真相），而与之结婚或同居的，则不构成本罪。

（二）破坏军婚罪的认定

在认定破坏军婚罪时，应注意划清本罪（除同居行为以外）与重婚罪的界限。从

---

① 见 1985 年 7 月 18 日最高人民法院《印发〈关于破坏军人婚姻罪的四个案例〉的通知》。需要指出的是，这一司法解释颁布施行于 1997 年《刑法》生效之前，在当时实际上具有类推性质。在 1997 年《刑法》生效之后，该司法解释是否仍然有效，值得研究。

理论上分析,本罪与重婚罪实际上属于竞合关系。破坏军婚罪是一种特殊形式的重婚罪,我国刑法为了保护军队的战斗意志,巩固军人家庭的团结,才将本罪从一般重婚罪中独立出来,予以专条规定。因此,司法实践中如符合破坏军婚罪要件,应以本罪论处,而不再以重婚罪论处。如不符合本罪的构成要件,但符合重婚罪的构成要件的,则应以重婚罪论处。

(三) 破坏军婚罪的处罚

《刑法》第 259 条规定,犯破坏军婚罪的,处 3 年以下有期徒刑或者拘役。需要注意的是,第 259 条第 2 款规定,利用职权、从属关系,以胁迫手段奸淫现役军人妻子的,依照第 236 条的强奸罪定罪处罚。这一规定属于强调或注意性的规定,条文本身并没有什么新的内容。对行为人适用这一条款时必须符合强奸罪的有关构成要件,如果行为人利用职权、从属关系,但并没有使用暴力、胁迫等强奸罪要求的手段方法,对行为人不能认定为强奸罪。

四、虐待罪

(一) 虐待罪的概念和构成

虐待罪,是指对共同生活的家庭成员,经常以打骂、冻饿、禁闭、强迫过度劳动、有病不给治疗、限制自由、凌辱人格等手段,从肉体上、精神上进行摧残、折磨,情节恶劣的行为。

本罪的构成要件如下:

1. 本罪侵犯的客体是共同生活的家庭成员中的平等权利与被害人的身心健康。虐待犯罪者以各种手段,对被虐待者从肉体上、精神上进行摧残、折磨,必然会对共同生活的家庭成员中的平等权利造成侵犯,同时也会使被害人的身心健康受到侵害。本罪的对象必须是与犯罪分子共同生活的家庭成员,因为他们之间存在有相互抚养、帮助的义务,非家庭成员不能成为本罪的对象。

2. 在客观方面,本罪表现为肆意折磨、凌辱、摧残共同生活的家庭成员的行为。虐待行为的内容主要是对家庭成员进行肉体上的摧残或精神上的折磨,有时甚至可能同时存在有肉体上的摧残和精神上的折磨的情况。虐待的方法可以是殴打、冻饿、禁闭、强迫过度劳动、有病不给治疗、限制自由、不让参加社会活动、侮辱、咒骂、讽刺、凌辱人格等。行为方式可以是作为,也可以是不作为。行为的持续性是本罪最重要的特点之一,即虐待行为必须具有经常性、一贯性的特点,这一特点也是虐待行为区别于伤害、杀人等行为的地方。偶尔对家庭成员实施打骂、冻饿的行为,不属于本罪中的虐待行为。

本罪的构成以"情节恶劣"为必要要件。情节是否恶劣,要从虐待的手段、持续的时间、对象、社会影响、行为人的动机等方面进行综合评价。一般认为,虐待手段残忍的,动机卑劣的,对被害人长期进行虐待的,先后虐待多人的,对年老、年幼、患重病或残废而不能独立生活的人实施虐待的,引起被害人伤害等严重后果的等。对于日常生活中对家庭成员的一般的虐待行为不能以犯罪论处。

本罪属于告诉才处理的犯罪,但因虐待行为致使被害人重伤、死亡的,则不属于告诉才处理的范围。

3. 本罪的主体是特殊主体,即必须是与被害人共同生活的家庭成员才能构成本罪。例如,丈夫虐待妻子、父母虐待子女、子女虐待父母、媳妇虐待公婆等等。

4. 本罪在主观方面表现为故意,即行为人明知自己的行为会严重侵犯家庭成员的平等关系,而仍故意为之。行为人实施虐待行为的动机可能是多种多样的,但动机的不同不影响本罪的构成,只可能影响量刑。

(二) 虐待罪的认定

在处理虐待案件时,应注意划清本罪与故意杀人罪、故意伤害罪的界限。由于行为人在实施虐待行为时往往会导致被害人伤害或者死亡的结果,这就给实践中的认定带来一定的困难。虐待罪与故意杀人、故意伤害罪的主要区别在于:其一,主观故意内容不同。本罪故意的内容是使被害人在精神和肉体上受到摧残和折磨,并无意进行伤害或杀人,被害人所以致伤或死亡,是由于长期受虐待的结果。而故意伤害罪、故意杀人罪的行为人,在主观上则具有伤害或者杀人的故意。其二,行为特点不同。虐待行为具有经常性、持续性的特点,偶尔或一次性实施的虐待行为不足以构成虐待罪,更不足以造成被害人的伤害或死亡结果的发生;而故意伤害罪、故意杀人罪一次行为即可构成,通常不可能发生经常、持续的故意伤害或故意杀人。如果行为人以连续性行为进行伤害、杀人的,则应以故意杀人罪或故意伤害罪定罪处罚。如果行为人在一次行为中,实施明显超过平时虐待强度的伤害或杀人行为,并致使被害人重伤、死亡的,则应以故意伤害罪或故意杀人罪定罪处罚。其三,犯罪主体不同。本罪的主体只能是与被害人有婚姻、亲属、收养关系并共同生活在一起的家庭成员;故意杀人、故意伤害罪的犯罪主体则没有限制,即任何人均可构成。

(三) 虐待罪的处罚

《刑法》第260条规定,犯虐待罪的,处2年以下有期徒刑、拘役或者管制。本罪只有被害人告诉才处理,但被害人没有能力告诉,或者因受到强制、威吓无法告诉的除外。如果因虐待行为致被害人重伤、死亡的,处2年以上7年以下有期徒刑,这种情况不属于告诉才处理的范围。致使被害人重伤、死亡的,是指由于被害人长期受虐待或有病得不到及时治疗逐渐造成身体的严重损伤或导致死亡,或由于被害人不堪忍受行为人的虐待而自杀造成死亡或重伤。

五、虐待被监护、看护人罪

(一) 虐待被监护、看护人罪的概念和构成

虐待被监护、看护人罪,是指对未成年人、老年人、患病的人、残疾人等负有监护、看护职责的人虐待被监护、看护的人,情节恶劣的行为。

本罪的构成要件如下:

1. 本罪侵犯的客体是监护、看护关系中的平等权利和被监护、看护人的身心健康。

2. 本罪客观方面表现为对被监护、看护的未成年人、老年人、患病的人、残疾人等肆意折磨、凌辱、摧残的行为，并且以情节恶劣为必要。

3. 本罪的主体是特殊主体，即必须是对未成年人、老年人、患病的人、残疾人等负有监护、看护职责的人，也包括单位。

4. 本罪在主观方面表现为故意。

(二) 虐待被监护、看护人罪的认定

在处理虐待被监护、看护人案件时，应注意划清本罪与虐待罪的界限。两罪都是一种虐待行为，但主要有以下区别：(1)侵犯的对象不同。本罪侵犯的对象是家庭成员以外的被监护、看护的未成年人、患病的人、残疾人等；而虐待罪侵犯的对象是共同生活的家庭成员。(2)犯罪主体不同。本罪虽与虐待罪一样都是特殊主体，但本罪可以由单位构成，而虐待罪则是自然人犯罪。

(三) 虐待被监护、看护人罪的处罚

《刑法》第260条之一规定，犯虐待被监护、看护人罪的，处3年以下有期徒刑或者拘役。单位犯罪的，对单位判处罚金，并对其直接负责的主管人员和其他直接责任人员，依照上述规定处罚。有虐待被监护、看护人罪行为，同时构成其他犯罪的，依照处罚较重的规定定罪处罚。

六、遗弃罪

(一) 遗弃罪的概念和构成

遗弃罪，是指负有法定扶养义务的人，对年老、年幼、患病或其他没有独立生活能力的家庭成员，拒绝履行扶养义务，情节恶劣的行为。

本罪的构成要件如下：

1. 本罪侵犯的客体是家庭成员在家庭中受扶养的权利。我国婚姻法明确规定，家庭成员之间的扶养义务主要包括以下几个方面：(1)夫妻之间有相互扶养的义务；(2)父母对子女有抚养教育的义务；(3)子女对父母有赡养扶助的义务；(4)养父母与养子女、继父母与继子女之间有相互扶养的义务；(5)有负担能力的祖父母、外祖父母对父母已经死亡或丧失抚养能力的未成年的孙子女、外孙子女有抚养义务；(6)有负担能力的孙子女、外孙子女对子女已经死亡或者丧失赡养能力的祖父母、外祖父母有赡养义务；(7)有负担能力的兄姐对父母已经死亡或者父母无力抚养的未成年弟妹有抚养的义务等等。负有法定扶养义务的人，对年老病幼或其他没有独立生活能力的家庭成员，拒绝履行扶养义务的行为，必然会对上述婚姻法中所规定的家庭成员具有的权利进行侵害。本罪的对象只能是没有独立生活能力的家庭成员，也即必须是与实施遗弃犯罪行为人具有特定关系的且没有独立生活能力的家庭成员。非家庭成员之间不存在有遗弃问题，对具有独立生活能力又能独立生活的家庭成员不予扶养的，也不构成本罪。

2. 在客观方面,本罪表现为对年老、年幼、患病或者其他没有独立生活能力的家庭成员,应当扶养而拒绝扶养的行为。年老、年幼、患病或者其他没有独立生活能力的人,是指因年老、年幼、患病或其他原因,丧失劳动能力或生活自理能力,不能独立生活的人。拒绝扶养,是指拒绝履行扶养义务,如不提供经济供给,不给予必要照料。本罪在行为的形式上表现为不作为,这主要是针对扶养义务而言,拒绝履行扶养义务就是不作为中的"应为能为而不为"的形式。

情节恶劣是本罪的构成要件之一,也即构成本罪行为人的行为必须达到情节恶劣的程度。对于情节轻微,危害不大的一般遗弃行为,不能以犯罪论处。情节恶劣,是指犯罪动机卑劣,犯罪手段恶劣,在遗弃中又兼有虐待等行为,因遗弃致使被害人生活无着落而流离失所,由于遗弃而引起被害人受伤、死亡或者自杀,等等。

3. 本罪的主体必须是对被遗弃人员有法定的扶养义务且有能力履行这一义务的家庭成员。行为人如果没有扶养能力,如行为人因天灾人祸或下岗待业等原因,连自己的生活都难以维持,而未尽扶养义务的,不能成为本罪的主体。

4. 本罪在主观方面表现为故意,即行为人明知自己负有扶养义务并有能力履行这一义务,而有意拒绝履行这一义务。行为人遗弃家庭成员的动机可能是多种多样的,如有些人把老人作为"包袱",不愿赡养而遗弃;有的为制造再婚条件而遗弃幼童;有的为逼迫对方离婚而遗弃配偶;有的出于重男轻女思想而遗弃女孩等。动机不影响本罪的构成,但会影响量刑。

(二) 遗弃罪的认定

在认定遗弃罪时,应注意以下几个问题:

1. 本罪与虐待罪的界限

遗弃罪与虐待罪同属侵犯公民人身权利、民主权利罪中妨害婚姻家庭权利的犯罪,因此,两罪在侵犯客体、主体和主观方面均有一定相似之处。两罪的主要区别在于:

(1) 行为的形式不同。本罪一般是以不作为形式实施的犯罪,而虐待罪则既可以是作为,也可以是不作为。

(2) 对象不同。本罪的对象是没有独立生活能力或者丧失独立生活能力的家庭成员,而虐待罪的对象则可以是任何家庭成员。

(3) 主观目的不同。本罪行为人的主观目的内容是逃避履行法定义务,而虐待罪行为人的主观目的的内容则是给予被害人一定痛苦。

2. 本罪与故意杀人罪的界限

遗弃罪与故意杀人罪的界限主要在"弃婴"或"弃老"(即把神志不清、行动困难的老人遗弃于外面)案件中较难划清。如果行为人故意将没有独立生活能力,缺乏自我保护能力的被害人(如婴儿)遗弃在无人知道、无人救助的环境中,如将被害人丢弃于容易造成生命危险的地点,或丢弃在人迹罕至的深山老林,极可能出现冻饿致死或者被野兽伤害的后果等,这种丢弃行为在形式上虽然类似于本罪,但实质上是一种剥夺他人生命的行为,因而,应以故意杀人罪论处。如果行为人将没有独立生活能力,缺乏自我保护能力的被害人丢弃在容易被人发现的地方,如车站、码头、医院、商店、孤儿院、养老院、别人家门口以及通街大道等地方，以便于人家发现后能及时得到救援，如果达到情节恶劣的程度，可以追究行为人遗弃罪的刑事责任。

（三）遗弃罪的处罚

《刑法》第261条规定，犯遗弃罪的，处5年以下有期徒刑，拘役或者管制。现行刑法中未具体规定遗弃致人重伤或者死亡量刑幅度，司法实践中对于遗弃致使重伤或者死亡的情况，只能在上述刑法规定的法定刑幅度内量刑。

七、拐骗儿童罪

（一）拐骗儿童罪的概念和构成

拐骗儿童罪，是指采用蒙骗、利诱或者其他方法，使不满14周岁的未成年人非法脱离其家庭或监护人的行为。

本罪的构成要件如下：

1. 本罪侵犯的客体是他人的家庭关系和儿童的合法权益。行为人采用蒙骗、利诱或者其他方法，使不满14周岁的未成年人非法脱离其家庭或监护人的行为必然会给受害家庭造成骨肉分离的痛苦，破坏他人的家庭幸福，损害受害儿童的身心健康。本罪的对象是不满14周岁的未成年人，由于未满14周岁的未成年人年幼无知，尚缺乏一定的识别能力和自我防卫能力，较易受到拐骗，所以我国刑法将他们作为特别对象予以特别保护。

2. 在客观方面，本罪表现为采取蒙骗、利诱或者其他方法使不满14周岁的未成年人脱离其家庭或监护人的行为。拐骗的手段可以是多种多样的，既包括蒙骗、利诱（如用物质享受进行引诱、用花言巧语虚构事实、制造假相骗取他人信任等），也包括暴力、胁迫，对婴幼儿甚至还包括偷盗。拐骗既可以直接对未成年人实施，也可以对未成年人的家长或者监护人实施。所谓监护人，是指对无行为能力的儿童的人身、财产和其他合法权益负责监督和保护的人，如父母、祖父母、外祖父母、养父母、兄、姐等人。除法定监护人以外，受儿童家长委托负责照管儿童的人，也具有监护人的身份。

3. 本罪在主观方面表现为故意，行为人的主观目的不是为了出卖，而是为了非法收养、奴役或使唤等。如果行为人出于出卖的目的拐骗儿童的，则应构成拐卖儿童罪。本罪行为人的动机可以是多种多样的，但不同的动机对本罪的成立不发生影响。

（二）拐骗儿童罪的认定

在认定拐骗儿童罪时，应注意以下几个问题：

1. 拐骗儿童罪与拐卖儿童罪的界限

拐骗儿童罪与拐卖儿童罪的对象均为不满14周岁的未成年人；客观行为上均使用蒙骗、利诱、暴力、胁迫甚至偷盗的手段。两罪的主要区别在于：（1）目的不同。本罪行为人主观目的是为了收养、奴役或使唤等，而拐卖儿童罪行为人的主观目的则是为了贩卖牟利。是否以出卖为目的，是区分本罪与拐卖儿童罪的关键界限。（2）客体不同。本罪侵犯的是他人的家庭关系和儿童的合法权益，而拐卖儿童罪侵犯的是儿童的人身自由权利。司法实践中,对于拐骗儿童后产生出卖目的,进而出卖儿童的行为,应如何处理? 有观点认为,对此应以拐骗儿童罪与拐卖儿童罪定罪并实行数罪并罚。[1]我们认为,按照刑法有关收买被拐卖的儿童罪的规定精神,收买被拐卖的儿童后又出卖的,对行为人以拐卖儿童罪定罪。以此刑法规定为参考依据,对于拐骗儿童后又出卖的,理应以拐卖儿童罪一罪定罪,而无须实行数罪并罚。

2. 拐骗儿童罪与绑架罪的界限。两罪的主要区别在于行为人的主观目的不同:本罪行为人的主观目的是为了收养、奴役或使唤等,而绑架罪行为人的主观目的是为了向儿童的家长或监护人勒索财物或实现其他不法目的。司法实践中对于以勒索财物或满足其他不法要求为目的拐骗儿童并对其实际控制的行为,应以绑架罪定罪处罚。拐骗儿童后产生勒索他人财物目的,进而以暴力、胁迫等手段对儿童进行实力支配以勒索钱财的行为,应如何处理? 有观点认为,对此应以拐骗儿童罪与绑架罪定罪并实行数罪并罚。[2]我们认为,这种情况也不需要实行数罪并罚,完全可以对行为人以绑架罪一罪定罪处罚,因为针对同一对象而且在一个过程中,只是行为人的故意内容产生了变化,对行为人完全可以按照重罪定罪,没有必要实行数罪并罚。

(三) 拐骗儿童罪的处罚

《刑法》第 262 条规定,犯拐骗儿童罪的,处 5 年以下有期徒刑或者拘役。

八、组织残疾人、儿童乞讨罪

(一) 组织乞讨罪的概念与构成

组织残疾人、儿童乞讨罪,是指以暴力、胁迫手段组织残疾人或者不满 14 周岁的未成年人乞讨的行为。

本罪的构成要件如下:

1. 在客观方面,本罪表现为以暴力、胁迫手段组织残疾人或者不满 14 周岁的未成年人乞讨的行为。

2. 本罪在主观方面表现为故意。

(二) 组织残疾人、儿童乞讨罪的处罚

根据《刑法》第 262 条之一规定,犯组织乞讨罪的,处 3 年以下有期徒刑或者拘役,并处罚金;情节严重的,处 3 年以上 7 年以下有期徒刑,并处罚金。

九、组织未成年人进行违反治安管理活动罪

(一) 组织未成年人进行违反治安管理活动罪的概念和构成

组织未成年人进行违反治安管理活动罪,是指行为人组织未成年人进行盗窃、诈骗、抢夺、敲诈勒索等违反治安管理活动的行为。

---

[1][2]　张明楷著:《刑法学》,法律出版社 2003 年版,第 733 页。

本罪的构成要件如下：

1. 在客观方面,本罪表现为"组织"行为,不包括行为人本人单独实施的违反治安管理活动的行为。

2. 本罪在主观方面表现为故意。

(二) 组织未成年人进行违反治安管理活动罪的处罚

根据《刑法》第 262 条之二的规定,犯组织未成年人进行违反治安管理活动罪的,处 3 年以下有期徒刑或者拘役,并处罚金;情节严重的,处 3 年以上 7 年以下有期徒刑,并处罚金。

第八节　侵犯其他权利的犯罪

一、诬告陷害罪

(一) 诬告陷害罪的概念和构成

诬告陷害罪,是指捏造犯罪事实,向国家机关或有关单位告发,意图使他人受刑事追究,情节严重的行为。

本罪的构成要件如下：

1. 本罪侵犯的客体是他人的人身权利和司法机关的正常活动。对公民人身权利的侵犯,具体表现为对公民人身自由的一种威胁或者实际损害;而对司法机关的正常活动的侵犯,则具体表现为行为人的捏造、告发等行为必然扰乱司法机关的正常活动,严重者还会使司法机关的工作陷入混乱之中。本罪的对象必须是特定的"他人",如果向司法机关等虚告自己犯罪,或者告发根本不存在的人犯罪均不构成犯罪。诬告陷害的对象既可以是遵纪守法的公民,也可以是正在服刑的犯人。对于诬告的对象没有达到法定年龄或者没有辨认或控制能力的人犯罪是否可以构成本罪,理论和实践中有一定争议。有观点认为,虽然司法机关查明真相后不会对这些人科处刑罚,但将他们作为侦查的对象,使他们卷入刑事诉讼,就侵犯了其人身权利,因而行为人也可构成本罪。这个问题值得探讨。

2. 在客观方面,本罪表现为捏造犯罪事实,向国家机关或有关单位作虚假告发,或者采取其他方法足以引起司法机关的追究活动的行为。

首先,行为人必须具有捏造犯罪事实的行为。捏造犯罪事实,是指无中生有、捏造犯罪事实陷害他人;或者栽赃陷害,在发生了某种犯罪事实的情况下,捏造证据陷害他人;或者借题发挥将不构成犯罪的事实夸大为犯罪事实,进而陷害他人;或者歪曲事实,将轻罪的事实、一罪的事实杜撰为重罪的事实、数罪的事实等。需要指出的是,行为人捏造的必须是犯罪事实,如果仅仅捏造一般的违法事实,即使作了告发,也不构成本罪。但是,司法实践中,对于行为人基于主观认识错误,误将捏造的他人违法事实当作犯罪事实向司法机关进行了告发的行为,是否可以认定本罪的问题尚有一定的争议。我们认为,从刑事理论上分析,行为人应该可以构成本罪,但是由于本罪是以情节严重为构成要件,由于行为人的这种误解所产生的结果不可能达到这种程度,所以,对这种情况实际上也无法以本罪加以认定。

其次,行为人必须具有向国家机关或有关单位告发的行为。理论上认为,采取其他方法足以引起司法机关的追究活动也可以告发论,同时利用被害人进行告发的,也可以作为告发看待。告发的方式多种多样,可以是口头告发,也可以是书面告发;可以署名告发,也可以匿名告发;可以直接告发,也可以间接告发等。如果只捏造犯罪事实,既不告发,也不采取其他方法引起司法机关追究的,则不构成犯罪。如果行为人将捏造的犯罪事实在外面广泛传播的,可以诽谤罪处理。

本罪以情节严重为构成犯罪的必要要件。情节严重,是指手段恶劣、严重影响司法机关的正常活动,造成恶劣的社会影响等,通常认为,行为人故意捏造的犯罪事实以及告发的行为足以引起司法机关的追究活动的,即可认定为情节严重。

3. 本罪在主观方面表现为故意,且具有使他人受刑事追究的目的。即行为人明知自己所告发的是虚假的犯罪事实,明知诬告陷害行为会发生侵犯他人人身权利的危害结果,并且希望或者放任这种结果的发生。对于这里所指的行为人明知自己告发的是虚假的犯罪事实,要求达到什么程度,是否一定要行为人确实知道自己告发的是虚假的犯罪事实? 如果行为人认为自己告发的有可能是虚假的犯罪事实并进行告发,能否构成本罪? 我们认为,还是应该以行为人确实知道自己告发的是虚假的犯罪事实作为构成犯罪的前提条件为好,因为,只有这样才能正确认定和证明行为人诬告陷害的故意。行为人的动机可能是多种多样的,不同的动机不影响本罪的成立。

(二) 诬告陷害罪的认定

认定诬告陷害罪时,应注意以下几个问题:

1. 诬告陷害罪与诽谤罪的界限

诬告陷害罪与诽谤罪均存在有捏造事实的行为,但存在有很大的区别。主要表现为:(1)客体不同。本罪主要是对公民的人身权利以及司法机关的正常活动的侵犯,而诽谤罪则是对他人名誉权的侵犯。(2)客观行为不同。本罪是捏造后进行告发,而诽谤罪则是捏造后进行散布。(3)捏造的事实属性不同。本罪捏造的必须是犯罪事实,而诽谤罪则既可以捏造犯罪事实,也可以捏造一般事实。(4)主观目的不同。本罪行为人的目的在于使他人受到刑事追究,而诽谤罪行为人的目的则是贬低他人人格、损害他人名誉。

2. 诬告陷害罪与错告或者检举失实的界限

两者在客观上均表现为向司法机关或其他单位进行了告发,且告发的犯罪事实与客观事实又不相符合。其主要区别在于行为人主观上是否具有陷害他人的目的。对此,可以通过对行为人告发的背景、原因、告发的事实来源、告发人与被告人之间的关系等内容分析,得出结论。不是有意诬陷,而是错告、或者检举失实的,不构成本罪。

3. 诬告陷害罪与报复陷害罪的界限

诬告陷害罪与报复陷害罪行为人的主观方面均表现为要陷害他人的目的,但两罪具有很大的区别。主要表现为:(1)客体不同。本罪主要是对公民的人身权利以及司法机关的正常活动的侵犯,而报复陷害罪则主要是对公民的民主权利的侵犯。(2)对象不同。本罪的对象没有限制,而报复陷害罪的对象则包括控告人、申诉人、批评人与举报人。(3)主体不同。本罪的主体是一般主体,即只要达到法定年龄,具有刑事责任能力的人均可构成,而报复陷害罪的主体则必须是国家机关工作人员。(4)行为表现不同。本罪行为人实施的是捏造犯罪事实并进行虚假告发的行为,而报复陷害罪行为人是利用职务便利,滥用职权、假公济私,进行报复陷害。(5)犯罪目的不同。本罪行为人的目的是意图使他人受刑事追究,而报复陷害罪行为人的目的则是对相关人员进行打击报复。

(三)诬告陷害罪的处罚

《刑法》第243条规定,犯诬告陷害罪的,处3年以下有期徒刑、拘役或者管制;造成严重后果的,处3年以上10年以下有期徒刑。国家机关工作人员犯本罪的,从重处罚。造成严重后果,是指诬告陷害行为已经引起了司法机关对被诬陷人的刑事追究活动,从而导致了被害人人身权利的严重损害。

二、刑讯逼供罪

(一)刑讯逼供罪的概念和构成

刑讯逼供罪,是指司法工作人员对犯罪嫌疑人、被告人使用肉刑或者变相肉刑逼取口供的行为。

本罪的构成要件如下:

1. 在客观方面,本罪表现为对犯罪嫌疑人、被告人使用肉刑或者变相肉刑,逼取口供的行为。本罪只能发生在刑事诉讼过程中,即发生在侦查、起诉、审判过程中。对象只能是刑事诉讼中的犯罪嫌疑人和被告人,至于这些对象本身是否构成犯罪在所不论。肉刑,是指对被害人的肉体施行暴力,如吊打、捆绑、殴打以及其他折磨人的肉体的方法。变相肉刑,是指对被害人使用非暴力的摧残和折磨,如挨冻、挨饿、火烤、日晒等。无论使用肉刑还是变相肉刑,均可构成本罪。没有使用肉刑或者变相肉刑,如使用诱供、指供等错误的审讯方式,不能构成本罪。逼取口供,是指逼迫犯罪嫌疑人、被告人做出行为人所期待的口供。

2. 本罪的主体是特殊主体,只能是司法工作人员(即有侦察、检察、审判、监管职责的工作人员)才能构成。未受公安机关正式录用,受委托履行侦查、监管职责的人员或者合同制民警,也可以成为本罪主体。理论上一般认为,非司法工作人员单独不能构成本罪,但是,在共同犯罪中(即帮助、教唆司法工作人员或与司法工作人员一起实施刑讯逼供)则可以成为本罪的主体。

3. 本罪在主观方面表现为故意,且具有逼取口供的目的。至于行为人是否得到供述,犯罪嫌疑人、被告人的供述是否符合事实,均不影响本罪的成立。本罪行为人的动机可能是多种多样的,例如有些人是出于尽快结案,有些人是立功心切等,不同的动机可能影响量刑,但不能影响本罪的成立。

（二）刑讯逼供罪的处罚

《刑法》第 247 条规定,犯刑讯逼供罪的,处 3 年以下有期徒刑或者拘役。

《刑法》第 247 条规定,刑讯逼供致人伤残、死亡的,应以故意伤害罪、故意杀人罪定罪从重处罚。对于刑法这一条文的理解,应该注意以下几点:首先,伤残应理解为重伤或残废,不包括轻伤在内。因为刑法中有关故意伤害罪中一般伤害的法定刑与刑讯逼供的法定刑基本相同,如果刑讯逼供造成被害人轻伤,完全可以用刑讯逼供的法定刑对行为人进行从重惩罚,没有必要适用故意伤害罪的法定刑并在其幅度内对行为人从重处罚。其次,刑讯逼供致人死亡,是指行为人使用暴力摧残或者其他虐待手段,致使被害人当场死亡或者经抢救无效死亡。通常认为,刑讯逼供导致被害人自杀不属于致人死亡范围,因为,刑法规定刑讯逼供致人死亡应以故意杀人罪定罪处罚,而导致被害人自杀的情况很难作故意杀人罪认定。最后,理论上和司法实践中一般认为,只要刑讯逼供致人伤残或者死亡,不管行为人是在何种心理状态下致人伤残或者死亡的,均可以认定为故意伤害罪或故意杀人罪,并从重处罚。

三、暴力取证罪

（一）暴力取证罪的概念和构成

暴力取证罪,是指司法工作人员使用暴力逼取证人证言的行为。

本罪的构成要件如下:

1. 本罪的对象只能是证人。理论上认为,这里的证人应该作广义的理解,可以包括案件中的被害人,即如果使用暴力强迫被害人作陈述也可能构成本罪。

2. 在客观方面,本罪表现为使用暴力逼取证人证言的行为。暴力,是指外力对证人身体的任何一种强制,例如殴打、捆绑等,暴力的程度一般没有限度。行为人使用暴力是本罪构成的必要要件,如果行为人没有使用暴力,只是使用了一般的诱骗、胁迫等手段等进行取证的,则不构成本罪。证人证言,是指证人就自己所知道的案件情况向公安司法机关所作的陈述。

3. 本罪的主体为特殊主体,即与刑讯逼供罪一样,只限于司法工作人员才能构成本罪。

4. 本罪在主观方面表现为故意,且以逼取证人证言为目的。行为人逼取证人证言的动机可能多种多样,但是,不同的动机不影响本罪的构成。

（二）暴力取证罪的处罚

《刑法》第 247 条规定,犯暴力取证罪的,处 3 年以下有期徒刑或者拘役。使用暴力逼取证人证言,致人伤残、死亡的,应以故意伤害罪、故意杀人罪论处。对此条款的理解应该与上述刑讯逼供相同条款的理解一样。

四、虐待被监管人罪

（一）虐待被监管人罪的概念和构成

虐待被监管人罪，是指监狱、拘留所、看守所等监管机构的监管人员，对被监管人进行殴打或者体罚虐待，或者指使被监管人殴打或体罚虐待其他被监管人，情节严重的行为。

本罪的构成要件如下：

1. 在客观方面，本罪表现为直接对被监管人进行殴打或体罚虐待，或者指使被监管人殴打或体罚虐待其他被监管人的行为。体罚虐待的手段主要包括冻饿、罚跪、无故禁闭、滥用械具、强迫从事过度劳动、侮辱人格等等。行为人既可以亲自动手进行殴打或体罚虐待，也可以指使被监管人殴打或体罚虐待其他被监管人。本罪的对象只能是被监管人员，包括在监狱、拘留所等劳改场所服刑的已决犯，在看守所羁押的犯罪嫌疑人与被告人，在拘留所等场所被行政拘留、刑事拘留、民事拘留或劳动教养的人员。

根据刑法规定，构成本罪，必须达到"情节严重"的程度。情节严重，是指经常进行体罚、虐待又屡教不改的，手段残酷，动机卑劣，造成严重后果的等。

2. 本罪的主体只能是监狱、拘留所、看守所等监管机构的监管人员，包括劳教工作干警。

3. 本罪在主观方面表现为故意。即行为人明知自己殴打或体罚虐待被监管人的行为会侵犯被监管人的人身权利，妨害监管机构的正常活动，仍希望或者放任这种结果的发生。

（二）虐待被监管人罪的处罚

《刑法》第248条规定，犯虐待被监管人罪的，处3年以下有期徒刑或者拘役；情节特别严重的，处3年以上10年以下有期徒刑。

另外，第248条还规定，虐待被监管人致人伤残、死亡的，应以故意伤害罪、故意杀人罪论处。

五、煽动民族仇恨、民族歧视罪

（一）煽动民族仇恨、民族歧视罪的概念和构成

煽动民族仇恨、民族歧视罪，是指向不特定人或多数人鼓动民族仇恨、民族歧视，情节严重的行为。

本罪的构成要件如下：

1. 本罪侵犯的客体是各民族团结、平等关系。我国是全国各族人民共同缔造的统一的多民族国家。

2. 在客观方面，本罪表现为煽动民族仇恨、民族歧视的行为。煽动民族仇恨，是指以激起民族间的仇恨为目的，利用各民族的来源、历史、风俗习惯的不同，以语言、文字等方式，公开蛊惑群众，煽起民族间相互敌对、仇恨的行为。煽动民族歧视，是指以激起民族间歧视为目的，利用各民族的来源、历史、风俗习惯的不同，以语言、文字等方式，公开蛊惑群众、煽起民族间相互排斥、限制、损害民族平等地位的行为。具体煽动的办法可以是多种多样的，如书写、张贴、散发标语、传单，印刷、出版、散发非法刊物，录制、播放录音、录像，发表演讲，呼喊口号等。

3. 本罪的主体为一般主体，即达到法定年龄，具有刑事责任能力的人均可构成。

4. 本罪在主观方面只能由直接故意构成，并具有破坏各民族团结、平等关系的目的。

（二）煽动民族仇恨、民族歧视罪的处罚

《刑法》第 249 条规定，犯煽动民族仇恨、民族歧视罪的，处 3 年以下有期徒刑、拘役、管制或者剥夺政治权利；情节特别严重的，处 3 年以上 10 年以下有期徒刑。情节特别严重，主要是指煽动手段特别恶劣的，长期进行煽动，引起民族纠纷、冲突或民族地区骚乱等特别严重后果的以及影响特别恶劣的等。

六、出版侮辱少数民族作品罪

出版侮辱少数民族作品罪，是指在出版物中刊载歧视、侮辱少数民族的内容，情节恶劣，造成严重后果的行为。本罪的主体包括出版物的责任编辑、审稿人、作者等直接责任人员。本罪构成以"情节恶劣，造成严重后果"为必要要件。

《刑法》第 250 条规定，犯出版侮辱少数民族作品罪的，处 3 年以下有期徒刑、拘役或者管制。

七、打击报复会计、统计人员罪

打击报复会计、统计人员罪，是指公司、企业、事业单位、机关、团体的领导人，对依法履行职责、抵制违反会计法、统计法行为的会计、统计人员实行打击报复，情节恶劣的行为。

《刑法》第 255 条规定，犯打击报复会计、统计人员罪的，处 3 年以下有期徒刑或者拘役。

第二十五章

侵 犯 财 产 罪

第一节　侵犯财产罪概述

一、侵犯财产罪的概念和特征

侵犯财产罪，是指以非法占有为目的，故意非法占有、挪用和毁坏公私财物的行为。本类犯罪的构成要件如下：

（一）本类罪侵犯的客体是公私财产所有权。财产所有权是指财产所有人依法对自己的财产享有占有、使用、收益和处分的权利。侵犯财产的犯罪，多数情况下是对所有权全部权能的侵犯，即行为人侵犯了财产所有人对其财产所享有的占有、使用、收益和处分的全部权能，如抢劫罪、盗窃罪、诈骗罪和抢夺罪等。但是在有些情况下，只侵犯了所有权中的部分权能，如只侵害了占有权和使用权，如挪用资金罪和挪用特定款物罪等。

公私财产所有权包括公共财产所有权和公民私人财产的所有权。公共财产，根据我国《刑法》第 91 条的规定，是指国有财产；劳动群众集体所有的财产；用于扶贫和其他公益事业的社会捐助或者专项基金的财产。另外，在国家机关、国有公司、企业、集体企业和人民团体管理、使用或者运输中的私人财产，也以公共财产论。公民私人所有的财产，根据我国《刑法》第 92 条的规定，是指公民的合法收入、储蓄、房屋和其他生活资料；依法归个人、家庭所有的生产资料；个体户和私营企业的合法财产；依法归个人所有的股份、股票、债券和其他财产。

侵犯财产罪的对象是财物，关于财物的确切含义值得探讨。

1. 财物是否仅限于动产

财物不仅包括动产，还包括不动产。由于侵犯财产罪的具体表现形式不同，不动产是否可以成为侵犯财产罪的对象应当具体情况具体分析。我们认为，诈骗罪、侵占罪、敲诈勒索罪、故意毁坏财物罪、破坏生产经营罪的对象既可以是动产，也可以是不动产；而盗窃罪、抢夺罪、聚众哄抢罪、挪用资金罪的对象只能是动产。至于抢劫罪的犯罪对象是否可以包括不动产，理论上有争论，但我们认为抢劫罪的对象既包括动产，也包括不动产，甚至还包括财产性的利益。

2. 财物是否仅指有形物

财物主要体现为有形物,如土地、矿藏、森林、房屋、汽车、家电等,但财物也包括无形物,如电力、煤气、天然气等。司法实践中经常发生窃电、窃煤气案件,可见,这些无形物可以成为盗窃罪的对象。1997 年 11 月 4 日最高人民法院《关于审理盗窃案件具体应用法律若干问题的解释》明确指出,电力、煤气、天然气等,可以成为盗窃的对象。我们认为,财物既包括有形物,也包括无形物,因为随着社会的发展,无形物的经济价值越来越明显,无形物虽然无形,但可以对之进行管理,可以成为所有权的对象,因此它也应成为侵犯财产罪的犯罪对象。

3. 财物是否仅限于有价值之物

作为侵犯财产罪的犯罪对象,一般都是具有客观的经济价值的财物,但是即使没有客观的经济价值,只要财物所有人、占有人主观上认为该物具有价值,也不失为侵犯财产罪的对象。例如某些纪念品,本身不一定具有客观的经济价值,但是对所有人、占有人而言,纪念物具有某种特定的意义,因而也应该受到法律的保护。

4. 财物是否包括财产凭证

财产凭证主要包括有价证券和有价凭证,前者如国库券、股票等,后者如车票、船票、飞机票、邮票、邮寄包裹单、货物托运单、提货单等。这些有价证券和有价凭证虽然不同于货币,但却表示一定的财产性权利,持有人凭借这些有价证券和有价凭证,往往就可以拥有相应的财产,因此财产凭证能够成为侵犯财产罪的犯罪对象。

5. 财物是否包括人的身体

人的身体本身不是财物,不能成为财产罪的对象。但是,从人的身体上分离出来的部分,可能属于财物,例如从人的体内抽出的血液,可能成为财产罪的对象。至于安装在人体上的假肢、假牙等也应当属于财物。

6. 财物是否应当是无生物、动物是否属于财物

财物主要体现为无生物,但是有生物也是财物的一种,动物当然也是财物,动物也可以成为本类犯罪的侵犯对象,如农户的牛羊猪狗等,动物园的国家珍贵动物等。动物在野生状态下,国家重点保护野生动物的资源性,在圈养状态下,国家主要保护其财产性。因而农户的牛羊猪狗可以成为盗窃罪的犯罪对象,耕畜可以作为破坏生产经营罪的犯罪对象。动物甚至可以成为故意毁坏财物罪的对象,例如北京发生的一大学生用硫酸伤害公园里的黑熊案件,后被法院认定为故意毁坏财物罪。

尽管财物的表现形式是多种多样的,但作为侵犯财产罪犯罪对象的财物必须具有所有关系,即侵犯的财产必须是依法归国家、集体或者公民个人所有的财物。如果占有的是无主物或者遗弃物,则不存在非法占有的问题。在判断财物的所有关系时,应当注意以下几点,第一,不能将应归国家所有的财物视为无主物。根据宪法和其他有关法律规定,我国境内的矿藏等自然资源、遗存的文物、古文化遗址、石窟寺以及所有人不明的埋藏物,均归国家所有。第二,也不能将暂时脱离所有人或保管人控制的遗忘物作为无主物,如果捡得了暂时脱离了控制和管理的遗忘物,应该归还失主或者上缴有关部门,否则可能构成侵占罪。第三,他人非法占有的财物也不是无主物。如

赌徒赢得的赌资、盗贼偷来的赃物、贪污所得的赃款、贩毒者的毒品、伪造货币者所拥有的假币等都不是无主物。这些本来是属于国家、集体或者个人所有的合法财产，或者是国家严禁的违禁品，只是暂时被违法犯罪分子非法占有或者用于犯罪活动，依法应当追缴归还原主或者没收归公，而不准他人任意侵犯。如果从非法占有者手中再次予以非法占有，实质上是又一次侵犯了物主的所有权，同样构成侵犯财产罪。

（二）本类罪客观方面必须有侵犯财产的行为。这类侵犯财产的行为，尽管手段方法各异，但归纳起来不外乎三大类：一是侵犯财产所有权的行为，是指行为人以各种公开或秘密的手段通过非法占有公私财物而获取占有、使用、收益、处分的权利。非法占有，不仅是自己占有，也包括转为第三者或集体所有。刑法规定的抢劫、盗窃、诈骗、抢夺、聚众哄抢、侵占、职务侵占和敲诈勒索等犯罪都属于这一类。二是侵犯财产使用权的行为，如刑法规定的挪用资金罪和挪用特定款物罪。三是破坏性的行为，刑法规定了故意毁坏财物罪和破坏生产经营罪。

在侵犯财产罪中，除了抢劫等个别犯罪外，绝大多数犯罪必须侵犯财产数额较大才能构成犯罪，如果数额较小，则是情节显著轻微，危害不大，不认为是犯罪。判断本类犯罪的既遂与否，除了抢劫罪以外，一般应以公私财物所有权是否实际遭到侵犯为标志，即以犯罪者取得公私财物的实际控制为既遂。故意毁坏财物罪和破坏生产经营罪，则以财物的毁坏和生产经营的破坏为标志。

（三）本类罪的主体除职务侵占罪、挪用资金罪和挪用特定款物罪的主体是特殊主体外，其他犯罪都属于一般主体，凡年满16周岁、具备刑事责任能力的自然人均可以构成。另外，已满14周岁不满16周岁的人可以成为抢劫罪的主体。

（四）本类罪的主观方面是故意，过失不能构成。本类犯罪的犯罪故意有两种：一种是非法占有的故意，另一种是毁坏和破坏的故意。非法占有的故意包括两种情况：一是非法暂时占有、使用的故意，如挪用资金罪、挪用特定款物罪；二是以不法所有为目的，如抢劫罪、盗窃罪、诈骗罪、抢夺罪、职务侵占罪、侵占罪等。毁坏和破坏的故意体现在故意毁坏财物罪和破坏生产经营罪之中。侵犯财产罪的动机各种各样，有好逸恶劳、贪财图利，有泄愤报复、打击陷害。犯罪动机不是犯罪构成要件，但它反映了犯罪者主观恶性的大小，可以作为犯罪情节加以考虑。

二、侵犯财产罪的类型

根据《刑法》分则第五章第263条至第276条之一的规定，侵犯财产罪有15个条文，13个罪名，按照这些犯罪主观目的和客观行为方式的不同，可以分为以下三类：

（1）侵犯财产所有权的犯罪：抢劫罪、盗窃罪、诈骗罪、抢夺罪、聚众哄抢罪、敲诈勒索罪、侵占罪、职务侵占罪。

（2）侵犯财产使用权的犯罪：挪用资金罪、挪用特定款物罪。

（3）破坏、拒付型的犯罪：故意毁坏财物罪、破坏生产经营罪、拒不支付劳动报酬罪。

第二节　侵犯财产所有权的犯罪

一、抢劫罪

（一）抢劫罪的概念和构成

抢劫罪，是指以非法占有为目的，以暴力或者当场实施暴力相威胁，或者以其他使被害人不能反抗、不知反抗的方法，迫使其当场交出财物或者夺走其财物的行为。

本罪的构成要件如下：

1. 本罪侵犯的客体是复杂客体，即不仅侵犯了公私财产的所有权，同时也侵犯了被害人的人身权利。犯罪分子实施抢劫罪的目的是非法强占公私财物，使用暴力、胁迫或者其他方法只是实现其非法强占公私财物目的的手段，因此，抢劫罪侵犯的主要客体是公私财物的所有权，这也是决定抢劫罪属于侵犯财产罪而非侵犯人身权利罪的关键。

抢劫罪的犯罪对象为公私财物。就公私财物的性质而言，抢劫罪侵犯的对象既可以是被害人合法占有的财物，也可以是被害人非法取得或非法持有的财物，如抢劫赃物、赌资，均可构成抢劫罪。

关于抢劫罪的犯罪对象是局限于动产还是包括不动产，在刑法理论上和司法实践中有不同的理解，一种观点认为抢劫罪中的财物仅指动产；[1]另一种观点认为抢劫罪中的财物不但包括动产，还包括不动产。[2]从各国刑法规定来看，也有不同的规定。有的明文规定抢劫的对象仅限于动产，如德意志联邦刑法典、西班牙刑法典；有的明文规定抢劫对象是动产，同时规定，侵夺他人不动产的，作为独立犯罪加以惩罚，如意大利刑法典；有的只规定抢劫罪的对象是财物，对其性质不加限定，如泰国、瑞士、俄罗斯等国刑法典。

从司法实践来看，一般而言，抢劫罪的对象主要是动产，而且是可以当场劫取的动产。但是我国刑法规定的抢劫罪的对象是公私财物，而没有具体限定为动产。使用暴力、胁迫等手段占有不动产与使用暴力、胁迫等手段占有动产相比，不同之处在于：不动产不能当场取走，而动产可以被当场拿走；不动产经过登记才能取得所有权，动产只要占有就能取得所有权。但抢劫罪是非法占有他人财物，并不要求以"拿走"为成立要件。至于占有本身是否转移了财物的所有权，对抢劫罪的成立并无影响。因为不管是占有动产还是占有不动产，如果这种占有是违背法律的，都是无效行为，行为人不能由此而取得所有权。因此，从理论上而言，抢劫罪的对象既包括动产，也

---

[1]　王作富：《认定抢劫罪的若干问题》，载《刑事司法指南》2000 年第 1 期。

[2]　张明楷著：《刑法学》，法律出版社 2003 年版，第 749 页。

包括不动产。例如甲为了取得乙居住的房屋,甲在乙家将乙杀害,并霸占了乙的房屋,本案中甲当场使用暴力并当场取得了财物,甲的行为可以构成抢劫罪。同时,抢劫罪的对象也包括违禁品。根据 2005 年 6 月 8 日最高人民法院《关于审理抢劫、抢夺刑事案件适用法律若干问题的意见》的规定:以毒品、假币、淫秽物品等违禁品为对象,实施抢劫的,以抢劫罪定罪;抢劫的违禁品数量作为量刑情节予以考虑。抢劫违禁品后又以违禁品实施其他犯罪的,应以抢劫罪与具体实施的其他犯罪实行数罪并罚。抢劫赌资、犯罪所得的赃款赃物的,以抢劫罪定罪,但行为人仅以其所输赌资或所赢赌债为抢劫对象,一般不以抢劫罪定罪处罚。构成其他犯罪的,依照刑法的相关规定处罚。为个人使用,以暴力、胁迫等手段取得家庭成员或近亲属财产的,一般不以抢劫罪定罪处罚,构成其他犯罪的,依照刑法的相关规定处理;教唆或者伙同他人采取暴力、胁迫等手段劫取家庭成员或近亲属财产的,可以抢劫罪定罪处罚。

抢劫罪的犯罪对象中是否包括财产性的利益也是一个值得探讨的问题。对以暴力、胁迫或者其他方法获取财产性利益的行为应当如何处理,各国的立法和实践有所不同。有的国家把这种行为规定为抢劫罪,如日本、韩国。有的国家则规定为其他犯罪,如泰国《刑法》第 337 条规定:"以强暴、胁迫加害他人或第三人生命、身体、自由名誉或财产之事,强迫他人交付或同意交付财产上之利益与自己或他人,致被害人顺从之者,为恐吓取财罪。"我国刑法没有专条规定以暴力、胁迫或其他方法获取财产性利益的行为,因此理论上有争论。财产性的利益可以成为抢劫罪的对象,例如当场使用暴力、胁迫等手段逼使债权人当场交出其手中的欠条并加以销毁;或者当场写出收条,说明债已还清;或者使用暴力、胁迫等方法,使不欠自己债的人当场写下欠条,承诺日后归还等等,都可以认定为抢劫罪。另外,使用暴力、胁迫等方法强迫他人提供劳务的行为也应当被认定为抢劫罪,如用刀威逼着出租车驾驶员将行为人载往某处。同样的道理,使用暴力、胁迫等方法强迫他人提供免费的房屋居住权、旅游权的行为也可以构成抢劫罪。

2. 在客观方面,本罪表现为当场使用暴力、胁迫或者其他方法,从财物的所有人或保管人手中当场劫取财物的行为。暴力、胁迫或者其他方法,是抢劫罪的手段行为;强行劫取公私财物,是抢劫罪的目的行为。抢劫罪客观方面的行为内容是区分抢劫罪与盗窃罪、诈骗罪、抢夺罪、敲诈勒索罪的关键。

暴力,是指犯罪分子对被害人施以拳打、脚踢、捆绑、禁闭等方法,使被害人处于不能反抗的状态。这种行为不以足以危害身体健康或者生命安全为必要条件,其行为目的旨在排除被害人反抗的可能性。暴力的对象一般是财物的所有者、保管者和持有者,但也可能是在场的其他人。比如当着财物的所有者、保管者、持有者的面,对其他在场人进行暴力打击,迫使前者交出财物。在这种情况下,对其他在场人进行暴力打击,实际上是对财物的所有者、保管者、持有者实施了暴力胁迫。不管对谁使用暴力,抢劫罪的暴力的着力点是在人身上,而不是在财物上,如果是在抢夺财物的过程中,无意中造成了被害人人身伤害的,则仍应对其定抢夺罪,但伤害的结果,可作为抢夺罪的量刑情节加以考虑。

胁迫,是指犯罪分子以当场实施暴力相威胁,实行精神强制,使被害人产生恐惧处于不敢反抗的状态。这种胁迫是以暴力为后盾的,一旦胁迫不成,便会付诸暴力。胁迫一般针对被害人本人,也可针对在场的被害人的亲属或者其他有关人员。胁迫行为可以通过明确的语言方式进行,也可以通过某种示意或者动作进行。在司法实践中,对于蒙面人入室盗窃的案件,被害人虽发觉却不敢反抗,对于这类案件应该认定为盗窃罪,而非抢劫罪。抢劫罪的胁迫是以暴力为后盾的,并且具有当场发生的可能性,如果犯罪分子对被害人以揭发生活隐私或者以毁损其财产相威胁,即实施了非暴力威胁,或者虽然犯罪分子对被害人实施了暴力威胁,但暴力威胁不具有当场发生的可能性,则不构成抢劫罪,而构成敲诈勒索罪。

其他方法,是指除暴力、胁迫以外的其他各种手段,通常是指用酒灌醉、用药物麻醉、用催眠术催眠等各种手段使他人处于不知反抗或者丧失反抗能力的状态。这里应当强调的是,被害人处于如此状态是行为人实施其他方法的抢劫手段造成的。如果是被害人由于自己的原因,例如因自己饮酒过量而醉酒,自服安眠药或因病而昏迷,行为人趁机取走其财物的,属于秘密窃取,应定盗窃罪,而不能定抢劫罪。

3. 本罪的主体是一般主体,凡达到刑事责任年龄,并具有刑事责任能力的自然人都可以成为抢劫罪的犯罪主体。根据《刑法》第 17 条的规定,已满 14 周岁不满 16 周岁的人可以构成抢劫罪。

4. 本罪在主观方面表现为直接故意,并具有非法占有公私财物的目的。如果债权人使用暴力强行抢走债务人的财物作抵债,或者误认他人财物为己物而使用暴力抢回的,都因主观上不具有非法占有他人财物的目的而不构成抢劫罪。如果行为人出于其他犯罪目的实施暴力行为,暴力行为致人伤害或死亡,然后产生非法占有财物的意图,进而取走财物的,也不成立抢劫罪。例如行为人甲与乙有仇,甲将乙打昏在地后,甲突然发现乙身上携带有巨款,甲临时起意取走了乙的财物,则甲不构成抢劫罪,而构成故意伤害罪和盗窃罪。

(二) 抢劫罪的认定

在认定抢劫罪时,应注意以下几个问题:

1. 抢劫罪与非罪的界限。抢劫罪是侵犯财产罪中最严重的犯罪,构成抢劫罪没有数额的要求,也没有暴力程度的要求,因此即使是情节轻微的抢劫行为,也可以成立抢劫罪。但是并不是所有的抢劫行为都构成抢劫罪,如果抢劫的数额很小,使用的暴力、胁迫等手段很轻微,可以根据《刑法》总则第 13 条的但书规定,认为情节显著轻微危害不大,不认为是犯罪。或根据 2006 年 1 月 11 日最高人民法院《关于审理未成年人刑事案件具体应用法律若干问题的解释》的规定,已满 14 周岁不满 16 周岁的人使用轻微暴力或者威胁,强行索要其他未成年人随身携带的生活、学习用品或者钱财数量不大,且未造成被害人轻微伤以上或者不敢正常到校学习、生活等危害后果的,不认为是犯罪。已满 16 周岁不满 18 周岁的人具有前款规定情形的,一般也不认为是犯罪。

2. 对于转化的抢劫罪的理解与适用。《刑法》第 269 条规定:"犯盗窃、诈骗、抢夺罪,为窝藏赃物、抗拒抓捕或者毁灭罪证而当场使用暴力或者以暴力相威胁的,依照本法第二百六十三条的规定定罪处罚。"这种转化的抢劫罪的构成须具备三个条件：

（1）前提条件是行为人首先实施了盗窃、诈骗或者抢夺罪。盗窃、诈骗和抢夺罪都必须达到数额较大才能构成，适用本条规定是否要以数额较大为前提，司法实践和理论上曾有过不同见解。否定论者认为，《刑法》第263条规定的标准意义上的抢劫罪没有数额的要求，如果转化的抢劫罪的前提条件必须要求数额较大，则两者显得不相协调。肯定论者认为，按照罪刑法定的要求，构成第269条转化的抢劫罪的前提条件是实施了盗窃、诈骗或者抢夺罪，如果盗窃、诈骗、抢夺行为没有达到数额较大，没有构成前提犯罪，则不能转化成抢劫罪。2005年6月最高人民法院《关于审理抢劫、抢夺刑事案件适用法律若干问题的意见》中规定：行为人实施盗窃、诈骗、抢夺行为，未达到"数额较大"，为窝藏赃物、抗拒抓捕或者毁灭罪证当场使用暴力或者以暴力相威胁，情节较轻、危害不大的，一般不以犯罪论处；但具有下列情节之一的，可依照《刑法》第269条的规定，以抢劫罪定罪处罚：（1）盗窃、诈骗、抢夺接近"数额较大"标准的；（2）入户或在公共交通工具上盗窃、诈骗、抢夺后在户外或交通工具外实施上述行为的；（3）使用暴力致人轻微伤以上后果的；（4）使用凶器或以凶器相威胁的；（5）具有其他严重情节的。

前提条件中的另一个问题是，已满14周岁不满16周岁的行为人实施了盗窃、诈骗、抢夺行为，为了窝藏赃物、抗拒抓捕或者毁灭罪证，当场使用暴力或者以暴力相威胁的，能否转化成抢劫罪？已满14周岁不满16周岁的行为人可能实施盗窃、诈骗或者抢夺行为，但根据《刑法》第17条第2款的规定，他们不可能构成盗窃、诈骗和抢夺罪，那么他们的行为能否转化成抢劫罪？对于这一问题，理论上曾经争议很大。不过，最高人民法院2006年1月23日施行的《审理未成年人刑事案件具体应用法律若干问题的解释》第10条规定：已满14周岁不满16周岁的人盗窃、诈骗、抢夺他人财物，为窝藏赃物、抗拒抓捕或者毁灭罪证，当场使用暴力，故意伤害致人重伤或者死亡，或者故意杀人的，应当分别以故意伤害罪或者故意杀人罪定罪处罚。该司法解释认为，已满14周岁不满16周岁的人不能构成转化的抢劫罪，即《刑法》第263条所规定的一般的抢劫罪，行为人只要年满14周岁就可，但是《刑法》第269条所规定的转化型抢劫罪，行为人必须年满16周岁才可构成。我们认为，解释的这一结论是正确的，因为主体是犯罪构成要件之一，如果主体条件不符合则不构成犯罪，既然已满14周岁不满16周岁的人不可能构成盗窃、诈骗、抢夺罪，按照罪刑法定原则的要求，他们也不能构成转化的抢劫罪。

（2）目的条件是为了窝藏赃物、抗拒抓捕或者毁灭罪证。窝藏赃物，是指保护盗窃、诈骗、抢夺已经到手的赃物不被追回；抗拒抓捕，是指行为人实施上述犯罪活动被觉察而受到有关机关或公民的逮捕、扭送时，为了逃跑而抗捕的行为；毁灭罪证，是指行为人为了逃避法律制裁，毁灭其在犯罪现场留下的各种罪证。目的条件是区分第263条一般的抢劫罪和第269条转化的抢劫罪的关键，如果行为人在盗窃、诈骗或者抢夺过程中，遭遇被害人反抗，行为人临时改变作案方法，当场使用暴力或者以暴力相威胁，以便当场劫取财物的，则构成第 263 条的抢劫罪，而非第 269 条的抢劫罪。

（3）手段条件是当场使用暴力或者以暴力相威胁。这里的当场不仅指实行盗窃、诈骗、抢夺行为的现场，也包括犯罪分子逃离现场后随即受到追捕过程中进行保护赃物、抗拒抓捕、毁灭罪证的场所。如果是在实施盗窃、诈骗、抢夺行为以后，犯罪分子在其他场所行凶拒捕，与先前实施的盗窃、诈骗、抢夺行为在时间上和空间上不具有连续性的，则不算当场。如果后续行为构成其他犯罪的，则数罪并罚。

3. 故意杀人劫取财物行为的定罪问题。对于犯罪分子故意杀人并劫取财物或者非法占有他人财物后又故意杀人的行为如何定性，理论上和司法实践中经常引起争论，这主要涉及抢劫罪与故意杀人罪的界限问题。对此要具体情况具体分析：

（1）为了事后图财，而将被害人杀死的，如儿女为了早日得到父母的财产而将父母杀害，虽然杀人行为是在图财动机支配下实施的，但因为不是当场取得财物，故只能定故意杀人罪。

（2）基于报复等动机先实施故意杀人，后又见财起意而非法占有被害人财物，数额较大的，因故意杀人与非法占有财物之间不存在手段与目的的关系，故对非法占有他人财物的行为定性为盗窃罪，与故意杀人罪数罪并罚。

（3）行为人在抢劫财物以后又萌生杀人灭口的故意而杀人的，这里的故意杀人行为不是抢劫罪的手段行为，而是新的犯罪目的支配下的行为，因而另行成立故意杀人罪，与抢劫罪数罪并罚。

（4）为了当场劫取财物，当场使用暴力将被害人杀死的，成立抢劫罪。这涉及抢劫罪中的"致人死亡"是否包括故意杀害他人而当场劫取财物的问题。一种观点认为，"致人死亡"只能是过失和间接故意；另一种观点认为，"致人死亡"包括过失、间接故意和直接故意。我们持第二种观点。因为刑法规定的抢劫罪的暴力手段中并没有排除故意杀人的方法，将直接故意杀人行为排除在暴力手段外没有法律依据。而且，在这类案件中，故意杀人是作为抢劫的手段而存在的，如果将故意杀人行为单独定罪，那么抢劫罪将会缺乏暴力手段而难以成立。如果既将杀人行为单独定性为故意杀人罪，又将杀人行为当作抢劫罪的暴力手段，那么一个行为受到了重复评价，这是不合理的。另外，将当场杀害他人取得财物的行为认定为抢劫罪，与将故意致人重伤后当场取得财物的行为认定为抢劫罪，也是协调一致的。2001 年 5 月 23 日最高人民法院《关于抢劫过程中故意杀人案件如何定罪问题的批复》也指出："行为人为劫取财物而预谋故意杀人，或者在劫取财物过程中，为制服被害人反抗而故意杀人的，以抢劫罪定罪处罚。行为人实施抢劫后，为灭口而故意杀人的，以抢劫罪和故意杀人罪实行数罪并罚。"

4. 抢劫罪与绑架罪的区别。抢劫罪，是指以暴力、胁迫或者其他方法强行劫取公私财物的行为。绑架罪，是指以勒索财物或其他要求为目的，绑架他人作为人质的行为。抢劫罪中的暴力可能是绑架行为，绑架罪中也存在着以勒索财物为目的而绑架他人的情况，故两者容易混淆。两者区别的关键在于，抢劫罪是直接迫使被绑架人交付财物，而不是向第三者勒索财物；而绑架罪是向被绑架人的近亲属或者其他有关人员勒索财物。如果行为人使用暴力、胁迫手段非法扣押被害人或者迫使被害人离开日常生活处所后，仍然向该被害人勒索财物的，只能认定为抢劫罪，而不是绑架罪。

5.抢劫罪与抢劫枪支、弹药、爆炸物、危险物质罪的界限。两者的关键区别是犯罪对象的不同，抢劫罪的犯罪对象是普通财物，而抢劫枪支、弹药、爆炸物、危险物质罪的犯罪对象是枪支、弹药、爆炸物和危险物质。由于犯罪对象不同，两者所侵犯的客体也有区别，抢劫罪的犯罪客体是人身权利和财产权利，而抢劫枪支、弹药、爆炸物、危险物质罪的犯罪客体是国家对枪支、弹药、爆炸物、危险物质的严格管理制度。需要注意的是，如果行为人意图抢劫普通财物而实际上抢劫了枪支、弹药、爆炸物、危险物质，或者行为人意图抢劫枪支、弹药、爆炸物、危险物质而实际上抢劫了普通财物时，应当按照主客观相一致的原则进行定罪量刑。如果行为人明知所抢劫的对象既有普通财物，又有枪支、弹药、爆炸物、危险物质的，而且行为人只是实施了一个抢劫行为的，属于一行为触犯了两个罪名，为想象竞合犯，从一重罪处罚。

6.关于抢劫罪既遂与未遂的界限。怎样区分抢劫罪的既遂与未遂？在法学界与司法实践中一般有三种观点：(1)抢劫罪属于侵犯财产罪，应以是否取得财物作为区分既遂与未遂的标准。(2)抢劫罪侵犯的是复杂客体，既侵犯财产权利，又侵犯人身权利，因此只要侵犯两项权利之一就构成抢劫罪的既遂。(3)《刑法》第263条的抢劫罪有两种情节，一种是基本情节的抢劫罪，应以是否取得财物作为区分既遂与未遂的标准；另一种是加重情节或加重结果的抢劫罪，不存在未遂问题。

我们认为，抢劫罪的既遂与未遂，应当依照我国刑法关于犯罪既遂、未遂和对抢劫罪的规定，并结合审判实践的经验来确定。根据2005年6月8日最高人民法院《关于审理抢劫、抢夺刑事案件适用法律若干问题的意见》的规定：抢劫罪侵犯的是复杂客体，既侵犯财产权利又侵犯人身权利，具备劫取财物或者造成他人轻伤以上后果两者之一的，均属抢劫既遂；既未劫取财物，又未造成他人人身伤害后果的，属抢劫未遂。据此，《刑法》第263条规定的八种处罚情节中除"抢劫致人重伤、死亡的"这一结果加重情节之外，其余七种处罚情节同样存在既遂、未遂问题，其中属抢劫未遂的，应当根据刑法关于加重情节的法定刑规定，结合未遂犯的处理原则量刑。

(三) 抢劫罪的处罚

《刑法》第263条规定，犯抢劫罪的，处3年以上10年以下有期徒刑，并处罚金。犯抢劫罪有下列情形之一的，处10年以上有期徒刑、无期徒刑或者死刑，并处罚金或者没收财产：(1)入户抢劫的；(2)在公共交通工具上抢劫的；(3)抢劫银行或者其他金融机构的；(4)多次抢劫或者抢劫数额巨大的；(5)抢劫致人重伤、死亡的；(6)冒充军警人员抢劫的；(7)持枪抢劫的；(8)抢劫军用物资或者抢险、救灾、救济物资的。

何谓"入户抢劫"？关键问题是对"户"的理解，"户"仅指公民私人住宅，还是包括学生宿舍、宾馆房间、值班宿舍以及国家机关、企事业单位的办公场所？对此理论上有很多的争论。根据2005年6月8日最高人民法院《关于审理抢劫、抢夺刑事案件适用法律若干问题的意见》，入户抢劫中的"户"是指住所，其特征表现为供他人家庭生活和与外界相对隔离两个方面，前者为功能特征，后者为场所特征。一般情况下，集体宿舍、旅店宾馆、临时搭建工棚等不应认定为"户",但在特定情况下,如果确实具有上述两个特征的,也可以认定为"户"。立法者规定"入户抢劫"而不规定"入室抢劫",显然是取"户"字的严格意义,不能随意扩大。

对于"入户抢劫"的认定是否限定为行为人入户之前即有抢劫的故意?应当分清几种情况:第一,先有抢劫意图而后入户抢劫,当然是入户抢劫。第二,为了盗窃、诈骗、抢夺财物而入户,因发现有人在家转而实施抢劫,或者骗局被揭穿或者抢夺不成,转而实施抢劫,应当视为入户抢劫。第三,出于其他动机、目的非法侵入他人住宅,在进行非法活动中或之后临时起意进行抢劫的,由于闯入私宅为非作歹,并且在住宅中进行了抢劫,其整个过程构成了对他人住宅、财产权利、人身权利的严重危害,与先有抢劫故意而入户抢劫没有重大区别。第四,以合法理由进入他人住宅,突发抢劫,这种情况的主观恶性与客观影响都轻于以上几种抢劫情况,故应按一般抢劫罪处理,不宜认定为入户抢劫。[①]值得注意的是,2005 年 6 月 8 日最高人民法院《关于审理抢劫、抢夺刑事案件适用法律若干问题的意见》,入户实施盗窃被发现,行为人为窝藏赃物、抗拒抓捕或者毁灭罪证而当场使用暴力或者以暴力相威胁的,如果暴力或者暴力胁迫行为发生在户内,可以认定为"入户抢劫";如果发生在户外,不能认定为"入户抢劫"。

根据上述司法解释,"在公共交通工具上抢劫"既包括在从事旅客运输的各种公共汽车,大、中型出租车,火车、船只、飞机等正在运营中的机动公共交通工具上对旅客、司机、售票员、乘务人员实施的抢劫,也包括对运行途中的机动公共交通工具加以拦截后,对公共交通工具上的人员实施的抢劫。对于机关单位内部接送职工用的班车是否可以被认定为"公共交通工具"在理论上有不同的观点,本书持否定的观点。因为机关单位内部的班车上的人员来自于同一单位,对其进行抢劫造成的社会影响相对较小,班车是交通工具,但不属于容纳不特定多人、来自社会各行各业的公共的交通工具。另外,对于小型出租车不应视为公共交通工具,理由是小型出租车的容量有限,小型出租车一旦向有关人员提供服务,这一有限的空间不再容纳其他不特定的公众。值得注意的是,如果行为人在飞行中的航空器上实施抢劫,其行为也危及了飞行安全并成立劫持航空器罪的,属于想象竞合犯,应当择一重罪论处。

抢劫银行或者其他金融机构,是指抢劫银行或者其他金融机构的经营资金、有价证券和客户的资金等,而不包括金融机构的办公用品、交通工具等财物。但是,根据上述司法解释,如果抢劫正在使用中的银行或者其他金融机构的运钞车的,视为"抢劫银行或者其他金融机构"。

多次抢劫,是指三次以上抢劫;"抢劫数额巨大"的认定标准,参照各地确定的盗窃罪数额巨大的认定标准执行。

如前所述,"抢劫致人重伤、死亡",既包括行为人的暴力等行为过失致人重伤、死亡,也包括行为人为劫取财物而预谋故意重伤或杀人,或者在劫取财物过程中,为制服被害人反抗而故意重伤或杀人的。

---

① 王作富:《认定抢劫罪的若干问题》,载《刑事司法指南》2000 年第 1 期。

冒充军警人员抢劫,是指冒充军人或警察抢劫。军警人员,是指现役军人、武装警察、公安和国家安全机关的警察、司法警察等,但不包括其他执法人员或者司法人员。

根据前述司法解释,持枪抢劫,是指行为人使用枪支或者向被害人显示持有、佩带的枪支进行抢劫的行为。"枪支"的概念和范围,适用《中华人民共和国枪支管理法》的规定。需要明确的是,玩具枪不是这里所谓的枪支,手持玩具枪抢劫不属于持枪抢劫,但可以构成一般的抢劫。

"抢劫军用物资或者抢险、救灾、救济物资"中的军用物资,是指武装部队(包括武警部队)使用的物资,不包括公安警察使用的物资。抢险、救灾、救济物资,是指已确定用于或者正在用于抢险、救灾、救济的物资。需要讨论的是,在适用这一规定时,是否要求行为人明知是上述特定用途的物资? 我们认为不需要行为人明知是特定用途的物资,因为这些特定用途的物资并不是决定抢劫罪构成的定罪要件,而只是一个量刑情节,《刑法》规定抢劫上述特定物资为加重情节,是因为其客观危害性更大,因而予以严惩,这与行为人明知与否无关。

二、盗窃罪

(一) 盗窃罪的概念及特征

盗窃罪,是指以非法占有为目的,秘密窃取公私财物数额较大的,或者多次盗窃、入户盗窃、携带凶器盗窃、扒窃的行为。

本罪的构成要件如下:

1. 本罪侵犯的客体是公私财物的所有权。犯罪对象是国家、集体或个人所有的各种财物。一般来说,盗窃的对象仅限于动产,但是,附着于不动产上的可移动部分,如房屋的门窗、土地上的生长物,也可成为盗窃罪的对象。盗窃罪的对象一般是有形财物,但是盗窃电力、煤气、重要技术成果等无形财物,也可构成盗窃罪。

2. 在客观方面,本罪表现为秘密窃取数额较大的公私财物或者多次盗窃、入户盗窃、携带凶器盗窃、扒窃的行为。秘密窃取,是指行为人采用自认为不会被财物的所有者、保管者、经手者觉察的方法,暗中窃取财物。根据 2013 年 3 月 18 日最高人民法院、最高人民检察院《关于办理盗窃刑事案件适用法律若干问题的解释》第 3 条规定,2 年内盗窃 3 次以上的,应当认定为"多次盗窃"。非法进入供他人家庭生活,与外界相对隔离的住所盗窃的,应当认定为"入户盗窃"。携带枪支、爆炸物、管制刀具等国家禁止个人携带的器械盗窃,或者为了实施违法犯罪携带其他足以危害他人人身安全的器械盗窃的,应当认定为"携带凶器盗窃"。在公共场所或者公共交通工具上盗窃他人随身携带的财物的,应当认定为"扒窃"。

《刑法》第 196 条第 3 款规定,盗窃信用卡并使用的以盗窃罪定罪处罚;《刑法》第 210 条第 1 款规定,盗窃增值税专用发票或者可以用于骗取出口退税、抵扣税款的其他发票的,以盗窃罪定罪处罚;《刑法》第 265 条的规定,以牟利为目的,盗接他人通信线路、复制他人电信码号或者明知是盗接、复制的电信设备、设施而使用的,以盗窃罪论处;《刑法》第 253 条第 2 款规定,邮政工作人员私自开拆或者隐匿、毁弃邮件、电报而窃取财物的,以盗窃定罪并从重处罚。另外,根据 2000 年 4 月 28 日《最高人民法院关于审理扰乱电信市场管理秩序案件具体应用法律若干问题的解释》第 7 条和第 8 条的规定,将电信卡非法充值后使用,造成电信资费损失数额较大的,以及盗用他人公共信息网络上网账号、密码上网,造成他人电信资费损失数额较大的,都以盗窃罪定罪处罚。另根据 2006 年 1 月 11 日最高人民法院《关于审理未成年人刑事案件具体应用法律若干问题的解释》的规定,已满 16 周岁不满 18 周岁的人实施盗窃行为未超过三次,盗窃数额虽已达到"数额较大"标准,但案发后能如实供述全部盗窃事实并积极退赃,且具有下列情形之一的,可以认定为"情节显著轻微危害不大",不认为是犯罪:(1)系又聋又哑的人或者盲人;(2)在共同盗窃中起次要或者辅助作用,或者被胁迫;(3)具有其他轻微情节的。已满 16 周岁不满 18 周岁的人盗窃自己家庭或者近亲属财物,或者盗窃其他亲属财物但其他亲属要求不予追究的,可不按犯罪处理。

盗窃公私财物数额较大,是构成盗窃罪的法定条件。因此,盗窃财物的数额大小,是区分罪与非罪、重罪与轻罪的重要标志之一。根据 2013 年 3 月 8 日最高人民法院、最高人民检察院《关于办理盗窃刑事案件适用法律若干问题的解释》第 1 条的规定,盗窃公私财物价值 1 000 元至 3 000 元以上、3 万元至 10 万元以上、30 万元至 50 万元以上的,应当分别认定为刑法第 264 条规定的"数额较大"、"数额巨大"、"数额特别巨大"。各省、自治区、直辖市高级人民法院、人民检察院可以根据本地区经济发展状况,并考虑社会治安状况,在前款规定的数额幅度内,确定本地区执行的具体数额标准,报最高人民法院、最高人民检察院批准。在跨地区运行的公共交通工具上盗窃,盗窃地点无法查证的,盗窃数额是否达到"数额较大"、"数额巨大"、"数额特别巨大",应当根据受理案件所在地省、自治区、直辖市高级人民法院、人民检察院确定的有关数额标准认定。盗窃毒品等违禁品,应当按照盗窃罪处理的,根据情节轻重量刑。根据司法解释第 2 条的规定,盗窃公私财物,具有下列情形之一的,"数额较大"的标准可以按照前条规定标准的百分之五十确定:(1)曾因盗窃受过刑事处罚的;(2)一年内曾因盗窃受过行政处罚的;(3)组织、控制未成年人盗窃的;(4)自然灾害、事故灾害、社会安全事件等突发事件期间,在事件发生地盗窃的;(5)盗窃残疾人、孤寡老人、丧失劳动能力人的财物的;(6)在医院盗窃病人或者其亲友财物的;(7)盗窃救灾、抢险、防汛、优抚、扶贫、移民、救济款物的;(8)因盗窃造成严重后果的。

3. 本罪的主体只能是已满 16 周岁、具有辨认能力和控制能力的自然人,单位不能成为盗窃罪的主体。根据 2013 年 3 月 8 日最高人民法院、最高人民检察院《关于办理盗窃刑事案件适用法律若干问题的解释》第 13 条的规定,单位组织、指使盗窃,符合《刑法》第 264 条及该司法解释有关规定的,以盗窃罪追究组织者、指使者、直接实施者的刑事责任。

4. 本罪在主观方面表现为故意。犯罪分子必须意识到他所窃取的是公共财物或者他人财物,并且具有非法占有的目的,至于非法占为己有或者为他人所有、为集体非法所有,均不影响盗窃罪的成立。如果行为人误认为是自己的财物而取回的,则不构成盗窃罪。另外,盗接他人通信线路、复制他人电信码号或者明知是盗接、复制的电信设备、设施而使用的,必须具有"以牟利为目的"时,才成立盗窃罪。根据1997年11月4日最高人民法院《关于审理盗窃案件具体应用法律若干问题的解释》第2条规定:"《刑法》第二百六十五条规定的'以牟利为目的',是指为了出售、出租、自用、转让等谋取经济利益的行为。"

(二)盗窃罪的认定

在认定盗窃罪时,应注意以下一些问题:

1. 盗窃罪与非罪的界限

对于盗窃财物没有达到数额较大也不属于多次盗窃(入户盗窃、携带凶器盗窃和扒窃的),原则上不应认定为盗窃罪。盗窃未遂一般不定罪量刑,但是根据2013年3月8日最高人民法院、最高人民检察院《关于办理盗窃刑事案件适用法律若干问题的解释》第12条的规定,盗窃未遂,具有下列情形之一的,应当依法追究刑事责任:(1)以数额巨大的财物为盗窃目标的;(2)以珍贵文物为盗窃目标的;(3)其他情节严重的情形。盗窃既有既遂,又有未遂,分别达到不同量刑幅度的,依照处罚较重的规定处罚;达到同一量刑幅度的,以盗窃罪既遂处罚。

2. 盗窃罪与其他犯罪的界限

处理盗窃案件,应当注意区分盗窃罪与其他犯罪的界限。(1)盗窃广播电视设施、公用电信设施价值数额不大,但是危害公共安全的,依照《刑法》第124条规定的破坏广播电视设施、公用电信设施罪定罪处罚;盗窃广播电视设施、公用电信设施同时构成盗窃罪和破坏广播电视设施、公用电信设施罪的,择一重罪处罚。(2)盗窃使用中的电力设备,同时构成盗窃罪和破坏电力设备罪的,择一重罪处罚。(3)为练习开车、游乐等目的,多次偷开机动车辆,并将机动车辆丢失的,以盗窃罪定罪处罚;在偷开机动车辆过程中发生交通肇事构成犯罪,又构成其他罪的,应当以交通肇事和其他罪实行数罪并罚;偷开机动车辆造成车辆损坏的,按照《刑法》第275条故意毁坏财物罪定罪处罚;偶尔偷开机动车辆,情节轻微的,可以不认为是犯罪。(4)盗窃技术成果等商业秘密的,按照《刑法》第219条的侵犯商业秘密罪定罪处罚。

3. 认定盗窃罪的数额

根据2013年3月8日最高人民法院、最高人民检察院《关于办理盗窃刑事案件适用法律若干问题的解释》第4条的规定,盗窃的数额,按照下列方法认定:(1)被盗财物有有效价格证明的,根据有效价格证明认定;无有效价格证明,或者根据价格证明认定盗窃数额明显不合理的,应当按照有关规定委托估价机构估价;(2)盗窃外币的,按照盗窃时中国外汇交易中心或者中国人民银行授权机构公布的人民币对该货币的中间价折合成人民币计算;中国外汇交易中心或者中国人民银行授权机构未公布汇率中间价的外币,按照盗窃时境内银行人民币对该货币的中间价折算成人民币,或者该货币在境内银行、国际外汇市场对美元汇率,与人民币对美元汇率中间价进行套算;(3)盗窃电力、燃气、自来水等财物,盗窃数量能够查实的,按照查实的数量计算盗窃数额；盗窃数量无法查实的，以盗窃前6个月均正常用量减去盗窃后计量仪表显示的月均用量推算盗窃数额；盗窃前正常使用不足6个月的，按照正常使用期间的月均用量减去盗窃后计量仪表显示的月均用量推算盗窃数额；(4)明知是盗接他人通信线路、复制他人电信码号的电信设备、设施而使用的，按照合法用户为其支付的费用认定盗窃数额；无法直接确认的，以合法用户的电信设备、设施被盗接、复制后的月缴费额减去被盗接、复制前6个月的月均电话费推算盗窃数额；合法用户使用电信设备、设施不足6个月的，按照实际使用的月均电话费推算盗窃数额；(5)盗接他人通信线路、复制他人电信码号出售的，按照销赃数额认定盗窃数额。盗窃行为给失主造成的损失大于盗窃数额的，损失数额可以作为量刑情节考虑。

此外，根据上述司法解释第5条的规定，盗窃有价支付凭证、有价证券、有价票证的，按照下列方法认定盗窃数额：(1)盗窃不记名、不挂失的有价支付凭证、有价证券、有价票证的，应当按票面数额和盗窃时应得的孳息、奖金或者奖品等可得收益一并计算盗窃数额；(2)盗窃记名的有价支付凭证、有价证券、有价票证，已经兑现的，按照兑现部分的财物价值计算盗窃数额；没有兑现，但失主无法通过挂失、补领、补办手续等方式避免损失的，按照给失主造成的实际损失计算盗窃数额。

4. 盗窃案件情节的认定

根据2013年3月8日最高人民法院、最高人民检察院《关于办理盗窃刑事案件适用法律若干问题的解释》第6条的规定，盗窃公私财物，具有该司法解释第2条第3项至第8项规定情形之一，[①]或者入户盗窃、携带凶器盗窃，数额达到该司法解释第1条规定的"数额巨大""数额特别巨大"50%的，可以分别认定为《刑法》第264条规定的"其他严重情节"或者"其他特别严重情节"。此外，根据上述司法解释第7条的规定，盗窃公私财物数额较大，行为人认罪、悔罪、退赃、退赔，且具有下列情形之一，情节轻微的，可以不起诉或者免予刑事处罚；必要时，由有关部门予以行政处罚：(1)具有法定从宽处罚情节的；(2)没有参与分赃或者获赃较少且不是主犯的；(3)被害人谅解的；(4)其他情节轻微、危害不大的。

5. 盗窃既遂与未遂的界限

盗窃既遂与未遂的区别，一般对量刑有意义，但有时对定罪也有意义，如盗窃未遂，难以计算数额，实际危害很小，则认为情节显著轻微，危害不大，不构成犯罪。但如以数额巨大的财物或者国家珍贵文物等为盗窃目标的，应当定罪处罚。

划分盗窃既遂与未遂界限的标准，中外刑法理论众说纷纭，有接触说、转移说、藏匿说、失控说、控制说和失控加控制说。一般来说，失控加控制说比较适当，即凡被盗财物已脱离所有人或保管人控制并且已处于行为人控制之下的为盗窃既遂；反之，为未遂。但是当财物的所有人或保管人失去了对财物的控制，而行为人也没有控制财

---

① 该司法解释第2条第3项至第8项分别是：组织、控制未成年人盗窃的；自然灾害、事故灾害、社会安全事件等突发事件期间，在事件发生地盗窃的；盗窃残疾人、孤寡老人、丧失劳动能力人的财物的；在医院盗窃病人或者其亲友财物的；盗窃救灾、抢险、防汛、优抚、扶贫、移民、救济款物的；因盗窃造成严重后果的。

物时,即被害人的失控与行为人的控制可能存在着相分离的情况,此种情况下应当以失控说作为认定盗窃既遂的标准。例如,行为人以非法占有为目的,从列车上将他人财物扔下列车,打算下车后再捡回该财物,但是最终行为人未能捡回该财物,由于财物的主人对该财物失去了控制,我们认为盗窃罪已经构成了既遂。即确定盗窃犯罪是否既遂,不能单纯从形式上看财物是否掌握在行为人手中。由于盗窃手段、场合、环境、条件的不同,犯罪的完成也会有不同的表现形式。判别盗窃罪的既遂和未遂,"必须根据财物的性质、形状、体积大小、被害人对财物的占有状态、行为人的窃取方式等进行判断。如在商店行窃,就体积很小的财物(如戒指)而言,行为人将该财物夹在腋下、放入口袋、藏入怀中时就是既遂;但就体积很大的财物(如冰箱)而言,一般只有将该财物搬出商店才能认定为既遂。再如盗窃工厂内的财物,如果工厂是任何人可以出入的,则将财物搬出原来的仓库、车间时就是既遂;如果工厂的出入相当严格,出入大门必须经过检查,则只有将财物搬出大门外才是既遂。"①

(三) 盗窃罪的处罚

1. 盗窃罪的刑事责任

《刑法》第 264 条规定,犯盗窃罪的,处 3 年以下有期徒刑、拘役或者管制,并处或者单处罚金;数额巨大或者有其他严重情节的,处 3 年以上 10 年以下有期徒刑,并处罚金;数额特别巨大或者有其他特别严重情节的,处 10 年以上有期徒刑或者无期徒刑,并处罚金或者没收财产。

2. 共同盗窃案的刑事责任

审理共同盗窃犯罪案件,应当根据案件的具体情形对各被告人分别作出处理:(1)对犯罪集团的首要分子,应当按照集团盗窃的总数额处罚;(2)对共同犯罪中的其他主犯,应当按照其所参与的或者组织、指挥的共同盗窃的数额处罚;(3)对共同犯罪中的从犯,应当按照其所参与的共同盗窃数额确定量刑幅度,并依照《刑法》第 27 条第 2 款的规定,从轻、减轻处罚或者免除处罚。

3. 特定盗窃案件的刑事责任

根据 2013 年 3 月 8 日最高人民法院、最高人民检察院《关于办理盗窃刑事案件适用法律若干问题的解释》第 8 条的规定,偷拿家庭成员或者近亲属的财物,获得谅解的,一般可不认为是犯罪;追究刑事责任的,应当酌情从宽。根据上述司法解释第 9 条的规定,盗窃国有馆藏一般文物、三级文物、二级以上文物的,应当分别认定为《刑法》第 264 条规定的"数额较大"、"数额巨大"、"数额特别巨大"。②盗窃多件不同等级国有馆藏文物的,3 件同级文物可以视为 1 件高一级文物。盗窃民间收藏的文物的,根据该司法解释第 4 条第 1 款第 1 项的规定认定盗窃数额。根据上述司法解

---

① 张明楷著:《刑法学》,法律出版社 2003 年版,第 773 页。
② 根据 2015 年 12 月 30 日最高人民法院、最高人民检察院《关于办理妨害文物管理等刑事案件适用法律若干问题的解释》第 2 条的规定,盗窃一般文物、三级文物、二级以上文物的,应当分别认定为《刑法》第 264 条规定的"数额较大"、"数额巨大"、"数额特别巨大"。盗窃文物,无法确定文物等级,或者按照文物等级定罪量刑明显过轻或过重的,按照盗窃的文物价值定罪量刑。

释第 10 条的规定,偷开他人机动车的,按照下列规定处理:(1)偷开机动车,导致车辆丢失的,以盗窃罪定罪处罚;(2)为盗窃其他财物,偷开机动车作为犯罪工具使用后非法占有车辆,或者将车辆遗弃导致丢失的,被盗车辆的价值计入盗窃数额;(3)为实施其他犯罪,偷开机动车作为犯罪工具使用后非法占有车辆,或者将车辆遗弃导致丢失的,以盗窃罪和其他犯罪数罪并罚;将车辆送回未造成丢失的,按照其所实施的其他犯罪从重处罚。根据上述司法解释第 11 条的规定,盗窃公私财物并造成财物损毁的,按照下列规定处理:(1)采用破坏性手段盗窃公私财物,造成其他财物损毁的,以盗窃罪从重处罚;同时构成盗窃罪和其他犯罪的,择一重罪从重处罚;(2)实施盗窃犯罪后,为掩盖罪行或者报复等,故意毁坏其他财物构成犯罪的,以盗窃罪和构成的其他犯罪数罪并罚;(3)盗窃行为未构成犯罪,但损毁财物构成其他犯罪的,以其他犯罪定罪处罚。

4. 关于对盗窃犯如何判处罚金的问题

根据最高人民法院、最高人民检察院《关于办理盗窃刑事案件适用法律若干问题的解释》第 14 条的规定,因犯盗窃罪,依法判处罚金刑的,应当在 1 000 元以上盗窃数额的 2 倍以下判处罚金;没有盗窃数额或者盗窃数额无法计算的,应当在 1 000 元以上 10 万元以下判处罚金。

三、诈骗罪

(一) 诈骗罪的概念与构成

诈骗罪,是指以非法占有为目的,用虚构事实或者隐瞒真相的方法,骗取数额较大的公私财物的行为。

本罪的构成要件如下:

1. 本罪侵犯的客体是公私财物的所有权。

2. 在客观方面,本罪表现为用虚构事实或隐瞒真相的方法,使财物所有人、保管人信以为真,"自愿"地交出数额较大的公私财物。虚构事实,是指捏造客观上并不存在的事实,骗取被害人的信任。隐瞒真相,是指对受害人掩盖客观存在的某种事实。虚构事实、隐瞒真相的具体形式多种多样,主要有:伪造证件,冒领款物;假冒身份,骗取钱财;以帮助看管、提拿东西为名,骗取财物等。但利用经济合同诈骗、公司登记中的诈骗、银行贷款诈骗、票据诈骗、信用证诈骗、信用卡诈骗、保险诈骗等犯罪属于刑法分则第 3 章破坏社会主义市场经济秩序罪,不是普通诈骗罪调整范围。

骗取公私财物,数额较大的,才构成犯罪。根据最高人民法院、最高人民检察院《关于办理诈骗刑事案件具体应用法律若干问题的解释》,诈骗公私财物价值 3 000元至 1 万元以上、3 万元至 10 万元以上、50 万元以上的,应当分别认定为《刑法》第266 条规定的"数额较大"、"数额巨大"、"数额特别巨大"。各省、自治区、直辖市高级人民法院、人民检察院可以结合本地区经济社会发展状况,在前款规定的数额幅度内,共同研究确定本地区执行的具体数额标准,报最高人民法院、最高人民检察院备案。

诈骗罪并不限于骗取有体物,还可以骗取无形物与财产性利益。根据《刑法》第210条的规定,使用欺骗手段骗取增值税专用发票或者可以用于骗取出口退税、抵扣税款的其他发票的,构成诈骗罪。根据 2014 年 4 月 24 日第十二届全国人大常委会第八次会议通过的《关于〈中华人民共和国刑法〉第二百六十六条的解释》的规定,以欺诈、伪造证明材料或者其他手段骗取养老、医疗、工伤、失业、生育等社会保险金或者其他社会保障待遇的,属于《刑法》第 266 条规定的诈骗公私财物的行为。根据 2000 年 4 月 28 日最高人民法院《关于审理扰乱电信市场管理秩序案件具体应用法律若干问题的解释》,以虚假、冒用的身份证件办理入网手续并使用移动电话,造成电信资费损失数额较大的,以诈骗罪定罪处罚。另 2010 年 10 月 20 日最高人民法院《关于审理伪造货币等案件具体应用法律若干问题的解释(二)》规定,以使用为目的,伪造停止流通的货币,或者使用伪造的停止流通的货币的,以诈骗罪论处。

3. 本罪的主体是一般主体,凡达到刑事责任年龄、具备刑事责任能力的自然人均可成为诈骗罪的主体。

4. 本罪在主观方面表现为直接故意,并且具有非法占有公私财物的目的。

(二) 诈骗罪的认定

在认定诈骗罪时应注意以下几个问题:

1. 诈骗罪与借贷行为的界限

区分诈骗罪与借贷行为应从行为人的借贷动机和目的、借贷原因、借贷用途、拖而不还的原因、有无归还能力等因素综合考虑。如果以高息或先付息为诱饵骗取钱款,而后任意挥霍殆尽而丧失偿还能力,又百般掩饰,久欠不还的,应定诈骗罪;如确因正常用途而借贷,虽曾用编造谎言的手法借到款物,但确实不以非法占有为目的,既没任意挥霍,也不赖账,因客观原因不能如期偿还的,应属借贷性质,不构成诈骗罪。

2. 诈骗罪与集资办企业因亏损而躲债的界限

区分诈骗罪与集资办企业因亏损而躲债主要在于行为人有无非法占有的目的及客观上是否使用了欺骗手段。如果确实是为了经商办企业,因经营管理不善或某种客观因素导致亏损负债,无力偿还,甚至躲债外出,避而不见,仍应属民事债务纠纷;反之,如果行为人无集资经商办企业的可能,借钱移作他用,或挥霍殆尽,根本不打算归还的,应定诈骗罪。

3. 关于设置圈套诱骗他人参赌行为的定性

1991 年 3 月 12 日最高人民法院研究室《关于设置圈套诱骗他人参赌获取钱财的案件应如何定罪问题的电话答复》指出:"对于行为人以营利为目的,设置圈套,诱骗他人参赌的行为,需要追究刑事责任的,应以赌博罪论处。"1995 年 11 月 6 日最高人民法院《关于对设置圈套诱骗他人参赌又向索还钱财的受骗者施以暴力或暴力威胁的行为应如何定罪问题的批复》指出:"行为人设置圈套诱骗他人参赌获取钱财,属赌博行为,构成犯罪的,应当以赌博罪定罪处罚。参赌者识破骗局要求退还所输钱财,设赌者又使用暴力或者以暴力相威胁,拒绝退还的,应以赌博罪从重处罚;致参赌者伤害或死亡的,应以赌博罪和故意伤害罪或故意杀人罪,依法实行数罪并罚。"

4. 诈骗罪与其他特殊诈骗罪的界限

《刑法》除规定普通诈骗罪之外,还规定了其他一些特殊诈骗罪,如《刑法》第192条至第200条规定的各种金融诈骗罪,以及《刑法》第224条规定的合同诈骗罪。这些特殊诈骗罪与普通诈骗罪的主要区别在于欺诈的对象和欺诈的手段方面,他们之间是特殊法条与普通法条的关系,根据特殊法条优先于普通法条的原则,对符合特殊诈骗罪构成要件的行为,应当认定为特殊诈骗。因此,《刑法》第266条在规定了诈骗罪的罪状和法定刑之后规定:"本法另有规定的,依照规定。"

5. 诈骗罪与与销售伪劣产品犯罪中的欺诈行为的区别

从司法实践看,销售伪劣产品类犯罪的行为人通常伴随实施一定的欺诈行为,如夸大、虚构伪劣产品的效用、功能等,并借此非法销售牟利,骗取他人钱财。但销售伪劣产品类犯罪仍与诈骗犯罪存在着显著的区别。即销售伪劣产品类犯罪所销售产品的基本性能、功能是真实的,只是质量低劣。因此所谋取的是非法利润,所侵害的是正常的市场经济秩序。如果所销售产品的性能、功能完全是虚假的,行为人只是借销售产品之名,行诈骗他人财物之实,应当认定为诈骗罪。①

6. 诈骗罪的既遂标准和罪数

诈骗罪是侵犯财产权的犯罪,诈骗罪的既遂应以行为人进行欺诈后,被害人陷入了认识错误而自觉交付财物为标准。如果行为人实施了欺诈行为,而被骗者识破了骗局,但基于其他原因,如被骗者怜悯行骗者因而假装受骗而仍然给付财物的,应当认定为诈骗未遂。另外,行为人为了诈骗,在虚构事实、隐瞒真相的过程中可能触犯了其他罪名,如伪造公文、证件、印章等,这种情况属于牵连犯罪,应从一重罪处罚。

7. 通过伪造证据骗取法院民事裁判占有他人财物的定性

行为人以提起民事诉讼为手段,提供虚假的陈述、出示虚假的证据,使法院作出有利于自己的判决,从而获得财产,对于这种诉讼诈骗行为如何定性?例如甲向法院提起诉讼,要求乙偿还借款12万元,并向法院提供了盖有乙的印章、指纹的借据及附件,后法院判决乙向甲偿还"借款"12万元,经乙申诉后查明,上述借据及附件均系甲伪造。甲的行为属于什么性质?有观点认为通常的诈骗行为只有行为人与被害人,被害人因为被欺骗而产生认识错误,自己处分自己的财产。在这种情况下,被害人与被骗人是同一人。但诈骗罪也可能存在被害人与被骗人不是同一人的情况。例如,乙上班后,其保姆丙在家做家务;被告人甲敲门后欺骗保姆说:"你们家的主人让我上门取他的西服去干洗。"丙信以为真,将乙的西服交给甲。这种财产处分人与被害人不同一的情况属于三角诈骗,也是诈骗犯罪的一种。②但是2002年10月24日最高

---

① 上海市高级人民法院刑二庭:《刑事法律问答》,载《上海审判实践》2004年增刊第1期。

② 张明楷:《刑法学》,法律出版社2003年版,第777页。不过2015年11月1日起生效的《刑法修正案(九)》对这一问题作出了规定,其第35条规定:在《刑法》第307条后增加1条,作为第307条之一:"以捏造的事实提起民事诉讼,妨害司法秩序或者严重侵害他人合法权益的,处三年以下有期徒刑、拘役或者管制,并处或者单处罚金;情节严重的,处三年以上七年以下有期徒刑,并处罚金。单位犯前款罪的,对单位判处罚金,并对其直接负责的主管人员和其他直接责任人员,依照前款的规定处罚。有第一款行为,非法占有他人财产或者逃避合法债务,又构成其他犯罪的,依照处罚较重的规定定罪从重处罚。司法工作人员利用职权,与他人共同实施前三款行为的,从重处罚;同时构成其他犯罪的,依照处罚较重的规定定罪从重处罚。"

人民检察院法律政策研究室《关于通过伪造证据骗取法院民事裁判占有他人财物的行为如何适用法律问题的答复》指出："以非法占有为目的，通过伪造证据骗取法院民事裁判占有他人财物的行为所侵害的主要是人民法院正常的审判活动，可以由人民法院依照民事诉讼的有关规定作出处理，不宜以诈骗罪追究行为人的刑事责任。如果行为人伪造证据时，实施了伪造公司、企业、事业单位、人民团体印章的行为，以伪造公司、企业、事业单位、人民团体印章罪追究刑事责任。如果行为人有指使他人作伪证行为构成犯罪的，以妨害作证罪追究刑事责任。"即最高人民检察院的司法解释没有将诉讼欺诈行为认定为诈骗罪，但认为这种行为侵犯了人民法院正常的审判活动，可以由人民法院按照民事诉讼的有关规定作出处理。当然，如果有关行为构成其他犯罪的，则按其他犯罪处理。值得一提的是，《刑法修正案（九）》增设了虚假诉讼罪，因此，对于这类行为可以虚假诉讼罪认定。

8. 盗窃罪与诈骗罪的界限

盗窃罪与诈骗罪都属于侵犯财产的犯罪，两者有很多相同之处。在犯罪客体上，两者侵犯的都是公私财物的所有权；在犯罪主体上，都表现为一般主体；在犯罪的主观方面，都具有非法占有公私财物的直接故意。然而在犯罪的客观方面，也即行为特征上两者具有本质的区别。盗窃罪是以秘密窃取的手段侵占公私财物。秘密窃取，是指行为人采取自认为不会使财物的所有者、保管者或者经手者发觉的方法，暗中窃取财物。盗窃的手段多种多样，如撬门扭锁、挖洞跳窗、入室行窃，或者在公共场所掏兜割包、顺手牵羊等。而诈骗罪是以虚构事实、隐瞒真相的欺骗方法，致使公私财物的所有者、管理者产生错觉，从而似乎"自愿"地将财物交给行骗人。虚构事实，是指捏造不存在的事实，骗取被害人的信任。隐瞒真相，是指对被害人掩盖客观存在的某种事实。诈骗的手段有：编造谎言，假冒身份，骗取钱财；伪造、涂改单据，冒领财物；伪造公文、证件骗取款物；以帮助看管、提拿东西为名，骗走财物；以恋爱、结婚、介绍工作等名义相诱惑，骗取财物等。概括而言，盗窃罪是以不为人知、不为人备的"梁上君子、暗渡陈仓"的手法窃取公私财物；而诈骗罪则是用为人错知的"巧舌如簧、明修栈道"的手法骗取公私财物。应当承认盗窃罪与诈骗罪在客观方面的行为表现上是有明显的差异的。因此，在一般的案件中，区分盗窃罪与诈骗罪并非难事。但是，在司法实践中的确有一些案件窃与骗互为手段，交织在一起，使得盗窃罪与诈骗罪不易区分。例如，一对新婚夫妇收到一封来信，信中写道："祝贺新婚，送上两张电影票。要知道谁是送票人，看完电影便知道。"新婚夫妇兴冲冲去看电影，却一直未找到送票人。看完电影回家，发现家中洗劫一空，桌上留了一张字条："你们该知道送票人是谁了吧。"又如，刘某经过一家电器公司，见门前有一货车正在下货，便佯装从公司匆匆走出，还吆喝："快点下，顾客等着要货。"卸货员以为刘是公司人员，遂将一录像机递给刘某，刘某抱机又装着朝公司迈步，其实抄小路离去。案例一的行为人尽管也采用了一些欺骗手法，但行为人并没有用这种欺骗手段直接取得财物，而是用这种欺骗手段作掩护，转移被害人的注意力，并乘机采取秘密窃取的手段取得了财物，因而案例一的行为人构成了盗窃罪。案例二中的刘某虚构事实，冒充公司人员，使卸货员"自觉、主动"地将录像机交给刘某，即刘某取得财物所直接采用的手段是"虚构和蒙骗"，因而刘某构成了诈骗罪。从以上案例可以得出这样的结论：区分盗窃罪与诈骗罪的根本标准是行为人构成犯罪所直接采用的方法和手段，若采用"秘密窃取"为直接手段骗取公私财物的，应定盗窃罪；若采用"虚构和蒙骗"为直接方法骗取公私财物的，则应定诈骗罪。更深入地揭示两者的区别，那就是盗窃是未经财物所有人同意而侵吞，而诈骗则是指经他人"同意"而获得他人的财物，并且这种"同意"是被害人处分财产的一种行为。

（三）诈骗罪的处罚

《刑法》第266条规定，犯诈骗罪的，处3年以下有期徒刑、拘役或者管制，并处或者单处罚金；数额巨大或者有其他严重情节的，处3年以上10年以下有期徒刑，并处罚金；数额特别巨大或者有其他特别严重情节的，处10年以上有期徒刑或者无期徒刑，并处罚金或者没收财产。

四、抢夺罪

（一）抢夺罪的概念与构成

抢夺罪，是指以非法占有为目的，乘人不备，公然夺取数额较大的公私财物或者多次抢夺公私财物的行为。

本罪的构成要件如下：

1. 本罪侵犯的客体是公私财物的所有权。

2. 在客观方面，本罪表现为乘人不备，公然夺取数额较大的公私财物或者多次抢夺公私财物的行为。所谓公然夺取，是指在财物的所有人、保管人或者其他人在场的情况下，公然把财物夺走。抢夺罪的夺取行为必须以不使用暴力或暴力相威胁为前提，虽然抢夺行为也是一种强力行为，但它的着力点是在财物上而非被害人身体。

除了多次抢夺外，抢夺行为必须数额较大才能构成犯罪。根据2013年最高人民法院、最高人民检察院《关于办理抢夺刑事案件适用法律若干问题的解释》第1条的规定，抢夺公私财物价值1 000元至3 000元以上、30 000元至80 000元以上、200 000元至400 000元以上的，应当分别认定为"数额较大""数额巨大""数额特别巨大"。

该司法解释第2条又规定，抢夺公私财物，具有下列情形之一的，"数额较大"的标准按照前条规定标准的50%确定：(1)曾因抢劫、抢夺或者聚众哄抢受过刑事处罚的；(2)1年内曾因抢夺或者哄抢受过行政处罚的；(3)1年内抢夺3次以上的；(4)驾驶机动车、非机动车抢夺的；(5)组织、控制未成年人抢夺的；(6)抢夺老年人、未成年人、孕妇、携带婴幼儿的人、残疾人、丧失劳动能力人的财物的；(7)在医院抢夺病人或者其亲友财物的；(8)抢夺救灾、抢险、防汛、优抚、扶贫、移民、救济款物的；(9)自然灾害、事故灾害、社会安全事件等突发事件期间，在事件发生地抢夺的；(10)导致他人轻伤或者精神失常等严重后果的。

3. 本罪的主体为一般主体。凡达到刑事责任年龄、具备刑事责任能力的自然人均可成为抢夺罪的犯罪主体。

4. 本罪在主观方面表现为直接故意,并具有非法占有公私财物的目的。如果不以非法占有为目的,诸如误以他人之物为己物而夺取、债权人声称抵债而夺取债务人财物的,不能定抢夺罪。

(二) 抢夺罪的认定

在认定抢夺罪时应注意以下一些问题:

1. 抢夺罪与抢劫罪的界限

抢夺罪与抢劫罪在客观上都是公开夺取财物,在主观上都有非法占有公私财物的目的。两者的主要区别是:(1)侵犯的客体不同。抢劫罪侵犯的是复杂客体,既侵犯了财产权利,也侵犯了人身权利;而抢夺罪侵犯的是单一客体,只侵犯了财产权利。(2)客观表现不同。抢劫罪是对被害人实施暴力、威胁或其他酒醉、麻醉等方法,当场劫取财物;而抢夺罪是乘人不备、公开夺取,抢夺行为的着力点在财物,而不在被害人本身。(3)构成犯罪的数额要求不同。抢劫罪没有数额的要求,而抢夺罪一般要数额较大才能构成。(4)主体的年龄要求不同。抢劫罪的主体只要年满 14 周岁就可以构成,而抢夺罪的主体必须年满 16 周岁。

2. 抢夺过程中过失导致被害人重伤、死亡行为的定性

根据 2002 年 7 月 16 日最高人民法院《关于审理抢夺刑事案件具体应用法律若干问题的解释》①第 5 条的规定,行为人在抢夺过程中又过失导致被害人重伤、死亡的情形属于想象竞合犯,行为人行为同时构成过失致人重伤罪、过失致人死亡罪等犯罪的,依照处罚较重的规定定罪处罚。但是,2013 年 11 月 11 日最高人民法院、最高人民检察院《关于办理抢夺刑事案件适用法律若干问题的解释》则对此作出了不一样的规定,即依照该司法解释第 3 条、第 4 条的规定,抢夺公私财物,导致他人重伤的,属于抢夺罪的"其他严重情节";导致他人死亡的,属于抢夺罪的"其他特别严重情节",两种情形均以抢夺罪论处。

3. 对利用行使的机动车辆、非机动车进行抢夺行为的定性

依照 2013 年 11 月 11 日最高人民法院、最高人民检察院《关于办理抢夺刑事案件适用法律若干问题的解释》第 6 条的规定,驾驶机动车、非机动车夺取他人财物,具有下列情形之一的,应当以抢劫罪定罪处罚:(1)夺取他人财物时因被害人不放手而强行夺取的;(2)驾驶车辆逼挤、撞击或者强行逼倒他人夺取财物的;(3)明知会致人伤亡仍然强行夺取并放任造成财物持有人轻伤以上后果的。

4. 对携带凶器进行抢夺行为的定性

根据《刑法》第 267 条规定,携带凶器抢夺的,依照《刑法》第 263 条的规定以抢劫罪定罪处罚。按照一般的刑法理论,判断行为是否构成抢劫罪,应当看行为人是否有非法占有的目的,是否当场实施了暴力、胁迫或者其他方法,而不以其事先的预备为标准。实践中,如果行为人事先作了盗窃和抢劫两手准备,携带凶器,潜入居民住宅,

---

① 该司法解释因被 2013 年 11 月 11 日最高人民法院、最高人民检察院《关于办理抢夺刑事案件适用法律若干问题的解释》所替代而废止。

发现室内无人,未使用凶器便窃走了大量财物,应认定为盗窃罪;如果行为人事先作盗窃准备,在盗窃过程中惊醒主人并遭到其抵抗,当即使用凶器用暴力将财物抢走的,应定抢劫罪。然而《刑法》第267条第2款却规定,携带凶器,作了抢劫准备,由于种种原因,只实施了抢夺行为的,仍然要定抢劫罪。但是如何理解"携带凶器抢夺"的行为?

根据最高人民法院2000年11月17日《关于审理抢劫案件具体应用法律若干问题的解释》,携带凶器抢夺,是指行为人随身携带枪支、爆炸物、管制刀具等国家禁止个人携带的器械进行抢夺或者为了实施犯罪而携带其他器械进行抢夺的行为。也即凶器可以分为性质上的凶器和用法上的凶器。性质上的凶器,是指枪支、爆炸物、管制刀具等国家禁止个人携带的器械;用法上的凶器,是指从使用的方法来看,可能用于杀伤他人的物品,如菜刀、铁棒、石块等。

根据2005年6月8日最高人民法院《关于审理抢劫、抢夺刑事案件适用法律若干问题的意见》,行为人将随身携带凶器有意加以显示、能为被害人察觉到的,直接适用《刑法》第263条的规定定罪处罚;行为人携带凶器抢夺后,在逃跑过程中为窝藏赃物、抗拒抓捕或者毁灭罪证而当场使用暴力或者以暴力相威胁的,适用《刑法》第267条第2款的规定定罪处罚。

(三)抢夺罪的处罚

根据《刑法》第267条规定,犯抢夺罪的,处3年以下有期徒刑、拘役或者管制,并处或者单处罚金;抢夺公私财物数额巨大或者有其他严重情节的,处3年以上10年以下有期徒刑,并处罚金;数额特别巨大或者有其他特别严重情节的,处10年以上有期徒刑或者无期徒刑,并处罚金或者没收财产。

这里的"其他严重情节",依照2013年11月18日最高人民法院、最高人民检察院《关于办理抢夺刑事案件适用法律若干问题的解释》的规定,具体是指:(1)导致他人重伤的;(2)导致他人自杀的;(3)具有本解释第2条第3项至第10项规定的情形之一,数额达到本解释第1条规定的"数额巨大"50%的。"其他特别严重情节"是指:(1)导致他人死亡的;(2)具有本解释第2条第3项至第10项规定的情形之一,数额达到本解释第1条规定的"数额特别巨大"50%的。另外,根据该司法解释第5条规定,抢夺公私财物数额较大,但未造成他人轻伤以上伤害,行为人系初犯,认罪、悔罪、退赃、退赔,且具有下列情形之一的,可以认定为犯罪情节轻微,不起诉或者免予刑事处罚;必要时,由有关部门依法予以行政处罚:(1)具有法定从宽处罚情节的;(2)没有参与分赃或者获赃较少,且不是主犯的;(3)被害人谅解的;(4)其他情节轻微、危害不大的。

五、聚众哄抢罪

(一)聚众哄抢罪的概念与构成

聚众哄抢罪,是指以非法占有为目的,聚集多人,公然抢夺公私财物,数额较大或者情节严重的行为。

本罪的构成要件如下：

1. 本罪侵犯的客体是公私财物的所有权。侵犯的对象是公私财物，包括公共财产和公民私人所有的财产。从财物的用途和性质看，既可以是生产资料，也可以是生活资料；既可以是动产，也可以是能拆毁的不动产。

2. 在客观方面，本罪表现为聚集多人，采用哄闹、滋扰等方法，公然抢夺公私财物，数额较大或者情节严重的行为。聚众，是指三人以上，在为首分子的组织、策划、指挥下共同实施。公然，是指在大庭广众之下。根据最高人民法院 2000 年 11 月 17 日《关于审理破坏森林资源刑事案件具体应用法律若干问题的解释》的规定，聚众哄抢林木 5 立方米以上的，属于聚众哄抢"数额较大"；聚众哄抢林木 20 立方米以上的，属于聚众哄抢"数额巨大"，对首要分子和积极参加的，以聚众哄抢罪定罪处罚。

3. 本罪的主体并非所有参加聚众哄抢的人，而只是其中的首要分子和积极参加的人。首要分子，是指在聚众哄抢中起组织、策划、指挥作用的犯罪分子。积极参加的，是指在聚众哄抢中，起骨干和带头作用的人员。

4. 本罪在主观方面表现为故意，并具有非法占有公私财物的目的。

（二）聚众哄抢罪的处罚

《刑法》第 268 条规定，犯聚众哄抢罪的，处 3 年以下有期徒刑、拘役或者管制，并处罚金；数额巨大或者有其他特别严重情节的，处 3 年以上 10 年以下有期徒刑，并处罚金。情节特别严重，一般是指哄抢重要军事物资；哄抢抢险、救灾、救济、优抚等特定款物；哄抢珍贵出土文物；大规模、大范围的哄抢活动，后果严重的；由于哄抢活动造成公私财产巨大损失的；由于哄抢造成被害人精神失常或者自杀的等等。

六、敲诈勒索罪

（一）敲诈勒索罪的概念和构成

敲诈勒索罪，是指以非法占有为目的，对被害人实施威胁或者要挟的方法，强索数额较大的公私财物或者多次敲诈勒索的行为。

本罪的构成要件如下：

1. 本罪侵犯的客体是复杂客体，既侵犯了公私财产的所有权，又侵犯了公民的人身权利和其他合法权益。犯罪对象是各种公私财物，包括动产、不动产，在我国司法实践中，一般认为还包括财产性利益。财产性利益，譬如房屋的租赁权或使用权、无偿提供劳动、免除债务等。

2. 在客观方面，本罪表现为行为人采取威胁、要挟的方法，迫使被害人交付财物或提供财产性利益的行为。威胁、要挟的内容既可以是暴力威胁，如以对被害人或其亲属的人身实施暴力伤害或杀害相威胁，但这种暴力威胁不具有当场发生的可能性。威胁、要挟的内容也可以是非暴力威胁，如以揭发、张扬被害人的生活隐私相威胁，以损害被害人的人格、名誉相威胁，以栽赃陷害相威胁等等。威胁内容的实现自身不必具有违法性。例如行为人得知他人的犯罪事实后,以向司法机关告发相要挟而索取财物的,也可以构成敲诈勒索罪。威胁、要挟的方式各种各样:既可以是口头向被害人提出,也可以用书面形式如投寄恐吓信向被害人提出;既可以向被害人本人提出,也可以是通过第三人向被害人间接提出;既可以是直截了当地提出,也可以是暗示要挟。不论采用何种方式,只要足以使被害人产生恐惧而交出财物的,都可构成敲诈勒索罪。另根据 2013 年 9 月 6 日最高人民法院、最高人民检察院《关于办理利用信息网络实施诽谤等刑事案件适用法律若干问题的解释》第 6 条的规定,以在信息网络上发布、删除等方式处理网络信息为由,威胁、要挟他人,索取公私财物,数额较大或者多次实施上述行为的,以该罪论处。

敲诈勒索公私财物必须数额较大或者多次敲诈勒索才构成犯罪。根据 2013 年 4 月 5 日最高人民法院、最高人民检察院《关于办理敲诈勒索刑事案件适用法律若干问题的解释》第 1 条的规定,敲诈勒索公私财物价值 2 000 元至 5 000 元以上、3 万元至 19 万元以上、30 万元至 50 万元以上的,应当分别认定为《刑法》第 274 条规定的"数额较大"、"数额巨大"、"数额特别巨大"。根据上述司法解释第 2 条的规定,敲诈勒索公私财物,具有下列情形之一的,"数额较大"的标准可以按照本解释第 1 条规定标准的 50％确定:(1)曾因敲诈勒索受过刑事处罚的;(2)1 年内曾因敲诈勒索受过行政处罚的;(3)对未成年人、残疾人、老年人或者丧失劳动能力人敲诈勒索的;(4)以将要实施放火、爆炸等危害公共安全犯罪或者故意杀人、绑架等严重侵犯公民人身权利犯罪相威胁敲诈勒索的;(5)以黑恶势力名义敲诈勒索的;(6)利用或者冒充国家机关工作人员、军人、新闻工作者等特殊身份敲诈勒索的;(7)造成其他严重后果的。根据上述司法解释第 3 条、第 4 条的规定,2 年内敲诈勒索 3 次以上的,应当认定为《刑法》第 274 条规定的"多次敲诈勒索"。敲诈勒索公私财物,具有该司法解释第 2 条第 3 项至第 7 项规定的情形之一,数额达到该司法解释第 1 条规定的"数额巨大"、"数额特别巨大"80％的,可以分别认定为《刑法》第 274 条规定的"其他严重情节"、"其他特别严重情节"。

3. 本罪的主体是一般主体,只要年满 16 周岁、具有刑事责任能力的自然人均可构成。

4. 本罪在主观方面表现为直接故意,并具有非法占有公私财物的目的。如果出于其他目的,例如债权人为了讨还债务,使用胁迫手段迫使债务人交出某项财物以抵债的,则不构成敲诈勒索罪。

(二) 敲诈勒索罪的认定

在认定敲诈勒索罪时应注意以下几个问题:

1. 敲诈勒索罪与非罪的界限

根据《刑法》第 274 条规定,敲诈勒索公私财物,除了多次敲诈勒索以外,数额较大的才构成犯罪。因此敲诈勒索的数额大小是区分罪与非罪的标准,如果敲诈勒索数额较小,属违反治安管理的行为,不构成犯罪。另外,根据 2013 年 4 月 5 日最高人民法院、最高人民检察院《关于办理敲诈勒索刑事案件适用法律若干问题的解释》第

5条的规定,敲诈勒索数额较大,行为人认罪、悔罪、退赃、退赔,并具有下列情形之一的,可以认定为犯罪情节轻微,不起诉或者免予刑事处罚,由有关部门依法予以行政处罚:(1)具有法定从宽处罚情节的;(2)没有参与分赃或者获赃较少且不是主犯的;(3)被害人谅解的;(4)其他情节轻微、危害不大的。根据上述司法解释第6条的规定,敲诈勒索近亲属的财物,获得谅解的,一般不认为是犯罪;认定为犯罪的,应当酌情从宽处理;被害人对敲诈勒索的发生存在过错的,根据被害人过错程度和案件其他情况,可以对行为人酌情从宽处理;情节显著轻微危害不大的,不认为是犯罪。

2. 敲诈勒索罪与抢劫罪的界限

敲诈勒索罪与抢劫罪都属于侵犯财产罪,在主观上两者都以非法占有公私财物为目的,在客观上敲诈勒索罪可以实施暴力威胁和非暴力威胁,抢劫罪可以实施暴力、暴力威胁或者其他方法,即两罪都可以实施暴力威胁行为,但是两罪存在着重要的区别。(1)威胁的内容不同。敲诈勒索罪的威胁内容不限于暴力杀害或伤害,还包括毁坏财物、揭发隐私、破坏名誉等;抢劫罪的威胁内容只限于暴力杀害或伤害。(2)威胁的方式不同。敲诈勒索罪的威胁方式可直接向被害人口头或书面提出,也可通过第三人间接提出;抢劫罪的威胁方式只能当场向被害人提出。(3)威胁要求交出财物的时间不同。敲诈勒索罪可以要求被害人当场交出财物,也可以要求限期交出财物;抢劫罪只能要求被害人当场交出财物。(4)实施暴力威胁的时间不同。如果被害人不答应交出财物,敲诈勒索的暴力威胁将在以后付诸实施;而抢劫罪则当场实施暴力。

3. 敲诈勒索罪与诈骗罪的界限

敲诈勒索罪与诈骗罪都有诈取他人财物之意,但两罪在行为手段上有区别:敲诈勒索罪是实施威胁、要挟的手段使被害人恐惧,被害人被迫交付财物;诈骗罪则是采用骗术使被害人信以为真而"自愿"交付财物。另外,两罪侵犯的客体也有区别:敲诈勒索罪侵犯的是复杂客体,既侵犯了财产权,也侵犯了人身权;诈骗罪侵犯的是单一客体,只侵犯了财产权。

4. 敲诈勒索罪与绑架罪的界限

绑架罪有两种行为:以勒索财物为目的绑架他人的行为和绑架他人作为人质的行为。敲诈勒索罪与绑架罪的第一种行为很类似,但两罪有重要区别:(1)行为方式不同。敲诈勒索罪是使用威胁或要挟的方法,对被害人进行精神强制,迫使其交出财物;绑架罪是以暴力、胁迫或者麻醉方法,劫持人质并限制其自由。(2)勒索财物的对象不同。敲诈勒索罪是向被害人勒索财物;绑架罪是向被绑架人的家庭成员或其他亲友勒索财物。(3)威胁的内容不同。敲诈勒索罪的威胁内容可以是暴力杀伤,也可以是揭发隐私、毁损财产等内容;绑架罪威胁的内容仅限于暴力杀伤。

5. 敲诈勒索罪既遂与未遂的界限

敲诈勒索罪的既遂与未遂应当以行为人是否取得了财物为标准。如果行为人使用威胁或要挟方法,使被害人产生精神恐惧,从而取得了他人的财物,为既遂;反之,则为未遂。如果由于遭到被害人拒绝交付财物,而行为人把威胁的内容付诸实施,进行故意杀害或伤害的,应当数罪并罚。如果由于当面遭拒绝而当场对被害人采取暴力行动的,并且当场抢走财物的,应认定为抢劫罪。

(三) 敲诈勒索罪的处罚

《刑法》第 274 条规定,犯敲诈勒索罪的,处 3 年以下有期徒刑、拘役或者管制并处或者单处罚金;数额巨大或者有其他严重情节的,处 3 年以上 10 年以下有期徒刑并处罚金;数额特别巨大或者有其他特别严重情节的,处 10 年以上有期徒刑,并处罚金。情节严重,主要是指多次敲诈勒索的;冒充国家机关工作人员敲诈勒索的;敲诈勒索集团的首要分子;因敲诈勒索而造成被害人精神失常、自杀等严重后果的,等等。

七、侵占罪

(一) 侵占罪的概念和构成

侵占罪,是指以非法占有为目的,将代为保管的他人财物非法占为己有,数额较大,拒不退还的,或者将他人的遗忘物、埋藏物非法占为己有,数额较大,拒不交出的行为。

本罪的构成要件如下:

1. 本罪侵犯的客体是公私财产的所有权。

2. 在客观方面,本罪表现为将数额较大的自己代为保管的他人财物占为己有或者将数额较大的他人的遗忘物、埋藏物占为己有,拒不退还或拒不交出的行为。侵占行为以行为人合法持有他人的财物为前提,犯罪对象是代为保管的他人财物、遗忘物和埋藏物。

代为保管的他人财物,不能只是狭义地理解为基于保管合同而保管的财物,而应该理解成由于各种原因而对财物具有的事实上或者法律上的支配关系。在实践中,持有他人财物的合法原因或根据主要有基于委托关系、租赁关系、借用关系、担保关系和无因管理等等。从财物的自然性质看,代为保管的他人财物可以是动产,也可以是不动产。从财产的法律性质看,他人的财物一般是指他人个人的财物,但也不排除其他单位的财物。因为事实上,根据合同关系或者事实关系,公共财产交个人暂时管理是完全可能的。例如农村粮站收购粮食后,委托农民暂时保管,受托农民将所保管的公粮非法占为己有,拒不退还,可以以侵占罪论处。[1]违法性的财物,例如犯罪所得的赃物或者用于犯罪的财物,如盗窃、诈骗犯罪所得和作为贿赂的财物、走私犯罪的工具等,可否成为侵占罪的对象,在理论上有肯定说和否定说之分。我们同意肯定说的意见,保管人是否对财物具有所有权并不妨害行为人构成侵占罪。因为按照法律规定,犯罪所得的赃物和用于犯罪的财物应当予以没收或发还给被害人,其合法所有权仍然存在。受托人尽管占有了财物,其对财物并没有所有权,但受托人具有非法占有的故意,其行为可以构成侵占罪。

---

[1] 王作富:《论侵占罪》,载《法学前沿》第 1 辑,法律出版社 1997 年版。

遗忘物，是指财物的所有人或持有人将所持财物放在某处，因疏忽忘记而未带走的财物。理论上一般认为，"遗忘物"和"遗失物"是有区别的，遗失物，是指财物的所有人或持有人因为疏忽而将财物失落在某处。两者的区别是：（1）前者一经回忆一般能知道财物所在位置，也较容易找回；而后者一般不知失落在何处，不易找回；（2）前者一般尚未完全脱离物主的控制范围，而后者则完全脱离了物主的控制。（3）前者一般脱离物主的时间较短；后者一般脱离物主的时间较长。据此，侵占遗失物的行为不构成犯罪。①但也有观点认为，不应区分遗忘物和遗失物，遗忘物和遗失物难以区分。如果说遗忘物是刚刚遗忘，失主知道忘在什么地方；而遗失物一般离开失主的时间较长，失主无法确切地知道忘在何处，这种区分只是丧失控制后程度上的区分，而不是性质上的区分。丢失时间的长短，是否知道丢失地方这些因素都不足以区分遗忘物和遗失物。而且如果将遗忘物和遗失物作如上的区分，则行为人是否构成侵占罪的根据不在于行为人本身的主观罪过和客观行为，而取决于失主对财物的主观心理态度，这是不合理的。因此主张遗忘物的确认标准应该是财物所有人主观上是否由于疏忽而遗忘，财物是否已经失去了控制。②第二种观点是有说服力的。

埋藏物，是指埋藏于地下，所有人不明或应由国家所有的财物。如果是他人有意埋藏于地下的财物，属于他人占有的财物，而非埋藏物。行为人明知是他人有意埋藏的物品而秘密窃取的，构成盗窃罪。如果行为人不知道有所有人，则属于事实认识错误，不构成盗窃罪而成立侵占罪。

侵占罪中的"拒不退还"或"拒不交出"，主要是指客观上有能力退还而主观上坚持不还的行为。在司法实践中，下列几种情况一般可以认定为"拒不退还"或"拒不交出"：（1）经财物的合法所有人、持有人向现实所有人讨要，后者拒不交出财物，前者以自诉人身份向法院提起诉讼，法院立案之日，后者仍未退还或交出财物的。（2）在行为人侵占他人财物并逃逸的情况下，公安人员侦破、抓获行为人之日，即为其"拒不退还"或"拒不交出"行为的成立之日。（3）在行为人侵占他人财物并大肆挥霍或还债致客观上无力退还的情况下，其所作今后愿意退还的单纯表态，不影响"拒不退还"或"拒不交出"的认定。（4）在公安人员已先行查获被侵占行为人藏匿的他人遗忘物或埋藏物以后，行为人仍对公安人员拒不承认拾得和藏匿他人财物的事实，企图抵赖侵占行为事实的。③

在认定行为人是否有拒不退还或拒不交出的行为，还应当注意区分不同情况：当侵占行为人在财物所有人明确提出交还主张时，虽承认其主张并答应归还，但在其后又擅自处理了该财物，致使无法实际交还时，应认定为拒不交出或拒不退还。如果行为人虽有非法侵占行为，但最终还是交出了财物的，则不能认为构成本罪。如果行为人在合法所有者明确提出交还主张之前，已经处理了该财物，事后也承认并答应归还的，则也不能认为构成本罪。

---

① 高铭暄主编：《刑法专论》（下编），高等教育出版社 2002 年版，第 751 页。
② 陈兴良：《非法占有他人遗忘在特定场所之财物的定性》，载《法学前沿》第 1 辑，法律出版社 1997 年版。
③ 见 2004 年 5 月 14 日上海高级人民法院刑二庭《刑事法律适用问题解答（一）》。

3. 本罪的主体是一般主体。

4. 本罪在主观方面表现为直接故意,并具有非法占有的目的。

(二)侵占罪的认定

在认定侵占罪时应注意以下一些问题:

1. 侵占罪中存在的两种法律关系

侵占罪的一个显著特点是行为人首先以合法方式持有他人的财物,然后非法将该财物占为己有,拒不退还。从侵占罪犯罪行为发展过程看,侵占罪中存在着两种先后联系、性质不同的法律关系。首先是行为人基于他人的委托关系、合同关系或其他原因,合法取得了对他人财物的占有权,但不享有对该项财物的所有权,从而与他人之间产生一种民事法律关系,行为人负有归还或交出该项财物的义务。其次,行为人拒绝履行归还或交出的义务,将业已持有的他人财物非法占为己有,触犯了刑法,从而由单纯的民事法律关系转化为刑事法律关系。①

2. 侵占罪与盗窃罪的界限

侵占罪和盗窃罪都属侵犯财产罪,两者在侵犯的客体、主体、主观方面都有相似之处。区别主要在于客观方面,盗窃罪的行为手段是秘密窃取,在实施秘密窃取时,财物并不在行为人控制之下;而侵占罪的行为手段是占有代管物、遗忘物、埋藏物,拒不交出,在实施侵占行为时,被侵占财物已处于行为人的控制之下。如在对地面挖掘时,偶然发现地下埋藏物,明知应当交出而拒不交出,是侵占罪。但是如果明知某处有埋藏物,以非法占有为目的而前去挖掘,则构成盗窃罪或者盗掘古墓葬罪等其他罪。另外,侵占罪属于告诉才处理案件,这也是与盗窃罪的区别。

(三)侵占罪的处罚

《刑法》第 270 条规定,犯侵占罪的,处 2 年以下有期徒刑、拘役或者罚金;数额巨大或者有其他严重情节的,处 2 年以上 5 年以下有期徒刑,并处罚金。本罪,告诉才处理。

八、职务侵占罪

(一)职务侵占罪的概念和构成

职务侵占罪,是指公司、企业或者其他单位的人员,利用职务上的便利,将本单位数额较大的财物非法占为己有的行为。

本罪的构成要件如下:

1. 本罪侵犯的客体是公司、企业或者其他单位的财产所有权。公司,是指有限责任公司和股份有限公司。企业,是指除上述公司以外的经工商行政管理机关批准设立的有一定数量注册资金和从业人员的营利性经济组织。其他单位,是指除上述公司、企业以外的社会团体或经济组织。

---

① 王作富:《论侵占罪》,载《法学前沿》第 1 辑,法律出版社 1997 年版。

2. 在客观方面，本罪表现为利用职务上的便利，将本单位数额较大的财物非法占为己有的行为。具体包括以下三个条件：

首先，行为人必须利用了职务上的便利。利用职务上的便利，是指利用职务上所具有的主管、管理、经营或者经手本单位财物的便利条件。如企业的法人代表在一定范围内有调配本单位财物的权利，会计有管理财务的职责，出纳有经手、管理钱财的职责等等。应当注意将"利用职务上的便利"与"利用工作条件便利"相区别。对于行为人依职责既不管理，也不经手的属于他人控制下的单位财物，仅仅利用有条件接近的机会实施的窃取行为，应当依法认定为盗窃罪，如单位清洁勤杂工窃取办公室内财物的行为。但是，如果利用了经手单位财物的职责便利而实施的窃取行为，应当认定为职务侵占罪。这里所称的"职务"，应当是指单位分配给个人从事的一种持续的、反复进行的工作。如果行为人仅仅是利用单位或其中的某个人临时一次性地委托其从事某项事务的便利条件侵吞单位财物的，应当认定为侵占罪，如单位中的驾驶员受出纳临时委托提取单位钱款后卷款逃匿的行为。

其次，必须将本单位的财物非法占为己有。即行为人利用秘密窃取、虚构事实、隐瞒真相或者其他手段侵吞本单位的财物。

最后，构成本罪还必须要求侵吞的财物数额较大。根据相关司法解释的规定，数额较大以5 000元至1万元为起点。

3. 本罪的主体是特殊主体，必须是公司、企业或者其他单位的人员，但不包括国有公司、企业或者其他国有单位中从事公务的人员和国有公司、企业或者其他国有单位委派到非国有单位从事公务的人员。根据《刑法》第183条规定，保险公司的工作人员利用职务上的便利，故意编造未曾发生的保险事故进行虚假理赔，骗取保险金归自己所有的，以职务侵占罪论处，但是国有保险公司的工作人员和国有保险公司委派到非国有保险公司从事公务的人员除外。根据1999年6月18日最高人民法院《关于村民小组组长利用职务便利非法占有公共财物行为如何定性问题的批复》，对村民小组组长利用职务上的便利，将村民小组集体财产非法占为己有的，数额较大的行为，以职务侵占罪定罪处罚。但是，如果村民委员会等村基层组织人员协助人民政府从事行政管理工作时，属于《刑法》第93条第2款规定的"其他依照法律从事公务的人员"，如果他们利用职务上的便利侵占公共财物的，则成立贪污罪。协助人民政府从事行政管理工作的范围是：(1)救灾、抢险、防汛、优抚、扶贫、移民、救济款物的管理；(2)社会捐助公益事业款物的管理；(3)国有土地的经营和管理；(4)土地征用补偿费的管理；(5)代征、代缴税款；(6)有关计划生育、户籍、征兵工作；(7)协助人民政府从事的其他行政管理工作。

另外，根据2001年5月22日最高人民法院《关于在国有资本控股、参股的股份有限公司中从事管理工作的人员利用职务便利非法占有本公司财物如何定罪问题的批复》，在国有资本控股、参股的股份有限公司中从事管理工作的人员，除受国家机关、国有公司、企业、事业单位委派从事公务的以外，不属于国家工作人员。对其利用职务上的便利，将本单位财物非法占为己有，数额较大的，应当以职务侵占罪论处。

4. 本罪在主观方面表现为直接故意,且具有非法占有公司、企业或者其他单位财物的目的。

(二) 职务侵占罪的认定

在认定职务侵占罪时,应注意以下几个问题。

1. 职务侵占罪和盗窃罪的界限

两者在手段上有时有相似之处,但两者有本质的区别。(1)主体不同。前者的主体为特殊主体,只有在公司、企业或者其他单位中主管、经手、管理本单位财物的人才能构成职务侵占罪的主体;而后者为一般主体;(2)客观手段不同。前者必须利用职务上的便利,而后者不存在利用职务便利问题;(3)犯罪对象不同。前者的对象是本单位的财物,而后者是一般的公私财物;(4)前者以数额较大为构成犯罪的必要要件,而后者除此之外,多次盗窃也可构成。

2. 职务侵占罪和侵占罪的界限

职务侵占罪与侵占罪的区别是:(1)主体不同。前者为特殊主体,后者为一般主体。(2)前者要求利用职务便利,后者虽然也利用了保管财物等便利条件,但不是职务之便。(3)犯罪对象不同。前者的犯罪对象是本单位财物,后者的对象是一般公私财物。

(三) 职务侵占罪的处罚

《刑法》第 271 条规定,犯职务侵占罪的,处 5 年以下有期徒刑或者拘役;数额巨大的,处 5 年以上有期徒刑,可以并处没收财产。

第三节　侵犯财产使用权的犯罪

一、挪用资金罪

(一) 挪用资金罪的概念和构成

挪用资金罪,是指公司、企业或者其他单位的工作人员利用职务上的便利,挪用本单位资金归个人使用或者借贷给他人,数额较大,超过 3 个月未还的;或者虽未超过 3 个月,但数额较大,进行营利活动的;或者进行非法活动的行为。

本罪的构成要件如下:

1. 本罪侵犯的客体是公司、企业或者其他单位的财产使用权。

2. 在客观方面,本罪表现为利用职务上的便利,挪用本单位资金归个人使用或者借贷给他人使用的行为。本罪的客观方面表现为三个特征:首先,必须要求行为人利用了职务上的便利,主要是指公司、企业或者其他单位中具有管理、经营、经手财物职责的人员利用本人所具有的调配、使用、经手本单位资金的便利条件,将本单位资金挪作私用。其次,行为人将本单位资金挪给个人使用或者借贷给他人使用。第三,本罪的行为方式有三种,一是挪用资金数额较大,超过 3 个月未还的。这里的数额较大,按照 2001 年 4 月 18 日的最高人民检察院、公安部的《关于经济犯罪案件追诉标准的规定》,以 1 万元至 3 万元为起点。如果挪用资金数额较大,未超过 3 个月,或者挪用资金数额较小,超过 3 个月未还的,均不构成犯罪。二是虽未超过 3 个月,但数额较大,进行营利活动的。如将单位资金存入银行、用于集资、购买股票、国债等。数额较大也以 1 万元至 3 万元为起点。三是挪用资金进行非法活动的,如用单位资金进行走私、赌博等。刑法对这种挪用行为的数额与时间没有特别规定,但是认定犯罪时也不能不考虑数额与时间问题。根据司法实践,挪用单位资金进行非法活动,数额在 5 000 元至 2 万元以上的,才追究刑事责任;对挪用单位资金的时间非常短暂的,也不宜认定为犯罪。

根据 2010 年 5 月 7 日最高人民检察院、公安部《关于公安机关管辖的刑事案件立案追诉标准的规定(二)》第 85 条第 2 款的规定,挪用资金"归个人使用"是指:(1)将本单位资金供本人、亲友或者其他自然人使用的;(2)以个人名义将本单位资金供其他单位使用的;(3)个人决定以单位名义将本单位资金供其他单位使用,谋取个人利益的。

3. 本罪的主体是特殊主体,即公司、企业或者其他单位的工作人员,但不包括国有公司、企业或者其他国有单位中从事公务的人员和国有公司、企业或者其他国有单位委派到非国有公司、企业以及其他单位中从事公务的人员。根据《刑法》第 185 条的规定,银行或者其他金融机构的工作人员利用职务上的便利,挪用本单位或者客户资金的,依照挪用资金罪定罪处罚,但是国有金融机构工作人员和国有金融机构委派到非国有金融机构从事公务的人员除外。2000 年 2 月 13 日《最高人民法院关于对受委托管理、经营国有财产人员挪用国有资金行为如何定罪问题的批复》规定:"对于受国家机关、国有公司、企业、事业单位、人民团体委托、管理、经营国有财产的非国家工作人员,利用职务上的便利,挪用国有资金归个人使用构成犯罪的,应当依照《刑法》第二百七十二条第一款的规定定罪处罚。"

4. 本罪的主观方面表现为直接故意,行为人具有暂时挪用本单位资金归个人使用或者借贷给他人使用的故意。如果行为人是不打算归还的,则不构成挪用资金罪,而构成职务侵占罪。

(二)挪用资金罪的处罚

《刑法》第 272 条第 1 款规定,犯挪用资金罪的,处 3 年以下有期徒刑或者拘役;情节严重的,处 3 年以上 10 年以下有期徒刑。情节严重包括两种情况:一是挪用本单位资金数额巨大的;二是挪用本单位数额较大又不退还的。不退还,是指挪用资金数额较大,因客观原因在一审宣判前不能退还的。

二、挪用特定款物罪

(一)挪用特定款物罪的概念和构成

挪用特定款物罪,是指违反财经管理制度,挪用用于救灾、抢险、防汛、优抚、扶贫、移民、救济的款物,情节严重,致使国家和人民群众利益遭受重大损失的行为。

本罪的构成要件如下:

1. 本罪侵犯的客体主要是特定款物专款专用的管理制度。

2. 在客观方面,本罪表现为挪用救灾、抢险、防汛、优抚、扶贫、移民、救济的款物,情节严重,致使国家和人民群众利益遭受重大损失的行为。本罪的客观方面有三个特征:一是有挪用的行为,这里的挪用,是指将专用款物挪作他用,如建造楼堂馆所、购置办公用品、用于经济开发等等,这种挪用,也是挪作公用。如果国家工作人员利用职务便利将上述特定款物挪作私用,则以挪用公款罪从重处罚。二是挪用的对象是救灾、抢险、防汛、优抚、扶贫、移民、救济七种特定款物,如果挪用其他款物,则不构成本罪。三是构成本罪必须是情节严重,致使国家和人民群众利益遭受重大损失的行为。一般是指挪用特定款物数额巨大、利用特定款物大肆挥霍浪费、对人民群众的生产和生活造成困难的等等。

3. 本罪的主体是特殊主体,是有关单位的直接责任人员,即掌管救灾、抢险、防汛、优抚、扶贫、移民、救济七种特定款物的会计人员、发放人员以及有关领导人员。

4. 本罪在主观方面表现为故意,过失不能构成本罪。

(二)挪用特定款物罪的认定

在认定挪用特定款物罪时,应注意区分本罪与挪用资金罪的界限。两者在主观上都为故意,在客观上都有挪用行为,但两者有本质区别。(1)前者侵犯的客体是复杂客体,是公私财产的使用权和专款专用的财经管理制度;后者侵犯的是简单客体,是公司、企业和其他单位的财产使用权。(2)前者侵犯的对象是救灾、抢险、防汛、优抚、扶贫、移民、救济七种特定款物;后者侵犯的对象是本单位的资金。(3)前者的挪用是挪作公用;后者的挪用是挪作私用。(4)前者的主体是掌管特定款物的会计人员、发放人员以及有关领导人员;后者的主体是公司、企业或者其他单位的工作人员。

(三)挪用特定款物罪的处罚

《刑法》第273条规定,犯挪用特定款物罪的,对直接责任人员,处3年以下有期徒刑或者拘役;情节特别严重的,处3年以上7年以下有期徒刑。

第四节 破坏、拒付型的犯罪

一、故意毁坏财物罪

(一)故意毁坏财物罪的概念和构成

故意毁坏财物罪,是指故意毁灭或损坏公私财物,数额较大或者有其他严重情节的行为。

本罪的构成要件如下:

1. 本罪侵犯的客体是公私财物的所有权。侵犯的对象是各种公私财物,包括生产资料和生活资料、动产和不动产。但是,如果破坏某些特定物从而侵犯了更为重要的客体,而且刑法另有规定的,则应按有关特别条文的规定论处。例如,破坏交通工具、交通设施,破坏广播电视设施、公用电信设施,破坏界碑、界桩、破坏永久测量标志,故意毁损文物、名胜古迹的,应分别按照《刑法》第119条、第124条、第323条、第324条等论处。

2. 在客观方面,本罪表现为毁灭或损坏公私财物的行为。毁灭,是指使财物完全丧失其价值与效用,如烧毁房屋、砸碎电器等;损坏,是指使财物部分丧失其价值与效用,如拆卸机器零件,致使机器不能正常运作。毁坏财物的方法很多,但是如果用放火、爆炸等方法毁坏公私财物,因而危害公共安全的,则以有关危害公共安全的犯罪定罪处罚。

3. 本罪的主体是一般主体,只要达到刑事责任年龄、具备刑事责任能力的自然人均可构成。

4. 本罪在主观方面表现为故意,并具有非法毁坏公私财物的目的。过失毁坏公私财物的,不构成犯罪。至于毁坏财物的动机是多种多样的,如栽赃陷害、报复泄愤,等等。

(二)对故意毁坏财物罪的处罚

《刑法》第275条规定,犯故意毁坏公私财物罪的,处3年以下有期徒刑、拘役或者罚金;数额巨大或者有其他特别严重情节的,处3年以上7年以下有期徒刑。

二、破坏生产经营罪

(一)破坏生产经营罪的概念和构成

破坏生产经营罪,是指由于泄愤报复或者其他个人目的,毁坏机器设备、残害耕畜或者以其他方法破坏生产经营的行为。

本罪的构成要件如下:

1. 本罪侵犯的客体是正常的生产经营活动,包括一切在生产、流通、交换、分配环节中的生产经营活动。破坏生产经营罪的犯罪对象是在生产经营中正在使用的设备。构成本条之罪,并不要求损坏的某项财产价值很大,哪怕只损坏某一机器的零件,只要这种行为可能造成停工、停产的后果,就可构成本罪。

2. 在客观方面,本罪表现为毁坏机器设备、残害耕畜或者以其他方法破坏生产经营的行为。所谓其他方法,在司法实践中通常表现为:破坏农业机械、排灌设备、农具,毁坏种子、育苗、果树、庄稼,破坏运输、储存和销售设备等。

3. 本罪的主体是一般主体。

4. 本罪在主观方面表现为故意,并且具有泄愤报复或者其他个人目的。过失行为给生产经营造成严重损害的,以有关的过失犯罪处理,而不构成本罪。

(二)破坏生产经营罪的认定

在认定破坏生产经营罪时,应注意以下几个问题:

1. 破坏生产经营罪与重大责任事故罪的界限

两者的区别在于前者是故意犯罪,而后者是过失犯罪。要注意的是重大责任事故的行为人对规章制度的违反可能是明知故犯,但只要其对危害结果的发生是持否定态度的,应认定其主观上为过失。

2. 破坏生产经营罪与破坏交通工具罪等危害公共安全罪的界限

两者在主观目的、行为手段、危害结果等方面都很类似,区别在于破坏的对象不同:前者破坏的对象是一般的机器设备等,而后者破坏的是刑法特别加以规定的特定对象。两者侵犯的客体也不同:前者侵犯的是正常的生产经营活动,后者侵犯的是社会的公共安全。

3. 破坏生产经营罪与故意毁坏财物罪的界限。

两者在行为方式和损坏结果上有相似之处,区别在于侵犯的对象不同:前者侵犯的对象是生产经营中正在使用的设备,而后者侵犯的对象是一般的公私财物。两者侵犯的客体也不同:前者侵犯的是正常的生产经营活动,后者侵犯的是财产权利。

(三) 破坏生产经营罪的处罚

《刑法》第 276 条规定,犯破坏生产经营罪的,处 3 年以下有期徒刑、拘役或者管制;情节严重的,处 3 年以上 7 年以下有期徒刑。情节严重,一般是指:破坏重要机器设备,严重影响生产、科研,造成重大损失的;以营利为目的,大量残害耕畜,严重影响农业生产的;破坏他人生产经营,造成生产经营者精神失常或者自杀的,等等。

三、拒不支付劳动报酬罪

(一) 拒不支付劳动报酬罪的概念和构成

拒不支付劳动报酬罪,是指负有向劳动者支付劳动报酬义务的雇主和用人单位,以转移财产、逃匿等方法逃避支付劳动者的劳动报酬或者有能力支付而不支付劳动者的劳动报酬,数额较大,经政府有关部门责令支付仍不支付的行为。本罪是《刑法修正案(八)》新增之罪。

本罪的构成要件如下:

1. 本罪的客体是复杂客体,即国家劳动秩序和劳动者获得劳动报酬的权利。

2. 在客观方面,本罪表现为,以转移财产、逃匿等行为逃避支付劳动者的劳动报酬或者有能力支付而不支付劳动者的劳动报酬,经政府有关部门责令支付仍不支付的行为。雇主和用人单位有依法向劳动者支付劳动报酬的义务,有能力履行而拒不履行此义务,并达到数额较大的标准,经政府有关部门支付仍不支付的,即构成犯罪。因此,本罪属于不作为犯罪。

3. 本罪的主体是特殊主体,即负有向劳动者支付劳动报酬义务的自然人和单位,包括雇主和用人单位。

4. 本罪在主观方面是故意,即行为人明知负有向劳动者支付报酬的义务而不履行,且经政府有关部门责令履行仍拒不履行的心理态度。犯罪的动机,不影响本罪的成立。

(二) 拒不支付劳动报酬罪的处罚

《刑法》第 276 条之一规定，犯拒不支付劳动报酬罪的，处 3 年以下有期徒刑或者拘役，并处或者单处罚金；造成严重后果的，处 3 年以上 7 年以下有期徒刑，并处罚金。单位犯本罪的，对单位判处罚金，并对其直接负责的主管人员和其他直接责任人员，依照上述规定处罚。

此外，需要特别注意的是，2013 年 1 月 16 日最高人民法院《关于审理拒不支付劳动报酬刑事案件适用法律若干问题的解释》第 1 条的规定，劳动报酬，是指劳动者依照《中华人民共和国劳动法》和《中华人民共和国劳动合同法》等法律的规定应得的劳动报酬，包括工资、奖金、津贴、补贴、延长工作时间的工资报酬及特殊情况下支付的工资等。

依照上述司法解释第 2 条的规定，"以转移财产、逃匿等方法逃避支付劳动者的劳动报酬"主要指：(1)隐匿财产、恶意清偿、虚构债务、虚假破产、虚假倒闭或者以其他方法转移、处分财产的；(2)逃跑、藏匿的；(3)隐匿、销毁或者篡改账目、职工名册、工资支付记录、考勤记录等与劳动报酬相关的材料的；(4)以其他方法逃避支付劳动报酬的。另依据 2014 年 12 月 23 日最高人民法院、最高人民检察院、人力资源和社会保障部、公安部《关于加强涉嫌拒不支付劳动报酬犯罪案件查处衔接工作的通知》的规定，行为人拖欠劳动者劳动报酬后，人力资源社会保障部通过书面、电话、短信等能够确认其收悉的方式，通知其在指定的时间内到指定的地点配合解决问题的，但其在指定的时间内未到指定的地点配合解决问题或明确表示拒不支付劳动报酬的，视为"以逃匿方法逃避支付劳动者的劳动报酬"。

依照上述司法解释第 3 条的规定，数额较大，是指：(1)拒不支付 1 名劳动者 3 个月以上的劳动报酬且数额在 5 000 元至 20 000 元以上的；(2)拒不支付 10 名以上劳动者的劳动报酬且数额累计在 30 000 元至 100 000 元以上的。

依照上述司法解释第 4 条的规定，经政府有关部门责令支付仍不支付，主要指经人力资源社会保障部门或者政府其他有关部门依法以限期整改指令书、行政处理决定书等文书责令支付劳动者的劳动报酬后，在指定的期限内仍不支付的；行为人逃匿，无法将责令支付文书送交其本人、同住成年家属或者所在单位负责收件的人的，如果有关部门已通过在行为人的住所地、生产经营场所等地张贴责令支付文书等方式责令支付，并采用拍照、录像等方式记录的，亦应视为"经政府有关部门责令支付"。

此外，根据上述司法解释第 6 条的规定，拒不支付劳动者的劳动报酬，尚未造成严重后果，在刑事立案前支付劳动者的劳动报酬，并依法承担相应赔偿责任的，可以认定为情节显著轻微危害不大，不认为是犯罪；在提起公诉前支付劳动者的劳动报酬，并依法承担相应赔偿责任的，可以减轻或者免除刑事处罚；在一审宣判前支付劳动者的劳动报酬，并依法承担相应赔偿责任的，可以从轻处罚。对于免除刑事处罚的，可以根据案件的不同情况，予以训诫、责令具结悔过或者赔礼道歉。拒不支付劳动者的劳动报酬，造成严重后果，但在宣判前支付劳动者的劳动报酬，并依法承担相应赔偿责任的，可以酌情从宽处罚。

第二十六章

妨害社会管理秩序罪

第一节　妨害社会管理秩序罪概述

一、妨害社会管理秩序罪的概念和构成

妨害社会管理秩序罪,是指妨害国家机关对社会的管理活动,破坏社会秩序,情节严重的行为。

妨害社会管理秩序罪构成要件如下:

1. 本类罪侵犯的客体是社会管理秩序。依照系统论的观点进行分析,社会作为一个系统,与其他的系统存在着本质的区别。因为其不是一个客体系统,而是一个主体系统。主体的实践是有目的的,并且是自由和自觉的,是按照自己的需要、欲望和利益选择活动的,所以社会系统是一个非决定论的系统。这种系统的非决定性导致系统的发展趋向于沉寂。"在社会结构中,一种真正的社会整合只有依靠制度化了的价值的内化才能产生。"[①]因此,社会控制显得尤为必要。只有通过社会控制进行反犯罪、反不道德、反越轨行为,才能增强人与人之间的凝聚力,建立协调、互助的合作关系,使得人类在有秩序的稳定的条件下生存和发展。"社会秩序正常化的第一个要求是人们不应在人身和财产方面相互侵害。第二个要求是责任无论是自然方面引起的,或是承诺引起的,都应当被充分地履行。所以法律作为最专门化的高度精致完美的社会工具,具有多重的保护社会秩序的功能。"[②]这是刑法对社会秩序进行管理的基本的社会哲学渊源。

社会管理秩序,是指国家为了执行其政治职能和社会职能,使得其统治方式得以持续和发展下去所必需的秩序。其秩序的确立和维持需要以国家的意志加以体现,以法律的手段进行调节。一般说来,其主要包括社会公共秩序、经济秩序、生产秩序、工作秩序、教学科研秩序和人民群众生活秩序等。但是本章所论及的社会管理秩序,并非针对所有的人身或财产方面相互侵害的行为,也并非涉及所有自然方面引起的

---

① 〔美〕帕森斯著:《社会系统》,自由出版社1951年版,第11、42页。
② 〔美〕E.A.罗斯著:《社会控制》,华夏出版社1989年版,第81页。

或承诺引起的责任承担的行为,因为其中的许多行为已经被其他的章节根据客体的差异而专门化。尽管如此,就本章规定的犯罪来看,其仍然可以是针对社会管理秩序的方方面面,或涉及社会生活的各个角落,只不过是数量被削减而已。从这一角度而言,本章的犯罪客体并非许多教科书所认为的:本章所指的社会管理秩序是指狭义的社会管理秩序。[1]在我们看来,实际上,本章所涵盖的社会管理秩序并不能称之为狭义,其只不过是排除了其他各章的犯罪行为仅仅以刑法分则第6章的内容为其规制的范围而已。如果称之为狭义,反而容易导致误解。所以,"妨害社会管理秩序罪,实际上是不宜列入其他各类犯罪中的犯罪,这是它区别于其他各类犯罪的主要标志"。[2]就其范围而言,外延还是极其广泛的。

2. 在客观方面,本类罪表现为行为人违反了各类社会管理法规,妨害了国家机关的管理活动,破坏社会秩序情节严重的行为。首先,其行为是对社会管理的有关法律法规的违反。这些法律法规涉及的范围十分广,刑法按照刑法体系的要求将其总结为9类。行为对于法律法规的违反是行为非法性的重要体现。其次,表现为对国家机关管理活动的违反。国家机关是国家意志的代表者和执行者,其对社会秩序的管理活动,是国家意志、法律法规和社会生活的统一性的前提,对这种管理活动的违反是本类罪的行为的实质。第三,本类罪还要求必须是情节严重的行为。也就是说,只有行为达到应受刑事处罚的程度,才构成犯罪。因此需要注意本类罪与一些违反《治安管理处罚条例》行为的程度差别。

3. 本类罪的主体多数是一般主体,少数为特殊主体。如伪证罪等即属于特殊主体构成的犯罪。此外单位也可构成部分罪的主体,某些犯罪则只能由单位构成,如《刑法》第327条的非法出售、私赠文物藏品罪的主体只能是国有博物馆、图书馆等单位。

4. 本类罪在主观方面多数是出于故意,少数也可以由过失构成。如《刑法》第335条的医疗事故罪等即属于过失犯罪。

二、妨害社会管理秩序罪的种类

《刑法》分则第6章从第277条至第367条分为9节依次规定了妨害社会管理秩序的各类具体犯罪,其包括以下几类:(1)扰乱公共秩序罪;(2)妨害司法罪;(3)妨害国(边)境管理罪;(4)妨害文物管理罪;(5)危害公共卫生罪;(6)破坏环境资源保护罪;(7)走私、贩卖、运输、制造毒品罪;(8)组织、强迫、引诱、容留、介绍卖淫罪;(9)制作、贩卖、传播淫秽物品罪。

---

[1] 这种观点似乎已成为定论,而且被许多教科书所采纳。如何秉松主编:《刑法教科书》,中国法制出版社1995年版,第745页。

[2] 肖扬主编:《中国新刑法学》,中国人民公安大学出版社1997年版,第583页。

第二节　扰乱公共秩序罪

一、妨害公务罪

（一）妨害公务罪的概念和构成

妨害公务罪，是指以暴力、威胁方法阻碍国家机关工作人员依法执行职务或者以暴力、威胁方法阻碍人大代表依法执行代表职务或者在自然灾害和突发事件中以暴力、威胁方法阻碍红十字会的工作人员依法履行职责的行为，或者故意阻碍国家安全机关、公安机关工作人员依法执行国家安全工作任务，虽未使用暴力、威胁方法但造成严重后果的行为。

本罪的构成要件如下：

1. 本罪侵犯的客体是国家机关的正常公务管理活动，人大代表执行代表职务的制度，红十字会的法定职责以及国家安全机关、公安机关履行的维护国家安全、公共安全的职责和权力。此外，妨害公务的行为还侵犯了上述机构的执行职务、职责的工作人员的人身权利。对于上述权利，国家的有关法律多有明文规定，如《全国人民代表大会组织法》明确规定，全国人大代表在全国人民代表大会及其常务委员会的发言和表决，不受法律追究。人大闭会期间，非经人大常委会许可，不受逮捕或刑事审判。《红十字会法》第 15 条规定，任何组织和个人不得拒绝、阻碍红十字会工作人员依法履行职责。在自然灾害和突发事件中，以暴力、威胁方法阻碍红十字会工作人员履行职责的，按法律规定追究刑事责任。《警察法》、《国家安全法》也有类似规定。

2. 在客观方面，本罪表现为以暴力、威胁的方法阻碍国家机关工作人员、人大代表、红十字会工作人员、国家安全机关、公安机关依法执行职务、职责或任务的行为，以及暴力袭击正在依法执行职务的人民警察的行为。其内容主要包含：(1)行为所指向的必须是国家机关工作人员、人大代表、红十字会工作人员、国家安全机关、公安机关依法执行职务、职责或任务的行为。如果不属于上述职务、职责范围之内的行为，则行为人不构成妨害公务罪，如人大代表的代表职务，是指全国人民代表大会和地方各级人民代表大会组织法规定的职务，主要是保守国家秘密；在自己参加的生产、工作和社会活动中，协助宪法和法律的实施；列席原选举单位的人民代表大会会议，听取和反映人民的意见和要求；出席人民代表大会会议并对其工作提出建议、批评和意见；对确定的候选人参加投票选举等。红十字会工作人员的职责，依据红十字会法的规定，主要是开展救灾的准备工作以及在自然灾害和突发事件中，进行救助，普及卫生救护和防病知识，推动无偿献血，参加人道主义救援工作等。对于以暴力威胁方法阻碍国有事业单位人员依照法律、行政法规执行行政执法职务或者以暴力、威胁方法阻碍国家机关中受委托从事行政执法活动的事业编制人员执行行政执法职务的，是否可对侵害人以妨害公务罪论处,最高人民检察院的司法解释是予以认可的。[1](2)行为人使用了暴力、威胁等方法。暴力,是指实施殴打、冲砸、强行留置等行为。如果在妨害公务过程中,实施了严重伤害和杀人行为的,则应该按照故意伤害罪和故意杀人罪处理。威胁,是指公然以杀害、伤害、毁坏财产、损害名誉的方式加以要挟阻碍公务人员执行公务的行为。(3)行为发生在公务人员执行公务过程中。如果是发生在公务执行之前或公务行为完成之后,则不符合本罪的构成要件。

3. 本罪的主体是一般主体。

4. 本罪在主观方面表现为故意,即行为人明知是国家机关工作人员、人大代表、红十字会工作人员、国家安全机关、公安机关依法执行职务、职责或任务,仍然以暴力、威胁等方法加以阻碍。其明知既表现在对上述工作人员身份的明知,也表现在对上述工作人员公务的明知。否则,不应以此罪论处。

(二) 妨害公务罪的处罚

《刑法》第 277 条规定,犯妨害公务罪的,处 3 年以下有期徒刑、拘役、管制或者罚金。暴力袭击正在依法执行职务的人民警察的,从重处罚。

二、煽动暴力抗拒法律实施罪

(一) 煽动暴力抗拒法律实施罪的概念和构成

煽动暴力抗拒法律实施罪,是指当众以造谣、诬蔑等方式对国家的法律、法规加以攻击,煽动群众对法律、法规产生不满,煽动群众使用暴力抗拒、破坏法律、法规实施的行为。

本罪的构成要件如下:

1. 本罪侵犯的客体是国家正常的法治状态。在市场经济条件下,法治对于调控各种社会生活起着越来越重要的作用。法律、法规的实施被暴力抗拒,其结果将会使法律、法规不能得以有效地贯彻实施,使得依法治国难以得到最终体现。

2. 在客观方面,本罪表现为当众以造谣、诬蔑等方式对国家的法律、法规加以攻击,煽动群众对法律、法规产生不满,煽动群众暴力抗拒、破坏法律、法规的实施的行为。本罪属于举止犯,只要行为人实施了煽动行为,无论是否达到行为人的目的,均构成犯罪、构成既遂。其中煽动的手段可以表现为多种方式,如散发传单、粘贴标语、发送书信、发表演讲等。煽动的内容必须是煽动群众以暴力、威胁方法抗拒法律、法规实施。如果没有煽动暴力、威胁方法,或者不是煽动抗拒法律、法规的实施,则行为不符合本罪的构成要件。

3. 本罪的主体是一般主体。

4. 本罪在主观方面表现为直接故意。即明知自己的行为性质是煽动暴力抗拒

---

[1] 见 2000 年 4 月 24 日最高人民检察院《关于以暴力、威胁方法阻碍事业编制人员依法执行行政执法职务是否可对侵害人以妨害公务罪论处的批复》。

法律、法规,仍希望自己行为的实施。

(二)煽动暴力抗拒法律实施罪的认定

在认定煽动暴力抗拒法律实施罪时,应注意以下一些问题:

1. 本罪与其他煽动行为构成的犯罪的界限。现行刑法主要规定了四类煽动型的犯罪:煽动分裂国家罪,煽动颠覆国家政权罪,煽动民族仇恨、民族歧视罪以及本罪。其共同点在于行为方式的共同性;其区别主要在于犯罪行为所指向的客体和行为目的存在着明显的区别。

2. 本罪与教唆犯的界限。教唆犯属于共同犯罪的一种类型,行为人与教唆人之间的联系是较为紧密的,教唆行为直接构成共同犯罪的组成部分,行为人本身具有实施犯罪的意图。而本罪则属于一种独立的犯罪,其煽动行为一般针对的是不特定的对象。从本罪的构成的要求分析,其并不要求行为人具有明显的实施抗拒法律实施的行为。

(三)煽动暴力抗拒法律实施罪的处罚

《刑法》第 278 条规定,犯煽动暴力抗拒法律实施罪的,处 3 年以下有期徒刑、拘役、管制或者剥夺政治权利;造成严重后果的,处 3 年以上 7 年以下有期徒刑。严重后果,一般是指导致暴力抗拒法律、法规行为发生的;犯罪人的行为产生恶劣的社会影响的;煽动行为导致正常的工作秩序无法进行的;对法律、法规的实施产生不良后果的。

三、招摇撞骗罪

(一)招摇撞骗罪的概念和构成

招摇撞骗罪,是指冒充国家机关工作人员,利用国家机关工作人员的身份或职称进行招摇撞骗,损害国家机关的威信和信誉,损害公民的合法权益的行为。

本罪的构成要件如下:

1. 本罪侵犯的客体是国家机关的威信、信誉和正常的公务活动,同时公民的合法权益也受到损害。

2. 在客观方面,本罪表现为冒充国家机关工作人员,利用国家工作人员的身份或职称进行招摇撞骗的行为。主要体现为以下几个方面:一是冒充的对象是国家机关工作人员。国家机关,是指国家各级各类机关,包括国家的行政机关、权力机关、审判机关、检察机关、军事机关等,广义还包括党的机关、政协等部门。如果冒充的不是国家机关的工作人员,则并不构成本罪;二是必须利用冒充的身份进行了招摇撞骗的行为,如利用群众对国家工作人员的信任,骗取地位、荣誉以及其他非法利益等。

3. 本罪的主体是一般主体,一般情况多是由非国家工作人员构成,但是国家机关工作人员冒充其他国家机关工作人员的,也可构成此罪。

4. 本罪在主观方面表现为故意,并且是以非法谋取财产、地位、荣誉、信任等利益为目的的。

（二）招摇撞骗罪的认定

在认定招摇撞骗罪时，应注意以下一些问题：

1. 罪与非罪的界限。对于为了得到某种便利等而冒充国家工作人员身份或职称的，非法利益不是十分明显的，危害不大的，不宜认定为招摇撞骗罪。

2. 招摇撞骗罪与诈骗罪的界限。两者的主要区别在于：（1）两罪侵犯的客体不同。前者首先是侵犯了国家机关的威信、信誉和正常活动，同时还涉及公民的合法权益。但后者则侧重于财产的所有权。（2）两罪在行为方式上的区别也是明显的。两罪虽然都具有骗的因素，即采用了虚构事实的方式，但前者只能是利用假借的国家机关工作人员的身份或职称为依托，进行诈骗。（3）两罪的犯罪目的也存在差异。后者对目的的要求有特定性，诈骗的目的被限定在非法占有财物，前者的范围较广，除了可以是非法占有财物的目的之外，还可以是其他目的。（4）犯罪对象也有明显区别。后者是财产，前者则没有特定。

（三）招摇撞骗罪的处罚

《刑法》第 279 条的规定，犯招摇撞骗罪的，处 3 年以下有期徒刑、拘役、管制或者剥夺政治权利；情节严重的，处 3 年以上 10 年以下有期徒刑。鉴于冒充人民警察的危险和危害极大，《刑法》第 279 条第 2 款规定，冒充人民警察招摇撞骗的，从重处罚。

四、伪造、变造、买卖国家机关公文、证件、印章罪和盗窃、抢夺、毁灭国家机关公文、证件、印章罪

（一）伪造、变造、买卖国家机关公文、证件、印章罪和盗窃、抢夺、毁灭国家机关公文、证件、印章罪的概念和构成

伪造、变造、买卖国家机关公文、证件、印章罪和盗窃、抢夺、毁灭国家机关公文、证件、印章罪，是指明知是国家机关的公文、证件、印章，而对其进行伪造、变造、买卖和盗窃、抢夺、毁灭的行为。

两罪的构成要件如下：

1. 两罪侵犯的客体是国家机关的公文、证件、印章的信誉以及国家机关对公文、证件、印章的有效管理行为。两罪指向的对象均是国家机关的公文、证件、印章。公文，是指国家机关或国家机关工作人员在其职权范围之内，以国家机关的名义制作的、代表本单位指导工作、处理问题、联系事务的书面文件。证件，是指国家机关在其职权范围之内制作、颁发的用以证明身份、职称权利义务关系和有关事实的凭证。印章，是指国家机关刻制的以文字和图记表明主体同一性的公章或专用章，其是国家机关行使职权的符号和标记。国家机关的公文、证件、印章是国家机关行使职权的有效性保证和信誉体现，是国家机关对国家事务进行管理的手段和凭证，是绝对不容许被伪造、变造、买卖和盗窃、抢夺、毁灭的。

2. 两罪客观方面分别表现为行为人实施了伪造、变造、买卖国家机关公文、证件、印章和盗窃、抢夺、毁灭国家机关公文、证件、印章的行为。两罪的行为特征的主

要区别是前者是以伪造、变造、买卖的方式妨害国家机关公文、证件、印章,后者是以盗窃、抢夺、毁灭的方式妨害国家机关公文、证件、印章。伪造,是指无制作权的人冒用国家机关的名义非法制作公文、证件、印章的行为。变造,是指采用涂改、拼接等方法将真实的国家机关公文、证件、印章加以修改,将其内容、格式加以更改的行为。两罪行为的共同性在于,行为均是无合法依据而对国家机关的公文、证件、印章加以处置。

3. 两罪的主体是一般主体。

4. 两罪的主观方面表现为故意。

(二) 伪造、变造、买卖国家机关公文、证件、印章罪和盗窃、抢夺、毁灭国家机关公文、证件、印章罪的认定

伪造、变造、买卖林木采伐许可证,木材运输证件,森林、林木、林地权属证书,占用或者征用林地审核同意书、育林基金等缴费收据以及其他国家机关批准的林业证件的,按照伪造、变造、买卖国家机关公文、证件、印章罪处罚。对于买卖允许进出口证明书等经营许可证明,同时又构成非法经营罪的,依照处罚较重的规定定罪处罚。[①]

伪造、变造、买卖国家机关颁发的野生动物允许进出口证明书、特许捕猎证、狩猎证、驯养繁殖许可证等公文、证件构成犯罪的,依照伪造、变造、买卖国家机关公文、证件、印章罪定罪处罚。[②]

(三) 伪造、变造、买卖国家机关公文、证件、印章罪和盗窃、抢夺、毁灭国家机关公文、证件、印章罪的处罚

《刑法》第280条第1款规定,犯伪造、变造、买卖或者盗窃、抢夺、毁灭国家机关公文、证件、印章罪的,处3年以下有期徒刑、拘役、管制或者剥夺政治权利;情节严重的,处3年以上10年以下有期徒刑,并处罚金。

五、伪造公司、企业、事业单位、人民团体印章罪和伪造、变造、买卖身份证件罪

(一) 伪造公司、企业、事业单位、人民团体印章罪和伪造、变造、买卖身份证件罪的概念和构成

伪造公司、企业、事业单位、人民团体印章罪,是指明知是公司、企业、事业单位、人民团体印章而加以伪造的行为。

伪造、变造、买卖身份证件罪,是指对居民身份证件故意伪造、变造、买卖,妨害国家对居民身份证件管理秩序的行为。

两罪的构成要件如下:

---

① 见 2000 年 12 月 11 日最高人民法院《关于审理破坏森林资源刑事案件具体应用法律问题的解释》。

② 见 2000 年 12 月 11 日最高人民法院《关于审理破坏野生动物资源刑事案件具体应用法律问题的解释》。

1. 伪造公司、企业、事业单位、人民团体印章罪的犯罪客体是公司、企业、事业单位、人民团体的信誉和印章管理制度。伪造、变造、买卖身份证件罪的犯罪客体是居民身份证件的管理制度。近年来,随着经济活动的多元化,公司、企业、事业单位、人民团体的种类、数量增长较多且发挥的作用日益重要,居民身份证件在日常工作、生活以及各类社会活动中使用日渐广泛,而针对公司、企业、事业单位、人民团体印章和居民身份证件的犯罪行为较多地出现,严重地破坏了公司、企业、事业单位、人民团体的信誉、印章管理制度以及居民身份证件的管理制度。

两罪的犯罪对象分别是公司、企业、事业单位、人民团体印章和居民身份证件。居民身份证件是指居民身份证、护照、社会保障卡、驾驶证等依法可以用于证明身份的证件。如果是伪造公司、企业、事业单位、人民团体的公文、证件的,则不属于本罪。

2. 在客观方面,两罪分别表现为伪造公司、企业、事业单位、人民团体印章和伪造、变造、买卖居民身份证件的行为。伪造,是指无制作权的人冒用有关单位和个人的名义非法制作印章、居民身份证件。伪造,可以是实物伪造,也可以是在有关公文或其他文书上通过临摹、复制等手段伪造。伪造在一般情况下是以原件的真实性存在为基础的,否则,不构成伪造。但是也不排除在特殊情况下不需要有此要求,只要达到误使人轻信即可。变造,是指采用涂改、拼接等方法将真实的居民身份证件加以修改,将其内容、格式加以更改的行为。

3. 两罪的主观方面均是出于故意,即明知无权制作,而加以伪造、变造、买卖的行为。

(二) 伪造公司、企业、事业单位、人民团体印章罪的认定

关于贩卖伪造的高等学校学历、学位证明行为的定性问题,曾有不同的观点。一种观点认为,刑法没有规定买卖公司、企业、事业单位、人民团体公文、证件罪,所以对于贩卖伪造的高等学校的学历、学位证明的行为,不能以买卖印章、证件的相关罪名追究刑事责任,但是由于行为本身的严重危害性,情节严重的,可以依照非法经营罪定罪。这种观点违背了非法经营罪作为市场经济秩序罪的本质特征。因为上述证明的发放行为不是市场行为,行为侵犯的客体也不是市场秩序,因此不应认定为该类犯罪。根据有关司法解释的规定,对于伪造高等院校印章制作学历、学位证明的行为,应当依照伪造事业单位印章罪定罪处罚。对于明知是伪造的高等院校印章制作的学历、学位证明而贩卖的,依照伪造事业单位印章罪的共犯论处。对于纯粹的购买伪造的学历、学位证明的行为不构成犯罪。[①]

(三) 伪造公司、企业、事业单位、人民团体印章罪和伪造、变造、买卖身份证件罪的处罚

《刑法》第 280 条第 2 款规定,犯伪造公司、企业、事业单位、人民团体的印章罪的,处 3 年以下有期徒刑、拘役、管制或者剥夺政治权利,并处罚金。

---

① 见 2001 年 7 月 5 日最高人民法院、最高人民检察院《关于办理伪造、贩卖伪造的高等院校学历、学位证明刑事案件如何适用法律问题的解释》。

第 280 条第 3 款规定，犯伪造、变造、买卖身份证件罪的，处 3 年以下有期徒刑、拘役、管制或者剥夺政治权利，并处罚金。情节严重的，处 3 年以上 7 年以下有期徒刑，并处罚金。

六、使用虚假身份证件、盗用身份证件罪

(一) 使用虚假身份证件、盗用身份证件罪的概念和构成

使用虚假身份证件、盗用身份证件罪，是指在依照国家规定应当提供身份证明的活动中，使用伪造、变造的或者盗用他人的居民身份证、护照、社会保障卡、驾驶证等依法可以用于证明身份的证件，情节严重的行为。该罪为《刑法修正案（九）》所增设。

本罪的犯罪构成如下：

1. 本罪的客观方面是在依照国家规定应当提供身份证明的活动中，使用伪造、变造的或者盗用他人的居民身份证、护照、社会保障卡、驾驶证等依法可以用于证明身份的证件。

2. 本罪的主观方面是故意。

3. 本罪的主体是一般主体，凡年满 16 周岁，具备刑事责任能力的自然人，皆可构成本罪。

(二) 使用虚假身份证件、盗用身份证件罪的处罚

《刑法》第 280 条之一规定，犯使用虚假身份证件、盗用身份证件罪的，处拘役或者管制，并处或者单处罚金。有前款行为，同时构成其他犯罪的，依照处罚较重的规定定罪处罚。

七、非法生产、买卖警用装备罪

(一) 非法生产、买卖警用装备罪的概念和构成

非法生产、买卖警用装备罪，是指违反法律规定，非法生产、买卖警察制式服装、车辆牌号等专用标志、警械，情节严重的行为。

本罪的构成要件如下：

1. 本罪侵犯的客体是人民警察警用装备的管理秩序。人民警察的制式服装、车辆牌号等专用标志、警械等警用装备，带有强烈的专用性。其不仅是人民警察身份的象征，同时更是人民警察履行职务必不可少的手段和工具。而由于人民警察工作的权威性、强制性等特点，一旦不具有合法使用权利的人和单位进行生产、买卖，必将导致警用装备扩散，警用装备被滥用，影响执法部门的形象。因此，《人民警察法》规定，人民警察的制式服装、车辆牌号等专用标志、警械，由国务院、公安部统一监制。根据有关规定，最高人民法院、最高人民检察院、国家安全部、司法部各自负责本系统警服的生产计划，报公安部备案，并由公安部指定生产厂。警服、车辆牌号等专用标志不得在市场上进行买卖，定点生产厂应严格按照公安部下达的指标生产，不得计划外私

自加工生产。

本罪的犯罪对象是警察制式服装、车辆牌号等专用标志、警械。如果是生产、买卖其他装备的不构成此罪。

2.在客观方面,本罪表现为行为人非法生产、买卖警察制式服装、车辆牌号等专用标志、警械,情节严重的行为。依据主体不同,其包括三类行为:一是无生产、经营使用权的个人和单位擅自制造、买卖警用装备;二是有生产、经营使用权的单位或个人违反生产指标,在计划外生产、买卖警用装备;三是有使用权的单位或个人非法买卖警用装备。制式服装,是指人民警察的专用服装。专用标志,是指用来表明警察身份等的外形标志,主要包括警徽、警衔、袖章、警灯、警用车辆牌照等。警械,是指人民警察在执行公务中,使用的警用器械,包括警棍、警绳、手铐等器械。

3.本罪的主体是一般主体既可以是无生产、经营使用权的个人和单位,也可以是有生产、经营使用权的单位或个人,还可以是有使用权的人。

4.本罪在主观方面表现为故意。

(二)非法生产、买卖警用装备罪的处罚

《刑法》第281条规定,犯非法生产、买卖警用装备罪,情节严重的,处3年以下有期徒刑、拘役、管制,并处或单处罚金。情节严重,是指非法生产、买卖警服、车辆牌号等专用标志、警械数量较大;多次非法生产、买卖警用装备罪;经过有关部门责令停止生产、买卖仍不听从的;造成恶劣的社会影响的。

八、非法获取国家秘密罪

(一)非法获取国家秘密罪的概念和构成

非法获取国家秘密罪,是指以窃取、刺探、收买等方法,非法获取国家秘密的行为。

本罪的构成要件如下:

1.本罪侵犯的客体是国家的保密制度,即有关国家保密的办法、措施、要求等一系列规定和制度。国家秘密直接关系到国家、社会、人民的安全和利益,非法获取国家秘密,导致国家保密制度被破坏,国家秘密被泄露,无论是对社会稳定与发展的危害还是对制度完整性的危害都是巨大的,因此,利用刑罚进行惩治是十分必要的。

本罪的犯罪对象是国家秘密。国家秘密,是指关系到国家安全和利益,在一定时间只限于一定范围内知悉的事项。根据《保护国家秘密法》的规定,其基本范围是:(1)国家事务重大决策中的秘密事项;(2)国防建设和武装力量活动中的秘密事项;(3)外交和外事活动中的秘密事项以及对外承担保密义务的事项;(4)国民经济和社会发展中的秘密事项;(5)科学技术中的秘密事项;(6)国家安全以及追查刑事犯罪中的秘密事项;(7)其他经保密部门确定应当保密的事项。

2.在客观方面,本罪表现为行为人实施了非法获取国家秘密的行为。其方式主要包括窃取、刺探、收买等。窃取,是指以不为人知的方法暗中偷取。不为人知的认定以行为人的主观认识程度为标准。刺探,是指通过各种手段或途径探听国家秘密。收买,是指以给予物质利益的方法获取国家秘密。行为人只要实施了上述行为中的任意一个行为即构成本罪的行为要件,所以本罪是行为犯。至于非法获取国家秘密的行为是否造成后果,不影响本罪的构成。

3.本罪在主观方面表现为故意。目的在于非法获取国家秘密。

（二）非法获取国家秘密罪的认定

在认定非法获取国家秘密罪时,应注意将本罪与为境外机构、组织、人员窃取、刺探、收买、非法提供国家秘密罪的界限。两罪的主要区别在于:(1)两罪侵犯的客体不同。前罪所侵犯的是社会管理秩序,后罪侵犯的是国家安全;(2)两罪的主观内容不同。前罪不以国家秘密提供的对象为要件,而后罪则必须是为了将国家秘密提供给境外机构、组织或人员;(3)行为的特征有所区别。后罪不仅包括前罪的行为方式,而且还包括单纯的提供行为。

此外还应当注意的是,当行为在同一阶段表现为为境外机构、组织、人员窃取、刺探、收买、非法提供国家秘密的时候,两罪具有竞合的关系,应当依照特殊法条定罪。当行为不处于同一阶段的时候,即行为人在非法获取国家秘密之后,产生故意将所获国家秘密提供给境外机构、组织、人员的,应当按照数罪并罚或牵连关系处理的原则进行处理。

（三）非法获取国家秘密罪的处罚

《刑法》第282条规定,犯非法获取国家秘密罪的,处3年以下有期徒刑、拘役、管制或者剥夺政治权利;情节严重的,处3年以上7年以下有期徒刑。情节严重,是指非法获取国家绝密级秘密的,或非法获取国家秘密造成严重后果的,或非法获取大量国家秘密的。

九、非法持有国家绝密、机密文件、资料、物品罪

（一）非法持有国家绝密、机密文件、资料、物品罪的概念和构成

非法持有国家机密、绝密文件、资料、物品罪,是指违反法律规定,非法持有国家机密、绝密文件、资料、物品,并拒不说明来源与用途的行为。

本罪的构成要件如下:

1.本罪侵犯的客体是国家对涉及国家机密、绝密文件、资料、物品的管理秩序。《国家安全法》对本罪的客体进行了直接的诠释。该法第20条明文规定,任何组织和个人都不得非法持有国家机密、绝密文件、资料、物品。这是对管理秩序量化的方式,也是刑法将妨害管理行为上升为犯罪的依据。

2.在客观方面,本罪表现为行为人实施了非法持有国家机密、绝密文件、资料、物品,并拒不说明来源和用途的行为。其特征体现为持有行为（或作为行为）

和不作为行为的结合。首先,表现在非法持有行为。依据《国家安全法实施细则》,是指(1)不应知悉的人携带、存放国家机密、绝密文件、资料、物品的行为;(2)可以知悉的人未经办理有关手续,私自携带留存国家机密、绝密文件、资料、物品。其次,表现在拒不说明来源、用途的不作为行为。其是指在有权机关责令行为人说明非法持有的国家机密、绝密文件、资料、物品时,行为人拒不说明来源和用途的行为。

3. 本罪的主体是一般主体,既可以是不应知悉国家机密、绝密文件、资料、物品的人,也可以是可以知悉国家机密、绝密文件、资料、物品而未经办理有关手续的人。

4. 本罪在主观方面表现为故意,表现为持有故意和拒不说明来源和用途的故意的结合。

(二) 非法持有国家绝密、机密文件、资料、物品罪的处罚

《刑法》第 282 条第 2 款规定,犯非法持有属于国家绝密、机密的文件、资料或者其他物品罪的,处 3 年以下有期徒刑、拘役或者管制。

十、组织考试作弊罪,非法出售、提供试题、答案罪,代替考试罪

(一) 组织考试作弊罪,非法出售、提供试题、答案罪,代替考试罪的概念与构成

组织考试作弊罪,是指在法律规定的国家考试中,组织作弊的行为。

非法出售、提供试题、答案罪,是指为实施考试作弊行为,向他人非法出售或者提供法律规定的国家考试的试题、答案。

代替考试罪,是指代替他人或者让他人代替自己参加法律规定的国家考试。以上三罪是《刑法修正案(九)》的新增罪名。

三罪的构成要件如下:

1. 三罪侵犯的客体是国家考试的组织管理秩序。

2. 在客观方面,组织考试作弊罪表现为在法律规定的国家考试中组织、策划他人进行作弊的行为;非法出售、提供试题、答案罪表现为向他人非法提供法律规定的国家考试的试题、答案;代替考试罪表现为代替他人或者让他人代替自己参与法律规定的国家考试的行为。

3. 三罪的犯罪主体为一般主体。

4. 三罪的主观方面均表现为故意。

(二) 罪与非罪的界限

构成组织考试作弊罪,非法出售、提供试题、答案罪,代替考试罪,所涉及的考试都必须是法律规定的国家考试。如果在非法律规定的相关考试中实行上述行为,不构成犯罪。

(三) 组织考试作弊罪,非法出售、提供试题、答案罪,代替考试罪的处罚

《刑法》第 284 条之一规定,犯组织考试作弊罪,非法出售、提供试题、答案罪,处

3年以下有期徒刑或者拘役,并处或者单处罚金;情节严重的,处3年以上7年以下有期徒刑,并处罚金。犯代替考试罪,处拘役或者管制,并处或者单处罚金。

十一、非法侵入计算机信息系统罪、破坏计算机信息系统罪

(一) 非法侵入计算机信息系统罪、破坏计算机信息系统罪的概念和构成

非法侵入计算机信息系统罪,是指违反国家规定,侵入国家事务、国防建设、尖端科学技术领域的计算机信息系统的行为。

破坏计算机信息系统罪,是指违反国家规定,对计算机信息系统功能进行删除、修改、增加、干扰,造成计算机信息系统不能正常运行,或者对计算机信息系统中存储、处理或传输的数据和应用程序进行删除、修改、增加的操作,造成计算机不能运行,或者故意制作、传播计算机病毒等破坏性程序,影响计算机系统正常运行,导致严重后果的行为。

两罪的构成要件如下:

1. 两罪侵犯的客体均是国家对计算机信息系统的管理制度,但是侧重点有所不同。前罪主要是针对国家事务、国防建设、尖端科学技术等领域的计算机信息系统管理。其中国家事务的范围既包括"政治、经济活动,也包括金融海关管理等"领域的活动。[①]计算机信息系统,是指由计算机及其相关的和配套的设备、设施(含网络)构成的,按照一定的应用目标和规则对信息进行采集、加工、存储、传输、检索等处理的人机系统。《计算机安全系统保护条例》第3条规定,计算机信息系统的安全保护,是保障计算机及其相关的和配套的设备、设施(含网络)的安全,运行环境的安全,保障信息的安全,保障计算机功能的正常发挥,以维护计算机信息系统的安全运行。在科学技术日益发达的今天,计算机信息系统被广泛地应用于国家事务、国防建设、尖端科学技术等领域。计算机信息系统一旦被"黑客"侵入或被破坏,其后果往往是难以设想的。

非法侵入计算机信息系统罪的犯罪对象必须是国家事务、国防建设、尖端科学技术领域的计算机信息系统。

2. 在客观方面,两罪分别表现为违反国家规定,侵入国家事务、国防建设、尖端科学技术领域的计算机信息系统的行为和对计算机信息系统功能进行删除、修改、增加、干扰、造成计算机信息系统不能正常运行,对计算机信息系统中存储、处理或传输的数据和应用程序进行删除、修改、增加的操作,制作、传播计算机病毒等破坏性程序,影响计算机系统正常运行,导致严重后果的行为。违反国家规定,是指违反《计算机安全保护条例》及其相关法规。在非法侵入计算机信息系统罪中,侵入是指未经国家有关主管部门合法授权和批准,通过计算机终端侵入国家重要计算机信息系统或进行数据截收的行为。在破坏计算机信息系统罪中,计算机信息系统功能,是指计算

---

① 最高人民法院刑事审判一、二庭:《刑事审判参考》,法律出版社2001年版,第53页。

机系统按照一定的应用目标和规则对信息进行采集、加工、存储、传输、检索等处理的功能和能力。数据,是指计算机实际处理的一切文字、符号、声音、图像等有意义的结合。计算机程序,是指为了得到某种结果而由计算机等具有信息处理能力的装置执行的代码化指令序列,或者可被自动转换成代码化指令序列的符号化指令序列或者符号化语句序列。计算机应用程序,是指用户使用数据库的一种方式,是用户按数据库授予的子模式的逻辑结构,书写对数据进行操作和运算的程序。对上述对象的破坏包括对功能进行删除、修改、增加、干扰,对数据和应用程序进行删除、修改、增加的操作,制作、传播计算机病毒破坏程序等。

此外,两罪在客观方面的主要区别在于非法侵入计算机信息系统罪属于行为犯,而破坏计算机信息系统罪属于结果犯,即必须造成计算机信息系统不能正常运行或者影响计算机系统的正常运行的严重后果。

3. 两罪的主体均属于一般主体,且往往是具有相当的计算机专业知识和精通计算机操作技能的人。此外,单位亦可成为该两罪的主体。

(二) 非法侵入计算机系统罪、破坏计算机信息系统罪的认定

两罪的主要区别在于前者属于刑法中的行为犯,后者属于刑法中的结果犯,前者以侵入为既遂,只侵未入是未遂或中止,后者以破坏结果出现为既遂。此外,两者行为方式也不同,前者仅仅要求入侵和侵入,后者则要求破坏及后果。在实践中,非法侵入存在善意入侵和恶意入侵,尤其是恶意入侵,往往伴生破坏结果。在这种情况之下,往往存在吸收关系,以破坏计算机信息系统罪处理。如果未加破坏侵入后又实施其他犯罪行为,则可能存在其他的牵连关系。

(三) 非法侵入计算机信息系统罪、破坏计算机信息系统罪的处罚

《刑法》第 285 条第 1 款规定,犯非法侵入国家事务、国防建设、尖端科学技术领域的计算机信息系统罪的,处 3 年以下有期徒刑或者拘役。第 286 条第 1 款规定,犯破坏计算机信息系统罪的,处 5 年以下有期徒刑或者拘役;后果特别严重的,处 5 年以上有期徒刑。单位犯该两罪的,对单位判处罚金,并对其直接负责的主管人员和其他直接责任人员,依照各该款的规定处罚。

十二、非法获取计算机信息系统数据、非法控制计算机信息系统罪

(一) 非法获取计算机信息系统数据、非法控制计算机信息系统罪的概念和构成

非法获取计算机信息系统数据、非法控制计算机信息系统罪,是指行为人违反国家规定,侵入国家事务、国防建设、尖端科学技术领域以外的计算机信息系统或者采用其他技术手段,获取该计算机信息系统中存储、处理或者传输的数据,或者对该计算机信息系统实施非法控制,情节严重的行为。

本罪的构成要件如下:

1. 在客观方面,本罪表现为违反国家规定,侵入国家事务、国防建设、尖端科学技术领域以外的计算机信息系统或者采用其他技术手段,获取该计算机信息系统中存储、处理或者传输的数据,或者对该计算机信息系统实施非法控制的行为,并且上述行为应以情节严重为必要;行为对象必须是国家事务、国防建设、尖端科学技术领域以外的计算机信息系统。

2. 本罪的主体是一般主体。既可以是任何已满 16 周岁、具有刑事责任能力的自然人,也可以是单位。

3. 本罪主观方面表现为故意。

(二) 非法获取计算机信息系统数据、非法控制计算机信息系统罪的处罚

《刑法》第 285 条第 2 款规定,犯非法获取计算机信息系统数据、非法控制计算机信息系统罪的,处 3 年以下有期徒刑或者拘役,并处或者单处罚金;情节特别严重的,处 3 年以上 7 年以下有期徒刑,并处罚金。单位犯该两款罪的,对单位判处罚金,并对其直接负责的主管人员和其他直接责任人员,依照各该款的规定处罚。

十三、提供侵入、非法控制计算机信息系统的程序、工具罪

(一) 提供侵入、非法控制计算机信息系统的程序、工具罪的概念和构成

提供侵入、非法控制计算机信息系统的程序、工具罪,是指行为人提供专门用于侵入、非法控制计算机信息系统的程序、工具,或者明知他人实施侵入、非法控制计算机信息系统的违法犯罪行为而为其提供程序、工具,情节严重的行为。

本罪的构成要件如下:

1. 在客观方面,本罪行为表现为提供专门用于侵入、非法控制计算机信息系统的程序、工具,或者明知他人实施侵入、非法控制计算机信息系统的违法犯罪行为而为其提供程序、工具,并且上述行为应以情节严重为必要。

2. 本罪的主体包括自然人和单位。凡是达到刑事责任年龄,具有刑事责任能力,并且实施了上述行为的自然人,均可成为本罪的主体。

3. 本罪主观方面表现为故意。

(二) 提供侵入、非法控制计算机信息系统的程序、工具罪的处罚

《刑法》第 285 条第 3 款规定,犯提供侵入、非法控制计算机信息系统的程序、工具罪的,处 3 年以下有期徒刑或者拘役,并处或者单处罚金;情节特别严重的,处 3 年以上 7 年以下有期徒刑,并处罚金。单位犯该款罪的,对单位判处罚金,并对其直接负责的主管人员和其他直接责任人员,依照该款规定处罚。

十四、非法生产、销售专用间谍器材、窃听、窃照专用器材罪

(一) 非法生产、销售专用间谍器材、窃听、窃照专用器材罪的概念和构成

非法生产、销售专用间谍器材、窃听、窃照专用器材罪指违反国家法律规定,非法

生产、销售专用间谍器材,或者窃听、窃照等专用间谍器材的行为。

本罪的构成要件如下:

1. 本罪侵犯的客体是国家对于间谍专用器材的管理制度。本罪的犯罪对象是专用间谍器材,或者窃听、窃照专用器材。根据《国家安全法实施细则》的规定,间谍器材包括暗藏式窃听窃照器材;突发式收发报机、一次性密码本、密写工具;用于获取情报的电子监听、截收器材;其他专用间谍器材。间谍器材的确认由国家安全部门负责。

2. 在客观方面,本罪表现为未经国家有关部门批准非法生产、销售专用间谍器材或者窃听、窃照专用器材的行为。

3. 本罪主观方面表现为故意。

4. 本罪的犯罪主体包括自然人和单位。

(二)非法生产、销售专用间谍器材、窃听、窃照专用器材罪的处罚

《刑法》第 283 条规定,犯非法生产、销售专用间谍器材、窃听、窃照专用器材罪的,处 3 年以下有期徒刑、拘役或者管制,并处或者单处罚金;情节严重的,处 3 年以上 7 年以下有期徒刑,并处罚金。

十五、非法使用窃听、窃照专用器材罪

(一)非法使用窃听、窃照专用器材罪的概念和构成

非法使用间谍专用器材罪,是指违反国家规定,非法使用窃听、窃照等间谍专用器材的行为。

本罪的构成要件如下:

1. 本罪侵犯的客体是国家对于间谍专用器材的管理制度。本罪的犯罪对象是专用间谍器材。根据《国家安全法实施细则》的规定,包括暗藏式窃听窃照器材;突发式收发报机、一次性密码本、密写工具;用于获取情报的电子监听、截收器材;其他专用间谍器材。间谍器材的确认由国家安全部门负责。

2. 在客观方面,本罪表现为非法使用上述器材造成严重后果的行为。非法使用,是指没有权限使用的人违反国家对于间谍器材的使用规定,擅自使用。在我国只有具有侦查权的司法机关(如检察机关),国家安全部门,公安部门,军事、国防部门根据侦查需要,有权使用。如果不是这些单位的工作人员,或者虽然属于这些单位的工作人员但是不是他们的工作权限范围,均不得擅自使用。造成严重后果,是指造成国家安全、单位的商业秘密、内部秘密以及公民的个人隐私受到严重危害。

(二)非法使用窃听、窃照专用器材罪的处罚

《刑法》第 284 条的规定,犯非法使用窃听、窃照专用器材罪的,处 2 年以下有期徒刑、拘役或者管制。

十六、拒不履行信息网络安全管理义务罪

（一）拒不履行信息网络安全管理义务罪的概念和构成

拒不履行信息网络安全管理义务罪，是指网络服务提供者不履行法律、行政法规规定的信息网络安全管理义务，经监管部门责令采取改正措施而拒不改正，致使违法信息大量传播，或致使用户信息泄露，造成严重后果，或致使刑事案件证据灭失、情节严重的行为，本罪为《刑法修正案（九）》所增设。

本罪的构成要件如下：

1. 本罪侵犯的客体是网络安全管理秩序。

2. 在客观方面，本罪表现为网络服务提供者不履行法律、行政法规规定的信息网络安全管理义务，经监管部门责令采取改正措施而拒不改正的行为。

3. 本罪的主体包括自然人与单位。

4. 本罪主观方面表现为故意。

（二）拒不履行信息网络安全管理义务罪的处罚

《刑法》第286条之一规定，犯拒不履行信息网络安全管理义务罪的，处3年以下有期徒刑、拘役或者管制，并处或者单处罚金。单位犯该款罪的，对单位判处罚金，并对其直接负责的主管人员和其他直接责任人员，依照该款规定处罚。有该款行为，同时构成其他犯罪的，依照处罚较重的规定定罪处罚。

十七、非法利用信息网络罪

（一）非法利用信息网络罪的概念和构成

非法利用信息网络罪，是指利用信息网络实施特定活动，情节严重的行为。该罪为《刑法修正案（九）》所增设。

本罪的构成要件如下：

1. 本罪侵犯的客体是网络安全管理秩序。

2. 在客观方面，本罪表现为利用信息网络实施的下列行为：（1）设立用于实施诈骗、传授犯罪方法、制作或者销售违禁物品、管制物品等违法犯罪活动的网站、通讯群组的；（2）发布有关制作或者销售毒品、枪支、淫秽物品等违禁物品、管制物品或者其他违法犯罪信息的；（3）为实施诈骗等违法犯罪活动发布信息。

3. 本罪的主体包括自然人与单位。

4. 本罪主观方面表现为故意。

（二）非法利用信息网络罪的处罚

《刑法》第287条之一规定，犯非法利用信息网络罪的，处3年以下有期徒刑或者拘役，并处或者单处罚金，单位犯前款罪的，对单位判处罚金，并对直接负责的主管人员和其他直接责任人员，依照第1款的规定处罚，有前两款行为，同时构成其他犯罪

的，依照处罚较重的规定定罪处罚。

十八、帮助信息网络犯罪活动罪

（一）帮助信息网络犯罪活动罪的概念和构成

帮助信息网络犯罪活动罪，是指明知他人利用信息网络实施犯罪，为其犯罪提供互联网接入、服务器托管、网络存储、通讯传输等技术支持、或者提供广告推广、支付结算等帮助，情节严重的行为。该罪为《刑法修正案（九）》所增设。

本罪的构成要件如下：

1. 本罪的客体是网络安全管理秩序。

2. 本罪的主体是自然人和单位。

3. 客观方面，本罪表现为明知他人利用信息网络实施犯罪，为其提供互联网接入、服务器托管、网络存储、通讯传输等技术支持或者提供广告推广、支付结算等帮助的行为。

4. 本罪主观方面表现为故意。

（二）帮助信息网络犯罪活动罪的处罚

《刑法》第287条之二规定，犯本罪的，处3年以下有期徒刑或者拘役，并处或者单处罚金。单位犯该罪，对单位判处罚金，并对其直接负责的主管人员和其他直接责任人员，依照第1款的规定处罚。

十九、扰乱无线电通讯管理秩序罪

（一）扰乱无线电通讯管理秩序罪的概念和构成

扰乱无线电通讯管理秩序罪，是指违反国家规定，擅自设置、使用无线电台（站），或者擅自使用无线电频率，干扰无线电通讯秩序，情节严重的行为。该罪为《刑法修正案（九）》所增设。

本罪的构成要件如下：

1. 本罪侵犯的客体是国家对无线电通讯的管理秩序。《无线电通讯管理条例》对我国境内设置、使用无线电台（站）以及无线电频率作了明确的规定。然而，随着无线电通讯技术的迅猛发展，一些不法分子擅自设置、使用无线电台（站），或者擅自使用无线电频率，干扰了无线电通讯秩序。

2. 在客观方面，本罪表现为违反国家规定，擅自设置、使用无线电台（站），或者擅自使用无线电频率，干扰无线电通讯秩序，情节严重的行为。行为方式是作为和不作为的结合。其具有以下几个方面的要素：（1）违反国家规定，主要是指违反《无线电通讯管理条例》以及相关法规的禁止性规定；（2）擅自设置、使用无线电台（站），或者擅自使用频率。按照《无线电通讯管理条例》第三章规定，擅自设置、使用无线电台（站），是指无线电台（站）的设置和使用，未向主管部门提出申请，未办理设台(站)审批手续,或未领取执照。按照该条例第四章规定,擅自占用频率,是指未按照业经指配的频率使用而占用未分配给本台(站)使用的频率,或者在使用期满后,未经办理使用手续继续使用,或未经管理部门批准,转让、出租和变相出租频率的行为。

3. 本罪的主体为一般主体,自然人和单位均可构成。

4. 本罪主观方面表现为故意,即表现为擅自设置、使用的故意。

（二）扰乱无线电通讯管理秩序罪的认定

违反国家规定,擅自设置、使用无线电台(站),或者擅自使用频率,非法经营国际电信业务或者涉港澳台电信业务进行营利活动,同时构成非法经营罪的,依照较重的犯罪定罪处罚。①

（三）扰乱无线电通讯管理秩序罪的处罚

《刑法》第 288 条第 1 款规定,犯扰乱无线电通讯管理秩序罪的,处 3 年以下有期徒刑、拘役或者管制,并处或者单处罚金,情节特别严重的,处 3 年以上 7 年以下有期徒刑,并处罚金。第 288 条第 2 款规定,单位犯此罪的,对单位判处罚金,并对其直接负责的主管人员和其他直接责任人员以第 1 款的规定处罚。

二十、聚众扰乱社会秩序罪

（一）聚众扰乱社会秩序罪的概念与构成

聚众扰乱社会秩序罪,是指聚众扰乱社会秩序,情节严重,致使工作、生产、营业、教学、科研和医疗无法进行,造成严重损失的行为。

本罪的构成要件如下:

1. 本罪侵犯的客体是社会秩序,即国家机关、企事业单位和人民团体的工作、生产、营业、教学、科研和医疗秩序。

2. 在客观方面,本罪表现为在首要分子的纠集之下,聚众扰乱国家机关、企事业单位与人民团体的正常活动,情节严重的行为。扰乱,是指对于正常工作的干扰和破坏,如在上述场所大肆喧嚣哄闹,围攻甚至侮辱、殴打上述机构的工作人员。情节严重,是指致使正常工作无法进行,造成严重损失。

3. 本罪的主体为一般主体,但刑事责任的承担者只能是聚众行为中的首要分子或者积极参加者。

（二）聚众扰乱社会秩序罪的处罚

《刑法》第 290 条规定,犯聚众扰乱社会秩序罪的,对首要分子,处 3 年以上 7 年以下有期徒刑;对于其他积极参加的,处 3 年以下有期徒刑、拘役、管制或者剥夺政治权利。

---

① 见 2000 年 5 月 24 日最高人民法院《关于审理扰乱电信市场管理秩序案件具体应用法律若干问题的解释》。

二十一、聚众冲击国家机关罪

（一）聚众冲击国家机关罪的概念和构成

聚众冲击国家机关罪，是指聚众冲击国家机关，致使国家机关工作无法进行，造成严重损失的行为。

本罪的构成要件如下：

1. 本罪侵犯的客体是国家机关的工作秩序。国家机关是国家机构最为重要的组成部分之一，其正常高效的运转，是国家事务得以有序实施的前提，也是社会得以稳定的重要要素。聚众冲击国家机关，必将使国家机关的工作无法进行，工作秩序受到严重影响和破坏。

本罪的犯罪对象是国家机关。国家机关，是指具有特定职权，管理某一方面事务的工作部门，主要包括立法机关、行政机关、司法机关以及军事机关等。

2. 在客观方面，本罪表现为聚众冲击国家机关，致使国家机关的正常工作无法进行，造成严重后果的行为。包含着行为和结果等方面的要素：（1）行为人的聚众冲击行为。聚众冲击，是指聚集、纠集3人以上特定或不特定的多数人，强行冲击的行为；（2）犯罪方式不仅可以是冲入国家机关内或占据国家机关，也可以是包围国家机关，还可以是堵塞国家机关内部或附近通道，使得人员、车辆无法正常进出；（3）结果是导致国家机关的正常工作无法进行，造成严重后果，即国家机关及其工作人员无法履行职能、职责；造成重大的财产损失；带来恶劣的社会影响，国家机关的形象、威信严重受损。

3. 本罪的主体为一般主体，是指聚众冲击国家机关罪中的首要分子、积极参加者。

4. 本罪在主观方面表现为故意。

（二）聚众冲击国家机关罪的处罚

《刑法》第290条第2款规定，犯聚众冲击国家机关罪的，对首要分子，处5年以上10年以下有期徒刑；对其他积极参加的，处5年以下有期徒刑、拘役、管制或者剥夺政治权利。

二十二、扰乱国家机关工作秩序罪

（一）扰乱国家机关工作秩序罪的概念与构成

扰乱国家机关工作秩序罪，是指多次扰乱国家机关工作秩序，经行政处罚后仍不改正，造成严重后果的行为。

本罪的构成要件如下：

1. 本罪侵犯的客体是国家机关工作秩序。

2. 在客观方面，本罪表现为多次扰乱国家机关工作秩序，经行政处罚后仍不改正的行为。

3. 本罪的主体为一般主体,即多次扰乱国家机关工作秩序,经行政处罚后仍不改正,造成严重后果的自然人。

4. 本罪主观方面表现为故意。

(二)扰乱国家机关工作秩序罪的处罚

《刑法》第290条第3款规定,犯扰乱国家机关工作秩序罪的,处3年以下有期徒刑、拘役或者管制。

二十三、组织、资助非法聚集罪

(一)组织、资助非法聚集罪的概念与构成

组织、资助非法聚集罪,是指多次组织、资助他人非法聚集,扰乱社会秩序,情节严重的行为。该罪为《刑法修正案(九)》所增设。

本罪的构成要件如下:

1. 本罪侵犯的客体是社会管理秩序。

2. 在客观方面,本罪表现为多次组织、资助他人非法聚集,扰乱社会秩序的行为。

3. 本罪的主体为一般主体,即多次组织、资助他人非法聚集的自然人。

4. 本罪主观方面表现为故意。

(二)组织、资助非法聚集罪的处罚

《刑法》第290条第4款的规定,犯组织、资助非法聚集罪的,处3年以下有期徒刑、拘役或者管制。

二十四、聚众扰乱公共场所秩序、交通秩序罪,投放虚假危险物质罪,编造、故意传播虚假恐怖信息罪,编造、故意传播虚假信息罪

(一)聚众扰乱公共场所秩序、交通秩序罪,投放虚假危险物质罪,编造、故意传播虚假恐怖信息罪,编造、故意传播虚假信息罪的概念与构成

聚众扰乱公共场所秩序、交通秩序罪,是指聚众扰乱车站、码头、民用航空站、商场、公园、影剧院、展览会、运动场或者其他公共场所秩序,聚众堵塞交通或者破坏交通秩序,抗拒、阻碍国家治安管理工作人员依法执行职务,情节严重的行为。

投放虚假危险物质罪,是指投放虚假的爆炸性、毒害性、放射性、传染病病原体等物质,严重扰乱社会秩序的行为。本罪名是《刑法修正案(三)》在第291条之一中增加的新罪名。

编造、故意传播虚假恐怖信息罪,是指编造爆炸威胁、生化威胁、放射威胁等恐怖信息,或者明知是编造的恐怖信息而故意传播,严重扰乱社会秩序的行为。本罪名是《刑法修正案(三)》在第291条之一中增加的新罪名。

编造、故意传播虚假信息罪，是指编造虚假的险情、疫情、灾情、警情，在信息网络或者其他媒体上传播或者明知是上述虚假信息，故意在信息网络或其他媒体上传播，严重扰乱社会秩序的，本罪名是《刑法修正案（九）》在第291条之一第2款中增加的新罪名。

四罪的构成要件如下：

1. 四罪侵犯的客体都是一种公共秩序。其中聚众扰乱公共场所秩序、交通秩序罪中更为确定地表现为公共场所秩序，如车站、机场、码头、公园、商场、剧院等。投放虚假危险物质罪，编造、故意传播虚假恐怖信息罪和编造、故意传播虚假信息罪尽管一般也表现为对于公共场所造成的混乱，但是似乎更倾向于对于公众心理层面的影响。需要说明的是，后三个罪名所侵犯的不是公共安全，因为行为对象的虚假性决定了其造成的后果不是特定的人身安全和财产损失，而是导致管理秩序的紊乱。

2. 在客观方面，聚众扰乱公共场所秩序、交通秩序罪表现为聚众扰乱车站、码头、民用航空站、商场、公园、影剧院、展览会、运动场或者其他公共场所秩序，聚众堵塞交通或者破坏交通秩序，抗拒、阻碍国家治安管理工作人员依法执行职务，情节严重的行为。聚众，是本罪的行为前提，特点是除了首要分子之外，参与的活动人员并不是固定的。同时情节严重是构成犯罪的重要尺度，其可以表现为许多方面：在重要的公共场所闹事，造成恶劣影响；在交通要道闹事，造成重大堵塞；聚集人数众多；造成公私财物的重大损失，等等。

投放虚假危险物质罪表现为投放虚假的爆炸性、毒害性、放射性、传染病病原体等物质，严重扰乱社会秩序的行为。需要说明的是，行为人在投放虚假危险物质的时候必须是在明知是虚假危险物质的前提下而投放，否则不构成本罪。

编造、故意传播虚假恐怖信息罪表现为编造爆炸威胁、生化威胁、放射威胁等恐怖信息，或者明知是编造的恐怖信息而故意加以传播，严重扰乱社会秩序。一般公民在听到某个恐怖信息之后，因为难以分清真伪，又会主动告诉其他人，经查明之后证明是谣言，对于这种告知他人的行为，主观上没有扰乱社会秩序的恶意，所以不应认定为犯罪。对于"传播"行为的界定，也应该严格化，否则司法实践中容易被过分扩张。编造、故意传播虚假信息罪表现为编造虚假的险情、疫情、灾情、警情在信息网络或其他媒体上传播，或明知是上述虚假信息，故意在信息网络或其他媒体上传播，严重扰乱社会秩序的。

3. 四罪的犯罪主体为一般主体。其中聚众扰乱公共场所秩序、交通秩序罪中需要注意的是，其承担刑事责任的只是首要分子，其他参加者不承担刑事责任。

4. 四罪在主观方面均表现为故意。

（二）聚众扰乱公共场所秩序、交通秩序罪，投放虚假危险物质罪，编造、故意传播虚假恐怖信息罪，编造、故意传播虚假信息罪的处罚

《刑法》第291条规定，犯聚众扰乱公共场所秩序、交通秩序罪的，对首要分子处

5 年以下有期徒刑、拘役或者管制。

《刑法修正案（三）》增加的《刑法》第 291 条之一规定，犯投放虚假危险物质罪、编造、故意传播虚假恐怖信息罪的，处 5 年以下有期徒刑、拘役或者管制；造成严重后果的，处 5 年以上有期徒刑。

《刑法修正案（九）》增加的《刑法》第 291 条之一第 2 款规定，编造、故意传播虚假信息罪的，处 3 年以下有期徒刑、拘役或管制；造成严重后果的，处 3 年以上 7 年以下有期徒刑。

二十五、聚众斗殴罪、寻衅滋事罪

（一）聚众斗殴罪、寻衅滋事罪的概念和构成

聚众斗殴罪，是指违反社会治安管理规定，纠集多人成帮结伙进行争斗殴打的行为。

寻衅滋事罪，是指无事生非、无理取闹、起哄闹事、肆意挑衅、殴打伤害无辜的行为。

两罪由 1979 年《刑法》中的流氓罪分解而来。

两罪的构成要件如下：

1. 两罪侵犯的客体是社会治安管理秩序。①

2. 在客观方面，两罪分别表现为行为人实施了聚众斗殴的行为和行为人实施了无事生非、无理取闹、起哄闹事、肆意挑衅、殴打伤害无辜的行为。前者是聚众性犯罪，主要是纠集多人成帮结伙进行争斗殴打的行为。后者则主要是对互不相识的人或没有利害纠葛的人故意挑逗、挑衅；在人多拥挤的地方故意制造混乱，横冲直撞；拦截、追逐、辱骂、恐吓他人；随意殴打他人；强拿硬要或任意损毁、占用公私财物等。

3. 两罪的主体为一般主体，其中聚众斗殴罪的主体是聚众斗殴行为的首要分子和其他积极参加者。

4. 两罪在主观方面表现为故意。寻衅滋事罪的行为目的是出于寻求精神刺激，如果是其他个人目的，则不符合本罪的主观要件。

（二）聚众斗殴罪、寻衅滋事罪的处罚

《刑法》第 292 条规定，犯聚众斗殴罪的，对首要分子和其他积极参加的，处 3 年以下有期徒刑、拘役或者管制；有下列情形之一的，处 3 年以上 10 年以下有期徒刑：
(1)多次聚众斗殴的；(2)聚众斗殴人数多，规模大，社会影响恶劣的；(3)在公共场所

---

① 许多学者将此两罪的犯罪客体归结为公共秩序(参见苏惠渔主编：《刑法学》，中国政法大学出版社 1997 年版，第 706 页)，这是值得商榷的。其缺陷在于：首先，公共秩序实际上往往与刑法分则第二章的危害公共安全罪一脉相承，主要在于危害大小；其次，公共秩序实际上是许多犯罪侵犯的一类客体；再次，聚众斗殴罪、寻衅滋事罪并不完全发生在公共场合，因此将其归结为犯罪客体是不周延的。此外从聚众斗殴罪第 3 项、寻衅滋事罪第 4 项规定分析，也可得出上述结论。

或者交通要道聚众斗殴,造成社会秩序严重混乱的;(4)持械聚众斗殴的。本条第2款还规定,聚众斗殴,致人重伤、死亡的,依照故意伤害罪、故意杀人罪定罪处罚。

《刑法》第293条规定,犯寻衅滋事罪的,处5年以下有期徒刑、拘役或者管制。本条第2款还规定,纠集他人多次实施前款行为,严重破坏社会秩序的,处5年以上10年以下有期徒刑,可以并处罚金。

二十六、组织、领导、参加黑社会性质组织罪

(一) 组织、领导、参加黑社会性质组织罪的概念和构成

组织、领导、参加黑社会性质组织罪,是指故意组织、领导、积极参加以暴力、威胁或者其他手段,有组织地进行违法犯罪活动,称王称霸,为非作恶,欺压、残害群众,严重破坏经济、社会秩序的黑社会性质组织的行为。

本罪的构成要件如下:

1. 本罪侵犯的客体是社会治安管理秩序。

黑社会性质的组织,具有以下特征:(1)形成较稳定的犯罪组织,人数较多,有明确的组织者、领导者,骨干成员基本固定。立法解释中适用了"人数较多"而没有适用"人数众多",是考虑到后者容易被理解为三人以上。这显然不符合黑社会性质组织的基本要求。对于具体人数,法律及刑法解释没有明确规定,但一般认为应该具有一定规模,和集团犯罪有一定区别。(2)有组织地通过违法犯罪活动或者其他手段获取经济利益,具有一定的经济实力,以支持该组织的活动。是否具有一定的经济实力是区别犯罪集团和黑社会性质组织的主要特征之一。"一定的经济实力"表现为具有一定的、通过有组织犯罪活动或者其他手段获取的经济利益,其可以是通过违法途径获取,譬如强行收取保护费、贩毒所得,也可以是通过正常的经营活动获得。(3)以暴力、威胁或者其他手段,有组织地多次进行违法犯罪活动,为非作恶,欺压、残害群众;(4)通过实施违法犯罪活动,或者利用国家工作人员的包庇或者纵容,称霸一方,在一定区域之内或者行业之内,形成非法控制或者重大影响,严重破坏经济、社会秩序。黑社会性质组织的本质是对于某一区域或行业进行控制,公然与国家公权力进行对抗,上述违法犯罪行为只是手段。犯罪集团一般采取秘密或者逃避追究的方式,而黑社会性质的组织则是直接站在公权力的对立面,与国家权力相抗衡,对于国家权力的领域进行蚕食、替代,其方式就是通过利用掌握国家权力的个人的纵容和包庇。需要说明的是以上四个特征必须同时具备,缺一不可,同时不能将流氓恶势力等同为黑社会性质的组织。

2. 在客观方面,本罪表现为实施了组织、领导、积极参加黑社会性质组织的行为。组织,是指行为人为了实现违法犯罪、称霸一方等活动和目的,发起、纠集和组织有相同目的的人建立黑社会性质组织的行为。领导,是指在黑社会性质组织中指挥、策划、发号施令、负责、协调的行为。参加黑社会性质组织,是指加入黑社会性质组织

的行为。^①至于是否自愿,是否实施违法犯罪活动(或者说参加行为本身就是违法犯罪行为),不影响犯罪构成。^②

3. 本罪的主体为一般主体,是指组织、领导、积极参加和其他参加的人。

(二) 组织、领导、参加黑社会性质组织罪的处罚

《刑法》第 294 条第 1 款规定,组织、领导黑社会性质的组织的,处 7 年以上有期徒刑,并处没收财产;积极参加的,处 3 年以上 7 年以下有期徒刑,可以并处罚金或者没收财产;其他参加的,处 3 年以下有期徒刑、拘役、管制或者剥夺政治权利,可以并处罚金。同时本条第 4 款还规定,犯本罪又有其他犯罪行为的,依照数罪并罚的规定处罚。

根据最高人民法院司法解释的规定,国家机关工作人员组织、领导、参加黑社会性质组织的,从重处罚。^③

二十七、入境发展黑社会组织罪

(一) 入境发展黑社会组织罪的概念和构成

入境发展黑社会组织罪,是指境外的黑社会组织成员,到我国境内发展组织成员的行为。

本罪的构成要件如下:

1. 在客观方面,本罪表现为境外的黑社会组织成员,到我国境内发展组织成员的行为。境外黑社会组织成员,是指中华人民共和国的大陆以外地区的黑社会组织成员,既包括外国的黑社会组织,也包括台湾、香港、澳门等中国的地区或特别行政区的黑社会组织。发展组织成员,根据司法解释的规定,是指将境内、境外人员吸收为该黑社会组织成员的行为。对于黑社会组织成员进行内部调整等行为,同样被视为发展组织成员。^④犯罪地点是在我国境内,但是不包括台湾、香港、澳门。发展对象可以是中国公民,也可以不是中国公民。

2. 本罪的主体为特殊主体,即境外的黑社会组织成员。其既可以是我国公民,也可以不是我国公民。

3. 本罪在主观方面表现为故意。

(二) 入境发展黑社会组织罪的处罚

《刑法》第 294 条第 2 款规定,犯入境发展黑社会组织罪的,处 3 年以上 10 年以

---

① 对于将纯粹的参加行为直接界定为犯罪行为,在我国刑法分则中的规定并不多见,主要是参加间谍组织、参加恐怖活动组织两类行为。但是根据 2000 年 12 月 5 日最高人民法院公布的《关于审理黑社会性质组织犯罪的案件具体应用法律若干问题的解释》的规定,对于参加黑社会性质组织,没有实施其他违法犯罪活动的,或者受蒙蔽、胁迫参加黑社会性质组织,情节轻微的,可以不作为犯罪处理。

② 有教材将参加行为限定在行为人自愿范围之内(参见苏惠渔主编:《刑法学》,中国政法大学出版社 1997 年版,第 709 页),是对犯罪主体的限制解释。我们认为,行为人即使不完全出于自愿,但只要具有行为自由,无论是否具有完全的意志自由,均不影响犯罪构成。

③④ 见 2000 年 12 月 5 日最高人民法院《关于审理黑社会性质组织犯罪的案件具体应用法律若干问题的解释》。

下有期徒刑。该条第 4 款还规定犯本罪又有其他犯罪行为的,依照数罪并罚的规定进行处罚。

二十八、包庇、纵容黑社会性质组织罪

(一) 包庇、纵容黑社会性质组织罪的概念和构成

包庇、纵容黑社会性质组织罪,是指国家机关工作人员利用职务之便,包庇、纵容黑社会性质的组织进行违法犯罪活动的行为。

本罪的构成要件如下:

1. 在客观方面,本罪表现为对黑社会性质的组织进行包庇、纵容。包庇,是指国家机关工作人员为了使得黑社会性质组织及其人员逃避查禁,而通风报信,隐匿、毁灭、伪造证据,阻止他人检举揭发、作证,指使他人作伪证,帮助逃匿,或者阻挠其他国家机关工作人员依法查禁的行为。纵容,是指国家机关工作人员不依法履行职责,放纵黑社会性质的组织的违法犯罪活动,不予举报、处理或制止、制裁的行为。

2. 本罪的主体为特殊主体,即只能是国家机关工作人员,非国家机关工作人员不能构成。

3. 本罪在主观方面表现为故意,即明知是黑社会性质的违法犯罪的组织,仍然包庇、纵容。

(二) 包庇、纵容黑社会性质组织罪的处罚

《刑法》第 294 条第 3 款规定,犯包庇、纵容黑社会性质组织罪的,处 5 年以下有期徒刑、拘役或者剥夺政治权利;情节严重的,处 5 年以上有期徒刑。情节严重是指:(1)包庇、纵容黑社会性质组织跨境实施违法犯罪活动;(2)包庇、纵容境外黑社会组织在境内实施违法犯罪活动;(3)多次实施包庇、纵容活动;(4)致使某一地区或者行业的经济、社会生活秩序遭受黑社会性质组织特别严重破坏;(5)致使黑社会性质组织的组织者、领导者逃匿,或者致使对黑社会性质组织的查禁工作严重受阻;(6)具有其他严重情节。①

二十九、传授犯罪方法罪

(一) 传授犯罪方法罪的概念和构成

传授犯罪方法罪,是指以语言、文字、动作或者其他方法,将实施犯罪的具体方法、技能传授给他人的行为。

本罪的构成要件如下:

1. 在客观方面,本罪表现为行为人实施了传授犯罪方法的行为。犯罪方法,是指犯罪的经验和技能,包括手段、步骤、技巧、反侦查技术等。如果传授的不是犯罪方

---

① 见 2000 年 12 月 5 日最高人民法院《关于审理黑社会性质组织犯罪的案件具体应用法律若干问题的解释》。

法,或者只是一般的违法行为方法,则不构成本罪。传授犯罪方法的行为既可以是语言、文字的方式,也可以是动作、行为的方式;既可以是向成年人传授,也可以是向未成年人传授;既可以是公开传授,也可以是秘密传授。

2. 本罪的主体为一般主体,且往往是具有犯罪经验的人。

3. 本罪在主观方面表现为故意,即行为人必须明知是用于犯罪的方法而故意加以传授。值得注意的是,某些方法在一般场合下,不能界定为犯罪方法,但是,在明知他人有犯罪企图,或者行为人出于使他人去实施犯罪的目的,则可能构成犯罪方法,如传授开锁、武术、化学知识、药物知识等。

(二) 传授犯罪方法罪的认定

在认定传授犯罪时,应注意本罪与教唆犯的界限。总括而言,传授犯罪方法罪属于刑法的个罪,而教唆犯则属于共同犯罪中对共同犯罪人进行划分的一种类别。其具体区别在于:(1)传授犯罪方法罪的客体是特定的,而教唆犯侵犯的客体是不特定的;(2)两者的主观目的存在着较大的区别。传授犯罪方法罪只是以传授技艺为目的,其造意性的意图一般不明显或不确定,而教唆犯的造意性十分强烈;(3)两者的行为阶段不同。传授犯罪方法罪的发生可以在行为对象产生犯意之前,也可以是在产生犯意之后,而教唆犯则是在行为对象产生犯意之前,通过教唆行为使之产生犯意;(4)两者在行为特征上也存在较大的区别。传授犯罪方法罪的行为表现为仅仅传授技艺,而教唆犯则是通过不特定的多种方法促使他人犯意发生。

(三) 传授犯罪方法罪的处罚

《刑法》第 295 条规定,犯传授犯罪方法罪的,处 5 年以下有期徒刑、拘役或者管制;情节严重的,处 5 年以上 10 年以下有期徒刑;情节特别严重的,处 10 年以上有期徒刑或无期徒刑。

三十、非法集会、游行、示威罪

(一) 非法集会、游行、示威罪的概念与构成

非法集会、游行、示威罪,是指举行集会、游行、示威未依照法律规定申请或经过申请未获许可,或者未按照主管部门许可的起止时间、地点、路线进行,又拒不服从解散命令,严重破坏社会秩序的行为。

本罪的构成要件如下:

1. 本罪侵犯的客体是国家对于集会、游行、示威的管理制度。

2. 在客观方面,本罪表现为三个方面:(1)举行集会、游行、示威未依照法律规定申请或经过申请未获许可;(2)未按照主管部门许可的起止时间、地点、路线进行;(3)拒不服从解散命令,严重破坏社会秩序。集会,是指聚集多人在公共场所发表意见、表达意愿的行为。游行,是指在公共道路、露天场所列队行进、表达共同意愿的行为。示威,是指在露天场所或者公共道路上以集会、游行、静坐等方式,表达要求、抗议或者支持、声援等共同意愿的活动。

本罪名是选择性罪名,如果同时实施了其中的两个以上行为,不实行数罪并罚。

3. 本罪的主体是一般主体。但是只有举行集会、游行、示威的负责人和直接责任人员才承担刑事责任。

(二)非法集会、游行、示威罪的处罚

《刑法》第 296 条规定,犯非法集会、游行、示威罪的,对于集会、游行、示威的负责人和直接责任人员,处 5 年以下有期徒刑、拘役、管制或者剥夺政治权利。

三十一、非法携带武器、管制刀具、爆炸物参加集会、游行、示威罪

(一)非法携带武器、管制刀具、爆炸物参加集会、游行、示威罪的概念和构成

非法携带武器、管制刀具、爆炸物参加集会、游行、示威罪,是指违反法律规定,在参加集会、游行、示威活动中,非法携带武器、管制刀具、爆炸物的行为。

本罪的构成要件如下:

1. 本罪侵犯的客体是国家对集会、游行、示威活动的管理制度。根据 1989 年《集会游行示威法》,集会,是指聚集于露天公共场所,发表意见、表达意愿的活动。露天公共场所,是指公民可以自由出入或凭票进出的室外公共场所,不包括单位内部露天或非露天场所。

2. 在客观方面,本罪表现为违反国家法律规定,非法携带武器、管制刀具、爆炸物参加集会、游行、示威的行为。首先,行为人违反法律规定。《集会游行示威法》第 29 条明文规定,集会、游行、示威过程中,非法携带武器、管制刀具、爆炸物的,追究刑事责任。其次,本罪属于行为犯,即有非法携带武器、管制刀具、爆炸物参加集会、游行、示威的行为。携带,是指随身或利用容器、运输工具等夹带武器、管制刀具、爆炸物的行为。武器,是指枪支管理法规定的直接可用于杀伤人体的发火器及弹药。管制刀具,是指法律、法规限定特定人员、特定范围、特定用途的刀具或者禁止民间生产、运输、贩卖、购买、持有的刀具。爆炸物,是指具有爆发力和破坏性,可以短时间内造成一定伤亡、财产损害的危险物品。第三,行为发生在集会、游行、示威过程中。此处的集会、游行、示威既包括合法的集会、游行、示威,即经过申请许可,并在许可的时间、地点、路线中举行的集会、游行、示威,也包括非法的集会、游行、示威。如果非法集会、游行、示威的负责人和直接责任人员携带上述物品的,结合非法集会、游行示威罪实行数罪并罚。

3. 本罪的主体为一般主体。即使依法准许持有武器的主体,违反本规定,非法携带武器有上述行为的也可能构成本罪。

4. 本罪在主观方面表现为故意。

(二)非法携带武器、管制刀具、爆炸物参加集会、游行、示威罪的认定

在认定非法携带武器、管制刀具、爆炸物参加集会、游行、示威罪时应注意以下一些问题:

1. 本罪与非法携带枪支、弹药、管制刀具、危险物品危及公共安全罪的界限。两者主要区别在于：(1)犯罪客体不同。前者属于社会管理秩序，后者属于公共安全。(2)对象不同。后者除枪支、弹药、管制刀具、爆炸物以外，还包括其他易燃性、放射性、腐蚀性危险品，同时，前者武器范围又较枪支为广。(3)空间范围不同。前者发生在集会、游行、示威过程中，后者发生在一切公共场所或公共交通工具上。(4)前者是行为犯，而后者属于刑法中的危险犯。

2. 本罪与非法集会、游行示威罪的界限。两者主要区别在于行为方式的不同。(1)后者主要表现为集会、游行、示威未经申请或申请未经许可，或未按规定时间、地点、路线进行，又拒不解散，前者是非法携带违禁物品。(2)前者集会、游行、示威性质本身可以非法，也可以是合法性质，但后者集会、游行、示威的性质只能是非法。(3)前者犯罪主体是行为人本人，后者主体是负责人和直接责任人员，对于其他参加者，不追究刑事责任。

（三）非法携带武器、管制刀具、爆炸物参加集会、游行、示威罪的处罚

《刑法》第 297 条规定，犯非法携带武器、管制刀具或者爆炸物参加集会、游行、示威罪的，处 3 年以下有期徒刑、拘役、管制或者剥夺政治权利。

三十二、破坏集会、游行、示威罪

（一）破坏集会、游行、示威罪的概念与构成

破坏集会、游行、示威罪，是指扰乱、冲击或者以其他方法破坏依法举行的集会、游行、示威，造成公共秩序混乱的行为。

本罪的构成要件如下：

1. 本罪侵犯的客体是国家对于集会、游行、示威正常的管理制度。

2. 在客观方面，本罪表现为扰乱、冲击或者以其他方法破坏依法举行的集会、游行、示威，造成公共秩序混乱的行为。扰乱、冲击行为具体可以表现为暴力威胁、堵塞道路、强占会场、投掷石块，聚众冲散等手段。造成公共秩序混乱，主要是指造成集会、游行、示威的混乱，进而导致其他混乱。不能扩大范围，直接将其他秩序混乱作为规定的范围。

（二）破坏集会、游行、示威罪的处罚

《刑法》第 298 条规定，犯破坏集会、游行、示威罪的，处 5 年以下有期徒刑、拘役、管制或者剥夺政治权利。

三十三、侮辱国旗、国徽罪

（一）侮辱国旗、国徽罪的概念与构成

侮辱国旗、国徽罪，是指在公共场合故意以焚烧、毁损、涂划、玷污、践踏等方式侮辱中华人民共和国国旗、国徽的行为。

本罪的构成要件如下：

1. 本罪侵犯的客体是国家对中华人民共和国国旗、国徽的管理制度。犯罪对象仅仅是我国的国旗和国徽，不包括他国国旗、国徽。国旗和国徽的制作必须根据国旗法等具体标准加以制作。如果侮辱不合规格的国旗和国徽或者自制的国旗和国徽的，不构成本罪。[①]

2. 在客观方面，本罪表现为焚烧、毁损、涂划、玷污、践踏等方式的侮辱行为，且行为必须发生在公共场合。

（二）侮辱国旗、国徽罪的处罚

《刑法》第 299 条规定，犯侮辱国旗、国徽罪的，处 3 年以下有期徒刑、拘役、管制或者剥夺政治权利。

三十四、组织、利用会道门、邪教组织、利用迷信破坏法律实施罪和组织、利用会道门、邪教组织、利用迷信致人重伤、死亡罪

（一）组织利用会道门、邪教组织、利用迷信破坏法律实施罪和组织利用会道门、邪教组织、利用迷信致人重伤、死亡罪的概念和构成

组织、利用会道门、邪教组织、利用迷信破坏法律实施罪，是指组织、利用会道门、邪教组织或利用迷信破坏法律、行政法规实施的行为。

组织、利用会道门、邪教组织、利用迷信致人重伤、死亡罪，是指组织和利用会道门、邪教组织或利用迷信蒙骗他人致人重伤、死亡的行为。

两罪的构成要件如下：

1. 两罪侵犯的客体分别表现为社会正常的法治秩序和公民的生命健康权。其中尤其是"邪教组织冒用宗教、气功或者其他名义，采用各种手段扰乱社会秩序，危害人民群众生命财产安全和经济发展，必须依法取缔，坚决惩治"。[②]

2. 在客观方面，两罪分别表现为组织利用会道门、邪教，利用迷信破坏法律实施和致人重伤、死亡的行为。会道门，是封建迷信活动组织的总称，[③]曾有青帮、一贯道、洪门、九宫道等，会道门与合法社会团体的主要界限在于：会道门的信仰、组织名称、场所、教义不具有固定性，组织形式较为严密，带有一定的反社会、反政府性质，不受法律的承认和保护。邪教组织，是指冒用宗教、气功或者其他名义建立，神化首要分子，利用制造、散布迷信邪说等手段蛊惑、蒙骗他人，发展、控制成员，危害社会的非法组织。[④]其特征在于：具有较强的组织性形式，宣扬的教义带有强烈的反社会、反道

---

① 刘家琛主编：《新刑法新问题新罪名通释——根据最高人民法院最新司法解释修订》，人民法院出版社 1998 年版，第 745 页。

② 见 1999 年 10 月 30 日全国人大常委会《关于取缔邪教组织、防范和惩治邪教活动的决定》。

③ 李福成主编：《中华人民共和国刑法问答》，人民法院出版社 1997 年版，第 495 页。

④ 见 1999 年 10 月 20 日最高人民法院、最高人民检察院《关于办理组织和利用邪教组织犯罪案件具体应用法律若干问题的解释》。

德、反人类的自然伦理信念。以现实的利害蒙骗他人入教并达到一种精神控制的目的，或醉心于宣扬世界末日，或训导他人违背人的正常的行为规范，甚至鼓动实施一系列反社会的行为，如日本的奥姆真理教，美国的大卫教派、太阳圣殿教等。神化其中的首要分子是其另外一个主要特征。

破坏法律实施，是指：（1）聚众围攻、冲击国家机关、企业事业单位，扰乱国家机关、企业事业单位的工作、生产、经营、教学和科研秩序；（2）非法举行集会、游行、示威，煽动、欺骗、组织其成员或者其他人聚众围攻、冲击、强占、哄闹公共场所及宗教活动场所，扰乱社会秩序；（3）抗拒有关部门取缔或者已经被有关部门取缔，又恢复或者另行建立邪教组织，或者继续进行邪教活动；（4）煽动、欺骗、组织其成员或者其他人不履行法定义务，情节严重；（5）出版、印刷、复制、发行宣扬邪教内容出版物，以及印制邪教组织标识；（6）其他破坏法律、行政法规实施行为。①

此外，根据司法解释的规定，制作、传播邪教宣传品，宣扬邪教，破坏法律、行政法规实施的行为，也属于本罪的客观方面表现。如果通过制作、传播邪教宣传品，煽动危害国家安全、侮辱诽谤他人，按照其他的犯罪处理，如果同时构成本罪的，依照处罚较重的规定定罪处罚。②

致人重伤、死亡，是指组织和利用邪教组织制造、散布迷信邪说，蒙骗其成员或者其他人实施绝食、自残、自虐等行为，或者阻止病人进行正常治疗，致人重伤、死亡的情形。③本罪的构成还要求出现致人重伤、死亡的结果。近年来世界上已经发生多起邪教组织集体自杀的案件。在我国一些地方，也屡有发生利用会道门、邪教组织、迷信等致他人自杀或致他人被杀的事件，这也体现了刑法中规定本罪的必要性，但对何为"致人死亡"需要界定。首先，无论是绝食还是自残、自虐，形式中均直接表现为自杀性的行为，也就是说是导致他人受到蒙骗而自杀的情形，不应包括利用邪教等蒙骗而去实施杀害他人的行为，更不应包括行为人利用邪教等蒙骗他人并杀害他人或行为本身致他人死亡的行为。因为后两种情况一旦被包括进去势必大大扩张对致人死亡的理解，缺乏确定性。如果是组织、利用邪教组织制造、散布迷信邪说，指使、胁迫成员或其他人实施自杀、自伤行为，则构成故意杀人罪或故意伤害罪，④组织、策划、煽动、教唆、帮助邪教组织成员自杀、自残的，也按照上述犯罪处罚。⑤

3. 两罪在主观方面表现有较大差异。组织、利用会道门、邪教组织，利用迷信破坏法律实施罪的主观方面表现为故意。组织利用会道门、邪教组织，利用迷信致人重伤、死亡罪的主观方面表现为过失，即行为人对于结果的发生是过失的，但蒙骗行为本身却表现为故意，如果对于他人重伤、死亡的结果是故意，则不构成本罪。

（二）组织、利用会道门、邪教组织、利用迷信破坏法律实施罪和组织、利用会道门、邪教组织、利用迷信致人重伤、死亡罪的认定

根据有关规定，对于邮寄的邪教宣传品被截获的，按照犯罪未遂处理，为了传

---

①③④　见 1999 年 10 月 20 日最高人民法院、最高人民检察院《关于办理组织和利用邪教组织犯罪案件具体应用法律若干问题的解释》。

②⑤　见 2001 年 6 月 4 日最高人民法院、最高人民检察院《关于办理组织和利用邪教组织犯罪案件具体应用法律若干问题的解释（二）》。

播而非法携带、持有，达到一定数量标准的，根据具体案情，按照犯罪预备或犯罪未遂处理。对于散发、提供所谓邪教组织人员"被迫害"的材料、信息的行为，如果造成恶劣影响的按照组织利用邪教组织破坏法律实施罪处理。对于在居民区、公园、学校以及其他公共场所，以播放录音、录像、光盘或者呼喊口号、讲课、演讲、放气球等方式宣扬邪教，造成严重社会影响的，构成组织、利用邪教组织破坏法律实施罪。①

（三）组织、利用会道门、邪教组织、利用迷信破坏法律实施罪和组织、利用会道门、邪教组织、利用迷信致人重伤、死亡罪的处罚

《刑法》第 300 条对于两罪的处罚相同，犯组织、利用会道门、邪教组织、利用迷信破坏法律实施罪和组织、利用会道门、邪教组织、利用迷信致人死亡罪的，处 3 年以上 7 年以下有期徒刑；情节特别严重的，处 7 年以上有期徒刑，或者无期徒刑，并处罚金或者没收财产。组织、利用会道门、邪教组织，利用迷信破坏法律实施罪的"情节特别严重"，是指：(1)跨省、自治区、直辖市建立组织机构或者发展成员；(2)勾结境外机构、组织、人员进行邪教活动；(3)煽动、欺骗、组织其成员或者其他人破坏法律实施，造成严重后果的；(4)出版、印刷、复制、发行宣扬邪教内容出版物以及印制邪教组织标识，数量或者数额巨大的。

第 300 条第 3 款规定，犯第 1 款罪又有奸淫妇女、诈骗财物等犯罪行为的，依照数罪并罚的规定处罚。

三十五、聚众淫乱罪、引诱未成年人聚众淫乱罪

（一）聚众淫乱罪、引诱未成年人聚众淫乱罪的概念和构成

聚众淫乱罪，是指在首要分子的组织和策划下，多人纠集在一起进行淫乱活动的行为。本罪是从流氓罪中分解而来的罪名之一。

引诱未成年人聚众淫乱罪，是指成年人引诱未成年人参加多人或多次进行的淫乱活动。

两罪的构成要件如下：

1. 两罪侵犯的客体是社会主义道德风尚、良好的社会风化。聚众淫乱是对善良社会习俗的公然挑战，是一种藐视社会公德，与社会主义道德风尚背道而驰的行为。其结果是败坏社会伦理观念，腐蚀社会风气，有必要严加禁止。

2. 在客观方面，前罪表现为多人纠集在一起进行淫乱活动的行为。具体表现为组织、策划、指挥三人以上共同进行猥亵、性交的行为或者多次参加三人以上共同猥亵、性交的行为。后罪表现为引诱不满 18 周岁的人参加上述活动的行为。

---

① 见 2002 年 5 月 20 日最高人民法院、最高人民检察院《关于办理组织和利用邪教组织犯罪案件具体应用法律若干问题的解答》。

第二十六章　妨害社会管理秩序罪

687

3. 两罪主体为一般主体。但前罪承担刑事责任仅仅局限于首要分子和多次参加者。

4. 两罪在主观方面表现为直接故意。

（二）聚众淫乱罪、引诱未成年人聚众淫乱罪的处罚

《刑法》第301条规定，犯聚众淫乱罪的，对首要分子或者多次参加的，处5年以下有期徒刑、拘役或者管制。犯引诱未成年人聚众淫乱罪的比照聚众淫乱罪从重处罚。

三十六、盗窃、侮辱、故意毁坏尸体、尸骨、骨灰罪

（一）盗窃、侮辱、故意毁坏尸体、尸骨、骨灰罪的概念与构成

盗窃、侮辱、故意毁坏尸体、尸骨、骨灰罪，是指以秘密窃取的方法占有或公开侮辱、故意毁坏尸体、尸骨、骨灰的行为。

本罪的构成要件如下：

1. 本罪侵犯的客体是善良的习俗。犯罪对象是自然人死亡之后的尸体、尸骨、尸体焚烧后的骨灰。

2. 在客观方面，本罪表现为盗窃、侮辱、故意毁坏尸体、尸骨、骨灰的行为。盗窃，是指秘密窃取行为，其既可以包括盗窃整个尸体、尸骨、骨灰，也包括盗窃尸体的某些器官、尸骨、骨灰的一部分。侮辱，是指以某种方式贬损尸体、尸骨、骨灰的行为，如暴露、践踏、涂画、毁损，等等。

（二）盗窃、侮辱、故意毁坏尸体、尸骨、骨灰罪的处罚

《刑法》第302条规定，犯盗窃、侮辱、故意毁坏尸体、尸骨、骨灰罪的，处3年以下有期徒刑、拘役或者管制。

三十七、赌博罪

（一）赌博罪的概念与构成

赌博罪，是指以营利为目的，聚众赌博或者以赌博为业的行为。

本罪的构成要件如下：

1. 在客观方面，本罪表现为聚众赌博或者以赌博为业的行为。聚众赌博，是指组织、招引多人进行赌博，俗称"赌头"，本人从中抽头渔利，但也可能直接参与赌博。以赌博为业，是指以赌博所得作为生活的来源。

2. 本罪在主观方面表现为故意，并且必须具有营利的目的。

（二）赌博罪的处罚

《刑法》第303条规定，犯赌博罪的，处3年以下有期徒刑、拘役或者管制，并处罚金。

三十八、开设赌场罪

(一) 开设赌场罪的概念与构成

开设赌场罪,是指开设赌场的行为。《刑法修正案(六)》将《刑法》第303条"赌博罪"中"开设赌场"行为单列一款规定,并提高了法定刑,加重了打击力度。

本罪的构成要件如下:

1. 在客观方面,本罪表现为开设赌场的行为。开设赌场,是指提供赌博场所以及用具,供他人进行赌博。需要注意的是,近年来发展迅速的网络赌博,即在计算机网络上建立赌博网站,或者为赌博网站担任代理,接受投注的,属于本条规定的"开设赌场"。

2. 本罪在主观方面表现为故意。

(二) 开设赌场罪的处罚

《刑法修正案(六)》修改的《刑法》第303条规定,犯开设赌场罪的,处3年以下有期徒刑、拘役或者管制,并处罚金;情节严重的,处3年以上10年以下有期徒刑,并处罚金。

三十九、故意延误投递邮件罪

(一) 故意延误投递邮件罪的概念和构成

故意延误投递邮件罪,是指邮政工作人员严重不负责任,故意延误投递邮件,致使公共财产、国家和人民利益遭受重大损失的行为。

本罪的构成要件如下:

1. 本罪侵犯的客体是国家邮电管理秩序。在信息化、数字化的时代,在物质、意识的大规模的流动过程中,邮政企业担负着重要的传递信息、财富的义务和职责。延误投递邮件,往往会对公民的通讯自由、国家和人民的利益带来巨大危害。为此,1986年《邮政法》第6条规定,邮政企业应为用户提供迅速、准确、安全、方便的邮政服务。第39条规定对故意延误投递邮件的,给予行政处分。由于玩忽职守,致使公共财产、国家和人民利益遭受重大损失的,应追究刑事责任。

2. 在客观方面,本罪表现为延误投递邮件,致使公共财产、国家和人民利益遭受重大损失的行为。本罪是结果犯。首先是行为人实施了延误投递邮件的行为,包括不按规定的时限、规定的方式投递邮件。邮件,是指通过邮政企业汇寄的信件、印刷品、邮包汇款单、报刊等。其次是导致公共财产、国家和人民利益遭受重大损失。

3. 本罪的主体是特殊主体,即邮政企业及其分支机构的工作人员。其他的收发人员等不构成本罪主体。

4. 本罪在主观方面表现为故意。

（二）故意延误投递邮件罪的处罚

《刑法》第304条规定,犯故意延误投递邮件罪的,处2年以下有期徒刑或者拘役。

第三节　妨害司法罪

一、伪证罪

（一）伪证罪的概念和构成

伪证罪,是指在侦查、审判等刑事诉讼活动中,证人、鉴定人、记录人、翻译人对与案件有重要关系的情节,故意作虚假证明、鉴定、记录、翻译,意图陷害他人或者隐匿罪证的行为。

本罪的构成要件如下:

1. 本罪侵犯的客体是司法机关的正常活动,属于简单客体。《刑事诉讼法》第45条第3款明确规定:"凡是伪造证据、隐匿证据或者毁灭证据的,无论属于何方,必须受法律追究。"有一种相反的观点认为本罪应属于复杂客体,即犯罪行为既妨害了司法机关的正常活动,也侵犯了公民的人身权利,一个案件被伪证的结果,有可能使无辜的人陷于牢狱之灾,从而侵犯了他人的人身权利和民主权利。我们认为,对公民人身、民主权利的损害只是犯罪行为的潜在可能的结果。因为其不影响犯罪的既遂,所以并非所有的伪证罪都会侵犯公民的人身、民主权利。另外,如果按照上述观点,刑法中的大多数犯罪客体都将可能成为复杂客体。

2. 在客观方面,本罪表现为在侦查、起诉、审判过程中犯罪行为人对与案件有重要关系的情节实施的虚伪证明行为。伪证行为,是指证人出具虚假证明,鉴定人制作虚假鉴定结论,记录人、翻译人违背诉讼参与人的意思表达或违背真实意思表示而作的虚假记录或翻译。何为虚假证据? 主要有两种观点:主观说认为,决定作证行为是否虚假的依据在于作证人陈述是否反映了其了解的主观真实。客观说认为,作证人的陈述是否虚假的依据在于作证的内容是否与客观事实有出入。我们认为,认定是否属于虚假证明的标准不仅应在结合主观罪过的基础上加以分析,更应该对照犯罪人对事实的认识加以分析,而不能以客观事实为依据。因为毕竟由于个人的认知能力有一定的差异,其对事实的把握程度也存在较大的区别,如不详加分析,有可能导致出入人罪。但同时不能否定客观事实,其往往是把握犯罪人真实认识状态的基础。另外,某些证据尽管虚假,与主观真实认知状态差异较大,但如果情节显著轻微的,不应认定为犯罪行为。构成本罪的虚假证据,还必须是针对与案件有重要关系的情节。也就是说,可能影响定罪量刑的情节或者严重影响刑事司法活动的情节。另外,伪证行为必须发生在刑事诉讼过程中。如果是发生在民事诉讼、行政诉讼中的伪证行为则不属于本罪的客观行为。这里的刑事诉讼过程,不仅仅指刑事审判中的一审程序、二审程序、死刑复核程序以及审判监督程序,还包括刑事侦查程序以及审查起诉等程序中。

3. 本罪的主体是特殊主体,即必须由刑事诉讼中的证人、鉴定人、记录人、翻译人构成。证人,是指根据司法机关的要求,陈述自己所知悉的案件情况的人。鉴定人,是指被指派或聘请的进行鉴别案件的某些情况或情况的真伪的具有专门知识或专门技能的人。记录人,是指为案件的调查取证,询问证人、被害人或讯问犯罪嫌疑人、被告人等进行记录的人。翻译人,是指司法机关聘请或指派的在案件中为诉讼参与人充当翻译的人。

4. 本罪在主观方面必须是直接故意,即明知自己出示的证据是虚假的,不是其真实意思的表达,但为了达到陷害他人或隐匿证据的目的而希望结果的发生。需要注意的是,行为人的主观意图必须是陷害他人或隐匿证据,如不具有以上目的,则不属于直接故意,不符合本罪的主观要件。

（二）伪证罪的认定

在认定伪证罪的时候,需特别注意伪证罪与诬告陷害罪的区别。在一般情况下,两罪之间的区别比较明显。首先,两罪的犯罪客体不同。前者妨害了正常的司法活动,后者则主要是侵犯了公民的人身权利。其次,两罪的犯罪主体不同。前者是特殊主体,后者是一般主体。再次,犯罪行为的发生阶段不同。前者行为必须发生在刑事诉讼中,后者是诉讼过程的起因,发生在刑事诉讼活动前。最后,行为方式不同。前者采取虚假陈述的方式,后者则采取诬告和陷害的方式。

在某些特殊的情况下,伪证罪与诬告陷害罪的行为发生重合,行为人在作伪证过程中往往带有诬告陷害的性质。对于这类犯罪,属于法条竞合。由于伪证罪属于同一法律中的特殊条款,所以应按照特别法优于普通法的原则,按伪证罪定罪处罚。

（三）伪证罪的处罚

《刑法》第 305 条规定,犯伪证罪的,处 3 年以下有期徒刑或者拘役;情节严重的,处 3 年以上 7 年以下有期徒刑。

二、辩护人、诉讼代理人毁灭证据、伪造证据、妨害作证罪

（一）辩护人、诉讼代理人毁灭证据、伪造证据、妨害作证罪的概念和构成

辩护人、诉讼代理人毁灭证据、伪造证据、妨害作证罪,是指在刑事诉讼中,辩护人、诉讼代理人毁灭证据、伪造证据,帮助当事人毁灭证据、伪造证据,威胁、引诱证人违背事实改变证言或者作伪证的行为。

本罪的构成要件如下:

1. 本罪侵犯的客体是国家司法机关的正常活动。辩护人、诉讼代理人的职业道德要求在刑事诉讼中必须尊重案件的有关证据。不得违反国家法律毁灭、伪造证据、妨害证据。更为主要的是上述行为可能严重影响司法机关对案件的公正有效的审理。

2. 在客观方面,本罪表现为行为人在刑事诉讼过程中,实施了毁灭证据、伪造证据,威胁、引诱证人改变证言或者作伪证的行为。伪造证据,是指制造实际上并不存在的证据或者将已有的证据加以改变的行为,如涂改账目、制作假合约的行为等。威胁、引诱证人改变证言或者作伪证,是指利用威逼、恐吓以使证人受到精神强制,或者以金钱等物质利益引诱证人改变证人自己过去所作的证人证言,让了解案件的人不按照其自身所了解的事实作证或让不了解案件事实的人作其没有掌握的证明。另外,行为的实施必须是发生在刑事诉讼过程中,当然排除了民事诉讼、行政诉讼等其他诉讼活动。

3. 本罪的主体是特殊主体,即只能由辩护人和诉讼代理人构成。辩护人,是指接受犯罪嫌疑人、被告人的委托,依法行使辩护权的人,主要是律师、人民团体或者犯罪嫌疑人、被告人所在单位推荐的人,犯罪嫌疑人、被告人的监护人、亲友。诉讼代理人,是指基于委托关系而代表被代理人参加诉讼的人。

4. 本罪在主观方面表现为故意,即行为人明知自己的行为是非法的,会破坏正当的刑事诉讼程序,仍然希望这种结果的发生。如果辩护人、诉讼代理人提供、出示、引用的证人证言或者其他证据失实,其不具有伪造的故意,依照相关规定,不属于伪造证据。

(二) 辩护人、诉讼代理人毁灭证据、伪造证据、妨害作证罪的认定

在实践中,应注意辩护人、诉讼代理人毁灭证据、伪造证据、妨害作证罪与伪证罪的界限。两罪存在着相同之处,如两罪侵犯的客体相同,行为均发生在刑事诉讼活动中。两罪的区别也是十分明显的,如两罪的行为方式、犯罪主体有较大的不同。问题在于当辩护人、诉讼代理人威胁、引诱证人作伪证时,应注意如果证人没有实施作伪证的行为、没有构成伪证罪时,不宜认定为伪证罪的教唆犯,如果证人确实构成伪证罪时,行为人则有可能构成伪证罪的教唆犯共犯。

(三) 辩护人、诉讼代理人毁灭证据、伪造证据、妨害作证罪的处罚

《刑法》第 306 条规定,犯辩护人、诉讼代理人毁灭证据、伪造证据、妨害作证罪的,处 3 年以下有期徒刑或者拘役;情节严重的,处 3 年以上 7 年以下有期徒刑。

三、妨害作证罪

(一) 妨害作证罪的概念和构成

妨害作证罪,是指以暴力、威胁、贿买等方法阻止证人作证或者指使他人作伪证的行为。

本罪的构成要件如下:

1. 本罪侵犯的客体是国家司法机关正常的诉讼活动和公民依法作证的权利,同时采用暴力、威胁等手段妨害证人作证的,还侵害了公民的人身权利。

2. 在客观方面,本罪表现为作为方式的犯罪,即行为人实施了暴力、威胁、贿买等方法阻止证人作证或者指使他人作伪证的行为。其行为主要包括两类:一是行为人采用了暴力、威胁、贿买等手段行为使他人消极不作证;二是行为人以暴力、威胁、贿买等方法积极指使他人作伪证的行为。暴力,是指采用殴打、绑架等强制性的方法,使得他人人身自由受到限制或失去人身自由而无法作证或强迫其作伪证。威胁,是指以暴力以及其他方式使他人受到精神强制,而不敢作证或作虚假证明的行为。贿买,是指以金钱等物质性利益,收买他人使得他人以得到物质性利益为目的而不愿作证或作伪证的行为。

3. 本罪的主体是一般主体。

4. 本罪在主观方面表现为故意,即行为人明知自己的行为妨害了国家司法机关正常的诉讼活动和公民依法作证的权利,侵害了公民的人身权利,仍希望这种结果的发生。

（二）妨害作证罪的处罚

《刑法》第 307 条规定,犯妨害作证罪的,处 3 年以下有期徒刑或者拘役;情节严重的,处 3 年以上 7 年以下有期徒刑。司法工作人员犯此罪的,从重处罚。情节严重,主要是指妨害作证严重影响了司法机关的正常活动;或者手段极为恶劣;或者产生了严重的后果,如造成冤假错案等。

四、帮助毁灭、伪造证据罪、虚假诉讼罪

（一）帮助毁灭、伪造证据罪、虚假诉讼罪的概念和构成

帮助毁灭、伪造证据罪,是指帮助当事人毁灭、伪造证据,情节严重的行为。该罪为《刑法修正案(九)》所增设。

本罪的构成要件如下:

1. 在客观方面,本罪表现为行为人帮助当事人毁灭、伪造证据,情节严重的行为。帮助,是指为当事人毁灭、伪造证据提供条件、准备工具的行为,但是这种行为可以表现在毁灭、伪造证据的预备阶段,也可以表现在毁灭、伪造证据的实施阶段。情节严重,是指严重影响了司法机关的正常办案活动;或者手段极为恶劣;或者产生了严重的后果,如造成冤假错案等;或者多次实施帮助毁灭、伪造证据行为。本罪中毁灭、伪造证据的行为主体必须是诉讼当事人,既可以是刑事诉讼当事人,也可以是其他诉讼形式的当事人。

2. 本罪的主体为一般主体。

3. 本罪在主观方面表现为故意。

虚假诉讼罪,是指以捏造的事实提起民事诉讼,妨害司法秩序或者严重侵害他人合法权益的行为。

本罪的构成要件如下:

1. 本罪的客体是司法秩序以及他人合法权益。

2. 在客观方面,本罪表现为以捏造的事实提起民事诉讼,妨害司法秩序或者严重侵害他人合法权益的行为。

3. 本罪的主体包括自然人和单位。

4. 本罪主观方面表现为故意。

（二）帮助毁灭、伪造证据罪、虚假诉讼罪的处罚

《刑法》第 307 条规定,犯帮助毁灭、伪造证据罪的,处 3 年以下有期徒刑或者拘役。司法工作人员犯此罪的,从重处罚。犯虚假诉讼罪的,处 3 年以下有期徒刑、拘役或者管制,并处或者单处罚金;情节严重的,处 3 年以上 7 年以下有期徒刑,并处罚金,司法工作人员利用职权,与他人共同实施虚假诉讼行为的,从重处罚;同时构成其他犯罪的,依照处罚较重的规定定罪从重处罚。

五、打击报复证人罪

（一）打击报复证人罪的概念和构成

打击报复证人罪,是指对向司法机关提供案件情况的证人实施打击报复的行为。本罪的构成要件如下:

1. 本罪侵犯的客体是公民的民主权利和人身权利,其产生的后果可能会影响司法机关的正常的诉讼活动。本罪的犯罪对象是证人,既可以是刑事诉讼的证人,也可以是其他诉讼活动的证人;既可以是与行为人有利害关系的案件,也可以是与行为人无利害冲突的案件。

2. 在客观方面,本罪表现为行为人实施了对证人打击报复的行为。其行为可以具体体现为轻重不同的许多方式。可以是非法克扣证人的工资、奖金,也可以是开除证人的党籍、公职或解雇之。行为可以针对证人本人实施,也可以指向证人的近亲属等。如果行为人采取了暴力、恐吓、行凶、拘禁等手段,行为可以独立成罪的,按照相应的罪名论处。如果不构成其他罪名的,因其属于打击报复行为,所以仍应以本罪论处。

3. 本罪在主观方面表现为故意,并且要求有报复证人的意图。如果不是出于报复的目的,仅仅是工作作风比较粗暴,则因缺乏打击报复的故意,不构成本罪。

（二）打击报复证人罪的处罚

《刑法》第 308 条规定,犯打击报复证人罪的,处 3 年以下有期徒刑或者拘役;情节严重的,处 3 年以上 7 年以下有期徒刑。所谓情节严重,主要是指打击报复手段极为恶劣;或者产生了严重的后果,如造成证人精神失常或自杀等;或者多次实施打击报复证人的行为等。

六、泄露不应公开的案件信息罪,披露、报道不应公开的案件信息罪

（一）泄露不应公开的案件信息罪,披露、报道不应公开的案件信息罪的概念与构成

泄露不应公开的案件信息罪,是指司法工作人员、辩护人、诉讼代理人或者其他

诉讼参与人,泄露依法不公开审理的案件中不应当公开的信息,造成信息公开传播或者其他严重后果的行为。该罪为《刑法修正案(九)》所增设。

本罪的构成要件如下:

1. 本罪侵犯的客体是司法秩序。

2. 客观方面,本罪表现为司法工作人员、辩护人、诉讼代理人或者其他诉讼参与人,泄露依法不公开审理的案件中不应当公开的信息的行为。

3. 本罪的主体是自然人。

4. 本罪主观方面表现为故意。

披露、报道不应公开的案件信息罪,是指公开披露、报道依法不应公开的案件信息,情节严重的行为。

本罪构成要件如下:

1. 本罪客观方面表现为对依法不应公开的案件信息的公开披露、报道行为。

2. 本罪的主体包括自然人和单位。

(二) 泄露不应公开的案件信息罪,披露、报道不应公开的案件信息罪的处罚

《刑法》第308条之一规定,犯泄露不应公开的案件信息罪,披露、报道不应公开的案件信息罪的,处3年以下有期徒刑、拘役或者管制,并处或者单处罚金,单位犯披露、报道不应公开的案件信息罪的,依照第1款的规定处罚。

七、扰乱法庭秩序罪

(一) 扰乱法庭秩序罪的概念和构成

扰乱法庭秩序罪,是指聚众哄闹、冲击法庭;殴打司法工作人员或者诉讼参与人;侮辱、诽谤、威胁司法工作人员或者诉讼参与人,不听法庭制止,严重扰乱法庭秩序;有毁坏法庭设施,抢夺、损毁诉讼文书、证据等扰乱法庭秩序的行为。

本罪的构成要件如下:

1. 本罪侵犯的客体是法庭开庭审理案件的正常活动和法庭审理秩序。法庭是人民法院行使国家审判权、进行诉讼活动的重要的场所,因此具有极大的尊严性和严肃性和秩序的不可侵犯性。维护良好的法庭秩序,也是法律能够得到执行的前提和保证。扰乱法庭秩序,实质上是蔑视国家权力,无视国家法律的行为。近年来,一些地方扰乱法庭秩序的情况时有发生,甚至达到了十分恶劣的程度,不仅妨害了审判活动,而且往往造成较为重大的人身伤害和社会影响。所以,十分有必要对上述行为予以处罚。

2. 在客观方面,本罪表现为聚众哄闹、冲击法庭,或者殴打司法工作人员,严重扰乱法庭秩序的行为。主要包括以下几类:一是聚众哄闹、冲击法庭。聚众哄闹,是指纠合3人以上肆意喧哗、吵闹或者对有关的诉讼当事人进行指责、围攻、刁难、侮辱、诽谤以及在法庭附近施放噪音干扰的行为;冲击法庭,是指强行进入法庭,破坏法庭开庭审理案件的设备,不符合旁听资格的人员擅自闯入法庭进行旁听的行为。二是殴打与案件审理有关的司法工作人员或者诉讼参与人。从时间上看,行为只能发生在法庭开庭审理过程中,即宣布开庭始至宣布闭庭止,适用于从开庭预备至法庭宣判的各个阶段,也适用于一审、二审以及再审程序。犯罪地点既可以在法庭内,也可以是在法庭附近。三是侮辱、诽谤、威胁司法工作人员或诉讼参与人,不听法庭制止,严重扰乱法庭秩序。四是毁坏法庭设施,抢夺、损毁诉讼文书、证据等扰乱法庭秩序行为。

3. 本罪的主体是一般主体。仅限于自然人,主要为以下几种:一是诉讼参与人;二是参与旁听的人员;三是不允许旁听的人员;四是其他有关人员。

4. 本罪在主观方面表现为故意。

(二)扰乱法庭秩序罪的处罚

《刑法》第 309 条规定,犯扰乱法庭秩序罪的,处 3 年以下有期徒刑、拘役、管制或者罚金。

八、窝藏、包庇罪

(一)窝藏、包庇罪的概念和构成

窝藏、包庇罪,是指明知是犯罪的人而为其提供隐藏处所、财物,帮助其逃匿或者作虚假证明包庇的行为。

本罪的构成要件如下:

1. 本罪侵犯的客体是司法机关正常的司法活动。但是因为行为方式的不同,窝藏和包庇的犯罪对象有所区别,前者侧重犯罪分子,后者则直接指向司法机关和有关组织。

2. 在客观方面,本罪表现为明知是犯罪的人而为其提供隐藏处所、财物,帮助其逃匿或者作虚假证明包庇的行为。窝藏,不仅应理解为"掩贼为藏",即为犯罪分子提供隐藏住所,而且还应包括为犯罪分子指示逃跑路线、方向,或者为犯罪分子提供金钱、财物、衣物、食物,帮助其潜逃或隐藏的行为,即"使之隐避"。包庇,是指以作假证明进行包庇,是一种积极的对司法机关和有关组织作虚假证明、提供虚假情况使犯罪分子得以无罪或罪轻以及掩盖犯罪罪行的行为,而不包括为犯罪分子毁灭罪证等行为。

3. 本罪在主观方面表现为故意。即窝藏主要表现在对犯罪分子的窝藏故意,包庇主要表现为对司法机关和有关组织作虚假证明的故意。

(二)窝藏、包庇罪的处罚

《刑法》第 310 条规定,犯窝藏、包庇罪的,处 3 年以下有期徒刑、拘役或者管制;情节严重的,处 3 年以上 10 年以下有期徒刑。情节严重,主要是指窝藏、包庇危害国家安全的犯罪分子和重大刑事犯罪分子的;窝藏、包庇多人的;多次实施窝藏、包庇行为的;窝藏时间长,使犯罪分子长期没有受到法律制裁的。

在窝藏包庇行为中,如存在事前通谋的行为,则作为被窝藏、包庇的犯罪分子的共犯定罪处罚。

九、掩饰、隐瞒犯罪所得、犯罪所得收益罪

（一）掩饰、隐瞒犯罪所得、犯罪所得收益罪的概念和构成

掩饰、隐瞒犯罪所得、犯罪所得收益罪，是指明知是犯罪所得及其产生的收益而予以窝藏、转移、收购、代为销售或者以其他方法掩饰、隐瞒的行为。

本罪原罪名为窝藏、转移、收购、销售赃物罪，《刑法修正案（六）》将其修改为掩饰、隐瞒犯罪所得、犯罪所得收益罪，将对象从"赃物"扩大至"犯罪所得及其产生的收益"，并设置了兜底条款，加重了打击力度。

本罪的构成要件如下：

1. 本罪侵犯的客体是国家司法机关的正常活动。犯罪所得，是指犯罪分子通过实施犯罪而得到的财物，即赃物。犯罪所得收益，是指犯罪所得的物质或非物质利益的体现。在刑事诉讼程序中，犯罪所得及其产生的收益作为一种重要的物证，具有非常强的证明力，是揭露犯罪、证实犯罪、惩罚犯罪的重要依据。窝藏、转移、收购、代为销售或者以其他方法掩饰、隐瞒犯罪所得及其产生的收益，其结果必将极大程度地影响司法机关侦查案件的效率，妨害司法机关对案件的正确判断。

2. 在客观方面，本罪表现为行为人实施了窝藏、转移、收购、代为销售犯罪所得及其产生的收益的行为。窝藏，是指犯罪分子提供隐匿犯罪所得及其产生的收益的处所或保管犯罪所得及其产生的收益。转移，是指替犯罪分子运输、搬运犯罪所得及其产生的收益。收购，是指有偿地获得赃物后加以出卖的行为，这些行为大多是低价买进、高价卖出。代为销售，是指受犯罪分子的委托而为其代为销售赃物的行为。如果购买赃物归自己使用不符合本罪构成特征。

3. 本罪在主观方面表现为故意，即行为人明知是犯罪所得及其产生的收益而窝藏、转移、收购、代为销售的行为。但事先通谋的，则可能构成共同犯罪。

（二）掩饰、隐瞒犯罪所得、犯罪所得收益罪的处罚

《刑法修正案（六）》修改的《刑法》第 312 条规定，犯掩饰、隐瞒犯罪所得、犯罪所得收益罪的，处 3 年以下有期徒刑、拘役或者管制，并处或者单处罚金；情节严重的，处 3 年以上 7 年以下有期徒刑，并处罚金。《刑法修正案（七）》在《刑法》第 312 条新增加 1 款规定，单位犯掩饰、隐瞒犯罪所得、犯罪所得收益罪的，对单位判处罚金，并对其直接负责的主管人员和其他直接责任人员，依照前款规定处罚。

十、拒不执行判决、裁定罪

（一）拒不执行判决、裁定罪的概念和构成

拒不执行判决、裁定罪，是指对人民法院的判决、裁定有能力执行而拒不执行，情节严重的行为。

本罪的构成要件如下：

1. 本罪侵犯的客体是司法机关的裁判活动的权威性。①人民法院是国家的审判机关,人民法庭的判决和裁定具有权威性、强制性、终局性等特征,其判决不经正当的合法程序不得任意更改。而拒不执行法院判决、裁定,其结果必将使得人民法院的判决和裁定得不到有效的执行,从而使得人民法院的判决、裁定成为一纸空文,损害司法审判活动的权威性,影响司法机关的办案效率,最终破坏法律的神圣性和平等性。因此判决、裁定有失公允不是拒不执行裁判的理由,只有在裁判本身被裁定是错误的情况之下,拒不执行裁判的行为才不具有可罚性。在分析犯罪客体时,还应该注意,人民法院的判决、裁定,是指人民法院依法作出的具有执行内容并已发生法律效力的判决、裁定。人民法院为依法执行支付令、生效的调解书、仲裁裁决、公证债权文书等所作的裁定属于该条规定的裁定。②人民法院依法作出的具有执行内容并发生法律效力的判决、裁定,是人民法院对当事人实体权利所作的结论性判定,既包括民事判决,如当事人必须给付金钱、交出物品,或者要求从事某一行为等;也包括刑事判决,如判处罚金、没收财产,判处犯罪分子赔偿被害人的经济损失等;还包括行政判决,如行政机关应当归还罚款或者应当给付赔偿金等。裁定是人民法院为解决案件程序问题或者在案件执行过程中,就诉讼程序上的有关事项所作的判定。支付令、生效的调解书、仲裁裁决、公证债权文书,是当事人据以申请法院执行或者人民法院据以采取执行措施的生效法律文书。人民法院为依法执行支付令、生效的调解书、仲裁裁决、公证债权文书等所作的裁定属于"裁定"的范围。

2. 在客观方面,本罪表现为对人民法院的判决、裁定有能力执行而拒不执行并且具有严重情节的行为。有能力执行,是指其行为必须发生在判决、裁定生效并且进入执行程序之后。如果没有进入执行程序则不构成本罪。判决的类别既包括刑事判决、裁定,如判处罚金、没收财产等,也包括民事、行政判决、裁定。在实践中行为多发生于后者范围之内,具体表现为以下一些情形:第一,被执行人隐藏、转移、故意毁损财产或者无偿转让财产、以明显不合理的低价转让财产,致使判决、裁定无法执行的;第二,担保人或者被执行人隐藏、转移、故意毁损或者转让已向人民法院提供担保的财产,致使判决、裁定无法执行的;第三,协助执行义务人接到人民法院协助执行通知书后,拒不协助执行,致使判决、裁定无法执行的;第四,被执行人、担保人、协助执行义务人与国家机关工作人员通谋,利用国家机关工作人员的职权妨害执行,致使判决、裁定无法执行的;第五,其他有能力执行而拒不执行,情节严重的情形。③如拒不拆除违章建筑、迁出房屋或退出土地等。国家机关工作人员有上述第四项行为的,以拒不执行判决、裁定罪的共犯追究刑事责任。国家机关工作人员收受贿赂或者滥用职权,有上述第四项行为的,同时又构成刑法相关犯罪的,依照处罚较重的规定定罪处罚。④上述情形中的"无法执行",既包括由于被执行人的行为导致判决、裁定根本无法执行,也包括由于被执行人的行为导

① 赵秉志主编:《妨害司法活动罪研究》,中国人民公安大学出版社 1994 年版,第 349 页。
②③④ 见 2002 年 8 月 29 日全国人民代表大会常务委员会《关于〈中华人民共和国刑法〉第 313 条的解释》。

致执行过程受到严重阻碍,只是在法院采取各种措施排除阻碍之后得以执行的情形,其具体可以分为不作为和作为与不作为相结合两种方式:一是单纯的不作为行为,即行为人消极地拒绝按照裁判指令的方式履行一定的义务,对裁判结果漠然视之;二是作为与不作为相结合的行为,即行为人不是消极地不履行裁判规定的义务,而是积极地采取暴力、转移财产等方法进行对抗,妨害司法机关强制执行的行为。行为人的抗拒行为可以是公开的,也可以是不公开的。行为人的履行义务可以是实体的义务,如拒不交出判决指定交出的财物和票证,也可以是协助执行的义务,如储蓄业务单位拒绝按照裁判的要求对被执行人的财产和存款实施查封、冻结、划拨、提取等,还可以是按照裁判的指令履行司法职责的义务,如司法人员拒绝执行上级法院的发回重审、指令再审的裁定等。应当注意的是,上述的拒不执行法院判决、裁定必须是行为人有能力执行而不执行,如果行为人无能力执行判决、裁定,则不符合本罪的构成要件。

3. 本罪的主体是一般主体,[①]不仅包括执行裁判的义务人,如败诉的当事人、提供财产保全的担保人(包括财产保全的申请人、被申请人和提供担保的第三者)、败诉的第三人等,也包括协助执行裁判的义务人,如银行、信用合作社和其他具有储蓄业务的单位等,还包括其他与裁判有直接利害关系的人。

4. 本罪在主观方面表现为故意,并且应当是直接故意,即明知是人民法院的裁判而希望不执行结果的发生。如果是放任态度,则可能是一般的不执行,不存在拒不执行的可能性,因此不存在间接故意。

(二) 拒不执行判决、裁定罪的处罚

《刑法》第 313 条规定,对人民法院的判决、裁定有能力执行而拒不执行,情节严重的,处 3 年以下有期徒刑、拘役或者罚金。情节特别严重的,处 3 年以上 7 年以下有期徒刑,并处罚金。单位犯前款罪的,对单位判处罚金,并对其直接负责的主管人员和其他责任人员依照前款的规定处罚。根据有关规定,人民法院对于拒不执行判决、裁定的人定罪量刑,先行司法拘留的日期应当折抵刑期。

十一、破坏监管秩序罪

(一) 破坏监管秩序罪的概念和构成

破坏监管秩序罪,是指依法被关押的罪犯,殴打监管人员,组织其他被监管人员破坏监管秩序,聚众闹事,扰乱正常监管秩序,殴打、体罚或者指使他人殴打、体罚其他被监管人,情节严重的行为。

本罪的构成要件如下:

---

① 许多学者认为本罪的主体是特殊主体,因此往往将其归结为案件当事人或者再包括有协助执行义务的人。实际上,一般主体和特殊主体只是相对的概念,其界限在许多条件下并不是泾渭分明的。结论在于,在这种状态下的时候,不应扩张或限制对主体范围的解释。

1. 在客观方面,本罪表现为行为人实施了破坏监管秩序的行为,其方式主要表现为:(1)殴打监管人员;(2)组织其他被监管人破坏监管秩序;(3)聚众闹事,扰乱正常监管秩序;(4)殴打、体罚或者指使他人殴打、体罚其他被监管人的行为。行为在时间上必须是发生在被依法关押和监管期间。一般情况下,只有在被合法关押的期限内,被监管者的上述行为才有可能构成此罪,这是多数学者的观点。但这仅仅是一般情况,不能否认,在个别情况下,某些被错误羁押的人在监管期限内,同样会破坏监管秩序。①行为地不仅指犯人在监控下服刑的任何场所,还包括外出劳动作业场所以及监押的移送途中等。

2. 本罪的主体是特殊主体,即依法被关押的罪犯。依法被采取拘留、逮捕等剥夺人身自由等强制措施的犯罪嫌疑人,只要有上述破坏监管秩序的行为,也应认定为本罪。但如果最终没有被认定有罪的犯罪嫌疑人,应视其行为动机、后果等情节按刑法规定处理,而不能一概归于不构成此罪。②另外,依法未被关押的罪犯,如缓刑假释或监外执行的罪犯,不能成为本罪的主体。

3. 本罪在主观方面表现为直接故意,即行为人明知自己的行为会破坏监管秩序,仍决意实施此行为。

(二) 破坏监管秩序罪的处罚

《刑法》第315条规定,犯破坏监管秩序罪的,处3年以下有期徒刑。

十二、脱逃罪

(一) 脱逃罪的概念和构成

脱逃罪,是指依法被关押的罪犯、犯罪嫌疑人、被告人逃离羁押、监管场所的行为。

本罪的构成要件如下:

1. 本罪侵犯的客体是司法机关的正常监管秩序。司法机关依法对罪犯、犯罪嫌疑人、被告人进行拘留、逮捕、羁押、监管,是惩罚犯罪、保护人民的有效的手段,是维护正常的社会秩序的保证,同时更是法律得到贯彻执行的体现。罪犯、犯罪嫌疑人、被告人逃离羁押、监管场所,势必破坏了正常的监管秩序,妨害了司法、执法的完整性,同时也对正常的社会秩序带来巨大的不稳定因素。

2. 在客观方面,本罪表现为依法被关押的罪犯、犯罪嫌疑人、被告人逃离羁押、监管场所的行为。表现为以下因素:(1)有脱逃行为。表现为行为人在被司法机关依法剥夺人身自由之后,为非法获得自由而采取的非法逃离的行为。(2)在一定的时间

---

① 如果界定在合法监管范围内,则还应对"合法"一词加以界定,其合法到底是指实体真实的合法,还是仅仅是程序上的合法。而这是较为复杂的。所以,行为的核心还应为是否妨害了监管秩序。

② 有观点认为,被采取强制措施的犯罪嫌疑人,最终没有被认定为有罪,尽管实施了破坏监管秩序的行为,也不构成本罪。这种观点将本罪完全依附于另外一个与本罪无直接联系的行为,是值得商榷的。其具体观点见苏惠渔主编:《刑法学》,中国政法大学出版社1997年版,第737页。

范围内,即行为必须发生在行为人被司法机关采取了拘留、逮捕强制措施以及判处拘役、徒刑等刑罚之后以及直至被依法解除之前。(3)有空间限制。空间范围既包括行为人从司法机关的看守所、监狱等监管场所逃离,也包括在押解途中非法摆脱司法机关对其人身自由施加的法律强制行为。

3. 本罪的主体是特殊主体,即依法被关押的罪犯、被告人、犯罪嫌疑人。主要是依法被逮捕、拘留的未决犯和经判处拘役、徒刑和死刑的已决犯。被判处缓刑或决定监外执行的罪犯以及被超期羁押的人不属于本罪的主体。无罪但被错押者如果能够被证明无罪,则不构成脱逃罪。如果诉讼程序无法证明无罪,则应构成本罪主体。[①]

4. 本罪在主观方面表现为故意。是长期或永远逃避的故意还是满足某种暂时逃避的故意,刑法未加以规定,尤其是为满足某种暂时的需要而逃避后又迅速返回的,是否应以本罪论处,存在着不同的意见。我们认为不能一概而论,应针对具体案件加以分析。同时应注意与"脱管"的区别。[②]

(二)脱逃罪的处罚

《刑法》第 316 条规定,犯脱逃罪的,处 5 年以下有期徒刑或者拘役。

十三、拒绝提供间谍犯罪、恐怖主义犯罪、极端主义犯罪证据罪

(一)拒绝提供间谍犯罪、恐怖主义犯罪、极端主义犯罪证据罪的概念与构成

拒绝提供间谍犯罪、恐怖主义犯罪、极端主义犯罪证据罪,是指明知他人有间谍犯罪或者恐怖主义、极端主义犯罪行为,在司法机关向其调查有关情况、收集有关证据时,拒绝提供,情节严重的行为。该罪为《刑法修正案(九)》所增设。

本罪的构成要件如下:

1. 本罪侵犯的客体是国家安全和国家安全机关的正常活动。间谍活动,是危害国家安全的犯罪。我国国家安全法规定,向国家安全机关如实提供有关危害国家安全的情况和证据是每个公民和组织的义务,不得拒绝。

2. 在客观方面,本罪表现为明知他人有间谍犯罪或者恐怖主义、极端主义犯罪行为,在司法机关向其调查有关情况、收集有关证据时,拒绝提供,情节严重的行为。拒不提供的表现是各种各样的,如佯装不知情、公然不说、拒不交出证据,谎称未见过罪证,等等。这里所说的间谍活动或恐怖主义、极端主义犯罪证据,主要是指有关证

[①] 对此,有学者认为,无罪但被错押者脱逃的,均应按脱逃罪论处(见行知:《关于脱逃罪的几个问题》,《劳教、劳改理论研究》1988 年第 2 期)。有学者认为不应按脱逃罪论处(参见高铭暄主编:《刑法学》,北京大学出版社 1989 年版,第 629 页)。我们认为,根据现行刑法、刑诉法的价值取向,无罪的内涵已经逐渐从实体无罪向程序无罪位移。所以不能再以"不合情理"为论据,实施脱逃行为的被强制羁押的人也不得自认为无罪而不构成脱逃罪主体。否则,界限只会更加不易把握。

[②] "脱管"是指在司法实践中发生的被监管人不具有脱逃犯罪的目的而逃离监押的行为。

言和物证、书证。构成本罪须是情节严重。情节严重,如抗拒、阻碍国家安全机关搜查、提取罪证。如果国家安全机关并未向其了解情况、收集证据,即使其知道情况、掌握证据,而未积极向安全机关提供的,也不构成本罪。

3. 本罪在主观方面表现为故意,即行为人明知他人有间谍犯罪或者恐怖主义、极端主义犯罪行为,而司法机关向其调查有关情况、收集有关证据时,故意地拒绝提供。

(二)拒绝提供间谍犯罪、恐怖主义犯罪、极端主义犯罪证据罪的处罚

《刑法》第 311 条的规定,犯拒绝提供间谍犯罪、恐怖主义犯罪、极端主义犯罪证据罪的,处 3 年以下有期徒刑、拘役或者管制。

十四、非法处置查封、扣押、冻结的财产罪

(一)非法处置查封、扣押、冻结的财产罪的概念与构成

非法处置查封、扣押、冻结的财产罪,是指隐藏、转移、变卖、故意毁损已被司法机关查封、扣押、冻结的财产,情节严重的行为。

本罪的构成要件如下:

1. 本罪侵犯的客体是司法机关的正常活动。司法机关查封、扣押、冻结财产的活动是司法机关在诉讼过程中,为了保证诉讼的正常进行,对有关的财产采取的保全措施。如果在司法机关对财产进行查封、扣押、冻结以后,隐藏、转移、变卖、故意毁损这些财产,不仅严重破坏国家司法机关的正常诉讼活动,而且可能使司法机关的裁判无法得到执行,造成国家、集体和公民个人财产损失。

本罪的对象是被司法机关查封、扣押、冻结的财产。查封,是指司法机关对需要采取财产保全措施的财产清点后,加贴封条,就地封存或移地封存;扣押,是指司法机关将需要采取财产保全措施的财物就地扣留或送到一定的场所予以扣留;冻结,是指司法机关通知有关银行或信用社等金融机构,不准被执行人提取或处分财产。

2. 在客观方面,本罪表现为隐藏、转移、变卖、故意毁损已被司法机关查封、扣押、冻结的财产,情节严重的行为。隐藏,是指将已被查封、扣押的财产就地隐蔽、收藏起来,使司法机关难以发现;转移,是指将已被司法机关查封、扣押、冻结的财产从一个处所转移到另一个处所;变卖,就是将司法机关查封、扣押的财产予以出卖;所谓毁损,就是毁灭、损坏,被毁灭的财产从物质形态上消失,被损坏的财产将失去或减少其价值。情节严重是构成本罪的必要要件。

3. 本罪的主体为一般主体。主要是被查封、扣押、冻结的财产的所有人、保管人,其他人如果出于妨害司法机关的查封、扣押、冻结活动的意图实施上述行为的,也可以构成本罪。

4. 本罪在主观方面表现为故意。

（二）非法处置查封、扣押、冻结的财产罪的认定

在认定非法处置查封、扣押、冻结的财产罪时应注意以下一些问题：

1. 本罪与盗窃罪的界限。如果出于非法占有的目的，被查封、扣押、冻结的财产的所有人、保管人以外的其他人采取秘密手段窃取被司法机关查封、扣押的财产的，无论该财产是否属于已被查封、扣押，都应以盗窃罪论处，不构成非法处置查封、扣押、冻结的财产罪。

2. 本罪与拒不执行判决、裁定罪的界限。拒不执行法院判决、裁定罪是指有能力执行而拒不执行人民法院已经生效的裁判的行为。而拒不执行，就包含以隐藏、转移、变卖、毁损将要被执行的财产的方法，抗拒法院裁判的执行。将要被执行的财产包括已经和尚未被司法机关查封、扣押、冻结的财产。因此，如果行为人隐藏、转移、变卖、毁损已被司法机关查封、扣押、冻结的财产，则同时构成本罪和拒不执行判决、裁定罪。一些观点认为：一行为触犯数罪名，属想象竞合犯，应按其中较重的罪处罚。而根据刑法的规定，法定刑完全相同，无轻重之分，在这种情况下，由于非法处置查封、扣押、冻结财产的行为只是拒不执行法院裁判行为的手段。因此，以拒不执行法院判决、裁定罪定罪处罚较为适宜。[①]这实际上是一种吸收犯，非法处置查封、扣押、冻结的财产的手段行为被吸收。

（三）非法处置查封、扣押、冻结的财产罪的处罚

《刑法》第 314 条规定，犯非法处置查封、扣押、冻结的财产罪的，处 3 年以下有期徒刑、拘役或者罚金。

十五、组织越狱罪

（一）组织越狱罪的概念与构成

组织越狱罪，是指狱中的罪犯有组织、有计划地逃往狱外的行为。

本罪的构成要件如下：

1. 本罪侵犯的客体是监管秩序。

2. 在客观方面，本罪表现为在押罪犯有预谋、有组织、有计划地越狱逃跑的行为。越狱，即逃离关押场所。组织越狱，即为越狱串联同案人，进行策划、分工、准备，进而逃跑。组织越狱不以使用暴力为必要条件，只要查明有组织、有计划进行越狱逃跑行为，就构成本罪。

3. 本罪的主体是特殊主体，即在监狱、劳改等关押场所的罪犯。

（二）组织越狱罪的处罚

《刑法》第 317 条规定，犯组织越狱罪的，对组织越狱的首要分子和积极参加的，处 5 年以上有期徒刑；其他参加的，处 5 年以下有期徒刑或者拘役。

---

① 刘家琛主编：《新刑法新问题新罪名通释——根据最高人民法院最新司法解释修订》，人民法院出版社 1998 年版，第 853 页。

十六、聚众持械劫狱罪

(一)聚众持械劫狱罪的概念与构成

聚众持械劫狱罪,是指狱外的人聚众持械劫夺被监禁在狱中的罪犯的行为。

本罪的构成要件如下:

1.本罪侵犯的客体是监管秩序。

2.在客观方面,本罪表现为行为人纠集多人使用凶器、武器和破坏性工具从狱外冲击监狱,劫夺在押人犯的行为。凶器,包括棍棒、刀斧等。武器,包括枪支、弹药、爆炸物。本行为具体表现为聚集多人冲进监狱杀伤监管人员,捣毁监狱设施,劫夺在押罪犯。

(二)聚众持械劫狱罪的处罚

《刑法》第317条规定,犯聚众持械劫狱罪,对聚众持械劫狱的首要分子和积极参加的,处10年以上有期徒刑或者无期徒刑;情节特别严重的,处死刑;其他参加的,处3年以上10年以下有期徒刑。

十七、劫夺被押解人员罪

(一)劫夺被押解人员罪的概念与构成

劫夺被押解人员罪,是指劫夺押解途中的罪犯、被告人、犯罪嫌疑人的行为。

本罪的构成要件如下:

1.本罪侵犯的客体是监管秩序。

2.在客观方面,本罪表现为劫夺押解途中的罪犯、被告人、犯罪嫌疑人的行为。罪犯,是指法院判决认定其实施了犯罪行为的人。被告人,是指被人民检察院、自诉人指控实施了犯罪行为的人。犯罪嫌疑人,是指公安机关、国家安全机关或人民检察院在案件侦查过程中,怀疑其实施了犯罪行为的人。后两种人,可能是有罪的人,也可能最后证明其无罪。即使劫夺最后被证明无罪的人,也应构成本罪。因为劫夺被押解人的行为,也妨害司法机关活动,危害社会。劫夺,是指使用暴力、胁迫或者其他方法夺取或者释放被押解人,以使其脱离押解人员控制的行为。

(二)劫夺被押解人员罪的处罚

根据《刑法》第316条的规定,犯劫夺被押解人员罪的,处3年以上7年以下有期徒刑;情节严重的,处7年以上有期徒刑。

十八、暴动越狱罪

(一)暴动越狱罪的概念与构成

暴动越狱罪,是指在押罪犯有组织地使用暴力,公然越狱逃跑的行为。

本罪的构成要件如下：

1. 本罪侵犯的客体是监管秩序。

2. 在客观方面，本罪表现为被依法关押的罪犯在首要分子的策划、指挥下，有预谋、有组织、有计划地采用暴力共同越狱逃跑的行为。暴动，即有组织、猛烈的暴力行动，往往破坏监舍，杀伤监管人员，抢夺枪支弹药，集体越狱。

3. 本罪的主体是特殊主体，即只能由在监狱等关押场所的罪犯构成，因此，未经判决的犯罪嫌疑人、被告人不构成本罪主体。

（二）暴动越狱罪的处罚

根据《刑法》第 317 条的规定，犯暴动越狱罪，对首要分子和积极参加的，处 10 年以上有期徒刑或者无期徒刑；情节特别严重的，处死刑；其他参加的，处 3 年以上 10 年以下有期徒刑。

第四节　妨害国（边）境管理罪

一、组织他人偷越国（边）境罪、运送他人偷越国（边）境罪

（一）组织他人偷越国（边）境罪、运送他人偷越国（边）境罪的概念和构成

组织他人偷越国（边）境罪，是指违反国（边）境管理法规，策划、鼓动、拉拢、煽动、联络他人偷越国（边）境的行为。

运送他人偷越国（边）境罪，是指违反国（边）境管理法规，将非法偷越国（边）境的人员运送出国（边）境的行为。

两罪的构成要件如下：

1. 两罪侵犯的客体是我国进出国（边）境管理的秩序。国境，是指国家与国家之间的疆界。边境，通常是指我国大陆与香港、台湾、澳门等地区在地域上的交界。妨害国（边）境管理秩序，是指国家以法律为调节手段，通过国家机关有关的职能部门对国（边）境具体事务进行管理而形成的合法秩序。通过对国（边）境管理权的有效实施，国家得以体现其对主权和领土完整的维护，对国家安全和公民合法权益的保障。

2. 在客观方面，两罪分别表现为非法组织他人偷越国（边）境的行为和将非法偷越国（边）境的人员运送出国（边）境的行为。在组织他人偷越国（边）境罪中，其主要是指领导、策划、指挥行为。组织行为有多种方式，可以是策划、鼓动、拉拢、煽动、联络他人偷越国（边）境，也可以是为实施组织他人偷越国（边）境而安排联系偷越国（边）境的时间、地点、人员、路线、方式、目的地。根据有关规定，在首要分子的指挥之下，实施拉拢、引诱、介绍他人偷越国（边）境等行为的属于组织行为，即介绍行为能够构成共犯的，视同为本罪行为，但是对于不构成共犯的介绍行为，不

宜按照本罪论处。①如果被介绍人构成偷越国（边）境罪的，可对介绍人按照共犯论处。对于一般的协助行为，不应认定为组织行为。本罪行为一般是为偷渡准备、制造条件的行为，至于是否最终实施或完成偷渡行为，不影响构成②。在运送他人偷越国（边）境罪中，运送行为包括用交通工具运送到一定地点以便于他人偷越或者直接运出境，也包括亲自带领他人偷越的行为。如果在此过程中有组织行为，则被本罪吸收，而不按组织他人偷越国（边）境罪处罚。如果在组织或者运送活动中将被组织人或被运送人杀害、伤害、强奸、拐卖等，或将检查人员伤害、杀害等，依照数罪并罚处罚。

3. 两罪的主体均是一般主体。既可以是中国人，也可以是外国人。根据有关规定，在首要分子的指挥之下，实施拉拢、引诱、介绍他人偷越国（边）境的行为人也可构成本罪主体。

4. 两罪在主观方面均表现为故意。即明知自身没有组织他人出入境的权利、职权而实施组织、运送偷渡的行为。尽管在现实中被组织者、被运送者一般没有取得合法出入国（边）境的资格和证件。但不能将其视为行为人明知的内容。③

（二）对于组织他人偷越国（边）境罪、运送他人偷越国（边）境罪的认定

在认定组织他人偷越国（边）境罪、运送他人偷越国（边）境罪时，必须明确界定两罪的既遂和未遂标准。对组织他人偷越国（边）境犯罪，讨论中意见较为一致，即组织行为一经实施，就应认定既遂。对运送他人偷越国（边）境犯罪，有两种观点：一种观点认为，运送行为同组织行为一样，属于刑法理论上的行为犯。因此，运送行为一经实施，就应认定既遂。另一种观点认为，对运送他人偷越国（边）境犯罪既遂标准应当进行适当限制，应规定"将偷越国（边）境人员运送到达指定或者约定的足以偷越国（边）境地点的"作为运送他人偷越国（边）境犯罪既遂。讨论中多数赞成第一种意见，认为第二种意见虽然有一定合理成分，但在司法实践中势必又要产生对"足以偷越国（边）境地点"理解、掌握不一致的情况，不好操作。

应该明确的是，以上两罪都属于刑法中的行为犯而不是结果犯，只要行为人完成组织或运送行为即告既遂，不要求将他人送出境这一结果出现，否则，实践中本罪的既遂形态将会大量减少。其次，两罪的加重结果多不要求以他人出境为条件，作为加重结果的基础自然不能以结果为要件。当然，以上两罪作为行为犯，并不说其就没有未遂。作为行为犯中的过程犯，未遂等形态仍然存在。

（三）组织他人偷越国（边）境罪、运送他人偷越国（边）境罪的处罚

《刑法》第 318 条规定，犯组织他人偷越国（边）境罪的，处 2 年以上 7 年以下有期

---

① 见 2002 年 1 月 30 日最高人民法院《关于审理组织、运送他人偷越国（边）境等刑事案件适用法律若干问题的解释》。

② 有教科书认为必须以实施偷渡行为为要件，这值得商榷。本罪是行为犯，只要行为人组织成功，即符合本罪的基本构成要件，而不是偷渡行为实施或成功，因为两者在某些时候是存在很大差异的。

③ 有学者即将"明知他人没有取得合法的出入国（边）境的资格以及相关的证件"作为故意内容。见苏惠渔主编：《刑法学》，中国政法大学出版社 1997 年版，第 741 页。

徒刑,并处罚金。有下列情形之一的,处 7 年以上有期徒刑或者无期徒刑,并处罚金或者没收财产;(1)组织他人偷越国(边)境集团的首要分子。(2)多次组织他人偷越国(边)境或者组织他人偷越国(边)境人数众多的。所谓人数众多,一般是指组织、运送他人偷越国(边)境人数在 10 人以上。(3)造成被组织人重伤、死亡的。(4)剥夺或者限制被组织人人身自由的。(5)以暴力、威胁方法抗拒检查的。(6)违法所得数额巨大的。(7)有其他特别严重情形的。

第 321 条规定,犯运送他人偷越国(边)境罪的,处 5 年以下有期徒刑、拘役或者管制,并处罚金;有下列情形之一的,处 5 年以上 10 年以下有期徒刑,并处罚金:(1)多次实施运送行为或者运送人数众多的。所谓人数众多,一般是指组织、运送他人偷越国(边)境人数在 10 人以上。(2)所使用的交通工具不具备必要的安全条件,足以造成严重后果的。(3)违法所得数额巨大的。(4)有其他特别严重情节的。[①]在运送他人偷越国(边)境中造成被运送人重伤、死亡,或者以暴力、威胁方法抗拒检查的,处 7 年以上有期徒刑,并处罚金。

二、骗取出境证件罪

(一) 骗取出境证件罪的概念和构成

骗取出境证件罪,是指以劳务输出、经贸往来,或者其他名义,弄虚作假,骗取护照、签证等出境证件,为组织他人偷越国(边)境使用的行为。

本罪的构成要件如下:

1. 本罪侵犯的客体是国家对出境证件以及出境活动的管理秩序。本罪的犯罪对象是护照、签证等出境证件。

2. 在客观方面,本罪表现为行为人实施了骗取出境证件行为。其包含有以下要素:一是采取了骗取的行为。主要是指在向有关主管部门申请签发出境证件时,隐瞒真实情况,从而取得证件。二是骗取行为是以假冒劳务输出、经贸往来或者其他参观、考察等名义。三是骗取的是出境证件。出境证件,是指能够从我国开放或规定的口岸、关卡验放出境的证件,即护照、签证、出境通行证、前往港澳通行证、往来港澳通行证、港澳同胞回乡证、大陆往来台湾通行证、台湾往来大陆通行证等。护照,是指主权国家发给本国公民出入国境、在国外居留、旅行的合法身份证明和国籍证明。签证,是指主权国家同意外国人出入或经过该国国境而签署的许可证明。本罪属于结果犯,以骗取证件结果的达到为既遂。需要说明的是,对于明知他人组织偷越国(边)境而为其提供出入境证件,无论骗取出入境证件的行为人是否同组织者构成共犯,对其只能界定为骗取出入境证件罪,但是如果行为人还实施了组织行为,则应当按照组织他人偷越国(边)境罪处罚。

---

① 见 2002 年 1 月 30 日最高人民法院《关于审理组织、运送他人偷越国(边)境等刑事案件适用法律若干问题的解释》。

3. 本罪的主体是一般主体。不仅自然人可以构成,单位也可以构成。

4. 本罪在主观方面表现为故意,且骗取出境证件的目的是为了组织他人偷越国(边)境使用,如果是个人直接使用不构成此罪。有骗取证件行为,但没有组织目的的,也不构成本罪。

(二) 骗取出境证件罪的认定

在认定骗取出境证件罪时,应当注意本罪与组织他人偷越国(边)境罪的界限,尤其是应当注意行为人出于组织他人偷越国(边)境的目的而实施骗取出境证件的整个行为性质的认定。从一般的犯罪理论分析,行为人骗取出境证件实际上属于组织他人偷越国(边)境行为的预备行为,但是,由于骗取出境证件行为的严重社会危害性,立法将这种预备行为单独作为一种犯罪加以规定。因此,当骗取出境证件与组织他人偷越国(边)境行为存在手段和目的的关系的时候,应当属于牵连犯,按照牵连犯的原则加以认定。认为这种行为属于吸收犯的观点值得商榷,因为其目的行为并不一定是手段行为的自然结果,即前行为并不会直接导致后行为的自然发生,因此两者不存在吸收的关系,而是牵连关系。

(三) 骗取出境证件罪的处罚

《刑法》第 319 条规定,构成骗取出境证件罪的,处 3 年以下有期徒刑,并处罚金;情节严重的,处 3 年以上 10 年以下有期徒刑,并处罚金。情节严重,是指为组织他人偷越国(边)境使用、骗取出入境证件 5 份以上,或者非法收取办证费 30 万元以上。单位构成骗取出境证件罪的,对单位判处罚金,并对其直接负责的主管人员和其他直接责任人员,依照上述规定处罚。①

三、提供伪造、变造的出入境证件罪,出售出入境证件罪

(一) 提供伪造、变造的出入境证件罪,出售出入境证件罪的概念和构成

提供伪造、变造的出入境证件罪,是指故意为他人提供伪造、变造的护照、签证等出入境证件的行为。

出售出入境证件罪,是指违反国家规定,非法出售出入境证件的行为。

两罪的构成要件如下:

1. 在客观方面,两罪分别表现为向他人提供伪造、变造的护照、签证等出入境证件的行为和非法出售出入境证件的行为。提供伪造、变造的出入境证件罪的行为核心是提供,即供给需要之人的行为。其可以是有偿的,也可以是无偿的;可以是应邀提供,也可以是主动提供。出售出入境证件罪的行为核心是出售,包括将自己的出入境证件变卖或者将自己收集、占有的出入境证件卖出。其次,提供伪造、变造的出入境证件罪中提供的证件是伪造或变造的。伪造,是指无权制作的人仿照正式的出入

---

① 见 2002 年 1 月 30 日最高人民法院《关于审理组织、运送他人偷越国(边)境等刑事案件适用法律若干问题的解释》。

境证件进行制作的行为。变造,是指直接在正式的出入境证件上以涂改、剪贴、拼接等方法予以改造。这种假的证件,可以是行为人自己伪造、变造的,也可以是他人伪造、变造的。出售出入境证件罪中出售的证件必须是真实的。如果是伪造或变造的,则可能构成提供伪造、变造的出入境证件罪。

2. 两罪的主体均是一般主体。

3. 两罪在主观方面均是出于故意。但出售出入境证件罪兼具有营利的目的。

(二) 提供伪造、变造的出入境证件罪、出售出入境证件罪的处罚

《刑法》第 320 条规定,犯提供伪造、变造的出入境证件罪和出售出入境证件罪的,均处 5 年以下有期徒刑,并处罚金;情节严重的,处 5 年以上有期徒刑,并处罚金。情节严重,是指为他人提供伪造、变造的护照、签证等出入境证件 5 份以上或者出售 5 份以上;违法所得 30 万元以上,或者有其他严重情节的行为。[①]

四、偷越国(边)境罪

(一) 偷越国(边)境罪的概念和构成

偷越国(边)境罪,是指违反国(边)境管理法规,偷越国(边)境,情节严重的行为。《刑法修正案(九)》第 40 条增设了"为参加恐怖活动组织、接受恐怖活动培训或者实施恐怖活动,偷越国(边)境"的规定。

本罪的构成要件如下:

1. 本罪侵犯的客体是国家的国(边)境管理秩序。根据出入境管理法等法律、法规,任何人出入国(边)境,都必须依照法律、法规履行一定程序,经有关部门签发出入国(边)境证件,在规定的时间、地点进出境。包括偷越国(边)境等任何非法进出境行为,都是对国家出入国(边)境法律、法规的妨害。

2. 在客观方面,本罪表现为行为人实施了违反国(边)境管理法规,偷越国(边)境,情节严重的行为,或者为参加恐怖活动组织、接受恐怖活动培训或者实施恐怖活动,偷越国(边)境的行为。偷越,是以不为有关检查部门知晓的情况下进出国(边)境的行为。一种是蒙混过关,即利用伪造、变造等虚假的证件以及采用躲藏身体等手段出入国(边)境口岸、关卡。一种是暗度陈仓的手段,即在国家不准通过的地方以秘密的手段出入境,不经国家设立、指定的口岸、关卡等。偷越国(边)境还必须达到情节严重的程度。如多次偷渡、造成严重后果、动机卑劣等。需要注意的是,并非偷越国(边)境的行为一概构成犯罪,应注意刑事责任与行政处罚的区别。本罪在客观方面要求行为达到情节严重的程度。情节严重,是指:(1)在境外实施损害国家利益的行为;(2)偷越国(边)境 3 次以上;(3)拉拢、引诱他人一起偷越国(边)境;(4)因偷越国(边)境被行政处罚后 1 年之内再次偷越国(边)境;

[①] 见 2002 年 1 月 30 日最高人民法院《关于审理组织、运送他人偷越国(边)境等刑事案件适用法律若干问题的解释》。

(5)有其他严重情节的。①

3. 本罪的主体是一般主体。中国人和外国人均可构成。

4. 本罪在主观方面表现为故意。如果是误出误入的,不符合本罪要件。

(二) 偷越国(边)境罪的认定

在认定偷越国(边)境罪时应注意以下问题:

1. 近年来,司法机关在办理偷越国(边)境犯罪案件时,遇到大量行为人以偷越国(边)境为目的,借劳务输出、经贸往来等名义,骗取护照、签证出境,以第二国为中转,前往第三国的情形。对这类情况是否应以偷越国(边)境罪追究刑事责任,学术界和司法实践部门的意见很不一致。一种观点认为,考虑到这种情况下,犯罪预备行为发生在中华人民共和国领域内,根据刑法总则第6条的规定,属于在中华人民共和国领域内犯罪。另外,这种情形是当前偷越国(边)境犯罪呈现的新特点,从加大对偷越国(边)境犯罪活动的打击力度,更好地维护国家形象角度考虑,应对其追究刑事责任。另一种观点则认为,这种情况不能定罪,因为行为人持合法证件出境,并没有实施偷越国(边)境行为,其取道第二国,前往第三国,妨害了第二国、第三国的国(边)境管理秩序,并没有妨害我国的国(边)境管理秩序,因此,不应对此类行为依照我国刑法追究刑事责任。在研究过程中,多数人倾向于第一种意见,即行为人采取上述手段偷越国(边)境,并且已具备2002年1月30日最高人民法院公布《关于审理组织、运送他人偷越国(边)境等刑事案件适用法律若干问题的解释》第5条规定的严重情节的,就应当以偷越国(边)境罪追究刑事责任。

2. 偷越国(边)境罪的犯罪形态问题。对偷越国(边)境犯罪的既遂问题,讨论中分歧较大:第一种观点认为,偷越国(边)境分子,必须越过国(边)境了,才能认定既遂。第二种观点认为,偷越国(边)境者到达足以偷越国(边)境地点的,就能认定既遂。第三种观点认为,从司法实践情况出发,认为实践中偷越国(边)境分子抓获的、追究了刑事责任的,一般都是在边境还没有偷越过国(边)境的人员,如果对行为人越过国(边)境了才认定既遂,不利于打击偷越国(边)境犯罪。考虑到偷越国(边)境犯罪属于刑法理论上的结果犯,因此,对尚未越过国(边)境的情形认定既遂,不符合法理。妨害国(边)境管理犯罪的打击重点,应当是组织、运送等犯罪,而偷越国(边)境人员实施偷越国(边)境行为的各方面情况比较复杂,比如,大多数人员是出于到国外谋生的目的而实施偷越国(边)境行为的,为此,从刑法规定来看,对此类行为必须达到"情节严重"的才能追究刑事责任,对其追究刑事责任体现了从严掌握的立法精神。对偷越国(边)境犯罪认定既遂标准,应坚持从严掌握原则,规定以行为人偷越过国(边)境,作为认定犯罪既遂标准,较符合相关立法精神。

(三) 偷越国(边)境罪的处罚

《刑法》第322条规定,犯偷越国(边)境罪的,处1年以下有期徒刑、拘役或者管

---

① 见2002年1月30日最高人民法院《关于审理组织、运送他人偷越国(边)境等刑事案件适用法律若干问题的解释》。

制,并处罚金。为参加恐怖活动组织、接受恐怖活动培训或者实施恐怖活动,偷越国(边)境的处 1 年以上 3 年以下有期徒刑,并处罚金。

五、破坏界碑、界桩罪,破坏永久性测量标志罪

(一) 破坏界碑、界桩罪和破坏永久性测量标志罪的概念和构成

破坏界碑、界桩罪,是指故意以各种方法破坏国家边境的界碑、界桩,妨害国家边境管理的行为。

破坏永久性测量标志罪,是指故意以各种方法破坏国家边境永久性测量标志的行为。

两罪的构成要件如下:

1. 两罪侵犯的客体是国家对界碑、界桩和永久性测量标志的正常管理活动。破坏界碑、界桩罪的犯罪对象是界碑、界桩。边境的界碑、界桩,是国家领土范围的标记,对维护领土主权完整具有直接的意义。其可以是永久性的,也可以是根据边界条约埋设的,还可以是根据历史形成的管辖范围埋设的,其形式是多样的。破坏永久性测量标志罪的犯罪对象是国家的永久性测量标志。永久性测量标志,是指包括各种等级的天文点、水准点、破解点、导线点、海控点、炮控点等,还包括地形测图的固定标志。

2. 在客观方面,两罪均表现为破坏行为。两罪均为行为犯,只要发生了可能导致界碑、界桩和永久性测量标志损坏的行为,不论是否导致损坏结果,均构成犯罪。破坏行为一般包括进行拆毁、盗窃、损坏、改变移动、掩埋、焚毁等破坏性行为。

3. 两罪的主体是一般主体。破坏永久性测量标志罪的主体主要是中国人。

4. 两罪在主观方面均表现为故意。

(二) 破坏界碑、界桩罪和破坏永久性测量标志罪的处罚

《刑法》第 323 条规定,犯破坏界碑、界桩罪和破坏永久性测量标志罪的,处 3 年以下有期徒刑或者拘役。

第五节　妨害文物管理罪

一、故意损毁文物罪、过失损毁文物罪、故意损毁名胜古迹罪

(一) 故意损毁文物罪、过失损毁文物罪、故意损毁名胜古迹罪的概念和构成

故意损毁文物罪,是指违反文物保护法规,故意毁损国家保护的珍贵文物或者被确定为全国重点文物保护单位、省级文物保护单位的文物的行为。

过失损毁文物罪,是指过失毁损国家保护的珍贵文物或者被确定为全国重点文

物保护单位、省级文物保护单位的文物造成严重后果的行为。

故意损毁名胜古迹罪，是指违反文物保护法规，明知是国家保护的名胜古迹而故意损毁，情节严重的行为。

三罪的构成要件如下：

1. 三罪侵犯的客体均是国家对文物保护和管理的制度。我国是世界文明古国之一，拥有悠久的历史和灿烂的文化。在中华民族世世代代的繁衍和生息中，曾经创造了先进而成熟的文明，留下了极其宝贵的历史文化遗产，泽被后世。这种不可再生的资源，弥足珍贵。损毁行为粗暴地对待文化遗产，破坏文物，数典忘祖，导致大量的文物被破坏，造成永远无法弥补的损失。因此，对此类犯罪行为必须严厉打击。

文物，是指历史遗留下来的在文化发展史上有历史、艺术、科学价值的遗址或者遗物。下列文物受国家保护：（1）有历史、艺术、科学价值的古文化遗址、古墓葬、古建筑、石窟寺和石刻、壁画；（2）与重大历史事件、革命运动或者著名人物有关的以及具有重要的纪念意义、教育意义和史料价值的近代现代重要史迹、实物代表性建筑；（3）历史上各个时代珍贵的艺术品、工艺美术品；（4）历史上各时代重要的文献资料以及具有历史、艺术、科学价值的手稿、古旧图书资料等；（5）反映历史上各个时代、各民族社会制度、社会生产、社会生活的代表性实物。具有科学价值的古脊椎动物化石和古人类化石，与文物一样受到法律的保护。[①]

故意损毁文物罪、过失损毁文物罪的犯罪对象是国家的珍贵文物或者被确定为全国重点文物保护单位、省级文物保护单位的文物。故意损毁名胜古迹罪的犯罪对象是指国家保护的名胜古迹。根据文物保护法的规定，文物被划分为一般文物和珍贵文物两个系列。珍贵文物，经过科学鉴定，又被核定为一级文物、二级文物、三级文物。一级文物为具有特别重要价值的代表性文物。如能代表某一文化类型或有确切出土地点可作为断代标准的。二级文物是具有重要价值的文物。如具有较高的历史、科学价值和艺术价值，但在本国或本地区存量较多的文物。三级文物是具有一定价值的文物，如具有一定的历史、艺术价值，在全国本地区存量较多，或有某种缺陷的文物。其他文物，必须是全国重点文物保护单位、省级文物保护单位的文物。

2. 在客观方面，三罪分别表现为违反文物保护法规，毁损国家的珍贵文物或者被确定为全国重点文物保护单位、省级文物保护单位的文物和国家保护的名胜古迹的行为。损毁，是指采用捣毁、打砸、拆除、污损、刻画、挖掘、焚烧、爆炸等方法使上述的文物或名胜古迹受到损毁或遭致损毁可能的行为。但是应当注意，如果情节显著轻微的，不认为是犯罪。故意损毁名胜古迹行为必须是情节严重的行为才能构成犯罪。

3. 三罪在主观方面，故意损毁文物罪、故意损毁名胜古迹罪是出于故意，即明知是上述珍贵文物、文物、名胜古迹而加以损毁。过失损毁文物罪是出于过失。

---

① 见 2002 年 10 月 28 日第九届全国人民代表大会常务委员会通过《中华人民共和国文物保护法》第 2 条（1982 年制定，1991 年修改，2002 年 12 月修订）。

(二) 故意损毁文物罪、过失损毁文物罪、故意损毁名胜古迹罪的处罚

《刑法》第 324 条第 1 款规定,犯故意损毁文物罪的,处 3 年以下有期徒刑或者拘役,并处或者单处罚金;情节严重的,处 3 年以上 10 年以下有期徒刑,并处罚金。

根据第 324 条第 2 款规定,犯故意损毁名胜古迹罪的,处 5 年以下有期徒刑或者拘役,并处或者单处罚金。

第 324 条第 3 款规定,犯过失损毁文物罪的,处 3 年以下有期徒刑或者拘役。

二、非法向外国人出售、赠送珍贵文物罪

(一) 非法向外国人出售、赠送珍贵文物罪的概念和构成

非法向外国人出售、赠送珍贵文物罪,是指违反文物保护法规,将收藏的国家禁止出口的珍贵文物私自出售、赠送给外国人的行为。

本罪的构成要件如下:

1. 在客观方面,本罪表现为违反文物保护法规,将收藏的国家禁止出口的珍贵文物私自出售、赠送给外国人的行为。其主要包含以下几个要素:(1)违反文物保护法规。文物保护法明确规定,具有重要历史、艺术、科学价值的文物除经国务院批准运往国外展览的以外,一律禁止出境。(2)有私自出售、赠送的行为,即未经国家文物行政管理部门的同意和批准,而擅自出售或赠送的行为。出售即出卖,是有偿的。赠送是指无偿地、无代价地馈赠的行为;(3)犯罪对象是行为人个人收藏的、所有的,国家禁止出口的珍贵文物。如果是个人收藏但不是国家禁止出口的文物,不构成此罪。(4)出售、赠送对象必须是外国人,包括外国公民和无国籍人。

2. 犯罪主体既可以是自然人,也可以是单位。既可以是文物管理、经营部门,也可以是其他单位。

3. 本罪在主观方面表现为故意,表现为对私自出售、赠送的明知、对外国人的明知、对禁止出口的珍贵文物的明知。

(二) 非法向外国人出售、赠送珍贵文物罪的处罚

《刑法》第 325 条规定,犯非法向外国人出售、赠送珍贵文物罪的,处 5 年以下有期徒刑或者拘役,可以并处罚金。单位构成非法向外国人出售、赠送珍贵文物罪,对单位判处罚金,并对其直接负责的主管人员和其他直接责任人员,依照上述规定处罚。

三、倒卖文物罪

(一) 倒卖文物罪的概念和构成

倒卖文物罪,是指违反文物保护法规,以牟利为目的,倒卖国家禁止经营的文物,情节严重的行为。

本罪的构成要件如下:

1.在客观方面,本罪表现为违反文物保护法规,以牟利为目的,倒卖国家禁止经营的文物,情节严重的行为。本罪行为包含着以下一些要素:首先,行为违反了文物保护法规,违反了国家对禁止经营文物进行买卖的规定。国家文物保护法规明确规定,禁止单位或个人收购文物。私人收藏的文物,严禁倒卖牟利。国家批准经营文物的单位,只能在经营许可的范围之内进行经营,不得超越经营权限。其次,本罪的行为方式表现为倒卖。倒卖,是指买进卖出,通常是低价买进国家禁止经营的文物然后高价卖出,进行非法经营,牟取非法利益。如果行为人只有卖出的行为,且不具有经营的性质,尽管存在一定的获取利益的行为,不应一概定为犯罪,如果行为人实施了非法收购、贩运、转手倒卖行为之一的,即可构成本罪。如果行为人购进文物仅仅为了私人收藏,而不是用来牟利,也无必要作为犯罪对待。即使没有转手倒卖的仍然符合本罪的行为特征。其三,犯罪行为指向的是国家禁止经营的文物。其四,行为必须达到情节严重的程度。

2.本罪的主体是一般主体,可以由自然人构成,也可以由单位构成。

3.本罪在主观方面表现为故意。行为人如果是过失不构成本罪,并且行为人具有非法牟利的目的,但不以目的达到作为犯罪既遂的标准。

(二)倒卖文物罪的认定

在认定倒卖文物罪时,需要注意本罪与非法向外国人出售、赠送珍贵文物罪的界限。两罪的主要区别在于:(1)犯罪的对象不同。前罪的犯罪对象是国家禁止经营的文物,范围十分广泛。后罪是指收藏的国家禁止出口的珍贵文物。(2)犯罪形态有所区别。前罪属于结果犯即以产生法定的情节严重的结果为构成要件,而后罪则只要存在构成行为,即构成犯罪,不要求产生法定的结果。(3)前罪不要求将倒卖行为的接受方作为构成要件,而后罪则要求珍贵文物的接受方必须是外国人。否则不符合该罪的条件。(4)前罪必须具备牟利的目的,而后罪则不属于目的犯。

(三)倒卖文物罪的处罚

《刑法》第326条规定,犯倒卖文物罪的,处5年以下有期徒刑或者拘役,并处罚金;情节特别严重的,处5年以上10年以下有期徒刑,并处罚金。

单位犯此罪的,对单位判处罚金,并对其直接负责的主管人员和其他直接责任人员,依照上述规定处罚。

四、盗掘古文化遗址、古墓葬罪,盗掘古人类化石、古脊椎动物化石罪

(一)盗掘古文化遗址、古墓葬罪,盗掘古人类化石、古脊椎动物化石罪的概念与构成

盗掘古文化遗址、古墓葬罪,是指违反文物保护法规,盗掘具有历史、艺术、科学价值的古文化遗址、古墓葬的行为。

盗掘古人类化石、古脊椎动物化石罪,是指违反文物保护法规,盗掘国家保护的

具有科学价值的古人类化石、古脊椎动物化石的行为。

两罪的构成要件如下：

1. 两罪侵犯的客体是国家对古文化遗址、古墓葬和古人类化石、古脊椎动物化石的保护管理制度。凡是我国境内的地下、内水或领海中的遗存的具有历史、艺术、科学价值的文物，均属于国家所有，受国家法律保护。盗掘古文化遗址、古墓葬和古人类化石、古脊椎动物化石的行为不仅使得国家的管理制度受到损害，而且盗掘行为往往还对古文化遗址、古墓葬、古人类化石、古脊椎动物化石带来毁灭性的损坏，造成无法估量的损失。

盗掘古文化遗址、古墓葬罪的犯罪对象是古文化遗址、古墓葬。古文化遗址、古墓葬，是指依照国家文物主管部门的规定，清代或清代以前的具有历史、艺术、科学价值的古文化遗址、古墓葬以及辛亥革命之后的与著名历史事件有关的名人墓藏、遗址或纪念地。古文化遗址包括石窟、地下城、古建筑等。古墓葬包括帝王陵墓、革命烈士墓、历史名人墓等①。其不仅包括被列为各等级文化保护单位的古文化遗址、古墓葬，尚未列入的也可成为本罪对象。盗掘古人类化石、古脊椎动物化石罪的犯罪对象是古人类化石、古脊椎动物化石。需要注意的是，根据有关法律规定："具有科学价值的古脊椎动物化石和古人类化石同文物一样受国家保护。"②

2. 在客观方面，两罪均表现为行为人的盗掘行为。两罪属于行为犯，即只要行为人实施了盗掘的行为，无论其目的是否得逞，是否实际获得犯罪对象，均不影响本罪的构成。盗掘，是指未经国家文物主管部门批准，擅自挖掘的行为。顾名思义，包括盗和挖掘两个行为。所以该行为表现为两种方式的结合。首先，盗是不法行为的意思，是没有经过国家主管部门的批准，以秘密的方式实施的。其次，行为的直接表现为挖掘。这里的挖掘，应当从广义角度加以解释，即不仅包括对地下文物的发掘，还应包括对地上文物的拆卸等。挖掘的具体方式也可为多种方式，如开挖、拆卸、爆炸、开凿等，所以只掘不盗窃构成本罪，只盗窃不掘不构成本罪，盗窃珍贵文物的，按照《刑法》第264条盗窃罪的有关规定处罚。既掘又盗窃的，属于本罪的结果加重犯。

3. 两罪在主观方面表现为故意。

（二）盗掘古文化遗址、古墓葬罪的认定

在认定盗掘古文化遗址、古墓葬罪时应注意以下一些问题：

1. 盗掘古文化遗址、古墓葬罪的既遂标准

盗掘古文化遗址、古墓葬罪与盗窃等罪的既遂标准不同。盗窃珍贵文物是本罪的情节加重要件而非构成要件。本罪又与故意毁坏文物罪有较大不同，造成文物严重破坏也是本罪的结果加重要件，而非构成要件。实践中犯罪分子也往往不以毁坏为目的。本罪中，只要行为人实施了盗掘行为即构成既遂，但情节显著轻微，社会危

---

① 见1987年11月27日最高人民法院、最高人民检察院《关于办理盗窃、盗掘、非法经营和走私文物的案件具体应用法律的若干问题的解释》。

② 见2002年《中华人民共和国文物保护法》第2条。

害不大的可不以犯罪论处。

2.在认定盗掘古文化遗址、古墓葬罪时,应当注意本罪与故意损毁文物罪、故意损毁名胜古迹罪的界限。前罪与后两罪的区别主要在于:(1)犯罪对象不同。前罪的犯罪对象是具有历史、艺术、科学价值的古文化遗址、古墓葬,后两罪的犯罪对象是珍贵文物和名胜古迹。(2)行为方式不同。前罪的行为表现为盗掘的方式,不一定造成古文化遗址、古墓葬的损毁,而后两罪则直接表现为对对象的毁灭或损坏。(3)主观意图不同。后两罪以将犯罪对象损毁等行为为主观目的。而前罪尽管客观上存在损毁的结果,但主观上一般存在占有、牟利的目的,所以不具有损毁的目的。

(三) 对盗掘古文化遗址、古墓葬罪,盗掘古人类化石、古脊椎动物化石罪的处罚

《刑法》第328条第1款规定,犯盗掘古文化遗址、古墓葬罪的,处3年以上10年以下有期徒刑,并处罚金;情节较轻的,处3年以下有期徒刑、拘役或者管制,并处罚金。盗掘确定为全国重点文物保护单位和省级文物保护单位的古文化遗址、古墓葬,或盗掘古文化遗址、古墓葬集团的首要分子,或多次盗掘古文化遗址、古墓葬的,或盗掘古文化遗址、古墓葬,并盗窃珍贵文物或者造成珍贵文物严重破坏的,处10年以上有期徒刑或者无期徒刑,并处罚金或者没收财产。构成盗掘古人类化石、古脊椎动物化石罪的,按照上述规定进行处罚。

五、非法出售、私赠文物藏品罪

(一) 非法出售、私赠文物藏品罪的概念与构成

非法出售、私赠文物藏品罪,是指违反文物保护法规,国有博物馆、图书馆等单位将国家保护的文物藏品出售或私自送给非国有单位或者个人的行为。

本罪的构成要件如下:

1.本罪侵犯的客体是国家对于文物的所有权。犯罪对象是国有博物馆、图书馆的国家保护文物,至于文物的等级,不影响犯罪的成立。

2.在客观方面,本罪表现为私自出售或赠送上述文物给非国有单位或个人的行为。如果是出售、赠送给其他国有单位,则不构成本罪。

3.本罪的犯罪主体是国有博物馆、图书馆等单位。

4.本罪在主观方面表现为故意,并且必须明知是国家保护的文物藏品。

(二) 非法出售、私赠文物藏品罪的处罚

《刑法》第327条规定,犯非法出售、私赠文物藏品罪的,对单位判处罚金,并对其直接负责的主管人员和其他直接责任人员处3年以下有期徒刑或者拘役。

六、抢夺、窃取国有档案罪,擅自出卖、转让国有档案罪

(一) 抢夺、窃取国有档案罪,擅自出卖、转让国有档案罪的概念与构成

抢夺、盗窃国有档案罪,是指公然抢夺或秘密窃取国有档案的行为。

擅自出卖、转让国有档案罪,是指违反国家档案法的规定,擅自出卖、转让国家所有的档案,情节严重的行为。

两罪的构成要件如下:

1. 两罪侵犯的客体均为国家档案管理制度。《档案法》第 3 条、第 7 条规定了公民保护国有档案的义务和禁止出卖属于国家所有的档案。两罪的犯罪对象是国有档案。国有档案,是指过去或现在的国家机构、社会组织或者个人从事政治、经济、文化、军事、科学、技术、宗教等活动所直接形成的对国家和社会有保存价值的各种文字、图表、声像等不同形式的历史记录。

2. 在客观方面,两罪分别表现为抢夺、盗窃和擅自出卖、转让。其中后罪应当以情节严重为要件。

(二) 抢夺、窃取国有档案罪,擅自出卖、转让国有档案罪的处罚

《刑法》第 329 条规定,犯抢夺、窃取国有档案罪的,处 5 年以下有期徒刑或者拘役;犯擅自出卖、转让国有档案罪的,处 3 年以下有期徒刑或者拘役。

有前两款行为,同时又构成本法规定的其他犯罪的,依照处罚较重的规定定罪处罚。

第六节　危害公共卫生罪

一、妨害传染病防治罪

(一) 妨害传染病防治罪的概念和构成

妨害传染病防治罪,是指违反传染病防治法的规定,引起甲类传染病传播或者有严重的传播危险的行为。

本罪的构成要件如下:

1. 本罪侵犯的客体是国家对于传染病的防治制度。

2. 在客观方面,本罪表现为违反传染病防治法的规定,引起甲类传染病传播或者有严重的传播危险的行为。具体包括行为和后果两个方面:

在行为要件上具有违反传染病防治法规定的行为。行为主要是不作为的方式。其主要是:(1)供水单位供应的饮用水不符合国家规定的卫生标准。卫生标准是指《生活饮用水卫生标准》的要求。(2)拒绝按照卫生防疫机构提出的卫生要求,对传染病病原体污染的污水、污物、粪便进行消毒处理。卫生检疫机构,是指卫生防疫站,结核病防治研究所、院,寄生虫防治研究所、站,血吸虫病防治研究所、站,鼠疫防治所、站,乡镇预防保健站,以及所有与上述机构业务相同的单位。(3)准许或纵容传染病病人、病原携带者和疑似传染病病人从事国务院卫生行政部门规定禁止从事的易使该传染病扩散的工作。传染病人是指感染传染病病原体并符合临床症状的人。病原携带者,是指感染传染病病原体无临床症状但排出病原体的人。疑似传染病人是指具有传染病发病的全部或部分症状而尚未确诊为传染病的人。(4)拒绝执行卫生防疫机构依照传染病防治法提出的预防、控制措施。预防、控制措施是指对上述的传染病人、病原携带者、疑似传染病人及其物品、有关人员的处理措施。

行为必须引起一定后果,即引起甲类传染病传播或者有严重的传播危险。传染病,是指由各种病原体引起的能在人与人、动物与动物、人与动物之间相互传播的一类疾病。病原体中大部分是微生物,小部分是寄生虫。有些传染病,防疫部门必须及时掌握其发病的情况的,称之为法定传染病。各个国家往往规定不同。根据 2004 年 2 月 21 日修订通过的《传染病防治法》的规定,我国目前的法定传染病分为 3 类:甲类是鼠疫、霍乱;乙类是传染性非典型性肺炎、炭疽、高感染高致病性禽流感、艾滋病、病毒性肝炎、细菌性和阿米巴性痢疾、流行性出血热、伤寒、淋病、梅毒、脊髓灰质炎、麻疹、百日咳、白喉、猩红热、新生儿破伤风、肺结核、登革热、狂犬病、血吸虫病等;丙类包括流行性感冒、流行性腮腺炎、黑热病、一般感染性腹泻等。[1]本罪是指甲类传染病,即鼠疫和霍乱。本罪是实害犯和危险犯的双重犯罪,一方面引起传播结果即符合基本构成;另一方面没有发生已经传播的后果,但是引起甲类传染病严重传播的危险,同样符合本罪的基本构成。具有较小的传播危险的不符合犯罪构成。

3. 本罪的主体为一般主体,既可以是自然人,也可以是单位。单位主要是供水单位、医疗卫生单位、餐饮单位等。

4. 本罪在主观方面表现为过失,即对行为引起的后果——甲类传染病传播或者有严重的传播危险的后果存在过失,但对违反传染病防治法的行为却可能是明知而故意的。

(二)妨害传染病防治罪的认定

在认定妨害传染病防治罪时,应注意罪与非罪的界限。本罪属于危险犯和实害犯的集合犯罪,即必须发生了导致甲类传染病传播或有传播的严重危险的后果的发生。如果行为没有引起甲类传染病的传播只是引起了其他传染病的传播,或者虽存在传播的危险,但不致造成严重危险的,不能认定为犯罪,而应当按照传染病防治法的规定,进行行政处罚。此外,由于刑法条文明确规定了法定的四种犯罪行为方式,所以在认定是否构成犯罪时,应当严格地依照法律的规定,不得任意地扩大行为的模式。

(三)妨害传染病防治罪的处罚

《刑法》第 330 条规定,犯妨害传染病防治罪的,处 3 年以下有期徒刑或者拘役;后果特别严重的,处 3 年以上 7 年以下有期徒刑。

单位犯妨害传染病防治罪的,对单位判处罚金,对直接负责的主管人员和直接责任人员依照上述规定进行处罚。

---

[1] 见《传染病防治法》第 3 条。

二、传染病菌种、毒种扩散罪

（一）传染病菌种、毒种扩散罪的概念和构成

传染病菌种、毒种扩散罪，是指从事试验、保藏、携带、运输传染病菌种、毒种的人员，违反国务院卫生行政部门的有关规定，造成传染病菌种、毒种扩散，导致严重后果的行为。

本罪的构成要件如下：

1. 在客观方面，本罪表现为行为人违反国务院卫生行政部门的有关规定，造成传染病菌种、毒种扩散，导致严重后果的行为。主要有以下几个要素：(1)危害物品是传染病菌种、毒种。根据规定，国家建立传染病菌种、毒种库，传染病菌种、毒种被分为3类：一类是鼠疫耶尔森氏菌、霍乱弧菌、天花病毒、艾滋病病毒。二类是肝炎病毒、狂犬病毒、麻风杆菌、布氏菌，等等。三类是脑膜炎双球菌、淋病双球菌、结核杆菌、流感病毒、麻疹病毒，等等。(2)违反国务院卫生行政部门的规定，即违反传染病防治法以及实施办法的有关规定。传染病菌种、毒种保藏由国务院卫生行政部门指定的单位负责，一类、二类传染病菌种、毒种的供应由国务院卫生行政部门指定的保藏管理单位供应，三类菌种、毒种由设有专业实验室的单位和国务院卫生行政部门指定的保藏管理单位供应。一类传染病菌种、毒种的使用必须经国务院卫生行政部门的批准。二类传染病菌种、毒种的使用，必须经过省级政府卫生行政部门的批准。一、二类传染病菌种、毒种不得邮寄。三类传染病菌种、毒种的使用，应经县级政府卫生行政部门的批准。(3)造成传染病菌种、毒种扩散并造成严重后果。扩散是指超越了规定对传染病菌种、毒种控制的范围，导致传染病菌种、毒种散布、传播的行为。后果严重，是指因传染病菌种、毒种扩散导致传染病暴发、流行或者可能发生暴发、流行的危险。后果特别严重，是指因传染病菌种、毒种扩散，导致甲类传染病暴发、流行或有暴发、流行的危险，造成传染病大范围的扩散，导致重大生命、健康损害等。

2. 本罪的主体为特殊主体，即必须是从事试验、保藏、携带、运输传染病菌种、毒种的人员。

3. 本罪在主观方面表现为过失，即对发生的严重或特别严重后果存在过失。对违反国务院卫生行政部门的规定可以是故意，但也可以是过失。

（二）传染病菌种、毒种扩散罪的处罚

《刑法》第331条规定，构成传染病菌种、毒种扩散罪的，处3年以下有期徒刑或者拘役；后果特别严重的，处3年以上7年以下有期徒刑。

三、妨害国境卫生检疫罪

（一）妨害国境卫生检疫罪的概念和构成

妨害国境卫生检疫罪，是指违反国境卫生检疫规定，引起检疫传染病传播或有传

播严重危险的行为。

本罪的构成要件如下：

1. 本罪侵犯的客体是国境卫生检疫管理秩序。我国政府十分重视对严重传染病的传入、传出的禁止，早在 1957 年公布了国境卫生检疫条例，进入 80 年代，又颁布实施了国境卫生检疫法(1986 年)，进一步明确了违法犯罪者的法律责任。

2. 在客观方面，本罪表现为行为人违反国境卫生检疫规定，引起检疫传染病传播或有传播严重危险的行为。首先，行为人违反了国境卫生检疫规定。国境卫生检疫法对出入境人员、交通工具、运输设备以及行李、货物、邮包等物品规定了明确的检疫制度。其次，行为人实施了违法的行为。主要是指逃避或者拒绝国境卫生检疫机关对其人身、物品的检查的行为。最后，引起检疫传染病传播或有传播严重危险。所谓检疫传染病，是指鼠疫、霍乱、黄热病、天花等传染病。本罪是结果犯与危险犯并存的犯罪。如没有引起检疫传染病传播或只是具有较小的传播危险，不构成此罪。

3. 本罪的主体为一般主体。既可以是中国人，也可以是外国人，既可以由自然人构成，也可以由单位构成。

4. 本罪在主观方面表现为故意，表现为行为违法的故意和危害后果的故意。但是不能否认行为人主观方面也可能是行为违法的故意和危害后果的过失的统一。严格按照罪过理论，其属于过失犯罪。所以本罪的主观方面既可以是故意，也可以是过失。

（二）妨害国境卫生检疫罪的处罚

《刑法》第 332 条规定，犯妨害国境卫生检疫罪的，处 3 年以下有期徒刑或者拘役，并处或者单处罚金。单位犯妨害国境卫生检疫罪的，对单位判处罚金，对其直接负责的主管人员和直接责任人员依照上述规定进行处罚。

四、非法组织卖血罪、强迫卖血罪

（一）非法组织卖血罪、强迫卖血罪的概念和构成

非法组织卖血罪，是指违反血液制品管理法规，未经卫生行政管理部门的许可，非法组织他人出卖血液的行为。

强迫卖血罪，是指以暴力、威胁等方法强迫他人出卖血液的行为。

两罪的构成要件如下：

1. 两罪侵犯的客体是国家对血液制品的管理制度。同时强迫卖血罪还侵犯了他人的人身权利。为此，《采供血机构和血源管理办法》、《献血法》规定了严格的管理制度。

2. 在客观方面，非法组织卖血罪表现为行为人违反血液制品管理法规，未经卫生行政管理部门的许可，非法组织他人出卖血液的行为。强迫卖血罪表现为行为人以暴力、威胁等方法强迫他人出卖血液的行为。两罪首先都具有违法性，即没有取得省级政府卫生行政管理部门核准颁发的"单采血浆许可证"。行为方式上两罪均是行

为犯,组织行为和强迫行为认定的角度均是以行为人的行为为依据,不以血液卖出为要件,出卖人意志的被强迫性也只是供认定行为人行为进行参考,不能成为直接的依据。两罪的不同点在于,前罪是一种组织性的行为,可以是采用动员、拉拢、招募等直接形式,也可以是策划、领导、指挥等间接形式,而出卖血液者必须是自愿的。后罪是通过暴力、威胁的方法使得他人在违背自己意愿的前提之下出卖血液。

3. 两罪的主体为一般主体,可以是一般的自然人,也可以是血站、医疗单位的工作人员。

4. 两罪在主观方面表现为故意。

(二) 非法组织卖血罪、强迫卖血罪的处罚

《刑法》第 333 条规定,犯非法组织卖血罪的,处 5 年以下有期徒刑,并处罚金;犯强迫卖血罪的,处 5 年以上 10 年以下有期徒刑,并处罚金。

五、非法采集、供应血液,制作、供应血液制品罪

(一) 非法采集、供应血液,制作、供应血液制品罪的概念和构成

非法采集、供应血液,制作、供应血液制品罪,是指非法采集、供应血液或者制作、供应血液制品,不符合国家规定的标准,足以危害人体健康的行为。

本罪的构成要件如下:

1. 本罪侵犯的客体是国家的采集、供应血液的管理秩序。犯罪后果是导致受血者的生命、健康安全无法保障。

2. 在客观方面,本罪表现为非法采集、供应血液或者制作、供应血液制品,不符合国家规定的标准,足以危害人体健康的行为。首先,其方式包含两方面:一是非法采集、供应血液的行为;二是制作、供应血液制品的行为。其次,行为表现为明显的非法性。一是行为人无权采集、供应血液,制作、供应血液制品;二是采集、供应血液或者制作、供应血液制品不符合国家标准。第三,本罪是危险犯,上述非法采集、供应血液,制作、供应血液制品行为必须是足以对人体健康造成严重危害的,才符合犯罪的基本构成要件。在将不符合国家规定标准的血液、血液制品要件和足以危害人体健康要件相比较的时候,应以后者为基准。

3. 本罪主体为一般主体。

4. 本罪在主观方面表现为过失。此处的过失是针对危险的结果而言的,并不否认行为人对行为主体及资格的无权性和采集标准的不合格性可能存在明确的认识。

(二) 非法采集、供应血液,制作、供应血液制品罪的认定

在认定非法采集、供应血液,制作、供应血液制品罪时,应当注意本罪与采集、供应血液,制作、供应血液制品事故罪的界限。两罪的主要区别在于:(1)两者行为的违法性性质不同。前罪的非法性表现在采集、供应、制作等行为本身的非法性上,而在这一点上,后罪是具有合法性的。后罪的非法性主要表现在合法性行为资格的基础之上操作行为中的非法。(2)对犯罪的结果要件的要求不同。前罪属于危险犯,后罪

属于实害犯,要求存在实害结果方可构成犯罪。(3)犯罪主体不同。前罪的犯罪主体是自然人,后罪的犯罪主体只能是单位,而且是经过有关部门批准的合法从事采集工作的单位。

(三) 非法采集、供应血液,制作、供应血液制品罪处罚

《刑法》第334条规定,犯非法采集、供应血液,制作、供应血液制品罪的,处5年以下有期徒刑或者拘役,并处罚金;对人体造成严重危害的,处5年以上10年以下有期徒刑,并处罚金;造成特别严重的后果的,处10年以上有期徒刑或者无期徒刑,并处罚金或者没收财产。

六、医疗事故罪

(一) 医疗事故罪的概念和构成

医疗事故罪,是指医务人员由于严重不负责任,造成就诊人死亡或者严重损害就诊人身体健康的行为。

本罪的构成要件如下:

1. 本罪侵犯的客体是国家对医疗工作的管理活动和就诊人的生命权和健康权。

2. 在客观方面,本罪表现为医务人员由于严重不负责任,造成就诊人死亡或者严重损害就诊人身体健康。行为包含以下内容:(1)医务人员存在不负责任的行为。如果是正常履行业务,则不构成本罪。不负责任首先表现在违反规章制度和诊疗护理常规,其可以是作为的方式,也可以是不作为的方式。如果仅仅因为医疗技术水平、医疗经验、医疗设备等原因导致本罪结果的,或者没有违背规章制度和医疗常规的,或者因为发生不可抗拒、不能预见的事件,均不负责任。(2)本罪是结果犯,即造成就诊人死亡或者严重损害就诊人身体健康。这是医疗事故的结果要件。医疗事故,依据《医疗事故处理办法》的规定,是指在诊疗护理工作中,由于医务人员的诊疗护理过失,直接造成就诊者死亡、伤残、组织器官损伤导致功能障碍的结果,包括责任事故和技术事故,本罪所指的是责任事故,并且是责任事故中造成严重结果的行为,即造成就诊人死亡或严重损害健康。(3)本罪发生在诊疗护理过程中,即医务人员履行业务过程中,但结果发生可以是在诊疗护理结束之后。

3. 本罪的主体为特殊主体,即医务人员。医务人员,是指依法取得"医疗机构执业许可证"的诊疗护理人员,包括医生、护士、药剂人员等。

4. 本罪在主观方面表现为过失,且应是对本罪结果的过失。

(二) 医疗事故罪的认定

在认定医疗事故罪时,应注意罪与非罪的界限。将其与一般的医疗责任事故、技术事故以及医疗意外事件加以区分。医疗事故罪的构成关键在于行为必须具有违法性,即行为人对医疗规章制度以及诊疗护理常规的违反。同时,行为必须导致了严重的后果,即造成了就诊人死亡或者严重损害就诊人身体健康的结果。如果没有违反规章制度,行为缺乏主观过失与行为的归责理由则只能认定为医疗意外事件。如果

没有发生法定的损害事实,则只能认定为一般的医疗事故。其行为和结果的具体鉴定标准以《医疗事故处理办法》的规定为准。

(三) 医疗事故罪的处罚

《刑法》第335条规定,犯医疗事故罪的,处3年以下有期徒刑或者拘役。

七、非法行医罪、非法进行节育手术罪

(一) 非法行医罪、非法进行节育手术罪的概念和构成

非法行医罪,是指未取得医生执业资格的人从事诊疗护理活动,情节严重的行为。

非法进行节育手术罪,是指未取得医生执业资格的人擅自为他人进行节育复通手术、假节育手术、终止妊娠手术和摘取宫内节育器,情节严重的行为。

两罪的构成要件如下:

1. 两罪侵犯的客体是国家对医疗机构的管理秩序。国务院《医疗机构管理条例》对医疗机构及其执业人员的职责设置、开业条件及审批程序、法律责任进行了明确的规定和限制。其落脚点在于对人民身体健康的高度负责。非法行医行为则是对法律、法规的直接违反。

2. 在客观方面,两罪均表现为未取得医生执业资格的人从事诊疗护理活动,情节严重的行为。非法进行节育手术罪则仅指其中擅自为他人进行节育复通手术、假节育手术、终止妊娠手术和摘取宫内节育器,情节严重的行为。在行为方式上两者也有所区别。非法行医罪往往有行医之名,更有行医之实。其或者在药店挂牌,或自行挂牌、挂靠等。非法进行节育手术罪的行为方式则可以不具有行医之名,也可以从不行医,只是仅仅实施了非法进行节育手术的行为。两罪的共同之处还在于其构成均要求以情节严重为要件。此外,在非法进行节育手术情况下,还会发生法条竞合的情况,则非法进行节育手术罪吸收非法行医罪。

(二) 非法行医罪、非法进行节育手术罪的处罚

《刑法》第336条规定,犯非法行医罪的,处3年以下有期徒刑、拘役或者管制,并处或者单处罚金;严重损害就诊人身体健康的,处3年以上10年以下有期徒刑,并处罚金;造成就诊人死亡的,处10年以上有期徒刑,并处罚金。

《刑法》第336条规定,犯非法进行节育手术罪的,处3年以下有期徒刑、拘役或者管制,并处或者单处罚金;严重损害就诊人身体健康的,处3年以上10年以下有期徒刑,并处罚金;造成就诊人死亡的,处10年以上有期徒刑,并处罚金。

八、采集、供应血液,制作、供应血液制品事故罪

(一) 采集、供应血液,制作、供应血液制品事故罪的概念与构成

采集、供应血液,制作、供应血液制品事故罪,是指经有关国家主管部门批准采

集、供应血液或者制作、供应血液制品部门,不依照规定监测检测或者违背其他操作规定,造成危害他人身体健康后果的行为。

本罪的构成要件如下:

1. 本罪侵犯的客体是国家对于血液、血液制品的管理制度。

2. 在客观方面,本罪表现为未按照规定进行检测或违背其他操作规定,造成危害人体健康后果的行为,如投料生产之前未对原料进行复检或者使用没有产品批准文号的原料血浆投入生产。

3. 本罪的主体为特殊主体,限定为经国家主管部门批准采集、供应血液或者制作、供应血液制品的部门。

(二)采集、供应血液,制作、供应血液制品事故罪的处罚

《刑法》第 334 条规定,构成本罪的,对单位判处罚金,对于直接负责的主管人员或者其他直接责任人员,处 5 年以下有期徒刑或者拘役。

九、妨害动植物防疫、检疫罪

(一)妨害动植物防疫、检疫罪的概念与构成

妨害动植物防疫、检疫罪,是指违反有关动植物防疫、检疫的国家规定,引起重大动植物疫情的,或者有引起重大动植物疫情危险,情节严重的行为。

本罪的构成要件如下:

1. 本罪侵犯的客体是我国动植物防疫、检疫制度。

2. 在客观方面,本罪表现为两个方面的内容:违反有关动植物防疫、检疫的国家规定是构成犯罪的前提;引起重大动植物疫情或引起重大动植物疫情的危险,情节严重是行为在造成的结果或者危险方面的要求。

(二)妨害动植物防疫、检疫罪的处罚

《刑法》第 337 条规定,犯妨害动植物防疫、检疫罪的,处 3 年以下有期徒刑或者拘役,并处或者单处罚金。单位犯罪的,对单位判处罚金,对于直接负责的主管人员或者其他直接责任人员依照上述规定判处刑罚。

第七节　破坏环境资源保护罪

一、污染环境罪

(一)污染环境罪的概念和构成

污染环境罪是指违反国家的规定,向土地、水体、大气排放、倾倒或者处置有放射性的废物、含传染病病原体的废物、有毒物质或者其他危害物质,严重污染环境的行为。

本罪的构成要件如下：

1. 本罪侵犯的客体是国家对于环境保护的管理制度。近些年来，我国相继通过了《中华人民共和国水污染防治法》、《中华人民共和国大气污染防治法》、《中华人民共和国固体废物污染环境防治法》等相关的法律、法规，表明了保护环境质量的重要性和政府对环境保护的重视程度。尤其是环境保护法第 43 条明文规定了对重大环境污染事故应追究刑事责任。

2. 在客观方面，本罪表现为行为人违反国家规定，非法排放、倾倒或者处置危险废物，造成严重后果的行为，具体包含有以下要素：(1)违反了国家法律、法规的规定。(2)有向土地、水体、大气排放、倾倒或者处置危险废物的行为。危险废物，是指有放射性的废物、含传染病病原体的废物、有毒物质或者其他危险废物。(3)严重污染环境。

3. 本罪的主体为一般主体，可由自然人构成，也可由单位构成。

4. 本罪在主观方面表现为过失，是指对发生重大环境污染事故疏忽大意或轻信能够避免。

(二) 污染环境罪的处罚

《刑法》第 338 条规定，犯污染环境罪的，处 3 年以下有期徒刑或者拘役，并处或者单处罚金；后果特别严重的，处 3 年以上 7 年以下有期徒刑，并处罚金。

第 346 条规定，单位犯此罪的，对单位判处罚金，并对其直接负责的主管人员和其他直接责任人员，按照第 338 条规定处罚。

二、非法处置进口的固体废物罪

(一) 非法处置进口的固体废物罪的概念和构成

非法处置进口的固体废物罪，是指违反国家规定，将境外的固体废物进境倾倒、堆放、处置的行为。

本罪的构成要件如下：

1. 本罪侵犯的客体是国家对固体废物的管理防治制度。

2. 在客观方面，本罪表现为违反国家规定，将境外的固体废物进境倾倒、堆放、处置的行为。首先，该行为违反了国家规定。如《固体废物环境防治法》第 24 条规定，禁止将中国境外的固体废物进境倾倒、堆放、处置。其次，行为人实施了将境外的固体废物进境倾倒、堆放、处置的行为。境外固体废物，即人们通常所称的"洋垃圾"，是指从中国国(边)境以外的其他国家或地区(包括香港、澳门、台湾等地区)运进的日常生活、生产建设以及其他的各种活动中产生的污染环境的固态、半固态废弃物质。最后，本罪是行为犯，即只要行为人具有违反国家规定，将境外的固体废物进境倾倒、堆放、处置的行为，就构成本罪。不以发生环境污染的必然结果为条件，如果没有进境倾倒、堆放、处置的，不构成既遂。

3. 本罪的主体为一般主体,包括自然人和单位。

4. 本罪在主观方面表现为故意。

(二) 非法处置进口的固体废物罪的处罚

《刑法》第 339 条规定,犯非法处置进口的固体废物罪的,处 5 年以下有期徒刑或者拘役,并处罚金;造成重大环境污染事故,致使公私财产遭受重大损失或者严重危害人体健康的,处 5 年以上 10 年以下有期徒刑,并处罚金;后果特别严重的,处 10 年以上有期徒刑,并处罚金。

第 346 条规定,单位犯此罪的,对单位判处罚金,并对其直接负责的主管人员和其他直接责任人员,按照第 339 条规定处罚。

三、擅自进口固体废物罪

(一) 擅自进口固体废物罪的概念和构成

擅自进口固体废物罪,是指未经国务院有关主管部门许可,擅自进口固体废物用作原料,造成重大环境污染事故,致使公私财产遭受重大损失或者严重危害人体健康的行为。

本罪的构成要件如下:

1. 在客观方面,本罪表现为未经国务院有关主管部门许可,擅自进口固体废物用作原料,造成重大环境污染事故,致使公私财产遭受重大损失或者严重危害人体健康的行为。其具有以下内容:(1)行为的违法性,即没有经过国务院有关主管部门的许可。《固体废物环境防治法》第 25 条明确规定,对于不能做原料的废物国家禁止进口;对于可以用做原料的固体废物,国家限制进口;国家授权有关部门指定、调整、公布可以用做原料进口的固体废物目录,未被列入的禁止进口;确有必要进口的,必须经国务院有关部门审查许可。(2)进口了固体废物,并且目的是用作原料。进口本身的形式要件并不违反规定。(3)造成一定的结果。本罪是结果犯,必须是擅自进口行为造成重大环境污染事故,致使公私财产遭受重大损失或者严重危害人体健康或者更为严重的结果。

2. 本罪的主体为一般主体,自然人和单位均可构成。

3. 本罪在主观方面表现为过失。[①]但行为人对其行为具有违反国家规定的故意,并且进口固体废物的目的是用作原料。

(二) 擅自进口固体废物罪的认定

认定擅自进口固体废物罪时,应注意其与非法处置进口的固体废物罪的界限。两罪的主要区别在于:(1)违反的法律制度不同。前者是违反了进口审批的规定,后

---

① 有教科书认为,本罪的主观方面表现为故意(参见苏惠渔主编:《刑法学》,中国政法大学出版社 1997 年版,第 776 页)。但本罪是结果犯,而显然行为人进口固体废物的目的是用作原料,对危害结果是过失的,所以本罪的主观罪过是过失。

者是违反了禁止进口倾倒、堆放、处置的规定。(2)主观目的不同。前者的目的是将固体废物用作原料,后者是出于不特定的目的加以堆放。(3)行为方式不同。前者是进口行为,形式上是合法的,后者是进境行为,可以是合法的进口,也可以是非法的进口。(4)前者是结果犯,后者是行为犯。

(三)对擅自进口固体废物罪的处罚

《刑法》第339条第2款规定,犯擅自进口固体废物罪的,处5年以下有期徒刑或者拘役,并处罚金;后果特别严重的,处5年以上10年以下有期徒刑,并处罚金。

第346条规定,单位犯此罪的,对单位判处罚金,并对其直接负责的主管人员和其他直接责任人员,按照第339条规定处罚。

四、非法捕捞水产品罪、非法狩猎罪

(一)非法捕捞水产品罪、非法狩猎罪的概念和构成

非法捕捞水产品罪,是指违反保护水产品资源法规,在禁渔区、禁渔期或者使用禁用的工具、方法捕捞水产品,情节严重的行为。

非法狩猎罪,是指违反狩猎法规,在禁猎区、禁猎期或者使用禁用的工具、方法进行狩猎,破坏野生动物资源,情节严重的行为。

两罪的构成要件如下:

1. 本罪侵犯的客体是国家对水产品资源、野生动物资源的保护制度。水产品资源、野生动物资源不仅有利于生态平衡,改善我们的生存环境,而且还能对上述资源保护,使其不断增值,为人类的生存和发展提供更为充足的食物和其他资源。为此,近年来,我国相继颁布实施了一系列的保护性、禁止性法律法规。如1986年《中华人民共和国渔业法》、1988年《中华人民共和国野生动物保护法》,强化对水产品资源、野生动物资源的保护体制和保护意识。两类罪的犯罪对象分别是水产品资源、野生动物资源。

2. 在客观方面,两罪表现为非法捕捞水产品、非法狩猎的行为。其主要包含以下要素:

首先,行为人实施了捕捞、捕猎、杀害、狩猎的行为。

其次,行为人的行为具有非法性。即违反了上述法律、法规的规定。非法捕捞水产品罪主要是部分或全部违反了保护水资源法规的"四禁规定",即在禁渔区、禁渔期或者使用禁用的工具、禁用的方法捕捞水产品。禁渔区是指由国家或地方政府的法令,或国际间的渔业规定协定,对重要的经济水生动物等的产卵场所、越冬场所、洄游通道以及繁殖场所等划定的一定范围,禁止渔业生产或某种渔业生产的区域。禁渔期是指由国家或地方政府的法令,或国际间的渔业规定协定,对重要的经济水生动物等的产卵场所、越冬场所、洄游通道以及繁殖场所等规定在一定的期限内禁止捕捞。禁用工具是指超过国家对不同捕捞对象所分别规定能够使用的最小网目尺寸的渔具。禁用的方法是指损害水产资源进行正常繁殖、生长的方法。

非法狩猎罪主要是部分或全部违反了野生动物资源保护法规的"四禁规定",即在禁猎区、禁猎期或者使用禁用的工具、禁用的方法非法狩猎。禁猎区是指由国家对适宜野生动物栖息繁殖的地区,以及为保护自然环境而划定禁止狩猎的区域,如城镇、工矿区、名胜古迹等;禁猎期是指在野生动物繁殖、肉食、皮毛成熟的季节规定的禁止捕猎的期限;禁用工具是指足以破坏野生动物资源,危害人畜安全,破坏森林草原的工具;禁用的方法是指损害野生动物资源进行正常繁殖、生长的方法。

最后,必须是情节严重的行为。情节严重,是指:(1)在捕捞、狩猎数量较大,其中非法狩猎的数量为 20 只以上;(2)违反狩猎法规,在禁猎期或禁猎区使用禁用的工具、方法狩猎;(3)具有其他的严重情节。以上情节只要具备其中的一个就构成犯罪。①同样,捕捞次数较多、捕捞重点保护的重要或名贵的水生动物、捕捞方法恶劣、造成较大资源损失等都属于情节严重。

3. 两罪的犯罪主体为一般主体。

4. 两罪在主观方面表现为故意。

(二)非法捕捞水产品罪、非法狩猎罪的认定

使用爆炸、投毒、设置电网等危险方法破坏野生动物资源构成非法捕捞水产品罪、非法狩猎罪,同时又构成爆炸、投放危险物质以及其他危险方法危害公共安全犯罪的,根据有关司法解释的规定,依照较重的犯罪定罪处罚。以暴力、威胁等方法抗拒查处,构成其他犯罪的,依照数罪并罚的规定处罚。②

(三)非法捕捞水产品罪、非法狩猎罪的处罚

《刑法》第 340 条规定,犯非法捕捞水产品罪的,处 3 年以下有期徒刑、拘役、管制或者罚金。

第 341 条第 2 款规定,犯非法狩猎罪的,处 3 年以下有期徒刑、拘役、管制或者罚金。

第 346 条规定,单位犯上述罪的,对单位判处罚金,并对其直接负责的主管人员和其他直接责任人员,按照各条规定处罚。

五、非法捕猎、杀害珍贵、濒危野生动物罪;非法收购、运输、出售珍贵、濒危野生动物,珍贵、濒危野生动物制品罪

(一)非法捕猎、杀害珍贵、濒危野生动物罪;非法收购、运输、出售珍贵、濒危野生动物,珍贵、濒危野生动物制品罪的概念和构成

非法捕猎、杀害珍贵、濒危野生动物罪,是指违反野生动物保护法规,非法捕杀国家重点保护的珍贵、濒危野生动物的行为。

非法收购、运输、出售珍贵、濒危野生动物,珍贵、濒危野生动物制品罪,是指非法

---

①② 见 2000 年 11 月 27 日最高人民法院《关于审理破坏野生动物资源刑事案件具体应用法律若干问题的解释》。

收购、运输、出售国家重点保护的珍贵、濒危野生动物及其制品的行为。

两罪的构成要件如下：

1. 两罪侵犯的客体表现为珍贵野生动物资源的保护和管理秩序。对于珍贵野生动物资源的保护，有利于生态平衡，改善我们的生存环境。非法捕猎、杀害珍贵、濒危野生动物罪是违反了《野生动物保护法》对国家重点保护野生动物禁止捕杀的规定。珍贵动物，是指具有重要科学研究、经济价值以及对生态环境具有重要意义的野生动物，如大熊猫、金丝猴、中华鲟、扬子鳄等。濒危动物，是指品种数量稀少、濒于绝迹的野生动物，如丹顶鹤、云豹、天鹅、野骆驼等。"珍贵、濒危野生动物"作为刑法的概念，源于1988年全国人大常委会通过的《关于惩治捕杀国家重点保护的珍贵、濒危野生动物犯罪的补充规定》。《刑法》将补充规定的内容纳入刑法分则中。但是对于"珍贵、濒危野生动物"的内容没有明确的解释。1988年国务院批准的《国家重点保护野生动物名录》规定了国家一级、二级保护动物名录，但是没有制定珍贵、濒危野生动物的名录，所以前者与后者之间属于包含关系还是交叉竞合关系，尤其是后者的范围多大一直存在争议。联合国《濒危野生动植物种国际贸易公约》在附录一、附录二规定了"濒危野生动物"的范围，我国是公约的成员国，有义务遵守公约规定。附录一、附录二被落实为国内法的规定，被核准为国家一级、二级保护动物，但是对于我国国内"珍贵、濒危野生动物"的范围没有规定。根据近期有关司法解释的规定，"珍贵、濒危野生动物"的范围包括：国家重点保护野生动物名录规定的国家一级、二级保护动物名录，联合国《濒危野生动植物种国际贸易公约》在附录一、附录二规定的野生动物以及驯养繁殖的上述物种。[①]对于野生动物资源，国家有明确规定，并且对捕猎进行了禁止或限制，根据珍贵程度，将野生动物分为三类：第一类共计38种和亚种。如大熊猫、亚洲象、东北虎、梅花鹿等，严禁捕猎。如有需要，报请国家林业部批准；第二类共计65种和亚种，如云豹、小天鹅、鸳鸯等，禁止捕猎。如有需要，报请省级林业厅（局）批准；第三类共计47种和亚种，如金鸡、穿山甲等，由各省、自治区、直辖市根据资源情况确定禁猎或加以控制。

2. 在客观方面，两罪主要表现为非法捕猎、杀害、收购、运输、出售珍贵、濒危野生动物及其制品的行为。收购，是指包括以营利、自用等为目的的购买行为。运输，是指采用携带、邮寄、利用他人、使用交通工具等方法进行运送的行为。出售，是指出卖或以营利为目的的加工利用行为。[②]与非法捕捞水产品罪和非法狩猎罪相比，由于对象的差异，本类犯罪不需要有"情节严重"为构成条件。相反，情节严重属于结果加重（或称为情节加重）的内容。

（二）非法收购、运输、出售珍贵、濒危野生动物、珍贵、濒危野生动物制品罪的认定

珍贵、濒危野生动物制品价值的认定，依照国家野生动物保护部主管部门的规定

[①②] 见2000年11月27日最高人民法院《关于审理破坏野生动物资源刑事案件具体应用法律若干问题的解释》。

核定,核定价格低于实际交易价格的,以实际价格认定。根据2014年4月24日全国人大常委会《关于〈中华人民共和国刑法〉第三百四十一条、第三百一十二条的解释》的规定,知道或者应当知道是国家重点保护的珍贵、濒危野生动物及其制品,为食用或者其他目的而非法购买的,属于《刑法》第341条规定的非法收购国家重点保护的珍贵、濒危野生动物及其制品的行为。

(三)非法捕猎、杀害珍贵、濒危野生动物罪;非法收购、运输、出售珍贵、濒危野生动物、珍贵、濒危野生动物制品罪的处罚

《刑法》第341条第1款规定,犯非法捕猎、杀害珍贵、濒危野生动物罪;非法收购、运输、出售珍贵、濒危野生动物、珍贵、濒危野生动物制品罪的,处5年以下有期徒刑或者拘役,并处罚金;情节严重的,处5年以上10年以下有期徒刑,并处罚金;情节特别严重的,处10年以上有期徒刑,并处罚金或没收财产。

第346条规定,单位构成上述犯罪的,对单位判处罚金,并对其直接负责的主管人员和其他直接责任人员按照第341条第1款规定处罚。

六、非法占用农用地罪

(一)非法占用农用地罪的概念和构成

非法占用农用地罪,是指违反土地管理法规,非法占用耕地、林地等农业用地,改变被占用土地用途,数量较大,造成耕地、林地等农用地大量毁坏的行为。本罪原罪名为非法占用耕地罪,《刑法修正案(二)》将其修改为非法占用农用地罪,将对象从"耕地"扩大至"耕地、林地等农用地"。

本罪的构成要件如下:

1. 本罪侵犯的客体是国家对土地的管理制度。随着土地资源的开发和使用,一些破坏土地资源的行为日益突出。为此,我国已经或即将颁布和实施有关土地管理方面的法规,完善对土地开发和使用的管理。

2. 在客观方面,本罪表现为违反土地管理法规,非法占用耕地、林地等,非法将农用地改作他用,数量较大,造成农用地大量毁坏的行为。违反土地管理法规,依照司法解释的规定,是指违反《中华人民共和国土地管理法》、《中华人民共和国森林法》、《中华人民共和国草原法》等法律以及有关行政法规中关于土地管理的规定。[1]其行为具有以下特点:(1)行为带有非法性。非法,是指没有经过国务院土地管理部门的批准或县级以上地方人民政府的批准,或者经过批准但超越批准权限,或者骗取批准占用农用地;(2)占用农用地是改作他用,而不是继续作为耕地或林地原来的用途。农用地,是指直接用于农业生产的土地,不仅包括耕地,还包括林地(包括宜林地)、草地、农田水利用地、养殖水面等。[2]如果行为人占用耕地之后,仍然是种植农作

---

[1] 见2001年8月31日全国人大常委会《关于〈中华人民共和国刑法〉第228条、第342条、第410条的解释》。

[2] 2004年《中华人民共和国土地管理法》第4条。

物,则不构成此罪;占用林地之后,仍然种植林木,则不构成此罪。如果将林地改为其他农业用途,如将林地改作耕地或养殖水面,尽管后者属于农业用途,但是由于改变了林业用途,仍然构成犯罪。至于将耕地退耕还林,考虑到政策性因素,以及立法的精神,不宜定罪。(3)占用数量较大,造成大量农用地毁坏的后果,如造成耕地土地板结、种植功能部分或全部消失等,如非法占用基本农田5亩以上或者非法占用基本农田以外的耕地10亩以上。造成大量农用地毁坏,是指破坏农业生态环境的行为,譬如非法占用耕地建窑、建坟、建房、挖沙、采石、取土、堆放固体废物或进行其他非农业建设,造成种植条件严重毁坏或严重污染。(4)本罪的客观行为可能与盗伐、滥伐林木的行为在个别场合下存在牵连关系。

3. 本罪的主体为一般主体,包括自然人和单位。

4. 本罪在主观方面表现为故意。

(二) 非法占用农用地罪的处罚

《刑法》第342条修正后的规定,犯非法占用农用地罪的,处5年以下有期徒刑或者拘役,并处或者单处罚金。

第346条规定,单位构成上述犯罪的,对单位判处罚金,并对其直接负责的主管人员和其他直接责任人员,按照第342条规定处罚。

七、非法采矿罪、破坏性采矿罪

(一) 非法采矿罪、破坏性采矿罪的概念和构成

非法采矿罪,是指违反矿产资源法的规定,未取得采矿许可证擅自采矿,擅自进入国家规划的矿区,对国民经济具有重要价值的矿区和他人矿区范围采矿的,擅自开采国家规定实行保护性开采的特定矿种,情节严重的行为。

破坏性采矿罪,是指违反矿产资源法的规定,采取破坏性的开采方法开采矿产资源,造成矿产资源严重破坏的行为。

两罪的构成要件如下:

1. 两罪侵犯的客体均为国家对矿产资源的保护制度。

2. 在客观方面,非法采矿罪表现为行为人违反矿产资源法的规定,非法采矿,经责令停止开采后拒不停止开采,造成矿产资源破坏的行为。首先,行为人实施了非法采矿的行为。其非法性表现在:(1)无证采矿,即没有取得采矿许可证而擅自采矿。所谓未取得开采许可证,包括无许可证、许可证被吊销、注销、超越许可证规定范围、矿种以及其他情形;(2)擅自进入国家规划的矿区,对国民经济具有重要价值的矿区和他人矿区范围采矿;(3)擅自开采国家规定实行保护性开采的特定矿种,如黄金、钨、离子型稀土等。其次,行为人实施的非法采矿行为情节严重。

破坏性采矿罪表现为行为人违反地质矿产部门审查批准的矿产资源开发利用方案开采矿产资源,并造成矿产资源严重破坏的行为。根据司法解释的规定,严重破坏

的标准为造成矿产资源破坏的价值在 30 万元以上。①形式手段主要是采用禁止使用的开采方法或者禁止使用的开采顺序采富弃贫、采厚弃薄、采易弃难等。

3. 两罪的主体包括自然人和单位。非法采矿罪的犯罪主体是一般主体,而破坏性采矿罪的主体是具有采矿许可证的人。

4. 两罪在主观方面均表现为故意。

(二) 非法采矿罪、破坏性采矿罪的处罚

《刑法》第 343 条第 1 款规定,犯非法采矿罪的,处 3 年以下有期徒刑、拘役或者管制,并处或者单处罚金;情节特别严重的,处 3 年以上 7 年以下有期徒刑,并处罚金。

第 343 条第 2 款规定,犯破坏性采矿罪的,处 5 年以下有期徒刑或者拘役,并处罚金。

第 346 条规定,单位构成上述犯罪的,对单位判处罚金,并对其直接负责的主管人员和其他直接责任人员,按照第 343 条规定处罚。

八、非法采伐、毁坏国家重点保护植物罪,非法收购、运输、加工、出售国家重点保护植物、国家重点保护植物制品罪

(一) 非法采伐、毁坏国家重点保护植物罪,非法收购、运输、加工、出售国家重点保护植物、国家重点保护植物制品罪的概念和构成

非法采伐、毁坏国家重点保护植物罪,是指违反森林法的规定,故意采伐、毁坏珍贵树木或者国家重点保护的其他植物的行为。本罪的前身是《刑法》第 345 条第 3 款的非法采伐、毁坏珍贵树木罪,《刑法修正案(四)》将其修改为非法采伐、毁坏国家重点保护植物罪。

非法收购、运输、加工、出售国家重点保护植物、国家重点保护植物制品罪,是指非法收购、运输、加工、出售珍贵树木或者国家重点保护其他植物及其制品的行为。本罪是《刑法修正案(四)》增设的新罪。

两罪的构成要件如下:

1. 两罪侵犯的客体是国家对珍贵树木以及重点保护植物的保护管理制度。两罪的犯罪对象是珍贵树木以及其他重点保护植物及其制品,既包括野生植物,也包括人工栽培植物。珍贵树木,是指被列为国家保护的树木,如珙桐、红豆杉、苏铁树等。国家重点保护的植物的范围显然广泛得多,不仅包括珍贵木本植物,还包括其他的具有重要经济价值、科学研究、文化价值的濒危、稀有的木本植物和草本植物。后罪的犯罪对象还包括国家重点保护植物制品。

---

① 见 2003 年 5 月 29 日最高人民法院《关于审理非法采矿、破坏性采矿刑事案件具体应用法律若干问题的解释》。

2. 在客观方面,两罪表现为行为人实施了非法采伐、毁坏和收购、运输、加工、出售的行为。非法采伐,是指没有取得采伐许可证进行采伐,或者超出合法的采伐规定的内容进行采伐。其结果可能对珍贵树木造成毁坏,也可能没有造成毁坏。毁坏,是指出于各种目的,对珍贵树木进行破坏、毁灭。收购、运输、加工、出售的行为被作为犯罪行为是遏制前罪发生的重要保证。

3. 两罪的主体为一般主体,可以是自然人,也可以是单位。

4. 两罪在主观方面均表现为故意。

（二）非法采伐、毁坏国家重点保护植物罪,非法收购、运输、加工、出售国家重点保护植物、国家重点保护植物制品罪的处罚

《刑法修正案(四)》第 7 条对《刑法》第 344 条规定的处罚分别修改和增加为:犯非法采伐、毁坏国家重点保护植物罪和非法收购、运输、加工、出售国家重点保护植物、国家重点保护植物制品罪的,处 3 年以下有期徒刑、拘役或者管制,并处罚金。情节严重的,处 3 年以上 7 年以下有期徒刑,并处罚金。

《刑法》第 346 条规定,单位构成上述犯罪的,对单位判处罚金,并对其直接负责的主管人员和其他直接责任人员,按照第 344 条规定处罚。

九、盗伐林木罪,滥伐林木罪,非法收购、运输盗伐、滥伐的林木罪

（一）盗伐林木罪,滥伐林木罪,非法收购、运输盗伐、滥伐的林木罪的概念和构成

盗伐林木罪,是指违反森林法的规定,采用秘密手段,私自砍伐森林或者其他林木,数量较大的行为。

滥伐林木罪,是指违反森林法的规定,滥伐森林或其他林木,数量较大的行为。

非法收购、运输盗伐、滥伐的林木罪,是指非法收购、运输明知是盗伐、滥伐的林木,情节严重的行为。本罪名是《刑法修正案(四)》修改后的罪名。

三罪的构成要件如下:

1. 三罪侵犯的客体均是国家的林业管理制度,盗伐林木罪倾向于对财产权的侵犯。森林是国家的重要资源,其不仅是社会生产中的一种无法替代的原材料,而且对保持水土、调节环境、美化环境均具有十分重要的意义。对林业资源进行破坏往往殃及子孙,贻害深远。1984 年《森林法》第 34 条、第 35 条明确规定了对滥伐、盗伐林木罪的法律责任。通过法治手段维护林业资源。盗伐林木罪的犯罪对象是不属于行为人所有或经营的林木。

三罪的犯罪对象均是森林或其他林木。依照森林法的规定,森林是指防护林、用材林、经济林、特种用途林。其他林木是指其他小片的不包括个人所有的林木。但其又有区别:滥伐林木罪的犯罪对象的范围较广,其可以是不属于行为人管理的、经营的林木,也可以是行为人自己所管理的、经营的林木。根据相关司法解释的规定,在

林木采伐许可证规定的地点以外,采伐本单位或者本人所有的森林或者其他林木的,除了农村居民采伐自留地或房前屋后个人所有的零星树木的以外,均属于滥伐林木的行为。

2. 在客观方面,三罪分别表现为盗伐、滥伐林木,收购、运输盗伐、滥伐林木的行为。盗伐林木,是指采用秘密地、不为人知或鲜为人知的方式,采伐不属于自己所有、经营的林木。擅自砍伐国家、集体、他人所有或者他人承包经营管理的森林或者其他林木,擅自砍伐本单位或者本人承包经营管理的森林或者其他林木,在林木采伐许可证规定的地点以外,采伐国家、集体、他人所有的或者他人承包经营的森林或者其他林木的。滥伐林木,一是指未经林业主管部门的批准、同意,违反森林保护法规规定,不按照采伐的要求对自己经营的国有或集体所有的林木进行砍伐的行为;二是指虽经国家林业主管部门同意,但超越被赋予的采伐权限进行采伐,如跨越采伐区域、扩大采伐数量等。关于收购、运输的规定,《刑法修正案(四)》取消了原先刑法规定的必须"在林区"的要求,增加了"运输"的行为。

3. 三罪的主体为一般主体。

4. 三罪在主观方面是均表现为故意,其中《刑法修正案(四)》取消了非法收购、运输盗伐、滥伐的林木罪中规定的"以牟利为目的",但仍然要求行为人必须是明知是盗伐、滥伐的林木。明知,根据有关的司法解释规定,是指知道或应当知道,但是有证据证明确实被蒙骗的除外。下列情形属于应当知道:在非法的木材交易场所或者销售单位收购木材的;收购明显低于市场价格出售的木材的;收购违反规定出售的木材的。[①]

(二) 盗伐林木罪、滥伐林木罪的认定

认定盗伐林木罪、滥伐林木罪时,应注意两罪界限。两罪的主要区别在于:(1)两罪侵犯的客体不尽相同。盗伐林木罪同时还侵犯公私财产权。[②](2)犯罪对象不尽相同。根据司法解释的规定,前罪的犯罪对象是国家、集体、他人或者他人承包经营管理的林木,或者是本单位或者本人承包的林木,或者是林木采伐许可证规定的地点以外的林木。而后罪的犯罪对象则主要是本单位所有或本人所有的林木或者超过开采许可证数量之外的他人林木。(3)行为方式不同,前罪必须是采用秘密采伐的方式,而后罪则无此要求。(4)前罪的犯罪主体是不具有采伐许可证的人或单位,而后罪一般是具有采伐许可证或者具有经营权或管理权的单位或个人。根据有关司法解释的规定,林木权属争议一方在权属确定以前,擅自砍伐森林或者其他树木的,属于滥伐

[①] 2000 年 11 月 17 日最高人民法院《关于审理破坏森林资源刑事案件具体应用法律若干问题的解释》中,将"明知"的内容扩大为"应当知道",这在当前的司法解释条文中屡有出现,这实际上可以从两方面进行分析。首先,上述司法解释中所罗列的三种情形实际上是将主观明知客观化的标准,这本身具有一定的合理性,即具有上述的行为就推定或认定是明知的,因为这是主观认知与否必须依靠一般的认识标准。这与推定"应当知道"是两回事。其次,将明知的内容扩大为"应当知道",实际上导致主观罪过形式在认识层面产生混乱。

[②] 参见何秉松主编:《刑法教科书》,中国法制出版社 1995 年版,第 641 页。

林木的行为。(5)前罪一般具有非法占有为目的,而后罪一般不是以非法占有为目的。

(三) 盗伐林木罪,滥伐林木罪,非法运输、收购盗伐、滥伐的林木罪的处罚

《刑法》第 345 条第 1 款规定,犯盗伐林木罪的,处 3 年以下有期徒刑、拘役或者管制,并处或者单处罚金;数量巨大的,处 3 年以上 7 年以下有期徒刑,并处罚金;数量特别巨大的,处 7 年以上有期徒刑,并处罚金。

第 345 条第 2 款规定,犯滥伐林木罪的,处 3 年以下有期徒刑、拘役或者管制,并处或者单处罚金;数量巨大的,处 3 年以上 7 年以下有期徒刑,并处罚金。

第 345 条第 4 款规定,盗伐、滥伐国家级自然保护区内的森林或者其他林木的,从重处罚。

第 345 条第 3 款规定,构成非法运输收购盗伐、滥伐的林木罪的,处 3 年以下有期徒刑、拘役或者管制,并处或者单处罚金;情节特别严重的,处 3 年以上 7 年以下有期徒刑,并处罚金。

第 346 条规定,单位构成上述三罪的,对单位判处罚金,并对其直接负责的主管人员和其他直接责任人员,按照该条规定处罚。

第八节　走私、贩卖、运输、制造毒品罪

一、走私、贩卖、运输、制造毒品罪概述

(一) 毒品犯罪的概念与特征

毒品犯罪,是指妨害毒品管制的、依照《刑法》分则第 6 章第 7 节应当受刑罚处罚的行为。

在上述定义中,包含如下的毒品犯罪特征:

妨害毒品管制。这是对毒品犯罪的社会危害性的描述。毒品犯罪行为是形形色色的,对社会的危害也是多方面的,但万变不离其宗,无论是哪一种毒品犯罪行为,也无论是对社会哪一方面的危害,最后都可以归纳为直接或间接地妨害毒品管制。

触犯《刑法》分则第六章第七节。这是对毒品犯罪的刑事违法性的描述。

应当受刑罚处罚。这是对毒品犯罪的应受刑罚性的表述。毒品犯罪的这一特征,与其他犯罪完全相同,并无任何特别之处。

(二) 毒品定义[①]

根据《刑法》第 357 条的规定,毒品是指"鸦片、海洛因、甲基苯丙胺(冰毒)、吗啡、大麻、可卡因以及国家规定管制的其他能够使人形成瘾癖的麻醉药品和精神药品"。

---

① 此处是对毒品定义的简述。详细内容请参见《刑法》第 357 条的条目。

这一关于毒品的法定定义,明确界定了"毒品"的外延和内涵。

毒品的外延,由两部分组成:一部分是明定的 6 种毒品,另一部分是其他麻醉药品和精神药品。为表述方便,可将其称为主要毒品和其他毒品。

毒品的内涵,有两个要素:一个是"国家规定管制的",另一个是"能够使人形成瘾癖的"。这两个要素,从语文角度,亦可视为定语,修饰名词"毒品"。值得注意的是这两个定语的位置。由于它是放在主要毒品之后的,所以只能是"其他毒品"的专用定语。至于主要毒品,应当理解为无需定语,不论内涵。凡有其名的,一律视为毒品。

从逻辑角度看,内涵是对外延的限制。联系到本条,即:"国家规定管制的"和"能够使人形成瘾癖的"是对"其他麻醉药品和精神药品"的限制。

(三)毒品犯罪的分类

毒品犯罪是《刑法》分则第六章妨害社会管理秩序罪中的一节,本身是一类犯罪,在刑法分则体系中占有一个确定的位置。毒品犯罪又是毒品个罪的集合,在类罪与个罪之间,还可以从各种角度,作进一步的细分。

1. 理论分类

从毒品的自然流程角度,可以将毒品犯罪分为上游犯罪、中游犯罪和下游犯罪:

上游犯罪,又可称源头犯罪、根源性犯罪、生产型犯罪,是指与毒品形成有关联的、处在毒品自然流程第一阶段的犯罪。属于这类毒品罪的,有制造毒品罪,非法种植毒品原植物罪,非法买卖、运输、携带、持有毒品原植物种子、幼苗罪,走私制毒物品罪,非法买卖制毒物品罪。

中游犯罪,又可称主干犯罪,中继型、流通型犯罪,是指连接在毒品生产与消费之间的、为毒品的生产者打通销路、为毒品的吸食者开辟市场的、处在毒品自然流程第二阶段的犯罪。这类犯罪也是最常见的、危害最严重的毒品罪,故称之为主干犯罪。属于这类毒品罪的,有走私毒品罪,贩卖毒品罪,运输毒品罪,非法提供麻醉药品、精神药品罪。

下游犯罪,又可称终极犯罪,消费型犯罪,是指与"他人吸毒"有关联的、促成毒品消费的、处在毒品自然流程第三阶段,也是最后阶段的犯罪。属于这类毒品罪的,有强迫他人吸毒罪,引诱、教唆、欺骗他人吸毒罪,容留他人吸毒罪。此外,还可以加上一个非法持有毒品罪。该罪虽然是为"自己吸毒"而实施,同"他人吸毒"无关,但同样也是处在毒品流程的最后阶段,不可能继续发展。如果继续发展的话,行为就要转化为其他毒品罪,再也不是非法持有的问题了。

上述分类,并未穷尽所有的毒品犯罪,所以还必须补充一个其他毒品罪。其他毒品罪,是指那些在毒品流程的三阶段都有可能发生的、主要是发生在中下游的犯罪。作一个比喻,如果把毒品流程视为一条由上游、中游和下游组成的河,那么其他毒品罪便是穿行在这条河里的各色船只,从源头到终端,都能够看到它们的踪迹;如果把上游、中游和下游的毒品罪视为主流毒品罪,那么其他毒品罪便可视为与主流并行,且随时可以与主流接通的支流毒品罪。属于这类毒品罪的,有包庇毒品犯罪分子罪,窝藏、转移、隐瞒毒品、毒赃罪。

2. 法定分类

对于毒品罪的分类,理论界从各种各样的角度,提出了各种各样的模式。所有这些分类,对深入研究毒品罪诸行为的共性与个性,当然是有助益的。然而,所有这些分类,包括上述分类在内,有一个致命的缺陷,就是缺乏法律依据,仅仅是一种纯理论的演绎。反之有明确法律依据的、对定罪量刑有实质性意义的,是如下若干分类:

从罪名构成的角度,可分为单一性罪名和选择性罪名。单一性罪名,是指罪名中不含可供选择的措辞,凡适用此条文者,即适用此罪名;选择性罪名,是指罪名中包含两个或两个以上并列的、可供选择的措辞,凡适用此条文者,还需根据案件的具体情况,以最终确定罪名。选择性罪名又可分为行为选择和对象选择两种类型。属于行为选择的罪名如:走私、贩卖、运输、制造毒品罪,引诱、教唆、欺骗他人吸毒罪等;属于对象选择的罪名如:非法提供麻醉药品、精神药品罪等;选择性罪名还可分为单一选择和双重选择两种类型。所谓单一选择,是指或选行为,或选对象;所谓双重选择,是指需要同时选择行为和对象,例如:窝藏,转移,隐瞒毒品、毒赃罪;非法买卖、运输、携带、持有毒品原植物种子、幼苗罪,等等。

从犯罪主体的角度,可以分为自然人毒品罪和单位毒品罪。更准确地说,是分为只能由自然人构成的毒品罪和自然人、单位都能构成的毒品罪。属于后者的,有走私、贩卖、运输、制造毒品罪,走私制毒物品罪,非法买卖制毒物品罪,非法提供麻醉药品、精神药品罪。

从犯罪主体的角度,还可以再分出一个未成年人能够构成的毒品罪。根据《刑法》第17条第2款的规定,贩卖毒品罪属于已满14周岁未满16周岁的人能够构成的8种犯罪之一。至于贩卖毒品罪以外的其他所有毒品犯罪,则属于未满16周岁的人不能构成的毒品犯罪。

从刑罚轻重的角度,可以分为毒品重罪与毒品轻罪。当然这里的"轻重"只不过是一种缩略,用以说明毒品诸罪由轻到重的性质差异。实际上的"轻重",并非粗线条的轻重两分,就能够完全揭示的。按个罪法定最高刑的不同,可划分为如下的毒品罪轻重档次:

(1)死刑:第347条走私、贩卖、运输、制造毒品罪;

(2)无期徒刑:第348条非法持有毒品罪;

(3)15年有期徒刑:第351条非法种植毒品原植物罪;

(4)10年有期徒刑:第349条包庇毒品犯罪分子罪,窝藏、转移、隐瞒毒品、毒赃罪,第350条走私制毒物品罪,非法买卖制毒物品罪,第353条强迫他人吸毒罪;

(5)3年以上7年以下有期徒刑:第353条引诱、教唆、欺骗他人吸毒罪,第355条非法提供麻醉药品、精神药品罪;

(6)3年有期徒刑:第352条非法买卖、运输、携带、持有毒品原植物种子、幼苗罪,第354条容留他人吸毒罪。

从量刑的角度,可以分为有法定情节的毒品罪和无法定情节的毒品罪。鉴于在毒品罪中,只有法定的从重处罚情节,所以这一分类,实际上是按有无法定从重情节而划定的。包含法定从重处罚情节的,是如下毒品罪:

在走私、贩卖、运输、制造毒品罪中,根据《刑法》第 347 条第 6 款,"利用、教唆未成年人走私、贩卖、运输、制造毒品,或者向未成年人出售毒品的,从重处罚"。

在包庇毒品犯罪分子罪,窝藏、转移、隐瞒毒品、毒赃罪中,根据《刑法》第 349 条第 2 款,"缉毒人员或者其他国家机关工作人员掩护、包庇走私、贩卖、运输、制造毒品的犯罪分子的,依照前款的规定从重处罚"。

在强迫他人吸毒罪和引诱、教唆、欺骗他人吸毒罪中,根据《刑法》第 353 条第 3 款,"引诱、教唆、欺骗或者强迫未成年人吸食、注射毒品的,从重处罚"。

二、走私、贩卖、运输、制造毒品罪

(一) 走私、贩卖、运输、制造毒品罪的概念与构成

走私、贩卖、运输、制造毒品罪,是指违反海关、工商、交通、运输、毒品管理等行政法规,走私、贩卖、运输、制造毒品的行为。

本罪的构成要件如下:

1. 在客观方面,本罪表现为走私、贩卖、运输、制造毒品的行为。本罪是选择性罪名,无法从整体上作出定义。关于每一行为的概念与其客观方面的特征,分述如下:

(1) 走私毒品行为,是指违反海关法规,逃避海关监管,以各种手段使毒品进出国(边)境的行为。

走私行为具有共性,凡其他走私罪也存在的情况,就没有必要在走私毒品罪里专门提及。走私毒品罪的唯一独特之处,就是《刑法》第 355 条的规定,"依法从事生产、运输、管理、使用国家管制的麻醉药品、精神药品的人员,违反国家规定,……向走私、贩卖毒品的犯罪分子……提供国家规定管制的能够使人形成瘾癖的麻醉药品、精神药品的,依照本法第三百四十七条的规定定罪处罚"。《刑法》第 347 条的罪名之一,即走私毒品罪。依照这条规定,特殊主体非法向走私毒品的罪犯提供毒品的,也要构成走私毒品罪。更准确地说,是构成走私毒品罪的共犯。

(2) 贩卖毒品行为,是指出售毒品,或者以出售为目的而购入毒品的行为。

"贩卖"的本义是买进卖出。除此之外,贩卖毒品罪还涉及单纯卖出和单纯买进的情况。关于单独的卖出行为,已经有了明确的司法解释。1988 年 8 月 12 日最高人民检察院《关于向他人出卖父辈、祖辈遗留下来的鸦片以及其他毒品如何适用法律的批复》规定,"向他人出卖父辈、祖辈遗留下来的鸦片以及其他毒品,构成犯罪的,可直接适用《刑法》(1979 年)第一百七十一条的规定以贩卖毒品罪论处,帮助出卖的中介人,应以共犯论处。鉴于向他人出卖父辈、祖辈遗留下来的毒品,不同于又买又卖

的贩毒行为,可酌情从轻处理"。①根据这一规定,至少在毒品来源于遗产的情况下,单独的卖出行为亦可视为"贩卖"。应当认为,这一司法解释具有普适性,对其他所有的单独卖出行为,均可适用。例如,出售治病时剩下的杜冷丁,或者卖掉路上捡来的吗啡,等等。

关于单独的买入行为,要区别两种情况:一种是纯粹的买入,另一种是为卖出而买入。在司法实践中,这两种情况是很难区别的,但这主要是一个证据问题。在证据确凿的情况下,纯粹的买入行为是不能构成贩卖毒品的,而为卖出而买入,则至少是贩卖毒品的预备行为。犯罪预备也是犯罪,因此该行为足以构成贩卖毒品。

(3)运输毒品行为,是指在国(边)境范围内,将毒品从一地移动到另一地的行为。

通常意义上的"运输"同刑法本罪意义上的"运输",有着明显区别。表现为,常义运输需凭借交通工具,本罪运输无工具限制;常义运输指陆运、水运和空运,本罪运输还包括携带、邮寄、托运等;常义运输的距离没有上限,但有下限,本罪运输的距离没有下限,但有上限,等等。

(4)制造毒品行为,是指对天然原料进行加工,从中提炼、配制出毒品;或者将化学原料以人工合成方法生产出毒品的行为。

广义的制造毒品,应该也包括种植毒品原植物的行为在内,1979年《刑法》就是以此认定的。但在1990年全国人大常委会《关于禁毒的决定》颁布之后,种植毒品原植物的行为已独立成罪,制造毒品的含义也就相应地发生了变化。这一变化,在1997年《刑法》中又得以延续。根据刑法本条的规定,制造毒品行为包含两个主要内容:一是制毒的原料;二是制毒的方式。分述如下:

关于制毒的原料。从制毒原料的来源,可以将其分为天然原料和化工原料等两个大类。常见的天然原料都是植物类的,即所谓"毒品原植物";从制毒原料的用途,可以将其分为麻醉药品类原料和精神药品类原料。其中麻醉药品类的原料,主要是毒品原植物。精神药品类的原料,主要是化工产品;从制毒原料的形态,可以将其分为初级原料和半成品原料。就麻醉药品而言,毒品原植物是主要的初级原料。毒品原植物经过初加工以后,就变成了半成品原料。从制造毒品的流程看,一般都是从初级原料到粗制原料再到最后的精制品。比较特殊的是精制毒品的粗制或配制。为了便于贩卖或吸食,精制的高纯度毒品往往要经过配制甚至是粗制。在这种情况下,精制毒品就成了原料,而粗制毒品倒成了经过最后一环加工的毒品。②

常见的麻醉药品原料,有罂粟、大麻、古柯等。罂粟是一种1、2年生草本植物,其果实含吗啡等生物碱,可制成鸦片,鸦片再经过加工,可制成吗啡和海洛因;大麻是一年生草本植物,含有四氢大麻酚成分,其制成品亦称大麻,有大麻草、大麻油、大麻

---

① 参见王永成主编:《打击毒品犯罪实用》,人民法院出版社1992年版,第41页。

② 用精制品加工成粗制品是相当常见的一种制造方式。比如可口可乐饮料,就是用美国产的原浆,在中国加水稀释后,灌装销售的。

树脂等;古柯是一种常绿灌木,含有古柯碱,又称可卡因,制成品亦称可卡因,为粉末状白色晶体。

关于制毒的方式。制毒方式不是制造毒品罪的构成要件,无论采取何种方式,也无论制造何种毒品,均不影响到制造毒品罪的成立。常见的、非穷尽的制毒方式有提炼、配制、合成等。

2. 本罪的主体为一般主体,对行为人没有特定身份的限制。凡达到刑事责任年龄、具有刑事责任能力者,均可构成。《刑法》第 17 条第 2 款规定:"已满十四周岁不满十六周岁的人,犯故意杀人、故意伤害致人重伤或者死亡、强奸、抢劫、贩卖毒品、放火、爆炸、投毒罪的,应当负刑事责任。"根据这一规定,处在相对责任时期者,即已满 14 周岁不满 16 周岁的人,实施本罪中的贩卖毒品行为的,构成犯罪;实施走私、运输或制造毒品行为的,则不构成犯罪。根据《刑法》第 347 条第 5 款的规定,单位亦为本罪的主体。

3. 本罪在主观方面表现为故意,即明知是毒品而实施走私、贩卖、运输、制造毒品行为。过失不构成本罪,比如行为人主观上根本不知道是毒品,被人利用或者在无意之中实施了走私、贩卖、运输、制造毒品行为,等等。此外,走私、贩卖、运输、制造毒品行为一般是以营利为目的的,但也不能排除其他目的,法律没有要求本罪以特定目的为构成要件,无论行为人出于营利目的还是其他什么目的,都不影响到犯罪的成立。

(二) 走私、贩卖、运输、制造毒品罪的认定

1. 假毒品或掺假毒品案件的定性

1991 年 4 月 2 日最高人民检察院《关于贩卖假毒品案件如何定性问题的批复》规定,"对贩卖假毒品的犯罪案件,应当以诈骗罪追究被告人的刑事责任;不知是假毒品而以毒品进行贩卖的,应当以贩卖毒品罪追究被告人的刑事责任,对其所贩卖的是假毒品的事实,可以作为从轻或者减轻情节,在处理时予以考虑"。[1]

《批复》明确了下列各点:第一,假毒品案件以贩卖行为为限。更加准确地说,该《批复》只针对贩卖假毒品的案件,不涉及其他的此类案件;第二,明知是假毒品的,按诈骗罪定罪;第三,不知是假毒品的,按贩卖毒品罪定罪,在按贩卖毒品罪定罪时,可以从轻或者减轻处罚。

1991 年 12 月 17 日最高人民法院《十二省、自治区法院审理毒品犯罪案件工作会议纪要》第 8 条第 1 款规定:"贩卖假毒品一般有两种情况,一种是行为人故意以假充真或明知是假毒品而贩卖获利;另一种是行为人完全不知是假毒品,以为是真的毒品进行贩卖而获利。对于第一种情况,行为人故意以假货冒充毒品贩卖,纯属欺骗,应定为诈骗罪。对于第二种情况,行为人虽然卖出的是假毒品,但他主观上具有贩卖毒品的故意,故应定为贩卖毒品罪(未遂),但在处罚时应根据其犯罪的具体情节,可以比照既遂犯从轻或者减轻处罚"。同条第 2 款又规定,"对于掺假毒品的犯罪案件,

---

[1] 参见王永成主编:《打击毒品犯罪实用》,人民法院出版社 1992 年版,第 43 页。

如行为人是将精制毒品稀释后贩卖,或是土法加工毒品,因提炼不纯而含有较多杂质的,不论其中有多少其他成分,只要含有毒品,就可以以贩卖毒品定罪"。[①]

同《批复》相比,《纪要》首次提到"掺假毒品"的概念。明文规定在掺假毒品案件中,只要含有毒品成分,就足以构成贩卖毒品罪。

应当认为,在 1997 年《刑法》颁布之后,对掺假毒品案件的定性,已经不必再讨论。1997 年《刑法》第 357 条第 2 款规定,"毒品的数量……不以纯度折算"。根据这一规定,掺假毒品不仅在性质上等同于毒品,就是在数量上,也完全等同于毒品。就此而言,《纪要》的相关规定,已经失去意义。

2. 在贩毒现场以外的场所又查获毒品案件的定性

在贩毒案件中,经常会出现这样的情况:除现场缴获的交易毒品外,在行为人的住宅等场所又搜出毒品。而且往往是现场缴获的毒品数量少,别处搜出的毒品才是大宗。对于贩毒现场以外搜出的这部分毒品,就涉及如何定罪的问题:究竟应该定非法持有毒品罪还是定贩卖毒品罪? 鉴于非法持有毒品罪和贩卖毒品罪的法定刑有极大的差异,并且两罪的量刑又都是以毒品的数量为基本依据,所以不同的定罪必定会伴随不同的处罚,有时甚至会关乎行为人的生死。

1994 年 12 月 20 日最高人民法院《关于适用〈全国人民代表大会常务委员会关于禁毒的决定〉的若干问题的解释》第 2 条规定,"贩卖毒品,是指明知是毒品而非法销售或者以贩卖为目的而非法收买毒品的行为"。根据这一规定,只要别处搜出的那部分毒品系收买所得,就足以构成贩卖毒品行为,这实际上已经为认定贩卖毒品罪基本上扫清了客观方面的障碍。又据 1988 年 8 月 12 日最高人民检察院《关于向他人出卖父辈、祖辈遗留下来的鸦片以及其他毒品如何适用法律的批复》,即使是属于父辈、祖辈遗留下来的鸦片以及其他毒品的,也可以构成贩卖毒品罪,那就意味着在客观方面更加没有障碍了。于是问题便可归结到贩卖毒品罪的主观方面,即能否认定行为人对于其他毒品也具有贩卖目的? 更准确地说,能否从行为人现场贩毒这一事实,推断出他对其他毒品的贩卖目的?

关于这个问题,根据 2015 年 5 月 8 日最高人民法院《全国法院毒品犯罪审判工作座谈会纪要》的规定:"贩毒人员被抓获后,对于从其住所、车辆等处查获的毒品,一般均应认定为其贩卖的毒品。确有证据证明查获的毒品并非贩毒人员用于贩卖,其行为另构成非法持有毒品罪、窝藏毒品罪等其他犯罪的,依法定罪处罚。"据此可见,一般情况下,现场毒品与藏匿毒品应一并计入贩毒数量,即全部毒品均按贩卖毒品定罪,除非确有证据证明查获的毒品并非贩毒人员用于贩卖,才不按贩卖毒品罪定罪,如果其行为另构成非法持有毒品罪、窝藏毒品罪等其他犯罪的,则依照相关犯罪定罪处罚。

3. 以贩养吸行为的定性

以贩养吸,是指行为人既贩卖毒品,又自己吸食毒品。用贩毒所得,供吸毒之需。

---

① 参见王永成主编:《打击毒品犯罪实用》,人民法院出版社 1992 年版,第 28 页。

此类案件的特点是，行为人贩卖毒品的数量，往往无法准确认定。如果说，贩毒数量的能否准确认定，还主要是一个诉讼法上的证据问题的话，那么实体法上的问题则是，对于此类案件中的各部分毒品，究竟应该如何定性？

典型的以贩养吸案件中涉及的毒品，由三部分组成：已经贩卖的、已经吸食的、剩余下来的。对于已经贩卖的毒品，自然是认定贩卖毒品罪；对于已经吸食的毒品，理论界则存在争议。大多数观点认为不构成犯罪，无论是贩卖毒品罪还是非法持有毒品罪或者其他毒品犯罪，均不构成。[①]但也有观点认为应构成非法持有毒品罪，以求最大限度阻断以贩养吸、以吸促贩的恶性循环；[②]对于剩余下来的毒品，理论界也存在争议，大多数观点认为应一并归入贩毒总量，[③]但也有观点主张定非法持有毒品罪。[④]

2008年12月1日最高人民法院《全国部分法院审理毒品犯罪案件工作座谈会纪要》对已经吸食的毒品问题基本上作了回答："对于以贩养吸的被告人，其被查获的毒品数量应认定为其犯罪的数量，但量刑时应考虑被告人吸食毒品的情节，酌情处理；被告人购买了一定数量的毒品后，部分已被其吸食的，应当按能够证明的贩卖数量及查获的毒品数量认定其贩毒的数量，已被吸食部分不计入在内。"根据这一规定，对于已经吸食的毒品，首先应排除定贩卖毒品罪，其次也足以排除定非法持有毒品罪或其他任何毒品犯罪。因为从逻辑上推断，既然该条规定是专门针对已吸食毒品的，那么如果要定罪的话，就不可能不作出明确的规定。反之如果没有明确规定的话，只能认为不构成犯罪。此外，从情理上推断，主张定非法持有毒品罪的观点，也是有失偏颇的。假如一个有长期吸毒史、偶尔也贩一点毒的行为人，累计吸食海洛因已达数千克之多，要按照非法持有毒品定罪的话，岂非可以顶格判到无期徒刑？

不过，上述司法解释对剩余毒品的问题，仍未予以充分澄清。从字面上看，"应当按能够证明的贩卖数量及查获的毒品数量认定其贩毒的数量"，似乎是规定除了已销售的毒品外，其他毒品包括剩余毒品在内，都不能定贩卖毒品罪。但是从字面上看，该规定实际上只涵盖两部分毒品，一部分是已销售的，一部分是已吸食的。更加准确地说，该规定所针对的，是由销售毒品和吸食毒品构成的案件，并未涉及剩余毒品的情况。而按照上海市高级人民法院的司法解释以及全国各地的司法实践，对贩毒分子所拥有的其他毒品，都是要计入贩毒总量的，以贩养吸案件似乎没有任何理由成为一个例外。

（三）走私、贩卖、运输、制造毒品罪的处罚

《刑法》第347条设置的法定刑，是刑法分则全部条文中最为详尽者之一。档次

[①] 参见桑红华著：《毒品犯罪》，警官教育出版社1992年版，第154页；赵秉志、于志刚主编：《毒品犯罪疑难问题司法对策》，吉林人民出版社2000年版，第208页。

[②] 参见王雄亮、周铀：《浅论走私、贩卖、运输、制造毒品犯罪的量刑问题》，载《惩治毒品犯罪理论与实践》，中国政法大学1993年版，第206页。

[③] 参见桑红华著：《毒品犯罪》，警官教育出版社1992年版，第154页。

[④] 参见赵秉志、于志刚主编：《毒品犯罪疑难问题司法对策》，吉林人民出版社2000年版，第208页。

划分极多，罗织尤为细密。依由重到轻的顺序，法定刑作如下排列：最高档为涉案毒品中鸦片 1 000 克以上、海洛因或者甲基苯丙胺 50 克以上、其他毒品数量大的，处 15 年有期徒刑、无期徒刑或者死刑，并处没收财产；中间档为涉案毒品中鸦片 200 克以上不满 1 000 克、海洛因或者甲基苯丙胺 10 克以上不满 50 克、其他毒品数量较大的，处 7 年以上有期徒刑，并处罚金；最低档为涉案毒品中鸦片不满 200 克、海洛因或者甲基苯丙胺不满 10 克、其他少量毒品的，处 3 年以下有期徒刑、拘役或者管制，并处罚金；情节严重的，处 3 年以上 7 年以下有期徒刑，并处罚金。

从上述规定中可以看出，本罪的法定刑都是以涉案毒品的数量为依据而设置的。但毒品数量并非量刑的唯一依据，除此之外，刑法本条还规定了如下的量刑因素：

具有《刑法》第 347 条第 2 款各项加重处罚情节的，无论毒品数量多少，均应适用最高一档法定刑；①具有《刑法》本条第 4 款规定的"情节严重"的，适用最低一档法定刑中"三年以上七年以下有期徒刑"，不具有"情节严重"的，则适用"三年以下有期徒刑、拘役或者管制"。②

《刑法》第 347 条第 2 款第 2 项至第 5 项规定的四种加重情节，是适用最高一档法定刑的依据，它不受毒品数量的限制。只要行为人具备了该情节之一的，无论毒品数量多少，都应当适用。这四种加重情节是：

第 2 项："走私、贩卖、运输、制造毒品集团的首要分子"。根据《刑法》第 26 条第 2 款和第 3 款，"三人以上为共同实施犯罪而组成的较为固定的犯罪组织，是犯罪集团。对组织、领导犯罪集团的首要分子，按照集团所犯的全部罪行处罚"。又据《刑法》第 97 条，"本法所称首要分子，是指在犯罪集团或者聚众犯罪中起组织、策划、指挥作用的犯罪分子"。从上述规定看，首要分子有两种类型：一种存在于犯罪集团，另一种存在于聚众犯罪。本项加重情节，只能对犯罪集团的首要分子适用。

第 3 项："武装掩护走私、贩卖、运输、制造毒品的"。武装掩护，是指以武器装备或武装力量，采取警戒、压制、对抗等手段，来保障走私、贩卖、运输、制造毒品活动安全的行为。至于实际上是否已经动用武器射击或交火等，并不影响此情节的成立。与本项规定非常相似的是《刑法》第 157 条第 1 款："武装掩护走私的，依照本法第一百五十一条第一款、第四款的规定从重处罚。"两者的区别在于，前者仅仅是一个加重情节，后者既是一个加重情节，又是一个从重情节，即在最高一档法定刑幅度内，还要从重处罚。按常理而论，武装掩护走私毒品是所有武装掩护走私行为中最严重的一种，加重之外，似乎也要像《刑法》第 157 条那样加上一个从重，才能与其严重性相适应。

第 4 项："以暴力抗拒检查、拘留、逮捕，情节严重的"。这一加重情节与前面的"武装掩护"相比，有两个区别：就行为种类而言，武装掩护是危险犯，不以"武装"的实

---

①　关于这方面内容，我们将在下文的"加重处罚"一节中讨论。

②　根据前引司法解释，"情节严重"除了指毒品数量外，还具有其他多种表现。关于这方面内容，我们将在下文的"加重处罚"一节中讨论。

际使用为条件，而暴力抗拒是行为犯，必须同执法人员发生正面冲突，才能认定；就行为性质而言，武装掩护的性质是最严重的，而暴力抗拒相对要轻一些，所以规定条款中加了一个"情节严重"的限制。当武装掩护发展到实际冲突时，当然也是一种暴力抗拒，所以本项的暴力冲突，专指武装掩护以外的情况。也可以理解为，武装掩护与暴力冲突这两者，是特别法与普通法的关系。在两者均可认定的情况下，优先适用"武装掩护"的条款。

第 5 项："参与有组织的国际贩毒活动的"。"有组织犯罪"（organized crime）是国际上通行的一个概念，也是一种最严重的犯罪形式。[①]"国际犯罪"则是与国际刑法相联系的新类型犯罪，同时也是最严重的犯罪之一。[②]而有组织的国际贩毒活动，既是国际犯罪和有组织犯罪的最常见表现，也是最严重的毒品罪，当属重中之重，理应予以最严厉的处罚。

《刑法》本条第 4 款的后段规定，"情节严重的，处三年以上七年以下有期徒刑，并处罚金"。这里的"情节严重"就是一个概括式的加重处罚情节。适用这一加重情节，要受到毒品数量的限制，即本款前段规定的"鸦片不满二百克、海洛因或者甲基苯丙胺不满十克或者其他少量毒品"。

2000 年 6 月 10 日最高人民法院《关于审理毒品案件定罪量刑标准有关问题的解释》第 3 条第 1 款对上述"情节严重"作了解释，从第 2 项到第 5 项总共规定了 4 种"情节严重"的表现。

第 2 项："国家工作人员走私、制造、运输、贩卖毒品"。1990 年 12 月 28 日全国人大常委会《关于禁毒的决定》第 11 条规定，"国家工作人员犯本决定规定之罪的，从重处罚"。很显然，这一加重情节是《关于禁毒的决定》相关规定的延续。两者的区别在于，刑法本项的规定，有毒品数量和毒品犯罪种类的限制，而《关于禁毒的决定》第 11 条则具有普适性，既无毒品数量限制，也无毒品犯罪种类的限制；刑法本项的规定，是一个加重情节，作为适用较高一档法定刑的依据，而《关于禁毒的决定》第 11 条是一个从重情节，作为在原有法定刑档次内从重处罚的依据。

第 3 项："在戒毒监管场所贩卖毒品的"。这里的"戒毒监管场所"以行政性的劳教、矫治、收容等出于戒毒目的而设立的场所为限，不包括行政处罚的执行场所、刑事判决前的羁押场所和刑事判决后的服刑场所。

第 4 项："向多人贩毒或者多次贩毒的"。考虑到本项规定要受毒品数量上限的限制，所以是一个专门针对零星贩毒行为而设置的加重情节。结合本条第 7 款关于

---

① 将英语的 organized crime 一词翻译为有组织犯罪是非常不确切的。试比较"发展中国家"和"发达国家"，英语分别为 developing country 和 developed country，一个用现在分词，一个用过去分词。如果译为有组织，那么原文就应该是现在分词。既然原文是过去分词，那就不仅仅是有组织的问题了，而是已经达到了高度组织化的程度。

② "国际犯罪"一词，与"涉外犯罪"或"跨国犯罪"具有本质区别。国际犯罪由国际刑法规定，涉外犯罪或跨国犯罪由国内刑法规定；国际犯罪是国内犯罪的对应，涉外犯罪或跨国犯罪是国内犯罪的派生。国际犯罪有特定的种类限制，涉外犯罪或跨国犯罪至少在理论上，任何犯罪均有可能形成。

"毒品数量累计计算"的规定,表明对零星贩毒案件的处罚原则:一是毒品数量累计计算,二是适用较高一档的法定刑。

第5项:"其他情节严重的行为"。这一概括式规定的意义在于,前面规定的加重情节因此成为非穷尽性列举,法庭可以根据案件的具体情况,自行认定是否属于"情节严重"而不受特定加重情节的限制。

《刑法》第347条第6款规定,"利用、教唆未成年人走私、贩卖、运输、制造毒品,或者向未成年人出售毒品的,从重处罚"。这一规定就是本罪唯一的法定从重情节。

三、非法持有毒品罪

(一)非法持有毒品罪的概念与构成

非法持有毒品罪,是指明知是鸦片、海洛因、甲基苯丙胺或者其他毒品,而非法持有且数量较大的行为。

走私、贩卖毒品之类的行为,在任何情况下都是犯罪,所以前面不需要加一个"非法"做定语,而本罪中的"持有",前面则必须加上"非法",以区别于合法持有麻醉药品、精神药品的行为。需要强调的是,持有毒品的合法性,必须贯穿于持有行为的全过程,方可认定。反之,只要在某一环节上不合法,仍足以构成非法持有毒品罪。例如,有麻醉药品处方权的医生,已具备合法持有毒品的主体资格。但如果这名医生利用职务之便,私自截留了本该给病人使用的数盒杜冷丁,其行为的合法性就不复存在,仍要构成非法持有毒品罪。

本罪的构成要件如下:

1. 在客观方面,本罪表现为明知是鸦片、海洛因、甲基苯丙胺或者其他毒品,而非法持有且数量较大的行为。本罪的客观方面具有四个特征:

(1)持有毒品是一种行为。持有究竟是否属于行为,这是一个有争议的问题。有观点认为持有是一种状态,与行为并列,同为构成犯罪的基础。[①]当然主流观点仍认为持有是一种行为。鉴于前引司法解释已经将持有毒品定义为行为,且行为与状态之争,在司法实务上对定罪量刑并无影响,因此,这里没有必要作过于深入的讨论。

(2)持有毒品是对毒品事实上或法律上的支配、控制。持有毒品首先并且主要表现为对毒品事实上的支配、控制,这是毫无争议的。有争议的是,持有毒品要不要包括对毒品法律上的支配、控制? 法律上的支配、控制,是指毒品虽然不在行为人的直接支配、控制之下,但行为人却拥有支配、控制毒品的权利。例如,张三把一包毒品交给李四保管,但并未明言包内何物,李四收下后也没有察看,就一直放在房间里。在这种情况下,张三脱离了对毒品的实际控制,但仍拥有对该毒品的支配权,这就是法律上的支配。应当认为,持有毒品必须包括行为人对毒品的法律上的支配。不然

---

① 参见秦伯勇:《也谈持有型犯罪——非法持有应是作为犯罪》,载《中外法学》1994年第2期;冯亚东:《试论刑法中的持有型犯罪》,载《中国刑事法杂志》2000年第1期。

的话,在上述例子中,张三就可以辩称毒品不在自己的实际支配之下而逃避责任,李四则因为对毒品缺乏明知,同样也不能承担责任,那么对这包毒品,就没有人来承担责任了。这样的结论,显然是令人无法接受的。还应当认为,在一般情况下,实际持有与法律持有两者是重合的。但在两者分离、分别由两个人执掌的情况下,就要由法律持有者来承担非法持有毒品的责任。由此可见,本罪中的"持有"一词,在很大程度上就是"所有"的意思。谁是毒品的主人,谁就要承担非法持有毒品罪的责任。至于实际持有者,如果明知毒品,可以构成非法持有毒品罪的共犯,但不能单独构成非法持有罪。

(3)持有毒品要求有一定的时间长度。持有毒品行为的成立,应当有时间上的延续性,即在一定时间内相对稳定地保持对毒品的支配力。如果时间过短,不足以说明行为人已经事实上支配毒品时,则不能认定为持有毒品。例如,张三家里面有一包毒品,李四出于好奇,把这包毒品拿在手里看了一眼就放回了原处,前后只有一秒钟的时间。以一秒钟之短,显然不能认定李四已构成非法持有毒品。就此而言,本罪同非法拘禁罪、脱逃罪一样,是属于持续犯的类型。

(4)毒品数量底限。从《刑法》第348条中段的规定看,"非法持有鸦片二百克以上不满一千克、海洛因或者甲基苯丙胺十克以上不满五十克或者其他毒品数量较大的,处三年以下有期徒刑、拘役或者管制,并处罚金",里面已经隐含了毒品数量下限的要求。前引司法解释再次重申了这一要求,即"非法持有鸦片二百克以上,海洛因十克以上或者其他毒品数量较大的,构成本罪"。在毒品犯罪中,大部分罪名没有毒品数量底限的要求,只有3个罪名有此要求,本罪就是其中之一。这说明非法持有毒品的行为,在毒品犯罪中属于轻罪。①

2. 本罪的主体为一般主体,凡达到刑事责任年龄、具有刑事责任能力的,均可构成。本罪也不属于已满14周岁未满16周岁的未成年人应当负刑事责任的8个特定罪名之一,因此本罪的主体年龄下限是已满16周岁。本罪为自然人构成的犯罪,单位不能构成本罪。

3. 本罪在主观方面表现为故意。本罪如同其他所有的毒品犯罪,只能由故意构成。在故意犯罪中,意识因素表现为"明知"。本罪中的"明知"主要涉及两个方面:一是对毒品存在的明知。这是一种确定性明知,即行为人必须意识到自己对该毒品有着事实上或法律上的支配。二是对毒品性质的明知,即行为人必须意识到自己持有的是违禁的毒品,而非其他任何物品。这里的明知,包括确定性明知和可能性明知。前者是指行为人确切地知道自己持有的是毒品,后者是指行为人对持有的毒品有程度不等的模糊认识,但不能说是一无所知。同样是一包毒品,如果行为人辩称这包毒品是别人偷偷埋在他家院子里的,他根本不知道其事,那就是企图否定对毒品存在的明知;如果行为人辩称这包毒品是朋友托他收藏的,他根本没有打开过,那就是

---

① 有毒品数量下限要求的其他两罪:《刑法》第351条规定的非法种植毒品原植物罪和第352条规定的非法买卖、运输、携带、持有毒品原植物种子、幼苗罪。

企图否定对毒品性质的明知。

（二）非法持有毒品罪的处罚

《刑法》第 348 条规定，犯非法持有毒品罪，非法持有鸦片 1 000 克以上、海洛因或者甲基苯丙胺 50 克以上或者其他毒品数量大的，处 7 年以上有期徒刑或者无期徒刑，并处罚金。适用这档法定刑的依据，是非法持有毒品的"数量大"。这里的"数量大"的标准，除了刑法明定的 3 个毒品种类之外，其他毒品，则由 2000 年 6 月 10 日最高人民法院《关于审理毒品案件定罪量刑标准有关问题的解释》第 1 条规定；①非法持有鸦片 200 克以上不满 1 000 克、海洛因或者甲基苯丙胺 10 克以上不满 50 克或者其他毒品数量较大的，处 3 年以下有期徒刑、拘役或者管制，并处罚金；情节严重的，处 3 年以上 7 年以下有期徒刑，并处罚金。2012 年 5 月 16 日最高人民检察院、公安部《关于公安机关管辖的刑事案件立案追诉标准的规定（三）》第 2 条规定，明知是毒品而非法持有，鸦片 200 克以上、海洛因、可卡因或者甲基苯丙胺 50 克以上的，应当予以立案追诉。

四、包庇毒品犯罪分子罪

（一）包庇毒品犯罪分子罪的概念和构成

包庇毒品犯罪分子罪，是指向司法机关作假证明掩盖其罪行，或者帮助其湮灭罪证，以使毒品犯罪分子逃避法律制裁的行为。

本罪的构成要件如下：

1. 在客观方面，本罪表现为向司法机关作假证明掩盖其罪行，或者帮助其湮灭罪证，以使毒品犯罪分子逃避法律制裁的行为。本罪的包庇对象有严格的限制，只能是"走私、贩卖、运输、制造毒品的犯罪分子"，除此之外，其他任何犯罪分子，包括除走私、贩卖、运输、制造毒品罪以外的其他毒品犯罪分子，都不能成为本罪的对象。这里所指的"走私、贩卖、运输、制造毒品的犯罪分子"，无论在逃还是在押、已决还是未决、处刑是轻是重，均一体适用。甚至在主体资格上尚有疑问的行为人，如未满刑事责任年龄者、缺乏刑事责任能力者或限制刑事责任能力者，也同样可能成为本罪的包庇对象。

2. 本罪的主体为一般主体。凡达到刑事责任年龄的，均可构成本罪。本罪的刑事责任年龄的下限是已满 16 周岁。国家机关工作人员犯包庇毒品犯罪分子罪的，应从重处罚。单位不能成为本罪的主体。

3. 本罪在主观方面表现为故意，过失不能构成。故意犯罪在主观方面有两个要素，意识要素是"明知"，意志要素是"希望或放任"。包庇毒品犯罪分子罪中的"明知"，表现为必须明知包庇对象是走私、贩卖、运输、制造毒品的犯罪分子。如果不知被包庇人的真实身份而为其提供食宿等便利的，即使客观上确实起到了帮助毒品犯

---

① 本罪与走私、贩卖、运输、制造毒品罪的数量标准是相同的。

罪分子藏匿的作用,也不能构成包庇毒品犯罪分子罪。

《刑法》第 349 条第 3 款规定,"犯前两款罪,事先通谋的,以走私、贩卖、运输、制造毒品罪的共犯论处"。根据这一规定,包庇毒品犯罪分子罪和窝藏、转移、隐瞒毒品、毒赃罪,均以行为人不具有"事先通谋"为单独成罪的必要条件。值得注意的是,这里"事先通谋"的对象,以走私、贩卖、运输、制造毒品罪犯为限,所以与其他毒品犯罪分子事先通谋的,不能适用本款规定,只能构成其他毒品犯罪的共犯。

(二) 包庇毒品犯罪分子罪的处罚

《刑法》第 349 条第 1 款规定,犯包庇毒品犯罪分子罪和窝藏、转移、隐瞒毒品、毒赃罪的,处 3 年以下有期徒刑、拘役或者管制;情节严重的,处 3 年以上 10 年以下有期徒刑。

根据《刑法》第 349 条第 2 款的规定,包庇毒品犯罪分子罪有一个法定从重情节,即"缉毒人员或者其他国家机关工作人员掩护、包庇走私、贩卖、运输、制造毒品的犯罪分子的,依照前款的规定从重处罚"。2012 年 5 月 16 日最高人民检察院、公安部《关于公安机关管辖的刑事案件立案追诉标准的规定(三)》确定了该罪的立案追诉标准。包庇走私、贩卖、运输、制造毒品的犯罪分子,涉嫌下列情形之一的,应予立案追诉:(1)作虚假证明,帮助掩盖罪行的;(2)帮助隐藏、转移或者毁灭证据的;(3)帮助取得虚假身份或者身份证件的;(4)以其他方式包庇犯罪分子的。

五、窝藏、转移、隐瞒毒品、毒赃罪

(一) 窝藏、转移、隐瞒毒品、毒赃罪的概念和构成

窝藏、转移、隐瞒毒品、毒赃罪,是指明知是毒品或者毒品犯罪所得的财物而为犯罪分子窝藏、转移、隐瞒的行为。

本罪的构成要件如下:

1. 在客观方面,本罪表现为明知是毒品或者毒品犯罪所得的财物而为犯罪分子窝藏、转移、隐瞒的行为。窝藏是一个贬义词,本义指把人或物藏匿在隐秘的处所,引申为偷偷地私藏罪犯、违禁品或赃物,但窝藏的行为人即窝主本身未参与犯罪。鉴于窝藏毒品罪犯另有专罪,所以本罪中的窝藏专指偷偷地私藏毒品或毒品犯罪所得的财物。转移,是指出于窝藏目的而将毒品或毒品犯罪所得的财物从一处搬动到另一处的行为。隐瞒,是指有意掩盖毒品或毒品犯罪所得的财物的真实情况的行为。

从词义上看,"隐瞒"一词可以有三种表现:一是"知情不举",即明知真相而未予告发;二是"拒不吐实",即在受到公安、司法机关询问时不予合作,拒不提供有关毒品或毒赃的真实情况;三是"以假乱真",即在受到询问时,非但不提供有关毒品或毒赃的真实情况,而且有意提供不真实的情况,在客观上造成转移视线、干扰侦破活动的结果。法学界的通说认为,本罪中的"隐瞒"以"拒不吐实"为已足。至于"知情不举",尚未达到犯罪的程度,而"以假乱真",则不应作为构成犯罪的必要条件。在司法实践中,"隐瞒"通常是窝藏、转移行为的后续行为,单纯的隐瞒行为较为少见。但由于窝藏、转移、隐瞒本属一罪中的数行为,所以没有必要对三者作细致的区分。

窝藏、转移、隐瞒毒品、毒赃罪的对象,必须是走私、贩卖、运输、制造毒品的犯罪分子的毒品、毒赃。

毒品,是指一切能够使人形成瘾癖的管制药品,包括麻醉药品和精神药品;毒赃,是指毒品犯罪分子进行毒品犯罪所得的财物,以及由非法所得获取的收益。"非法所得获取的收益",是指利用毒品犯罪所得的财物,从事孳息或者经营活动所获取的财物,以及有关财产方面的利益,包括金钱、物品、股票、利息、股息、红利、用毒品犯罪所得购置的房地产、经营的工厂、公司等。[①]这些财物必须是毒品犯罪分子进行毒品犯罪所得,如果是其他犯罪所得,不能构成本罪,只能构成普通的掩饰、隐瞒犯罪所得、犯罪所得收益罪。

2. 本罪的主体为一般主体。凡达到刑事责任年龄并具有刑事责任能力的,均可构成本罪。本罪的刑事责任年龄的下限,是已满 16 周岁。国家机关工作人员犯包庇毒品犯罪分子罪的,应从重处罚。单位不能成为本罪的主体。《刑法》第 349 条第 3 款规定,"犯前两款罪,事先通谋的,以走私、贩卖、运输、制造毒品罪的共犯论处"。

根据这一规定,窝藏、转移、隐瞒毒品、毒赃罪,以行为人不具有"事先通谋"为单独成罪的必要条件。值得注意的是,这里"事先通谋"的对象,以走私、贩卖、运输、制造毒品罪犯为限,所以与其他毒品犯罪分子事先通谋的,不能适用本款规定,只能构成其他毒品犯罪的共犯。

3. 本罪在主观方面表现为故意,过失不能构成。

(二)窝藏、转移、隐瞒毒品、毒赃罪的认定

1. 既窝藏毒品又包庇毒品罪犯的行为定性

在司法实践中,往往会发生行为人既窝藏罪犯又窝藏毒品的案件。例如,李四是个毒品贩子,被追捕后随身携带卖剩的 75 克海洛因投奔其表兄张三。张三明知李四是贩毒罪犯,手里拿的一包白色粉末是海洛因,仍旧把李四收留下来,提供食宿,还帮助李四把海洛因藏在了床底下。在这种情况下,张三究竟构成一罪,还是构成包庇毒品犯罪分子罪和窝藏、转移、隐瞒毒品、毒赃罪等两罪?

应当认为,对张三以定一罪为宜,不实行数罪并罚。理由是,刑法本条虽然设置两罪,但采取同条同款的并列规定方式,显已充分考虑到两罪的紧密关系。何况两罪的分立只不过是司法解释,未必完全符合立法原意。将本条理解为包含若干行为的选择性罪名,也未尝不可。鉴于张三的包庇和窝藏行为,是一个完整的过程,或者说,是一个行为过程中的两个环节,因此按其中主要的包庇行为定罪,而将从属的窝藏行为吸纳进来,作为量刑时一个参酌的因素,不失为最得体的应对。反之如将其定为两罪,则势必割裂了两行为的内在关联,难免蛇足。

当然,如果行为人的包庇行为和窝藏行为毫不相干的,那就要另当别论。举例说,张三收留了贩毒犯李四,又窝藏了走私犯王五托付的一包毒品。在这种情况下,

---

[①] 参见刘家琛主编:《新刑法条文释义》,人民法院出版社 1997 年版,第 1529—1530 页。

张三的包庇行为与窝藏行为之间，是两个独立的犯罪构成，捏在一起，形同水火，还是分定两罪为妥。

2. 既窝藏毒品又窝藏赃物的行为定性

司法实践中，还往往会发生行为人既窝藏赃物又窝藏毒品的案件。例如，李四是个作案累累的家伙，既抢人钱财，又贩卖毒品。在潜逃过程中，把一个手提箱交由张三收藏，里面既有抢来的珠宝，又有贩剩的吗啡。在这种情况下，张三究竟构成一罪，还是构成掩饰、隐瞒犯罪所得、犯罪所得收益罪和窝藏、转移、隐瞒毒品、毒赃罪等两罪？

应当认为，对张三亦以定一罪为宜，不实行数罪并罚。理由是，掩饰、隐瞒犯罪所得、犯罪所得收益罪和窝藏、转移、隐瞒毒品、毒赃罪虽然分属《刑法》分则第六章第二节和《刑法》分则第六章第七节，但仍旧无法割裂两罪的内在紧密关系。事实上，窝藏、转移、隐瞒毒品、毒赃罪是从掩饰、隐瞒犯罪所得、犯罪所得收益罪中分化而来，除了对象不同以外，两罪几乎没有任何区别。本例中张三的行为是典型的想象竞合犯，一行为而同时具有两个犯罪构成，且两罪又大致重合，因此完全可以采取想象竞合犯的从一重罪处断的原则。

3. 窝藏毒品后又代为销售的行为定性

例如，李四是个毒品贩子，把一包大麻交由张三收藏。过了半年以后，又打电话让张三物色买家，把毒品就地出售，得款两人平分。张三依言而行，在进行毒品交易时被当场抓获。在本例中，张三构成贩卖毒品罪是没有疑义的，问题是张三还有没有构成窝藏毒品罪？

应当认为，张三窝藏毒品罪的罪名成立，应与贩卖毒品罪实行并罚。理由是，张三在收藏李四的毒品时，主观上具有窝藏的故意，客观上具有窝藏的行为，且窝藏时间又长达半年之久，已完全具备窝藏毒品罪的构成条件。至于随后的贩毒行为，那是另外一个犯罪构成中的内容，两罪之间不存在包容与被包容的吸收关系，也没有手段行为与目的行为的牵连关系，因此不能按吸收犯或牵连犯原则以一罪论处。当然，如果行为人在窝藏毒品之始，就存有贩卖之心，在物色买家期间，暂行隐匿毒品以备交易，在这种情况下，对张三的窝藏行为就既可以视作贩卖毒品罪的预备行为，被随后的贩卖毒品罪的实行行为所吸收而无需单独定罪，也可以将窝藏行为与贩卖行为分别视作手段行为和目的行为，按牵连犯原则以一罪论处。

（三）窝藏、转移、隐瞒毒品、毒赃罪的处罚

《刑法》第349条第1款规定，犯窝藏、转移、隐瞒毒品、毒赃罪的，处3年以下有期徒刑、拘役或者管制；情节严重的，处3年以上10年以下有期徒刑。

六、非法生产、买卖、运输、走私制毒物品罪

（一）非法生产、买卖、运输、走私制毒物品罪的犯罪构成

非法生产、买卖、运输、走私制毒物品罪，是指违反国家规定，非法生产、买卖、运

输醋酸酐、乙醚、三氯甲烷或者其他用于制造毒品的原料、配剂，或者携带上述物品进出境，情节较重的行为。

本罪的构成要件如下：

1. 本罪的客观方面表现为非法生产、买卖、运输、走私毒品的行为。生产，是指制造、加工制毒物品的行为；买卖，是指任何形式的买入和卖出；运输，是指采用携带、邮寄、利用他人或者使用交通工具等方法在我国领域内将毒品从此地转移到彼地，运输毒品必须限制在国内，而且不是在领海、内海运输国家禁止进出口的毒品，否则便是走私毒品；走私，是指非法运输、携带、邮寄毒品进出国（边）境的行为。

2. 本罪的主体为一般主体。凡年满16'周岁并具有刑事责任能力者，即可构成本罪。根据《刑法》第350条第3款的规定，单位亦是本罪的主体。考虑到在司法实践中，涉嫌实施非法生产、买卖、运输、走私制毒物品的，以单位居多，且更有条件，所以确有必要将单位纳入定罪处罚的范围。

3. 本罪在主观方面以故意为限，过失不能构成本罪。根据故意犯罪的要求，行为人主观上必须具备"明知"，即明知是制毒物品而实施非法生产、买卖、运输、走私的行为。如果行为人确实不知所生产、运输、走私的乃是制毒物品的，则不构成犯罪。至于行为人的作案动机以及制毒物品的用途，则在所不问。此外，需要注意的是，根据《刑法》第350条第2款的规定，如果明知他人制造毒品而为其生产、买卖、运输前款规定的物品的，则以制造毒品的共犯论处。

（二）非法生产、买卖、运输、走私制毒物品罪的处罚

《刑法》第350条规定，犯非法生产、买卖、运输、走私制毒物品罪的，处3年以下有期徒刑、拘役或者管制，并处罚金；情节严重的，处3年以上7年以下有期徒刑，并处罚金；情节特别严重的，处7年以上有期徒刑，并处罚金或者没收财产。单位犯非法生产、买卖、运输、走私制毒物品罪的，对单位判处罚金，并对其直接负责的主管人员和其他直接责任人员，依照上述规定处罚。

七、非法种植毒品原植物罪

（一）非法种植毒品原植物罪的概念与构成

非法种植毒品原植物罪，是指违反国家有关规定，非法种植毒品原植物，数量较大、经公安机关处理后又种植的或者抗拒铲除的行为。

本罪的构成要件如下：

1. 在客观方面，本罪表现为非法种植毒品原植物的行为。这里"非法"是很容易理解的，凡缺乏合法种植理由的，就均属非法。需要讨论的是"种植"一词。从农林业的角度看，"种植"是指用人工栽培的方式，生产出某种植物的一个完整的过程。考虑到刑法本节中还有一个制造毒品罪，且广义的制造毒品概念，亦可将种植毒品原植物的行为收入其中，所以有必要对"种植"和"制造"进行区分："种植"是农业性质的行为，从播种开始，到收获结束，中间包括插苗、移栽、施肥、灌溉、除草等一系列具体环节，而"制造"是工业性质的行为，有去除杂物、溶解、发酵、提炼、配制、合成等工艺；"种植"的对象是植物，"制造"的对象是非植物；"种植"是"制造"的基础，"制造"是"种植"的延续；"种植"的产品是原始形态的毒品，即毒品原植物，而"制造"的产品是最终形态的毒品，如海洛因、吗啡、摇头丸等。正因为毒品原植物通常不宜吸食、不易保存、不便流通，不能产生直接的危害，所以非法种植毒品原植物罪的性质要远轻于制造毒品罪。前者的法定最高刑是有期徒刑，而后者的法定最高刑是死刑。

本罪的对象是毒品原植物。毒品原植物，是指含有毒品成分，主要是含有麻醉性生物碱的，能够被用于提取或加工成毒品的一切植物。从世界范围看，主要的毒品原植物是罂粟、大麻和古柯。刑法本条对"毒品原植物"采取列举加概括的方式，被列举的毒品原植物为罂粟和大麻。但由于刑法本条还用了表示概括的"等"字，所以包括古柯在内的其他毒品原植物，也同样属于本罪的适用范围。

值得注意的是，罂粟、大麻和古柯在植物学上都代表一类植物，以罂粟为例，在罂粟科下，有多达50余个品种，能够被提取毒品的，只是其中的鸦片罂粟，剩下的多为观赏植物。刑法本条仅仅笼统规定了毒品原植物的名称，但没有规定具体的品种，所以对于同名不同种的植物，仍存在一个毒品原植物的认定问题。

2.本罪的主体为一般主体，凡年满16周岁并具有刑事责任能力的自然人，均可构成。

3.本罪在主观方面表现为故意，过失不能构成。按照故意犯罪的要求，行为人必须"明知"是毒品原植物。如果误将毒品原植物视为普通植物而种植的，则不能构成犯罪。至于犯罪的动机和目的，与定罪无关。即使行为人不是为了收获毒品，而是为了观赏、为了猎奇、为了炫耀、为了绿化，也同样要追究刑事责任。

（二）非法种植毒品原植物罪的认定

《刑法》第351条对非法种植毒品原植物罪设置了三个定罪条件，行为人至少要具备其中的一个，才能构成本罪。这三个定罪条件是：非法种植毒品原植物数量较大的；经公安机关处理后又种植的；抗拒铲除的。分述如下：(1)种植数量较大。根据刑法本条的规定，种植毒品原植物必须达到"数量较大"的程度，才能构成犯罪。"数量较大"的具体标准是：罂粟500株以上不满3 000株或者其他毒品原植物数量较大的。(2)经公安机关处理后又种植。刑法本条的这一定罪条件，主要是针对行为人不思悔改的主观恶性而设置的。更确切地说，是以行为人的人身危险性也即再犯可能性为主要的定罪依据。就此而言，它同刑法的累犯规定非常相似，亦可视为关于累犯的特别规定。(3)抗拒铲除。刑法本条的这一规定，类似于《刑法》第202条规定的抗税罪，针对的主要是行为人公然藐视国家法律尊严、直接对抗执法机关执法权威的表现。

（三）非法种植毒品原植物罪的处罚

《刑法》第351条规定，犯非法种植毒品原植物罪的，处5年以下有期徒刑、拘役或者管制，并处罚金；犯本罪数量大的，处5年以上有期徒刑，并处罚金或者没收财产。

第351条第3款规定,非法种植罂粟或者其他毒品原植物,在收获前自动铲除的,可以免除处罚。这就是本罪的法定量刑情节。考虑到种植毒品原植物的情况比较复杂,所以《关于禁毒的决定》和1997年《刑法》都规定了这一具有从宽性质的量刑情节;也是考虑到种植毒品原植物的情况比较复杂,所以该情节的前置情态动词是"可以"而非"应当"。

八、非法买卖、运输、携带、持有毒品原植物种子、幼苗罪

(一) 非法买卖、运输、携带、持有毒品原植物种子、幼苗罪的概念和构成

非法买卖、运输、携带、持有毒品原植物种子、幼苗罪,是指非法买卖、运输、携带、持有未经灭活的罂粟等毒品原植物的种子、幼苗数量较大的行为。

本罪的构成要件如下:

1. 在客观方面,本罪表现为非法买卖、运输、携带、持有未经灭活的毒品原植物的种子、幼苗的行为。非法,是指行为人缺乏任何可资证明行为正当性的理由。需要强调的是,刑法本条中的"非法"一词,是本条条文中所有四个动词的共同定语,绝非专门修饰"买卖"一词的,所以应读作:非法买卖、非法运输、非法携带、非法持有。分述如下:

概括地说,本罪中的"运输"、"携带"、"持有"三行为存在边缘重合、界限模糊的现象。但鉴于这三个行为是同条同款的并列关系,择一便可认定,所以没有必要作细致的区分。大体上的区分则可按如下标准:"运输"与"携带"的界限是看有无使用交通工具;"携带"与"持有"的界限则是看犯罪对象的状态,处在动态的是携带,处在静态的是持有。

本罪的对象是未经灭活的毒品原植物种子或幼苗。毒品原植物种子,是指毒品原植物的胚珠经受精后长成的结构,一般有胚、种皮和胚乳等组成部分。毒品原植物幼苗,是指毒品原植物已经萌发、尚未成熟的个体,通常可作进一步栽培。未经灭活,是指毒品原植物种子或幼苗,尚未经过人为的高温蒸煮、放射性照射等各种杀死处理,仍保有生物活性,在适宜的环境条件下或者经人工培养后,能够正常发芽或生长。这里要强调的是,"灭活"同"死亡"具有本质的区别,不可混为一谈:"灭活"是人为造成植物死亡的手段,"死亡"是植物经过"灭活"后生命的终止。"灭活"是植物死亡的原因之一,但植物不经灭活,也可能或者最终总是会自然死亡。因此,刑法本条所称的"未经灭活",不仅是看毒品原植物的种子或者幼苗有无死亡,更重要的是看有没有经过人为的灭活处理。如果涉案的毒品原植物的种子或者幼苗虽然已经死亡,但并未经过灭活处理的,仍有可能构成本罪。

根据《麻醉药品管理办法》第6条的规定,"对成品、半成品、罂粟壳及种子等,种植或生产单位必须有专人负责,严加保管,严禁自行销售和使用"。我国对毒品原植物的种子或幼苗有一整套的严格管理制度。为了防止罂粟种子非法流出,承担药用

罂粟种植任务的国有农场,对罂粟壳内残留的种子一律进行钴60放射灭活处理。可以理解为,"灭活"既是毒品原植物的合法种植单位的一项重要工作,也是在源头上堵塞毒品犯罪漏洞的一个必备手段。而刑法设立本罪,正是通过对"未经灭活"的严厉打击,来确保"灭活"的有效贯彻。

2. 本罪的主体为一般主体,凡年满16周岁并具有刑事责任能力的自然人,均可构成。单位不能成为本罪主体。

3. 本罪在主观方面表现为故意,过失不能构成。按照故意犯罪的要求,行为人必须"明知"是毒品原植物的种子、幼苗。如果确实不知道是毒品原植物种子、幼苗的,则不能构成本罪。至于犯罪的动机和目的,与定罪无关。

(二)非法买卖、运输、携带、持有毒品原植物种子、幼苗罪的处罚

《刑法》第352条规定,犯非法买卖、运输、携带、持有毒品原植物种子、幼苗罪的,处3年以下有期徒刑、拘役或者管制,并处或者单处罚金。

九、引诱、教唆、欺骗他人吸毒罪和强迫他人吸毒罪

(一)引诱、教唆、欺骗他人吸毒罪和强迫他人吸毒罪的概念和构成

引诱、教唆、欺骗他人吸毒罪,是指违反国家禁毒法规,使用各种手段,引诱、教唆、欺骗他人吸食、注射毒品的行为。

强迫他人吸毒罪,是指违背他人意志,以暴力、胁迫等方法,迫使他人吸食、注射毒品的行为。

《刑法》第353条共设两罪,其中"引诱、教唆、欺骗"合为一罪,"强迫"则单设一罪。两罪的表达,都采用语法上所谓的使动方式,即动词+宾语+动词。其宾语同为"他人",其后置动词同为"吸毒"。关于"他人"和"吸毒",按常义理解即可。有论者认为,这里的"他人"限于"从未吸食、注射过毒品的人或者已经彻底戒除毒瘾的人"。[①]应当认为,这种观点是没有法律根据的。因为刑法的措辞是不加限制的"他人",所以只能理解为包括一切人等。

两罪的构成要件如下:

1. 在客观方面,两罪表现为引诱、教唆、欺骗、强迫他人吸食、注射毒品的行为。在认定两罪客观方面时,首先需要讨论的是四个前置动词。分述如下:

(1)引诱,是指采用各种"诱饵",使被引诱者产生吸毒的欲望,并进而在自愿和明知的前提下,吸食毒品。

一个"引诱"行为的构成,必须包含三个要素:

其一,至少要有一个或数个"诱饵"。正如钓鱼,也总是要用鱼饵的。俗云"姜太公钓鱼,愿者上钩",由于钩上无饵,所以不能算是真正的钓鱼。本罪中的"诱饵",是指行为人有意制造出来的、能够吸引被引诱者产生吸毒的欲望并进而吸食毒品的一

---

① 参见周其华主编:《全国人大常委会修改和补充的犯罪》,中国检察出版社1992年版,第275页。

切事、物。有观点认为，"引诱，顾名思义，是以他物诱惑"。①应当认为，有形之"物"固然是诱饵，无形之"事"比如渲染吞云吐雾的逸乐，鼓吹及时行乐的歪理，散布荒淫无耻的邪说等等，同样也足以视为诱饵。

其二，必须是被引诱者自愿吸毒。这也是"引诱"同"强迫"的本质区别。如果被引诱者虽然受到了诱惑，但在最后吸毒时，主观上仍旧具有不自愿的因素，那就可能构成强迫吸毒。

其三，必须是被引诱者明知吸毒。有观点认为，"引诱是指以金钱、物质或者含有毒品的物品让他人吸食，如将毒品掺入香烟中给他人吸食"。②这是混淆了引诱与欺骗的界限。将毒品掺入香烟中给他人吸食，"他人"自以为在吸烟，其实是吸毒，显然应归于受到欺骗，而非引诱。

（2）教唆，是指共同犯罪中的一种共犯形式和共犯行为。《刑法》第29条规定，"教唆他人犯罪的，应当按照他在共同犯罪中所起的作用处罚"，根据这一规定，教唆行为以本人和被教唆人均构成犯罪为必要条件。鉴于吸毒并非犯罪，所以"教唆他人吸毒"的，不成立共犯，只有教唆者一人构成犯罪。这也正是本罪中专门使用"教唆"一词，而不能适用刑法总则关于教唆犯规定的原因。换一个角度，也可理解为本罪中的"教唆"，是刑法总则教唆犯原则普适性的一个例外。

刑法本条中规定的"引诱"和"教唆"，同犯罪预备中规定的"工具"和"条件"，具有完全相同的表达方式。"引诱"和"教唆"其实也不是并列关系，而是列举和概括的关系，立法者选择了"引起他人吸毒决意"中最常见的"引诱"手段，作列举式规定，对于其他的同类行为，则一并以"教唆"相概括。因此，刑法本条中不同于字面的真正含义是，"以引诱手段教唆他人吸毒，或者以引诱之外的其他手段教唆他人吸毒"。

（3）欺骗，是日常用语，刑法中有个专门用语"诈骗"，释为"虚构事实或隐瞒真相"。本罪中的"欺骗"，亦可作如此理解：行为人用虚构事实或隐瞒真相的方法，使原本没有吸毒意愿的他人在不知情的情况下，误食毒品。例如，把毒品掺入香烟，或者用毒品换掉药片，等等。此外，媒体中屡有披露的黑心店主，偷偷在火锅汤料里放进罂粟壳，借以招徕顾客，亦为欺骗他人吸毒的适例。

（4）强迫，是指违背他人意志，采用暴力、胁迫或者其他强制手段，迫使他人吸毒；或者强行使毒品进入他人体内，造成吸毒事实的行为。

作为强迫他人吸毒罪客观方面的"强迫"，有如下的两个问题需要探讨：

其一，关于"强迫"的方式。在通常情况下，"强迫"都是表现为逼迫被害人"自己"吸毒，这可以称之为间接强迫；在少数情况下，"强迫"亦表现为行为人自己动手，把毒品送进被害人体内。比如强行给被害人注射吗啡，或者在锡箔上点燃海洛因后，强行让被害人嗅吸等，这可以称之为直接强迫。有观点将"强迫"限制在间

① 参见赵秉志、于志刚主编：《毒品犯罪疑难问题司法对策》，吉林人民出版社2000年版，第333页。
② 参见周道鸾主编：《单行刑法与司法适用》，人民法院出版社1996年版，第133页。

接方式上,称强迫是"排除被害人的抵抗,迫使其违背自己的意志吸食、注射毒品",①这是不妥的。应当认为,无论间接强迫还是直接强迫,只要违背被害人意志,均足以认定。

其二,关于"强迫"的手段。概括地说,强迫他人吸毒罪中的"强迫"手段,包含三种情况:第一种是暴力手段,以轻微暴力为限,与抢劫罪、强奸罪中的暴力手段有本质区别。如果使用导致被害人重伤或者死亡结果的严重暴力的,则要另外再认定故意伤害罪或故意杀人罪,实行数罪并罚;第二种是胁迫手段,与强奸罪的胁迫手段相同,不以暴力威胁为限,与抢劫罪的胁迫手段有显著区别;第三种是其他手段,主要是指以药物麻醉或用酒灌醉。与抢劫罪、强奸罪中的"其他手段"的本质区别在于,抢劫罪、强奸罪中凡以药物麻醉或用酒灌醉为手段的,一律认定为"其他手段",而本罪中的"其他手段"不包括直接用欺骗方法使被害人误食毒品的情况。

2. 两罪的主体均为一般主体,凡年满 16 周岁并具有刑事责任能力的自然人,均可构成。单位不能构成本条规定的犯罪。

3. 两罪在主观方面均以故意为限,过失不能构成。至于犯罪的动机和目的,则与定罪无关。如果行为人客观上对他人吸毒起到了一定的作用,尤其是引诱或教唆作用,但主观上既没有故意也没有过失,或者至多是出于无心之过的,则不能构成本条犯罪。例如,父亲锁起房门躲在房间里吸毒,没想到儿子在门匙孔里偷窥,等父亲走后,就如法炮制,吸食剩下的海洛因;又如,母亲和女儿边看电视边闲聊,女儿对剧中女主角想哭就哭、眼泪比自来水还多的演技佩服得五体投地,母亲随口说,这有什么稀奇,还不是靠抽白粉刺激出来的。还补充了一句,现在演艺界的明星哪个不吸毒。女儿正痴迷有朝一日也成为明星,于是就设法搞来吗啡,给自己注射,昼夜苦练哭笑自如的本事。在这两个例子中,父亲客观上起到了引诱作用,母亲客观上起到了教唆作用。但一个是自以为无人知晓,一个是言者无心、听者有意,都不符合故意的条件。

(二) 引诱、教唆、欺骗他人吸毒罪和强迫他人吸毒罪的处罚

《刑法》第 353 条第 1 款规定,犯引诱、教唆、欺骗他人吸毒罪的,处 3 年以下有期徒刑、拘役或者管制,并处罚金;情节严重的,处 3 年以上 7 年以下有期徒刑,并处罚金。

第 353 条第 2 款规定,犯强迫他人吸毒罪的,处 3 年以上 10 年以下的有期徒刑,并处罚金。

第 353 条第 3 款规定,"引诱、教唆、欺骗或者强迫未成年人吸食、注射毒品的,从重处罚"。此即本条两罪的法定从重情节。这里的"未成年人"概念,由于吸毒并非犯罪,因而不能适用《刑法》总则第 17 条关于刑事责任年龄的规定。应当适用的是《未成年人保护法》。该法第 2 条规定:"本法所称未成年人是指未满十八周岁的公民。"根据这一规定,本罪的"未成年人",是指未满 18 周岁的人。

---

① 参见刘家琛主编:《新刑法条文释义》,人民法院出版社 1997 年版,第 1551 页。

十、容留他人吸毒罪

（一）容留他人吸毒罪的概念与构成

容留他人吸毒罪，是指收容、留置吸毒人员，为其吸毒提供场所以及其他便利的行为。

本罪的构成要件如下：

1. 在客观方面，本罪表现为容留他人吸食、注射毒品的行为。吸毒总是要有一个较为隐秘的、避人耳目的场所的，哪怕躲进厕所里，也胜于在大庭广众面前公然吸毒，正如卖淫，哪怕再鲜廉寡耻，也总是要有一道屏风的，不可能在光天化日之下像畜生一样从事色情交易。这也正是刑法对吸毒和卖淫，专门规定了一个"容留"行为的原因。

容留，主要是指提供吸毒场所，这也是一个必备要件。至于是否提供其他便利，则无碍定罪。提供了固然更加坐实"容留"，不提供也同样足以认定"容留"。如果只有提供便利，比如一支针筒，一杆烟枪之类，但没有提供场所的，不能构成本罪。

提供，泛指一切形式的收容、留置。行为人也无须一定是该场所的所有者。舞厅老板、饭店经理招徕吸毒人员固然是"提供"，服务员、清洁工给吸毒人员开房间，同样也是"提供"。甚至新居装修，请来的工人白天干活，晚上背着房东招引老乡来吸毒，亦可视为"提供"。但这里要强调的是，行为人必须对提供的场所多多少少有某种排他的"进入权"。如果同该场所没有任何关系的，或者该场所人人可进的，就不一定能够相当于"提供"。比如瘾君子张三毒瘾难熬，急需找个地方吸毒，李四得知后就说，我倒知道附近有个公共厕所，还是星级的，你花两块钱假装进去方便，门一关别说吸毒，就是吃一顿酒席都没人来管你。话毕就把张三带到了那间厕所，还抢着给张三买了厕所门票。像这样的例子，就应当认为李四尚未完全符合"提供"的条件。

2. 本罪的主体为一般主体，凡年满 16 周岁并具有刑事责任能力者，均可构成本罪。单位不能构成本条规定的犯罪。

3. 本罪在主观方面表现为故意，过失不能构成。至于犯罪的动机和目的，则与定罪无关。如果行为人客观上对他人吸毒起到了提供场所的作用，但主观上缺乏"明知"的，则不能构成本条犯罪。

（二）容留他人吸毒罪的处罚

《刑法》第 354 条规定，犯容留他人吸毒罪的，处 3 年以下有期徒刑、拘役或者管制，并处罚金。

十一、非法提供麻醉药品、精神药品罪

（一）非法提供麻醉药品、精神药品罪的概念与构成

非法提供麻醉药品、精神药品罪，是指依法从事生产、运输、管理、使用国家管制

的麻醉药品、精神药品的人员,违反国家规定,向吸食、注射毒品的人提供国家规定管制的能够使人形成瘾癖的麻醉药品、精神药品的行为。

本罪的构成要件如下:

1. 在客观方面,本罪表现为非法提供麻醉药品或精神药品的行为。这一行为包含了三个基本特征,即非法性、无偿性和多样性。其中关于非法性的问题,简单地归纳一下,即凡是妨害国家管制的行为,包括提供行为在内,都是非法的。

提供行为的无偿性,是指行为人在提供麻醉药品、精神药品的过程中,不得出于牟利目的,不得获取任何财物或经济利益,必须是无偿提供。据此,凡任何涉嫌有偿的情况,均应剔除无偿范围。譬如说,直接的物钱买卖、物物交易固然是有偿的,间接的以毒品换取任何形式和种类的报酬,只要是可以用钱款来衡量的,包括消费、服务、劳务在内,也同样如此。

提供行为的无偿性,并不是一条罪与非罪的界限,而是此罪彼罪的界限。当提供行为不符合无偿性标准时,便意味着行为人已经构成其他性质更严重的毒品犯罪,如贩卖毒品罪等。无偿性并且是一个应当从严掌握的标准。理由很简单,其一,从《刑法》第 355 条规定看,已明确排除"以牟利为目的",否则就要"依照本法第 347 条的规定定罪处罚"。而第 347 条正是毒品犯罪中最严重的走私、贩卖、运输、制造毒品罪;其二,从立法精神看,向来主张对特殊主体要从严处罚。本罪行为人是拥有接触毒品便利条件的特殊主体,而本罪偏偏是毒品犯罪中最轻之罪,本该从严变成从轻了,原因无非是着落在"无偿性"上。相反,行为人有偿提供毒品的话,其行为的性质势必发生由轻到重的转化,怎么可能仍旧按轻罪论处呢?

提供行为的多样性,是指行为人的行为方式,可以是多种多样的。例如,有麻醉药品、精神药品处方权的医生,擅自开具处方;负责供应麻醉药品、精神药品的药剂师,不按处方配药;搬运麻醉药品、精神药品的工人,私下拿出毒品送礼等等,均可视为提供行为。

与无偿性相反,提供行为的多样性,应当是一个从宽掌握的标准。完全没有必要逐一列举提供行为的种类或强行限制提供行为的范围。只要满足两个条件,提供行为便足以认定。这两个条件是,从过程看,该行为改变了麻醉药品、精神药品的状态。原先是处于合法状态的,现在变成了处于非法状态;从结果看,该行为改变了麻醉药品、精神药品的用途。原先是提供给病人药用的,现在变成了提供给涉毒者滥用。至于是在麻醉药品、精神药品流程中的哪一个环节改变了状态,或者从药用到滥用之间是否还有其他中间环节,均在所不论。当然麻醉药品、精神药品通过中间环节变成滥用的,还要看行为人是否具有特定的故意,具体又有两种不同情况:假如行为人是提供给吸毒者以外的其他人的,则行为人必须是希望或放任借他人之手最终流向吸毒者;假如行为人直接提供给了吸毒者甲,吸毒者甲又分给了吸毒者乙,那么行为人的责任到自己的提供行为为止,不必进一步延续。

关于非法提供行为的对象,也即麻醉药品、精神药品的获取者,按照《刑法》第

355 条规定,限于"吸食、注射毒品的人"。

本罪的提供对象限于吸毒人,这点刑法已经明确;提供对象是贩卖者的,要按贩毒罪定罪处罚,这点刑法也已经明确。剩下的提供对象,就是既非吸毒人、也非贩毒者的其他人。司法实践中也确实发生过此类案件。例如,"被告人洪××,系某市制药厂供销负责人,利用职务之便,擅自出售本厂生产的吗啡针剂 340 支,并将吗啡针剂列入销售目录。经调查,购买吗啡针剂的某市××大学医务所未获得有关主管部门关于购买麻醉药品的许可。由于该医务所既不是为了走私、贩卖毒品,也不是为了吸毒者吸食、注射,因此,对洪××的行为不能以非法提供毒品罪论处,而应当根据《麻醉药品管理办法》的有关规定予以处罚"。①该书作者的观点是完全正确的。再补充一句,是根据《麻醉药品管理办法》第 30 条第 2 款第 3 项,"向未经批准的单位或者个人供应麻醉药品或者超限量供应的"以及同条第 1 款,"可由当地卫生行政部门没收全部麻醉药品和非法收入,并视其情节轻重给予非法所得的金额 5 至 10 倍的罚款,停业整顿,吊销《药品生产企业许可证》、《药品经营企业许可证》、《制剂许可证》的处罚"。

概括地说,非法提供行为的对象,如果是吸毒者的,构成本罪;如果是贩卖者的,构成贩卖毒品罪;如果是其他人的,不构成犯罪,按行政法规予以行政处罚。

2. 本罪的主体为特殊主体,即"依法从事生产、运输、管理、使用国家管制的麻醉药品、精神药品的人员"。另据第 355 条第 2 款的规定,单位也可以成为本罪主体。

依法从事,是指行为人具有从事麻醉药品、精神药品的生产、运输、管理、使用的合法资格。据此,擅自生产、运输、管理、使用的,或者在取得生产、运输、管理、使用资格的过程中采取伪造、骗取、蒙混等任何非法手段的,均不具备合法资格,不能成为本罪主体。其生产、运输、管理、使用行为,应根据毒品罪中其他相关罪名定罪处罚。

3. 本罪在主观方面表现为故意。根据《刑法》第 15 条第 2 款"过失犯罪,法律有规定的才负刑事责任"以及刑法学界的普遍理解,本罪的罪过形式以故意为限,其中"明知"的内容包含三个方面:其一,明知行为的违法性。即明知自己实施的是违反国家规定,妨害国家管制的行为;其二,明知自己提供的是国家管制药品;其三,明知提供对象是吸毒者。

(二) 非法提供麻醉药品、精神药品罪的处罚

《刑法》第 355 条规定,犯非法提供麻醉药品、精神药品罪的,处 3 年以下有期徒刑或者拘役,并处罚金。情节严重的,处 3 年以上 7 年以下有期徒刑,并处罚金。单位犯本罪的,对单位判处罚金,并对其直接负责的主管人员和其他直接责任人员,依照前款的规定处罚。

---

① 参见欧阳涛、陈泽宪主编:《毒品犯罪及对策》,群众出版社 1992 年版,第 140、141 页。

第九节　组织、强迫、引诱、容留、介绍卖淫罪

一、组织、强迫、引诱、容留、介绍卖淫罪概述

(一) 本节犯罪的概念与特征

刑法本节名为"组织、强迫、引诱、容留、介绍卖淫罪",鉴于本节中尚有节名以外的犯罪,所以这一名称,并非对本节犯罪的概括,而是以本节中的主要罪名来作为本节犯罪的代称。若作一概括,可将本节犯罪定义为:与卖淫活动有关联的、由刑法明定为犯罪的行为。

本节是《刑法》分则第六章"妨害社会管理秩序罪"的第七节,名为"组织、强迫、引诱、容留、介绍卖淫罪"。从第 358 条到第 362 条,共有 5 个条文,每条分别为:第 358 条的组织卖淫罪、强迫卖淫罪、协助组织卖淫罪;第 359 条的引诱、容留、介绍卖淫罪,引诱幼女卖淫罪;第 360 条的传播性病罪;第 361 条的准单位犯罪;第 362 条的窝藏罪特别规定。

本节基本上覆盖了与卖淫嫖娼活动有关联的犯罪,但并未穷尽一切。例如,《刑法》第 240 条第 1 款第 4 项规定,"诱骗、强迫被拐卖的妇女卖淫或者将被拐卖的妇女卖给他人迫使其卖淫",这项规定是关于拐卖妇女、儿童罪的加重处罚情节,不属本节的范围;又如,《刑法》第 301 条第 1 款规定的聚众淫乱罪和第 2 款规定的引诱未成年人聚众淫乱罪,也有可能发生于卖淫嫖娼的场合,但同样不属本节的范围,等等。

本节之罪均为故意犯罪,过失不能构成;本节之罪均为一般主体的自然人犯罪,单位不能构成。值得讨论的,是关于本节犯罪主体的刑事责任年龄问题。根据《刑法》第 17 条第 2 款,本节之罪均不在明定的 8 罪之内,因此主体年龄当以 16 周岁为下限。但若将《刑法》第 17 条第 2 款理解为泛指 8 类行为,而非专指 8 个特定罪名,则本节中有相当数量行为可以入选。例如,《刑法》第 358 条第 1 款第 4 项规定,"强奸后迫使卖淫的",这项规定是一个加重处罚情节,罪名仍旧是强迫卖淫。但条文中同样也明文出现了"强奸"一词。以情理而论,先强奸后强迫卖淫,性质显然重于单纯的强奸,假如单纯强奸要构成犯罪,强奸后再强迫卖淫倒可以不负刑事责任,岂非荒谬。有理由认为,在本节之罪中,凡涉及违背妇女意愿的和以幼女为犯罪对象的,包括强迫卖淫罪、引诱幼女卖淫罪,均可适用《刑法》第 17 条第 2 款,以 14 周岁为犯罪主体的年龄下限。

从法定最高刑看,本节之罪有如下的轻重档次:

无期徒刑:组织卖淫罪、强迫卖淫罪;

15 年有期徒刑:引诱、容留、介绍卖淫罪,引诱幼女卖淫罪;

10 年有期徒刑:协助组织卖淫罪,特别窝藏罪;①

5 年有期徒刑:传播性病罪。

(二)卖淫的概念与特征

本节规定的所有犯罪,都是以卖淫活动为核心而展开的。因此,对本节类罪与个罪的全部研究,都必须从"卖淫"一词的梳理与廓清入手。

卖淫,是指为了报酬而以自己的身体提供杂乱性交或者性器官的其他接触的行为。

从前面给出的定义中,可以对"卖淫"的特征作如下归纳:

1. 卖淫者的性别和年龄均无限制。在通常情况下,卖淫者为成年女性,但幼女和成年男性也同样可以构成。根据《刑法》第 359 条第 2 款的规定,"引诱不满 14 周岁的幼女卖淫的",表明幼女也可以成为卖淫者;根据《刑法》第 358 条和 359 条的规定,"组织他人卖淫的或者强迫他人卖淫的","引诱、容留、介绍他人卖淫的",这里对卖淫者的指称,都是中性的"他人",再对照 1979《刑法》第 140 条和第 169 条,"强迫妇女卖淫的"、"引诱、容留妇女卖淫的",表明刑法条文的措辞从阴性名词"妇女"改为中性名词"他人",只能理解为卖淫者的性别,从专指女性变为兼指男女两性。另据 1992 年 12 月 11 日最高人民法院、最高人民检察院《关于执行〈全国人民代表大会常务委员会关于严禁卖淫嫖娼的决定〉的若干问题的解答》第 9 条的规定,"组织、协助组织、强迫、引诱、容留、介绍他人卖淫中的'他人',主要是指女人,也包括男人",更加证明关于卖淫者的性别问题,已无可置疑。在卖淫者的范围方面,唯一留有疑问的,是能否包含幼男在内。考虑到《刑法》第 359 条规定的是"幼女",所以认为,不满 14 周岁的幼男,不在卖淫者的范围之中。如果同幼男发生性行为的,可以适用《刑法》第 237 条第 3 款规定的猥亵儿童罪。

2. 卖淫者必须接受报酬。卖淫,是一种特殊的买卖关系,作为卖方的卖淫行为人,以提供性服务而换取报酬。反之,如果是以志愿者的身份或者以不计酬的方式与他人发生性行为的,则从根本上不再具有卖淫的性质。这也是卖淫与其他一切非法的或不正当的两性关系的根本区别。报酬,应作最广义的解释,除了现金,也包括一切财物或财产利益。至于接受报酬的方式,同样也应作最广义的解释,包括实际接受和约定接受。

3. 卖淫的对象是不特定的多人。卖淫对象的不特定,首先表现为数量上的多人。在英语中,即以复数形式的"men"来表示。如同一切做生意的老板那样,卖淫者也是欢迎顾客越多越好,多多益善。不可能只接待一个,而把其他顾客拒之门外。除非是在做第一笔生意时即被抓获,否则绝不会以一名顾客、一笔生意为限;卖淫对象的不特定,其次表现为卖淫者对卖淫对象的不加选择。俗话说来者都是客,是人尽可夫,正是对卖淫者敞开大门笑脸迎客的写照。在其他两性关系中,性对象是唯一的或者是有选择的,而卖淫者的性对象则是杂乱的,不加选择的。

---

① 对特别窝藏罪的处罚,是援用《刑法》第 310 条的法定刑。

4. 卖淫行为表现为以自己的身体提供杂乱性交或者性器官的其他接触。首先，表明卖淫只能是本人提供的性服务，而非利用他人来提供；其次，也表明卖淫的服务方式是以肉体来满足对方，而非利用姿色、言语、展示等来予以满足。

"卖淫"有狭义和广义两解。狭义专指提供杂乱性交。杂乱，即是"不特定的多人"和"不加选择"的意思。杂乱性交是卖淫主要的、基本的行为方式。广义的"卖淫"，则包括性交以外的其他性服务。刑法意义上的"卖淫"，显然不能取其狭义。一方面，有些性服务的内容距离性交仅一步之遥，两者几乎没有什么本质的区别；另一方面，要证明皮肉交易究竟走到了哪一步，到底是止步于性交呢还是步入了性交，也是极其困难的。然而，如果对卖淫作无限广义的解释，则势必混淆本质上很不相同的各种行为之间的界限。因此，对"卖淫"只能作有所限制的广义解释。应当认为，把卖淫的界限划定在性交和性器官的其他接触，是比较恰当的，其标准也是比较具体明确的。前引公安部的《批复》，尽管并未使用"性器官接触"的措辞，但实际上，也是采用了这一标准。所谓"性器官接触"，包括卖淫者和嫖客双方性器官的相互接触；卖淫者用自己的身体接触嫖客的性器官；卖淫者提供或者接受嫖客以身体对自己性器官的接触等。这里所称的"身体"，不包括性器官在内，但包括身体的任何其他部位，比如手、口、头发、脚趾等，均无不可。

（三）卖淫的界限

前文所述的卖淫诸特征，即索受报酬、对象不特定、杂乱性交或性器官的其他接触，必须要求同时具备，缺一则不能构成卖淫。据此，可以划清卖淫行为与其他不正当性行为的界限：

1. 卖淫与淫乱活动的界限。卖淫表现为杂乱性交，在这点上与淫乱活动是相同的。但卖淫的"淫乱"是指卖淫者与不特定的多人先后发生性关系，而淫乱活动的"淫乱"则是指多名男女在同一地点同一时间发生性关系；卖淫者的"淫乱"是索受报酬的，而淫乱活动中的男女行为人，则不收取报酬；卖淫者的"淫乱"是非罪行为，而聚众淫乱则是犯罪行为。当多名卖淫者与嫖客在同一地点同一时间发生性关系、符合聚众淫乱定义时，应当优先按聚众淫乱定罪，而不能视为普通的卖淫嫖娼违法活动。这里的"多名"，包括一名卖淫者和数名嫖客、数名卖淫者和一名嫖客、数名卖淫者和数名嫖客等各种情况在内。

2. 卖淫与其他色情活动的界限。卖淫也是一种色情活动，它与其他色情活动的区别，就是看有无性交或者性器官接触的内容。在现实生活中，卖淫有时被称作"三陪"。"三陪"一词作为委婉语使用当然未尝不可，但在定性时则必须严格界定，行为人究竟"陪"的是什么。如果是没有肉体接触的陪酒、陪唱、陪聊天，或者进行脱衣舞等淫秽表演，不能视为卖淫；如果是有轻微肉体接触的陪舞、搂抱、按摩、接吻等，也不能视为卖淫；如果在"陪"的过程中，已经包含了性交或性器官接触的内容，则应当认定为卖淫。

3. 卖淫与其他不正当性行为的界限。这里所称的其他不正当性行为，是指除卖淫和聚众淫乱之外的一切性交行为，包括前文提及的通奸、包娼、养二奶、变相纳妾等等。卖淫与这些不正当性行为的关键区别,就在于是否以性行为的次数索受报酬和是否对象不特定。卖淫需要这两个特征同时具备,而其他性行为则在这两点上有所欠缺。

(四)卖淫的性质与处理

本节规定的犯罪,都是与卖淫嫖娼活动相关联的行为。很明显,卖淫嫖娼活动居于本节一切犯罪的核心,或者说,本节的一切犯罪都是围绕卖淫嫖娼活动而展开。但同样明显的是,居于核心地位的卖淫嫖娼活动并非犯罪,只是一种违法行为,倒是那些外围的行为,都具有犯罪的性质。在刑法分则中,只有毒品犯罪也具备这一特征。毒品的最终消费,也即吸毒,是一切毒品犯罪的核心和归宿,但吸毒行为本身,也非犯罪。自1979年《刑法》颁布以来,一直到现在为止,我国刑法在禁毒、禁娼方面一向不遗余力,但与此同时,吸毒和卖淫嫖娼的非罪性质,也迄今未予改变,今后也几乎不可能改变。

说卖淫嫖娼活动不属犯罪行为,是从整体上而言的,这并不排斥在某些情况下,卖淫嫖娼行为也构成犯罪。比如,明知自己患有严重性病而卖淫嫖娼的,要构成传播性病罪;多名妓女、嫖客在同一时间同一地点淫乱的,要构成聚众淫乱罪等。

普通的卖淫嫖娼行为,属违法行为。依据有关法规,对卖淫嫖娼行为的处理与处罚由轻至重分别为:其一,一律强制进行性病检查。对患有性病的,进行强制治疗。其二,一律适用《治安管理处罚条例》第30条,予以行政处罚,包括"15日以下拘留、警告、责令具结悔过"。

二、组织卖淫罪、强迫卖淫罪

(一)组织卖淫罪、强迫卖淫罪的概念与构成

根据最高人民法院确定的罪名,组织卖淫行为与强迫卖淫行为各单独成罪,所以强迫卖淫罪与组织卖淫罪相互之间是不兼容的。组织卖淫罪,是指以招募、雇佣、强迫、引诱、容留等手段,控制多人从事卖淫的行为。与组织卖淫罪一样,《刑法》第358条对强迫卖淫罪也采取了简单罪状的规定方式。但与组织卖淫罪不同的是,在相关的司法解释中,也没有提及强迫卖淫罪的定义。因此,在强迫卖淫罪缺乏法定定义的情况下,需要拟就一个学理上的定义。《刑法》条文中包含"强迫"的罪名有第244条强迫职工劳动罪,第353条强迫他人吸毒罪;隐含"强迫"的罪名有:第236条强奸罪,第237条强制猥亵罪,第257条暴力干涉婚姻自由罪,第263条抢劫罪。综合刑法各条明示或暗示的"强迫"罪名,并结合刑法本节的特点,可对强迫卖淫罪定义如下:采用暴力、胁迫等手段,对他人实施人身或精神强制,逼迫其违背意愿地从事卖淫活动的行为。[①]

---

① 有论者在强迫卖淫罪的定义中,将"卖淫"一词也作为定义的对象,这是不必要的。鉴于本节的节名,也即类罪名就含有"卖淫",所以只需对"卖淫"一次定义即可,无需在各具体罪名中重复提及。参见鲍遂献主编:《妨害风化犯罪》,中国人民公安大学出版社1999年版,第95页。

两罪的构成要件如下：

1. 在客观方面，组织卖淫罪表现在两个方面：一是采用"招募、雇佣、强迫、引诱、容留等手段"；二是"控制多人从事卖淫"。对于这两个要件，亦可视为手段行为和目的行为。分述如下：

（1）手段行为

招募手段，是指招收或募集他人参与卖淫集团或其他卖淫组织从事卖淫活动的行为。这里的"他人"，包括男女两性，但必须以自愿卖淫者为限，因为"招募"是以被招募者的意志自由为前提的。如果招募时含有欺骗因素，比如名为招收公关小姐、酒店服务员之类，实则逼迫从事色情勾当，就应视为采用强迫手段。招募一般会带有金钱或其他利益的允诺或兑付，但并非必要条件，这也正是招募与雇佣的区别。从字面上看，"招募"应当是公开的、面向社会不特定人群的，但考虑到从事的是见不得人的肮脏行径，所以也无需排除秘密的、私下的招募。公开招募往往是通过广告来进行的。比如某报曾刊登过一则广告，招聘年轻貌美的女性从事公关工作，月薪5万元，奖金另计。应聘者络绎不绝，引起警方注意后，才发现是在招聘卖淫人员；秘密招募通常是在老乡、熟人、亲友圈子里个别地、单线地进行。比如一农村女子进城打工，辗转堕入风尘，然后领妓院老板之命，回乡东挑西拣，招了一大帮小姐妹也去从事卖淫活动，等等。

雇佣手段，是指组织卖淫者与卖淫者之间建立的、以工资换取卖淫者从事卖淫活动的交易。"雇佣"与"招募"实际上是基本重合的，立法者同时选用两词，用意无非为细密法网，兼顾到两者的细微区别而已。"雇佣"与"招募"的细微区别主要是："雇佣"一般是小范围的，"招募"则一般面向社会公众；"雇佣"是赤裸裸的，工资待遇等都要交代清楚，"招募"则较为委婉，往往还带着幌子，也不一定直接涉及金钱；"雇佣"的对象，通常已经是风尘中人，而"招募"的对象则往往先前无此经历等。

强迫手段，是指采取暴力、胁迫或其他强制性手段，逼迫被害人违背意愿地从事卖淫活动。这里对卖淫者之所以称"被害人"，就是因为违背了其本人的意愿。违背意愿包含两种情况，一种是不愿卖淫，另一种是愿意卖淫，但不愿参加特定的卖淫组织，或者不愿向特定的嫖客卖淫。无论是哪种情况，均可视为违背意愿。要强调的是，在组织卖淫罪中，"强迫"是不能包含导致重伤、死亡或其他严重后果的。因为《刑法》第358条第2款第5项，已将此列为强迫卖淫罪的加重处罚情节之一，所以一旦发生这类情况，罪名就要改定强迫卖淫罪了。

引诱手段，是指以金钱、财物、美色等为诱饵，诱使他人参加卖淫组织，从事卖淫活动。"诱饵"是没有种类和形状等等任何限制的，不管有形无形、物质精神、直接间接，都无碍"诱饵"的存在。据此，可将"诱饵"定义为：足以使人产生诱惑的一切事、物。

容留手段，是指收容、留置自愿卖淫者参加卖淫组织，为其提供卖淫场所以及其他便利条件的行为。"容留"必须包含一个提供卖淫场所的环节，如果仅仅提供了某一或某些便利条件，但未提供卖淫场所的，则容留不能成立。

（2）目的行为

如前所述，组织卖淫罪的手段行为是无关紧要的，在客观方面唯一的、真正堪为构成要件的，只有目的行为。据此，可以把组织卖淫行为，直接定义为：控制多人从事卖淫的行为。

从语法角度看，"控制多人从事卖淫"一语，是缺省主语的使动结构。其中"多人"一词，既为"控制"的宾语，又为"从事卖淫"的主语。

从刑法角度看，"控制多人从事卖淫"一语，包含了两个行为：一个是组织行为，即"控制多人"；另一个是实行行为，即"从事卖淫"。

组织，是指筹建、建立、运转、维持一个或数个卖淫系统的行为。有观点认为，在"组织"概念中，还需包含"将分散的卖淫行为予以集中"的内容。[①]应当认为，把这一内容作为对"组织"的列举式说明，是未尝不可的，但把它视为"组织"的一个必备要件，则有以偏概全之嫌。理由很简单，"将分散的卖淫行为予以集中"的前提，是在实施"组织"之前，孤立的卖淫者和分散的卖淫行为业已存在。但实际情况是，有相当数量的卖淫者，在被"组织"之前，并无卖淫经历或卖淫史。直到被"组织"之后，才首次陷入火坑，堕入皮肉生涯。如果把这种情况排除在外，显然会导致法网洞开，让众多组织卖淫的罪犯，侥幸成为漏网之鱼。

上文提及的"卖淫系统"，既可以是高度组织化的卖淫集团，也可以是颇为严密成熟的卖淫组织，还可以是松散型的、临时性的卖淫网络。比如某夜总会老板张三，手头备有一大批"小姐"的拷机号和手机号，这些小姐并非夜总会员工，平时有的混迹于其他色情场所，有的还从事一份正当职业。一旦老板物色到嫖客，电话有召，就会前来夜总会"服务"，或者约好地点，进行皮肉交易。像张三的这种情况，同样可认定为具有组织卖淫的性质。

强迫卖淫罪在客观方面有两个基本特征：一个是采用强迫手段；一个是违背他人意愿。这两个特征又是相辅相成、相互证明的。只有采用强迫手段，才谈得上违背他人意愿，而违背他人意愿，则必定是采用强迫手段的结果。

在强迫卖淫罪的强迫手段中，有两个问题需要注意：

其一，关于强迫的程度和后果。

在强迫手段中，最主要的也是典型的为暴力手段。暴力手段的本身，有一个暴力强度的问题。致伤致残固然是暴力，轻轻打一下耳光也不能说就不是暴力，但两者在暴力强度上，显然有巨大差异。强度与后果又有直接的联系。强度越大，后果就越严重。于是，便可将问题归结为，在本罪的暴力手段中，有没有程度和后果的限制？是包括一切强度和后果呢，还是以轻微暴力和无伤亡结果为限？

从刑法的所有相关罪名看，对此有两种不同的规定。一种是以抢劫罪和强奸罪为代表，鉴于在这两个罪名中，法律明文规定了致人伤亡的结果，所以暴力手段是可

[①] 参见苏彩霞、时延安主编：《妨害风化犯罪疑难问题司法对策》，吉林人民出版社2001年版，第31—32页；鲍遂献主编：《妨害风化犯罪》，中国人民公安大学出版社1999年版，第70—71页。

以涵盖伤亡结果的；另一种以强迫他人吸毒罪为代表，鉴于在该罪的法条中，并未规定致人伤亡的结果，且法定最高刑仅为 10 年有期徒刑，所以对该罪的暴力手段，必须理解为以轻微暴力和无伤亡结果为限。如果发生致伤或致死等严重后果的，就要另行追究伤害罪或杀人罪的刑事责任。

其二，关于强迫的其他手段。

在强迫手段中，典型的是暴力手段和胁迫手段，但抢劫罪、强奸罪的法条，在明定的暴力手段和胁迫手段之后，都缀以"其他"一词，表明还有强迫的其他手段。而在强迫卖淫罪的法条中，虽无"其他"一词，但连强迫手段的种类都未涉及，显然"强迫"的范围更为宽泛。在抢劫罪、强奸罪的其他手段中，最主要的是麻醉手段，包括用酒灌醉和用药物麻醉。于是，便可将问题归结为，本罪的其他强迫手段，能否包括麻醉手段？

对此问题，应从两面来看。从强迫卖淫罪的法条字面看，既然是采用简单罪状，允许对"强迫"一词作最宽泛的解释，那么自应包含麻醉手段在内。但从本罪与强奸罪的区别看，结论并非如此简单。这里的关键，是要回答强迫他人去做的，究竟是什么事情？

强迫卖淫罪与强奸罪的相同之处，都是强迫他人实施性交行为。更准确地说，是强迫他人接受性交行为。区别则在于，强奸罪是强迫接受自己的奸淫行为，而本罪则是强迫接受嫖客的奸淫行为。可见两罪的强迫指向是不同的。强奸罪是以强迫手段扫除自己的性行为障碍，本罪则是以强迫手段扫除嫖客的性行为障碍，使不愿卖淫的或者不愿向特定的人卖淫的，最终不得不"同意"卖淫。很明显，两罪在扫除障碍的时间上，本罪在前，强奸罪在后。强奸罪是性交行为过程中，以强迫扫除障碍，而本罪是先强行扫除障碍，当嫖客实施性交行为时，已经没有障碍了。换一个角度，也可以这样来理解：本罪和强奸罪，都包含性交行为，都具有违背他人意愿的性质。但在强奸罪中，性交行为和强迫行为是一人实施的。而在本罪中，性交行为和强迫行为是由两人分别实施。要说违背意愿，也只有强迫行为人违背了他人意愿，嫖客是不存在违背他人意愿方面的问题的。也正因为如此，嫖客的奸淫行为，至多具有违法性，但尚未达到触犯刑律、构成犯罪的程度。就此而言，嫖客行为的非罪性，是以不违背卖淫者意愿为前提的。然而，如果本罪行为人采用麻醉手段，嫖客则在被害人丧失意识、或者神志不清的状态下实施奸淫行为的话，那么其行为也具有违背他人意愿的性质，非罪性的前提已不复存在，于是就同普通的嫖娼行为，开始具有本质区别。

如果嫖娼行为人已经构成犯罪，那么接下来的问题就是，构成什么罪？一种可能是构成强迫卖淫罪或强迫卖淫罪的共犯。但"卖淫"的含义是有偿性服务。在提供服务者和接受服务者之间，永远是两相情愿的交易，不存在谁强迫谁的问题。而嫖娼行为人趁被害人丧失意识或神志不清之际实施奸淫，其行为是违背被害人意愿的，因此不符合"卖淫"之意，难以强迫卖淫罪认定。另一种可能是构成强奸罪，或者同实施麻醉手段的行为人一起构成强奸罪的共犯。考虑到强奸罪的本质特征，一是采用强迫手段，二是违背被害人意愿，嫖娼行为人完全符合这两个条件，因此足以构成强奸罪。

同样道理,如果嫖娼行为人在实施奸淫过程中,被迫卖淫者始终不愿意提供服务,该行为人因而采用暴力或胁迫手段,以排除被害人的反抗。在这种情况下,嫖娼行为人也是要构成强奸罪的。

基于上述分析,可以得出如下结论:在强迫卖淫罪中,行为人是不能采用麻醉手段的。一旦采用麻醉手段造成被害人丧失意识或神志不清,就要与嫖娼行为人双双构成强奸罪。

2. 两罪的主体均为一般主体。凡年满 16 周岁且具有刑事责任能力的,均可构成。单位不能成为两罪的主体。

3. 两罪在主观方面均表现为故意,过失不能构成。有观点认为,《刑法》第 358 条规定的三罪主观方面的要件之一,是必须具有营利目的。理由是卖淫行为具有营利目的,所以同卖淫行为相关联的犯罪,亦需连带具有营利目的。①应当认为,此说未免忽略了法定要件和学理探究的区别。作为法定要件,必须要有刑法的明文规定,而作为学理探究,虽可不受法条束缚,但不能以有效解释自居。鉴于刑法本条并未规定一个营利目的,所以在司法实践中,无论有营利目的也罢,无营利目的也罢,均不影响组织卖淫罪和强迫卖淫罪的要件齐备和罪名成立。

(二) 组织卖淫罪和强迫卖淫罪认定

在认定组织卖淫罪和强迫卖淫罪时,应注意以下一些问题:

1. 组织嫖娼行为的定性

卖淫与嫖娼是交易双方的对应关系,又同为非罪行为。组织卖淫与组织嫖娼是交易的扩大,但组织卖淫行为是犯罪,且为重罪,那么组织嫖娼行为又该如何定性?

有观点认为,对组织嫖娼行为不能孤立看待,而"应把这种行为视为组织他人卖淫的一个有机组成部分"。②此论未免有以偏概全之嫌。组织卖淫与组织嫖娼虽然是交易的扩大,但交易的形式也随之发生了很大变化。既然卖淫与嫖娼是一种交易,那就以买卖作喻:最初的买卖是买方与卖方的个人交易,这时候的卖方,是做小生意的个体户。然而,商品交易的规律是卖方总是要谋求发展,不可能永远满足于做小生意,做个体户,于是小生意就会发展成大生意,小商铺也会变成大卖场。与此同时,买方也在发生变化,也会出现集团采购之类的大客户。买卖双方更重要的变化是,大商场与大客户之间,已不复存在必然的对应关系。商场再大,也是以接待个体顾客居多,集团采购,也不妨同个体户作成生意。前引观点的偏颇,正是在于把卖淫嫖娼与组织卖淫嫖娼,作了简单化的类比,殊不知在组织卖淫与组织嫖娼之间,已失去必然的对应关系。嫖娼本质上是一种不可能被长久地、稳固地组织起来的个人行为,正如大商场可以汇聚成千上万的商品,但顾客极少可能先加入一个组织,再集体前往购物,是一样的道理。组织嫖娼之所以不像组织卖淫那样成罪,原因即在于此。

---

① 参见储槐植主编:《"六害"治理论》,中国检察出版社 1996 年版,第 23 页。

② 参见张泗汉主编:《"六害"案件法律实务》,中国政法大学出版社 1993 年版,第 174 页。

概括地说，单纯的嫖娼是不构成犯罪的。无论是嫖客，还是嫖客的组织者，均不例外。但当组织嫖娼行为与组织卖淫行为发生牵连时，情况就完全不同了。归纳如下：

其一，既组织嫖娼又组织卖淫。例如，张三为某歌厅老板，雇了一大群卖淫女在店里从事卖淫活动。但该店地处偏僻，鲜有客人光顾。张三为招徕生意，就出资购买了一辆大客车，又在车站、码头等设立固定网点，派人专司拉客，言明店里有漂亮小姐提供服务。一有好色之徒上钩，就随时用大客车送回店里嫖娼。此例中张三设点、拉客之类的行为，已具备组织嫖娼的特征，但组织嫖娼是为组织卖淫服务的，两者已合为一体，所以应构成组织卖淫罪。

其二，受组织卖淫者之托而为其组织嫖客。例如，李四为某旅行社导游，平时经常出入色情场所。妓院老板得知李四的身份后，就有意拉拢，许诺说，只要你把游客带到店里来，小姐任你挑，开销全我包。李四闻言正中下怀，从此带队导游时，无论就餐住宿，一概都把客人拉进黑店。连游客要方便的机会也不肯放过，非带到黑店里的厕所不可。此例中李四也实施了组织嫖娼行为，但性质是为他人的组织卖淫活动提供帮助，所以应构成协助组织卖淫罪。

其三，既组织嫖娼又介绍卖淫。例如，王五为某旅行社老板，刚取得出境游资质就动了歪念。店堂里面贴的、满目都是××国家销魂游之类蛊惑人心的大幅广告。凡有客人上门，必神秘兮兮地告知"保证满意"。组团出游时，一下飞机就直奔红灯区而去。此例中王五同外国妓院老板并无接触，且外国人在外国组织卖淫也不会构成我国刑法中的组织卖淫罪，所以王五不能构成协助组织卖淫罪。但我国刑法中的介绍卖淫罪，既未限定卖淫者必须是中国人，也未限定卖淫行为必须发生在中国。《刑法》第6条第3款倒是规定，"犯罪的行为或者结果有一项发生在中华人民共和国领域内的，就认为是在中华人民共和国领域内犯罪"。考虑到此例中王五介绍卖淫的行为虽然发生在外国，但给中国人脸上抹黑的严重后果却是发生在我国，且不提众多嫖客全都染上艾滋病，所以王五足可构成介绍卖淫罪。

2. 强迫被拐卖妇女卖淫行为的定性

根据《刑法》第240条第1款第4项的规定，"诱骗、强迫被拐卖的妇女卖淫或者将被拐卖的妇女卖给他人迫使其卖淫的"，行为人应构成拐卖妇女罪，且适用加重处罚一档的法定刑。

3. 强迫卖淫罪与强奸罪的界限

强迫卖淫罪与强奸罪，行为人都采用了违背他人意愿的强迫手段，都包含一个奸淫行为。但两罪的强迫事项不同。强迫卖淫罪是强迫他人向嫖客卖淫，强奸罪是强迫他人与自己发生性行为，更准确地说，是强迫被害人接受自己的性行为。这里尤需注意的，是如下三种情况：

其一，强奸后迫使卖淫的。如前所述，根据《刑法》第358条第1款第4项的规定，"强奸后迫使卖淫的"，是强迫卖淫罪的一个法定加重处罚情节，定强迫卖淫一罪即可。

其二,强迫他人向自己卖淫的。实施这种行为的主体,只能是嫖客,具体又可细分为两种情况。一种是被害人已经受到强迫卖淫者的强迫,但仍旧不愿卖淫,于是嫖客就强行实施奸淫行为;另一种是嫖客直接要求被害人卖淫,当被害人不愿时,嫖客仍强行实施奸淫行为。无论是哪一种情况,都与强迫卖淫罪有本质区别,只能认定为强奸罪。理由是,任何"卖淫"都必须以自愿性交为前提。即使是被强迫卖淫,也是不愿卖淫在先,同意性交在后。当被害人始终不愿性交时,嫖客实施的就不是嫖娼行为了,而是强行奸淫行为。如果嫖客与强迫卖淫行为人共同强迫的,两人双双构成强奸罪的共犯;如果是嫖客独自强迫的,单独构成强奸罪;如果被害人先被强迫卖淫,当强迫卖淫行为人离开后,嫖客又实施了强行奸淫行为,则一人构成强迫卖淫罪,一人构成强奸罪。

其三,已满14周岁不满16周岁的未成年人实施"强奸后迫使卖淫的"。根据《刑法》第17条第2款的规定,已满14周岁不满16周岁的人犯8种罪的,应当负刑事责任。强奸罪在明定8罪之中,而强迫卖淫罪在明定8罪之外。那么已满14周岁未满16周岁的未成年人实施"强奸后迫使卖淫"的行为,究竟是否应当负刑事责任?

从《刑法》第358条的规定看,行为人只能构成强迫卖淫罪。但据最新的权威解释,明定的8罪并非专指8个特定罪名,而是泛指8种行为。凡行为过程中包含这8种行为之一的,均应承担刑事责任,因此行为人"强奸后迫使卖淫的",应当承担刑事责任。从逻辑上看,要求行为人承担刑事责任也是有充分理由的。"强奸后迫使卖淫"的情况,包含强奸和强迫卖淫两罪。与普通的强奸罪相比,性质只会加重,不会减轻。如果只实施了一个强奸,就构成犯罪,强奸后再加上一个强迫卖淫,倒可以不负刑事责任,岂非轻重颠倒?

4. 组织卖淫罪与强迫卖淫罪的界限

组织卖淫罪与强迫卖淫罪是刑法同条同款同句规定的两罪,几乎可将其视为一个选择性罪名,即组织、强迫卖淫罪。两罪存在着大量的法条竞合现象,又互为特别法。根据1992年最高人民法院、最高人民检察院《关于执行〈全国人民代表大会常务委员会关于严禁卖淫嫖娼的决定〉的若干问题的解答》(以下简称《两高解答》)第2条第1款,组织卖淫罪的手段之一,即为强迫,所以在一般情况下,组织卖淫罪优于强迫卖淫罪,两罪发生重合时,以组织卖淫罪为特别法,强迫卖淫罪为普通法;但据《刑法》本条第1款,强迫卖淫罪有4个法定加重处罚的情节。当行为人具备这4个量刑情节时,就要优先认定强迫卖淫罪,而组织卖淫罪则变成普通法了。概括地说,在适用基准档法定刑时,优先认定组织卖淫罪;在适用加重档法定刑时,优先认定强迫卖淫罪。

(三)组织卖淫罪和强迫卖淫罪的处罚

《刑法》第358条规定,犯组织卖淫罪、强迫卖淫罪的,处5年以上10年以下有期徒刑,并处罚金;情节严重的,处10年以上有期徒刑或者无期徒刑,并处罚金或者没收财产。组织、强迫未成年人卖淫的,依照前款的规定从重处罚,犯前两款罪,并有杀害、伤害、强奸、绑架等犯罪行为的,依照数罪并罚的规定处罚。

三、协助组织卖淫罪

（一）协助组织卖淫罪的概念和构成

协助组织卖淫罪，是指在组织他人卖淫活动中，起辅助作用或者次要作用，帮助、协助组织他人卖淫的行为。

《刑法》第 358 条第 4 款，以简单罪状的方式规定了协助组织卖淫行为。根据《两高解答》第 3 条第 1 款，协助组织卖淫"是指在组织他人卖淫的共同犯罪中起帮助作用的行为。如充当保镖、打手、管账人等"。根据同条第 2 款，"协助组织他人卖淫的行为，有具体的罪状和单独的法定刑，应当确定为独立的罪名，适用单独的法定刑处罚，不适用《刑法》总则第 24 条关于从犯的处罚原则"。又据 1997 年《刑法》颁布后最高人民法院《确定罪名的规定》，协助组织卖淫也是一个独立的罪名。

本罪在《刑法》分则体系中，是一个非常特殊的罪名。"协助"与"辅助"同义，根据《刑法》第 27 条的规定，"在共同犯罪中起次要或者辅助作用的，是从犯"，可见"辅助"乃是共同犯罪中最常见的一种从犯行为。除了极个别的犯罪——比如重婚罪——以外，几乎所有的犯罪都可能出现共犯和从犯，但惟独在组织卖淫罪里的从犯，却构成了一个独立的犯罪，可见特殊之至。

本罪的构成要件如下：

1. 在客观方面，本罪有如下需要注意的问题：

其一，本罪与组织卖淫罪的关系。本罪虽然已从组织卖淫罪中脱离出来而成为独立的犯罪，但与组织卖淫罪，仍无法割断实质性的依附关系。如果组织卖淫罪本身不成立的话，那么本罪是绝对不能单独构成的。在共同犯罪中，主从犯的关系是有主犯未必有从犯，有从犯必定有主犯。对本罪与组织卖淫罪的关系，也可以表述为：有组织卖淫罪未必有协助组织卖淫罪，有协助组织卖淫罪，则必定有组织卖淫罪。

其二，协助组织卖淫行为与组织卖淫罪从犯的关系。如前所述，协助组织卖淫行为的实质，是一种组织卖淫罪的从犯行为。那么，在单独设立本罪之后，组织卖淫罪里面还有没有从犯？ 如果有的话，那么又如何来划清本罪与组织卖淫罪从犯的界限？

基于对本罪立法意图的分析，对组织卖淫罪有无从犯的问题，可以引出如下结论：在理论层面上，当然不能绝对排除从犯的存在；但在司法实践中，几乎不再有从犯立足的余地。理由是：

从本罪的立法意图看，无非就是对组织卖淫罪从犯的特别规定。如果组织卖淫罪仍有从犯，规定本罪就变得多余。鉴于"组织"一词已隐含主犯、首要分子的意思，与从犯的概念相悖，而"协助组织"几乎与从犯等义，与主犯的概念不容，甚至可断言：组织卖淫罪没有从犯，协助组织卖淫罪没有主犯。如果说，在协助组织卖淫罪设立之前，尚不能轻言组织卖淫罪没有从犯，那么在本罪设立之后，此论已获坚实的支撑。当然，简单地说协助组织卖淫罪没有主犯，是一种容易引起误解的表述,更准确的说法是:本罪既没有主犯,也没有从犯,甚至还没有共同犯罪。论证如下:协助组织卖淫的概念同主犯是相对立的,如果可以构成主犯的话,完全可以并且首先应当构成组织卖淫罪;协助组织卖淫的概念本身已隐含从犯的意思,如果可以构成从犯的话,实际上就成了从犯的从犯,未免牵强。况且从犯是以主犯的存在为前提的,连主犯都没有,从犯又何从谈起;协助组织卖淫已经同组织卖淫形成共犯关系,如果本身还有一个共犯的话,岂非过分复杂。况且认定共犯,就要区分主从,岂非难上加难。

2. 本罪主体为一般主体,凡年满 16 周岁且具有刑事责任能力的,均可构成。单位不能成为本罪的主体。

3. 本罪在主观方面表现为故意。比较特殊的是"明知"问题,鉴于本罪与组织卖淫罪是事实上的共犯关系,所以在其"明知"事项中,必须包含对他人组织卖淫活动的"明知"。如果行为人虽然客观上为他人的组织卖淫活动提供了便利,但主观上对此缺乏明知的,就不能构成该罪。比如,张三是房东,李四以开舞厅为名向其租房。张三不明就里,当下就签订了租房协议。李四待舞厅开张后,大搞色情活动,招引来的是嫖客,让小姐跳的是贴面舞、黑灯舞,一派乌烟瘴气。张三作为房东,或许有失察之过,但由于对色情活动缺乏明知,就不能构成协助组织卖淫罪。

(二) 协助组织卖淫罪的处罚

《刑法》第 358 条第 3 款,犯协助组织卖淫罪的,处 5 年以下有期徒刑,并处罚金;情节严重的,处 5 年以上 10 年以下有期徒刑,并处罚金。

四、引诱、容留、介绍卖淫罪

(一) 引诱、容留、介绍卖淫罪的概念与构成

引诱、容留、介绍卖淫罪,是指以金钱、物质等手段,勾引诱骗他人卖淫,或者为他人提供场所和方便,或者为他人从事卖淫活动牵线搭桥,促成卖淫嫖娼活动的行为。本罪是选择性罪名,对三行为择一认定即可。

本罪的构成要件如下:

1. 在客观方面,本罪表现为行为人实施了引诱、容留、介绍他人卖淫的行为。从行为方式角度来说,本罪可以分为以下三种类型:一种是原本无卖淫之念者,一种是已存此念、尚未行动者,一种是已有卖淫经历者。对本罪三种行为,分述如下:

引诱他人卖淫,是指以金钱、财物、利益或者观念等为诱饵,拉拢、引导、诱骗他人从事卖淫活动的行为。作为"引诱",其前提是必须设置一个诱饵,至于是何种诱饵,则在所不论。金钱、财物固然是诱饵,许诺招工、提干、出国等等,同样也是诱饵。甚至灌输资本主义、封建主义腐朽思想,也足可视为诱饵。

容留他人卖淫,是指为卖淫者提供卖淫场所或者其他便利的行为。所谓其他便利,是指除提供场所之外的其他一切便利,比如提供春药、性具等等。在容留行为中,提供卖淫场所是一个必要条件。至于是否附带提供其他便利,则可有可无,对定罪不发生影响。本罪对卖淫场所的软硬件配置,没有任何要求。凡能遮蔽风雨、阻挡视线的所在,均可以卖淫场所视之。卖淫场所也不一定限于建筑,火车汽车、飞机坦克之类的"流动场所",亦可认定为卖淫场所。

介绍他人卖淫,是指在卖淫者与嫖娼者之间穿针引线、引荐撮合,使苟且交易得以成交的行为。其行为俗称"拉皮条",其行为人俗称"皮条客"。行为人往往从中收取介绍费、牵线费等,以此牟利。但牟利与否,并非本罪的必要条件。

在司法实践中,有如下两种疑难情况:一种是通过因特网发布卖淫信息。如北京市海淀区人民法院审理的林某介绍卖淫一案。被告人林某,通过因特网发布卖淫信息,致使多人到妓女郭某某、石某某住处进行嫖娼。①关于本案的定性,法院认为,不管是利用计算机,还是因特网,只要其行为触犯了我国刑法,同样应依其行为所构成之具体犯罪追究刑事责任。本案被告人虽然在行为方式方面,因未与嫖客直接接触而与传统的介绍卖淫行为有所不同,但其通过因特网为不特定的嫖客提供信息,起到了介绍卖淫的实际作用,故应认定构成介绍卖淫罪;关于本案的既未遂,法院认为,虽然本案中无法查明在网上有多少人以及什么人接收了卖淫信息,也无法查明接收信息人是否实施了前往嫖娼的行为,但被告人通过网上的信息传输,使得凡登录该网站的人都能够接收到妓女的信息。随着被告人发布信息行为的完成,介绍卖淫的行为亦已完成,故应认定为犯罪既遂。

另一种是介绍嫖娼与介绍卖淫的界限。例如,被告人吴某常去某美容院并与老板白某相熟。当得知白某还在店里从事容留、介绍卖淫活动后,就多次带单位同事多人到该美容院,让白某介绍像样的小姐"服务"。有观点认为,本案被告人吴某虽然没有在妓女与嫖客之间直接引见、撮合,但与白某之间已形成介绍卖淫的共同犯意和共同行为,即构成了介绍卖淫的共同犯罪。应当认为,介绍卖淫与介绍嫖娼是有本质区别的,吴某的行为仍属介绍嫖娼,既不构成介绍卖淫罪,也不构成介绍卖淫罪的共犯。就介绍卖淫而言,行为人虽然对嫖客也往往相识,但更多的是对妓女的熟悉,乃至程度不等的操控,一般还要从妓女那里索受报酬。而介绍嫖客的行为人,则通常不具备这些特征,吴某的情况正是如此。就共同犯罪而言,因吴某仅仅是带同事嫖娼,但无法证明吴某有照顾白某生意的故意,或者与白某有介绍卖淫的通谋,客观上也没有从白某那里收受过好处,所以不能视为介绍卖淫的一种帮助行为。②

2. 本罪的主体为一般主体,凡年满 16 周岁且具有刑事责任能力的,均可构成。

3. 本罪在主观方面表现为故意,过失不能构成。在容留行为中,必须明知被容留者意图卖淫这一事实。假如行为人客观上为他人卖淫提供了场所,但主观上对此一无所知,或者仅有失察之过的,则不能构成容留他人卖淫罪。

(二) 引诱、容留、介绍卖淫罪的处罚

《刑法》第 359 条第 1 款的规定,犯引诱、容留、介绍卖淫罪的,处 5 年以下有期徒

---

① 参见张军主编:《刑事审判参考》2002 年第 4 辑,法律出版社 2002 年版,第 42—46 页。

② 参见张军主编:《刑事审判参考》2002 年第 3 辑,法律出版社 2002 年版,第 202—205 页。

刑、拘役或者管制，并处罚金；情节严重的，处 5 年以上有期徒刑，并处罚金。

1992 年 12 月 11 日最高人民法院、最高人民检察院《关于执行〈全国人民代表大会常务委员会关于严禁卖淫嫖娼的决定〉的若干问题的解答》第 7 条规定，"引诱、容留、介绍他人卖淫，情节严重的一般有以下几种情形：（1）多次引诱、容留、介绍他人卖淫的；（2）引诱、容留、介绍多人卖淫的；（3）引诱、容留、介绍明知是有严重性病的人卖淫的；（4）引诱、容留、介绍不满 14 岁的幼女卖淫的；（5）引诱、容留、介绍他人卖淫具有其他严重情节的"。

值得注意的是，上述规定中的第 4 项，将引诱幼女卖淫作为情节严重的情形之一。但现在根据 1997 年《刑法》第 359 条的规定，引诱幼女卖淫已改为专罪，所以该种"情节严重"，已不再适用。

五、引诱幼女卖淫罪

（一）引诱幼女卖淫罪的概念与构成

《刑法》第 359 条第 2 款规定的引诱幼女卖淫罪是一个独立的罪名。本罪与引诱卖淫罪的唯一区别，就是被引诱者、也即卖淫者的年龄和性别不同。本罪的被引诱者，以未满 14 周岁的幼女为限。引诱除此之外的其他任何人，包括已满 14 周岁的女人和男人以及未满 14 周岁的幼男的，一概构成引诱卖淫罪。

立法者在设定引诱卖淫罪之外，再专门设定一个引诱幼女罪，用意显然是强调对幼女的特殊保护。鉴于幼女在生理和心理上尚未发育或者尚未完全发育，尤其是对性行为的性质尚未具备充分的认识能力，所以对引诱幼女卖淫的行为施以更重的刑罚，是极其必要的。

本罪的构成要件如下：

1. 本罪为一般主体，凡年满 16 周岁且具有刑事责任能力的，均可构成。

2. 本罪在主观方面表现为故意犯罪，过失不能构成。在引诱幼女卖淫行为中，必须明知被引诱者系幼女这一事实。

（二）引诱幼女卖淫罪的处罚

《刑法》第 359 条第 2 款规定，犯引诱幼女卖淫罪的，处 5 年以上有期徒刑，并处罚金。

六、传播性病罪

（一）传播性病罪的概念与构成

传播性病罪，是指明知自己患有梅毒、淋病等严重性病卖淫、嫖娼的行为。

本罪的构成要件如下：

1. 在客观方面，本罪有两个构成要件，分述如下：

（1）行为人患有严重性病的事实。至于行为人的严重性病由何而来，则在所不论。通过性行为感染也罢,通过输血、输液感染也罢,接触不洁衣服巾被也罢,洗头洗脚洗澡引起也罢,对罪名成立均无影响。但需要明确以下两点:

第一,性病含义。性病的英文名为 sexually transmitted diseases(STD,译作"性传播疾病")。性病以往一般只包括梅毒、淋病、软下疳、性病性淋巴肉芽肿和腹股沟肉芽肿等5种,被称为"经典性病",英文为 venereal disease(VD)。从上一世纪70年代开始,性病的概念逐渐被性传播疾病所替代。1975年,世界卫生组织(WHO)正式决定采用"性传播疾病"(STD)的名称。STD的范围,除上述5种经典性病外,还包括艾滋病、生殖器疱疹、尖锐湿疣、非淋菌性尿道炎、生殖器念珠菌病、细菌性阴道病、滴虫病、阴虱病、疥疮、乙型肝炎和股癣等。目前STD已达20余种。1991年8月12日卫生部《性病防治管理办法》第2条规定了8种性病,即梅毒、淋病、软下疳、性病性淋巴肉芽肿、生殖器疱疹、尖锐湿疣、非淋菌性尿道炎艾滋病。这是全国重点防治的8种STD。[①]

第二,严重性病的标准和范围。刑法本条规定的传播性病罪,对"性病"采取了列举加概括的规定方式。被明文列举的性病是梅毒和淋病,其余的则以"等严重性病"予以概括。

值得注意的是,刑法本条将"严重性病"表述为,"明知自己患有梅毒、淋病等严重性病"。这一措辞表明,本罪在衡量是否属于严重性病时,所依据的并非一条纯客观的标准。更加准确地说,即:严重性病本身是客观存在的,衡量性病的严重与否,也是有客观标准的。但能否被视为刑法意义上的"严重性病",则还要取决于行为人对此是否具备"明知"。而判断行为人是否"明知",则最终取决于社会普通公众的认识水平。凡公众皆知为严重性病的,就可推定行为人的"明知";反之某一性病虽然状况非常严重,但极为冷僻,只有少数专家才略知一二的,就不能苛求行为人也有专家的认识水平。除非行为人确为专家,才可另当别论。

根据性病本身的严重程度以及社会公众的认识水平,对"严重性病"通常可以从如下四个方面予以把握:一是传播速度快;二是流行范围广;三是危害大;四是有明显的高危人群。鉴于迄今为止,尚无明定的严重性病清单,不妨以1991年8月12日卫生部《性病防治管理办法》第2条规定的8种性病,为认定严重性病的基本依据。理由是:其一,该《办法》所列的8种性病,均属常见多发、危害严重的性病;其二,该《办法》的颁布已逾10年,作为一种在全国范围内具有普适性的行为规范,这么多年来,已足够引起公众的注意。至于这8种性病以外的其他严重性病,在认定时只能作为例外情况考虑。

(2)行为人实施卖淫或嫖娼行为。至于"卖淫嫖娼"的定义,前面在本节犯罪概述里已详加讨论,此处不赘。在一般情况下,卖淫是就妇女而言,嫖娼是就男子而言,但如果患有严重性病的男妓卖淫的,或者是患有严重性病的女嫖客嫖娼的,同样可以构成本罪。

---

① 参见苏彩霞、时延安主编:《妨害风化犯罪疑难问题司法对策》,吉林人民出版社2001年版,第175—176页。

本罪客观方面的两个要件必须同时具备，缺一不可。比如，行为人虽然患有甲肝、乙肝、肺结核等严重传染病，通过卖淫或嫖娼行为也确实传染给了他人，但由于患的不是性病，所以不能构成本罪；又如，行为人虽然患有严重性病，通过性行为也确实传染给了配偶、"二奶"或"小蜜"。但由于其性行为不具有卖淫嫖娼的性质，所以也不能构成本罪；再如，行为人是风化场所的"三陪"小姐，名为陪酒、陪唱、陪舞，实则为顾客提供搂抱、抚摸、亲吻等色情服务，结果通过唾液汗液交换、皮肤发甲接触等途径，将严重性病传染给了他人。鉴于搂抱、抚摸、亲吻等色情服务与卖淫嫖娼尚有程度的区别，所以同样不能构成本罪。

当传播性病的行为人是在受到强迫的情况下实施卖淫时，传播性病的罪名能否成立？有观点认为，对此要区分两种情况：如果行为人对嫖客明言自己患有严重性病的，可以不作为犯罪处理；如果对嫖客隐瞒自己病情的，则应视为犯罪。其实，对隐瞒病情的情况还要再作进一步的区分，一种是自愿隐瞒，另一种是受到强迫而隐瞒。比如某妓女患上严重性病后，再也不愿卖淫。老鸨闻言大怒，喝令手下把她打得皮开肉绽，然后扔下一句话，"半个字也不许提到梅毒。今晚不接 16 个客人，就别想活过明天"。妓女被逼无奈，强忍病痛和伤痛，为完成指标，只能通宵达旦地供嫖客淫乐，还不敢说出自己的病情。

应当认为，像这种强迫卖淫的被害人传播性病的情况，无论隐瞒病情也好，说出病情也好，自愿隐瞒也好，被逼隐瞒也好，一概不构成传播性病罪。理由很简单，鉴于被害人的卖淫是违背自己意愿的，那么由卖淫而引起的一切后果也足以推定违背其意愿。传播性病的刑事责任，只能由强迫卖淫的行为人承担，而不应由强迫卖淫的被害人承担。更具体地说，强迫他人卖淫的行为人既构成强迫他人卖淫罪，也构成间接正犯形式的传播性病罪，实行数罪并罚。同样道理，强奸罪的被害人、奸淫幼女罪的被害人、引诱幼女卖淫罪的被害人、嫖宿幼女罪的被害人，也都不可能构成传播性病罪。就此而言，传播性病罪是一个不可能由奸淫行为的被害人构成的犯罪。

2. 本罪的主体为一般主体，刑事责任年龄为 16 周岁以上。

3. 本罪在主观方面表现为故意，过失不能构成。传播性病的行为人，必须明知自己患有严重性病这一事实。根据 1992 年 12 月 11 日最高人民法院、最高人民检察院《关于执行〈全国人民代表大会常务委员会关于严禁卖淫嫖娼的决定〉的若干问题的解答》第 8 条第 3 款的规定，"具备下列情况的，可以认定为'明知'：(1)有证据证明曾到医院就医，被诊断为患有严重性病的；(2)根据本人的知识和经验，能够知道自己患有严重性病的；(3)通过其他方法能够证明被告人是'明知'的"。

(二) 传播性病罪的处罚

《刑法》第 360 条第 1 款规定，犯传播性病罪，处 5 年以下有期徒刑、拘役或者管制，并处罚金。

第十节　制作、贩卖、传播淫秽物品罪

一、制作、贩卖、传播淫秽物品罪概述

（一）制作、贩卖、传播淫秽物品罪犯罪的概念与特征

本节的节名是"制作、贩卖、传播淫秽物品罪"，从这一节名中即可看出，本节之罪的核心是"淫秽物品"。鉴于此类犯罪与毒品犯罪和卖淫嫖娼相关犯罪在许多方面非常相似。所以从比较的角度，更容易揭示本节犯罪的特征：

其一，在毒品犯罪中，一切犯罪行为都是围绕毒品而展开的，所以毒品是毒品犯罪的核心。在卖淫嫖娼相关罪里，一切犯罪行为都是围绕卖淫嫖娼而展开的，所以卖淫嫖娼是卖淫嫖娼相关犯罪的核心。在本节犯罪中，一切犯罪都是围绕淫秽物品而展开的，所以淫秽物品是本节犯罪的核心。

"淫秽物品"既是本节之罪的行为对象，又是本节之罪的核心。但以"淫秽物品"来予以概括，是不够准确的，因为本节中还有一个组织淫秽表演罪，而"表演"显然不是物品。据此，若要概括的话，只能将对象表述为"淫秽事物"。其中的"物"，是指淫秽物品，其中的"事"，则指淫秽表演。鉴于"淫秽事物"一词是生造出来的，并未在大众话语中出现，而"黄毒"、"扫黄"之类的缩略语早已约定俗成，所以在一般情况下，可以用"黄毒"一词来同时指代淫秽物品和淫秽表演。①

其二，在毒品犯罪中，一切犯罪行为的性质，都是直接间接地向吸毒者提供毒品，而吸毒者的得到毒品，则是一切犯罪行为的方向与最终归宿，因此吸毒者和吸毒行为，是毒品犯罪中的另一个核心，一切犯罪行为也都是围绕这一核心而展开的。在卖淫嫖娼相关犯罪中，一切犯罪行为都是为了促成妓女和嫖客之间的交易，因此妓女和嫖客，也是卖淫嫖娼相关犯罪中的核心。但与毒品犯罪不同的是，在毒品犯罪中，吸毒者与毒品是可以分开的，因此可视为有两个核心，而卖淫嫖娼相关犯罪中的妓女、嫖客与卖淫嫖娼是同一事物互为表里的两面，因此实际上只有一个核心。在本节犯罪中，一切犯罪行为的性质，都是直接间接地向他人提供"黄毒"，因此"黄毒"的接受者和接触"黄毒"行为，是此类犯罪中的另一个核心，一切犯罪行为也都是围绕这一核心而展开的。

其三，毒品犯罪中的毒品，卖淫嫖娼相关犯罪中的卖淫嫖娼活动，"黄毒"罪中的"黄毒"，都是违禁品和违禁活动，在这一方面，这三类犯罪是相同的。在这三类犯罪中，居于核心的吸毒行为、卖淫嫖娼行为、接触黄毒行为，都是非罪行为，处在外围的，才构成犯罪，这一点也是相同的。三类犯罪不同之处在于，吸毒行为和卖淫嫖娼行

---

① 对于"淫秽"和"淫秽物品"的详尽讨论，请参见本书中《刑法》第 367 条的条目。

为,至少是违法行为,在特定情况下,也有可能涉嫌犯罪,比如非法持有毒品罪、奸淫幼女罪、聚众淫乱罪等。而本节犯罪中的核心行为,也即接触淫秽物品的行为,鉴于没有任何法规的相关规定,所以非但不是犯罪,甚至也不能称其为违法行为。本节之罪针对的,是一切扩散淫秽物品的行为,而所有非扩散性的、仅仅是接触或持有淫秽物品的行为,是不构成犯罪的。

概括地说,在本节犯罪中,居于核心的是"黄毒"以及接触"黄毒"的行为。一切犯罪行为都是围绕这一核心而展开。但居于核心的接受黄毒行为,不具有犯罪性质,甚至也不是违法行为。本节设定的一切犯罪行为,都是围绕这一核心而展开的外围行为,即扩散黄毒,使他人接触到黄毒的行为。

刑法本节是刑法分则第六章的第九节,名为"制作、贩卖、传播淫秽物品罪"。从第363条到第367条,一共是5个条文。其中前3条,即第363条、364条和365条,是关于个罪的规定,共含5个罪名,即第363条第1款规定的制作、复制、出版、贩卖、传播淫秽物品牟利罪,第363条第2款规定的为他人提供书号出版淫秽书刊罪,第364条第1款规定的传播淫秽物品罪,第364条第2款规定的组织播放淫秽音像制品罪,第365条规定的组织淫秽表演罪。后两条中的第366条是关于单位犯罪的规定,根据这一规定,本节之罪全部可由单位构成。第367条是关于"淫秽物品"的界定。

(二)"淫秽"的界定

1. 淫秽的定义。根据《刑法》第367条第1款的规定,淫秽,是指"具体描绘性行为或者露骨宣扬色情"。这一定义,对于"淫秽"这样一个内涵极度复杂的概念来说,应当是算较为明确和具体了。

2. 淫秽的界限。根据《刑法》第367条第2款和第3款的规定,"有关人体生理、医学知识的科学著作不是淫秽物品","包含有色情内容的有艺术价值的文学、艺术作品不视为淫秽物品"。这就是从反面来排除非淫秽物品。

二、制作、复制、出版、贩卖、传播淫秽物品牟利罪

(一)制作、复制、出版、贩卖、传播淫秽物品牟利罪的概念与构成

制作、复制、出版、贩卖、传播淫秽物品牟利罪,是指以牟利为目的,制作、复制、出版、贩卖、传播淫秽物品的行为。

《刑法》第363条第1款规定的制作、复制、出版、贩卖、传播淫秽物品牟利罪,从最高人民法院确定的罪名上看,"牟利"似乎是客观方面的一个要件,但从刑法条文的措辞看,"以牟利为目的,制作、复制、出版、贩卖、传播淫秽物品的,处……","牟利"实际上是主观方面的一个要件。可见最高人民法院对本罪的命名,纯粹是为了避免罪名过于冗长,否则的话,就应该称为"以牟利为目的制作、复制、出版、贩卖、传播淫秽物品牟利罪"。

本罪的构成要件如下:

1. 在客观方面,本罪表现为行为人以牟利为目的,实施了制作、复制、出版、贩卖、传播淫秽物品的行为。对本罪的客观方面以穷尽方式,刑法列举了 5 种行为,分述如下:①

(1) 制作淫秽物品,是指对淫秽物品的一种创造性的生产过程,从而使某一或某些淫秽物品从无到有,或者使原有的淫秽物品变为新有的淫秽物品的行为。

对淫秽物品的一种创造性的生产过程,是指制作行为具有独创性,这也是制作区别于复制、出版的本质特征。行为人不是简单地增加已有的淫秽物品的数量,而是创造出一个或者一些淫秽物品。使某一或某些淫秽物品从无到有,是指该淫秽物品原本是不存在的,只有在经过了行为人的创造性的制作以后,才变成了一种客观存在。这里面包含两种情况。一种是淫秽物品原先根本不存在,比如行为人写出了一部淫秽小说,或者拍摄了一幅淫秽照片。在动笔或拍片之前,该淫秽小说或者淫秽照片就根本不存在。另一种是淫秽物品的"素材"原已存在,通过行为人的创造性的加工,使得原先不具有淫秽性质的物品,变成了淫秽物品。比如行为人把古今中外文学作品中的色情描写全挑出来,拼凑成一本"情色大全",使之成为淫秽书刊。又比如行为人收集了各种医学著作中的人体照片和性器官照片,通过剪裁粘贴,炮制出一本"人体写真集",使之成为淫秽照片,等等。使原有的淫秽物品变为新有的淫秽物品,是指行为人用以制作淫秽物品的素材,本身就是淫秽物品,但经过行为人的创造性的加工之后,变成了新的淫秽物品,已经不能再被视为原有淫秽物品的复制品了。比如行为人用编译的方法,把大量的外文淫秽作品改造成一部中文淫秽长篇小说,就属此类。

淫秽物品的样式不同,制作的表现也相应不同。在文字类的淫秽物品中,制作主要表现为写作和编译;在绘画类的淫秽物品中,制作主要表现为构图和着色;在照片类的淫秽物品中,制作主要表现为拍摄,至于冲洗,性质则介于制作和复制两者之间;在模型类的淫秽物品中,制作主要表现为雕塑、拼装,等等。

(2) 复制淫秽物品,是指对淫秽物品的一种非创造性的生产过程,从而使原有的淫秽物品在数量上有所增加的行为。复制与制作,同为淫秽物品的一种生产过程。两者的区别在于,制作是从无到有,复制是从有到多。制作是一种原创,复制是一种仿造。至于复制的手段,则在所不论。比如翻印、翻拍、复印、复写、复录等等,只要是对原型的重复,均属复制。

制作有时表现为对原型的再创造,比如将京剧改编为话剧,将小说改编为诗歌,将照片改成素描,将素描改成油画,将油画改成雕塑,等等。在都有一个原型方面,复制与再创造形式的制作是相同的,区别则在于,复制是一模一样的再造,而制作是一种脱胎换骨的改造。当然,复制与制作的界限有时也是模糊的,比如临摹,有的将原画模仿得惟妙惟肖,当属复制,有的将原画改动得面目全非,当属创造。但如果临摹

---

① 本罪客观方面的五种行为均以"淫秽物品"为行为对象。关于"淫秽物品"的定义,请参阅本书中《刑法》第367 条的条目。

的作品最终是在像与不像之间的，那就不能轻易判断了。应当认为，在这种情况下，要取决于像与不像的比例。还应当认为，鉴于本罪是选择性罪名，所以对制作和复制的区分，并无实际意义。复制也罢，制作也罢，制作加复制也罢，都不会对定罪量刑的结果产生丝毫影响。鉴于行为人干的都是见不得人的勾当，所以即使是独创也不会申请专利，即使是抄袭也无从侵犯专利。不像民法中的商标权、著作权，对制作与复制的界限，那是一定要分辨清楚的。

（3）出版淫秽物品，是指对淫秽作品进行编辑、复制，然后向公众发行的行为。

这里有两条界限需要辨析：

其一，关于能够被"出版"的淫秽物品的种类。传统的出版物，仅书报两类，如今随着高科技的迅猛发展，出版物的种类也在不断增加，比如音像制品、电脑软盘、光盘、U盘等等，就都已列入出版物的清单。

其二，关于"出版"的合法与非法。"出版"一词，《现代汉语词典》解为"把书刊、图画等编印出来"。[①]《辞海》解为"把著作物编印成图书报刊的工作。……现代出版工作泛指出版、印刷、发行三方面的工作，也专指报刊图书编辑部门的工作（包括组稿、审稿、编辑加工、出版设计和校对等各项工作）为出版"。[②]从上述释义看，"出版"的本义主要是指甚至专指特定单位、特定部门的职务行为，以合法性为其特征。有观点正是以此为据，主张"出版"的主体必须是经国家出版管理部门审批登记，经所在地工商行政管理机关注册并领取了营业执照的出版单位，出版物则必须具有形式上的合法性。当然形式上的合法性并不排除实质违法。如果以合法名义出版淫秽出版物的，也属非法出版物。反之，如果非出版单位或个人进行制作、印刷、发行淫秽出版物，因行为主体不合格，只能认定为制作或复制淫秽出版物。[③]

应当认为，上述观点并非毫无道理。出版物的非法性，确实可以分为实质违法与形式、实质双重违法两种情况。从司法实践上说，出版形式合法的出版物，因其受到种种制约和重重审核，要涉嫌出版淫秽出版物，尤其是达到犯罪程度的淫秽出版物，几乎是不可能发生的。迄今为止，对出版单位出版的、形式合法的淫秽出版物的查处，大多只是行政处分或经济处罚，以犯罪认定的还鲜有所闻。而大量的、普遍的出版淫秽出版物刑事案件，则无不具有形式和实质的双重违法性。如果把这类案件排除出"出版"的范围，那么剩下来究竟还有多少"出版"案件，未免是大可置疑的。甚至连本罪中是否有必要规定一个"出版"，也成了疑问。

概括地说，关于本罪中的"出版"行为，尽管有实质违法和形式、实质双重违法之分，但鉴于"非法出版物"一词，早已成为一个法定概念，且包含两种违法的情况在内，所以对"出版"行为，也应作如此解释。实质违法和形式、实质双重违法，是"出版"行为内部的两种表现形式，但不能成为区分"出版"与"制作"的界限。

---

① 《现代汉语词典》，商务印书馆1985年版，第155页。

② 参见《辞海》，上海辞书出版社1979年版，第1094页。

③ 参见鲍遂献主编：《妨害风化犯罪》，中国人民公安大学出版社1999年版，第324—325页。

（4）贩卖淫秽物品，是指销售淫秽物品的行为。"贩卖"与"销售"实际上是同义词。我国刑法的官方英译本，就是将"贩卖"译为"selling"。[①]条文中之所以用"贩卖"代替"销售"，无非是因为宾语"淫秽物品"是贬义词，只有选择一个贬义的动词，才能更好地满足动宾搭配的条件。《刑法》第347条中还有一个贩卖毒品罪，第155条、第240条也使用了"贩卖"一词，也都是为了动宾搭配的缘故。这里对"销售"应作广义理解，包括零售、批发、转手倒卖等等，都属于"销售"。

（5）传播淫秽物品，是指通过一定途径，广泛散布淫秽物品，使其与他人发生接触的行为。

传播行为最基本的特征，就是广泛扩散。反之，只传给一人，或者只在很小的一个圈子里扩散，都与"广泛扩散"的概念不完全吻合，就未必能构成传播。

2. 本罪为一般主体的犯罪，凡年满16周岁、具有刑事责任能力者，即可构成。根据《刑法》第366条的规定，本节之罪均可由单位构成，这当然也包括了本罪在内。

3. 本罪在主观方面表现为故意，且必须具备"牟利目的"。从罪名看，只知道"牟利"是一个构成要件，但无法判明究竟属于主观要件还是客观要件。要根据刑法条文，"以牟利为目的"，才能明确本罪中的"牟利"，是一个主观方面的要件。可见最高人民法院确定的罪名，只是为了尽可能地精炼，否则的话，本罪就应当称之为"以牟利为目的制作、复制、出版、贩卖、传播淫秽物品牟利罪"。"牟利"既可以是主观方面的一个目的，也可以是客观方面的一种表现，而主观的"牟利"范围，显然要宽于客观的"牟利"表现。主观的"牟利"目的，可以始于行为之初，甚至于行为之前，而客观的"牟利"表现，则必须在行为进行过程中，才能逐渐形成。《刑法》本条把"牟利"处理为一个主观要件，其用意，只能是为了对"牟利"作最宽泛的认定。"牟利目的"既是本罪五行为都必须具备的一个要件，也是区分此罪彼罪、重罪轻罪的一个标准。如果实施了本罪规定的行为但不具有牟利目的的，则只能构成相对较轻的传播淫秽物品罪。

（二）制作、复制、出版、贩卖、传播淫秽物品牟利罪的处罚

《刑法》第363条第1款规定，犯制作、复制、出版、贩卖、传播淫秽物品牟利罪，处3年以下有期徒刑、拘役或者管制，并处罚金；情节严重的，处3年以上10年以下有期徒刑，并处罚金；情节特别严重的，处10年以上有期徒刑或者无期徒刑，并处罚金或者没收财产。

三、为他人提供书号出版淫秽书刊罪

（一）为他人提供书号出版淫秽书刊罪的概念与构成

为他人提供书号出版淫秽书刊罪，是指为他人提供书号，过失地导致其出版淫秽书刊的行为。

本罪的构成要件如下：

---

① 参见"Criminal Law of the People's Republic of China"，中国法制出版社2000年版，第313页。

1. 在客观方面,本罪表现为实施了为他人提供书号,出版淫秽书刊的行为。

《刑法》第 363 条第 2 款规定的为他人提供书号出版淫秽书刊罪,其客观方面表现为"为他人提供书号,出版淫秽书刊"的行为。

本罪的客观方面,包含了 3 个要素,分别是:书号、提供、他人。分述如下:

(1)"书号"的含义与种类。书号,是指一本书的特定编号,类似于一个人的身份证号码。每个人的身份证号码都是独一无二的,每个书号也绝不会雷同。每个领了身份证的人,都有自己的身份证号码,每本正式出版的书,也都有自己的书号。翻到一本书的版权页,里面必定有一栏,是专用于标明书号。

狭义的书号,是中国标准书号的简称,它由一个国际标准号和一个图书分类组次号两部分组成。国际标准书号的英文名为 International Standard Book Number,缩略词为 ISBN。它是一组数字,分为 4 段,即组号、出版者号、书名号、检验号。每段数字之间,则用短破折号断开。其中的组号是指国家、地区、语言或者其他组织集团的代号,中国组号为数字 7。国际标准书号是书号的主要部分,可以独立使用。不过我国的书号,通常在国际标准书号后面,还要再加上一个图书分类(一种次号)。两者之间,则用短斜线断开。①

根据《刑法》本条第 2 款的规定,"为他人提供书号,出版淫秽书刊的",从字面上看,本罪的提供对象,以"书号"为限。不过问题并非如此简单,也是从字面上看,"淫秽书刊"一语,既包括淫秽书籍,也包括淫秽刊物,而刊物所用的,就不是书号了。所以这一规定中的"书号"和"书刊",实际上是不对应的,书刊的范围,要大于书号的使用范围。

"书号"和"书刊"的不相吻合,显然会造成司法实践中的无所适从。为此,1998年 12 月 17 日最高人民法院《关于审理非法出版物刑事案件具体应用法律若干问题的解释》第 9 条,作了专门规定:"为他人提供书号、刊号,出版淫秽书刊的,依照《刑法》第 363 条第 2 款的规定,以为他人提供书号出版淫秽书刊罪定罪处罚。为他人提供书号、刊号、版号,出版淫秽音像制品的,依照前款规定定罪处罚。"根据上述规定,本罪的提供对象从仅限"书号",扩展到包括"刊号"和"版号"。

(2)提供书号。本罪在客观方面的行为,表现为"为他人提供书号"。本罪中的"为他人提供书号"行为,与买卖书号中卖方的出卖书号行为,实际上是同一行为的两种不同侧面的表现。但鉴于本罪中并无一个法定的"以牟利为目的"的主观要件,所以为他人提供书号的行为,范围要大于出卖书号行为。出卖书号是有偿的,而本罪中的"为他人提供书号",则无论有偿无偿,均可构成。

(3)他人出版淫秽书刊。本罪在客观方面最为独特的一点是,行为人能否构成犯罪,并非仅仅取决于提供书号的行为本身,而是还要取决于是否引起了他人出版淫秽书刊的事实。如果把其他犯罪中的行为喻之为投放了一枚即刻引爆的炸弹的话,那么本罪中的提供书号行为,则相当于安置了一枚定时炸弹,能否爆炸、何时

---

① 参见 1986 年 7 月 14 日国家出版局《关于实施〈中国标准书号〉的通知》。

爆炸,都还是未定之数。而只要不发生炸弹爆炸的结果,也即不发生他人出版淫秽书刊的事实,那么行为人的行为就始终不具有犯罪性质。至少从理论上说,鉴于《刑法》第 363 条第 2 款并没有在提供书号与出版淫秽书刊这两者之间规定一个时间限制,所以提供书号行为的性质,就有可能处在无限期的不确定状态。换言之,只要一旦发生他人出版淫秽书刊的事实,哪怕与提供书号的时间相隔再久的,行为人仍有可能构成本罪。①

2. 本罪的主体为一般主体,凡年满 16 周岁、具有刑事责任能力者,即可构成。根据《刑法》第 366 条的规定,本节之罪均可由单位构成,这当然也包括了本罪在内。

3. 本罪在主观方面表现为过失。刑法规定的为他人提供书号出版淫秽书刊罪,从措辞上看,非但没有明示本罪的罪过形式,而且连推断揣测的线索都无从寻觅。不像《刑法》第 133 条规定的交通肇事罪,虽然也未明示罪过形式,但从字里行间,还是能够找出蕴含"过失"的一层意思。既然如此,根据《刑法》第 15 条第 2 款的规定,"过失犯罪,法律有规定的才负刑事责任",就只能推定本罪是故意犯罪。

然而,上述推定是不可能成立的,理由很简单,幸好还有一个《刑法》第 363 条第 2 款的后段来作为旁证。将前后段一对照,本罪的罪过形式故意、过失皆可的事实,已无可置疑。《刑法》本条第 2 款后段的规定是,"明知他人用于出版淫秽书刊而提供书号的,依照前款的规定处罚"。这里的前款规定,就是制作、复制、出版、贩卖、传播淫秽物品牟利罪。《刑法》本条第 2 款的前段和后段,内容基本上是相同的,唯一的本质区别,就是在后段中多了"明知"二字。鉴于"明知"是故意犯罪中关于意识因素的专用语,证明后段规定的行为只能是出于故意。再联系到"前款规定"中的行为,也是出于故意,就更加坐实了后段行为的故意性质。"明知"的反义词是"不知",既然前段相对于后段的区别就是未提"明知",那么只能认定前段蕴含"不知"的意思。"不知"的意思接近于"没有预见",而"没有预见"是疏忽大意过失的专用语,由此证明前段规定的行为只能是出于过失。此外,考虑到前段适用的法定最高刑仅为 3 年有期徒刑,而后段适用的法定最高刑高达无期徒刑,若非过失与故意之别,同一行为的法定刑,绝不可能有如此悬殊的高低。结论是:《刑法》本条第 2 款规定的为他人提供书号出版淫秽书刊罪,过失或故意皆可构成。若属过失的,适用《刑法》本条第 2 款单独配置的法定刑;若出于故意的,则依照《刑法》本条第 1 款规定的制作、复制、出版、贩卖、传播淫秽物品牟利罪处罚。

(二) 为他人提供书号出版淫秽书刊罪的处罚

《刑法》第 363 条第 2 款的规定,犯为他人提供书号,出版淫秽书刊罪,处 3 年以下有期徒刑、拘役或者管制,并处或者单处罚金。

---

① 刑法条文中,不乏以一定的时间间隔作为定性或者定罪条件的规定。例如《刑法》第 65 条规定的累犯,就需要满足"在 5 年以内再犯应当判处有期徒刑以上刑罚之罪"的条件;又如《刑法》第 384 条规定的挪用公款罪,构成要件之一,就是"挪用公款数额较大、超过 3 个月未还"。

四、传播淫秽物品罪

(一)传播淫秽物品罪的概念与构成

传播淫秽物品罪,是指不以牟利为目的,在社会上传播淫秽的书刊、影片、音像、图片或者其他淫秽物品,情节严重的行为。

本罪的构成要件如下:

1. 在客观方面,本罪表现为传播淫秽的书刊、影片、音像、图片或者其他淫秽物品,情节严重的行为。这里面包含了三个要素,即:传播行为、传播对象、情节严重。分述如下:

(1)情节严重。本罪以"情节严重"为构成犯罪的必要条件。或者说,"情节严重"与否,是本罪中的罪与非罪界限。1998年12月17日最高人民法院《关于审理非法出版物刑事案件具体应用法律若干问题的解释》第10条规定,"向他人传播淫秽的书刊、影片、音像、图片等出版物达三百至六百人次以上或者造成恶劣社会影响的,属于'情节严重',依照《刑法》第364条第1款的规定,以传播淫秽物品罪定罪处罚"。根据这一规定,本罪中的"情节严重"有明确的标准:或者是传播300至600人次以上,或者是造成恶劣社会影响。两条中至少具备其中的一条,才能认定为"情节严重"并构成传播淫秽物品罪。

(2)传播对象。根据《刑法》本条第1款的规定,本罪的传播对象是"淫秽物品",而从上引的《解释》第10条规定可知,最高人民法院已经将本罪的传播对象改为"淫秽出版物"。"淫秽物品"与"淫秽出版物"有无区别,最高人民法院的这一改动有无道理,都是可以讨论的问题,但至少要注意到这一改动的存在。①

(3)"传播"的含义与种类。如传播淫秽物品牟利罪中所述,传播,是指通过一定途径,广泛散布淫秽物品,使其与他人发生接触的行为。本罪与传播淫秽物品牟利罪在"传播"的含义上是没有区别的,但在各自的传播方式上,则截然不同。

根据1990年7月6日最高人民法院、最高人民检察院《关于办理淫秽物品刑事案件具体应用法律的规定》第9条第4项的规定,传播"是指播放、出租、出借、运输、携带等行为"。值得注意的是,1998年12月17日最高人民法院《关于审理非法出版物刑事案件具体应用法律若干问题的解释》,也是一个全面规制此类刑事案件的司法解释,但并未再定义"传播"。对此可作两种理解:一种是表示不必重复,先前已经规定过了,仍可继续沿用;一种是表示不以为然,用不规定的方式来间接否定先前的"传播"定义。无论何种理解,鉴于《规定》迄今有效,不妨仍以《规定》为依据,来逐一讨论《规定》中列举的5种传播行为。然后再讨论其他的传播行为。

---

① 最高人民法院的这一司法解释颁布于1998年,此后出版的若干论著,都未注意到本罪传播对象的变动情况。在讨论本罪的传播对象时,仍称淫秽物品,均未提及"淫秽出版物"一词。参见鲍遂献主编:《妨害风化犯罪》,中国人民公安大学出版社1999年版,第367—373页;苏彩霞、时延安主编:《妨害风化犯罪疑难问题司法对策》,吉林人民出版社2001年版,第293—299页。

播放淫秽物品的行为,是指通过音像设备使他人接触到淫秽音像制品的内容,包括观赏淫秽的影像、画面,聆听淫秽的音乐、谈话等。

出租淫秽物品的行为,必然是出于牟利目的,所以本罪中的"传播",不能包容出租。

出借淫秽物品的行为,是指行为人在保留所有权的前提下,将淫秽物品的占有权或使用权转移给他人的行为。出借的时间可长可短,但不能无限期地延长。如果可以一直不还的话,那实际上已经意味着所有权发生变更。

运输淫秽物品的行为,是指改变淫秽物品的空间位置,从一地移送到另地。"运输"不能当然地被视为传播,因为运输本身并不具有扩散性,至多只具有传播的危险。据此,只有当行为人以传播为目的而运输淫秽物品时,才有可能构成本罪。

携带淫秽物品的行为,也是指改变淫秽物品的空间位置。携带与运输的区别,一般是看有无使用交通工具。与运输相似的,携带也只有在以传播为目的的情况下,才有可能构成本罪。

除了传统的传播方式之外,现在还不断出现利用高科技手段的传播淫秽物品情况。例如,利用电脑网络技术发布淫秽信息,利用移动电话发送淫秽短消息等。只要抓住扩散性这一传播的本质特征,就足以认定传播行为,也足以划清传播行为与非传播行为的界限。

2. 本罪的主体为一般主体,凡年满 16 周岁、具有刑事责任能力者,即可构成。根据《刑法》第 366 条的规定,本节之罪均可由单位构成,这当然也包括了本罪在内。

3. 本罪在主观方面表现为故意。需要强调的是,本罪必须不具有牟利目的。如以牟利为目的而实施本条规定行为的,应构成传播淫秽物品牟利罪。

(二)传播淫秽物品罪的处罚

《刑法》第 364 条第 1 款规定,犯传播淫秽物品罪的,处 2 年以下有期徒刑、拘役或者管制。根据《刑法》本条第 4 款的规定,本罪有一个法定从重情节,即"向不满十八周岁的未成年人传播淫秽物品的,从重处罚"。

五、组织播放淫秽音像制品罪

(一)组织播放淫秽音像制品罪的概念与构成

组织播放淫秽音像制品罪,是指故意组织播放淫秽的电影、录像等音像制品的行为。

本罪的构成要件如下:

1. 在客观方面,本罪表现为组织播放淫秽的电影、录像等音像制品的行为。

这里首先需要界定如下的两个概念:

(1)关于"淫秽音像制品"的界定。淫秽音像制品与淫秽物品是种属之间的关系,或者说,淫秽音像制品是淫秽物品的一个门类。淫秽出版物也是淫秽物品的一个门类,但淫秽音像制品与淫秽出版物这两者之间,并非是并列的关系,而是既有重合,也有交叉。大部分淫秽音像制品是出版物,有的则不是出版物。比如,从别人的淫秽录像带上转录下来的淫秽录像带,或者从因特网上下载的淫秽影片,就不是出版物。既然本罪的行为对象以"淫秽音像制品"为限,那么不具有"淫秽"性质的,或者不属于"音像制品"范围的,就必定不在本罪的范围之中。

（2）关于"组织"的界定。本罪中的"组织"一词是动词,含策划、指挥之意。播放淫秽音像制品的行为,可分别触犯3个罪名。以牟利为目的的,构成传播淫秽物品牟利罪;不以牟利为目的的,又分别构成传播淫秽物品罪和组织播放淫秽音像制品罪。在牟利性的播放淫秽音像制品活动中,尤其是在商业性的、大规模的牟利性播放中,"组织"不仅是可能的,而且是必需的,比如类似于淫业老板开妓院那样,也开设一家X级电影院,专门放映中外淫秽影片。要做这样的"大事",组织工作当然是少不了的,可见"组织"最适合存在的,就是传播淫秽物品牟利罪。形成鲜明对照的是,在不以牟利为目的的播放中,"组织"是难以想象的,尤其是对播放活动提供方的"组织",就更加难以想象。既然是"组织",就已经超出了自娱自乐或者小范围播放的限度,场地、器材等,样样都要有财力的付出,如果找不到志愿者的话,还要加上一大笔的员工薪酬。花这些代价,做这些事情,只能解释为是一种商业行为,但组织播放淫秽音像制品罪偏偏是不以牟利为目的的。俗话说傻子才做亏本的买卖,本罪行为人想必不是傻子,更加不会倒贴本钱。可见本罪的"组织",基本上与提供播放活动无关。既然不是对播放活动提供方的"组织",那么剩下来的就只能是对播放活动接受方,即观众听众的"组织"了。然而也有问题,即便不提观众听众一如嫖客,本质上是一种不可能被"组织"的个人行为,就算容易组织,仍旧要有财力的付出,于是又摆脱不了同商业行为的干系。可见本罪中的"组织",不可能是表现为派员面向社会公众广为招徕。妓院老板往往会派出拉皮条的专司招引嫖客之职,不是说传播活动不需要有人招徕,也不是说淫秽影像爱好者都会不请自来,而是说,在非营利的播放活动中,拉皮条的工钱,从哪里开销呢？更进一步说,就算是淫秽影像爱好者都会不请自来,可是没有了组织播放,没有了派员招徕,光敞开大门让大家都进来看免费淫秽影片,能算是一种"组织"吗？这同非"组织"的播放,又有什么区别呢？可见本罪中的组织对象,也即那些观众听众,不可能是来自社会的不特定人群,只能是存在于行为人的亲朋好友圈子里面。圈子如此之小,实际上"组织"与否,也就可有可无了。

在从各个角度对本罪中的"组织"进行探讨后,已能够作出一个较为清晰的概括:本罪中的组织播放淫秽音像制品行为,由于不以牟利为目的,所以与常义或他罪中的"组织"有极大的区别。更准确地说,本罪中的"组织",几乎只有"组织"之名而无"组织"之实。它既不表现为对播放活动提供方的"组织",也不表现为对播放活动接受方的"组织",而只意味着一种在行为人亲友圈内的较大规模的播放淫秽音像制品的活动。

应当认为,鉴于在播放淫秽音像制品方面,"组织"与"牟利"具有内在的紧密关系,同时与"非牟利"难以相容,因此单独设置一个非牟利的组织播放淫秽音像制品罪是考虑欠周的。如果立法原意是想强调在非牟利的播放淫秽音像制品行为中,也有性质轻重的区别,那么不妨考虑从传播淫秽物品罪中,抽出播放淫秽音像制品的行为,将其并入本罪,同时删除本罪中的"组织"一词,改用"情节严重"、"情节特别严重"来作量刑上的区分。

还应当认为,鉴于淫秽音像制品具有特殊的危害,也鉴于"组织"通常意味着最大的危害性,所以不妨考虑把散见在三罪中的播放淫秽音像制品行为,抽取出来,合并为一个独立的播放淫秽音像制品罪。草拟一条如下:

"以传播为目的,播放淫秽的电影、录像等音像制品的,处 3 年以下有期徒刑、拘役或者管制,并处罚金。

以牟利为目的,播放淫秽的电影、录像等音像制品的,处 3 年以上 10 年以下有期徒刑,并处罚金。

以牟利为目的,组织播放淫秽的电影、录像等音像制品的,处 10 年以上有期徒刑或者无期徒刑,并处罚金或者没收财产。"

2. 本罪为一般主体,凡年满 16 周岁、具有刑事责任能力者,即可构成。根据《刑法》第 366 条的规定,本节之罪均可由单位构成,这当然也包括了《刑法》本条规定的两罪在内。

3. 本罪在主观方面表现为故意。需要强调的是,本条之罪,都必须不具有牟利目的。如以牟利为目的而实施本条规定行为的,均应构成传播淫秽物品牟利罪。

（二）组织播放淫秽音像制品罪的处罚

《刑法》第 364 条第 2 款规定,犯组织播放淫秽音像制品罪的,处 3 年以下有期徒刑、拘役或者管制,并处罚金;情节严重的,处 3 年以上 10 年以下有期徒刑,并处罚金。

《刑法》第 364 条第 3 款规定,"制作、复制淫秽的电影、录像等音像制品组织播放的,依照第 2 款的规定从重处罚"。

六、组织淫秽表演罪

（一）组织淫秽表演罪的概念和构成

组织淫秽表演罪,是指领导、操纵、指挥、策划他人,在公共场所或者在公众面前进行淫秽表演的行为。

本罪的构成要件如下:

1. 在客观方面,本罪表现为组织进行淫秽表演的行为。这里面包含了两个要素,一个是"组织",一个是"淫秽表演"。分述如下:

（1）"组织"的界定。本节之罪中,另有一个组织播放淫秽音像制品罪。两罪中的"组织",就其相同点而言,一是都为动词,含领导、操纵、指挥、策划之意;二是都涉及对提供方和接受方的"组织"。就其不同点而言,一是本罪中牟利非牟利皆可,组织播放淫秽音像制品罪则以非牟利为限;二是本罪中的"进行淫秽表演"本身不是犯罪,而组织播放淫秽音像制品罪里的"播放淫秽音像制品",本身即属犯罪行为。

上述比较有助于对本罪"组织"的把握。首先,鉴于本罪的罪名是"组织进行淫秽表演",而非"组织欣赏淫秽表演",所以,"组织"只能是专指对淫秽表演活动的组织。至于组织观众观赏,组织听众聆听,也有可能被"组织"涉及,但无论是否涉及,均无涉罪名的成立。

其次,鉴于本罪在主观方面既没有"牟利目的"的限制,也没有"非牟利目的"的限制,所以可覆盖一切组织进行淫秽表演的行为。如前所述,"组织"本质上是需要财力支撑的,在组织播放淫秽音像制品罪里,由于受到"非牟利性"的限制,所以不大可能找到典型的组织行为,而本罪由于不存在这一限制,所以"组织"也就容易形成了。

最后,鉴于"进行淫秽表演"本身不是犯罪,所以在本罪中,"组织进行淫秽表演"与"进行淫秽表演"是罪与非罪的界限。行为人本人有没有参与淫秽表演是无关紧要的,关键是要在整个过程中,确实起到了"组织"的作用,或者是起到了相当于"组织"的领导、指挥、策划的作用。在商业性的淫秽表演中,能够被认定为起到"组织"作用的,则往往是夜总会、歌舞厅的老板、总经理、董事长之类的人物。

(2)"淫秽表演"的含义与种类。"淫秽表演"一词是偏正结构,以"淫秽"修饰"表演"。尽管《刑法》第367条,只规定了"淫秽物品",而没有"淫秽"和"淫秽表演"的定义,但应当认为,"淫秽物品"和"淫秽表演",只是"物品"和"表演"的区别,至于"淫秽",则没有差异。因此,淫秽物品定义中的定语,仍足以为淫秽表演所用。即"指具体描绘性行为或者露骨宣扬色情的诲淫性的表演"。

较难界定的是"表演"。首先是表演者的范围。主流观点认为以人的表演为限;[1]有的观点把表演者的范围进一步缩小为"青年妇女、儿童";[2]有的观点则把范围扩大到"人和动物一起进行的淫秽表演",但同时认为要排除"纯粹的动物间的交配行为";[3]但也有观点认为纯动物也可能进行淫秽表演。[4]

应当认为,上引观点中,有的观点实际上并没有参与"表演者范围"的讨论,只是一般地将本罪表述为组织他人进行淫秽表演,无意中对表演者作了限定。据此,有必要明确,"组织表演"与"组织表演者"是有区别的,两者是种属之间的关系,本罪中的"组织",显然不以组织表演者为限,还包括了对其他方面的组织,比如场地、器材、资金、行政管理、后勤保障,等等。

应当认为,将人和动物合演的情况,纳入淫秽表演范围的观点,看似新颖,实际上并无新意。既为表演,通常总是要有道具的,人兽合演只不过是加进了一个特殊的道具而已。只要是同样内容的表演,那么除了"演员"之外,作为配角的母猪与橡皮猪、雄狗与机器狗,就不会有太大的区别。真正需要讨论的是,纯动物的表演,能否视为淫秽表演?

---

[1]　参见高铭暄、马克昌主编:《刑法学》,中国法制出版社1999年版,第1085页;刘家琛主编:《新刑法条文释义》,人民法院出版社1997年版,第1602页。

[2]　参见苏惠渔主编:《刑法学》,中国政法大学出版社1997年版,第821页。

[3]　参见苏彩霞、时延安主编:《妨害风化犯罪疑难问题司法对策》,吉林人民出版社2001年版,第338页。

[4]　参见张明楷著:《刑法学》(下),法律出版社1997年版,第894页。

应当认为，以动物为"演员"的表演，是完全可以被视为淫秽表演的。不要说动物还是活的，即便橡皮猪、机器狗之类的表演，也同样如此。正如淫秽卡通漫画也是淫画，是一样的道理。这倒不是因为在《刑法》第 367 条规定的"具体描绘性行为或者露骨宣扬色情的诲淫性的"淫秽定义中，并未以"人"为限，而是因为动物的交配表演，显然已触犯了"人的性羞耻感"。很多事物，本身是无所谓合法非法的，不要说动物的交配，就是人类自身的繁衍也同样如此。所以关键是一个场合的问题。比如夫妻床笫之间的性行为，当然是合法的，但假如光天化日之下跑到大街上去进行，同样也要涉嫌淫秽表演，而组织夫妻去做这样的表演，当然也就是组织淫秽表演了。动物的交配也一样。在自然状态下，即便有好事之徒或者"性趣"异常者，每天跑到饲养场或者动物园，专门去看动物交配，也无伤大雅，但如果把动物交配作为一种表演，专门来进行"组织"的话，性质就完全不一样了。这样的表演，无疑已经触犯了人类长期以来形成的性忌讳，为社会所不能接受，所以完全可能涉嫌组织淫秽表演。

在"表演"中，还有一个内涵和界限的问题。表演，应当具备两个特征：一是动态性，必须见诸语言、动作、表情等动态因素。有论者在论述传播淫秽物品牟利罪时，把"以说书的形式使淫秽内容为众人所知"，也列为传播的形式之一，[①] 其实"说书"还是应归入淫秽表演一类；二是直接性，必须当场的、即刻的展示，不能通过设备还原或显示。能被视为"表演"的，通常包括戏剧、音乐、歌曲、舞蹈、小品、曲艺等。鉴于淫秽表演本身无艺术性可言，所以也不必过于强求套用艺术的样式。比如跳脱衣舞，关键是"脱衣"，至于"舞"的成分有多少，或者跳得像不像舞，究竟像跳舞还是像抽筋，都是无关紧要的问题。

2. 本罪的主体为一般主体，凡年满 16 周岁、具有刑事责任能力者，即可构成。根据《刑法》第 366 条的规定，本节之罪均可由单位构成，这当然也包括了《刑法》本条规定的罪名在内。

3. 本罪在主观方面表现为故意。需要强调的是，本罪在主观方面除了要求具备故意之外，既没有"牟利目的"的要求，也没有不以牟利为目的的要求。所以适用于一切组织淫秽表演的行为。

（二）组织淫秽表演罪的处罚

《刑法》第 365 条的规定，犯组织淫秽表演罪的，处 3 年以下有期徒刑、拘役或者管制，并处罚金；情节严重的，处 3 年以上 10 年以下有期徒刑，并处罚金。

---

① 参见苏彩霞、时延安主编：《妨害风化犯罪疑难问题司法对策》，吉林人民出版社 2001 年版，第 245 页。

第二十七章

危害国防利益罪

第一节　危害国防利益罪概述

危害国防利益罪,是指故意或过失地实施违反国家国防法律法规规定,拒不履行国防义务或以其他方式危害国防利益、应受刑罚处罚的行为。

危害国防利益罪的主要特征是:

第一,本类罪的客体是国防利益。国防利益,是指国家为防备和抵抗侵略,制止武装颠覆,保卫国家的主权、统一、领土完整和安全所进行的军事活动,以及与军事有关的政治、经济、外交、科技、教育等方面的活动,主要包括军队的建设,军事设施的安全,维护和平时期、战时的军需生产和军队作战的秩序等方面,具体到每个具体犯罪。

第二,本类罪的客观方面,表现为行为人实施了危害国防利益的行为。如果以犯罪发生的时间不同划分,具体表现为平时的危害国防利益的犯罪和战时的危害国防利益的犯罪两部分。本章犯罪所指的"战时",依照《刑法》第451条对刑法分则第十章军人违反职责罪中的"战时"的规定,应当认为是指"国家宣布进入战争状态、部队受领作战任务或者遭敌突然袭击时"。同样,"部队执行戒严任务或者处置突发性暴力事件时,以战时论"。至于行为的方式,可以是作为,也可以是不作为。本章所规定的绝大多数犯罪是情节犯,只有具体"情节严重"的情形才构成犯罪;部分犯罪是结果犯;也有部分犯罪是行为犯,只要实施行为犯罪即告构成。

第三,本类罪的主体大部分是一般主体,但也有某些具体犯罪只能由特殊主体构成。在犯罪主体为一般主体的犯罪中,由于刑法的特殊规定,某些犯罪的主体实际还受到限制而不能是任意的一般主体,如有的犯罪的主体就不能包括军人。另外,对于某些犯罪,刑法规定只处罚首要分子和积极参加者而不是处罚所有危害行为的实施者;依照刑法规定,单位也可以构成本章某些犯罪。

第四,本类罪在主观方面绝大部分只能由故意构成,但某些犯罪刑法明确规定只能由过失构成。

本章包含22个罪名。

第二节　平时危害国防利益的犯罪

一、阻碍军人执行职务罪

（一）阻碍军人执行职务罪的概念和构成

阻碍军人执行职务罪，是指以暴力、威胁方法，阻碍军人依法执行职务的行为。

本罪的构成要件如下：

1. 本罪侵犯的客体是军职人员的正常执行职务活动，犯罪对象是正在执行职务的军人，包括中国人民解放军的现役军官、文职干部、士兵及具有军籍的学员和中国人民武装警察部队的现役警官、文职干部、士兵及具有军籍的学员；执行军事任务的预备役人员和其他人员，以军人论。预备役人员，是指编入民兵组织或者经过登记服预备役的公民。其他人员，是指在军队和武警部队的机关、部队、院校、医院、基地、仓库等队列单位和事业单位工作的正式职员、工人，以及临时征用或者受委托执行军事任务的地方人员。这些人员执行的职务，是指军队条令、条例、规章制度以及上级决议、指示、命令所赋予军人的各项任务。

2. 在客观方面，本罪表现为行为人采用暴力或者威胁手段，阻碍军人依法执行职务。暴力，是指行为人对依法执行职务的军人的身体实施打击或者强制，例如殴打、捆绑等。暴力的实施，不仅使军人无法履行职务，而且还会造成军人伤亡的后果；威胁，是指行为人以暴力相要挟，实行精神强制，使军人不能或者无法履行职责、执行任务。

暴力必然是当面实施的。威胁既可以当其面进行，也可以通过诸如电报、电话、书信或他人转告等方式进行。其威胁企图加害的对象，既可以是军人本人，亦可以是军人亲属。暴力、威胁方法是本罪构成要件的基本内容。行为人虽有阻碍执行职务的行为，但没有使用暴力、威胁方法，则不能构成本罪。

行为人必须阻碍了军人依法执行职务。阻碍，是指行为人通过各种方法使军人不能正常地行使自己的职权，履行自己的职责，既可表现为军人被迫停止、放弃正在或需要执行的职务，也可表现为被迫变更依法应当执行或从事职务的内容。

阻碍军人依法执行职务中的"依法执行职务"，是指军人依照合法军事命令而执行的职务。职务行为的"合法"是本罪社会危害性存在的一个十分重要的前提。

3. 本罪主体为一般主体。但是，如果是军人阻碍执行军事职务，由于《刑法》第426条作了特别规定，与本条形成法条竞合关系，对之应当依照特别法条即阻碍执行军事职务罪治罪科刑，而不按本罪定罪论处。

4. 本罪在主观方面只能由故意构成，即行为人明知对方系正在执行职务的军人，却故意以暴力、威胁方法加以阻挠，以致对方停止、放弃、变更执行职务，或者无法正常执行职务。过失不构成本罪;如果行为人不知对方是正在执行职务的,而采用暴力等方法进行干扰,也不能以本罪认定。

(二)阻碍军人执行职务罪的认定

在认定阻碍军人执行职务罪时,应注意以下问题:

1. 阻碍军人执行职务罪与非罪的界限。判断某种阻碍军人职务的行为是否构成犯罪,首先应当看行为人主观上有无故意阻挠军人执行职务的目的;其次看行为人客观上是否采用了暴力、威胁手段,是否因此发生了军人停止、放弃、变更执行职务或无法执行职务的后果。

2. 阻碍军人执行职务罪与妨害公务罪的界限。两罪存在着三个相同点:在主观心理状态方面是相同的,都是基于故意;在客观方面都是采用了暴力和威胁方法,实施了阻碍执行职务的行为;主体相同,都是一般主体。最主要的区别在于侵害的客体不同。阻碍军人执行职务罪侵害的客体是军人职务的正常执行活动,侵害的对象是军人;妨害公务罪侵害的客体是社会管理秩序,侵害的对象是国家工作人员。

3. 阻碍军人执行职务罪与扰乱社会秩序罪的界限。两罪在主体、主观心理状态、客观表现方式方面存有相似之处,但有明显的区别:(1)侵害的客体不同。前者侵害的客体是军人正常执行的职务活动,是国防利益,后者则是社会秩序;(2)侵害的对象不同。前者侵害的对象,必须是军人,后者则是针对特定的国家机关等;(3)犯罪手段上前者是使用暴力、威胁方法,后者的犯罪手段则较为多样化,可以包括袭击、冲击、哄闹等。

(三)阻碍军人执行职务罪的处罚

《刑法》第 368 条第 1 款规定,犯阻碍军人执行职务罪的,处 3 年以下有期徒刑、拘役、管制或者罚金。

二、阻碍军事行动罪

(一)阻碍军事行动罪的概念和构成

阻碍军事行动罪,是指非军职人员采用各种非法手段,阻挠武装部队的军事行动,造成严重后果的行为。

本罪的构成要件如下:

1. 本罪侵犯的客体是武装部队的军事行动。军事行动,是指为达到一定政治目的而有组织地使用武装力量,通常表现为军队三人以上战斗组织的军事活动。既包括和平时期的战争准备活动,如兵力、兵器的部署和调配,预定战场如军事设施、工地的建设活动,军事训练及演习,平定叛乱、暴乱,实施戒严等,也包括战争时期的战争、战役及战斗等。

2. 在客观方面,本罪表现为阻碍军事行动,造成严重后果的行为。其一,要有阻碍军事行动的行为。阻碍行为,既可以采取暴力、威胁的方法,如殴打、抢夺枪支、砸毁车辆等,或以毁坏财产、加害人身等要挟等,也可以采取非暴力、威胁方法,如设置路障、静坐阻挠等;既可以采取积极的作为方式,如煽动群众围堵,在军事行动区域构筑违法建筑或障碍物,在军事行动区域采用停水、停电、停气,干扰军事通讯或军用计算机工作,阻止部队通过等,又可以采取消极的不作为方式,如负责排除障碍的有关人员明知有障碍而不加排除,造成军事行动阻碍。其二,必须因阻碍军事行动的行为造成了严重的后果才能构成本罪。虽有阻碍军事行动的行为,但没有造成实质损害或虽有实质损害但不是严重损害,都不能以本罪论处。严重后果,是指因其行为造成军事演习不能按期完成而造成重大影响或者重大政治、经济损失;贻误战机;造成战役、战斗失利;造成人员伤亡或非战斗减员;造成武器装备严重损坏或大量损坏而无法形成战斗力,等等。

3. 本罪在主观方面表现为故意,即明知是军事行动而仍决意阻碍。过失不能构成本罪。应当强调的是,行为人起初不知道是军事行动而阻挠,后来知道仍加以阻碍的,应视为具有本罪故意而按本罪定性。

(二)阻碍军事行动罪的认定

在认定中应注意阻碍军事行动罪与阻碍军人执行职务罪的界限。两罪在犯罪主体、主观方面相同。其主要区别在于:(1)犯罪对象不同,前罪的犯罪对象是武装部队的整体,后罪的犯罪对象是军人,是武装部队中执行某一项任务的个人;(2)侵犯的客体不同,前罪侵犯的直接客体是武装部队的军事行动,后罪侵犯的直接客体是军人依法执行职务的活动;(3)犯罪的客观方面不同,前罪的犯罪手段不是犯罪构成的要件,后罪则以采用暴力、威胁方法作为犯罪构成要件;同时,前罪以造成严重后果作为犯罪构成要件内容,后罪则无此要求。

(三)阻碍军事行动罪的处罚

《刑法》第368条第2款规定,犯阻碍军事行动罪的,处5年以下有期徒刑或者拘役。

三、破坏武器装备、军事设施、军事通信罪

(一)破坏武器装备、军事设施、军事通信罪的概念和构成

破坏武器装备、军事设施、军事通信罪,是指故意破坏武器装备、军事设施或者破坏军事通信的行为。

本罪的构成要件如下:

1. 在客观方面,本罪表现为破坏武器装备、军事设施或军事通信的行为。破坏行为具体表现为毁灭和损坏,即使武器装备、军事设施、军事通信全部或部分地丧失其正常功能。就犯罪方法而言无限制,既可以表现为作为,又可以表现为不作为,只要属于实质上的破坏行为,无论其方式如何,均构成本罪。

2. 本罪在主观方面表现为故意,即明知是武器装备、军事设施、军事通信,仍然进行破坏,对危害国防建设的后果持希望或者放任的态度。过失不能构成本罪。

（二）破坏武器装备、军事设施、军事通信罪的认定

在认定破坏武器装备、军事设施、军事通信罪时，应注意以下问题：

1. 破坏武器装备、军事设施、军事通信罪与故意毁坏财物罪的界限。破坏武器装备、军事设施、军事通信罪比故意毁坏公私财物罪的危害大得多。其严重性不仅在于被破坏的武器装备、军事设施、军事通信的本身的财产价值，而在于这种破坏行为能够使武器装备等丧失其应有的效能，从而严重影响军队的战备和战斗能力。其主要区别在于：（1）侵犯的客体不同。本罪侵犯的客体是与武器装备的使用能力相联系的军事利益，而后罪侵犯的客体是公私财物的所有权。（2）本罪破坏的是特定对象，即武器装备、军事设施、军事通信，后罪破坏的对象是各种公私财物。因此，非军职人员破坏武器装备、军事设施、军事通信以外的一般财物，如生活用品、办公设备等，或者破坏武器装备、军事设施、军事通信的局部，并不影响其使用的，应依故意毁坏财物罪论处。

2. 因盗窃而引起的破坏武器装备、军事设施、军事通信的行为的定性。

对因盗窃造成武器装备、军事设施、军事通信被破坏的结果，通常应当认为属于牵连犯。在认定时，首先要根据因盗窃所破坏的武器装备、军事设施、军事通信的重要程度、犯罪情节、所盗物品的价值，分别确定破坏武器装备、军事设施、军事通信罪与盗窃罪应当适用的法定刑，然后按照重罪吸收轻罪的原则定罪处罚。

（三）破坏武器装备、军事设施、军事通信罪的处罚

《刑法》第369条规定，犯破坏武器装备、军事设施、军事通信罪的，处3年以下有期徒刑、拘役或者管制；破坏重要武器装备、军事设施、军事通信的，处3年以上10年以下有期徒刑；情节特别严重的，处10年以上有期徒刑、无期徒刑或者死刑。战时从重处罚。

重要武器装备，是指部队的主要武器装备和其他在作战中急需或者必不可少的武器装备；重要军事设施，是指指挥中心、大型作战工程，各类通信、导航、观测枢纽，机场、港口、码头，大型仓库，输油管道，军用铁路线等对作战具有重要作用的设施；重要军事通信，是指军事首脑机关及重要指挥中心的通信，战时通信，军队抢险救灾中的通信，执行远洋航行、重大科学实验和飞行训练等重要任务中的通信，等等。

情节特别严重，通常是指致使重要武器装备报废的；造成重要军事设施丧失使用效能的；战时破坏重要武器装备、军事设施、军事通信的；因破坏武器装备、军事设施、军事通信致使战斗、战役遭受重大损失的；造成伤亡多人或者重大经济损失的，等等。

四、过失损坏武器装备、军事设施、军事通信罪

（一）过失损坏武器装备、军事设施、军事通信罪概念和构成

过失损坏武器装备、军事设施、军事通信罪，是指过失损坏武器装备、军事设施或者军事通信，危害国防利益，造成严重后果的行为。

本罪的构成要件如下：

1. 在客观方面,本罪表现为过失损坏武器装备、军事设施或军事通信的行为。损坏的方法多种多样,既可以表现为作为,又可以表现为不作为。只要属于本质上的损坏,无论其方式如何,均对构成本罪没有影响。损坏行为无论损坏的是正在使用的还是已经封存、尚未使用的武器装备、军事设施或军事通信,损坏后果无论是使用效能的全部或者部分丧失还是永久或者暂时的毁损,只要使其无法保持正常状态和发挥应有的效能,即构成本罪。客观方面还要求造成了严重后果,这也是过失犯罪的成立条件。

2. 本罪在主观方面表现为过失。

(二) 过失损坏武器装备、军事设施、军事通信罪的处罚

《刑法》第 369 条规定,犯过失损坏武器装备、军事设施、军事通信罪的,处 3 年以下有期徒刑或者拘役;造成特别严重后果的,处 3 年以上 7 年以下有期徒刑。战时从重处罚。

五、故意提供不合格武器装备、军事设施罪

(一) 故意提供不合格武器装备、军事设施罪的概念和构成

故意提供不合格武器装备、军事设施罪,是指明知是不合格的武器装备、军事设施而故意提供给武装部队的行为。

本罪的构成要件如下:

1. 在客观方面,本罪表现为将明知为不合格的武器装备、军事设施提供给武装部队的行为。对于将明知是不合格的武器装备、军事设施提供给武装部队的,不论是否引起严重后果,只要行为人实施了这一行为,即构成犯罪。

2. 本罪的主体为特殊主体,只有武器装备、军事设施的生产者和销售者才能构成本罪。单位亦可成为本罪主体。

3. 本罪在主观方面表现为故意,即对不合格的武器装备、军事设施是明知的,但知其不合格仍然作为合格产品提供给武装部队。不知是不合格的武器装备、军事设施而提供给武装部队的,不构成本罪。

(二) 故意提供不合格武器装备、军事设施罪的认定

在认定中应注意故意提供不合格武器装备、军事设施,尤其是故意提供不合格武器装备的行为与生产、销售伪劣产品罪的界限。两罪在交付不合格产品、犯罪主体、主观方面相同或者近似,其主要区别在于:(1)犯罪对象不同。前罪的犯罪对象是武器装备,后罪的犯罪对象是武器装备以外的产品。(2)犯罪客体不同。前罪侵犯的直接客体是武器装备质量管理秩序,后罪侵犯的直接客体是产品质量管理和工商管理秩序。

(三) 故意提供不合格武器装备、军事设施罪的处罚

《刑法》第 370 条第 1 款规定,犯故意提供不合格武器装备、军事设施罪的,处 5 年以下有期徒刑或者拘役;情节严重的,处 5 年以上 10 年以下有期徒刑;情节特别严

重的,处 10 年以上有期徒刑、无期徒刑或者死刑。第 3 款规定,单位犯本罪的,对单位判处罚金,并对其直接负责的主管人员和其他直接责任人员,依照上述规定处罚。

本罪所讲的"情节",通常是指行为人是否出于牟取私利;提供的不合格武器装备和军事设施的重要性;是否是战时提供不合格武器装备、军事设施的;是否因提供不合格武器装备、军事设施而影响部队完成重要任务或者造成严重后果的等情形。

六、过失提供不合格武器装备、军事设施罪

(一) 过失提供不合格武器装备、军事设施罪的概念和构成

过失提供不合格武器装备、军事设施罪,是指过失将不合格的武器装备、军事设施提供给武装部队,造成严重后果的行为。

本罪的构成要件如下:

1. 在客观方面,本罪表现为将不合格的武器装备、军事设施提供给武装部队造成严重后果的行为。严重后果,是指造成装备、设施严重毁损,经济损失严重的;酿成人员伤亡的责任事故的;严重影响部队完成任务的等。

2. 本罪的主体为特殊主体,即只有武器装备、军事设施的生产者和销售者才能构成本罪。

3. 本罪在主观方面表现为过失,即对于提供给武装部队的武器装备及军事设施是不合格的,行为人或属于疏忽大意的过失,或存在过于自信的过失。

(二) 过失提供不合格武器装备、军事设施罪的认定

在认定中应注意过失提供不合格武器装备、军事设施罪与故意提供不合格武器装备、军事设施罪的界限。两罪的区别是:(1)前罪的行为人,对自己行为可能发生危害国防安全的结果,应当预见而疏忽大意没有预见,或者虽然预见却轻信能够避免,后罪的行为人,明知自己的行为会发生危害国防安全的结果,却希望或者放任这种危害结果的发生;(2)前罪只有自然人才能构成,后罪则既可以是自然人,也可以是单位;(3)前罪在客观方面必须以其行为造成严重后果为构成必要,而后罪则没有这一限制。

(三) 过失提供不合格武器装备、军事设施罪的处罚

《刑法》第 370 条第 2 款规定,犯过失提供不合格武器装备、军事设施罪的,处 3 年以下有期徒刑或者拘役;造成特别严重后果的,处 3 年以上 7 年以下有期徒刑。

一般认为,造成特别严重后果,是指因过失提供不合格武器装备、军事设施而造成多人重伤、死亡,或严重影响部队完成重要作战任务,或造成重大经济损失,或直接造成战斗、战役失利,损失惨重,等等。

七、聚众冲击军事禁区罪

(一) 聚众冲击军事禁区罪的概念和构成

聚众冲击军事禁区罪,是指聚众冲击军事禁区,严重扰乱军事禁区秩序的行为。

本罪的构成要件如下：

1. 在客观方面，本罪表现为聚众冲击军事禁区、扰乱军事禁区正常秩序的行为。由于行为人的行为，致使军事禁区内的工作、生产、科研等活动无法进行，给军事利益造成重大损害。本罪在客观上又必须是聚众进行，在首要分子煽动、策划下，纠集多人共同进行的扰乱活动。同时，只有严重扰乱军事禁区秩序的行为才构成犯罪。

2. 本罪的主体是一般主体，但是，根据刑法的规定，真正能成为本罪主体的，必须是聚众扰乱的首要分子和其他积极参加者。首要分子，是指在聚众扰乱活动中起组织、策划、指挥作用的行为人。其他积极参加者，是指除首要分子以外的积极实施扰乱活动的人。一般的参加者只是扰乱活动的一般违法行为主体，对其不适用刑法处理，只能按治安管理处罚条例进行。

3. 本罪在主观方面只能由故意构成。行为人明知是军事禁区，仍然聚众冲击，对其危害国防利益的后果持希望或者放任态度。过失不构成本罪。

（二）聚众冲击军事禁区罪的认定

在认定聚众冲击军事禁区罪时，应注意以下一些问题：

1. 聚众冲击军事禁区罪与聚众扰乱社会秩序罪的界限。两罪的主要区别在于客体的不同。前罪侵犯的客体是军事禁区的管理秩序，后罪侵犯的客体是党政机关、企业、事业单位与人民团体的工作、生产、营业、教学和科研秩序，不包括军事禁区的管理秩序。

2. 聚众冲击军事禁区罪与聚众冲击国家机关罪的界限。两罪在犯罪主体、主观方面、客观方面相同或者近似，其主要区别在于：(1)侵犯的客体不同，前罪侵犯的直接客体是军事禁区秩序，后罪侵犯的直接客体是国家机关工作秩序；(2)犯罪对象不同，前罪的犯罪对象是军事禁区，后罪的犯罪对象是除军事机关外的其他国家机关工作区。

（三）聚众冲击军事禁区罪的处罚

《刑法》第371条第1款规定，犯聚众冲击军事禁区罪的，对首要分子，处5年以上10年以下有期徒刑；对其他积极参加的，处5年以下有期徒刑、拘役、管制或者剥夺政治权利。

八、聚众扰乱军事管理区秩序罪

（一）聚众扰乱军事管理区秩序罪的概念和构成

聚众扰乱军事管理区秩序罪，是指聚众扰乱军事管理区秩序，情节严重，致使军事管理区工作无法进行，造成严重损害的行为。

本罪的构成要件如下：

1. 在客观方面，本罪表现为聚众扰乱军事管理区正常秩序，情节严重，致使军事管理区工作无法进行，造成严重损失的行为。首先，扰乱军事管理区秩序的行为是聚众进行的；其次，扰乱军事管理区秩序中的扰乱，是指冲击、哄闹军事管理区域，致使军事管理区的工作无法正常进行;再次,扰乱军事管理区秩序还必须属于情节严重并致军事管理区工作无法进行,造成严重损失的才能构成本罪,例如,战时聚众扰乱军事管理区秩序,长时间或者多次实施扰乱行为,使用暴力或者采取其他恶劣手段,纠集人数多、规模较大等;最后,扰乱军事管理区秩序要求"造成严重损失"才构成犯罪,例如致人伤亡,造成严重经济损失或者严重政治影响的等等。

2. 本罪的主体是一般主体,但是,作为构成本罪主体的只能是聚众扰乱军事管理区秩序的首要分子和其他积极参加者。其他人员即使参加了聚众扰乱,也不以本罪论处。

(二) 聚众扰乱军事管理区秩序罪的认定

在认定时应注意聚众扰乱军事管理区秩序罪与聚众扰乱社会秩序罪的界限。两罪在犯罪主体、主观方面、客观方面基本相同,其主要区别在于:(1)犯罪客体不同。前罪侵犯的直接客体是军事管理区秩序,后罪侵犯的直接客体是社会管理秩序;(2)犯罪对象不同。前罪的犯罪对象是军事管理区,后罪的犯罪对象是非军事管理区。

(三) 聚众扰乱军事管理区秩序罪的处罚

《刑法》第 371 条第 2 款规定,犯聚众扰乱军事管理区秩序罪的,对首要分子,处 3 年以上 7 年以下有期徒刑;对其他积极参加的,处 3 年以下有期徒刑、拘役、管制或者剥夺政治权利。

九、冒充军人招摇撞骗罪

(一) 冒充军人招摇撞骗罪的概念和构成

冒充军人招摇撞骗罪,是指以谋取非法利益为目的,假冒军人的身份或职称招摇撞骗的行为。

本罪的构成要件如下:

1. 在客观方面,本罪表现为行为人假冒军人的身份或职称,进行招摇撞骗的行为。因此,行为人首先必须具有冒充军人的身份或者职称的行为,既可以是冒充士兵,也可以是冒充军官;其次,行为人必须具有招摇撞骗的行为,即行为人要以假冒军人身份或职称,招摇炫耀,利用他人对军人的信任,实施了骗取非法利益的行为。

2. 本罪的主体为一般主体。对军人冒充不属于自身身份的军人,如士兵冒充军官,级别较低的军官冒充级别较高的军官等,能否构成本罪有不同观点:一种观点认为军人不能构成本罪;另一种观点认为军人同样可以构成本罪。这里的冒充军人关键在于以不属于自己的军人身份出现,因此,军人冒充其他身份的军人,对构成本罪并无影响。

3. 本罪在主观方面表现为故意,其犯罪目的是为了谋取非法利益,不仅包括物质利益,也包括各种非物质利益。如果不具有谋取非法利益的目的而冒充军人的,不应以本罪论处。

(二) 冒充军人招摇撞骗罪的认定

在认定冒充军人招摇撞骗罪时,应注意以下一些问题:

1. 冒充军人招摇撞骗罪与招摇撞骗罪的界限。刑法对冒充军人招摇撞骗罪与招摇撞骗罪的规定存在法条竞合关系。其主要区别在于:(1)侵犯的客体不同。前罪侵犯的直接客体主要是军队的声誉及其正常活动,后罪侵犯的直接客体主要是国家机关的声誉及其正常活动。(2)犯罪对象不同。前罪的冒充对象是现役军人,后罪的冒充对象是除军事机关外的国家机关工作人员。

2. 冒充军人招摇撞骗罪与诈骗罪的界限。冒充军人招摇撞骗罪与诈骗罪两种犯罪都具有欺骗行为的特征,而且冒充军人招摇撞骗罪也可以如诈骗罪那样骗取财物。两罪的区别主要表现在:(1)侵害的客体不同。前罪侵犯的客体主要是武装力量的威信及其正常活动,后罪侵犯的客体仅限于公私财产权利。(2)行为手段不同。前罪的手段只限于冒充军人的身份或职称进行招摇撞骗,后罪的手段是利用虚构事实、隐瞒真相的手段和方式进行。(3)犯罪的主观目的不同。前罪的犯罪目的,是追求非法利益,其内容较后罪的目的广泛,包括非法占有公私财物或其他非法利益。后罪的犯罪目的,是非法占有公私财物。(4)构成犯罪的特殊要求不同。刑法规定,只有诈骗数额较大的公私财物,才可构成诈骗罪;而冒充军人招摇撞骗罪的构成并无数额较大的要求,这是由于该罪的客体所决定的。

需要特别说明的是,行为人冒充军人的身份或职称去骗取财物的情况下,应当认为属于一个行为同时触犯了两个罪名,属于想象竞合犯,处理想象竞合犯应当按照从一重罪论处的原则。

(三) 冒充军人招摇撞骗罪的处罚

《刑法》第 372 条规定,犯冒充军人招摇撞骗罪的,处 3 年以下有期徒刑、拘役、管制或者剥夺政治权利;情节严重的,处 3 年以上 10 年以下有期徒刑。

十、煽动军人逃离部队罪

(一) 煽动军人逃离部队罪的概念和构成

煽动军人逃离部队罪,是指煽动服役的军职人员脱离部队,情节严重的行为。

本罪的构成要件如下:

1. 在客观方面,本罪表现为煽动军人逃离部队,情节严重的行为。煽动,是指采用语言、文字等方式对军人进行鼓动、唆使、挑拨、劝说、宣传、利诱,使其实施所煽动的行为。其既可以是口头的,可以是书面的,还可以采用诸如电视、电影、计算机等现代化科学技术手段等。本罪中煽动的内容是让军人逃离部队。煽动军人逃离部队的行为,必须情节严重,才构成犯罪。情节严重,在司法实践中,是指如战时煽动军人逃离部队,煽动负有重要职责的人员逃离部队的,多次煽动或者煽动多人逃离部队的;因煽动军人逃离部队影响部队完成重要任务,煽动军人逃离部队进行其他违法活动的等情况。

2. 本罪在主观方面表现为故意。即明知军人逃离部队是违法行为,仍煽动其逃离部队的。过失不能构成本罪。其动机可多种多样,都不会影响本罪成立。

（二）煽动军人逃离部队罪的处罚

《刑法》第 373 条规定,犯煽动军人逃离部队罪的,处 3 年以下有期徒刑、拘役或者管制。

十一、雇用逃离部队军人罪

（一）雇用逃离部队军人罪的概念和构成

雇用逃离部队军人罪,是指明知对方是逃离部队的军人而将其接收、聘用,情节严重的行为。

本罪的构成要件如下:

1. 在客观方面,本罪表现为雇用逃离部队的军人,情节严重的行为。雇用,是指以货币、物品或者其他物质利益有偿聘请他人为自己提供劳动的行为,其既可以是长期的,也可以是短期的。情节严重,是构成犯罪的必要条件,一般是指战时雇用逃离部队军人,雇用多名逃离部队军人,长期或者多次雇用逃离部队军人,雇用逃离部队军人进行违法活动的等情况。

2. 本罪在主观方面只能由故意构成,行为人明知对方是逃离部队的军人而仍雇用。如果不知是军人或者虽然知道是军人但不知道是逃离部队的军人,就不能构成本罪。

（二）雇用逃离部队军人罪的认定

在认定中应注意雇用逃离部队军人罪与窝藏罪的界限:(1)犯罪的主观方面不同。前罪只是有偿地使用逃离部队的军人为劳动力,而后罪则是为犯罪分子提供藏匿之处,使之不被司法机关发现;(2)犯罪的对象不同。前罪对象既可以是逃离部队情节严重已构成犯罪的军人,又包括逃离部队但尚不构成犯罪的军人,后罪则是已经构成犯罪的人。

（三）雇用逃离部队军人罪的处罚

《刑法》第 373 条规定,犯雇用逃离部队军人罪的,处 3 年以下有期徒刑、拘役或者管制。

十二、接送不合格兵员罪

（一）接送不合格兵员罪的概念和构成

接送不合格兵员罪,是指征兵工作人员在征兵工作中徇私舞弊,将不符合条件的公民接送进部队,情节严重的行为。

本罪的构成要件如下:

1. 在客观方面,本罪表现为在征兵工作中徇私舞弊,接送不合格兵员,情节严重的行为。徇私舞弊,通常是指谋求私利、弄虚作假,使不合格的应征人员征集成为军人。接送不合格兵员的行为,必须达到情节严重才构成本罪。情节严重,包括:(1)徇私舞弊,收取应征人员及其亲属的金钱、财物,数额较大的;(2)因牟取私利,使多名不合格兵员入伍的;(3)徇私舞弊征集的不合格兵员在部队造成不良影响的;(4)战时因渎职行为而征集不合格兵员,影响部队军事行动的,等等。造成特别严重后果的,是指因违法渎职造成大量不合格兵员进入部队,征集的不合格兵员在部队违法犯罪或酿成重大恶性案件或政治事故,征集的不合格兵员严重影响部队正常活动的完成,等等。

2. 本罪主体是特殊主体,即必须是在征兵工作中负有征兵职责的征兵工作人员,包括地方征兵部门负责征兵工作的人员和征兵部队派出的武装部队工作人员。

3. 本罪在主观方面为故意,行为人明知自己的徇私舞弊行为违反有关法律规定,并可能产生危害后果,而对这种后果的发生持希望或者放任的态度。动机对本罪构成没有影响。

(二) 接送不合格兵员罪的认定

在认定时应注意区分接送不合格兵员罪与受贿罪的关系。在征兵过程中,如果行为人的受贿行为构成犯罪,而接送不合格兵员的行为尚未达到情节严重的程度,应按受贿罪定罪处罚;如果受贿行为不构成犯罪,但接送不合格兵员情节严重,构成犯罪的,则应以接送不合格兵员罪定罪,从重处罚。如果两种行为都构成犯罪,则应按照牵连犯的处罚原则,择一重罪处罚。

(三) 接送不合格兵员罪的处罚

《刑法》第 374 条规定,犯接送不合格兵员罪的,处 3 年以下有期徒刑或者拘役;造成特别严重后果的,处 3 年以上 7 年以下有期徒刑。

十三、伪造、变造、买卖武装部队公文、证件、印章罪

(一) 伪造、变造、买卖武装部队公文、证件、印章罪的概念和构成

伪造、变造、买卖武装部队公文、证件、印章罪,是指伪造、变造、买卖武装部队的公文、证件、印章的行为。

本罪的构成要件如下:

1. 在客观方面,本罪表现为行为人具有伪造、变造、买卖武装部队的公文、证件、印章的行为。伪造,是指无权制作者制造假的武装部队公文、证件、印章。变造,是指对原来有效的公文证件印章用涂改、擦消、填充内容等手段非法改换其真实内容的行为。买卖,是指以牟利为目的,将军用公文、印章、证件出让给他人的行为。

2. 本罪在主观方面只能出于直接故意,过失不构成本罪。

(二) 伪造、变造、买卖武装部队公文、证件、印章罪的认定

在认定时应注意伪造、变造、买卖武装部队公文、证件、印章罪与伪造、变造、买卖国家机关公文、证件、印章罪的界限。前罪的对象是武装部队的公文、证件和印章,并

通过对其的侵犯而指向国家的国防利益,而后罪的对象则是国家机关的公文、证件和印章,通过对其的侵犯指向社会管理秩序。但是,如果出现行为人伪造、变造、买卖的是武装部队机关的公文、证件和印章,由于军事机关也是国家机关的一部分,故又触犯伪造、变造、买卖国家机关公文、证件、印章罪,但由于前罪属特别规定,依照特别法优先于一般法的原则,应当以前罪定罪量刑。

(三) 伪造、变造、买卖武装部队公文、证件、印章罪的处罚

《刑法》第 375 条第 1 款的规定,犯伪造、变造、买卖武装部队公文、证件、印章罪的,处 3 年以下有期徒刑、拘役、管制或者剥夺政治权利;情节严重的,处 3 年以上 10 年以下有期徒刑。

情节严重,通常指多次或大量伪造、变造、买卖公文、证件、印章,或因妨害公文、证件、印章的行为而严重损害武装部队的名誉并给其造成重大损失等情形。

十四、盗窃、抢夺武装部队公文、证件、印章罪

(一) 盗窃、抢夺武装部队公文、证件、印章罪的概念和构成

盗窃、抢夺武装部队公文、证件、印章罪,是指盗窃或抢夺武装部队公文、证件、印章的行为。

本罪的构成要件如下:

1. 在客观方面,本罪表现为盗窃或抢夺武装部队公文、证件或印章的行为。盗窃,即秘密窃取,是指行为人采取自认为不被公文、证件、印章的保管者、使用人、所有人发觉的方法暗中将公文、证件、印章取走的行为。抢夺,即公然夺取,是当着公文、证件、印章所有人、保管者、使用者的面而公然夺取公文、证件、印章的行为。

2. 本罪在主观方面必须出于故意,即明知是武装部队的公文、证件及印章而仍盗窃或抢夺。过失不能构成本罪。如果不知是公文、证件、印章而盗窃或抢夺,又符合其他要求的,可以构成他罪,如盗窃罪、抢夺罪等。不论动机如何,均不影响本罪成立。

(二) 盗窃、抢夺武装部队公文、证件、印章罪的认定

在认定时应注意盗窃、抢夺武装部队公文、证件、印章罪与盗窃、抢夺国家机关公文、证件、印章罪的界限。两罪在犯罪主体、主观方面、客观方面基本相同,其主要区别在于:(1)犯罪客体不同。前罪的侵犯的直接客体是武装部队公文、证件、印章管理秩序,后罪侵犯的直接客体是国家机关公文、证件、印章管理秩序。(2)犯罪对象不同。前罪的犯罪对象是部队的公文、证件、印章,后罪的犯罪对象则是国家机关(军事机关除外)的公文、证件、印章。

(三) 盗窃、抢夺武装部队公文、证件、印章罪的处罚

《刑法》第 375 条第 1 款规定,犯盗窃、抢夺武装部队公文、证件、印章罪的,处 3 年以下有期徒刑、拘役、管制或者剥夺政治权利;情节严重的,处 3 年以上 10 年以下有期徒刑。

情节严重,通常是指如战时盗窃、抢夺武装部队公文、证件、印章,盗窃、抢夺武装部队重要公文、证件、印章,盗窃、抢夺武装部队公文、证件、印章数量较大,因盗窃、抢夺武装部队公文、证件、印章严重损害武装部队声誉,或造成重大政治、经济损失等情形。

十五、非法生产、买卖武装部队制式服装罪

(一)非法生产、买卖武装部队制式服装罪的概念和构成

非法生产、买卖武装部队制式服装罪,是指非法生产、买卖武装部队制式服装,情节严重的行为。

本罪的构成要件如下:

1. 在客观方面,本罪表现为非法生产、买卖武装部队制式服装,情节严重的行为。情节严重,一般是指非法生产、买卖武装部队制式服装数量较大,战时非法生产、买卖武装部队制式服装,非法生产、买卖武装部队制式服装经教育不改,因非法生产、买卖武装部队制式服装严重损害武装部队声誉,造成其他恶劣影响等情形。

2. 本罪主体为一般主体,单位亦可成为本罪主体。

(二)非法生产、买卖武装部队制式服装罪的处罚

《刑法》第375条第2款规定,犯非法生产、买卖武装部队制式服装罪的,处3年以下有期徒刑或者拘役,并处或者单处罚金。单位犯本罪的,对单位判处罚金,并对其主要负责的主管人员和其他直接责任人员,依上述规定处罚。

十六、伪造、盗窃、买卖、非法提供、使用武装部队专用标志罪

(一)伪造、盗窃、买卖、非法提供、使用武装部队专用标志罪的概念和构成

伪造、盗窃、买卖、非法提供、使用武装部队专用标志罪,是指伪造、盗窃、买卖或者非法提供、使用武装部队车辆号牌等专用标志,情节严重的行为。

本罪的构成要件如下:

1. 在客观方面,本罪表现为伪造、盗窃、买卖、非法提供、使用四种行为方式,并且以情节严重为必要。这里的情节严重往往表现为多次伪造、盗窃或者非法提供、使用;伪造、盗窃、买卖或者非法提供、使用武装部队的专用标志严重损害武装部队的声誉,造成其他恶劣影响等情形。

2. 本罪主体为一般主体,单位亦可成为本罪主体。

(二)伪造、盗窃、买卖、非法提供、使用武装部队专用标志罪的处罚

《刑法》第375条第3款规定,犯伪造、盗窃、买卖、非法提供、使用武装部队专用标志罪的,处3年以下有期徒刑、拘役或者管制,并处或者单处罚金;情节特别严重的处3年以上7年以下有期徒刑,并处罚金。单位犯本罪的,对单位判处罚金,并对其主要负责的主管人员和其他直接责任人员,依上述规定处罚。

第三节 战时危害国防利益的犯罪

一、战时拒绝、逃避征召、军事训练罪

（一）战时拒绝、逃避征召、军事训练罪的概念和构成

战时拒绝、逃避征召、军事训练罪，是指预备役人员战时拒绝、逃避征召或者军事训练，情节严重的行为。

本罪的构成要件如下：

1. 在客观方面，本罪表现为在战时拒绝、逃避征召或拒绝、逃避军事训练，情节严重的行为。首先，这种行为必须发生在战时，若在平时则不按本罪论处。其次，必须有拒绝、逃避征召或拒绝、逃避军事训练的行为。征召，是指兵役机关依法向预备役人员发出通知，要求其按规定时间和地点报到，准备转服现役的活动。军事训练，是指军事理论教育和作战能力训练的活动。最后，拒绝、逃避征召或军事训练的行为必须是"情节严重"的才能构成本罪。情节严重，一般是指多次拒绝、逃避征召或军事训练，组织、煽动他人拒绝、逃避征召或军事训练，以暴力、威胁的方法拒绝征召，携带武器逃避军事训练等情形。

2. 本罪的主体只能是预备役人员，非预备役人员不构成本罪。根据兵役法规定的精神，"预备役人员"是指在军队外服兵役的人员，分为预备役军官和预备役士兵。预备役军官包括退出现役转为预备役的军官，确定服军官预备役的退出现役的士兵、高等院校毕业生、专职人武干部、民兵干部、非军事部门的干部和专业技术人员；预备役士兵包括编入基干民兵组织的人员，经过预备役登记的 28 岁以下退出现役的士兵和经过预备役登记的 28 岁以下的专业技术人员，编入普通民兵组织的人员和经过预备役登记的 29 岁至 35 岁退出现役的士兵，以及其他符合服士兵预备役条件的男性公民。

（二）战时拒绝、逃避征召、军事训练罪的认定

在认定时应注意战时拒绝、逃避征召、军事训练罪与逃离部队罪的界限。根据兵役法规定，犯本罪应比照逃离部队罪追究刑事责任，两者客体要件和主观要件完全相同。其主要区别在于：（1）犯罪的主体不同。前罪只能是预备役人员，即编入民兵组织或者经过登记服预备役的人员；后罪是现役军人。（2）客观要件不同。前罪表现为战时拒绝、逃避征召或拒绝、逃避军事训练的行为，后罪则是不论战时和平时的逃离部队的行为，但战时从重处罚。

（三）战时拒绝、逃避征召、军事训练罪的处罚

根据《刑法》第 376 条第 1 款规定，犯战时拒绝、逃避征召、军事训练罪的，处 3 年以下有期徒刑或者拘役。

二、战时拒绝、逃避服役罪

（一）战时拒绝、逃避服役罪的概念和构成

战时拒绝、逃避服役罪，是指公民战时拒绝、逃避服役，情节严重的行为。

本罪的构成要件如下：

1. 在客观方面，本罪表现为在战时拒绝、逃避服兵役，情节严重的行为。首先，这种行为必须发生在战时，若在平时则不构成本罪；其次，必须具有拒绝、逃避服兵役的行为；最后，必须是情节严重的才构成本罪。情节严重，通常是指多次拒绝、逃避服兵役，组织、煽动他人拒绝、逃避兵役，以暴力、威胁的方法拒绝服兵役等情形。

2. 本罪的主体为一般主体，一般为年满18周岁的公民。

（二）战时拒绝、逃避服役罪的处罚

《刑法》第376条第2款规定，犯战时拒绝、逃避服役，情节严重的，处2年以下有期徒刑或者拘役。

三、战时故意提供虚假敌情罪

（一）战时故意提供虚假敌情罪的概念和构成

战时故意提供虚假敌情罪，是指战时故意向武装部队提供不真实的敌方军事情况，造成严重后果的行为。

本罪的构成要件如下：

1. 在客观方面，本罪表现为战时故意向武装部队提供虚假敌情，造成重大危害结果的行为。首先，提供虚假敌情的行为必须发生在战时，才能构成本罪。其次，行为人实施了提供虚假敌情的行为。提供，是指采取各种方法将虚假的敌情告知武装部队，可以是书面的，也可以是口头的；既可以是本人当面提供，也可以通过间接方式提供；既可以是主动提供，也可以是被动提供。敌情，是指敌对方的一切有关信息情报，可以是军事情报，但并不限于军事情报。最后，造成严重后果，是构成本罪的必要条件，比如，因提供虚假敌情而扰乱了部队的作战部署，干扰了部队的军事行动，破坏了指挥人员的作战计划和安排等。

2. 本罪的主体为一般主体。

3. 本罪在主观方面表现为故意，其犯罪动机不影响定罪。

（二）战时故意提供虚假敌情罪的认定

在认定时应注意战时故意提供虚假敌情罪与间谍罪等的关系。行为人如果参与间谍组织、投敌叛变后或者实施武装叛乱、暴乱行为，出于危害国家安全的故意而向武装部队提供虚假情况的，应按间谍罪、投敌叛变罪或武装叛乱、暴乱罪定罪处罚。

（三）战时故意提供虚假敌情罪的处罚

《刑法》第377条规定，犯战时故意提供虚假敌情罪的，处3年以上10年以下有

期徒刑;造成特别严重后果的,处 10 年以上有期徒刑或者无期徒刑。

造成特别严重后果,是指如因故意提供虚假敌情导致作战部署作重大调整,造成我方人员重大伤亡的,造成特别重要的或者多件重要的武器装备、军用物资和多处重要军事设施毁损,致使战斗、战役失利的等情形。

四、战时造谣扰乱军心罪

(一) 战时造谣扰乱军心罪的概念和构成
战时造谣扰乱军心罪,是指战时制造谣言,迷惑众人,动摇军心的行为。

本罪的构成要件如下:

1. 在客观方面,本罪表现为行为人在战时情况下,造谣惑众、动摇军心的行为。造谣惑众,是指编造、捏造根本不存在的事实或者故意歪曲夸大事实真相并在军中散布的行为。扰乱军心,是指使军人受到迷惑、蒙骗,不知事实真相而产生怯战、厌战、恐怖情绪,致使军人斗志涣散,严重影响部队命令、行动的执行。通常认为,只要其内容属于捏造,并在战时针对了不特定的军人予以扩散,足以扰乱军心的,即可构成本罪。

2. 本罪在主观方面是直接故意,行为人明知散布的是虚假信息,会扰乱军心、瓦解斗志,仍加以宣扬、扩散。其犯罪的动机,不影响犯罪的构成。

(二) 战时造谣扰乱军心罪的认定
在认定时应注意战时造谣扰乱军心罪与战时故意提供虚假敌情罪的界限。两者在主观上都出于故意,在客观方面都有在战时向他人提供虚假事实的行为,主要区别在于:(1)所涉及的内容不完全相同。前罪所捏造的事实包括敌我双方情况,后罪只能提供敌方的虚假情况。(2)加以扩散的对象不同。前罪所针对的对象是军人,后罪则是向武装部队予以提供。(3)对结果的要求不同。前罪行为人只要实施造谣惑众行为,足以扰乱军心,即构成既遂,后罪只有提供虚假敌情并造成严重后果才可构成。

(三) 战时造谣扰乱军心罪的处罚
《刑法》第 378 条规定,犯战时造谣扰乱军心罪的,处 3 年以下有期徒刑、拘役或者管制;情节严重的,处 3 年以上 10 年以下有期徒刑。

五、战时窝藏逃离部队军人罪

(一) 战时窝藏逃离部队军人罪的概念和构成
战时窝藏逃离部队军人罪,是指战时明知是逃离部队的军人而为其提供隐蔽处所、财物,情节严重的行为。

本罪的构成要件如下:

1. 在客观方面,本罪表现为对逃离部队的军人故意提供隐蔽处所、财物,情节严重的行为。窝藏,是指对逃离部队的军人进行隐藏,以使其逃避法律制裁或处罚。例如,提供场所让其藏匿,为其指示地点帮助其隐藏,为其提供财物资助使其进一步逃跑或隐藏。战时窝藏逃离部队的军人必须达到情节严重才能构成其罪,如资助部队指挥人员或者其他负有重要职责的人员,资助时间长,次数多,经教育不改,或导致逃兵被俘、死亡等严重后果的,等等。

2. 本罪在主观方面必须是故意的,行为人明知是逃离部队的军人而为其提供隐蔽处所、财物。如果不知是逃离部队的军人,以为是其他犯罪分子而予以包庇的,不构成本罪,应以包庇罪论处。

(二)战时窝藏逃离部队军人罪的认定

1. 战时窝藏逃离部队军人罪与雇用逃离部队军人罪的界限。两罪在对象、行为特征上都有相似,但是,两罪有着本质的区别:(1)主观故意内容不同。前罪主观上是为了使战时逃离部队的军人受到窝藏,后罪是为了使用逃离部队的军人的劳动力。(2)客观行为不同。前罪为战时逃离部队的军人提供隐蔽场所、财物,通常是无偿的,后罪表现为有偿聘请他人为自己服务。(3)时间的要求不同,前罪必须发生在战时,后罪则无这一要求。

2. 战时窝藏逃离部队军人罪与窝藏罪的界限。两罪的区别如下:(1)主观要求不同。前罪表现为明知是逃离部队的军人而予以窝藏,后罪则为明知是犯罪者而予以窝藏。(2)犯罪对象不同。前罪的对象是逃离部队的军人,后者只要是犯罪人即可。(3)时间要求不同。前罪发生在战时,后罪则无时间要求。(4)情节要求不同。前罪必须达到情节严重才构成犯罪,后罪无此要求。

(三)战时窝藏逃离部队军人罪的处罚

《刑法》第 379 条规定,犯战时窝藏逃离部队军人罪的,处 3 年以下有期徒刑或者拘役。

六、战时拒绝、故意延误军事订货罪

(一)战时拒绝、故意延误军事订货罪概念和构成

战时拒绝、故意延误军事订货罪,是指战时生产、销售单位无正当理由拒绝、故意延误军事订货,情节严重的行为。

本罪的构成要件如下:

1. 在客观方面,本罪表现为战时拒绝或故意延误军事订货,情节严重的行为。本罪中的"拒绝",是指拒不接受部队向其要求的军事订货。延误,是指虽然接受了军事订货,但无正当理由,却延期耽误,不按时交货,可以理解为消极的不作为。拒绝、延误军事订货的行为发生在战时才能构成本罪,且只有情节严重的拒绝、延误军事订货的行为才能构成本罪。情节严重,通常是指拒绝或者故意延误军事订货 3 次以上的;联络、煽动他人共同拒绝或者故意延误军事订货的;拒绝或者故意延误重要军事订货,影响重要军事任务完成的等。

2. 本罪主体仅限于单位。承担刑事责任的是负有军事订货义务的生产、销售单位及其直接负责的主管人员和其他直接责任人员。

（二）战时拒绝、故意延误军事订货罪的处罚

《刑法》第 380 条规定，犯战时拒绝、故意延误军事订货罪的，对单位判处罚金，并对其直接负责的主管人员和其他直接责任人员，处 5 年以下有期徒刑或者拘役；造成严重后果的，处 5 年以上有期徒刑。

造成严重后果，是指因拒绝、故意延误军事订货，致使战斗、战役失利，严重影响部队重大军事行动，造成人员重大伤亡或者重要武器装备、军用物资、军事设施毁损等情形。

七、战时拒绝军事征用罪

（一）战时拒绝军事征用罪的概念和构成

战时拒绝军事征用罪，是指在战时，公民对国家、政府和武装力量征用其所属的房屋、车辆、场地等作战所需的物资，能够提供而拒绝提供，情节严重的行为。

本罪的构成要件如下：

1. 在客观方面，本罪表现为战时拒绝征用，情节严重的行为。军事征用，是在战争或类似战争等紧急情况下，出于军事需要而依法使用武装部队以外的其他任何单位包括机关、团体、党派、企事业单位以及个人的财物及其劳动力。拒绝军事征用的行为必须发生在战时，才能构成本罪。且只有战时拒绝军事征用且情节严重的，才可构成本罪。情节严重，通常是指多次拒绝征用，煽动多人拒绝征用，因其行为贻误战机，造成作战失利，造成严重伤亡后果，等等。

2. 本罪在主观方面表现为故意。动机不影响定罪。过失不构成本罪。

（二）战时拒绝军事征用罪的处罚

《刑法》第 381 条规定，犯战时拒绝军事征用罪的，处 3 年以下有期徒刑或者拘役。

第二十八章

贪 污 贿 赂 罪

第一节　贪污贿赂罪概述

一、贪污贿赂罪的概念和构成

贪污贿赂罪,是指国家工作人员利用职务上的便利,贪污、挪用、索取、收受贿赂,以及其他贪利性职务犯罪行为或者与贪利性犯罪有关的行为。[①]

本章犯罪是在 1997 年修订《刑法》时专门设立的。我国 1979 年《刑法》有关职务性贪利犯罪仅有贪污罪和贿赂罪两种,而且分开设立。贪污罪规定在侵犯财产罪中,贿赂罪规定在渎职罪中。随着我国改革开放的不断深入,贪污贿赂等职务性犯罪也在不断变化,我国刑法为此先后对包括贪污罪、贿赂罪在内的职务性贪利犯罪进行了多次修改和调整。1982 年全国人大常委会《关于严惩严重破坏经济的罪犯的决定》将受贿罪的法定刑提高到死刑;1988 年《关于惩治贪污贿赂犯罪的补充规定》对贪污罪、贿赂罪的构成要件和处刑作了更具体的修改,同时增设了挪用公款罪、非法所得罪、巨额财产来源不明罪和隐瞒境外存款罪等国家工作人员的职务性犯罪;1995 年《关于惩治违反公司法的犯罪的决定》又将原属贪污、贿赂、挪用公款犯罪的职务侵占,公司、企业人员受贿,挪用公司资金等犯罪行为分离出来,单独设立新罪。经过上述多次对贪污贿赂等职务性贪利犯罪的修改和补充,初步形成体系。

在此基础之上,1997 年《刑法》对此作了必要的调整,并增设了一些与贪污、贿赂犯罪有关的犯罪,如行贿罪、介绍贿赂罪以及私分国有资产、罚没财物罪等,从而形成了现在的贪污贿赂专章犯罪,为惩治贪污贿赂等职务性贪利犯罪提供了比较全面的法律依据。

本章犯罪的构成要件如下:

1. 本章犯罪侵犯的客体既包括国家机关、国有公司、企业、事业单位、人民团体

---

① 本章犯罪行为既有典型的贪污、挪用、受贿性行为,又有私分国有资产、罚没款物行为;既有占有、收受性行为,又有非占有、收受性行为;既有国家工作人员的犯罪行为,又有非国家工作人员实施的犯罪行为,更有单位实施的犯罪行为。因此很难用一个概念概括本章所有犯罪行为,所以采用以贪污、挪用、受贿为主,兼顾其他犯罪行为的概念。

的正常管理活动,也包括国家工作人员职务行为的廉洁性,有的犯罪还侵犯公共财物的所有权。贪污贿赂犯罪包括多种贪利性犯罪,有的是利用手中的职务便利,非法占有或者挪用所管的公款、公物;有的是利用职务便利为他人谋利收受或者索取他人财物;有的则送钱送物给国家工作人员以谋取不正当利益。但不论怎样,其对国家机关或者国有公司、企业、事业单位、人民团体的正常管理活动的侵害,则是共同的。贪污贿赂犯罪对国家机关、国有公司、企业、事业单位等正常管理活动的破坏,损害了国家和政府的威信,严重危害国家利益,也损害了国家工作人员职务行为的公正性和廉洁性。因此对贪污贿赂犯罪必须予以严厉惩处,这对于保障国家机关正确履行国家管理职能,保证公务人员的廉洁奉公,保障我国的建设和管理的有序进行,具有重要的意义。

2. 在客观方面,本章罪表现为行为人利用职务上的便利,贪污公共财物、收受或者索取贿赂、挪用公款或者实施其他贪利性行为,或者与此有关的行为。本章罪所包含的行为多种多样,有贪污、挪用、个人受贿或者行贿,也有单位受贿和行贿,更有隐瞒在境外的财产或者财产来源,还有私分国有资产、罚没财物等。其中有的行为与行为人的职务密切相关,有的则与行为人的职务无关,但与他人的职务便利相关,值得注意的是,本章犯罪皆与一定的财物数额相关,因此在认定本章犯罪中,其财物数额的多少,直接影响到犯罪的是否成立和处罚的轻重。

3. 本章罪的主体具有多样性的特点。其中相当数量犯罪的主体是特殊主体,即由国家工作人员构成。本章中的贪污罪、受贿罪、挪用公款罪、巨额财产来源不明罪和隐瞒境外存款罪的主体,只能是国家工作人员,这是本章犯罪主体的一个显著特点。在《刑法》规定的其他章节犯罪中,有规定国家机关工作人员为犯罪主体的犯罪,唯有本章这 5 个犯罪是规定国家工作人员为犯罪主体。由于国家机关工作人员与国家工作人员并不完全等同,因此在认定本章犯罪时应当注意对这两者的区分。本章中有个别犯罪的主体是一般主体,如行贿罪、介绍贿赂罪。除此之外,本章还有相当部分的犯罪只能由单位构成,如单位受贿罪、单位行贿罪、私分国有资产罪等,这同《刑法》中的其他许多犯罪既可由单位构成,又可由自然人个人构成有明显的不同。

4. 本章罪在主观方面表现为故意。其中有些犯罪的主观方面还应具有特定的目的,如贪污罪的行为人应当在主观上具有非法占有公共财物的目的,挪用公款罪应具有占有公款使用权的目的。至于一些行贿犯罪,也以谋取不正当利益为其主观目的。在这些以特定目的为构成要件的犯罪中,取得或者查明行为人有无特定目的,往往是司法实践中认定行为人能否构成犯罪的关键。

二、贪污贿赂罪的种类

1. 贪污、挪用犯罪,包括贪污罪、挪用公款罪、巨额财产来源不明罪、隐瞒境外存款罪、私分国有资产罪、私分罚没财物罪等。

2. 贿赂犯罪,包括受贿罪、单位受贿罪、利用影响力受贿罪、对有影响力的人行贿罪、行贿罪、对单位行贿罪、介绍贿赂罪、单位行贿罪等。

第二节　贪污、挪用犯罪

一、贪污罪

(一) 贪污罪的概念和构成

贪污罪,是指国家工作人员利用职务上的便利,侵吞、窃取、骗取或者以其他手段非法占有公共财物的行为。

本罪的构成要件如下:

1. 本罪侵犯的客体是公共财物的所有权和国家工作人员职务行为的廉洁性,同时也对国家机关、国有单位的正常管理秩序造成侵犯。本罪的对象一般是公共财物。根据《刑法》第 91 条的规定,公共财产包括国有财产;劳动群众集体所有的财产;用于扶贫和其他公益事业的社会捐助或者专项基金的财产。在国家机关、国有公司、企业、集体企业和人民团体管理、使用或者运输中的私人财产,也以公共财产论。由于刑法规定贪污犯罪可以由国家机关、国有公司、企业、事业单位委派到非国有公司、企业、事业单位、社会团体从事公务的人员构成,其利用职务便利侵吞、窃取、骗取或者以其他手段非法占有的财产,是非国有公司、企业、事业单位、社会团体的财产,因此,此类贪污罪的对象也就不限于公共财产。

2. 在客观方面,本罪表现为利用职务上的便利,侵吞、窃取、骗取或者以其他手段非法占有公共财物的行为。构成本罪,首先必须是利用职务上的便利。所谓"利用职务上的便利",是指利用自己职务范围内主管、经营、管理公共财物的职权所形成的便利条件。这种职务便利具有特定性,即对公共财物的具体管理,在这方面它同受贿犯罪中的利用职务便利有明显不同。有的观点认为,利用经手公共财物的便利也是利用职务便利。[①]职务便利与从事公务的身份密切相关,其根本属性在于管理性。而经手的便利不具有管理性质,营业员虽有经手公款的便利,也不能构成贪污罪,所以经手公共财物的便利不属于职务便利。如果利用与主管、经营、管理公共财物之权无关的便利条件,如熟悉作案环境或者与他人所管财物比较接近等,则不属于利用职务便利。贪污罪的本质特点在于利用职务便利,这也正是贪污犯罪与盗窃、诈骗等犯罪的重要区别特征,例如出纳员利用其保管公款的便利,将所保管的公款非法占有,应以贪污罪论。倘若该出纳员不是将自己所保管的公款非法占有,而是他人保管的公款,那是窃取。事实上,贪污罪的侵吞与窃取,并无十分明显的区别,一般以是否具有明显的秘密性作为两者的区别界限。有明显的秘密性的属于窃取,没有明显秘密性的则属于侵吞。骗取,是指行为人利用职务上的便

---

① 参见陈明华主编:《刑法学》,中国政法大学出版社 1999 年版,第 755 页。

利,使用虚假的方法,非法占有公共财物,如伪造、涂改报销凭据,虚报冒领。其他手段,是指除采用侵吞、窃取、骗取之外的方法,非法占有公共财物,如将公款存入自己账户取息等。

本罪实施的手法有上述4种,而其占有公共财物的方式也多种多样。有直接将所管财物非法占有的,有将所管财物以某种名义转移至其他单位占有的,也有将本应收进本单位的货款直接占有的。不论采用何种方式,行为人对财物的占有应当是事实的占有和控制。至于占有之后的去向,有自己挥霍、使用等本人占有花用,也有占有之后赠送他人的,但均不影响犯罪的成立。

3. 本罪的主体是特殊主体,即国家工作人员和受委托管理、经营国有财产的人员。根据《刑法》第93条的规定,国家工作人员包括:

(1)国家机关中从事公务的人员,包括在各级国家权力机关、行政机关、司法机关和军事机关中从事公务的人员。

(2)国有公司、企业、事业单位、人民团体中从事公务的人员。

(3)国家机关、国有公司、企业、事业单位委派到非国有公司、企业、事业单位、社会团体从事公务的人员。委派,即委任、派遣,其形式多种多样,如任命、指派、提名、批准等。不论被委派的人身份如何,只要是接受国家机关、国有公司、企业、事业单位委派,代表国家机关、国有公司、企业、事业单位在非国有公司、企业、事业单位、社会团体中从事组织、领导、监督、管理等工作,都可以认定为国家机关、国有公司、企业、事业单位委派到非国有公司、企业、事业单位、社会团体从事公务的人员。

(4)其他依照法律从事公务的人员。应当具有两个特征:一是在特定条件下行使国家管理职能;二是依照法律规定从事公务。具体包括:①依法履行职责的各级人民代表大会代表;②依法履行审判职责的人民陪审员;③协助乡镇人民政府、街道办事处从事行政管理工作的村民委员会、居民委员会等农村和城市基层组织人员;④其他由法律授权从事公务的人员。

根据全国人大常委会于2000年4月对《刑法》第93条第2款的解释的规定:村民委员会等村基层组织人员协助人民政府从事下列行政管理工作,属于《刑法》第93条第2款规定的"其他依照法律从事公务的人员":①救灾、抢险、防汛、优抚、扶贫、移民、救济款物的管理;②社会捐助公益事业款物的管理;③国有土地的经营和管理;④土地征收、征用补偿费用的管理;⑤代征、代缴税款;⑥有关计划生育、户籍、征兵工作;⑦协助人民政府从事的其他行政管理工作。

上述四类人员,都必须具有从事公务的性质,这是认定国家工作人员的一个重要特征。从事公务,是指代表国家机关、国有公司、企业、事业单位、人民团体等履行组织、领导、监督、管理等职责。公务主要表现为与职权相联系的公共事务以及监督、管理国有财产的职务活动。如国家机关工作人员依法履行职责,国有公司的董事、经理、监事、会计、出纳人员等管理、监督国有财产等活动,属于从事的公务。那些不具备职权内容的劳务活动,技术服务工作,如售货员、售票员等所从事的工作,一般不认为是公务。

至于国家机关、国有公司、企业、事业单位委派到非国有公司、企业、事业单位、社会团体从事公务的人员的认定,除了应当考虑其从事公务的性质之外,还应当考虑受国家机关、国有公司、企业、事业单位委派的特点,而不能简单地以行为人在有国有资产成分的非国有公司、企业、事业单位、社会团体中任管理之职,就认定其为国家工作人员。

此外,《刑法》第382条第2款还规定:受国家机关、国有公司、企业、事业单位、人民团体委托管理、经营国有财产的人员,利用职务上的便利,侵吞、窃取、骗取或者以其他手段非法占有国有财产的,以贪污罪论。该项规定表明,贪污罪的主体还包括受委托管理、经营国有财产的人员。

对于贪污罪的主体范围,刑法另有一些特别规定。《刑法》第183条第2款规定,国有保险公司工作人员和国有保险公司委派到非国有保险公司从事公务的人员利用职务上的便利,故意编造未曾发生的保险事故进行虚假理赔,骗取保险金归自己所有的,以贪污罪定罪处罚。《刑法》第271条第2款规定,国有公司、企业或者其他国有单位中从事公务的人员和国有公司、企业或者其他国有单位委派到非国有公司、企业以及其他单位从事公务的人员利用职务上的便利,将本单位财物非法占为己有,数额较大的,以贪污罪定罪处罚。这种主体的特殊规定,表面看与《刑法》第93条第2款规定的准国家工作人员并无多大的区别,但如细细分别,仍有一定的差别,如国有保险公司工作人员与国有保险公司中从事公务人员有区别。

4. 本罪在主观方面表现为故意,并应具有非法占有公共财物的目的。行为人虽然实际占有公共财物,但如缺乏这一主观目的,则不能构成本罪,如非法出借、非法占用等。可能构成挪用公款罪或挪用资金罪。

(二) 贪污罪的认定

在认定贪污罪时,应当注意以下几个问题:

1. 贪污罪的构罪标准

1997年《刑法》关于贪污罪的规定中,明确了定罪量刑的具体数额标准,即以5 000元作为入罪标准,并以50 000元、100 000元作为法定刑升格标准,并按照法定刑从重到轻的顺序加以规定。虽然《刑法》在以具体数额为定罪量刑主要标准之外,又辅之以情节标准做参考,具体表现为对于贪污数额不满5 000元,情节较重的,也应以犯罪论处,贪污数额不满5 000元,情节较轻的,则不以犯罪论处,而是由其所在单位或者上级主管机关给予行政处分;对于贪污数额在50 000元以上不满100 000元的,一般处5年以上有期徒刑,可以并处没收财产,而当其是具有特别严重情节的贪污行为,则须处无期徒刑,并处没收财产;对于贪污数额在100 000元以上的,一般处10年以上有期徒刑或者无期徒刑,且可以并处没收财产,但当其是具有特别严重情节的贪污行为,则须处死刑,并处没收财产。但这种以具体数额为定罪和法定刑升格的主导要素的立法规定实际使得司法实务在贪污罪的认定上存在明显的唯数额倾向,但个案中数额却往往并非能够反映其真正的社会危害性,而具体数额的刑法规定也使得司法实践处置贪污罪过于僵化而不能做到罪刑相适应。

为此,《刑法修正案(九)》为适应新形势下反腐工作的需要,将贪污罪定罪量刑标准予以大幅修正,一改以往以数额为定罪量刑单一标准的规定,在将具体数额模式修正为概括式数额(数额较大、数额巨大、数额特别巨大)的基础上加重"情节"在贪污罪定罪量刑上的砝码,使其并列成为与数额之于定罪量刑具有相同作用的要素。今后贪污公共财物只要具备数额较大或者有其他较严重情节之一就可构成犯罪,且数额巨大与其他严重情节并列成为第二档次法定刑升格标准、数额特别巨大与情节特别严重并列成为第三档次法定刑升格标准。不过修法虽然取消了贪污罪的具体数额标准,还是需要两高出台司法解释确定具体起刑点标准,同时亦须对何谓"较重情节"、"严重情节"、"特别严重情节"作出相对明确的界定。

2. 贪污罪的数额认定

《刑法修正案(九)》对贪污罪定罪量刑标准予以修正后,虽然数额不再是唯一标准,但不可否认贪污罪仍具有财产性犯罪性质,因而犯罪数额依然是认定该罪的重要要素。因而在司法实践中实现对贪污罪犯罪数额的准确认定也是极为重要的。而在犯罪数额的认定上,应把握以下几点:(1)对于贪污后至案发前贪污的公款所生利息,不应作为贪污数额。(2)对于多次贪污未经处理的,依照《刑法》规定,应当累计其贪污数额,并依此处罚。但累计贪污数额时应当符合刑法有关追诉时效的规定,已过追诉时效的,不应累计在贪污数额中。(3)贪污行为人在非法占有财物以后又将所贪污的钱款用之于公,或者捐赠给福利事业和希望工程,这些非个人所用的钱款能否在贪污数额中予以扣除。有的观点认为,行为人在非法占有了财物,其行为已达既遂状态,因此应当依其非法占有的数额认定其贪污数额。至于其再用之于公或者捐赠给福利事业和希望工程,是行为人犯罪后对其非法占有的财物的处分,不能影响贪污犯罪和贪污数额的认定,但可以在量刑时予以酌情从轻处罚。另有观点认为,将非法占有的财物用之于公或者捐赠给福利事业和希望工程,虽然是犯罪既遂以后的表现,但不是行为人所最终占有,因此应当在贪污数额中予以扣除。后一种观点具有一定的合理性。因为贪污罪的实质在于行为人的非法占有和使公共财物遭受损失,此类行为与贪污罪的这一实质不同,予以扣除有一定的合理性。

3. 贪污罪的既遂与未遂。在理论上贪污犯罪也存在既遂与未遂之分,其既遂未遂的标准同其他财产犯罪相同,也是以行为人的非法占有(控制)和财物所有人或者保管人的失控的统一为标准。由于贪污犯罪的成立必须达到数额较大这一标准,因此贪污的未遂一般不会作为犯罪认定,只有在所贪污的目标为数额巨大时,才有可能与其他财产犯罪的未遂那样被作为犯罪论处。

4. 贪污罪共犯的罪名与数额认定。(1)贪污罪共犯的罪名认定。同一国有单位的数个国家工作人员共同利用职务便利,非法占有公共财物的,应当以贪污罪的共犯论处;非国家工作人员伙同国家工作人员共同贪污的,《刑法》第382条第3款已特别规定,与国家工作人员,受国家机关、国有公司、企业、事业单位、人民团体委托管理、经营国有财产的人员勾结,伙同贪污的,以贪污罪共犯论处;国有单位委派到非国有单位从事公务的国家工作人员与非国有单位中有职务便利的人员(即职务侵占罪的主体)勾结,分别利用各自的职务便利,共同将非国有公司、企业、事业单位、社会团体的财物非法占为己有的,按照主犯的犯罪性质定罪。①司法实践中,如果根据案件的实际情况,各共同犯罪人在共同犯罪中的地位、作用相当,难以区分主从犯的,也可以按照贪污罪定罪处罚。(2)贪污罪共犯的数额认定。1997年《刑法》修订以前,对共同贪污犯罪的数额认定,采用不同的计数原则。其中对贪污集团的首要分子和情节严重的主犯,以共同贪污的总数额处罚;对其他共犯按照个人所得数额(即分得数额)及其在犯罪中的作用,分别处罚。《刑法》修订以后,取消了原先的计数原则,转而采用主犯和首要分子对总额负责,其他共犯对参与数额负责的计数原则,由此相应增加了其他共犯所适用的刑罚。此种改变是否合理,有加以探讨的必要。

5. 特殊贪污罪的认定。《刑法》第394条对贪污罪的适用还作了特别规定:国家工作人员在国内公务活动或者对外交往中接受礼物,依照国家规定应当交公而不交公,数额较大的,依照本法第382条、第383条的规定定罪处罚。一般贪污的行为方式,都是采用积极的作为形式将所管理的财物非法占为己有,而此类贪污行为所表现的形式是应当交公而不交公的不作为,这是此类贪污犯罪行为的特殊之处。本条规定虽然与贪污罪的主观客观构成特征有不同,但作为一项特别法律规定,具有特别法的效力。

6. 贪污罪与盗窃罪、诈骗罪和侵占罪之间的界限。这几个犯罪都是侵犯财产性质的犯罪,其主观目的都是非法占有他人的财物,而且其所采用的手段有一定的相似性。贪污罪与这些犯罪的主要区别是:贪污罪是特殊主体,即国家工作人员和受委托管理、经营国有财产的人员,盗窃、诈骗、侵占三罪的主体则是一般主体;贪污罪侵犯的是特定对象,即公共财物(受委派到非国有单位实施贪污的对象除外),而盗窃、诈骗、侵占三罪的对象既可以是公共财产,也可以是非公共财产,即私有财产;贪污罪的客观方面必须具有利用职务便利的构成要件,盗窃等三罪则无此特殊要求;在司法实践中,区分贪污罪还是盗窃、诈骗、侵占罪,一般只要根据主体是否为国家工作人员就能确定。但是当国家工作人员实施盗窃、诈骗或者侵吞公共财产行为时,则根据行为人是否利用职务上的便利来确定,如果是利用职务上的便利,应以贪污罪认定,反之,则以盗窃、诈骗、侵占罪认定。

7. 贪污罪与职务侵占罪的界限。《刑法》第271条设立的职务侵占罪与贪污罪在主观上都是故意,都有非法占有财物的目的,客观上都有利用职务便利,非法占有所管财物的行为,主体方面都是特殊主体。这是两者容易混淆的方面,特别是在非国有的公司、企业、事业单位、社会团体中也有贪污罪的存在,两者的界限区分就更有必要。两罪的区别在于:(1)主体不同。贪污罪的主体是国家工作人员和受委托管理、经营国有财产的人员,职务侵占罪的主体则是除贪污罪主体之外的公司、企业或者其他单位的人员。(2)对象不同。贪污罪的对象一般是公共财产,职务侵占罪的对象则一般是非公共财产。(3)侵犯的客体不同。贪污罪侵犯的客体是复杂客体,既侵犯公

---

① 见2000年6月27日最高人民法院《关于审理贪污、职务侵占案件如何认定共同犯罪几个问题的解释》。

共财产的所有权,又损害国家工作人员职务行为的廉洁性,而职务侵占罪则只有对公司、企业或者其他单位财产所有权的侵犯,没有对国家工作人员职务行为廉洁性的损害。

(三) 贪污罪的处罚

《刑法》第383条规定,对犯贪污罪的,根据情节轻重,分别依照下列规定处罚:(1)贪污数额较大或者有其他较重情节的,处3年以下有期徒刑或者拘役,并处罚金。(2)贪污数额巨大或者有其他严重情节的,处3年以上10年以下有期徒刑,并处罚金或者没收财产。(3)贪污数额特别巨大或者有其他特别严重情节的,处10年以上有期徒刑或者无期徒刑,并处罚金或者没收财产;数额特别巨大,并使国家和人民利益遭受特别重大损失的,处无期徒刑或者死刑,并处没收财产。犯第1款罪,在提起公诉前如实供述自己罪行、真诚悔罪、积极退赃,避免、减少损害结果的发生,有第1项规定情形的,可以从轻、减轻或者免除处罚;有第2项、第3项规定情形的,可以从轻处罚。犯第1款罪,有第3项规定情形被判处死刑缓期执行的,人民法院根据犯罪情节等情况可以同时决定在其死刑缓期执行2年期满依法减为无期徒刑后,终身监禁,不得减刑、假释。

二、挪用公款罪

(一) 挪用公款罪的概念和构成

挪用公款罪,是指国家工作人员利用职务上的便利,挪用公款归个人使用,进行非法活动,或者挪用公款数额较大,进行营利活动的,或者挪用公款数额较大,超过3个月未还的行为。

本罪的构成要件如下:

1. 本罪侵犯的客体是国家工作人员职务行为的廉洁性和公款的所有权。所有权包括占有、使用、收益、处分四项权能,挪用公款是在一定时间内擅自将由自己经管的公款转归个人使用,意在用后归还,侵犯了公款所有权中的占有权、使用权、收益权,由此挪用公款的行为是对公款所有权的侵犯。但是由于挪用公款是暂时挪用,意在归还,没有非法占有公款完整所有权的意图,所以它同贪污罪的侵犯公共财产的所有权有所不同。

依照法律对挪用公款罪概念的规定,挪用公款罪的对象应当是公款,不包括公物。挪用公物的行为,不能构成挪用公款罪。但是如果行为人所挪用的是用于救灾、抢险、防汛、优抚、扶贫、移民、救济款物的,依照法律规定,也应当构成挪用公款罪。所以挪用公款罪的对象在一定条件下也可能是公物,而非限于公款。至于公款的范围,结合《刑法》第91条关于公共财产的规定,应当限定于国有和集体所有的公款,以及用于扶贫和其他公益事业的社会捐助或者专项基金中的钱款。当然,在国家机关、国有公司、企业、集体企业和人民团体管理、使用或者运输中的私人钱款,依法也属于公款的范围。此外,公有国库券也可以成为挪用公款罪的对象。①而对于挪用金融票证、有价证券用于质押的,依照相关规定也可以以本罪论处。②

由于《刑法》第 185 条第 2 款、《刑法》第 272 条第 2 款规定国有单位委派到非国有单位从事公务的人员,也可以构成挪用公款罪,成为挪用公款罪的主体,因此,这些非国有单位的资金也当然成为挪用公款罪的对象。

2. 在客观方面,本罪表现为利用职务上的便利,挪用公款归个人使用,进行非法活动,或者挪用公款数额较大,进行营利活动,或者挪用公款数额较大,超过 3 个月未还的行为。构成本罪的客观方面,必须具备以下几方面的要件:

(1) 必须利用职务上的便利。挪用公款罪的利用职务便利,是指利用自己职务范围内主管、经管公款的便利条件。与贪污罪的职务便利具有相同性,也是特定、具体的职务便利。行为人利用职务便利的特点与行为人从事公务的身份密切相关,正是因为行为人有从事公务的身份,才有职务的便利可以利用。因此不能仅仅注意行为人的身份,还应当注意行为人是否具有与其身份相应的职务便利。

(2) 必须是挪用公款给个人使用。挪用,是指无权动用或者不经批准和许可,擅自动用自己所主管、经管的公款,或者虽有权动用,但违反财经纪律或者违反单位的规章制度,动用所管的公款归个人使用。对于挪用公款归个人使用的理解,一般应理解为包括给挪用人本人和其他自然人使用。是否包括挪用给其他单位使用的情况,1997 年《刑法》修订以后理论与实践对此有过不同的争议,司法解释也为此有过不同的解释。③为了正确适用法律,2002 年 4 月全国人大常委会《关于刑法第 384 条第 1 款的解释》对国家工作人员利用职务上的便利,挪用公款"归个人使用"的含义,作出如下解释:有下列情形之一的,属于挪用公款"归个人使用":①将公款供本人、亲友或者其他自然人使用的;②以个人名义将公款供其他单位使用的;③个人决定以单位名义将公款供其他单位使用,谋取个人利益的。其中,第①种是典型的挪用公款归个人使用,第②种是挪用公款归个人使用的延续,第③种是特殊的挪用公款归个人使用或者是实质的挪用公款归个人使用。根据立法解释,挪用公款归个人使用,包括挪用人本人使用和挪用人之外的其他自然人使用,也包括谋取个人利益情况下的个人决定以单位名义给其他单位使用。

(3) 必须具有下列三种用途行为之一:

其一,挪用公款进行非法活动,如走私、赌博等。这里的非法活动可以是犯罪行为,也可以是违法行为。此种挪用公款行为,由于是用于非法活动,所以法律没有规定挪用的数额和挪用的时间以及是否归还,意味着此种挪用无论数额多少,挪用时间

---

① 见 1997 年 10 月最高人民检察院《关于挪用国库券如何定性问题的批复》。

② 根据 2013 年 11 月 13 日《全国法院审理经济犯罪案件工作座谈会纪要》的规定,挪用金融票证、有价证券用于质押,使公款处于风险之中,与挪用公款为他人提供担保没有实质的区别,符合刑法关于挪用公款罪的规定的,应以挪用公款罪定罪处罚,挪用公款罪数额以实际或者可能承担的风险数额认定。

③ 见 1998 年 5 月 9 日最高人民法院《关于审理挪用公款案件具体应用法律若干问题的解释》;2001 年 10 月 17 日最高人民法院《关于如何认定挪用公款归个人使用有关问题的解释》。

长短,一经挪用即可构成犯罪。但是数额过少显然难以反映其危害的严重程度,因此1998年4月29日最高人民法院《关于审理挪用公款案件具体应用法律若干问题的解释》中规定,挪用公款归个人使用,进行非法活动的,以挪用公款5 000元至1万元为追究刑事责任的起点;挪用公款5万元至10万元以上的,属于情节严重的表现。

其二,挪用公款数额较大进行营利活动。所谓"营利活动",应当是指合法的经营活动,包括经商、办企业、投资股票、买债券等。如果挪用公款存入银行用于集资,以获取利息、收益的,也属于营利活动。此种挪用有数额较大的限制,但没有挪用时间和是否归还的要求,一经挪用无论时间长短,均可构成犯罪。根据《解释》的规定,此种挪用以挪用公款1万元至3万元为数额较大的起点,挪用公款15万元至20万元为数额巨大的起点。

其三,挪用公款数额较大,超过3个月未还。法律没有规定此种挪用的用途,应当理解为是指上述非法活动、营利活动之外的其他用途,如用于个人生活所急需、购买个人住宅或者结婚等。此种挪用不仅有挪用数额和挪用时间的限制,而且还有逾期未还的限制。其数额较大的起点数额与挪用公款进行营利活动的数额较大的起点相同。根据《解释》的规定,挪用公款"超过3个月未还"的,不同的数额、不同的归还时间,有不同的法律意义:挪用公款数额较大,但在3个月之内归还的,不构成犯罪;挪用公款数额较大,超过3个月但在案发前归还的,应以犯罪认定,但可以从轻处罚或者免除处罚;挪用公款数额巨大,超过3个月案发前全部归还的,以犯罪认定,但可以酌情从轻处罚。

需要说明的是,挪用公款行为是一种个人行为,而不是单位行为。如果经单位领导集体研究决定将公款给个人使用,或者单位负责人为了单位的利益,决定将公款给个人使用的,不以挪用公款罪定罪处罚。上述行为致使单位遭受重大损失,构成其他犯罪的,依照《刑法》的有关规定对责任人员定罪处罚。

3. 本罪的主体是特殊主体,即国家工作人员,其范围与贪污罪相同,也应当依照《刑法》第93条的规定来确定。同时,依照全国人大常委会的立法解释,村民委员会等村基层组织人员在协助人民政府从事行政管理工作时,属于国家工作人员的范围,因此如果利用此职务上便利,实施挪用公款的行为,也可以构成挪用公款罪。

此外,根据《刑法》第185条第2款规定,国有商业银行、证券交易所、期货交易所、证券公司、期货经纪公司、保险公司或者其他国有金融机构的工作人员和国有商业银行、证券交易所、期货交易所、证券公司、期货经纪公司、保险公司或者其他国有金融机构委派到非国有的商业银行、证券交易所、期货交易所、证券公司、期货经纪公司、保险公司或者其他金融机构从事公务的人员,利用职务上的便利,挪用本单位或者客户的资金,依照挪用公款罪定罪处罚。《刑法》第272条第2款也规定,国有公司、企业或者其他国有单位中从事公务的人员和国有公司、企业或者其他国有单位委派到非国有公司、企业以及其他单位从事公务的人员,利用职务上的便利,挪用资金归个人使用或借贷给他人,进行非法活动,或者挪用资金数额较大,进行营利活动,或者挪用资金数额较大,超过3个月未还的,也以挪用公款罪定罪处罚。

值得注意的是,在贪污罪中,受国家机关、国有公司、企业事业单位、人民团体委托管理、经营国有财产的人员,可以成为贪污罪的主体。然而在挪用公款罪中,此类人员则不能成为挪用公款罪的主体。如果有挪用的行为,构成犯罪的,也只能按照挪用资金罪定罪处罚。①造成如此不统一的原因,在于刑法对贪污罪有特别规定,而对于挪用公款罪则无此特别规定,所以根据罪刑法定原则,此类人员不能作为挪用公款罪的主体,也是必然的结论。

4. 本罪在主观方面表现为故意。行为人明知是公款而故意擅自挪用,其主观意图是非法取得公款的占有权、使用权、收益权,其归还的意图应当是明确的。行为人主观上不具有将公款完整所有权非法占为己有的目的,这是挪用公款罪与贪污罪在主观方面的根本区别。如果行为人在挪用公款归个人使用之后,有能力归还而不归还的,表明行为人的故意内容已经从挪用的故意转向非法占有的贪污罪故意,因此应当以贪污罪定罪处罚。至于行为人的挪用故意是否仅限于"挪"的故意,还是包括对"用"的故意,这是值得研究的问题。需要注意的是,挪用人主观明知的用途往往与使用人的实际用途不一致,对其认定应当有所不同。根据有关司法解释的规定,挪用公款给他人使用,不知道使用人用公款进行营利活动或者非法活动,数额较大、超过3个月未还的,构成挪用公款罪;明知使用人用于营利活动或者非法活动的,应当认定为挪用公款进行营利活动或者非法活动。

(二) 挪用公款罪的认定

在认定挪用公款罪时,应当注意以下几个问题:

1. 挪用公款罪的认定。与其他犯罪所不同的是,挪用公款罪的成立,除了主体、客体和主观方面的要件之外,仅在客观方面就有多方面的构成要件要素,既有利用职务便利的要件、又有归个人使用的要件,更有挪用用途、挪用数额、挪用时间以及是否归还的要件。客观方面的诸多要件,特别是三种挪用公款行为分别在用途、数额、挪用时间、是否归还等方面有不同的犯罪构成要件,使挪用公款罪的认定,比之其他犯罪的认定更为复杂。因此对挪用公款罪的认定,必须具有全面的判断,才能保证挪用公款罪认定的准确性。

2. 挪用公款罪的数额认定。挪用公款因为是钱款,认定其数额一般不会有困难。但是涉及有多次挪用,甚至用后挪用的钱款归还前挪用的钱款,其数额认定就比较复杂。有的观点认为,行为人的每一次的挪用成功,就是一个既遂,所以对多次挪用的应当累计计算其挪用数额。根据《解释》的规定,多次挪用公款不还,挪用公款数额累计计算;多次挪用公款,并以后次挪用的公款归还前次挪用的公款,挪用公款数额以案发前未还的实际数额认定。此外,挪用救灾、抢险、防汛、优抚、扶贫、移民、救济款物的,其对象不仅可能是物,而且又是重要物资,因此《解释》规定,挪用救灾、抢险、防汛、优抚、移民、扶贫、救济款物归个人使用的数额标准,参照挪用公款归个人使

---

① 见 2000 年 2 月 24 日最高人民法院《关于对受委托管理、经营国有财产人员挪用国有资金行为如何定罪问题的批复》。

用进行非法活动的数额标准。

3. 挪用公款的未遂。挪用公款犯罪是故意犯罪，从理论上看当然存在犯罪的未遂，但是司法实践目前比较倾向于"一挪就既遂"，所以挪用公款在实践中似乎已经没有存在未遂的可能。然而对于挪用公款是否存在未遂，以及是否应当以犯罪论处，在理论上需要对以下两种情况予以明确。首先，行为人已经着手实施挪用公款的行为，因为意志以外的原因使公款未能挪出公款所在的单位。对此以未遂认定应属无疑，但因其尚没有实际的公款被挪用的数额，司法实践一般不以犯罪论处。其次，行为人已将公款挪出，但因意志以外的原因，而没有使用，即"挪而未用"。有的观点认为，行为人使公款脱离单位后，即使尚未使用该公款的，也属于挪用。①也有观点认为此种挪用应属于未遂，因为这种挪而未用的行为，实际上已经侵害公款的所有权，因此，应比照挪用公款既遂从轻或者减轻处罚。②上述两种观点各有其合理之处，也均有其不合理之处。刑法对挪用公款罪的设置，根据其用途之不同，有三种不同的法定要件。其中对于挪用公款进行非法活动的，由于《解释》明确其非法活动本身如果构成犯罪，应当实行数罪并罚，这就明确仅有挪的行为，即使没有实际的非法活动的使用行为，也可以构成挪用公款犯罪。因此在这种挪用行为中，"挪而未用"属于既遂而不是未遂。对于其他两种挪用公款的行为，特别是挪用公款数额较大，超过3个月未还的行为，不仅挪的本身是其客观行为，其用途、用的时间、是否超过3个月未还，也都是挪用公款所不可缺少的客观行为组成部分。"挪而未用"本身还无法确定其将用于何种活动，也无法确定其用的时间和是否归还，因此这种挪而未用不可能成立挪用公款犯罪的既遂，只能是未遂。

4. 挪用公款罪的共犯的认定。挪用公款也可以存在共同犯罪，其形式有多种：(1)多个国家工作人员共同利用职务上的便利，共同挪用公款归个人使用进行非法活动、营利活动或者其他活动。(2)非国家工作人员帮助国家工作人员挪用公款的，如为国家工作人员的挪用公款提供转账帮助的，依照刑法有关共同犯罪的规定，应以挪用公款罪的共犯论处。(3)国有单位委派到非国有单位中从事公务的国家工作人员与非国有单位中的从事公务人员，共同利用其职务上的便利，共同挪用公款的，理论上也可以成立挪用犯罪的共犯，但其罪名的认定，可以参照最高人民法院有关非国有单位中的国家工作人员与非国有单位中的工作人员，利用各自的职务便利，将本单位的财物非法占为己有，以主犯的犯罪性质认定罪名的规定来处理。(4)挪用人与使用人之间的共犯。根据《解释》的规定，挪用公款给他人使用，使用人与挪用人共谋，指使或者参与策划取得挪用款的，以挪用公款罪的共犯定罪处罚。值得注意的是，全国人大常委会有关挪用公款归个人使用的立法解释规定使用人可以是单位，如果单位与挪用人共谋，指使或者参与策划取得挪用款的，是否也能成立挪用公款罪的共犯？就现有的刑法规定而言，由于法律还没有单位构成挪用公款罪的处罚条款，事实上还

---

① 张明楷著：《刑法学》，法律出版社 2003 年版，第 913 页。

② 刘家琛主编：《新刑法新问题新罪名通释》，人民法院出版社 1998 年版，第 969 页。

没有确认单位可以成立挪用公款罪的主体,所以单位如有上述行为,也不能构成挪用公款罪的共犯。

5. 挪用公款罪的罪名转化和罪数认定。首先,行为人挪用公款的意图是取得公款的占有权、使用权和收益权,因此挪用人应当有归还的意愿。如果行为人在挪用公款之后,有能力归还而不归还的,或者携带挪用的公款潜逃的,表明行为人已无归还之意,其挪用意图已经转变为非法占有的目的,对此应当以贪污罪定罪处罚。在司法实践中,具有以下情形之一的,可以认定行为人具有非法占有公款的目的:(1)根据《解释》第 6 条的规定,行为人"携带挪用的公款潜逃的",对其携带挪用的公款部分,以贪污罪定罪处罚。(2)行为人挪用公款后采取虚假发票平账、销毁有关账目等手段,使所挪用的公款已难以在单位财务账目上反映出来,且没有归还行为的,应当以贪污罪定罪处罚。(3)行为人截取单位收入不入账,非法占有,使所占有的公款难以在单位财务账目上反映出来,且没有归还行为的,应当以贪污罪定罪处罚。(4)有证据证明行为人有能力归还所挪用的公款而拒不归还,并隐瞒挪用的公款去向的,应当以贪污罪定罪处罚。其次,根据《解释》的规定,因挪用公款索取、收受贿赂构成犯罪的,或者挪用公款进行非法活动构成其他犯罪的,依照数罪并罚的规定处罚。

6. 挪用公款罪与挪用资金罪的界限。两罪在客观方面都是利用职务上的便利,挪用钱款归个人使用,进行非法活动,或者挪用钱款数额较大进行营利活动,或者挪用钱款数额较大,超过 3 个月未还,而且两者的主观目的也完全相同,容易混淆。两罪的主要区别表现为主体不同,挪用公款罪的主体是国家工作人员,挪用资金罪的主体则是公司、企业或者其他单位的工作人员。

7. 挪用公款罪与挪用特定款物罪的界限。两罪在主观上都是故意,客观上都是挪用。两罪的区别是:(1)挪用公款罪的对象是公款,挪用特定款物罪的对象则是具有特定用途的救灾、抢险、防汛、优抚、扶贫、移民、救济 7 种款物;(2)挪用公款罪在客观方面是利用职务上的便利,挪用公款归个人使用,进行非法活动或者营利活动等,挪用特定款物罪则是将所掌管的特定款物挪作其他公用事项的使用;(3)挪用公款罪的主体是国家工作人员,挪用特定款物罪的主体则是有权调拨或者掌管这 7 种专项款物的人员;(4)挪用公款罪的主观目的是暂时取得公款的占有权、使用权,从中获取收益,而挪用特定款物罪则无此目的。

8. 挪用公款罪与贪污罪的界限。两罪在主体上都有国家工作人员,主观方面都是故意,客观方面都是利用职务上的便利,侵犯的对象都有公款。两罪的主要区别是:(1)挪用公款罪的对象只能是公款,贪污罪的对象则包括公款和其他公共财物以及特别情形下的私人财产;(2)挪用公款罪在客观方面是挪用公款归个人使用,进行非法活动或者营利活动等,贪污罪的客观方面则是利用职务便利侵吞、窃取、骗取或者以其他手段非法占有所经管的公共财物;(3)挪用公款是暂时挪用,用后归还,贪污罪则是永久非法占有公共财物,两者在主观目的上也是不相同的;(4)贪污罪的主体还包括受国有单位委托经营、管理国有资产的人员,而挪用公款罪则不包括此类人员。

（三）挪用公款罪的处罚

《刑法》第 384 条规定,犯挪用公款罪的,处 5 年以下有期徒刑或者拘役;情节严重的,处 5 年以上有期徒刑。挪用公款数额巨大不退还的,处 10 年以上有期徒刑或者无期徒刑。挪用用于救灾、抢险、防汛、优抚、扶贫、移民、救济款物归个人使用的,从重处罚。情节严重,是指挪用公款数额巨大,或者数额虽未达到巨大,但挪用公款手段恶劣;多次挪用公款;因挪用公款严重影响生产、经营,造成严重损失等情形。不退还,是指挪用公款数额巨大,因客观原因在一审宣判前不能退还的。不退还的原因只能是客观原因而导致不能退还,如果是主观原因不退还的,则应当以贪污罪定罪处罚。不退还的最后时间是在一审宣判前。

三、巨额财产来源不明罪

（一）巨额财产来源不明罪的概念和构成

巨额财产来源不明罪,是指国家工作人员的财产或者支出明显超过合法收入,差额巨大,而本人又不能说明其来源是合法的行为。

本罪是在 1988 年全国人大常委会《关于惩治贪污贿赂犯罪的补充规定》中最初设立的,1997 年《刑法》修订时被列入贪污贿赂罪中。自我国经济改革开放以来,一些国家工作人员趁着我国经济迅速发展,各项有效的监督制约机制还没有建立和健全,利用职务便利,大肆贪污收受贿赂,严重损害了国家和人民的利益。而又因贪污受贿等犯罪相当隐蔽,证据稀少,证明困难,使许多犯罪分子因此而逃避法律制裁。为严肃法纪,保障国家和人民的利益不受侵犯,严厉打击贪污贿赂犯罪分子,我国《刑法》在 1988 年设立了此罪,并保留在 1997 年《刑法》中。从最近几年所惩治的贪污贿赂犯罪分子,少则有几十万元,多则几百万元的巨额财产来源不明的状况来看,刑法设立这一罪名是十分必要的。

与其他犯罪设立之后少有争议不同,本罪设立以后围绕本罪的争议甚多,其中主要涉及举证责任的转移的问题。依照我国刑事诉讼法的规定,证明被告人是否构成犯罪的责任应当由司法机关来承担,即负有举证责任,被告人不承担证明自己是否构成犯罪的责任,不负有举证的责任。刑法设立巨额财产来源不明罪,其导致的结果是被告人能够说明其巨额财产的合法来源的,不构成犯罪,反之,被告人不能说明其财产的合法来源,则构成犯罪。举证责任发生了转移,从司法机关转向了被告人。对此,有赞同的也有反对的。应当看到,刑法的这一规定自有其合理性。行为人对自己的巨额财产来源,甘愿冒承担巨额财产来源不明罪的刑事责任风险,也不愿意将其来源予以说明,则可推定其巨额财产的来源系非法所得,推定其因为意图逃避承担其他犯罪的刑事责任而不予说明,所以在无法查证其巨额财产的来源系其他犯罪所得的情况下,设立本罪以本罪追究其刑事责任,也不失为一种可行的方法。况且设立此种犯罪也非我国所特有,许多国家已设立此种犯罪,目的均是严惩公务人员或者国家工作人员的贪污贿赂犯罪。

本罪的构成要件如下：

1. 侵犯的客体是国家工作人员的廉洁性。国家工作人员拥有巨额财产，但其来源却又不明，司法机关经过查证也无法证明其来源的合法性，这本身就已经说明其拥有的财产的不合法性，也说明其国家工作人员本身的廉洁性已经被严重的破坏。

2. 在客观方面，本罪表现为行为人的财产或者支出明显超过其合法收入，且差额巨大，本人又不能说明其合法来源的行为。本罪的客观方面必须具备三个条件：其一，行为人的财产和支出明显超过其合法收入。财产，是指行为人所拥有的房屋、车辆、存款、现金、股票、生活用品以及生产资料等私人财产。支出，是指行为人生产经营和生活消费、赡养、保险、赠与、挥霍、玩乐、购物、购买股票等各种开支。合法收入，是指行为人在一定时期内从单位内外所获得的一切正当收入，包括分房、工资、奖金、补贴以及通过其他合法途径获得的股票得利、利息、稿费等等。其二，行为人现有的财产和支出超出其合法收入之间的差额巨大，根据有关司法解释的规定，这一差额巨大的数额标准为 30 万元以上。①其三，行为人不能说明其超过合法收入的巨额财产的合法来源。不能说明，包括以下情况：(1)行为人拒不说明财产来源；(2)行为人无法说明财产的具体来源；(3)行为人所说的财产来源经司法机关查证并不属实；(4)行为人所说的财产来源因线索不具体等原因，司法机关无法查实，但能排除存在来源合法的可能性和合理性的。行为人能够说明其财产的合法来源，不能构成犯罪。同样行为人能够说明其巨额财产的非法来源，也不能构成本罪，只能按照其所说明的非法来源的内容认定。本罪的成立，关键在于行为人不能说明其巨额财产的合法来源。有的观点认为，该罪的行为方式是不作为，甚至有的认为本罪应该称"说不清财产合法来源罪"，或者"隐瞒财产非法来源罪"，其根源也在于此。

3. 本罪的主体为特殊主体，即国家工作人员。国家工作人员的廉洁性要求其有责任对自己的巨额财产的来源予以说明，所以非国家工作人员即使有说不清合法来源的巨额财产，也不能构成本罪。至于国家工作人员的内容和范围，这同挪用公款罪的主体国家工作人员是相同的。

4. 本罪在主观方面表现为故意。行为人明知其财产和支出明显超过其合法收入，也明知其巨额财产的实际非法来源，而不予说明。行为人不说明其财产的合法来源的意图，往往是为了掩盖其财产的非法来源，逃避因非法来源而承担的其他犯罪的刑事责任。

（二）巨额财产来源不明罪的认定

认定巨额财产来源不明罪，应注意以下几个问题：

1. 巨额财产来源不明罪的认定前提。刑法设立巨额财产来源不明罪的目的，是为了解决司法机关已经查明行为人拥有超过其合法收入的巨额财产，而由于行为人不能说明其巨额财产的合法来源，司法机关也难以查证并难以定罪的问题。也就是

---

① 见 1999 年 8 月最高人民检察院《关于人民检察院直接受理立案侦查案件立案标准的规定(试行)》。

本罪必须是在不能查明巨额财产系其他犯罪所得,不能以其他犯罪认定的情况下才能适用。因此司法机关对行为人的巨额不明来源的财产,应当尽力查明是否为其他犯罪所得,能够查明的,即应以其他犯罪认定。而不能因为法律有此罪名的设立,就放弃对其他犯罪可能性的查证,一味要求行为人说明其巨额财产的合法来源,不予说明即以本罪认定。

2. "不能说明"的认定。行为人对其巨额财产合法来源的不能说明,是行为人承担本罪刑事责任的关键。行为人如果拒不说明财产的来源,以本罪认定应是无疑。行为人已经对其巨额财产的来源进行了说明,司法机关应当进行核查,不能因为查证比较麻烦和困难,简单地以说不清合法来源,就以本罪认定。司法实践中有些行为人往往将其巨额财产的来源,说成是已经死去的人或者现居住在国外的人所给,甚至说明了其接受财产的时间、地点、钱数等具体情况。对于行为人的类似说明,司法人员限于各种条件限制,几乎不能再加以查证行为人所说明的是否真实。对此,应当就行为人所说明的接受巨额财产的可能性进行查证,不能一概以没有证据证明其对来源的说明而以巨额财产来源不明罪定罪处罚。

3. 巨额财产来源不明罪认定中的一罪与数罪。对行为人超出其合法收入的巨额财产,如果确实不能查证为其他犯罪所得,行为人也不能说明其合法来源的,推定其财产来源的非法性,以本罪一罪认定。如果在查证过程中其巨额财产中的部分,经查证系其他犯罪如贪污、受贿等所得,部分仍然不能查证为其他犯罪所得,且行为人也不能说明其合法来源的,只要未能查证的部分符合差额巨大的定罪标准,应当以本罪和贪污或者受贿等犯罪并罚。

(三)巨额财产来源不明罪的处罚

《刑法》第 395 条第 1 款规定,犯巨额财产来源不明罪的,处 5 年以下有期徒刑或者拘役;差额特别巨大的,处 5 年以上 10 年以下有期徒刑。财产的差额部分予以追缴。

四、隐瞒境外存款罪

(一)隐瞒境外存款罪的概念和构成

隐瞒境外存款罪,是指国家工作人员在境外有数额较大的存款,应当依法申报而隐瞒不报的行为。

本罪的构成要件如下:

1. 侵犯的客体是国家工作人员的廉洁性和财产申报制度。本罪的对象是境外存款。境外存款,是指在我国国(边)境外的国家和地区的存款,一般是外币、外币有价证券、支付凭证。

2. 在客观方面,本罪表现为行为人在境外有数额较大的存款,依法应当申报而隐瞒不报的行为。行为人在境外有数额较大的存款,数额较大是构成犯罪的一个数额标准,根据有关司法解释的规定,该数额标准为行为人在境外的存款折合人民币

30万元以上。①至于行为人在境外存款的来源，法律没有要求，不论是行为人本人在境外工作所得、继承遗产，还是违法犯罪所得，也不论是行为人在境外亲自所存，还是他人代为转存，都对认定本罪没有影响。行为人依法应当申报而隐瞒不报，是构成本罪的重要条件。依法应当申报，是指依照国家规定国家工作人员有义务申报自己在境外的财产和存款。隐瞒不报，通常包括隐而不报和报而不实。本罪客观方面的行为方式是不作为，即应当申报而隐瞒不报。

3. 本罪的主体为特殊主体，即只能由国家工作人员构成，非国家工作人员即使在境外有巨额存款且隐瞒，也不能构成本罪。

4. 本罪在主观方面表现为故意，行为人明知自己在境外有数额较大的存款，依照规定应当申报而故意隐瞒不报。如果行为人确实不知境外财产应当申报的规定而没有申报，或者知道应当申报，但因种种原因延误申报或者没有及时申报，均不构成本罪。

（二）隐瞒境外存款罪的处罚

《刑法》第395条第2款规定，犯隐瞒境外存款罪的，处2年以下有期徒刑或者拘役；情节较轻的，由其所在单位或者上级主管机关酌情给予行政处分。

五、私分国有资产罪

（一）私分国有资产罪的概念和构成

私分国有资产罪，是指国家机关、国有公司、企业、事业单位、人民团体，违反国家规定，以单位名义将数额较大的国有资产集体私分给个人的行为。

本罪的构成要件如下：

1. 本罪侵犯的客体是国有资产的所有权和国有资产的管理制度。在我国经济体制改革，国有企业转变经营机制的过程中，国有资产的流失已成为一个极为严重的问题，其中以集体名义私分国有资产给个人的行为也越来越严重。由于我国以前没有对这种私分行为的相应法律处罚规定，实践中对此有以贪污罪认定的，也有以玩忽职守罪定罪处罚的，更多的则是受"为公不违法、法不责众"的思想影响而不以犯罪论处。事实上私分国有资产行为严重侵犯国有资产的所有权，如果任其发展，必将动摇我国以公有制为主体的经济基础。针对这一状况，我国刑法适时增设私分国有资产罪这个罪名，从而为惩治此类犯罪提供了法律依据。

本罪的对象是国有资产。刑法中有公共财产、国有财产和国有资产等诸多概念，本罪的对象限定为国有资产，因此应当对国有资产的含义有清楚的了解。国有资产，是指国家以各种形式的投资和投资收益，或者通过拨款、接受馈赠、依法认定、依法取得等形式而形成的财产和财产权利。国有资产的表现形式包括国有企业的生产经营性资产，也包括为国家机关、国有事业单位、人民团体进行正常活动

---

① 见1999年8月6日最高人民检察院《关于人民检察院直接受理立案侦查案件立案标准的规定（试行）》。

而提供的非经营性资产,如办公设备、设施等,当然也包括为这些国有单位生产经营、办公等所提供的房屋和土地等资产。除了固定资产之外,国有企业用于生产经营,国家机关和国有事业单位、人民团体办公、为社会公众服务所需要的资金,也是国有资产的范围。

2. 在客观方面,本罪表现为违反国家规定,以单位名义将数额较大的国有资产集体私分给个人的行为。构成本罪的客观方面,首先,必须是"违反国家规定",即违反国家有关国有资产使用、保护、管理等法律、行政法规、规章、决定的规定。包括宪法规定的"禁止任何组织和个人用任何手段侵占国家财产"、国务院颁布的《国有资产保护条例》等法律、法规。其次,必须是以单位名义将国有资产集体私分给个人。也就是由单位决策机构或者单位负责人、主管人员决定,将单位不应分发的国有资产发给单位职工。其分发的名目有福利、补贴、额外奖励等,甚至有的可能是没有任何名目的私分。其私分的比例可能有高低之别,也可能平均分配。以单位名义和集体私分是本罪客观行为的主要特征,也是本罪区别于其他犯罪的最主要特征。单位名义和集体私分,通常表现为由本单位领导集体研究决定或者由单位全体人员共同商量后,由单位统一发放给职工。它反映出这种私分体现了单位的整体意志,是单位的整体行为。如果是假借单位名义实施的私分行为,则不是单位行为而是个人行为。集体私分一般理解为是单位人人有份,但也不排除单位大多数人分得的情况,如果只是单位中的少部分人分得,不属于集体私分。此外,必须是将数额较大的国有资产私分。这里的数额应当是指被私分的国有资产的数额,而不是个人所分得的数额。单位人员众多,虽然个人所分并不多,但只要被私分的国有资产数额较大的,都应当属于犯罪之列。至于本罪数额较大的起点标准,根据有关司法解释的规定,累计数额在10万元以上即可。

3. 本罪的主体只能由单位构成,即国家机关、国有公司、企业、事业单位、人民团体。本罪是典型的单位犯罪,但受刑罚处罚的则是单位中对以单位名义集体私分直接负责的主管人员和其他直接责任人员。

4. 本罪在主观方面表现为故意,单位的决策人员和直接责任人员明知国有资产不能集体私分而仍然故意集体私分。因过失而集体分配不应分配的国有资产,则不能构成本罪。

(二) 私分国有资产罪的认定

在认定私分国有资产罪时,应当注意以下几个问题:

1. 国有资产与公共财产的区别。私分国有资产可以构成本罪,但私分公共财产则不一定能构成本罪。私分国有资产罪的对象只能是国有资产,资产的国有性是国有资产的根本属性,这同公共财产不同,因为公共财产范围甚广,除了国有财产之外,还包括劳动群众集体所有的财产、用于扶贫和其他公益事业的社会捐助或者专项基金的财产,甚至还包括在国家机关、国有公司、企业、事业单位和人民团体管理、使用或者运输中的私人财产。很显然,除国有财产之外的其他公共财产很难纳入国有资产的范围。

2. 国有资产与国有财产的区别。国有资产与国有财产也不完全相同。可以肯定国有资产都是国有财产,但反过来国有财产并不就是国有资产。因为国有资产的存在,是国家以各种形式的投资和投资收益,或者通过拨款、接受馈赠、依法认定、依法取得等形式而形成的财产和财产权利。而只要是属于国家所有的财产,不论是否通过上述的投资、拨款等形式而形成,都可称为国有财产。很显然国有财产的范围远大于国有资产的范围,有些财产可以认定为国有财产,但不能认定为国有资产,如国有企业折旧完毕后的机器设备、生产使用后的废料变卖后的财产,或者国有事业单位废旧报刊变卖后的财产等。

3. 本罪与滥发奖金的界限。滥发奖金是指违反财经纪律,不适当地扩大奖金发放的范围和数额行为。虽然本罪与滥发奖金都是国有单位领导决定,发放形式也人人有份,但两者有区别:滥发奖金滥发的一般是本单位的自有资金,其分配情况比较清楚,在财务账册上有账可查;而私分国有资产罪私分的是国有资产,而且往往采取骗取、截留、隐瞒等手法获取国有资产加以私分。滥发奖金是违反财经纪律的行为,不构成犯罪。

4. 本罪与共同贪污犯罪的界限。两罪在对象上基本相同,在多人得利方面也有相似之处,但两者有明显的区别。首先,两罪的主体不同。本罪的主体必须是单位,共同贪污罪的主体则是自然人,即每个参与人都是犯罪者。其次,客观方面不同。本罪的客观方面表现为违反国家规定,以单位名义将国有资产集体私分给个人,其形式在单位内具有公开性。共同贪污犯罪则是共同犯罪者利用职务上的便利侵吞、窃取、骗取或者以其他手段非法占有公共财产,其形式则具有隐蔽性。第三,犯罪得利的人员方面不同。本罪获得犯罪利益的是单位的每一个职工或者大多数职工,而共同贪污犯罪的犯罪利益则由共同犯罪人所获得。最后,两者在主观上也有不同。本罪的主体即单位并没有非法占有所私分财产的目的,共同贪污犯罪的行为人主观上则有非法占有所贪污财产的目的。

(三)私分国有资产罪的处罚

《刑法》第396条第1款规定,犯私分国有资产罪的,对其直接负责的主管人员和其他直接责任人员,处3年以下有期徒刑或者拘役,并处或者单处罚金;数额巨大的,处3年以上7年以下有期徒刑,并处罚金。

本罪是单位犯罪,因为已经私分国有资产,而且单位本身也没有获利,所以没有对单位处罚金,而是采用单罚方法,只对单位的直接负责的主管人员和其他直接责任人员处罚。

六、私分罚没财物罪

(一)私分罚没财物罪的概念和构成

私分罚没财物罪,是指司法机关、行政执法机关违反国家规定,将应当上缴国家的罚没财物,以单位名义集体私分给个人的行为。

本罪的构成要件如下：

1. 本罪侵犯的客体是国家机关职责的廉洁性和国有财产的所有权,本罪的对象是罚没财物。依照法律规定对违法犯罪进行的罚款、罚金、没收财产所得的罚没财物应当上缴国库,归国家所有。不将所罚没的财物上缴国库,并以单位名义集体私分给个人,不仅是对国家机关职责廉洁性的侵犯,也是对国家财产所有权的侵犯。

2. 在客观方面,本罪表现为违反国家规定,将应当上缴国库的罚没财物以单位名义集体私分给个人的行为。违反国家规定,是指违反国家有关罚没财物收缴、管理等的规定,包括对罚没财物收支两条线、不得擅自截留、集体私分等管理规定。以单位名义集体私分给个人,是指由单位领导集体研究决定或者经单位全体人员共同商量决定,由单位统一组织发放给单位全体人员或者大多数人员。如果不是由单位决定而是由单位中的个别人员所决定,所分也仅是单位中的个别人员,则不属于本罪的范围。

3. 本罪的主体只能是单位,并且只能由司法机关、行政执法机关构成,其他单位或者个人都不能成为本罪的主体。本罪所处罚的则是单位中对以单位名义集体私分罚没财物有直接责任的主管人员和其他直接责任人员。

4. 本罪在主观方面表现为故意。单位明知罚没财物应当上缴国库而没有上缴,故意以单位名义集体私分给个人。本罪的故意可以通过单位决策机构的决定来体现,也可以通过单位的主管人员的决定来体现。

（二）私分罚没财物罪的处罚

《刑法》第 396 条第 1 款规定,犯私分罚没财物罪的,对其直接负责的主管人员和其他直接责任人员,处 3 年以下有期徒刑或者拘役,并处或者单处罚金;数额巨大的,处 3 年以上 7 年以下有期徒刑,并处罚金。

第三节　贿　赂　犯　罪

一、受贿罪

（一）受贿罪的概念和构成

受贿罪,是指国家工作人员利用职务上的便利,索取他人财物,或者非法收受他人财物为他人谋取利益的行为。

本罪的构成要件如下：

1. 本罪侵犯的客体是国家工作人员职务活动的廉洁性,同时在一定程度上还可能对国家机关、国有公司、企业、事业单位、人民团体的正常管理活动造成妨碍。受贿犯罪是国家工作人员利用手中的职务便利与他人的财物进行交换的一种犯罪,其本质特征在于权和钱的交易。国家赋予国家工作人员以一定的职权,这是管理社会、企业或者管理公共事务的需要,但国家工作人员却利用这些职权,谋取私利,收受他人财物,不仅对国家工作人员廉洁奉公制度造成损害,而且在一定程度上对国家机关、国有企业事业单位的正常管理活动造成损害。惩治受贿犯罪,不仅有助于国家工作人员依法履行社会管理职能,保持国家工作人员廉洁奉公的高尚职业情操,更有利于维护国家的长治久安。

受贿罪的对象是财物。财物通常是指一切财产和物品。但对于本罪的财物的理解,应当是指有价值的有形财产和物品,如资产,货币,生产、生活用品。其表现形式可以是动产,也可以是不动产。既包括自然物,也包括人造物。因为刑法对受贿罪的处罚,是根据其数额来决定刑罚的轻重,所以本罪的财物应当限定于有价值的财产和物品。对于无形的资产,如电、煤气、天然气或者知识产权,虽然也有价值,但从刑法对受贿犯罪的规定看,还不能作为受贿罪的对象。

财产性利益是否可以成为受贿罪的对象,如提供付费的旅游、宴会、娱乐活动等。有的观点认为,这些由行贿人付费提供的旅游、娱乐等,受贿人所得到的是一种服务,而没有获得直接的财产和物品利益,虽然这种服务有价,但与获得财物仍然有区别,因此不应作为受贿罪的对象来考虑,仅应作为违纪行为来处理。但是在目前的理论界,比较多的观点认为应当把财产性利益作为受贿罪的对象,认为财产性利益可以通过金钱计算其价值,而且许多财产性利益的价值超过了一般物品的经济价值,将能够转移占有与使用的财产性利益解释为财物,完全符合受贿罪的本质。[①]我们认为,对于财产性利益能否作为受贿罪的对象,不能一概而论,应当从受贿人是否得到行贿人所付出的财产利益角度来考虑,有些行贿人所付出的并没有完全为受贿人所得到,诸如付费宴会、娱乐活动有多人参加,并非受贿人个人所得。只有受贿人个人完全所得,才能够以受贿论,如行贿人花钱为受贿人个人购买了旅游票,由受贿人个人享有旅游服务。

本罪的对象只能是财物,因而非财产性利益不能作为受贿罪的对象,诸如提供性服务、升学、就业、出国等,因为不能计算其价值,与现有刑法对受贿罪以数额多少作为处罚的依据的规定不符。

根据 2007 年 7 月 9 日最高人民法院、最高人民检察院《关于办理受贿刑事案件适用法律若干问题的意见》的规定,下列财产性利益也为受贿罪的对象:

(1)国家工作人员利用职务上的便利为请托人谋取利益,以下列交易形式收受请托人财物的,以受贿论处:①以明显低于市场的价格向请托人购买房屋、汽车等物品的;②以明显高于市场的价格向请托人出售房屋、汽车等物品的;③以其他交易形式非法收受请托人财物的。

受贿数额按照交易时当地市场价格与实际支付价格的差额计算。

前款所列市场价格包括商品经营者事先设定的不针对特定人的最低优惠价格。根据商品经营者事先设定的各种优惠交易条件,以优惠价格购买商品的,不属于

---

① 张明楷著:《刑法学》,法律出版社 2003 年版,第 923 页。

受贿。

（2）国家工作人员利用职务上的便利为请托人谋取利益，收受请托人提供的干股的，以受贿论处。干股是指未出资而获得的股份。进行了股权转让登记，或者相关证据证明股份发生了实际转让的，受贿数额按转让行为时股份价值计算，所分红利按受贿孳息处理。股份未实际转让，以股份分红名义获取利益的，实际获利数额应当认定为受贿数额。

（3）国家工作人员利用职务上的便利为请托人谋取利益，由请托人出资，"合作"开办公司或者进行其他"合作"投资的，以受贿论处。受贿数额为请托人给国家工作人员的出资额。

国家工作人员利用职务上的便利为请托人谋取利益，以合作开办公司或者其他合作投资的名义获取"利润"，没有实际出资和参与管理、经营的，以受贿论处。

（4）国家工作人员利用职务上的便利为请托人谋取利益，以委托请托人投资证券、期货或者其他委托理财的名义，未实际出资而获取"收益"，或者虽然实际出资，但获取"收益"明显高于出资应得收益的，以受贿论处。受贿数额，前一情形，以"收益"额计算；后一情形，以"收益"额与出资应得收益额的差额计算。

（5）根据最高人民法院、最高人民检察院《关于办理赌博刑事案件具体应用法律若干问题的解释》第7条规定，国家工作人员利用职务上的便利为请托人谋取利益，通过赌博方式收受请托人财物的，构成受贿。

实践中应注意区分贿赂与赌博活动、娱乐活动的界限。具体认定时，主要应当结合以下因素进行判断：①赌博的背景、场合、时间、次数；②赌资来源；③其他赌博参与者有无事先通谋；④输赢钱物的具体情况和金额大小。

（6）国家工作人员利用职务上的便利为请托人谋取利益，要求或者接受请托人以给特定关系人安排工作为名，使特定关系人不实际工作却获取所谓薪酬的，以受贿论处。

（7）国家工作人员利用职务上的便利为请托人谋取利益，授意请托人以本意见所列形式，将有关财物给予特定关系人的，以受贿论处。

特定关系人与国家工作人员通谋，共同实施前款行为的，对特定关系人以受贿罪的共犯论处。特定关系人以外的其他人与国家工作人员通谋，由国家工作人员利用职务上的便利为请托人谋取利益，收受请托人财物后双方共同占有的，以受贿罪的共犯论处。

（8）国家工作人员利用职务上的便利为请托人谋取利益，收受请托人房屋、汽车等物品，未变更权属登记或者借用他人名义办理权属变更登记的，不影响受贿的认定。

认定以房屋、汽车等物品为对象的受贿，应注意与借用的区分。具体认定时，除双方交代或者书面协议之外，主要应当结合以下因素进行判断：①有无借用的合理事由；②是否实际使用；③借用时间的长短；④有无归还的条件；⑤有无归还的意思表示及行为。

2. 在客观方面,本罪表现为利用职务上的便利,索取他人财物,或者收受他人财物,为他人谋取利益的行为。本罪的客观方面具体包括以下几方面:

(1) 必须是利用职务上的便利,这是构成受贿罪的必要要件。利用职务上的便利,1989 年最高人民法院、最高人民检察院《关于执行〈关于惩治贪污罪贿赂罪的补充规定〉若干问题的解答》中已经明确,是指利用职权或者与职务有关的便利条件。既包括利用本人职务上主管、负责、承办某项公共事务的职权,也包括利用职务上有隶属、制约关系的其他国家工作人员的职权。据此,受贿罪的利用职务上的便利有两种情况。

其一是利用本人职权的便利条件,即本人职务范围内的权力,这种权力是指行为人依据其职务可以直接处理事务的权力。与社会中广泛存在的权力意义或者劳务活动中的权力不同的是,受贿罪中的职权是指对国家和社会等公众事务或者对国有公司、企业、事业单位事务管理的管理性权力,通常表现为对某些事务有决策、审批、支配等的权力。司法实践中,利用本人的职权便利为他人谋取利益而收受他人财物,是典型的受贿。

其二是利用与职务有关的便利条件。与职务有关,是指虽然不是直接利用职权,但利用了本人的职权或地位形成的便利条件。由于行为人不是利用本人的职权为他人谋利,而是利用本人的职权或地位形成的便利条件为他人谋利,因此其为他人的谋利,通常通过有制约关系或者隶属关系的其他国家工作人员来进行。

受贿罪与贪污罪和挪用公款罪虽然都有利用职务上的便利的构成要件,但两者的含义有所不同。贪污罪和挪用公款罪因为是将所管的公款或者公共财产非法占有和使用,其利用的职务便利,应当是指利用主管、经管公款或者公共财产的职务便利,偏重于对公款或者财物的直接管理性。而受贿罪因为是用手中的权力为他人谋利而收取他人财物,其利用的职务便利,只能是利用对某一事项有审批、控制、支配、安排等权的职务便利,偏重于对事项的决定和处置的管理性。因此,不能把这三罪中的利用职务便利混同一体。

(2) 必须具有索取他人财物或者非法收受他人财物的行为,收受他人财物的还应具有为他人谋取利益的行为。受贿行为有索取和收受两种形式,索取他人财物,是指主动索要,即行为人利用其职务上的便利在职务活动中以公开或者暗示的方式,主动向请托人索要财物或者勒索财物,请托人则是被迫给予财物。索贿行为反映出受贿人的主动性和行贿人的被迫性,反映出受贿人的主观恶性程度高于被动收受者。所以根据法律规定,因索贿而构成受贿罪的,不以为他人谋取利益为构成要件。也就是说,只要主动索取他人财物,不论是否“为他人谋取利益”,均可构成受贿罪。除此之外,对索贿从重处罚。因被勒索给予国家工作人员以财物,没有获得不正当利益的,不是行贿。非法收受他人财物,是指被动收受财物,即行为人利用职务上的便利,以实际或者许诺为请托人谋取利益为前提,非法接受请托人给予的财物。此种收受是请托人主动给予财物,受贿人则是被动收受,甚至可能再三推却才被动收受。因此,以非法收受他人财物而构成受贿罪的,应当以“为他人谋取利益"为构成要件。①

受贿人为他人谋取的利益是否正当,不影响受贿罪的成立,所谋取的利益可以是正当的利益,也可以是不正当的利益,即违法犯罪的利益,如海关人员非法收受他人财物而为他人的走私货物提供违法的通关方便。受贿人为他人谋取的利益是否实现,也不影响受贿罪的成立。受贿人为他人谋取利益行为的表现形式,在司法实践中主要有四种。一是答应或者许诺为他人谋取利益但还没有实际谋利;二是已经为他人在谋取利益但尚未完成;三是已经为他人谋取了部分利益;四是已经为他人谋取了全部利益。为他人谋取利益作为受贿罪的客观要件,虽然并不要求收受财物人必须为他人已经实际或者全部谋取了利益,但行为人至少有利用其职务上的便利,答应或者许诺为他人谋取利益的行为表现。

收受他人财物与为他人谋取利益在时间上往往有先后,可能是为他人谋取利益在先,收受他人财物在后;也可能是收受他人财物在先,为他人谋取利益在后。时间先后,对受贿罪的成立没有影响。但是如果为他人谋取利益与收受他人财物相距时间甚长,如可能相距 5 年或 6 年,除非双方事先有约定,仍然应当以受贿罪论处外,否则很难证明其收受与谋利之间有直接的联系。

3. 本罪的主体为国家工作人员,即特殊主体。其范围与挪用公款罪相同,也是应当按照《刑法》第 93 条的规定来确定。同时,依照全国人大常委会的立法解释,村民委员会等村基层组织人员在协助人民政府从事行政管理工作时,属于国家工作人员的范围,据此,此类人员在一定条件下也可以构成受贿罪。

离退休的国家工作人员是否可以成为受贿罪的主体,刑法学界有不同的看法。有的观点认为,离退休人员已经离职,没有职务也没有职务上的便利可利用,不能成为受贿罪的主体。也有观点认为,离退休人员虽然已经离职,但其原来的职务和地位所形成的便利条件还在,还有余权可利用,所以应该成为受贿罪的主体。②对此,不能一概而论。如果国家工作人员在职时利用职务上的便利为请托人谋取利益,并与请托人事先约定,在其离退休后收受请托人财物,构成犯罪的,以受贿罪定罪处罚,即可成为受贿罪的主体。③但根据《刑法》第 388 条之一第 2 款规定,若离职的国家工作人员,利用原职权或者地位形成的便利条件,通过其他国家工作人员职务上的行为,为请托人谋取不正当利益,索取请托人财物或者收受请托人财物,数额较大或有其他严重情节的,以利用影响力受贿罪论处。

对于受贿罪的主体,《刑法》第 163 条第 3 款还特别规定,国有公司、企业或者其

① 据此,有的观点认为,为他人谋取利益不是受贿罪的客观要件,而是受贿罪的主观要件,即收受财物人只要在主观上具有为他人谋取利益的主观想法和意愿即可,不必实际是否为他人谋取利益。此种观点有甚欠妥之处。受贿犯罪系职务性犯罪,其职务便利的利用,并非用于收受财物,而在于为他人谋取利益,况且刑法已在收受他人财物规定之后,明确规定的是"为他人谋取利益的"。所以"为他人谋取利益",不应作为受贿罪的主观要件,而应当作为受贿罪的客观要件。

② 参见刘家琛主编:《新刑法新问题新罪名通释》,人民法院出版社 1998 年版,第 1006 页。

③ 参见 2000 年 6 月 30 日最高人民法院《关于国家工作人员利用职务上的便利为他人谋取利益离退休后收受财物行为如何处理的批复》。

他国有单位中从事公务的人员和国有公司、企业或者其他国有单位委派到非国有公司、企业以及其他单位从事公务的人员利用职务上的便利，索取他人财物或者非法收受他人财物，为他人谋取利益，数额较大的，或者在经济往来中，违反国家规定，收受各种名义的回扣、手续费，归个人所有的，依照本法第385条、第386条受贿罪的规定定罪处罚。《刑法》第184条第2款也规定，国有金融机构工作人员和国有金融机构委派到非国有金融机构从事公务的人员，在金融业务活动中索取或者非法收受他人财物，为他人谋取利益的，或者违反国家规定，收受各种名义的回扣、手续费，归个人所有的，依照本法第385条、第386条受贿罪的规定定罪处罚。

4. 本罪在主观方面表现为故意。受贿罪的故意表现为行为人明知自己利用职务上的便利，索取或者收受他人财物，为他人谋取利益是违反法律规定或者违反职务职责要求的，并决意实施索取或者收受他人财物的行为。受贿的故意可以产生在为他人谋取利益之前，也可以产生在为他人谋取利益之后，其受贿故意产生的先后对受贿罪的成立没有影响。

值得注意的是，行为人在为他人谋取利益之时并无收受他人贿赂的故意，事后收受他人财物，是否能够认定为行为人具有受贿的故意，能否构成受贿罪，刑法学界对此有争议。① 应当看到，受贿罪的故意并不在于为他人谋取利益，而在于对收取他人财物的认识和意志。受贿人所应当认识的是其收受他人财物的非法性（即不是因为付出劳动或者其他合法原因而应得的），应当认识所非法收受的他人财物与其为他人的谋取利益有相应的联系。在此种认识之下，行为人决意收取他人财物，其受贿罪的故意应当成立。因此在为他人谋取正当利益时并无受贿故意，在事后收受他人财物时只要认识到该财物收受的非法性，并且认识到所收受的财物与此前为他人所谋取的利益有相应联系的，均应认定行为人具有受贿的故意。

（二）非典型受贿罪的概念和构成

符合上述四个构成要件的，属于典型的受贿犯罪。除典型受贿犯罪外，刑法还规定了一些以受贿论处的情况，可称为非典型受贿。虽然这些以受贿论处的行为与典型受贿犯罪行为有一定的不同，但按照刑法的规定也应当以受贿罪定罪处罚。

1. 《刑法》第385条第2款规定："国家工作人员在经济往来中，违反国家规定，收受各种名义的回扣、手续费，归个人所有的，以受贿论处。"此种受贿通常称为"经济受贿"。根据该条的规定，构成本条规定的受贿犯罪，应当具备以下三个条件：

（1）发生在经济往来中。经济往来中，是指行为人代表本单位与外单位或者个

---

① 有的观点认为，事前没有贿赂的约定，由于行为人正当行使职务行为在客观上对他人形成利益，为此受益人在事后向行为人交付财物表示感谢而行为人予以收受的所谓事后受财行为，由于行为人主观上虽有收受财物的故意，但没有为他人谋取利益作为交换条件而收取他人财物的故意，因此不构成受贿罪。（参见陈兴良著：《刑法疏议》，中国人民大学出版社1997年版，第629页。）也有观点认为，当国家工作人员事前实施某种职务行为（不管是否正当合法），客观上为他人谋取了利益时，他人向国家工作人员交付的财物，就是对国家工作人员职务行为的不正当报酬；国家工作人员明知该财物是对自己职务行为的不正当报酬而收受，就具有了受贿的故意。（参见张明楷著：《刑法学》，法律出版社2003年版，第929页。）

人进行经济合同的签订、履行,或者进行其他形式的经济活动以及各种对外经济活动。与本单位无关的经济活动,不在本条规定的范围之中。

(2)违反国家规定,收受各种名义的回扣、手续费。违反国家规定,是指违反法律和国家行政机关制定的行政法规、行政措施、发布的决定和命令中关于在经济活动中禁止收受各种名义的回扣和手续费的规定。

(3)将所收受的各种名义的回扣和手续费归个人所有。归个人所有,是适用本条规定的一个重要条件,也正是因为行为人将所收受的各种名义的回扣和手续费归个人所有,才使此种行为具有与受贿行为的同质性,才具有以受贿论处的必要性。如果行为人将所收受的各种名义的回扣和手续费归单位所有,则不属于本条规定的范围。

虽然本条规定的适用主体也是国家工作人员,但是在本条规定中,法律没有对此类受贿论处的行为,强调行为人有利用职务上的便利,有为他人谋取利益的行为特征,这同典型受贿犯罪有明显的不同。

2.《刑法》第388条规定:"国家工作人员利用本人职权或者地位形成的便利条件,通过其他国家工作人员职务上的行为,为请托人谋取不正当利益,索取请托人财物或者收受请托人财物的,以受贿论处。"对此种行为,刑法理论有称斡旋受贿的,也有称为间接受贿的,不论称谓如何,依《刑法》第388条的规定,应当按照受贿罪定罪处罚。

构成本条规定的受贿犯罪,应当具备以下四个条件:

(1)行为人必须是国家工作人员。非国家工作人员也可能通过其他国家工作人员的职务行为为他人谋取不正当利益,从而索取或者收受请托人的财物,但依法不能构成本条规定的受贿犯罪。

(2)必须是为请托人谋取不正当利益。如果谋取的是正当利益,则不能成立本条规定的受贿。不正当利益,是指根据国家法律、法规和有关政策规定不应得到的利益。

(3)为请托人谋取不正当利益必须是行为人利用自己的职权或者地位形成的便利条件,通过其他国家工作人员的职务行为来进行。这一构成要件表明行为人不是自己亲自为请托人谋取不正当利益,而是通过其他国家工作人员来为请托人谋取不正当利益。这也是该类受贿行为的显著特征。行为人能够通过其他国家工作人员来为请托人谋取不正当利益,是因为行为人利用了其职权或者地位所形成的便利条件。利用本人职权或者地位形成的便利条件,是指行为人与被其利用的国家工作人员之间在职务上虽然没有隶属、制约关系,但是行为人利用了本人职权或者地位产生的影响和一定的工作联系,如单位内不同部门的国家工作人员之间、上下级单位没有职务上隶属、制约关系的国家工作人员之间、有工作联系的不同单位的国家工作人员之间等。

(4)行为人必须有索取或者收受请托人的财物的行为。这是此类行为以受贿论处的关键所在。需要注意的是,行为人通过其他国家工作人员为请托人谋取不正当利益,与索取或者收受请托人的财物之间,必须存在对应关系,无论行为人是索取还是收受,都应当具有利用自己的职权或者地位所形成的便利条件,通过其他国家工作人员的职务行为为请托人谋取不正当利益的行为表现。否则,不能构成本条规定的受贿犯罪。

斡旋受贿与典型受贿的主体虽然都是国家工作人员,都有为他人谋取利益的行为,都有索取或者是收受他人财物的行为,但与典型受贿不同,斡旋受贿行为不是利用自己的职务上的便利亲自为请托人谋取利益;为请托人谋取的必须是不正当利益;索取请托人财物的,也应当具有利用职权或者地位所形成的便利条件,通过其他国家工作人员职务行为为请托人谋取不正当利益的行为。

(三) 对受贿罪的认定

在认定受贿罪时,应当注意以下几个问题:

1. 受贿犯罪的罪与非罪的界限

(1) 受贿与礼尚往来的界限。国家工作人员与亲朋好友和同志之间出于友情或者往来关系密切,互赠礼品甚至数额较大的财物,这是正常的交往行为,不属于受贿犯罪行为。但若国家工作人员利用职务上的便利,为他人谋取利益,借请客送礼之名,行行贿受贿之实,则属于受贿犯罪的行为。区分的关键主要在于,行为人是否利用职务上的便利,是否为他人谋取利益。

(2) 受贿与合理报酬的界限。受贿是利用职务上的便利,为他人谋取利益而索取或者非法收受他人的财物的行为。合理报酬则是通过自己的劳动和知识为他人进行某项工作或者提供某项服务,而获取相应的报酬。诸如为其他单位推销产品或者科研人员业余时间为他人提供技术服务等获得的报酬,因为是付出相应劳动和服务而获得的报酬,不能作为受贿论。两者的主要差别是,所收取的他人财物是基于行为人为他人提供的服务和劳动,还是利用职务上的便利为他人谋取利益所得,前者收取财物的行为具有合法性,后者收取财物的行为不具有合法性。

2. 受贿罪的既遂未遂、共同犯罪、罪数、数额的认定

(1) 受贿罪的既遂与未遂认定。同贪污罪一样,受贿在没有其他严重情节情形下,须达到一定数额才能构成犯罪。虽然刑法学界对于受贿犯罪存在既遂与未遂,一般没有异议,然而对于其既遂与未遂的区分标准,则有不同的看法。有的观点认为,应以贿赂是否到手作为受贿犯罪既遂与未遂的区分标准,贿赂到手的是既遂,贿赂未到手的则是未遂。也有的观点认为,仅有贿赂到手还不能确定行为人的受贿既遂,在至少有为他人谋取利益的承诺的前提下,才能以贿赂是否到手作为受贿既遂与未遂的区分标准。后一种观点比较合理。因为收到他人给予的财物,如果国家工作人员连为其谋取利益的许诺也没有时,很难认定国家工作人员有为他人谋取利益的意愿,也很难认定国家工作人员有对其所收受的财物是与其将为他人谋取的利益相对应的受贿故意。只有国家工作人员对给予财物的请托人作出了愿意为其谋取某种利益的承诺,收受他人财物才具有接受贿赂的意义。即使对索取财物的行为人而言,其能够向财物给予人索取财物,其前提也是承诺能为他人谋取利益。否则,也

不可能索取到他人财物。在有承诺为他人谋利的前提下,贿赂到手的是既遂,反之,则是未遂。至于是否应当将为他人实际谋取利益作为既遂所包含的内容,则不能认同。因为实际的受贿往往是先收取他人财物,后才有为他人谋取利益的行为,在没有谋取利益之前或者利益还没有谋取完之前,可能已经案发。对此如果仍然以未遂论处,显然与立法的意图不符。所以有关司法解释规定,为他人谋取利益是否实现,不影响受贿罪的成立。①

(2)受贿罪的共同犯罪认定。受贿共同犯罪的认定,涉及以下几个问题:

第一,非身份犯能否构成受贿罪共犯。受贿犯罪是具有特定身份的人才能构成的犯罪,具有相同国家工作人员身份的人构成受贿的共同犯罪,应该没有疑问。但是非身份犯即非国家工作人员能否与国家工作人员一起构成受贿的共同犯罪?早在1988年全国人大常委会《关于惩治贪污罪贿赂罪的补充规定》中曾经规定,非国家工作人员与国家工作人员勾结,伙同受贿的,以受贿罪的共犯论处。及至1997年《刑法》,已经没有类似的共犯规定。相反,在贪污罪中却仍然保留了原补充规定中对非国家工作人员与国家工作人员一起的贪污共犯的规定。由此,产生了非身份犯能否构成受贿罪共犯的问题。有的观点认为非身份犯不能构成只能由身份犯构成的犯罪,也不能与身份犯共同构成只有身份犯才能构成的犯罪的共犯。因为身份是犯罪主体的成立要件,缺乏身份这一主体成立要件,也就欠缺身份犯共犯的主体成立条件,如同未满16周岁人因为欠缺主体条件而不能与他人构成盗窃罪的共犯一样。从理论上分析,此种观点的合理性不可否认。

但是在当前的司法实践中,非国家工作人员可以构成受贿共犯的观点却得到普遍赞同。认为非国家工作人员可以构成受贿罪共犯的理论依据来自于刑法总论中共同犯罪的规定。因为刑法中的共同犯罪不仅包括共同实行犯(即简单共犯),也包括有不同分工的共同犯罪(即复杂共犯)。在有分工的共同犯罪中,就不可避免地存在非身份犯的帮助犯或者教唆犯的可能。因此非国家工作人员构成受贿罪的共犯,应该是符合刑法关于共同犯罪的规定的。虽然刑法在受贿罪的规定中,没有像贪污那样明确规定非国家工作人员构成贪污罪共犯,但依据刑法总论指导分论的基本原理,非国家工作人员可以构成受贿罪的共犯。

第二,非国家工作人员构成受贿罪共犯的基本条件。在司法实践中,构成受贿罪共犯的非身份犯主要是国家工作人员的配偶、子女或者情人等。对这些与国家工作人员有紧密关系的受贿罪共犯的认定,应当注意两个方面的构成条件:

其一是客观方面。非国家工作人员构成受贿罪的共犯应当具有一定的行为。理论上通常认为非国家工作人员在共同受贿犯罪中实施了帮助行为或者教唆行为,但从司法实践的犯罪情况来看,许多非国家工作人员主要实施的是要求、转达请托事项的行为或者收受他人财物的行为。非国家工作人员限于其身份,不可能实施利用自

---

① 见1989年11月6日最高人民法院、最高人民检察院《关于执行〈关于惩治贪污罪贿赂罪的补充规定〉若干问题的解答》。但该司法解释已于2013年1月18日被废止。

己的职务上的便利为他人谋取利益的行为,但却能够实施要求、转达请托事项的行为或者收受他人财物的实行行为。如果非国家工作人员既没有教唆和帮助行为,又没有要求、转达请托事项行为或者从事收受他人财物的行为,认定其成立受贿罪的共犯,显然缺乏共同犯罪的客观要件。如国家工作人员的妻子知道其丈夫利用职务上的便利,为他人谋取利益,其丈夫收受他人财物,即使有共同使用该财物的行为,也不能认定该妻子构成受贿罪的共犯。

其二是主观方面。非国家工作人员构成受贿罪的共犯必须具有受贿的共同故意,即明知作为共犯另一方的国家工作人员实施了利用职务上的便利,索取他人财物或者收受他人财物,为他人谋取利益的行为。如果非国家工作人员没有这一故意,则不能构成受贿罪的共犯。这种故意应当是双向的,如果非国家工作人员收受他人财物,而国家工作人员却并不知道有此收受他人财物的事实,即便国家工作人员已经利用职务上的便利为他人谋取了利益,因为欠缺共同故意,也不能成立受贿的共同犯罪。

第三,不同身份犯的共同受贿罪名认定。刑法中有受贿罪和非国家工作人员受贿罪两种罪名,其适用的主体有不同,本不应该发生共同受贿犯罪的罪名问题。但由于刑法中的国家工作人员也包括国有公司、企业等国有单位委派到非国有公司、企业等单位从事公务的人员,因而在非国有单位中也可能出现委派性的国家工作人员与非国家工作人员共同收受贿赂的共同犯罪,这就涉及如何认定罪名的问题。对此,刑法没有明确的规定,根据委派性的国家工作人员与非国家工作人员共同侵吞公司、企业财物,以主犯所符合的犯罪构成确定共同犯罪的罪名的有关司法解释,对不同身份犯的共同受贿的罪名认定,也具有参考作用。

第四,共同受贿的定罪处罚依据。原刑法对共同受贿犯罪中共犯定罪处罚的主要依据是分得额,现刑法已经改变了这一数额认定依据,采用参与额的认定依据。共同受贿犯罪的参与人所参与的共同受贿数额,就是每个共犯定罪处罚的依据。很显然,以参与额作为共同受贿犯罪人的定罪处罚依据,要明显重于分得额的依据,这也体现了现行刑法对共同受贿犯罪严厉打击的坚决态度。

(3) 受贿犯罪的罪数认定。受贿犯罪的国家工作人员利用职务上的便利为他人所谋取的利益,可能是正当利益,也可能是不正当的非法利益。其所谋取的非法利益就可能涉及其他犯罪的问题,诸如海关工作人员收受他人财物,为他人走私活动提供方便,或者税务工作人员收受他人财物为他人偷逃税款,其行为不仅涉及受贿罪,还涉及其他犯罪。对此情况,是否应当以数罪认定并加以并罚。1988 年全国人大常委会《关于惩治贪污罪贿赂罪的补充规定》规定,因受贿而进行违法活动构成其他罪的,依照数罪并罚的规定处罚。现行刑法在对受贿罪的规定中已经取消了此项数罪并罚的规定。

虽然立法已经没有此项数罪并罚的规定,但在理论界和司法实践中仍然有观点认为应当数罪并罚。应当肯定,立法取消因受贿而进行违法活动构成其他罪,以数罪并罚论的规定,是符合刑法罪数原理的。因为收受他人财物和为他人谋取利益是受贿罪客观方面的两个组成要件,虽然在认定受贿罪中,仅要求有为他人谋取利益的承诺,而并不要求行为人实际为他人谋取了利益,但这并不是将为他人谋取利益的条件排除在受贿罪的构成要件之外。因此作为一个犯罪中的两个组成部分,分别触犯了两个罪名,无论如何也不可能形成事实上的数个犯罪的犯罪构成,最多也不过是一个犯罪触犯数个罪名的问题。所以在法律对收受贿赂为他人谋取非法利益构成其他罪应当数罪并罚有明确规定情况下,实行数罪并罚是合法的。但是在法律没有明确规定的情况下,也对此实行数罪并罚,显然缺乏法律依据。对于受贿而进行违法活动构成其他罪的,应当按照受贿罪和其他罪中的一个重罪论处。《刑法》第 399 条的司法工作人员贪赃枉法,并有徇私枉法或者枉法裁判的,按照其中处罚较重的规定定罪处罚的规定,实际也为此类行为不以数罪并罚论处,提供了可资参考的法律依据。

(4)受贿罪的数额认定。在司法实践中,有些收受贿赂人将所收受的他人财物并不实际用于其个人,而是可能用于公务活动,或者用于支助国家扶贫事业,对于所收受的他人财物不是用于个人,而是用于公务活动或者国家扶贫事业的数额,是否应当在受贿数额中予以扣除,如同贪污罪的数额认定一样,理论与实践对此存在肯定与否定两种观点。国家工作人员利用国家或者单位赋予的职权,通过为他人谋取利益来为自己谋取财物,进行权钱交易,如果承认这是受贿犯罪的实质,那么对收受财物以后将所收受的财物用之于公务活动或者用于国家扶贫事业的行为,理当排除在受贿行为之外,其所用于公务活动或者国家扶贫事业的数额,也应当扣除在受贿数额之外。至于行为人将所收受的他人财物转赠他人,则应认定为是行为人对其受贿财物的处分,而不能予以扣除。

3. 受贿罪与其他犯罪的区分界限

(1)受贿罪与非国家工作人员受贿罪的界限。从刑法对这两罪的规定来看,两罪的主体都是特殊主体,在客观方面都有利用职务上的便利,索取他人财物或者非法收受他人财物,为他人谋取利益的行为特征,在主观方面都是故意,在客体方面也有一定的相似性。两罪的主要区别有:第一,主体方面不同。受贿罪的主体必须是国家工作人员,非国家工作人员受贿罪的主体则是非国有公司、企业以及其他单位的工作人员;第二,客观方面有所不同。受贿罪的客观方面对于索取他人财物的,并不要求有为他人谋取利益的要件。而在非国家工作人员受贿罪中对索取他人财物的,则要求有为他人谋取利益的要件;第三,客体方面不同。受贿罪的客体是国家工作人员职务行为的廉洁性,非国家工作人员受贿罪的客体则是市场经济管理秩序和公司、企业以及其他单位人员职务行为的廉洁性。

(2)受贿罪与贪污罪的界限。受贿罪和贪污罪的主体都是国家工作人员,主观方面都是故意,客观方面都有利用职务上的便利的构成要件。两者的区别在于:第一,侵犯的客体有所不同。虽然两罪都有对国家工作人员职务行为廉洁性的损害,但是贪污罪还有对公共财产的所有权的侵犯,而受贿罪则没有这一客体;第二,犯罪对象不同。受贿罪的对象是他人的财物,可能是单位(包括国有单位)的财物,也可能是个人的财物。贪污罪的对象则是公共财产;第三,客观方面不同。受贿罪是利用职务上的便利,索取他人财物或者非法收受他人财物,为他人谋取利益。贪污罪则是利用职务上的便利,采用侵吞、窃取、骗取或者其他手段非法占有所管的财物。在司法实践中,受贿罪与贪污罪经常发生认定的争议,如施工单位在年底交给国有单位(工程的发包方)的总经理数万元的钱款,作为过年的礼物,而总经理将此款放进了自己的口袋。对此,完全可能涉及受贿罪还是贪污罪的认定争议。产生这种争议根源在于行为人所占有的财物的属性,只要区分该财物的归属,即能解决争议问题。如属给予单位的财物,即属贪污。反之,如果是给个人的,则属于受贿。

(3)索贿犯罪与敲诈勒索罪的界限。两者在主观上都是故意,客观方面都有诈取他人财物的行为。两者的区别是:第一,客体不同。受贿罪所侵犯的客体是国家工作人员职务行为的廉洁性,敲诈勒索罪所侵犯的客体则是公私财产的所有权;第二,主体不同,受贿罪的主体是国家工作人员,敲诈勒索罪的主体则是一般主体;第三,客观方面有所不同。受贿罪的客观方面表现为利用职务上的便利索取他人财物,敲诈勒索罪则是采用威胁或者要挟的方法,迫使被害人交付财物。两者的关键区别是是否利用职务上的便利。国家工作人员没有利用职务便利,要挟勒索他人财物的,属于敲诈勒索罪的范围。如果是利用职务上的便利要挟勒索的,则是索取他人财物的受贿犯罪。

(四)受贿罪的处罚

《刑法》第386条规定,犯受贿罪的,根据受贿所得数额及情节,依照本法第383条的规定(即贪污罪的规定)处罚,索贿的从重处罚。受贿罪的处罚具体如下:

1.受贿数额较大或者有其他较重情节的,处3年以下有期徒刑或者拘役,并处罚金。

2.受贿数额巨大或者有其他严重情节的,处3年以上10年以下有期徒刑,并处罚金或者没收财产。

3.受贿数额特别巨大或者有其他特别严重情节的,处10年以上有期徒刑或者无期徒刑,并处罚金或者没收财产;数额特别巨大,并使国家和人民利益遭受特别重大损失的,处无期徒刑或者死刑,并处没收财产。

对多次受贿未经处理的,按照累计受贿数额处罚。

二、单位受贿罪

(一)单位受贿罪的概念和构成

单位受贿罪,是指国家机关、国有公司、企业、事业单位、人民团体,索取、非法收受他人财物,为他人谋取利益,情节严重的行为。

本罪的构成要件如下:

1.本罪的主体只能是单位,即刑法所规定的国家机关、国有公司、企业事业单位、人民团体。除此之外的集体经济组织、中外合资企业、中外合作企业、外商独资企业和私营企业,都不能成为单位受贿罪的主体。对于那些有国有资产成分,甚至国有资产在其中具有相对或者绝对控股地位的公司、企业、事业单位,只要资产不是百分之百归国有的,都不能成为本罪的主体。非国有性质的单位即使有索取或者收受他人财物的行为,也不能构成单位受贿罪。法律之所以作出如此规定,意在保障国家机关对社会的正常管理活动和管理职能不受损害,国家的利益不受损害,国有公司、企业、事业单位、人民团体的声誉和正常活动不受损害。

2. 在客观方面,本罪表现为索取、非法收受他人财物,为他人谋取利益,情节严重的行为。本罪的客观方面包括以下几个方面:其一是有索取、非法收受他人财物的行为。索取是主动向他人索要,收受是被动接受,两者之中只要有其一即可。单位索取他人财物行为的非法性,从主动索取就能体现。但收受他人财物行为必须重视其非法性,单位由于其对外活动的频繁,与外界钱款往来也是常来常往的事项,因此对单位收受他人的财物,必须注意其非法性的认定。至于所收受的他人财物,可以是个人的财物,也可以是其他单位的财物。即便国有单位收受的是另一个国有公司的财物,如国家机关收受国有公司或者事业单位的财物,也同样可以构成单位受贿罪。其二是有为他人谋取利益的行为。与个人受贿罪不同的是,在单位受贿罪中,无论是非法收受他人财物还是索取他人财物,都以“为他人谋取利益”为必要要件。据此,对于单位受贿罪中的为他人谋取利益的要件,既不能把它看作是主观要件,也不能简单地看作仅有承诺的意思表示,而应当看作构成犯罪的客观要件。至于为他人所谋取的利益,可以是合法利益,也可以是非法利益。与个人受贿罪相同,谋利在先还是非法收受或者索取他人财物在先,对于单位受贿罪的认定没有影响。其三必须是情节严重,这是本罪能否成立的一个重要标志。判断情节是否严重,主要应从单位所索取或者非法收受的他人财物的数额多少,从为他人所谋取的利益的性质,所谋取的利益给国家所造成的损害,以及受贿的次数、影响等方面来考察。

3. 本罪的主观方面只能为故意,即国家机关、国有公司、企业、事业单位、人民团体明知国有单位不能索取、非法收受他人财物,仍索取或者非法收受他人财物。当然单位受贿的故意主要通过单位的主管人员的意思和意志来体现,单位中的一般人员因为不具有代表单位的资格,即使有非法收受他人财物的行为,也不能就此认定单位构成受贿罪。

(二) 单位受贿罪的认定

在对单位受贿罪的认定中,应当注意以下几个问题:

1. 非典型的单位受贿犯罪。《刑法》第 387 条第 2 款规定:国家机关、国有公司、企业、事业单位、人民团体,“在经济往来中,在账外暗中收受各种名义的回扣、手续费的,以受贿论,依照前款的规定处罚。”即违反本条规定者,也以单位受贿罪定罪处罚。本条规定的受贿犯罪与典型的单位受贿罪有明显不同,所以在适用本条规定时,应当注意以下几个方面的要求:第一,主体仅限于国家机关、国有公司、企业、事业单位、人民团体,非此类国有单位不能适用本条单位受贿罪的规定。第二,在经济往来中在账外暗中收受回扣、手续费。账外暗中收受与账内收受有不同。账外暗中收受,是指将经济往来中收受的回扣、手续费,没有放在能够反映单位正常经营的账中,而是放在单位正常经营账之外，诸如"小金库"中。账内收受，则是将经济往来中收受的回扣、手续费放在能够反映单位正常经营的账上。两者的差异就在于是否能够在单位的正常账上反映所收受的回扣、手续费，如果能够在单位正常经营的账上反映的，没有必要作为单位受贿罪论处；不能在单位正常经营账上反映的，则应当以单位受贿罪论处。第三，账外暗中所收受的回扣、手续费应当是归单位所有，而不是归单位中的某些个人所有，这是区分单位受贿还是个人受贿的关键。对于那些以单位名义暗中收受各种名义的回扣、手续费，实际归个人所有的，则应当依照《刑法》第385条第2款的规定，以个人受贿罪论处。

2. 单位受贿罪与受贿罪的界限。从刑法规定的两罪的犯罪构成来看，两罪虽然都是受贿犯罪，但在主体方面有明显的不同，因而也很容易区分。但是由于单位受贿的决定者往往是单位中的负责人，谋取利益也是由单位的负责人来实施，索取或者非法收受回扣、手续费的也是单位的负责人。单位负责人本身具有单位和个人的两重性，因此其索取或者非法收受回扣、手续费的行为是单位行为，还是自然人行为，决定了最终是以个人受贿罪论，还是以单位受贿罪论。对此区分的关键可以从两方面考虑，一是看索取或者非法收受的回扣、手续费是归谁所有。如果是归单位所有的，应当以单位受贿罪论，反之，则按照个人受贿罪论。二是从给予财物方来看，所给予的回扣、手续费是给单位还是给个人。如果回扣、手续费是给单位的，应属于单位受贿罪；反之，则应以个人受贿罪论。

3. 单位受贿的共犯认定。单位与单位可以构成共犯，在理论上应该没有异议。但是国有单位与非国有单位是否可以成立单位受贿罪的共犯，以及国有单位与自然人是否可以成立受贿共犯，却是应当予以考虑的。对于国有单位与非国有单位之间能否成立单位受贿罪共犯的问题，结论应当是否定的。因为非国有单位在身份上不具有单位受贿罪的主体资格，对非国有单位如以单位受贿罪的共犯论处，显然有违罪刑法定原则。非身份犯的自然人在理论上可以作为身份犯犯罪的帮助犯、教唆犯，按照身份犯犯罪的共犯来处理，但是在单位犯罪中，非特定主体的单位要成为特定主体单位构成的犯罪的帮助犯和教唆犯，是很难想象的。所以，非国有单位不能成为单位受贿罪的共犯。对于国有单位与自然人共同受贿，是否成立共犯的问题，由于单位受贿罪的定罪数额标准是10万元以上，而自然人受贿罪的成立仅要求数额较大，虽然《刑法修正案（九）》并未明确数额，该罪数额有待司法解释规定，但可以肯定受贿罪数额会低于单位受贿罪，因此当两者都具备构成犯罪的数额标准时，认定两者成立受贿共犯，应该不会有问题。而当共同受贿的数额达到了自然人受贿罪的数额标准，没有达到单位受贿罪的数额标准，两者还能否成立受贿共犯，却是个值得思考的问题。不可否认，数额既是构成犯罪的一个必要条件，也是刑法考虑是否要以犯罪论处，纳入刑事责任范围的依据。当共同受贿的数额没有达到单位受贿罪的构成犯罪的标准，实际上也表明该单位构成单位受贿罪的条件尚不具备。因此把尚不具备构成犯罪条件的单位，按照自然人的构成犯罪的数额来认定为犯罪，显然是不适当地扩大了刑事责任的范围，有违刑法设置数额标准的立法初衷。所以在单位与自然人共同受贿中，当受贿数额不符合单位受贿数额标准时,对单位这一方没有必要以受贿罪的共犯论处,可以对自然人一方以受贿罪单独定罪处罚。

(三)单位受贿罪的处罚

《刑法》第 387 条第 1 款规定,犯单位受贿罪的,对单位判处罚金,并对其直接负责的主管人员和其他直接责任人员,处 5 年以下有期徒刑或者拘役。

三、利用影响力受贿罪

(一)利用影响力受贿罪的概念和构成

利用影响力受贿罪,是指国家工作人员的近亲属或者其他与该国家工作人员关系密切的人,通过该国家工作人员职务上的行为,或者利用该国家工作人员职权或者地位形成的便利条件,通过其他国家工作人员职务上的行为;或是离职的国家工作人员或者其近亲属以及其他与其关系密切的人,利用该离职的国家工作人员原职权或者地位形成的便利条件,通过其他国家工作人员职务上的行为,为请托人谋取不正当利益,索取请托人财物或者收受请托人财物,数额较大或者有其他较严重情节的行为。

本罪的构成要件如下:

1. 关于本罪侵犯的客体,有观点认为是国家工作人员的职务廉洁性以及国家机关、国有企事业单位的正常工作秩序。也有观点认为,利用影响力受贿罪的客体不同于受贿罪的客体,而是侵犯了公职人员职务行为的正当性。[①]通说一般采用后一种观点,国家工作人员的职权是国家授予的,基于"密切关系"和"亲属关系"行使权力是不当的。

2. 在客观方面,本罪表现为行为人利用影响力,为他人谋取不正当利益,获取或者索取财物的行为。"利用影响力"是区分本罪与他罪的一个关键点,有观点认为本罪中的影响力只包括非权力性影响,而不包含职务所产生的影响力。[②]但也有观点认为本罪中的"利用影响力"表现在两个方面:第一,行为人利用自己与国家工作人员或者离职的国家工作人员的特殊关系所形成的影响力;第二,行为人利用国家工作人员职权或者地位形成的便利条件所形成的影响力,或者利用离职的国家工作人员原职权或者地位形成的便利条件所形成的影响力。在实质上类似于"斡旋受贿"的行为,并且行为人的利用行为具有双重性,即利用国家工作人员或者自己(主要指离职的国家工作人员)对其他国家工作人员的影响,接着又利用其他国家工作人员的职权行为。

3. 本罪的主体为特殊主体,根据有关规定可以分为三类,第一类是在职的国家工作人员的近亲属或者其他与其关系密切的人;第二类是离职的国家工作人员本人;

---

① 参见赵长青:《利用影响力受贿罪:从实际出发的要件设计》,载《检察日报》2009 年 12 月 14 日。

② 参见李景华、李山河:《影响力受贿罪的犯罪构成及司法适用》,载《中国检察官》2009 年第 12 期。

第三类是离职的国家工作人员的近亲属以及其他与其关系密切的人。

4. 本罪在主观方面表现为故意。

（二）利用影响力受贿罪的认定

关系密切的人，一般指除近亲属外，与国家工作人员或者离职的国家工作人员有共同利益关系的人。有观点认为没有必要对"有密切关系的人"作特别限定，因为客观上能够通过国家工作人员职务上的行为，或者利用国家工作人员职权或者地位形成的便利条件，通过其他国家工作人员职务上的行为，为请托人谋取不当利益的人，基本上都是与国家工作人员有密切关系的人。[①]要构成本罪，还需注意是"为请托人谋取不正当利益"，若是为请托人谋取正当利益则不构成本罪，而可能成为受贿罪的共犯。

（三）利用影响力受贿罪的处罚

犯利用影响力受贿的，处 3 年以下有期徒刑或者拘役，并处罚金；数额巨大或者有其他严重情节的，处 3 年以上 7 年以下有期徒刑，并处罚金；数额特别巨大或者有其他特别严重情节的，处 7 年以上有期徒刑，并处罚金或者没收财产。

四、行贿罪

（一）行贿罪的概念和构成

行贿罪，是指为谋取不正当利益，给予国家工作人员以财物的行为。

本罪的构成要件如下：

1. 本罪侵犯的客体是国家机关、国有公司、企业、事业单位的正常管理活动和国家工作人员的廉洁性。行贿人为了谋取不正当利益，通过贿买国家机关、国有公司、企业、事业单位的国家工作人员，使之丧失履行正常职责的原则，为行贿人谋取法律、法规和国家政策所不允许的利益，不仅危害了国家机关、国有公司、企业、事业单位的正常管理活动，而且严重腐蚀了国家工作人员，败坏了社会风气。大量受贿犯罪的发生，特别是枉法受贿犯罪，与行贿犯罪有着直接的紧密联系，要遏制受贿犯罪，必须对行贿犯罪以严厉惩处。也正是由于这一原因，行贿犯罪虽不属于国家工作人员的职务性犯罪，但也被法律规定在国家工作人员的职务性犯罪章节中。本罪的行贿对象，必须是国家工作人员，这不仅是本罪与《刑法》第 164 条规定的对非国家工作人员行贿罪的关键区别，也是本罪与《刑法》第 391 条第 1 款规定的对单位行贿罪的区别关键。

2. 在客观方面，本罪表现为给予国家工作人员财物以进行收买的行为。在司法实践中，给予国家工作人员以财物，可能是主动给予，也可能是被动给予，即被勒索而给予。由于主动给予与被动给予，不仅反映了国家工作人员受贿的主观恶性的差别，也反映了给予财物人的主观恶性的差别，因此刑法明确规定，因为被勒索而给予国家

---

① 参见张明楷著：《刑法学》，法律出版社 2011 年版，第 1081 页。

工作人员以财物,并且没有获得不正当利益的,不是行贿。至于行贿的方式有多种多样,有直接交付财物的,也有间接转托他人交付;有在谋取不正当利益之前给予,也有在谋取利益之后给予。总之,财物给予方式和给予时间如何,不影响行贿罪的成立。根据有关司法解释的规定,行贿数额在 1 万元以上,就可以构成犯罪。①

3. 本罪的主体是一般主体,即自然人的一般主体。如果是单位为谋取不正当利益而给予国家工作人员以财物的,依照《刑法》第 393 条的规定,应当以单位行贿罪定罪处罚。

4. 本罪在主观方面表现为故意,并且具有谋取不正当利益的目的。行贿人给予国家工作人员以财物,其目的就是让国家工作人员利用职务上的便利,为其谋取不应得到的利益。谋取不正当利益,依据 2012 年 12 月 31 日最高人民法院、最高人民检察院《关于办理行贿刑事案件具体应用法律若干问题的解释》第 12 条的规定,是指"行贿人谋取的利益违反法律、法规、规章、政策规定,或者要求国家工作人员违反法律、法规、规章、政策、行业规范的规定,为自己提供帮助或者方便条件"。而行贿人"违背公平、公正原则,在经济、组织人事管理等活动中,谋取竞争优势的,应当认定为'谋取不正当利益'"。据此,不正当利益可能是非法利益,如为了逃避法律制裁而向公安人员行贿;也可能是违反政策规定的利益,如不具备升学、就业、出国条件的而行贿,以期获得这些利益。至于所谋取的不正当利益是否实现,对于认定行贿罪的成立没有影响。

(二) 行贿罪的认定

在认定行贿罪时,应当注意以下几个问题:

1. 行贿罪的罪与非罪的界限。在主观方面,行为人主观意图必须是为谋取不正当利益,这是认定其构成行贿罪的一个重要要件。如果行为人主观意图是为了谋取正当利益,即使已经给予国家工作人员以财物,也不能构成行贿罪。在客观方面,对于因被勒索而给予国家工作人员财物的行为,不是一概不以行贿论。对于没有获得不正当利益的,法律规定不以行贿论;对于已获得不正当利益的,虽然是被勒索而给予国家工作人员以财物的,也应当构成行贿罪。

2. 非典型的行贿罪的认定。与受贿罪有非典型受贿相对应,行贿罪也有非典型的行贿犯罪。《刑法》第 389 条第 2 款规定:"在经济往来中,违反国家规定,给予国家工作人员以财物,数额较大的,或者违反国家规定,给予国家工作人员以各种名义的回扣、手续费的,以行贿论处。"本条规定包括两种情况:一种是在经济往来中违反国家规定,给予国家工作人员数额较大的财物的行为。另一种是在经济往来中违反国家规定,给予国家工作人员以各种名义的回扣、手续费的行为。从法律的文字规定来看,对此类以行贿论处的行为,不需要"为谋取不正当利益"的构成要件。依此规定,行为人在经济往来中,只要违反国家规定给予国家工作人员以数额较大的财物或者回扣、手续费的,就应当按照行贿罪定罪处罚。此项规定的宽泛性,几乎把前述以谋

① 见 2012 年 12 月 28 日最高人民法院、最高人民检察院《关于办理行贿案件具体应用法律若干问题的解释》。

取不正当利益的行贿罪限定于非经济往来的场合。易言之,在经济往来中的行贿,不需要以"谋取不正当利益"为要件,只有在非经济往来中的行贿,才需要以"谋取不正当利益"为构成犯罪的必要条件,这显然与立法有区别地设置行贿罪的本意不相符合。因此从立法对行贿罪的设置本意来看,适用本条以行贿论处的规定时,不能不考虑行贿人的谋取不正当利益的意图。

3. 行贿与受贿的对应性问题。按理有行贿就一定有受贿,有受贿也就必然有行贿,所以理论上有观点认为,行贿与受贿是对应犯(或称对偶犯、对向犯等)。也正是因为有这种对应关系,许多观点认为在对受贿犯罪严厉打击的同时,必须对行贿行为也以犯罪论处。此种观点具有相当大的局限性,因为有行贿罪一定也有受贿罪的存在,而有受贿罪则不一定就有行贿罪的存在。在司法实践中,大多数给予国家工作人员以财物的行贿人,都没有受到刑罚的处罚。其原因不在于司法部门对行贿行为打击不力,而是由于刑法所规定的行贿罪,仅限于为谋取不正当利益而给予国家工作人员以财物的行为。实践中国家工作人员利用职务上的便利,为他人谋取正当利益而收受他人财物的行为,可以构成受贿罪,但是为谋取正当利益而给予国家工作人员以财物的行为,依法却不能构成行贿罪,所以在行贿罪与受贿罪的对应关系方面,只有部分的对应,大多数不具有对应关系。

4. 行贿罪与对非国家工作人员行贿罪的界限。两罪在客观方面都表现为对个人的行贿,主观上也都是为谋取不正当利益,行为的实质也基本相同。两罪的区别主要在于行贿的对象不同。行贿罪的对象必须是国家工作人员,而对非国家工作人员行贿罪的行贿对象则只能是公司、企业或者其他单位的工作人员。

(三) 行贿罪的处罚

对犯行贿罪的,处5年以下有期徒刑或者拘役,并处罚金;因行贿谋取不正当利益,情节严重的,或者使国家利益遭受重大损失的,处5年以上10年以下有期徒刑,并处罚金;情节特别严重的,或者使国家利益遭受特别重大损失的,处10年以上有期徒刑或者无期徒刑,并处罚金或者没收财产。

行贿人在被追诉前主动交代行贿行为的,可以从轻或者减轻处罚。其中,犯罪较轻的,对侦破重大案件起关键作用的,或者有重大立功表现的,可以减轻或者免除处罚。

五、对有影响力的人行贿罪

(一) 对有影响力的人行贿罪的概念和构成

对有影响力的人行贿罪,是指为谋取不正当利益,给予国家工作人员的近亲属或者其他与该国家工作人员关系密切的人,或者离职的国家工作人员或者其近亲属以及其他与其关系密切的人财物的行为。本罪为《刑法修正案(九)》新增罪名。

本罪的构成要件如下:

1. 本罪侵犯的客体应该是公职人员职务行为的正当性和公正性。行为人为了获取经公平、公正、合法手段难以获得的不得当利益,以金钱为手段与对国家、公共事务具有管理职权,具有处分此种利益的权力的公职人员进行交易,这种直接的权钱交易式的行贿与受贿严重侵蚀了公职人员职务行为的廉洁性以及国家机关、国有单位、企事业单位正常的管理活动。而权力裙带关系中的国家工作人员的近亲属或者与该国家工作人员关系密切的人利用其对国家工作人员的影响力或者利用该国家工作人员职权和地位形成的便利条件,利用其对其他国家工作人员的影响、离职的国家工作人员或者其近亲属以及其他与其关系密切的人,利用其对其他国家工作人员的影响力,为他人谋取不正当利益从而索取或收受他人财物的这种有别于受贿罪的行为,则使得公职人员职务行为的正当性和公正性受到侵害。而为了谋取不正当利益,给予那些对于公职人员具有影响力的人、财、物,以期使其能够对该公职人员职权的行使发挥一定的作用从而做出对该行为人有利的职权行为的做法,也不当地侵犯了公职人员职务行为的正当性和公正性。

2. 在客观方面,本罪表现为给予国家工作人员的近亲属或者其他与该国家工作人员关系密切的人,或者离职的国家工作人员或者其近亲属以及其他与其关系密切的人、财、物。其客观方面具体包括以下几点:(1)本罪的行为特质在于行为人通过钱实现与国家工作人员"关系密切人"对国家工作人员具有的"影响力"之间的交易。其有别于通常的行贿人与国家工作人员这一受贿主体之间的钱与"权"的交易。(2)行为人给予上述人员财物,既包括主动给予也包括基于上述人员的明示或暗示性的索取财物的行为而被动给予;(3)行为人行贿的对象必须是国家工作人员的近亲属或者与该国家工作人员关系密切的人、离职的国家工作人员或者其近亲属以及其他与其关系密切的人。如果行为人给予财物的对象是现职国家工作人员,则不构成本罪。

3. 本罪的主体既可以是自然人,也可以是单位。

4. 本罪在主观方面表现为故意,且具有谋取不正当利益的目的。行为人给予与国家工作人员"关系密切的人"财物是为了利用该"关系密切的人"对国家工作人员的影响力使得国家工作人员在职权的行使上能够作出有利于行为人的决定从而获取不正当利益。

(二)对有影响力的人行贿罪的认定

1. 对有影响力的人行贿罪与行贿罪界限

(1)行为主体不同。对有影响力的人行贿罪的犯罪主体既包括一般自然人主体,也包括单位,而行贿罪主体仅包括一般自然人主体,不包括单位。(2)行为对象不同。对有影响力的人行贿罪的行为对象是与在职国家工作人员"关系密切的人",而行贿罪的行为对象则是在职国家工作人员。(3)行为特质不同。对有影响力的人行贿罪的行为特质在于"钱"与"影响力"的交易,而行贿罪的行为特质在于"钱"与"权"的交易。(4)正是由于行为对象和行为特质的不同,两者在行为所侵害的客体上也因此存在差异。对有影响力的人行贿罪侵犯的客体是公职人员职务行为的正当性和公正性,而行贿罪侵犯的客体则主要是公职人员职务行为的廉洁性。(5)依照刑法规定,因被勒索给予国家工作人员财物,没有获得不正当利益的,不是行贿,但因被勒索给予有影响力的人财物,没有获得不正当利益的,也构成对有影响力的人行贿罪。

2. 对有影响力的人行贿罪与利用影响力受贿罪对向犯问题

国家工作人员的近亲属或者其他与国家工作人员关系密切的人,离职的国家工作人员或者其近亲属以及其他与其关系密切的人,利用影响力索要或者非法收受为谋取不正当利益的行为人财物,构成利用影响力受贿罪。而对于与利用影响力受贿相对应的给予上述人员财物的请托人的行为,在《刑法修正案(九)》生效之前,不能做犯罪化处理。为进一步严密反腐法网,加大对贿赂行为的打击力度,《刑法修正案(九)》将此种行为予以犯罪化,对有影响力的人行贿罪这一罪名的确立标志着利用影响力受贿罪有了与之对应的行贿犯罪。利用影响力受贿罪与对有影响力的人行贿罪形成对向关系。即有对有影响力人员行贿罪,就一定有利用影响力受贿罪;而有利用影响力受贿罪,也就一定有对有影响力人员行贿罪。

(三) 对有影响力的人行贿罪的处罚

《刑法》第 390 条之一规定,犯对有影响力的人行贿罪的,处 3 年以下有期徒刑或者拘役,并处罚金;情节严重的,或者使国家利益遭受重大损失的,处 3 年以上 7 年以下有期徒刑,并处罚金;情节特别严重的,或者使国家利益遭受特别重大损失的,处 7 年以上 10 年以下有期徒刑,并处罚金。

单位犯前款罪的,对单位判处罚金,并对其直接负责的主管人员和其他直接责任人员,处 3 年以下有期徒刑或者拘役,并处罚金。

六、对单位行贿罪

(一) 对单位行贿罪的概念和构成

对单位行贿罪,是指为谋取不正当利益,给予国家机关、国有公司、企业、事业单位、人民团体以财物,或者在经济往来中,违反国家规定,给予各种名义的回扣、手续费的行为。

本罪的构成要件如下:

1. 本罪侵犯的客体是国家机关、国有公司、企业、事业单位、人民团体的正常管理活动。行为人给予国家机关和其他国有单位以财物进行贿买,意图是谋取不正当利益,谋取国家法律、政策所不允许的利益。这是对国家机关等国有单位的正常管理活动的侵犯。原刑法仅设有对国家工作人员个人的行贿犯罪,缺乏对单位的行贿犯罪的法律规定,因此往往是单位的受贿犯罪可以依法惩处,而对于相对的另一方,即向单位行贿的行为人,则不能依法惩处。这对于遏制此类行贿受贿犯罪,都是不利的。为此 1997 年《刑法》增设本罪,弥补了法律规定的不足。本罪行贿的对象是单位,法律明确限定为国家机关、国有公司、企业、事业单位、人民团体。如果行贿的对象是个人,或者虽然是单位,但不是前述所列的国家机关和其他国有单位,均不能构成本罪。

2. 在客观方面,本罪表现为给予国家机关、国有公司、企业事业单位、人民团体以财物,或者在经济往来中,违反国家规定,给予各种名义的回扣、手续费的行为。本罪的客观方面有两种行为表现:一是给予国家机关、国有公司、企业事业单位、人民团体以财物的行为;二是在经济往来中,违反国家规定,给予国家机关、国有公司、企业事业单位、人民团体以各种名义的回扣、手续费的行为。在适用后者时,应当重视法律规定的"在经济往来中"和"违反国家规定"的要求。

3. 本罪的主体可以是自然人个人,也可以是单位。本罪主体的单位,可以是国有性质的单位,也可以是非国有性质的单位。当本罪的主体是单位时,也就是单位向单位行贿时,应当把本罪同《刑法》第393条规定的单位行贿罪加以区分。

(二) 对单位行贿罪的认定

在对单位行贿罪的认定时,应注意以下几个问题:

1. 对单位行贿罪构成犯罪的数额标准。本罪既可由个人构成,也可由单位构成,根据最高人民检察院有关立案方面的司法解释的规定,个人行贿数额在10万元以上,单位行贿数额在20万元以上的,应予立案侦查追究其刑事责任。如果行贿数额未达上述标准,但有其他情节的,如向党政机关、司法机关、行政执法机关行贿的,或者向3个以上单位行贿的,或者致使国家或者社会利益遭受重大损失的,也应立案侦查,追究其刑事责任。①

2. 对单位行贿罪与对非国家工作人员行贿罪的界限。两罪都属于行贿性质的犯罪,都是用财物来换取不正当利益。两罪的关键差别在于行贿的对象不同。对单位行贿罪的行贿对象是国有单位,而对非国家工作人员行贿罪的行贿对象是公司、企业或者其他单位的工作人员。当然由此而侵犯的客体也不同。

(三) 对单位行贿罪的处罚

《刑法》第391条第1款规定,犯对单位行贿罪的,处3年以下有期徒刑或者拘役,并处罚金。

第391条第2款规定,单位犯前款罪的,对单位判处罚金,并对其直接负责的主管人员和其他直接责任人员,依照前款的规定处罚。

七、介绍贿赂罪

(一) 介绍贿赂罪的概念和构成

介绍贿赂罪,是指在行贿人与国家工作人员的受贿人之间进行中介、撮合、居间贿赂,促使行贿与受贿得以实现的行为。

本罪的构成要件如下:

1. 本罪侵犯的客体是国家工作人员职务行为的廉洁性。介绍贿赂将行贿人与受贿人连接起来,是行贿人的财物与受贿人的权力之间权钱交换的纽带。虽然介

---

① 见1999年9月16日最高人民检察院《关于人民检察院直接受理立案侦查案件立案标准的规定(试行)》。

绍贿赂人并不收取他人财物,也不给付财物给国家工作人员,但他的介绍贿赂行为对受贿产生的作用,对国家工作人员职务行为廉洁性的腐蚀和破坏,则是显而易见的。这也是立法把此种介绍贿赂行为规定为犯罪,并放在贪污贿赂犯罪一章中的原因所在。

2. 在客观方面,本罪表现为行为人实施了介绍贿赂的行为,也就是在行贿人与受贿人之间进行中介、撮合,使行贿与受贿得以实现的行为。其介绍贿赂的形式,可以是为行贿人向受贿人给予财物进行介绍,也可以是为受贿人收取行贿人的财物进行介绍。值得注意的是,介绍贿赂必须是在国家工作人员作为受贿方和其他人员或者单位作为行贿方之间进行,也就是被介绍的受贿人必须是国家工作人员。如果介绍贿赂的受贿方不是国家工作人员,而是其他非国家工作人员或者单位,则介绍贿赂的行为不能构成本罪。此外,介绍贿赂行为是否构成犯罪,也不以行贿行为和受贿行为都构成犯罪为前提,因为行贿行为构成犯罪必须以谋取不正当利益为构成要件,所以发生行贿行为不一定构成犯罪而介绍贿赂行为构成犯罪的情况是可能的。

依照法律规定构成本罪,还应具备"情节严重"的条件。情节严重,是指介绍个人向国家工作人员行贿数额在2万元以上,介绍单位向国家工作人员行贿数额在20万元以上,或者未达上述数额标准,但有为使行贿人获取非法利益而介绍贿赂的;3次以上或者为3人以上介绍贿赂的;向党政领导、司法工作人员、行政执法人员介绍贿赂的;致使国家或者社会利益遭受重大损失的。

3. 本罪的主体是一般主体。包括国家工作人员和非国家工作人员,但是单位不能成为本罪的主体。

4. 本罪在主观方面必须为故意。行为人具有促成行贿或者促成受贿,使行贿与受贿得以实现的意图。至于其动机如何,对于认定本罪没有影响。

(二)介绍贿赂罪的认定

在对介绍贿赂罪认定时,必然涉及介绍贿赂罪与行贿或者受贿共犯的关系问题。介绍贿赂犯罪的行为主要有三种形式:一是为受贿人介绍索取财物的对象,另一是为行贿人介绍行贿对象,三是既为受贿人又为行贿人的介绍。对于前两种情况,因为是为受贿人或者是为行贿人介绍,则就出现以介绍贿赂罪认定还是以受贿罪或者行贿罪共犯认定的争议,由此还产生了介绍贿赂罪是否还有存在的必要的争议问题。有的观点认为,介绍贿赂实质上是共同犯罪的一种形式,在受贿与行贿之间,总是有倾向性地代表某一方,或者是受某一方的委托进行活动,由此,对介绍贿赂的,根据其具体活动,按照受贿或者行贿的共犯处理。[1]还有观点认为,对介绍贿赂的行为,可以依照刑法总则关于共同犯罪的观点对介绍贿赂人以行贿或者受贿的共犯(教唆犯或帮助犯)处罚,没有必要单独设定一个介绍贿赂罪。[2]当然也有主张保留介绍

---

① 参见肖扬主编:《贿赂犯罪研究》,法律出版社1994年版,第330页。

② 参见王作富、韩耀元:《论贿赂犯罪的刑法完善》,载《检察理论研究》1997年第1期;张明楷:《刑法学》,法律出版社2003年版,第937页。

贿赂罪的观点,认为介绍贿赂与行贿共犯和受贿共犯有明显的区别,不宜以某一罪的共犯论处。[①]

有关介绍贿赂罪是否应当取消的争议,在1997年《刑法》修订之前就已存在,但刑法修订的结果不仅没有取消该罪名,甚至还在该罪的构成要件中增设了"情节严重"的要件。立法的这一变化不仅表明介绍贿赂罪还有存在的必要,而且认为只有情节严重的介绍贿赂行为才需要以犯罪论处,情节不严重的介绍贿赂行为没有必要作为犯罪论处。

主张以受贿或者行贿共犯认定介绍贿赂行为并取消介绍贿赂罪的观点,偏重于介绍贿赂行为对受贿或者行贿的帮助作用,但却忽略了受贿共犯有收取贿赂的共同故意,行贿共犯有为谋取不正当利益的共同故意,而这却是介绍贿赂行为所不具有的。介绍贿赂行为存在于权力与财物交换的中间,存在于两个不同利益获得者之间,因此介绍贿赂行为的独立性完全存在。也正是因为介绍贿赂行为既不是财物的获得者,也不是不正当利益的获得者,所以对介绍贿赂犯罪的设置,还增设了情节严重的构成犯罪的条件。

(三)介绍贿赂罪的处罚

根据《刑法》第392条第1款的规定,犯介绍贿赂罪的,处3年以下有期徒刑或者拘役,并处罚金。

第392条第2款规定,介绍贿赂人在被追诉前主动交代介绍贿赂行为的,可以减轻处罚或者免除处罚。

八、单位行贿罪

(一)单位行贿罪的概念和构成

单位行贿罪,是指单位为谋取不正当利益而行贿,或者违反国家规定,给予国家工作人员以回扣、手续费,情节严重的行为。

本罪的构成要件如下:

1. 本罪侵犯的客体是国家工作人员职务行为的廉洁性和依该职务行为对社会进行的正常管理活动。我国原刑法中仅设有个人构成的行贿罪,没有单位行贿罪,直至1988年的《关于惩治贪污罪贿赂罪的补充规定》,才有单位行贿罪。1997年《刑法》继续保留了单位行贿罪的罪名。由于现行刑法同时设有对单位行贿罪的罪名,由此本罪行贿的对象只能是国家工作人员,不包括单位或者其他非国家工作人员。因为行贿的对象是国家工作人员,所以本罪所侵犯的客体也必然是与国家工作人员有关的职务行为的廉洁性和正常管理活动。

2. 在客观方面,本罪表现为向国家工作人员给予财物进行行贿或者违反国家规定,给予国家工作人员以回扣、手续费的行为。本罪客观方面表现为两种形式:其一

---

① 参见刘生荣、张相军、许道敏著:《贪污贿赂罪》,中国人民公安大学出版社2003年版,第217页。

是给予国家工作人员以财物。其二是违反国家规定,给予国家工作人员以回扣、手续费。其中前者是一般的行贿行为,后者是特殊的行贿行为。依照法律规定,构成本罪还应具有"情节严重"的特征。情节严重,根据有关司法解释的规定,单位行贿数额在20万元以上,或者单位为谋取不正当利益而行贿,数额在10万元以上不满20万元但有下列情形之一的:为谋取非法利益而行贿的;向3人以上行贿的;向党政领导、司法工作人员、行政执法人员行贿的;致使国家或者社会利益遭受重大损失的。①应属于情节严重的表现。

3. 本罪的主体只能是单位,也就是向国家工作人员行贿或者给予国家工作人员以回扣、手续费的主体,必须是单位。个人不能成为本罪的主体,如果个人向国家工作人员行贿的,则应按照《刑法》第389条规定的行贿罪定罪处罚。本罪主体的单位,可以是各种类型的单位,包括国有性质的单位,也可以是非国有性质的单位。与单位受贿罪的主体不同,本罪的主体包括各种类型的单位,而单位受贿罪的主体,则只能是国有性质的单位。

4. 本罪在主观方面表现为故意。单位行贿或者单位违反国家规定给予回扣、手续费给国家工作人员,应当具有谋取不正当利益的主观意图,这是单位行贿行为能否构成犯罪的一个重要要件。如果是为谋取正当利益而行贿,则不能构成本罪。

(二) 单位行贿罪的认定

在认定单位行贿罪时,应注意以下几个问题:

1. 单位行贿罪与行贿罪的界限。两罪都是为谋取不正当利益而给予国家工作人员以财物或者回扣、手续费,两罪所侵犯的客体也相同,主观方面也都是故意。两罪的主要区别在于主体的差别,单位行贿罪的主体是各种类型的单位,而行贿罪的主体则只能是个人。值得注意的是,单位行贿所谋取的不正当利益应当是归单位所有,但在司法实践中,可能会出现由单位出面向国家工作人员行贿,财物的付出是单位,而谋取的不正当利益却可能归个人所有的情况。对此,《刑法》第393条规定,因行贿取得的违法所得归个人所有的,依照本法第389条、第390条的规定(即行贿罪的规定)定罪处罚。刑法对用单位的财物行贿为个人谋取不正当利益的行为,按照个人行贿罪的规定定罪处罚是合理的。

2. 单位行贿罪与对单位行贿罪的界限。两罪虽然仅有一字之差别,但却包含了不同的法律意义。单位行贿罪是单位向国家工作人员行贿,而对单位行贿罪则是个人或者单位向单位行贿。不仅犯罪的主体有不同,而且行贿的对象也有不同。虽然对单位行贿罪中也有单位作为行贿的主体,表面看似乎与单位行贿罪没有什么区别。但是从行贿的对象方面还是比较容易区分,单位行贿罪的行贿对象只能是国家工作人员,而对单位行贿罪的行贿对象却只能是单位。

3. 单位行贿罪与单位对非国家工作人员行贿犯罪的界限。两者的主体都是单位,所行贿的对象也都是个人,而且两者的行为实质都是行贿性质。两者的区别主要

---

① 参见1999年8月6日最高人民检察院《关于人民检察院直接受理立案侦查案件立案标准的规定(试行)》。

在于行贿的对象有不同，单位行贿罪的对象是国家工作人员，而单位对公司、企业或者其他单位人员的行贿犯罪的对象则是公司、企业或者其他单位的工作人员，而且必须是非国家工作人员性质的公司、企业或者其他单位人员。当然两罪由此所侵犯的客体也有所不同。

（三）单位行贿罪的处罚

《刑法》第 393 条规定，犯单位行贿罪的，对单位判处罚金，并对其直接负责的主管人员和其他直接责任人员，处 5 年以下有期徒刑或者拘役，并处罚金。因行贿取得的违法所得归个人所有的，依照本法第 389 条、第 390 条的规定定罪处罚。

第二十九章

渎　职　罪

第一节　渎职罪概述

一、渎职罪的概念

渎职罪,是指国家机关工作人员在履行职务或者行使职权的过程中,滥用职权、玩忽职守或徇私舞弊,妨害国家机关的正常管理活动,致使公共财产、国家与人民利益遭受重大损失的行为。广义上的渎职罪包含《刑法》分则第八章所规定的国家工作人员实施的贪污贿赂犯罪。但本章的渎职罪是从狭义角度而言,即专指《刑法》分则第九章规定的国家机关工作人员实施的渎职犯罪。

刑法规定渎职罪,旨在确保国家机关公务的合法、公正、有效执行以及国民对此的信赖。国家机关的公务,是指各级国家机关执行国家职能、贯彻国家的法律、法规与政策的活动。这种活动必须具有合法性,并且应当得到公正、有效的执行。国家机关的公务由国家机关工作人员具体实施。但是,国家机关工作人员所犯的渎职罪,从内部侵犯了国家机关公务的合法、公正、有效执行以及国民对此的信赖。正因为如此,一些国家的刑法将渎职罪规定为侵犯国家法益的犯罪。

我国 1979 年《刑法》规定的渎职罪,共有 8 个条文,规定了受贿罪、行贿罪、介绍贿赂罪、泄露国家重要机密罪、玩忽职守罪、徇私舞弊罪、体罚虐待被监管人罪、私放罪犯罪和妨害邮电通信罪共 9 个罪名。1997 年《刑法》将 1979 年《刑法》规定的贪污贿赂犯罪单设一章,即为《刑法》分则第八章贪污贿赂罪,将其中的体罚虐待被监管人罪、妨害邮电通信罪规定在侵犯公民人身权利、民主权利罪一章,另外在《刑法》分则第九章单独规定渎职罪,将原贪污贿赂罪中的泄露国家重要机密罪、玩忽职守罪、徇私舞弊罪、体罚虐待被监管人罪、私放罪犯罪归入本章。同时,将 10 余年来民事、经济、行政法律中"依照"、"比照"刑法玩忽职守罪、滥用职权罪追究刑事责任的条文,改为刑法的具体条款和相应罪名,并针对现实经济生活中出现的国家机关工作人员滥用职权、严重不负责任,给国家和人民利益造成重大损失的新情况,增加了一些具体的渎职犯罪行为。《刑法》分则第九章规定的渎职罪从第 397 条到第 419 条共 23 个条文,33 个罪名。2002 年通过的《刑法修正案(四)》第 8 条对《刑法》第 399 条进行了修正,增加了执行判决、裁定失职罪和执行判决、裁定滥用职权罪;2006年通过的《刑法修正案(六)》第20条在《刑法》第399条的基础上,增加了枉法仲裁罪;2011年《刑法修正案(八)》第49条规定在《刑法》第408条之后增加食品监管渎职罪。这样我国刑法分则第九章渎职犯罪的罪名就增加到了37个。

二、渎职罪的犯罪构成

(一) 客体特征

渎职罪侵犯的客体是国家机关的正常管理活动。由于本类犯罪的行为主体是国家机关工作人员,其滥用职权、玩忽职守等妨害国家机关公务执行的行为,必然侵犯了国家机关的正常管理活动。

本章所指的国家机关,是指国家各级权力机关、司法机关、行政机关等(军事机关相关工作人员的渎职行为由于有军人违反职责罪的特别规定,一般不列入本类犯罪调整的范围)。国家机关的正常管理活动,是依照法律实现国家管理职能的国家机关的正常工作活动。对国家机关正常管理活动的妨害和危害,是本类犯罪的本质特点,也是本类犯罪区别于其他类别犯罪的主要标志。

(二) 客观方面特征

本类犯罪在客观方面表现为利用职务上的便利,滥用职权、玩忽职守或者徇私舞弊,致使公共财产、国家与人民利益遭受重大损失的行为。滥用职权,是指国家机关工作人员利用职权胡作非为或者越权行使职权;玩忽职守,是指国家机关工作人员疏于职守,不履行应当履行的职权;徇私舞弊,是指徇个人私情、私利而不正当地行使职权。

滥用职权、玩忽职守以及徇私舞弊是本类犯罪中的各种具体犯罪客观方面行为的基本形式。从立法规定上看,有的条文中使用了"滥用职权"、"玩忽职守"、"徇私舞弊"的用语,如滥用职权罪、玩忽职守罪、徇私舞弊不移交刑事案件罪等;有的条文虽然没有明确使用上述用语,但所描述的行为实质上也可以归为上述三类行为之一,如《刑法》第400条第1款所规定的私放在押人员罪中虽然没有"滥用职权"这一用语,但司法工作人员私放在押的犯罪嫌疑人、被告人或者罪犯的行为,实质上就是司法工作人员对其职权的滥用。又如,《刑法》第400条第2款规定的失职致使在押人员脱逃罪中,虽然没有"玩忽职守"的表述,但该条款规定的"司法工作人员由于严重不负责任,致使犯罪嫌疑人、被告人或者罪犯脱逃",实际上就是司法工作人员玩忽职守的行为。所以,无论法律条文中的文字表述如何,实质都是滥用职权、玩忽职守和徇私舞弊行为的具体化。

本类犯罪的客观方面除了必须具备上述行为外,通常还需要行为对公共财产、国家和人民利益造成重大损失。2003年11月13日最高人民法院《全国法院审理经济犯罪案件工作座谈会纪要》就渎职犯罪行为造成的公共财产重大损失作出了规定。《座谈会纪要》认为:公共财产的重大损失,通常是指渎职行为已经造成的重大经济损失。在司法实践中,有以下情形之一的,虽然公共财产作为债权存在,但已无法实现债权的,可以认定为行为人的渎职行为造成了经济损失:(1)债务人已经法定程序被宣告破产;(2)债务人潜逃,去向不明;(3)因行为人责任,致使超过诉讼时效;(4)有证据证明债权无法实现的其他情况。2013年1月9日起施行的最高人民法院、最高人民检察院《关于办理渎职刑事案件适用法律若干问题的解释(一)》第1条规定:国家机关工作人员滥用职权或者玩忽职守,具有下列情形之一的,应当认定为《刑法》第397条规定的"致使公共财产、国家和人民利益遭受重大损失":(1)造成死亡1人以上,或者重伤3人以上,或者轻伤9人以上,或者重伤2人、轻伤3人以上,或者重伤1人、轻伤6人以上的;(2)造成经济损失30万元以上的;(3)造成恶劣社会影响的;(4)其他致使公共财产、国家和人民利益遭受重大损失的情形。具有下列情形之一的,应当认定为《刑法》第397条规定的"情节特别严重":(1)造成伤亡达到前款第(一)项规定人数3倍以上的;(2)造成经济损失150万元以上的;(3)造成前款规定的损失后果,不报、迟报、谎报或者授意、指使、强令他人不报、迟报、谎报事故情况,致使损失后果持续、扩大或者抢救工作延误的;(4)造成特别恶劣社会影响的;(5)其他特别严重的情节。《办理渎职案件解释》第8条规定:经济损失,指渎职犯罪或者与渎职犯罪相关联的犯罪立案时已经实际造成的财产损失,包括为挽回渎职犯罪所造成损失而支付的各种开支、费用等。立案后至提起公诉前持续发生的经济损失,应一并计入渎职犯罪造成的经济损失。债务人经法定程序被宣告破产,债务人潜逃、去向不明,或者因行为人的责任超过诉讼时效等,致使债权已经无法实现的,无法实现的债权部分应当认定为渎职犯罪的经济损失。渎职犯罪或者与渎职犯罪相关联的犯罪立案后,犯罪分子及其亲友自行挽回的经济损失,司法机关或者犯罪分子所在单位及其上级主管部门挽回的经济损失,或者因客观原因减少的经济损失,不予扣减,但可以作为酌定从轻处罚的情节。

(三)犯罪主体特征

渎职罪的主体是特殊主体,即国家机关工作人员。刑法条文并没有对国家机关工作人员作出明确的规定,但一般认为国家机关工作人员是指《刑法》第93条第1款规定的在国家机关中从事公务的人员,属于国家工作人员的一部分。认定国家机关工作人员要把握两点,一是属于国家机关的工作人员;二是必须是从事公务的人员。但是,对国家机关范围的界定以及对从事公务的性质认定在司法实践中有很多争议。

关于国家机关范围的界定,刑法学界主要有三种观点:第一种观点认为,国家机关是指从事国家管理和行使国家权力,以国家预算拨款作为独立活动经费的中央和地方各级组织,具体包括权力机关、行政机关、检察机关、审判机关以及军队的各级机构;第二种观点认为,国家机关除了国家权力、行政、检察、审判机关以及军队的各级机构外,还应包括中国共产党的各级机关以及政协的各级机关;第三种观点认为,除了前面两种观点中所说的机关外,国家机关还应当包括一些名为国有总公司实为国家行政部门的机构。虽然,最高人民法院和最高人民检察院发布过多个司法解释和批复,甚至全国人大常委会为此专门作出立法解释,但是仍然没有完全解决渎职犯罪主体认定中的问题。根据《座谈会纪要》,刑法中所称的国家机关工作人员,是指在国家机关中从事公务的人员,包括在各级国家权力机关、行政机关、司法机关和军队中从事公务的人员。国家权力机关,是指全国和地方各级人民代表大会及常务委员会;国家行政机关,是指国务院和地方各级人民政府及其所属的行政管理机关;国家司法机关,是指各级人民法院和人民检察院;军事机关,是指对国家武装力量实行管理的各级机关。在以上机关中从事公务的人员,就是《刑法》第93条所称的国家机关工作人员。这是严格意义上的国家机关工作人员。对于严格意义上的国家机关工作人员的认定,应当说争议不大。虽然刑法对国家机关工作人员的规定明确,但是审判实践中仍然出现了一些有争议的情况:一是法律授权规定某些非国家机关组织,在特定领域行使国家行政管理职权;二是在机构改革中,有的地方将原来的一些国家机关调整为事业单位,但仍然保留其行使某些行政管理的职能;三是有些国家机关将自己行使的职权依法委托给某些组织行使;四是有的国家机关根据工作需要聘用了一部分国家机关以外的人员从事公务。上述人员虽然在形式上未列入国家机关编制,但实际上是在国家机关中工作或者行使国家机关工作人员的权力,对其能否认定为国家机关工作人员呢?为了进一步明确上述人员行使国家权力时实施玩忽职守、滥用职权、徇私舞弊等行为如何适用法律的问题,2002年12月28日全国人大常委会《关于〈中华人民共和国刑法〉第九章渎职罪主体适用问题的解释》明确以下三类人员在代表国家机关行使职权时有渎职行为,构成犯罪的,依照刑法关于渎职罪的规定追究刑事责任:第一,依照法律、法规规定行使国家行政管理职权的组织中从事公务的人员。根据行政处罚法的规定,法律、法规授权的具有公共事务职能的组织可以在法定授权范围内实施行政处罚。如证监会、保监会等虽不属于国家机关,但是行使行政管理职能和职权,这些机构中从事公务的人员,在代表国家机关行使职权时,可按国家机关工作人员对待。第二,在受国家机关委托代表国家行使职权的组织中从事公务的人员。如一些地方的卫生防疫站虽然也是事业单位,但受卫生局的委托行使食品卫生的检查、监督等管理职责,其工作人员在从事这些行政管理活动时,也应当以国家机关工作人员对待。第三,虽未列入国家机关人员编制但在国家机关中从事公务的人员。如合同制民警,以及未被公安机关正式录用的人员、狱医等,都可以归属到这一类人员中。①最高人民法院、最高人民检察院《若干问题的解释》第7条明确规定,依法或者受委托行使国家行政管理职权的公司、企业、事业单位的工作人员,在行使行政管理职权时滥用职权或者玩忽职守,构成犯罪的,应当依照《全国人民代表大会常务委员会关于〈中华人民共和国刑法〉第九章渎职罪主体适用问题的解释》的规定,适用渎职罪的规定追究刑事责任。

在司法实践中争议较大的还有在中国共产党各级机关和中国人民政治协商会议各级机关工作的人员是否属于国家机关工作人员的问题。《座谈会纪要》指出:"在乡

---

① 具体可参见最高人民检察院2000年10月9日《关于合同制民警能否成为玩忽职守罪主体问题的批复》、2000年10月31日最高人民检察院《关于属工人编制的乡(镇)工商所所长能否依照〈刑法〉第397条的规定追究刑事责任问题的批复》、2002年4月24日最高人民检察院《关于企业事业单位的公安机构在机构改革过程中其工作人员渎职侵权犯罪主体问题的批复》。

（镇）以上中国共产党机关、人民政协机关中从事公务的人员，司法实践中也应当视为国家机关工作人员。"上述党和政协机关里的人员要进行合理划分。视为国家机关工作人员的，应当是指参与对某一区域的党或政协组织的事务进行管理的工作人员，而并不是指所有党员或者政协委员。根据宪法和法律规定，国家机关的最低一级为乡（镇），与此对应，在乡（镇）以上中国共产党机关、人民政协机关中从事公务的人员才应当视为国家机关工作人员。而基层党组织，如车间、班组、村党支部等等，仅是党的一级组织，其所从事的工作同国家管理没有直接联系，本质上并非公务行为，因此，其工作人员不能视为国家机关工作人员。①

（四）主观方面特征

就渎职类犯罪来说，本章犯罪可以划分为滥用职权类犯罪、玩忽职守类犯罪两大类。滥用职权类犯罪只能是故意犯罪，而玩忽职守类犯罪都是过失犯罪。正如有观点指出的那样："玩忽职守是一种过失……这种犯罪在主观上是出于过失，也就是说，上述重大损失是由于行为人严重官僚主义或对工作极端不负责任造成的。如果有意造成重大损失，那就不是玩忽职守的问题，而是构成其他的犯罪了。"②另外，不少条文中都有规定徇私舞弊类型的犯罪，我们认为徇私舞弊类型的犯罪属于滥用职权类犯罪。"徇私"包括徇个人私情和私利，即指贪图钱财、袒护亲友、泄愤报复或者其他私情私利，它与单位利益对应，徇单位之私不能理解为徇私。这些都可以视为犯罪主观方面的特征，表明该种犯罪为故意犯罪。而"舞弊"则是指用欺骗的方法实施违法的行为，属于犯罪客观方面的特征。事实上，本章的渎职类犯罪大多数出于故意，少数出于过失，故意与过失的具体内容因具体犯罪不同而不同，这也符合我国刑法以惩罚故意犯罪为主，惩罚过失行为为辅的原则。

三、渎职罪的类型

结合《刑法》分则第九章的规定，根据犯罪主体的不同，一般可以将渎职罪分为以下三种类型，第一类是一般国家机关工作人员渎职罪，包括滥用职权罪，玩忽职守罪，故意泄露国家秘密罪，过失泄露国家秘密罪，徇私舞弊不移交刑事案件罪，国家机关工作人员签订、履行合同失职被骗罪，非法批准征用、占用土地罪，非法低价出让国有土地使用权罪，招收公务员、学生徇私舞弊罪，失职造成珍贵文物损毁、流失罪；第二类是司法工作人员渎职罪，包括徇私枉法罪，民事、行政枉法裁判罪，执行判决、裁定失职罪，执行判决、裁定滥用职权罪，枉法仲裁罪，私放在押人员罪，失职致使在押人员脱逃罪，徇私舞弊减刑、假释、暂予监外执行罪；第三类是特定机关工作人员渎职罪，包括滥用管理公司、证券职权罪，徇私舞弊不征、少征税款罪，徇私舞弊发售发票、

---

① 参见熊选国、苗有水：《如何把握"国家机关工作人员"的范围》，中国法院网，http://www.chinacourt.org/，2015-11-08。

② 参见高铭暄主编：《中华人民共和国刑法的孕育和诞生》，法律出版社1981年版，第254页。

抵扣税款、出口退税罪,违法提供出口退税凭证罪,违法发放林木采伐许可证罪,环境监管失职罪,食品监管渎职罪,传染病防治失职罪,放纵走私罪,商检徇私舞弊罪,商检失职罪,动植物检疫徇私舞弊罪,动植物检疫失职罪,放纵制售伪劣商品犯罪行为罪,办理偷越国(边)境人员出入境证件罪,放行偷越国(边)境人员罪,不解救被拐卖、绑架妇女、儿童罪,阻碍解救被拐卖、绑架妇女、儿童罪,帮助犯罪分子逃避处罚罪。①这是根据刑法条文对犯罪主体描述所作的分类,并没有严格的标准。故这种分类只具有研究上的意义,在司法实践中并无多大的应用价值,只有就司法工作人员渎职犯罪所作的分类对于该类犯罪的认定具有一定意义。其实,刑法是从两个方面来规定渎职犯罪的,其一是任何国家机关工作人员都可能构成的渎职犯罪,如滥用职权罪、玩忽职守罪等;另一类是只有某些特定国家机关的工作人员才有可能构成的犯罪,如徇私舞弊不征、少征税款罪,环境监管失职罪等。而是否属于特定国家机关工作人员才能构成的犯罪,在刑法条文的描述中有两种不同的模式,一种模式是在刑法条文中明确规定特定国家机关的工作人员,如放纵走私罪只能由"海关工作人员"构成;另一种立法模式是在法律条文上虽然也将犯罪主体描述为国家机关工作人员,但由于受到犯罪性质的限制,只有特定的国家机关工作人员才有可能构成该种犯罪。如非法批准征用、占用土地罪,一般只有各级政府中的主管人员,土地管理、城市规划中的主管人员才能构成本罪。因此,只作一般国家机关工作人员和特定国家机关工作人员两种分类比较合适。按照这样的标准,可以作如下划分,一般国家机关工作人员的渎职犯罪包括:滥用职权罪,玩忽职守罪,故意泄露国家秘密罪,过失泄露国家秘密罪,国家机关工作人员签订、履行合同失职被骗罪等 5 个罪名;其余 30 个罪名属于特定国家机关工作人员的犯罪。

根据犯罪主观方面的不同,可以将渎职犯罪分为滥用职权型犯罪和玩忽职守型犯罪。前者为故意犯罪,后者为过失犯罪。滥用职权型犯罪包括滥用职权罪,故意泄露国家秘密罪,徇私枉法罪,民事、行政枉法裁判罪,执行判决、裁定滥用职权罪,枉法仲裁罪,私放在押人员罪,徇私舞弊减刑、假释、暂予监外执行罪,徇私舞弊不移交刑事案件罪,滥用管理公司、证券职权罪,徇私舞弊不征、少征税款罪,徇私舞弊发售发票、抵扣税款、出口退税罪,违法提供出口退税凭证罪,违法发放林木采伐许可证罪,非法批准征用、占用土地罪,非法低价出让国有土地使用权罪,放纵走私罪,商检徇私舞弊罪,动植物检疫徇私舞弊罪,放纵制售伪劣商品犯罪行为罪,办理偷越国(边)境人员出入境证件罪,放行偷越国(边)境人员罪,阻碍解救被拐卖、绑架妇女儿童罪,帮助犯罪分子逃避处罚罪,招收公务员、学生徇私舞弊罪。玩忽职守型犯罪包括玩忽职守罪,过失泄露国家秘密罪,执行判决、裁定失职罪,失职致使在押人员脱逃罪,国家机关工作人员签订、履行合同被骗罪,环境监管失职罪,食品监管渎职罪,传染病防治失职罪,商检失职罪,动植物检疫失职罪,不解救被拐卖、绑架妇女儿童罪,失职造成珍贵文物毁损、流失罪。滥用职权罪与滥用职权类的其他犯罪以及玩忽职守罪与其

---

① 参见高铭暄、马克昌主编:《刑法学》,北京大学出版社、高等教育出版社 2014 年版,第 639—640 页。

他玩忽职守类犯罪都是一种法条竞合的关系,前者为普通法条,后者为特别法条。

四、渎职罪认定中的疑难问题

(一) 渎职罪与相关共犯的界限问题

徇私舞弊滥用职权类的渎职罪,其渎职行为的内容往往就是庇护他人的犯罪行为,因此这种渎职罪往往与他人的犯罪行为具有共生性。例如,徇私舞弊不征、少征税款罪与逃税罪,放纵走私罪与走私罪,在实践中往往并发。在渎职者明知其渎职行为所庇护的对象实施犯罪行为的情况下,对于渎职者是认定为渎职罪还是他人所犯之罪的共犯,存在不同意见。

目前刑法理论研究主要存在两种观点:一种观点主张只能认定为渎职罪;另一种观点认为,根据想象竞合原则,如果以共犯对渎职者认定处罚更重的,则应当认定为共犯。我们认为前一种观点比较合理。这是因为,首先在这种情况下,渎职者的渎职行为实际上兼有渎职罪构成要件和共犯构成要件的双重性质,但是刑法将本来作为某一种犯罪的帮助行为规定为独立的犯罪,对该行为就不宜再作为该种犯罪的帮助犯论处,而应当直接依照刑法所规定的罪名定罪处罚。另外,从法定刑的角度看,由于该渎职行为在共同犯罪中所起的作用只是帮助性的,显然属于从犯,故即使以该共同犯罪的罪名定罪,其实际的刑罚也未必比以渎职罪追究刑事责任重。

(二) 渎职罪的罪数形态

渎职罪中的滥用职权类犯罪,特别是徇私舞弊的渎职犯罪,往往与受贿行为交织在一起。即行为人收受他人贿赂甚至索取贿赂,以此作为交换条件,利用职务便利为他人谋取违背自己职责要求的利益,如为他人违法提供出口退税凭证,不征或少征税款等。如果收受贿赂、索贿的数额达不到受贿罪的起刑数额标准就尚未构成受贿罪,而渎职的行为又造成了国家利益遭受重大损失等结果的,自然对行为人应当以具体的渎职罪定罪处罚,收受贿赂、索贿的行为作为量刑情节考虑。但是,如果有关国家机关工作人员的受贿行为符合受贿罪的构成,而有关渎职行为也达到了定罪标准的该如何处理? 对此《若干问题的解释》第 3 条明确指出:国家机关工作人员实施渎职犯罪并收受贿赂,同时构成受贿罪的,除刑法另有规定外,以渎职犯罪和受贿罪数罪并罚。第 4 条规定:国家机关工作人员实施渎职行为,放纵他人犯罪或者帮助他人逃避刑事处罚,构成犯罪的,依照渎职罪的规定定罪处罚。国家机关工作人员与他人共谋,利用其职务行为帮助他人实施其他犯罪行为,同时构成渎职犯罪和共谋实施的其他犯罪共犯的,依照处罚较重的规定定罪处罚。国家机关工作人员与他人共谋,既利用其职务行为帮助他人实施其他犯罪,又以非职务行为与他人共同实施该其他犯罪行为,同时构成渎职犯罪和其他犯罪的共犯的,依照数罪并罚的规定定罪处罚。

(三) 渎职罪的前提罪

渎职罪中有六种犯罪的构成要素包含某种前提罪或原案(与这些前提罪或原案相对应,渎职罪本身可称为"本案")。具体而言;(1)徇私枉法罪(《刑法》第 399 条第

1款)的构成中包括"对明知是有罪的人而故意包庇不使他受追诉"的情形,此种情形下徇私枉法罪中行为人的包庇对象是"有罪的人";(2)徇私舞弊不移交刑事案件罪(《刑法》第402条),以存在"依法应当移交司法机关追究刑事责任的"案件为对象要素;(3)国家机关工作人员签订、履行合同失职被骗罪(《刑法》第406条),以"被诈骗"作为构成结果;(4)放纵走私罪(《刑法》第411条),以"走私"行为为渎职的对象;(5)放纵制售伪劣商品犯罪行为罪(《刑法》第414条),以"生产、销售伪劣商品犯罪行为"为渎职的对象;(6)帮助犯罪分子逃避处罚罪(《刑法》第417条),以"犯罪分子"为渎职的对象。可见,有的前提罪或原案是作为渎职行为的对象,有的则是作为渎职行为的结果。这些前提罪或原案作为本案的认定根据,其本身存在一个如何判断或确定的问题。从司法实践来看,如何正确理解和把握这些前提罪或原案,已成为检察机关办理渎职犯罪案件颇为棘手而又无法回避的重要问题。

对上述问题有立案侦查说、司法裁判说和刑事受案说。对于这里的"有罪的人"、"犯罪分子"、"生产、销售伪劣商品犯罪行为"等的含义应当从一般意义上理解,而不能从规范意义上作出解释。因为这些词语本来就是普通用语,而不是规范用语。因此,对于这类犯罪要从渎职行为人自身是否认识到自己行为的社会意义即可构成犯罪着手分析,也就是说只要该渎职行为人从其职业的角度能够判断该前提罪和原案属于犯罪即可,而不需要经过法院确认其构成犯罪。但是由于渎职类犯罪的行为人都具有专业特点,其对前提罪或者原案是否构成犯罪,比一般人具有更高的认识能力,故从坚持罪刑法定原则和犯罪构成原理的角度出发,渎职罪本案的构成,必须以前提罪在实质上确定或者原案在实质上成立为前提,否则对于行为人不能以渎职罪为由立案侦查、起诉和审判。亦即,对于"对明知是有罪的人而故意包庇不使他受追诉"的徇私枉法罪、徇私舞弊不移交刑事案件罪、放纵制售伪劣商品犯罪行为罪,以及帮助犯罪分子逃避处罚之认定,应当以行为人包庇、放纵的对象确系"有罪"、具有犯罪行为为前提;对于国家机关工作人员签订、履行合同失职被骗罪的认定,应当以国有财产"被诈骗"案件的成立为前提;对于放纵走私罪的认定,应当以行为人放纵的行为确系"走私"行为为前提。因此,如果行为人在徇私舞弊或严重不负责任实施渎职行为时,误将没有犯罪的人当作有罪的人或误将非犯罪行为当成犯罪行为而加以包庇放纵或帮助,事实上不存在刑法规定的"前提罪",则不能对行为人认定为渎职罪。虽然徇私舞弊类的渎职犯罪侵犯的客体是国家执法、司法机关的正常管理活动,妨害了国家法律的统一实施,在原案不构成犯罪的情况下,如果执法、司法人员徇私舞弊,同样侵犯了国家执法、司法机关的正常活动,但这种侵害事实只具有立法层面的意义,在刑法解释层面并不正确。因为渎职罪中的前提罪或原案,必须作纯粹客观的判断,刑法在确定这些渎职罪的犯罪构成时,就是将其作为纯粹客观构成要件加以规定的。作为纯粹客观构成要件内容的前提罪,其确定是不以法院判决为必要条件,原案的成立也不以是否立案(或改判、纠正)为前提条件。在司法实践中,如果把该罪构成中的"有罪的人"理解为经人民法院判决生效而确认有罪的人,就明显存在两个缺陷:其一是与刑法的立法精神不符,逻辑上站不住脚。刑法对徇私枉法罪中"有罪的人"

的规定,并没有限定为"经法院判决有罪的人",而如果原案中涉案人犯罪事实清楚、证据确实充分的,司法工作人员徇私舞弊对其故意包庇不使他受追诉的,完全符合刑法对徇私枉法罪的构成规定。其二是不切实际,易生纰漏。因为一旦原案由于某种特定事由而使得法院迟迟无法判决,或者由于原案的犯罪已过追诉时效而根本不可能出现法院判决的,作为渎职罪的本案无法处理,而枉法者就可以逍遥法外。事实上,徇私枉法罪的构成,只要求有证据证明前案犯罪嫌疑人涉嫌犯罪,而作为司法工作人员的行为人又明知这种事实,却故意予以包庇即可。如果一定要等到前提罪经法院判决确定才对渎职罪查处,不仅徒增诉讼成本,而且也不利于对该类渎职犯罪的查处。因此,渎职罪中的前提罪,均不要求以法院判决为条件,只要根据事实和证据可以确定原案中有犯罪行为即可。同样,作为渎职罪前提的原案,也不以立案(或改判、纠正)为前提条件,只要根据实体法的规定,原案实质上存在即可。①

(四) 渎职罪的法条竞合犯

法条竞合犯,是指由于法条之间错综复杂的关系,使一个法律条文所规定的内容能够被另一个条文所包容,这种包容体现为包含关系和交叉关系。由于这些刑法法规的构成要件的内容是重复的,所以只能从这些法规中适用包含着对该行为评价的一条法规,而排除其他条文适用的情况。据此,《刑法》第 397 条中的"本法另有规定的,依照规定",是关于渎职罪法条竞合犯的规定。一般认为,《刑法》第 397 条具有惩治国家机关工作人员渎职犯罪一般性条款的地位,属于一般法即普通法。相对而言,第 398 条至第 419 条是关于各有关具体渎职罪的规定,处于惩治渎职犯罪特殊性条款的地位,属于特殊法即特别法。由此可以看出,《刑法》分则第九章第 397 条第 1款、第 2 款分别与其他条款具有特殊法与一般法或者特别法与普通法的竞合关系。有些学者认为处理法条竞合的原则有两个,一是特别法优于普通法,二是重法优于轻法。我们认为,处理法条竞合只有一个原则,那就是特别法优于普通法。刑法在普通情形下另外制定一个条文来特别规定了法定刑,本身就表明这种行为有其特殊性,应当做出特殊的对待,这也与哲学上一般与特殊的关系相吻合。基于此,渎职罪中第397 条的规定既然与第 398 条至第 419 条是法条竞合关系,在出现上述情况时,就应当以特别的渎职犯罪来定罪。

(五) 渎职犯罪中的单位犯罪

《若干问题的解释》第 5 条对渎职犯罪中涉及单位犯罪的情况作出了规定,国家机关负责人员违法决定,或者指使、授意、强令其他国家机关工作人员违法履行职务或者不履行职务,构成《刑法》分则第九章规定的渎职犯罪的,应当依法追究刑事责任。以"集体研究"形式实施的渎职犯罪,应当依照《刑法》分则第九章的规定追究国家机关负有责任的人员的刑事责任。对于具体执行人员,应当在综合认定其行为性质、是否提出反对意见、危害结果大小等情节的基础上决定是否追究刑事责任和应当判处的刑罚。

---

① 参见肖中华:《渎职罪认定中的几个共性问题探析》,载《法学论坛》2001 年第 5 期。

第二节 一般国家机关工作人员的渎职罪

一、滥用职权罪

(一) 滥用职权罪的概念与构成

滥用职权罪,是指国家机关工作人员超越职权,违法决定、处理其无权决定、处理的事项,或者违反规定处理公务,致使公共财产、国家和人民利益遭受重大损失的行为。

本罪的构成要件如下:

1. 本罪侵犯的客体为国家机关的正常管理活动。国家机关工作人员不按照职责要求行使职权,而是滥用职权,必然危害国家机关的正常管理活动。从滥用职权罪所引起的"致使公共财产、国家和人民利益遭受重大损失"的后果来看,滥用职权的行为往往还同时侵犯了公民的权利或者社会主义市场经济秩序,但其实这些都是滥用职权罪的社会危害性的客观表现形式,其本质仍然属于侵犯了国家机关的正常管理活动。

2. 在客观方面,本罪表现为滥用职权,致使公共财产、国家和人民利益遭受重大损失的行为。它包括两个方面的内容:

第一,必须具有滥用职权的行为,即国家机关工作人员超越法律、法规赋予的职权,擅自处理和决定其无权处理、决定的事项,或者在行使职权时,以权谋私,假公济私,不正确履行职责或者随心所欲地作出决定。滥用职权实际上包含无权擅用和有权乱用两种。认定滥用职权行为应当注意把握以下几点:首先,滥用职权应是滥用国家机关工作人员的一般职务权限,如果行为人实施的行为与其一般的职务权限没有任何关系,则不属于滥用职权。其次,行为人或者是以不当目的实施职务行为或者是以不法方法实施职务行为,在出于不当目的实施职务行为的情况下,即使从行为的方法上看没有超越职权,也属于滥用职权。最后,滥用职权的行为违反了职务行为的宗旨,或者说与其职务行为的宗旨相违背。

第二,必须因滥用职权致使公共财产、国家和人民利益遭受重大损失,这是构成本罪的结果要求。"重大损失"的内容是多方面的,其表现形式可以是有形的、物质性的,也可以是无形的、非物质性的。根据《若干问题的解释》的规定,"重大损失"是指:(1)造成死亡1人以上,或者重伤3人以上,或者轻伤9人以上,或者重伤2人、轻伤3人以上,或者重伤1人、轻伤6人以上的;(2)造成经济损失30万元以上的;(3)造成恶劣社会影响的;(4)其他致使公共财产、国家和人民利益遭受重大损失的情形。这里的"重大损失"还必须与滥用职权有密切的联系。如果所遭受的重大损失与滥用职权之间没有直接的联系,或者仅有间接的联系,则不属于本罪构成的范围。

此外，根据 2002 年 9 月 25 日最高人民检察院《关于买卖尚未加盖印章的空白〈通行证〉行为而如何适用法律问题的答复》的规定，对买卖尚未加盖发证机关的行政印章或者通行专用章印鉴的空白《中华人民共和国边境管理区通行证》的行为，不宜以买卖国家机关证件罪追究刑事责任。国家机关工作人员实施上述行为，构成犯罪的，可以按滥用职权等相关犯罪依法追究刑事责任。

3. 本罪的主体必须是国家机关工作人员。非国家机关工作人员滥用职权，致使公共财产、国家和人民利益遭受重大损失的，依性质与情节成立其他犯罪，不成立本罪。

4. 本罪在主观方面必须出于故意。这种故意既可以是直接故意，也可以是间接故意。其故意的具体内容是行为人明知自己滥用职权的行为会造成公共财产、国家和人民利益遭受重大损失的危害结果，而希望或者放任这种危害结果发生。至于行为人是为了自己的利益滥用职权，还是为了他人利益滥用职权，则不影响本罪的成立。

(二) 滥用职权罪的认定

1. 一般的滥用职权行为与滥用职权罪的界限

两者的区分标准在于滥用职权行为是否给公共财产、国家和人民利益造成了重大损失。对于没有造成重大损失的滥用职权行为，不能认定为滥用职权罪，只能按照一般违法行为对行为人给予相应的党纪、行政处分。

2. 滥用职权罪与其他滥用职权犯罪的界限

在《刑法》分则第九章所规定的渎职犯罪中，还有其他一些滥用职权的犯罪行为。但由于《刑法》第 397 条明文规定了"本法另有规定的，依照规定"，据此，《刑法》第 397 条关于滥用职权罪的规定属于普通法条，刑法规定的其他一些特殊的滥用职权的犯罪属于特别法条。国家机关工作人员滥用职权的行为触犯特别法条时，也可能同时触犯第 397 条的普通法条。在这种情况下，应按照特别法条优于普通法条的原则认定犯罪，即认定为特别法条规定的犯罪。例如，监狱、拘留所、看守所等监管机构的监管人员对被监管人进行殴打或者体罚虐待，情节严重的行为，实际上也是滥用职权的行为，但由于刑法对此作了特别规定，故对这种行为只能认定为虐待被监管人罪，不能认定为滥用职权罪。另外，根据《若干问题的解释》第 2 条第 2 款的规定，国家机关工作人员滥用职权或者玩忽职守，因不具备徇私舞弊等情形，不符合《刑法》分则第九章第 398 条至第 410 条的规定，但依法构成第 397 条规定的犯罪的，以滥用职权罪或者玩忽职守罪定罪处罚。

3. 滥用职权罪与报复陷害罪的界限

两罪的客观方面都有滥用职权的行为，主体都是国家机关工作人员，主观方面都是故意犯罪。其区别主要在于：一是犯罪的对象不同。报复陷害罪的对象是特定的对象，即为控告人、申诉人、批评人或者举报人；滥用职权罪没有特定的对象。二是客观方面的具体内容不同。报复陷害罪客观方面是滥用职权对上述四种人实行报复陷害；滥用职权罪则是滥用职权，致使公共财产、国家和人民利益遭受重大损失。

(三)滥用职权罪的处罚

《刑法》第 397 条规定,犯滥用职权罪的,处 3 年以下有期徒刑或者拘役;情节特别严重的,处 3 年以上 7 年以下有期徒刑。国家机关工作人员徇私舞弊犯滥用职权罪的,处 5 年以下有期徒刑或者拘役;情节特别严重的,处 5 年以上 10 年以下有期徒刑。根据《办理渎职案件解释》的规定,具有下列情形之一的,应当认定为《刑法》第 397 条规定的"情节特别严重":(1)造成伤亡达到前款第(1)项规定人数 3 倍以上的;(2)造成经济损失 150 万元以上的;(3)造成前款规定的损失后果,不报、迟报、谎报或者授意、指使、强令他人不报、迟报、谎报事故情况,致使损失后果持续、扩大或者抢救工作延误的;(4)造成特别恶劣社会影响的;(5)其他特别严重的情节。

二、玩忽职守罪

(一)玩忽职守罪的概念和构成

玩忽职守罪,是指国家机关工作人员严重不负责任,不履行或者不认真履行职责,致使公共财产、国家和人民利益遭受重大损失的行为。

本罪的构成要件如下:

1. 本罪侵犯的客体是国家机关的正常管理活动。1979 年《刑法》也有玩忽职守罪的规定,但没有对玩忽职守罪的范围加以限定,致使其范围不断扩大,许多非刑事法律都有依照玩忽职守罪处罚的规定,从而使玩忽职守罪的范围不仅仅限于国家机关,还包括企业事业单位的玩忽职守行为。经修改后的刑法对国家工作人员的玩忽职守罪进行了全面清理,规定玩忽职守罪只能由国家机关工作人员构成,只能存在于国家机关的管理活动中。因此,玩忽职守罪的犯罪客体也仅仅限于国家机关的正常管理活动。

2. 本罪的客观方面表现为严重不负责任,不履行或者不认真履行职责,致使公共财产、国家和人民利益遭受重大损失的行为。首先,行为人具有玩忽职守的行为。玩忽职守,是指严重不负责任,不履行职责或者不认真履行职责的行为。玩忽职守行为包括不履行职责和履行职责不认真两个方面。前者是指行为人应当履行且有条件、有能力履行职责,但违背职责没有履行,其中包括擅离职守的行为;不认真履行职责,是指在履行职责的过程中,违反职责规定,马虎草率、粗心大意。其次,构成本罪的客观方面还应当具备使公共利益、国家和人民利益遭受重大损失的结果。行为人的玩忽职守行为与上述损害结果之间具有因果关系,才能认定为本罪。2012 年 11 月 15 日最高人民检察院《关于印发第二批指导性案例的通知》规定:如果负有监管职责的国家机关工作人员没有认真履行其监管职责,从而未能有效防止危害结果发生,那么,这些对危害结果具有"原因力"的渎职行为,应认定与危害结果之间具有刑法意义上的因果关系。本罪的行为方式以不作为为主,但作为也可以构成本罪。有的行为人负有法律要求必须履行特定行为的义务,能够履行而不履行,是不作为;有的行为人积极实施了不应实施的行为,是作为。

3. 本罪的主体必须是国家机关工作人员。下列人员实际上在依法代表国家机关行使职权时,应当以国家机关工作人员论。根据1998年12月29日全国人大常委会《关于惩治骗购外汇、逃汇和非法买卖外汇犯罪的决定》的规定,海关、外汇管理部门的工作人员严重不负责任,造成大量外汇被骗购或者逃汇,致使国家利益遭受重大损失的,以玩忽职守罪论处。根据2000年5月4日最高人民检察院《关于镇财政所所长是否适用国家机关工作人员的批复》的规定,对于属行政执法事业单位的镇财政所中按国家机关在编干部管理的工作人员,在履行政府行政公务活动中,滥用职权或玩忽职守构成犯罪的,应以国家机关工作人员论。根据2000年10月9日最高人民检察院《关于合同制民警能否成为玩忽职守罪主体问题的批复》的规定,合同制民警在依法执行公务期间,属其他依照法律从事公务的人员,应以国家机关工作人员论;对合同制民警在依法执行公务活动中的玩忽职守行为,符合玩忽职守罪构成条件的,依法以玩忽职守罪追究刑事责任。根据2000年10月31日最高人民检察院《关于属工人编制的乡(镇)工商所所长能否依照〈刑法〉第三百九十七条的规定追究刑事责任问题的批复》的规定,经人事部门任命,但为工人编制的乡(镇)工商所所长,依法履行工商行政管理职责时,属其他依照法律从事公务的人员,应以国家机关工作人员论;如果玩忽职守,致使公共财产、国家和人民利益遭受重大损失,以玩忽职守罪追究刑事责任。根据2002年9月25日最高人民检察院《关于企业事业单位的公安机构在机构改革过程中其工作人员能否构成渎职侵权犯罪主体问题的批复》的规定,企业事业单位的公安机构在机构改革过程中虽尚未列入公安机关建制,其工作人员在行使侦查职责时,实施渎职侵权行为的,可以成为渎职侵权犯罪的主体。其实,上述最高人民检察院的解释和批复,解决了司法实践中的疑难问题,有利于打击这类渎职犯罪行为,有其积极意义;但其将上述人员归属到"其他依照法律从事公务的人员"却值得商榷。根据《刑法》第93条第2款的规定,"其他依照法律从事公务的人员"和"国家机关工作人员"同属于国家工作人员,两者之间是并列关系。因此,如果上述人员仅仅属于"依照法律从事公务的人员"而不属于国家机关工作人员,就不应当以玩忽职守罪来追究其刑事责任。其实,2002年12月28日全国人大常委会《立法解释》已经明确上述人员应当以国家机关工作人员论,这个解释不仅符合立法原意,而且解决了司法应用难题。

4. 本罪在主观方面必须出于过失,即应当预见自己玩忽职守的行为可能发生使公共财产、国家和人民利益遭受重大损失的危害结果,因为疏忽大意而没有预见,或者已经预见而轻信能够避免。行为人作为国家机关工作人员理应恪尽职守,尽心尽力,但行为人却持有一种疏忽大意或者过于自信的心态,对于自己行为可能导致公共财产、国家和人民利益遭受重大损失结果的发生应当预见而没有预见,或者已经预见但轻信能够避免。需要注意的是,行为人主观上的过失是针对造成重大损失的结果而言,而不是针对行为人玩忽职守行为本身。因此,行为人违反工作纪律和规章制度的不作为或者作为行为本身可能是故意的,在主观罪过上仍然属于过失,可以构成本罪。如果行为人在主观上对于危害结果的发生已经预见到,并且希望或者放任这种结果发生的,就不再属于玩忽职守罪,而构成其他的故意犯罪。

《刑法》第397条第2款规定,国家机关工作人员徇私舞弊犯前款罪的,处5年以下有期徒刑或者拘役;情节特别严重的,处5年以上10年以下有期徒刑。该款规定应当只针对滥用职权罪而言的,而不修饰玩忽职守罪。其理由在于:该款规定作为该款犯罪的情节加重犯,表明了行为人犯罪的故意,而这与玩忽职守罪属于过失犯罪的性质不符。同时,从法定刑的高低来看,如果将徇私舞弊行为也理解为修饰玩忽职守罪,滥用职权罪和玩忽职守罪的法定刑就完全相同。作为主观恶性和社会危害性程度都完全不同的滥用职权罪和玩忽职守罪应当制定高低程度不同的法定刑,而上述理解与此不符。因此,无论从主观罪过还是法定刑高低来看,徇私舞弊都不应当修饰玩忽职守罪。

(二) 玩忽职守罪的认定

1. 玩忽职守罪与非罪的界限

(1) 玩忽职守罪与一般玩忽职守行为的界限。根据《刑法》第397条第1款的规定,使公共财产、国家和人民利益遭受重大损失是玩忽职守罪成立的必备条件。因而,是否造成了公共财产、国家和人民利益的重大损失,是区分玩忽职守罪与一般玩忽职守行为的界限。如果玩忽职守行为没有造成损失,或者虽然造成了损失但尚未达到重大程度的,那就属于一般玩忽职守行为,不能以本罪追究行为人的刑事责任,而只能依照有关政策法律的规定,给予行为人党纪、政纪处理。

(2) 玩忽职守罪与官僚主义作风的界限。官僚主义作风,是指脱离实际,漠视国家和人民利益,消极对待自己职责的一种思想和作风。国家机关工作人员的官僚主义作风与玩忽职守罪有相似之处,通常都表现为不了解具体情况,不深入基层和群众,无所作为,独断专行,不负责任,不按客观规律办事,瞎指挥。官僚主义往往是玩忽职守罪的原因和先导,而玩忽职守罪是官僚主义发展的必然结果。但两者又有很大的不同,官僚主义只是领导干部和机关工作人员的工作作风问题,属工作中的错误。尽管官僚主义也会给公共财产、国家和人民利益造成一定的损失,具有一定的社会危害性,但它远没有达到玩忽职守罪的程度。所以,区分玩忽职守罪与官僚主义的界限,关键在于是否致使公共财产、国家和人民利益遭受重大损失。造成重大损失的,构成玩忽职守罪;没有造成重大损失的,不构成玩忽职守罪,应当根据党纪、政纪进行处罚。

2. 玩忽职守罪与相关犯罪的区别

(1) 玩忽职守罪与过失危害公共安全犯罪的区别。《刑法》分则第二章规定了一些过失危害公共安全的犯罪,如重大责任事故罪、重大劳动安全事故罪、工程重大安全事故罪、消防责任事故罪等,这些犯罪的主体也可能是国家机关工作人员。玩忽职守罪与这些犯罪的区别表现在:前者是渎职罪,后者是危害公共安全的犯罪;前者主体必须是国家机关工作人员,后者主体不限于国家机关工作人员;前者发生在各种事务管理的过程中,后者一般发生在各种生产、作业以及直接从事指挥、作业的过程中。

(2) 玩忽职守罪与重大责任事故罪的界限。玩忽职守罪与重大责任事故罪在主客观方面都有相同之处:两罪在主观方面都是出于过失,客观方面都要求必须造成严重的危害结果,犯罪才能成立。两罪的区别主要在于:第一,犯罪客体不同。本罪侵犯的直接客体和同类客体都是国家机关的正常管理活动;而重大责任事故罪侵犯的直接客体是生产、作业安全,同类客体是公共安全。第二,犯罪性质也不同,本罪因为与国家机关工作人员的职责有关,故属于渎职罪的范畴;而重大责任事故罪由于与国家机关工作人员的职责无关,故不属于渎职罪的范畴。第三,犯罪客观方面不同。其一,表现形式不同。本罪在客观方面表现为行为人对工作严重不负责任,不履行或者不正确履行职责,致使公共财产、国家和人民利益遭受重大损失的行为;而重大责任事故罪在客观方面则表现为,由于不服管理、违反规章制度,或者强令工人违章冒险作业,因而发生重大伤亡事故或者造成其他严重后果的行为。其二,犯罪行为发生的场合不同。本罪发生在国家机关工作人员的管理过程中;而重大责任事故罪则发生在生产、作业过程中。第四,犯罪主体不同。本罪的主体是国家机关工作人员;而重大责任事故罪的主体是工厂、矿山、林场、建筑企业,或者其他企业、事业单位的职工。

(3)玩忽职守罪与滥用职权罪的界限。两者的主体要件相同,结果要件相同,并规定在同一款中,两者的关键区别在于行为方式与主观要件不同。滥用职权罪是一种积极利用、违背职责的行为(但不限于作为),玩忽职守罪是疏忽、不认真履行职责的行为;玩忽职守罪是过失犯罪,滥用职权罪是故意犯罪。有观点认为,滥用职权罪与玩忽职守罪的唯一区别在于前者是作为犯罪,后者是不作为犯罪。①我们不赞成这一观点,因为滥用职权也可能表现为故意不履行职责的不作为,玩忽职守也可能表现为不正确履行职责的作为行为。

(4)玩忽职守罪与特定主体玩忽职守犯罪的界限。《刑法》第397条第1款规定:"本法另有规定的,依照规定。"这表明,这里规定的玩忽职守罪是用于处理一般的玩忽职守犯罪行为的。为了使法律的规定更加具体或具有可操作性,也考虑到发生在不同领域、由不同主体实施的玩忽职守行为的社会危害程度不同,需要规定不同的刑罚。因此,《刑法》在第307条第1款规定一般的玩忽职守罪的同时,还在其他条文中将某些特定的玩忽职守行为规定为独立的犯罪,如第400条第2款规定的失职致使在押人员脱逃罪,第406条规定的国家机关工作人员签订、履行合同失职被骗罪,第408条规定的环境监管失职罪,第409条规定的传染病防治失职罪,第412条第2款规定的商检失职罪,第413条第2款规定的动植物检疫失职罪,第419条第2款规定的失职造成珍贵文物毁损、流失罪,等等。玩忽职守罪与上述特定主体玩忽职守犯罪的区别主要在于:第一,犯罪主体不同。玩忽职守罪的主体是所有的国家机关工作人员,而上述各罪的主体仅限于某一行业的国家机关工作人员。第二,犯罪的成立对犯罪结果的要求不同。作为玩忽职守罪成立必备要件的犯罪结果只要求致使公共财产、国家和人民利益遭受重大损失的,就可以成立玩忽职守罪,而作为上述各罪成立

---

① 参见周振想主编:《中国新刑法释论及罪案》,中国方正出版社1997年版,第874页以下;张智辉:《论滥用职权罪的罪过形式》,载赵秉志主编:《刑法评论》(第1卷),法律出版社2002年版,第146页。

必备要件的犯罪结果仅限于某一工作领域所遭受的损失或受到的危害。所以,玩忽职守罪的法条与上述特定主体玩忽职守犯罪的法条之间,实际上是一种法条竞合的关系。如果行为人实施的一行为同时触犯了玩忽职守罪与上述特定主体玩忽职守犯罪两个罪名的,依照特别法条优于普通法条的法条竞合处理原则,对行为人应以所触犯的特定主体玩忽职守犯罪的罪名定罪量刑。

(三) 玩忽职守罪的处罚

根据《刑法》第 397 条的规定,犯玩忽职守罪的,处 3 年以下有期徒刑或者拘役;情节特别严重的,处 3 年以上 7 年以下有期徒刑。这里特别应当注意的是,由于《刑法》第 397 条第 2 款并不修饰玩忽职守罪,因此,"徇私舞弊犯前款罪的,处 5 年以下有期徒刑或者拘役;情节特别严重的,处 5 年以上 10 年以下有期徒刑"的法定刑规定并不适用于本罪。

三、故意泄露国家秘密罪

(一) 故意泄露国家秘密罪的概念和构成

故意泄露国家秘密罪,是指国家机关工作人员或者非国家机关工作人员违反保守国家秘密法的规定,故意使国家秘密被不应知悉者知悉,或者故意使国家秘密超出限定的接触范围,情节严重的行为。

本罪的构成要件如下:

1. 本罪侵犯的客体是国家的保密制度。本罪的犯罪对象是国家秘密。根据《保守国家秘密法》的规定,国家秘密是指关系国家的安全和利益,依照法定程序确定,在一定时间内只限一定范围的人员知悉的事项。国家秘密的密级分为三级,即为"绝密"、"机密"和"秘密"。绝密,是指最重要的国家秘密,泄露会使国家的安全和利益遭受特别严重的损害;机密,是指重要的国家秘密,泄露会使国家的安全和利益遭受严重损害;秘密,是指一般的国家秘密,泄露会使国家的安全和利益遭受损害。本罪所说的国家秘密,包括上述三类秘密。

2. 本罪的客观方面表现为违反保守国家秘密法的规定,泄露国家秘密,情节严重的行为。第一,行为人必须具有违反保守国家秘密法的规定,泄露国家秘密的行为。违反保守国家秘密法的规定,是指违反《保守国家秘密法》及其实施细则的规定。泄露国家秘密,是指违反保守国家秘密法的规定,故意使国家秘密被不应知悉者知悉,或者故意使国家秘密超出了限定的接触范围,情节严重的行为。泄露的方法多种多样,如采用提供阅读、准许复制等方法泄露,在私人交谈或通信中泄露,在公共场所谈论国家秘密,提供属于国家秘密的设备或产品,在报刊上、网络上披露国家秘密的内容,张贴国家秘密的内容,等等。本罪既可以表现为作为,也可以表现为不作为。第二,泄露国家秘密必须情节严重。情节严重,可以从秘密的等级、数量、泄露的时间、地点、方法、手段、动机、目的及已经造成或者可能造成的危害结果等方面进行综合分析。根据 2006 年 7 月 26 日最高人民检察院《关于渎职侵权犯罪案件立案标准的规定》，具有下列情形之一的，可以认定为"情节严重"，应当予以追诉：(1)泄露绝密级国家秘密1项(件)以上的；(2)泄露机密级国家秘密2项(件)以上的；(3)泄露秘密级国家秘密3项(件)以上的；(4)向非境外机构、组织、人员泄露国家秘密，造成或者可能造成危害社会稳定、经济发展、国防安全或者其他严重危害后果的；(5)通过口头、书面或者网络等方式向公众散布、传播国家秘密的；(6)利用职权指使或者强迫他人违反国家保守秘密法的规定泄露国家秘密的；(7)以牟取私利为目的泄露国家秘密的；(8)其他情节严重的情形。

3. 本罪的主体主要是国家机关工作人员，这是由其工作性质决定的。但由于非国家机关工作人员也可能由于某种原因知悉国家秘密，因而也可能泄露国家秘密。所以，《刑法》第398条第2款规定，非国家机关工作人员泄露国家秘密的，也构成本罪，但在性质上并不属于渎职犯罪，只不过为了立法上的方便而在同一条文中予以规定。

4. 本罪在主观方面表现为故意，行为人明知自己的行为会发生泄露国家秘密的结果，并且希望或者放任这种结果发生。这里的明知具有双重含义：一是认识到行为的对象是国家秘密；二是认识到自己的行为会造成国家秘密被泄露的后果。但本罪并不以提供给境外机构、组织、人员为目的。如果行为人仅仅认识到其行为的对象是国家秘密，但对自己行为会造成国家秘密被泄露的后果没有预见或者已经预见但轻信能够避免的，则可能构成过失泄露国家秘密罪。

（二）故意泄露国家秘密罪的认定

1. 故意泄露国家秘密罪与非罪的界限。故意泄露国家秘密的行为能否构成本罪，关键在于故意泄露国家秘密的行为是否达到情节严重的程度。如果达到情节严重的程度，则应当以本罪追究其刑事责任；如果行为尚未达到情节严重的程度，则属于一般的泄露国家秘密行为，应当对行为人给予行政处分。

2. 故意泄露国家秘密罪与相关犯罪的区别。刑法中涉及故意泄露秘密的犯罪有为境外窃取、刺探、收买、非法提供国家秘密、情报罪，侵犯商业秘密罪，非法获取国家秘密罪，非法持有国家绝密、机密文件、资料、物品罪，故意泄露国家秘密罪，为境外窃取、刺探、收买、非法提供军事秘密罪，故意泄露军事秘密罪等7个罪名。它们之间既有联系，又有区别。

（1）故意泄露国家秘密罪与为境外窃取、刺探、收买、非法提供国家秘密、情报罪的区别。两者具有一定联系，主要区别表现为：前者是渎职罪，后者是危害国家安全的犯罪；前者的对象只能是国家秘密，后者的对象包括国家秘密与情报；前者的主体主要是国家机关工作人员，后者的主体没有特别限制；前者的行为是泄露国家秘密，后者的行为是为境外的机构、组织、人员窃取、刺探、收买、非法提供国家秘密或者情报；前者要求情节严重，后者不要求情节严重。行为人将国家秘密泄露给境外的机构、组织、人员的，应认定为为境外非法提供国家秘密罪。

（2）故意泄露国家秘密罪与侵犯商业秘密罪的区别。侵犯商业秘密罪中的披露商业秘密的行为，与本罪有相似之处，但两者在行为对象、行为主体、行为方式、行为性质、行为结果等方面存在重要区别。如果国家机关工作人员披露属于国家秘密的商业秘密，则从一重罪论处，不实行数罪并罚。

（3）故意泄露国家秘密罪与非法获取国家秘密罪的区别。两者在某些情况下也有相似之处，两者在客观上都是将国家秘密泄露出去，在主观上都是故意。两罪关键区别在于：第一，客体不同。本罪侵犯的客体是国家保密制度。后者侵犯的客体是公共秩序。第二，客观方面不同。本罪在客观上表现为泄露国家秘密，即让不应知悉国家秘密的人知悉，或者使国家秘密超出了限定的范围；后者是以窃取、刺探、收买方法非法获取国家秘密的行为。本罪必须达到情节严重的程度；后者则不以情节严重为构成要件。第三，犯罪主体不完全相同。本罪的主体仅限于国家机关工作人员，后者属于一般主体。对于非法获取国家秘密的人又故意泄露该国家秘密的，虽然也符合故意泄露国家秘密罪的构成要件，但应当从一重罪论处。

（4）故意泄露国家秘密罪与故意泄露军事秘密罪的区别。两罪的关系是法条竞合的关系，应当遵循特别法优于普通法的原则，行为人故意泄露的是军事秘密的，就不应当认定为本罪，而应以故意泄露军事秘密罪定罪处罚。

（三）故意泄露国家秘密罪的处罚

《刑法》第398条规定，犯故意泄露国家秘密罪，情节严重的，处3年以下有期徒刑或者拘役；情节特别严重的，处3年以上7年以下有期徒刑。非国家机关工作人员犯前款罪的，依照前款的规定酌情处罚。

四、过失泄露国家秘密罪

（一）过失泄露国家秘密罪的概念和构成

过失泄露国家秘密罪，是指国家机关工作人员或者非国家机关工作人员违反保守国家秘密法的规定，过失泄露国家秘密，或者遗失国家秘密文件，致使国家秘密被不应知悉者知悉或者超出了限定的接触范围，情节严重的行为。

本罪的构成要件如下：

1. 本罪侵犯的客体是国家的保密制度。

2. 在客观方面，本罪表现为违反保守国家秘密法的规定，过失泄露国家秘密，或者遗失国家秘密文件，致使国家秘密被不应知悉者知悉或者超出了限定的接触范围，情节严重的行为。首先，本罪必须具备违反国家保密法的规定，泄露国家秘密的行为。泄露国家秘密的行为方式可以是多种多样的。既可以是秘密泄露，也可以是公开泄露；既可以是口头泄露，也可以是书面泄露。泄露国家秘密的具体方式不影响其构成本罪。其次，泄露国家秘密必须达到情节严重的程度。根据《立案标准的规定》，具有下列情形之一的，可以认定为情节严重，应当予以追诉：（1）泄露绝密级国家秘密1项（件）以上的；（2）泄露机密级国家秘密3项（件）以上的；（3）泄露秘密级国家秘密4项（件）以上的；（4）违反保密规定，将涉及国家秘密的计算机或者计算机信息系统与互联网相连接，泄露国家秘密的；（5）泄露国家秘密或者遗失国家秘密载体，隐瞒不报、不如实提供有关情况或者不采取补救措施的;(6)其他情节严重的情形。非国家机关工作人员涉嫌过失泄露国家秘密犯罪行为的追诉标准参照上述标准执行。

3. 本罪的主体是国家机关工作人员。由于某种原因知悉国家秘密而泄露的非国家机关工作人员也可以构成本罪。

4. 本罪在主观方面表现为过失。这种过失包括疏忽大意的过失和过于自信的过失。即行为人应当预见自己的行为可能泄露国家秘密,但因为疏忽大意而没有预见,或者已经预见而轻信能够避免的心理状态。

(二) 过失泄露国家秘密罪的认定

1. 过失泄露国家秘密罪与非罪的界限。依据刑法的规定,构成过失泄露国家秘密罪,必须情节严重才构成犯罪。如果情节不严重,应当给予适当的行政、纪律处分。

2. 过失泄露国家秘密罪与其他相关犯罪的区别。过失泄露国家秘密罪与过失泄露军事秘密罪是一种法条竞合的关系,应当适用特别法优于普通法的原则。

(三) 过失泄露国家秘密罪的处罚

《刑法》第 398 条规定,犯过失泄露国家秘密罪的,处 3 年以下有期徒刑或者拘役;情节特别严重的,处 3 年以上 7 年以下有期徒刑。非国家机关工作人员犯本罪的,依照上述法定刑酌情处罚。

五、国家机关工作人员签订、履行合同失职被骗罪

(一) 国家机关工作人员签订、履行合同失职被骗罪的概念和构成

国家机关工作人员签订、履行合同失职被骗罪,是指国家机关工作人员在签订、履行合同过程中,因严重不负责任,不履行或者不认真履行职责被诈骗,致使国家利益遭受重大损失的行为。

本罪的构成要件如下:

1. 本罪的犯罪客体是国家机关的正常管理活动。国家机关工作人员行使的主要是行政管理职能,但一些国家机关工作人员同样行使某些经济管理职能或从事某些经济活动。签订、履行合同是国家机关工作人员行使经济管理职能或从事经济活动的主要形式。国家机关工作人员在签订、履行合同过程中必须认真负责,严格执行有关规定,否则势必给国家利益造成损失,从而破坏国家机关的正常活动。

2. 客观方面,本罪表现为在签订、履行合同过程中,因严重不负责任,不履行或者不认真履行职责被诈骗,致使国家利益遭受重大损失的行为。首先,行为必须发生在签订、履行合同过程中。所谓签订合同,是指当事人双方就合同的主要条款经过协商,达成一致。履行合同,是指合同当事人对于合同中所规定的事项全部并适当地完成。这里所说的合同,应作广义理解,既包括书面合同,也包括口头合同。国家机关工作人员在经济活动中,盲目轻信对方,不认真审查对方当事人的资信情况,甚至不签订书面合同,只经口头协商便盲目履行协议或合同,同样是一种失职行为,致使国家利益遭受重大损失的,应以本罪论处。其次,由于严重不负责任而不履行或者不认

真履行职责被诈骗。即国家机关工作人员在签订、履行合同过程中,不按法律或有关规定履行自己的职责或不正确履行自己的职责,造成犯罪分子诈骗得逞。最后,行为人的行为致使国家利益遭受重大损失。这里所说的重大损失,包括物质性损失和非物质性损失。物质性损失,是指重大的经济损失;非物质性损失,是指给国家机关的正常活动和信誉造成严重损害或者造成其他恶劣的政治、社会影响等。根据《立案标准的规定》,具有下列情节之一的,应予立案:(1)造成直接经济损失 30 万元以上,或者直接经济损失不满 30 万元,但间接经济损失 150 万元以上的;(2)其他致使国家利益遭受重大损失的情形。

3. 本罪的主体是特殊主体,即只能是国家机关工作人员。

4. 本罪在主观方面表现为过失,包括疏忽大意的过失和过于自信的过失。

(二) 国家机关工作人员签订、履行合同失职被骗罪的认定

1. 国家机关工作人员签订、履行合同失职被骗罪与非罪的界限。认定行为人是否构成本罪,首先要看行为人主观上是否存在过失,其次要看行为人的失职行为是否给国家利益造成了重大损失。对此,可以从以下几个方面来考察。即查明签订、履行合同对方当事人是否故意受骗;考察造成重大损失的原因;考察行为人的职责;考察危害结果。司法实践中认定本罪还应当划清本罪与经济纠纷之间的界限。

2. 国家机关工作人员签订、履行合同失职被骗罪与相关犯罪的区别。

(1) 国家机关工作人员签订、履行合同失职被骗罪与签订、履行合同失职罪的区别。两罪的主要区别在于以下几个方面:首先,犯罪主体不同。本罪的主体仅限于国家机关工作人员;而签订、履行合同失职罪的主体则是国有公司、企业、事业单位直接负责的主管人员。其次,犯罪客体不同。本罪侵犯的客体是国家机关的正常管理活动;而签订、履行合同失职被骗罪侵犯的客体是国有公司、企业、事业单位的正常生产经营管理秩序。

(2) 国家机关工作人员签订、履行合同失职被骗罪与玩忽职守罪的区别。两种犯罪在主体、主观方面、客观方面是一致的。两罪的区别主要在于:第一,犯罪发生的场合不同。国家机关工作人员签订、履行合同失职被骗罪的发生有其特定的场合,即发生在经济合同的签订、履行中;而玩忽职守罪则发生在一般场合。第二,犯罪客观方面的具体表现形式不同。国家机关工作人员签订、履行合同失职被骗罪在客观方面表现为,行为人在合同的签订、履行工作中,因严重不负责任而被诈骗,致使国家利益遭受重大损失的行为;而玩忽职守罪在客观方面则表现为,行为人不履行或者不正确履行职责,致使公共财产、国家和人民利益遭受重大损失的行为。事实上,国家机关工作人员签订、履行合同失职被骗罪也是一种玩忽职守的行为。由于《刑法》第397 条第 1 款明确规定"本法另有规定的,依照规定",因此,对于国家机关工作人员签订、履行合同失职被骗的行为,应当按《刑法》第 406 条之规定论处,而不能按《刑法》第 397 条以玩忽职守罪论处。

(3) 国家机关工作人员签订、履行合同失职被骗罪与徇私舞弊造成破产、严重损失罪的区别。两罪的相同点主要存在于客观方面,如徇私舞弊造成破产、严重损失罪的行为人也可能因为违法签订、履行合同而致使国有公司、企业破产或者严重损失。但两者的区别是明显的:其一,两者侵犯的客体不同。前者客体为国家机关的正常管理活动;后者客体为国有公司、企业的工作人员财产利益。其二,主体不同。前者主体为国家机关工作人员;后者主体为国有公司、企业直接负责的主管人员。其三,主观方面不同。前者主观方面为过失;后者主观方面为故意。

(三) 国家机关工作人员签订、履行合同失职被骗罪的处罚

《刑法》第406条规定,犯国家机关工作人员签订、履行合同失职被骗罪的,处3年以下有期徒刑或者拘役;致使国家利益遭受特别重大损失的,处3年以上7年以下有期徒刑。

第三节　特定国家机关工作人员的渎职罪

一、徇私枉法罪

(一) 徇私枉法罪的概念与构成

徇私枉法罪,是指司法工作人员徇私枉法、徇情枉法,对明知是无罪的人而使他受追诉、对明知是有罪的人而故意包庇不使他受追诉,或者在刑事审判活动中故意违背事实和法律作枉法裁判的行为。

本罪的构成要件如下:

1. 本罪侵犯的客体是国家司法机关刑事诉讼的正常活动。

2. 客观方面,本罪表现为行为人滥用职权实施枉法行为,这种行为一般发生在刑事诉讼活动中,也有可能是由于行为人的枉法行为引起了或者试图引起刑事诉讼活动。根据刑法规定,具体体现为以下三种行为:(1)对明知是无罪的人而使他受追诉。这是指对明知是无罪的人,采取伪造、隐匿、毁灭证据或者其他隐瞒事实、违背法律的手段,以追究刑事责任为目的的进行立案、侦查(含采取强制措施)、起诉、审判的情形,或者其他枉法追诉的情形。(2)明知是有罪的人而故意包庇不使他受追诉。这里一般又可以概括为以下三种情形,一是对明知有犯罪事实需要追究刑事责任的人,采取伪造、隐匿、毁灭证据或者其他隐瞒事实、违背法律的手段,故意包庇使其不受立案、侦查(含采取强制措施)、起诉、审判的情形;二是在立案后,故意违背事实和法律,应该采取强制措施而不采取强制措施,或者虽然采取强制措施,但无正当理由中断侦查或者超过法定期限不采取任何措施,以及违法撤销、变更强制措施,致使犯罪嫌疑人、被告人实际脱离司法机关侦控的情形;三是其他不追诉的情形。(3)在刑事审判活动中故意违背事实和法律作枉法裁判。这是指在刑事审判活动中故意违背事实和法律,作出枉法判决、裁定,即有罪判无罪、无罪判有罪,或者重罪轻判、轻罪重判的情形。本罪的成立只要求行为人具有上述三种行为之一的即可构成犯罪,而不需要造

成重大损害结果或者具备情节严重的情形。情节严重只是作为一种加重处罚的法定情节。

3. 本罪的主体必须是司法工作人员。根据《刑法》第 94 条的规定,司法工作人员,是指有侦查、检察、审判、监管职责的工作人员。根据司法实践,司法机关专业技术人员,也可以成为本罪主体。但是,只有负有刑事追诉职责的司法工作人员,才可以成为本罪的正犯。司法机关为了谋取某种利益,集体研究共同犯本罪的,应当依法追究直接负责的主管人员和其他直接责任人员的刑事责任。在司法实践中有争议的是人民陪审员可否成为本罪主体。对此,有肯定说和否定说两种观点。肯定论者理由在于:根据刑事诉讼法的规定,人民陪审员在执行职务时,与审判员有同等的权利。《全国人民代表大会常务委员会关于完善人民陪审员制度的决定》规定,人民陪审员由人大常委会任命,有固定的任期,并且规定:“人民陪审员……依法参加人民法院的审判活动,除不得担任审判长外,同法官有同等权利。”因此,陪审员同属于司法工作人员的范围,完全有条件利用其职权实施徇私枉法行为。其实,人民陪审员与一般法官只是产生方式和工作方式不同而已,故其完全可以成为徇私枉法罪的主体。另外,根据 2003 年 4 月 16 日最高人民检察院研究室《关于非司法工作人员是否可以构成徇私舞弊犯罪共犯问题的答复》的规定,非司法工作人员与司法工作人员勾结,共同实施徇私枉法行为构成犯罪的,应以徇私枉法罪的共犯追究刑事责任。

4. 本罪在主观方面只能出于故意,包括直接故意与间接故意。动机在于徇私、徇情,即这种故意的起因有两种:其一是徇私,即为了谋取个人利益、小集体利益而枉法;其二是徇情,即出于私情而枉法,主要表现为出于照顾私人关系或感情、袒护亲友或者泄愤报复而枉法。刑法要求“徇私枉法、徇情枉法”,旨在将司法工作人员因法律水平不高、事实掌握不全而过失造成的错判排除在本罪之外。因此,只要排除了因法律水平不高、事实掌握不全而过失造成的错判,一般便可认定为“徇私枉法、徇情枉法”。刑法条文两处规定了“明知”、两处规定了“故意”,旨在明确将过失排除在外。因此,过失导致追诉无罪的人、包庇有罪的人或者错误判决、裁定的,不成立本罪。特别要指出的是,根据刑法理论,犯罪动机不是犯罪的构成要件,刑法将徇私、徇情这些原本属于犯罪动机的内容规定在条文中显得不太合适,有必要加以改进。

(二) 徇私枉法罪的认定

1. 徇私枉法罪与非罪的界限。首先,应当注意将本罪与司法工作中的误捕、误诉、误判等工作失误区别开来。区分的关键在于行为人主观上是否具备徇私枉法的故意。如果行为人是由于责任心不强,对证据、案情没有全面深入了解或者由于法律知识水平不高、工作能力不强等原因而造成误捕、误诉、误判的,不应当以犯罪论处。由于隶属关系,不得不执行上级错误指令,造成错案的,如果不具有共同犯罪的故意和行为,对下级司法工作人员不宜以犯罪论处,但上级司法工作人员构成犯罪的,应依法追究刑事责任。其次,应当把本罪与一般的徇私枉法行为区别开来。区分的关键在于:徇私枉法的情节是否属于《刑法》第 13 条“情节显著轻微危害不大的,不认为是犯罪”的“但书”规定。虽然刑法并没有规定本罪以情节严重为构成要件,但如果完全不考虑徇私枉法的情节和后果,则有可能打击面过宽,容易抑制司法工作人员的主观能动性,也不利于打击犯罪和对人权的保护。因此,情节显著轻微的一般徇私枉法行为,不应当作为犯罪处理。

2. 徇私枉法罪与相关犯罪的区别。

(1)徇私枉法罪与诬告陷害罪的区别。第一,在客体方面,本罪侵犯的主要是国家司法机关刑事诉讼的正常活动;而诬告陷害罪主要侵犯的是公民的人身权利。第二,在客观方面,主要体现为以下几点:其一是行为途径不同。徇私枉法罪中使无罪的人受追诉的行为是由行为人直接实施的;而诬告陷害罪行为人利用司法机关追诉无罪的人,行为人的实施具有间接性。其二是行为方式不同。本罪行为人一般是利用承办刑事案件的便利条件而徇私枉法;诬告陷害罪则是通过捏造他人"犯罪事实"向有关机关告发来陷害他人。其三是情节要求不同。本罪未规定以情节严重为构成犯罪的必备条件,而诬告陷害罪则规定情节严重的才构成犯罪。第三,在主体方面,本罪的主体是特殊主体,即须为司法工作人员;而诬告陷害罪的主体为一般主体,无特殊限制。

(2)徇私枉法罪与报复陷害罪的区别。第一,在客体方面,本罪所侵犯的是国家司法机关刑事诉讼的正常活动;报复陷害罪所侵犯的是公民的控告权、申诉权、批评权、举报权等民主权利,同时也妨害了国家机关的正常活动。并且行为对象也不同,本罪的对象可以是任何无辜者,也可以是有罪的人;而报复陷害罪的对象仅限于控告人、申诉人、批评人、举报人。第二,在客观方面,本罪表现为在办案过程中对无罪的人枉法追诉,或者对有罪的人包庇使其不受追诉,或者在刑事审判活动中违背事实和法律作枉法裁判的行为;而报复陷害罪则是滥用职权、假公济私,对控告人、申诉人、批评人、举报人实行报复陷害的行为,其表现形式具有多样性,如克扣工资、降职降薪、压制提职晋级等进行政治、经济、肉体、精神迫害的行为。第三,在主体方面,本罪主体为司法工作人员;报复陷害罪主体则为国家机关工作人员,范围更大。

(3)徇私枉法罪与包庇罪的区别。第一,在客体方面,本罪侵犯的是国家司法机关刑事诉讼的正常活动,包庇罪危害的是司法机关的执法活动。第二,在客观方面,本罪的表现为行为人利用自己直接承办或者主管案件的职务上的便利条件实施包庇行为;而包庇罪并非利用职务之便实施。第三,本罪既可以是包庇犯罪分子,使其不受追诉或者使罪重者得到轻判,也可以是使无辜者受到刑事追诉或者使罪轻者得到重判;而包庇罪则仅仅表现为包庇犯罪分子。第四,在对象方面,本罪的犯罪对象可以是无罪的人,也可以是有罪的人,在包庇有罪的人使其不受追诉时,所被包庇的应是未决犯;而包庇罪的犯罪对象是犯罪的人,既可以是未决犯,也可以是已决犯。第五,从发生的时间上看,本罪发生在侦查、起诉、审判等刑事诉讼活动中;而包庇罪无时间上的限制。第六,在犯罪主体方面,本罪主体只限于司法工作人员;而包庇罪的主体为一般主体,任何达到刑事责任年龄具有刑事责任能力的人都可以构成。第七,在主观方面,本罪行为人的目的是出入人罪,既可以是以使他人受到不应有的刑事追诉或者受到错判、冤判为目的,也可以是以放纵犯罪分子为目的;而包庇罪行为人的主观目的仅限于放纵犯罪分子。

（4）徇私枉法罪与伪证罪的区别。两者区分的关键在于正确认识行为人在刑事诉讼中的身份和职责。如果行为人在刑事诉讼中是作为国家的司法工作人员行使其侦查、检控或者审判的职责时，其伪造、隐匿、毁灭证据的行为构成徇私枉法罪；如果行为人在刑事诉讼中是作为证人、鉴定人、记录人或者翻译人而对案件有重要关系的情节，故意作虚假证明、鉴定、记录或者翻译，意图陷害他人或者隐匿罪证的，则构成伪证罪。

（三）徇私枉法罪的处罚

《刑法》第 399 条第 1 款、第 4 款规定，犯徇私枉法罪的，处 5 年以下有期徒刑或者拘役；情节严重的，处 5 年以上 10 年以下有期徒刑；情节特别严重的，处 10 年以上有期徒刑。司法工作人员犯本罪并收受贿赂，同时又构成受贿罪的，依照处罚较重的犯罪定罪处罚。

二、民事、行政枉法裁判罪

（一）民事、行政枉法裁判罪的概念和构成

民事、行政枉法裁判罪，是指审判人员在民事、行政审判活动中，故意违背事实和法律作枉法裁判，情节严重的行为。

本罪的构成要件如下：

1. 本罪侵犯的客体是司法机关民事、行政审判的正常活动。

2. 在客观方面，本罪表现为在民事、行政审判活动中，故意违背事实和法律作枉法裁判，情节严重的行为。具体而言，首先，本罪只能发生在民事、行政审判活动过程中，这是本罪范围的限定。这里的"民事审判"是指适用民事诉讼程序的审判，包括经济审判在内。虽然我国法院内部都有经济庭的设置，但诉讼法只有民事诉讼法、行政诉讼法和刑事诉讼法，有关经济案件都是适用民事诉讼程序进行审理。从诉讼程序上说，根本就不存在严格意义上的"经济审判"，因此，经济审判并不是与民事审判相对应存在的独立审判程序，而是被民事审判所包含。故这里的民事、行政审判活动应当理解为包括经济审判活动。其次，有违背事实和法律作枉法裁判的行为。具体表现为：在事实认定上，违背证据规则，不顾事实真相，对有确实、充分证据证明的事实不予以认定，对证据不确实、不充分的事实予以认定，或者伪造、毁灭证据；在适用法律上，故意曲解法律、滥用法律，作出枉法裁判。需要注意的是，构成枉法裁判行为，并不以该枉法裁判是否发生法律效力为要件。最后，还要达到情节严重的程度。这是本罪程度上的要求。关于情节严重的具体标准，《立案标准的规定》作出了明确的规定：(1)枉法裁判，致使当事人或者其近亲属自杀、自残造成重伤、死亡，或者精神失常的；(2)枉法裁判，造成个人财产直接经济损失 10 万元以上，或者直接经济损失不满 10 万元，但间接经济损失 50 万元以上的；(3)枉法裁判，造成法人或者其他组织财产直接经济损失 20 万元以上，或者直接经济损失不满 20 万元，但间接经济损失 100

万元以上的;(4)伪造、变造有关材料、证据,制造假案枉法裁判的;(5)串通当事人制造伪证,毁灭证据或者篡改庭审笔录而枉法裁判的;(6)徇私情、私利,明知是伪造、变造的证据予以采信,或者故意对应当采信的证据不予采信,或者故意违反法定程序,或者故意错误适用法律而枉法裁判的;(7)其他情节严重的情形。

3. 本罪的主体必须是司法工作人员。

4. 本罪在主观方面只能是故意,过失不成立本罪。

(二) 民事、行政枉法裁判罪的认定

1. 民事、行政枉法裁判罪与非罪的界限。认定本罪,首先,要把握情节是否严重是区分罪与非罪的一个重要标准。对情节轻微、危害不大的枉法裁判行为不应认定为本罪而应当作为一般违法行为予以纪律处分。其次,要正确认定司法工作人员在民事诉讼活动中的枉法调解行为的性质。对此有两种观点:其一,认为不能以本罪论处,应当按照《刑法》第397条以滥用职权罪定罪处罚;其二,认为构成本罪。我们赞同第二种观点。其理由在于:调解也是人民法院的民事诉讼活动,是法律赋予人民法院的一项职权。调解结案也是一种结案方式。人民法院制作的调解书也是具有法律效力的法律文书,同样具有强制执行的效力。枉法调解行为侵犯的客体也是人民法院的民事诉讼活动;客观上是一方或者行为人利用职权,编造事实、伪造证据或者有关法律文书,或者违反法定程序,采取欺诈或强迫、胁迫的方式,使一方或者双方当事人参加调解,达成协议,损害一方或者双方当事人的合法权益;主体是负有审判职责的司法工作人员;主观上是故意。故民事诉讼活动中情节严重的枉法调解行为,完全符合民事、行政枉法裁判罪的构成要件。

2. 民事、行政枉法裁判罪与徇私枉法罪的区别。两者都有故意违背事实和法律作枉法裁判的行为,其主要区别有两点。一是发生的审判领域不同。本罪的枉法裁判发生在民事、行政审判领域;徇私枉法罪的枉法裁判发生在刑事审判领域。二是本罪要求情节严重;徇私枉法罪不要求情节严重。

3. 民事、行政枉法裁判罪的罪数形态认定。行为人在民事、行政诉讼活动中利用帮助当事人毁灭、伪造证据的方法而实施枉法裁判行为,情节严重的,构成本罪与帮助毁灭、伪造证据罪,属于想象竞合犯,应当以一重罪即民事、行政枉法裁判罪处罚。

(三) 民事、行政枉法裁判罪的处罚

《刑法》第399条第2款、第4款规定,犯民事、行政枉法裁判罪的,处5年以下有期徒刑或者拘役;情节特别严重的,处5年以上10年以下有期徒刑。司法工作人员犯本罪并收受贿赂,同时又构成受贿罪的,依照处罚较重的犯罪定罪处罚。

三、执行判决、裁定失职罪

(一) 执行判决、裁定失职罪的概念和构成

执行判决、裁定失职罪,是指司法工作人员在执行判决、裁定活动中,严重不负责任,不依法采取诉讼保全措施、不履行法定执行职责,致使当事人或者其他人的利益

遭受重大损失的行为。

本罪的构成要件如下：

1. 本罪侵犯的客体是国家司法机关的正常执行活动。

2. 在客观方面，本罪表现为在执行判决、裁定活动中，严重不负责任，不依法采取诉讼保全措施、不履行法定执行职责，致使当事人或者其他人的利益遭受重大损失的行为。首先，行为必须发生在执行判决、裁定过程中。执行，是指人民法院根据已经发生法律效力的裁判和其他法律文书的规定，采取法律措施，强制当事人履行义务。全国人大常委会《关于〈刑法〉第三百一十三条的解释》中指出，人民法院的判决、裁定是指人民法院依法作出的具有执行内容并已发生法律效力的判决、裁定。人民法院为依法执行支付令、生效的调解书、仲裁裁决、公证债权文书等所作的裁定属于该条规定的裁定。因此，本罪中的判决、裁定并不仅限于人民法院的判决书和裁定书。其次，行为人具有违背法定职责，不履行或者不认真履行依法采取诉讼保全措施的行为。此种行为可以分为两种，一是不履行诉讼保全职责和法定执行职责；二是不认真履行该职责，即行为人虽然履行了一定职责，但不是尽心尽力，而是马虎草率从事。这种行为既可能表现为不作为，也可能表现为作为，如不正确地履行执行职责就是一种作为的形式。第三，必须具备使当事人或者其他人的利益遭受重大损失的后果。关于重大损失的具体标准，《立案标准的规定》作出了明确的规定：(1)致使当事人或者其近亲属自杀、自残造成重伤、死亡，或者精神失常的；(2)造成个人财产直接经济损失 15 万元以上，或者直接经济损失不满 15 万元，但间接经济损失 75 万元以上的；(3)造成法人或者其他组织财产直接经济损失 30 万元以上，或者直接经济损失不满 30 万元，但间接经济损失 150 万元以上的；(4)造成公司、企业等单位停业、停产 1 年以上，或者破产的；(5)其他致使当事人或者其他人的利益遭受重大损失的情形。

3. 本罪的主体是司法工作人员，但主要是审判工作人员、执行人员以及主管领导。

4. 本罪在主观方面表现为过失，包括疏忽大意的过失和过于自信的过失。

（二）执行判决、裁定失职罪的认定

1. 执行判决、裁定失职罪与拒不执行判决、裁定罪的区别。主要体现在以下三个方面：第一，本罪的客观方面表现为在执行判决、裁定活动中，严重不负责任，不依法采取诉讼保全措施、不履行法定执行职责，致使当事人或者其他人的利益遭受重大损失的行为；拒不执行判决、裁定罪的客观方面则表现为对于人民法院的判决、裁定，有能力执行而拒不执行，情节严重的行为。前者是结果犯，后果是情节犯。第二，本罪的主体是司法工作人员；而拒不执行判决、裁定罪的主体是被执行人、担保人、协助执行义务人以及其他共同犯罪人。第三，本罪是过失犯罪，而拒不执行判决、裁定罪是故意犯罪。

2. 执行判决、裁定失职罪与玩忽职守罪的区别。主要体现在以下两个方面：其一，本罪的客观方面表现为在执行判决、裁定活动中，严重不负责任，不依法采取诉讼保全措施、不履行法定执行职责，致使当事人或者其他人的利益遭受重大损失的行为；而玩忽职守罪的客观方面表现为国家机关工作人员违反法律法规和工作纪律、规章制度,不履行或不正确履行自己的工作职责,致使公共财产、国家和人民利益遭受重大损失的行为。其二,本罪的主体是司法工作人员;而玩忽职守罪的主体是一般的国家机关工作人员。

(三) 执行判决、裁定失职罪的处罚

《刑法》第 399 条第 3 款、第 4 款规定,犯执行判决、裁定失职罪的,致使当事人或者其他人的利益遭受重大损失的,处 5 年以下有期徒刑或者拘役;致使当事人或者其他人的利益遭受特别重大损失的,处 5 年以上 10 年以下有期徒刑。司法工作人员犯本罪并收受贿赂,同时又构成受贿罪的,依照处罚较重的犯罪定罪处罚。

四、执行判决、裁定滥用职权罪

(一) 执行判决、裁定滥用职权罪的概念和构成

执行判决、裁定滥用职权罪,是指司法工作人员在执行判决、裁定活动中,滥用职权,违法采取诉讼保全措施、强制执行措施,致使当事人或者其他人的利益遭受重大损失的行为。

本罪的构成要件如下:

1. 本罪侵犯的客体是国家司法机关的正常执行活动。

2. 在客观方面,本罪表现为在执行判决、裁定活动中,滥用职权,违法采取诉讼保全措施、强制执行措施,致使当事人或者其他人的利益遭受重大损失的行为。如同执行判决、裁定失职罪一样,首先,行为必须发生在执行判决、裁定过程中;其次,行为人具有滥用职权,违法采取诉讼保全措施、强制执行措施的行为。这种行为既可以是作为,也可以是不作为,但以作为为主;第三,必须具有致使当事人或者其他人的利益遭受重大损失的后果发生。关于重大损失的具体标准,根据《立案标准的规定》:(1)致使当事人或者其近亲属自杀、自残造成重伤、死亡,或者精神失常的;(2)造成个人财产直接经济损失 10 万元以上,或者直接经济损失不满 10 万元,但间接经济损失 50 万元以上的;(3)造成法人或者其他组织财产直接经济损失 20 万元以上,或者直接经济损失不满 20 万元,但间接经济损失 100 万元以上的;(4)造成公司、企业等单位停业、停产 6 个月以上,或者破产的;(5)其他致使当事人或者其他人的利益遭受重大损失的情形。

3. 本罪的主体只能是司法工作人员,但主要是审判工作人员、执行人员以及主管领导。

4. 本罪在主观方面表现为故意,过失不能构成本罪。

(二) 执行判决、裁定滥用职权罪的认定

1. 执行判决、裁定滥用职权罪与拒不执行判决、裁定罪的区别。第一,本罪的客观方面表现为在执行判决、裁定活动中,滥用职权,违法采取诉讼保全措施或强制执行措施,致使当事人或者其他人的利益遭受重大损失的行为;拒不执行判决、裁判罪的客观方面则表现为对于人民法院的判决、裁定,有能力执行而拒不执行,情节严重

的行为。本罪是结果犯,后者是情节犯。第二,本罪的主体是司法工作人员;而拒不执行判决、裁定罪的主体是被执行人员、担保人、协助执行义务人以及其他共同犯罪人。

2. 执行判决、裁定滥用职权罪与滥用职权罪的区别。本罪与滥用职权罪是一种法条竞合关系,应当遵循特别法优于普通法的原则。由于滥用职权罪法条中并没有两罪竞合时应当依照处罚较重的规定,因此,在滥用职权的执行判决裁定行为同时触犯上述两个罪名时,即使是滥用职权罪的处罚较重,也不应当以滥用职权罪定罪处罚。

(三) 执行判决、裁定滥用职权罪的处罚

《刑法》第 399 条第 3 款、第 4 款规定,犯执行判决、裁定滥用职权罪的,处 5 年以下有期徒刑或者拘役;致使当事人或者其他人的利益遭受特别重大损失的,处 5 年以上 10 年以下有期徒刑。司法工作人员犯本罪并收受贿赂,同时又构成受贿罪的,依照处罚较重的犯罪定罪处罚。

五、枉法仲裁罪

(一) 枉法仲裁罪的概念和构成

枉法仲裁罪,是指依法承担仲裁职责的人员,在仲裁活动中故意违背事实和法律作枉法裁决,情节严重的行为。

本罪的构成要件如下:

1. 本罪侵犯的客体是仲裁的正常活动。

2. 在客观方面,本罪表现为依法承担仲裁职责的人员,在仲裁活动中故意违背事实和法律作枉法裁决,情节严重的行为。

3. 本罪的主体是依法承担仲裁职责的人员,不仅包括依据仲裁法的规定,在独立于行政机关,与行政机关没有隶属关系的仲裁委员会中对民商事争议承担仲裁职责的人员,而且包括依据《劳动法》、《公务员法》、《体育法》、《著作权法》、《企业劳动争议处理条例》等规定,在有政府行政主管部门代表参加组成的仲裁机构中对法律、行政法规、部门规章规定的特殊争议承担仲裁职责的人员。

4. 本罪在主观方面表现为故意。

(二) 枉法仲裁罪的处罚

《刑法》第 399 条之一规定,犯枉法仲裁罪的,处 3 年以下有期徒刑或者拘役;情节特别严重的,处 3 年以上 7 年以下有期徒刑。

六、私放在押人员罪

(一) 私放在押人员罪的概念和构成

私放在押人员罪,是指司法工作人员利用职务上的便利,私放在押(包括在羁押场所和押解途中)的犯罪嫌疑人、被告人或者罪犯的行为。

本罪的构成要件如下：

1. 本罪侵犯的客体是国家司法机关对犯罪嫌疑人、被告人和罪犯的监管制度。其对象是在押的犯罪嫌疑人、被告人、罪犯。这些人既包括关押在看守所、拘役所、拘留所、少年管教所和监狱内，也包括在押解、拘留、逮捕执行过程中。但由于受到行政拘留、司法拘留而被羁押人员不应当包括在内。

2. 在客观方面，本罪表现为私放在押(包括在羁押场所和押解途中)的犯罪嫌疑人、被告人或者罪犯的行为。首先，释放在押人员的行为利用了职务上的便利，即行为人利用自己管教、看守、押解、拘留、逮捕、提审等职权或者职责范围内的便利条件。其次，行为人实施了非法释放的行为，即没有法律(文书)根据而释放在押的犯罪嫌疑人、被告人或者罪犯。本罪没有情节严重的要求，情节严重是其加重处罚情节。根据《立案标准的规定》，具有下列情形之一的非法释放行为应当追究刑事责任：(1)私自将在押的犯罪嫌疑人、被告人、罪犯放走，或者授意、指使、强迫他人将在押的犯罪嫌疑人、被告人、罪犯放走的；(2)伪造、变造有关法律文书、证明材料，以使在押的犯罪嫌疑人、被告人、罪犯逃跑或者被释放的；(3)为私放在押的犯罪嫌疑人、被告人、罪犯，故意向其通风报信、提供条件，致使该在押的犯罪嫌疑人、被告人、罪犯脱逃的；(4)其他私放在押的犯罪嫌疑人、被告人、罪犯应予追究刑事责任的情形。本罪的行为既可以表现为作为，也可以表现为不作为。

3. 本罪的主体必须是司法工作人员，从实践上看，主要是负有监管在押人职责的司法工作人员，包括看守所、拘役所、拘留所、少年管教所和监狱的看守以及执行押解、刑事拘留、逮捕和提审任务的司法工作人员。根据2001年1月2日最高人民检察院《关于工人等非监管机关在编监管人员私放在押人员和失职致使在押人员脱逃行为适用法律问题的解释》，工人等非监管机关在编监管人员在被监管机关聘用受委托履行监管职责的过程中私放在押人员的，应以私放在押人员罪追究刑事责任。此外，对于未被公安机关正式录用的人员，受委托履行监管职责的人员，受委派承担了监管职责的狱医，私放在押人员的，应以本罪论处。

4. 本罪在主观方面必须出于故意，即明知是在押的犯罪嫌疑人、被告人或者罪犯，明知自己的私放行为会使犯罪嫌疑人、被告人或者罪犯逃避监管，并且希望或者放任这种结果发生。

(二) 私放在押人员罪的认定

1. 私放在押人员罪与脱逃罪的共犯的区别。司法工作人员利用职务上的便利帮助在押人员脱逃的，构成本罪，不以脱逃罪的共犯论处。如果司法工作人员虽帮助在押人员脱逃，但没有利用职务之便的，应以脱逃罪的共犯论处；非司法工作人员帮助在押人员脱逃的，应以脱逃罪的共犯论处。此外，司法工作人员私放在押人员时，被释放的在押人员原则上构成脱逃罪，而不是私放在押人员罪的共犯。

2. 私放在押人员罪的既遂与未遂问题。本罪的既遂是以被私放的人员是否摆脱了监管机关和监管人员的控制为标准。对此，可以因具体情况可以分为：在固定的设有警戒线的场所内,一般以被私放的人员超过警戒线为既遂;在未设警戒线的场所私放在押人员的,以被私放者脱离监管人的控制范围作为认定既遂的标准。

(三) 私放在押人员罪的刑事责任

《刑法》第 400 条第 1 款规定,犯私放在押人员罪的,处 5 年以下有期徒刑或者拘役;情节严重的,处 5 年以上 10 年以下有期徒刑;情节特别严重的,处 10 年以上有期徒刑。

七、失职致使在押人员脱逃罪

(一) 失职致使在押人员脱逃罪的概念和构成

失职致使在押人员脱逃罪,是指司法工作人员由于严重不负责任,不履行或者不认真履行职责,致使在押的犯罪嫌疑人、被告人、罪犯脱逃,造成严重后果的行为。

本罪的构成要件如下:

1. 本罪侵犯的客体是国家司法机关对犯罪嫌疑人、被告人和罪犯的监管制度。

2. 在客观方面,本罪表现为由于严重不负责任,不履行或者不认真履行职责,致使在押的犯罪嫌疑人、被告人、罪犯脱逃,造成严重后果的行为。首先,行为人具有不负责任的行为。所谓不负责任是指未按照有关看守、监管规定,擅离监管岗位;或者在发现被关押的人员有脱逃现象时,不采取积极有效的防范措施;发现在押人员脱逃时,不及时组织力量进行追捕等。其次,行为人的不负责任行为造成了严重后果。本罪是结果犯,只有造成了严重后果才能构成本罪。根据《立案标准的规定》,有下列情形之一的,可以认定为造成严重后果,应当追究刑事责任:(1)致使依法可能判处或者已经判处 10 年以上有期徒刑、无期徒刑、死刑的犯罪嫌疑人、被告人、罪犯脱逃的;(2)致使犯罪嫌疑人、被告人、罪犯脱逃 3 人次以上的;(3)犯罪嫌疑人、被告人、罪犯脱逃以后,打击报复报案人、控告人、举报人、被害人、证人和司法工作人员等,或者继续犯罪的;(4)其他致使在押的犯罪嫌疑人、被告人、罪犯脱逃,造成严重后果的情形。

3. 本罪的主体必须是司法工作人员,从实践上看,主要是负有监管在押人职责的司法工作人员。

4. 本罪在主观方面表现为过失,包括过于自信的过失和疏忽大意的过失。当这种过失是造成被监管的在押人员脱逃等严重后果而言,但对其玩忽职守行为即违反规定行为本身可能是故意的。

(二) 失职致使在押人员脱逃罪的认定

在认定中主要应注意区分失职致使在押人员脱逃罪与私放在押人员罪。两者的主要区别有两点。一是本罪以造成严重结果为构成要件,是结果犯;私放在押人员罪并不以造成严重结果为构成要件。二是本罪在主观是故意犯罪;失职致使在押人员脱逃罪是过失犯罪。如果负有监管职责的行为人明知被其监管的在押人员企图逃跑却放任不管,应当以私放在押人员罪论处。

（三）失职致使在押人员脱逃罪的处罚

《刑法》第 400 条第 2 款规定,犯失职致使在押人员脱逃罪的,处 3 年以下有期徒刑或者拘役;造成特别严重后果的,处 3 年以上 10 年以下有期徒刑。

八、徇私舞弊减刑、假释、暂予监外执行罪

（一）徇私舞弊减刑、假释、暂予监外执行罪的概念和构成

徇私舞弊减刑、假释、暂予监外执行罪,是指司法工作人员徇私舞弊,对不符合减刑、假释、暂予监外执行条件的罪犯予以减刑、假释、暂予监外执行的行为。

本罪的构成要件如下:

1. 本罪侵犯的客体是国家的行刑法律制度。行刑法律制度是指国家刑事法律所规定的对已决犯如何执行刑罚的制度。减刑、假释和暂予监外执行都应当遵守法定程序和法定条件。行为人徇私舞弊,对不符合减刑、假释和暂予监外执行条件的罪犯予以减刑、假释或者暂予监外执行,干扰和破坏了国家的行刑法律制度。

2. 在客观方面,本罪表现为行为人徇私舞弊,对不符合减刑、假释、暂予监外执行条件的罪犯予以减刑、假释、暂予监外执行的行为。具体表现为三种情况:
(1)对在执行期间,没有认真遵守监规,接受教育改造,不具有悔改、立功表现的罪犯予以减刑或超过减刑的限度予以减刑;(2)对没有认真遵守监视,接受教育改造,不具有悔改表现,假释后可能再危害社会的罪犯予以假释,对没有达到执行期限的罪犯予以假释,对累犯予以假释,对因暴力性犯罪被判处 10 年以上有期徒刑、无期徒刑的罪犯予以假释;(3)对不符合刑事诉讼法规定的暂予监外执行条件的罪犯暂予监外执行。此外,由于刑法规定基层人民法院无权裁定减刑与假释,因此,基层人民法院工作人员裁定减刑、假释的,应以本罪论处。根据《立案标准的规定》,具有下列情形之一的,应当追诉:(1)刑罚执行机关的工作人员对不符合减刑、假释、暂予监外执行条件的罪犯,捏造事实,伪造材料,违法报请减刑、假释、暂予监外执行的;(2)审判人员对不符合减刑、假释、暂予监外执行条件的罪犯,徇私舞弊,违法裁定减刑、假释或者违法决定暂予监外执行的;(3)监狱管理机关、公安机关的工作人员对不符合暂予监外执行条件的罪犯,徇私舞弊,违法批准暂予监外执行的;(4)不具有报请、裁定、决定或者批准减刑、假释、暂予监外执行权的司法工作人员利用职务上的便利,伪造有关材料,导致不符合减刑、假释、暂予监外执行条件的罪犯被减刑、假释、暂予监外执行的;(5)其他徇私舞弊减刑、假释、暂予监外执行应予追究刑事责任的情形。

3. 本罪的主体是司法工作人员。从司法实践看,本罪的行为人多为法院和监狱等负责刑罚执行工作的人员。

4. 本罪在主观方面表现为故意,且是直接故意。由于刑罚明确规定了"徇私"的动机,因此,司法工作人员的失误、业务经验缺乏而错误地减刑、假释、暂予监外执行的行为,不构成本罪。

（二）徇私舞弊减刑、假释、暂予监外执行罪的认定

1. 徇私舞弊减刑、假释、暂予监外执行罪与非罪的区别。首先，要分清本罪与减刑、假释、暂予监外执行一般违法行为的区别。如果罪犯已经符合减刑、假释、暂予监外执行的实质条件，行为人仅仅是违反法定程序而对其减刑、假释、暂予监外执行的，属于一般违法、违纪行为，不应当以本罪论处；其次，行为人徇私舞弊对符合减刑、假释、暂予监外执行条件的罪犯不予以减刑、假释、暂予监外执行的，虽然也是非常严重的违法行为，但该行为不符合本罪的构成要件。如果情节严重的，可以滥用职权罪定罪处罚。

2. 徇私舞弊减刑、假释、暂予监外执行罪与私放在押人员罪的区别。第一，本罪在客观方面表现为对不符合减刑、假释、暂予监外执行条件的罪犯，违法予以减刑、假释、暂予监外执行的行为；而后罪在客观方面则表现为私放在押的犯罪嫌疑人，以使其脱离监所或羁押的行为。本罪的行为对象是不符合减刑、假释、暂予监外执行条件的罪犯；后罪的对象则是在押的犯罪嫌疑人、被告人或者罪犯。第二，本罪的主体不仅指刑罚执行机关的司法工作人员，而且也包括人民法院、监狱管理机关的司法工作人员；后罪的主体则是指负有监管、看守、押解职责的司法工作人员。第三，本罪在主观方面明确规定了"徇私"的动机；而后罪在主观方面并无此要求，即行为人是否出于徇私的动机，并不影响后罪的成立。

（三）徇私舞弊减刑、假释、暂予监外执行罪的处罚

《刑法》第401条规定，犯徇私舞弊减刑、假释、暂予监外执行罪的，处3年以下有期徒刑或者拘役；情节严重的，处3年以上7年以下有期徒刑。

九、徇私舞弊不移交刑事案件罪

（一）徇私舞弊不移交刑事案件罪的概念和构成

徇私舞弊不移交刑事案件罪，是指行政执法人员，徇私情、私利，伪造材料，隐瞒情况，弄虚作假，对依法应当移交司法机关追究刑事责任的刑事案件，不移交司法机关处理，情节严重的行为。

本罪的构成要件如下：

1. 本罪侵犯的客体是行政执法机关配合司法机关追究刑事责任的正常管理活动。

2. 在客观方面，本罪表现为徇私舞弊，对应当移交司法机关追究刑事责任的不移交。首先，行为人在查处违法案件的过程中，发现行为构成犯罪应当追究刑事责任，但为了谋取私利而弄虚作假，伪造材料或者隐瞒情况，不将案件移送司法机关处理。至于行为人是将案件作为一般违法行为处理，还是不作任何处理，一般不影响本罪的成立。其次，成立本罪还要求情节严重。关于情节严重的标准，根据《立案标准的规定》：（1）对依法可能判处3年以上有期徒刑、无期徒刑、死刑的犯罪案件不移交的；（2）不移交刑事案件涉及3人次以上的；（3）司法机关提出意见后，无正当理由仍然不予移交的；（4）以罚代刑，放纵犯罪嫌疑人，致使犯罪嫌疑人继续进行违法犯罪活动的;(5)行政执法部门主管领导阻止移交的;(6)隐瞒、毁灭证据,伪造材料,改变刑事案件性质的;(7)直接负责的主管人员和其他直接责任人员为牟取本单位私利而不移交刑事案件,情节严重的;(8)其他情节严重的情形。

3. 本罪的主体必须是行政执法人员,即依法具有执行行政法职权的行政机关的工作人员。

4. 本罪在主观方面表现为故意,且是直接故意。即明知案件应当移交司法机关追究刑事责任而故意不移交。由于过失或者法律水平低而没有认识到案件应当移交司法机关的,不成立本罪。

（二）徇私舞弊不移交刑事案件罪的认定

在认定中主要应注意区分徇私舞弊不移交刑事案件罪与徇私枉法罪。本罪与徇私枉法罪中"明知是有罪的人而故意包庇不使他受追诉"的行为有相似之处,主观上都是故意,都有徇私的动机。两者的区别主要在以下两点:第一,在客观方面,首先是发生的过程不同。本罪只发生在行政执法过程中,徇私枉法罪发生在刑事案件侦查、起诉、审判等过程中。其次是犯罪行为方式不同。本罪只限于将应当移交司法机关追究刑事责任的不移交;徇私枉法罪的行为方式没有特殊限定。再次是对犯罪情节要求不同。本罪的成立以情节严重为构成要件;徇私枉法罪的成立不以情节严重为构成要件。第二,犯罪主体不同。本罪只能是行政执法人员,徇私枉法罪的主体必须是司法工作人员。在司法实践中,公安机关的工作人员的性质具有特殊性。负责行政法实施的公安人员,则是行政执法人员。此种行为人如果明知行为已构成犯罪,应当移交公安机关的侦查部门进行侦查,但徇私舞弊不移交,仅仅给予治安处罚的,就构成本罪。对犯罪负有侦查职责的公安人员,则是司法工作人员。此种行为人如果遇到犯罪嫌疑人是自己的亲友,而故意包庇不使其受追诉,擅自不作为刑事案件处理的,成立徇私枉法罪。

（三）徇私舞弊不移交刑事案件罪的处罚

《刑法》第 402 条规定,犯徇私舞弊不移交刑事案件罪的,处 3 年以下有期徒刑或者拘役;造成严重后果的,处 3 年以上 7 年以下有期徒刑。

十、滥用管理公司、证券职权罪

（一）滥用管理公司、证券职权罪的概念和构成

滥用管理公司、证券职权罪,是指国家有关主管部门的国家机关工作人员,徇私舞弊,滥用职权,对不符合法律规定条件的公司设立、登记申请或者股票、债券发行、上市申请,予以批准或者登记,致使公共财产、国家和人民利益遭受重大损失的行为以及上级部门、当地政府强令登记机关及其工作人员实施上述行为的行为。

本罪的构成要件如下:

1. 本罪侵犯的客体是国家对公司设立、登记申请和证券发行、上市申请的审批、登记制度。

2. 在客观方面,本罪表现为徇私舞弊,滥用职权,对不符合法律规定条件的公司设立、登记申请或者股票、债券发行、上市申请,予以批准或者登记,致使公共财产、国家和人民利益遭受重大损失的行为以及上级部门、当地政府强令登记机关及其工作人员实施上述行为的行为。首先,上述行为主要包括两个方面的内容:一是滥用职权违法进行公司的登记工作;二是滥用职权违法批准股票、债券发行和上市。其次,要有造成公共财产、国家和人民利益重大损失的行为。关于重大损失的标准,根据《立案标准的规定》:(1)造成直接经济损失 50 万元以上的;(2)工商管理部门的工作人员对不符合法律规定条件的公司设立、登记申请,违法予以批准、登记,严重扰乱市场秩序的;(3)金融证券管理机构工作人员对不符合法律规定条件的股票、债券发行、上市申请,违法予以批准,严重损害公众利益,或者严重扰乱金融秩序的;(4)工商管理部门、金融证券管理机构的工作人员对不符合法律规定条件的公司设立、登记申请或者股票、债券发行、上市申请违法予以批准或者登记,致使犯罪行为得逞的;(5)上级部门、当地政府直接负责的主管人员强令登记机关及其工作人员,对不符合法律规定条件的公司设立、登记申请或者股票、债券发行、上市申请予以批准或者登记,致使公共财产、国家或者人民利益遭受重大损失的;(6)其他致使公共财产、国家和人民利益遭受重大损失的情形。

3. 本罪的主体是国家有关主管部门的国家机关工作人员,主要是指工商行政管理部门、证券管理部门,另外,根据《刑法》第 403 条第 2 款及有关司法解释的规定,强令登记机关及其工作人员的上级部门、当地政府的直接负责的主管人员,也可以成为本罪的主体。

4. 本罪在主观方面表现为故意。

(二) 滥用管理公司、证券职权罪的处罚

《刑法》第 403 条规定,犯滥用管理公司、证券职权罪的,处 5 年以下有期徒刑或者拘役。

十一、徇私舞弊不征、少征税款罪

(一) 徇私舞弊不征、少征税款罪的概念和构成

徇私舞弊不征、少征税款罪,是指税务机关工作人员徇私舞弊,不征、少征应征税款,致使国家税收遭受重大损失的行为。

本罪的构成要件如下:

1. 本罪侵犯的客体是国家税务机关的税收管理制度。依法征税是税务机关的自身的职责,如果行为人徇私舞弊不征或者少征应征税款,这种放弃自己法定义务的行为显然侵害了国家税务机关的税收征管制度。

2. 在客观方面,本罪表现为徇私舞弊,不征、少征应征税款,致使国家税收遭受重大损失的行为。首先,行为人具有徇私舞弊,不征、少征税款的行为。徇私舞弊,是指行为人在税收征管工作中弄虚作假;应征税款,是指根据国家有关税收管理法规,纳税人按照法定的税种、税率向国家缴纳的税款;不征,是指行为人违反税法规定,对不应免征税款的纳税人擅自免除征税或者放弃职守不对纳税人征收税款;少征,是指行为人违反税法规定,擅自减少应纳税款额。其次,要有致使国家税收遭受重大损失的结果发生,才能构成本罪。根据《立案标准的规定》,具有下列情形之一的,属于造成重大损失,应予追诉:(1)徇私舞弊不征、少征应征税款,致使国家税收损失累计达10万元以上的;(2)上级主管部门工作人员指使税务机关工作人员徇私舞弊不征、少征应征税款,致使国家税收损失累计达10万元以上的;(3)徇私舞弊不征、少征应征税款不满10万元,但具有索取或者收受贿赂或者其他恶劣情节的;(4)其他致使国家税收遭受重大损失的情形。

3. 本罪的主体是税务机关的工作人员。

4. 本罪在主观方面表现为故意,即明知是应征税款,但故意不征或者少征。过失行为不成立本罪,构成犯罪的,可以玩忽职守罪论处。

(二) 徇私舞弊不征、少征税款罪的处罚

《刑法》第404条规定,犯徇私舞弊不征、少征税款罪的,处5年以下有期徒刑或者拘役;造成特别重大损失的,处5年以上有期徒刑。

十二、徇私舞弊发售发票、抵扣税款、出口退税罪

(一) 徇私舞弊发售发票、抵扣税款、出口退税罪的概念和构成

徇私舞弊发售发票、抵扣税款、出口退税罪,是指税务机关工作人员违反法律、行政法规的规定,在办理发售发票、抵扣税款、出口退税工作中徇私舞弊,致使国家利益遭受重大损失的行为。

本罪的构成要件如下:

1. 本罪侵犯的客体是国家的税收管理制度。

2. 在客观方面,本罪表现为违反法律、行政法规的规定,在办理发售发票、抵扣税款、出口退税工作中徇私舞弊,致使国家利益遭受重大损失的行为。首先,本罪必须在办理发售发票、抵扣税款、出口退税工作中徇私舞弊的行为。这种行为主要可以概括为三个方面:一是徇私非法办理发售;二是徇私非法办理抵扣税款;三是徇私非法办理出口退税。其次,必须造成国家利益重大损失的结果发生。根据《立案标准的规定》,徇私舞弊发售发票、抵扣税款、出口退税罪涉嫌下列情形之一的,应予立案:(1)徇私舞弊,致使国家税收损失累计达10万元以上的;(2)徇私舞弊,致使国家税收损失累计不满10万元,但发售增值税专用发票25份以上或者其他发票50份以上或者增值税专用发票与其他发票合计50份以上,或者具有索取、收受贿赂或者其他恶劣情节的;(3)其他致使国家利益遭受重大损失的情形。

3. 本罪的主体是税务机关工作人员。

4. 本罪在主观方面表现为故意。

(二) 徇私舞弊发售发票、抵扣税款、出口退税罪的认定

在认定时应注意区分徇私舞弊发售发票、抵扣税款、出口退税罪与徇私舞弊不征、少征税款罪的区别。这两个罪在客体、主体方面均有相同和相似之处。它们的区别在于：首先，都发生在税收征管领域，但发生的具体阶段不同。本罪中的徇私舞弊发售发票行为主要发生在税收征收之前，徇私舞弊出口退税行为发生在征收税收之后，只有抵扣税款的行为可以发生在征收的过程中；而徇私舞弊不征、少征税款罪往往发生在税收征收的过程中。其次，行为的具体方式不同。本罪的行为方式表现为作为，行为人为徇私情私利，故意通过积极的作为违法发售发票、抵扣税款或者办理出口退税；徇私舞弊不征、少征税款罪往往表现为不作为，即行为人为徇私情私利而故意不履行应当履行的职责，也可以表现为不正确履行其职责。

(三) 徇私舞弊发售发票、抵扣税款、出口退税罪的处罚

《刑法》第 405 条规定，犯徇私舞弊发售发票、抵扣税款、出口退税罪的，处 5 年以下有期徒刑或者拘役；致使国家利益遭受特别重大损失的，处 5 年以上有期徒刑。

十三、违法提供出口退税凭证罪

(一) 违法提供出口退税凭证罪的概念和构成

违法提供出口退税凭证罪，是指海关、商检、外汇管理等国家机关工作人员违反国家规定，在提供出口货物报关单、出口收汇核销单等出口退税凭证的工作中徇私舞弊，致使国家利益遭受重大损失的行为。

本罪的构成要件如下：

1. 本罪侵犯的客体是国家办理出口退税凭证的管理制度。

2. 在客观方面，本罪表现为行为人违反国家规定，在提供出口货物报关单、出口收汇核销单等出口退税凭证的工作中徇私舞弊，致使国家利益遭受重大损失的行为。具体而言，客观方面有三个必备要件：一是该行为必须发生在提供出口货物报关单、出口收汇核销单等出口退税凭证的工作中；二是行为人违反国家规定有徇私舞弊的行为；三是徇私舞弊的行为致使国家利益遭受重大的损失。根据《立案标准的规定》，涉嫌下列情形之一的，应予立案：(1)徇私舞弊，致使国家税收损失累计达 10 万元以上的；(2)徇私舞弊，致使国家税收损失累计不满 10 万元，但具有索取、收受贿赂或者其他恶劣情节的；(3)其他致使国家利益遭受重大损失的情形。

3. 本罪的主体是税务机关以外的从事与出口退税凭证工作有关的国家机关工作人员。主要包括海关、商检、外汇管理等国家机关工作人员。

4. 本罪在主观方面表现为故意。

(二) 违法提供出口退税凭证罪的认定

认定时应注意违法提供出口退税凭证罪与徇私舞弊发售发票、抵扣税款、出口退税罪的区别。两者的区别主要在于：首先，客观方面有所不同，本罪的行为模式表现为违反国家规定，在提供出口货物报关单、出口收汇核销单等出口退税凭证的工作中

徇私舞弊的行为;徇私舞弊发售发票、抵扣税款、出口退税罪主要表现为徇私办理发售发票、徇私办理抵扣税款、徇私办理出口退税等三种情形。其次,本罪与徇私舞弊出口退税罪相比,其行为发生的阶段不同。本罪一般发生在出口退税前;后者发生在出口退税过程中,并以伪造或者非法提供的出口退税凭证为前提。第三,行为的方式不同。本罪的方式是徇私提供出口退税凭证;后者是徇私办理出口退税。第四,主体不同。本罪的主体主要是税务机关以外的其他机关工作人员,主要是海关、商检、外汇管理等国家机关工作人员;徇私舞弊发售发票、抵扣税款、出口退税罪的主体仅限于税务机关工作人员。

(三) 违法提供出口退税凭证罪的处罚

根据《刑法》第 405 条第 1 款的规定,犯违法提供出口退税凭证罪的,处 5 年以下有期徒刑或者拘役;致使国家利益遭受特别重大损失的,处 5 年以上有期徒刑。

十四、违法发放林木采伐许可证罪

(一) 违法发放林木采伐许可证罪的概念和构成

违法发放林木采伐许可证罪,是指林业主管部门的工作人员违反森林法的规定,超过批准的年采伐限额发放林木采伐许可证或者违反规定滥发林木采伐许可证,情节严重,致使森林遭受严重破坏的行为。

本罪的构成要件如下:

1. 本罪侵犯的客体是林木采伐管理制度。

2. 在客观方面,本罪表现为违反森林法的规定,超过批准的年采伐限额发放林木采伐许可证或者违反规定滥发林木采伐许可证,情节严重,致使森林遭受严重破坏的行为。具体而言,首先,行为人必须具有违反森林法规定的行为。这是本罪构成的前提条件,但是对这里的森林法要作广义的理解;其次,行为人必须具有超过批准的年采伐限额发放林木采伐许可证或者违反规定滥发林木采伐许可证的行为;再次,必须达到情节严重的程度。根据 2000 年 11 月 22 日最高人民法院《关于审理破坏森林资源刑事案件具体应用法律若干问题的解释》的规定,具有下列情形之一的,属于"情节严重,致使森林遭受严重破坏",以本罪论处:(1)发放林木采伐许可证允许采伐数量累计超过批准的年采伐限额,导致林木被采伐数量在 10 立方米以上的;(2)滥发林木采伐许可证,导致林木被滥伐 20 万立方米以上的;(3)滥发林木采伐许可证,导致珍贵树木被滥伐的;(4)批准采伐国家禁止采伐的林木,情节恶劣的;(5)其他情节严重的情形。根据《立案标准的规定》,涉嫌下列情形之一的,应予立案:(1)发放林木采伐许可证允许采伐数量累计超过批准的年采伐限额,导致林木被采伐数量在 10 立方米以上的;(2)滥发林木采伐许可证,导致林木被滥伐 20 万立方米以上,或者导致幼树被滥伐 1 000 株以上的;(3)滥发林木采伐许可证,导致防护林、特种用途林被滥伐 5 立方米以上,或者幼树被滥伐 200 株以上的;(4)滥发林木采伐许可证,导致珍贵树木或者国家重点保护的其他树木被滥伐的;(5)滥发林木采伐许可证,导致国家禁止采伐的林木被采伐的;(6)其他情节严重,致使森林遭受严重破坏的情形。林业主管部门工作人员之外的国家机关工作人员,违反森林法的规定,滥用职权或者玩忽职守,致使林木被滥伐 40 立方米以上或者幼树被滥伐 2 000 株以上,或者致使防护林、特种用途林被滥伐 10 立方米以上或者幼树被滥伐 400 株以上,或者致使珍贵树木被采伐、毁坏 4 立方米或者 4 株以上、或者致使国家重点保护的其他植物被采伐、毁坏后果严重的,或者致使国家严禁采伐的林木被采伐、毁坏情节恶劣的,按照《刑法》第 397 条的规定以滥用职权罪或者玩忽职守罪追究刑事责任。

3. 本罪的主体是林业主管部门的工作人员。即为国务院以及地方县级以上地方人民政府中主管本地区林业工作机构的人员。

4. 本罪在主观方面表现为故意。

(二) 违法发放林木采伐许可证罪的认定

司法实践中应当明确本罪与滥伐林木罪共犯的区别。就本罪与滥伐林木罪来说,两者的区分是明显的,但如果林业主管部门的工作人员与滥伐林木的人员相勾结,非法发放林木许可证,造成森林资源被严重破坏的,对该国家机关工作人员的处罚就有两种不同观点:其一认为应当以滥伐林木罪的共犯论处;其二认为仍然以本罪论处。从刑法对本罪的规定来看,本罪所要惩罚的是有关主管部门的工作人员的渎职行为,得到该采伐许可证的相对人,只要按照该许可证实行开采一般不构成犯罪,即使其采取了某些非法的手段获取该许可证,也不能以滥伐林木罪追究其刑事责任,如果构成如行贿罪等其他犯罪的,可以该罪来追究其刑事责任。虽然从刑法对该两罪规定来看,本罪的法定最高刑为 3 年有期徒刑,而滥伐林木罪的法定最高刑为 7 年有期徒刑,但是依据罪刑法定的原则,该滥伐林木行为人既然在形式上是合法的采伐林木行为,就不应以滥伐林木罪追究其刑事责任。既然该相对人的行为不构成滥伐林木罪,再来比较法定刑其实就没有太大的意义。而且,刑法不能要求一般人员来承担由于林业主管部门的工作人员的渎职行为所造成的严重后果,因此,对于林业主管部门的工作人员与滥伐林木的人员相勾结,非法发放林木许可证,造成森林资源被严重破坏的,仍然以本罪定罪处罚。

(三) 违法发放林木采伐许可证罪的处罚

根据《刑法》第 407 条的规定,犯违法发放林木采伐许可证罪的,处 3 年以下有期徒刑或者拘役。

十五、环境监管失职罪

(一) 环境监管失职罪的概念和特征

环境监管失职罪,是指负有环境保护监督管理职责的国家机关工作人员严重不负责任,不履行或不认真履行环境保护监管职责,导致发生重大环境污染事故,致使公私财产遭受重大损失或者造成人身伤亡的严重后果的行为。

本罪的构成要件如下:

1. 本罪侵犯的客体是国家的环境保护制度。

2. 在客观方面,本罪表现为行为人严重不负责任,不履行或不认真履行环境保护监管职责导致发生重大环境污染事故,致使公私财产遭受重大损失或者造成人身伤亡的严重后果的行为。依照 2013 年 6 月 17 日《关于办理环境污染刑事案件适用法律若干问题的解释》第 1 条、第 2 条,具有下列情形之一的,应当认定为"致使公私财产遭受重大损失或者造成人身伤亡的严重后果":(1)致使乡镇以上集中式饮用水水源取水中断 12 小时以上的;(2)致使基本农田、防护林地、特种用途林地 5 亩以上,其他农用地 10 亩以上,其他土地 20 亩以上基本功能丧失或者遭受永久性破坏的;(3)致使森林或者其他林木死亡 50 立方米以上,或者幼树死亡 2 500 株以上的;(4)致使公私财产损失 30 万元以上的;(5)致使疏散、转移群众 5 000 人以上的;(6)致使 30 人以上中毒的;(7)致使 3 人以上轻伤、轻度残疾或者器官组织损伤导致一般功能障碍的;(8)致使 1 人以上重伤、中度残疾或者器官组织损伤导致严重功能障碍的。

3. 本罪的主体是负有环境保护监督管理职责的国家机关工作人员。主要包括国务院以及县级以上地方人民政府环境保护行政主管部门从事环境保护工作的人员,也包括在其他部门依照有关规定对环境污染和资源保护实行监督管理的工作人员,如海洋和水利部门。

4. 本罪在主观方面表现为过失。

(二)环境监管失职罪的认定

在认定时应注意环境监管失职罪与污染环境罪的区别。两者的区别在于:一是侵害的客体不同。本罪侵害的客体是国家环境保护监督管理部门的正常活动,是国家机关工作人员的一种渎职犯罪;污染环境罪侵害的客体是国家的环境保护秩序,是一种破坏环境资源保护的犯罪。二是客观方面不完全相同。环境监管失职罪造成重大环境污染事故,致使公私财产遭受重大损失或者人身伤亡的严重后果,是由于对环境保护负有监管管理职责的国家机关工作人员严重不负责任所造成的,主要表现为不作为的形式;污染环境罪是违反国家规定,向土地、水体、大气排放、倾倒或者处置有放射性的废物,严重污染环境的,表现为作为的形式。三是主体不同。本罪是特殊主体,只有对环境保护负有监督管理职责的国家机关工作人员才能构成;污染环境罪是一般主体,既可以由自然人构成,也可以由单位构成。四是主观罪过不同。环境监管失职罪的主观罪过是过失;而污染环境罪的主观罪过是故意。

(三)环境监管失职罪的处罚

《刑法》第 408 条规定,犯环境监管失职罪的,处 3 年以下有期徒刑或者拘役。

十六、食品监管渎职罪

(一)食品监管渎职罪的概念和构成

食品监管渎职罪,是指负有食品安全监督管理职责的国家机关工作人员,滥用职权或者玩忽职守,导致发生重大食品安全事故或者造成其他严重后果的行为。

本罪的构成要件如下：

1. 本罪侵犯的客体是食品安全监管制度。

2. 在客观方面，本罪表现为行为人滥用职权或者玩忽职守，导致发生重大食品安全事故或者造成其他严重后果的行为。重大食品安全事故，是指食物中毒、食源性疾患、食品污染等源于食品、对人体健康有危害或者可能有危害的重大事故。造成其他严重后果，是指虽未发生重大食品安全事故，但由于食品安全监督管理方面的问题，造成其他严重后果的情形。

3. 本罪的主体是对食品安全负有监督管理职责的国家机关工作人员，主要包括国务院设立的食品安全委员会、国务院卫生行政部门、国务院质量监督、工商行政管理、国家食品药品监督管理部门、县级以上地方人民政府食品安全行政主管部门中从事食品监督管理等工作的人员。

4. 本罪的主观方面既可能是故意，又可能是过失。因为根据《刑法》第408条之一的规定，本罪的行为是"滥用职权或玩忽职守"，一般认为滥用职权类犯罪只能是故意犯罪，玩忽职守类犯罪是过失犯罪，但根据两高公布的《罪名补充规定（五）》却将这两类行为规定为"食品安全监管失职罪"一罪，这样的做法是否合适，值得商榷。有些观点认为，应当将本罪分解为两个罪：食品监管滥用职权罪和食品监管玩忽职守罪。①

（二）食品监管渎职罪的认定

本罪为《刑法修正案（八）》所增设，自2011年5月1日起实施。因此，2011年4月31日前实施食品安全监管渎职行为，依法构成滥用职权罪、玩忽职守罪或其他渎职犯罪，在5月1日以后审理的，适用刑法修正案前刑法的规定定罪处罚。5月1日以后实施食品安全监管渎职行为，未导致发生重大食品安全事故或者造成其他严重后果，不构成食品监管渎职罪，但符合其他渎职犯罪构成要件的，依照刑法相关规定对其定罪处罚。

根据2013年5月2日最高人民法院、最高人民检察院《关于办理危害食品安全刑事案件适用法律若干问题的解释》第16条的规定，负有食品安全监督管理职责的国家机关工作人员，滥用职权或玩忽职守，导致发生重大食品安全事故或造成其他严重后果，同时构成食品监管渎职罪和徇私舞弊不移交刑事案件罪、商检徇私舞弊罪、动植物检疫徇私舞弊罪、放纵制售伪劣商品犯罪行为罪等其他渎职犯罪的，按照处罚较重的规定定罪处罚。负有食品安全监督管理职责的国家机关工作人员与他人共谋，利用其职务行为帮助他人实施危害食品安全犯罪行为，同时构成渎职犯罪和危害食品安全犯罪共犯的，依照处罚较重的规定定罪处罚。

根据2014年2月20日最高人民检察院《关于印发第四批指导性案例的通知》，负有食品安全监督管理职责的国家机关工作人员，滥用职权或玩忽职守，导致发生重

---

① 参见张明楷著：《刑法学》，法律出版社2011年版，第1113页。

大食品安全事故或造成其他严重后果的,应当认定为食品监管渎职罪。在渎职过程中受贿的,应当以食品监管渎职罪和受贿罪实行数罪并罚。

(三) 食品监管渎职罪的处罚

《刑法》第408条之一规定,犯食品监管渎职罪的,处5年以下有期徒刑或者拘役;造成特别严重后果的,处5年以上10年以下有期徒刑。

十七、传染病防治失职罪

(一) 传染病防治失职罪的概念和构成

传染病防治失职罪,是指从事传染病防治的政府卫生行政部门的工作人员严重不负责任,不履行或者不认真履行传染病防治监管职责,导致传染病传播或者流行,情节严重的行为。

本罪的构成要件如下:

1. 本罪侵犯的客体是政府卫生行政部门传染病防治的管理活动。

2. 在客观方面,本罪表现为行为人严重不负责任,不履行或者不认真履行传染病防治监管职责,导致传染病传播或者流行,情节严重的行为。在司法实践中,严重不负责任,不履行或者不认真履行自己所负的传染病防治监督管理职责的主要表现形式有:对传染病的预防、防治、监测、控制和疫情管理监督不力、不进行检查等;发现传染病流行或者接到疫情报告后该报告的不报告或者瞒报、谎报或者延误报告等;发现传染病时该采取措施的没有采取措施或者采取措施不当;发生重大疫情时,不及时组织力量控制等。根据2006年7月26日最高人民检察院《关于渎职侵权犯罪案件立案标准的规定》,具有下列情节之一的,应予立案:(1)导致甲类传染病传播的;(2)导致乙类、丙类传染病流行的;(3)因传染病传播或者流行,造成人员重伤或者死亡的;(4)因传染病传播或者流行,严重影响正常的生产、生活秩序的;(5)在国家对突发传染病疫情等灾害采取预防、控制措施后,对发生突发传染病疫情等灾害的地区或者突发传染病病人、病原携带者、疑似突发传染病病人,未按照预防、控制突发传染病疫情等灾害工作规范的要求做好防疫、检疫、隔离、防护、救治等工作,或者采取的预防、控制措施不当,造成传染范围扩大或者疫情、灾情加重的;(6)在国家对突发传染病疫情等灾害采取预防、控制措施后,隐瞒、缓报、谎报或者授意、指使、强令他人隐瞒、缓报、谎报疫情、灾情,造成传染范围扩大或者疫情、灾情加重的;(7)在国家对突发传染病疫情等灾害采取预防、控制措施后,拒不执行突发传染病疫情等灾害应急处理指挥机构的决定、命令,造成传染范围扩大或者疫情、灾情加重的;(8)其他情节严重的情形。根据2003年最高人民法院、最高人民检察院《关于办理妨害预防、控制突发传染病疫情等灾害的刑事案件具体应用法律若干问题的解释》第16条的规定,在国家对突发传染病疫情等灾害采取预防、控制措施后,具有下列情形之一的,属于《刑法》第409条规定的"情节严重":(1)对发生突发传染病疫情等灾害的地区或者突发传染病病人、病原携带者、疑似突发传染病病人,未按照预防、控制突发传染病疫情等灾害工作规范的要求做好防疫、检疫、隔离、防护、救治等工作,或者采取的预防、控制措施不当,造成传染范围扩大或者疫情、灾情加重的;(2)隐瞒、缓报、谎报或者授意、指使、强令他人隐瞒、缓报、谎报疫情、灾情,造成传染范围扩大或者疫情、灾情加重的;(3)拒不执行突发传染病疫情等灾害应急处理指挥机构的决定、命令,造成传染范围扩大或者疫情、灾情加重的;(4)其他具有严重情节的。

3. 本罪的主体是从事传染病防治的政府卫生行政部门的工作人员。根据上述司法解释第 16 条的规定,在预防、控制突发传染病疫情等灾害期间,不仅从事传染病防治的政府卫生行政部门的工作人员,而且在受政府卫生行政部门委托代表政府卫生行政部门行使职权的组织中从事公务的人员,或者虽未列入政府卫生行政部门人员编制但在政府卫生行政部门从事公务的人员,在代表政府卫生行政部门行使职权时,都可以作为本罪的主体。

4. 本罪在主观方面表现为过失。

(二)传染病防治失职罪的认定

在认定时应注意本罪与妨害传染病防治罪的区别。两罪都与传染病防治有关,其主要区别在于:首先,客体不同。本罪侵犯的是政府卫生行政部门传染病防治的管理活动,属于渎职犯罪的范畴,体现的是有关国家机关与其工作人员的职务行为的关系;后罪虽然也侵犯了政府卫生行政部门传染病防治的管理活动,但属于妨害社会管理秩序犯罪的范畴,体现的是有关主管部门与行政相对人之间的关系。其次,客观方面不同。本罪客观上表现为对传染病防治工作严重不负责任,造成传染病传播或者流行且情节严重的行为;妨害传染病防治罪客观上表现为违反传染病防治法,使甲类传染病传播或者有传播危险的行为。最后,主体不同。本罪的主体是从事传染病防治的政府卫生行政部门的工作人员,属于特殊主体;妨害传染病防治罪的主体是一般主体,自然人和单位均可以构成。

(三)传染病防治失职罪的处罚

《刑法》第 409 条规定,犯传染病防治失职罪的,处 3 年以下有期徒刑或者拘役。

十八、非法批准征收、征用、占用土地罪

(一)非法批准征收、征用、占用土地罪的概念和构成

非法批准征收、征用、占用土地罪,是指国家机关工作人员徇私舞弊,违反土地管理法规,滥用职权,非法批准征收、征用、占用土地,情节严重的行为。

本罪的构成要件如下:

1. 本罪侵犯的客体是国家的土地管理制度。

2. 在客观方面,本罪表现为行为人徇私舞弊,违反土地管理法规,滥用职权,非法批准征收、征用、占用土地,情节严重的行为。违反土地管理法规,是指违反土地管理法、森林法、草原法等法律以及有关行政法规中关于土地管理的规定。非法批准征收、征用、占用土地,是指非法批准征收、征用、占用耕地、林地等农用地以及其他土

地。本罪以情节严重为构成要件,根据 2000 年 6 月 16 日最高人民法院《关于审理破坏土地资源刑事案件具体应用法律若干问题的解释》的规定,具有下列情形之一的,可以认定为情节严重:(1)非法批准征用、占用基本农田 10 亩以上的;(2)非法批准征用、占用基本农田以外的耕地 30 亩以上的;(3)非法批准征用、占用其他土地 50 亩以上的;(4)虽未达到上述数量标准,但非法批准征用、占用土地造成直接经济损失 30 万元以上;造成耕地大量毁坏等恶劣情节的。具有下列情形之一的,属于非法批准征用、占用土地"致使国家或者集体利益遭受特别重大损失":(1)非法批准征用、占用基本农田 20 亩以上的;(2)非法批准征用、占用基本农田以外的耕地 60 亩以上的;(3)非法批准征用、占用其他土地 100 亩以上的;(4)非法批准征用、占用土地,造成基本农田 5 亩以上,其他耕地 10 亩以上严重毁坏的;(5)非法批准征用、占用土地,造成直接经济损失 50 万元以上等恶劣情节的。根据 2006 年 7 月 26 日最高人民检察院《关于渎职侵犯犯罪案件立案标准的规定》,具有下列情节之一的,应予立案:(1)非法批准征用、占用基本农田 10 亩以上的;(2)非法批准征用、占用基本农田以外的耕地 30 亩以上的;(3)非法批准征用、占用其他土地 50 亩以上的;(4)虽未达到上述数量标准,但造成有关单位、个人直接经济损失 30 万元以上,或者造成耕地大量毁坏或者植被遭到严重破坏的;(5)非法批准征用、占用土地,影响群众生产、生活,引起纠纷,造成恶劣影响或者其他严重后果的;(6)非法批准征用、占用防护林地、特种用途林地分别或者合计 10 亩以上的;(7)非法批准征用、占用其他林地 20 亩以上的;(8)非法批准征用、占用林地造成直接经济损失 30 万元以上,或者造成防护林地、特种用途林地分别或者合计 5 亩以上或者其他林地 10 亩以上毁坏的;(9)其他情节严重的情形。

3. 本罪的主体是有关国家机关工作人员。主要是指在各级政府中的主管人员、土地管理、城市规划等部门工作人员。

4. 本罪在主观方面表现为故意。

(二) 非法批准征收、征用、占用土地罪的认定

非法批准征收、征用、占用土地罪与非法占用农用地罪的区别。首先,两罪的客体不同。本罪侵犯的是国家的土地管理制度,属于渎职犯罪的范畴;非法占用农用地罪侵犯的是农用地管理制度,属于破坏环境资源保护犯罪的范畴;其次,两罪的客观方面不同。本罪表现为非法批准征收、征用、占用土地,其行为的结果不一定要造成土地资源的大量毁坏;非法占用农用地罪表现为"非法"占用。最后,两罪的主体不同。本罪的主体是有关国家机关工作人员;非法占用农用地罪的主体是一般主体,自然人和单位均可以构成。

(三) 非法批准征收、征用、占用土地罪的处罚

《刑法》第 410 条规定,犯非法批准征收、征用、占用土地罪的,处 3 年以下有期徒刑或者拘役;致使国家或者集体利益遭受特别重大损失的,处 3 年以上 7 年以下有期徒刑。

十九、非法低价出让国有土地使用权罪

（一）非法低价出让国有土地使用权罪的概念和构成

非法低价出让国有土地使用权罪,是指国家机关工作人员徇私舞弊,违反土地管理法规,滥用职权,非法低价出让国有土地使用权,情节严重的行为。

本罪的构成要件如下:

1. 本罪侵犯的客体是国家的土地管理制度。

2. 在客观方面,本罪表现为徇私舞弊,违反土地管理法规,滥用职权,非法低价出让国有土地使用权,情节严重的行为。根据 2006 年 7 月 26 日最高人民检察院《关于渎职侵权犯罪案件立案标准的规定》,具有下列情形之一的,可以认定为情节严重,应当追究刑事责任:(1)出让国有土地使用权面积在 30 亩以上,并且出让价额价格低于国家规定的最低价额标准的 60％的;(2)造成国有土地资产流失价额在 30 万元以上的;(3)非法低价出让国有土地使用权,影响群众生产、生活,引起纠纷,造成恶劣影响或者其他严重后果的;(4)非法低价出让林地合计 30 亩以上,并且出让价额低于国家规定的最低价额标准的百分之六十的;(5)造成国有资产流失 30 万元以上的;(6)其他情节严重的情形。

3. 本罪的主体是有关国家机关工作人员。主要是指在各级政府中的主管人员、土地管理等部门工作人员。

4. 本罪在主观方面表现为故意。

（二）非法低价出让国有土地使用权罪的处罚

《刑法》第 410 条规定,犯非法低价出让国有土地使用权罪的,处 3 年以下有期徒刑或者拘役;致使国家或者集体利益遭受特别重大损失的,处 3 年以上 7 年以下有期徒刑。

二十、放纵走私罪

（一）放纵走私罪的概念与构成

放纵走私罪,是指海关工作人员徇私舞弊,放纵走私,情节严重的行为。

本罪的构成要件如下:

1. 本罪侵犯的客体是海关对进出口业务的监管活动。

2. 在客观方面,本罪表现为行为人徇私舞弊,放纵走私,情节严重的行为。首先,行为人具有徇私舞弊,放纵走私的行为,即行为人为了私情私利,对明知是走私行为而放任不管。这种行为既可以是作为,也可以是不作为。其次,必须达到情节严重。根据前述立案标准的规定,有下列情形之一的,可以认定为情节严重,应当追究刑事责任:(1)放纵走私犯罪的;(2)因放纵走私致使国家应收税额损失累计达 10 万元以上的;(3)放纵走私行为 3 次以上的;(4)放纵走私行为,具有索取或者收受贿赂

情节的;(5)其他情节严重的情形。

3. 本罪的主体是海关工作人员。

4. 本罪在主观方面表现为故意,过失不构成本罪。

(二) 放纵走私罪的认定

1. 放纵走私罪与非罪的界限

行为人由于业务知识欠缺、经验不足或者是调查研究不够充分,工作马虎草率等导致走私行为被逃脱,即使造成了一定后果,也属于过失行为,不宜认定为本罪。如果情节严重或者造成了严重后果,也不构成本罪,可以玩忽职守罪等其他罪名定罪处罚。

2. 放纵走私罪与相关犯罪的区别

(1) 放纵走私罪与徇私舞弊不移交刑事案件罪的区别。两罪都是故意,都有徇私的要求,在客观方面也都有对犯罪分子不予查处或者不移交司法部门查处的行为特征。其主要区别体现在以下方面:第一,客体不同。本罪的客体是海关对进出口业务的监管活动;徇私舞弊不移交刑事案件罪的客体是行政执法机关配合司法机关追究刑事责任的正常管理活动。第二,客观方面不同。本罪的客观方面表现为行为人徇私舞弊,放纵走私,情节严重的行为;徇私舞弊不移交刑事案件罪表现为对依法应当移送司法机关追究刑事责任的不移交,情节严重的行为。第三,本罪的主体只能是海关工作人员;徇私舞弊不移交刑事案件罪的主体还包括公安、税务、工商等行政执法机关的工作人员。对于海关工作人员发现走私行为人行为构成走私罪,应当移交司法机关追究刑事责任而不移交的行为性质,还需要进一步研究。由于放纵走私罪的法定刑高于徇私舞弊不移交刑事案件罪,故应对这两种犯罪的成立范围作出符合罪刑法定原则、罪刑相当原则的限定。海关工作人员在办理走私案件中,发现行为构成走私罪,但徇私舞弊,既不将案件移交司法机关追究刑事责任,也不按海关法作出处理的,应认定为放纵走私罪;如果徇私舞弊不将案件移交司法机关追究刑事责任,但按海关法作出处理的,则应认定为徇私舞弊不移交刑事案件罪。前一种行为的危害程度严重,而且确实放纵了走私,故按照法定刑较重的放纵走私罪处理;后一种行为的危害程度相对轻微,而且依海关法作出了一定处理,不能认定为放纵走私,故按照法定刑较轻的徇私舞弊不移交刑事案件罪处理。①

(2) 放纵走私罪与徇私舞弊不征、少征税款罪的区别。两罪的区别是明显的。第一,客体不同。本罪侵犯的是海关对进出口业务的监管活动。徇私舞弊不征、少征税款罪侵犯的是国家的税收管理制度。第二,客观方面不同。本罪表现为行为人徇私舞弊,放纵走私,情节严重的行为;徇私舞弊不征、少征税款罪表现为徇私舞弊,不征、少征应征税款,致使国家税收遭受重大损失的行为。第三,主体不同。本罪的主体是海关工作人员;徇私舞弊不征、少征税款罪的主体是税务机关的工作人员。但是对于海关工作人员故意放纵走私,不依法征收关税行为的定性有不同观点。第一种

---

① 张明楷著:《刑法学》,法律出版社 2011 年版,第 1114 页。

观点认为应认定为放纵走私罪;第二种观点认为应当认定为徇私舞弊不征、少征税款罪;第三种观点认为,应当根据情况认定为放纵走私罪、徇私舞弊不征、少征税款罪或者逃税罪的共犯。如前所述,上述行为是否构成共同犯罪,首先是要看其是否符合共同犯罪的条件;其次要看刑法对该行为是否有特别规定。从司法实践的情况来看,上述行为都是为了帮助走私行为人逃避缴纳关税义务,客观上是走私行为的帮助行为。因此,是可以构成走私罪的共同犯罪的;但是由于刑法对这种帮助行为作了特别的规定,因此就不宜再作为共同犯罪处理,应当按照刑法的特别规定定罪量刑。故其不应当认定为共同犯罪。就放纵走私罪与徇私舞弊不征、少征税款罪而言,两者其实是一种法条竞合的关系,竞合模式体现为一种交叉关系,应当遵循法条竞合关系的处理原则,择一重罪定罪处罚。故对于海关工作人员故意放行走私行为人而不依法征收关税的行为,一般应认定为放纵走私罪。

3. 放纵走私罪与走私共同犯罪的界限

根据《刑法》第 156 条的规定,海关工作人员事前与走私罪犯通谋,而在海关监管中放纵走私,为走私罪犯提供方便的,应认定为走私罪的共犯,而不能认定为本罪。如果行为人与走私犯罪分子没有共同犯罪故意,只是利用其职权放纵走私的,应当按照放纵走私罪定罪处罚。

（三）放纵走私罪的处罚

《刑法》第 411 条规定,犯放纵走私罪的,处 5 年以下有期徒刑或者拘役;情节特别严重的,处 5 年以上有期徒刑。

二十一、商检徇私舞弊罪

（一）商检徇私舞弊罪的概念和构成

商检徇私舞弊罪,是指国家商检部门、商检机构的工作人员徇私舞弊,伪造检验结果的行为。

本罪的构成要件如下:

1. 本罪侵犯的客体是国家的商品检验制度。

2. 在客观方面,本罪表现为行为人徇私舞弊,伪造检验结果的行为。根据前述立案标准的规定,具有下列情形之一的,应当追究刑事责任:(1)采取伪造、变造的手段对报检的商品的单证、印章、标志、封识、质量认证标志等作虚假的证明或者出具不真实的证明结论的;(2)将送检的合格商品检验为不合格,或者将不合格商品检验为合格的;(3)对明知是不合格的商品,不检验而出具合格检验结果的;(4)其他伪造检验结果应予追究刑事责任的情形。

3. 本罪的主体是国家商检部门、商检机构的工作人员。

4. 本罪在主观方面表现为故意,且为直接故意。

（二）商检徇私舞弊罪的处罚

《刑法》第 412 条第 1 款规定,犯商检徇私舞弊罪的,处 5 年以下有期徒刑或者拘役;造成严重后果的,处 5 年以上 10 年以下有期徒刑。

二十二、商检失职罪

(一)商检失职罪的概念和构成

商检失职罪,是国家商检部门、商检机构的工作人员严重不负责任,对应当检验的物品不检验,或者延误检验出证、错误出证,致使国家利益遭受重大损失的行为。

本罪的构成要件如下:

1. 本罪侵犯的客体是国家的商品检验制度。

2. 在客观方面,本罪表现为行为人严重不负责任,对应当检验的物品不检验,或者延误检验出证、错误出证,致使国家利益遭受重大损失的行为。根据前述立案标准的规定,具有下列情形之一的,可以认定为本罪,应当追究其刑事责任:(1)致使不合格的食品、药品、医疗器械等商品出入境,严重危害生命健康的;(2)造成个人财产直接经济损失 15 万元以上,或者直接经济损失不满 15 万元,但间接经济损失 75 万元以上的;(3)造成公共财产、法人或者其他组织财产直接经济损失 30 万元以上,或者直接经济损失不满 30 万元,但间接经济损失 150 万元以上的;(4)未经检验,出具合格检验结果,致使国家禁止进口的固体废物、液态废物和气态废物等进入境内的;(5)不检验或者延误检验出证、错误出证,引起国际经济贸易纠纷,严重影响国家对外经贸关系,或者严重损害国家声誉的;(6)其他致使国家利益遭受重大损失的情形。

3. 本罪的主体是国家商检部门、商检机构的工作人员。

4. 本罪在主观方面是过失。

(二)商检失职罪的认定

1. 商检失职罪与非罪的界限。认定本罪时要把握两点:一是犯罪的时空标准。《刑法》第 412 条规定的罪状中并未将商品检验限定为进出口商品检验,但是,本罪只能发生在进出口商品检验过程中。二是犯罪行为的范围标准。《刑法》第 412 条第 1 款只将"伪造检验结果"一种徇私舞弊行为纳入本罪的刑事惩治范围,不包括进出口商品检验过程中的其他徇私舞弊行为。

2. 商检失职罪与商检徇私舞弊罪的区别。第一,在客观方面,本罪表现为行为人严重不负责任,对应当检验的物品不检验,或者延误检验出证、错误出证,并且致使国家利益遭受重大损失的行为。第二,本罪既可以是作为,也可以是不作为;商检徇私舞弊罪表现为行为人徇私舞弊,伪造检验结果的行为,只能是作为。第三,在主观方面,本罪是过失;商检徇私舞弊罪是故意。

(三)商检失职罪的处罚

《刑法》第 412 条第 2 款规定,犯商检失职罪的,处 3 年以下有期徒刑或者拘役。

二十三、动植物检疫徇私舞弊罪

（一）动植物检疫徇私舞弊罪的概念和构成

动植物检疫徇私舞弊罪，是指国家检验检疫部门及检验检疫机构中从事动植物检疫工作的人员徇私舞弊，伪造检疫结果的行为。

本罪的构成要件如下：

1. 本罪侵犯的客体是国家的动植物检疫制度。

2. 在客观方面，本罪表现为行为人徇私舞弊，伪造检疫结果的行为。即在动植物检疫过程中，为徇私情、私利，采取伪造、变造的手段对检疫的单证、印章、标志、封识等作虚假的证明或出具不真实的结论，包括将合格检为不合格，或者将不合格检为合格等行为。根据前述立案标准的规定，涉嫌下列情形之一的，应予立案：(1)采取伪造、变造的手段对检疫的单证、印章、标志、封识等作虚假的证明或者出具不真实的结论的；(2)将送检的合格动植物检疫为不合格，或者将不合格动植物检疫为合格的；(3)对明知是不合格的动植物，不检疫而出具合格检疫结果的；(4)其他伪造检疫结果应予追究刑事责任的情形。

3. 本罪的主体是国家检验检疫部门及检验检疫机构中从事动植物检疫工作的人员。即为动植物检疫机关的检疫人员。

4. 本罪在主观方面表现为故意。

（二）动植物检疫徇私舞弊罪的处罚

《刑法》第413条第1款规定，犯动植物检疫徇私舞弊罪的，处5年以下有期徒刑或者拘役；造成严重后果的，处5年以上10年以下有期徒刑。

二十四、动植物检疫失职罪

（一）动植物检疫失职罪的概念和构成

动植物检疫失职罪，是指国家检验检疫部门及检验检疫机构中从事动植物检疫工作的人员严重不负责任，对应当检疫的检疫物不检疫，或者延误检疫出证、错误出证，致使国家利益遭受重大损失的行为。

本罪的构成要件如下：

1. 本罪侵犯的客体是国家的动植物检疫制度。

2. 在客观方面，本罪表现为行为人严重不负责任，对应当检疫的检疫物不检疫，或者延误检疫出证、错误出证，致使国家利益遭受重大损失的行为。依据前述立案标准的规定，有下列情形之一的，可以认定为致使国家利益遭受重大损失，应当追究其刑事责任：(1)导致疫情发生，造成人员重伤或者死亡的；(2)导致重大疫情发生、传播或者流行的；(3)造成个人财产直接经济损失15万元以上，或者直接经济损失不满15万元，但间接经济损失75万元以上的；(4)造成公共财产或者法人、其他组织财产直接经济损失 30 万元以上,或者直接经济损失不满 30 万元,但间接经济损失 150 万元以上的;(5)不检疫或者延误检疫出证、错误出证,引起国际经济贸易纠纷,严重影响国家对外经贸关系,或者严重损害国家声誉的;(6)其他致使国家利益遭受重大损失的情形。

3. 本罪的主体是国家检验检疫部门及检验检疫机构中从事动植物检疫工作的人员。即为动植物检疫机关的检疫人员。

4. 本罪在主观方面表现为过失。

(二)动植物检疫失职罪的认定

1. 动植物检疫失职罪与非罪的界限

要注意认定动植物检疫徇私舞弊罪中的"徇私"。一般认为,所谓徇私,包括两方面:一是徇私情,即行为人为了私人的感情因素而违背法律与事实。行为人既可以是出于与报检人或报检单位之间的亲情、友情、恩情等积极的情感因素,也可以是出于报检人或报检单位之间的芥蒂、宿怨、仇恨等消极的情感因素。二是徇私利,即行为人为了个人的利益而违背法律与事实。行为人既可以是因为报检人给予其某种好处而弄虚作假,也可以是因为报检人没有给予其好处而弄虚作假。总之,徇私是行为的目的,如果行为人不是出于徇私而作出虚假的检疫结果,而是因为业务水平不过关、工作时疏忽大意等原因,则不构成本罪。但是,如果行为人伪造检疫结论的动机不是出于个人的私情、私利,而是为了集体、为了单位的利益,是否可以认定为徇私呢?此种情形可以认定为"徇私"。首先,作为本罪中"公"的利益,应当是国家检疫制度的有效实施,凡是违背这一利益的,都应当属于徇私的范畴。所谓为了单位、集体的利益,不过是私人小圈子的利益,而非真正的公共利益。如果认为为了单位、集体的利益就不算徇私,那就意味着为了单位、集体利益而就可以伪造检疫结果而不受处罚,大量包含疫症、传染性虫害的动植物就可能会畅通无阻地进出国门,国家和人民的健康、财产安全这一真正的公共利益反而被牺牲。其次,从《刑法》第 396 条规定私分国有资产罪以禁止"以单位名义将国有资产集体私分给个人"来看,为了所谓的集体的共同利益而牺牲国家利益,同样属于舍公为私的范畴。因此,只要其行为违反了国家检疫制度而故意出具虚假的检疫结论就可以认定为"徇私舞弊"。

2. 动植物检疫失职罪与相关犯罪的区别

(1)动植物检疫失职罪与动植物检疫徇私舞弊罪的区别。这两个罪名的客体相同,且都是动植物检疫机关的检疫工作人员实施的渎职犯罪。其区别在于:第一,客观方面不同。本罪表现为行为人严重不负责任,对应当检疫的检疫物不检疫,或者延误检疫出证、错误出证,致使国家利益遭受重大损失的行为,属于结果犯;动植物检疫徇私舞弊罪表现为行为人徇私舞弊,伪造检疫结果的行为,不需要造成严重后果。第二,主观方面不同。本罪是过失犯罪;动植物检疫徇私舞弊罪是故意犯罪。

(2)动植物检疫失职罪与妨害国境卫生检疫罪的区别。两罪都是故意犯罪,而且都可能引起检疫病而进入社会生产、生活之中,造成大范围、大面积的传播,危害不特定多数人的健康和财产。但两者又有本质的区别:第一,客观方面不同。本罪表现为行为人徇私舞弊,伪造检疫结果;后罪表现为行为人违反国境检疫规定,逃避对人身或者物品的卫生检查,已经引起检疫传染病的传播,或者有引起检疫传染病传播危险的行为。第二,主体不同。本罪的主体只能是动植物检疫机关的检疫人员,其他自然人或单位都不能成为该罪的主体;后者的主体则是一般主体,自然人和法人都能成为本罪主体。第三,故意内容不一样。本罪行为人的故意是明知自己伪造动植物检疫故意而为之;后罪行为人的故意是明知应当接受国境卫生检疫检查而故意逃避或拒绝检查。

(3) 动植物检疫失职罪与逃避动植物检疫罪的区别。两罪都与动植物检疫有关,都是违反进出境动植物检疫法的规定的犯罪,其区别是:第一,客观方面不同。本罪是行为人徇私舞弊,伪造检验结果,没有危害后果的要求;逃避动植物检疫罪是违反进出境动植物检疫法的规定,引起重大动植物疫情的行为,而且必须有严重后果作为犯罪构成要件。第二,主体不同。本罪的主体是特殊主体,即动植物检疫机关检疫人员;逃避动植物检疫罪的主体是一般主体,主要是指运输、携带、邮寄动植物、动植物产品和其他检疫物进出境的人员。第三,主观方面不同。本罪是故意犯罪;逃避动植物检疫罪则是过失犯罪。

(三) 动植物检疫失职罪的处罚

《刑法》第413条第2款规定,犯动植物检疫失职罪的,处3年以下有期徒刑或者拘役。

二十五、放纵制售伪劣商品犯罪行为罪

(一) 放纵制售伪劣商品犯罪行为罪的概念和构成

放纵制售伪劣商品犯罪行为罪,是指对生产、销售伪劣商品犯罪行为负有追究责任的国家工商行政管理、质量技术监督等机关工作人员徇私舞弊,不履行法律规定的追究职责,情节严重的行为。

本罪的构成要件如下:

1. 本罪侵犯的客体是国家对生产、销售伪劣商品犯罪行为追究法律责任的制度。

2. 在客观方面,本罪表现为行为人徇私舞弊,不履行法律规定的追究职责,情节严重的行为。不履行法律规定的追究职责包括两种情况:一是不履行法律规定的追究刑事责任的职责,主要表现为不将该犯罪提交司法机关处理;二是不履行法律规定的追究其他法律责任的职责。构成本罪还要求达到情节严重的程度。对于情节严重的标准,前述立案标准的规定已经明确:(1)放纵生产、销售假药或者有毒、有害食品犯罪行为的;(2)放纵生产、销售伪劣农药、兽药、化肥、种子犯罪行为的;(3)放纵依法可能判处3年有期徒刑以上刑罚的生产、销售伪劣商品犯罪行为的;(4)对生产、销售伪劣商品犯罪行为不履行追究职责,致使生产、销售伪劣商品犯罪行为得以继续的;(5)3次以上不履行追究职责,或者对3个以上有生产、销售伪劣商品犯罪行为的单位或者个人不履行追究职责的;(6)其他情节严重的情形。

3. 本罪的主体是对生产、销售伪劣商品犯罪行为负有追究责任的国家工商行政管理、质量技术监督等机关工作人员,但不包括司法工作人员。

4. 本罪在主观方面表现为故意。

(二) 放纵制售伪劣商品犯罪行为罪的认定

在认定中应注意放纵制售伪劣商品犯罪行为罪与徇私舞弊不移交刑事案件罪的区别。主要体现在以下几个方面:一是本罪发生在有关产品质量等特定领域中;徇私舞弊不移交刑事案件罪可以发生在一切行政执法过程中。本罪是指行为人明知制售伪劣商品犯罪行为,应当查处而不查处;徇私舞弊不移交刑事案件罪是指行政执法人员已经介入对违法案件的查处,本应移交司法机关而不移交。二是本罪的主体是对生产、销售伪劣商品犯罪行为负有追究责任的国家工商行政管理、质量技术监督等机关工作人员;徇私舞弊不移交刑事案件罪的主体是一般的行政执法人员。由于徇私舞弊不移交刑事案件罪发生在行政执法过程中,与发生在工商、质量监督管理等行政执法中的放纵制售伪劣商品犯罪行为非常相似。这两者属于交叉型的法条竞合关系,行为人是以徇私舞弊不移交刑事案件的方式来达到放纵制售伪劣商品犯罪行为的目的,这里的特别法条是徇私舞弊不移交刑事案件罪的条文,故对此应当以徇私舞弊不移交刑事案件罪论处。

(三) 放纵制售伪劣商品犯罪行为罪的处罚

《刑法》第414条规定,犯放纵制售伪劣商品犯罪行为罪的,处5年以下有期徒刑或者拘役。

二十六、办理偷越国(边)境人员出入境证件罪

(一) 办理偷越国(边)境人员出入境证件罪的概念和构成

办理偷越国(边)境人员出入境证件罪,是指负责办理护照、签证以及其他出入境证件的国家机关工作人员对明知是企图偷越国(边)境的人员,予以办理出入境证件的行为。

本罪的构成要件如下:

1. 本罪侵犯的客体是国家的出入境管理制度。

2. 在客观方面,本罪表现为行为人对明知是企图偷越国(边)境的人员,予以办理出入境证件的行为。司法实践中,常见的是负责办理护照、签证以及其他出入境证件的国家机关工作人员涉嫌在办理护照、签证以及其他出入境证件的过程中,对明知是企图偷越国(边)境的人员而予以办理出入境证件的行为。

3. 本罪的主体是负责办理护照、签证以及其他出入境证件的国家机关工作人员。通常是公安外交部门的工作人员。

4. 本罪在主观方面表现为故意。

(二) 办理偷越国(边)境人员出入境证件罪的处罚

《刑法》第415条规定,犯办理偷越国(边)境人员出入境证件罪的,处3年以下有

期徒刑;情节严重的,处3年以上7年以下有期徒刑。

二十七、放行偷越国(边)境人员罪

(一) 放行偷越国(边)境人员罪的概念和构成

放行偷越国(边)境人员罪,是指边防、海关等国家机关工作人员对明知是偷越国(边)境的人员予以放行的行为。

本罪的构成要件如下:

1. 本罪侵犯的客体是国家的出入境管理制度。

2. 在客观方面,本罪表现为行为人对明知是偷越国(边)境的人员予以放行的行为。常见的是行为人在履行职务过程中,对明知是偷越国(边)境的人员而予以放行的行为。

3. 本罪的主体是边防、海关等国家机关的工作人员。

4. 本罪在主观方面表现为故意。

(二) 放行偷越国(边)境人员罪的处罚

《刑法》第415条规定,犯放行偷越国(边)境人员罪的,处3年以下有期徒刑或者拘役;情节严重的,处3年以上7年以下有期徒刑。

二十八、不解救被拐卖、绑架的妇女、儿童罪

(一) 不解救被拐卖、绑架的妇女、儿童罪的概念和构成

不解救被拐卖、绑架妇女、儿童罪,是指对被拐卖、绑架的妇女、儿童负有解救职责的公安、司法等国家机关工作人员接到被拐卖、绑架的妇女、儿童及其家属的解救要求或者接到其他人的举报,而对被拐卖、绑架的妇女、儿童不进行解救,造成严重后果的行为。

本罪的构成要件如下:

1. 本罪侵犯的客体是国家机关解救被拐卖、绑架妇女、儿童的正常活动。

2. 在客观方面,本罪表现为行为人接到被拐卖、绑架的妇女、儿童及其家属的解救要求或者接到其他人的举报,而对被拐卖、绑架的妇女、儿童不进行解救,造成严重后果的行为。首先,行为人必须接到了被拐卖、绑架妇女、儿童及其家属的要求或者其他人的举报,这表明已经有被拐卖、绑架妇女、儿童的案件发生;其次,行为人在明知的情况下对被拐卖、绑架妇女、儿童不进行解救,即行为人有放弃职守的不作为行为;最后,行为人的"不解救"行为造成了严重后果。根据前述立案标准的规定,具有下列情形之一的,可以认定为造成严重后果,应当追究刑事责任:(1)导致被拐卖、绑架的妇女、儿童或者其家属重伤、死亡或者精神失常的;(2)导致被拐卖、绑架的妇女、儿童被转移、隐匿、转卖,不能及时进行解救的;(3)对被拐卖、绑架的妇女、儿童不进行解救3人次以上的;(4)对被拐卖、绑架的妇女、儿童不进行解救,造成恶劣社会影响的;(5)

其他造成严重后果的情形。

3. 本罪的主体是对被拐卖、绑架的妇女、儿童负有解救职责的公安、司法等国家机关工作人员。根据有关规定,各级人民政府对被拐卖、绑架妇女、儿童负有解救职责,解救工作由公安机关会同有关部门负责执行。故负有解救职责的是各级人民政府的工作人员和公安人员。

4. 本罪在主观方面表现为故意。

(二)不解救被拐卖、绑架的妇女、儿童罪的处罚

《刑法》第 416 条第 1 款规定,犯不解救被拐卖、绑架的妇女、儿童罪的,处 5 年以下有期徒刑或者拘役。

二十九、阻碍解救被拐卖、绑架的妇女、儿童罪

(一)阻碍解救被拐卖、绑架的妇女、儿童罪的概念和构成

阻碍解救被拐卖、绑架妇女、儿童罪,指对被拐卖、绑架的妇女、儿童负有解救职责的公安、司法等国家机关工作人员利用职务阻碍解救被拐卖、绑架的妇女、儿童的行为。

本罪的构成要件如下:

1. 本罪侵犯的客体是国家机关解救被拐卖、绑架妇女、儿童的正常活动。

2. 在客观方面,本罪表现为行为人利用职务阻碍解救被拐卖、绑架的妇女、儿童的行为。对于"解救"应当作广义的理解,既包括有关机关实施解救的公务行为,也包括被拐卖妇女儿童及其家属要求解救的行为以及其他公民进行的解救行为。"阻碍解救"的行为方式有多种多样,既可以是向犯罪分子通风报信,泄露有关解救信息,也可以是利用自己知道内情的便利向他人如何阻碍解救工作出谋划策等。这种行为既可以是作为,也可以是不作为。根据前述立案标准的规定,有下列情形之一的,应当追究刑事责任:(1)利用职权,禁止、阻止或者妨碍有关部门、人员解救被拐卖、绑架的妇女、儿童的;(2)利用职务上的便利,向拐卖、绑架者或者收买者通风报信,妨碍解救工作正常进行的;(3)其他利用职务阻碍解救被拐卖、绑架的妇女、儿童应予追究刑事责任的情形。

3. 本罪的主体是对被拐卖、绑架的妇女、儿童负有解救职责的公安、司法等国家机关工作人员。

4. 本罪在主观方面表现为故意。

(二)阻碍解救被拐卖、绑架的妇女、儿童罪的认定

1. 阻碍解救被拐卖、绑架的妇女、儿童罪与非罪的界限

《刑法》第 416 条所规定的"被拐卖、绑架的妇女、儿童",仅指《刑法》第 240 条规定的拐卖(包括绑架)妇女、儿童中的被害人,而不包括《刑法》第 239 条规定的绑架罪中的被绑架的妇女、儿童。本罪的立法意图在于保护被拐卖或者绑架的妇女和儿童,这是因为他们不仅是弱者,更容易受到上述犯罪行为的侵害,而且在遭到拐卖或者绑

架以后,其自救能力也较弱。由于无论是出卖还是收买妇女、儿童行为,其目的都在于利用这些被拐卖的妇女、儿童,故一般而言其仅是人身自由受到限制,肉体没有受到伤害的紧迫危险。而对于严重侵犯人身权利甚至是暴力犯罪的绑架罪而言,不管是妇女、儿童,还是已经年满 14 周岁的男性公民,其遭受的人身侵害的紧迫性是一样的,其处境也完全相同,理应得到刑法的平等保护。如果包括绑架罪中的被绑架的妇女、儿童的话,那么,立法上对处在同样处境中的男性公民,却采取不同的保护措施,没有法理和情理依据。从立法背景来看,本罪名是来源于 1991 年 9 月 4 日全国人大常委会《关于严惩拐卖、绑架妇女、儿童的犯罪分子的决定》,而这个决定所要惩治的正是那些以出卖或者收买为目的的拐卖妇女、儿童犯罪行为,但不包括绑架罪中所涉及的对象是妇女、儿童的情形。

2. 阻碍解救被拐卖、绑架的妇女、儿童罪与相关犯罪的区别

(1) 阻碍解救被拐卖、绑架的妇女、儿童罪与妨害公务罪的区别。主要体现以下几个方面:第一,侵犯的客体不同。尽管两者都同为侵犯国家机关工作人员解救妇女、儿童的公务活动,但本罪属于渎职犯罪的范畴;后者属于妨害社会管理秩序犯罪的范畴。第二,客观方面不同。本罪阻碍的方式是多种多样的,但必须是利用职务阻碍;妨害公务罪只能是以暴力、威胁的方法阻碍国家机关工作人员的公务活动。第三,故意的内容不同。本罪行为人明知自己阻碍的是解救妇女、儿童的公务活动;妨害公务罪行为人只须明知阻碍的是国家机关工作人员执行公务即可,不需明知何种公务、何类国家工作人员执行公务。第四,主体不同。本罪的主体为特殊主体,仅限于负有解救职责的国家机关工作人员;妨害公务罪是一般主体。

(2) 阻碍解救被拐卖、绑架的妇女、儿童罪与聚众阻碍解救被收买的妇女、儿童罪的区别。第一,侵犯的客体不同。本罪除侵犯国家机关工作人员解救妇女、儿童的公务活动外,还属于渎职犯罪的范畴;而聚众阻碍解救被收买的妇女、儿童罪属于侵犯公民人身权利的范畴。第二,客观方面不同。本罪客观行为多种多样,且限定为利用职务实施;而聚众阻碍解救被收买的妇女、儿童罪行为形式只限定为以“聚众”的形式,且阻碍的仅限于解救被收买的妇女、儿童的公务行为。第三,主体上不同。本罪仅限于负有解救职责的国家机关工作人员;而聚众阻碍解救被收买的妇女、儿童罪的主体为实施阻碍行为的首要分子,可以是国家机关工作人员,也可以是非国家机关工作人员。

(三) 阻碍解救被拐卖、绑架的妇女、儿童罪的处罚

《刑法》第 416 条第 2 款规定,犯阻碍解救被拐卖、绑架的妇女、儿童罪的,处 2 年以上 7 年以下有期徒刑;情节较轻的,处 2 年以下有期徒刑或者拘役。

三十、帮助犯罪分子逃避处罚罪

(一) 帮助犯罪分子逃避处罚罪的概念和构成

帮助犯罪分子逃避处罚罪,是指有查禁犯罪活动职责的司法及公安、国家安全、海关、税务等国家机关的工作人员向犯罪分子通风报信、提供便利,帮助犯罪分子逃

避处罚的行为。

本罪的构成要件如下：

1. 本罪侵犯的客体是司法机关的正常司法活动。

2. 在客观方面，本罪表现为行为人向犯罪分子通风报信、提供便利，帮助犯罪分子逃避处罚的行为。根据《立案标准》规定，有下列情形之一的，应当追究刑事责任：（1）向犯罪分子泄漏有关部门查禁犯罪活动的部署、人员、措施、时间、地点等情况的；（2）向犯罪分子提供钱物、交通工具、通讯设备、隐藏处所等便利条件的；（3）向犯罪分子泄漏案情的；（4）帮助、示意犯罪分子隐匿、毁灭、伪造证据，或者串供、翻供的；（5）其他帮助犯罪分子逃避处罚应予追究刑事责任的情形。根据有关司法解释，公安人员对盗窃抢劫的机动车辆，非法提供机动车牌证或者为其取得机动车牌证提供便利，帮助犯罪分子逃避处罚的，以本罪论处。

3. 本罪的主体是有查禁犯罪活动职责的司法及公安、国家安全、海关、税务等国家机关的工作人员。

4. 本罪在主观方面表现为故意。

（二）帮助犯罪分子逃避处罚罪的认定

在认定时应注意帮助犯罪分子逃避处罚罪与窝藏、包庇罪的区别。两者的区别在于：一是行为方式不同。本罪行为表现为向犯罪分子通风报信、提供便利，帮助犯罪分子逃避处罚的行为；窝藏、包庇罪表现为为犯罪人提供隐藏处所、财物，帮助其逃匿或者作假证明予以包庇的行为。二是主体不同。本罪的主体是负有查禁犯罪活动职责的国家机关工作人员；窝藏、包庇罪为一般主体。负有查禁职责的国家机关工作人员实施窝藏、包庇行为的，可以帮助犯罪分子逃避处罚罪定罪处罚。

（三）帮助犯罪分子逃避处罚罪的处罚

《刑法》第 417 条规定，犯帮助犯罪分子逃避处罚罪的，处 3 年以下有期徒刑或者拘役；情节严重的，处 3 年以上 10 年以下有期徒刑。

三十一、招收公务员、学生徇私舞弊罪

（一）招收公务员、学生徇私舞弊罪的概念和构成

招收公务员、学生徇私舞弊罪，是指国家机关工作人员在招收公务员、省级以上教育行政部门组织招收的学生工作中徇私舞弊，情节严重的行为。

本罪的构成要件如下：

1. 本罪侵犯的客体是国家公务员和学生的招录制度。

2. 在客观方面，本罪表现为行为人在招收公务员、省级以上教育行政部门组织招收的学生工作中徇私舞弊，情节严重的行为。首先，本罪发生在公务员、学生的招录过程中。其次，行为人有徇私舞弊的行为。即为徇私情私利，不按照条件，故意将不合格的当作合格的招录、将合格的当作不合格的不招录或者不遵循择优录取的原则从事招录工作。第三，必须具备情节严重的条件。根据《立案标准的规定》，具有下列情形之一的,可以认定为情节严重,应当追究刑事责任:(1)徇私舞弊,利用职务便利,伪造、变造人事、户口档案、考试成绩或者其他影响招收工作的有关资料,或者明知是伪造、变造的上述材料而予以认可的;(2)徇私舞弊,利用职务便利,帮助5名以上考生作弊的;(3)徇私舞弊招收不合格的公务员、学生3人次以上的;(4)因徇私舞弊招收不合格的公务员、学生,导致被排挤的合格人员或者其近亲属自杀、自残造成重伤、死亡,或者精神失常的;(5)因徇私舞弊招收公务员、学生,导致该项招收工作重新进行的;(6)其他情节严重的情形。

3. 本罪的主体是国家机关工作人员。具体而言,应当是政府职能部门中具有招录公务员和学生职权的工作人员。

4. 本罪在主观方面表现为故意。

(二)招收公务员、学生徇私舞弊罪的处罚

《刑法》第418条规定,犯招收公务员、学生徇私舞弊罪的,处3年以下有期徒刑或者拘役。

三十二、失职造成珍贵文物损毁、流失罪

(一)失职造成珍贵文物损毁、流失罪的概念和构成

失职造成珍贵文物损毁、流失罪,是指国家机关工作人员严重不负责任,造成珍贵文物损毁或者流失,后果严重的行为。

本罪的构成要件如下:

1. 本罪侵犯的客体是国家文物管理制度。

2. 在客观方面,本罪表现为行为人严重不负责任,造成珍贵文物损毁或者流失,后果严重的行为。首先,行为人必须在工作中不负责任,造成珍贵文物毁损或者流失。严重不负责任,是指不履行或者不正确履行文物保护、管理、挖掘等职责。损毁,是指导致珍贵文物的历史、科学、文化等价值减少或者丧失。流失,是指珍贵文物不知去向或者流往境外,因而使国家丧失对珍贵文物的所有权或者控制权。其次,造成了严重后果。根据前述立案标准的规定,具有下列情形之一的,应当认定为造成了严重后果,应当追究刑事责任:(1)导致国家一、二、三级文物损毁或者流失的;(2)导致全国重点文物保护单位或者省级文物保护单位损毁的;(3)其他后果严重的情形。

3. 本罪的主体是国家机关工作人员。具体而言,一般应当是各级文化行政管理部门中行使文物保护、管理、挖掘工作的人员。

4. 本罪在主观方面表现过失。即应当预见自己的行为可能造成珍贵文物损毁或者流失的危害结果,因为疏忽大意而没有预见,或者已经预见而轻信能够避免。故意造成珍贵文物损毁或者流失的,视性质与情节认定为其他犯罪。

(二)失职造成珍贵文物损毁、流失罪的处罚

《刑法》第419条规定,犯失职造成珍贵文物损毁、流失罪的,处3年以下有期徒刑或者拘役。

第三十章

军人违反职责罪

第一节　军人违反职责罪概述

一、军人违反职责罪的概念和构成

为了保护国家的军事利益,1981年6月全国人大常委会制定《军人违反职责罪暂行条例》,首次规定了军人违反职责的犯罪。《暂行条例》作为对刑法典的补充,以单行刑法的形式规定了军人在履行职务过程中涉及的犯罪行为。1997年《刑法》把军人违反职责罪并入刑法典之中,作为刑法分则的第十章,从而使军人违反职责罪成为刑法典的有机组成部分。《刑法修正案(九)》取消了阻碍执行军事职务罪、战时造谣惑众罪的死刑,从而完善了军人违反职责罪的法定刑配置。2013年3月最高人民检察院、中国人民解放军总政治部颁布了修订后的《军人违反职责罪案件立案标准的规定》,进一步明确了军人违反职责罪的入罪条件。

军人违反职责,危害国家军事利益,依照法律应当受刑罚处罚的行为,是军人违反职责罪。这是《刑法》第420条规定的军人违反职责罪的概念,这个概念对认定本章规定的各个具体军人违反职责的犯罪都具有指导意义。刑法对军人违反职责罪概念的界定,概括了军人违反职责罪的危害性质与基本特征,划分了军人违反职责罪与非罪的界限,也有利于厘清军人违反职责罪与其他犯罪的区别。

本类罪的构成要件如下:

1. 本类罪侵犯的客体是国家的军事利益。对国家军事利益的危害,是军人违反职责罪的本质特征,也是其区别于刑法分则其他各类犯罪的关键所在。国家军事利益,是指国家在国防建设、作战行动、军队物质保障、军事机密、军事科学研究等方面的利益。军事利益直接关系着国家的安全与利益,理应受到特殊保护。

2. 在客观方面,本类罪表现为违反军人职责,危害国家军事利益的行为。违反军人职责,是指违反国家法律、法规,军事法规、军事规章所规定的军人职责。军人职责包括军人的共同职责,士兵、军官和首长的一般职责,各类主管人员和其他从事专门工作的军人的专业职责等。军人违反职责的行为既包括作为,也包括不作为,其中可以由不作为构成的犯罪较多,这也是军法从严的体现。本类犯罪与刑法分则其他类别的犯罪不同,军人违反职责的犯罪时间和犯罪地点,对于其定罪和量刑,有相当大的影响。军人违反职责罪中有些罪必须具有"在战场上",或者在"战时"的地点、时间要求。战时,是指国家宣布进入战争状态、部队受领作战任务,或者遭敌突然袭击时。部队执行戒严任务或者处置突然性暴力事件时,以战时论。如果不具备这些时间、地点特征,就不能构成这种犯罪。对有些军人违反职责罪而言,虽然行为是否发生"在战时"或者"战场上"对其定罪没有影响,但对于量刑有轻重差别的影响。

3. 本类罪的主体是特殊主体,即只能由军人构成。具体包括中国人民解放军的现役军官、文职干部、士兵及具有军籍的学员和中国人民武装警察部队的现役警官、文职干部、士兵及具有军籍的学员以及执行军事任务的预备役人员和其他人员。不具备军人身份的,不能构成本类罪。

4. 本类罪在主观方面表现为多数犯罪由故意构成,少数犯罪由过失构成。

二、军人违反职责罪的类型

《刑法》分则第十章共设有 28 个条文,共计设有 31 个罪名。对这些罪名进行归类如下:

1. 危害作战利益的犯罪。具体包括战时违抗命令罪,隐瞒、谎报军情罪,拒传、假传军令罪,投降罪,战时临阵脱逃罪,违令作战消极罪,拒不救援友邻部队罪,战时造谣惑众罪,战时自伤罪。

2. 违反部队管理制度的犯罪。具体包括擅离、玩忽军事职守罪,阻碍执行军事职务罪,指使部属违反职责罪,军人叛逃罪,逃离部队罪,私放俘虏罪。

3. 危害军事秘密的犯罪。具体包括非法获取军事秘密罪,为境外窃取、刺探、收买、非法提供军事秘密罪,故意泄露军事秘密罪,过失泄露军事秘密罪。

4. 危害部队物资保障的犯罪。具体包括武器装备肇事罪,擅自改变武器装备编配用途罪,盗窃、抢夺武器装备、军用物资罪,非法出卖、转让武器装备罪,遗弃武器装备罪,遗失武器装备罪,擅自出卖、转让军队房地产罪。

5. 侵犯部属、伤病军人、平民、战俘利益的犯罪。具体包括虐待部属罪,遗弃伤病军人罪,战时拒不救治伤病军人罪,战时残害居民、掠夺居民财物罪,虐待俘虏罪。

三、军人违反职责罪的认定

(一)本类罪的法律适用范围与案件管辖范围的区别

由于早先军人违反职责罪采取了单独立法的形式,地方发生的军人违反职责罪的案件又较少,造成很大误解,有些观点认为审理军人违反职责犯罪案件是军队司法机关的事情,与地方司法机关无关。这种观点混淆了军人违反职责罪的刑法适用范围与军队司法机关对刑事案件的管辖范围这两个完全不同的概念。前者由刑法规定哪些军人因违反军人职责而可以成为本类犯罪的犯罪主体,依照《刑法》分则第十章的规定定罪处罚,其属于实体法的范畴。后者是为了解决军队司法机关和地方司法机关在受理刑事案件管辖范围上的分工,其属于程序法的范畴。根据有关规定,军队司法机关管辖的案件包括军队和武警等部队的现役军官和警官、文职干部、士兵、具有军籍的学员、在编职工以及由军队管理的离休退休人员犯罪的案件。对于其他人员的犯罪案件,包括武警边防、消防、警卫等部队的人员触犯的军人违反职责罪,均由地方司法机关管辖。可见,军队司法机关管辖的案件有一部分是军人违反职责的犯罪,也有一部分并不属于本章的犯罪;而地方司法机关也管辖一小部分军人违反职责罪的案件。

(二) 本类罪法条竞合关系的处理

为了体现对军人从严要求的原则,以加强对国家军事利益的特别保护,同时也为了更符合军队的实际情况,本章规定了一些在《刑法》分则其他章节已经有的类似的罪名,从而形成了法条竞合关系。如本章的"为境外窃取、刺探、收买、非法提供军事秘密罪"与《刑法》分则第一章中"为境外窃取、刺探、收买、非法提供国家秘密、情报罪",本章的"非法获取军事秘密罪"与《刑法》分则第六章"非法获取国家秘密罪",本章的"故意泄漏军事秘密罪、过失泄漏军事秘密罪"与《刑法》分则第九章的"故意泄漏国家秘密罪、过失泄漏国家秘密罪",本章的"盗窃、抢夺武器装备、军用物资罪"与《刑法》分则第二章的"盗窃、抢夺枪支、弹药、爆炸物罪"以及《刑法》分则第五章的"盗窃罪、抢夺罪",本章的"阻碍执行军事职务罪"与《刑法》分则第六章的"妨害公务罪",本章的"军人叛逃罪"与《刑法》分则第一章的国家机关工作人员的"叛逃罪",本章的"玩忽军事职守罪"与《刑法》分则第九章的"玩忽职守罪"。上述这些相类似的法条之间都是一种法条竞合的关系,这种关系既有体现为包含关系的,也有体现为交叉关系的。本章的罪名与《刑法》分则其他章节的罪名相比,规定本章罪名的法条是特别法条,规定《刑法》分则其他章节罪名的法条是普通法条。如果军人的同一行为既触犯了本章的条文,又触犯了《刑法》分则其他章节的条文,应当依照特别法优于普通法的法条竞合处理原则,适用本章的相应规定定罪处罚,而不能适用其他章节的普通法条。

四、军人违反职责罪的处罚

1. 本类犯罪的处罚原则

本类犯罪是根据刑法的基本原则以及惩办与宽大相结合的刑事政策,结合军队的实际情况确立的,在适用刑法惩罚本类犯罪时应当遵循下面几个原则:一是军法从严原则;二是战时从严原则;三是特殊人员从严原则,即依照其担任职务和工作性质的不同,对于特殊人员要从严处理;四是酌情从宽原则。

2. 犯本类罪战时缓刑的适用

战时缓刑是指对被依法宣告缓刑的犯罪军人,允许其戴罪立功,确有立功表现的,可以撤销原判刑罚,不以犯罪论处的缓刑制度。战时缓刑制度建立在一般缓刑规定的基础上,根据战时军队的特殊需要而设立的一种特殊规定,其积极意义自不待言,但对战时缓刑应当注意其适用条件。首先,适用对象是被判处3年以下有期徒刑的犯罪军人。对于是否包括被判处拘役的军人存在争议,我们认为不应当包括这种情形。其理由在于:从法条的字面含义解释,被判处3年以下有期徒刑,只是表明适用对象是3年以下,并且被处以有期徒刑的人,这个有期徒刑显然是不包括拘役的。如果认为也包括拘役,那么准确的措辞应当是"3年有期徒刑以下刑罚"。故有观点认为这是立法的漏洞,我们赞同这样的观点。并且认为,既然比拘役性质更严厉的有期徒刑尚且可以适用战时缓刑,那么对被判处拘役的犯罪军人适用战时缓刑既符合逻辑,又在情理之中。对于这个问题,依照罪刑法定原则,应当由立法机关作出立法解释或者修正刑法予以解决,在现有条件下不宜对被判处拘役的军人适用战时缓刑。其次,适用战时缓刑的考验期限必须是在战时,即为考验期限必须全部或者部分是在战时。第三,行为人必须在战时的缓刑考验期间具有立功表现。立功是指获得团级以上单位给予的表彰和奖励,因作战而负伤或者牺牲的,应当视为立功表现。行为人确有立功表现的,应当撤销原判刑罚,原来的行为不再以犯罪论处。

第二节 危害作战利益的犯罪

一、战时违抗命令罪

(一)战时违抗命令罪的概念和构成

战时违抗命令罪,是指军人在战时故意违抗作战命令,对作战造成危害的行为。本罪的构成要件如下:

1. 本罪的客体是作战指挥秩序。

2. 在客观方面,本罪表现为在战时违抗命令,对作战造成危害的行为。本罪客观方面包括三个内容:一是必须发生在战时,这是本罪的时间条件。战时,是指国家宣布进入战争状态、部队受领作战任务或者遭敌突然袭击时;部队执行戒严任务或处置突发性暴力事件时,以战时论。二是必须实施了违背、抗拒首长、上级职权范围内的命令的行为,这种行为主要表现为拒绝接受命令、拒不执行命令或者不按照命令的具体要求行动。命令,是指军队的上级、首长在职权范围内向下级、部属下达的必须执行的指示。命令的形式可能是口头的,也可能是书面的。三是违抗命令必须对作战造成危害。这个结果性条件中的"对作战造成危害",主要包括以下情形:扰乱作战部署或者贻误战机的;造成作战任务不能完成或者迟缓完成的;造成我方人员死亡1人以上,或者重伤2人以上,或者轻伤3人以上的;造成武器装备、军事设施、军用物资损毁,直接影响作战任务完成的;对作战造成其他危害的等。

3. 本罪的主体是参加作战的军人干部、战士,主要是接受命令或者被命令的军事人员。

4. 本罪在主观方面表现为故意,过失不能构成本罪。行为人的动机可能是害怕战斗,也可能是对上级不满、泄愤报复或者自高自大,不愿听从上级命令,等等。动机如何,对定罪没有影响。

(二) 战时违抗命令罪的处罚

《刑法》第 421 条规定,犯战时违抗命令罪的,处 3 年以上 10 年以下有期徒刑;致使战斗、战役遭受重大损失的,处 10 年以上有期徒刑、无期徒刑或者死刑。

二、隐瞒、谎报军情罪

(一) 隐瞒、谎报军情罪的概念和构成

隐瞒、谎报军情罪,是指军人故意隐瞒、谎报军情,对作战造成危害的行为。

本罪的构成要件如下:

1. 本罪的客体是作战秩序。

2. 在客观方面,本罪表现为隐瞒、谎报军情,对作战造成危害的行为。首先,应当具有隐瞒、谎报军情的行为。军情,是指作战时有关敌我的军事情况,例如兵力部署、武器装备、防御工事、战场地形等。隐瞒军情,是指将真实的军情应当报告而隐瞒不报。谎报军情,是指报告虚构或者捏造的军情,如故意夸大或缩小敌方兵力、部署,或者夸大我军战果,等等。其次,还应当有对我军作战造成危害的后果出现。这种危害后果一般是指以下情形:造成首长、上级决策失误的;造成作战任务不能完成或者迟缓完成的;造成我方人员死亡 1 人以上,或者重伤 2 人以上,或者轻伤 3 人以上的;造成武器装备、军事设施、军用物资损毁,直接影响作战任务完成的;对作战造成其他危害的,等等。

3. 本罪的主体是负有报告军情义务的军内通讯员、侦察员、机要员以及其他负有报告军情义务的军职人员。

4. 本罪在主观方面表现为故意。至于其动机可以多种多样。

(二) 隐瞒、谎报军情罪的处罚

《刑法》第 422 条规定,犯隐瞒、谎报军情罪的,处 3 年以上 10 年以下有期徒刑;致使战斗、战役遭受重大损失的,处 10 年以上有期徒刑、无期徒刑或者死刑。

三、拒传、假传军令罪

(一) 拒传、假传军令罪的概念和构成

拒传、假传军令罪,是指军人拒传、假传军令,对作战造成危害的行为。

本罪的构成要件如下:

1. 本罪的客体是作战秩序。

2. 在客观方面,本罪表现为拒传、假传军令,对作战造成危害的行为。首先,应当具备拒传军令、假传军令的行为。拒传军令,是指明知是与作战有关的军事命令而拒绝传递或者拖延传递的行为。假传军令,是指故意伪造、篡改军事命令或者明知是伪造、篡改的军事命令而予以传达或者发布的行为。其次,拒传军令或假传军令的行为还应对作战造成危害。对作战造成危害,主要包括以下情形:造成首长、上级决策失误的;造成作战任务不能完成或者迟缓完成的;造成我方人员死亡 1 人以上,或者重伤 2 人以上,或者轻伤 3 人以上的;造成武器装备、军事设施、军用物资损毁,直接影响作战任务完成的;对作战造成其他危害的等。

3. 本罪的主体为负有传达军令职责的现役军职人员。

4. 本罪在主观方面表现为故意,如果是过失误传军令,即使造成严重后果,也不能构成本罪。

(二) 拒传、假传军令罪的处罚

《刑法》第 422 条规定,犯拒传、假传军令罪的,处 3 年以上 10 年以下有期徒刑;致使战斗、战役遭受重大损失的,处 10 年以上有期徒刑、无期徒刑或者死刑。

四、投降罪

(一) 投降罪的概念和构成

投降罪,是指军人在战场上贪生怕死,自动放下武器投降敌人的行为。

本罪的构成要件如下:

1. 本罪的客体是军人的战斗义务。

2. 在客观方面,本罪表现为在战场上自动放下武器,放弃抵抗,投降敌人的行为。本罪发生的场合必须是在战场上,本罪的行为表现是自动放下武器,投降敌人。战场上的军职人员凡使用武器可以进行抵抗而放弃抵抗的,无论事实上本人是抛弃武器还是武器仍在手中,都应视为"自动放下武器,放弃抵抗"。自动放下武器放弃抵抗与被迫放下武器停止抵抗是不同的,如因弹尽粮绝、武器毁损、严重伤害等客观原因失去抵抗能力或者被俘而被迫停止抵抗的,都不应以自动放下武器论。

3. 本罪的主体是参加作战的军人。

4. 本罪在主观方面表现为故意。主观上具有贪生怕死、畏惧战斗的动机。

(二) 投降罪的认定

认定本罪时应当注意本罪与危害国家安全罪中的背叛国家罪、投敌叛变罪的区别。本罪属于军人犯罪之列,主体仅限于军人,并且限定在战场上作战时投降敌人。而背叛国家罪、投敌叛变罪则属于危害国家安全犯罪,主体不限于军人,还包括其他人员,并且犯罪时间和地点也没有限制。

(三) 投降罪的处罚

《刑法》第 423 条规定,犯投降罪的,处 3 年以上 10 年以下有期徒刑;情节严重的,处 10 年以上有期徒刑或者无期徒刑。投降后为敌人效劳的,处 10 年以上有期徒刑、无期徒刑或者死刑。

五、战时临阵脱逃罪

（一）战时临阵脱逃罪的概念和构成

战时临阵脱逃罪，是指军人在战场上或者在战斗状态情况下，因贪生怕死、畏惧战斗等原因而脱离部队逃跑的行为。

本罪的构成要件如下：

1. 本罪的客体是军人的战斗义务。

2. 在客观方面，本罪表现为在战时临阵脱逃的行为。临阵，是指部队或者军人已经接受作战任务，面临战斗或者正在战斗过程中。脱逃，是指擅自离开战斗部队、逃离战斗岗位、逃避战斗的行为。本罪的发生必须是在战时，即面临或正在战斗时，这是本罪的时间条件，有别于非战时脱逃。

3. 本罪的主体是参加作战的军人。

4. 本罪在主观方面表现为故意。行为人主观上可能是贪生怕死、畏惧战斗的动机，也可能是其他动机。

（二）战时临阵脱逃罪的处罚

《刑法》第 424 条规定，犯战时临阵脱逃罪的，处 3 年以下有期徒刑，情节严重的，处 3 年以上 10 年以下有期徒刑；致使战斗、战役遭受重大损失的，处 10 年以上有期徒刑、无期徒刑或者死刑。

六、违令作战消极罪

（一）违令作战消极罪的概念和构成

违令作战消极罪，是指军队指挥人员违抗命令，临阵畏缩，作战消极，造成严重后果的行为。

本罪的构成要件如下：

1. 本罪的客体是部队的作战秩序。

2. 在客观方面，本罪表现为违抗命令，临阵畏缩，作战消极，造成严重后果的行为。首先，应当具备违抗命令；临阵畏缩，作战消极的行为。违抗命令，是指指挥人员在作战中故意违背、抗拒执行首长、上级的命令。临阵畏缩，是指在作战中贪生怕死畏缩怠战。作战消极，是指在作战中没有勇敢战斗，而是不图进取，消极怠战。其次，构成本罪，还应具有造成严重后果的条件。造成严重后果，通常是指：扰乱作战部署或者贻误战机的；造成作战任务不能完成或者迟缓完成的；造成我方人员死亡 1 人以上，或者重伤 2 人以上，或者轻伤 3 人以上的；造成武器装备、军事设施、军用物资或者其他财产损毁，直接经济损失 20 万元以上，或者直接经济损失、间接经济损失合计 100 万元以上的；造成其他严重后果的，等等。

3. 本罪的主体是军队中的指挥人员,即对作战部队具有发令、决策、领导职责的人员。非指挥人员违令作战消极不构成本罪。

4. 本罪在主观方面表现为故意,过失不构成本罪。

(二) 违令作战消极罪的认定

在认定违令作战消极罪时应当把本罪与战时违抗命令罪加以区分。虽然这两罪都有违抗命令的客观表现,主体都是军人,但两罪仍有较大差别。本罪的主体较为特殊,是由军队中的指挥人员构成;战时违抗命令罪的主体则为一般军人所构成。本罪的内容主要是对上级的命令不实施,消极怠战,作战畏缩;而战时违抗命令罪则是公开抗拒执行上级的命令、指示。

(三) 违令作战消极罪的处罚

《刑法》第 428 条规定,犯违令作战消极罪的,处 5 年以下有期徒刑;致使战斗、战役遭受重大损失或者有其他特别严重情节的,处 5 年以上有期徒刑。

七、拒不救援友邻部队罪

(一) 拒不救援友邻部队罪的概念和构成

拒不救援友邻部队罪,是指指挥人员在战场上明知友邻部队处境危急请求救援,能救援而不救援,致使友邻部队遭受重大损失的行为。

本罪的构成要件如下:

1. 本罪的客体是军队的作战利益和作战秩序。

2. 在客观方面,本罪表现为在战场上明知友邻部队处境危急请求救援,能救援而不救援,致使友邻部队遭受重大损失的行为。本罪客观方面包括以下三部分内容:(1)在战场上明知友邻部队处境危急请求救援。在战场上,是本罪的地点条件;处境危急请求救援,是指友邻部队因被敌军围困、追击或者阵地将被攻陷等紧急情况向行为人所在部队发出救援的请求。(2)能救援而不救援。是指行为人根据当时自己部队(分队)所处的环境、作战能力及所担负的任务,有条件、有能力进行救援,但出于保存实力、怯战怕死等原因按兵不动,坐视不理,不去救援的行为。这是一种典型的见危不救的行为。行为人指挥的部队是否有能力对友邻部队实施救援,是决定行为人能否构成犯罪的一个重要条件。(3)由于不救援使友邻部队遭受重大损失。这是成立本罪的结果性条件,其中的重大损失应当与行为人的拒不救援有紧密的联系。使友邻部队遭受重大损失,主要是指以下情形:造成战斗失利的;造成阵地失陷的;造成突围严重受挫的;造成我方人员死亡 3 人以上,或者重伤 10 人以上,或者轻伤 15 人以上的;造成武器装备、军事设施、军用物资损毁,直接经济损失 100 万元以上的;造成其他重大损失的等。

3. 本罪的主体是指挥人员。在战场上是否救援友邻部队,只有指挥人员有决定权,因此法律规定指挥人员才能成为本罪的主体。

4. 本罪在主观方面表现为故意,行为人对友邻部队处境危急、已发出救援请求应有明知。至于行为人的动机则可以多种多样。

（二）拒不救援友邻部队罪的处罚

《刑法》第429条规定，犯拒不救援友邻部队罪的，对指挥人员，处5年以下有期徒刑。

八、战时造谣惑众罪

（一）战时造谣惑众罪的概念和构成

战时造谣惑众罪，是指在战时造谣惑众，动摇军心的行为。《刑法修正案（九）》对本罪作了修改，取消了战时造谣惑众罪的死刑。这是考虑到战时造谣惑众罪适用死刑的条件是勾结敌人造谣惑众，而战时勾结敌人造谣惑众、动摇军心的性质是投敌叛变，行为人主观上有投敌变节的故意，客观上实施了为敌效劳的叛变行为，可以《刑法》第108条投敌叛变罪论处。此外，取消死刑后，本罪的最高刑为无期徒刑，与《刑法》第378条规定的战时造谣扰乱军心罪的法定最高刑（10年有期徒刑）相比，仍能够体现出军法从严的精神。①

本罪的构成要件如下：

1. 本罪的客体是部队的作战利益。

2. 在客观方面，本罪表现为在战时造谣惑众，动摇军心的行为。在战时，是本罪的时间特征。如果不是在战时造谣惑众，则不构成本罪。造谣惑众、动摇军心，是指编造、散布谣言，煽动怯战、厌战或者恐怖情绪，蛊惑官兵，造成或者足以造成部队情绪恐慌、士气不振、军心涣散的行为。如在战争或作战时，制造敌方强大、我方弱小等谣言，并在部队中散布，蛊惑官兵，动摇军心；夸大敌方武器的杀伤能力、制造恐怖气氛；编造我方兵力缺乏、武器装备落后等困难，从而涣散斗志。

3. 本罪的主体是参加作战的军职人员。

4. 本罪在主观方面表现为故意。动机可能是贪生怕死，也可能是厌战、怯战。

（二）战时造谣惑众罪的认定

在认定本罪时应当注意本罪与《刑法》分则第七章规定的战时造谣扰乱军心罪的界限。两罪在主观上都是故意，客观上都是在战时造谣惑众，扰乱动摇军心。两罪的关键区别在于主体上的差别，本罪的主体是军人，而后罪的主体则是军人之外的其他人。

（三）战时造谣惑众罪的处罚

《刑法》第433条规定，犯战时造谣惑众罪的，处3年以下有期徒刑；情节严重的，处3年以上10年以下有期徒刑；情节特别严重的，处10年以上有期徒刑或者无期徒刑。《刑法修正案（九）》取消了该罪的死刑规定。

---

① 臧铁伟主编：《中华人民共和国刑法修正案（九）解读》，中国法制出版社2015年版，第332页。

九、战时自伤罪

（一）战时自伤罪的概念和构成

战时自伤罪，是指军人在战争时期故意伤害自己的身体、逃避军事义务的行为。本罪的构成要件如下：

1. 本罪的客体是部队的作战利益和军人的军事义务。

2. 在客观方面，本罪表现为在战时自伤身体，逃避军事义务的行为。首先，必须具有自伤身体的行为。自伤身体，是指行为人自行使用刀、枪或者其他器械损伤自己的身体，或者故意要求他人伤害自己的身体。其次，自伤身体行为发生在战时。如果在非战争时期自伤身体，所逃避的是服兵役的义务，如为提前退伍、转业等，则不构成本罪。第三，自伤身体导致其逃避或者不能履行相关的军事义务。逃避军事义务，是指逃避临战准备、作战行动、战场勤务和其他作战保障任务等与作战有关的义务。

3. 本罪的主体只能是军人，非军人在战时自伤身体，逃避服兵役的军事义务，不能以本罪论。

4. 本罪在主观方面是故意，主观意图是为了逃避战时的军事义务。如果不是以逃避战时军事义务为目的的自伤行为，如为骗取荣誉、提高伤残等级等，则不属于本罪之列。

（二）战时自伤罪的处罚

《刑法》第 434 条规定，犯战时自伤罪的，处 3 年以下有期徒刑；情节严重的，处 3 年以上 7 年以下有期徒刑。

第三节　违反部队管理制度的犯罪

一、擅离、玩忽军事职守罪

（一）擅离、玩忽军事职守罪的概念和构成

擅离、玩忽军事职守罪，是指军队指挥人员和值班、值勤人员，擅自离开正在履行职责的岗位，或者在履行职责的岗位上，严重不负责任，不履行、不正确履行军事职责，造成严重后果的行为。

本罪的构成要件如下：

1. 本罪的客体是军职人员的岗位责任制度。

2. 在客观方面，本罪表现为擅离职守或者玩忽军事职守，造成严重后果的行为。首先，必须具有擅离职守或者玩忽军事职守的行为。擅离职守，是指指挥人员和值班、值勤人员放弃职守，擅自离开指挥岗位或者值班、值勤岗位。玩忽军事职守，是指

指挥人员或者值班、值勤人员在履行职责时严重不负责任,不履行或不正确履行军事职责的行为。一般而言,擅离职守是玩忽职守中不履行职责的一种表现,但在本罪中擅离职守仅限于擅自离开指挥、值班、值勤岗位。其次,必须具有造成严重后果的特定条件,才能构成犯罪。造成严重后果,主要包括以下情形:造成重大任务不能完成或者迟缓完成的;造成死亡1人以上,或者重伤3人以上,或者重伤2人、轻伤4人以上,或者重伤1人、轻伤7人以上,或者轻伤10人以上的;造成枪支、手榴弹、爆炸装置或者子弹10发、雷管30枚、导火索或者导爆索30米、炸药1 000克以上丢失、被盗,或者不满规定数量,但后果严重的,或者造成其他重要武器装备、器材丢失、被盗的;造成武器装备、军事设施、军用物资或者其他财产损毁,直接经济损失30万元以上,或者直接经济损失、间接经济损失合计150万元以上的;造成其他严重后果的等。

3. 本罪的主体是军队指挥人员和值班、值勤人员。本罪不以战时为构成条件,因而这里的指挥人员范围较广,包括战时和平时的作战训练、施工、抢险、救灾等活动具有组织领导职责的人员。同样值班、值勤人员也非限定于战时,非战时担任值班、值勤工作的人员也可以成为本罪的主体。

4. 本罪在主观方面表现为过失。

(二)擅离、玩忽军事职守罪的认定

在认定本罪时应当注意本罪与《刑法》分则第九章渎职罪中的玩忽职守罪的界限。虽然两罪都属于玩忽职守,不认真或不履行职责,但两者的关键区别在于主体的不同。本罪的主体限于军事人员,属于特殊的玩忽职守犯罪;玩忽职守罪的主体则是一般国家机关工作人员。由于主体的差别,决定了两者发生的场合和所侵犯的客体不同。

(三)擅离、玩忽军事职守罪的处罚

《刑法》第425条规定,犯擅离、玩忽军事职守罪的,处3年以下有期徒刑或者拘役;造成特别严重后果的,处3年以上7年以下有期徒刑。战时犯本罪的,处5年以上有期徒刑。

二、阻碍执行军事职务罪

(一)阻碍执行军事职务罪的概念和构成

阻碍执行军事职务罪,是指军人以暴力、威胁方法,阻碍指挥人员或者值班、值勤人员执行职务的行为。《刑法修正案(九)》对《刑法》第426条作了修改,取消了阻碍执行军事职务罪的死刑。这是考虑到:本罪与《刑法》第386条规定的阻碍军人执行职务罪、阻碍军事行动罪相比没有本质的区别,而刑罚设置上相差太大,不够平衡;本罪与本章军人违反职责罪的其他罪名相比,不具有罪行极其严重应当适用死刑的程度;过往的实践中也极少对阻碍执行军事职务罪适用死刑。①

---

① 参见全国人大法工委编著,臧铁伟主编:《中华人民共和国刑法修正案(九)解读》,中国法制出版社2015年版,第330页。

本罪的构成要件如下：

1. 本罪的客体是军队勤务的正常执行活动。

2. 在客观方面,本罪表现为以暴力、威胁方法,阻碍军事指挥人员或者值班、值勤人员执行军事职务的行为。暴力,是指对指挥人员或者值班、值勤人员实施殴打、捆绑、伤害等身体迫害和武力侵袭。威胁,是指对指挥人员或值班、值勤人员以欲杀害、伤害、毁坏财产、损害名誉等要挟。阻碍执行军事职务,是指由于对指挥人员或者值班、值勤人员使用暴力或威胁,使他们不能或者无法执行军队条例条令等规章制度所规定的或上级决议、指示、命令所赋予他们的各项军事职务。本罪发生的场合可能是在战争时期,也可能是在非战争时期,因此这里的"阻碍执行军事职务",可能是与作战有关的军事职务,也可能是与作战无关的军事职务。

3. 本罪的主体是现役军人。

4. 本罪在主观方面表现为故意。即行为人明知对方是指挥人员或者值班、值勤人员正在执行军事职务,而对其施以暴力或威胁,阻碍其执行军事职务。至于其动机可多种多样,但于定罪没有影响。

(二) 阻碍执行军事职务罪的认定

1. 本罪与非罪的界限。本罪阻碍的对象限于军队中的指挥人员或者值班、值勤人员,如果是对军队中这三种人员之外的人进行阻碍,则不构成本罪。同样,如果行为人没有采用暴力、威胁方法而是以一般顶撞、谩骂、无理取闹等方法阻碍执行军事职务的,也不构成本罪。

2. 本罪与《刑法》第七章规定的妨害公务罪的界限。两者都是以暴力、威胁方法阻碍执行公务。两者的主要差别在于:本罪是军人构成的犯罪,所阻碍的是执行军事职务;而妨害公务罪的主体是一般主体,阻碍的是除军事职务之外的其他公务的执行。

3. 本罪与《刑法》分则第七章规定的阻碍军人执行职务罪的界限。两罪在主观上都是故意,客观上都是以暴力、威胁方法阻碍,阻碍的都是军人执行职务,因此两罪易于混淆。两罪的区别是:(1)主体不同。本罪的主体必须是军人;而阻碍军人执行职务罪的主体则是军人之外的一般主体。(2)阻碍的对象有所不同。本罪阻碍的是特定军人执行职务,即阻碍指挥人员或者值班、值勤人员执行职务;阻碍军人执行职务罪阻碍的对象则没有这方面的限制。

(三) 阻碍执行军事职务罪的处罚

《刑法》第426条规定,犯阻碍执行军事职务罪的,处5年以下有期徒刑或者拘役;情节严重的,处5年以上10年以下有期徒刑;情节特别严重的,处10年以上有期徒刑或者无期徒刑。战时从重处罚。《刑法修正案(九)》取消了该罪的死刑规定。

需要指出的是,由于《刑法修正案(九)》将犯本罪而致人重伤、死亡的结果不再规定为情节特别严重的情形之一,若暴力阻碍执行军事职务,情节特别恶劣的,还可以根据案件的实际情况,依照故意伤害罪、故意杀人罪定罪处罚。

三、指使部属违反职责罪

(一) 指使部属违反职责罪的概念和构成

指使部属违反职责罪,是指指挥人员滥用职权,指使部属进行违反职责的活动,造成严重后果的行为。

本罪的构成要件如下:

1. 本罪的客体是军队内部管理的正常活动。

2. 在客观方面,本罪表现为滥用职权,指使部属进行违反职责的活动,造成严重后果的行为。滥用职权,是指行为人超越军事条令、条例规定的职责和权限范围,不正当地或者非法利用职务上的权利。指使部属进行违反职责的活动,即指使部属从事违背军事条例、条令规定的军人职责的行为或者从事军事条例、条令所不允许的行为。指使,通常是指唆使、命令、强制等。指使部属进行违反职责的活动,应当是违纪或者违法活动,而不可以是犯罪活动。若上级人员指使部属实施的是犯罪活动,则指使者与被指使者构成共同犯罪,应按其指使的内容来确定罪名,而不以本罪论处。构成本罪的客观方面除应有"指使"行为之外,还应具备造成严重后果的要件。造成严重后果,是指造成重大任务不能完成或者迟缓完成的;造成死亡1人以上,或者重伤2人以上,或者重伤1人、轻伤3人以上,或者轻伤5人以上的;造成武器装备、军事设施、军用物资或者其他财产损毁,直接经济损失20万元以上,或者直接经济损失、间接经济损失合计100万元以上的;造成其他严重后果的等。

3. 本罪的主体是军队中对部属有指挥、差遣权的上级人员。

4. 本罪在主观方面表现为故意,行为人滥用职权,指使部属违反职责应有明知。

(二) 指使部属违反职责罪的处罚

《刑法》第427条规定,犯指使部属违反职责罪的,处5年以下有期徒刑或者拘役;情节特别严重的,处5年以上10年以下有期徒刑。

四、军人叛逃罪

(一) 军人叛逃罪的概念和构成

军人叛逃罪,是指军人在履行公务期间,擅离岗位,叛逃境外或者在境外叛逃,危害国家军事利益的行为。

本罪的构成要件如下:

1. 本罪的客体是国家的军事利益和军人不叛国的义务。

2. 在客观方面,本罪表现为在履行公务期间,擅离岗位,叛逃境外或者在境外叛逃,危害国家军事利益的行为。履行公务,既包含在境内履行公务,也包括在境外履行公务,如出国军事考察等。擅离岗位,是指擅自离开行为人正在履行职务或职责的岗位。叛逃境外或者在境外叛逃,是指从境内逃到境外,或者在境外履行公务时滞留国外、境外不归,以及逃往外国驻华使、领馆。军人构成叛逃罪的客观方面还应具有危害国家军事利益的构成要件。危害国家军事利益,主要包括下列情形:因反对国家政权和社会主义制度而出逃的;掌握、携带军事秘密出境后滞留不归的;申请政治避难的;公开发表叛国言论的;投靠境外反动机构或者组织的;出逃至交战对方区域的;进行其他危害国家军事利益活动的,等等。

3. 本罪的主体只能是军人,非军人叛逃不构成本罪。

4. 本罪在主观方面表现为故意,其动机可多种多样。

(二) 军人叛逃罪的认定

1. 本罪与非罪的界限。成立本罪需要行为具有背叛祖国而逃跑的性质,因此对于那些虽然也逃往国外、境外或在境外、国外不归的行为,如果不是为了反党反社会主义国家的政治目的,或者叛逃后没有危害我国军事利益,则不应以本罪论处。

2. 本罪与投敌叛变罪的界限。投敌叛变罪是投奔敌人或者在被捕、被俘后投降敌人的行为,虽然也有叛逃的意思,但该罪是向敌方叛变,投敌之后完全成为敌方一员。而本罪则不一定是叛逃到敌方,更不一定成为敌方一员。

3. 本罪与《刑法》分则第一章中的叛逃罪的界限。两罪在犯罪主观方面、犯罪客观方面相同,其不同体现在犯罪主体和犯罪客体两个方面。本罪的主体是军人,侵犯的客体是国家军事利益;叛逃罪的主体是国家机关工作人员,侵犯的客体是我国的国家安全。

(三) 军人叛逃罪的处罚

《刑法》第430条规定,犯军人叛逃罪的,处5年以下有期徒刑或者拘役;情节严重的,处5年以上有期徒刑。驾驶航空器、舰船叛逃的,或者有其他特别严重情节的,处10年以上有期徒刑、无期徒刑或者死刑。

五、逃离部队罪

(一) 逃离部队罪的概念和构成

逃离部队罪,是指军人违反兵役法规,逃离部队,情节严重的行为。

本罪的构成要件如下:

1. 本罪的客体是国家兵役制度。

2. 在客观方面,本罪表现为违反兵役法规,逃离部队,情节严重的行为。违反兵役法规,是指违反国防法、兵役法和军队条令条例以及其他有关兵役方面的法律规定。逃离部队,是指擅自离开部队或者经批准外出逾期拒不归队。2000年12月5日最高人民法院、最高人民检察院《关于对军人非战时逃离部队的行为能否定罪处罚问题的批复》规定:军人违反兵役法规,在非战时逃离部队,情节严重的,应当依照《刑法》第435条第1款的规定定罪处罚。因此,在非战时逃离部队也可以构成本罪。但与平时相比,在战时逃离部队的危害要更大,故战时逃离部队行为的法定刑设置重于平时。构成本罪还要求达到情节严重的程度。情节严重,主要包括以下情形:逃离部队持续时间达 3 个月以上或者 3 次以上或者累计时间达 6 个月以上的;担负重要职责的人员逃离部队的;策动 3 人以上或者胁迫他人逃离部队的;在执行重大任务期间逃离部队的;携带武器装备逃离部队的;有其他情节严重行为的等。

3. 本罪的主体是现役军人,非现役军人不能构成本罪。

4. 本罪在主观方面表现为故意。逃离部队的目的是逃避继续服兵役。其动机多为贪生怕死或者怕苦怕累。

（二）逃离部队罪的认定

1. 本罪与临阵脱逃罪的界限。两罪在主观上都是故意,主体上都是由军人构成,两罪在客观上也都有临阵或临战逃离的特征。两罪的主要区别在于逃跑的意图不同,本罪是逃离部队,离开部队不再回部队,其目的是逃避服兵役;而临阵脱逃罪是逃离前线或逃离战场、战斗,主观动机一般是贪生怕死,害怕战斗。此外,本罪可以是平时逃离,也可以是战时逃离,临阵脱逃罪则只能在临战或战斗时逃离。

2. 本罪涉及的一罪与数罪的界限。本罪是逃离部队、逃避服兵役的行为。如果逃离部队是为了投敌叛变,应当按照投降罪或者投敌叛变罪论处。如果逃离部队后又实施其他犯罪,应按数罪并罚的原则论处。

（三）逃离部队罪的处罚

《刑法》第 435 条规定,犯逃离部队罪的,处 3 年以下有期徒刑或者拘役。战时犯逃离部队罪的,处 3 年以上 7 年以下有期徒刑。

六、私放俘虏罪

（一）私放俘虏罪的概念和构成

私放俘虏罪,是指违反军事纪律,私自释放俘虏的行为。

本罪的构成要件如下:

1. 本罪的客体是对俘虏的管理秩序。

2. 在客观方面,本罪表现为违反军事纪律、私自释放俘虏的行为。俘虏,是指在战争或者武装冲突中被我方俘虏的敌方武装人员及其他为武装部队服务的人员。私放,是指未经批准,擅自将俘虏放走。

3. 本罪的主体是对俘虏有管理、看护等权限的军官和执勤人员。

4. 本罪在主观方面表现为故意,即明知是俘虏而私自予以释放。犯罪动机是多种多样,如碍于私情、贪财、贪图女色等。

（二）私放俘虏罪的处罚

《刑法》第 447 条规定,犯本罪的,处 5 年以下有期徒刑;私放重要俘虏、私放俘虏多人或者有其他严重情节的,处 5 年以上有期徒刑。

第四节　危害军事秘密的犯罪

一、非法获取军事秘密罪

（一）非法获取军事秘密罪的概念和构成

非法获取军事秘密罪，是指军人违反国家和军队的保密规定，采取窃取、刺探、收买等方法，非法获取军事秘密的行为。

本罪的构成要件如下：

1. 本罪的客体是国家保守军事秘密的管理秩序。

2. 在客观方面，本罪表现为采取窃取、刺探、收买等方法，非法获取军事秘密的行为。军事秘密，是指关系国家安全和军事利益，依照法律规定的权限和程序确定，在一定时间内只限一定范围的人员知悉的事项。对于军事秘密的范围和等级，2013年《军人违反职责罪案件立案标准的规定》第12条作了具体规定，军事秘密内容包括：（1）国防和武装力量建设规划及其实施情况；（2）军事部署、作战、训练以及处置突发事件等军事行动中需要控制知悉范围的事项；（3）军事情报及其来源、军事通信、信息对抗以及其他特种业务的手段、能力、密码以及有关资料；（4）武装力量的组织编制，部队的任务、实力、状态等情况中需要控制知悉范围的事项，特殊单位以及师级以下部队的番号；（5）国防动员计划及其实施情况；（6）武器装备的研制、生产、配备情况和补充、维修能力，特种军事装备的战术技术性能；（7）军事学术和国防科学技术研究的重要项目、成果及其应用情况中需要控制知悉范围的事项；（8）军队政治工作中不宜公开的事项；（9）国防费分配和使用的具体事项，军事物资的筹措、生产、供应和储备等情况中需要控制知悉范围的事项；（10）军事设施及其保护情况中不宜公开的事项；（11）对外军事交流与合作中不宜公开的事项；（12）其他需要保密的事项。本罪客观方面非法获取军事秘密的方法有三种：一是窃取，即以他人不知道的秘密方法获取军事秘密；二是刺探，即以暗中打听、侦察等方法获取军事秘密；三是收买，即以金钱、财物为交换的方式获取军事秘密。上述三种方法，有其一即可构成犯罪，三者俱有，也只以一罪论。

3. 本罪的主体是军职人员。

4. 本罪在主观方面表现为故意。至于行为人的动机可能多种多样。但如果是为境外机构、组织、个人窃取、刺探、收买军事秘密的，则不应以本罪论，而以为境外窃取、刺探、收买军事秘密罪论处。

（二）非法获取军事秘密罪的处罚

《刑法》第431条第1款规定，犯非法获取军事秘密罪的，处5年以下有期徒刑；情节严重的，处5年以上10年以下有期徒刑；情节特别严重的，处10年以上有期徒刑。

二、为境外窃取、刺探、收买、非法提供军事秘密罪

（一）为境外窃取、刺探、收买、非法提供军事秘密罪的概念和构成

为境外窃取、刺探、收买、非法提供军事秘密罪，是指军人违反国家和军队的保密规定，为境外机构、组织、个人窃取、刺探、收买、非法提供军事秘密的行为。

本罪的构成要件如下：

1. 本罪的客体是国家保守军事秘密的管理秩序。

2. 在客观方面，本罪表现为为境外机构、组织、个人窃取、刺探、收买、非法提供军事秘密的行为。境外机构、组织、个人，可能是敌对的机构、组织、个人，也可能是没有敌对关系的机构、组织、个人。本罪客观方面有四种行为方式，其中的非法提供军事秘密，是指军事秘密的持有人或掌握人违反保守国家秘密法的规定，擅自将自己持有或掌握的军事秘密通过口头或书面等方式提供给境外机构、组织、个人的行为。

3. 本罪的主体只能是军人，非军人不能构成本罪。

4. 本罪在主观方面表现为故意，其动机可能是图财，也可能是投机取利，如出国定居等。

（二）为境外窃取、刺探、收买、非法提供军事秘密罪的认定

认定本罪时应当注意与《刑法》分则第一章规定的为境外窃取、刺探、收买、非法提供国家秘密、情报罪的界限。这两个罪的不同之处在于：前者犯罪对象限于军事秘密，而后者既包括军事秘密，也包括其他国家秘密；前者的主体是军人，而后者的主体则是一般主体。其实，规定这两个罪名的条文之间属于法条竞合关系，应当依照法条竞合的处理原则来解决具体罪名的认定问题。

（三）为境外窃取、刺探、收买、非法提供军事秘密罪的处罚

《刑法》第431条第2款规定，犯为境外窃取、刺探、收买、非法提供军事秘密罪的，处10年以上有期徒刑、无期徒刑或者死刑。

三、故意泄露军事秘密罪

（一）故意泄露军事秘密罪的概念和构成

故意泄露军事秘密罪，是指军人违反保守国家和军队的保密规定，故意泄露军事秘密，情节严重的行为。

本罪的构成要件如下：

1. 本罪的客体是国家保守军事秘密的管理秩序。

2. 在客观方面，本罪表现为违反保守国家和军队的保密规定，泄露军事秘密，情节严重的行为。违反保守国家和军队保密法规，是指违反包括《保守国家秘密法》和《中国人民解放军保密条例》在内的保密法规。泄露军事秘密，是指用口头或书面、复

制等方式,将所持有、掌握或了解的军事秘密使不应知悉者知悉或者超出了限定的接触范围。构成本罪,还应具备"情节严重"的条件,情节严重,主要包括以下情形:泄露绝密级或者机密级军事秘密 1 项(件)以上的;泄露秘密级军事秘密 3 项(件)以上的;向公众散布、传播军事秘密的;泄露军事秘密造成严重危害后果的;利用职权指使或者强迫他人泄露军事秘密的;负有特殊保密义务的人员泄密的;以牟取私利为目的泄露军事秘密的;执行重大任务时泄密的;有其他情节严重行为的等。

3. 本罪的主体只能是军人,非军人不构成本罪。

4. 本罪在主观方面表现为故意,即明知是军事秘密不应泄露而予以泄露。

(二) 故意泄露军事秘密罪的认定

1. 本罪与泄露国家秘密罪的界限。两罪都是泄露国家秘密,都是特殊主体构成的犯罪,主观方面也相同。两罪的区别在于主体和对象方面:本罪的主体限于军人,泄露国家秘密罪的主体则主要是国家机关工作人员;本罪泄露的秘密是军事秘密,泄露国家秘密罪泄露的秘密除军事秘密之外,还有国防、外交、经济、财经、文化、科技等秘密。

2. 本罪与为境外非法提供军事秘密罪的界限。这两个罪在犯罪主体和犯罪对象上是相同的,而且特别要指出的是,客观方面也有近似之处,表现为非法提供军事秘密实际上就是故意泄露军事秘密的行为。两者的区别在于:后者是为境外机构、组织、个人非法提供军事秘密。因此,如果故意泄露军事秘密给境外机构、组织、个人的,应以为境外非法提供军事秘密罪论处。

(三) 故意泄露军事秘密罪的处罚

《刑法》第 432 条规定,犯故意泄露军事秘密罪的,处 5 年以下有期徒刑或者拘役;情节特别严重的,处 5 年以上 10 年以下有期徒刑。战时犯泄露军事秘密罪的,处 5 年以上 10 年以下有期徒刑;情节特别严重的,处 10 年以上有期徒刑或者无期徒刑。

四、过失泄漏军事秘密罪

(一) 过失泄漏军事秘密罪的概念和构成

过失泄漏军事秘密罪是指军人违反保守国家和军队的保密规定,过失泄露军事秘密,情节严重的行为。

本罪的构成要件如下:

1. 本罪的客体是国家保守军事秘密的管理秩序。

2. 在客观方面,本罪表现为违反保守国家和军队的保密规定,泄露军事秘密,致使军事秘密被不应知悉者知悉或者超出了限定的接触范围,情节严重的行为。情节严重,主要包括以下情形:泄露绝密级军事秘密 1 项(件)以上的;泄露机密级军事秘密 3 项(件)以上的;泄露秘密级军事秘密 4 项(件)以上的;负有特殊保密义务的人员泄密的;泄露军事秘密或者遗失军事秘密载体,不按照规定报告,或者不如实提供有关情况,或者未及时采取补救措施的;有其他情节严重行为的,等等。

3. 本罪的主体只能是军人，非军人不构成本罪。

4. 本罪在主观方面表现为过失。

（二）过失泄露军事秘密罪的处罚

《刑法》第 432 条规定，犯过失泄露军事秘密罪的，处 5 年以下有期徒刑或者拘役；情节特别严重的，处 5 年以上 10 年以下有期徒刑。战时犯过失泄露军事秘密罪的，处 5 年以上 10 年以下有期徒刑；情节特别严重的，处 10 年以上有期徒刑或者无期徒刑。

第五节　危害部队物资保障的犯罪

一、武器装备肇事罪

（一）武器装备肇事罪的概念和构成

武器装备肇事罪，是指军人违反武器装备使用规定，情节严重，因而发生责任事故，致人重伤、死亡或者造成其他严重后果的行为。

本罪的构成要件如下：

1. 本罪的客体是部队装备的管理和使用秩序。

2. 在客观方面，本罪表现为违反武器装备使用规定，情节严重，因而发生责任事故，致人重伤、死亡或者造成其他严重后果的行为。首先，行为违反了武器装备使用规定。武器装备，是指部队直接用于杀伤敌人的武器和保障战斗进行的军事技术装备，如枪、炮、弹药、战车、飞机、舰艇等。违反武器装备使用规定，是指违反中央军委、各总部、各军兵种制定的条令、条例和其他规章制度中有关武器装备使用、操作、维护、保养的规定。违反使用规定是构成本罪的前提。其次，违规使用武器装备的行为达到"情节严重，导致发生责任事故"的程度。情节严重，导致发生责任事故，是指行为人因故意违反武器装备使用规定，或者在使用过程中严重不负责任导致责任事故的发生。第三，必须造成了严重后果。造成严重后果，主要包括以下情形：影响重大任务完成的；造成死亡 1 人以上，或者重伤 2 人以上，或者轻伤 3 人以上的；造成武器装备、军事设施、军用物资或者其他财产损毁，直接经济损失 30 万元以上，或者直接经济损失、间接经济损失合计 150 万元以上的；严重损害国家和军队声誉，造成恶劣影响的；造成其他严重后果的等。

3. 本罪的主体是军职人员。

4. 本罪在主观方面表现为过失，体现为由于疏忽大意或者过于自信，因而发生责任事故，造成严重后果。

（二）武器装备肇事罪的处罚

《刑法》第 436 条规定，犯武器装备肇事罪的，处 3 年以下有期徒刑或者拘役；后果特别严重的，处 3 年以上 7 年以下有期徒刑。

二、擅自改变武器装备编配用途罪

(一) 擅自改变武器装备编配用途罪的概念和构成

擅自改变武器装备编配用途罪,是指违反武器装备管理规定,未经有权机关批准,擅自改变武器装备的编配用途,造成严重后果的行为。

本罪的构成要件如下:

1. 本罪的客体是武器装备的管理秩序。

2. 在客观方面,本罪表现为违反武器装备管理规定,擅自改变武器装备的编配用途,造成严重后果的行为。武器装备是部队用于实施和保障作战行动的武器、武器系统和军事技术器材的统称。违反武器装备管理规定,擅自改变武器装备的编配和用途,是指违反武器设备管理规定未经有权机关批准,擅自将编配的武器装备改作其他用途,如擅自动用储备的武器装备;擅自动用编内装备从事生产经营活动,等等。构成本罪,还应具备造成严重后果的特征。造成严重后果,主要包括以下情形:造成重大任务不能完成或者迟缓完成的;造成死亡 1 人以上,或者重伤 3 人以上,或者重伤 2 人、轻伤 4 人以上,或者重伤 1 人、轻伤 7 人以上,或者轻伤 10 人以上的;造成武器装备、军事设施、军用物资或者其他财产损毁,直接经济损失 30 万元以上,或者直接经济损失、间接经济损失合计 150 万元以上的;造成其他严重后果的等等。

3. 本罪的主体是军队中的武器装备管理人员、使用人员和保管人员等。

4. 本罪在主观方面表现为故意,过失不构成本罪。至于其动机可多种多样,但对定罪没有影响。

(二) 擅自改变武器装备编配用途罪的处罚

根据《刑法》第 437 条的规定,犯擅自改变武器装备编配用途罪的,处 3 年以下有期徒刑或者拘役;造成特别严重后果的,处 3 年以上 7 年以下有期徒刑。

三、盗窃、抢夺武器装备、军用物资罪

(一) 盗窃、抢夺武器装备、军用物资罪的概念和构成

盗窃、抢夺武器装备、军用物资罪,是指军人以非法占有为目的,秘密窃取或乘人不备、公然夺取武器装备、军用物资的行为。

本罪的构成要件如下:

1. 本罪的客体是国家对武器装备和军用物资的所有权和军队战斗力的物质保障秩序。犯罪对象是武器装备、军用物资。"武器装备"的含义如前所述。军用物资,是指除武器装备以外,供军事上使用的物资,如服装、粮食、油料、车船、建材、药品、器材。

2. 在客观方面,本罪表现为盗窃、抢夺武器装备、军用物资的行为。盗窃,是指以秘密窃取的方法取得武器装备、军用物资的行为;抢夺是乘人不备、公然夺取武器

装备、军用物资的行为。

3. 本罪的主体是军职人员。

4. 本罪在主观方面表现为故意,且须具备非法占有的目的。

(二)盗窃、抢夺武器装备、军用物资罪的界限

1. 本罪与非罪的界限。盗窃、抢夺枪支弹药等武器装备的,因与作战杀伤力有直接关系,一旦实施完毕,危害就比较严重,应以犯罪认定。但盗窃、抢夺其他军用物资的,则应达到一定的数额、情节,才能构成犯罪。

2. 本罪与《刑法》分则第二章中规定的盗窃、抢夺枪支、弹药、爆炸物罪的界限。两罪在客观方面和犯罪主观方面相同,但在犯罪主体、犯罪对象和犯罪客体方面是不同的。本罪的主体是军人,对象是武器装备、军用物资,侵犯的客体是国家军事利益;后罪的主体是一般主体,对象限定为枪支、弹药、爆炸物,侵犯的客体是公共安全。

(三)盗窃、抢夺武器装备、军用物资罪的处罚

《刑法》第438条规定,犯盗窃、抢夺武器装备、军用物资罪的,处5年以下有期徒刑或者拘役;情节严重的,处5年以上10年以下有期徒刑;情节特别严重的,处10年以上有期徒刑、无期徒刑或者死刑。盗窃、抢夺枪支、弹药、爆炸物的,依照《刑法》第127条的规定处罚。

需要注意的是,《刑法》第438条规定的"依照本法第127条的规定处罚",是指盗窃、抢夺枪支、弹药、爆炸物的,在定性上要以盗窃、抢夺武器装备、军用物资罪定罪,在量刑上要依照《刑法》第127条规定的盗窃、抢夺枪支、弹药、爆炸物罪的法定刑处罚。这是法定刑的援引。

四、非法出卖、转让武器装备罪

(一)非法出卖、转让武器装备罪的概念和构成

非法出卖、转让武器装备罪,是指军人违反武器装备管理规定,非法出卖、转让军队武器装备的行为。

本罪的构成要件如下:

1. 本罪的客体是国家对武器装备和军用物资的所有权和军队战斗力的物质保障秩序。

2. 在客观方面,本罪表现为违反武器装备管理规定,非法出卖、转让武器装备的行为。武器装备管理规定,是指有关武器装备的编配、管理、使用等方面的规定。非法出卖、转让,是指未经军队有权管理机关批准,擅自将自己合法管理或持有、使用的武器装备卖给他人或转让给他人。转让既包括用武器装备换取金钱、财物或者其他利益,也包括将武器装备馈赠给他人。具体情形有:(1)非法出卖、转让枪支、手榴弹、爆炸装置的;(2)非法出卖、转让子弹10发、雷管30枚、导火索或者导爆索30米、炸药1 000克以上,或者不满规定数量,但后果严重的;(3)非法出卖、转让武器装备零部件或者维修器材、设备,致使武器装备报废或者直接经济损失30万元以上的;(4)非法出卖、转让其他重要武器装备的。

3. 本罪的主体只能是军人,非军人不能构成本罪。

4. 本罪在主观方面表现为故意。出卖武器装备的,其主观上有牟利的目的,无偿转让武器装备的,主观上未必具有非法牟利目的,但可能是为了部队的某种局部利益。

(二) 非法出卖、转让武器装备罪的认定

1. 非法出卖武器装备罪与非法买卖枪支、弹药、爆炸物罪的界限。两罪在犯罪对象上有相同之处,在客观行为上也有相似之处,两罪的不同在于犯罪主体、犯罪客体方面。前者是由军人构成的犯罪,侵犯的客体是国家军事利益;后者的主体是一般主体,侵犯的客体是公共安全。此外在客观方面,前者是把自己合法使用、管理的武器装备卖给他人;后者则是把枪支、弹药、爆炸物买进卖出。

2. 非法出卖、转让武器装备罪中的一罪与数罪问题。如果军人盗窃、抢夺武器装备后出卖、转让的,其出卖、转让武器装备的行为属于不可罚的事后行为,应当按照盗窃、抢夺武器装备罪一罪论处,不以数罪论。

(三) 非法出卖、转让武器装备罪的处罚

《刑法》第 439 条规定,犯非法出卖、转让武器装备罪的,处 3 年以上 10 年以下有期徒刑;出卖、转让大量武器装备或者有其他特别严重情节的,处 10 年以上有期徒刑、无期徒刑或者死刑。

五、遗弃武器装备罪

(一) 遗弃武器装备罪的概念和构成

遗弃武器装备罪,是指违抗命令,遗弃武器装备的行为。

本罪的构成要件如下:

1. 本罪的客体是军队武器装备的管理秩序。

2. 在客观方面,本罪表现为违抗命令,遗弃武器装备的行为。违抗命令,是指不遵守武器装备使用、保管、处置的有关规则和命令。遗弃,就是指故意抛弃的行为,主要包括以下情形:(1)遗弃枪支、手榴弹、爆炸装置的;(2)遗弃子弹 10 发、雷管 30 枚、导火索或者导爆索 30 米、炸药 1 000 克以上;或者不满规定数量,但后果严重的;(3)遗弃武器装备零部件或者维修器材、设备,致使武器装备报废或者直接经济损失 30 万元以上的;(4)遗弃其他重要武器装备的。本罪的遗弃行为,主要发生于军事行动期间,例如在战场上或戒严期间。平时在训练中抛弃武器装备的行为,情节严重的,也应当以本罪论处。

3. 本罪的主体是负有保管、使用武器装备义务的军人。对武器装备不具备使用权、保管权的人,不能成为本罪的主体。

4. 本罪在主观方面表现为故意,过失不能构成本罪。犯罪动机可以是多种多样的,例如为逃跑方便而遗弃,为撤退顺利而遗弃等。

（二）遗弃武器装备罪的处罚

《刑法》第 440 条规定，犯本罪的，处 5 年以下有期徒刑或者拘役；遗弃重要或者大量武器装备的，或者有其他严重情节的，处 5 年以上有期徒刑。

六、遗失武器装备罪

（一）遗弃武器装备罪的概念和构成

遗失武器装备罪，是指遗失武器装备，不及时报告或者有其他严重情节的行为。

本罪的构成要件如下：

1. 本罪的客体是军队武器装备的管理秩序。

2. 在客观方面，本罪表现为遗失武器装备，不及时报告或者有其他严重情节的行为。不报告，是指遗失武器后隐瞒事实、拒不报告，意图逃避责任的行为。其他严重情节，是指遗失武器装备严重影响重大任务完成的；给人民群众生命财产安全造成严重危害的；遗失的武器装备被敌人或者境外的机构、组织和人员或者国内恐怖组织和人员利用，造成严重后果或者恶劣影响的；遗失的武器装备数量多、价值高的；战时遗失的，等等。

3. 本罪的主体是军职人员。一般是武器的合法使用者、持有者和保管者。

4. 本罪在主观方面表现为过失。

（二）遗弃武器装备罪的处罚

《刑法》第 441 条规定，犯本罪的，处 3 年以下有期徒刑或者拘役。

七、擅自出卖、转让军队房地产罪

（一）擅自出卖、转让军队房地产罪的概念和构成

擅自出卖、转让军队房地产罪，是指军人违反规定，擅自出卖、转让军队房地产，情节严重的行为。

本罪的构成要件如下：

1. 本罪的客体是军队的房地产管理秩序。犯罪对象为军队管理、使用的土地及其地上地下用于营房保障的建筑物、构筑物、附属设施设备，以及其他附着物。军队房地产是国防财产的重要部分，擅自出卖、转让军队房地产，是对军队利益、国防财产的严重危害。

2. 在客观方面，本罪表现为违反规定，擅自出卖、转让军队房地产，情节严重的行为。违反规定，是指违反中央军委、总部关于军队房地产管理和使用的有关规定。擅自出卖、转让军队房地产，是指未经有关机关批准，将军队房地产出卖或转让给他人。情节严重，主要包括以下情形：擅自出卖、转让军队房地产价值 30 万元以上的；擅自出卖、转让军队房地产给境外的机构、组织、人员的；擅自出卖、转让军队房地产严重影响部队正常战备、训练、工作、生活和完成军事任务的；擅自出卖、转让军队房地产给军事设施安全造成严重危害的;有其他情节严重行为的,等等。

3. 本罪的主体是对军队房地产有处置权的军队领导人员和直接责任人员。

4. 本罪在主观方面表现为故意,过失不构成犯罪。

(二) 对擅自出卖、转让军队房地产罪的处罚

根据《刑法》第 442 条的规定,犯擅自出卖、转让军队房地产罪的,对直接责任人员,处 3 年以下有期徒刑或者拘役;情节特别严重的,处 3 年以上 10 年以下有期徒刑。

第六节　侵犯部属、伤病军人、平民、俘虏利益的犯罪

一、虐待部属罪

(一) 虐待部属罪的概念和构成

虐待部属罪,是指军队中担任领导职务的人员,滥用职权,虐待部属,情节恶劣,致人重伤或者造成其他严重后果的行为。

本罪的构成要件如下:

1. 本罪的客体是部属人员的人身权利。

2. 在客观方面,本罪表现为滥用职权,虐待部属,情节恶劣,致人重伤或者造成其他严重后果的行为。滥用职权,虐待部属,是指超越职权范围或者不正当地行使职权,采取殴打、体罚、冻饿或者其他有损身心健康的手段,折磨、摧残部属。情节恶劣,是指虐待手段残酷的;虐待 3 人以上的;虐待部属 3 次以上的;虐待伤病残部属的,等等。构成本罪,还应具有致人重伤或者造成其他严重后果的要求。其他严重后果,是指部属不堪忍受虐待而自杀、自残造成重伤或者精神失常的;诱发其他案件、事故的;导致部属 1 人逃离部队 3 次以上,或者 2 人以上逃离部队的;造成恶劣影响的,等等。

3. 本罪的主体是军队中担任一定领导职务的指挥或领导人员,通常是部属的直接领导,包括班长以上的各级军官。

4. 本罪在主观方面表现为故意,过失不构成本罪。

(二) 虐待部属罪的认定

本罪与故意伤害罪、报复陷害罪、侮辱罪、虐待罪、虐待被监管人罪的区别。本罪与上述各罪之间,存在不同程度的相似之处,区分时应注意以下几点:一是行为人与被害人之间有无特定的部队领导与部属的关系;二是行为是否具有违反军人职责的性质;三是所造成的重伤或其他严重结果是否由于长期、多次的虐待行为造成;四是行为人是否具有虐待的故意。只有同时具备这四个条件的,才能认定为本罪;否则只能构成刑法规定的其他犯罪。

（三）虐待部属罪的处罚

《刑法》第 443 条规定，犯虐待部属罪的，处 5 年以下有期徒刑或者拘役；致人死亡的，处 5 年以上有期徒刑。

二、遗弃伤病军人罪

（一）遗弃伤病军人罪的概念和构成

遗弃伤病军人罪，是指负有救治义务的军职人员，在战场上故意遗弃伤病军人，情节恶劣的行为。

本罪的构成要件如下：

1. 本罪的客体是军人的作战利益。

2. 在客观方面，本罪表现为在战场上遗弃我方伤病军人，情节恶劣的行为。主要包括以下几方面内容：(1)必须是在战场上遗弃，这是本罪的地点特征。如果不是在战场上遗弃，不应以本罪论。(2)遗弃的对象必须是我方的伤病军人，包括因战斗致伤、残的军人和战场上生病的我方军人。(3)必须具有遗弃的行为，即能够救护、治理、收容、转移的，而弃置不顾的行为，这是本罪的实质行为。(4)遗弃行为必须达到情节恶劣的程度，情节恶劣，主要包括以下情形：为挟嫌报复而遗弃伤病军人的；遗弃伤病军人 3 人以上的；导致伤病军人死亡、失踪、被俘的；有其他恶劣情节的，等等。

3. 本罪的主体是对战场上的伤病军人负有救治义务的直接责任人员。可能是军队医护人员，也可能是领导、指挥人员。

4. 本罪在主观方面表现为故意，行为人明知是伤病军人而遗弃的。

（二）遗弃伤病军人罪的认定

在认定遗弃伤病军人罪时，应当注意罪与非罪的界限。如果在战场上不知是伤病军人，而错误地认为其已经牺牲因而没有救治的，不构成犯罪。知道是伤病军人，但因战场上条件限制不能救治或者无法救治，因而没有救治的，也不能以犯罪认定。同样，虽有遗弃行为，但若情节不属恶劣，则也不构成犯罪。

（三）遗弃伤病军人罪的处罚

《刑法》第 444 条规定，犯遗弃伤病军人罪的，对直接责任人员，处 5 年以下有期徒刑。

三、战时拒不救治伤病军人罪

（一）战时拒不救治伤病军人罪的概念和构成

战时拒不救治伤病军人罪，是指战时在救护治疗职位上的军人，有条件救治而拒不救治危重伤病军人的行为。

本罪的构成要件如下：

1. 本罪的客体是部队的作战秩序和军人的生命健康权。

2. 在客观方面，本罪表现为战时在救护治疗职位上，有条件救治而拒不救治危重伤病军人的行为。有条件救治而拒不救治，是指根据伤病军人的伤情或者病情，结合救护人员的技术水平、医疗单位的医疗条件及当时的客观环境等因素，能够给予救治而拒绝抢救、治疗。如果行为人根据当时的实际情况，认为没有条件实施救护或治疗行为，强行实施救治行为可能会更加严重地损害危重伤病军人的身体或导致其他更为严重的后果，因而没有实施救护治疗行为的，不能以犯罪论处。

3. 本罪的主体是军职人员中具有救护、治疗职责的人员，如军医、护理人员等。普通参战士兵和军官不能构成本罪。

4. 本罪在主观方面只能是故意，即明知他人属于危重伤病军人，并且有条件救治而拒绝救治。行为人的犯罪动机是多种多样的，例如发泄私愤、怕苦怕累、害怕传染病等。犯罪动机如何，不影响本罪的构成。

（二）战时拒不救治伤病军人罪的处罚

《刑法》第445条规定，犯战时拒不救治伤病军人罪的，处5年以下有期徒刑或者拘役；造成伤病军人重残、死亡或者有其他严重情节的，处5年以上10年以下有期徒刑。

四、战时残害居民、掠夺居民财物罪

（一）战时残害居民、掠夺居民财物罪的概念和构成

战时残害居民、掠夺居民财物罪，是指战时在军事行动地区，残害无辜居民或者掠夺居民财物的行为。

本罪的构成要件如下：

1. 本罪的客体是军队的作战利益和军事行动地区无辜居民的人身、财产权利。

2. 在客观方面，本罪表现为在军事行动地区对无辜居民实施残害、掠夺行为。军事行动地区既包括作战地区，也包括宣布进入紧急状态地区。残害，是指对军事行动地区无辜居民实施伤害、强奸、烧杀等暴行。掠夺，是指以暴力、胁迫等手段抢劫军事行动地区无辜居民的财物。无辜居民，是指对我军无敌对行动的平民。

3. 本罪的主体是在军事行动地区实施军事行动的军职人员。

4. 本罪在主观方面表现为故意。

（二）战时残害居民、掠夺居民财物罪的处罚

《刑法》第446条规定，犯战时残害居民、掠夺居民财物罪的，处5年以下有期徒刑或者拘役；情节严重的，处5年以上10年以下有期徒刑；情节特别严重的，处10年以上有期徒刑、无期徒刑或者死刑。

五、虐待俘虏罪

（一）虐待俘虏罪的概念和构成

虐待俘虏罪，是指对战争或战斗中被我方俘虏的敌方人员不给予人道待遇，对其进行虐待,情节恶劣的行为。

本罪的构成要件如下:

1. 本罪的客体是军队的作战利益或被俘人员的人身权利。

2. 在客观方面,本罪表现为对战俘实施精神折磨、肉体摧残和生活上不人道待遇的虐待行为。虐待俘虏,必须是情节恶劣的,才构成犯罪。情节恶劣,主要包括以下情形:指挥人员虐待俘虏 3 人以上,或者虐待俘虏 3 次以上的;虐待俘虏手段特别残忍的;虐待伤病俘虏的;导致俘虏自杀、逃跑等严重后果的;造成恶劣影响的;有其他恶劣情节的等。

3. 本罪的主体主要是管理战俘的人员。其他军职人员虐待俘虏达到犯罪程度的,也按本罪论处。

4. 本罪在主观方面表现为故意。犯罪动机多是出于义愤、敌意或者狭隘的报复心理。但动机如何,不影响本罪的成立。

(二)虐待俘虏罪的处罚

《刑法》第 448 条规定,犯虐待俘虏罪的,处 3 年以下有期徒刑。

主要参考书目

苏惠渔主编:《刑法学》,中国政法大学出版社1997年版。

苏惠渔主编:《刑法学》,法律出版社2001年版。

高铭暄、马克昌主编:《刑法学》(第六版),北京大学出版社、高等教育出版社2014年版。

高铭暄主编:《刑法学》,北京大学出版社1998年版。

高铭暄主编:《刑法学原理》(第1、2、3卷),中国人民大学出版社1993年版。

高铭暄主编:《新编中国刑法学》(上册),中国人民大学出版社1998年版。

马克昌主编:《刑罚通论》,武汉大学出版社1999年版。

马克昌主编:《犯罪通论》,武汉大学出版社1991年版。

马克昌主编:《比较刑法原理:外国刑法总论》,武汉大学出版社2004年版。

陈兴良主编:《刑种通论》,人民法院出版社1993年版。

陈兴良著:《刑法疏议》,中国人民大学出版社1997年版。

陈兴良著:《共同犯罪论》,中国社会科学出版社1992年版。

陈兴良著:《刑法哲学》,中国政法大学出版社2000年版。

赵秉志主编:《刑法争议问题研究》,河南人民出版社1996年版。

赵秉志主编:《刑法新教程》,中国人民大学出版社2012年版。

赵秉志著:《刑法总论问题研究》,中国法制出版社1996年版。

张明楷著:《刑法学》(第四版),法律出版社2011年版。

张明楷著:《诈骗罪与金融诈骗罪研究》,清华大学出版社2006年版。

刘宪权、杨兴培著:《刑法学专论》,北京大学出版社2007年版。

刘宪权著:《金融犯罪刑法学新论》,北京大学出版社2012年版。

刘宪权著:《刑法学名师讲演录》,上海人民出版社2014年版。

刘宪权著:《证券期货犯罪理论与实务》,商务印书馆2005年版。

刘家琛主编:《新刑法新问题新罪名通释》,人民法院出版社1998年版。

肖扬主编:《贿赂犯罪研究》,法律出版社1994年版。

邱兴隆、许章润著:《刑罚学》,中国政法大学出版社1999年版。

后　记

为切实回应发展社会主义市场经济和建设社会主义法治国家对法学教育的要求,我们编写了《刑法学》一书作为高等院校法学专业教材。刑法学是法学专业主干、核心课程之一,在法学教育中的地位举足轻重。本书在尽量吸收刑法学界最新研究成果的基础上,从理论联系实际,同时侧重实践性和应用性等角度,围绕现行刑法规定的具体内容,阐述刑法的基本概念、基本规定以及基本原理。

本书由华东政法大学法律学院刑法教研室教师集体编写。刘宪权教授任主编,杨兴培教授任副主编。各章撰写人员分别为(以撰写章节先后为序):刘宪权(第一、二、三、二十四章),毛玲玲(第四、九章),王玉珏(第五、六、七章),吴允锋(第八、十五章),杨兴培(第十、二十三章),卢勤忠(第十一、二十二章),何萍(第十二、二十五章),李振林(第十三、十六章),孙万怀(第十四、二十六章第一节至第七节),王恩海(第十七章),李翔(第十八章),沈亮(第十九、二十七章),薛进展(第二十、二十八章),马寅翔(第二十一章),郑伟(第二十六章第八、九、十节),于改之(第二十九章),赵能文(第三十章)。本书由刘宪权教授最终统稿。刑法教研室青年教师吴允锋、王玉珏、马寅翔、李振林,刑法学专业博士研究生金华捷、王焕婷、胡荷佳、黄辰,以及刑法学专业硕士研究生李舒俊、刘环宇、房慧颖、昂思梦、范肇宇、李珺瑶、吴悦、李妙丹、何俊等协助做了大量的文字处理工作。本书的写作也得到了华东政法大学领导及各相关职能部门同志的关心和支持,在此表示我们最诚挚的感谢。上海人民出版社龙敏博士对本书亦有贡献,并促成本书如期付梓,特此致谢。

本书既是新世纪法学系列教材之一,同时又是华东政法大学刑法学研究中心(2015年更名为"刑事法学研究院")成立后推出的系列著作和教材之一。华东政法大学刑事法学研究院所依托的刑法学科成绩斐然,学科早在1981年便获批设立刑法学硕士点,2003年获批设立刑法学专业博士点和博士后流动站。在2001年、2007年,刑法学科两次获批为上海市教委重点学科。2008年,刑法学科又成功获批为上海市重点学科,2011年获批为上海市一流学科。刑法学课程被评为上海市首批精品课程并曾得到联合国教科文组织和世界银行的重点资助。

本教材自2005年2月第一版出版以来,便受到社会各界的广泛好评,并于2007年荣获上海市普通高校优秀教材一等奖。随着我国刑事法律的不断完善,2005年至

2006年间我国在刑事法律方面先后通过了《刑法修正案（五）》和《刑法修正案（六）》，且出台了不少重要的刑事司法解释，故此我们于2008年1月对本书进行了较大规模的修订，出版了《刑法学》（第二版）。2009年2月，《刑法修正案（七）》出台，2011年2月，《刑法修正案（八）》通过，此两次修正，幅度均较大，尤其是《刑法修正案（八）》，不仅修订条文数达50余个，而且对刑法总则内容亦有涉及，且进行了重大修正。我们遂于2011年12月在原第二版教材的基础上进行了较大规模的修改，出版了《刑法学》第三版。2015年8月，《刑法修正案（九）》通过，其所修订的条文数也达50余个，其中总则部分4个，分则部分则达47个。为使本书能够与时俱进，适应我国刑事立法、刑事司法及刑法理论的发展，我们在原第三版教材的基础上再作大规模修订。

在编写本书的过程中，我们参阅了大量的著作、教材和论文，并引用或吸收了其中的部分研究成果和观点。虽已将主要参考书目附于书后，但由于篇幅所限，无法一一列举，只能在此一并表示我们衷心的感谢。需要指出的是，由于时间仓促，水平有限，错漏之处在所难免，尚祈读者不吝教言，批评指正。

后
记

编　者
2015年12月

图书在版编目(CIP)数据

刑法学/刘宪权主编.—4 版.—上海：上海人
民出版社,2016
ISBN 978 - 7 - 208 - 13569 - 7

Ⅰ.①刑…　Ⅱ.①刘…　Ⅲ.①刑法-法的理论-中国
Ⅳ.①D924.01

中国版本图书馆 CIP 数据核字(2016)第 001590 号

责任编辑　秦　堃
封面装帧　夏　芳

·新世纪法学教材·

刑法学(第四版)
(上、下册)

刘宪权　主编

出　　版　上海人民出版社
　　　　　（200001　上海福建中路 193 号）
发　　行　上海人民出版社发行中心
印　　刷　常熟市新骅印刷有限公司
开　　本　787×1092　1/16
印　　张　59.25
插　　页　8
字　　数　1,248,000
版　　次　2016 年 2 月第 4 版
印　　次　2019 年 2 月第 5 次印刷
ISBN 978 - 7 - 208 - 13569 - 7/D·2808
定　　价　128.00 元